韶关年鉴

SHAOGUAN NIANJIAN

韶关年鉴编纂委员会 编

韶关年鉴

2019

中州古籍出版社

·郑州·

图书在版编目（CIP）数据

韶关年鉴. 2019/韶关市地方史志办公室编.—郑州：中州古籍出版社，2019.12

ISBN 978-7-5348-8923-3

Ⅰ. ①韶… Ⅱ. ①韶… Ⅲ. ①韶关－2019－年鉴 Ⅳ. ①Z526.53

中国版本图书馆CIP数据核字(2019)第296990号

责任编辑：吕兵伟

责任校对：朱彩云　邹建锋

出 版 社：中州古籍出版社

（地址：郑州市郑东新区祥盛街27号6层　邮政编码：450016）

发行单位：新华书店

承印单位：韶关市典经社彩印有限公司

开　　本：889mm×1194mm　1/16　　印　　张：37.5

字　　数：1188千字　　印　　数：1—1500册

版　　次：2019年12月第1版　　印　　次：2019年12月第1次印刷

定价：260.00元

本书如有印装质量问题，由承印厂负责调换。

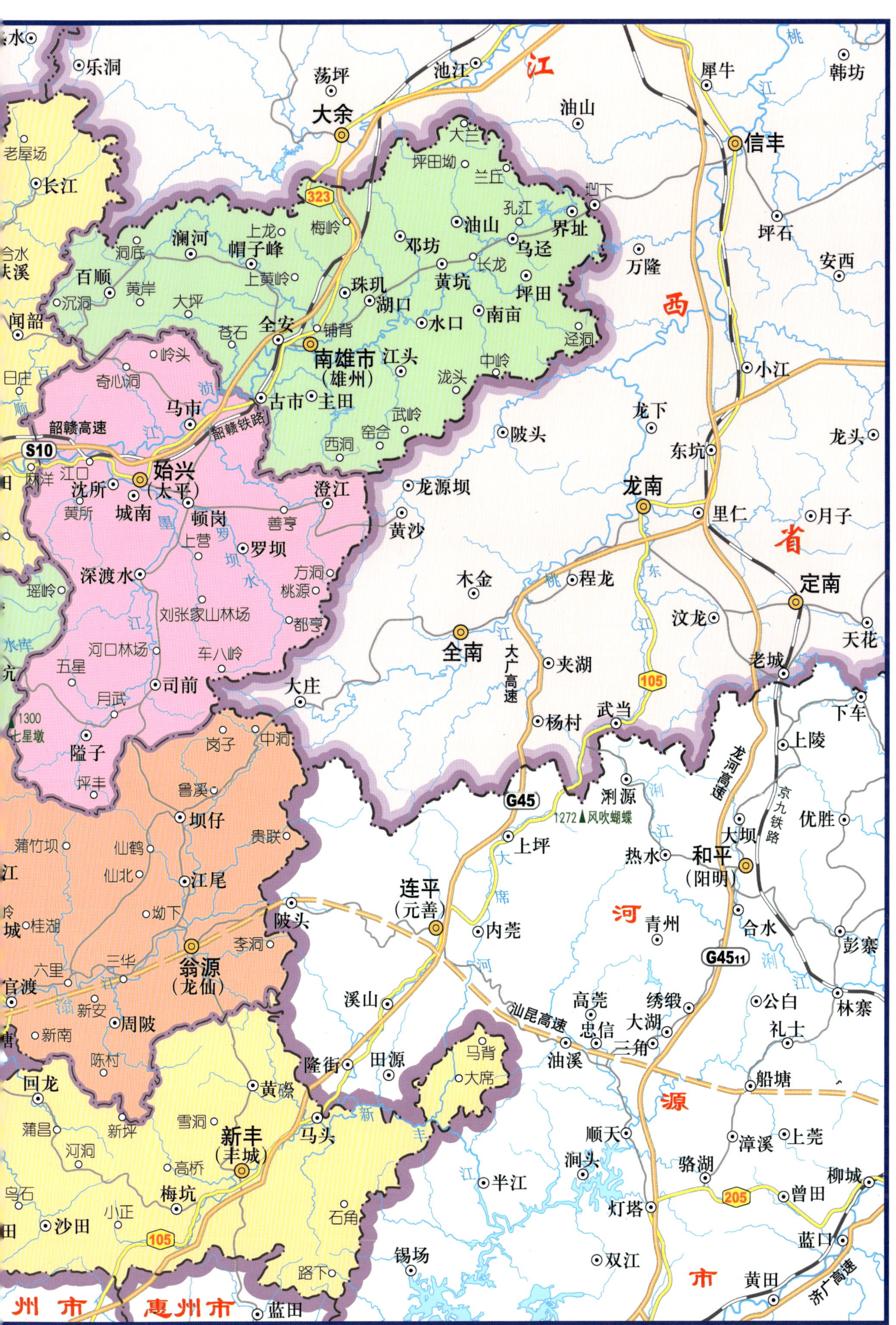

江西省
大余
信丰
南雄市
(雄州)
始兴
(太平)
龙南
全南
定南
连平
(元善)
和平
(阳明)
翁源
(龙仙)
新丰
(丰城)
河源市
惠州市
州市
乐洞
荡坪
池江
犀牛
韩坊
油山
老屋场
长江
大兰
坪田坳
兰丘
坳下
孔江
上龙
梅岭
油山
界址
澜河
帽子峰
邓坊
乌迳
坪石
洞底
百顺
上黄岭
黄坑
长龙
万隆
安西
黄岸
沉洞
大坪
珠玑
湖口
坪田
闻韶
苍石
全安
铺背
水口
南亩
迳洞
岭头
江头
中岭
小江
奇心洞
马市
古市
主田
泷头
武岭
龙下
韶赣高速
韶赣铁路
窑合
西洞
陂头
东坑
龙头
S10
江口
沈所
城南
顿岗
澄江
龙源坝
里仁
月子
黄所
善亭
上营
罗坝
黄沙
深渡水
方洞
瑶岭
桃源
木金
程龙
刘张家山林场
都亭
汶龙
天花
河口林场
大广高速
夹湖
老城
五星
车八岭
司前
大庄
105
月武
1300
七星墩
杨村
武当
下车
隘子
岗子
中洞
上陵
坪丰
龙河高速
鲁溪
G45
浰源
京九铁路
坝仔
1272 风吹蝴蝶
优胜
蒲竹坝
仙鹤
贵联
上坪
大坝
热水
仙北
江尾
坳下
桂湖
陂头
青州
合水
内莞
彭寨
李洞
三华
G45₁₁
六里
官渡
新安
周陂
溪山
高莞
绣缎
公白
林寨
新南
汕昆高速
大湖
礼士
忠信
陈村
三角
马背
大席
油溪
隆街
田源
船塘
回龙
黄礤
雪洞
马头
蒲昌
新坪
顺天
漳溪
上莞
河洞
高桥
涧头
骆湖
柳城
半江
乌石
梅坑
205
曾田
灯塔
小正
石角
沙田
蓝口
锡场
双江
路下
黄田
济广高速
蓝田

2015年

韶关年鉴编纂委员会

名誉主任：李红军

主　　任：殷焕明

副 主 任：肖展欣　李欣

成　　员：（以姓氏笔画排序）

王刚　区毅明　车万里　孔庆红　邓志聪　叶洪番　朱裕华　伍文　刘小文　刘炎生　刘晓佳
刘海旺　祁晓峰　许险峰　李晓林　杨水养　黄勤昌　肖润良　邹文军　张才明　张广晖　张雯
张蘋　陈大川　陈天雄　陈来安　林小龙　林晓　欧新全　周小明　周新秀　郑伟平　胡德宁
柯建忠　凌振伟　高振忠　郭先桂　唐明强　陶学权　黄宣剑　阎振一　梁祖超　覃峥　曾清兰
蓝振云　赖佩养　谭启源　潘卫

韶关年鉴编辑部

主　　编：黄勤昌

执行主编：邓培雄

责任编辑：朱彩云　邹建锋

撰稿人员名单（以拼音字母顺序为序）

白文礼　蔡浩双　曹志恒　陈芬　陈惠　陈恺　陈霞　陈桂霞　陈洪亮　陈华栋　陈洁莹　陈丽琼
陈沛豪　陈珊珊　陈舒婷　陈松南　陈文彬　陈细浩　陈晓丹　陈懿茜　陈勇胜　陈于兵　成志军　戴甲文
邓大旺　邓霏薇　邓广平　邓韶江　丁众　冯方芹　冯瑞麟　俸芬　高驰　关韶光　官原金　管慧
郭先杰　何惠琦　何丽媚　侯远林　侯志萍　胡春陵　胡健文　胡肖肖　胡颖波　华永锋　黄健　黄平
黄乔　黄涛　黄明凤　黄秋亮　黄婷婷　黄伟坚　黄文武　黄颖怡　柯峰　柯敏　邝剑明　赖晓媛
蓝丽华　黎娟娟　李干　李慧　李梦　李双　李阎　李莹　李晨葵　李凤玲　李国坚　李红艳
李华明　李静文　李良贞　李倩倩　李荣臻　李韶华　李展癸　梁导　梁玉庆　廖俊　廖愉　林珍
林敏怡　林序涵　刘萍　刘珊　刘晟　刘维　刘颖　刘洪亮　刘姣妹　刘锡禧　刘晓鹏　刘永刚
刘志荣　卢峥　卢谷谷　陆颖　罗丹　罗颖　罗德威　马德才　马绍富　莫新生　欧万华　潘艳琳
彭继维　彭雨欣　丘桂棠　丘兰英　邱士琴　饶丽华　邵志君　宋秋霞　宋文婷　谭桃华　谭兴华　唐秋林
王宁　王婷　王贵妹　王竑力　王可菲　王龙树　王伟清　王晓雯　温菁　温舜　温劲翠　温水贤
温祖娟　吴滔　吴桂兰　吴华旺　吴进波　吴利君　吴柳亭　吴盛龙　吴文君　吴奕文　伍海波　伍雪龙
伍雪雁　夏竹　肖光群　肖桥香　肖仕胜　肖舒丹　谢财娣　谢嘉文　徐婷　徐俊喜　徐孝东　徐永亮
许祯　许宏洋　许少强　许文雄　颜毅　杨飞　杨亮　杨楚贤　杨慧萍　杨慧颖　杨建明　杨文捷
杨文怡　杨志明　杨作旭　叶峰　叶蕾　叶志威　尤嘉歆　于方娟　于金芬　余丽芬　张静　张宇
张大文　张甲庆　张建明　张秋利　张文俊　张夏露　张钰廷　张智生　章程　赵洁　赵薇　赵伯佬
赵天养　赵湘敏　曾炳权　曾剑君　曾善福　曾晓明　曾志林　郑彬　植艳　钟芬　钟丽　钟骏逸
钟满芬　周彦　周晓飞　周欣凯　朱健　朱江　朱丽娟　朱韶南　朱咏殷　朱玉娟　邹云

编辑说明

一、《韶关年鉴》是中共韶关市委领导，韶关市人民政府主持，韶关市人民政府地方志办公室承编的资料性文献。它是以马克思列宁主义、毛泽东思想、邓小平理论、“三个代表”重要思想、科学发展观和习近平新时代中国特色社会主义思想为指导，全面、准确地记录韶关市自然、政治、经济、文化、社会等方面基本情况，为读者了解和研究韶关提供基础资料。

二、《韶关年鉴》采用分类编辑法，主体内容设类目、分目、条目，以条目为基本记载单元。全书条目的标题统一用黑体加【 】表示，少数包含多方面资料的条目则在文内用楷体标题标明各段资料的主题。

三、《韶关年鉴（2019）》着重反映2018年韶关市的基本情况。全书设图片专辑、韶关概貌、年度关注、2018年韶关大事记、中国共产党韶关市委员会、韶关市人民代表大会、韶关市人民政府、中国人民政治协商会议韶关市委员会、中国共产党韶关市纪律检查委员会和监察委员会、民主党派、群众团体、军事、法治、经济监督管理、财政·税收·金融、工业、农业·林业·水利·气象、商贸服务·开放型经济、交通运输·邮政·信息、城乡建设·生态环境、教育·科技·文化旅游体育、卫生·健康、社会生活、县（市、区）、人物、文献专载、统计资料、附录，28个类目，248个分目，1827个条目，共计810千字。

四、《韶关年鉴（2019）》在保持基本框架相对稳定的基础上，对部分内容进行调整、充实，突出韶关特色，增强使用价值。“年度关注”类目内容全部更新。“韶关概况”更名为“韶关概貌”；把“城乡建设·环保”类目中“城乡规划”分目移至“经济监督管理”类目下，和“国土资源管理”分目合并为1个分目，为“自然资源管理”分目；把“出入境检验检疫”分目取消，其内容合入“海关”中，将“海关”分目更名为“通关检疫”；在“社会生活”类目中增设“退役军人事务”“医疗保障”分目；“卫生·体育”类目更名为“卫生·健康”，将“体育”分目、“商贸服务·开放型经济·旅游”中“旅游”分目的内容整体移入“教育·科技·文化”类目中，将“教育·科技·文化”类目更名为“教育·科技·文化旅游体育”；将“商贸服务·开放型经济·旅游”更名为“商贸服务·开放型经济”“文献专载·法规”改为“文献专载”。

五、本年鉴统计数据采用法定计量单位，主要统计数据均经撰稿单位与统计部门核对，某些对应指标数据在上年出版后做了调整的，一般不予注明，而以本年出版的韶关市统计局提供的《韶关统计摘要》为准。

六、本年鉴配备双重检索系统，书前刊有目录，书后配有索引。索引采用主题分析法，款目按汉语拼音字母顺序排列。

七、本年鉴配套出版电子版（光盘），全书内容在省情信息网（www.gd-info.gov.cn）上同步推出。

目 录

图片专辑

韶关概貌

年度关注

2018年韶关大事记

中国共产党韶关市委员会

韶关市人民代表大会

韶关市人民政府

中国人民政治协商会议韶关市委员会

中国共产党韶关市纪律检查委员会和监察委员会

民主党派

群众团体

军 事

法　治

经济监督管理

财政·税收·金融

工　业

农业·林业·水利·气象

商贸服务・开放型经济

交通运输·邮政·信息

城乡建设·生态环境

教育·科技·文化旅游体育

卫生·健康

社会生活

县（市、区）

人 物

文献专载

统计资料

附　录

索　引

数字韶关·2018

◆土地面积	1.85万平方千米
◆年末户籍人口	336.6万人
◆年末常住人口	299.76万人
◆地区生产总值	1343.9亿元
◆第一产业增加值	156.0亿元
◆第二产业增加值	450.3亿元
◆第三产业增加值	737.6亿元
◆第一、第二、第三产业构成	11.6∶33.5∶54.9
◆人均地区生产总值	44971元
◆农林牧渔业总产值	254.1亿元
◆全社会固定资产投资总额	663亿元
◆全社会消费品零售总额	751.6亿元
◆地方 般公共预算收入	94.7亿元
◆地方一般公共预算支出	339.3亿元
◆各项税收	60.2亿元
◆金融机构存款余额	1849.8亿元
◆全体居民人均可支配收入	23676元
◆城镇居民人均可支配收入	30287元
◆农村居民人均可支配收入	15434元
◆累计脱贫人数	8.5万人
◆贫困发生率	0.27%
◆全日制高等学校学生数	36264人
◆技工学校学生数	20630人
◆普通中学在校学生数	156837人
◆医疗卫生床位数	1.82万张
◆境内公路通车里程	16917.5千米
◆城市污水处理率	88.5%
◆省级以上自然保护区面积	25.2万公顷
◆外贸出口总额	72亿元
◆外贸进口总额	84亿元
◆实际利用外资总额	5亿元
◆接待旅游总人数	4790.5万人次
◆旅游总收入	453亿元

重要会议

2018年6月29日，全省抓党建促脱贫攻坚工作现场会在南雄市召开（张伟　摄）

2018年1月12日，中国共产党韶关市第十二届委员会第六次全体会议召开（张伟　摄）

2018年1月17—18日，韶关市第十四届人民代表大会第四次会议在市委会议中心召开（张伟　摄）

2018年1月15—18日，中国人民政治协商会议第十二届韶关市委员会第二次会议在市政府南楼三楼会议室召开（冯兆宇　摄）

2018年1月19日，韶关市监察委员会成立大会在市委会议中心召开（杨纯　摄）

2018年11月13日，韶关市直机关党的政治建设推进会暨创建模范机关动员大会召开（市直属机关工委　供）

产业共建

2018年11月30日，莞韶产业共建项目集中动工暨招商项目集中签约仪式在韶关市曲江经济开发区主会场举行（市商务局　供）

2018年11月29—30日，韶关市举行2018韶关旅游文化产业投融资对接会重点文旅项目签约仪式（市旅游局　供）

2018年1月3日，韶关比亚迪实业有限公司装配车间（张伟　摄）

宝武集团广东韶关钢铁有限公司特钢生产线（张伟　摄）

2018年1月24日，白土工业园为重机大力引进先进设备投入生产制造（张伟　摄）

2018年4月3日，华南先进装备产业园内开工建设企业施工现场（张伟　摄）

2018年9月26日，大宝山矿凡洞新山片复垦复绿实景图（大宝山矿　供）

2018年12月，曲江区曹溪文化小镇“三个一”项目基本建成（张伟　摄）

2018年3月23日，第28届中国（翁源）兰花博览会展馆远眺（冯兆宇　摄）

2018年3月23日，第28届中国（翁源）兰花博览会开幕式在翁源县举行（翁源县史志办　供）

第28届中国（翁源）兰花博览会展馆一隅（冯兆宇　摄）

2018年9月23日，韶关首届“中国农民丰收节”暨生态农业博览会韶关主会场启动仪式在乐昌市长来镇和村村举行（张健元　摄）

2018年9月，韶关首届“中国农民丰收节”暨生态农业博览会韶关主会场乐昌市长来镇和村村美丽乡村（邓培雄　摄）

城市提升

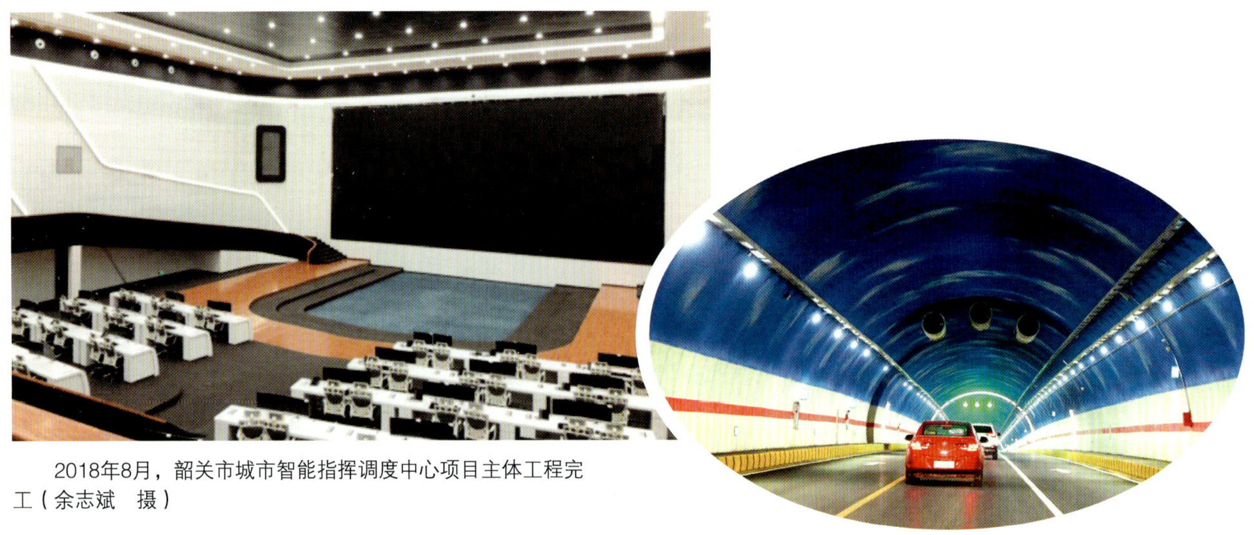

2018年8月，韶关市城市智能指挥调度中心项目主体工程完工（余志斌　摄）

2018年2月9日，韶关市区连接芙蓉新城的芙蓉隧道建成通车（张伟　摄）

韶关市武江区芙蓉新城俯瞰（张伟　摄）

2018年9月20日，韶关综合客运枢纽（一期）工程竣工验收并投入运营（张伟　摄）

2018年12月，城投商务中心完工（张伟　摄）

2018年12月，韶州公园一期工程基本完工（张伟　摄）

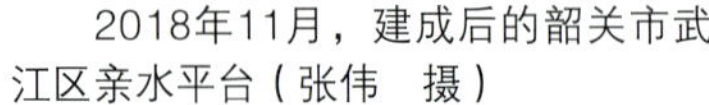

2018年11月，建成后的韶关市武江区亲水平台（张伟　摄）

2018年11月，市西河体育中心改造工程完工（冯兆宇　摄）

县域发展

2018年11月27日，浈江区委副书记、区长曾清兰与美的置业在韶关市签署韶关智慧松泉小镇项目投资协议（浈江区史志办　供）

2018年7月19日，2018年乐昌市黄金柰李水果节暨黄金柰李王评比活动在九峰镇举行（九峰镇　供）

2018年10月8日，南雄市珠玑镇灵潭村入选2018年中国美丽休闲乡村（童铜韶　摄）

2018年9月21日，南雄市湖口镇张屋村“三变改革”股份合作社揭牌仪式在当地举行（蔡仁银　摄）

2018年12月21日，广东省农业科学院专家翁源工作站暨广东（翁源）兰花研究院揭牌仪式在翁源县兰花产业园举行（翁源县史志办　供）

2018年8月8日，新丰县与中润北科生物科技有限公司在新丰县政府会议中心签订北科国际生命科学小镇项目框架协议（新丰县史志办　供）

精准扶贫

2018年1月3日，南雄市澜河镇葛坪村村民养鸡致富（南雄市史志办　供）

2018年3月16日，南雄市古市镇莲藕基地村民种植莲藕（南雄市史志办　供）

2018年9月13日，乐昌市长来镇和村村干净整洁的道路（张伟　摄）

2018年4月9日，新丰县沙田镇下埔村利用党建引领带动建设美丽乡村（张伟　摄）

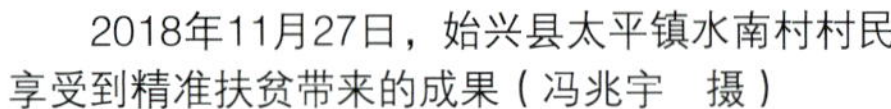
2018年11月27日，始兴县太平镇水南村村民享受到精准扶贫带来的成果（冯兆宇　摄）

曲江区樟市镇西约村成功打造成新农村建设“网红”村（阳艮生　摄）

2018年6月13日，南雄市珠玑镇角湾村蜜蜂养殖户获得丰收（南雄市史志办　供）

2018年6月13日，南雄市古市镇柴岭村支书吴竹香带领村民种植三华李致富（南雄市史志办　供）

教育现代化

2018年10月9日，广东省松山职业技术学院院长吴奇峰（右中）一行在2018年度韶关市大众创业万众创新活动周中参观该校展示项目（张啸杰　摄）

2018年6月15日，浈江区黄金村中心小学扩容提质工程新校舍落成揭牌暨孔子像揭幕仪式在新韶镇黄金村中心小学新校区举行（浈江区史志办　供）

2018年10月，装修改造后的韶关学院韶州师范分院旧址，现今的浈江区风采实验学校（张伟　摄）

2018年12月，韶关九龄高级中学启用（黄国华　摄）

卫生创强

2018年2月5日，韶关市第一人民医院成为韶关地区唯一一家“广东省胸痛中心”认证医院（韶关市第一人民医院 供）

2018年5月8日，韶关市“乡村健康快车”启动仪式暨南雄光明行活动在南雄市乌迳镇举行（韶关市铁路医院 供）

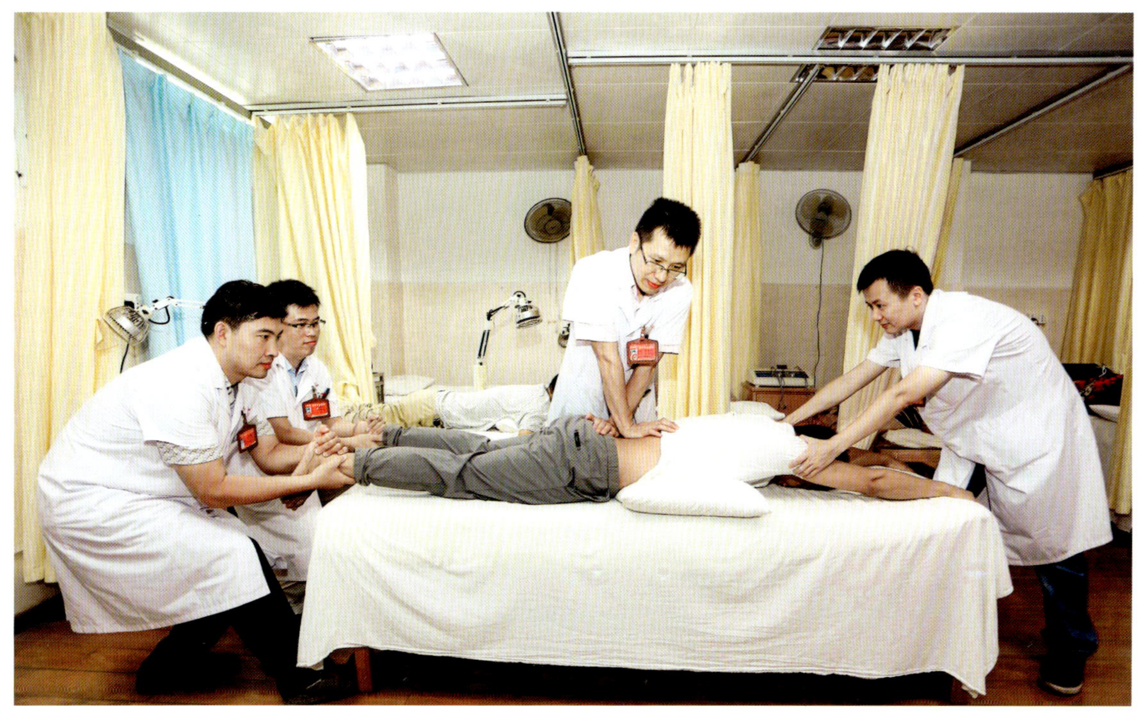

2018年9月27日，韶关市中医院针灸科医生使用省中医重点专科针灸科——龙氏正骨整脊疗法为腰椎间盘突出症患者治疗（杜洁红　摄）

2018年5月16日，广东省2018年健康素养宣传年启动仪式在曲江人民公园举行（伍荣海　摄）

营商环境

2018年7月5日，前来行政服务中心办理业务的韶关市民顺利办好所需营业证件（冯兆宇　摄）

2018年12月6日，2018年韶关企业人才活动周签约仪式在韶关市举行（张伟　摄）

2018年5月18日，2018丹霞全球天使投资高峰会在韶关市举办（张伟　摄）

2018年5月29日，韶关市召开全市推进“马上办”服务改革现场会，市委副书记、市长殷焕明（左一）带队现场观摩工商、司法、国土、住管、民政等部门驻市行政服务中心办事窗口的改革试点进展（市市场监督管理局　供）

2018年7月29日，市工商局联合市消委会、打私办、个私协会等单位在益华百货广场举行食品安全宣传周暨食品安全消费体验活动（市市场监督管理局　供）

2018年12月30日，乳源农商银行挂牌开业仪式在该行举行（市金融工作局　供）

文化建设

2018年2月9日，重修后的斌庐启用仪式在百年东街举行（张伟　摄）

2018年2月9日，位于百年东街的重修后的斌庐外景（邓培雄　摄）

2018年1月1日，韶关城市形象发布暨庆祝元旦群众社团文艺展演在韶关市区中山公园举行（冯兆宇　摄）

2018年1月23日，“善美之城·文明韶关”韶关市风度书房启用仪式在中山公园举行（冯兆宇　摄）

2018年8月17日，在鑫金汇财富广场举办的南国书香节现场瑶绣体验（冯兆宇　摄）

2018年10月1—3日，韶关市第二届民间艺术花会在中山公园举行（赖金棠　摄）

2018年6月29日，始兴县在中共广东省委粤北省委机关旧址——始兴红围举办红色主题教育活动暨2018年始兴围楼文化旅游节启动仪式（赖金艳　摄）

2018年11月2日，2018广东（南雄）银杏文化旅游节在南雄市开幕（蔡仁银　摄）

2018年3月24日，重走长征路·再创新辉煌——2018广东省红色旅游系列活动启动仪式在南雄市油山镇上朔村举行（市旅游局　供）

2018年11月17日，在仁化县举行的广东省第五届自行车联赛（韶关仁化丹霞山站）暨丹霞山首届越野跑挑战赛上参赛选手获奖（龙全明　摄）

2018年10月17日，广东省第九届老年人体育健身大会开幕式在南雄市举行（南雄市史志办　供）

2018年10月31—11月3日，2018—2019年“乐昌桃花杯”全国象棋女子甲级联赛在乐昌北乡兰花公园举行（乐昌市体育局　供）

2018年11月1日，韶关市庆祝改革开放40周年专题摄影展在韶关市博物馆举办（童铜韶　张伟　冯兆宇　摄）

2018年4月28日，韶关市庆祝“五一”国际劳动节暨大力弘扬工矿精神主题活动在韶关剧院举行（张伟　摄）

2018年4月28日，在韶关市庆祝“五一”国际劳动节暨大力弘扬工矿精神主题活动中，获得表彰的全国、全省先进个人和单位合影（张伟　摄）

从严治党

2018年1月19日，市委书记莫高义（右），市纪委书记、市监察委员会主任郭建生（左）共同在市委大楼门口为韶关市监察委员会揭牌（杨纯　摄）

2018年9月28日，市直机关学习贯彻习近平新时代中国特色社会主义思想大培训在市委党校举行（市直属机关工委　供）

2018年5月4日，省编办副主任吴青川带领体改处党支部与韶关市编办机关党支部开展“手拉手”支部共建活动（市编办　供）

2018年9月17日，韶关供电局党员突击队支援阳江市抗击台风“山竹”，使用无人机对线路进行巡视（潘跃鹏　摄）

2018年4月27日，韶关市质监局2018年党风廉政建设和反腐败工作会议在该局会议室召开（市质监局　供）

2018年7月11日，中国工商银行韶关分行管理人员到韶关市党风廉政建设、干部任前法纪教育暨预防职务犯罪教育基地开展“洁身自好，担当有为”廉洁从业警示教育学习（工行韶关分行　供）

2018年6月30日，市工商局到乐昌市龙王潭红色基地开展“七一建党节”暨“不忘初心 牢记使命，学习贯彻党的十九大精神”主题党日活动（市工商局　供）

2018年12月29日，韶关卷烟厂举办深入学习“十九大”精神　努力推进“两学一做”——韶关卷烟厂纪念改革开放40周年情景式党课比赛（王永亮　摄）

2018年3月8日，韶关市中级人民法院在第一审判庭举办“不忘初心·牢记使命”主题文艺会演（韶关市中级人民法院　供）

2018年5月14日，中国邮储银行韶关市分行组织开展“不忘初心·牢记使命”学习贯彻十九大精神知识竞赛（邮储银行韶关市分行　供）

韶关概貌

市情概览

【明清以前历史概况】 韶关是“马坝人”的故乡，其后裔在此繁衍生息，不断开发。粤北存在一个不甚发达的青铜器时代；粤北在战国时期已进入使用铁器时代。

北方人民不断南徙粤北，是粤北加速开发的重要因素。公元前214年，秦始皇略定岭南，设置南海、桂林和象郡，汉人开始有组织地从黄河、长江流域迁移此三郡，和越人杂居。此后，这种迁移一直没有间断，其大规模的迁移主要有四个时期：东汉后期、晋室南渡和南朝初期、唐安史之乱及北宋靖康年间，中原一带战争、瘟疫与自然灾害不断，满目废墟，北方人民纷纷南逃，避祸岭南，首先在粤北落籍。

西汉时期，浈阳县（今英德市）吴霸召集未有家业的移民和溪洞山民就地耕种，开始有组织地开荒垦殖。到东汉时期，本境农业得到进一步发展，推广中原地区的农业生产经验，各县教人种桑、养蚕、种麻，用麻、丝织履织布，收到很好的成效。以后不断推广水利灌溉新技术，使农业产量大增。那时已有畜力犁耙的新农具，并懂得于田边装上漏斗形的排灌设施。这些新技术促进粤北的农业开发。

粤北古代经济的腾飞，以矿业的崛起为支柱。连县矿业开发较早，在唐代，桂阳有银、铁、阳山有铁，连山有金、铜、铁。时连州已有铅锡冶。

到宋代，粤北的矿冶业更加发达，各种冶炼场遍布各县。至宋代粤北的矿藏已得到较好的开发和利用。宋代韶州的岑水铜场（今曲江大宝山一带），从开采规模到冶炼技术，为全国铜冶炼业中的佼佼者。

唐以来，粤北的手工业也有一定发展。比较著名的有竹布、竹笺；乐昌的灵溪酒，与博罗桂酒并列为岭南名酒。到宋代，粤北土布生产、印染、针绣达到一定水平，韶州和南雄是当时织布和丝绸中心。瑶族“瑶斑布”，其制作方法，在当时是先进技术。粤北的造船业也比较发达，早在唐代已能制作渡船和小木船，宋代开始制作运输船。

韶关水陆交通方便，是造就粤北古代经济繁荣的又一重要因素。自东汉以后，粤北的水陆交通不断得到整治和改善。汉建武初年（约公元30年前后），桂阳太守卫飒在曲江、含洭、浈阳一带，督民凿山开道五百余里，沿途设置亭传邮驿。建初八年（公元83年），大司农郑弘奏开零陵、桂阳峤道，穿过腊岭通往湖南临武，成为南北交通的常道。东汉桂阳太守周昕募民开凿武溪，整治九泷十八滩，疏浚平直，下合浈水，时人称便。唐开元四年（公元716年），张九龄奉诏开凿大庾岭新路，使岭南与岭北交通更为便利。自此以迄清末，从广州顺北江上溯连江或武江，可连接荆、广两大都会；以曲江为中转，沿浈水上南雄，过大庾岭下赣江、长江，转大运河，可直抵京师；陆上桂阳道和西京古道，逾岭后均会于此。大庾岭路的修筑拓宽，使韶关和雄州镇成为南北货物流通的转运站和集散地，促进粤北商业的繁荣昌盛。

粤北是兵家必争之地。南（雄）韶（州）连（州）地处大庾、骑田二岭南侧，不但是南北交通的重要孔道，而且地势险要，利于回旋，历来是重要的武关，兵家必争之地。

秦始皇统一中国，经过两次南征，将岭南纳入秦朝的版图。其后，西汉元鼎四年（公元前113年）和东汉建武十八年（公元42年），杨仆、路博德与马援三将军，分别取道横浦、湟水和

▲ 韶关景色远眺 （张伟 摄）

武溪，平定岭南。随着经济文化的发展，韶关一带的军事、政治地位愈益重要。

东晋卢循、梁末陈霸先两次北取建康，均在粤北筹备钱粮，营造船舰，以始兴为战略基地。古代多次改朝换代，陈末番禺夷帅王仲宣北拒隋师，后梁刘岩割据岭南，北宋潘美平定南汉，南宋岳飞击曹成，元军平岭南。隋初战乱，广州治所曾移治曲江。元初，广州按察司也曾一度迁驻韶州。

在古代，本境汉瑶各族人民反抗封建统治的斗争，史不绝书。从东汉延熹七年（公元164年）起，就有始兴、桂阳两郡少数民族起而斗争的记录。唐末黄巢起义军转战岭南，安徽将领鲁景仁率千骑攻占连州，与当地及湖南瑶汉人民联防据守，坚持斗争近20年。

【明清时期历史概况】 明清时期，粤北的经济进入缓慢发展阶段，渐渐落后于广州等沿海地区。但粤北的工农业仍有新的发展，采矿业在广东地区仍然占有举足轻重的地位。如阳山的铁冶所，明洪武七年（1374年）全国设置13个铁冶所，其中广东阳山年产铁390吨，占全国总产量的80%。到清代粤北矿产的开采仍达10多种之多。粤北的土纸、毛笔等生产都曾盛极一时，当时有造纸、造船、织布、制香粉、烧炭等手工业生产活动及制糖，酿酒，腌制和烟丝等农副产品加工。织布业不仅利用棉花，而且能利用麻类及野生植物纤维。尤其始兴县的家织布备受欢迎。手工业的产品销向清远、三水、广州、佛山、肇庆、江门等地。粤北的造船业的发达始于明代后期，能够制造较大的艨艟，顺风挂帆，无风使橹。清光绪年间（1875—1908年），造船技术又有很大进步，造船载重的吨位：南雄上方船10吨，始兴船30吨，石马船30至50吨。

至明清时期，粤北商业达到鼎盛。湘、赣、闽、浙和广州等地商人云集韶州。各地商业会馆林立，主要的有广州会馆、四邑会馆、福建会馆、豫章会馆等。城区和郊外开辟清平墟、南皋墟、皇中墟、长坪墟、大墨墟、上韶墟、文化墟、布贤墟、大风墟等九大贸易市场，出现牙行业，旅栈业、银楼业、典当业、米行业、盐行业等十几个行业。当时雄州镇也是繁华之地。于浈江沿岸建有盐、木、猪等十大码头；有船只500艘，牛车100辆。城内有盐店、牙行221间。

随着工农业和商业的发展，税赋收入日益增加。国家便在粤北设关征税。韶州成为全国著名的税关，韶州也因此改名韶关。先后设立太平关（太平东关）、太平西关、浛洸、太平北关等。韶州自设关征権后，成为国库和地方财政的一大财源。后来，粤海关（清中沿海开禁后始设）有代太平关征收湖丝税银一项，由粤海关按季造册移报。及至九江、汉口开港通商，内地货物来粤渐少，洋货亦半由海运，太平关税项亦随之短绌。

粤北的军事战略地位在此期间也依然明显。明军会师广州，南明抗清与三藩之乱等，在南雄、韶州、连州都驻有重兵，并有重大的战役。太平天国革命的各个发展阶段，都有其军政要员和革命军在粤北活动。

【民国时期历史概况】 民国前期，战乱与天灾不断，加上铁路与公路陆续通车，水运优势逐渐减退，粤北各地经济活动日见萎缩。抗日时期，广东省府曾移治曲江，大量军政机关、学界、商界人员涌入，出现过一片热闹景象。解放前的水利设施十分简陋，北江防洪堤围多年失修，田间排灌渠道少而混乱，引水自流灌溉面积仅占耕地面积的20%。水能资源的利用近乎空白。

民国年间，粤北的山林多为地主和氏族公堂占有，森林资源得不到开发利用。当时政府曾先后在曲江、乐昌等县投资开办苗圃、林场，种植油桐和樟树，终因经营管理不善，成效甚微。粤北工业基础薄弱，生产规模狭小。1949年，全市工业总产值仅1508万元（1980年不变价），占全区工农业总产值的5%。韶关的城市建设处于自发状态。街道狭窄，设施简陋，“马路不平，电灯不明”。每当雨季河水横溢，市民不堪其苦。解放当时，市区仅有几家作坊和手工工厂，工人不足700人，年产值仅244万元。城区人口5.09万，面积1.7平方千米。

近现代以来，粤北军事战略地位更加凸显。民国11年（1922年）5月和民国13年（1924年）9月，孙中山两次亲临韶关，在原韶州镇台署设置北伐大本营，组织誓师北伐。二次北伐时，还到过韶关芙蓉山、莲花山及南雄、始兴等地视察。

民国12年（1923年）至民国23年（1934年），中国共产党和中国工农红军的领袖毛泽东多次到粤北，组织发动革命活动，有三次住在市区。民国16年（1927年）至民国23年（1934年），红军领袖朱德也曾率部在粤赣湘边境活动，并参加中共粤北特委的领导工作，常驻墨江会馆。南昌起义失败后，陈毅随朱德在粤北开展革命活动，驻军于市区法国天主教堂。后在南雄县油山坚持三年游击战，写有《登大庾岭》《偷渡梅关》及《梅岭三章》等著名诗篇。民国26年（1937年），还在南雄钟鼓岩与江西大余县国民党县长的代表举行谈判，建立抗日民族统一战线。民国21年（1932年）1月、2月间，邓小平和军长张云逸、总指挥李明瑞率红七军从广西向中央苏区集中，转战于连县、乳源、乐昌等地。民国28年（1939年）12月、民国29年（1940年）5月和民国33年（1944年）12月，国民党第十二集团军在粤北组织三次会战，打退日寇的进攻。

【中华人民共和国成立后历史概况】 中华人民共和国成立后，国民经济逐渐恢复和发展，人民生活趋于安定。韶关作为华南重工业基地和广东战略后方，作为小三线建设的地区，曾被国家和广东省委以重任，先后部署一大批国家级、省级骨干工业企业，由此奠定韶关在广东省的工业“龙头”地位，并创造出多个“第一”。1968年9月，韶关油泵油嘴厂试制成功中国自行设计的九〇系列分配式油泵。1971年，韶关挖掘机厂开始试制1立方米机械式和全液压式挖掘机，当年生产2台。1971年11月28日，韶关棉纺厂生产出第一批棉帘子布，填补省内空白。1973年，韶关水轮机厂试制成功中国第一台高水头、高转速水轮发电机组。1973年2月，韶关市无线电厂研制成功晶体管161型“南华”牌台式计算机。1975年8月，韶关市无线电厂研制成功南华牌LX—121型银行利息机，并于1977年10月获1977年全国台式计算器质量评比第一名。韶关因此成为全省第二大工业城市。到1966年上半年，韶关全区的经济形势全面好转，城乡市场繁荣，人民收入增加，生活明显改善。但是十年“文化大革命”，严重影响韶关经济社会发展，粉碎“江青反革命集团”后，韶关各项事业在曲折中前进。改革开放后10多年间，由于区位优势的弱化，改革开放的力度不强和步伐偏慢等原因，韶关不仅与珠三角地区差距越拉越大，甚至连原来发展较慢的湖南郴州和江西赣州，也有赶超韶关之势，经济发展步伐明显滞后于广东，也稍慢于全国。1978年，韶关人均地区生产总值410元，高于同期全国的381元、广东的370元，经济总量在广东居第五位。1979—2007年经济年均增长率，广东13.8%、全国9.8%、韶关只有9.4%。2007年，韶关经济总量退居第15位，人均地区生产总值只有16049元，仅为广东33151元的48.4%、全国18934元的84.8%。随着2013年11月“一带一路”倡议的提出，韶关借助历来是内陆腹地通往珠三角走向海上丝绸之路的重要节点城市的有利地位，参与21世纪海上丝绸之路建设，加快交通基础建设的脚步。“十二五”期间韶关的交通基础设施建设实现大提速，成功融入以广州为核心的珠三角“一小时”经济圈，形成以“四高三铁一航”为主骨架的综合交通网络。

【明清以前建置】 今韶关市所属各县（市、区），因受南岭山脉的阻隔，上古时代与中原联系甚少。当时并无实体建置。汉朝开始有行政建置，但因地旷人稀，长期被统治者视为“化外之地”和“瘴疠之乡”，郡县稀疏，归属不一。二千余年的建置沿革，事迹纷繁，千移百改。

先秦时期，粤北建置无考。

秦统一六国，始皇帝三十三年（前214年）略定扬越，置南海、桂林、象郡。今粤北各地其时均未建县。

高祖建汉后，本境开始建县。陆续建立曲江县（包括今曲江、乳源、仁化、乐昌4县）、桂阳县（包括今连县、连南、连山3县）、阳山县、含洭县（今英西）、浈阳县（今英东及翁源县）。

武帝元鼎六年（前111年）平南越后，以粤北5县内属桂阳郡，郡治在郴（今湖南省郴州市），隶于荆州。

东汉各朝，省阳山县，并入含洭县。

两汉时期，今南雄、始兴一带尚未独立建县，地属扬州豫章郡南野县（古代野同埜，或写作壁）。

三国两晋及南北朝时期，开始在粤北设郡置州，加快开发的步伐。

南朝时期，朝代更替和州郡废置频繁，建置沿革较为复杂。

隋唐时期，全国重新统一，粤北建置渐趋稳定。

唐武德四年（621年），平岭南。改熙平郡置连州，治在桂阳，领3县：桂阳、阳山、连山。析广州之曲江、始兴、乐昌、翁源4县置番州，不久更名东衡州，领6县：曲江、临泷（析曲江县置）、良化（析曲江县置）、始兴、乐昌、翁源。武德五年，在含洭置洭州，领含洭、浈阳、翁源3个县。

有唐一代，韶州属岭南道（贞观元年，627年），连州初属江南西道（开元二十一年，733年），后属岭南道。

五代时期，后梁乾化元年（911年），刘岩发兵破韶州。时韶州领6个县：曲江、仁化、乐昌、始兴、浈昌、翁源。

宋元以后，南（雄州）、韶（州）、连（州）三地的建置，或为州，为路，为府，辖区大体不变。

北宋时期，粤北境内分置4个州，均属广南东路。

南宋时期，粤北各州亦属广南东路。

南雄州与连州的建置，与北宋完全相同。

韶州虽仍辖5个县，辖境亦不变，但所辖县名稍有变化：南宋初，撤销建福县；乾道二年（1166年），析曲江与乐昌2个县地置乳源县。

英州于庆元元年（1195年）升为英德府，仍领真（浈）阳、治光（即浛洭）2个县，辖区不变。

元至元十三年（1276年），韶州归附于元，未几叛。十五年（1278年）始定，置韶州路总管府，领曲江、乐昌、仁化、乳源4县。

至元十三（1276年）年，英德府归附于元。十五年（1278年），立英德路总管府。二十三年（1286年），降为散州。大德五年（1301年）复为路，至大元年（1308年）复降为州，领真阳、含洭、翁源3个县。

至元十五年（1278年），又置南雄路总管府，领保昌、始兴2个县。

以上2个路1个州，属广东道。

至元十三年（1276年），于连山县置安抚司，领阳山县。十七年，废安抚司，升为连州路总管府。十九年降为散州，称连州，领连山1县。

至元十三年（1276年），桂阳县归附于元。十九年（1282年），升桂阳县为散州，称桂阳州，割连州（治在连山）之阳山县属之。

以上2个州，初隶湖南道，后改隶广东道。

【明清以后建置】 明洪武元年（1368年），置韶州、南雄二府，属广东布政司。韶州府领曲江、乳源、仁化、乐昌4个县；南雄府领保昌、始兴2个县。

明洪武二年（1369年），英德降州为县，与翁源2个县入韶州府。

洪武二年（1369年）3月，桂阳州省入连州（今连山），领桂阳、阳山2个县。4月，废连州，地属连山县，划归韶州府。洪武三年（1370年）9月，连山县并入阳山县。洪武十三年（1380年）11月，复置连山县。洪武十四年（1381年）4月，于桂阳旧治复置连州（今连县），属广州府，领阳山、连山2个县。

清沿明制，韶州府的建置一直不变，领曲江、乳源、仁化、乐昌、英德、翁源6个县。

南雄于清初为府，嘉庆十一年（1806年）降为直隶州，裁去保昌县；十六年（1811年）复升为府，次年再降为直隶州（保昌附郭），领始兴县。

连州初隶于广州府，雍正五年（1727年）升为直隶州，领连山、阳山2县。嘉庆二十一年（1816年）升连山县为绥瑶直隶厅，连州城附郭，只领阳山县。

以上府、州、厅，均隶于广东省。

又，自明中叶至于清末，不断在今粤北境内，设置道一级的行政监察区，或是分守、分巡机构。其中有明弘治十八年（1505年）的南韶道，明嘉靖十四年（1535年）的南韶道，清康熙十三年（1674年）的南韶道，康熙二十一年（1682年）的广南韶道和清乾隆（1736—1795年）以后的南韶连兵备道等。

【民国时期建置】 民国时期，粤北属广东省。地方政权建置的变化也甚频繁。

民国1年（1912年），在粤北初置军事机关南韶连绥靖处，兼管地方行政，驻韶关。下辖南雄、始兴、曲江、乳源、仁化、乐昌、翁源、英德、连县（含连南三江）、连山（含瑶排）、阳山11个县，即今韶关市全境。

民国2年（1913年）1月，始置南韶连道（治在今韶关市区）。

民国7年（1918年），改称岭南道。

民国9年（1920年）12月，改置南韶连行政委员会。

民国16年（1927年）5月，改置南韶连政务委员会。

以上行政机关，名称虽异，辖区均同。

民国17年（1928年）3月，改立北区善后委员公署，并将原在连山县设置的瑶务处升格为连阳化瑶局（民国25年（1936年）4月改称连阳安化管理局），由原属省直辖转归北区管辖。民国17年（1928年）8月，在曲江县城（今市区）设韶州市政局，亦直属北区管理；民国18年（1929年）6月撤销，拨归曲江县。

民国21年（1932年），西区并入北区，改称西北区绥靖委员公署，治所仍驻在韶关。辖境除原北区的11个县1个局（连阳化瑶局）外，增辖西区的高要、四会、新兴、高明、广宁、鹤山、德庆、封川、开建、罗定、云浮、郁南、阳江、阳春14个县，共辖25个县1个局。

民国25年（1936年）10月，广东省分设九个行政督察区，粤北为第二行政督察区，专署驻韶关，辖境又恢复到善后委员公署时期的11个县1个局。

民国28年（1939年）2月，迫于紧张的抗日军事形势，国民党省府迁至韶关。将原属第一行政督察区的清远、佛冈、从化、花县4个县划入本区。此时，本区辖县增至15个县1个市1个局。

民国32年（1943年）11月，析曲江县城置韶关市，并升格为省直辖市。

民国34年（1945年）1月，韶关为日军占领，市的建制自行解体。

民国35年（1946年）3月，连阳安化管理局改置为连南县。此后，粤北全境共有12个县，辖境与今韶关市同。

民国38年（1949年）4月，粤北分置3个行政督察区，其中第三行政督察区专员公署设在英德，下辖英德、清远、佛冈、新丰、翁源5个县；第四行政督察区专员公署设在韶关，下辖曲江、乳源、仁化、乐昌、南雄、始兴6个县；第五行政督察区专员公署设在连县，下辖连县、连南、连山、阳山4个县。

从民国38年（1949年）3月至当年冬，粤北各地相继解放。

【中华人民共和国成立后建置】 中华人民共和国成立后，为适应各时期的政治形势，加强经济与文化建设，粤北境内的行政机构设置及其隶属关系，也有过多次变革。

建国前夕，1949年9月15日，接中原临时人民政府电令，决定设立北江临时人民行政委员会。18日，于南雄县正式成立，隶属中共华南分局领导。1949年10月7日，韶关市区解放后迁驻韶关。是日，同时成立韶关市人民政府。

1950年1月27日，北江临时人民行政委员会易名为北江人民行政督察专员公署，驻韶关，隶属广东省人民政府领导。下辖16个县1个市：曲江、乳源、仁化、乐昌、南雄、始兴、翁源、英德、连县、连南、连山、阳山、清远、佛冈、从化、新丰及韶关市。

1950年5月5日，韶关撤市建镇，归曲江县管辖。

1950年9月21日，改称北江区行政督察专员公署（简称北江专员公署），辖境与前同。

1951年6月1日，恢复韶关市建制；同年12月，新丰县划入东江专区。此时，北江专员公署下辖15个县1个市。

1952年11月9日，设立粤北行政公署，机构升格，辖区有所扩大。除原辖境15个县1个市之外，还增辖原属东江专区的连平、和平、新丰3个县，以及原属珠江专区的花县，合共19个县1个市。自此至1956年2月底，粤北行政区只是属下个别县的建制有些变动，而全区所辖范围不变。

1956年3月1日，改置韶关专员公署，辖境与建国初期原北江人民行政督察专员公署的辖区一样。因花县划归佛山专区，连平、和平二县划归惠阳专区，本境缩减至16个县1个市。

1957年6月，析曲江、乳源、乐昌3个县地置韶边瑶族自治县。此时，本区辖境不变，辖县增至17个县1个市。

1958年12月，撤销惠阳专区，原属惠阳专区的连平、和平、龙川、河源4县划入韶关专区；佛冈并入从化县。同时，在“公社化”高潮中，普遍实行撤小县，并大县，全区共有9个县1个市。

1960年起，粤北各县的建制和领属关系逐步恢复到1958年前的状况。当年，恢复新丰、始兴、阳山3个县，连平县更名和平县，连阳各族自治县更名连州各族自治县。1961年，撤销连州各族自治县，恢复连县、连南瑶族壮族自治县（含连山县）、曲江县、仁化县。1962年9月，复置连山僮族瑶族自治县（1965年改称壮族瑶族自治县）；同年，恢复连平县；10月，成立乳源瑶族自治县。1963年6月15日，广州市的佛冈县划归本区，河源、连平、和平、龙川4县划归惠阳专区。至此，韶关专区的辖区再度变为15个县1个市，即：曲江、乳源瑶族自治县、仁化、乐昌、南雄、始兴、翁源、英德、连县、连南瑶族自治县、连山僮族瑶族自治县、阳山、清远、佛冈、新丰和韶关市。

“文化大革命”期间，1968年2月，成立韶关专区革命委员会，取代中国共产党韶关地方委员会和韶关专员公署；1970年10月，更名为韶关地区革命委员会，辖区均不变。

1975年，新丰县划入广州市；当年11月，曲江县划入韶关市管辖。1977年1月，韶关市升格为省直辖市，脱离地区建制。至此，韶关地区下辖13个县，韶关市下辖1个县。

1979年3月，撤销韶关地区革命委员会，改置韶关地区行政公署；1981年7月，撤销韶关市革命委员会，改置韶关市人民政府，辖境均不变。

1983年6月，韶关地区与韶关市合并，统一称为韶关市（地级市）。清远、佛冈2个县划入广州市。本市下辖市区和12个县：曲江县、乳源瑶族自治县、仁化县、乐昌县、始兴县、南雄县、英德县、翁源县、连县、连南瑶族自治县、连山壮族瑶族自治县、阳山县。

1984年9月，韶关市区分置3个县级的市辖区：北江区、浈江区、武江区。至此，韶关市下辖3个区12个县。

1988年1月7日，将英德县、阳山县、连县、连南瑶族自治县、连山壮族瑶族自治县从韶关市划出，同时将新丰县划入韶关市。韶关市此时辖北江区、武江区、浈江区、曲江县、乐昌县、翁源县、仁化县、南雄县、始兴县、新丰县、乳源瑶族自治县，共3个区8个县。

1994年4月28日，撤销乐昌县，设立乐昌市。韶关市受广东省人民政府委托代管乐昌市。

1996年6月17日，撤销南雄县，设立南雄市。韶关市受广东省人民政府委托代管南雄市。至此，韶关市下辖北江区、浈江区、武江区、乐昌市、南雄市、曲江县、乳源瑶族自治县、始兴县、仁化县、翁源县、新丰县共3个区、2个县级市、6个县。

2004年5月29日，韶关市对部分行政区划进行调整，撤消韶关市北江区和曲江县，设立韶关市曲江区，将北江区全境及原曲江县的犁市镇、花坪镇并入浈江区管辖。

广东省从2010年10月1日开始试行省直管县财政改革，韶关市南雄市、仁化县、乳源瑶族自治县、翁源县分别于2010年、2013年、2014年、2015年成为广东省直管县财政改革试点地区。

【位置和面积】 韶关位于广东省北部，北界湖南，东邻江西，东南面、南面和西面分别与本省河源、惠州、广州及清远等市接壤。介于北纬23°53′—25°31′，东经112°53′—114°45′之间，东起南雄市界址镇界址村，西至乐昌市三溪镇丫告岭村，北自乐昌市白石镇三界圩村，南至新丰县马头镇路下村。全市土地面积1.84万平方千米，居广东省第二位，市区面积3468平方千米。

【地貌】 韶关地形以山地丘陵为主，河谷盆地分布其中，平原、台地面积约占20%。自北向南三列弧形山系排列成向南突出的弧形构成粤北地貌的基本格局：北列为蔚岭、大庾岭山地，长140千米；中列为大东山、瑶岭山地，长250千米；南列为起微山、青云山山地，长270千米。其间分布两行河谷盆地，包括南雄盆地、仁化董塘盆地、坪石盆地、乐昌盆地、韶关盆地和翁源盆地。地势北高南低，北部地势为全省最高，位于乳源瑶族自治县、阳山县、湖南省交界的石坑崆，海拔1902米，为广东第一高峰。南部地势较低，市区海拔在最低35米。

【气候特点】 2018年，韶关气候总体比较平稳，气候主要特点是：“气温高，高温天气多；开汛晚，旱涝急转快；春夏干旱，早秋早冬。”

气温：全市年平均气温20.6℃，较常年偏高0.5℃，属显著偏高年份。年内有9个月出现气温正距平，其中气温明显偏高的月份有：3月、5月、11月，分别偏高2.6℃、2.4℃、0.8℃。出现气温负距平的月份为6月、8月、10月，分别偏低0.2℃、0.4℃、1.7℃。年内极端最高气温为36.5—37.9℃，极端最低气温为-3.7—-0.3℃。全市平均高温（最高气温≥35℃）日数共42天，较常年偏多16.4天，位列有气象记录以来历史第六多。

从空间分布来看，2018年，全市各县（市、区）年平均气温均较常年平均值偏高，最高始兴县偏高0.7℃，乐昌市、南雄市、乳源瑶族自治县、翁源县、新丰县偏高0.3—0.6℃，其余偏高0.1—0.2℃。

雨量：2018年5月7日全省开汛，比历史常年晚31天。全年降水量1595毫米，属正常年景。汛期出现5次大范围强降水过程。5月9—10日、6月8—9日、8月31日—9月1日、9月17日、10月15日。

年内降水分布极不均匀。从时间分布情况来看：月降水量最多在6月为311毫米，最少在2月为38毫米。与常年值比较，降水偏多的月份有6月、12月，均偏多1—2成，1月和8—11月偏多6成到1.7倍；偏少的月份有2—5月和7月，偏少3—7成。

从空间分布情况来看：最多乳源1828毫米，最少乐昌市1433毫米。与常年同期比较，各地降水均属正常。

日照：2018年全市平均日照时数1563小时，与历史常年持平。其中12月日照严重偏少，比常年平均少7成；3月严重偏多1.3倍；2月、5月偏多6成；其余月份正常。

雷电：2018年1—12月，全市共收到14宗雷击灾害报告。其中，农村雷灾事故6宗，雷击身亡事件2宗。直接经济损失60.57万元，间接经济损失达5000元。

【土地资源】 2018年，韶关市总面积184.13万公顷。农用地面积169.62万公顷，其中耕地面积22.0万公顷、园地面积2.66万公顷、林地面积140.25万公顷、草地面积2.43万公顷，其它农用地4.71万公顷；建设用地面积8.86万公顷，其中城镇及工矿用地面积6.42万公顷、交通运输用地2.12万公顷、水利设施用地5.52万公顷（水库及水利设施）；未利用地面积5.65万公顷。

【矿产资源】 截至2018年底，主要矿产资源保有储量为：煤（矿石量）1.3亿吨；铁（矿石量）0.26亿吨；锌（金属量）249.5万吨；铅（金属量）103万吨；钨（金属量）17.6万吨；锑（金属量）6.6万吨；钼（金属量）6.29万吨。至2018年12月31日，全市持有效采矿许可证的矿山共计114个（按矿种划分：放射性矿种1个；金属矿18个；地热、矿泉水10个；其他非金属、采石取土类85个。按发证机关分：自然资源部发证2个，省自然资源厅18个，市级19个，县级74个），有效勘查许可证的探矿项目共计56个（按勘查矿种分：钼、锑、钨、银、萤石各1个，轻稀土和铁各2个，地热、金、铌钽各3个，多金属5个，铜12个，铅21个；按发证机关分：自然资源部发证29个，省自然资源厅发证1个，市级发证26个）。（莫新生）

【水资源】 韶关市位于广东省北部、北江流域中上游，属亚热带季风气候区，国土面积1.84万平方千米。韶关市水资源分区划分为浈江、武江（中下游）、北江上游、滃江、连江（连江中游支流黄洞河、大潭河）、新丰江（上游）、桃江和章江（长江流域）等八个四级水资源分区。韶关市境内主要江河有浈江、武江、墨江、锦江、南花溪、南水、滃江、北江干流及新丰江，北江由北向南贯穿本市，两侧大小支流密布，各大小支流都源于高、中级山地，且切割很强，两岸壁立的峡谷甚多，水流湍急，河道比降陡，流量大，水力资源丰富。全市多年平均年降水量1682.3毫米，折合年降水总量309.29亿立方米；多年平均水资源量179.93亿立方米，多年平均地下水资源量44.05亿立方米。

【植物和生物资源】 韶关市拥有从温带至热带的多种森林、湿地生态系统，孕育着丰富的野生动植物资源，是广东省野生动植物资源最丰富的地区之一。全市高等植物有271科，1031属，2686种，其中用材树种236种，淀粉植物54种，油脂植物187种，芳香油植物31种，药用植物498种，果类植物83种，观赏植物215种；全市陆生脊椎动物有77科、351种，其中兽类18科、99种；鸟类13目、39科、170种；爬行类2目、12科、49种，两栖类2目、8科、33种。（黄秋亮）

【水环境质量】 县级以上集中式饮用水源地水质状况。全市县级以上集中式饮用水源地9个，设监测断面9个，其中乳源南水水库、南雄瀑布水库、始兴花山水库等3个水源地为I类水质，市区十里亭、曲江苍村水库、乐昌铁桥下、仁化赤石迳水库、翁源园洞水、新丰白水礤等6个水源地为Ⅱ类水质，达标率为100%，与2017年持平，保持稳定达标。市区饮用水源地水质达标率为100%，与上年持平，其中十里亭断面水质为Ⅱ类，达标水量7974.0万立方米、苍村水库断面水质为Ⅱ类，达标水量2070万立方米。

江河地表水水质状况。全市河流水质监测在北江、武江、浈江、南水河、墨江、锦江、马坝河、滃江、新丰江、横石水共设23个市控以上常规监测断面，其中省考以上断面13个（国考断面3个，分别为武江十里亭、浈江长坝、北江高桥），省跨界断面2个，分别为三溪桥（与湖南交界）、孔江水库上游（与江西交界）。2018年，韶关市23个监测断面水质均达水质目标要求，优良率为100%，与2017年持平；达标率为100%，其中13个省考断面较2017年（92.3%）上升7.7个百分点。

【大气环境质量】 2018年，韶关市区城市空气中二氧化硫、二氧化氮、可吸入颗粒物、细颗粒物年均浓度、一氧化碳日均浓度第95百分位数、臭氧日最大8小时浓度第90百分位数分别为0.015毫克/立方米、0.029毫克/立方米、0.049毫克/立方米、0.036毫克/立方米、1.4毫克/立方米、0.148毫克/立方米，除细颗粒物外均优于国家二级标准，全年空气质量指数优、良天数为330天，优良率90.41%。

【声环境质量】 2018年，市区道路交通噪声年昼间平均等效声级（Ld）67.3dB（A）、夜间平均等效声级（Ln）58.9dB（A），道路交通噪声强度为二级，声环境质量较好；市区区域环境噪声昼间平均等效声级（Sd）56.2dB（A），夜间平均等效声级（Sn）47.3dB（A），市区区域环境噪声总体水平等级为三级，声环境质量一般。各功能区域噪声基本符合标准要求。（杨文怡）

【人口】 2018年，年末常住人口299.76万人，比上年增加1.84万人，增长6.2‰。城镇常住人口比重为56.5%，比上年提高1个百分点。户籍人口336.6万人，其中城镇人口151.6万人，户籍人口城镇化率45.1%。全年出生人口3.6

万人，人口出生率13.5‰；死亡人口1.88万人，死亡率7‰；人口自然增长率6.5‰。

【语言】 粤北的汉区，方言土话多。在汉语方言中，依使用人口多少为序，以客家方言为主，粤方言次之，此外还有粤北土话，以及赣方言、湘方言、闽方言、北江船话等。

粤北的土著居民最先用各自的母语。客家人和广府人大量人迁以后，粤北土话的地盘不断缩小，被分割形成许多互不相连的方言小区。客家方言分布很广，主要分布在翁源县、始兴县、曲江区、仁化县、乳源瑶族自治县、南雄市、乐昌市。

粤方言在粤北的传播最早是清代来往于曲江等地的广府行商，在当地落籍。到民国初年，也有部分广府人从清远、阳山等地迁入。尤其是抗战期间，广东省府及部分机关、学校迁到韶关、乐昌等地，广州话在粤北成官场、机关、学校的通用语。加之后来铁路、公路和水上交通不断改善，物产集散和社交往来渐广，粤方言成社会交际的共同语。这些方言主要分布在韶关市区、乐昌市、曲江区、乳源瑶族自治县。

粤北土话是粤北土著居民使用的汉语方言。现仍通行的粤北土话有19种，分布在韶关市西郊及浈江、武江和北江沿岸的部分村庄，曲江区、南雄市、仁化县、乐昌市的部分乡镇和村。

其他汉语方言有赣语、湘语、闽语潮汕话、北江船话等。主要分布在南雄市界址镇、梅岭村、乐昌市老坪石、河南乡镇、乳源瑶族自治县桂头镇杨溪等地。北江船话分布在乐昌市坪石、乐昌市县城及以南等地。

【民族】 韶关是广东省少数民族主要聚居区之一，世居少数民族为瑶族和畲族。2018年，韶关总人口约5.5万人，占全市总人口的1.7%。其中瑶族3.2万人，畲族1.1万人。辖有1个自治县即乳源瑶族自治县，1个民族乡即始兴县深渡水瑶族乡。城市少数民族户籍人口5000多人，有瑶、壮、土家、苗、畲族等43个少数民族。外来务工少数民族人口1500多人；流动经商少数民族人口约380多人，主要来自新疆维吾尔自治区和田约30多人；来自青海省化隆回族自治县、循化撒拉族自治县等地的回族、撒拉族约350多人。

【宗教】 韶关是广东省宗教工作重点市之一。2018年，全市有佛教、道教、天主教、基督教、伊斯兰教5个宗教，全市性宗教团体4个；宗教活动场所54处，伊斯兰教临时聚会点1处；认定备案宗教教职人员550人，宗教教徒约5万人；宗教院校2所，占全省佛教院校50%，分别是广东佛学院曹溪学院和云门学院。 （邵志君）

2018年韶关市各单位在职领导名单

△韶关市四套班子、纪委监委、军分区、武警部队

·中国共产党韶关市委员会

市委书记：李红军（12月任职）
莫高义（任至12月）
副书记：殷焕明
陈 波（任至7月）
朱余旺（9月任职）
常 委：李红军（12月任职）
莫高义（任至12月）
殷焕明
朱余旺（任至9月）
郭健生 华旭初
肖展欣（10月任职）
黄劲东（任至4月）
颜 珂（4月任职）
柳琛子（任至5月）
刘启宇（9月任职）
万卓培 李安平
黄星会（12月任职）

·韶关市人民代表大会常务委员会

主 任：莫高义
副主任：杨小明 张 平
邓小杰 林 岚
梁韶灵 陈 曦
秘书长：高振忠
副秘书长：陈早霞
黄其振（任至6月）
陈忠旭

·韶关市人民政府

市 长：殷焕明
副市长：朱余旺（任至9月）
华旭初（9月任职）
万卓培 许志新
陈 磊 高冬瑞
李 欣 刘清生
副厅级干部：王伟阳
政府秘书长：朱裕华
政府副秘书长：刘国昌（挂职）
梁丽芳
安向东（挂职）
朱增志 黄勤昌
邱杨生 凌福传
李志兵

·中国人民政治协商会议韶关市委员会

主 席：王青西
副主席：兰 茵 刘大济
张文铭 周伟源
吴春腾 王德雄
党组成员：林 嘉
秘书长：陶学权
副秘书长：黄颂华 何新文
汤满懿

·中共韶关市纪律检查委员会、韶关市监察委员会

市委常委、市纪委书记、市监察委员会主任：郭健生（1月兼任市监察委员会主任）

市监察局（市预防腐败局）局长：
颜玉明（任至1月）
市纪委副书记、市监察委员会副主任：
李熏杰（1月兼任市监察委员会副主任）
覃　峥（1月兼任市监察委员会副主任）
赵　峰（1月兼任市监察委员会副主任）
市纪委常委、市委巡察工作领导小组办公室主任：陈天雄
市纪委常委、市监察委员会委员：
丘明祥（1月兼任市监察委员会委员）
市纪委常委、市监察局（市预防腐败局）副局长、市委第三巡察组组长：
谢志铎［市监察局（市预防腐败局）副局长任至1月］
市纪委常委、市监察委员会委员：
饶桦林（1月兼任市监察委员会委员）
市纪委常委、市监察局（市预防腐败局）副局长、市监察委员会委员：
潘美婷［市监察局（市预防腐败局）副局长任至1月；1月兼任市监察委员会委员］
市监察局副局长、市监察委员会委员：
雷能福（市监察局副局长任至1月；1月兼任市监察委员会委员）
市监察委员会委员：
罗　斌（1月任职）
办公室主任：贺建军
组织部部长：关林勇
宣传部（预防腐败室）部长：张　默
政策法规研究室主任：王长征
党风政风监督室（市政府纠正部门和行业不正之风办公室）主任：张群羚
信访室（举报中心）主任：彭奋生
第一纪检监察室主任：李志光
第二纪检监察室主任：梁水平
第三纪检监察室主任：邓　钢
第四纪检监察室主任：罗　斌（任至1月）
第六纪检监察室主任：陈　冰
案件审理室主任：李健凯
纪检监察干部监督室主任：曹建龙
第八纪检监察室负责人：
陈伟东（1月任职）

· 韶关军分区

司令员：盖长利（任至9月）
政治委员：郭伟建（任至2月）
政治委员：黄星会（9月任职）
副司令：吴楚峰（任至7月）
战备建设处处长：何声岳（任至7月）
梁晓明（8月任职）
动员处处长：梁晓明（任至8月）
池金城（8月任职）
政治工作处主任：闫振一
保障处处长：贺　芳

· 武警广东省总队韶关支队

支队长：唐先智
政治委员：林心武
副支队长：王　非　侯国柱
林崇桢
副政治委员：周进勇
参谋部参谋长：熊建武
政治工作处主任：刘尚云
保障处处长：胡德惠

· 中共韶关市委办公室

市委秘书长：颜玉明
市委副秘书长、办公室主任：邓彩虹
市委副秘书长：谢祥腾
市委副秘书长、市信访局局长：丘德周
市委副秘书长、政研室主任：区毅明
市委副秘书长（挂职），东莞韶关对口帮扶指挥部副总指挥、曲江区委副书记、华南装备园管委会主任：胡浩举
市委副秘书长（挂职）：林映鹏
市委副秘书长（挂职）、东莞韶关对口帮扶指挥部
办公室主任、招商局局长：蔡国威
市委办公室副主任：何运荣　宋在军
余长勇

· 韶关市保密局

市委保密委员会专职副主任：石云峰

· 韶关市信访局

局　长：丘德周
副局长：何　怡　李江南
罗伟强

· 韶关市精神文明建设委员会办公室

主任（正处）：王明志
副主任（副处）：叶志雄

· 韶关市人民代表大会常务委员会机关

办公室

主　任：高振忠
副主任：谭　政　刘剑飞
王秀芳

研究室

主　任：李　铖
副主任：颜德宜　徐伟华

法制工作委员会

主　任：周正祥
副主任：谢建忠　陈雄标

财政经济工作委员会

主　任：潘　穗
副主任：刘翠同
预算工委副主任：谢运洪

农村农业民族宗教工作委员会

主　任：巫育明
副主任：李步林　颜晓茹

教育科学文化卫生华侨外事工作委员会

主　任：何正平
副主任：唐国驹　陈文英

选举联络人事任免工作委员会

主　任：余构华

副主任：贺金池　吴术东

城乡建设环境与资源保护工作委员会

主　任：曾旭源
副主任：谭耀均　周国庆

内务司法工作委员会

主　任：杨日葵
副主任：卜小燕

・韶关市金融工作局

局　长：李功保
副局长：潘光敏　周金满
　　　　李华民（任至5月）

・韶关市法制局

党组书记、局长：罗国华
党组成员、副局长：刘剑军　罗永忠
　　　　　　　　　陈　敏

・韶关仲裁委员会

主　任：李安平（副市长，分管仲裁工作）
副主任：凌福传（兼）
　　　　宋良锋（兼）
　　　　罗国华（兼）
驻会副主任：赖勇平

・韶关市应急管理办公室

主　任：聂郁烈
副主任：文志昌

・中国人民政治协商会议韶关市委员会机关

办公室

主　任：陶学权
副主任：赵东灿　叶　明

提案委员会

主　任：张　衡
副主任：徐志宏（1月任职）

经济委员会

主　任：刘德泉
副主任：刘平云

教科卫体委员会

主　任：张红娟
副主任：罗洪伟

文化和文史资料委员会

主　任：沈妙光
副主任：彭长伟

港澳台侨联络委员会

主　任：孙　斌
副主任：华　明（1月任职）

联络工作委员会

副主任：罗江英

・市委巡察机构

市纪委常委、市委巡察办主任：陈天雄
市委巡察办副主任：钟　鸣
市委第一巡察组组长：张朝盛
市委第二巡察组组长：黄光明
市纪委常委、市委第三巡察组组长：
　　　　　　　　　　　　　　谢志铎
市委第一巡察组副组长：江仁瑞
市委第二巡察组副组长：叶　文
市委第三巡察组副组长：唐振朝

・市纪委监委派驻纪检监察组

市纪委监委派驻第一纪检监察组组长：
　　张联清
市纪委监委派驻第二纪检监察组组长：
　　谢　斌
市纪委监委派驻第三纪检监察组组长：
　　卢中强
市纪委监委派驻第四纪检监察组组长：
　　张桂先
市纪委监委派驻第五纪检监察组组长：
　　叶东生
市纪委监委派驻第六纪检监察组组长：
　　朱观洪
市纪委监委派驻第七纪检监察组组长：
　　谭春雨
市纪委监委派驻第八纪检监察组组长：
　　廖卫华
市纪委监委派驻第九纪检监察组组长：
　　徐进平
市纪委监委派驻第十纪检监察组组长：
　　蒋林龙
市纪委监委派驻第十一纪检监察组组长：李国荣
市纪委监委派驻第十二纪检监察组组长：吴海岩
市纪委监委派驻市人力资源和社会保障局纪检监察组组长：张卫东
市纪委监委派驻市人民政府国有资产监督管理委员会纪检监察组组长：王淑军
市纪委监委派驻市教育局纪检监察组组长：温　强
市纪委监委派驻市卫生和计划生育局纪检监察组组长：尹恒春
市纪委监委派驻市公安局纪检监察组组长：林卫东
市纪委监委派驻市人民检察院纪检监察组组长：张旗胜
市纪委监委派驻市中级人民法院纪检监察组组长：吴梓章
市纪委监委派驻市司法局纪检监察组组长：杨晓红
市纪委监委派驻第一纪检监察组副组长：钟晓云　孙纯杰
市纪委监委派驻第二纪检监察组副组长：伍　诚
市纪委监委派驻第三纪检监察组副组长：翁文生　高　照

△韶关市委工作部门

・中共韶关市委组织部

市委常委、组织部部长、市委党校校长：华旭初（任至10月）
　　　肖展欣（10月任职）
常务副部长：蓝振云
副部长、市直属机关工委书记：李志斌

副部长、市人社局党组书记、党工委书记、局长：钟　曦
副部长：涂为群　骆新航
副部长、市委老干部局局长：陈　熙
市公选办主任：余席强
市“两新”组织党工委办公室主任：
　　孙　宇

·中共韶关市委宣传部

市委常委、宣传部部长：
　　柳琛子（任至5月）
　　刘启宇（9月任职）
常务副部长、市社科联主席：李晓林
副部长、市文明办主任：王明志
副部长：刘炎生　夏　娟

·中共韶关市委统一战线工作部

部　长：黄劲东（1月任至4月）
　　颜　珂（4月任至12月）
常务副部长：孔庆红
副部长（含兼任）：文清年　翁良方
　　廖雨婷
副部长（挂任）：邓良德

·中共韶关市委政法委员会

市委常委、政法委书记：李安平
常务副书记：张广晖
专职副书记：曾　洪　吴文丽
专职委员：肖建鸿　邓南炜
　　李先德　叶安强
　　胡克标
政治处主任：李江南（任至1月）
　　罗　平（1月任职）

·中共韶关市委政策研究室（韶关市改革办公室）

市委副秘书长、政研室（改革办）主任：区毅明
副主任：杨应海　张桂胜
　　刘华益（改革办）

·中共韶关市直属机关工作委员会

书　记：李志斌
副书记：梁镜华　向志强

·中共韶关市委机构编制委员会办公室

主　任：刘晓佳
副主任：赵宏宇　黄志忠
市事登局局长：柯智耀

·中共韶关市委台湾工作办公室（韶关市政府台湾事务局）

主　任（局长）：文火玉
副主任（副局长）：罗哲春

·中共韶关市委老干部局

市委组织部副部长、局长，市委离退休干部工委书记：陈　熙
副局长：马小青　陈国营
　　涂海平

·中共韶关市委农村工作领导小组办公室

主　任：范国文
副主任：刘世冬　骆少明

△韶关市政府工作部门

·韶关市发展和改革局

局　长：郭先桂
副局长：刘剑城
纪检组长：叶东生
副局长：肖荣忠　朱保良
总经济师：巫锦国
市重点办主任（副处级）：廖寄萌
市能源局局长（副处级）：李剑虹
韶关市发展和改革局副局长职务和韶关市粮食局局长：阳火成（任至1月）

·韶关市经济和信息化局

局　长：张才明
副局长：黄　玉　黄丽霞
　　郭　葳　张南生

·韶关市教育局

局　长：张立江
副局长：黄叶亭　曾楚清
　　刘文胜　梁丽娟（1月任职）

·韶关市科学技术局

局　长：欧阳全
副局长：刘光浩　张　彬

·韶关市民族宗教事务局

局　长：文清年
副局长：江卫华　邓红梅（1月任职）

·韶关市公安局

局　长：刘清生
副局长：黄海林　张韶梅
　　谢玉田　张伙养
市纪委监委派驻市公安局纪检监察组组长：林卫东
政治处主任：游加慧
消防局政委：葛长荣

·韶关市消防支队

政治委员：葛长荣
副支队长：李代友
副政治委员：邹勇群
副支队长：廖海容
司令部参谋长：温岸文
政治处主任：于卫平
后勤处处长：李顺昌
防火处处长：王楚斌

·韶关市民政局

局　长：邢　丽
副局长：张瑞兰　张占斌
　　胡建文

·韶关市司法局

局　长：赖佩养
副局长：宋启龙

纪检组长：杨晓红
副局长：包玉兰　曾房兰
李丽冰
政治处主任：刘卫红

·韶关市财政局

局　长：凌振伟
副局长：陈树川
纪检组长：朱观洪
副局长：胡列峰　肖少康
张文华
非税局局长：温建明
国库支付中心主任：程　艳

·韶关市人力资源和社会保障局

局长、党工委书记、党组书记：钟　曦
党工委专职副书记、党组副书记：
吴岳朋
副局长、党工委委员、党组成员：
安森雨　郭兴华
吕小辉　张建国
市纪委派驻纪检监察组组长：张卫东

·韶关市国土资源局

局　长：黄宣剑
副局长：叶富明　文武宏
张东灵　杨锦华
执法监察支队支队长：杨淑华

·韶关市环境保护局

局　长：谭启源
副局长：张　莉　方贵平
朱卫斌
总工程师：陈　卓

·韶关市住房和城乡建设管理局

局　长：谢天友
副局长：潘国忠　谭宝龙
邱代胜　范韶旭
张广礼　葛晓起
总工程师：陈志新
调研员：梁　敏
党工委专职副书记：蒲来湘

·韶关市交通运输局

局　长：唐明强
副局长：梁韶春　谭建强
罗缵锦
市纪委派驻第十一纪检组组长：李国荣
总工程师：徐维通
市交通战备办公室主任：张铁南
副局长（兼）：王　伟
综合行政执法局局长：罗武杰

·韶关市水务局

副局长：袁辅星　彭爱华
黄良勇　刘再辉
总工程师：雷祖培

·韶关市农业局

局　长：刘文程（党组书记任至9月，局长任至11月）
柯建忠（9月任党组书记，11月任局长）
局　长：柯建忠（11月任职）
调研员：刘志福
副局长：彭德才　陈少梦
副局长、市畜牧兽医局局长：肖盛华
副局长：赵金刚
总畜牧兽医师：黄苑芳
市委农办主任、市扶贫办主任：范国文
市委农办副主任、市扶贫办副主任：
刘世冬
市委农办副主任：骆少明
省渔政总队韶关支队队长：邱成标
省渔政总队韶关支队政委：刘德胜
市水产管理局局长：李成忠

·韶关市林业局

局　长：邹文军
副局长：赵克生　张国安
市公安局森林分局局长：梁家禄
总工程师：黄继丰（任至1月）

·韶关市商务局

局　长：李　宏
副局长：李季平　丁　冰
王卫军　李秋雯

·韶关市文化广电新闻出版局

局　长：王晓梅（任至8月）
副局长：黎阳升　王　镒
温军燕　梁成斌
市文化市场综合执法大队大队长：
包其华

·韶关市卫生和计划生育局

局　长：胡德宁
副局长：李高龙　刘建军
李四根

·韶关市审计局

局　长：陈大川
副局长：李秋月　毛考清
钟定鸿
总审计师：罗文达

·韶关市外事侨务局

局　长：周新秀
副局长：黄　峰　赖展东

·韶关市人民政府国有资产监督管理委员会

党委书记、主任：段平波
党委专职副书记：李湘柱
党委委员、副主任：柳　刚　李春雷
谢雪波　李清泉
市纪委监委派驻市国资委纪检监察组组长：王淑军

·韶关市工商行政管理局

局　长：欧新全
副局长：张福志　黄少洲
杨万林　杨炳祥
经济检查支队副支队长：宋　欢

·韶关市质量监督管理局

局　长：车万里

副局长：王武生　黄善智
　　　　蔡美华　龚兴桥

·韶关市体育局

局　长：孙江平（任至8月）
副局长：胡　强　林　静

·韶关市安监局

局　长：王　刚
副局长：洪益林
纪检组长：徐进平
副局长：许立夫　顾　健
　　　　符利民（7月任职）
执法支队支队长：毛亦金
安全生产应急救援指挥中心办公室主任：周卫新

·韶关市食品药品监督管理局

局长、市食品安全委员会办公室主任：
　　　　黄庆忠（1月任至12月）
副局长：叶新年　陈海明
　　　　陆伟杰

·韶关市统计局

局　长：杨水养
副局长：张盛福　李春城

·韶关市旅游局

局　长：梁祖超
副局长：朱伙新　陈　祎
　　　　陈　忠

·韶关市城乡规划局

局　长：许险峰
纪检组组长：徐建华
副局长：何平良　徐建华
　　　　冯建国　吕　泱
　　　　韦松林（任至7月）
韶关市城建档案馆馆长：詹小关
韶关市规划市政设计研究院院长：
　　　　曹宣东

△韶关市党政直属部分事业单位

·韶关市委党校

常务副校（院）长：高　忠
副校（院）长：龚礼宁　杨　斌
　　　　胡韶斌
校（院）委委员：赵倩倩

·韶关市接待办

主　任：张　雯
副主任：朱熹华　冯宪青
　　　　韩丽华
纪检组长：张广生
副主任：冯广照

·中共韶关市委党史研究室（韶关市人民政府地方志办公室）

主　任：丁伟志
副主任：杨维国　邓培雄

·韶关市档案局

党组书记：肖润良
局　长：卢春燕
副局长：申爱平　黄　平

·韶关市行政服务中心

主　任：潘　卫
副主任：林钟强
纪检组长：姚世昌
副主任：裴　斐

·韶关市人防办

主　任：张　蘋
副主任：李志雄　黄庆红

·韶关市公路局

局　长：龚水石
副局长：郭春元　胡道元
　　　　温领鸣　杨志文

·韶关日报社

社长、总编辑：林伟新
副总编：赖玉平　曾明娟
副社长、纪委书记：李宇强
副总编：李仲超
副社长：张　波

·韶关市广播电视台

台　长：段志坚
副台长：胡韶贤　张维平
　　　　庞小琥　李国荣

·韶关市发展研究中心

主任（院长）：张文铭
专职副主任（副院长）：曾年红

·韶关市供销合作联社

党组书记：庄　强
理事会主任：林炜东
党组副书记、理事会副主任：张元展
党组成员、监事会主任：朱超前
党组成员、理事会副主任：张　剑
　　　　林贵贱

·莞韶园区管委会

韶关市人民政府副秘书长，党委副书记、管委会副主任，主持全面工作：
　　　　黄勤昌
党委副书记、管委会常务副主任：
　　　　赖香全
党委专职副书记：翟成洪
党委委员、管委会副主任：
　　　　阳火成　李英明
　　　　叶剑斌
　　　　李　军（挂职至7月）

·韶关芙蓉新区管理委员会

党组书记：颜　亮
党组副书记、主任：秦叶培
副主任：宋卫红　刘石秀

·韶关市丹霞山管理委员会（广东韶关丹霞山国家级自然保护区管理局）

党委书记、主任（兼）：林国华
党委副书记（兼）：周小明
党委副书记、副主任，丹霞山国家级自然保护区管理局局长：谢庆伟
副主任：侯荣丰
副主任、丹霞山国家级自然保护区管理局副局长：陈　昉
副主任（兼）、丹霞山国家级自然保护区管理副局长（兼）：沈建图
梁钰清
张爱军

·韶关市代建局

局　长：黄　锋
副局长：邓永坚　陈希茂
总经济师：刘礼清
总工程师：梁万红

·韶关市爱卫办

主　任：彭有莲
副主任：蓝荣彪　谭国权

·韶关市信息中心

主　任：张　凤
副主任：欧阳立新
总工程师：谢金保

△法院、检察部门

·韶关市中级人民法院

院　长：叶向荣
副院长、调研员：黄秋雄
冯应昌
副院长：宋良锋　刘　斌
市纪委监委派驻市中院纪检监察组组长、市中院党组成员：吴梓章
政治处主任：谢庆文
执行局副处级局长：谭伟才
审判委员会副处级专职委员：胡一兵
陈东阳

·韶关市人民检察院

检察长：曾伊山
常务副检察长：温洁麟
副检察长：赵　峰（1月转任市纪委副书记）
纪检监察组长：张旗胜
副检察长：李再丰　傅泽熙
政治处主任：沈明河

△群众团体

·韶关市总工会

主　席：邓小杰
副主席：吴国强　肖伟旗
钟山红

·中国共产主义共青团韶关市委员会

书　记：刘海旺
副书记：刘喆焱
韶关市青少年宫主任：谭祥红

·韶关市妇女联合会

主　席：汪　波
副主席：伍海艳　彭跃勤

·韶关市科学技术协会

主　席：成绍强
副主席：罗金锋　周　平
副调研员：陈添辉
兼职副主席：冯国辉　王羽梅

·韶关市社会科学界联合会

市委宣传部常务副部长、市社科联主席：李晓林
副主席：黄明奇

·韶关市文学艺术界联合会

主　席：刘照丁
副主席：李　梅

·韶关市归国华侨联合会

主　席：廖凤英
副主席：曾　园

·韶关市残疾人联合会

理事长：张朝养
副理事长：王心钢

·中国国际贸易促进委员会韶关市委员会

会　长：李敦华
副会长：陈汉城

·韶关市红十字会

会　长：高冬瑞
常务副会长：赵远芳
秘书长：温福韋

·韶关市关工委

主　任：朱余旺
第二主任：肖展欣
执行主任：李石保
常务副主任：肖志雄　许永吉

·韶关市老区建设促进会

会　长：胡灵光（驻会）
第一副会长：梁聪（驻会主持工作）
副会长：甘义娣（驻会）
李国华（驻会）
甘　雷　夏忠礼
何新云（驻会）
魏灼姐　张钰廷（驻会）
何国荣　黄志才
张定均　梁　锋
秘书长：张钰廷（兼）

△民主党派

·中国国民党革命委员会韶关市委员会

主任委员：张文铭
副主任委员：娄　平　叶　纬
钟树梅　成　容
秘书长：娄　平

·中国民主同盟韶关市委员会

主任委员：林炜东
副主任委员：包玉兰　李敏瑶
龙仕华
秘书长：曾敏青

·中国民主建国会韶关市委员会

主任委员：陈　曦
副主任委员：王敏雯（任至10月）
胡湘泉　肖华茂
钟爱明

·中国民主促进会韶关市委员会

主任委员：刘大济
副主委、中级人民法院副院长：宋良锋
副主委、韶关学院档案馆馆长：李步德

·中国农工民主党韶关市委员会

主任委员：卢春燕
副主任委员：熊奇斌　吴　蔚
黄得慧

·九三学社韶关市委员会

主　委：兰　茵
副主委：成绍强　姜向东
谢　勇（专职）
李再丰

·韶关市工商业联合会

党组书记：翁良方
党组成员：莫志强　陈岳峰
祝雄辉　刘铁松
范光辉
主　席：张红伟
专职副主席：翁良方　莫志强
陈岳峰　祝雄辉
副主席：林年昌　张济民
孙妙青　陈　军
何育强　苏巧红
陈振兴　谢坤佑
李德洲　顾惠林
张全章　邵耀周
廖逸星　林明松
肖勇生
副会长：李灿东　揭英拔
胡旭建　谢健明
刘晓钟　陈辉强
周细妹　刘　东
张宏强　李根才
曾庆明
秘书长：刘铁松

△中省直属部分行政事业单位

·韶关海关

关　长：冯庆坚
原出入境检验检疫局局长：刘志成
副关长、缉私分局局长：胡新强
副关长：许思远　姜季白
原出入境检验检疫局副局长：谷卫国
李　波

·国家税务总局韶关市税务局

局　长：林　晓
副局长：李政科
调研员：苏韶娟
副局长：陈红光　欧阳坚
朱戴伟　郭俊明
高　海　张锦标
彭峰彪
总会计师：朱伟波
总经济师：黄　文　李建新
纪检组组长：杨文涛
稽查局局长（副处长级干部）：黄　粤
副处长级干部：黄小林

·韶关市烟草专卖局（广东烟草韶关市有限公司）

总经理：罗福命
南雄烟科所所长：李茂军
副局长、纪检组长：彭志忠
副局长：肖少明　赵明夫
副总经理：赵天顺　邱妙文

·韶关市气象局

局　长：李国毅
纪检组组长：饶纲伟
副局长：谢力罗　曾运东

·韶关海事局

局　长：胡小忠（10月至12月，任临时党委书记）
副局长：神小龙（10月至12月，任临时党委委员）
副局长：李景陶（任至7月）

·韶关市航道局

党组书记：杨向东
局　长：胡森涛
副局长、纪检组长：魏学升
副局长：林庆齐
总工程师：曾祥辉

·国家统计局韶关调查队

队　长：杨应满
副队长：刘巧玲　陈利红
纪检组长：吕伟坚

·韶关市邮政管理局

局　长：王　伟

·韶关监狱

监狱长：向华南
政　委：刘东阳

纪委书记：黄玉庭
副监狱长：叶长明　陈文星
企业总经理：陈业群
政治处主任：陈立环
副监狱长：夏海波

·北江监狱

监狱长：钟裕广
政　委：于敢林（7月任职）
纪委书记、调研员：
唐爱民（7月任职）
调研员，兼任北江工业总厂总经理：
陈于东
调研员：麦云飞
副监狱长：梁海斌　骆　斌
符雁飞
政治处主任：陶军权

·武江监狱

监狱长：杜文滔
调研员：刘瑞平　梁俊德
纪委书记：陈中平
公司总经理：刘功才
政治处主任：郭振明
副监狱长：邓光俊　江伟龙

·广东省水文局韶关水文分局

副局长：周　艄　赖仲淄

·广东省盐业集团韶关有限公司

执行董事：欧志辉
副总经理：潘志华

△金融管理部门

·中国人民银行韶关市中心支行（国家外汇管理局韶关市中心支局）

行长、局长：刘志嘉
副行长、副局长：关艳芬
工委会主任：李　青
纪委书记：王义平
副行长：邱　琳　冯智圣
副调研员：谢纪亮

·韶关银保监分局

局　长：李建平
纪委书记：刘卫华
副局长：熊　欣

△各县（市、区）

·浈江区

中共韶关市浈江区委员会

区委常委、区委书记：
刘祥锋（任至9月）
区委常委、区委副书记：
曾清兰
罗永东（1月任职）
区委常委、区纪委书记：曾光明
区委常委、区委办主任：谢林茂
区委常委、常务副区长：黄祖平
区委常委、区委政法委书记：刘　锋
区委常委、区委组织部部长：钟　真
区委常委、区委宣传部部长：宋宇林
区委常委、区委统战部部长：刘子龙
区委常委、人武部政委：吕玉华（7月任职）
区委常委、副区长：刘雄生（挂职）

韶关市浈江区人大常委会

主　任：谭雪华
副主任：王剑兰　马瑞华
朱明远　张玉花
刘伟光　麦章彬

韶关市浈江区人民政府

区　长：曾清兰
常务副区长：黄祖平
副区长：肖　景　杨　雄
彭荣华　张爱军
何艳霞　刘雄生（挂职）

政协韶关市浈江区委员会

主　席：黄德乔
副主席：麦桥悠　周耀成
林　瑜　卢界群
何绍福　曾永红

中共韶关市浈江区纪律检查委员会、监察委员会

纪委书记、监委主任：曾光明
纪委副书记、监委副主任：廖志莲
周可华

·武江区

中共韶关市武江区委员会

区委常委、区委书记：颜　亮
区委常委、区委副书记：
郑伟平
陈　刚（1月任职）
区委常委、统战部长：曹　锢
区委常委、区委办主任：彭　波
区委常委、宣传部长：卢建成
区委常委、纪委书记：
肖建红（1月兼任监察委主任）
区委常委、组织部长：
沈中伟（1月兼任党校校长）
区委常委：陈　雪
区委常委、政法委书记：
黄向阳（1月任职）
区委常委、人武部部长：李　刚
区委常委：叶富明（挂职）
张伟俊（挂职）

韶关市武江区人大常委会

主　任：孙理鸣
副主任：陈　雪（任至1月）
王韶林　李学源
潘歧亮　谭木初
聂平南　曾　宏（1月任职）

韶关市武江区人民政府

区　长：郑伟平（1月任职）
副区长：郑伟平（任至1月）
陈　雪（1月任职）
黄向阳　张伟俊
刘拥军　王敏雯（任至10月）
黄燕斌　欧伟强

政协韶关市武江区委员会

主　席：陈坤明
副主席：谭浩托　何　岚
　　　　罗元月　曹华龙（任至3月）
　　　　林　健

韶关市武江区纪律委员会、监察委员会

书　记：肖建红
副书记：朱旭东　张耀雄

· 曲江区

中共韶关市曲江区委员会

区委常委、区委书记：罗海俊
区委常委、区委副书记：伍　文
　　　　　　　　　　　刘小文
区委常委、组织部部长：林应良
区委常委、宣传部部长：唐继华
区委常委、政法委书记：文浩培
区委常委、纪委书记：王献军
区委常委、区委办主任：肖绍托
区委常委、区政府党组副书记、常务副区长：陈夏广
区委常委：钟秋华

韶关市曲江区人大常委会

主　任：黄健庭
副主任：叶伟胜　卜师带
　　　　刘文挺　张以荣
　　　　邓春鸿　龙仕华

韶关市曲江区人民政府

区　长：伍　文
副区长：陈夏广　钟秋华
　　　　高瑞坤　蓝振球
　　　　曾烈省　殷河满
　　　　张秀兰　易建军

政协韶关市曲江区委员会

主　席：杨绍凯
副主席：廖年娇　释传正
　　　　钟树梅　梁文华
　　　　王爵承　张祥林

中共韶关市曲江区纪律委员会、监察委员会

书　记：王献军
副书记：龙惠平　廖　琳
常　委：何国新　沈堂增
　　　　何玉兰　刘志金

· 乐昌市

中共乐昌市委员会

市委常委、市委书记：
　　　陈宏宇（任至9月）
　　　沈河民（9月任职）
市委常委、市委副书记：沈河民
市委副书记、政法委书记：邬贤有
市委常委、宣传部部长：空缺
市委常委、统战部部长：空缺
市委常委、组织部部长：陈继平
市委常委、常务副市长：黄艺坤
市委常委、武装部部长：雷红江
市委常委、坪石镇党委书记：刘允曾
市委常委、乐城街道党工委书记：万广平
市委常委、纪委书记：邹有胜
市委常委、市委办公室主任：林柏居
市委常委、大朗乐昌对口帮扶指挥部总指挥：曾　悦

乐昌市人大常委会

主　任：许新华
副主任：杨剑云　孔少川
　　　　徐国秀　王昭良
　　　　邹志忠　陈　雄

乐昌市人民政府

市　长：沈河民
常务副市长：黄艺坤
副市长：曾　悦（挂职）
　　　　邱才郁　邓洪炜
　　　　彭桂珍　李桂平
　　　　谭桂明（任至1月）
　　　　朱锋麟（1月任职）

政协乐昌市委员会

主　席：周素岚
副主席：黎跃飞　周越成
　　　　李锡洪　孙俊华
　　　　谭桂明

中共乐昌市纪律委员会、监察委员会

纪委书记：邹有胜
纪委副书记：曾培伟　杨忠荣
纪委常委：段定刚　何君梅
　　　　　欧阳勋　杜利雷

· 南雄市

中共南雄市委员会

市委常委、市委书记：王碧安
市委常委、市委副书记：
　　　　　林小龙
　　　　　叶济雄（1月任职）
市委常委、常务副市长：朱海兵
市委常委、市委办主任：曾文辉
市委常委、组织部部长：
　　　　　叶济熊（任至1月）
　　　　　林　军（1月任职）
市委常委、统战部部长：
　　　　　林　军（任至1月）
　　　　　陈志光（1月任职）
市委常委、政法委书记：张英宏
市委常委、宣传部部长：温春花
市委常委、市纪委书记：徐建坤
市委常委：邵锦炯（挂职，2月任职）
　　　　　霍永健（挂职，任至2月）

南雄市人大常委会

主　任：陈玉英
副主任：黄德群　李　冰
　　　　刘发龙　陈仁麟
　　　　何文忠　叶凌峰

南雄市人民政府

市　长：林小龙
常务副市长：朱海兵
副市长：邵锦炯　马细妹
　　　　曾东野　吴良彬
　　　　王友华　焦晓松（2月任职）

政协南雄市委员会

主　席：何人平
副主席：袁元桃　赖华焜
　　　　刘卫忠　罗战勇
　　　　陈尚妹　肖梅山

中共南雄市纪律委员会、监察委员会

纪委书记、监委主任：徐建坤
纪委副书记、监委副主任：曾　光
　　　　　　　　　　　　黄文儒
纪委常委、监委委员：王长连　李　进
　　　　　　　　　　谢金城

· 仁化县

中共仁化县委员会

县委常委、县委书记：林国华
县委常委、县委副书记：
　　周小明
　　邱志坚（1月任职）
县委常委：谢庆伟
县委常委、纪委书记、监委主任：
　　张　毅
县委常委、宣传部长、统战部部长：
　　邓红红（1月兼任统战部部长）
县委常委、政法委书记：谭建华
县委常委、县委办主任：
　　丘光强（1月任职）
县委常委、副县长：
　　邹永祥（1月任职）
县委常委、组织部长、党校校长：
　　李伟杰（1月任县委常委、组织部长，2月兼任党校校长）
县委常委（挂职）、虎门仁化对口帮扶总指挥：梁晓晖
县委常委、统战部部长、县委办主任：
　　邱志坚（任至1月）

仁化县人大常委会

主　任：廖志常
副主任：黄付养　邓田庭
　　　　马小荣　廖兰英
　　　　夏德文　李建平

仁化县人民政府

县　长：周小明
副县长：邹永祥　沈建图
　　　　包伟红　梁钰清
　　　　钟卫苏（2月任职）
　　　　苏　斌（10月任职）
　　　　梁晓晖
　　　　张元展（任至1月）
　　　　丘光强（任至2月）

政协仁化县委员会

主　席：李秀荣
副主席：马志忠　李志贞
　　　　张标兵　陈喜年
　　　　赖东北（县食品药品监督管理局副局长）
　　　　彭俊余（任至4月）

中共仁化县纪律委员会、监察委员会

书记、主任：张　毅（1月兼任监察委员会主任）
副书记、副主任：黎　明（1月兼任监察委员会副主任）
　　　　　　　　陈少忠（1月兼任监察委员会副主任）

· 始兴县

中共始兴县委员会

县委常委、县委书记：黄建华
县委常委、县委副书记：
　　　　叶洪番
　　　　陈　刚（任至1月）
县委常委、纪委书记：曹胜文
县委常委、政法委书记：卢保新
县委常委、副县长：李　勇
县委常委、宣传部部长：赖小红
县委常委、统战部部长、县委办主任：
　　温　鑫（统战部部长任至6月）
县委常委、人武部部长：李玉清
县委常委、组织部部长：凌雪峰
县委常委、太平镇党委书记：
　　胡长江（6月任职统战部部长）
县委常委、副县长：李杰秋（挂职）
县委常委：何晓域（1月任职）

始兴县人大常委会

主　任：赖　根
副主任：肖强运　刘胜春
　　　　何武强（1月任职）
　　　　何晓域（任至1月）
　　　　梁志君　朱光东
　　　　饶刚卫

始兴县人民政府

县　长：叶洪番
副县长：李　勇　汤爱亮
　　　　李杰秋（挂职）
　　　　张智光　叶常青（1月任职）
　　　　段　琪

政协始兴县委员会

主　席：雷雨明
副主席：邓炳光　邓海清
　　　　蔡　军　刘晓梅
　　　　曾秋荣　黄月文

中共始兴县纪律委员会、监察委员会

县委常委、纪委书记、监察委主任：
　曹胜文（1月兼任监察委员会主任）
纪委副书记、监察委副主任：
　沈润声（1月兼任监察委员会副主任）
　陈万化（1月兼任监察委员会副主任）
纪委常委、监察委委员：于俊明
　　　　　　　　　　　张世军
　　　　　　　　　　　李子榕
纪委常委：林祥仁

· 翁源县

中共翁源县委员会

县委常委、县委书记：黄令遥
县委常委、县委副书记：陈来安
　　　　　　　　　　　柯建忠
县委常委、纪委书记：杜奇立
县委常委、政法委书记：陈路生
县委常委、常务副县长：谭晓健
县委常委、县委办主任：阮炳溪

县委常委、宣传部部长、统战部部长：
丘雪媚
县委常委：翁源经济开发区工委书记：
叶有昌
县委常委、组织部部长：熊　亮
县委常委、武装部政委：谢　刚
县委常委、厚街翁源对口帮扶指挥部总指挥：陈向宗

翁源县人大常委会

主　任：温毅麟
副主任：余小英　陈志峰
雷展发　陈福环
甘志初　王迅东

翁源县人民政府

县　长：陈来安
常务副县长：谭晓健
副县长：连　卫　林有成
陈卫红　肖俊青
曾志华

政协翁源县委员会

主　席：陈建为
副主席：刘少青　李翠红
张　洪　谢少龙
李金桓　张从真

中共翁源县纪律委员会、监察委员会

县委常委、纪委书记：杜奇立
县纪委副书记：江汉洪　朱振如
县纪委常委：张美秋　李敏华
郭伟洪　赖燕英
县监察委主任：杜奇立
监察委副主任：江汉洪　朱振如

·新丰县

中共新丰县委员会

县委常委、县委书记：
陈　波（任至9月）
刘祥锋（9月任职）
县委常委、县委副书记：马志明
曾　军
县委常委、政法委书记：曾　伟
县委常委、常务副县长：胡亮亮
县委常委、人武部部长：胡树军
县委常委、纪委书记：王展渊
县委常委、县委办主任：潘文辉
县委常委、组织部部长：刘国洪
县委常委、宣传部部长：李芳足
县委常委、统战部部长：廖功文
县委常委、副县长：祁晓峰

新丰县人大常委会

主　任：江大凡
副主任：廖少明　陈小同（1月任职）
李国彬　郭世初
欧阳历　周　明

新丰县人民政府

县　长：马志明
常务副县长：胡亮亮
副县长：祁晓峰　谭雪梅
胡志彬　刘　洪
陈小可　潘小定

政协新丰县委员会

主　席：潘允标
副主席：陈小同（任至1月）
罗志方　廖保青
郑　斌　嵇春明
江武佳

中共新丰县纪律委员会、监察委员会

纪委书记、监委主任：王展渊
纪委副书记、监委副主任：罗哲行
陈向群
纪委常委、巡察办主任：曾小丽
纪委常委、监委委员：夏霜剑
黄绍福
监委委员：潘俊辉

·乳源瑶族自治县

中共乳源瑶族自治县委员会

县委常委、县委书记：钟沛东
县委常委、县委副书记：邓志聪
张　军
县委常委、常务副县长：许益云
县委常委、统战部部长：简连英
县委常委、县人武部部长：吴炬光
县委常委、纪委书记：刘　峰
县委常委、组织部部长：伍梅华
县委常委、政法委书记：陈耀宇
县委常委、县委办主任：秦正京
县委常委、宣传部部长：谢向军
县委常委：张健和（挂职）

乳源瑶族自治县人大常委会

主　任：林昌卫
副主任：朱均玉　赵　雷
邱　波　邓国雄
许尔金　吴衍雄

乳源瑶族自治县人民政府

县　长：邓志聪
常务副县长：许益云
副县长：张健和（挂职）
梁丽娟（任至1月）
杨　云　李明华
唐保生　龚　民
魏卢捷（2月任职）

政协乳源瑶族自治县委员会

主　席：赵志敏
副主席：陈松海　刘宏美
黄寿生　吴巧英
释明向　禤继文

中共乳源瑶族自治县纪律委员会、监察委员会

纪委书记、监察委主任：刘　锋
纪委副书记、监察委副主任：赵　鹏
杨志坚
纪委常委、监察委委员：李东生
付慧燕
付晓娟
陈文煜

政治文明建设

【依法治市】 2018年，市委全面依法治市工作按照《关于贯彻落实〈法治广东建设第二个五年规划（2016—2020年）〉的实施意见》《韶关市2018年全面依法治市工作要点》要求，着力加强党对法治建设的领导，深入推进科学立法、严格执法、公正司法、全民守法，法治韶关建设水平提升，为韶关市新时代经济快速发展提供法治环境。

学习宣传贯彻宪法 2018年，市委全面依法治市把学习宣传和贯彻实施宪法作为一项重要工作抓紧抓好。持续深入开展尊崇宪法、学习宪法、遵守宪法、维护宪法、运用宪法宣传教育活动，弘扬宪法精神，维护宪法法律权威，发挥宪法在全面依法治国、建设社会主义法治国家中的重大作用。坚持全面准确，学懂原文、悟透原理，在遵循系统性、连贯性基础上，注重深刻领会和把握宪法修正案的核心要义和精神实质。

法治建设第一责任人职责强化 2018年，市委全面依法治市全面落实《广东省党政主要负责人履行推进法治建设第一责任人职责实施细则》及韶关市实施意见。发挥党委在推进本地区法治建设的领导核心作用，定期听取法治建设工作汇报，及时研究解决法治建设重大问题，将法治建设纳入地区发展总体规划和年度工作计划，与经济社会发展同部署、同推进、同督促、同考核、同奖惩。7月11日下午，组织召开市委全面依法治市工作领导小组第23次会议，通报2017年度法治广东建设考评情况，总结2017年全面依法治市工作情况，部署2018年全面依法治市工作计划，审议《韶关市2018年全面依法治市工作要点》《韶关市2017年度法治广东建设考评存在问题的整改工作方案》。

深入推进法治政府建设 2018年，市委全面依法治市贯彻落实《韶关市行政应诉工作办法》，完善行政应诉工作规定，细化行政机关负责人出庭应诉工作规程，加强行政应诉队伍建设，完善行政机关负责人出庭应诉目标考核机制，推进法治政府建设，提高行政机关负责人出庭应诉率。举办全市行政机关负责人出庭应诉业务培训班，11月13日上午，联合市法制局举办韶关市2018年行政机关负责人出庭应诉工作专题培训班，邀请广东省高级人民法院行政庭副庭长林俊盛授课。市委副书记、市长殷焕明出席会议并作动员讲话。培训以视频会议形式开至各县（市、区）。

司法体制综合配套改革推进 2018年，韶关市制定韶关市关于《贯彻落实〈广东省关于深化司法体制综合配套改革的框架意见〉实施方案》实施意见。落实司法责任制，深化综合配套制度改革。制定《关于规范长期未结诉讼案件监督管理的规定（试行）》《关于进一步加强重大敏感案事件跟踪和管理的意见（试行）》《关于在裁判活动中开展类案检索的工作指引（试行）》，推开家事审判方式和工作机制改革，推进以审判为中心的刑事诉讼制度改革、庭审实质化改革、案件繁简分流机制改革。制定权责事项清单。制定韶关市关于《贯彻落实〈广东省关于深化司法体制综合配套改革的框架意见〉实施方案》实施意见，《市委政法委贯彻落实〈广东省关于深化司法体制综合配套改革的框架意见〉实施方案实施意见责任分工表》。落实确保依法独立公正行使审判权和检察权的制度。支持和督促政法机关依法履职，推动严格落实防止领导干部干预司法、司法人员过问司法活动等“三个规定”。2018年全市法院共受理各类案件4.55万件，同比上升9.75%，审结3.61万件，同比上升9.36%，法定（正常）审限内结案率99.51%。市中院共受理各类案件9469件，审结8394件，同比分别上升5.33%和5.31%，法定（正常）审限内结案率99.34%。召开会议，推进司改各项工作落实。11月2日，组织召开市民主法制领域改革专项小组成员单位和各有关单位工作会议，听取各成员单位和有关单位关于改革推进情况的汇报，专题部署司法体制综合配套改革相关工作。

综合解决家事纠纷工作深入推进 2018年，韶关市加强组织领导。3月15日，印发《关于成立韶关市综合解决家事纠纷工作领导小组的通知》，成立以市委常委、市委政法委书记李安平为组长的韶关市综合解决家事纠纷工作领导小组，加强对综合解决家事纠纷工作的组织领导。制定工作方案。1月24日，印发《韶关市关于综合解决家事纠纷的工作意见》，制定《韶关市综合解决家事纠纷成员单位职责任务分解表》《韶关法院家事审判方式和工作机制改革实施方案》，形成多方参与、部门联动的良好局面。 （黄平发）

【依法行政】 2018年1月，市法制局统筹协调各地各部门做好2017年度全省依法行政考评实地考核工作。3月，组织开展全市2017年度依法行政考评。4月，制定印发《韶关市2018年市政府常务会议学法计划》，全年组织开展3期市政府常务会议专题学法。5月，制定印发《韶关市2018年依法行政工作要点》，推进全市依法行政和法治政府建设工作。8月，制定印发《韶关市2017年度广东省依法行政考评存在问题整改工作方案》，明确整改任务、责任单位及时限要求，落实具体整改措施，加大督导检查工作力度，确保整改工作取得实效。8月，组织召开全市法治政府建设工作电视电话会议，总结全市2016年以来推进法治政府建设工作情况，分析当前法治政府建设面临的新形势新要求，研究部署下一阶段法治政府建设工作意见。

政府立法 2018年，完成《韶关市黄岗山芙蓉山莲花山生态保护条例》《韶关市野外用火管理条例》《韶关市建筑垃圾管理条例》的合法性审核。

规范性文件管理 2018年，审查市政府规范性文件16件，备案审查各县（市、区）政府、市直各单位规范性文件48件。8月，制定印发《韶关市证明事项清理工作方案》，按照“谁制定、谁清理，谁实施、谁清理”的原则，做好全市证明事项清理工作，减证便民、优化服务。

行政复议 2018年，办理市政府行政复议案件134宗、办结105宗，全部在法定期限内办结，按时办结率100%。

行政应诉 2018年，组织市政府领导出庭应诉3次，代理市政府行政诉讼案件57宗、办结36宗，通报2018年一、二、三季度及2017年度全市行政机关负责人出庭应诉情况以及行政机关在行政诉讼中不答辩、不应诉、不履行人民法院生效裁判的情况。

行政执法监督 2018年，组织全市行政执法人员参加综合执法考试1010人次，办理行政执法证件812个。10月，制定印发《韶关市法制局全面推行行政执法三项制度工作方案》，推行执法全过程记录、重大行政执法决定法制审核、行政执法公示制度。

政府法律顾问 2018年3月，制定印发《韶关市人民政府2018年度重大行政决策事项和听证事项目录》，规范行政机关的重大行政决策行为。5月，制定印发《韶关市政府外聘法律顾问管理办法》，加强对市政府外聘法律顾问的管理。2018年，办理市政府重大行政决策、重要行政措施发布前的合法性审查及市政府领导交办的法律事务26件，为市委、市政府及市直单位法律事务提供法律咨询服务101次，协助草拟、修改、审查市政府重大合同、重要协议及其他重要文书20次。（李静文）

经济建设

【概况】 2018年，全市经济运行总体保持稳定，全市地区生产总值1343.9亿元、增长4.3%，人均生产总值4.5万元、人均水平继续居北部生态发展区首位。地方一般公共预算收入94.7亿元、增长6.8%。经济结构继续优化，发展质量明显提高，第一产业增加值156亿元，增长5%；第二产业增加值450.3亿元，增长1.6%；第三产业增加值737.6亿元，增长5.7%。三次产业结构由2017年的11.9：33.8：54.3调整为11.6：33.5：54.9。

【传统产业转型】 2018年，钢铁产业效益提升，宝武韶钢全年累计销售钢材635万吨，实现利润总额35.2亿元、增长38%，创历史新高。推进丹霞冶炼厂炼锌渣绿色化升级改造等项目建设。烟草产销结构优化，销售卷烟11.77万箱，实现税利总额11.34亿元、增长4.2%。新能源产业壮大，推进广东华电南雄“上大压小”热电联产工程等项目建设，煤电改造步伐加快；南雄犁牛坪二期风电场、韶关电厂濛浬灰场3.69万千瓦光伏扶贫电站等并网发电。

【新兴产业培育】 2018年，韶关市成立韶关特钢及装备制造产业联盟，装备制造业完成增加值40亿元、增长11%，投资额完成27亿元、增长60%，两项指标增速位列珠西产业带“八市一区”第二名。制定支持大数据应用与创新九条政策措施，引进广东联通智能BPO项目，推进华为公司“华南数谷”云计算中心建设。生物医药产业园建设启动，引进深圳海王集团、深圳萱嘉生物、广东康绿宝等医药健康企业到韶关投资、建厂。东阳光抗丙肝类原料药及注射剂生产线技术改造等项目陆续建成。

【产业共建推进】 2018年，全市产业共建新签约项目104个，总投资224.8亿元；在建项目77个，完成投资33.9亿元；投产项目41个，完成投资28.4亿元。引进广汽集团、华为公司等大湾区行业龙头企业到韶关投资。华南装备园建设有序推进，全年引进工业项目9个，总投资20.3亿元。乐昌市、新丰县、仁化县产业园被认定为省级产业园，实现省级产业园县域全覆盖。全市产业园实现规模以上工业增加值106亿元，增长12%。

【重大改革深化】 2018年，深化“放管服”改革，承接省委托下放事项59项，清理调整行政审批事项705项。推行容缺受理、N+1并联审批模式，确保工程建设项目审批时间压减一半以上。建成中介服务超市，推出资质类型55个，累计进驻中介机构749家、进驻资质1706个、进驻项目业主407个，累计完成交易选取747单。完善“一门式一网式”政务服务模式，推行“马上办”“规范办”等模式，实现“马上办结”事项245项、“马上就办”事项320项。推进供给侧结构性改革，完成商品房去库存任务22万平方米；全市农信社改制工作化解农信社不良贷款6.36亿元；为企业减负36亿元。简化商事登记办理流程，企业开办时间压缩到3.5个工作日。加强社会信用体系建设，推进诚信“红黑榜”发布工作。

【城市提升推进】 2018年，全市城市提升项目新开工50个，完工的项目32个，完成投资52.71亿元，已支付42.81亿元，与上年相比实现投资额翻番的目标。按照片区谋划的思路，重点抓好重大基础设施、产业园区、中心城区、全域旅游、生态建设等工作，主要谋划建设“融寺进城”“融山进城”“韶关记忆·风情小岛”等项目，实施一批包括机场到高铁站、城市外环与中环等项目的城市基础设施建设。

【县域发展统筹】 2018年，韶关市继续支持各地以特色园区建设为依托，打造各具特色的产业集聚板块，增强县域综合实力。优化县域发展环境，发展壮大县域特色经济，提升县城和中心镇集聚能力。推进国家新型城镇化综合试点工作，加快县城与中心镇建设。加快特色小镇规划建设，按照“产业、文化、旅游”相结合，“生产、生活、生态”相融合的理念，重点培育翁源江尾兰花小镇、曲江区经津论文化旅游小镇等13个示范点特色小镇。

【全域旅游发展】 2018年，全市接待游客4748万人次，增长12%；旅游收入444亿元，增长13.8%；到韶关过夜游客1838万人次，增长11%，占旅游总人数的38.7%；带动住宿业增加值增长8.2%，住宿业营业额增长12%，新增限上住宿业企业10家。大丹霞、大南华、大南岭、大珠玑等四大景区建设推进，大丹霞旅游总体规划基本完成，曹溪文化小镇项目全面开工，云门山度假旅游区基本建成，“百姓堂”主体工程完成。招商签约旅游项目26个，总投资额300亿元。新建和改扩建旅游厕所110座，开工建设旅游公路104千米。

（朱　江）

精神文明建设

【概况】　2018年，韶关市把加强精神文明建设作为首要政治任务，“一把手”工程得到广泛重视，群众性精神文明创建活动蓬勃开展，全社会团结奋斗的共同思想基础更加巩固，讲文明树新风的社会氛围日益浓厚，城乡文明环境优化，全市人民思想觉悟、道德水准、文明素养和全社会文明程度不断提升，精神文明建设在全市经济社会发展中的地位作用凸显。

【精神文明建设“一把手”工程】　2018年，市文明委先后于4月18日、7月4日、11月28日召开3次全体成员（扩大）会议，市委、市政府主要领导出席有关会议。会上印发《韶关市创建全国文明城市三年行动计划（2018—2020年）》和《韶关市2018—2020年创建全国文明城市实地测评标准执行指引手册（试行）》，确定三年的创文工作目标和任务；印发《创文实地测评点问题集中排查整改专项行动方案》和《关于深入推进韶关市无障碍环境建设和改造的实施方案》，明确下一步韶关市精神文明建设的工作重点；印发《2018年韶关市创建第六届全国文明城市测评迎检工作方案》，明确韶关市创文迎国检工作的任务和要求。市委常委会多次研究精神文明建设有关议题。开展“推动物质文明和精神文明协调发展”专题调研。加大人、财、物投入，推动各地各部门落实“一把手抓两手、两手抓两手硬”要求，把精神文明建设摆在更加突出的位置，强化顶层设计、检查督导、考核奖惩，形成条块结合、齐抓共管的“大合唱”格局。

【群众精神文化活动】　2018年，韶关市共投入143万元专项资金用于扶持《长征——粤北记忆》《南岭古道人家》《电工》等12个文艺精品创作扶持项目。组织编写《南华寺禅宗故事》《〈六祖坛经〉廿品》等书，推出一批涵盖韶文化概论、韶乐研究等内容的韶文化研究丛书，拍摄非遗系列纪录片《韶关非遗印记》。共安排专项资金1200万元用于对红色文化、工矿文化及四大景区文化资源进行挖掘、整理和提升。采购粤北采茶戏下基层展演、韶城音乐文化季等公共文化服务项目53个，建成10家“风度书房”。举办韶关市首届非物质文化遗产创意设计大赛、“多彩非遗·美好生活——走进非一般的韶关”成果展、韶关第六届百姓艺术健康舞、韶关市第七届百姓艺术健康舞展演活动、2018年韶关民歌民乐大赛等群众性文化活动，促进“送文化”与群众需求对接。

【社会主义核心价值观建设推进】　2018年，市文明委以擦亮“善美韶关”品牌作为践行社会主义核心价值观的载体和平台，加大宣传阐释力度，将善美理念融入市民公约、村规民约、行业规章修订中，融入到群众的生产生活、学习工作和行为习惯中。实施“1+X”核心价值观建设工程，推进核心价值观“一行业一重点”“一公园一主题”建设，组织开展系列善美主题活动，弘扬改革创新精神。共组织开展善美主题活动100多场次，举办“韶关改革开放40年展览”，建成社会主义核心价值观主题公园11个、示范点60个。常态化设计发布“图说我们的价值观”“讲文明树新风”“我的中国梦”等公益广告作品，指导推动各地各单位加大刊播展示力度。

【公民文明素质不断提升】　2018年，市文明委注重典型示范引领，选树宣传一批身边好人、最美人物等先进典型。道德模范与身边好人交流活动线上线下同步开展。全年共有3人入选中国好人榜，7人入选“广东好人”，36人被评为“韶关好人”。举办家风家训进村（社区）、家庭教育大讲堂进村（社区）、“传家训、立家规、扬家风”等活动，着力加强学校、家庭和社会教育，营造未成年人健康成长的环境。开展文明交通、文明旅游、文明餐桌、

▲ 2018年9月20日，市委宣传部、市文明办、市妇联在市区中山公园举行韶关市第十六个全国公民道德宣传日暨《2018版韶关市民文明手册》发放仪式

（李陶猛　摄）

▲2018年11月17日，市文明办、市直机关工委、市住建管理局在林语阳光体育公园举办“善美韶关 文明有我——摒陋习 守规则 绿色低碳护韶城暨移风易俗万人签名”活动 （李陶猛 摄）

文明上网、文明公厕创建等活动，引导群众养成绿色低碳、健康文明的生活方式。推进诚信建设制度化，印发《韶关市关于集中治理诚信缺失突出问题提升全社会诚信水平的实施办法》，开展电信网络诈骗、涉金融领域失信问题专项治理和互联网金融风险等19项专项治理，加大诚信宣传教育力度，营造全社会诚实守信、重信守诺的良好风尚。推进志愿服务制度化，建设一批韶城V站、乡镇（街道）和社区志愿服务站，常态化开展系列学雷锋志愿服务活动，打造特色志愿服务品牌，评选一批志愿服务先进典型，建立健全志愿服务激励机制。

【群众性精神文明创建活动深化】 2018年，韶关市对标做好韶关市创建全国文明城市网上申报材料、实地测评、问卷调查和未成年人思想道德建设工作，完成第六届全国文明城市首年测评的各项工作。推进文明县城、文明村镇、文明单位、文明校园等创建活动。指导仁化县做好争创全国县级文明城市和新丰县争创省级文明城市各项工作，完成对韶关市5个省级文明城市的年度测评，推动各地把创建工作对标对表、提质升级。印发《韶关市文明村镇创建标准》，部署开展文明村镇达标创建工作，推动市、县、镇、村四级联创。全市有1个镇，6个村申报全国文明镇村，15个单位申报全国文明单位，13个镇，39个村申报省级文明镇村，93个单位申报省级文明单位。扩大文明创建覆盖面，形成全域创建的工作格局。浈江区以“一小区一主题”的模式，推进德美小区、工矿小区、互助小区等精神文明特色小区建设；曲江区推进“一村一特色”建设，着力打造特色鲜明的孝心村、志愿村、书香村、和谐村。市直各单位围绕“党建带创建、创建促党建”的工作思路，推动文明单位创建活动开展。推进文明校园创建活动，全年评选出70所市级文明校园和101所县级文明校园。

【建设新时代文明实践中心试点工作推进】 2018年8月24日，乳源瑶族自治县被确定为全国50个建设新时代文明实践中心试点县（市、区）之一。8—12月，韶关市指导乳源瑶族自治县做好各项试点工作。印发《韶关市建设新时代文明实践中心试点工作实施方案》，组织召开8次试点工作推进会议，解决试点工作中存在的问题和困难。成立韶关市新时代文明实践中心文明实践志愿服务总队，总队下设14支志愿服务大队，印发《韶关市新时代文明实践中心文明实践志愿服务总队管理制度》。全市挂牌运行的新时代文明实践中心（所、站）共214个，成立文明实践志愿服务队共204支，志愿者人数约2000人，开展文明实践活动共700多场次，受众群众约20万人次。

【文明创建迎新春活动开展】 2018年2月6—3月2日，市文明委组织开展以“文明创建迎新春 善美韶关过大年”主题活动。此次活动包括清洁家园专项行动、交通秩序整治专项行动、市容市貌整治专项行动、文明行为引导专项行动、文明氛围营造专项行动、新春志愿服务暖冬行动、消费维权专项行动、新春文化惠民行动等八项行动。通过此次活动，向广大市民及返乡亲友和游客展示城市环境和“善美韶关”形象，巩固提升创文成果。

【“善美韶关·文明有我”系列活动开展】 2018年9月12—10月12日，市文明委组织开展以“善美韶关·文明有我”为主题的第十六个“公民道德宣传日”系列活动。此次活动包括“韶关市民文明手册”系列宣传、“我为创文加把劲”、核心价值观系列践行、“善美先进典型”宣传推广、“我们的节日”和关爱未成年人成长系列活动。9月20日晚，由韶关市委宣传部、韶关市文明办、韶关市妇联主办，韶关日报社承办的韶关市第十六个全国公民道德宣传日暨《2018版韶关市民文明手册》发放仪式活动在市区中山公园文化广场举行。韶关市委常委、宣传部部长刘启宇及道德模范和身边好人代表、妇女代表、志愿者代表、各行业代表、文明单位代表、市民群众等1000多人参加活动。活动通过网络直播，累计观看人数34万，向韶关市辖三区发放《2018版韶关市民文明手册》。来自田家炳小学的学生和家长上台宣读《创建文明城市，共筑“善美韶关”》的倡议书，道德模范、身边好人代表和2018年全国最美家庭获奖家庭登台分享经历和感悟。

【创文“五个一”入户宣传活动】 2018年10月至11月下旬，市文明委在市区范围内组织开展创文“五个一”（一封《致市民的公开信》、一本《韶关市民文明礼仪手册》、一本《韶关市创建全国文明城市惠民政策及成效宣传手册》、一份调查问卷、一张征求意见表）入户宣传活动。韶关市共组织1000多名入户宣传员分两次到12000户家庭开展入户宣传活动，听取市民对创文工作的意见建议，收集梳理市民围绕民生反响强烈的热点难点问题。

【“移风易俗万人签名”活动开展】 2018年11月17日，韶关市文明办、韶关市直机关工委、韶关市住建管理局在林语阳光体育公园举办“善美韶关文明有我——摒陋习守规则绿色低碳护韶城暨移风易俗万人签名”活动。韶关市文明委成员单位代表、党员代表、学生家长代表、户外运动协会和蜗牛公益协会的志愿者代表、韶关日报社代表及来自广州市清峰侠公益环保团队的欧科和谢世雄参加此次活动。签名活动结束后，党员代表、志愿者前往韶关市国家森林公园开展山野垃圾清洁行动。活动通过线上签名的方式发动广大市民参与，线上签名人数逾7万人。（彭信华）

社会建设

【社会体制改革】 2018年，韶关市深入推进个人诚信体系建设，完善守信激励与失信惩戒机制。11月，印发《韶关市加强个人诚信体系建设分工方案》。开展社会保险制度改革，完善基本养老保险制度，推进机关事业单位养老保险制度改革。截至12月31日，全市机关事业单位养老保险参保登记达到100%。完善医疗保险和大病医保制度，从1月1日起，在全市定点医疗机构范围内开展住院按病种分值付费，将4806个病种纳入按病种分值结算范围。实施食品安全战略，实行最严格的食品药品安全监管制度，出台《韶关市落实食品安全党政同责的实施意见》，明确各级党委政府食品安全领导责任和行政责任，推行“双随机一公开”监管模式，制定“双随机一公开”监管工作实施细则、随机抽查事项清单。探索公租房、共有产权房供应新模式，实施“租售同权”制度，推进公租房货币化改革，8月31日发布实施《韶关市区公共租赁住房租赁补贴实施细则》。

【社会治理】 2018年，韶关市推进“中心+网格化+信息化”建设，将全市10个县（市、区）划分为11674个网格进行管理，逐步构建“上面千条线，下面一张网”基层治理格局，全市社区服刑人员重新犯罪率为0.45‰，低于全省1.3‰的控制线，实现严重精神障碍患者管治网络覆盖率100%。韶关市群众安全感排名全省第七。全市社会矛盾纠纷化解率98.84%。全市专职人民调解员达到190人，实现每个乡镇（街道）至少配备1名专职人民调解员的目标。

【民生福祉改善】 截至2018年，全市成功创建广东省推进教育现代化先进县（市、区）覆盖率达到100%，是粤东西北地区四个市之一。全市普通高考录取率为89.6%，高中阶段毛入学率为98.73%，学龄人口毛入学率为102.61%；残疾儿童少年入学率为98.96%，少数民族学龄人口入学率100%。企业退休人员在2018年养老金调整后，月人均养老金从2017年年底的2117元提高至2249元，惠及15.97万人；城乡居保基础养老金最低标准从每人每月120元提高至148元，惠及41.95万人。失业保险金从968元/人·月提高至1269元/人·月。工伤保险待遇伤残津贴最低领取额从2486元/月提高至2732元/月。对当地城乡低保、特困人员进行提标及补差工作。提标后韶关市城镇低保、农村低保、农村特困人员供养最低月标准分别为638元/月、440元/月、704元/月，比2017年分别增加58元、40元、30元。城市低保月人均补差水平为503元，农村低保月人均补差水平为228元，比2017年分别提高46元、22元。截至12月，全市共有23988户，46499人享受低保，累计支出低保资金18240.7万元。截至2018年底，全市共有养老服务机构115间，全市完成行政村（社区）综合性文化服务中心建设1430个，覆盖率达到100%。第一批10间风度书房建成并投入使用，第二批10间风度书房进入试运行阶段。2018年共放映农村公益电影14958场，超过任务数498场。完成“两项补贴”提标、发放任务，按照重残护理补贴每人每年2520元、困难残疾人生活补贴每人每年1890元的标准发放补贴，全市发放重度残疾人护理补贴30733人，困难残疾人生活补贴15761人。完成农村危房任务5220户，棚户区改造基本建成2284套。12月31日，韶关市所有公立医疗机构取消医用耗材加成，每年为群众减少医用耗材支出约4500万元。落实分级诊疗双向转诊制度，全市组建医联体13个。

（胡春陵）

生态文明建设

【土壤及重金属污染防治工作】 2018年，韶关市印发实施《韶关市2018年土壤污染综合防治先行区建设工作计划》，按计划落实年度工作。3月，韶关市在全国率先启动重点行业企业用地污染状况详查第二阶段入场调查工作，完成第二阶段入场调查70%以上地块采样和50%样品检测任务。严格重金属源头防控，10月，根据韶关市提出的建议，广东省生态环境厅发布《关于在矿产资源开发活动集中区域执行部分重金属水污染物特别排放限值的公告》，在韶关市凡口铅锌矿及其周边区域（仁化县董塘镇）、大宝山矿及其周边区域（曲江区沙溪镇、翁源县铁龙林场）执行部分重金属水污染物特别排放限值。达到重金属源头管控成效，相关区域重点企业达到相关标准，未新增重金属污

▲ 2018年3月9日上午，韶关市委书记莫高义（左二）等市四套班子领导率领机关干部到韶州公园姐妹岭开展义务植树造林活动 （市林业局 供）

染排放的项目。通过市级配套资金保障，韶关市在土壤污染防治全过程技术、第三方评估服务方面探索，提炼总结多项土壤污染防治经验模式在全国推广。

【农业面源污染治理】 2018年，市环保局配合农业部门推进畜禽污染防治。督促指导全市畜禽养殖废弃物资源化利用，减少畜禽养殖污染排放，对资金条件好的养殖者推广高效生物降解床养殖模式，中小型养殖户推广干式环保微生物除臭模式。韶关市完成畜禽养殖污染减排项目169家，其中养猪场97家、养鸡场71家、养牛场1家。督促农业部门及各地政府加强农药、化肥使用管理，推广测土配方施肥，开展稻田重金属污染土壤修复应用示范。与2017年相比，化肥、农药、塑料薄膜使用量均有所下降。

【节能减排取得明显成效】 2018年，韶关市关停韶关市坪石发电厂有限公司3号机组等小火电项目。推进华润韶关新丰金竹扩建风电场、乐昌坪石镇风电场等12个风电项目实施建设，仁化董塘镇扶贫电站和韶关电厂灰场光伏发电等4个光伏项目并网发电。化学需氧量下降6.6%，氨氮下降6.4%，二氧化硫下降9.4%，氮氧化物下降2.4%，均完成省下达韶关市污染防治攻坚战年度目标。全市地表水水质达标率为100%，水质优良（达到或优于III类）比例为100%，市区生活垃圾无害化处理率为100%，林业碳普惠进展顺利。完成全市7个县（市、区）64个省定贫困村和1个少数民族村林业碳普惠项目开发、备案工作，碳普惠核证减排量达101.94万吨，第一批已获得省发改委备案签发，共计30.78万吨，在广碳所完成交易，交易额为502.34万元。推广新能源汽车示范应用，公共交通领域节能成效显著，累计推广应用新能源汽车近千辆。

（杨文怡）

【义务植树】 2018年植树节期间，市绿委办组织和协调各县（市、区）做好义务植树活动现场和苗木准备工作。3月9日，市委书记莫高义等市四套班子领导，以及驻韶部队官兵、市有关部门干部等350多人，在武江区韶州公园姐妹岭开展义务植树活动，共种下3000多棵新树木，树种有黄花风铃木、樱花树、木荷、罗汉松等。全市各地组织163.93万人参加义务植树600.27万株，新建义务植树基地64个，新增义务植树面积239.6公顷。

【重点林业生态工程】 2018年，全市共完成森林碳汇工程种植面积3335.33公顷（其中浈江区117.33公顷、武江区66.67公顷、曲江区50公顷、南雄市970公顷、始兴县266.67公顷、翁源县533.33公顷、新丰县193.33公顷、乳源瑶族自治县304公顷、乐昌市626.67公顷、市属场207.33公顷），完成种植和当年抚育任务。完成生态景观林带建设任务17.1千米、面积68.4公顷（其中新丰县新建里程2.1千米、面积8.4公顷；始兴县完善提升里程15千米、面积60公顷）。完成乡村绿化美化工程建设点126个（其中省级示范点123个），完成计划任务的102.4%。其中，新丰县超额完成建设任务。完成森林抚育面积6.23万公顷，占计划任务的100%。其中完成新造林抚育1.68万公顷（含省级碳汇林抚育0.79万公顷）；中幼林抚育4.55万公顷（含2017年中央财政森林抚育1.6万公顷）。完成新建森林公园2个、湿地公园1个。完成景色景观带建设“线上”及“面上”任务671.73公顷。

【造林绿化】 2018年，全市完成造林面积2.27万公顷，占年度总任务2.13万公顷的106.5%。由于造林绿化工作整体推进快、亮点多，在省林业厅关于全省春季造林和重点生态工程建设进展情况通报，以及广东省全面推进绿美南粤工作会议上，韶关市受到通报表扬；南雄市坪田镇的“枳椇王”和始兴县深渡水瑶族乡“米锥王”被评为“中国最美古树”。翁源县江尾镇被公示认定为“广东省森林小镇”。 （黄秋亮）

年度关注

乡村振兴战略实施

韶关市农村人口占总人口的54.9%。全市有省定贫困村278个，贫困村占比23%。2018年，韶关市高位推动推进乡村振兴战略实施，成立以党委书记为组长、政府主要领导为常务副组长的乡村振兴领导小组，内设8个专责小组，强化责任落实。以省级新农村连片示范建设工程、省定贫困村创建社会主义新农村示范村、全域推进农村人居环境整治建设生态宜居美丽乡村、环丹霞山生态宜居美丽乡村连片创建工程、古驿道沿线新农村连片示范工程、重点廊道美丽乡村示范区、市区城郊新农村连片示范工程为抓手，同步在每个县（市、区）打造两个美丽乡村样板村。截至2018年底，全市有干净整洁村295个，美丽宜居村34个，特色精品村13个。除已纳入省级新农村连片示范工程建设的15个省定贫困村外，省财政对其他263个省定贫困村创建工作按每村1000万元资金标准下拨到相关县（市、区），共计26.3亿元。市本级投入资金2亿元用于推进农村人居环境整治，同时，引导社会资金投入，广东省和的慈善基金会捐赠1亿元支持韶关地区公共基础设施建设。

（黄　健）

改革开放40周年韶关经济社会发展成就

——综合实力显著增强群众共享发展成果

党的十一届三中全会以来，韶关以马克思列宁主义、毛泽东思想、邓小平理论、“三个代表”重要思想、科学发展观、习近平新时代中国特色社会主义思想为指导，深入贯彻党中央、国务院和省委、省政府的决策部署，统筹推进“五位一体”总体布局，协调推进“四个全面”战略布局，始终坚持以经济建设为中心，以最广大人民根本利益为一切工作的出发点和落脚点，以发展为第一要务，统筹做好稳增长、促改革、调结构、惠民生、防风险各项工作，全力加快振兴发展，综合实力显著增强，社会事业全面进步，人民获得感、幸福感、安全感明显增强。40年砥砺奋进，40年沐风栉雨，40年物换星移，韶关获一系列“国字号”“省字号”荣誉，是中国优秀旅游城市、全国双拥模范城、国家卫生城市、国家园林城市、国家生态文明先行示范区、国家新型城镇化综合试点市，是广东省历史文化名城、文明城市、卫生城市和林业生态市。

一、经济总量不断攀升，综合实力迈上新台阶

一是经济总量持续扩张。改革开放40年来，韶关经济持续健康发展，不断迈上新台阶。1978年，全市生产总值不足10亿元，1993年、2008年、2014年分别迈上100亿元、500亿元和1000亿元台阶。2018年生产总值达1343.9亿元，比1978年增长34.4倍、年均增长9.3%；人均生产总值4.5万元、继续居粤北山区5市首位，比1978年增长26.6倍、年均增长8.7%。二是财政收入大幅攀升。全市财政一般预算收入从1978年1.2亿元增加到2018年94.7亿元，年均增长11.6%。2001年突破10亿元，2011年和2018年分别突破50亿元和90亿元。三是金融保持稳健运行。2018年末，全市金融机构各项存款余额1849.8亿元，比1978年增长967倍，年均增长18.8%；其中住户存款余额1195.1亿元，比1978年增长2310倍、年均增长22%。各项贷款余额956.3亿元，比1978年增长209倍、年均增长14.3%。四是产业结构不断优化。1978至2018年，第三产业增加值占地区生产总值比重从19.7%升至54.9%，提高35.2个百分点；第二产业增加值比重从48.6%降至33.5%，下降15.1个百分点；第一产业增加值比重从31.7%降至11.6%，下降20.1个百分点。

二、转型升级步伐加快，工业结构优化升级

韶关抢抓被国家确定为华南重工业基地和广东“小三线建设”地区的机遇，全力发展工矿企业。1987年，韶关工业总产值达33.58亿元，列全省第七，其中有色金属开采业、煤炭采选业等均居全省首位。这一时期，韶关工业化快速推进，成为广东省内仅次于广州的重工业城市。

近年来，坚持以供给侧结构性改革为主线，抢抓产业共建机遇，深入实施工业强市战略，实施工业技改创新、百家优质企业倍增计划等，持续在巩固、培育、增强、提升上下功夫，培育接续替代产业，促进新旧动能转换，工业发展质量和效益实现双提升，老工业基地展现新气象。2018年，全市工业增加值384亿元，比1978年增长38.5倍，年均增长9.6%。一是落后产能有序退出。深入落实产业准入负面清单，退出煤炭开采，逐步淘汰钢铁、水泥等落后产能。近三年退出钢铁产能305万吨、居全省前列，为新兴产业发展腾笼换鸟。二是产业结构持续优化。推动钢铁、电力、有色等传统优势产业转型升级，新增特钢产能118万吨、产值达34.5亿元，是广东省唯一“特钢棒材生产基地”；一批生物质发电、风电、光伏发电等项目建成投产并持续布局，绿色能源优势逐步凸显。加快发展先进装备制造、大数据、生物制药等新兴支柱产业，成功纳入珠江西岸先进装备制造产业带，2018年先进制造业和装备制造业分别完成增加值99.1亿元和40.7亿元；“华南数谷”广东省大数据产业园成功授牌，华为·鹰硕智慧城市、云计算中心、广东联通BPO等项目加快建设；推进莞韶生物医药、东阳光健康和南雄南药健康等3个专业园区，全市共有药品生产企业11家，2018年医药制造业完成产值9.39亿元。2018年全市规上工业企业实现利润86.6亿元，较1998年增长42倍。东阳光公司“导电高分子铝固体电解电容器生产绿色关键技术开发与系统集成项目”被工信部列入“2018年绿色制造系统集成专项”，标志着韶关市国家级“绿色制造系统”实现零的突破。三是园区平台日臻完善。近年来，韶关深入推进莞韶对口帮扶，开展“十组团”共建攻坚行动，做大做强“2+10”园区承载平台，致力推进园区提质增效，省级产业园区和省级循环化改造试点园区实现县级全覆盖。对接松山湖材料实验室等粤港澳大湾区高端要素和创新资源，韶关高新区以升促建工作推进，华南装备园初具规模，芙蓉新区科技新城加紧规划，着力构建西部高新区、东部科技新城、南部装备园的产业发展格局。2018年，全市园区规上企业总数达316家，实现工业增加值112.5亿元、占全市比重36.6%，成为经济增长的主引擎、工业发展的主战场。

三、科技创新深入实施，发展动力不断增强

一是企业培育力度加大。2018年高新技术企业认定82家，其中净增63家、比增61.17%，增速居全省第四；全市高新技术企业达166家，新增高新技术产品542个、比增116%，2018年全市高技术制造业规上企业增加值20.72亿元、增长11.5%，比同期规上工业增加值增长率高出10个百分点；科技型中小企业评价入库达76家。二是研发能力大幅提升。支持建立企业技术中心、工程技术研究中心、重点实验室、博士后工作站等研发机构，2018年新增研发机构62家，全市研发机构增至198家，亿元以上企业研发机构覆盖率达40%，规模以上企业研发机构覆盖率达29%；新增省级新型研发机构2家、增量排全省第一，总量增至5家，排名全省第九、粤东西北地区第二；省重点实验室取得零的突破。三是创新平台建设取得新进展。韶关高新区创建国家高新区取得积极进展，科技部成果转化与区域创新司专家组到韶关开展咨询调研；2018年省级以上创新平台76个，同比增长46.15%，增速排全省第六；众创空间7家，同比增长75%，增速排全省第一；全市拥有国家级科技企业孵化器1家、省级科技企业孵化器3家、省级众创空间3家，累计孵化企业150家。组建前海熙正、众投邦、丹霞天使等5支产业基金、总规模40多亿元，扶持企业创新和加速发展。累计投资项目22个，完成投资4.83亿元。四是知识产权创造能力显著提升。截至2018年底，全市有效发明专利量720件，每万人发明专利拥有量2.42件（全省排12位），商标有效注册量1.33万件，驰名商标2个，地理标志商标2个，地理标志产品14个。2018年全市专利申请量突破7000件，同比增长率全省第一，专利授权量同比增长率全省第二，新增注册商标2867件。五是科研投入持续加大。市本级科技项目经费从2017年的1280万元增至2018年的1亿元、比增681%，增幅排全省第一；全市研发经费由1983年的0.17亿元提升至2017年的14.54亿元，增长84.53倍，R&D占GDP比重达1.17%，继续排在粤东西北地区前列。六是人才强市深入推进。实施系列人才政策，加快建设国际人才社区和人才公寓，全市研发人员达6692人。七是科技成果喜获丰收。2018年高校转移技术成果180个、排名粤东西北地区第二，同比增长42.86%，增速排全省第三；2017年5个项目获2017年度国家级、省级科技大奖，为历年档次最高、数量最多；暨南大学、中国药科大学、利民制药厂等单位合作实施的“中药和天然药物的三萜及其皂苷成分研究与应用”获2017年度国家科技进步奖二等奖；2018年第七届中国创新创业大赛上，韶关有5家企业参加国家行业总决赛，其中欧莱高新材料公司、桃林公司分别斩获第三名、第八名，创下历史最好水平。

四、乡村振兴全域推进，农业农村全面发展

一是富民兴村产业更加兴旺。2018年农林牧渔业总产值254.1亿元，比1978年增长7倍，年均增长5.5%。农业综合生产能力稳步提高，成功创建翁源县兰花产业园、新丰县茶叶产业园等6家省级农业产业园，确立以优质稻、蔬菜、竹子、水果、畜禽、优质鱼等6大产品为全市主导产业，茶叶、油茶、中药材、花卉、蚕桑、黄烟等6大产品为各县（市、区）特色产业的6+6产业发展格局。农业经营主体和农业品牌加快培育，全市有省级示范家庭农场8家，省级合作社示范社93家，省级龙头企业48家；全市累计通过“三品”认证的企业共有295家，认证产品共计681个，省级名牌产品111个。“互联网+农业”快速发展，完成新型职业农民培训2500人、培训农村电商人才3000人。农业机械化水

平持续提高，2018年农机总动力达167万千瓦，水稻生产耕种收综合机械化率为70.2%。二是生态宜居美丽乡村加快建设。全域开展农村人居环境综合整治，2018年，村庄规划覆盖率提升至80%，60%以上完成“三清三拆三整治”；278个省定贫困村创建新农村示范村工作实现“四个100%”，基本达到干净整洁村标准；环丹霞山、南雄古驿道、市区城郊片区和“省际廊道美丽乡村示范区”等重点片区建设有序开展，农村面貌焕然一新。2018年，全市有全国休闲农业与乡村旅游示范县2个、中国美丽休闲乡村4个、全国一村一品示范村镇8个、省休闲农业与乡村旅游示范镇13个、省休闲农业与乡村旅游示范点28个、省级特色小镇6个。三是脱贫攻坚推进。落实“六个精准”举措，推进产业发展、劳动就业、社会保障、教育文化等八大扶贫工程，提高稳定脱贫质量。2018年筹集各类精准扶贫资金24.39亿元，实现0.64万户1.97万人预脱贫目标，贫困发生率由2015年底的4.95%降为0.27%。贫困村增收成效明显，全市所有贫困村居民人均可支配收入为15880元，高于省要求的10131元；全市脱贫有劳力贫困户人均可支配收入达14487元，高于省要求的7598元。2017年在全省脱贫攻坚综合评价中位列地级市前茅，韶关“六种帮扶模式”经验被国务院扶贫办推广。

五、扩容提质步伐加快，城市能级不断提升

一是城市框架不断拉大。全面实施“东进、南拓、西融、北优”中心城区发展战略，适度推动中心城区扩容和集聚发展，城市建成区面积由1990年的23.56平方千米扩大至2018年的113平方千米，增长4.49倍。随着莲花大道、芙蓉大道、韶关大道、百旺大道、韶州大道等改变城市格局的主干道的建成或即将建成，芙蓉新区、老城区和曲江区的联系紧密。二是城镇化水平稳步提升。40年来经济快速发展带动城镇化水平显著提高。在农村经济体制改革、户籍制度改革等系列政策推动下，韶关新型城镇化进程显著加快，逐步实现由城乡分割向城乡融合发展转变，大量农村人口向城市转移。近年来，韶关常住人口扭转净流出的态势，人口流入趋势逐年增强。2018年常住人口299.8万人，比2010年增加16.8万人，年平均增长率7.2‰，高于全省同期沿海经济带常住人口年均增长率（5.5‰）。全市常住人口城镇化率由1978年的23.61%提高到2010年的52.53%、2018年的56.5%，户籍人口城镇化率从1978年的23.61%提高到2018年的45.03%。三是城市提升推进。近年来，统筹组建城市提升办公室，启动新一轮城市提升，完工项目99个，完成投资187.29亿元，三江六岸流光溢彩，教育医疗布局优化，道路更顺畅、功能更齐全、环境更宜居、城市更宜业。四是芙蓉新区基本成型。芙蓉新城自2003年开发建设以来，现建成区面积约5平方千米、常住人口约6.2万，累计投资约316.64亿元，城市资源、产业要素、项目布局、公共配套加快集聚。建成骨干道路项目11个共28千米，在建道路项目16个共33.5千米，城市骨干框架基本形成。韶关实验学校、东岗岭太阳城小学、芙蓉第一小学、盆景山公园、客运综合枢纽（一期）等已建成，滨江商务中心、妇幼保健计划生育中心、市第一人民医院迁建、北江体育公园、新城水系、地下综合管廊、韶州中学、风采小学等一批重大项目启动建设，碧桂园五星级酒店、城投商务中心、联通数据中心、中国移动生产调度中心等一批产业项目竣工，前海人寿三甲医院、保利综合体、恒大酒店、恒大综合体等项目动工建设，进驻新城的市（区）级行政服务机构达到21个，公共服务水平正大幅提升，人气、商气逐步集聚。

六、生态建设深入推进，环境质量稳步提升

一是广东绿色生态第一市深入推进。全面划定生态红线，全市0.52万平方千米列入生态红线保护范围，占全市国土面积的28.23%，划定比例和范围均居全省首位。共有省级以上自然保护区16个（其中国家级4个，省级12个），面积25.2万公顷。建有森林公园111个，湿地公园11个。丹霞山成功入选世界自然遗产、世界地质公园。粤北生态特别保护区初步划定1014平方千米。“全国绿化模范城市”通过省级验收，全域创建国家森林城市。完成38个国有林场改革任务。全市林业用地面积144.8万公顷，森林覆盖率为73.8%，林木绿化率为74.6%，活立木蓄积量8917万立方米。二是资源节约集约更加高效。加快实行能源和水资源消耗、建设用地等总量和强度双控，单位GDP能耗“十二五”累计下降22.88%、超额完成省下达18%的目标任务，通过国家节能减排财政政策综合示范城市三年总体考核。实行最严格水资源管理制度，用水效率明显提升，万元GDP用水量由2010年的321立方米下降到2018年的147立方米，下降54.2%，用水总量由2010年的21.93亿立方米下降到2018年的19.75亿立方米。加强土地资源节约集约利用，近五年平均供地率均超过60%，共消化批而未供土地6929公顷。三是污染防治攻坚战开展。韶关是全省唯一入选国家山水林田湖草生态保护修复试点城市。坚决落实中央和省环保督察“回头看”反馈问题整改，推进蓝天、碧水、净土保卫战，通过扬尘专项整治、建筑工地6个100%管控等措施，市区空气质量继续保持优良；在全市全面推行河长制，确立2521条河流和649座湖库共计2204名河长，实现市、县、镇、村四级河长全覆盖；加强畜禽养殖场整治，划定禁养区3440平方千米，治理“散乱污”企业，全市主要江河水质和饮用水源水质达标率均为100%，是全省唯一无黑臭水体的设区市；开展国家土壤防治先行区建设，加强大宝山矿等重点防控区重金属污染治理，依法关闭并复绿6个矿点。

七、改革开放走向纵深，发展活力不断凸显

一是坚持把改革推向纵深。深入推进“放管服”改革，“一门式一网式”政务服务模式延伸至镇村，“马上办”服务模式走在全省前列，成为全省第四个建立“网上中介超市”地级市。企业开办时间压缩至3.5个工作日，企

业开办便利度跃升粤东西北首位。截至2018年底，韶关市共核发“多证合一、一照一码”营业执照64457份，发放电子营业执照2593份。全市实有市场主体163128户，其中企业30652户。较1984年19312户和8282户，增加7.5倍和2.7倍。国资国企改革深入推进，城投、金投等平台公司融资能力增强，2018年国企监管国有控股、参股企业资产总额352.17亿元，实现利润7.59亿元。落实减税降费政策，坚决执行“实体经济十条”和“省民营经济十条”，服务企业减负增效，2018年为企业减负36亿元。园区管理体制改革不断深化，把市直单位2号章、3号章分别授予莞韶园、装备园，基本实现“办事不出园区”。信用社改制农商行工作基本完成。行政管理、财税、教育、医疗、文化、体育等重点领域关键环节改革深入推进。二是坚持开放大门越开越大。1978年，韶关进出口总额仅194万美元，利用外资数为0。改革开放40年来，韶关不断拓宽对外开放的广度和深度，90年代韶关被列入沿海经济开发区。近年来，韶关响应和参与国家“一带一路”倡议，开展“驻粤领团韶关行”活动，加入“广佛肇+清云韶”经济圈、粤湘赣红三角联盟，坚持融入和服务粤港澳大湾区建设，全面深化莞韶对口帮扶，对外经济呈现加速发展态势。改革开放以来，韶关对外贸易年均增长19.4%，1992年、2007年、2014年分别突破1亿美元、5亿美元、10亿美元大关。2018年外贸出口总额达23.6亿美元、比1978年（194万美元）增长1215倍。1978年至2018年，全市累计实际利用外资38.9亿美元。

八、投资规模不断扩大，消费市场繁荣稳定

一是投资建设效果显著。2018年，全市固定资产投资完成额667.2亿元，年平均增长24.3%，投资占GDP的比例由1978年的16.7%提高到2018年的42.5%。交通投资成效明显，1978年全市公路建设全年投资总额不到300万元，2018年全市交通基础设施投资达103.35亿元，近五来新增高速公路397千米、普通铁路117千米，改造国省道684千米，实现县县通高速公路，新增过境出省高速两条，通往珠三角高速三条；武广高铁韶关站2009年建成通车，到广州只需50分钟时间，武深、汕昆高速韶关段2018年建成通车，形成连接珠三角城市群的高快速通道，整体融入珠三角两小时生活圈。2018年末，全市公路里程达1.69万千米、比1978年末增长2.48倍；城市道路网密度90.4千米/百平方千米、比1978年末增长3.22倍。二是市场消费持续扩大。韶关消费新业态新模式加速发展，线上线下消费加快融合发展，消费市场繁荣稳定快速发展。社会消费品零售总额1978年4.4亿元，1985年突破10亿元、1995年突破50亿元、2002年突破100亿元，2018年达751.6亿元，消费对经济发展的基础性作用不断增强。全市商贸批零产业加快发展，2018年底全市有限额以上批发零售业法人企业508家，批发零售业实现增加值142.71亿元，占全市生产总值比重为10.62%，成为支撑韶关市经济发展的重要支柱产业。商贸流通领域对内对外开放不断深化，市场主体多元化趋势明显，沃尔玛、大润发、肯德基、麦当劳、国美、苏宁、益华、新南康、屈臣氏、必胜客、味千等国内知名商业企业纷纷进驻韶关，广客隆（东明）、爱心药房、惠福等本土连锁企业加快城乡网点布局。以连锁经营、物流配送、电子商务为代表的现代流通方式在韶关加快普及，综合卖场、超级市场、仓储式商场、便利店、专卖店等新型流通业态蓬勃发展。

九、社会事业全面发展，民生保障持续加强

一是就业人员持续增加。40年来，韶关坚持就业是民生之本，实施促进就业创业政策，加大援企稳岗力度，统筹引导就业市场，就业形势保持稳定，创业人员不断增加。2018年全市就业人员达129万人，城镇登记失业率长期保持在较低的水平。二是城乡居民收入水平显著提高。城镇居民人均可支配收入由1978年约350元左右提高到2018年的3.03万元，比1978年增长86.5倍，年均增长11.8%。农村人均可支配收入由137元提高到1.54万元，比1978年增长112.7倍、年均增长12.5%。城乡居民人均收入增长与人均GDP增长基本同步，居民拥有的财富呈现快速增长趋势。三是教育现代化稳步推进。2018年，全市拥有全日制高等学校2所，技工学校5所（技工学校由人社局直管），普通中学148所，中等职业学校14所，小学196所。在校学生46.72万人（不含技工学校在校学生人数），其中：全日制高等学校在校学生3.6万人，比1978年增加3.3万人、增长12倍、年均增长6.41%。四是卫生医疗事业不断发展。深入推进卫生强市和医药卫生体制综合改革，全市23家公立医院全面取消药品加成，市县镇三级医院全面参与医联体建设，基本实现每个乡镇均有1所乡镇卫生院，每个村均有1所卫生室。2018年，全市共有各类医疗卫生机构799个，各类卫生技术人员4.8万人。五是社会保障水平显著提高。2018年末参加城乡居民基本养老保险人数205万人，参加城乡居民基本医疗保险人数237.18万人，实现城乡居民医疗保险全覆盖，企业职工基本养老保险实现省级统筹，城乡居民基础养老金最低标准和低保人均标准不断提高。全面实施机关事业单位养老保险制度改革。实现跨省异地就医直接结算和村级卫生站医保即时结算。六是文化事业蓬勃发展。2018年末共有公共文化馆11个，公共博物馆9个，公共图书馆10个。公共图书馆图书总藏量219.6万册。建成镇（街道）综合文化站107个，行政村（社区）基层综合性文化服务中心1430个，风度书房20间。完成广富新街、斌庐等历史文化街区和文物保护单位修缮工作。举办南国书香节韶关分会场，民间艺术花会、音乐舞蹈花会、戏剧曲艺花会等群众文化活动丰富多彩。七是法治建设不断增强。近年来出台《韶关市制定地方性法规条例》《韶关市野外用火管理条例》《韶关市烟花爆竹燃放安全管理条例》3部地方性法规，标志着韶关法治建设进入新的历史时期。

（市政府办）

韶关市机构改革

韶关市机构改革从2018年12月29日出台的《韶关市机构改革方案》颁布后，正式开始实施，全市上下紧锣密鼓开展这项工作。韶关市委、市委组织部、市编办在这之前做准备工作。

一、组织保障

2018年，市委提前制定改革“时间表”和“路线图”。成立市委深化机构改革工作领导小组及其办公室，下设7个归口专项小组和综合协调组、干部人事组等5个专项工作组。县级亦参照建立相关机构改革领导机制。加强与省的沟通协调，多次到省委组织部、省编办进行请示沟通，建立起省市县三级联动的指导协调机制。制定《韶关市机构改革方案》，着力建立健全和优化市委对重大工作的领导体制机制。

二、做好前期准备工作

2018年，市委组织部牵头，会同市编办着手开展各项改革前期摸底工作，开展系列调研。市委组织部对接中央、省、市机构改革方案，抓好涉改部门的领导班子配备工作，结合与市领导、市直单位正职谈话情况，对涉改机构的班子进行逐一分析研判；立足岗位需求，按照人岗相适、人事相宜原则，做好涉改单位、市直党政部门领导班子调配和有关人员转隶前期准备工作，推进县（市、区）机构改革工作。韶关市编办成立4个专责小组，对改革进行跟踪、落实，将全市机关单位按照市场监管、自然资源、生态环境等领域进行梳理储备，做好改革前期工作。1—9月，深入73个市直部门、33个事业单位开展调研，举行各类座谈会70余场，座谈人员达500余人次，对各单位履职情况摸底。梳理事业单位职能，通过初审框定市直41个事业单位承担的行政职能625项，并研究提出改革意见。结合10月中旬发布的省级改革方案及掌握的初步改革要求，同省编办沟通协调，草拟韶关市改革方案、框架意见及相关配套文件，并进行反复讨论修改。草拟《韶关市机构改革方案（送审稿）》。12月29日，韶关市召开中国共产党韶关市第十二届委员会第八次全体会议，对全市深化机构改革工作进行动员部署。

三、机构改革推进

对党政部门进行全面调整，全市共设置党委机构15个，政府部门30个。设置市军民融合发展委员会办公室、市林业局等符合韶关发展实际的部门。加强对各单位和各县（市、区）的工作指导，组织开展4次培训，印发《韶关市市级机构改革组织实施工作方案》《韶关市市直部门机构改革实施工作指引》等改革配套文件，推进机构改革。

（廖　愉　许宏洋）

城市提升

2018年，韶关市城市提升工作进入第三年。为解决韶关市城区交通承载量大，城市基础设施历史欠账较多，城市资源过度集中在小岛片区等问题，提升工作始终坚持以“问题为导向、民生为根本、发展为目标”，以“补短板、惠民生、促发展”为原则，重点实施交通提升、功能提升、景观提升、新城建设、智慧城市建设等五大工程，市民群众急盼解决的城市病得到治理，城区面貌焕然一新。

一、交通拥堵缓解

打通群康路等8条断头路，整治韶关东站等6个交通节点，消除堵车黑点。实施主干道路“白改黑”综合整治工程，完成36千米道路的改造。解放路断面改造提升与交通整治工程相结合，将解放路改建为双向八车道，使小岛片区交通通行能力得到提升。特别是在春节前，完成几届政府想解决而未解决的北江桥西桥头匝道和五里亭东桥头匝道项目的主体工程。市区增设2500多个停车位，缓解停车难问题。

二、功能不足补强

缓解老城区，特别是市区小岛片区功能资源集中、人口密度过大、基础设施残缺等问题。实施教育资源整合，迁建的韶州师范学院、新建的市九龄中学等重大项目投入使用；推进医疗资源整合，市妇幼保健服务中心项目主楼封顶、市一人民医院迁建项目开工；升级改造市辖三区25个农贸市场，达到市AA级水平，改变脏乱差状况；8个垃圾中转站建成，6个大型住宅小区共建设4600多平方米的社区服务中心；城市供水管网系统正在改造。

三、生态环境景观优化

韶州公园（一期）、林桥公园（一期）等大型公园项目完工。市区内全长18.9千米的慢行系统建设完成，利用闲置地块建成26个小公园小绿地小广场。百年东街西立面修缮整治主体工程基本完成，路段内广富新街、“斌庐”的修缮完成。帽子峰北侧9栋共8400平方米破旧建筑拆除，山体景观视野得到改善。实施三江六岸亮化工程，城市主要景观长廊面貌一新。

四、主干道路网络完善

城市“三环”初具规模，其中高速外环建设完成并投入使用，三区中环即将贯通，浈武内环正在打通；韶关大道、韶南大道、百旺大道等断面改造项目完成，沐溪大道升级改造主体完工，莲花大道在春节前全线贯通，江湾大桥正在建设，金凤大桥即将开工，五纵五横交通干道系统正逐步成型；芙蓉隧道于2月9日建成，新老城区实现“无缝对接”，工程起点为老城区西郊芙蓉北路，终点为芙蓉新城的芙蓉大道与南华路交叉口，路线全长约2300

米，双向六车道，设计时速为50千米。隧道工程分东线和西线，其中隧道东线长1545米，西线长1540米，总投资约7.1亿元。

五、PPP市政项目落地逆势实现

市直有关部门经过16个月的攻坚克难，涉及总额达99.37亿元的浈江市政工程和武江市政工程两个PPP项目分别于9月和11月完成社会资本方的采购工作。（颜　郁）

扫黑除恶

2018年，韶关市开展扫黑除恶专项斗争，取得阶段性成效。2018年全市公安机关共打掉涉黑组织4个（省公安厅已认定3个）、恶势力犯罪集团12个、恶势力犯罪团伙92个，查封、冻结、扣押涉案资产3.88亿元。全市纪检监察机关立案查处涉黑涉恶腐败和“保护伞”111人。通过开展扫黑除恶专项斗争，黑恶势力嚣张气焰得到沉重打击，基层组织建设有效加强，党风政风和社会风气明显好转，人民群众安全感和满意度进一步提升，全市刑事警情、刑事立案同比分别下降6.24%、11.3%，群众对扫黑除恶专项斗争开展成效的满意度达86.36%。中央扫黑除恶督导组下沉韶关市督导时，对韶关市扫黑除恶工作给予肯定。

一、组织保障

2018年，市、县、镇三级都成立由党委书记任组长的专项斗争领导小组，加强对扫黑除恶工作的领导。出台《市领导同志联系指导扫黑除恶专项斗争工作制度》，市四套班子成员定期到联系点调查研究、现场办公，解决问题，督促落实。加强机构专班建设，市、县两级扫黑除恶办及市直成员单位配备专班人员402名。

二、线索摸排强化

2018年，全市累计收集线索4185条，其中有效线索2800条，为开展精准打击提供支撑。制定群众举报奖励办法，规范群众举报方式和场所。全市共受理群众举报线索1708条，发放奖励金28.25万元，共有46名群众获得奖励。

三、依法打击强化

2018年，韶关市针对重点领域突出问题，组织开展打击盗砍滥伐、非法采矿、非法采砂、环境污染等专项行动。全市公安机关共打掉涉黑组织4个、恶势力犯罪集团12个，破涉恶案件294起，查封、冻结、扣押涉案资产3.88亿元。

四、综合治理强化

2018年，韶关市组织开展村级换届“回头看”，排查清理受过刑事处罚、存在“村霸”和涉黑涉恶等问题的村“两委”干部35人；查处涉黑涉恶村干部20人，完成撤换补选工作。对排查出来的120个软弱涣散村（社区）党组织，撤换59名不胜任、不合格、不尽职的党组织书记，安排驻村工作组开展“一村一策”精准整治。（胡春陵）

绿色发展韶关样板打造

2018年，韶关市森林覆盖率、自然保护区面积等均稳居全省第一。主要江河水质和饮用水源水质达标率均为100%，是广东省唯一的全国山水林田湖草生态保护修复试点市和全国土壤污染防治先行示范区，“全国绿化模范城市”通过省级验收。市区空气质量优良率达90.4%，考核断面水质全面达标优良比例达100%、县级以上集中式饮用水水源地水质达标率100%。实施最严格水资源管理工作考核排名全省第四，是全广东唯一无黑臭水体的设区市。粤北生态特别保护区初步划定1000平方千米。

一、乡村绿色发展

2018年，韶关市乡村旅游共接待游客约1580.7万人次，乡村旅游综合收入149.49亿元。全市产业扶贫到户项目2.33万个，其中相对贫困村产业扶贫到户项目0.96万个。韶关有2.73万户6.53万人实现预脱贫。韶关总结推广长坝村“产业带动”、灵潭村“党建引领”等经验模式，全域推进生态宜居美丽乡村建设。全市村庄规划覆盖率提升至80%，60%以上完成“三清三拆三整治”，省定贫困村基本达到干净整洁村标准。新增中国美丽休闲乡村1个，省级休闲农业与乡村旅游示范镇3个、示范点5个；新增南雄珠玑文化小镇等4个省级特色小镇；农村土地承包经营权确权登记颁证基本完成。

二、蓝天保卫战、碧水攻坚战、净土保卫战落实行动

2018年，韶关市全面划定生态红线，完成造林更新22666.67公顷、森林碳汇造林3333.33公顷，建成乡村绿化美化省级示范点126个。在蓝天保卫战中，韶关强化重点污染源监管，韶钢4#烧结机停产，6#烧结机（球团）工序脱硝改造完成，5#烧结机（球团）工序脱硝年底完成改造工作；专项整治全市29家砖厂，取缔关停违法生产经营砖厂18家。出台实施《韶关市野外用火管理条例》《韶关市烟花爆竹燃放安全管理条例修正案》，扩大市区禁燃烟花爆竹区域。在碧水攻坚战中，韶关完成省下达的3家重点企业改造任务，首批22家企业通过清洁生产审核验收。处理“散乱污”案件569宗，新建生活污水管网615千米。列入畜禽养殖污染减排计划的176个项目基本完成。划定禁养区3440平方千米，关闭或搬迁畜禽养殖场264个。2018年初，韶关在全省率先开展全市河面漂浮物集中清理专项行动，同时市、县两级均建立河道保洁长效机制，全市主要流域干支流基本实现无成片水面漂浮物的目标。12月6日，韶关市2018年第1号总河长令签发。截至12月底，共排查出河湖“清四乱”问题337个、处理销号27个；河湖“五清”清理整治排污口31个、清理漂浮物7.05万吨、清理河道长度7.3千米、清理河湖障碍物88处、清理违章建筑物102处。全市建立市、县、镇、村四级河长体系，2204名四级河长、约11765名自然村河段长上岗履职。韶关各级共开展河长巡河12.15万人

次，协调解决河湖问题15.24万个。在净土保卫战中，韶关市有效管控土壤环境安全风险。依法关闭并复绿6个矿点。

韶关“工矿精神”

2018年“五一”国际劳动节前夕，韶关市在韶关剧院举行庆祝“五一”国际劳动节暨大力弘扬工矿精神主题活动，表彰获得“五一”劳动奖的先进集体和个人。中共韶关市委书记莫高义在讲话中发布以“艰苦奋斗、甘于奉献、坚韧实干、追求卓越”为核心内涵的“工矿精神”。韶关于5月发出号召，把弘扬工矿精神作为推进工作的重要抓手，持续掀起弘扬工矿精神的热潮，使工矿精神成为各行各业的自觉遵循和价值追求。作为广东省重要工业城市，韶关经济曾有辉煌的过往，形成一份工矿文化资产。以艰苦奋斗、甘于奉献、坚韧实干、追求卓越为核心的工矿精神，是韶关工矿文化的实质所在。新中国成立后，韶关迅速奠定“华南重工业基地”地位，广东省首台电风扇、首台洗衣机、首台台式电脑都诞生在这里。1964年中国第一颗原子弹成功试爆，所使用铀材料70%是在韶关开采、冶炼。1964年开始的“小三线”建设，是韶关工业布局的又一个高峰期。韶关工矿精神，是韶关人民的精神财富。进入新时代，站在新起点，工矿精神更需挖掘与弘扬。筹办韶关工矿文化特展、制作韶关工矿文化纪录片、编撰《岭南壮歌——千年古城的工矿交响曲》《韶关工矿史》等著作，传承利用韶关工矿文化。

第28届中国（翁源）兰花博览会首次在县城翁源举办

2018年3月23日至4月7日，“兰乡情·产业梦”第28届中国（翁源）兰花博览会首次在县城翁源中国兰花博览中心开展，为期半个月，此届兰花博览会由中国花卉协会兰花分会、广东省（韶关）粤台农业合作试验区翁源核心区管理委员会主办，南方报业传媒集团、翁源县兰花协会承办，免费对公众开放。第十一届、十二届全国政协副主席罗富和，中国花卉协会副秘书长张引潮，广东省人民政府副秘书长顾幸伟，省农业厅副厅长陈东，省文化厅副厅长陈杭，市长殷焕明，市政协主席王青西，以及省市有关部门负责人、翁源县四套班子等2000人出席开幕式。此届兰博会展馆——翁源中国兰花博览中心，是总投资约1.7亿元的地标性项目，占地面积5万平方米，设兰花主景观、获奖区域（组合盆栽）、全国精品展区、科技兰展区等16个展区，吸引全国22个省和港澳台地区的展商参展，共展出兰花精品及兰艺作品1000个品种、1万余盆（株），展品价值超10亿元。大会共设置最佳栽培奖、最佳企业奖、最佳兰花产业贡献个人奖、最佳组织奖等八大类，共566个奖项。期间，还举办中国兰花产业发展论坛、“公益同行·善爱若兰”慈善拍卖会和“兰香翁源”汽车自驾游定向赛等一系列兰花文化活动。在“兰博盛会·活力翁源”招商引资推介会上，现场共签约20个项目，累计签约合同总额达83.9亿元，项目覆盖一、二、三产业。兰博会吸引来自全国各地的26万多名市民、游客和企业代表观展，达成现场交易额1亿多元，订货金额约5亿元。

韶关首届“中国农民丰收节”

韶关定于2018年9月23—10月22日，在全市范围内举办以“生态农业·善美韶关”为主题的韶关首届“中国农民丰收节”暨生态农业博览会，韶关举办的这个博览会也被纳入全国首届“中国农民丰收节”系列活动，同时被确定为广东省首届“中国农民丰收节”8个分会场之一。2018年9月23日上午，韶关首届“中国农民丰收节”暨生态农业博览会开幕式在乐昌和村拉开帷幕。乐昌主会场：仪式现场对新晋2017年广东省重点农业龙头企业，对获得2017年广东省名牌产品（农业类）代表，以及韶关首届“中国农民丰收节”暨生态农业博览会最受欢迎农特产品（手信礼物）进行颁奖。现场举行北京启迪联合创新科技有限公司投资的农业科技产业园项目、广东菜丁网络科技有限公司投资的农产品电商物流园项目、新丰县花之冠现代农业花卉生

▲2018年9月23日，浈江区首届“中国农民丰收节”暨生态农业博览会开幕仪式在韶关市茶花森林公园举行（浈江区史志办　供）

▲ 2018年3月23—4月7日，第28届中国兰花博览会在翁源县举行（冯兆宇　摄）

产建设项目等13个项目的集中签约仪式。农博会期间全市共开展165个特色活动，吸引游客达246.48万人次，发送宣传报道1100多篇，优质农产品销售额高达8000多万元。期间韶关举办农业发展论坛、农副产品商标设计征集大赛、2018“中国农民丰收节”暨生态农业博览会摄影作品评选大赛、长来糍粑“过会节”、农耕体验活动等一系列活动。丰收节期间，韶关在10个县（市、区）分别举办一系列节庆活动，集中展示宣传各地优质农产品。韶关一大批非遗项目如粤北采茶戏保护传承中心歌曲《请到粤北韶关来》、始兴县客家民俗舞蹈《团团香》、仁化县非遗项目编创舞蹈《月姐歌》、乳源县瑶族风情舞蹈《歌春》等节目都在各地陆续向游客展现。（肖光群）

韶关市被评为中国扶贫榜样优秀案例之“十佳精准扶贫创新城市”

2018年4月，韶关市被新华社半月谈杂志社评为中国扶贫榜样优秀案例之“十佳精准扶贫创新城市”。韶关市共有10个县（市、区）、104个乡镇（街道）和1205个行政村。2016年，全市精准识别建档立卡贫困户共3.49万户8.99万人，省定贫困村278个。其中，东莞市帮扶209个贫困村，省直单位帮扶40个贫困村，韶关市自身帮扶29个贫困村。此轮脱贫攻坚战中，省直对口帮扶单位、东莞、韶关及各县（市、区）共选派1680名驻镇村干部、3.09万名帮扶责任人以“第一家长”身份结穷亲，结对帮扶3.49万贫困户。2018年，韶关市各级各部门、40个省直帮扶单位及对口帮扶东莞市把打赢脱贫攻坚战作为重大政治任务和第一民生工程来抓，聚焦“两不愁三保障一相当”要求，精准施策，狠抓“八大扶贫工程”落地见效和扶贫政策全面兑现，推动脱贫攻坚工作取得重大进展。2016—2018年，全市共筹集精准扶贫资金15.54亿元，其中人均2万元财政扶贫开发资金10.63亿元；韶关市自身帮扶的29个贫困村，三年每村安排市级财政资金160万元。截至2018年底，全市在巩固提升前两年脱贫2.73万户6.53万人质量的基础上，又实现0.64万户1.97万人脱贫，三年累计脱贫3.37万户8.5万人，贫困发生率由2015年的4.95%降至0.27%。所有贫困村居民人均可支配收入1.59万元，高于省要求的10131元；脱贫有劳力贫困户人均可支配收入1.45万元，高于省要求的7598元。韶关市2018年度扶贫开发工作得到上级肯定，2018年6月，全省党建促脱贫攻坚工作现场会在南雄市召开，其在精准扶贫工作中“三个在先”抓党建促脱贫攻坚的做法，被省委组织部向全省推广。2018年精准扶贫考核，韶关名列全省第一。（何惠琦）

2018年韶关市十件民生实事完成情况

市政府出台一系列政策文件，落实市十四届人大四次会议《政府工作报告》，明确韶关市民生实事共10件23项，分别由9个部门牵头负责落实。2018年，市政府为民办实事项目完成20项、基本完成1项，2项正实施推进中。

2018年，韶关市完成乐昌市第二人民医院主体工程建设；完成南雄市第二人民医院主体工程建设；完成翁源县第二人民医院主体工程建设；完成6家乡镇卫生院规范化建设；完成300家村卫生站规范化建设；完成市妇幼保健计划生育服务中心主体工程建设；完成市第一人民医院迁建项目前期工作并动工建设；完成升级改造2000个新型多功能分类保洁箱；推进农村生活垃圾治理，确保村庄保洁覆盖率100%，农村生活垃圾有效处理率达到95%以上；完成农村危房改造2977户；基本建成棚户区安置房2284套；完善火车东站、客运西站、客运东站和客运南站的公共厕所配置，达到二级以上公厕标准；新建和改扩建旅游厕所110座；完成“明厨亮灶”单位1693家；完成市区10间风度书房建设；在浈江区步行街建设24小时自助服务区；建设市新能源机动车号牌制作点；实施残疾人C5驾驶证考试；完成市区城乡结合部路灯安装升级工程；建设气象科普场所。

2018年，升级改造7座垃圾中转站已基本完成。乳源南水水库至西河二水厂38千米输水管线建设、西河二水厂扩建主体工程正在加紧推进中。

民心工程的落地让广大人民群众享受到更多改革发展成果，也提升幸福感和获得感。

2018年韶关大事记

1月

2日 市委副书记、市长殷焕明率队到芙蓉新区开展调研。市委常委、常务副市长朱余旺参加调研。

3日 市政协召开十二届第五次主席会议，市政协主席王青西主持会议，市政协副主席兰茵、刘大济、张文铭、周伟源等参加会议。

3日 市委常委、副市长万卓培带队到科科燃气有限公司、华美达大酒店开展特种设备安全检查。

5日 市委书记莫高义主持召开市委十二届第57次常委会，议题有：①传达学习习近平总书记在寻乌扶贫调研报告上的重要批示及李希有关批示精神；②传达学习中央经济工作会议及中央农村工作会议精神；③传达学习省委十二届三次全会精神；④传达学习马兴瑞在韶关调研指示精神，研究韶关市贯彻意见；⑤研究召开市委十二届六次全会有关事宜；⑥审议《中共韶关市委关于坚决维护以习近平同志为核心的党中央权威和集中统一领导的决定（送审稿）》《韶关市贯彻落实中央八项规定精神实施意见（送审稿）》；⑦审议《中共韶关市纪律检查委员会、韶关市监察委员会机关内设机构和人员编制方案（送审稿）》；⑧审议《“华为·鹰硕”韶关智慧城市项目首期工程投资建设方案（送审稿）》；⑨听取2018年省管干部个人有关事项填报工作情况汇报；⑩人事议题。

5日 在市委会议中心四楼会议室召开全市人才工作会议，市委常委、组织部部长华旭初参加会议并向优秀人才代表颁发荣誉证书，副市长高冬瑞主持会议。

8日 市政协在市区召开十二届第四次常委会议，市政协主席王青西主持会议，市委副书记、市长殷焕明，市委常委、常务副市长朱余旺应邀出席会议。

9日 在市电信大楼二楼会议室召开全面推行河长制工作暨总河长会议，市委书记、第一总河长莫高义出席会议并作讲话，市长、市级总河长殷焕明主持会议，市委副书记陈波，市委常委、常务副市长朱余旺，副市长许志新参加会议。

10日 市委书记莫高义主持召开市委十二届第58次常委会，议题有：①审议市委十二届六次全会有关文稿；②审议《十四届人大四次会议政府工作报告（送审稿）》；③审议《韶关市2017年国民经济和社会发展计划执行情况及2018年计划草案的报告（送审稿）》；④审议《韶关市2017年预算执行情况和2018年预算草案的报告（送审稿）》；⑤关于滨江商务中心项目推进情况的通报；⑥听取党校工作情况汇报；⑦传达学习《中共广东省委办公厅关于印发〈关于防止干部“带病提拔”的实施意见〉的通知》精神，研究韶关市贯彻落实意见。

11日 市旅游发展委员会召开2018年第一次工作会议，市委副书记、市长、市旅游发展委员会主任殷焕明主持会议并讲话，市政协主席王青西，市委常委、宣传部部长柳琛子，副市长李欣等参加会议。

12日 中国共产党韶关市第十二届委员会第六次全体会议在市委会议中心召开，市委常委会主持会议，市委书记莫高义代表市委常委会作题为《牢记使命、奋发有为，努力开创韶关振兴发展新局面》的工作报告。全会审议《市委常委会抓党建工作情况报告》，表决通过《中国共产党韶关市第十二届委员会第六次全体会议决议》。

14日 在东莞举办“2018韶关旅游文体、农业产业”对接会，市委副书记、市长殷焕明出席对接会并致辞，市委常委、副市长万卓培出席会议、副市长陈磊主持会议。

15日 韶关军分区党委十一届七次全体（扩大）会议在军分区一楼礼堂举行，市委书记、军分区党委第一书记莫高义出席会议并讲话，韶关军分区司令员盖长利、韶关军分区政委郭伟建、副市长刘清生参加会议。

16日至19日，在市区召开韶关市十四届人民代表大会第四次会议（含预备会议）。

16日至18日，在市区召开政协第十二届韶关市委员会第二次会议。

16日　中国人民政治协商会议第十二届韶关市委员会第二次会议在市政府会议中心开幕。市委书记、市人大常委会主任莫高义，市委副书记、市长殷焕明，市政协主席王青西，市领导陈波、杨小明、郭健生等出席会议，兰茵主持开幕大会。中国人民政治协商会议第十二届韶关市委员会第二次会议闭幕大会在市政府会议中心召开，王青西主持闭幕大会。中共韶关市委书记、市人大常委会主任莫高义，市委副书记、市长殷焕明，市领导陈波、杨小明、郭健生、黄劲东等参加会议。

16日　市政协召开港澳委员座谈会。市委书记、市人大常委会主任莫高义出席会议并作讲话，市长殷焕明、市政协主席王青西参加会议。

16日　市第十四届人民代表大会第四次会议举行预备会议。市委书记、市人大常委会主任莫高义，市领导杨小明、张平、邓小杰等参加会议，邓小杰主持会议。

17日　韶关市第十四届人民代表大会第四次会议在市委会议中心开幕，大会主席团常务主席、执行主席莫高义主持开幕大会，市委副书记、市长殷焕明做政府工作报告，市领导王青西、陈波、杨小明等参加会议。

18日　市十四届人民代表大会第四次会议举行第二次全体会议，会议由大会主席团常务主席、执行主席张平主持，市委书记、市人大常委会主任莫高义，市领导郭健生、黄劲东、柳琛子等参加会议。

19日　市十四届人大四次会议举行第四次全体会议在市委会议中心召开，大会主席团常务主席、执行主席杨小明主持会议，市委书记、市人大常委会主任莫高义，市领导王青西、陈波、华旭初等参加会议。

19日　市监察委员会正式挂牌并召开成立大会，市委书记、市深化监察体制改革试点工作小组组长莫高义出席会议并讲话，市委常委、纪委书记郭健生、市委常委、组织部部长华旭初等参加会议，会后举行挂牌仪式。

22日　市政府组织召开全市贯彻落实2018年政府工作报告工作部署会议。市长殷焕明出席会议并讲话，市委常委、常务副市长朱余旺，市委常委、副市长万卓培，副市长许志新、高冬瑞、李欣，副厅级干部王伟阳，各市直部门、县（市、区）有关负责人参加会议。

22日　十二届省纪委第二次全体会议第一次大会召开，会议以电视电话会议形式开至各地级市。市委书记、市人大常委会主任莫高义，市委副书记、市长殷焕明，市政协主席王青西等市四套班子领导在市分会场参加会议。

23日　市委书记莫高义主持召开市委十二届第60次常委会（扩大）会议，议题传达学习《中国共产党第十九届中央委员会第二次全体会议公报》精神，市四套班子领导，市中院、市检察院主要负责人参加会议。

24日　省十三届人大一次会议韶关代表团召开全体会议。市委书记、市人大常委会主任莫高义主持会议，市委副书记、市长殷焕明，市人大常委会党组副书记、副主任杨小明等参加会议。

26日　全市宣传思想文化工作会议在市区召开。市委常委、宣传部部长柳琛子参加会议。

26日　韶关市文明公厕创建工作会议在市区召开，市委常委、宣传部部长、市文明委专职副主任柳琛子参加会议。

29日　出席省十三届人大一次会议的韶关代表团分组审议广东省高级人民法院工作报告和广东省人民检察院工作报告。市委书记、市人大常委会主任莫高义，市长殷焕明，市人大常委会党组副书记、副主任杨小明等参加会议，市委常委、市纪委书记郭健生等列席会议。

2月

1日　市委书记莫高义主持召开市委十二届第61次常委会（扩大）会议，议题有：①传达学习省“两会”精神；②对韶关市贯彻落实省“两会”精神作部署；③传达学习习近平、王沪宁在新进中央委员会的委员、候补委员和省部级主要领导干部学习贯彻习近平新时代中国特色社会主义思想和党的十九大精神研讨班上的讲话及省委常委会会议决定事项通知（〔2018〕26号）精神；④传达省委常委会会议决定事项通知（〔2018〕8号、〔2018〕25号）精神；⑤传达中共广东省委办公厅关于湛江市有关案件查处情况及其教训警示的通报；⑥传达十二届省纪委二次全会精神，研究韶关市贯彻落实意见；⑦审议十二届市纪委三次全会工作报告（送审稿）；⑧传达全省组织部部长会议精神，研究韶关市贯彻落实意见；⑨听取全市雨雪冰冻灾害防范应对工作情况汇报；⑩听取市委巡察工作情况汇报。

2日　省长马兴瑞到韶关调研春运交通保障、低温冰冻灾害防御工作，市委书记、市人大常委会主任莫高义，市委副书记、市长殷焕明参加调研。

5日　中国共产党韶关市第十二届纪律检查委员会第三次全体会议在市委会议中心召开，市委书记、市人大常委会主任莫高义出席会议并讲话，市委副书记、市长殷焕明等市四套班子领导出席会议。市委常委、市纪委书记郭健生主持会议并代表市纪委常委会做工作报告。

6日　副省长叶贞琴到韶关市调研，市委副书记、市长殷焕明，副市长许志新等参加调研。

6日　市委书记莫高义带队到汽车客运西站、韶关火车东站、公交车站场检查调研春运保障工作，随后主持召开座谈会，副市长李欣陪同调研并座谈。

6日　市委常委班子召开2017年度民主生活会，市委书记莫高义主持会议，省纪委副书记、省监委副主任陈波，省委督导组有关负责人到会指导，市政协主席王青西，市人大常委会党组副书记、副主任杨小明列席会议。

7日　市委常委会召开扩大会议，专题听取各县（市、区）委和市直单位党（工）委、党组书记抓基层党建工作述职，并进行评议，市委书记莫高义主持会议，市政协主席王青西，市领导陈波、杨小明、黄劲东等参加会议。

7日　市委市政府在市委会议中心召开向市直单位离退休干部通报工作情况会议，市委书记、市人大常委会主任莫高义出席会议并作讲话，市委副书记陈波主持会议。市委副书记、市长殷焕明，市委党委、组织部部长华旭初等参加会议。

7日　东莞市对口帮扶韶关市工作人员座谈会在市区召开，市委副书记、市长殷焕明出席会议并讲话，市领导黄劲东、万卓培、许志新、陈磊等出席会议。

8日　市委书记莫高义主持召开市委十二届第64次常委会会议，议题有：①研究全市安全生产工作；②传达学习全国、全省扫黑除恶专项斗争有关会议精神，研究韶关市贯彻落实意见，审议《2018年扫黑除恶专项斗争春节前行动方案》；③传达学习全省政法工作会议精神，研究韶关市贯彻落实意见；④传达学习省委常委会会议决定事项通知（〔2018〕33号）精神；⑤传达学习全国、全省宣传思想工作有关会议精神，研究韶关市贯彻落实意见；⑥听取贯彻落实李希关于侨务工作批示精神的情况汇报；⑦审议《中共韶关市委常委会2018年工作要点（送审稿）》；⑧审议《2018年度市委常委会会议重要议题安排（送审稿）》；⑨听取审计工作情况汇报，审议2018年度审计工作计划。

8日　省人大常委会主任李玉妹到乐昌开展新春慰问，省人大常委会秘书长王波，省总工会、省扶贫办有关负责人参加活动。市委书记、市人大常委会主任莫高义，市人大常委会副主任邓小杰陪同慰问。

8日　市委副书记、市长殷焕明到仁化县开展检查安全生产及春运保障等有关工作。

9日　市委书记、市人大常委会主任莫高义到武江参加指导2017年度武江区委常委班子民主生活会。

9日　韶关市召开2018年迎春座谈会在市区召开，市委书记、市人大常委会主任莫高义，市委副书记、市长殷焕明，市政协主席王青西等市四套班子领导及老领导等出席座谈会。

9日至10日，市委书记、市人大常委会主任莫高义到翁源县调研乡村振兴和检查指导安全生产工作。

12日　市委扫黑除恶专项斗争工作会议在市委会议中心召开。市委书记、市人大常委会主任莫高义出席会议并作讲话，市委副书记、市长殷焕明主持会议，市领导陈波、郭健生、华旭初等参加会议。

12日　全市政法工作会议在市委会议中心召开。市委常委、政法委书记李安平参加会议，市领导刘清生主持会议。

12日　市委书记、市人大常委主任莫高义率队到武江区开展春节慰问。

13日　市委副书记、市长殷焕明到芙蓉市场检查节前食品安全、商品供应、物价稳定，随后到南华寺及周边检查旅游场所安全管理工作。

13日　市委副书记、市长殷焕明到新丰县检查督导春节期间森林防火工作，市委副书记、新丰县委书记陈波陪同检查。

14日　市委书记、市人大常委会主任莫高义主持召开市委十二届第65次常委会会议，议题有：①传达学习《中共中央、国务院关于实施乡村振兴战略的意见》精神，研究部署韶关市相关工作；②传达学习省委文件（粤委发电〔2018〕3号）精神，研究部署韶关市相关工作；③听取2017年全市文明创建工作情况汇报，研究2018年创文工作。

20日　市委副书记陈波带队对市区消防安全工作进行巡查，先后到浈江区金色江湾垃圾中转站、武江区吉祥路“三合一”场所检查消防安全整改情况，到曲江区沙溪镇沙溪市场水果摊档查看火灾现场，到南华寺检查春节假日旅游及消防安全工作。

21日　市委书记、市人大常委会主任莫高义深入乳源瑶族自治县大桥镇，乐昌市云岩镇、梅花镇、浈江区犁市镇等地巡查暗访安全生产和森林防火工作。

22日　市委书记、市人大常委会主任莫高义到市委机要局慰问值班人员。

22日　市委书记、市人大常委会主任莫高义，市委副书记、市长殷焕明分别率队到市信访、消防、交警、环卫等部门开展春节慰问调研活动，检查指导全市安全生产工作。

23日　市委副书记、市长殷焕明率领城市提升领导小组全体成员对韶关市城市提升工作进行现场巡察。市领导柳琛子、朱余旺、李欣参加巡察活动。

24日　市委副书记、市长殷焕明，深圳市中金岭南有色金属股份有限公司丹霞冶炼厂设备工程部副部长罗振，粤北人民医院门诊部主任饶文霖，韶关市雅鲁环保实业有限公司研发中心主任潘丽梅，宝钢集团广东韶关钢铁有限公司党委书记、董事长李世平，韶关市工商联主席、广东东阳光科技控股股份有限公司董事、总经理张红伟共6名人员当选为十三届全国人大代表。

27日 市委书记、市人大常委会主任莫高义主持召开市委十二届第66次常委会会议，议题有：①传达学习习近平总书记在打好精准脱贫攻坚战座谈会上的重要讲话精神，研究韶关市贯彻落实意见；②传达学习全国、全省统战部部长会议精神，研究韶关市贯彻落实意见；③传达学习中发电〔2017〕4号文精神；④传达学习中央第十二巡视组巡视广东省工作动员会议精神；⑤传达学习李希在省委常委会（扩大）会议听取市委书记抓基层党建工作述职并进行评议时的讲话精神；⑥审议《2017年度中共韶关市委常委班子民主生活会整改落实方案（送审稿）》；⑦传达学习《中共广东省委办公厅印发〈关于进一步压实责任加大惩治扶贫领域腐败和作风问题工作力度的方案〉的通知》精神，研究韶关市贯彻落实意见；⑧审议《韶关学院韶州师范分院人员分流安置方案（送审稿）》。

27日 市委常委、组织部部长华旭初到武江区调研基层党建工作。

3月

1日 市委书记、市人大常委会主任莫高义率队到南雄市挂点联系企业调研。

1日 省政府召开审计工作电视电话会议，市长殷焕明在广州主会场参加会议。市领导朱余旺等在市分会场收看收听会议。

1日至2日，市委书记、市人大常委会主任莫高义到南雄市调研新农村建设、脱贫攻坚及基层党建工作。市领导华旭初等参加调研。

5日 市委常委、常务副市长朱余旺率队对南水水库供水工程进行现场督导。

5日 市委书记、市人大常委会主任莫高义与韶关市·东莞市2017年度扶贫开发和新农村建设省级考核组一行在韶州宾馆会面，市领导黄劲东参加会面。

6日 市委书记、市人大常委会主任莫高义与省人大常委会副主任王衍诗调研组一行在韶州宾馆会面，市人大副主任梁韶灵参加会面。

6日 市委统战工作会议在市区召开。市委常委、统战部部长黄劲东参加并讲话。

5日至7日，省发改委党组书记魏宏广一行到韶关开展“粤北生态特别保护区范围划定”专题调研活动，市领导朱余旺等参加调研。

7日 市委书记、市人大常委会主任莫高义在韶州宾馆会见正佳集团等考察组一行，市领导万卓培陪同会见。

7日 市委书记、市人大常委会主任莫高义与环保部华南研究所李开明一行在韶州宾馆会面。

8日 市委书记、市人大常委会主任莫高义主持召开市委十二届第67次常委会会议，议题是：①传达学习《中国共产党第十九届中央委员会第三次全体会议公报》《中共广东省委办公厅关于学习宣传贯彻党的十九届三中全会精神的通知》精神；②研究扶贫领域相关工作。

8日 市委理论学习中心组专题学习《习近平谈治国理政》第二卷扩大会议在市委会议中心召开。上午召开省委宣讲团辅导报告会，市领导柳琛子主持会议，省委宣讲团成员、省委宣传部讲师团团长杜新山作宣讲报告；下午召开市委理论学习中心组集体学习研讨会，市委书记、市人大常委会主任莫高义主持会议并作小结讲话，市委常委、市人大常委会、市政府、市政协领导出席全天会议。

8日至9日，广东省副省长余艳红带队到韶关调研民政、卫生计生、食品药品监管工作，副市长陈磊、高冬瑞陪同调研。

9日 市委书记、市人大常委会主任莫高义等市四套班子领导率队到韶州公园姐妹岭开展义务植树造林活动。在韶州宾馆主持召开书记专题会研究大南华建设情况。市领导朱余旺参加会议。

9日 市委书记、市人大常委会主任莫高义主持召开市委十二届第68次常委会会议。议题是：①传达学习《习近平总书记在参加十三届全国人大一次会议广东代表团审议时的重要讲话》《中共广东省委关于认真学习宣传贯彻习近平总书记在参加十三届全国人大一次会议广东代表团审议时的重要讲话精神的通知》精神。

9日 全市重点项目建设调度会在市区召开，市领导朱余旺主持会议并讲话。

12日 市委党校举行2018年春季开学典礼。市委常委、组织部部长华旭初出席开学典礼并为学员讲开学第一课。

12日 市委书记、市人大常委会主任莫高义，市领导郭健生、柳琛子、华旭初等与省委第十二巡视组到韶关的一行人员在市委常委会会议室召开会面座谈会。

12日 市委书记、市人大常委会主任莫高义在韶州宾馆与中铁磁浮投资建设有限公司总经理一行会面。

13日 全国人大代表、市长殷焕明在北京接受南方报业传媒集团“全国两会全媒体访谈室”采访。

13日 市委书记、市人大常委会主任莫高义在韶州宾馆分别与省纪委一行、中组部调研组一行会面，市领导郭健生、华旭初分别参加会面。

14日 市委党校春季主体班在市委党校举行，市委书记、市人大常委会主任莫高义出席活动并作辅导报告，市领导华旭初主持会议。

14日 市委书记、市人大常委会主任莫高义在韶州宾馆与中国人民大学温铁军教授一行会面，市领导黄劲东参加会面。

14日 市委书记、市人大常委会主任莫高义在韶州宾馆分别与中农联控有限公司一行、中央巡视组（巡视意识形态工作）一行会面，市领导万卓培、柳琛子分别陪同会面。

15日至16日，市委常委、组织部部长华旭初带队到新丰县开展加强基层党组织建设调研。

16日 市委书记、市人大常委会主任莫高义到市社会福利院、武江区西河镇敬老院暗访察看养老和孤残儿童服务保障工作。

20日 十二届韶关市委第二轮巡察工作动员部署会在市区召开。市委常委、纪委书记郭健生出席会议并作动员讲话，市委常委、组织部部长华旭初参加会议。

21日 全省传达贯彻习近平总书记重要讲话精神电视电话大会在广州召开，大会以电视电话会议形式开至各地级以上市。市委书记、市人大常委会主任莫高义，市委副书记、市长殷焕明，市政协主席王青西等市四套班子领导在市分会场收听收看会议。

21日至22日，2018全域旅游年乡村振兴发展高峰论坛在新丰县举行，市委副书记、新丰县委书记陈波，副市长李欣出席活动。

22日 2018年全市扶贫开发工作会议在市委会议中心召开。市委书记、市人大常委会主任莫高义出席会议并讲话，市长殷焕明主持会议，市领导黄劲东、许志新等参加会议。

22日 市委书记、市人大常委会主任莫高义主持召开市委十二届第69次常委会会议，议题是：①传达学习全国“两会”精神，研究韶关市贯彻落实意见；②听取粤北生态特别保护区建设工作情况汇报；③听取华南装备园开发建设工作情况汇报；④听取商贸物流业发展工作情况汇报；⑤听取医药健康产业发展工作情况汇报；⑥研究干部纪律处分问题。

23日 第28届中国（翁源）兰花博览会在翁源县开幕，市委副书记、市长殷焕明，市政协主席王青西、副市长许志新参加开幕式。

25日 全省现代农业产业园现场会在翁源县召开。省委副书记、省长马兴瑞出席会议并讲话，副省长叶贞琴，市委书记、市人大常委会主任莫高义，市委副书记、市长殷焕明，副市长许志新等参加会议。

25日 全市创建现代农业产业园部署会在翁源县召开。市委副书记、市长殷焕明出席会议并讲话，副市长许志新参加会议。

25日 市委书记、市人大常委会主任莫高义在韶州宾馆与康美药业一行会面。

26日 全市科技创新大会在广州召开。市委书记、市人大常委会主任莫高义，市委副书记、市长殷焕明，副市长陈磊在广州参加会议。

27日 全市扶贫领域专项巡察业务培训会在市区召开。省委农办副主任、省扶贫开发办公室主任梁健作脱贫攻坚工作专题讲座，市领导郭健生出席并主持培训会。

27日 全市扶贫开发工作座谈会在市区召开，省扶贫办主任梁健，市委常委、统战部部长黄劲东等参加会议。

27日 市委书记、市人大常委会主任莫高义到南华寺调研，市领导朱余旺等参加调研。

28日至30日，市委书记、市人大常委会主任莫高义到浙江、江苏考察学习美丽乡村建设和文旅项目开展，副市长李欣及市委农办、市旅游局主要负责人参加考察学习。

4月

2日 第一季度信访维稳形势研判会议在市委会议中心召开，市领导李安平、刘清生出席会议。

2日 市委书记、市人大常委会主任莫高义与省记协负责人、南方报业传媒集团党委书记刘红兵一行在荷花园酒店会面，市委副书记、市长殷焕明参加会面。

3日 市委书记莫高义主持召开市委十二届第70次常委会会议。议题是：①传达学习全省科技创新大会精神，研究全市贯彻落实意见；②听取赴浙江、江苏省考察新农村建设工作情况汇报；③审议2017年度市机关绩效考核结果和《2018年韶关市机关绩效考核实施方案（送审稿）》、审议2017年度县（市、区）工作绩效评价结果和《2018年韶关市县（市、区）工作绩效评价实施方案（送审稿）》；④听取市总工会、共青团、妇联工作情况汇报。

4日 市委常委、政法委书记李安平到浈江区调研社会治安综合治理重点治理工作。

5日 广东省副省长叶贞琴通过视频连线广东省各地市，听取森林防火工作情况汇报。市委副书记、市长殷焕明出席会议并向省领导汇报韶关市工作情况，副市长许志新等参加会议。

8日 全省全面深化改革工作会议在广州市召开。市委书记、市人大常委会主任莫高义，市委副书记、市长殷焕明参加会议。

8日至9日，市委书记、市人大常委会主任莫高义到新丰县、仁化县调研乡村振兴、基层党组织建设工作。市领导陈波参加新丰县调研。

10日 市委书记、市人大常委会主任莫高义在韶州宾馆与省委编办主任潘享清一行会面。

10日 市委书记、市人大常委会主任莫高义在韶州宾馆与广东碧云集团温继优一行会面。市领导陈磊参加会面。

11日 十二届市委全面深化改革领导小组第五次会议在市委常委会会议室召开。市委书记、市委全面深化改革领导小组组长莫高义主持会议，市长、市委全面深化改革领导小组副组长殷焕明出席会议。

12日 市委书记、市人大常委会主任莫高义在韶州宾馆与省财政厅厅长戴运龙一行会面。

12日 市委理论学习中心组专题学习习近平总书记重要讲话精神会议在市委会议中心召开。市委书记、市人大常委会主任莫高义主持会议，十三届全国人大代表、省委宣讲团成员、省财政厅厅长戴运龙作专题报告。市委常委，市人大常委会、市政府、市政协领导出席会议。

12日 市委常委、常务副市长朱余旺带队到广州拜访省农信联社、广州农商行。

15日至16日，市厅级领导干部学习总书记重要讲话精神研讨班在广州举办。市委书记、市人大常委会主任莫高义，市委副书记、市长殷焕明参加研讨班。

16日 市纪委监委推进养老机构和扶贫领域专项巡察、查处涉黑涉恶违纪违法案件和森林防火管控工作等当前重点工作推进会在市区召开。市领导郭健生出席会议并讲话。

17日 全省保密培训在广州举办。市委书记、市人大常委会主任莫高义，市委副书记、市长殷焕明参加培训。

17日 韶关市召开市农合机构改制领导小组第二次全体会议暨工作督导会，市委常委、常务副市长朱余旺参加会议。

17日 市委常委、常务副市长朱余旺带队到乳源瑶族自治县开展经济运行检查督导工作。

17日 市委书记、市人大常委会主任莫高义在韶州宾馆分别与新华社广东分社社长徐金鹏、中建二局总经理石雨一行会面。市领导柳琛子、朱余旺分别参加会面。

18日 韶关市新一轮文明创建工作动员部署会议在市委会议中心四楼大会议室召开。省委宣传部巡视员、省文明办主任顾作义，市委书记、市文明委主任莫高义出席会议并讲话。市长、市文明委第一副主任殷焕明主持会议。市领导柳琛子、朱余旺、林岚等参加会议。

18日 省委宣传部巡视员、省文明办主任顾作义率队到始兴县调研红色文化挖掘保护工作、检查文明城市创建工作。市领导柳琛子陪同调研和检查。

19日 市委保密委员会全体（扩大）会议在市委大楼召开。市委副书记陈波出席会议并讲话。

19日 市委书记、市人大常委会主任莫高义主持召开市委十二届第71次常委会会议。议题是：①传达学习习近平总书记在庆祝海南建省办经济特区30周年大会上的重要讲话、在博鳌亚洲论坛2018年年会上的主旨演讲和《中共中央、国务院关于支持海南全面深化改革开放的指导意见》精神及省委十二届第55次常委会扩大会议有关精神，研究全市贯彻落实意见；②传达学习李希在全省市厅级主要领导干部学习贯彻习近平总书记重要讲话精神专题研讨班开班式上的讲话精神；③传达学习省委常委会会议决定事项通知（〔2018〕56号）精神，听取政府性债务和隐性债务管理工作情况汇报；④听取大南华整体提升工作推进情况汇报；⑤听取全市森林防火工作情况汇报；⑥听取全市敬老院专项检查整治情况汇报。

20日 科技部高新司、省科技厅有关领导及专家组成的调研组到韶关市考察专用工程机械及关键零部件高新技术产业化基地建设情况。市委副书记、市长殷焕明，市领导万卓培等陪同调研。

20日 市委书记、市人大常委会主任莫高义在韶州宾馆接受广东卫视专访。

20日 市委书记、市人大常委会主任莫高义在韶州宾馆与翁源籍旅居美国著名画家涂志伟一行会面，市领导朱余旺参加会面。

23日 干部推荐大会在市委会议中心四楼会议室召开。市委书记、市人大常委会主任莫高义，市委副书记、市长殷焕明，市政协主席王青西、市领导杨小明、郭健生、黄劲东、柳琛子等参加会议。

23日 省政府督导组到乐昌开展经济运行情况检查督导，市领导朱余旺等陪同检查。

23日 市委书记、市人大常委会主任莫高义在韶州宾馆与中景信公司副总经理张树民一行会面，市领导李欣参加会面。

24日 市委书记、市人大常委会主任莫高义在市委6楼小会议室主持召开书记专题会。市委副书记、市长殷焕明，市领导华旭初等参加会议。

24日 2018年中央一号文件精神宣讲报告会在广州召开。会议以视频会议形式开至各地级以上和各县（市、区），市领导黄劲东、许志新等在市分会场参加会议。

24日 市委外事工作领导小组会议在市委常委会会议室召开。市委书记、市人大常委会主任莫高义主持会议并讲话，市委副书记、市长殷焕明，市领导柳琛子、陈磊等参加会议。

24日 市委书记、市人大常委会主任莫高义在市委常委会会议室主持召开书记专题会研究大珠玑建设工作。市委副书记、市长殷焕明，市领导李欣等参加会议。

25日 韶关市领导干部学习贯彻习近平总书记重要讲话精神专题研讨班在市委会议中心举行开班式。市委书记、市人大常委会主任莫高义出席开班式并作动员讲话，市委副书记、市长殷焕明主持开班式。市委、市人大常委会、市政府、市政协领导，市中院院长、市检察院检察长，副厅级干部等参加研讨班。26日下午，市领导干部学习贯彻习近平总书记重要讲话精神专题研讨班在市委会议中心举行结业仪式，市领导华旭初出席结业仪式并总结讲话。

26日 全省乡村振兴工作会议在广州召开，会议以视频会议形式开至各地级以上市和各县（市、区）。市委书记、市人大常委会主任莫高义、市委副书记、市长殷焕明，市领导许志新在省主会场参加会议，市政协主席王青西、市领导杨小明、柳琛子、华旭初等在市分会场参加会议。

27日 东莞韶关两市对口帮扶工作第十次联席会议暨新时期精准扶贫工作会议在东莞召开。市委书记、市人大常委会主任莫高义，市委副书记、市长殷焕明，市领导万卓培、陈磊出席会议。

27日 市委常委、常务副市长朱余旺到市区督查“五一”节前安全生产工作。

28日 市委书记、市人大常委会主任莫高义主持召开市委十二届第73次常委会会议（人事议题）。市委常委，市政协主席、市人大常委会党组副书记参加会议。

28日 市委书记、市人大常委会主任莫高义主持召开市委十二届第74次常委会会议，省委决定：颜珂任中共韶关市委常委。

28日 市委书记、市人大常委会主任莫高义率队检查“五一”劳动节前安全生产工作。市领导柳琛子、邓小杰等陪同检查。

28日 “继往开来，再铸辉煌”——韶关市庆祝“五一”国际劳动节暨大力弘扬工矿精神主题活动在韶关剧院举行。市委书记、市人大常委会主任莫高义出席活动并讲话，市领导柳琛子、李安平、邓小杰等参加活动。

28日 2018年第一季度经济形势分析暨重点项目和招商工作会议在市区召开。市委副书记、市长殷焕明主持会议，市领导朱余旺、万卓培、许志新等参加会议。

28日 市委副书记、市长殷焕明率队到韶关学院旁的多乐街、市区步行街风度广场等地检查消防安全工作，市领导刘清生陪同参加检查。

5月

2日 市委副书记、市长殷焕明率队到南雄市全安镇密下水村调研扶贫工作。

3日 市城市提升领导小组工作会议在市区召开，市委副书记、市长殷焕明出席会议并讲话，市领导朱余旺、李欣、许俊杰等参加会议。

3日 市委书记莫高义主持召开市委十二届第75次常委会。议题是：①研究干部人事问题，宣布有关决定；②传达学习全省乡村振兴工作会议精神，研究全市贯彻落实意见；③传达学习省委常委会会议决定事项通知（〔2018〕62号）精神；④传达学习省委常委会会议决定事项通知（〔2018〕57号）精神，审议《中共韶关市委关于深入学习宣传和贯彻实施〈中华人民共和国宪法〉的通知（送审稿）》；⑤审议《关于开展学习弘扬韶关工矿精神活动的通知（送审稿）》；⑥通报有关情况；⑦审议2017年度县（市、区）委书记、市直单位党组织书记抓基层党建工作考核结果；⑧审议《2018年韶关市机关绩效考核实施方案（送审稿）》《2018年韶关市县（市、区）工作绩效评价实施方案（送审稿）》；⑨听取全市春节至清明节期间森林防火工作情况汇报；⑩听取全市敬老院专项检查整治情况汇报。

4日 纪念马克思诞辰200周年大会在北京人民大会堂举行，市委书记、市人大常委会主任莫高义，市委副书记、市长殷焕明，市政协主席王青西，市领导杨小明、郭健生、朱余旺等在市委会议中心四楼大会议室集中收听收看大会直播。

4日 2018年全市关工委工作会议在市政府召开，市领导陈波出席会议并讲话。

4日 市委理论学习中心组专题学习宪法（扩大）会议暨“百名法学家百场报告会”法治宣讲活动在市委会议中心举行。法治广东研究中心主任、省委党校（行政学院）法律学宋儒亮教授作专题辅导报告，市委书记、市人大常委会主任莫高义，市委副书记、市长殷焕明，市政协主席王青西等市四套班子领导参加会议，会议以视频会议形式开至各县（市、区）。

7日 市委书记、市人大常委会主任莫高义，市委副书记、市长殷焕明率队前往深圳拜访腾讯公司和华为公司，市领导万卓培参加活动。

7日 市政协十二届九次主席会议在市区召开，市政协主席王青西主持会议，市领导兰茵、张文铭、吴春腾、林嘉等参加会议。

8日 2018年韶关市依法行政工作领导小组会议在市政府召开。市委副书记、市长殷焕明出席会议并讲话，市领导刘清生主持会议。

8日至11日，国家发展改革委宏观经济管理编辑部主任、中国现代经济研究院院长任旺兵一行到韶关调研。9日上午在韶州宾馆会议室召开座谈会，市委副书记、市长殷焕明，市领导朱余旺参加座谈。

9日 市委副书记、市长殷焕明在韶州宾馆与中南大学袁凯教授、同济大学杨晓伟教授等8位专家一行会面。

10日至11日，省环保厅厅长鲁修禄一行到韶关调研，并主持召开生态红线划定工作座谈会。市委副书记、市长殷焕明参加座谈会，市领导高冬瑞陪同调研。

10日 市委常委颜珂在荷花园酒店会见省科协党组副书记、副主席唐毅一行。

10日 全市乡村振兴工作会议在市委会议中心召开，会议以视频会议形式开至各县（市、区）。市委书记、市人大常委会主任莫高义出席会议并讲话，市委副书记、市长殷焕明，市政协主席王青西，市领导陈波、华旭初、朱余旺等参加会议。

10日 市委书记莫高义主持召开市委十二届第76次常委会，议题是：①听取省对韶关市2017年度综治工作（平安建设）考评情况的通报，研究全市下一步整改措施；审议市对县（市、区）、市直成员单位2017年度综治工作（平安建设）考评结果；②审议《2018年韶关市机关绩效考核实施方案（送审稿）》和《2018年韶关市县（市、区）工作绩效评价实施方案（送审稿）》；③听取金融工作情况汇报；④审议《韶关市推进农村商业银行组建工作实施方案（送审稿）》；⑤审议《韶关市原市直行政性总公司退休（内退）人员生活待遇调整方案（送审稿）》。

11日 韶关市网上中介超市运行启动仪式在市公共资源交易中心举行，市领导朱余旺出席启动仪式并讲话。

14日 住建部城市建设司副司长杨英杰到韶关督导调研老旧小区改造试点工作的开展情况，召开试点工作座谈会，市委副书记、市长殷焕明，市领导李欣参加座谈会。

15日 2018年广东省精神文明建设委员会第一次全体（扩大）会议在广州市珠岛宾馆召开，市委副书记、市长殷焕明，市领导李安平参加会议。

15日 市委常委华旭初在南雄市会见国扶办绩效评价组一行。

16日 全市2018年度电网建设工作推进会议在市区召开，市委副书记、市长殷焕明出席会议并讲话，市领导朱余旺等参加会议。

17日 领导干部国土管理业务知识培训班在市政府会议中心四楼会议室举行，市委副书记、市长殷焕明出席并作开班讲话。

17日 市委副书记、市长殷焕明率市直有关部门到仁化县调研，调研结束后在仁化县政府礼堂召开座谈会。

17日 全市特色小镇建设督导工作会议在市区召开，市领导朱余旺出席会议并讲话。

18日 2018丹霞天使投资全球高峰会在碧桂园凤凰酒店举办，市委副书记、市长殷焕明，市领导朱余旺等出席会议。

21日 市委副书记、市长殷焕明率市直有关部门前往乳源瑶族自治县调研，调研结束后在乳源瑶族自治县中心会堂主持召开座谈会，专题研究加快推进乳源瑶族自治县经济社会发展有关问题。市领导朱余旺陪同调研并参加座谈会。

23日 “一门式一网式”政务服务改革工作督办会议在市政府召开，市领导朱余旺参加会议。

23日 市委副书记、市长殷焕明在乳源瑶族自治县白云天园林宾馆与省政协副主席刘日知一行会面。

25日 扫黑除恶专项斗争领导小组第二次全体（扩大）会议在市区召开。市领导李安平、刘清生出席会议并讲话。

25日至26日，省委统战部副部长陈升东一行到仁化县周田镇平甫村调研精准扶贫工作。市领导颜珂陪同调研。

28日 市委副书记、市长殷焕明率慰问组到韶关市福利院、浈江区执信幼儿园开展“六一”慰问活动。

28日 全市防汛工作会议在市区召开。市委副书记、市长殷焕明出席会议并讲话，市领导许志新参加会议。

28日 全市科技创新大会在市政府南楼三楼大会议室召开。市委副书记、市长殷焕明主持会议并讲话，市领导王青西、陈波、万卓培、林岚参加会议。

28日 市领导朱余旺在韶州宾馆二楼会议室与省广州农商银行副行长张东一行洽谈韶关农信社改制农商行工作。

28日 市领导颜珂在韶州宾馆与省民族宗教委副主任曾晓辉一行见面。

29日 推进“马上办”服务改革现场会在市区召开。市委副书记、市长殷焕明出席会议并讲话。

29日 全市安全生产专题工作会议在市政府召开。市领导朱余旺出席会议并讲话。

29日 市领导朱余旺率队对百年东街西立面环境提升项目进行专题调研。

29日 市领导华旭初率慰问组到乳源瑶族自治县柳坑中心小学、一六镇中心幼儿园开展“六一”慰问活动。

29日 市领导郭健生率队到浈江区调研。

30日 韶关市2018“全国科技工作者日”活动在市科技馆举行。市领导颜珂出席活动并讲话。

31日 全市烟草工作会议在始兴县政府召开。市领导朱余旺出席会议，并在会后前往始兴县马市镇红梨村烟叶种植示范片区现场观摩。

31日 国务院安委会贯彻落实《地方党政领导干部安全生产责任制规定》电视电话会议召开。市领导朱余旺以及有关部门负责人在韶关分会场收听收看会议。

6月

1日 全市污染防治攻坚会议在市区召开。市委副书记、市长殷焕明，市领导许志新、高冬瑞、李欣等出席会议。市领导朱余旺主持会议。

1日 市公共外交协会成立大会在市政协会议室举行。市政协主席王青西当选会长，市政协副主席兰茵当选常务副会长。省政协副秘书长黄庆勇，市领导颜珂、陈磊、张文铭等出席成立大会。

1日 市纪委监委召开学习贯彻《习近平谈治国理政》暨习近平总书记重要讲话精神宣讲报告会，市领导郭健生参加宣讲报告会。

1日 市领导颜珂在韶州宾馆与澳洲西澳广东同乡会暨总商会会长钱桂源会面。

2日 早上，市委副书记、市长殷焕明在韶州宾馆与国家生态环境部土壤环境管理司司长邱启文一行会见。

4日 原南雄卷烟厂资产转让协议签约仪式在广东中烟工业有限责任公司（广州市天河区林和西横路186号）11楼会议室举行。市领导朱余旺出席仪式。

4日 市领导万卓培在韶州宾馆与省社会科学院产业所所长向晓梅一行会见。

4日 市委书记、市人大常委会主任莫高义，市委副书记、市长殷焕明在韶州宾馆与中国旅游集团副总经理傅卓洋一行会见。市领导李欣陪同。

5日 中央第五环境保护督察组对广东省开展“回头看”工作动员会在广州召开。会议以电视电话会议形式开至各地级市。市委书记、市人大常委会主任莫高义，市委副书记、市长殷焕明，市政协主席王青西等市四套班子领导在韶关分会场收听、收看会议。

5日 市委书记、市人大常委会主任莫高义，市委副书记、市长殷焕明分别率队到北江中学、市第二中学等高考考点检查指导高考前相关准备工作。市领导王伟阳及市有关部门负责人参加检查指导工作。

5日至6日，省统计局局长辛晓维一行到韶关调研及扶贫慰问。5日傍晚，市委副书记、市长殷焕明在韶州宾馆与调研组会见。副市长朱余旺、市政府副秘书长邱杨生分段陪同调研。

6日 2018年全市招商引资工作电视电话会议在市区召开。市委副书记、市长殷焕明出席会议并讲话。市领导万卓培、陈磊参加会议。会议以电视电话会议形式开至各县（市、区）。

6日 全市新的社会阶层人士统战工作会议在市委会议中心召开。市领导颜珂出席会议并讲话。

6日 市委书记、市人大常委会主任莫高义主持召开市委十二届第77次常委会。议题是：①传达学习全国网络安全和信息化工作会议及省有关会议精神，研究全市贯彻落实意见；②传达学习省文明委2018年第一次全体（扩大）会议精神，研究全市贯彻落实意见；③传达学习全省追逃追赃工作会议精神，研究全市贯彻落实意见；④传达学习省委办公厅对有关案件的通报精神；⑤传达学习《地方党政领导干部安全生产责任制规定》及省委常委会会议决定事项通知（〔2018〕84号）精神；听取全市安全生产工作、2017年安全生产责任制考核及韶钢“2・5”“2・9”事故调查处理情况汇报；⑥听取赴郴州市、赣州市考察学习交通干线沿线村庄整治工作情况汇报；⑦审议2017年市管干部年度考核等次评定结果；⑧宣读省监委有关通报。

7日 2018年全市法治宣传教育工作联席会议在市委会议中心召开。市领导李安平出席会议并讲话。

10日 2018年广东省考试录用公务员面试工作正式拉开帷幕，1910名报考广州职位的考生到韶关面试。市领导华旭初一行先后巡查考场候考室、计分室及候分室，了解开考基本情况和考务准备情况。

11日 市政协十二届十次主席会议在市区召开。市政协主席王青西主持会议，市领导兰茵、刘大济、张文铭、周伟源等参加会议。

11日至12日，省国土资源厅厅长陈光荣率调研组到韶关市检查指导垦造水田、拆旧复垦、矿山管理和地质灾害防治工作。11日下午，市委书记、市人大常委会主任莫高义与调研组一行会见，市委副书记、市长殷焕明参加座谈。市领导李欣陪同调研。

12日 全市追逃追赃工作会议在市区召开。市领导郭健生出席会议并讲话。

12日 市政协主席王青西到曲江区视察“大南华”项目建设进展情况。

12日至13日，中国老促会副会长曾广超一行前往南雄市开展红军传统助推老区法治建设调研。市领导颜珂陪同调研。

13日 市委书记、市人大常委会主任莫高义到芙蓉新区调研，实地考察韶州文化广场、韶关综合客运枢纽等多个建设项目。市领导王伟阳陪同。

13日 市领导颜珂在韶州宾馆与省委统战部副巡视员黄石松一行会见。

14日 市委书记、市人大常委会主任莫高义主持召开市委十二届第78次常委会。议题是：①传达学习省委十二届四次全会精神；②研究召开市委十二届七次全会有关事宜；③审议《韶关市扫黑除恶专项斗争工作总体方案》；④听取全面加强党的建设“深调研”课题汇报（含加强政治建设、加强党风廉政建设、牢牢掌握意识形态工作领导权、加强高素质专业化干部队伍建设、加强基层党组织建设等5个专题）；⑤听取文化建设“深调研”课题汇报（含加强韶关文化的系统研究和利用、提高公共文化服务水平、研究培育践行社会主义核心价值观、大力发展文化体育产业等4个专题）；⑥听取营造共建共治共享社会治理格局“深调研”课题汇报（含加快推进法治韶关建设、加强和创新社会治理、维护社会安全稳定等3个专题）；⑦听取融入珠三角服务大湾区“深调研”课题汇报

（含促进区域协调发展、深化营商环境综合改革、建立健全与珠三角地区对接的合作机制、深化与珠三角产业共建、推进融入珠三角地区的交通基础设施建设等5个专题）；⑧听取生态文明建设“深调研”课题汇报（含推进生态产业发展、探索推进生态文明制度改革、推进粤北生态特别保护区规划、构建生态保护体系加强环境污染防治等4个专题）；⑨听取产业发展“深调研”课题汇报（含深化供给侧结构性改革、实施创新人才聚集工程、提高科技创新能力等3个专题）；⑩听取乡村振兴“深调研”课题汇报（含促进乡村振兴、改善城乡人居环境等2个专题）；听取深化市与市辖区权责关系改革“深调研”专题汇报；听取民生工作“深调研”课题汇报（含做好精准扶贫精准脱贫工作、推进基本公共服务均等化、深化医药卫生体制改革、深化教育领域改革等4个专题）。

15日 全市严厉打击固体废物非法转移倾倒工作电视电话会议在市电信大楼二楼召开，会议以电视电话会议形式开至各县（市、区）。市委副书记、市长殷焕明出席会议并讲话，市领导王伟阳参加会议。

15日 全省加强基层党组织建设工作会议在广州召开，会议以电视电话会议形式开至全省市县。市委书记、市人大常委会主任莫高义，市委副书记、市长殷焕明在市分会场参加会议。

19日 全省生态环境保护大会暨污染防治攻坚战工作推进会在广州召开。市委书记、市人大常委会主任莫高义，市委副书记、市长殷焕明参加会议。

19日 全市污染防治攻坚调度暨固体废弃物企业“三个一”专项工作会议在市区召开。市委副书记、市长殷焕明出席会议并讲话。市领导王伟阳参加会议。

20日 市委副书记、市长殷焕明主持召开市政府党组2018年第九次会议。

20日 市委书记、市人大常委会主任莫高义主持召开市委十二届第79次常委会。议题是：①传达学习全省加强基层党组织建设工作会议精神，研究全市贯彻落实意见；②传达学习全省生态保护大会暨污染防治攻坚战工作推进会精神，研究全市贯彻落实意见；③审议市拟推荐的改革开放杰出贡献表彰人选；④审议市委十二届七次全会有关文稿；⑤听取关于省宗教工作协调领导小组第五次全体（扩大）会议精神及全市民族宗教工作情况的汇报；⑥听取国家安全工作情况汇报；⑦研究干部纪律处分问题。

21日 全市水田开垦工作现场会在南雄市召开。市委副书记、市长殷焕明出席会议并讲话。副市长李欣主持会议。

21日 市领导朱余旺在韶州宾馆同省地质调查院院长许汉森一行座谈。

21日 市领导朱余旺在韶州宾馆同国家发展改革委就业局巡视员朱英娟一行会面。

20日至23日，中央第五环境保护督察组组长张宝顺一行到韶关市调研。市委书记、市人大常委会主任莫高义，市委副书记、市长殷焕明，市领导王伟阳分段陪同调研。

20日至21日，《中国关心下一代工作委员会工作规则》研讨会在翁源县召开。市委副书记、市关工委主任陈波参加研讨会并讲话。

23日 中国共产党韶关市第十二届委员会第七次全体会议在市委会议中心召开，市委常委会主持会议，市委书记莫高义代表市委常委会作讲话。全会审议通过《中共韶关市委关于深入学习贯彻落实新时代党的建设总要求努力把各级党组织锻造得更加坚强有力的实施意见》，表决通过《中国共产党韶关市第十二届委员会第七次全体会议决议》。

24日 农业农村部党组书记、部长韩长赋一行到韶关市调研。市委书记、市人大常委会主任莫高义，市领导许志新陪同调研。

25日 市委书记、市人大常委会主任莫高义在韶州宾馆与省社科院旅游研究所所长庄伟光一行会见。

26日 广东省副省长黄宁生一行到韶关市调研全域旅游工作。市领导李欣陪同调研。

26日 市委书记、第一总河长莫高义到北江（海事局码头至十里亭下渡渡口段）、浈江区犁市镇污水管网输送泵站、市三防物资仓库开展河长巡河及调研督查环境污染整治、三防工作。

26日 市政协召开党组（扩大）会议，传达学习市委十二届七次全会精神。市政协主席王青西主持会议，副主席周伟源、王德雄、秘书长陶学权参加会议。

26日 全市纪检监察机关传达学习省委十二届四次全会、市委十二届七次全会精神会议和全市纪检监察工作座谈会在市区召开。市领导郭健生出席会议并讲话。

26日 市委书记、市人大常委会主任莫高义在韶州宾馆与广东中烟公司总经理唐健一行会见。

27日 市委书记莫高义到乐昌市廊田镇慰问老党员、困难党员并调研基层党组织建设、脱贫攻坚工作。

28日 韶关市2018年“广东扶贫济困日”暨“慈善一日捐”捐款活动在市委大楼前广场举行。市委书记、市人大常委会主任莫高义等市四套班子领导参加慈善捐款活动。

28日 市委书记莫高义主持召开市委十二届第79次常委会。议题是：①传达学习习近平总书记及省有关领导关于打赢脱贫攻坚战的批示精神，研究全市贯彻落实意见；②传达学习李希在《中央第五环保督察组下沉有关地市工作情况》上的批示精神；传达学习中央第五环保督察组组长张宝顺到韶关开展环境保护督察“回头看”工作时的有关指示精神，研究全市贯彻落实意见；③传达学习国家农业农村部部长韩长赋到韶关调研农业农村工作有关指示精神，研究全市贯彻落实意见；④听取国税地税征管体制改革工作情况汇报；⑤审议《韶关市落实食品安全党政同责的实施意见（送审稿）》。

29日 全省抓党建促脱贫攻坚工作现场会在南雄市举行。省委常委、组织部部长邹铭，韶关市委书记、市人大常委会主任莫高义，市领导华旭初出席会议。

29日 市十四届人大常委会第十六次会议在市区召开。市人大常委会党组副书记、副主任杨小明，副主任张平、邓小杰、林岚、梁韶灵、陈曦出席会议，市领导朱余旺、李欣列席会议。

29日 韶关市政法系统召开营造共建共治共享社会治理格局专题培训会。市领导李安平参加培训会并讲话。

29日至30日，省委常委、宣传部部长傅华一行到韶关调研宣传文化工作。市委书记、市人大常委会主任莫高义，市领导陈波、李安平分段陪同调研。

30日 省发展改革委主任葛长伟一行到翁源县开展广东扶贫济困日暨慰问老党员活动，市领导朱余旺陪同。

7月

3日 市委书记、市人大常委会主任莫高义听取市委常委、常务副市长朱余旺关于大南华和韶州文化广场建设情况汇报。

3日 市委书记、市人大常委会主任莫高义在韶州宾馆与国家线装书局局长王利明一行会面，市领导朱余旺参加会面。

4日 省人大常委会主任李玉妹率队到新丰县梅坑镇梅坑村和大岭村实地调研打好精准脱贫攻坚战工作。省人大常委会副主任吕业升，秘书长王波及市领导陈波、邓小杰陪同调研。

4日 市文明委在市区召开2018年韶关市文明委成员单位（扩大）会议暨文明创建工作推进会，市委常委、市委政法委书记李安平参加会议。

4日至5日，工信部军民融合司司长曹志恒一行到韶关市调研军民融合、新城总包及棚改项目。市委书记、市人大常委会主任莫高义，市领导朱余旺、万卓培分段参加调研活动。

5日 市委书记、市人大常委会主任莫高义召开会议研究丹霞山提升规划工作，市领导李欣参加会议。

5日 全面推进韶关地区农合机构改制组建农商银行工作战略合作协议签约仪式在市区举行，市领导朱余旺出席签约仪式。

5日 市委书记、市人大常委会主任莫高义在韶州宾馆与省委宣传部巡视员赖斌一行会面。

5日 市委书记、市人大常委会主任莫高义在韶州宾馆与非同文化总策划蔡德林一行座谈交流，市领导李欣参加座谈。

5日 市委书记、市人大常委会主任莫高义在韶州宾馆与省丝绸纺织集团党委书记、董事长柯惠琪一行会面，市领导李欣参加会面。

6日 全省打赢脱贫攻坚战工作推进会在广州召开，市委书记、市人大常委会主任莫高义，市领导许志新参加会议。

10日 市委书记、市人大常委会主任莫高义听取市领导郭健生关于市纪委工作情况汇报。

11日 早上，市委书记、市人大常委会主任莫高义在韶州宾馆召开早餐会，与挂点联系企业代表交流座谈。

11日 市委全面依法治市工作领导小组第23次会议在市委常委会会议室召开，市委书记、市委全面依法治市工作领导小组组长莫高义参加会议并讲话，市委副书记陈波主持会议。市人大常委会副主任杨小明，市委常委、政法委书记李安平，副市长、市公安局局长刘清生等参加会议。

11日 市委书记、市人大常委会主任莫高义在韶州宾馆与科大讯飞华南公司一行会面，市领导万卓培参加会面。

12日 市委书记莫高义主持召开市委十二届第82次常委会。议题是：①传达学习习近平总书记及省委主要负责人对泰国普吉游船倾覆事故的指示批示精神，研究全市贯彻落实意见；②听取三防工作专题讲座和市三防工作情况汇报；③传达学习中央巡视工作领导小组贯彻落实《中央巡视工作规划（2018—2022年）》推进会精神，研究全市贯彻落实意见；④传达学习全省监察体制改革试点工作座谈会精神，研究全市贯彻落实意见；⑤传达学习全省抓党建促脱贫攻坚工作现场会精神，研究全市贯彻落实意见；⑥传达学习全省抓党建促脱贫攻坚工作现场会精神，研究全市贯彻落实意见；⑦审议《韶关市加强党的基层组织建设三年行动计划（2018—2020年）实施方案》及配套文件《关于加强党建引领乡村振兴工作的实施意见》《关于推动村级集体经济增收三年行动计划》；⑧听取关于违反市委十二届七次全会会风会纪情况及处理建议的汇报。

13日 省委常委、省纪委书记、省监委主任施克辉到南雄市珠玑镇灵潭村调研慰问困难群众，市委书记、市人大常委会主任莫高义，市领导郭健生参加调研。

13日 城市提升上半年工作总结会议在市城市提升会展中心召开，市领导朱余旺参加会议并讲话。

16日 在广州召开中央第十二巡视组巡视广东省情况反馈会议，会议以电视电话会议形式开至各地级以上市，市委书记、市人大常委会主任莫高义在省主会场参加会议，市级党委、市人大常委会、市政府、市政协党组领导班子其他成员及各县（市、区）党委主要负责人在市分会场参加会议。

20日 市委副书记、市长殷焕明率团到驻韶某部队开展八一慰问活动，韶关军分区司令员盖长利，市领导华旭初、林岚、刘大济等参加慰问。

20日 市领导陈波、杨小明、刘清生到驻韶部队开展八一慰问活动。

20日 市委书记莫高义主持召开市委十二届第83次常委会。议题是：传达学习中央第十二巡视组巡视广东省情况反馈会议精神及省委相关文件精神，研究全市贯彻落实意见。

20日 市委书记莫高义率韶关慰问团到省军区开展“八一”慰问活动，举行座谈会，向部队首长汇报韶关经济社会发展情况，代表市委、市政府和全市人民表示问候、祝福和感谢。省军区领导出席座谈会，市政协主席王青西，韶关军分区司令员盖长利，市领导高冬瑞参加慰问活动。市长殷焕明，韶关军分区司令员盖长利，以及市领导陈波、杨小明、华旭初等到驻韶部队开展拥军优属慰问。

23日 全省推进巡视整改工作动员电视电话会议在广州召开，会议以电视电话会议形式开至各地级以上市、各县（市、区）。市委书记、市人大常委会主任莫高义，市委副书记、市长殷焕明，市政协主席王青西等市四套班子领导在市分会场参加会议。

24日 省委巡视组巡视南雄市、乳源瑶族自治县情况反馈会议在市委常委会会议室召开，市委书记、市人大常委会主任莫高义，市委副书记、市长殷焕明，市领导陈波、郭健生、华旭初参加会议。

24日 全省实施乡村振兴战略工作推进会在广州市召开，市领导华旭初、许志新参加会议。

24日下午至25日，市委书记、市人大常委会主任莫高义到始兴县太平镇、沈所镇、顿岗镇、深渡水瑶族自治乡开展调研。

25日 市委书记、市人大常委会主任莫高义在韶州宾馆与谭甫仁将军之子谭一兵一行会面。

26日 全省打好防范化解重大风险攻坚战工作推进会在广州市召开，市委书记、市人大常委会主任莫高义，市委副书记、市长殷焕明，市领导朱余旺参加会议。

27日 市委书记莫高义主持召开市委十二届第84次常委会。议题是：①传达学习习近平总书记在十九届中央政治局第六次集体学习时的重要讲话精神及省委常委会会议决定事项通知精神；②传达学习习近平总书记对吉林长春长生生物疫苗案件的重要指示精神及李克强总理、李希批示精神，研究全市贯彻落实意见；③汇报《中共韶关市委关于中央第十二巡视组反馈意见整改落实方案》；④审议《韶关市贯彻落实党的十九大决策部署和习近平总书记重要讲话精神任务分解方案》；⑤传达学习省委常委会会议决定事项通知精神；⑥传达学习全省实施乡村振兴战略工作推进会精神，研究全市贯彻落实意见；⑦传达学习省委常委会会议决定事项通知精神；⑧听取全市扫黑除恶专项斗争工作情况汇报；⑨听取上半年全市省定贫困村专项巡察工作情况汇报；⑩审议《韶关市野外用火管理条例（草案修改二稿）》；⑪人事议题。

29日 全省组织工作会议在广州市召开。市委书记莫高义，市委常委、组织部部长华旭初参加会议。

30日 市委书记、市人大常委会主任莫高义，市委常委、常务副市长朱余旺在韶州宾馆与省林业厅副厅长孟帆一行会面。

31日 市委书记、市人大常委会主任莫高义到部队开展“八一”慰问活动，市委常委、市纪委书记郭健生参加慰问活动。

8月

1日 2018年韶关市产业园区建设推进工作现场会在乐昌召开。市长殷焕明，市领导万卓培、陈磊出席会议。

1日 市委统战部、市工商联召开韶关市异地商会建设发展座谈会。市委常委、统战部部长颜珂参加会议并讲话。

2日 宣传文化系统推进巡视整改工作专题会议在市区召开，市委常委、政法委书记李安平出席会议并讲话。

3日 全市扫黑除恶专项斗争工作推进会议在市区召开。市委书记莫高义参加会议并讲话，市长殷焕明主持会议。市领导郭健生、华旭初、李安平、刘清生等参加会议。

3日 市委书记莫高义主持召开市委十二届第85次常委会。讨论有关人事议题。

3日 市委书记、市人大常委会主任莫高义主持召开市委全面深化改革领导小组第六次会议，市委副书记、市长殷焕明，市领导郭健生、华旭初、朱余旺、李安平等领导小组成员参加会议。

3日 市委书记莫高义在韶州宾馆与中组部原副部长王秦丰一行餐叙。

5日至8日，市委书记、市人大常委会主任莫高义带队前往陕西省考察学习历史文化活化利用、历史文化遗迹保护利用、红色文化保护利用的成功经验。市政协主席王青西参加考察学习活动。

7日 全市纪检监察系统学习贯彻十二届省纪委三次全会精神会议在市区召开。市委常委、市纪委书记、市监委主任郭健生参加会议并讲话。

7日　省扫黑除恶第二轮专项督导第一组见面沟通会在市委常委会会议室召开，市委副书记、市长殷焕明主持会议，市领导郭健生、华旭初、李安平、刘清生等参加会议。

8日　首届国家机关“谁执法谁普法”履职报告评议会在市区举行。市委副书记、市长殷焕明出席活动并讲话，市委常委、政法委书记李安平主持评议会，市领导陈曦、刘清生、吴春腾等参加评议会。

9日　省扫黑除恶第一专项督导组督导韶关市工作动员会在市区召开，动员会以视频会议形式开至县（市、区）。省扫黑除恶第一专项督导组组长李汉雄出席会议，市委书记莫高义参加会议，市长殷焕明主持会议。

10日　市委书记莫高义主持召开市委十二届第86次常委会。议程是：①传达学习习近平总书记在全国组织工作会议上的重要讲话精神、省委常委会会议决定事项通知精神和全省组织工作会议精神，研究全市贯彻落实意见；②传达学习7月31日中央政治局会议精神、全省打好防范化解重大风险攻坚战工作推进会精神及李希在省审计厅有关审计结果报告上的批示精神；③听取市政府党组上半年经济工作情况汇报，研究下半年经济工作；④学习《关于新形势下党内政治生活的若干准则》《县以上党和国家机关党员领导干部民主生活会若干规定》；⑤传达学习十二届省纪委三次全会精神，研究全市贯彻落实意见。

10日　市委理论学习中心组学习（扩大）会议在市区召开。市委书记莫高义、市长殷焕明、市政协主席王青西、市人大常委会党组副书记杨小明等参加会议。

13日　韶关市政府与中国联通广东省分公司在广州签署全面合作协议。市委书记莫高义，市长殷焕明，广东联通党委书记、总经理何飚等出席签约仪式，市委常委、副市长万卓培代表市政府与广东联通签署合作协议。

13日　省政府在广州召开全省深化“放管服”改革转变政府职能电视电话会议。市长殷焕明，副市长万卓培、陈磊、高冬瑞在市分会场参加会议。

14日　全市组织工作暨加强基层党组织建设工作会议在市区召开。市委书记莫高义出席会议并讲话，市委副书记、市长殷焕明主持会议。市委常委、组织部部长华旭初对相关文件作起草说明。市领导王青西、杨小明、郭健生参加会议。

14日　市委党的建设工作领导小组在市区召开工作会议。市委书记莫高义主持会议，市委常委、市纪委书记、市监委主任郭健生，市委常委、组织部部长华旭初参加会议。

14日　2018年上半年全市经济形势分析会在市区召开。市长殷焕明主持会议，市领导张平、陈磊、周伟源参加会议。

14日　防御2018年第16号台风“贝碧嘉”工作会议在市区召开，市长殷焕明参加会议并讲话。

14日　市委书记、市人大常委会主任莫高义在韶州宾馆与省科协党组书记郑庆顺一行会面。

15日　市委书记、市人大常委会主任莫高义在韶州宾馆与富力地产集团副总经理兼广州公司总经理肖明一行会面。

16日　市委召开2018年韶关市民主党派负责人暑期座谈会。市委书记、市人大常委会主任莫高义出席会议并讲话，市领导朱余旺、颜珂、张文铭、陈曦、刘大济、兰茵及各民主党派负责人参加会议。

16日　市委书记莫高义在韶州宾馆与广东省税务局联合党委书记胡金木一行会面。

17日　市委书记莫高义在华美达酒店与省民族宗教委主任袁古洁一行会面。

17日　市委书记莫高义以普通党员的身份参加市委办公室机关党委第一支部组织生活会，并给支部全体党员上党课。

17日　召开十二届市委第三轮巡察工作动员部署会。市委常委、市纪委书记、市监委主任、市委巡察工作领导小组组长郭健生，市委常委、组织部部长、市委巡察工作领导小组副组长华旭初参加会议并讲话。

17日　2018南国书香节韶关分会场活动在市区鑫金汇财富广场开幕。省新闻出版广电局副局长刘小毅，市委常委、政法委书记李安平，市政府副厅级干部王伟阳等参加开幕式。

20日　韶关市领导集体收看省政府召开的全省贯彻落实党中央国务院关于长春长生公司问题疫苗处置工作会议精神电视电话会议。省会议结束后，接着召开全市贯彻落实会议，市长殷焕明参加会议。

20日　市长、市级总河长殷焕明到浈江区河开展巡河工作。

21日至22日，市委书记莫高义到乳源瑶族自治县开展生态文明建设工作调研。

21日　市委常委、市纪委书记、市监委主任郭健生参加浈江区委常委班子巡视整改暨全面彻底肃清李嘉、万庆良恶劣影响专题民主生活会。

22日　市委书记莫高义参加乐昌市委常委班子巡视整改暨全面彻底肃清李嘉、万庆良恶劣影响专题民主生活会。

22日　市委副书记、市长殷焕明到南雄市参加南雄市委常委班子巡视整改暨全面彻底肃清李嘉、万庆良恶劣影响专题民主生活会。

22日至23日，部分广东全国人大代表在韶关市开展“更好发挥人大代表作用”主题活动调研，并召开调研座谈会。市委副书记、市长殷焕明，副市长许志新参加调研座谈会，市人大常委会党组副书记、副主任杨小明全程参加。

23日 市委常委、市纪委书记、市监委主任郭健生到曲江区参加曲江区委常委班子巡视整改暨全面彻底肃清李嘉、万庆良恶劣影响专题民主生活会。

23日 省扫黑除恶第一专项督导组组长李汉雄带领督导组一行到仁化县开展督导检查扫黑除恶专项斗争工作，市委常委、政法委书记李安平陪同督导检查。

24日 市委常委班子召开巡视整改暨全面彻底肃清李嘉、万庆良恶劣影响专题民主生活会。市委书记莫高义主持会议，省委督导组到会指导并作点评，市政协主席王青西，市人大常委会党组副书记、副主任杨小明列席会议。

24日 市政府党组召开巡视整改暨全面彻底肃清李嘉、万庆良恶劣影响专题民主生活会。市政府党组书记、市长殷焕明主持会议，市政府党组成员朱余旺、万卓培、许志新、高冬瑞、李欣、刘清生、朱裕华参加会议，副市长陈磊列席会议。

24日 市委副书记、市长殷焕明以普通党员的身份，参加市政府办公室机关党委第一支部组织生活会，并给支部全体党员上党课。

25日至26日，广东省副省长许瑞生率省有关部门负责人到韶关，对南岭国家森林公园和十里亭武江饮用水源保护地落实中央环保督察组整改要求情况，以及南粤古驿道定向大赛筹备工作进行调研。副市长高冬瑞陪同调研。

26日 2018南粤古驿道“天翼4K高清杯”定向大赛第四站在韶关市乳源瑶族自治县大桥镇大桥村举行。副省长黄宁生，国家体育总局航空无线电模型运动管理中心党委书记任洪国，省政府副秘书长魏宏广，省旅游局局长曾颖如，省民族宗教事务委员会党组副书记、巡视员李秀英，省体育局副局长麦良，省住房和城乡建设厅总规划师李永洁等领导出席开幕式，副市长李欣致欢迎辞。开幕式结束后，副省长黄宁生赴韶关市调研旅游及民族工作，深入西京古道、雕子塘村、云门寺、云门山生态文化旅游度假区、乳源高级中学等地开展实地调研。副市长李欣陪同调研。

26日 韶关市2018年“传家训、立家规、扬家风”现场交流活动暨新时代文明实践中心的揭牌仪式在韶关举行。市委常委、市政法委书记李安平出席此次活动并致词。

27日 市委书记莫高义主持召开市委实施乡村振兴战略专题协商会议，听取市政协和各民主党派、工商联、无党派人士对韶关市推进乡村振兴工作的意见建议。市长殷焕明、市政协主席王青西等市四套班子领导参加会议。

27日 韶关市人才驿站建设推进现场会暨浈江区人才驿站揭牌仪式在鑫金汇智汇小镇举行。市委常委、组织部部长华旭初参加会议并为人才驿站揭牌。

27日 2018年韶关市“丹霞杯”返乡人员创业创新大赛颁奖仪式在韶关碧桂园凤凰酒店举行。市委副书记、市长殷焕明参加颁奖仪式。

28日 市委书记莫高义到翁源参加翁源县实施乡村战略暨打赢脱贫攻坚战工作推进会议。会后到翁源县青云村开展调研。

29日 市委书记莫高义主持召开市委十二届第87次常委会。议程是：①传达学习习近平总书记在全国宣传思想工作会议上的重要讲话精神，研究全市贯彻落实意见；②审议《韶关市关于做好中央第十二巡视组反馈意见整改落实工作情况的报告（送审稿）》；③审议《市委常委班子巡视整改暨全面彻底肃清李嘉、万庆良恶劣影响专题民主生活会整改落实方案》；④审议《韶关市村级党组织巡察全覆盖工作方案（送审稿）》；⑤听取全市决胜基本解决执行难工作情况汇报；⑥听取全市计划生育工作情况汇报，审议《2017年度计划生育目标管理责任制考评结果》；⑦审议《关于设立中共国家税务总局韶关市税务局委员会的请示》；⑧研究干部纪律处分问题。

29日 市委副书记、市长殷焕明到南雄市参加南雄市召开实施乡村振兴暨打赢脱贫攻坚战工作推进会。

29日 “丹霞杯”第五届“创青春”广东青年创新创业大赛暨首届粤港澳大湾区青年创新创业大赛（农业农村组）颁奖礼在市区举行，市委常委、统战部部长颜珂参加颁奖礼。

30日 市政协召开无主题议政会，市政协主席王青西主持会议。市委常委、常务副市长朱余旺，市政协副主席兰茵、张文铭、周伟源、吴春腾，党组成员林嘉，秘书长陶学权等参加会议。

30日 东莞韶关统筹推进全面帮扶暨精准扶贫工作现场会在翁源县召开。东莞市委常委、副市长张冠梓，韶关市委常委、副市长万卓培，副市长许志新参加会议。

30日 韶关首届“中国农民丰收节”暨生态农业博览会第二次筹备工作推进会在乐昌市召开。市长殷焕明、副市长许志新出席会议并讲话。

30日 全省网络安全和信息化工作会议在广州召开。市委书记莫高义，市委常委、政法委书记李安平参加会议。

31日 韶关市产业研究院成立大会暨产业发展专家咨询会在市区召开，65位来自各大产业的领军人物成为市产业研究院第一批特聘专家。市委书记莫高义出席会议并讲话，市长殷焕明致辞。

31日 省民政厅厅长卓志强一行到韶关督导调研扫黑除恶专

项斗争工作开展情况。市委常委、政法委书记、市扫黑除恶专项斗争领导小组组长李安平陪同调研并主持召开座谈会。

9月

1日 中央扫黑除恶第8督导组督导广东省工作动员会在广州召开，中央第8督导组组长吴玉良、副组长马瑞民就做好督导工作分别作讲话，广东省委书记李希作动员讲话，会议由广东省长马兴瑞主持。市委书记、市人大常委会主任莫高义、市委副书记、市长殷焕明、市政协主席王青西等市领导在韶关分会场参加会议。

3日 中共韶关市委党校举行秋季开学典礼，市委常委华旭初主持会议并讲话，市委常委朱余旺讲课。

4日 广东省第三批第一环境保护督察组督察韶关市工作动员会在市政府南楼三楼大会议室召开，督察组组长郑毅生、副组长赵立军就做好督察工作分别讲话，市委书记莫高义作动员讲话，市长殷焕明主持会议。市政协主席王青西，市领导杨小明、郭健生、华旭初、朱余旺、颜珂等参加会议。

5日 市委书记、市人大常委会主任莫高义到乐昌市梅花镇大坪村调研，市委常委华旭初等陪同调研。

5日 市旅游发展委员会在市区召开2018年第二次会议，市委副书记、市长殷焕明，市政协主席王青西，市领导李欣等出席会议。

5日 2018年下半年全市金融工作会议在市政府会议室召开，市委常委朱余旺参加会议。

6日 《红军长征粤北纪念馆展陈大纲》评审会在韶关市召开，市委常委李安平参加会议。

7日 市委书记、市人大常委会主任莫高义率队到北江中学开展教师节慰问活动，副市长高冬瑞等参加慰问活动。

7日 市委书记、市人大常委会主任莫高义主持召开市委十二届89次常委会。宣读省委决定：刘启宇任韶关市委常委。

7日 市委副书记、市长殷焕明率队到武江区田家炳小学开展教师节慰问活动。

11日 “2018年海内外高层次人才韶关行活动”在韶关举行，市委书记、市人大常委会主任莫高义，省人社厅副巡视员陈进新出席活动并讲话，市领导华旭初、高冬瑞出席活动。

11日 市政府与广东粤财投资控股有限公司、中国农业发展银行广东省分行在市区签署《乡村振兴战略金融服务合作协议》。市委常委朱余旺等出席签约仪式。

11日 省防总召开防御台风“百里嘉”和超强台风“山竹”异地视频会商会议，市委书记、市人大常委会主任莫高义，市领导朱余旺、许志新等在市分会场参加会议。

11日 全市乡镇工作座谈会在市政府南楼三楼大会议室召开，市委书记、市人大常委会主任莫高义出席会议并讲话，市委常委华旭初主持会议，市领导许志新等参加会议。

14日 市委书记、市人大常委会主任莫高义主持召开市委十二届第90次常委会。议程是：①传达学习习近平总书记在全国宣传思想工作会议上的重要讲话精神及省委常委会会议有关精神，研究韶关市贯彻落实意见；②传达学习全省网络安全和信息化工作会议精神，研究韶关市贯彻落实意见；③传达中央扫黑除恶督导组反馈意见精神，审议《中央扫黑除恶督导组下沉韶关督导通报问题的整改工作方案》；④传达学习《中共中央、国务院关于防范化解地方政府隐性债务风险的意见》和《中共中央办公厅、国务院办公厅关于印发〈地方政府隐性债务问责办法〉的通知》精神，研究韶关市贯彻落实意见；⑤审议《韶关市党政部门及中省驻韶有关单位安全生产工作职责》。

14日 市委书记、市人大常委会主任莫高义，市委副书记、市长殷焕明，市政协主席王青西，市领导杨小明、华旭初、朱余旺等分别率督查组前往各县（市、区）对全市防御第22号台风“山竹”工作开展专项督查。

15日 省委、省政府召开防御台风“山竹”战前动员会，省委书记李希参加会议并作动员讲话，省长马兴瑞主持会议。会议以视频会议形式开至各地级以上市和有关县（市、区），市委书记、市人大常委会主任莫高义，市委副书记、市长殷焕明，市领导许志新在市会场参加会议。

18日 市委书记、市人大常委会主任莫高义主持召开市委十二届第91次常委会。议程是：①听取第二轮东莞韶关对口帮扶工作情况汇报；②听取全市产业园工作情况汇报；③听取创建广东省推进教育现代化先进市和民办学校党建工作情况汇报；④人事议题；⑤研究干部纪律处分问题。

18日 市委理论学习中心组举行专题学习《习近平新时代中国特色社会主义思想三十讲》辅导报告会。省委宣讲团成员、华南农业大学马克思主义学院院长张丰清受邀作专题辅导报告。市委书记、市人大常委会主任莫高义，市委副书记、市长殷焕明，市政协主席王青西等出席辅导报告会。

19日 市委常委华旭初率队到翁源县江尾镇东鹊村开展精准扶贫工作、社会主义新农村建设调研和中秋走访慰问活动。

20日 市十四届人大常委会举行第十八次会议，市委书记、市人大常委会主任莫高义出席会议，市委副书记、市长殷焕明等列席会议，市人大常委会副主任杨小明主持会议，会议决定任命华旭初为韶关市副市长，决定免去朱余旺的韶关市副市长职务。市领导张平、邓小杰、林岚、梁韶灵、陈曦等参加会议。

23日　韶关首届“中国农民丰收节”暨生态农业博览会启动仪式在乐昌市长来镇和村村举行，市委副书记、市长殷焕明，市领导邓小杰、许志新、吴春腾等参加活动。

27日至28日，在广州召开全省宣传思想工作会议，市委书记莫高义参加27日下午会议，市委领导刘启宇全程参加。

27日　全市深化营商环境综合改革动员电视电话会议在市区召开，市委副书记、市长殷焕明，市领导华旭初等参加会议。

28日　市委副书记朱余旺率队到乐昌市调研乡村振兴和精准扶贫工作。

28日　省政府召开广东省质量大会暨国家标准化综合改革试点建设工作电视电话会议，市委副书记、市长殷焕明，市领导陈磊等在市分会场参加会议。

28日至29日，省委书记李希到韶关市仁化县长坝万亩沙田柚种植基地、南雄市梅关古道、南雄市珠玑镇角湾村、中共粤北省委机关五里亭旧址等地进行调研并召开座谈会，市委书记、市人大常委会主任莫高义，市委副书记、市长殷焕明等市领导参加调研和座谈会。

29日　全省第四次全国经济普查专题工作电视电话会议在广州召开，市委常委华旭初参加市区分会场会议。

29日　乡村振兴工作座谈会在市区召开，市委副书记朱余旺参加会议。

30日　韶关市“9・30”烈士公祭活动暨向烈士纪念碑敬献花篮仪式在韶关烈士陵园举行。市委书记、市人大常委会主任莫高义，市委副书记、市长殷焕明，市政协主席王青西等市四套班子领导参加活动。

30日　市委书记、市人大常委会主任莫高义主持召开市委十二届第92次常委会。宣读省委决定，朱余旺任韶关市委副书记，及市委常委和市政府领导班子成员分工调整情况。

30日　市委书记、市人大常委会主任莫高义主持召开市委十二届第93次常委会。议程是：传达学习贯彻省委书记李希在韶关调研时的讲话精神。①传达学习李希在韶关调研时的讲话精神；②部署韶关市贯彻落实意见。

10月

9日　省委宣传部巡视员、省文明办主任顾作义率队到韶关市开展新时代文明实践中心建设情况调研，市委常委刘启宇参加调研。

9日　市委书记、市人大常委会主任莫高义，市委副书记、市长殷焕明在韶州宾馆与国家山水林田湖草生态保护修复工程试点考察组一行座谈，市领导高冬瑞参加座谈。

9日　2018年韶关市大众创业万众创新活动周启动仪式在鑫金汇智汇小镇路演中心举行，市委常委万卓培出席活动并讲话。

10日　省委十二届五次全会在广州召开，市委书记、市人大常委会主任莫高义，市委副书记、市长殷焕明参加会议。

11日　市委书记、市人大常委会主任莫高义主持召开市委十二届第94次常委会。议程是：①传达学习习近平总书记在中央全面依法治国委员会第一次会议上的重要讲话精神及省委常委会会议决定事项通知精神；②研究韶关市贯彻落实意见传达学习省委十二届五次全会精神；③研究韶关市贯彻落实意见传达学习全省宣传思想工作会议精神；④研究韶关市贯彻落实意见审议修订后的《韶关市贯彻落实党的十九大决策部署和习近平总书记重要讲话精神任务分解方案》；⑤听取韶关市干部实绩档案和考验性管理工作情况汇报；⑥人事议题。

15日　市委书记莫高义主持召开市委十二届第95次常委会会议。宣读省委决定，任命肖展欣为市委常委。

16日至17日，新加坡驻广州总领事馆商务副领事邓佩筠带领新加坡博瑞金属回收有限公司负责人一行到韶关市考察，市委常委万卓培会见考察团一行并座谈。

18日　市委书记、市人大常委会主任莫高义主持召开书记专题会专题研究曹溪文化小镇（大南华）工作，市委副书记、市长殷焕明，市领导朱余旺、刘启宇、李欣等参加会议。

18日　汕尾市市长杨绪松率团到韶关考察，韶关市委副书记、市长殷焕明陪同部分考察。

18日　全市基层党建三年行动计划推进交流会在市区召开，市委常委肖展欣出席会议并讲话。

19日　在广州召开中央第五环境保护督察组对广东省开展“回头看”情况反馈会，会议以视频会议形式开至各地级市，市委副书记、市长殷焕明，市政协主席王青西等在市分会场参加会议。

19日　中央宣传部副部长、中央广播电视台台长慎海雄到乳源瑶族自治县调研，市委书记、市人大常委会主任莫高义陪同调研。

22日　市委书记、市人大常委会主任莫高义到老城区调研市区城市提升工作，市领导李欣、许俊杰等参加调研。

23日　全市宣传思想工作会议在市区召开，市委书记莫高义出席会议并作讲话，市委副书记朱余旺主持会议。

26日 市委书记莫高义主持召开市委十二届第96次常委会。议题是：①市委常委会议传达学习习近平总书记对脱贫攻坚工作做出的重要指示精神和李克强总理批示要求，研究全市贯彻落实意见；传达学习习近平总书记对信访工作作出的重要批示精神、李希书记批示要求和省相关会议精神，听取韶关市维稳工作情况汇报，研究全市贯彻落实意见；审议《韶关市落实省委统战工作领导小组关于宗教工作督查反馈意见的整改方案》；④传达学习中央环保督察“回头看”情况反馈电视电话会议精神，听取全市中央环保督察“回头看”问题整改落实情况，研究全市贯彻落实意见；⑤审议《韶关市皇岗山芙蓉山莲花山保护条例（草案修改二稿）》；⑥审议《关于稳步推进全市农村集体产权制度改革的实施方案》；⑦研究干部纪律处分问题。

26日 2018年全市第三季度经济形势分析会在市区召开，市委副书记、市长殷焕明参加会议并讲话，市领导华旭初、万卓培、张平等参加会议。

26日 全市经济普查专题工作会议在市区召开，市委副书记、市长殷焕明，市领导华旭初、万卓培、张平、陈磊等参加会议。

27日 韶关市人民政府与中国建设银行广东省分行在市区举行《乡村振兴战略合作协议》签约仪式，市委副书记、市长殷焕明，市领导华旭初等出席签约仪式。

29日 中央扫黑除恶第8督导组督导广东省工作情况反馈会在广州召开，会议以视频会议形式开至各地级以上市，市委书记、市人大常委会主任莫高义，市委副书记、市长殷焕明，市政协主席王青西等市四套班子领导在韶关分会场参加会议。

29日 涂志伟美术馆开馆五周年庆典活动在翁源县举行，市委副书记朱余旺、市领导邓小杰等参加活动。

30日 市委书记莫高义主持召开市委十二届第97次常委会。议题是：①传达学习习近平总书记视察广东重要讲话精神和全省学习贯彻习近平总书记视察广东重要讲话精神干部大会精神；②审议莫高义在全市学习贯彻习近平总书记视察广东重要讲话精神干部大会上的讲话稿和市委关于学习宣传贯彻习近平总书记视察广东重要讲话精神的通知；③传达学习省委常委会会议决定事项通知精神，学习新修订的《中国共产党纪律处分条例》；④审议《中央扫黑除恶第8督导组反馈意见整改落实工作方案》；⑤审议《韶关市加强激励约束推动干部新时代新担当新作为实施意见（试行）》。

30日 全市学习贯彻习近平总书记视察广东重要讲话精神干部大会在市委会议中心五楼召开，市委书记、市人大常委会主任莫高义主持会议并讲话，市委副书记、市长殷焕明、市政协主席王青西、市领导朱余旺、杨小明、郭健生等参加会议。

30日 韶关市2018年领导干部党章党规党纪教育培训班开班式在市委会议中心四楼大会议室举行，市委书记、市人大常委会主任莫高义参加开班式并讲话，市委副书记、市长殷焕明主持开班式，市政协主席王青西，市领导朱余旺、杨小明、郭健生等参加会议。

31日 市政府党组召开2018年第十五次会议，市政府党组书记、市长殷焕明主持会议并讲话。

31日 全市脱贫攻坚和乡村振兴专项督导反馈暨整改补短板工作会议在市区召开，市委副书记朱余旺、市政协副主席吴春腾出席会议并讲话。

31日 两岸艺术家书画交流笔会在韶关市举行，市委常委颜珂出席活动并致辞。

11月

1日 由市委宣传部主办的“潮涌三江砥砺奋进”——庆祝改革开放40周年专题摄影展在市博物馆开幕。市委书记莫高义出席开幕式并讲话，市长殷焕明，市委常委、宣传部部长刘启宇，市人大常委会副主任林岚、市政协副主席周伟源等参加开幕式。

1日 市委、市政府召开韶关市创建国家全域旅游示范区动员大会。市委副书记朱余旺参加会议并讲话。

2日 市委副书记朱余旺，市委常委、组织部部长肖展欣率队到市关工委调研指导关心下一代工作。

5日 韶关市扶贫开发领导小组（扩大）会议在市区召开。市委书记、市人大常委会主任莫高义，市委常委、组织部部长肖展欣，市人大常委会党组副书记邓小杰、市政协副主席吴春腾参加会议。

5日 “全民参与，防治火灾”为主题的“119消防宣传月”启动仪式暨冬春火灾防控工作动员部署会议在市区召开。市委副书记、市长殷焕明，副市长、市公安局局长刘清生参加现场活动并讲话。

6日 全市民营企业座谈会在市区召开，市委书记莫高义主持会议，市委副书记、市长殷焕明，市政协主席王青西等出席会议。

7日 市委副书记朱余旺到武江区重阳镇实地调研乡村振兴和脱贫攻坚工作。

7日 “革命历史大讲堂——社科专家韶关红色文化名片”活动在韶关市举行。市委常委、宣传部部长刘启宇，广东省社科联党组成员、专职副主席周华等领导及专家学者、嘉宾出席活动。

7日 市民问政活动动员会在市区召开，市委常委、组织部部长肖展欣出席动员会并作动员讲话。

8日 第十二届乳源瑶族“十月朝”文化旅游节在乳源瑶族自治县开幕。市委副书记朱余旺，省人大常委会华侨民族宗教委员会副主任委员陈潮光，省民宗委党组副书记、巡视员李秀英，省委统战部副巡视员柯维良，中国少数民族文化艺术促进会常务副会长、秘书长赵建新，省文化和旅游厅党组成员陈波，省委宣传部文明办副主任刘海斌，市领导颜珂、邓小杰、吴春腾出席活动。

8日 庆祝第十九个记者节暨“走基层访一线”主题采访活动在始兴县红梨村启动。市委常委、宣传部部长刘启宇出席启动仪式

9日 市党政班子联席会议在市委会议中心召开，市委书记莫高义主持会议并讲话，市委副书记、市长殷焕明，市委副书记朱余旺等市四套班子领导，市法院和市检察院，县（市、区）党委，市委有关部门、市直有关单位、市有关人民团体和中省驻韶有关单位主要负责人参加会议。

10日 韶关召开全市森林防火工作暨《韶关市野外用火管理条例》宣传工作电视电话会议，市委常委、宣传部部长刘启宇参加会议并讲话，副市长许志新主持会议。

12日 韶州文化广场项目专家研讨会在市政府召开。市长殷焕明，市委常委、宣传部部长刘启宇出席专家研讨会。

13日 2018年行政机关负责人出庭应诉工作专题培训班在市区举办，市长殷焕明出席会议并作动员讲话。市委常委、政法委书记李安平主持会议。

13日 全市今冬明春安全生产工作专题会议在市区召开，市委常委、副市长华旭初参加会议并讲话。

13日 市直机关党的政治建设推进会暨创建模范机关动员大会在市区召开，市委书记莫高义、市政协主席王青西、市委副书记朱余旺，其他市领导杨小明、郭健生、肖展欣参加会议。

14日 全市县处级主要领导干部学习贯彻习近平总书记视察广东重要讲话精神专题研讨班在市委会议中心开班。市委书记莫高义、市长殷焕明等市四套班子领导参加开班仪式。

14日 市长殷焕明率队检查中央环境保护督查“回头看”及专项督查反馈意见整改落实工作。

15日 市委第三巡察组巡察市住管局情况反馈会在市区召开。市委常委、市纪委书记、市委巡察工作领导小组组长郭健生出席会议并讲话。

15日 市委第二巡察组巡察市农业局情况反馈会在市区召开。市委常委、组织部部长、市委巡察工作领导小组副组长肖展欣出席会议并讲话。

16日 市委理论学习中心组深入学习习近平总书记视察广东重要讲话精神第一次专题学习会在市区召开，市委书记莫高义主持会议，市委理论学习中心组成员参加会议。

16日 听取市委督导组对脱贫攻坚和乡村振兴专项督导情况座谈会在市区召开，市委书记莫高义主持会议。

16日 市委书记莫高义主持召开市委十二届第98次常委会。议题是：①传达学习习近平总书记在全国教育大会上的重要讲话精神和李克强总理、孙春兰副总理讲话精神，省委常委会会议决定事项通知精神及《关于以习近平新时代中国特色社会主义思想统领教育工作的指导意见》精神，研究韶关市贯彻落实意见；②听取韶关市教育改革工作（含教师队伍建设改革和教育体制机制改革）情况汇报；③传达学习中共中央办公厅有关通报精神；④传达学习习近平总书记对党委办公厅（室）工作的重要指示精神、李希书记有关批示要求及全国、全省党委秘书长会议精神，研究韶关市贯彻落实意见；⑤传达学习全省建设新时代文明实践中心试点工作电视电话会议精神；⑥审议《关于建设乳源瑶族自治县新时代文明实践中心（所、站）试点工作的实施方案》；⑦听取韶关市全民禁毒工程工作情况汇报；⑧听取全市社会组织工作情况汇报。

19日 市委副书记、市长殷焕明率队到仁化县调研产业扶贫项目与乡村振兴工作。

22日 由人力资源和社会保障部留学人员和专家服务中心、广东省人力资源和社会保障厅、韶关市人民政府主办的“走进粤北——助力经济振兴发展专家服务韶关行”活动在韶关启动。市长殷焕明、市领导肖展欣、人力资源和社会保障部留学人员和专家服务中心专家服务处处长陈平平、省人力资源和社会保障厅副厅长杨红山出席活动。

22日 全市政法系统深入学习贯彻习近平总书记视察广东重要讲话精神专题辅导报告会在市区召开，市委常委、政法委书记李安平主持报告会并发表讲话。

22日 韶关市建设新时代文明实践中心试点工作现场推进会在乳源瑶族自治县召开，市委常委、宣传部部长刘启宇出席推进会。

23日 全市构建“亲”“清”新型政商关系座谈会在市区召开，市委常委、市纪委书记、市监委主任郭健生出席座谈会并讲话。

24日 市委常委、常务副市长华旭初带队到浈江区调研经济工作。

26日 市委第四轮巡察工作动员部署会在市区召开，市委常委、组织部部长、市委巡察工作领导小组副组长肖展欣出席会议并讲话。

27日 市委理论学习中心组在市委会议中心举办专题学习习近平总书记视察广东重要讲话精神宣讲报告会，市委书记莫高义、市政协主席王青西等市四套班子领导参

加报告会。

27日 浈江区政府与美的置业集团签署智慧松泉小镇建设项目投资协议签约仪式在市区举行。市委书记莫高义，市领导华旭初，美的创始人、美的控股董事长何享健，美的置业集团总裁赫恒乐等出席签约仪式。

27日 韶关市民主党派负责人座谈会在市区召开，市领导颜珂、张文铭、刘大济、兰茵等参加会议。

27日 市委副书记朱余旺到仁化县调研乡村振兴及环丹霞山生态宜居美丽乡村连片创建工程建设工作。

28日 市文明委召开2018年第三次全体成员（扩大）会议暨创文工作推进会。市委书记莫高义、省文明办副主任韩国威出席会议并讲话，市委副书记朱余旺主持会议，市领导刘启宇、林岚、陈磊等参加会议。

29日 推进全市乡村振兴工作现场会在曲江区樟市镇召开，市委副书记朱余旺出席会议并讲话。

29日 市委理论学习中心组召开深入学习习近平总书记视察广东重要讲话精神第三次专题学习会，市委书记莫高义主持会议并讲话，市委理论学习中心组成员参加学习会。

30日 2018年莞韶产业共建项目集中动工暨招商项目集中签约仪式在韶关市曲江经济开发区主会场举行，并在莞韶产业园、华南装备园、高新区和各县（市、区）产业园设立分会场，同步举行项目集中动工暨项目集中签约仪式。市委书记莫高义出席仪式并宣布仪式启动，市长殷焕明在仪式上致辞。东莞市委常委、宣传部部长杨晓棠及韶关市领导杨小明、华旭初、万卓培等出席仪式，副市长陈磊主持仪式。

30日 市委书记莫高义主持召开市委十二届第99次常委会。议题是：①传达学习中纪委《关于贯彻落实习近平总书记重要讲话精神严肃整治领导干部利用名贵特产类特殊资源谋取私利问题的通知》精神，研究韶关市贯彻落实意见；②传达学习《中共中央办公厅、国务院办公厅关于加强和改进生活无着的流浪乞讨人员救助管理工作的意见》精神和省委常委会会议决定事项通知精神，研究韶关市贯彻落实意见；③审议《关于深入学习贯彻习近平总书记视察广东重要讲话精神 深化“大学习、深调研、真落实”的调研工作方案》；④听取市中院、市检察院党组工作情况汇报；⑤审议《关于开展述责述廉工作的实施意见》；⑥审议《关于进一步引导和鼓励高校毕业生到基层工作的实施方案》；⑦听取韶关市贯彻落实《中共韶关市委关于加强党内法规制度建设的实施意见》有关情况汇报。

30日 由广东省文化和旅游厅、韶关市人民政府主办的2018韶关旅游文化产业投融资对接会在韶关市碧桂园凤凰酒店举行。市委副书记、市长殷焕明，省文化和旅游厅党组成员曾晓峰，市领导朱余旺、邓小杰、高冬瑞等参加会议。

12月

5日 全市“数字政府”建设暨四级政务服务体系建设工作现场会在南雄市召开，市长殷焕明，市委常委、副市长万卓培等出席会议。

6日 市委理论学习中心组召开专题学习会议，市委书记莫高义主持会议并讲话。

6日 韶关企业人才活动周在市区开幕，市委副书记朱余旺，中国人事科学研究院副院长、研究员柳学智，广东省人力资源和社会保障厅副厅长周成，省委宣传部原副部长、省社科院原党组书记李子彪，省委组织部人才工作处调研员阎新建，市委常委、组织部部长肖展欣，副市长高冬瑞，省人才服务局局长何启谋出席开幕式。

6日 2018年韶关企业人才活动周人才发展高峰论坛在市区举行，市委常委、组织部部长肖展欣，副市长高冬瑞等出席论坛。

6日 市纪委监委召开推进党的政治建设暨创建模范机关动员大会，市委常委、市纪委书记、市监委主任郭健生参加会议并讲话。

10日至11日，由中国侨联主办，广东省侨联承办，韶关市侨联协办的“2018年海外侨胞故乡行——走进广东韶关”活动在市区举行。中国侨联副秘书长兼海外联谊联络部部长陈权，省侨联副主席戴文威，市委常委、统战部部长颜珂出席有关活动。

12日 市委书记莫高义主持召开市委十二届第100次常委会。议题是：研究干部纪律处分问题。

12日 市委书记莫高义主持召开传统文化保护利用专题协商会议并讲话。市长殷焕明，市政协主席王青西，市领导杨小明、颜珂出席会议。

13日 市委书记、市人大常委会主任莫高义在湛江参加粤西北文明创建工作推进会并发言。

13日 2018年市扶贫开发领导小组第二次（扩大）会议在市区召开，市委副书记朱余旺出席会议并讲话，副市长许志新主持会议。

14日 市委书记莫高义主持召开市委十二届第101次常委会。议题是：①审议《韶关市机构改革方案》及其说明，研究召开市委十二届八次全会有关事宜，审议莫高义在市委十二届八次全会上的讲话（稿）；②审议《韶关市皇岗山芙蓉山莲花山保护条例（草案修改二稿）》；③听取全市食品安全工作情况汇报；④听取全市“扫黄打非”工作情况汇报

18日 中央召开庆祝改革开放40周年大会在北京召开并公开直报，市委书记、市人大常委会主任莫高义，市委副书记、市长殷焕明，市政协主席王青西等市四套班子领导在市委会议中心四楼大会议室集中收听收看。

18日 广东省庆祝改革开放40周年大会在广州召开，会议以电视电话会议形式开至各地级以上市、各县（市、区）。市委书记、市人大常委会主任莫高义，市委副书记、市长殷焕明，市政协主席王青西等市四套班子领导在韶关分会场收听、收看会议。

24日 市委书记莫高义主持召开市委十二届第102次常委会，研究干部纪律处分问题。

26日 市委书记莫高义主持召开市委十二届第103次常委会。议题是：①听取全市意识形态领域基本情况汇报；②听取市委常委履行意识形态工作责任制情况汇报。

26日 市委书记莫高义主持召开市委十二届第104次常委会，传达学习习近平总书记在中央庆祝改革开放40周年大会上的重要讲话精神和省庆祝改革开放40周年大会精神，研究韶关市贯彻落实意见

27日 市委书记莫高义主持召开市委十二届第105次常委会，审议报省委、省政府有关文稿。

27日 中央农办、农业农村部召开深入学习浙江“千万工程”经验 全面扎实推进农村人居环境整治会议并以视频会议形式开至各地，市委副书记朱余旺、副市长李欣等领导在韶关分会场参加会议。

28日 全市领导干部大会在市委会议中心召开，省委组织部副部长吴钢运宣布省委关于市委主要领导职务调整的决定：李红军任韶关市委书记，免去莫高义韶关市委书记职务。

28日 市委书记李红军主持召开市委十二届第106次常委会，省委组织部常务副部长吴钢运、市县干部二处处长蒋鸿、市县干部二处调研员郑秋旭，市委常委、副市长等市领导参加。

28日 市委书记李红军主持召开市委十二届第107次常委会，听取韶关市近期工作情况汇报，研究部署岁末年初主要工作。

28日 市委书记李红军带队到新丰县调研脱贫攻坚工作。

29日 市委召开中国共产党韶关市第十二届委员会第八次全体会议，大会审议并通过全会《中国共产党韶关市第十二届委员会第八次全体会议决议（草案）》，市委书记李红军就《韶关市机构改革方案》作说明，并就韶关市机构改革工作作讲话。

31日 市委书记李红军在市区调研公安工作，市领导刘清生陪同调研。

（叶志威）

中国共产党韶关市委员会

综　述

【市委十二届六次全会】　2018年1月12日，在市委会议中心召开。会议的主要任务是：坚持以习近平新时代中国特色社会主义思想为指导，深入学习贯彻党的十九大和中央经济工作会议、中央农村工作会议精神，贯彻省委十二届二次、三次全会精神，总结2017年工作，部署2018年工作。市委常委会主持会议。市委书记莫高义代表市委常委会作题为《牢记使命、奋发有为，努力开创韶关振兴发展新局面》的工作报告。全会还审议《市委常委会抓党建工作情况报告》，表决通过《中国共产党韶关市第十二届委员会第六次全体会议决议》。

【市委十二届七次全会】　2018年6月23日，在市委会议中心四楼会议室召开。会议的主要任务是：深入学习贯彻习近平新时代中国特色社会主义思想和党的十九大精神，落实习近平总书记重要讲话精神和省委十二届四次全会精神，总结运用“大学习、深调研、真落实”工作成果，深入分析韶关市面临的新定位新形势新任务，研究部署当前和今后一个时期韶关重点工作，动员全市各级党组织和广大党员干部群众抢抓机遇、真抓实干，为广东实现“四个走在全国前列”作出韶关贡献。市委常委会主持会议。市委书记莫高义代表市委常委会作讲话。会议审议通过《中共韶关市委关于深入学习贯彻落实新时代党的建设总要求努力把各级党组织锻造得更加坚强有力的实施意见》，表决通过《中国共产党韶关市第十二届委员会第七次全体会议决议》。市委常委、组织部部长华旭初就《实施意见》稿向全会作说明。

【市委十二届八次全会】　2018年12月29日下午，在市委会议中心四楼会议室召开。会议的主要任务是：以习近平新时代中国特色社会主义思想为指导，深入学习贯彻习近平总书记关于深化党和国家机构改革的重要论述，深入学习贯彻党的十九大和十九届二中、三中全会精神，全面贯彻党中央关于深化地方机构改革的决策部署和省委十二届五次全会的部署要求，对全市深化机构改革工作进行动员部署、推动落实。市委常委会主持会议。市委书记李红军代表市委常委会作讲话，并就《韶关市机构改革方案》作说明。全会审议通过《中国共产党韶关市第十二届委员会第八次全体会议决议》。　（叶志威）

【市委常委会会议】　2018年，市委召开常委会会议52次。主要内容有：省委组织部宣读李红军任韶关市委委员、常委、书记，免去莫高义的韶关市委书记、常委、委员职务。传达学习贯彻习近平总书记重要指示批示及重要讲话精神，中央其他领导和省委、省政府领导指示批示及讲话精神，党的十九届二中、三中全会和省委十二届三次、四次、五次全会等中央和省重大会议精神。学习《关于新形势下党内政治生活的若干准则》《县以上党和国家机关党员领导干部民主生活会若干规定》《中国共产党纪律处分条例》《中共中央办公厅、国务院办公厅关于加强和改进生活无着的流浪乞讨人员救助管理工作的意见》《中共广东省委办公厅印发〈关于进一步压实责任加大惩治扶贫领域腐败和作风问题工作力度的方案〉的通知》等中央和省重要文件精神。听取市人大常委会、市政府、市政协、市中院、市检察院、市总工会、团市委、市妇联党组和市纪委监委、市委组织部、市委宣传部、市委政法委、市委统战部等部门专题工作汇报。研究党的建设、产业共建、科技创新、城市提升、文旅产业发展、深化机构改革、乡村振兴、三大攻坚战、扫黑除恶专项斗争、安全生产、依法治市、生态文明建设、干部队伍作风建设、市县两级党委巡察等工作。审议并原则通过《韶关市加强党的基层组织建设三年行动计划（2018—2020年）实施方案》《韶关市野外用火管理条例（草案修改二稿）》《韶关市皇岗山芙蓉山莲花山保护条例（草案修改二稿）》《韶关市机构改革方案》《关于稳步推进我市农村集体产权制度改革的实施方案》《韶关市加强激励约束推动干部新时代新担当新作为实施意见（试行）》《韶关市村级党组织巡察全覆盖工作方案》等一批重要文件。讨论研究人事和干部处分有关问题。

【市委书记专题会议】 2018年，市委召开书记专题会议12次，主要内容有：研究全市春运保障工作、市区武江水源保护区违法建筑和项目清理工作、大丹霞项目建设、曹溪文化小镇建设、大珠玑项目建设、市委巡察等工作。

（吴奕文）

【“谁执法谁普法”普法责任制贯彻落实】 2018年5月8日，中共韶关市委办公室、韶关市人民政府办公室印发《关于进一步贯彻落实国家机关“谁执法谁普法”普法责任制的实施意见》，强化部门普法工作责任，落实“谁执法谁普法”和“谁主管谁普法”责任制，形成“大普法”工作格局，营造“自觉守法、遇事找法、解决问题靠法”社会风尚，教育引导全民增强法治观念，树立法治信仰，为推进韶关加快振兴发展创造良好的法治环境。

【食品安全党政同责落实的实施意见】 2018年7月16日，中共韶关市委办公室、韶关市人民政府办公室印发《韶关市落实食品安全党政同责的实施意见》。《实施意见》包括5大部分、21条具体责任要求和措施。明确各级党委政府食品安全领导责任和行政责任，为提升韶关市食品安全监管工作水平，提供政策保障。《实施意见》通过要求各级党委政府把食品安全工作纳入重要议事日程，纳入年度重点工作安排，纳入国民经济和社会发展规划，做到同规划、同部署、同推进、同落实。建立党委政府研究食品安全工作制度，要求党委政府常委会、常务会要对食品安全工作进行研究部署，通过这种形式，压实责任，强化担当。严格食品安全考核评价，将食品安全工作纳入本地区机关绩效考核、社会治安综合治理综合考评社，完善考核机制，坚持过程考核与结果考核相结合，将考核结果作为评价领导班子和领导干部实绩的重要内容，作为干部选拔任用、培训教育、奖励惩戒的重要依据。

【深化营商环境综合改革】 2018年9月18日，中共韶关市委办公室、韶关市人民政府办公室印发《韶关市深化营商环境综合改革实施方案》，提出深化商事制度改革、加快工程建设项目审批制度改革、完善企业投资管理体制、推进贸易便利化改革等方面共33项的工作措施。

【农村集体产权制度改革稳步推进】 2018年11月9日，中共韶关市委、韶关市人民政府印发《关于稳步推进农村集体产权制度改革的实施方案》，以保障农民权益为根本出发点和落脚点，以管好用好农村集体资产为重点，从切实加强农村集体资产管理、推进农村集体经营性资产产权制度改革、健全完善农村集体经济运行体制机制、强化保障举措等方面就韶关市如何推进农村集体产权制度改革提出方案。

【深化职称制度改革】 2018年11月28日，中共韶关市委办公室、韶关市人民政府办公室印发《韶关市深化职称制度改革实施方案》，坚持党管人才原则，把握职称是人才评价“指挥棒”这一战略定位，提出深化韶关市职称体制机制改革，建立科学化、规范化、社会化的职称制度，加强韶关市专业技术人才队伍建设。

【引导和鼓励高校毕业生到基层工作】 2018年12月7日，中共韶关市委办公室、韶关市人民政府办公室印发《关于进一步引导和鼓励高校毕业生到基层工作的实施方案》，深入实施人才强市战略和就业优先战略，坚持服务基层和培养人才相结合、市场主导和政府推动相结合、政策支持和完善服务相结合的原则，以培育和践行社会主义核心价值观为引领，以服务基层发展为目标，以更好发挥高校毕业生作用为核心，进一步创新体制机制，完善政策措施，健全服务体系，确保高校毕业生下得去、留得住、干得好、流得动。

（冯方琴）

【2018年莞韶产业共建项目集中动工暨招商项目集中签约仪式】 2018年11月30日上午，2018年莞韶产业共建项目集中动工暨招商项目集中签约仪式在韶关曲江经济开发区主会场举行，并在莞韶产业园、华南装备园、高新区和各县（市、区）产业园设立分会场，同步举行项目集中动工暨项目集中签约仪式，共有46个产业项目在当日集中破土动工，39个项目集中签约，全部85个项目计划投资额超280亿元。市委书记莫高义出席仪式并宣布仪式启动，市长殷焕明在仪式上致辞。东莞市委常委、宣传部长杨晓棠及韶关市领导杨小明、华旭初、万卓培等出席仪式，副市长陈磊主持仪式。

【机构改革方案出台】 2018年12月29日，《韶关市机构改革方案》在市委十二届八次全会上审议通过并出台。主要内容是调整和优化韶关市级党政机构和职能，统筹推进其他各项改革。规定市县级机构改革的时间表，市级机构改革于2019年1月底前基本完成，县级机构改革于2019年3月底前基本完成。市级机构改革后，中共韶关市委机构设置纪检监察机关1个，计入机构限额的工作机关14个（设在相关部门的市委议事协调机构的办事机构不计入机构限额）。其中，纪律检查委员会与监察委员会合署办公，实行一套工作机构、两个机关名称；办公室挂市档案局牌子；组织部挂市公务员局牌子；宣传部挂市政府新闻办公室、市精神文明建设委员会办公室、市新闻出版局（市版权局）牌子；统一战线工作部挂市民族宗教事务局、市台港澳事务局牌子；网络安全和信息化委员会办公室挂市互联网信息办公室牌子；军民融合发展委员会办公室挂市人民防空办公室牌子；机要和保密局挂市国家保密局、市密码管理局牌子。韶关市人民政府设置工作部门30

个。其中，发展和改革局挂粮食和物资储备局牌子；农业农村局挂扶贫开发办公室牌子；商务局挂口岸局牌子；市场监督管理局挂知识产权局牌子。外事局与市委外事工作委员会办公室合署办公，不计入机构限额；民族宗教事务局列入政府工作部门序列，不计入机构限额。 （叶志威）

表1　中共韶关市委机构设置表

序号	单位名称	序号	单位名称
1	纪律检查委员会监查委员会机关	12	直属机关工作委员会
2	办公室	13	巡察工作领导小组办公室
3	组织部	14	老干部局
4	宣传部	15	机要和保密局
5	统一战线工作部		全面深化改革委员会办公室（设在政策研究室）
6	政法委员会		全面依法治市委员会办公室（设在市司法局）
7	政策研究室		国家安全委员会办公室（设在办公室）
8	网络安全和信息化委员会办公室		审计委员会办公室（设在市审计局）
9	外事工作委员会办公室		教育工作领导小组办公室（设在市教育局）
10	机构编制委员会办公室		农村工作办公室（设在市农业农村局）
11	军民融合发展委员会办公室		

表2　韶关市人民政府机构设置表

序号	单位名称	序号	单位名称
1	办公室	16	农业农村局
2	发展和改革局	17	商务局
3	教育局	18	文化广电旅游体育局
4	科学技术局	19	卫生健康局
5	工业和信息化局	20	退役军人事务局
6	公安局	21	应急管理局
7	民政局	22	审计局
8	司法局	23	国有资产监督管理局
9	财政局	24	市场监督管理局
10	人力资源和社会保障局	25	统计局
11	自然资源局	26	医疗保障局
12	生态环境局	27	金融工作局

续表

序号	单位名称	序号	单位名称
13	住房和城乡建设管理局	28	信访局
14	交通运输局	29	政务服务数据管理局
15	水务局	30	林业局

表3 2018年中共韶关市委、市委办制定的重要文件目录

序号	文件名称	发布文号
1	中共韶关市委办公室、韶关市人民政府办公室《关于改革社会组织管理制度促进社会组织健康有序发展的实施意见》的通知	韶办发〔2018〕2号
2	中共韶关市委关于认真学习宣传贯彻习近平总书记在参加十三届全国人大一次会议广东代表团审议时的重要讲话精神的通知	韶发〔2018〕4号
3	中共韶关市委办公室、韶关市人民政府办公室印发《关于进一步贯彻落实国家机关“谁执法谁普法”普法责任制的实施意见》的通知	韶办发〔2018〕8号
4	中共韶关市委办公室、韶关市人民政府办公室关于印发《韶关市落实食品安全党政同责的实施意见》的通知	韶办发〔2018〕11号
5	中共韶关市委关于深入学习贯彻落实新时代党的建设总要求努力把各级党组织锻造得更加坚强有力的实施意见	韶发〔2018〕7号
6	中共韶关市委办公室关于印发《韶关市加强党的基层组织建设三年行动计划实施方案（2018—2020年）》的通知	韶办发〔2018〕12号
7	中共韶关市委办公室、韶关市人民政府办公室印发《关于全域推进农村人居环境整治建设生态宜居美丽乡村的实施方案》的通知	韶办发〔2018〕13号
8	中共韶关市委、韶关市人民政府印发《关于推进乡村振兴战略的实施方案》的通知	韶发〔2018〕9号
9	中共韶关市委办公室、韶关市人民政府办公室关于印发《韶关市深化营商环境综合改革实施方案》的通知	韶办发〔2018〕15号
10	中共韶关市委办公室、韶关市人民政府办公室关于印发《韶关市红色革命遗址保护利用行动实施方案（2018—2022年）》的通知	韶委办〔2018〕34号
11	中共韶关市委办公室、韶关市人民政府办公室关于印发《韶关市环境保护责任考核实施方案》的通知	韶办发〔2018〕16号
12	中共韶关市委、韶关市人民政府印发《关于稳步推进农村集体产权制度改革实施方案》的通知	韶发〔2018〕13号
13	中共韶关市委办公室、韶关市人民政府办公室关于印发《韶关市深化职称制度改革实施方案》的通知	韶办发〔2018〕17号
14	中共韶关市委办公室印发《关于开展述责述廉工作的实施意见》的通知	韶委办〔2018〕44号
15	中共韶关市委办公室、韶关市人民政府办公室印发《关于进一步引导和鼓励高校毕业生到基层工作的实施方案》的通知	韶办发〔2018〕21号
16	中共韶关市委、韶关市人民政府关于印发《韶关市机构改革方案》的通知	韶发〔2018〕14号

组织工作

【概况】 中共韶关市委组织部是市委负责领导班子、干部队伍、人才队伍和党的基层组织建设的职能部门。2018年，市委组织部内设机构13个。截至2018年12月底，在职干部45名，领导设部长1名，副部长6名（其中兼职2名）。全市共有基层党组织8188个，其中基层党委335个，党总支655个，党支部7198个。截至2018年底，全市党员193939人，其中女党员52053人，少数民族党员3140人，35岁以下党员34622人，大专以上学历党员85275人。

【习近平新时代中国特色社会主义思想学习教育】 2018年，韶关市委组织部结合“两学一做”学习教育常态化制度化，把习近平新时代中国特色社会主义思想作为各级党组织组织生活会、“三会一课”等的重要内容，纳入党建工作责任制考核，推动习近平新时代中国特色社会主义思想学习贯彻往深里走、往实里抓。对全市市管干部和各乡镇（街道）党政正职进行2轮集中轮训，2万多名公务员实现专题培训全覆盖。开发建设党支部组织生活案例库，编印《韶关市基层党支部组织生活创新案例汇编》，开展电教片制作评审，通过示范带动，引导全市基层党组织开展学习。发挥镇街党校、“一台一网一号一区一阵地”等载体的作用，开展“1+5”分类指导，组织全市8188个党组织、19万多名党员开展学习培训，引领学习贯彻走进基层、走进群众。

【基层组织建设】 2018年，韶关市委组织部组织实施加强党的基层组织建设三年行动计划，实施“头雁”工程、村级班子“青苗”培养工程，制定出台《关于加强村（社区）党组织书记队伍建设的实施意见》，撤换不合格村党组织书记59名。深化落实村级班子“青苗”培养工程，实行“村推镇选县考察”培养制度，全市村级党组织按1：2比例确定2866名党组织书记储备人选。派出121个工作组，抓好121个软弱涣散村（社区）党组织整顿。落实发展党员政治审查制度和农村发展党员“镇选村培”制度，建立农村发展党员优秀人才库，储备3700多名优秀苗子。坚持抓党建促重大任务落实，制定《关于推动乡镇（街道）工作重心下移的实施意见》，建立包片挂点联系、研究解决问题双“113”工作机制，全市1267名镇街班子成员包干1270个片区，5833名镇街干部全部包干到村（社区）、村民小组，104个镇街召开班子会议专题研究村（社区）工作1635次，研究解决问题7900多个。在全省率先提出并推行村级“三个在先”机制，全省抓党建促脱贫攻坚工作现场会在韶关市召开，中央电视台新闻联播专题报道韶关市抓基层党建促乡村振兴做法。总结全省抓党建促脱贫攻坚工作现场会经验，出台《关于加强基层党建引领乡村振兴工作的实施意见》，在全市组建45个乡村振兴工作队及47个科技人才服务队，实施党建“八大”工程。探索开展住宅小区党建网格化管理，在浈江区、武江区开展“红色业委会”“红色物业”试点工作。

【机构改革】 2018年，市委组织部牵头，会同市编办着手开展各项改革前期摸底工作，开展系列调研。成立市委深化机构改革工作领导小组及其办公室，下设7个归口专项小组和综合协调组、干部人事组等5个专项工作组。县级亦参照建立相关机构改革领导机制。加强与省的沟通协调，多次到省委组织部、省编办进行请示沟通，建立起省、市、县三级联动的指导协调机制。制定《韶关市机构改革方案》，建立健全和优化市委对重大工作的领导体制机制，对党政部门进行优化调整，加快推进事业单位改革。市委组织部对接中央、省、市机构改革方案，发挥部门牵头抓总、协调把关的作用，抓好涉改部门的领导班子配备工作，结合与市领导、市直单位正职谈话情况，对涉改机构的班子进行逐一分析研判；立足岗位需求，按照人岗相适、人事相宜原则，做好涉改单位、市直党政部门领导班子调配和有关人员转隶前期准备工作，推进县（市、区）机构改革工作。12月29日，召开中国共产党韶关市第十二届委员会第八次全体会议，对全市深化机构改革工作进行动员部署。

【公务员管理】 2018年，韶关市委组织部联合市人力资源社会保障局，强化《公务员法》及人事法规政策的宣传，开展公务员的招录、教育与培训，做好公务员的日常监管，提升公务员队伍的整体素质。组织实施2018年公务员招录工作，经过笔试、面试、体检、政审、考察等相关招录程序，选拔录用585名公务员。组织实施2018年度市直机关遴选公务员工作，共有12个市直机关（含参公单位）设置26个职位公开遴选公务员，遴选公务员20名。做好公务员统计工作，截至2018年12月底，全市共有公务员21546名。

【选调生招考】 2018年，韶关市委组织部组织开展2批选调生招录工作，根据各单位上报职位需求，第一批选调生设置74个岗位，第二批选调生设置58个岗位，577名优秀毕业生报考韶关市职位，其中“双一流”大学考生200余名。

【“两新”组织党建】 2018年，韶关市委组织部深入开展“两新”组织“两个覆盖”质量提升行动，抓好28个“两新”组织党组织创优工作，整顿51个“两新”组织软弱涣散党组织，先后举办3期市级“两新”组织党建业务专题培训班，组织近150名“两新”党组织书记（党务工作者）到杭州、延安、西安等地学习党建工作的先进理念和做法，选派620名“两新”组织党建指导员，实现对987家“两新”组织党建工作指导全覆盖。全市非公企业党组织覆盖率81%，社会组织党组织覆盖率70%，全市“两新”组织党的工作覆盖率100%。

【“常态化”考察分析研判】 2018年，韶关市委组织部落实领导班子和干部队伍常态化分析研判机制，每季度听取一次市领导和各县（市、区）委书记、每半年听取一次市直机关一把手关于选人用人的意见建议，通过深入各县（市、区）、市直机关单位开展专题调研，与乡镇（街道）党政正职、市直单位中层正职谈心谈话，把研究事和研究人结合起来，考察了解干部。2018年以来，与市领导、县（市、区）委书记、市直单位“一把手”220人次开展关于选人用人的专题调研谈话，与1200名市直单位中层正职谈心谈话工作，掌握全市各级领导班子和干部队伍运行情况，发现和储备各领域优秀干部。

【干部激励约束】 2018年，韶关市委组织部贯彻落实中央《关于进一步激励广大干部新时代新担当新作为的意见》，研究制定《韶关市加强激励约束推动干部新时代新担当新作为实施意见（试行）》及《韶关市效能建设“蜗牛榜”认定工作实施方案（试行）》，全年共将475名干部列入干部实绩档案管理、56名干部纳入考验性管理。制定《韶关市市民问政活动实施方案》，围绕市委、市政府重大决策部署、民生领域等重点工作和社会热点问题，以电视节目的方式开展，采取“主持人+部门负责人+评委+评议团”的模式开展，播出第一期“创建文明城市”专题问政节目。

【干部教育培训】 2018年，韶关市委组织部实施“百期干部培训工程”，修订《韶关市干部教育培训学分考核管理制度》，制定《2018年韶关市干部教育培训计划》，推动教育培训与实践锻炼相结合，深化习近平新时代中国特色社会主义思想、党史国史、改革开放史教育，突出在基层一线、艰苦环境、急难险重任务、重大任务中实践锻炼，提升干部专业素质和专业能力。指导市委党校修订完善《中共韶关市委党校学员管理制度》，加强对各主体班次学员的管理。选派第三批28名干部（其中副处级11名、正科级10名、副科级7名）赴东莞进行为期半年的挂职锻炼。全年全市共举办业务培训班254期，培训干部13547人次，培训各级各类干部15.32万人次。其中，参加网络在线学习24531人，覆盖率100%。

【干部监督】 2018年，韶关市委组织部围绕“治未病”的原则，综合运用“三示三书”“一报告两评议”、个人有关事项报告抽查核实、审计干部监督信息档案、信访查核等监督手段，加强干部日常监督管理。全年共发出任职提示77份、勤廉提示151份、温馨提示6份、函询通知书24份、提醒通知书12份、诫勉通知书4份，查核群众反映问题115件次，征集廉政信息115人次，对17名领导干部开展经济责任审计，对22个单位主要负责人开展离任责任交接，建立400多名领导干部的监督信息档案。对188名领导干部个人有关事项的抽查核实，并对10名漏报或瞒报的干部进行严肃处理。结合巡察开展对15个单位的选人用人专项检查，对巡视巡察、党建检查、信访等方面反映问题较多的8个市直单位开展选人用人和党建工作的监督调研，形成专门报告并进行通报，以点带面强化各地各单位干部监督管理。

【人才工作】 2018年，韶关市委组织部坚持党管人才原则，实施人才强市战略，开展“人才工作推进年”活动，出台《关于贯彻落实加快新时代博士和博士后人才创新发展若干意见的实施意见》《关于韶关市扶持高校毕业生在韶就业的实施意见（试行）》《关于促进技工院校毕业生留韶来韶返韶就业扩大技能人才有效供给的实施意见（试行）》《关于进一步引导和鼓励高校毕业生到基层工作的实施方案》等政策文件，加大对博士和博士后的扶持力度，扶持高校及技工院校毕业生留韶到韶就业，不断完善人才政策体系，构建良好的人才发展生态。全年新增博士75名、硕士577名，分别占全市博士、硕士总数的四分之一、六分之一。深化实施“双百”人才工程，引进产业发展领域和公共服务领域紧缺适用人才129名。针对基层医疗卫生人才严重不足的突出问题，推进基层医疗卫生人才引进计划，为乡镇医疗卫生机构引进实用型医学人才542名。举办“2018年海内外高层次人才韶关行”“韶关企业人才活动周”等活动。在知识分子中开展“弘扬爱国奋斗精神、建功立业新时代”活动。建成市级和10个县（市、区）人才驿站，在全省率先实现市、县两级人才驿站全覆盖。

【组工调研信息宣传】 2018年，韶关市委组织部共编发《韶关组工通讯》12期。全市组工系统在中央级媒体宣传报道52篇，省级宣传媒体宣传报道183篇。韶关市委组织部课题组完成2018年度全省组织工作重点调研课题《加强党的组织体系建设的实践与思考》，获得全省调研成果三等奖。市委组织部承办的《充分调动干部干事创业积极性、主动性、创造性，激励广大干部敢担当有作为研究——着力解决干部激励和约束方面的问题》课题获得2018年度省党建研究学会课题研究二等奖。市委组织部被评为全省组织系统信息工作先进单位。（廖　愉　胡颖波）

宣传工作

【理论武装】 2018年，韶关市在中心组理论学习方面，把习近平新时代中国特色社会主义思想作为理论学习中心组的第一议题和核心内容，推动理论学习持续深入开展，市委理论学习中心组全年开展专题学习近20次，全市各级党组织累计开展集体学习达7000余次。在理论宣讲方面，组建市委宣讲团、百姓宣讲团、领导干部宣讲团、红色文艺轻骑兵宣讲团深入全市各地开展宣讲6000

多场。新时代红色文化讲堂专题宣讲、乳源瑶族自治县瑶汉双语宣讲、武江区“家门口的党课”、曲江区白土墟日微讲堂、仁化县红色宣讲活动等在基层反响热烈。在理论研究方面，依托社科课题规划、立项工作机制，立项75个社科研究课题，推出一批应用性对策研究成果。完成乡土文化教材《善美和谐的家乡——韶关》视频拍摄和制作。始兴县社科联被评为“全国社科组织先进单位”。在理论宣传方面，持续在新闻媒体开设专题专栏刊播中省主流媒体重要稿件，在户外设置大批公益广告，重点在“韶关学习”“韶关发布”等微信平台推送各类理论文章、图片、漫画、视频700多条，编印发放《学习手册》《习近平总书记重要讲话精神》口袋书等学习辅导资料7万多份，开展“尚善尚美”社科知识基层行活动，形成浓厚氛围。1月18日，2018年广东政务新媒体创新发展论坛在广州举行，“韶关发布”在此次论坛中获广东最具影响力政务新媒体奖。

▲ 2018年4月28日，韶关市庆祝“五一”国际劳动节暨大力弘扬工矿精神主题活动在韶关剧院召开 （张伟 摄）

【新闻宣传和舆论引导】 2018年，韶关市主题宣传方面，在市直媒体先后推出《沿着总书记指引的道路奋勇前进》《学习贯彻落实习近平总书记重要讲话精神》《壮阔东方潮奋进新时代——庆祝改革开放40年》《40年40事》等一系列重大专题宣传。微视频《飞阅韶关》、纪录片《口述历史：韶关工矿记忆》《企业变形记》、融媒体产品《创文回顾》《向国旗致敬》《乡村振兴新秀》《改革新语》、网络直播《走进非一般的韶关》等，受到广泛关注。南雄市、仁化县、始兴县、新丰县推进融媒体中心建设，新闻舆论传播能力得到加强。在对外宣传方面，在中央、省主要媒体推出正面报道5600多篇，中央电视台综合频道播出韶关市新闻3条，新闻频道、综合频道、科教频道、国际频道、英语频道（播出）到韶关市摄制节目8期，时长超200分钟。其中新时代文明实践中心试点工作在中央电视台《新闻联播》《朝闻天下》播出，乐昌市九峰桃花景观在中央电视台综合频道、新闻频道播出，《耕读传家话翁源》在中央电视台科教频道播出。韶关市首届“中国农民丰收节”暨生态农业博览会、“走近非一般的韶关”、2018年国庆黄金周旅游等系列专题宣传在新华社、《人民日报》、中央电视台、中国新闻社、凤凰卫视、《香港商报》等中央、省及港澳主流媒体推出。在舆论引导方面，每月定期与市委市政府督查室、市委办、市政府办召开联席会议研究宣传报道工作，全年召开各类新闻发布会30多场，在市直媒体开设“凹凸镜”“曝光台”专栏，就市委市政府中心工作和群众关心的热点问题开展舆论引导和监督，营造推动改革发展舆论环境。

【文化建设】 2018年，韶关市在基础设施建设方面，红军长征粤北纪念馆建设项目完成一期工程建设，韶州文化广场完成专家评审、勘察和设计招标等工作，村（社区）综合性文化服务中心建设基本达到全覆盖，大南华项目推进，风度书房接待读者90多万人次、借出图书17多万册，斌庐、南雄广府人家风家训馆向社会免费开放，韶阳楼完成优化布展重新对外开放，乳源瑶族风情园、始兴县“九龄书屋”启用。在群众文化活动方面，先后举办第六届百姓艺术健康舞、第二届民间艺术花会、民歌民乐大赛、庆祝“五一”国际劳动节暨大力弘扬工矿精神主题活动、纪念改革开放40周年专题摄影展、南国书香节等系列活动。广东风度九龄文化周（韶关·浈江）活动网络直播点击率达10万人次。通过“群众点单、政府买单”等方式，实施粤北采茶戏下基层展演、韶城音乐文化季、诗歌进校园等50多个公共文化服务项目。在地方特色文化方面，成立18个专责工作小组，安排专项资金，系统挖掘、整理和提升红色文化、工矿文化、韶乐、“四大景区”文化等地方文化资源。其中，从省里争取到红色革命遗址保护开发专项资金1亿多元（占全省总额近一半），对遗存287处红色遗址完成登记并遴选16处进行规划设计和修缮提升；韶关“工矿精神”在全市发布推广，专题片《共和国的选择》、永久性展馆及《韶关工矿发展史略》《20世纪韶关工业企业风云录》文化著作等即将面世；《禅宗·六祖》主题影像作品初步完成。翁源县举办第28届中国兰花博览会，挖掘弘扬邵谒文化，组织涂志伟美术馆在广州市、上海市、珠海市地举办多场书画展。在文艺精品创作方面，采茶戏《51号信箱》加紧完善优化；纪录片《韶关非遗印记》、口袋书《非一般的韶关》及在广州图书馆举办的韶关市首届非物质文化遗产创意设计大赛和“多彩非遗·美好生活——走进非一般的韶关”成果展在社会上引起强烈反响。市文联扶持指导一大批文艺作品获国家、省级奖项近百个。（市委宣传部）

统一战线

【概况】 1952年9月，中共粤北区党委设立粤北区党委统战部。1956年2月，中共粤北区党委撤销，中共韶关地委建立，粤北区党委统战部改称韶关地委统战部。1956年9月，成立中共韶关市委（县级市）统战部。1977年1月，随着韶关市升格为省辖市，中共韶关市委统战部也升格为处级建制。1983年6月，韶关地区与韶关市（省辖市）合并，韶关地委统战部与韶关市委统战部合并为韶关市委统战部。2001年8月，设置中共韶关市委统一战线工作部。至2018年底，市委统战部现设6个职能科（室）：办公室，党派工作科，港澳、海外联络科，经济工作科，港澳社团联络工作办公室，新的社会阶层人士工作科（2017年增设）。核定行政编制16名，后勤服务人员4名。2017年，市委统战部长由市委常委兼任，并实现10个县（市、区）委统战部长由党委常委兼任全覆盖。2018年12月29日，根据《韶关市机构改革方案》，市委统战部统一管理民族宗教、侨务、台港澳事务工作。将市民族宗教事务局、市委台湾工作办公室（市政府台湾事务局）并入市委统战部，将市外事侨务局（市港澳事务局）的侨务、港澳事务管理职责划入市委统战部，对外加挂市民族宗教事务局、市台港澳事务局牌子。市民族宗教事务局列入市政府工作部门序列，不计入机构限额。

【多党合作】 2018年，市委统战部开展纪念中共中央发布“五一口号”70周年系列活动，组织各民主党派和无党派人士前往西柏坡开展“不忘合作初心、继续携手前进”主题教育活动。围绕发挥韶关在装备制造业、农产品生产、商贸物流和旅游资源方面优势，开展“市委出题、党派调研”，组织召开韶关市2018年民主党派负责人暑期座谈会。支持各民主党派加强自身建设，在市各民主党派中探索推行理论学习中心组学习制度；推进各民主党派建设“党派成员之家”。

【非公有制经济领域统战工作】 2018年，市委统战部组织非公有制经济人士前往北京大学开展总商会会员培训班、在南开大学开展理想信念教育培训班暨首届“韶关市光彩事业促进会理事培训班”。组织非公有制经济人士深入学习习近平总书记关于民营企业的重要论述精神。及时反馈非公有制经济企业历史遗留问题，组织参加市政府协调解决专题会议，召开“同心谋发展、共圆韶关梦”异地商协会建设发展座谈会，组织召开推动民营企业高质量发展座谈会，介绍韶关市投资环境和优惠政策，协调解决商协会和企业发展问题。召开构建“亲”“清”新型政商关系座谈会，签订《韶关市非公有制经济人士“亲”“清”新型政商关系责任书》。发动非公有制经济人士参与“广东扶贫济困日”活动和“韶关光彩事业乳源行”活动。推进“百企帮百村”行动，全市参与精准扶贫民营企业127家，帮扶项目165个，受惠贫困人口7549人。3月，韶关市光彩事业促进会捐款50万元开展“韶关光彩事业大桥行”活动，帮助乳源瑶族自治县大桥镇安装太阳能路灯300多座。

【民族工作】 2018年，韶关市抓好少数民族发展资金申报，完成少数民族聚居区少数民族大学生资助。制定《2018年韶关市民族团结进步宣传月活动实施方案》，组织开展民族团结进步宣传月活动，推荐乳源瑶族自治县民族实验学校等5所学校为“民族团结进步创建进校园工作先进学校”候选单位，乳源瑶族自治县东阳光实业发展有限公司被国家民委命名为第五批“全国民族团结进步创建示范区（单位）”。组团参加第六届全省少数民族运动会，取得竞赛项目8金6银4铜，表演项目2个一等奖、1个二等奖的成绩，总分列全省第三。加强少数民族流动人口服务管理，做好少数民族代表人士慰问工作，开办外来少数民族通用语言培训班，协调解决民族地区土地纠纷问题。

【宗教工作】 2018年，市民族宗教局召开2018年全市宗教场所安全工作会议，举行“韶关市宗教场所安全工作暨消防综合演练现场观摩会”。开展“宗教政策法规学习月”“平安宗教场所创建”和“文明寺观教堂创建”活动，引导全市性宗教团体参与社会公益慈善事业，在“6·30”捐款40万元支持乳源瑶族自治县游溪镇扶贫工作。全市宗教界响应各全国性宗教团体，发出《韶关市宗教活动场所“四进”活动联合倡议书》和《韶关市宗教界关于加强教风建设的倡议书》，共同倡议推动中华人民共和国国旗、宪法和法律法规、社会主义核心价值观、中华优秀传统文化进宗教活动场所“四进”工作。

【党外代表人士队伍建设】 2018年，韶关市无党派知识分子联谊会，发挥职能作用，自人才资源优势，市委统战部指导成立韶关市新的社会阶层人士联合会，成立非珠三角地市首家新的社会阶层人士统战联谊组织。开办“知联会讲学堂”，指导成立韶关学院党外知识分子联谊会。摸查全市党外干部底数、分布及任职情况，举办韶关市第三期民主党派新成员培训班，完成韶关市第五批党外干部挂职锻炼收队工作，选派党外领导干部参加全省党外中青年干部培训班和党外处级领导干部培训班。做好市政协委员增补工作。

【港澳事务管理】 2018年，韶关市加强韶港澳交流合作。先后拜访香港广东社团总会等12余家部门（团体）负责人，参加香港广东外商公会等15批次港澳社团活动，接待香港东区社团领袖等10余批600多人次港澳台爱国社团；开展韶港澳青少年交流合作共34批664人，其中香港528人、澳门136人。举办韶关市首届港澳代表人士国情培训班，组织港澳同乡社团领袖、青年骨干等在韶关市、贵州省等地开展理论研讨和实地教学。指导香港韶关同乡联谊总会在香港举办第二届理事会就职典礼，推动全市10个县（市、区）成立香港同乡社团并加入总会，实现总会规模扩展和人员顺接应承。指导香港韶关同乡联谊总会义工团开展启航计划，义工团分别到乐昌市、曲江区、新丰县、始兴县、翁源县、南雄市、仁化县和乳源瑶族自治县开展助学活动。推进香港青年服务团项目开展。完成香港青年服务团第八期（上、下学期）团员欢迎及欢送工作，落实第九期（上学期）团员岗前教学培训工作。组织香港青年服务团团员分别到韶关市、梅关古道，丹霞、风度、夏富、石塘古村落、双峰寨和莞韶创新创业园、科艺创意工业有限公司、斌庐、北伐纪念馆等地参观学习。做好赴港拜访和在韶关的接待工作，先后5次与香港民政事务局和香港志愿者协会就香港青年服务团在韶关支教活动进行探讨。

▲ 2018年3月25日，2018香港韶关同乡联谊总会春节联欢会暨第二届会董会就职典礼在香港举行 （张弘　摄）

【韶台交流合作服务】 2018年，韶关市加强韶台经贸合作，组织赴台交流团组10批72人次；接待台湾参访团18批，300人次，全市新增台资企业2家。请台湾乡镇市民代表团联合总会、台湾社区发展协会联合总会、台湾高级工商管理人员交流团等参访团到韶关市，组织全市3个经贸交流团赴台湾考察，重点就台湾精致休闲农业进行考察和交流，与岛内7家农业企业达成初步合作意向。巩固深化韶台交流。举办“韶关青少年学生夏令营”系列活动、两岸艺术家书画交流笔会、迎中秋台商台胞台属座谈会。筹划南华禅寺海峡两岸交流基地揭牌仪式及两岸系列文化交流活动，夯实涉台宣教工作。向台湾同胞发放宣传资料（物品）1000余份；国台办、省台办及地方媒体采用稿件30余篇；向台胞台商推介韶台经贸文化、发布涉台政策等信息100余次；11月，邀请台湾联合报系“大陆新发现”摄制组到韶关市进行专题采访拍摄，在岛内进行为期1周共计9个版面的宣传。提高涉台服务水平。推动落实“31条措施”“粤台48条”、居住证等惠台政策，会同韶关市公安局为64名台胞办理居住证。指导韶关市台湾同胞投资企业协会完成第七届理监事换届，为10名困难台胞提供困难补助金。处置10件涉台信访案件。

【侨务工作】 2018年，韶关市做好涉侨政务服务事项。接待咨询三侨生证明办理事项45人次、华侨回国定居31人次、归侨侨眷证明办理12人次，受理及办理三侨生5人、华侨回国定居2人，归侨侨眷身份确认4人，接待受理海外华侨、归侨侨眷来人来信信访6件（次）。

2018年元旦、春节期间，韶关市侨务部门走访慰问贫困归侨侨眷40人（户），发放慰问金2万元。开展侨情调查。摸清韶关市贫困归侨底数，完善贫困侨情资料信息，做好侨务精准扶贫工作。其中向省申请扶持贫困归侨专项资金40万元，扶持救济126户/人（特困归侨12户/人，资助困难归侨子女上学17人，临时救济困难归侨97人）。构建为侨服务平台。在消雪岭华侨茶场完成“侨之家”“医疗服务站”和“法律服务工作站”建设，5月，与广东宜方律师事务所合作完成“为侨法律服务工作站”建设，为方便韶关侨界群众法律咨询、委托代理诉讼、法律援助等服务。开展海外侨务工作。6月12—26日，举办两期共140名海外（美国、马来西亚）华裔青少年到韶关夏令营活动。接待来访旅美、旅澳侨社团及侨领，举办海外侨胞故乡行——走进广东韶关活动。5月27—6月3日，韶关市侨务代表团在加拿大温哥华参加第九届世粤联会，并访问加拿大维多利亚和美国旧金山，拜访各海外乡亲社团及侨商领袖，与纽约广府人联谊总会、纽约崇正总会、加拿大卑诗省广东商业协会、加拿大中华会馆、世界余氏宗亲总会、世界马氏宗亲总会、秘鲁番禺会馆等20多个粤籍乡亲社团开展交流互动，构建联系通道，拓展海外侨务资源。

【统战信息调研宣传】 2018年，市委统战部编发统战信息175篇，被省部采用17篇。获全省统战信息工作三等奖、全市党委系统信息工作先进单位，连续八年获省部表彰。报送的《关于对人教版八年级上册〈中国历史〉教科书的几点修改建议》被中央办公厅选用。组织全市统一战线理论研究专家就统战工作中的重难点问题进行研究，形成统战理论调研成果20余篇，《行动逻辑与体系

▲ 2018年11月16日，韶关市新的社会阶层人士联合会成立大会在韶关举行（张弘 摄）

构建：新时代地方高校统战工作创新研究与实践——以韶关学院为例》获全省统战理论政策研究创新成果优秀奖。

【“五一口号”70周年系列纪念活动开展】 2018年4月25—5月1日，韶关市组织开展纪念中共中央发布“五一口号”70周年系列活动，市委常委、统战部部长黄劲东带领韶关市各民主党派班子、无党派代表人士一行共23人前往“五一口号”发布地河北西柏坡开展为期4天的“不忘合作初心、继续携手前进”主题教育活动，开设“历史启迪与智慧”专题讲座，撰写“纪念与传承”主题文章，面向社会群众开展主题宣传欢乐跑，回顾并宣传韶关市多党合作事业。

【韶关市首届港澳代表人士国情培训班举行】 2018年10月15—20日，韶关市首届港澳代表人士国情培训班在韶关市正式开班。来自港澳的同乡社团领袖、韶籍港澳乡亲代表及爱国爱港爱澳爱韶人士40余人参加培训。培训期间，市委常委、统战部部长颜珂参加开班仪式并作开班动员讲话，市委党校副校长杨斌作习近平总书记重要讲话精神专题辅导报告。培训班一行还赴贵州省实地教学，参观红色革命遗址和观摩现代科技成就。

【韶关市新的社会阶层人士联合会成立】 2018年，市委统战部指导成立韶关市新的社会阶层人士联合会，成立非珠三角城市首家新的社会阶层人士统战联谊组织。11月16日，韶关市新的社会阶层人士联合会（以下简称“市新阶联”）在韶关市召开第一次理事大会及成立大会。省委统战部副部长李阳春，市委常委、统战部部长颜珂，市人大常委会副主任、民建韶关市委主委陈曦，市政协副主席吴春腾参加大会。大会审议通过《韶关市新的社会阶层人士联合会章程（草案）》，选举产生市新阶联第一届常务理事会、监事及领导班子。李阳春向韶关市新阶联授予粤港澳大湾区专业知识人士联盟同心服务团团旗，宣告韶关市具有统战性、联谊性、专业性的新的社会阶层联谊组织正式成立。（邵志君）

政策研究

【概况】 2018年，韶关市委政策研究室（改革办）有行政编制19个，工勤人员1个；在编人员18人。其中，主任1名，副主任2名，改革办专职副主任1名，内设综合研究科、经济研究科、社会政治研究科、规划科和协调科五个科。2018年，市委政研室（办）强化主责主业，注重求实创新，做好决策参谋服务和改革统筹协调工作，为推动韶关市加快振兴发展做出贡献。

【文稿服务】 2018年，市政研室主动谋划。在年初对全年常规性专题会议、全会等会议进行梳理，收集上级有关文件精神，了解掌握中央和省的工作动向，深入基层摸准存在的困难和问题，掌握第一手资料。明确分工。成立3个综合文稿起草小组严把质量。按照领导的修改意见反复推稿，并在文稿起草中把领导的决策具体化。随行市委主要领导深入各县（市、区）、有关单位和企业调研27次，自行组织开展工作调研近20次，确保起草的文稿更加接地气；组织撰写综合文稿153篇、约84万字，其中，撰写领导讲话稿113篇，汇报报告26篇，撰写理论文章、新闻通稿、采访稿14篇；完成录音整理稿89篇，特别是完成市委十二届六次、七次、八次全会，市纪委十二届三次全会，向省有关工作汇报，吉炳轩、李希、马兴瑞等中央、省领导到韶关调研工作汇报等重要文稿，向上级反映韶关市工作情况和取得的成绩。

【决策服务】 2018年，市政研室谋划调研课题。开展国际人才社区建设、全面从严治党、生态化发展、禅宗文化、乐昌招商引资、抓党建促脱贫攻坚等专题调研，形成16篇调研报告，其中11篇调研报告获市领导肯定或签批。向市委统战部推荐在高水平生态保护中实现高质量发展的对策建议、推进粤北生态特别保护区建设的意见建议等16个课题。协助开展专题调研。加强与各县（市、区）及相关部门的沟通联系，协助上级和兄弟市到韶关市开展调研，组织起草省委政研室、省社科院、肇庆市委政研室等到韶关市调研及市级相关座谈会的汇报材料10篇。促进调研成果转化。编辑出版《韶关调研》12期，编发《调研内参》10期、《政策动态》《决策参考》各24期，其中《调研内参》7期获市委主要领导批示，创历史新高，《政策动态》和《决策参考》获市领导签批8期次。

【全面深化改革研究推进】 2018年，市政研室先后筹备召开2次领导小组会议，审议通过11份重要改革文件，着力推动各项改革落地见效。抓改革谋划。印发《韶关市全面深化改革2018年工作要点》《东莞韶关统筹推进全面帮扶十大行动计划2018年工作方案》《2018年市委全面深化改革领导小组会议议题安排》《关于加快推进新时代全面深化改革的实施意见》。制定《2018年韶关市县（市、区）工作绩效评价实施方案》关于“深化改革”考核指标的考核细则，明确将改革总体设计、整体推进、统筹协调、健全工作机制、配齐工作力量等5方面作为县（市、区）深化改革的考核内容。抓重点改革。推动生态领域、营商环境和农业综合等重点领域、关键环节改革，推动粤北生态特别保护区建设、基础教育资源均衡配置列入省专项改革试点，完成省委改革办征求韶关市对省“1+5”改革系列文件意见的办理工作。其中营商环境领域、医药卫生体制、生态文明等领域改革成效显著，企业开办时间整体压缩至3.5个工作日内，“马上办”服务模式改革受到省审计厅和省工商局的肯定；公立医院综合改革在2017年度效果评价考核中地市级排名第三；全面推进河长制，河湖环境全面改善，受到省领导的表扬。抓改革督察。对全市各地各单位学习贯彻落实全省全面深化改革工作会议精神情况开展专项督促检查；对深化医疗卫生体制改革、义务教育资源均衡配置机制改革、市科协系统改革等5项改革开展专项督察，组织相关部门开展生态保护补偿机制改革的自查工作，并形成《关于生态保护补偿机制改革的自查报告》等专题报告。落实省委改革办督察组的实地督察工作，做好座谈会及到乳源瑶族自治县实地督察的相关工作。抓经验推广。主动挖掘各地各部门基层改革探索创新的好经验好做法，编发改革简报10期。向省报送韶关改革实践案例，其中《推进县管校聘管理改革不断完善教师管理体制机制》作为全省11个地级市的改革案例之一入选《全省改革案例选编》，为广东省改革提供韶关经验。

（杨作旭）

机关党建

【概况】 2018年，韶关市直属机关工委行政编制15个，工勤编2个，在编人员13名，工勤人员2名。其中书记1名，副书记2名，正科长（主任）5名，主任科员1名，副科长2名，科员2名。管理的党组织86个，其中党委（机关党委）43个、直属党总支10个、直属党支部33个，基层党支部总数538个，党员10648名。2018年，韶关市直属机关工委持续推进“两学一做”学习教育和“双争双促”实践活动常态化制度化，深入抓好机关党建规范化制度化建设，统筹实施党建“六大工程”（政治统领、素质提升、固本强基、效能提升、品牌创建、宣传调研），推动机关党员干部在贯彻落实市委市政府决策部署中干在实处、走在前列。

【政治统领工程】 2018年，韶关市开展市直机关纪念建党97周年系列活动。推荐报送基层先进事迹案例，其中先进事迹党组织2个，先进事迹个人9人；印发《市直机关开展纪念建党97周年主题系列活动实施方案》，在“七一”前组织市直机关各单位党组织和广大党员开展“六个一”系列活动；组织市直机关基层党支部书记第二期培训班113名学员和市直机关工委全体党员在省委旧址重温入党誓词。做好市直机关巡视整改暨全面彻底肃清李嘉、万庆良恶劣影响专题民主生活会的督导。会前对各单位召开民主生活会的请示、方案、对照检查材料等进行把关，对会前准备不充分，领导班子及个人对照检查材料不直面问题、内容空洞的及时叫停，经报批后，确保符合要求方可召开。成立3个督导组全程参与被督导单位的专题民主生活会。开展模范机关创建活动。11月13日召开全市加强党的政治建设推进会暨创建模范机关工作会议，研究部署市直机关党的政治建设和创建模范机关工作；按照市委《关于在市直机关中开展模范机关创建活动方案》的要求，重点抓好2018年创建模范机关教育动员、查摆问题、整改落实三个步骤，督促各县（市、区）同步做好创建工作。89个创建单位全部召开模范机关创建活动动员部署会，各县（市、区）于12月初全部完成动员部署，市直机关各单位班子共查摆整改问题483条；市直机关各党支部共查摆整改问题5634条；机关党员干部共查摆整改问题46343条。

【机关党员素质提升工程】 2018年，韶关市直属机关工委坚持每个季度开展一期“千名科级党员干部大培训”，每期安排2个班次，邀请省、市专家学

▲ 2018月7月19日，韶关工矿精神百姓宣讲团巡回报告会市直机关工委专场在市委会议中心四楼举行 （市直机关工委 供）

▲2018年6月8日，市直机关工委在韶关学院学术报告厅举办韶关市第二届机关工作创新创优现场竞赛 （市直机关工委 供）

者授课，实现对市直机关科级及科级以下党员干部学习培训全覆盖。先后开展《学习习近平总书记重要批示精神》4期、《习近平新时代中国特色社会主义思想三十讲》2期、《习近平总书记视察广东重要讲话精神》2期，共对市直机关5000多名党员干部进行轮训。与市委组织部、市人社局联合开展公务员学习“不忘初心、牢记使命”“习近平总书记视察广东重要讲话精神”专题全员轮训，共举办18期培训班，培训9000多人次。采取1个示范班+2期千名科级党员干部大培训+N个基层党组织开展学习大讨论的方式。市直各党支部在4月底前召开专题组织生活会，专题学习宣传贯彻习近平总书记在参加十三届全国人大一次会议广东代表团审议时的重要讲话精神，市直机关工委对召开专题组织生活会实行严格督导，派出2个督导组抽查督导10个基层党支部。分4期在市委党校开展基层党支部书记培训班，市直机关近500名基层党支部书记参加集中轮训。做好党务干部的培训工作。先后在国内知名高校举办4期机关党务干部素质能力提升班，培训各级党务干部200多人次。举行工矿精神宣讲报告会。市直及中省驻韶有关单位党组织党建宣传工作负责人共计100多人聆听以“弘扬工矿精神，推动韶关经济高质量发展”“韶关工矿精神解读”为题的宣讲报告。组织基层党支部书记深入到一线——广东泓源众力发电设备有限公司实地参观学习“韶关工矿精神”。把中心组学习列入重要的议事日程。全年开展中心组学习20次，每次学习参学率达标，每位中心组成员参学率达标。

【机关党建固本强基工程】 2018年，韶关市直属机关工委形成《市直机关党组织落实〈韶关市加强党的基层组织建设三年行动计划实施方案（2018—2020年）〉工作方案》。建设“模范机关”。制定《中共韶关市直属机关工委关于认真贯彻落实中央组织部基层党建工作重点任务推进会精神的实施方案》，推进机关党建规范化制度化建设。制定《韶关市机关2018年党建工作目标管理责任制考核实施方案》，全年对被考核对象常规党建工作进行3次常态化考核。指导市直各基层党组织换届选举。实行每月提醒机制，每月及时提醒和督促到期应换届、出缺要补选的单位党组织，按时进行换届和补选。全年共指导成立1个直属党委、2个党支部；审批16个基层党组织完成换届选举工作；审批45个基层党组织完成补选工作。通过换届选举、推行“一岗双责”制度等措施，配齐配强机关党组织负责人和专职党务干部。做好发展党员工作。2018年市直机关各级党组织新发展党员80名，发展党员指标完成率100%。实行“三会一课”全程纪实管理。制定下发《市直机关“三会一课”全程纪实管理办法（试行）》。

【机关党建效能提升工程】 2018年，韶关市直属机关工委在全市机关党组织开展“真抓实干”“创新创优”“真评实议”“作风整顿”“典型示范”五大行动，通过开展市委书记莫高义于3月14日在市委党校春季主体班上的讲话精神的专题研讨、举办“机关工作创新创优”竞赛、开展政风行风评议、评选党员示范岗和机关基层效能工作典型案例评比等活动，全市（含县市区）共有1287个支部开展活动，共19956名党员参加“牢记使命、真抓实干”大讨论，班子落实整改措施3706条，个人落实整改突出问题33036个，建立履职清单13448份，查找并整改中梗阻塞问题2203个。在总结会上表彰10个在活动中表现突出的先进党组织、20名“先进个人”和10个机关效能典型案例。修订完善2018年度考核实施方案，引入第三方机构参与实施考评，6月中旬完成83个单位履职考核指标的逐一审核与赋分工作。年底进行履职考核，综合评议、加分评审，并统筹7个专项考核集中考核，及时反馈考核结果，对扣分情况进行说明，完成2018年度机关绩效考核工作。抓好2018年政风行风评议工作。梳理评议工作流程，优化微信评议系统，为各评议窗口设置110多个独立的测评二维码。从6月1日起开通本年度微信测评渠道，截至12月，共有56927人次参与微信测评活动，印发5期情况通报，要求切实整改“办事窗口设置不合理”“服务态度不好”等重点难点问题。组织由市纪检派驻组、纪工委和机关建设科有关人员参与的暗访组，对问题反映较多的单位开展暗访，将收集到的问题现场反馈给各窗口部门。与市广播电视台“民声热线”栏目组一同制定2018年度实施方案并由市委办和市政府办名义联合转发，在周三版节目中新增单位机关党建情况介绍环节，在广电台的深化改革中探索并进行“广播+电视+网络+未来”的融媒体传播升级。共开展15期电台节目上线和5场户外上线活动。

【机关党建品牌创建工程】 2018年，韶关市直属机关工委组织开展韶关市第二届机关工作创新创优竞赛。全市共119个项目参赛。在前期内部集中评审筛选出30个优秀项目的基础上进入现场竞赛，分别决出党建创新类和改革创新类的一等奖、二等奖、三等奖。经过省直机关工委的筛选，50个项目选送参加广东省直单位第六届工作技能大赛佛山片区赛，其中有8个项目进入到省半决赛并获得优胜奖。赛后整理制作600份现场竞赛光盘发到各支部学习。继续开展市直党建工作示范点创建。对首批创建的5个全市机关党建工作示范点加大指导宣传推广力度，示范点接待参观学习的各级党组织103批2302人次。2018年继续开展创建活动，创建市中级人民法院等4个党建示范点。开展基层党支部组织生活创新案例征集评选活动。收集到各基层党支部报送创新案例46个，经筛选报送给市委组织部3个创新案例，其中有2个案例获得市委组织部的通报表扬，市直属机关工委获得优秀组织奖。筛选8个较好的组织生活创新案例编成汇编，下发各基层党组织，在基层党组织中宣传推广借鉴。

【机关党建宣传调研工程】 2018年，韶关市开展工委领导分片督导调研。聚焦《三年行动计划实施方案》关于2018年的主题和任务，工委领导班子成员每人分片挂点督导27个机关单位党组织，对各单位贯彻落实三年行动计划各项工作的开展情况进行调研督导。工委组成两个调研组对8个机关事业单位进行党建工作监督调研，以2016年市直机关开展党建工作目标管理责任制考核为分界点，重点比对2016年前无党建考核和2016年开展党建考核后的工作情况。从总体情况看：市直机关党建工作在逐年规范。各单位党组织对党建工作重视程度在不断提高，党建工作水平逐年提高。加强“一刊一网”宣传阵地的建设。出版6期《韶关机关党建》杂志。更新机关党建网的内容，对市直各单位党组织和各县（市、区）在开展机关党建工作中的好经验、好做法进行宣传。向市委组织部和韶关日报社投稿。在《韶关日报》、韶关发布、韶关党员教育公众号等媒体刊登宣传报道12篇，编发市直机关学习宣传贯彻中共十九大精神简报11篇。向省直机关工委、市委办和市委宣传部报送征文，其中深入学习贯彻中共十九大精神的征文被《紫光阁》2018年第一期采用。学习习近平新时代中国特色社会主义思想征文被中央党校《中国党政干部论坛》2018年7月增刊采用。 （吴 滔）

老干部工作

【概况】 截至2018年底，韶关市共有离退休干部43059人，其中离休干部748人，退休干部42311人；离退休干部党员23097人。全市老干部工作部门对标对表“认真做好离退休干部工作”要求，用心用情用功，提质提速提效，不断提升老干部的获得感、幸福感、安全感。

【离退休干部思想建设】 2018年，市委老干部局组织离退休干部学习贯彻习近平新时代中国特色社会主义思想和党的十九大精神、《习近平谈治国理政》第二卷、习近平总书记参加十三届全国人大一次会议广东代表团审议和视察广东重要讲话精神。举办习近平总书记重要讲话精神学习报告会。组织老领导参加重要会议，参观浙江省改革开放发展情况和南湖“红船”，举办“红船精神”专题讲座等。全市举办各类培训学习、辅导报告、座谈讨论等296次（场），参训（会）老同志约9000人次。

【离退休干部党工委成立】 2018年8月，韶关市委成立离退休干部工委，设书记1名（由市委老干部局局长兼任），副书记1名（由市委老干部局分管副局长兼任），委员8名（分别由市直属机关工委、市委老干部局、市委教育工委、市委卫计工委、市人社局党工委、市住管党工委、市国资委党委和韶关工业园区党委相关业务科室负责人兼任）。市委离退休干部工委设在市委老干部局，内设党工委办公室，与市委老干部局相关业务科室合署办公，负责统筹全市离退休干部党建工作。武江区、南雄市和仁化县相继成立离退休干部党工委，其他县（市、区）也在筹

▲ 2018年10月23日，市老干局组织市四套班子老领导开展“弘扬红船精神·牢记初心使命”专题学习会 （市委老干部局 摄）

▲ 2018年2月27日，市委老干部局负责人代表市委市政府拜访省级老领导
（市委老干部局 供）

备成立。

【离退休干部党建】 2018年，市委老干部局将离退休干部党建工作纳入市党建工作责任制考核、市直机关年度党建工作满意度测评。以“市直部门办班”形式，将全市离退休干部党组织书记培训明确列入组织部门培训计划。65个相关单位的离退休干部党支部书记或工作骨干，支部在职联络员，各县（市、区）委老干部局局长等260人参加首届市直和中央、省驻韶单位离退休干部党支部书记、党务工作骨干培训班，扩大离退休干部党员教育覆盖面。依托管理服务工作站，市委老干部局将接管的企业离休干部按居住区域分片纳入5个党支部，以服务日志（以送学上门、结对帮扶、落实待遇、收集意见为主要内容）为平台和抓手，探索出“四结合四促进”的工作模式，使离退休干部党建工作焕发出新的生机和活力。“用服务日志‘四结合四促进’夯实基层党建工作”项目，获得本年度韶关市第二届机关工作创新创优竞赛三等奖。离退休干部党支部收缴党费返拨比例由50%提高到80%。

【正能量活动】 2018年，市委老干部局以“增添正能量·共筑中国梦”为主题，重点开展“三学三谈三为一展”系列行动，引导全市离退休干部学思想、学党章、学宪法；谈初心使命、谈改革开放、谈人生价值；围绕重要时间节点组织开展活动。联合市委组织部印发《“银发先锋”继往开来再铸辉煌弘扬韶关工矿精神倡议书》，举办全市离退休干部“工矿精神”大讲堂。推荐的五里亭中共粤北省委旧址、南雄市梅岭梅关等韶关红色资源和名镇名村被列入《广东红色资源和名镇名村手册》。各类“老字号”志愿服务队伍活动团队参与基层治理，各类老干部文体活动团队活跃在农村基层文化领域。市关工委成立农业科技专家顾问团，培训带头致富奔康的农村青年学员873名，助力乡村振兴。春节期间，市委老干部局代表市委市政府上门拜访曾在韶关市战斗或工作过的省级老领导及在韶关担任过正职的厅级老领导，得到高祀仁、黄华华、张帼英、佀志广、冯灼锋等老领导的肯定。市委书记莫高义对《关于省级老领导建言献策情况的报告》《关于老领导冯灼锋建言献策情况的报告》等做出重要批示，转市政府和有关部门研究办理，有的重要建言被职能部门采纳。

【“我看改革开放新成就”调研】 2018年，市委老干部局访谈本市全国劳动模范、农村致富带头人、市（厅）级老领导等老党员、老干部、老同志代表，聆听老同志畅谈对改革开放40年来特别是党的十八大以来发展变化的心声意见，以访谈形式组织多位离退休干部党员回顾过去自己的奋斗历程，为韶关未来发展出谋划策，访谈内容以视频形式在“善美韶关”公众号上推送。组织市四套班子老领导赴浙江省嘉兴市开展“弘扬红船精神．牢记初心使命”主题参观学习活动，以“听、观、谈、悟”的形式深入学习领会“红船精神”。

【老干部生活待遇落实】 2018年，市委老干部局落实老干部生活待遇，协调做好医疗保健、补贴发放、丧事办理和遗属抚慰等。为117名市直单位在建国

▲ 2018年6月15日，韶关市委老干局举办全市离退休干部“工矿精神”大讲堂
（韶关市委老干局 供）

初期参加革命工作的退休干部发放补助。为市直企业和部分市直单位参加医疗统筹离休干部统管核报医疗费1168人次、1809.59万元。市委老干部局离休干部医疗费管理中心通过与各定点医院续签《韶关市市直企业和部分市直单位已参加医疗统筹的离休干部定点医疗机构医疗服务协议书》，继续对医疗机构职责、权利义务予以明确；通过对异地住院金额比重大、费用高的离休干部进行监督巡查，对离休干部医疗费核报工作层层把关，减少重复检查、小病大治、费用虚高等不合理现象。督促和要求各地各部门在深化党和国家机构改革及企事业单位改制改革中，做好离退休干部归属交接和服务管理工作。通过“五星级”工作站进行常态化巡访，做到“五个必访”。协助去世离休干部家属处理丧事并申报和发放丧葬费及抚恤金。出台市直特殊困难离退休干部帮扶实施意见（试行），帮助重病、高龄、失能、失独、空巢、独居、家庭负担重的离退休干部解决燃眉之急。由市委组织部、老干部局、财政局、卫计局和审计局联合印发《韶关市市直单位生活特殊困难离退休干部帮扶实施意见（试行）的通知》，对市直困难离退休干部开展帮扶。

【文化养老推进】 2018年，市委老干部局指导各地管好用好老干部（老年）大学、老干部活动中心，规范服务管理和运行机制，开展符合老干部特点的文体活动。谋划扩大市本级老干部学习活动场地取得突破性进展。市政府同意，待市第十中学搬迁后，原场地安排给市老干部大学（老干部活动中心）使用。提前收回新华南校区出租的部分物业；经报市政府同意，将对收回的场地及新华南校区教学活动大楼等老旧物业进行改造维护。用活省委老干部局5年（2015—2019）共安排1.5亿元专项资金重点扶持欠发达县（市、区）老干部学习活动场地基础设施建设的惠老政策。市辖10个县（市、区）中，有9个县（市、区）老干部学习活动场地建设得到省里专项资金支持，共计2417.5万元，在获补助地级市中名列第一，拉动本地财政投入约1.4亿元。乳源瑶族自治县位于民族风情园的新老年大学于10月竣工，成为韶关市县级老干部大学新地标。全市8所老干部（老年）大学开设61个专业、99个教学班，学员累计3.6万人次。市老干部歌舞研究会金秋艺术二团混声合唱歌曲《红军渡长征源》，获2018梦回长白暨“夕阳秀”首届全国中老年知青艺术节金奖；市老干部大学学员在“第四届全国老年书画大赛”中获王羲之书法奖之艺术奖、风范奖、风尚奖。共建共享老年文化资源，组织引导各级老干部（老年）大学学员和文体活动骨干走进社区、服务社会，调研探索省、市、县（市、区）、乡镇（街道）、村（社区）五级老干部（老年）教育网络建设。市老干部大学与仁化县、翁源县老干部活动中心，协助市食药监局开展保健食品科普宣传。

（温 舜）

党校工作

【干部教育培训】 2018年，韶关市委党校举办各类班次150期，总培训人数32205人。其中，主体班次37期，培训人数12847人，较上年增长48%。课程学员评价93.91分以上的授课老师占总授课老师的60%。

2018年，市委党校加强党章党纪党规党史教育，尤其把习近平新时代中国特色社会主义思想及党的十九大精神作为教学培训必修课，强调参悟习近平总书记对广东重要讲话和重要指示批示精神，推动其在广大党员干部和市民群众中落地生根、开花结果。落实领导干部到党校上课制度，全年共有包括市委书记在内的5位市委市政府领导，13位市直单位主要负责人到党校授课，在党的理论教育和党性教育中融入“本地话”“本地故事”，深受广大学员欢迎。不断推进主体班教学改革与教学方式创新，实施“走出去”的战略，分别组织主体班学员前往深圳市委党校、石家庄市委党校、大别山干部学院等地学习交流。发掘韶关工矿精神，把革命传统教育与坚定理想信念结合起来，在主体班中开展韶关本土红色文化和工矿文化的学习研究。推进理论宣讲进机关进校园进社区，实现宣讲范围全覆盖。市委党校专家学者共为机关事业单位干部、企业工人、学校师生、城乡居民等宣讲297场，推进习近平总书记视察广东重要讲话精神、《习近平新时代中国特色社会主义思想三十讲》主旨要义、工矿精神等内容，进机关、进校园、进社区，受众5.94万名。

▲ 2018年3月14日，市委书记莫高义在市委党校一楼报告厅为主体班的学员讲党课

（市委党校 供）

【教学科研】 2018年，市委党校建立健全教学科研激励管理约束机制。建立课时量计算和激励办法、教学质量考评制度、精品课评选制度、教学技能竞赛制度、教学准入制度、教学责任事故处分制度等六项制度，以及科研成果激励制度。市委党校的科研成果主要有：在各类刊物上公开发表论文37篇，入选理论研讨会论文15篇，获奖科研成果5项；科研项目立项19项、结项12项，其中韶关市委政研室委托课题4项，韶关市委宣传部委托课题3项。各县（市、区）分校2018年共申报5项韶关市哲学社会科学规划课题，其中有4项获得立项，首次实现零的突破。市委党校教师共在韶关日报上发表文章13篇，接受韶关广播电视、电台采访26次，做到在重大节点有党校教师的声音，重大问题有党校教师的观点。欧阳建国教授撰写的《韶关市国家生态文明先行示范区建设方案》成为韶关市成功申报国家生态文明先行示范区的主要文本。11月，市委党校作为11个初创成员之一，派出5名专家学者参加“长三角——珠三角党校智库合作联盟”，提交4篇研讨论文。

【师资队伍建设】 2018年，市委党校先后选派8名干部教师到韶关市委工作部门和乡镇跟班学习；组织全市党校系统的教师赴浙江省委党校、深圳市委党校、河南新乡市委党校等多地学习培训，拓宽眼界，提升能力；共派12人次参加省内外各类学会开展学术交流。

【全面从严治校】 2018年，市委党校修订《中共韶关市委党校规章制度汇编》；推行校领导、教管人员、学员承诺制，执行主体班学员管理校领导值班督查制度；制定详细的对外培训管理规定，严格规范对外培训审批、课程设置、学员管理、后勤保障等事项；制定并执行《请示报告制度》《党校教师外派授课管理规定》《教学责任事故处理办法》等制度，健全教师管理制度；改设培训科、新增公共管理教研室，优化调整各内设机构职能；彻底清查并整改科室内部管理、科室之间管理协调存在的问题，堵塞管理漏洞，突出发挥行政后勤为党校教育培训提供保障服务效应。

【镇街党校建设】 2018年，市委党校协助市委组织部加快推进镇街党校建设，协同制定《韶关市关于进一步加强镇街党校建设的实施方案》，按照“有领导机构、有学习场地、有授课老师、有学习计划、有规章制度、有经费保障、有培训实效”的“七有”标准，协调各县（市、区）推进镇街党校建设，全市104个镇街党校全部挂牌成立，打通基层党员干部群众学习教育培训“最后一公里”。 （罗　颖）

港澳及外事工作

【概况】 1983年6月，韶关市人民政府外事办公室成立，与韶关市人民政府侨务办公室合署办公，称韶关市人民政府外事侨务办公室；2001年8月，韶关市人民政府外事侨务办公室改名为韶关市外事侨务局，同时挂韶关市人民对外友好协会牌子；2002年5月，韶关市人民政府港澳事务办公室成立，挂靠韶关市外事侨务局。2018年，韶关市外事侨务局是韶关市人民政府工作部门，正处级单位，行政编制16名，后勤服务人员2名，内设办公室、签证科、侨务科、宣传联络科和港澳事务科等5个科室。2018年，韶关市外事侨务局实有在编干部职工15名。韶关市外事侨务局主要负责全市的因公出国（境）签证管理、对外友好协会和华侨、归侨、港澳同胞等管理工作，是韶关市的重点涉外涉侨涉港澳工作部门。2018年，共有21个国家66人到韶关市交流访问，办理因公出国39批106人次，办理赴港澳344批936人次，办理外国人到韶关9批14人次，受理华侨回国定居8人次，办理“三侨生”证明5人，下拨扶贫困归侨救助补助资金39.30万元。

【驻穗领事访问韶关】 2018年，韶关市做好外宾团组到韶关访问的接待和服务工作。2月27日，白俄罗斯驻广州总领事列昂尼德·巴提亚诺夫斯基一行访问韶关，副市长陈磊会见事列昂尼德·巴提亚诺夫斯基一行并与其深入交流。10月18日，尼日利亚驻广州总领事瓦勒·奥罗寇携夫人到访韶关，副市长陈磊率市外事侨务局、市商贸局、在尼日利亚投资的本土企业相关负责人与其会见，共话商贸合作，促进友好往来。利用驻穗领馆资源，加大韶关市对外宣传力度。举办“驻穗领团韶关行”活动。5月18—19日，受韶关市政府邀

▲ 2018年5月18—19日，泰国、埃塞俄比亚、日本、伊朗、越南等多个国家驻穗领团组成的参访团访问韶关 （市外事侨务局　供）

请，由泰国、埃塞俄比亚、日本、伊朗、越南等多个国家驻穗领团组成的参访团，在省外办副主任李坚的陪同下到韶关市访问。市委副书记、市长殷焕明会见参访团，副市长陈磊及市外事侨务局等市直有关单位负责人陪同参访。参访团一行先后到城市规划展览馆、黄沙坪创新园、仁化县丹霞谢柚金喆园及丹霞山景区参观访问。在座谈会上，市委宣传部、市发改局、市旅游局等部门向外国领团介绍韶关市文化、生态环境与绿色发展战略及韶关的旅游资源等情况，双方就下一步加强各方面的交流合作进行探讨。组织10多个申根国驻穗签证官员70多人访问韶关市，为韶关市政府、企业、民间“走出去”创造有利条件。与“一带一路”沿线国家开展交流，推动多领域合作。

▲ 2018年12月23—26日，韩国荣州市青少年交流团一行23人到韶关市开展第七届冬令营活动 （市外事侨务局　供）

【友城间交流合作】　2018年，韶关市完成韩国荣州公务员在韶关市的研修工作和互派中学生开展夏冬令营工作。6月，市委常委、组织部部长华旭初访问美国旧金山市和韩国荣州市，建立韶关市引进美国和韩国高层次人才的渠道和机制。10月，市委常委、副市长万卓培访问美国友城旧金山市，推动美国瑞华制药公司在韶关市健康产业园投资设厂、与粤北医院合作建立BE（生物等效性）实验基地。5月，由韶关市外事侨务局局长周新秀率领的韶关市侨务代表团一行6人访问美国旧金山市。代表团拜访旧金山市政厅，并与旧金山市长办公室国际商贸处主任陈德立就巩固和加强友城交往、做好高层领导互访工作进行交流。旧金山市工务局、旧金山广东总商会、旧金山友好城市委员会也分别访问韶关市，两市开展多领域的洽谈交流。

【国内外侨务服务优化】　2018年，韶关市做好国内为侨服务工作。简化涉侨事项办理流程，持续优化为侨公共体系建设。办理华侨回国定居、“三侨生”等事项已由原规定的30个工作日办结缩短至15个工作日。做好侨务精准扶贫工作，重点核准全市高龄、失能归侨情况，指导做好资金发放工作。继续配合省侨办对消雪岭茶场发展资金使用进行监管，指导完善“侨之家”建设，协调省侨办、省侨心慈善基金会加大对茶场民生工程建设、侨民困难救济的资金投入，推进茶场健康发展。注重加强海外侨务工作。以侨搭桥，拜访各海外乡亲社团及侨商领袖，与多个粤籍乡亲社团开展交流互动，构建联系通道。与美国“全美华裔青少年寻根协会”和马来西亚槟城“马中国际文化经贸促进会”共同组织海外华裔青少年140人到韶关市举办中国寻根之旅——韶关营夏令营活动。韶关市加强与海外乡亲社团联系，培育新生代侨务资源所取得的成效，得到省侨办的肯定。加强侨务法制建设。坚持把政策宣传作为解决信访问题的重要方式，化解矛盾，解决问题。2018年，共接待海外华侨、归侨来访12人（件）次，受理并办结信访案件4件次。

【韶港澳交流合作】　2018年，韶港澳青少年交流活动形成特色品牌。香港青年服务团在韶关市开展支教服务9期共112人次，得到香港特区政府、省港澳办的肯定；瑶族文化体验营活动深受澳门青年学生的欢迎，逐步形成特色活动。做好全市涉港澳重点部门的服务保障工作。在审批签注、时间安排等方面重点保障好政协、统战、商务、旅游、贸促会等部门赴港澳开展招商引资、经贸合作、旅游推介等工作。

【国际间交流合作】　2018年，韶关市在开展国际交流工作中，推动经贸、文化、旅游、科技和教育等领域对外交流合作，提高韶关国际化水平。7月，格鲁吉亚鲁斯塔维市市长塔巴毕·伊拉克利率团回访韶关市，与韶关市7家企业达成智能停车项目、比亚迪清扫车采购及跨境电商等多项合作意向，其中立体停车场项目将于2018年落地格鲁吉亚首都商业综合体“格鲁吉亚之窗”。副市长陈磊会见访问团一行，双方就推动两国城市间的友好交流，加深城市间了解及经贸合作交换意见。市贸促会与格鲁吉亚鲁斯塔维市政府共同签署《合作备忘录》。韶关市磊信机械制造有限公司、韶关市新丝路科技和产业创新中心与格中友好合作协会签署合作协议。10月，市委副书记、市长殷焕明出访意大利，参加申办2020年世界地质公园大会演讲竞评，因微弱差距未申办成功。11月，市委书记莫高义出访日本，推动日本月岛环境工程公司、日本八户冶炼厂与韶关冶炼厂在工业固体废物处理处置方面达成合作意向。韶关市与乌克兰、白俄罗斯、格鲁吉亚等独联体国家对

▲ 2018年7月13日，韶关市副市长陈磊会见格鲁吉亚鲁斯塔维市市长塔巴毕・伊拉克利、第比利斯市议会第一副主席阿克夫勒迪尼・乔吉一行（市外事侨务局　供）

接，在金属材料、机械设备先进技术和艺术教育专业人才、旅游和森林康养领域合作等方面开展交流合作。尼日利亚、乌干达、肯尼亚、马来西亚、新加坡等国家领事官员和商贸代表团也分别到韶关市考察交流、洽谈经贸合作意向。

【因公出国（境）管理】 2018年，韶关市从出访任务、行程安排、人员构成、经费来源、报批程序、报批材料等方面把好初审关、经费关和纪律关，对不符合规定的团组，坚决不予审批，杜绝“因人设事”和“照顾性出访”。简化申办程序，组织全市外事工作成员进行出国审批业务培训，加强办证人员队伍建设。全市共办理党政干部团组22批69人次，出访美国、加拿大、德国、法国、意大利、日本、韩国等14国，审批、办证工作无出现违法违纪现象。

【党管外事体制机制建设加强】 2018年，市外事侨务局调整充实市委外事工作领导小组成员，召开市委外事工作领导小组会议，制定《中共韶关市委外事工作领导小组职责和工作规则》《韶关市外事活动管理规范》等外事工作制度，健全有关工作机制，加强党委外事部门的统筹协调和归口管理，全市抓外事工作合力增强。韶关市外事工作规范化、制度化得到省外办的肯定。

（李　莹）

编制机构

【概况】 2018年，韶关市编办加强机构编制管理，牵头推进全市“放管服”改革，为全市在高水平生态保护中实现高质量发展提供体制机制保障。所积累的“放管服”改革经验，被中央编办在《中国机构改革与管理》杂志上刊登并推广，市场监管领域改革调研报告获省三等奖。

【机构改革】 2018年，韶关市编办成立4个专责小组，将全市机关单位按照市场监管、自然资源、生态环境等领域进行梳理储备，做好改革前期工作。1—9月，深入73个市直部门、33个事业单位开展调研，举行各类座谈会70余场，座谈人员达500余人次，对各单位履职情况摸底。全面梳理事业单位职能，通过初审框定市直41个事业单位承担的行政职能625项，并研究提出改革意见。结合10月中旬发布的省级改革方案及掌握的初步改革要求，同省编办沟通协调，草拟韶关市改革方案、框架意见及相关配套文件，进行反复讨论修改。草拟《韶关市机构改革方案（送审稿）》。12月29日，市委全委会审议通过《韶关市机构改革方案》，着力建立健全和优化市委对重大工作的领导体制机制，对党政部门进行全面调整，全市共设置党委机构15个，政府部门30个。设置市军民融合发展委员会办公室、市林业局等符合韶关市发展实际的部门。加强对各单位和各县（市、区）的工作指导，组织开展4次全面培训，印发《韶关市市级机构改革组织实施工作方案》《韶关市市直部门机构改革实施工作指引》等改革配套文件，推进机构改革。

【“放管服”改革】 2018年，韶关市编办通过减事项、强监管、优服务等措施，全市整体营商环境取得突破性进展。简政放权方面，政府部门权力运行更加规范。承接省委托下放给韶关市职权事项59项，并于6月底更新完善行政许可标准化工作。加强权责清单动态管理，7月，各县（市、区）权责清单全部更新公布，同时要求市直各有关单位将部门权责清单的所有事项录入广东省政务服务网。9月，全市40个部门6465项事项完成录入并上线运行。行政审批事项持续精简，10月底印发行政许可目录和调整目录。调整行政许可事项29项（取消20项，委托、下放9项），保留行政许可事项307项。自2012年以来，分七批清理调整行政审批事项705项，取消257项行政审批事项，转移35项，合并实施7项，委托下放196项市级行政职权事项，调整类别210项。商事制度改革稳步推进，将19项涉企证照事项整合到营业执照，实现“多证合一、一照一码”。放管结合方面，建立权责清单制度，制定公布市、县两级政府部门权责清单，行政权力运行更加规范、透明。推行“双随机、一公开”监管机制，市场监管力度得到加强。公布涉企行政事业性收费目录清单、政府定价的经营服务性收费目录清单和政府性基金目录清单，涉企收费持续减少。推进城市执法体制改革，实现城市管理执法重心下移。优化服务方面，制定《韶关

“数字政府”改革建设方案》，统筹推进数字政府建设工作。企业时间开办时间压缩至3.5个工作日，投资项目审批时限压缩至46个工作日。建成“一门式一网式”政务服务平台和“一窗通办”办事大厅，进驻服务事项959项，进驻率95.4%。“马上办”服务模式改革走在全省前列。自2016年以来，先后分三批清理规范86项中介服务事项，截至6月底，市本级保留行政审批中介服务事项69项。4月，联合市公安局等11个部门印发《关于取消一批证明事项的通知》，再次取消29项涉及群众办事创业的证明事项，取消79项证明事项。全面建成网上中介服务超市，6月26日，韶关市“网上中介服务超市”正式上线运行。截至8月底，覆盖市、县、镇三级统一的平台全面建成，降低企业制度性交易成本。牵头推进营商环境综合改革，市编办对标外地先进典型牵头起草《韶关市深化营商环境综合改革实施方案》，从8个方面提出33项改革措施，统筹推进全市营商环境综合改革。

【市与市辖区权责关系改革】 2018年，韶关市编办开展“深调研”工作，先后走访16个市直有关单位和市辖三区，形成《关于深化市与市辖区权责关系改革的“深调研”报告》，同步制定《深化市与市辖区权责关系改革行动计划》，协调解决有关历史遗留问题。会同市财政局、市人社局、市公安局组成联合调研组，深入市辖三区调查研究，理顺市区公安体制机制有关问题。制定《贯彻落实党的十九大决策部署和习近平总书记重要讲话精神任务分解方案》，督促市国土、财政等部门建立健全市区国土资源信息技术共享机制、市级财力支持市辖区具体事项的“一事一议”制度等，为改革落实提供体制机制保障。

【园区管理体制机制完善】 2018年，韶关市编办会同芙蓉新区管委会分赴河源、清远等地学习先进经验，实地走访芙蓉新区、工业园区和华南先进装备产业园区等管委会全面摸底，办主要领导多次与浈江、武江2个区书记探讨，明确园区公司化改革模式。于9月发文予以明确，优化园区管委会内设机构，加强科技创新职能。

【公益类事业单位改革深化】 2018年，韶关市编办推进“县管校聘”编制管理改革，明确市直学校实施“局管校聘”的教职员编制总量，批复同意各县（市、区）“县管校聘”教职员编制总量。推进市区医疗卫生资源整合。重新组建韶关市第二人民医院，并在该院试行业务科室总量控制、备案管理的管理模式。加强对基层医疗卫生人才计划有关编制方面的指导，跟踪各县（市、区）工作进展情况并督促落实。协同市信息中心研究制定2018年“数字政府”改革建设考核逆向指标扣分工作考核实施方案，将单位政务信息化职能梳理、划转、机构编制调整落实情况纳入考核内容。

【机构编制管理】 2018年，韶关市编办制定《韶关市编办关于加强机构改革期间机构编制管理的意见》，严肃机构改革期间机构编制管理要求。先后对南雄市、始兴县、曲江区及市测绘院、规划信息中心等地区和单位存在的机构编制问题进行督办整改。采用“双随机一公开”方式抽查市直和6个县（市、区）35个事业单位法人。处理5起机构编制问题信访案件和4起“12345”政府服务热线转来事项，保障机构编制管理的严肃性。

【事业单位登记管理】 2018年，韶关市编办规范事业单位登记管理。办理事业单位法人设立2项、变更112项、注销3项、遗失1项，拟注销5项。做好统一社会信用代码赋码工作，办理统一社会信用代码初领7项、变更8项、撤销3项。

【机构编制信息化管理推进】 2018年，韶关市编办推动机构编制信息化管理。推进事业单位法人登记事项“一门式一网式”办理，做好事业单位登记管理提速增效工作，7月将事业单位法人登记事项进驻市行政服务中心综合服务窗口，共办理网上申办18件。实现“不见面”“马上办”的目标。完成实名制信息系统安全等级保护测评工作，取得市公安局颁发的《信息系统安全等级保护备案证明》，同步做好工作环境的保密合规性改造。（许宏洋）

保密机要

【保密制度建设】 2018年，市保密局优化保密考核机制，探索机关单位绩效考核和县（市、区）工作评价逆向指标扣分考核，涵盖82个机关单位和10个县（市、区）党委政府，实现考核全覆盖。建立述责述廉报告保密工作责任制履行情况制度，各地各单位主要领导干部向市委书面述责述廉时，需报告履行保密工作责任制情况，市保密局组织力量到市纪委党廉办进行检查，督促保密工作责任制落实到位。

【保密监督检查】 2018年，市保密局共开展大规模保密检查6场次，检查机关、单位130个，县处级以上领导干部155人；完成6个县（市）高考试卷保密室合格证到期换证检查验收工作；对高考、自学考试、成人考试、研究生入学考试、大学英语四六级考试等国家教育统一考试和公务员考试、人事职称考试、司法考试、教师资格考试、医师资格考试等国家统一考试及中考的保密管理进行巡查巡考；依法查处保密严重违规事件1起，追究行政记过责任1人，约谈负有责任的领导人员1人。

【涉密人员管理】 2018年，市保密局推进涉密人员和涉密岗位分类管理工作，指导机关、单位对涉密人员和涉密岗位进行动态管理，完成涉密人员资格审查、保密责任书签订和报备工作。组织开展全市保密工作荣誉纪念章评审报送工作，全市27人获得荣誉纪念章。

【定密管理】 2018年，市保密局开展定密统计分析和密级变更、解密清理审核工作，完成全市定密清理和统计上报任务。指导机关、单位开展定密工作。举办全市定密责任人培训班，对市直、中央、省驻韶单位和市辖三区机关、单位负责定密工作的领导和定密工作人员共280多人进行培训，提高全市党政机关和企事业单位的定密水平。

【网络保密管理】 2018年，市保密局根据省局的统一部署，对韶关市“数字政府”暨“智慧城市”建设开展调研和保密指导工作。组织力量对政府门户网站和微信、微博等社交媒体开展不定期巡查工作。

【保密行政审批】 2018年，市保密局完成政府服务事项标准化梳理工作，对外公布保密权责清单和政务服务事项清单。开展行政审批49宗，办理备案管理手续10宗。无行政复议和行政诉讼案件发生。指导市委政法委、市司法局等单位做好扫黑除恶专项斗争保密工作。指导涉及机构改革单位建立健全保密组织，配齐配强保密工作力量和保密技术装备，确保机构改革进行。

【保密宣传教育】 2018年，市保密局在全市领导干部“三纪”教育培训班上，市委书记、市人大常委会主任莫高义作辅导报告。莫高义从提升管党治党能力的高度，要求加强党对保密工作的政治领导、思想领导和组织领导，落实党政领导干部保密工作责任制，确保党的保密工作方针政策贯彻落实，确保党和国家秘密绝对安全；组织42名省管干部和市委、市政府正副秘书长及市委办、市政府办、市委政研室等单位共80多名领导干部及涉密人员，分批前往广东省（广州市）保密教育实训平台参加保密教育轮训。组织动员全市各级领导干部和机关、单位工作人员关注南方号“保密观”和“韶关保密园”微信公众号新媒体，更新信息189条；市纪委、市委组织部在干部任前谈话中进行保密提醒，在干部任前考试中考保密知识；全市普法考试、韶关发布微信平台、韶关电视台、韶关日报、韶关人民广播电台等主流媒体分别宣传报道保密知识；市委保密委专职副主任应邀到20多个机关单位、市委党校处级班及中青班、翁源县领导干部“三纪”教育培训班开展领导干部保密工作责任制讲座，受教育面达3000多人次；在市委党校初任公务员培训班开设保密法基本知识课；与省保密协会合作，组织两期全市保密员业务培训班，共200多人参加培训。全市机关单位征订张贴保密宣传教育挂图1649套，征订各类保密宣传教育书籍及视频光盘资料1.02万套（册、张），订阅《保密工作》951份、《保密科学技术》253份。11家机关单位借阅保密警示教育视频（光盘）开展保密宣传教育活动。

【保密技术管理】 2018年，市保密局推动保密科技运用。督促县级保密行政管理部门配备涉密硬盘消磁设备，督导各地各单位在保密要害部门安装新型防盗报警装置和涉密计算机防电源传导电、视频辐射泄密防护装备及手机存放柜；指导有关单位开展涉密网络日常运维和使用保密管理，推进保密管理责任制、自监管和自评估工作的落实；强化保密服务保障，为机关单位提供涉密会议移动信号屏蔽服务8场次；督促指导涉密载体销毁工作，市涉密载体销毁基地共完成销毁任务11次，销毁硬盘、硒鼓共434个。

【韶关密点标注试点方案】 韶关市是全省密点标注试点城市之一。2018年，市保密局选定市委办、市政府办、市委政法委、市发改局、市外事侨务局、市保密局、核工业290研究所等7个单位为试点单位，制定《国家秘密密点标注实施办法（韶关市试点稿）》。组织指导试点单位在会议纪要、信息简报、领导讲话稿、综合性报告等4大文种20多份文件上尝试密点标注；参加国家保密局政策法规司定密处在东莞召开的座谈会及省国家保密局组织的到海南、三亚等地调研，借鉴兄弟省市先进经验，完善韶关市的试点方案。经过一年的实践探索，最终形成韶关密点标注方案，获得省国家保密局肯定。

【保密考核检查】 2018年1月8日—12日，市保密局从县区保密局抽调4名保密技术干部组成5个检查组，对全市94个绩效考核单位开展检查，对8个保密管理不规范、不到位的机关单位实行扣分处理，并督促其落实整改，提升保密管理水平。（曾炳权 陈沛豪）

韶关市人民代表大会

综　述

【概况】　2018年，韶关全市有各级人大代表共7446名，其中全国人大代表6名，省人大代表31名，市人大代表351名，县（市、区）人大代表1820名，镇级人大代表5238名。

韶关市人大常委会设立2个综合办事机构和7个工作机构。2个综合办事机构分别是办公室、研究室，办公室内设秘书科、人事科（机关党委办公室）、议案信访科；研究室内设综合科、理论宣传科。7个工作机构分别是法制工作委员会、财政经济工作委员会、农村农业民族宗教工作委员会、教育科学文化卫生华侨外事工作委员会、选举联络人事任免工作委员会、城乡建设环境与资源保护工作委员会、内务司法工作委员会。除内司工委外其余6个工委均内设办公室，法制工委还设有法规科、备案审查科。2018年，市人大常委会机关人员编制数51名，其中：实有在职人数61人，行政编制51名，机关后勤服务人员事业编制9名；离退休人员79名（其中离休5名，退休74名）。

2018年，韶关市人大常委会制定出台法规1件，修订法规1件，审议法规草案4件；审查决算报告草案、预算调整方案报告，审议计划、预算及执行情况报告、审计工作报告5项；听取和审议市政府专项工作报告12项，做出决定决议5项；听取和审议市人民代表大会法制委员会、市人大常委会各工作部门提请审议的议案、报告、说明和视察报告、检查报告14项；组织人大代表视察5次，开展执法检查1项，开展立法调研5项、工作调研7项；开展对市政府2017年为民办实事情况及政府2个组成部门的工作评议；开展专题询问1次，约见国家机关负责人1次；任免国家机关工作人员33名；办理备案审查规范性文件17件，完成市十四届人大四次会议确定的各项目标任务。

【人大立法工作】　2018年，韶关市人大常委会健全立法工作机制，加强立法人才队伍建设，发挥地方立法咨询专家、地方立法顾问的作用，多层次开展对立法工作人员的培训学习；编制立法计划，报请市委审议批准后印发各单位执行；加强立法调研，完善常委会有关工作部门与政府法制部门的沟通协调机制，在法规草案调研论证和审议的各个环节，重视听取、研究和采纳常委会组成人员、提案机关和有关部门的意见，审议环节推进法规草案统一审议工作。市十四届人大常委会第17次会议表决通过《韶关市野外有火管理条例》和《韶关市人民代表大会常务委员会关于修改〈韶关市烟花爆竹燃放安全管理条例〉的决定》，并分别经广东省第十三届人民代表大会常务委员会第5次会议和第7次会议批准，由市人大常委会颁布实施。完成《韶关市皇岗山芙蓉山莲花山生态保护条例》二审工作，启动《韶关市建筑垃圾管理条例》的起草工作。指导乳源瑶族自治县做好《乳源瑶族自治县南水水库水质保护条例》的立法工作。市十四届人大常委会第28次主任会议通过《韶关市人民代表大会常务委员会立法联系点管理规定》。

【人事任免】　2018年，韶关市人大常委会坚持党管干部和人大依法任免的原则，做好任前主任会议讨论、法律考试、履职宣誓等工作程序，共任免人大和“一府一委两院”国家机关工作人员33人，其中任命16人，免职17人，接受辞职3人。落实国家监察体制改革的决策部署，选举任命韶关市监察委员会组成人员。

【人大理论宣传】　2018年，韶关市人大常委会以人民代表大会制度、常委会会议、立法监督工作、代表履职为宣传重点，全年在省市各级各类重要媒体、重要时段、重要栏目刊发稿件500余篇，有3篇获广东人大好新闻三等奖。出版发行《韶关市人民代表大会常务委员会公报》5期、《韶关人大》杂志6期。“韶关人大”微信公众号推送信息1000多条。组织全市人大工作者参加省人大制度研究会组织的论文征集、课题研讨活动，3篇论文获得省的表彰。

重要会议

【市十四届人大四次会议】 2018年1月17—18日，韶关市第十三届人民代表大会第六次会议在韶关市区举行。出席本次会议应有代表为362名，出席本次会议的代表345名。会议听取和审议市长殷焕明代表市人民政府所做的政府工作报告，书面审查市发展和改革局局长郭先桂提交的韶关市2017年国民经济和社会发展计划执行情况及2018年计划草案的报告、市财政局局长凌振伟提交的韶关市2017年预算执行情况和2018年预算草案的报告；听取和审议市人大常委会副主任杨小明所做的韶关市人民代表大会常务委员会工作报告、市中级人民法院长院长叶向荣所做的韶关市中级人民法院工作报告、市人民检察院检察长曾伊山所作的韶关市人民检察院工作报告。会议表决通过关于政府工作报告的决议、关于韶关市2017年国民经济和社会发展计划执行情况与2018年计划的决议、关于韶关市2017年预算执行情况和2018年预算的决议、关于韶关市人民代表大会常务委员会工作报告的决议、关于韶关市中级人民法院工作报告的决议、关于韶关市人民检察院工作报告的决议等6项决议。会议依法选举郭健生为韶关市监察委员会主任；依法选举孙理鸣、陈天雄、谭雪华为韶关市第十四人民代表大会常务委员会委员。会议期间，大会秘书处收到代表提出的建议、批评与意见77件（包括代表提出12件议案全部转作建议处理）。39名社会各界人士应邀旁听本次大会，大会秘书处于1月18日召开旁听人员座谈会，市委常委、副市长朱余旺，市人大常委会副主任梁韶灵出席座谈会，听取旁听人员对韶关市经济和社会发展的意见与建议。

【市人大常委会会议】 2018年，市十四届人大常委会共召开10次会议。会议听取和审议市政府关于2017年市政府为民办实事完成情况的报告、关于韶关市区义务教育优质均衡发展情况的报告、关于推进韶关市重点项目用地保障工作情况的报告、关于2017年市级决算草案的报告、关于2017年度市本级预算执行情况和其他财政收支的审计工作报告、关于韶关市安全生产监督管理局安全生产工作情况的报告、关于韶关市城乡规划局工作情况的报告、关于韶关市2018年上半年国民经济和社会发展计划执行情况的报告、关于韶关市2018年上半年财政预算执行情况的报告、关于2018年预算调整方案的报告、关于治理市区交通拥堵工作情况的报告、关于提请审议《韶关市烟花爆竹燃放安全管理条例修正案（草案）》的议案、关于《韶关市烟花爆竹燃放安全管理条例修正案（草案）》的说明、关于2017年度韶关市企业国有资产（不含金融类企业）管理情况的报告、关于芙蓉新城建设工作情况的报告、关于提请审议授予霍震寰等12人韶关市荣誉市民称号的报告、关于韶关市开展扫黑除恶专项斗争工作情况的报告、关于韶关市国民经济和社会发展计划第十三个五年规划纲要实施情况中期评估的报告、关于优化营商环境促进民营经济发展工作情况的报告、关于市十四届人大代表议案及四次会议代表建议办理情况的报告；听取和审议市人民代表大会法制委员会关于提请审议《韶关市野外用火管理条例（草案）》的议案、市人民代表大会法制委员会副主任委员韩登池关于提请审议《韶关市野外用火管理条例（草案）》的说明、代表资格审查委员会关于部分代表的代表资格报告、市人民代表大会法制委员会副主任委员韩登池关于《韶关市野外用火管理条例（草案修改稿）》的说明和关于《韶关市皇岗山芙蓉山莲花山保护条例（草案修改稿）》的说明、市人大代表视察组关于加大农村人居环境整治力度建设美丽乡村情况的视察报告、市人民代表大会法制委员会主任委员周正祥关于《韶关市烟花爆竹燃放安全管理条例修正案（草案）》审议结果的报告、市人民代表大会法制委员会关于《韶关市人民代表大会常务委员会关于修改〈韶关市烟花爆竹燃放安全管理条例〉的决定（草案）》修改情况的报告、市人民代表大会法制委员会副主任委员韩登池关于《韶关市野外用火管理条例（草案修改二稿）》的审议结果报告和关于韶关市野外用火管理条例（草案修改二稿）修改情况的报告、市人大常委会选联任工委关于市十四届人大代表议案及四次会议代表建议办理情况的报告、市人大常委会研究室关于韶关市人大常委会工作报告（审议稿）起草情况的说明、市人大常委会专项检查组关于对《广东省乡镇人民代表大会工作条例》贯彻实施情况进行专项检查的报告、市人大常委会法制工委关于《韶关市皇岗山芙蓉山莲花山生态保护条例》（草案修改二稿）的审议结果报告。会议做出关于接受潘丽梅辞去广东省第十三届人民代表大会代表职务请求的决定、关于批准2018年预算调整方案的报告的决议、关于修改《韶关市烟花爆竹燃放安全管理条例》的决定、关于授予霍震寰等12人为韶关市荣誉市民称号的决定、关于许可翁源县公安局对市十四届人大代表陈元香采取强制措施的决定等5项决定决议。

【市人大常委会主任会议】 2018年，市十四届人大常委会共召开14次主任会议。会议主要内容：听取市政府关于2018年春节期间贯彻实施《韶关市烟花爆竹燃放安全管理条例》的情况汇报、关于韶关市科技创新工作情况的报告、关于暂缓广东北江中学和韶关市第一中学2018年秋季初中招生的情况报告、关于韶关市2018年上半年经济运行情况的报告、关于韶关市“七五”普法工作情况的报告、关于韶关市农村土地承包经营权确权登记颁证工作情况的报告、关于全民禁毒工作情况的报告、市安全生产监督管理局落实市人大常委会工作评议整改工作情况的报告、市城乡规划局落实市人大常委会工作评议整改工作情况的报告；听取市人大常委会教科文卫工委关于韶关市基层文化中心建设情况的视察报告；通过《关于韶关市人大常委会组成人员联系市人大代表和市人大代表密切联系人民群众的意见》《韶关市人民代表大会常务委员会立法联系点管理规定》等。

重要决定、决议

【关于修改《韶关市烟花爆竹燃放安全管理条例》的决定】 2018年8月15日，韶关市第十四届人民代表大会常务委员会第十七次会议决定对《韶关市烟花爆竹燃放安全管理条例》作如下修改：

在第一条的立法依据中增加《中华人民共和国大气污染防治法》，具体表述为："为了加强烟花爆竹安全管理，改善环境质量，保障公共安全和人身、财产安全，根据《中华人民共和国大气污染防治法》《烟花爆竹安全管理条例》等法律法规，结合本市实际，制定本条例。"

将第十八条第一款第一项修改为："国家机关办公场所、军事管理区周边和《烟花爆竹安全管理条例》等法律法规规定的禁止燃放地点；"增加一项作为第十八条第一款第二项，具体表述为："韶关学院校区、韶关市技师学院校区、韶钢生产生活区、韶关冶炼厂生产生活区；"将第十八条第一款第五项修改为："市、县（市）人民政府规定的禁止燃放烟花爆竹的其他地点。"作为第十八条第一款第三项。删去第十八条第一款第二、三、四项。将第十八条第二款修改为："市、县（市）人民政府在划定和调整禁止燃放烟花爆竹地点时，应当科学论证，广泛征求群众意见，依照法定程序确定并向社会公布。"

增加一条作为第十九条，将第十八条第一款第二、三、四项的内容修改后作为第十九条第一款的内容，具体表述为："下列区域除市人民政府划定的限制燃放点外禁止燃放烟花爆竹：浈江区：由北江河道经武江河道、S246省道、S248省道、X797县道、韶关北环高速、G323国道、Y178乡道、五矿路、花寨路、X849县道、莲花大道、X312县道、南韶高速至S248省道所围成的区域，其中福帝园除外；武江区：由十里亭大桥经武江河道、北江河道、京港澳高速、沐溪大道、沐溪一路、新G323国道、武广高速至X313县道所围成的区域，莞韶园武江片区；曲江区：由六祖大道经六祖桥、狮岩三路、狮岩二路、狮岩一路、明珠桥、沿堤二路、沿堤一路、马坝大道南、站前西路、站前路、马坝大道中至马坝大道北所围成的区域。"

增加一款作为第十九条第二款，具体表述为："市人民政府在确定烟花爆竹限制燃放点、燃放时间和种类时，应当科学论证，广泛征求周边群众的意见，并向社会公布。"

增加两项作为第二十条的第六项和第七项，并把修改后的第二十条作为第二十一条，具体表述分别为："（六）不得违反市人民政府关于限制燃放时间和种类的规定；""（七）不得违反其他有关法律、法规的规定。"

将第二十五条中的"违反第十九条规定的，"修改为："违反第二十条规定的，"修改后作为第二十七条。将第二十六条中的"违反第十八条第一款情形之一或者第二十条规定的，"修改为："违反第十八条第一款、第十九条第一款或者第二十一条规定的，"条文顺序保持不变。

此外，对其他条文顺序做相应的调整。《韶关市烟花爆竹燃放安全管理条例》根据该决定做出相应修改后重新公布。

【关于授予霍震寰等12人为韶关市荣誉市民称号的决定】 2018年10月31日，韶关市第十四届人民代表大会常务委员会第十九次会议，根据市政府的提请，决定授予霍震寰、汤诚正、陈万年、钟群娣、余敏、李国烜、陈天勋、周家和、张光、罗蔡玉清、刘耀光、陈国威12人为"韶关市荣誉市民"称号。

监督工作

【加大农村人居环境整治力度建设美丽乡村议案办理专题询问】 2018年，韶关市人大常委会《关于加大农村人居环境整治力度建设美丽乡村议案的决议》是韶关市第十四届人大一次会议通过的议案决议。2018年7月26日，市十四届人大常委会召开"加大农村人居环境整治力度建设美丽乡村议案"办理情况专题询问会。市人大常委会组成人员、部分市人大代表就加大农村人居环境整治力度建设美丽乡村中的整村规划、农村特色产业及农村安全饮用水、垃圾清运处理等9个问题，向市政府及有关部门负责人进行询问。市政府领导及相关部门、市委农办（市扶贫办）负责人进行应询，市人大常委会组成人员进行审议，形成审议意见交由市政府办理。意见要求市政府强化责任意识，认识韶关市美丽乡村建设工作困难问题的紧迫性，落实责任，强化协作，做好美丽乡村建设各项工作，从根本上解决农民被动参与、"上热下冷"现象；市政府及应询单位归纳梳理问题，细化措施，建立承诺兑现台账，推进整改，加快问题解决；市人大常委会将加强对被询问部门答复问题的督办落实力度，动态掌握工作开展情况，对答复承诺的兑现情况全程跟踪问效。

【预算审查监督】 2018年，韶关市人大常委会加强全口径预算编制审查，推进人大预算联网监督工作，建立全过程的预算审查监督工作体系。常委会分别听取和审议市政府关于2018年上半年财政预算执行情况报告、关于2017年度市本级预算执行情况和其他财政收支的审计工作报告、关于2018年预算调整方案的报告、关于2017年度韶关市企业国有资产（不含金融类企业）管理情况的报告，加强对市政府执行预算的监督，督促市政府及财税部门把握"一核一带一区"的重大决策，主动对接上级体制机制改革，争取上级生态补偿政策和资金支持；深化收支管理，确保完成全年目标任务和财政收支平稳运行；加大收入征管力度，培植财税源，确保财政收入稳定可持续增长；清理盘活财政存量资金，提高资金使用效益，确保有限的资金统筹用于经济社会发展事业及保障和改善民生水平；继续深化中期财政规划、零基预算、全口径预算管理等领域改革，以及支持供给侧结构性改革、生态环境保护改革等，提高财政综合管理水平。强化审计整改监督，改进审计查出突出问题整改情况向市人大常委会报告机制。加强国有资产监督，推进实施国有资产管理情况报告制度，按照全口径、全覆盖要求，建立健全全面规范的国有资产管理情况报告制度。配合省人大的省、市、县人大纵向预警联网监督工作，进行相关数据收集和整理，在省级重大专项资金数据联网报送系统中更新数据12批次。

【国民经济和社会发展计划审查监督】　2018年，韶关市人大常委会做好国民经济和社会发展计划、计划执行的审查，常委会听取和审议市政府关于2018年上半年国民经济和社会发展计划执行情况的报告，督促政府把握稳中求进工作总基调，全面落实功能区发展战略，坚定不移融入珠三角、服务大湾区，推进与珠三角地区全面合作和产业共建，持续全面优化营商环境；推进绿色发展，加快建设现代产业体系，培育经济增长新动能；不断扩大有效投资，增强经济发展动力；加快推进产业园区扩能增效，加快招商引资力度；实施乡村振兴战略，推动区域协调发展。听取和审议市政府关于国民经济和社会发展第十三个五年规划纲要实施情况中期评估报告，针对实施规划纲要中存在的突出问题，要求政府坚定信心和决心，迎难而上，推进经济社会平稳健康发展；推动产业转型升级，加快建立现代产业体系；狠抓重点项目和生产性项目建设，壮大经济实力，推动固定资产投资快速增长；支持民营经济发展，优化中小微企业发展环境；着力推进城市提升，推动区域协调发展，加快城镇化进程；狠抓节能减排，促进转型发展，实现清洁生产；注重中期评估成果转化，为编制“十四五”规划打下基础。听取和审议市政府关于优化营商环境促进民营经济发展工作情况的报告，肯定市政府及部门落实降低实体经济成本取得明显成效基础上，要求市政府加大工作力度，推进制度创新，完善降低成本政策措施；持续全面优化营商环境，提高政务服务效能，构建新型政商关系，采取措施降低企业成本，以较好的成本优势支撑企业竞争优势；构建现代金融服务关系，完善人才政策和服务，助推韶关市实体经济发展。

【推进社会事业进步和民生问题解决监督】　2018年，韶关市人大常委会综合运用听取专项工作报告、视察和调研、约见政府机关部门负责人等监督方式，推动和支持政府工作，促进一批人民群众关注的热点难点的解决。围绕推动优质教育均衡发展议题，开展义务教育均衡发展专题调研和视察，要求市第一中学、北江中学尽快复办初中，加大财政支持力度，重视市区公办学校硬件建设欠账多与义务教育优质均衡发展的突出矛盾，为市民提供更多的优质教育资源。把保障人民群众食品安全摆上常委会的重要监督议程，在连续多年对食品安全跟踪监督的基础上，首次组织代表约见食品药品安全监督机关主要负责人。组织代表对芙蓉新城建设工作情况开展视察、围绕市政基础设施和公共配套项目建设（含三馆）进展情况开展视察、围绕市政府承诺为民办实事情况开展视察并进行工作评议、围绕加大农村人居环境整治力度建设美丽乡村议案办理情况开展视察、围绕韶关市基层综合文化中心建设情况开展视察。围绕推进重点项目建设用地保障情况开展调研、围绕韶关市主要交通项目规划建设情况开展调研、围绕韶州公园（沙湖公园、老虎岩公园）规划建设进展情况开展调研、围绕科技创新工作情况开展调研、围绕乳源瑶族自治县正觉寺恢复重建项目地块生态功能区划调整的建议办理情况开展调研监督、围绕农村土地确权工作开展调研。协助上级人大开展水污染防治监督检查、开展粤北生态特别保护区规划调研、开展县级医院综合服务能力建设情况调研、开展《广东省爱国卫生工作条例》实施情况专题调研。

【围绕推动法治韶关建设加强监督】　2018年，韶关市人大常委会开展“12·4”国家宪法日主题宣传活动，在全社会树立宪法至上意识。组织开展《广东省乡镇人民代表大会工作条例》专项工作检查，提出进一步开好乡镇人民代表大会会议和乡镇人大主席团会议、增强乡镇人大监督实效等建议。结合通过的《韶关市野外用火管理条例》和重新修订的《韶关市烟花爆竹燃放安全管理条例》两部法规，加大宣传力度。将代表和社会关注的安全生产、城市规划建设等问题提上监督的议程，分别开展对市安全生产监督管理局、市城乡规划局进行工作评议和满意度测评，督促被评议部门改进工作，提高依法行政的自觉性。常委会会议和主任会议专门听取市政府关于开展扫黑除恶专项斗争工作报告、关于“七五”普法工作情况报告。围绕市区治理交通拥堵工作开展专题视察和调研。组织人大代表参加法院案件评审活动和庭审活动，督促法院推进审判公开。协助上级人大开展大气污染防治法的执法检查和防震减灾执法检查。

【规范性文件备案审查】　2018年，韶关市人大常委会推进规范性文件备案审查工作规范化制度化信息化建设，参与党内规范性文件审查。做好省人大常委会规范性文件备案审查信息平台授权地级市、县级人大常委会使用的机构人员信息收集和组织培训工作，通过视频会议形式培训市人大机关、市政府及各县（市、区）备案审查工作人员36人、县乡两级人大备案审查工作人员130多人；建立备案审查微信工作群，将市人大机关、市政府及各县（市、区）人大常委会所有备案审查工作人员纳入微信工作群，通过工作群及时交流备案审查工作。全年累计收到市政府报送备案的规范性文件10件、各县（市、区）人大常委会报送备案的决定决议5件，同时向省人大常委会报送备案的决定决议1件；办理中共韶关市委办公室发来征求意见的党内规范性文件1件。

代表工作

【开展“更好发挥人大代表作用”主题活动】 2018年8月下旬，韶关市各级人大组织所选举产生的和驻本行政区域的全国、省、市、县（市、区）和乡镇五级人大代表，集中开展“我为民、我履职、我行动”主题活动。全市累计有7039名各级人大代表参加这次主题活动，其中，全国代表5名（参与率100%）、省代表26名（参与率84%）、市级代表337名（参与率93%）、县（区、市）级代表1626名（参与率89%）、镇级代表4964名（参与率97%）。活动共组织人大代表小组活动381次，接待人民群众3176人，组织196名代表向选民述职，开展视察、执法检查167次，专题调研23次，听取各级政府专项工作报告103次，收集人民群众意见建议1650条。活动发挥五级人大代表的力量与优势，找准人大工作与全市工作的结合点、着力点，重点围绕脱贫攻坚、绿色发展等市委重点工作开展代表系列主题实践活动，开展对重要产业、重大项目、重点工程和生态建设开展视察，提出意见建议；开展对乡村振兴、精准扶贫、医疗养老民生保障、基础设施建设等一批关乎民生切身利益的重点难点问题深入调研，建言献策；参与社会治理、矛盾化解等活动，推动和谐社会的构建。

【代表建议、批评和意见督办】 2018年，韶关市人大常委会收到代表提出的建议、批评和意见84件，其中市十四届人大四次会议期间代表提出的78件，闭会期间代表提出的6件。84件代表建议中，由市政府系统办理答复的80件，市人大常委会工作部门、市委组织部办理答复的分别为3件和1件。市人大常委会把督办代表建议作为一项重要工作来抓，创新督办方式，突出督办重点，开展代表约见国家机关负责人活动，对涉及人民群众切身利益的问题加强督办；对群众意见较大、反映集中的问题及时跟踪、持续督办；找准问题症结所在，对连续提出未办理好的建议抓紧督办并取得效果。截至2018年，84件代表建议全部办理答复完毕，代表所提问题解决或基本解决及部分解决或列入计划逐步解决的73件，占总数的87%；代表所提问题因条件所限或者其他原因无法解决留作参考的11件，占总数的13%。代表对办理答复综合评价表示满意的76件，满意率90.4%；基本满意的8件，基本满意率9.6%。（黄远习）

表4 2018年韶关市人大常委会制定的重要文件、法规目录

序号	文件题目、法规名称	发文号
1	关于周国庆任职的通知	韶常〔2018〕1号
2	关于批准2017年第二次预算调整方案报告的决议	韶常〔2018〕2号
3	转发市人大常委会《关于韶钢生产熔剂矿供应问题的调研报告》的通知	韶常〔2018〕3号
4	关于印发《惩防“村霸”和宗族恶势力工作情况报告的审议意见》的通知	韶常〔2018〕4号
5	关于李熏杰等任职的通知	韶常〔2018〕5号
6	关于邹文军任职的通知	韶常〔2018〕6号
7	关于潘全民等职务任免的通知	韶常〔2018〕7号
8	关于印发《市十四届人大四次会议上人大代表对法院工作的意见和建议》的通知	韶常〔2018〕8号
9	关于印发《市十四届人大四次会议上人大代表对检察院工作的意见和建议》的通知	韶常〔2018〕9号
10	关于印发《市十四届人大四次会议旁听人员座谈会的意见综合》的通知	韶常〔2018〕10号
11	关于印发《2017年市政府为民办实事完成情况报告的审议意见》的通知	韶常〔2018〕11号
12	关于转发《市十四届人大四次会议上人大代表对政府工作的意见与建议》的通知	韶常〔2018〕12号
13	关于印发《韶关市人大常委会2018年立法工作计划》的通知	韶常〔2018〕13号
14	关于印发《乳源县正觉禅寺恢复重建项目的督办意见》的通知	韶常〔2018〕14号
15	关于陈敏等免职的通知	韶常〔2018〕15号

续表

序号	文件题目、法规名称	发文号
16	关于印发《韶关市区义务教育优质均衡发展情况报告审议意见》的通知	韶常〔2018〕16号
17	关于印发《推进我市重点项目用地保障工作情况报告审议意见》的通知	韶常〔2018〕17号
18	关于黄其振免职的通知	韶常〔2018〕18号
19	关于接受潘丽梅辞去广东省第十三届人民代表大会代表职务请求的决定	韶常〔2018〕19号
20	关于批准韶关市2016年市级财政决算的决议	韶常〔2018〕20号
21	关于接受潘丽梅辞去广东省第十三届人民代表大会代表职务的报告	韶常〔2018〕21号
22	关于印发《2017年市级决算草案报告的审议意见》的通知	韶常〔2018〕22号
23	关于印发《2017年度市级预算执行和其他财政收支的审计工作报告的审议意见》的通知	韶常〔2018〕23号
24	关于印发《市安全生产监督管理局工作的评议意见和民主测评结果》的通知	韶常〔2018〕24号
25	关于印发《市城乡规划局工作的评议意见和民主测评结果》的通知	韶常〔2018〕25号
26	关于王晓梅等免职的通知	韶常〔2018〕26号
27	关于肖惠明等免职的通知	韶常〔2018〕27号
28	关于批准2018年预算调整方案报告的决议	韶常〔2018〕28号
29	关于报请批准《韶关市野外用火管理条例》的报告	韶常〔2018〕29号
30	关于报请批准《韶关市人民代表大会常务委员会关于修改〈韶关市烟花爆竹燃放安全管理条例〉的决定》的报告	韶常〔2018〕30号
31	关于印发《加大农村人居环境整治力度建设美丽乡村议案办理情况的审议意见》的通知	韶常〔2018〕31号
32	关于印发《韶关市政府治理市区交通拥堵工作情况报告的审议意见》的通知	韶常〔2018〕32号
33	关于印发《韶关市2018年上半年国民经济和社会发展计划执行情况报告的审议意见》的通知	韶常〔2018〕33号
34	关于印发《2018年上半年财政预算执行情况报告的审议意见》的通知	韶常〔2018〕34号
35	关于华旭初等任免的通知	韶常〔2018〕35号
36	关于学习宣传《韶关市野外用火管理条例》的请示	韶常〔2018〕36号
37	关于柯建忠等任免的通知	韶常〔2018〕37号
38	关于杨文钢等免职的通知	韶常〔2018〕38号
39	关于印发《2017年度韶关市企业国有资产（不含金融类企业）管理情况报告的审议意见》的通知	韶常〔2017〕39号
40	关于印发《市扫黑除恶专项斗争工作情况报告的审议意见》的通知	韶常〔2018〕40号
41	关于印发《市芙蓉新城建设工作情况报告的审议意见》的通知	韶常〔2018〕41号
42	关于《韶关市人民政府报送市地方法规设定的证明事项清理建议的报告》的批复	韶常〔2018〕42号
43	韶关市野外用火管理条例	韶关市第十四届人民代表大会常务委员会公告（第5号）
44	韶关市烟花爆竹燃放安全管理条例（修订）	韶关市第十四届人民代表大会常务委员会公告（第6号）

韶关市人民政府

重要会议

【市政府常务会议】 2018年，韶关市政府共召开市政府常务会议30次（十四届28次至57次）。

十四届市政府第28次常务会议 于2017年12月29日召开，审议《韶关市2017年国民经济和社会发展计划执行情况及2018年计划草案的报告》《韶关市2017年预算执行情况和2018年预算草案的报告》《关于提高全市基本医疗保险部分待遇标准的请示》《市政府文件清理结果目录》《关于提高审批效率优化营商环境的调研报告》《韶关市提高行政审批效率优化营商环境工作措施》《达安创谷韶关孵化器合作协议》《韶关达安医疗健康股权投资合伙企业（有限合伙）合伙协议》《韶关达安医疗健康股权投资合伙企业（有限合伙）合伙协议之补充协议》《韶关市推进农村商业银行组建工作实施方案》《库存储备土地净地工作实施方案》《关于风华路与大学路连接线道路工程及SD0306—01号地块排水渠改造工程委托建设相关事宜的请示》《关于建行韶关分行提出设立韶关旅游文化产业基金的请示》《关于硅谷天堂提出设立韶关文旅发展产业基金的请示》《华为·鹰硕韶关智慧城市项目首期工程投资建设方案》《韶关市政府系统争先进位抓落实评价工作方案》。

十四届市政府第29次常务会议 于2018年1月19日召开，审议《关于审定闲置土地处置方案的请示》《关于请求同意政府储备用地（原明星学校地块）项目留用地落实方案的请示》《关于进一步做好市区国有建设用地挂牌出让合规性审查要求的通知》《关于韶关市武江区工业东路“楼上楼”三旧改造（原食品机械厂）地块、韶关市SD0205—08号地块、莞韶产业园沐溪片区MX0221—02号地块（GSY）、MX0503—01号地块（GSY）等4宗国有建设用地使用权出让相关事宜的请示》《韶关市社会保障卡管理办法（草案）》《关于提请审定2016年市属企业负责人基本年薪基数的请示》《韶关市专利资助管理办法（草案）》《关于韶关市铭格尔数控设备有限公司项目用地履约有关问题处理的请示》《关于韶关市华南先进装备产业园入园项目国有建设用地使用权按50年进行公开出让的请示》《芙蓉新区政府投资项目三级决策制度（试行）》《韶关市大面积停电事件应急预案》《滨江商务中心项目实施方案》《关于市本级推进财政投融资改革落实情况专项审计调查的情况报告》《韶关市促进新兴支柱产业发展若干措施》，学习《关于加强土壤污染综合防治先行区建设的指导意见》文件精神，研究部署有关工作。

十四届市政府第30次常务会议 于2018年1月24日召开，部署贯彻落实政府工作报告有关工作，传达学习《关于落实党的十九大精神实施重大改革任务的通知》文件精神，部署有关工作，审议《韶关市生活无着的流浪乞讨人员救助管理实施办法》《关于华南先进装备园液压件装备工业园项目采用EPC模式公开招标并纳入审批绿色通道的请示》《关于再次对原市直行政性总公司退休人员生活待遇有关问题的请示》《韶关市国土资源局关于提请市政府常务会议审议在仁化县城口镇设置温泉采矿权的请示》《关于置换市区联社接受捐赠资产的工作方案》《韶关市土地储备中心关于韶关市区农村信用合作联社部分抵押（抵债）资产项目收购补偿有关事宜的请示》《关于划转原曲仁矿务局茶山矿国有划拨土地的请示》《韶关市区老旧小区改造试点工作意见》《韶关市区老旧小区改造试点候选小区名单》。

十四届市政府第31次常务会议 于2018年2月2日召开，传达学习省“两会”精神，通报2017年省及各地级以上市主要经济指标情况，研究部署有关工作，审议《关于众投邦·众创加速器办公场地有关事宜的请示》《加快推进雄乐高速公路信丰（省界）至南雄段前期工作有关事项的请示》《关于西河全民健身广场地下商业综合体（兼顾人防）项目建设的情况报告》。

十四届市政府第32次常务会议 于2018年2月9日召开，审议《韶关智慧松泉小镇项目投资合作框架协议》《关于收储市第二中学新址置换地块有关事宜的请示》《关于盈禾公司及武江区新华南路西岸村157号土地相关事宜的请示》《关于广东韶关实验中学、实验小学建设项目城市基础设施配套费和人防异地建设费有关问题的请示》《关于韶关市浈江区广富新街整体公开招租的请示》《韶关市工程建设项目招标投标活动异议和投诉处理暂行办法》《关于对乳源县少数民族地区税收优惠政策执行情况调研的情况汇报》《韶关市人民政府决定第三批清理规范的市政府部门行政审批中介服务事项目录》《韶关市东河、韶南片区污水处理设施及其配套管网工程PPP项目特许经营实施方案》《关于妥善解决职工住院附加医疗保险、城乡居民大病保险运营有关问题的请示》《关于安排县（市、区）2017年激励性补助资金的请示》《关于报送2017年地方政府债务限额分配方案的请示》，传达全省财政工作会议精神，研究韶关市贯彻落实意见。

十四届市政府第33次常务会议　于2018年2月26日召开，部署市政府近期重点工作，听取第28届中国（翁源）兰花博览会和全省现代农业产业园创建现场会筹备情况汇报，审议《韶关市机械行业信贷风险补偿合作协议书》《关于申请拨付丹霞山人工林第一期赎买流转资金的请示》《韶关学院韶州师范分院人员分流安置方案》《韶关市武江区市政工程PPP项目实施方案》《韶关市浈江区市政工程PPP项目实施方案》《关于请求同意〈浈江区十里亭镇、花坪镇、犁市镇历史留用地落实方案〉的请示》，研究支持浈江产业园基础配套设施建设资金问题。

十四届市政府第34次常务会议　于2018年3月13日召开，审议《韶关市丹霞阳元山矿泉水有限公司和平矿泉水延续出让方案》《韶关大森林温泉世界有限公司汤湖温泉采矿权延续出让方案》《曲江区汤溪健明温泉采矿权延续出让方案》《新丰县旗石岗水泥用灰岩矿扩大生产规模及采矿权出让方案》《解决制造业企业融资问题的工作意见》《韶关市制造业企业贷款风险补偿基金管理办法》《韶关市2018年度政府规范性文件制定（修订）计划的通知》《韶关市人民政府2018年度规章制定计划》《韶关市人民政府2018年度重大行政决策事项和听证事项目录》《关于对2017年专户管理非税超收收入项目安排的请示》，研究南雄市梅岭矿区水泥用石灰岩矿采矿权设置问题，研究支持翁源县现代农业产业园区创建资金问题。

十四届市政府第35次常务会议　于2018年3月30日召开，通报2017年度韶关市食品安全工作评议考核结果，研究《关于妥善解决幸福家园受害业主无法办理不动产权证或产权转移登记问题的请示》《关于调整职工生育保险政策有关事项的请示》，审议《韶关市粤北生态特别保护区建设工作方案》《韶关市落实食品安全党政同责的实施意见》《韶关市推行“马上办”服务模式工作方案》《韶关市足球中长期发展规划（2017—2050年）》《韶关市足球场地设施建设规划（2017—2020年）》《韶州文化广场PPP项目实施方案》《关于申办2020年第9届联合国教科文组织世界地质公园大会的报告》。

十四届市政府第36次常务会议　于2018年4月13日召开，听取市财政局关于做好政府性债务和隐性债务管理相关工作情况的汇报，审议《韶关市人民政府关于2017年度法治政府建设情况的报告》《关于在韶关市区启用新型全密闭建筑垃圾运输车辆的工作方案》《市土地储备中心关于收回韶关市钛白粉厂等5宗国有划拨土地使用权的请示》《韶关市旅游交通公路规划方案》《韶关市中小学生校外托管机构管理办法（试行）》《关于贯彻落实加快新时代博士和博士后人才创新发展若干意见的实施意见》《韶关市举报烟花爆竹违法行为奖励办法》《市国资委关于合作开采熔剂矿有关事宜的请示》，传达市委主要领导在市委理论学习中心组专题学习习近平总书记重要讲话精神会议上的指示要求，研究部署有关工作。

十四届市政府第37次常务会议　于2018年4月18日召开，研究《韶关市曲江区政府关于大南华整体提升项目一期工程建设有关事项的请示》《市卫计局关于调整芙蓉新城市妇幼保健计划生育服务中心项目建设内容及资金安排的请示》，审议《实施优质企业倍增计划的工作方案》，听取大江大河防汛和城市内涝治理工作汇报，研究部署有关工作。

十四届市政府第38次常务会议　于2018年4月28日召开，传达《国务院关于落实〈政府工作报告〉重点工作部门分工的意见》、省委常委会议决定事项，研究部署有关贯彻落实工作，审议《市国土资源局关于解决房改房实测面积与其首次登记面积不一致问题的请示》《韶关市地下综合管廊专项规划（2016—2030）》《市土地储备中心关于市瑞韶新垦有限公司置换地选址工作的请示》《市国资委关于“市广建拆迁遗留处理工作协调小组”善后工作有关问题的请示》《市国资委关于对韶关市长乐化工厂职工实施安置的请示》《市林业局关于转让曲江林场水打赖工区部分林木资产和林地使用权的请示》《韶关市政府质量奖评审管理办法》《韶州文化广场PPP项目实施方案》《市人社局关于阶段性下调城镇职工医保单位缴费率的请示》《韶关市扶持高校毕业生在韶就业实施意见（试行）》《关于促进技工院校毕业生留韶返韶就业扩大技能人才有效供给实施意见（试行）》，研究《载物之星（韶关）加速器的合作协议》《韶关力合新兴产业投资合伙企业（有限合伙）合伙协议》。

十四届市政府第39次常务会议　于2018年5月11日召开，审议《韶关市市区“三旧”改造实施细则（试行）》《韶关市花拉寨生活垃圾卫生填埋场二期工程PPP实施方案》《关于乳源瑶族自治县少数民族自治地区企业所得税优惠政策的若干配套措施》《市第一人民医院迁建项目建设模式及资金来源方案》《韶关市城市管理综合检查考评办法（试行）》《韶关市推进个体工商户转型升级为企业实施方案》《丹霞山景区内人工林赎买流转资金安排实施工作方案》《2017年度韶关市安全生产责任制考核结果》，听取市安监局《关于韶钢公司“2·5”煤气泄漏及“2·9”高温烫伤两起事故处置工作的情况报告》。

十四届市政府第40次常务会议 于2018年5月18日召开，审议《市公安消防局关于解决我市消防部队公寓住房不动产权证办理有关问题的请示》《韶关市“三合一”场所消防安全专项整治行动工作方案》《韶关市科技创新三年行动计划（2018—2020年）》《市教育局关于广东北江中学和韶关市第一中学恢复办初中的请示》《韶关市武江区政府关于中心血站及周边地块开发运作方案的相关建议及请示》。

十四届市政府第41次常务会议 于2018年5月30日召开，听取市环保局关于第二次全国污染源普查、污染防治工作和集中式饮用水水源地环境保护专项行动工作情况以及关于韶关市生态红线划定工作情况的报告，传达学习《省生态文明体制改革专项小组2018年重点工作安排》文件精神、研究部署有关工作，审议《市财政局关于盘活市级财政统管的部分政府房产的请示》《韶关市进一步优化建设工程项目审批流程改革实施方案》《韶关市“争先进位”奖优罚劣评价工作方案》。

十四届市政府第42次常务会议 于2018年6月20日召开，集体学习《广东省环境保护责任考核办法》，研究部署韶关市贯彻落实工作，审议《韶关市促进电子商务发展扶持措施》《韶关市2018年市本级政府投资项目计划》《韶关市2018—2020年市本级政府投资项目库》《市土地储备中心关于请求审批韶关市化工厂项目、金汇大道滨江景观带项目征收包干费用方案的请示》《市属国有企业入股韶关农商行工作方案》《韶关市产业园区工作绩效奖励方案》《莞韶园管委会关于对韶关瑞鸿置业有限公司MX0611—01号地块土地实施收储的请示》《市外事侨务局关于补充增选刘耀光、陈国威2人为韶关市荣誉市民候选人的请示》《市教育局关于暂缓广东北江中学和韶关市第一中学2018年秋季复办初中的请示》《关于进一步引导和鼓励高校毕业生到基层工作的实施方案》《韶关市促进人才返乡发展的若干措施》《丹霞山景区内人工林赎买流转资金安排实施工作方案》，听取市卫计局关于韶关市第一人民医院迁建项目选址优化工作情况的汇报。

十四届市政府第44次常务会议 于2018年7月4日召开，听取中央环保督察“回头看”情况汇报，审议《韶关市环境污染防治工作计划》《市发改局关于报请审定韶关机场进场道路项目投资规模调整意见的请示》《韶关市困难群众二次医疗救助实施方案（草案）》《韶关市优抚安置规定（草案）》《韶关市浈江市政工程PPP项目实施方案》《韶关市武江市政工程PPP项目实施方案》《韶关市建筑垃圾管理条例（草案）》《韶关市推进现代农业产业园建设的工作方案》，研究部署有关工作。

十四届市政府第45次常务会议 于2018年7月18日召开，审议《韶关市浈江区风度广场火灾隐患整治实施方案》《2017年韶关市产业园区工作绩效奖励方案》《韶关市森林防火责任追究办法（2018年修订）》《市文广新局关于红军长征粤北纪念馆建设项目用地划拨和土地收储费用的请示》《市国土资源局关于确认原武警韶关支队机关土地及地上建筑权属的请示》《韶关市市本级2018年度国有建设用地供应计划》《韶关市浈江区花拉寨建筑垃圾消纳场建设工作方案》《韶关市区河段船舶清理整治工作实施方案》《韶关市区河段捕捞渔船减船转产工作方案》《韶关推进现代农业产业发展优惠政策》《韶关市现代果树产业发展总体规划（2018—2027年）》，听取扫黑除恶工作汇报并研究部署有关工作，部署2018年国务院大督查迎检工作。

十四届市政府第46次常务会议 于2018年8月2日召开，传达学习7月31日中央政治局会议精神、全省打好防范化解重大风险攻坚战工作推进会精神，研究部署有关贯彻落实工作；审议《韶关市乡镇（镇街）提升五年行动计划实施方案》《韶关市烟花爆竹燃放安全管理条例修正案（草案）》《市发改局关于聘请国家发改委宏观经济管理编辑部开展战略研究事宜的请示》《韶关东阳光新兴产业母基金设立方案》《韶关东阳光新兴产业母基金（有限合伙）合伙协议》《韶关东阳光新兴产业母基金（有限合伙）合伙协议之补充协议》《深圳市东阳光实业发展有限公司的产值和税收协议》《韶关市基础测绘“十三五”规划（2016—2020年）》《市直机关事业单位住房改革补贴计发办法》《关于试点推行中小学校长职级制改革的实施意见》《韶关市党政部门及中省驻韶有关单位安全生产工作职责》《关于解决莞韶产业园历史遗留问题推动加快发展的总体工作方案》。

十四届市政府第47次常务会议 于2018年8月9日召开，听取市国资委关于参加广东省建立政府向本级人大常委会报告国有资产管理情况制度座谈会会议精神的报告、市农业局关于全市农村土地承包经营权确权登记颁证工作情况的报告，研究部署有关工作；审议《广东联通BPO项目选址及全面合作协议》《莞韶园管委会关于韶关瑞鸿置业有限公司MX0611—01号地块土地收储有关事项的请示》《韶关市产业项目招商引资考核奖励办法》。

十四届市政府第48次常务会议 于2018年8月28日召开，研究部署市政府近期重点工作；传达学习省长马兴瑞在全省安全生产电视电话会议上的讲话精神、《省政府贯彻落实党的十九大决策部署有关任务2018年上半年进展情况通报》文件精神，听取市安监局关于近期全市安全生产情况和审计整改工作落实情况的汇报、市统计局关于市政府副市长所分管的经济指标和所挂点联系县的经济发展问题清单与工作建议的情况汇报，研究部署有关工作；审议《韶关市2018年度安全生产责任制考核实施方案》《韶关市产业研究院设立和运作管理办法》《韶关市区再生资源回收网点规划》《韶关市再生资源回收管理办法》《韶关市智慧环保服务——市区环境空气质量网格化监测监管方案》《韶关市公安监管中心建设规模方案》《市林业局关于曲江区政府拟以已征用山林地置换市属国有曲江林场国有林地的请示》《韶关市装备制造业首台（套）重大技术装备及关键部件认定与奖励办法》《韶关市城市智能指挥调度中心主体工程增加会议功能、配套工程（室外停机坪、试验车间）经费预算》《韶关市2017年大型工业企业研发机构建设奖补资金分配表》《韶关市人民政府广东粤财投资控股有限公司中国农业发展银行广东省分行乡村振兴战略金融服务合作协议》。

十四届市政府第49次常务会议　于2018年9月13日召开，传达学习中共中央、国务院关于防范地方政府隐性债务风险有关文件精神，听取市财政局关于韶关市防范隐性债务风险工作情况的汇报，研究部署有关整改工作；《韶关市红星综合厂关闭清算方案》《韶关市红星综合厂职工安置方案》《广东省韶关农业发展基金组建方案》《关于稳步推进我市农村集体产权制度改革的实施方案》《第二污水处理厂提标改造工作方案》《韶关市住建管理局关于大陂水整治工程建设有关问题的请示》《韶关市生态文明建设目标评价考核实施方案》《“韶关名医”评选工作方案》《韶关市人民政府重要工作协调推进落实机制》《市委十二届第86次常委会所列政府存在问题整改方案》《关于广东亿能电力设备股份有限公司实施职工安置的请示》；听取市国资委关于防范化解国有企业经营和债务风险的情况报告。

十四届市政府第50次常务会议　于2018年9月29日召开，研究市政府领导班子成员和有关负责人分工事宜；传达学习习近平总书记在中央全面依法治国委员会第一次会议上的重要讲话精神，开展2018年市政府常务会议第一次专题学法；传达学习省委办公厅、省府办公厅关于做好下半年经济工作保持经济平稳健康发展的文件精神，听取市统计局关于全市1至8月经济运行情况、副市长分管经济指标和挂点联系县经济发展问题清单与工作建议情况的汇报，听取市食药监局关于加快韶关市大健康产业发展打造面向大湾区健康养生养老目的地的调研情况的汇报，听取市发改局关于贯彻落实市人大、市政协视察韶关市房屋建筑和市政基础设施工程招标投标工作情况的汇报，听取市人防办关于赴云浮开展地下空间开发调研及项目建设意见情况的汇报，研究部署有关工作；审议《韶关市加快推进标准化厂房建设实施意见》《韶关市关于实施优质企业规模与效益倍增计划的意见》《众投邦·众创加速器合作协议》《韶关市邮政快递专用电动三轮车规范管理工作实施方案》《韶关市交通干线沿线村庄风貌整治提升（外立面整治）资金奖补方案》《市金融局关于市城投集团、市工贸公司入股我市农合机构的请示》《市土地储备中心关于收购天韵公司芙蓉北路地块相关事宜的请示》《韶关市旅游公路建设项目PPP实施方案》。

十四届市政府第51次常务会议　于2018年10月17日召开，审议《韶关市深入实施商标品牌战略服务经济社会发展的实施方案》《韶关市人民政府重要工作事项闭环工作体系》《市发改局关于申请韶关港乌石综合交通枢纽项目前期经费的请示》《韶关市武江区龙归镇石背山矿区熔剂用灰岩矿原矿区范围内向深部延伸采矿权设置及出让方案》《韶关市消防支队关于稳定消防救援队伍若干政策措施的请示》《市科学技术局关于购买“创智城”项目作为市人才公寓的工作报告》《韶关市旅游公路建设项目PPP实施方案》。

十四届市政府第52次常务会议　于2018年10月31日召开，研究学习贯彻习近平总书记视察广东重要讲话精神，进一步贯彻落实省委书记李希在韶关市调研座谈会上的讲话精神；审议《市委政法委关于开展韶关市公共安全视频监控联网应用（雪亮工程）项目建设的请示》《市财政局关于黄金（商创）小镇土地运作的分析报告》《韶关市加快营利性服务业发展若干措施》《韶关市第三污水处理厂工程PPP项目实施方案》《市住建管理局关于原韶关工具厂三旧改造项目配建保障性住房问题的解决方案及相关问题的处理意见》《芙蓉新城水系项目实施方案》及“华为·鹰硕”韶关智慧城市项目三个合作协议。

十四届市政府第53次常务会议　于2018年11月6日召开，开展2018年第二次专题学法活动，审议《韶关市皇岗山芙蓉山莲花山保护四至范围图》，传达学习《粤港澳大湾区发展规划纲要》文件精神，研究部署有关工作。

十四届市政府第54次常务会议　于2018年11月21日召开，审议《2018年市级财政支持特色小镇建设资金分配方案》《韶关市见义勇为人员奖励和保障实施办法》《韶关市公路局水泥厂撤销清算方案》《韶关市公路局水泥厂职工安置方案》《韶关市城市基础设施配套费征收管理办法》《仁化县政府关于明确解除观光车协议资金来源的请示》《韶关市公共汽车有限公司注资方案》《韶关市土地储备中心关于拆除武江区工业东路“楼上楼”有关事宜的请示》。

十四届市政府第55次常务会议　于2018年11月25日召开，专题研究丹霞山南门近期建设规划及建设项目有关事项，审议《韶关市人民政府香港中旅国际投资有限公司广东省旅游控股集团有限公司中建三局集团有限公司战略合作协议》。

十四届市政府第56次常务会议　于2018年12月7日召开，传达学习《广东高质量发展综合绩效评价体系（试行）》《地方党政部门领导干部职责规定》，听取全市今冬明春安全生产、消防火灾防控工作情况汇报，研究部署有关工作；审议《韶关市大健康产业发展三年行动计划（2019—2021年）》《2018年广东省科技创新战略专项资金（“大专项+任务清单”管理模式）项目资金安排计划》《韶关市武江区、浈江区工业用地公开租赁及租后出让操作细则》《市国土资源局关于处理韶关发电厂地块有关事宜的请示》《市国土资源局关于请求同意历史项目安置地及重建房屋建设规划控制基本要求的请示》《原曲仁矿棚户区旧房腾退补偿发放工作方案》《韶关市微型消防站建设管理规定》《市地方性法规和市政府规范性文件设定的证明事项清理建议目录》《市发改局关于调整芙蓉北环山路建设工程（一期）（芙蓉山隧道——万叠路）项目投资规模的请示》《市发改局关于调整韶关市区污水处理费执行时间问题的请示》《市财政局关于安排市级财政存量资金（第二批）的请示》。

十四届市政府第57次常务会议于2018年12月14日召开，审议《韶关市城乡居民基本医疗保险实施办法》《韶关市促进校企合作产教融合发展实施意见》《韶关市促进老龄事业发展和养老体系建设实施细则》《韶关市矿产资源开发管理规定》《关于加强浈江区、武江区国有土地上房屋征收与补偿管理工作的意见》《市城投集团关于增加施工图设计修编返工费用的请示》。

【市政府工作会议】 2018年，共召开市政府工作会议335次。

1月，研究高速公路建设有关问题，研究新丰县巡河现场会，研究推进滨江商务中心建设工作有关问题，研究解决市区天然气管网建设有关问题，研究甘棠工业园提质扩容有关问题，研究加快推进芙蓉新区开发建设工作有关问题，研究韶州公园项目建设工作有关问题，研究进一步加快推进韶新高速公路项目建设有关问题，研究"大南华"项目建设工作有关问题，筹备第六届广东省少数民族传统体育运动会，研究"提高科技创新能力"课题"深调研"工作有关问题，部署贯彻落实2018年政府工作报告有关工作，研究建设韶关高品质金属材料研究院有关问题，研究广东鸿源众力发电设备有限公司投资项目建设有关问题，研究韶钢生产用熔剂矿长期稳定供应有关问题，研究解决芙蓉隧道交通组织等相关事宜。

2月，研究部署商务等部门贯彻落实2018年政府工作报告有关工作，部署公安等部门贯彻落实2018年市政府工作要点，研究推进大宝山矿10万吨铜冶炼项目生产经营有关问题，部署农业等部门贯彻落实2018年政府工作报告有关工作，研究解决仁化县灵溪河旅游景区项目建设有关问题，研究解决源昊住工机械有限公司一期工程报建等历史遗留有关问题，研究部署芙蓉隧道工程试通车，研究莞韶城三期（龙归片区）征地拆迁工作有关问题，研究解决东莞（韶关）产业转移工业园管理有关问题，严肃查处韶钢公司两起安全事故有关问题，深入贯彻落实市政府工作报告精神优化政务服务环境，研究部署城建（交通）部门贯彻落实2018年市委、市政府重点工作，落实推进2018年市政府工作要点，研究部署预防与打击违法处理固体废物工作，研究部署韶关机场项目建设专题工作。

3月，研究加快推进景色景观带建设有关问题，研究部署"大南华"项目建设工作，总结分析2018年春节假日旅游工作，研究内贸市场运行和消费促进活动有关工作，研究全市消防安全及森林防火等安全生产工作有关问题，研究产业园区工作推进情况和2018年重点工作安排有关问题，研究明确韶关卷烟厂经济目标任务等有关问题，推进出口食品农产品质量安全示范区和生态原产地产品保护示范区创建工作，专题研究城建工作，研究部署科技企业孵化平台运营单位有关问题，召开2018年全市旅游工作座谈会，加快推进全市优质企业规模与效益倍增计划，研究解决长坝知青场、长坝鸡场及周边地块遗留问题，研究解决韶新高速公路项目建设工作相关问题，研究解决中国石化潜江——韶关输气管道工程及黄金小镇项目建设有关事宜，研究部署亿航项目征拆和园区建设有关问题，推动落实服务业经济指标及加快发展市区楼宇经济，加快推进重点项目建设，研究解决鸿源众力发电设备有限公司和源昊住工机械有限公司有关问题，协调解决韶关市人工影响天气作业火箭弹存放仓库有关问题，研究加快推进芙蓉新区重点项目建设有关问题，研究部署市军粮储备应急保障基地项目建设有关问题，研究韶关智慧城市项目首期工程投资建设有关问题，推进韶关港乌石港区建设。

4月，研究芙蓉新区开发建设有关问题，加强全市民政工作，研究韶州师范分院分流人员过渡期间工资福利待遇发放有关问题，研究大气污染防治工作，研究第一季度主要经济指标运行情况有关问题，加快沐溪大道改扩建工程施工进度，研究完善韶关市工程建设项目招标投标工作有关事宜，改进重点项目调度和固定资产投资统计工作，研究解决"大南华"旅游通道建设工作有关问题，研究简化加油站环保改造审批手续有关问题，研究解决《韶关市现代农业发展规划（2018—2025）》编制有关问题，研究解决华南装备园建设有关问题，研究解决曲江区清明节期间森林防火和"大南华"一期项目征拆工作有关问题，研究中央环保督察整改推进工作，加快推进市智能轨道电车建设项目实施及中车产业落地有关事项，召开东郊客运枢纽中心站等部分重点项目调度会，与中铁四局协商韶关翁源至新丰高速公路项目建设推进有关问题，研究芙蓉新城恒大酒店等项目有关问题，研究银山片区开发有关问题，促进烟草工作发展，专题研究城建工作，推进韶关机场项目建设工作，加快推进市消防指挥中心项目建设，协调解决南水水库供水工程建设有关问题。

5月，研究部署全市推行"马上办"服务模式工作有关问题，研究芙蓉新城综合管廊等项目有关问题，研究全市生态保护红线划定及粤北生态特别保护区规划有关工作，研究解决2018年市政府承诺为民办实事有关问题，研究推进韶关市矿山机械产业发展有关问题，研究"大南华"项目建设工作有关问题，协调解决市重点商贸物流项目建设有关问题，协调解决市工商联会员企业历史遗留问题，研究解决部分重点建设项目有关问题，研究深化韶关市国资国企改革总体方案及其配套方案起草工作有关问题，研究第三污水处理厂项目选址有关工作，协调解决华南装备园建设涉铁有关问题，研究新白线道路工程等项目有关问题，研究棚改项目有关问题，研究黄金小镇项目建设有关问题，研究全市大气、水污染防治和中央环保督察整改有关工作，召开韶关电网年度建设和改造工程等部分重点项目调度会，推进韶关港乌石港区和铁路专用线建设有关问题，研究芙蓉新城路网建设等项目有关问题，研究解决韶冶职工医院人员安置有关问题，研究加快仁化县经济发展有关问题，推进北环高速互通立交和出口及广乐高速刘屋互通绿化项目现场施工，研究韶关卷烟厂污水处理站产权登记办理及推动韶关烟草行业发展等有关问题，研究解决芙蓉新区市妇幼保健计划生育中心项目及市儿童医院综合楼项目建设有关问题，研究全市政府购买服务项目整改工作有关问题，研究加快乳源瑶族自治县经济社会发展，研究芙蓉新城安置房项目等有关问题，朱余旺开展接访活动。

6月，研究国资国企改革有关问题，研究部署中央环保督察整改“回头看”有关准备工作，专题研究城建工作，加快推进农村土地承包经营权确权登记颁证工作的约谈，研究切实减轻中小学生课外负担开展校外培训机构专项治理等有关问题，研究解决教育系统“8586”老工勤人员待遇等有关问题，研究“大南华”项目建设工作有关问题，研究韶南大道汽车商贸产业带提升工作有关问题，研究土地利用年度计划指标分配有关工作，研究市公路局水泥厂征拆工作有关问题，研究推进装备园山子背安置区工作有关问题，研究丹霞冶炼厂绿色发展有关问题，协调解决韶钢公司技术改造项目落地有关问题，加快推进韶关市城市智能指挥调度中心建设，研究加强武水干流水生生态环境治理有关工作，研究解决2018年部分重点建设项目有关问题，研究部署中央环保督察“回头看”迎检和协调保障有关工作，研究滨江商务中心项目方案设计等有关问题，研究产业园区优化提升发展及管理体制机制改革有关问题，加快韶关市信息通信基础设施建设，研究加快新丰县经济社会发展有关工作，研究南水水库供水工程项目有关问题，研究全市农信联社改制工作有关问题，研究部署全市污染防治攻坚调度有关工作，研究解决广兴牧业（新丰）增资扩产等重点项目有关问题，协调市四套班子机关公务用车过户定编和指标重核等有关工作，研究滨江景观带（公园）项目等有关问题，研究加快曲江区经济社会发展有关问题，加快推进莞韶城三期（龙归片区）征地拆迁工作，研究金悦通电子（翁源）有限公司诉求有关问题，研究韶州文化广场项目等有关问题，研究加强招商引资工作有关问题，研究加快乐昌市经济社会发展有关问题，专题研究渣土舆情处置工作。

7月，研究申报国家山水林田湖草生态保护修复工程试点工作有关问题，研究市区河段船舶清理整治有关问题，开展全市污染防治攻坚调度暨固体废物企业“三个一”专项工作，召开曲江大道PPP项目等部分重点项目调度会，研究“大南华”项目建设工作有关问题，推进韶关港乌石综合交通枢纽建设工作，进一步加强韶关市钢铁去产能工作，研究康美药业公司到韶关投资医药项目有关问题，研究韶钢发展有关问题，加快推进韶阳楼抢修工程，研究莞韶园历史遗留问题和管理体制改革有关问题，研究韶州文化广场项目有关问题，加快推进土地储备工作，研究扩建西河二水厂工程有关问题，召开韶关市美诺森化工产品生产项目等部分重点项目调度会，研究全市倍增计划有关问题，加快推进市第一人民医院迁建项目，聘请国家发改委宏观经济管理编辑部开展战略研究，研究智慧城市项目有关问题，研究上半年工作开展情况暨重点工作落实情况有关问题，专题研究城建工作，研究华南装备园开发建设有关问题，研究市公路局水泥厂拆迁安置工作有关问题，召开市行业主管部门GDP联席会议。

8月，召开北京启迪控股公司到韶关考察座谈会，研究部分县（市）经济发展工作，解决浈江区金凤坪村韶铸集团铸锻厂生活区附近截污及农田灌溉用水有关问题，研究“大南华”项目建设工作有关问题，研究松山学院用地置换有关问题，加快推进浈江区有关项目征地工作，研究促进公交行业改革及解决市公共汽车公司经营困难问题，研究华南装备园山子背安置区建设有关问题，研究韶关恒大城捆建道路等有关问题，赴宝武集团韶关钢铁有限公司调研大气污染防治及环保措施落实工作，研究韶关综合客运枢纽项目有关问题，研究全市农信社改制工作，研究解决浈江区十里亭镇饮用水源地保护及发展问题，研究解决市公路局水泥厂拆迁安置工作问题，加快市重点项目投资工作，开展创建国家高新区迎检准备工作，研究提升百年东街业态及打造商业、旅游和文化融合发展商圈有关问题，专题研究南韶高速公路连接线移交事宜，研究韶关市产业研究院成立大会暨韶关市产业发展专家咨询会筹备工作有关问题，研究解决全市交通基础设施项目建设有关问题，研究全市工业经济稳增长和节能降耗工作，研究装备园征地拆迁和开发建设工作，研究韶南大道汽车商贸产业带提升工作有关问题，协调华南先进装备产业园园区开发建设工作，研究市道路交通事故社会救助基金管理工作，研究韶关电网年度建设和改造工程等重点项目有关问题，研究南岭国家级自然保护区整改、乳源避暑林庄温泉大饭店改造、南粤古驿道定向大赛筹备及《粤北生态特别保护区范围划定及建设实施方案》编制等有关工作。

9月，研究市公路局水泥厂拆迁安置工作，研究信丰（省界）至南雄高速公路前期有关工作，研究武江区经济发展有关问题，研究华南装备园近期污水处理有关问题，研究在韶莞企发展有关问题，研究园区管理体制机制改革有关问题，组建广东省智慧能源与绿色发展产业研究院，研究解决南水水库供水工程项目有关问题，研究解决2018年计划建设风度书房有关问题，研究解决武深、汕昆高速公路韶关段涉国省道施工路政许可有关问题，研究韶州文化广场项目等有关问题，研究韶关成电信息科学研究院暨电子科技大学广东电子信息工程研究院（韶关分院）规划方案，研究《韶关市开发区总体发展规划

（2018—2035年）》有关工作，研究市区烂尾楼盘和闲置土地处置工作，专题研究城建工作，研究松山学院土地置换和整体搬迁工作，研究浈江区重点项目有关问题，专题研究韶关市申报国家山水林田湖草生态保护修复工程试点工作，研究装备园征地拆迁和开发建设工作，研究环保督察案件落实工作，研究曹溪文化小镇（大南华）项目建设工作，研究2019年市重点项目谋划储备工作，专题研究全市房地产工作，研究推进韶关学院韶州师范分院迁建项目消防验收，研究工业稳增长暨倍增计划工作。

10月，研究部分重点项目建设有关问题，专题研究整县推进村镇生活污水处理设施建设工作，研究北京缘通、北京理工大学到韶关洽谈合作有关问题，召开翁源至新丰（韶新）高速公路等部分市重点项目调度会，研究督导华南先进装备产业园开发建设及百日攻坚”行动推进有关问题，研究韶挖公司生产有关问题，研究抓好工业企业稳增长工作有关问题，召开2018年度第二次土地利用年度计划指标分配工作会议，研究翁源县官渡食品工业园等项目建设有关问题，加快推进梅坑镇梅坑村新农村示范村等项目建设，研究协调广东中烟物流等重点项目有关问题，研究创建国家高新区迎检工作，专题研究城市提升工作，研究加快芙蓉新城110千伏赤水变电站建设，研究曲江区产业项目发展有关问题，研究韶关市城市提升项目建设有关工作，研究武江区经济运行情况，专题研究国省道公路建设工作，研究负增长规上工业企业稳增长有关问题，研究莞韶产业共建有关问题，研究移动韶关分公司下一步工作有关问题，研究北江航道扩能升级上延工程重点难点问题，研究华南装备园园区天然气定价工作。

11月，研究大宝山矿改制过程中需协调解决有关问题，研究丹霞山南门建设工作，研究民营经济发展及摩尔城项目，研究大宝山矿区资源整合有关问题，研究华南装备园园区燃气定价工作，研究莞韶城三期（龙归片区）征地拆迁工作，研究城市提升项目建设工作，推进韶关市政府与广东联通全面合作事宜，研究部分重点项目建设，推进韶钢煤气高效综合循环利用项目建设（一电站、二电站改建），研究美的智慧松泉小镇项目，研究解决市区集中式饮用水水源地保护区环境整治有关问题，研究创建国家高新区迎检工作，研究韶南大道部分专业市场转型疏解工作，研究韶关市开展校外培训机构专项治理及全市教育重点工作，研究解决中央环保督察反馈意见整改工作，召开工业稳增长冲刺暨重点工业企业座谈会，中建三局投资公司到韶关商洽工作，研究众投邦·众创加速器办公场地租赁装修工作，督导华南先进装备产业园开发建设，加快推进生物医药产业园和莞韶城三期征地拆迁工作，关于研究分管联系部门2019年工作有关问题的会议纪要，研究浈江区石下村委经济发展留用地处置方案，研究莞韶产业园历史遗留有关问题，研究装备园征地拆迁和开发建设工作，殷焕明赴翁源县调研工作座谈会，研究市第一人民医院迁建项目和芙蓉新区市妇幼保健计划生育服务中心项目建设工作，研究粤韶公司、宏德公司生产有关问题，提升基层政务公开和政务服务水平。

12月，研究韶关市新消防指挥中心及消防站项目交接工作，加快韶关市城市智能指挥调度中心建设，研究部分重点项目建设有关问题，殷焕明开展接访活动，专题研究城市提升工作，研究综合客运枢纽（二期）等项目有关问题，研究对接瑞华制药有关工作，检查海峡两岸交流基地授牌仪式活动场地，研究鑫金汇黄金（商贸物联网）小镇和南岭国际诗歌小镇建设工作，研究保利华南公司在韶关投资项目有关问题，研究韶州文化广场项目有关工作，召开韶州文化广场项目专家研讨会，召开韶关机场建设项目联合工作协调领导小组联席会，研究韶铸入园搬迁升级技术改造有关问题，解决莞韶产业园历史遗留有关问题，研究甘棠东片区、莞韶城三期（龙归片区）征地拆迁有关问题，研究市级政务云平台试点工作落地，研究华南装备园表面处理中心项目可研报告，研究韶新高速公路建设工作，推进韶关智慧城市项目建设，解决南水水库供水工程项目有关问题，研究中山公园等处建筑物和园林苗圃移交事宜，推进韶能集团在韶项目落地和建设，研究韶关市山区中小河流治理等重点项目建设，专题研究市区砂石等建筑材料供应不足问题，研究甘棠工业区生物医药产业园城市设计方案，研究冬春大气污染防控工作，研究良村片区污水排放工作，加快推进市第一人民医院迁建项目建设。

重要活动

【首届粤港澳青少年科技创新合作交流活动举办】 2018年1月27—31日，首届粤港澳青少年科技创新合作交流活动在韶关市举行。本次活动由广东省科学技术协会主办，广东省青少年科技中心、广东省青少年科技教育协会、韶关市科学技术协会承办，得到香港中联办科教处、香港新一代文化协会、澳门工程师学会、韶关市丹霞山管理委员会等单位的支持，韶关市科协与港澳科技社团签订科技合作框架协议。省科协党组成员、副主席冯日光，韶关市科协主席成绍强，香港新一代文化协会总干事苏祉祺博士，省青少年科技中心主任叶新鹏等领导嘉宾出席活动分享会。在5天的活动期间内，40名高中生分为10组，参加团队竞技、交流学习、参观考察3大板块活动，其中团队竞技包括机器人创客挑战赛、投石机大战等2项活动；交流学习包括专题科技沙龙、气象科普知识讲座、破冰趣味运动会、篝火晚会、野炊活动；参观考察板块则是参观丹霞山和南岭生态气象中心。10组青少年中，每小组4人采取随即方式抽取组成，含1名香港学生、1名澳门学生和2名广东高中学生。

【第28届中国（翁源）兰博会首次在县级城市举办】 2018年3月23日上午，第28届中国兰花博览会在翁源县开幕，

▲ 2018年3月23日，第28届中国（翁源）兰花博览会开幕式在翁源县召开
（冯兆宇　摄）

1万多名来自世界各地的爱兰人士参加。本次博览会由中国花卉协会兰花分会、广东省（韶关）粤台农业合作试验区翁源核心区管理委员会主办，南方报业传媒集团、翁源县兰花协会承办。这次兰展上，世界上影响最大的台湾兰花育种者协会派出8位专家参观展会；江苏超群花卉公司、台湾巨扬园艺公司等中国六大蝴蝶兰种苗参与展会。翁源县兰花种植面积有1000多公顷，国兰产量占国内一半以上，规模为全国之最，技术最为先进，是“中国兰花第一县”。本次兰博会持续至4月7日。展会期间，566个奖项揭晓，“万盆兰花”展览，举办中国兰花产业发展论坛、“公益同行·善爱若兰”慈善拍卖会和“兰香翁源”汽车自驾游定向赛等一系列兰花文化活动。现场共签约项目20个，累计签约合同总额达83.9亿元，项目覆盖一、二、三产业。

【全省现代农业产业园现场会在翁源县召开】　2018年3月25日，广东省政府在翁源县召开全省现代农业产业园现场会，全面学习贯彻党的十九大精神和习近平总书记参加十三届全国人大一次会议广东代表团审议时的重要讲话精神，深入贯彻落实以习近平为核心的党中央关于做好“三农”工作和实施乡村振兴战略的决策部署，对全省建设现代农业产业园工作进行全面动员部署。省长马兴瑞出席会议并讲话。会前，与会代表实地考察翁源县德芳兰园花卉公司、广东全美花卉公司、翁源县仙鹤花卉种植基地公司、翁源县中国兰花博览中心。

【2018丹霞天使投资全球高峰会在韶关市举办】　2018年5月18日，2018丹霞天使投资全球高峰会在韶关市举办。本次会议由广东省金融办指导，韶关市人民政府主办，韶关市科技局、金融局、商务局协办，深圳市众投邦股份有限公司承办。峰会以“发现独角兽”为主题，旨在引进天使投资力量，优化韶关产业发展思路的新格局，研究行业趋势方式，加大推动产业基金发展力度。广东省金融办资本市场处处长杨轶明应邀出席本次峰会并致辞。市委副书记、市长殷焕明，市委常委、常务副市长朱余旺出席会议并致辞。逾百位国内外天使机构投资者、独角兽企业CEO、各界大咖出席本次会议。会上，韶关市人民政府、乳源瑶族自治县政府、东阳光集团与深圳市众投邦股份有限公司共同参与“100亿韶关东阳光新兴产业基金”签约仪式。会上举行“韶关众投邦创新创业投资基金意向战略投资项目签约仪式”。会上还举行主题为“新产业新金融新服务”的圆桌论坛。

【韶关市首届“中国农民丰收节”暨生态农业博览会】　2018年9月23日，作为全国首届“中国农民丰收节”系列活动之一的韶关市首届“中国农民丰收节”暨生态农业博览会启动仪式在乐昌市长来镇和村村举行。2018年9月23日—10月22日，韶关市在全市范围内举办主题为“生态农业　善美韶关”的韶关市首届“中国农民丰收节”暨生态农业博览会。韶关市此次活动被纳入全国首届“中国农民丰收节”系列活动，同时也是广东省首届“中国农民丰收节”的8个分会场之一。在主会场启动仪式上，市长殷焕明致辞。举办农民丰

▲ 2018年9月23日，韶关首届丰收节上，市长殷焕明伟妇女创业产品代言
（市妇联　供）

收节庆期间，和村种植11.2公顷的创意种植区，共约30个优新品种，观赏期达一个月。乐昌市举办农博会摄影活动，对展示三农题材摄影作品进行评选。丰富农产品展示品种。乐昌市邀请韶关各县（市、区）、省农科院、乐昌市特色农业经营主体参展，共有41个展位，38家农业经营主体参展，展出上百种优质农副产品。在乐昌主会场有13个项目集中签约。与此同时，韶关市各县（市、区）均选择各自的农业基地作为当地的主会场。

【韶关市山水林田湖草生态保护修复工程列入全国试点项目】 2018年10月23日，韶关市组织申报的广东粤北南岭山区山水林田湖草生态保护修复试点得分84.5分，位列第七名，成功入围全国山水林田湖草生态保护修复工程项目试点省市之一。韶关市可获得中央财政补助资金20亿元。广东粤北南岭山区山水林田湖草生态保护修复试点工作由市财政局、市国土局、市环保局等相关单位牵头组织，历时5个月。该工程实施矿山环境治理恢复、耕地安全利用与土壤污染修复、生态系统和生物多样性保护、流域水环境保护及治理等4大类16小类，共65项治理工程。实施范围涵盖全市10个县（市、区），项目总投资为98.87亿元，其中中央财政20亿元，省、市各配套32.65亿元，其他渠道13.57亿元。工程计划通过三年时间的治理整治，实现“山青水秀、林带环绕、碧湖青田、城美人和”的生态保护修复目标。

【民营企业座谈会召开】 2018年11月6日，韶关市召开民营企业座谈会，学习贯彻习近平总书记在民营企业座谈会上的重要讲话和广东省民营企业座谈会精神，听取民营企业家对发展壮大韶关市民营经济的意见建议，研究推进韶关市民营经济工作。市委书记莫高义主持会议并强调，全市各地各部门围绕减轻企业税费负担、解决民营企业融资难融资贵问题、营造公平竞争环境、完善政策执行方式、构建亲清新型政商关系、保护企业家人身和财产安全等6个方面政策举措，深入研究，抓好落实。市长殷焕明、市政协主席王青西出席会议。张红伟、文宏福、吴泽升、翁家许、杨青坡、张济民、李灿东、苏巧红、陈军、杨吟森等10位企业家代表在座谈会上作发言，畅谈学习贯彻习近平总书记重要讲话精神的体会和感受，就支持民营企业发展提出意见和建议。

【全面推进绿美南粤工作会议在韶关市召开】 2018年12月4日，广东省林业局在韶关市召开全面推进绿美南粤工作会议。广东省林业局党组书记、局长陈俊光，韶关市副市长许志新，广东省林业局副厅级巡视员林俊钦，广东省森林公安局局长罗燕喜及全省、各地级市林业系统有关人员等近200人参加会议。会前，与会人员先后参观仁化县大桥镇长坝村的乡村绿化美化建设示范点、仁化县金喆园产业基地、丹霞山灵溪河森林公园、韶关林场纯松林改造“珍贵树种+杉木”造林点，交流林业重点生态工程建设等工作经验。会议解读2018年8月广东省林业厅印发的《绿美南粤三年行动计划》，宣读《广东省林业厅关于公布2018年广东省森林小镇名单的通知》，为全省32个“广东省森林小镇”颁发标志牌，其中，韶关市的翁源县江尾镇获此殊荣。随后，韶关市、惠州市、梅县区、南海区西樵镇有关代表作典型发言。

【韶关市参加第四届珠江西岸先进装备制造业投资贸易洽谈会】 2018年12月17日，韶关市作为“八市”成员之一组团参展。市委副书记、市长殷焕明率队参加第四届珠江西岸先进装备制造业投资贸易洽谈会。此届珠洽会韶关展区展览面积1682平方米，位于会展中心4号馆，26家先进装备制造企业及其最具代表性的产品按照特钢材料——紧固件与模具——铸锻件——齿轮、轴承等汽车零部件——液压油缸——新能源电池等产业——矿山工程机械、冶金机械、起重机械、发电成套设备等整机的思路，展示韶关市完整的装备制造业产业链，突出展示韶关市作为广东省唯一“特钢材料生产基地”和依托特钢打造的“华南先进装备产业园”。韶关市先进装备制造业在珠西产业带建设的两项主要指标（增加值、投资）增速排位中均居珠西“八市”第二位。开幕式上举行部分重点先进装备制造业项目签约仪式，韶关市宏大精锻科技有限公司项目上台签约。此次展会韶关市签约项目共21个，计划投资额73.91亿元。

【“数字政府”建设暨四级政务服务体系建设工作现场会】 2018年12月5日，韶关市政府在南雄市召开全市“数字政府”建设暨四级政务服务体系建设工作现场会，加快推进“数字政府”和四级政务服务体系建设，推行镇村事项标准化和“全市通办”服务模式，建立一体化政务服务平台，让数据多跑路，企业和群众少跑腿。市长殷焕明，市委常委、副市长万卓培出席会议。2018年，“一门式一网式”政务服务模式延伸至所有县（市、区）、镇（街）、村（居）。此项工作被列入277项市政府重点工作之一。截至2018年11月底，韶关市梳理全市镇村事项目录（第一批）共计161项，在南雄上线应用的镇村事项158项。

【韶关市推进乡村振兴工作（武江区）现场会】 2018年12月27日上午，韶关市推进乡村振兴工作（武江区）现场会在武江区重阳镇召开。会议贯彻落实市委关于每个月组织一次全市乡村振兴工作现场会的要求，以现场会的方式，查摆分析工作所遇问题，研究部署下一步工作。市委副书记朱余旺出席并讲话。会议要求全市各有关单位要将中央、省、市有关乡村振兴的要求落实到具体工作中。通过定期在不同县（市、区）召开现场会的形式，对先进典型进行分析，形成可参考可复制可推广的乡村振兴工作经验，以点带面推动全市乡村振兴工作上台阶。

重要决策

【发展实体经济】 2018年，韶关市人民政府印发《关于印发韶关市鼓励高质量招商引资项目引荐人暂行办法的通知》，要求对项目引荐人进行奖励，营造全民招商引资的工作氛围。韶关市人民政府印发《关于印发韶关市促进非公有制经济高质量发展若干政策措施的通知》，要求深入贯彻中央民营企业座谈会精神，减轻企业负担，解决突出问题，优化营商环境，加快推动全市非公有制经济高质量发展。韶关市人民政府办公室印发《关于促进小微工业企业上规模的实施意见》，要求拉高标杆，补齐短板，创新方式，强化合理，推进小微企业转型升级，推动全市小升规企业培育发展迈上新台阶。韶关市人民政府印发《关于印发韶关市促进新兴支柱产业发展的若干措施的通知》，要求坚持存量与增量并重、规模与效益并重，进行投资落户、财政贡献、项目融资等奖励，加强技术创新支持，创优企业服务，加快形成新兴产业集群。

【全面深化改革】 2018年，韶关市人民政府办公室印发《关于推进供给侧结构性改革2018年度工作方案的通知》，指出要深入推进供给侧结构性改革，打好2018年供给侧结构性改革攻坚战，落实年度工作任务和责任分工。要更多运用市场化、法治化手段，加强政策引导和协调服务，运用市场机制，实现优胜劣汰和市场出清。要找准影响要素资源配置效率的突出问题，制定具体措施。要实行动态调整机制，根据新情况新问题不断完善政策措施。要加强部门之间政策协同配套，加大行政审批、投资、价格、国企、财税、金融、社保等重点领域和关键环节的改革攻坚力度，重视补短板兜底线，防范引发社会风险。

【高效法治政府建设】 2018年，韶关市人民政府办公室印发《关于印发韶关市人民政府2018年度重大行政决策事项和听证事项目录的通知》，明确市政府、县（市、区）政府及其部门重大行政决策事项和重大行政决策听证事项实行目录管理制度，规范韶关市各级行政机关的重大行政决策行为，规范重大行政决策行为，促进依法行政和法治政府建设。韶关市人民政府办公室印发《关于印发市政项目特邀监督员名单的通知》，要求强化社会各界对提升项目的监督力度，提高韶关市市政项目建设水平，邀请60名特邀监督员全程参与和监督市政项目建设；推进行政决策科学化、民主化、法治化、强化对行政权力的制约和监督，全面加快法治政府建设。

【科技创新发展】 2018年，韶关市人民政府办公室印发《关于印发韶关市实施创新驱动发展战略2018年工作要点的通知》，实施创新驱动发展战略，围绕提高区域自主创新能力，着力提高基础研究和应用基础研究能力，提升产业技术创新水平，深化科技体制改革，加快集聚创新人才，发挥科技创新的支撑引领作用，推进供给侧结构性改革，以创新发展振兴实体经济，建设现代化经济体系，推动全市创新发展再创新局面。韶关市人民政府办公室印发《关于印发韶关市关于表彰2017年度获得国家、省科学技术奖企业的通报》，决定对获得2017年度国家科学技术进步奖二等奖的丽珠集团利民制药厂，获得广东省科学技术奖一等奖的翁源县仙邑兰花生物科技有限公司、乳源南岭好山好水冬虫夏草有限公司、翁源红岭矿业有限责任公司，获得广东省科学技术奖三等奖的广东省烟草南雄科学研究所给予表彰。韶关市人民政府办公室印发《关于印发韶关市关于创新管理优化服务培育壮大经济发展新动能加快新旧动能接续转换的实施意见的通知》，力争到2020年，基本形成较为完备、竞争力强的新经济产业体系。韶关市人民政府专利资助管理办法，要求企业和个人加快科技成果向现实生产力转化，推动韶关市创新驱动发展；鼓励全社会立足本土文化创新发展，研究探索，形成优秀研究成果。

【优质营商环境打造】 2018年，韶关市人民政府印发《关于第三批清理规范8项市政府部门行政审批中介服务事项的决定》，深化行政审批制度改革，推进政府职能转变。韶关市人民政府办公室印发《关于印发韶关市保留的市政府部门行政审批中介服务事项清单的通知》，规范行政审批中介服务事项，降低制度性交易成本、提高行政审批效率的事项，减轻企业负担。韶关市人民政府印发《关于印发韶关市市级行政许可事项目录（2018年版）的通知》，规范明确202市级行政许可事项的行政许可职权，夯实行政审批标准化和网上办事基础。韶关市人民政府办公室印发《关于印发市级公共服务事项目录（2017年版）的通知》，明确330市级公共服务事项目录，简化优化公共服务流程，方便基层群众办事创业。

【农业农村发展】 2018年，韶关市人民政府发布《韶关市社会保障兜底精准扶贫工作实施方案》，集中力量对农村扶贫对象实施精准救助，对无法依靠产业扶持和就业帮助脱贫的农村最低生活保障家庭、农村特困供养人员、农村孤儿实行政策兜底，推动精准脱贫任务按时完成；规范生产经营型职业农民的申报、认定管理、教育培训和政策扶持，推进现代农业发展。《韶关市封山育林实施办法》出台，规范从事封山育林及在封山育林范围内生活的居民或者从事自然资源开发及生产、建设、旅游等活动的单位和个人的行为，明确封山育林工作实行各级政府行政首长负责制，培育森林资源，提高森林质量。韶关市人民政府办公室印发《关于印发韶关市土壤污染防治工作方案的通知》，要求到2018年底，全市土壤环境监管体系基本建立，土壤环境质量监测网络投入运行，农用地土壤环境分类管理试点和土壤修复治理试点推行顺利。韶关市人民政府印发《关于进一步加强全市农村道路安全管理工作的意见》，要求强化农村道路交通安全监管机制建设、农村道路交通安全设施建设、农村道路交通安全监管和组织保障措施，提升农村道路交通安全管理工作能力，预防和减少农村道路交通事故。

【城市整体提升】 2018年，韶关市人民政府印发《关于印发韶关市区“三旧”改造实施细则的通知》，明确要进一步完善韶关市“三旧”改造政策体系，进一步优化年度实施计划编制和审批程序，项目退出机制，旧村庄引入合作伙伴改造程序，土地征收手续等审批流程。韶关市人民政府办公室印发《关于促进韶关市建筑业经济增长的实施意见（试行）》，明确全市资质建筑企业完成广东省内总产值逐年增长15%以上，保持全市建筑工程施工安全生产形势平稳，工程质量受控，规范建筑市场和工程建设各方责任主体行为。韶关市人民政府办公室印发《关于印发韶关市政府投资项目建设成本控制办法的通知》，要求从建立成本控制责任机制、项目可行性研究报告、执行项目预结算审查制度、加强政府投资项目招投标工作等方面，严格控制政府投资项目建设成本。韶关市人民政府办公室印发《关于印发韶关市小额建设工程交易管理办法的通知》，规范本市小额建设工程交易管理，明确适用于本市行政区域内使用财政性资金投资、国有资金投资或者国有资金占控股、主导地位的小额建设工程项目交易及管理活动。《韶关市工程建设项目招标投标管理规定》出台，规范本市行政区域内工程建设项目招标投标活动，明确工程建设项目招标实行招标人负责制，明确各地各单位的权责和行政监督。

【民生福祉增进】 2018年，韶关市人民政府印发《关于生活无着的流浪乞讨人员救助管理实施办法》，要求建立政府领导、民政牵头，有关部门参加的救助工作协调机制，采取措施予以救助；为流浪乞讨人员救助提供经费保障，明确受助人员的日常救助费用标准；民政、公安、卫计、住建管理、新闻宣传等有关部门和单位应当建立流浪乞讨人员的寻亲救助信息共享机制，做好寻亲工作，为受助人员提供帮助。韶关市人民政府印发《关于阶段性下调城镇职工医保单位缴费率的通知》，明确自2018年5月1日起至2019年12月31日止，全市城镇职工基本医疗保险单位缴费率由用人单位按本单位职工上月工资总额的6.0%下调至5.5%。《韶关市困难群众医疗救助暂行办法》出台，明确医疗救助工作应当遵循的原则和各职能部门的权责，完善韶关市城乡困难群众医疗救助制度。韶关市人民政府印发《关于韶关市医疗救助与城乡居民基本医疗保险、居民大病保险实施“一站式”结算工作方案》，要求2018年年底前，实现医疗救助与医保信息系统无缝对接，城乡最低生活保障对象、特困供养人员、建档立卡贫困户、低收入救助对象等基本医疗保险、大病保险与医疗救助实现定点医疗机构异地“一站式”即时结算，城乡居民基本医疗保险、居民大病保险与医疗救助的制度效能和保障功能得到发挥，实现困难群众医疗费用报销比例最优、结算程序最简、负担减至最低，防止“因病致贫、因病返贫”。韶关市人民政府办公室印发《关于印发韶关市推动非户籍人口在城市落户实施办法（试行）的通知》，要求推进非户籍人口在韶关市落户，全市“十三五”期间实现6万非户籍人口在城市落户；到2020年全市户籍人口城镇化率提高到45%以上，户籍人口城镇化率与常住人口城镇化率差距较2013年缩小2个百分点以上。《韶关市区公共租赁住房管理办法》出台，明确本市公共租赁住房区分不同对象实行分类保障，优先保障低收入困难家庭，涵盖市区（浈江区、武江区）公共租赁住房房源筹集、申请、分配、退出和管理等流程工作，完善住房保障体系，规范公共租赁住房管理。韶关市人民政府办公室印发《关于促进技工院校毕业生留韶来韶返韶就业扩大技能人才有效供给的实施意见》，围绕韶关市着力打造的新兴支柱产业，培养、引进和留住一批企业急需技能型人才，打造一支与经济社会发展要求相适应的技能人才队伍。到2020年，技工院校毕业生留在韶关、来到韶关、返回韶关就业软硬环境改善，市内技工院校在校生规模结构更加合理，市属技工院校毕业生留在韶关就业比例提高，市技师学院高级工以上在校生规模达70%以上；市内技工院校与本地企业合作深层次发展，技能人才供需矛盾解决，服务产业发展能力提升。

【社会治理共建共享】 2018年，韶关市人民政府办公室印发《关于印发2018年韶关市食品安全重点工作安排的通知》，要求从净化食用农产品生产环境、加强食用农产品种植养殖环节治理、加强食品生产经营过程治理、严密防控食品安全风险、促进食品产业转型升级、严厉打击食品安全违法犯罪、加强食品安全基础和能力建设、落实食品安全责任制、推动食品安全社会共治等方面抓好食品安全重点工作。韶关市人民政府办公室印发《关于印发韶关市危险化学品安全综合治理实施方案的通知》，要求全面摸排危险化学品风险点危险源，防范遏制危险化学品重特大事故，健全危险化学品安全监管体制机制，加强规划布局和准入条件等源头管控，加强危险化学品安全监管信息化建设，加强危险化学品应急救援工作。韶关市人民政府印发《关于公布2018年度韶关市消防安全重点单位名录的通告》，调整确定2018年度韶关市消防安全重点单位，加强全市消防安全管理工作，促进各重点单位严格遵守消防法律法规，落实消防安全责任制。《韶关市人民政府举报烟花爆竹违法行为奖励办法》出台，加强烟花爆竹安全管理，改善环境质量，保障公共安全和人身、财产安全，鼓励单位和个人举报非法生产、经营、储存、运输、燃放烟花爆竹等违法行为。韶关市人民政府印发《关于印发韶关市建立完善守信联合激励和失信联合惩戒实施方案的通知》，坚持褒扬诚信、惩戒失信，坚持部门联动、社会协同，坚持依法依规、保护权益，坚持突出重点、统筹推进，加强信用信息公开、共享和使用，依法依规运用信用激励和约束手段，构建政府、社会共同参与的跨地区、跨部门、跨领域的守信联合激励和失信联合惩戒机制，促进市场主体依法诚信经营，严格保护信用主体合法权益，维护市场正常秩序。

【绿色低碳循环发展】 2018年，韶关市印发《韶关市土壤污染综合防治管理暂行办法》，规范土壤污染防治行为，提升土壤污染防治监督管理工作成效，促进韶关市土壤污染防治先行区建设，推动土壤资源利用永续利用。韶关市人民政府印发《关于推广使用国Ⅵ车用燃油的通告》，要求减少机动车污染物排放，改善空气环境质量，加强成品油市场的监督检查和综合整治，关注油品标准和质量状况，整治各类违法、违规经营行为，维护成品油市场秩序。印发《韶关市实施园区循环化改造工作推进计划》，把循环改造作为各类园区转变经济发展方式的重要手段，推进园区绿色循环低碳发展。完成《韶关市十三五绿色清洁生产工作推行方案》制定的年度目标任务，清查4家涉钢企业，共淘汰10家钢铁企业203万吨落后产能，全市未出现生产“地条钢”现象。

（市政府办）

表5　2018年韶关市人民政府文件选目

序号	责任者	文件名称及生效日期	发布文号	制作日期	备注
1	韶关市政府	关于印发韶关市促进新兴支柱产业发展若干措施的通知（1月15日）	韶府〔2018〕1号	2018.1.12	
2	韶关市政府	关于印发《2018年全市主要经济指标责任分工》《2018年市政府工作要点责任分工》和《2018年市政府为民办实事项目责任分工》的通知（1月29日）	韶府〔2018〕2号	2018.1.25	
3	韶关市政府	关于批准并公布韶关市第五批市级非物质文化遗产项目代表性传承人的通知（1月4日）	韶府〔2018〕3号	2018.1.4	
4	韶关市政府	关于南水水库泄洪河道整治资金追缴有关情况的报告（1月4日）	韶府〔2018〕4号	2018.1.4	
5	韶关市政府	关于贯彻落实2018年政府工作报告工作部署的报告（1月25日）	韶府〔2018〕5号	2018.1.26	
6	韶关市政府	关于贯彻落实2018年政府工作报告工作部署的情况通报（1月29日）	韶府〔2018〕6号	2018.1.25	
7	韶关市政府	关于下达韶关市2018年国民经济和社会发展计划主要指标及重点建设项目计划的通知（2月13日）	韶府〔2018〕7号	2018.2.11	
8	韶关市政府	关于市政府有关副秘书长和负责同志分工的通知（2月13日）	韶府〔2018〕8号	2018.2.11	
9	韶关市政府	关于第三批清理规范市政府部门行政审批中介服务事项的决定（2月24日）	韶府〔2018〕9号	2018.2.13	
10	韶关市政府	关于我市2017年度实行最严格水资源管理制度考核的自查报告（3月8日）	韶府〔2018〕10号	2018.3.8.	
11	韶关市政府	关于落实黄宁生副省长在韶调研教育科技工作有关情况的报告（3月13日）	韶府〔2018〕11号	2018.3.8	
12	韶关市政府	关于报送乳源瑶族自治县农村信用合作联社组建农村商业银行自评估结果与财务重组方案的报告（3月21日）	韶府〔2018〕12号	2018.3.16	
13	韶关市政府	关于我市2017年度法治政府建设情况的报告（3月21日）	韶府〔2018〕13号	2018.3.16	

续表

序号	责任者	文件名称及生效日期	发布文号	制作日期	备注
14	韶关市政府	关于印发韶关市气象灾害应急预案的通知（3月30日）	韶府〔2018〕14号	2018.3.27	
15	韶关市政府	关于2018年度韶关市消防安全重点单位的通告（4月26日）	韶府〔2018〕15号	2018.4.19	
16	韶关市政府	关于印发2018年规章制定计划的通知（4月26日）	韶府〔2018〕16号	2018.4.23	
17	韶关市政府	关于印发韶关“数字政府”改革建设方案的通知（4月26日）	韶府〔2018〕17号	2018.4.25	
18	韶关市政府	关于表彰2017年度荣获国家、省科学技术奖企业的通报（5月4日）	韶府〔2018〕18号	2018.5.2	
19	韶关市政府	关于阶段性下调城镇职工医保单位缴费率的通知（5月11日）	韶府〔2018〕19号	2018.5.7	
20	韶关市政府	关于进一步加强全市农村道路交通安全管理工作的意见（5月14日）	韶府〔2018〕20号	2018.5.10	
21	韶关市政府	关于印发韶关市建立完善守信联合激励和失信联合惩戒制度实施方案的通知（5月15日）	韶府〔2018〕21号	2018.5.10	
22	韶关市政府	关于促进技工院校毕业生留韶来韶返韶就业扩大技能人才有效供给的实施意见（6月11日）（试行）	韶府〔2018〕22号	2018.6.6	
23	韶关市政府	关于韶关市扶持高校毕业生在韶就业的实施意见（试行）（6月11日）（试行）	韶府〔2018〕23号	2018.6.6	
24	韶关市政府	关于调整我市企业职工最低工资标准的通知（6月11日）	韶府〔2018〕24号	2018.7.6	
25	韶关市政府	关于在市区高污染燃料禁燃区执行《高污染燃料目录》Ⅲ类（严格）管理规定的通告（7月24日）	韶府〔2018〕25号	2018.7.11	
26	韶关市政府	关于划定市区非道路移动机械低排放控制区的通告（7月24日）	韶府〔2018〕26号	2018.7.11	
27	韶关市政府	关于对浈江区风度广场重大火灾隐患进行整治的通告（7月26日）	韶府〔2018〕27号	2018.7.24	
28	韶关市政府	关于印发韶关市市区“三旧”改造实施细则（试行）的通知（8月9日）	韶府〔2018〕28号	2018.8.6	
29	韶关市政府	关于提请审议2018年预算调整方案（草案）的报告（8月16日）	韶府〔2018〕29号	2018.8.10	
30	韶关市政府	关于提请审议授予霍震寰等2人为韶关市荣誉市民称号的议案（8月24日）	韶府〔2018〕30号	2018.8.20	
31	韶关市政府	关于调整我市失业保险金标准的通知（8月21日）	韶府〔2018〕31号	2018.8.15	
32	韶关市政府	关于公布韶关市市区气象灾害防御重点单位的通知（8月24日）	韶府〔2018〕32号	2018.8.22	
33	韶关市政府	关于集中清收农信社不良贷款的通告（8月27日）	韶府〔2018〕33号	2018.8.23	
34	韶关市政府	关于推广使用国Ⅵ车用燃油的通告（8月27日）	韶府〔2018〕34号	2018.8.23	

续表

序号	责任者	文件名称及生效日期	发布文号	制作日期	备注
35	韶关市政府	关于调整2018年城乡居民基本医疗保险财政补助和个人缴费标准的通知（9月3日）	韶府〔2018〕35号	2018.8.23	
36	韶关市政府	关于加快发展体育产业促进体育消费的实施意见（9月6日）	韶府〔2018〕36号	2018.8.28	
37	韶关市政府	关于印发韶关市加强政务系统诚信建设实施方案的通知（9月10日）	韶府〔2018〕37号	2018.9.4	
38	韶关市政府	关于开展2018年全市防空警报试鸣暨防空袭疏散演练的通告（9月18日）	韶府〔2018〕38号	2018.9.10	
39	韶关市政府	关于印发《韶关市人民政府重要工作协调推进落实机制》的通知（9月19日）	韶府〔2018〕39号	2018.9.17	
40	韶关市政府	关于2017年度全市计划生育目标管理责任制考评情况的通报（9月27日）	韶府〔2018〕40号	2018.9.20	
41	韶关市政府	关于市政府领导班子成员和有关负责同志分工的通知（10月10日）	韶府〔2018〕41号	2018.9.30	
42	韶关市政府	关于报请审议《韶关市国民经济和社会发展第十三个五年规划纲要实施情况中期评估报告》的报告（10月23日）	韶府〔2018〕42号	2018.10.11	
43	韶关市政府	关于公布韶关市第七批市级非物质文化遗产代表性项目名录的通知（10月25日）	韶府〔2018〕44号	2018.10.22	
44	韶关市政府	关于市政府正副秘书长和有关负责同志分工的通知（10月17日）	韶府〔2018〕45号	2018.10.18	
45	韶关市政府	关于公布浈江区、武江区重点货运源头企业的通告（10月26日）	韶府〔2018〕46号	2018.10.23	
46	韶关市政府	关于印发《韶关市人民政府重要工作事项闭环工作体系》的通知（11月2日）	韶府〔2018〕47号	2018.10.26	
47	韶关市政府	关于公布涉及产权保护的规章、规范性文件清理结果的通知（11月13日）	韶府〔2018〕48号	2018.10.26	
48	韶关市政府	关于实施优质企业规模与效益倍增计划的意见（11月6日）	韶府〔2018〕49号	2018.10.31	
49	韶关市政府	关于划定韶关市境内京广铁路线路安全保护区的通告（11月6日）	韶府〔2018〕50号	2018.11.2	
50	韶关市政府	关于公布涉及生态环境保护规章规范性文件专项清理结果的通知（11月20日）	韶府〔2018〕51号	2018.11.15	
51	韶关市政府	关于印发韶关市“散乱污”工业企业（场所）综合整治工作方案（11月26日）	韶府〔2018〕52号	2018.11.19	
52	韶关市政府	关于加强困境儿童保障工作的实施意见（12月11日）	韶府〔2018〕53号	2018.12.7	
53	韶关市政府	关于颁发2017年度韶关市科学技术进步奖的通报（12月18日）	韶府〔2018〕54号	2018.12.13	

续表

序号	责任者	文件名称及生效日期	发布文号	制作日期	备注
54	韶关市政府	关于对申报山水林田湖草生态保护修复工程试点作出突出贡献的先进单位进行表扬的通报（12月20日）	韶府〔2018〕55号	2018.12.17	
55	韶关市政府	关于印发韶关市卫生与健康“十三五”规划的通知（12月27日）	韶府〔2018〕56号	2018.12.20	
56	韶关市政府	关于印发韶关市深化公立医院综合改革行动方案的通知（12月20日）	韶府〔2018〕57号	2018.12.20	
57	韶关市政府	关于进一步促进就业工作的实施意见（12月29日）	韶府〔2018〕58号	2018.12.29	

表6 2018年韶关市人民政府办公室文件选目

序号	责任者	文件名称及生效日期	发布文号	制作日期	备注
1	韶关市政府办	关于印发韶关市促进新兴支柱产业发展若干措施的通知（1月10日）	韶府办〔2018〕1号	2018.1.10	
2	韶关市政府办	关于调整政府系统市级议事协调机构领导成员的通知（3月15日）	韶府办〔2018〕2号	2018.3.9	
3	韶关市政府办	关于印发韶关市人民政府2018年度重大行政决策事项和听证事项目录的通知（3月27日）	韶府办〔2018〕3号	2018.3.25	
4	韶关市政府办	关于印发韶关市制造业企业贷款风险补偿基金管理办法（试行）的通知（3月30日）	韶府办〔2018〕4号	2018.3.27	
5	韶关市政府办	关于印发韶关市区蓝天保卫战2018年工作方案的通知（4月26日）	韶府办〔2018〕5号	2018.4.20	
6	韶关市政府办	关于印发韶关市水污染防治攻坚战2018年度实施方案的通知（5月7日）	韶府办〔2018〕6号	2018.4.20	
7	韶关市政府办	关于印发韶关市城市社区“15分钟健身圈”建设实施方案的通知（4月26日）	韶府办〔2018〕7号	2018.4.20	
8	韶关市政府办	关于印发市政项目特邀监督员名单的通知（4月24日）	韶府办〔2018〕8号	2018.4.24	
9	韶关市政府办	关于印发韶关市城镇人口密集区危险化学品生产企业搬迁改造实施方案的通知（4月27日）	韶府办〔2018〕9号	2018.4.24	
10	韶关市政府办	关于印发韶关市实施优质企业倍增计划工作方案的通知（4月27日）	韶府办〔2018〕10号	2018.4.26	
11	韶关市政府办	关于印发韶关市保障农民工工资支付工作考核办法的通知（5月9日）	韶府办〔2018〕11号	2018.4.27	
12	韶关市政府办	关于印发韶关市浈江区风度广场火灾隐患整治实施方案的通知（7月24日）	韶府办〔2018〕12号	2018.7.20	
13	韶关市政府办	关于印发2018年韶关市基本医疗保险总额控制实施方案的通知（5月11日）	韶府办〔2018〕13号	2018.5.2	

续表

序号	责任者	文件名称及生效日期	发布文号	制作日期	备注
14	韶关市政府办	关于印发韶关市推进农村商业银行组建工作实施方案的通知（5月16日）	韶府办〔2018〕14号	2018.5.14	
15	韶关市政府办	关于印发韶关市全面推行“双随机一公开”监管工作实施方案的通知（5月9日）	韶府办〔2018〕15号	2018.5.2	
16	韶关市政府办	关于挂牌督办全市火灾高风险区域的通知（5月24日）	韶府办〔2018〕16号	2018.5.17	
17	韶关市政府办	关于印发韶关市2018年依法行政工作要点的通知（5月25日）	韶府办〔2018〕17号	2018.5.21	
18	韶关市政府办	关于2017年度全市依法行政考评结果及有关情况的通报（5月24日）	韶府办〔2018〕18号	2018.5.21	
19	韶关市政府办	关于对新丰县马头镇火灾隐患重点地区整治工作进行表扬的通报（5月30日）	韶府办〔2018〕19号	2018.5.24	
20	韶关市政府办	关于印发韶关市科技创新三年行动计划（2018—2020年）的通知（5月25日）	韶府办〔2018〕20号	2018.5.25	
21	韶关市政府办	关于印发韶关市粮食（水稻）生产功能区划定工作实施方案的通知（5月31日）	韶府办〔2018〕21号	2018.5.25	
22	韶关市政府办		韶府办〔2018〕22号	2018.5.29	秘密
23	韶关市政府办	关于印发韶关市完善集体林权制度实施方案的通知（6月6日）	韶府办〔2018〕23号	2018.5.31	
24	韶关市政府办	关于对2017年招商引资工作先进单位和先进个人予以表扬的通报（6月6日）	韶府办〔2018〕24号	2018.6.5	
25	韶关市政府办	关于印发韶关市原市直行政性总公司退休（内退）人员生活待遇调整方案的通知（6月8日）	韶府办〔2018〕25号	2018.5.30	
26	韶关市政府办	关于印发乳源瑶族自治县少数民族自治地区企业所得税优惠政策若干配套措施的通知（6月20日）	韶府办〔2018〕26号	2018.6.6	
27	韶关市政府办		韶府办〔2018〕27号		
28	韶关市政府办	关于印发韶关市处置森林火灾应急预案的通知（6月20日）	韶府办〔2018〕28号	2018.6.13	
29	韶关市政府办	关于印发韶关市推进个体工商户转型升级为企业实施方案的通知（6月13日）	韶府办〔2018〕29号	2018.6.10	
30	韶关市政府办	关于印发韶关市提升城镇污水处理能力保障全市主要河流水质工作方案的通知（6月14日）	韶府办〔2018〕30号	2018.6.11	
31	韶关市政府办	关于印发韶关市“争先进位”奖优罚劣评价工作方案（试行）的通知（6月20日）	韶府办〔2018〕31号	2018.6.13	
32	韶关市政府办	关于调整政府系统市级议事协调机构领导成员的通知（6月20日）	韶府办〔2018〕2号	2018.3.9	
33	韶关市政府办	关于2017年度全市产业园区工作绩效考核情况的通报（6月19日）	韶府办〔2018〕33号	2018.6.14	

续表

序号	责任者	文件名称及生效日期	发布文号	制作日期	备注
34	韶关市政府办	关于印发韶关市加强农村环境卫生管理建设工作实施方案的通知（6月25日）	韶府办〔2018〕4号	2018.6.13	
35	韶关市政府办	关于对市公安消防局进行表扬的通报（6月18日）	韶府办〔2018〕35号	2018.6.18	
36	韶关市政府办	关于印发韶关市推动工业企业技术改造促进产业转型升级三年行动方案（2018—2020年）的通知（6月27日）	韶府办〔2018〕36号	2018.6.16	
37	韶关市政府办	关于印发韶关市实施创新驱动发展战略2018年工作要点的通知（6月25日）	韶府办〔2018〕37号	2018.6.20	
38	韶关市政府办	关于印发韶关市船舶污染水域事故应急预案的通知（6月27日）	韶府办〔2018〕38号	2018.6.22	
39	韶关市政府办	关于印发韶关市进一步优化建设工程项目审批流程改革实施方案的通知（7月11日）	韶府办〔2018〕39号	2018.6.28	
40	韶关市政府办	关于印发韶关市深化屠宰行业改革完善屠宰管理体制机制实施方案的通知（7月16日）	韶府办〔2018〕40号	2018.7.9	
41	韶关市政府办	关于印发韶关市促进电子商务发展扶持措施的通知（7月17日）	韶府办〔2018〕41号	2018.7.12	
42	韶关市政府办	关于进一步落实困难群众基本生活保障工作责任的通知（7月26日）	韶府办〔2018〕42号	2018.7.24	
43	韶关市政府办	关于印发韶关市创建全国绿化模范城市工作方案的通知（7月25日）	韶府办〔2018〕43号	2018.7.24	
44	韶关市政府办	关于印发2017年韶关市产业园区工作绩效奖励方案的通知（7月27日）	韶府办〔2018〕44号	2018.7.25	内部
45	韶关市政府办	关于对中铁十二局集团有限公司进行表扬的通报（7月27日）	韶府办〔2018〕45号	2018.7.26	
46	韶关市政府办	关于印发韶关市推进现代农业产业发展优惠政策的通知（7月31日）	韶府办〔2018〕46号	2018.7.25	
47	韶关市政府办	关于印发韶南大道汽车商贸产业带提升方案的通知（7月31日）	韶府办〔2018〕47号	2018.7.26	
48	韶关市政府办	关于印发2018年韶关市食品安全重点工作安排的通知（8月6日）	韶府办〔2018〕48号	2018.7.30	
49	韶关市政府办	关于印发韶关市森林防火责任追究办法的通知（8月2日）	韶府办〔2018〕49号	2018.7.30	
50	韶关市政府办	关于印发丹霞山景区内人工林赎买流转资金安排实施方案的通知（8月2日）	韶府办〔2018〕50号	2018.7.31	
51	韶关市政府办	关于印发韶关市推进供给侧结构性改革2018年度工作方案的通知（8月15日）	韶府办〔2018〕51号	2018.8.6	
52	韶关市政府办	关于取消二手车限迁政策的通知（8月8日）	韶府办〔2018〕52号	2018.8.8	

续表

序号	责任者	文件名称及生效日期	发布文号	制作日期	备注
53	韶关市政府办	关于印发2018年韶关市资源枯竭城市转型发展行动计划的通知（8月14日）	韶府办〔2018〕53号	2018.8.8	
54	韶关市政府办	关于对市工商局2017年度企业年报公示工作进行表扬的通报（8月13日）	韶府办〔2018〕54号	2018.8.10	
55	韶关市政府办	印发关于解决莞韶产业园历史遗留问题总体方案的通知（8月24日）	韶府办〔2018〕55号	2018.8.17	
56	韶关市政府办	关于印发韶关市全面推广使用国Ⅵ车用燃油工作方案的通知（8月27日）	韶府办〔2018〕56号	2018.8.23	
57	韶关市政府办	关于印发韶关市提升企业开办便利度工作方案的通知（8月24日）	韶府办〔2018〕57号	2018.8.20	
58	韶关市政府办	关于印发韶关市交通干线沿线村庄村容村貌整治提升三年行动实施方案的通知（9月4日）	韶府办〔2018〕58号	2018.9.4	
59	韶关市政府办	关于印发首届韶关市政府质量奖评审工作实施方案的通知（9月10日）	韶府办〔2018〕59号	2018.9.5	
60	韶关市政府办	关于印发韶关市畜禽养殖污染防治三年攻坚实施方案（2018—2020年）的通知（9月10日）	韶府办〔2018〕60号	2018.9.4	
61	韶关市政府办	关于授予我市百次及以上献血者“韶关百次无偿献血英模”称号及奖章的通报（9月19日）	韶府办〔2018〕61号	2018.9.12	
62	韶关市政府办	关于对无偿献血先进集体和先进个人予以表彰的通报（9月12日）	韶府办〔2018〕62号	2018.9.12	
63	韶关市政府办	关于印发市政府向市人大常委会报告国有资产管理情况的任务分解方案的通知（9月28日）	韶府办〔2018〕63号	2018.9.14	
64	韶关市政府办	关于韶关市2018年特困供养人员最低月人均护理标准的通知（9月21日）	韶府办〔2018〕64号	2018.9.19	
65	韶关市政府办	印发关于促进经济社会与生态环境保护协调发展的工作实施方案的通知（9月30日）	韶府办〔2018〕65号	2018.9.21	
66	韶关市政府办	关于印发韶关市县级以上饮用水源一级保护区违法建设项目及建筑清理整治方案的通知（12月13日）	韶府办〔2018〕66号	2018.12.7	
67	韶关市政府办	关于印发韶关市装备制造业首台（套）重大技术装备及关键部件认定与奖励办法的通知（10月9日）	韶府办〔2018〕67号	2018.9.27	
68	韶关市政府办	关于印发韶关市深化“互联网+先进制造业”发展工业互联网实施方案（2018—2020年）的通知（10月8日）	韶府办〔2018〕68号	2018.9.27	
69	韶关市政府办	关于印发韶关市信息基础设施建设三年行动计划（2018—2020年）的通知（10月8日）	韶府办〔2018〕69号	2018.9.27	
70	韶关市政府办	关于废止韶府办〔2015〕8号文件的通知（9月29日）	韶府办〔2018〕70号	2018.9.29	
71	韶关市政府办	关于印发健康韶关行动计划（2018—2020年）的通知（10月10日）	韶府办〔2018〕71号	2018.9.29	

续表

序号	责任者	文件名称及生效日期	发布文号	制作日期	备注
72	韶关市政府办	关于印发韶关市产业研究院设立和运作管理办法的通知（10月11日）	韶府办〔2018〕72号	2018.10.6	
73	韶关市政府办	关于印发韶关市邮政快递专用电动三轮车规范管理工作方案的通知（10月17日）	韶府办〔2018〕73号	2018.10.10	
74	韶关市政府办	关于进一步规范市政府领导讲话稿服务工作有关事项的通知（10月17日）	韶府办〔2018〕74号	2018.10.15	
75	韶关市政府办	关于印发韶关市加快推进标准化厂房建设实施方案的通知（10月19日）	韶府办〔2018〕75号	2018.10.15	
76	韶关市政府办	关于印发韶关市加强电梯质量安全工作实施方案的通知（10月26日）	韶府办〔2018〕76号	2018.10.22	
77	韶关市政府办	关于印发韶关市挥发性有机物（VOCs）整治与减排工作方案（2018—2020年）的通知（10月30日）	韶府办〔2018〕77号	2018.10.25	
78	韶关市政府办	关于印发韶关市乡镇（镇街）提升考核验收办法（试行）的通知（11月14日）	韶府办〔2018〕78号	2018.11.5	
79	韶关市政府办	关于印发韶关市稳定消防救援队伍若干政策措施的通知（11月13日）	韶府办〔2018〕79号	2018.11.7	
80	韶关市政府办	关于印发韶关市加强个人诚信体系建设分工方案的通知（11月13日）	韶府办〔2018〕80号	2018.11.6	
81	韶关市政府办	关于印发韶关市深入实施商标品牌战略服务经济社会发展实施方案的通知（11月13日）	韶府办〔2018〕81号	2018.11.7	
82	韶关市政府办	关于印发韶关市迎接国家卫生城市复审工作方案的通知（11月16日）	韶府办〔2018〕82号	2018.11.12	
83	韶关市政府办	关于印发韶关市加快营利性服务业发展若干措施的通知（12月4日）	韶府办〔2018〕83号	2018.11.20	
84	韶关市政府办	关于印发市区部分学校周边路段拥堵整治方案的通知（12月3日）	韶府办〔2018〕84号	2018.11.29	
85	韶关市政府办	关于印发韶关市政府性债务风险应急预案的通知（12月6日）	韶府办〔2018〕85号	2018.11.29	
86	韶关市政府办	关于印发韶关市森林资源防护责任制办法的通知（12月25日）	韶府办〔2018〕86号	2018.12.19	
87	韶关市政府办	关于印发韶关市建立现代医院管理制度实施方案的通知（12月27日）	韶府办〔2018〕87号	2018.12.20	
88	韶关市政府办	关于对市工商局等部门推行“马上办”服务模式工作进行表扬的通报（12月26日）	韶府办〔2018〕88号	2018.12.21	
89	韶关市政府办	关于促进校企合作产教融合发展的实施意见（12月29日）	韶府办〔2018〕89号	2018.12.25	
90	韶关市政府办	关于2017年度全市耕地保护责任目标考核情况的通报（1月8日）	韶府办〔2018〕90号	2018.12.28	

接待工作

【概况】 韶关市接待办公室是参照公务员法管理的事业单位，编制55名，内设人秘科、接待一科、接待二科、财务科、行政一科、行政二科、保卫科、资产管理科、交通车管科和节能管理科10个科室。市接待办主要负责市四套班子机关后勤服务工作，主要包括领导接待、会务接待、办公用房调配、后勤管理、公务用车安排、市本级公共机构节能等。2018年，市接待办严格按照组织程序，提拔任用1名科长、3名副科长、2名主任科员和2名副主任科员，有15名科级干部纳入本级政绩档案管理，12月接收军转干部2名。

【政务接待】 2018年，市接待办共完成接待任务614批次，21482人次。其中：一类客人（副国级以上首长）任务3批次321人次；二类客人（省部级以上领导）39批次，4399人次。三类客人（厅〈司〉级及以下领导）572批次，16762人次。2018年，市接待办接待的重要领导有：中央政治局委员、广东省委书记李希，全国人大常委会副委员长吉炳轩，全国政协原副主席罗富和等国家领导人，农业农村部、工信部、国家发改委、全国人大常委会等国家部门和省委省政府等单位部门的领导，以及宝武集团、建工集团、省机场集团、美的置业集团、雪松控股集团、梦网集团、宝能集团、温氏集团、移动公司、中铁磁悬浮公司、腾讯公司等客商团体。做好国务院大督查、山水林田湖草申报组到北京答辩、全省现代农业产业园现场会、全省抓党建促脱贫攻坚工作现场会、东莞韶关对口帮扶第九次和第十次联席会议、全市迎春茶话会等大型会议活动的接待服务工作。其中，省委书记李希于9月到韶关调研时，对接待工作予以肯定；市接待办因在申报山水林田湖草生态保护修复工程试点工作中做出突出贡献，于12月被市政府通报表扬。

【后勤服务体制改革推进】 2018年，市接待办协调市四大办、市编办、市财政局、市经信局等单位，做好市四套班子机关后勤服务及市本级公共机构节能管理等工作职责及事项移交工作。截至5月，市委办、市政府办、市政协办机关后勤工作及市本级公共机构节能管理工作全部移交至市接待办管理，市人大办也完成协调对接，将部分机关后勤工作移交至市接待办管理。

【机关大院、住宅区物业管理】 2018年，市接待办定期做好机关大院、住宅区楼房楼面、水电等公共设施设备维护管理工作，以及环境卫生、绿化养护工作，全年累计协调投入781.78万元，完成市委办公区和家属区“一户一电表”改造工程、更换市委办公大楼2台电梯、市委会议中心天桥维修维护，以及市政府院内停车场改造、市政府大堂修缮改造、市政府电力整改工程和用电安全远程预警系统安装工程。

▲2018年9月19日，市接待办在市政府南楼三楼会议中心组织开展韶关市公务用车管理信息平台操作培训会 （市接待办 供）

【宾馆管理】 2018年，市接待办注重加强员工队伍管理，定期对员工进行培训和考核，组织宾馆2017年度优秀管理人员及优秀员工外出学习交流，结合庆祝宾馆成立十周年之际，组织各部门开展业务竞赛、摄影比赛和趣味运动会，提升企业文化凝聚力。注重加强宾馆硬件建设，完成宾馆木栈道改造工程，争取财政资金296万元对宾馆硬件设施进行维修维护，包括家具翻新、网球场改造、阳台护栏更新、消防设备采购、会议室装修、房门翻新等项目，以及更新添置部分地毯、窗帘、墙布、电视机、LED灯等设备用品。注重改进菜式菜品，推动粤北特色菜谱《地道韶关味》在接待中的应用，先后多次组织厨房员工前往省委接待基地和各县、市（区）接待基地及其他知名酒店学习特色菜式，采取物资奖励的形式鼓励创新特色菜点心。1—12月，宾馆完成接待任务719批次，营业总收入641万元。

【会务服务】 2018年，市接待办加强对会议室的日常保洁及设备设施的维修维护，投入200余万元更换市委会议中心中央空调设备，完成市委会议中心楼顶补漏工程和四、五楼会场消防改造工程，更新配备市政府会议室设备设施，提高会场服务保障水平。承办950余场各类会议的后勤服务工作，没有出现因安排不妥而导致会议延期延误现象。

【机关食堂】 2018年，市接待办配合市金财公司完成对机关第二食堂装修改建工程，于5月重新投入使用，首次在食堂使用指纹刷卡系统，在实现二楼分餐、三楼自助餐的同时，承接部分政务接待。完成更换机关第一食堂就餐指纹收费系统和部分桌椅设备，开放机关第二食堂晚餐APP报餐系统，保障干部职工就餐质量。加强机关第一、二食堂厨师点心师之间的轮岗交流，加大对食堂经费的补助投入，合理配置菜式和菜量，实现食堂膳食水平的改善，机关干部职工就餐人数增多，达历史新高，满意度提升。

【机关安全保卫】 2018年，市接待办组建安全保卫工作联防队，加强保安人员应急演练，投入28.3万元更换市委、市政府区域视频监控系统和消防设备，强化机关大院治安防控和消防安全。共处理群众上访突发事件283批次、3054人次。规范大院车辆管理，做好车辆出入证核发工作和收费管理工作，维护机关大院交通安全秩序。

【公务车辆管理加强】 2018年，市接待办提请市政府召开工作协调会，协调市发改局、市财政局等单位，将市委办、市政府办、市政协办32辆公务用车的编制及权属划至市接待办统一管理。落实公务用车管理制度和派车审批制度，加强司勤人员安全教育培训，全年未出现任何行车安全事故。投入39.5万元建立车辆应急值班室，保障市领导应急工作用车。严格程序规范做好公务车辆处置和更新工作，共处置公务车辆3台，更新购置4台。组织开展清理规范党政主要负责人车辆配备、车牌使用工作，市、县两级共整改调整车辆15台，制定出台《县（市、区）党政主要负责同志车辆配备备案制度》，实现制度化管理。推进公务用车管理信息平台建设，采取本级财政兜底方式，指导市直机关和县（市、区）如期按进度完成公务用车安装北斗卫星定位终端设备工作。

【机关资产管理】 2018年，市接待办注重加强资产实物的盘查与规范管理，全年登记接收市委办、市政府办

▲ 2018年6月13日，市接待办与市经信局、市发改局等单位在韶关学院黎灿活动中心联合举办2018年“善美韶关”节能宣传月 （市接待办 供）

移交的固定资产844.92万元、干部职工公租房91间、出租物业32间。执行政府采购制度，严格程序、区分类别做好办公资产采购工作，1月至12月共购置资产59项、342.16万元，处置资产29项、362.53万元。

【公共机构节能推进】 2018年，市接待办在全省各地级市率先组织开展节约型机关建设工作，并将节约型机关建设纳入市直机关绩效考核，组织开展2018年“善美韶关”节能宣传月，推广应用新能源汽车及充电设施建设工作，引导和带动全社会参与节能减排行动。各级财政投入资金235万元，完成对粤北人民医院、南雄中学、始兴县中等职业学校等3家第三批国家节约型公共机构示范创建单位的节能项目改造，并于11月高分通过国家评价验收。面向全国范围公开聘请第一批公共机构节能工作顾问单位，为全市公共机构开展节能工作提供服务支持。落实最严格水资源管理制度，会同市水务局开展市直公共机构节水型单位达标建设工作，推进节水改造和节水技术、节水器具的推广使用。开展公共机构能源审计工作，完成12家公共机构能源审计任务，对6家公共机构进行节能现场监察。完成上级下达的人均综合能耗、单位建筑面积能耗、人均用水量同比分别下降1.3%、1.3%、2.3%的节能目标。 （黄伟坚）

行政服务

【概况】 韶关市行政服务中心成立于2003年10月，是市政府直属的正处级公益一类事业单位，机构人员参照公务员法管理。2018年，市行政服务中心内设办公室、协调科、督查科、热线管理科4个科室，事业编制16名，实有在职干部职工25人。行政服务中心服务大厅面积5700平方米，设办事窗口76个，进驻行政部门38个，企业3个，行政工作人员219名。全年受理各类办件34.21万件，其中行政许可事项3.67万件，公共服务和便民事项23.18万件，咨询类7.36万件，即办件数量为10.55万（不含咨询），占总办件数（不含咨询）的39%；12345政府服务热线（含网络问政）业务总量共计15.03万件，日均业务理量412件，比2017年相比增长143.59%，热线及时解答率98.81%，按时办结率95.81%，服务满意率96.30%。2018年，韶关市“一门式一网式”政务服务模式应用深化推动市县镇村三级政务服务平台服务模式改革，将事项整合到各级综合服务窗口实行“一窗通办”，建立完善镇村综合服务窗口运作机制，打通服务群众“最后一公

里”。分批次梳理公布“全市通办”事项目录，建立完善工作机制，打破区域限制，让群众就近能办，异地可办，构建全市一体化政务服务体系。

【事项办理服务升级】 2018年，市行政服务中心严格按照“前台综合受理，后台分类审批，统一窗口出件”的服务模式规范综合服务窗口运行，实现综合服务窗口横向贯通、跨越部门的“一窗式”办理。公开综合服务窗口事项、行政事业收费事项，设置办事指南展架，放置高频事项办事指南等资料，方便群众查询服务。5月，启用邮政快递方式递送审批材料。统筹市行政服务中心窗口与业务单位之间的审批材料递送工作，实现群众办事“一门进，一门出”。

【企业跟踪服务升级】 2018年，设立企业服务窗口，印发《韶关市行政服务中心企业服务窗口建设方案》。向企业提供事项咨询、部门协调、项目审批导办帮办、部门工作督办、优补政策申报等“一窗对外、集成服务”的综合服务。建设优补政策知识库，与市商务局、市科技局、市人社局等单位对接，收集整理包括园区投资、金融机构发展、人才优待、林木种植、旅游、电子商务、企业创新与技改、中介招商等30多份政府优补政策文件。规范投资项目综合服务窗口运行机制。制定《韶关市投资项目综合服务窗口实施细则（试行）》。线下以服务大厅综合服务窗口为依托，线上以韶关市投资项目在线审批监管平台为依托，实现市级企业投资项目审批全过程纳入线上、线下管理。为19个企业、项目提供咨询服务，实现一个窗口对外提供综合咨询服务。

【“一门办”改革推进】 2018年，市行政服务中心先后将市编办、市税务局不动产税收征缴业务、市人社局人才就业、社保、有线电视、供电等业务纳入服务大厅，将季节性、周期性的事项集中在服务大厅办理。通过开通业务系统账号，明确收件要点、强化现场培训，授权综合服务窗口工作人员收件，实现企业、群众只进“一扇门”，优化事项办理的服务方式。

【“一网办”改革推进】 2018年，市行政服务中心共收集对政务服务信息系统的修改意见27条，优化系统功能，完成9个核心功能开发，系统运行不断完善，操作更方便。加强系统日常管理与维护，协助30多个市直业务单位，在系统中对政务服务事项材料清单、审批经办人、办结时限、办理流程等做600多次动态调整，共提醒8个单位处理红黄牌办件62次。加快系统的推广应用，辅助各单位进行系统审批经办人配置、加强各单位办件红黄牌警示、随时在线帮助各单位在省目录管理系统进行事项信息的动态调整。

【“一次办”改革推进】 2018年，市行政服务中心督促专业窗口单位自行落实“马上办”事项，对办理时限、办事流程、审批经办人等做出相应的调整。对接授权进驻综合服务窗口的单位，通过授权的方式，由综合服务窗口承接和直接办理“马上办”事项。进驻市行政服务中心服务大厅的“马上办结”事项为245项，涉及28个市直单位，“马上就办”的事项为320项，涉及26个市直单位。进驻综合服务窗口，授权综合服务窗口工作人员实行“马上办结”的即办件为135项，涉及21个市直单位。

【市级政务服务事项标准化推进】 2018年6月，市行政服务中心会同市编办、市信息中心，从“一门办”“一网办”“规范办”“马上办”等方面，组织人员通过线上网上办事大厅事项信息检查，线下办事窗口实地抽查，现场提问巡查等方式，对全市的政务服务事项进行全面清查。重点检查群众办事堵点问题。在网上办事大厅上提供空白样表的自助下载及材料示范文本的查看下载功能。市级进入广东省网上办事大厅韶关分厅的政务服务事项为959项，为群众提供各类事项空白样表2025份，示范文本4757份。会同有关部门，组织市直各单位开通政务服务事项的在线申办功能。

【12345政务服务热线】 2018年3月，市委常委、常务副市长朱余旺上线接听12345政府服务热线；8月，副市长高冬瑞上线接听12345政府服务热线。7月起，市行政服务中心、市人社局、市公安局等6个单位上线接听热线。3月27日以中共韶关市委办公室韶关市人民政府办公室的名义印发《韶关市12345政府服务热线（含网络问政）工作管理责任制》《韶关市12345政府服务热线（含网络问政）工作考核方案》。组织热线成员单位年中绩效考核自查自评工作，推动热线工作开展。与热线成员单位、市应急办、市信访局等部门沟通协调，完善12345热线突发事件应急处置联络机制。11月1日，韶关市网络问政平台整合到12345政府服务热线，拓宽12345政府服务热线受理渠道。7月起，12345政府服务热线承接中省媒体平台上涉及韶关市内容的互动工作，全年承办340宗业务，含307宗人民网“地方领导留言板”历史未办结业务，办结发布工单338宗，在办2宗。

【“十统一”工作开展】 2018年，市行政服务中心会同市信息中心、市编办指导各单位在省事项梳理系统认领政务服务事项实施目录，补充完善实施清单，解答各单位关于梳理系统中出现的问题。牵头组织全市公共服务事项梳理工作。完成312项市级公共服务事项的梳理工作，10个县（市、区）共2805项公共服务事项的梳理工作。配合开展广东政务服务网上线工作。检查广东政务服务网与韶关市一门一网系统的数据对接情况，相应修改韶关市一门一网系统的115个事项流程和259个经办人信息。统筹和规范全市镇村事项。通过收集各县（市、区）镇村事项办理情况，组织镇村事项梳理及标准化工作业务研讨会，形成韶关市镇村事项目录，组织市直各单位开展镇村事项的标准化工作，实施应用到全市所有镇村，实现全市镇村事项的“十统一”。

【行政服务调研督导强化】 2018年，市行政服务中心加强对四级政务服务体系建设的调研，开展2次全面调研，形成调研报告2篇，收集、了解各县（市、区）“一门式一网式”政务服务模式和县、镇、村三级公共服务平台建设情况。加强工作督导，先后召开“一门式一网式”改革工作片区会议和政务服务改革工作督办会议，开展“一门式一网式”政务服务模式改革工作培训和督导并进行通报；开展全市“十统一”标准化梳理培训，推进全市各地“一门式一网式”政务服务改革工作。加快推进问题整改，指导督促各县（市、区）以提升企业和群众满意度为目标，查找企业和群众办事“只进一扇门、一网通办、一窗受理、最多跑一次”方面的问题；对各县（市、区）实体综合服务大厅进行明察暗访、电话抽查，反馈情况，做好整改工作。 （肖舒丹）

发展研究

【重大决策咨询课题研究】 2018年，市发展研究中心（省社会科学院韶关分院）围绕市委市政府中心工作加强重大课题研究。组织完成《加强韶关生态文明建设在全省率先实现绿色发展研究》《加快装备制造业发展新旧动能转换打造500亿元先进装备制造产业集群研究》《韶关现代优质高效生态农业发展对策研究》《韶关培育发展大数据产业对策研究》《韶关推进产业共建和开创招商引资新局面研究》《韶关乡村振兴的思路、重点和路径研究》《韶关市加快文化产业发展对策研究》《韶关市乡镇特色与特色小镇规划建设发展研究》等8个2018年韶关市重大决策咨询研究课题。申报的《新品种油菜多功能利用对粤北现代生态农业发展的积极意义及其实现路径》课题获省社科院2018年度课题立项。

【决策咨询服务】 2018年，市发展研究中心（省社会科学院韶关分院）加强市政府重大行政决策咨询论证专家库建设管理，完成专家库换届工作，聘15个组别共356名（其中，市内212名）专家，聘期为2019年1月至2021年12月。开展决策咨询服务，为十四届人大五次会议《政府工作报告》起草的专家咨询组、市工商局开展《韶关市深入实施商标品牌战略服务经济社会发展的实施意见》咨询论证等提供咨询论证专家。完成上级交办的文稿报送。向省政府发展研究中心报送《加快推动形成全省一体化发展新格局的对策建议》等4个“2018年广东省重大决策咨询研究课题建议选题”；报送《韶关市节能环保产业发展情况》《韶关市都市农业发展有关情况》《韶关市新发展理念贯彻落实情况自评报告》《韶关市现代农业产业园建设、垦造水田和拆旧复垦工作情况资料》等汇报材料；提交《新发展理念在广东的成功实践》之《郡县治天下兴》《筑牢粤北生态屏障》栏目的韶关篇。

【经济社会发展调查研究】 2018年，市发展研究中心（省社会科学院韶关分院）加强经济社会发展方面的调查研究。围绕《韶关市企业创新发展政策研究》《韶关市低碳发展标准化促进平台建设项目》，组织开展调查研究。协助国务院发展研究中心调研组开展《广东省区域平衡发展调研》，协助省政府发展研究中心调研组开展《广东丹霞山旅游业发展存在的问题及对策》《关于开展垦造水田、拆旧复垦、“三变”改革工作专项调研》等调研，调研组起草的《破解丹霞山景区经营困境的调研报告》呈报省政府领导并获省领导圈批；协助省社会科学院调研组开展《装备制造和生态文明建设调研》等。

【促进企业提升创新创业发展能力】 2018年，市发展研究中心（省社会科学院韶关分院）聚焦企业创新创业创造，加强市企业创新创业专家库建设管理，组织实施市企业创新创业发展能力提升计划（2018—2020年），引导珠三角创新资源与韶关市创新需求对接，服务创新型韶关建设。 （杨志明）

信 访

【概况】 韶关市信访局是市委、市政府负责群众来信、来电、来访和综合、督查工作的正处级办事机构，挂靠市委办公室。2018年有行政编制11名，后勤人员编制2名，内设综合科、办信接访

▲2018年11月15日，国务院发展研究中心发展部部长侯永志（前排右二）在乐昌市长来镇和村开展区域平衡调研 （市发展研究中心 供）

▲ 2018年2月22日，莫高义率队到韶关市人民来访接待厅慰问信访干部
（市信访局　供）

科（网上信访办理科）和督查科3个科室。2018年，韶关市打好信访矛盾化解攻坚战，推动形成共建共治共享社会治理新格局。2016—2018来群众越级到省进京上访呈逐年下降趋势，信访形势稳中向好。在2018年度广东省解决群众信访诉求考核中，韶关市得分97.78分，在全省排名第九。4个单项考核中，专项治理任务信访事项办结率100%，排名第一；年度劝返处置工作得满分，排名第 。2018年，韶关市群众到中央、省、市、县（市、区）四级信访总量11231件·人次（其中：来访2678批8822人次，来信634件，网上信访1076件），同比下降0.23%。其中进京非正常上访20批30人次，同比人次下降6.3%；到省集体上访20批101人次，同比人次下降9.9%；到市上访276批1776人次，同比人次下降38.6%。

【信访渠道畅通】 2018年，市信访局开展“创建文明接待窗口，做群众满意接谈员”活动。设立群众意见箱，规范接访行为，提升接访服务质量，为来访群众办实事、解难事。规范信访基础业务办理。开展信访业务流程再造，建成信访业务受理、办理、督办三个平台，建立起统一的“受理——分类——督办”新工作流程，整合调配现有资源，着力提高工作效能。规范信访基础业务办理，开展信访业务培训22场，提高信访工作水平。

【信访矛盾纠纷化解】 2018年，市信访局组织对67宗信访矛盾纠纷进行调处化解，组织召开信访矛盾调处会议51场，推动化解信访矛盾纠纷42宗。创新工作方式方法，通过协调市领导接访、报送信访信息并提出工作建议、组织信访督察专员现场督查等方式，推动解决一大批要求落实编制、提高待遇等涉及人数众多的信访问题，解决一大批因楼房建设超越红线而无法办理房产过户的信访问题。

【依法解决信访案件】 2018年，市信访局开展信访矛盾化解攻坚专项行动，对6大重点领域、3大重点群体、4类重点问题和重点信访人进行全面实时排查，并攻坚化解。中央巡视组驻粤期间交办韶关市的92宗信访案件、国家信访局交办韶关市的3宗信访案件、广东省信访局交办韶关市的27宗信访案件均得到按期办结。市级自行排查的21宗信访案件、县（市、区）自行排查的32宗信访案件也按期办结。开展扫黑除恶线索和扶贫领域线索摸排。市信访局排查涉黑涉恶线索40条，排查扶贫领域违纪违法问题线索15条，均移交相关部门办理。

【节日期间信访保障】 2018年，市信访局完成省“两会”、全国“两会”、上海合作组织青岛峰会、中国国际进口博览会、改革开放40周年系列庆典等信访保障工作，得到广东省信访工作联席会议办公室的肯定与表扬。全国“两会”期间，韶关市群众进京非访为零，为韶关市的最好成绩；省“两会”、上海合作组织青岛峰会、中国国际进口博览会期间，韶关市没有群众到会场周边上访。（杨慧颖）

▲ 2018年11月23日，殷焕明接待来访群众　（市信访局　供）

中国人民政治协商会议韶关市委员会

综　述

【概况】　2018年，政协韶关市委员会下设办公室及9个专门委员会。其中办公室内设3个工作科，即秘书科、人事科、调研科；专门委员会中，提案委员会与社会法制委员会、经济委员会与人口资源环境委员会、文化和文史资料委员会与民族和宗教委员会合署办公，另有教科卫体委员会、港澳台侨联络委员会、联络工作委员会；合署办公的专门委员会、教科卫体委员会单独各设1个工作科，港澳台侨联络委员会和联络工作委员会共设1个工作科。市政协机关行政编制29人，后勤服务人员编制3人。实有行政人员29人，后勤服务人员3人。年内，市政协报送的《坚持“六个精准”推动基层政协工作提质增效》一文，获全省政协系统“深入开展习近平总书记关于加强和改进人民政协工作的重要思想学习研讨活动”论文评选二等奖。工作中存在的不足：协商监督工作机制还不够健全完善，委员主体作用有待发挥，对外团结联谊工作有待拓展，提案办理实效有待增强等。2018年，市政协筛选推荐20多名市政协委员担任特邀监督员，共有37批次110人次参加监督活动，为规范招投标、优化营商环境发挥作用。向省争取政策保障等16条建议得到市政府的办理答复。

【政协第十二届韶关市委员会第二次会议】　2018年1月15日至18日，政协第十二届韶关市委员会第二次会议在市区召开，莫高义、殷焕明等市委、市人大常委会、市政府、韶关军分区、市中级人民法院、市人民检察院领导人和市政协历届主席应邀出席开幕、闭幕大会，市政协领导和全体委员参加会议。会议总结市政协2017年工作，讨论和部署2018年工作，听取和审议通过政协第十二届韶关市委员会常务委员会工作报告和十二届一次会议以来提案工作情况的报告，组织召开委员发言和即席发言大会、分组讨论会议。

【市政协常务委员会会议】　2018年，政协第十二届韶关市委员会常务委员会共召开会议5次。

十二届四次常委会会议　1月8日在市区召开，市政协主席、副主席、秘书长及常委共61人参加，市长殷焕明、常务副市长朱余旺和市纪委、市中院、市人民检察院负责人应邀出席，各县（市、区）政协负责人、市政协机关非委员处级干部和市纪委派驻纪检二组负责人列席。会议听取市一府两院、纪委工作通报，讨论市政府工作报告（征求意见稿），审议十二届市政协常委会工作报告（稿）和十二届一次会议以来提案工作情况的报告（稿）并同意提交市政协十二届二次会议讨论，审议通过关于召开市政协十二届二次会议日期、议程和日程安排的建议，同意任命徐志宏为政协第十二届韶关市委员会提案委员会、社会法制委员会副主任，任命华明为政协第十二届韶关市委员会港澳台侨联络委员会副主任。

十二届五次常委会会议　1月18日在市区召开，市政协主席、副主席、秘书长及常委共64人参加，各县（市、区）政协主要负责人、市政协机关非委员处级干部列席。会议听取市政协十二届二次会议各讨论组汇报讨论市政协常委会工作报告和提案工作情况的报告、市政府工作报告及其他报告的情况，讨论市政协十二届二次会议决议（草案）的情况，同意将《决议》（草案）提交全体会议审议通过。

十二届六次常委会会议　4月28日在市区召开，市政协主席、副主席、秘书长及常委共53人参加，各县（市、区）政协负责人、市政协机关非委员处级干部和市纪委派驻纪检二组负责人列席。会议学习习近平总书记在参加十三届全国人大一次会议广东代表团审议时的讲话精神、全国“两会”精神和政协章程，审议通过《2018年市政协常委会会议预安排》（草案）、《中国人民政治协商会议韶关市委员会委员履职工作规则》（修订稿），部署2018年市政协主要工作，通报市政协十二届二次会议以来提案收集立案和重点提案遴选工作情况。

十二届七次常委会会议　7月5日在市区召开，市政协主席、副主席、秘书长及常委共53人参加，各县（市、区）政协负责人、市政协机关非委员处级干

▲2018年9月30日，首届“韶商·市长面对面”协商会在市政协会议室召开

（市政协 供）

部、市纪委派驻纪检二组列席。会议传达学习省委十二届四次全会和市委十二届七次全会精神；民主评议韶关市旅游业发展工作；审议通过市政协教科卫体委、文史委、联络委2018年专题调研报告；邀请市直有关单位负责人列席会议听取市政协常委对相关工作的意见建议，同意将三个报告以建议案形式报市委、市政府。

十二届八次常委会会议　9月19日在市区召开，市政协主席、副主席、秘书长及常委共56人参加，市委常委、副市长万卓培应邀出席，各县（市、区）政协负责人、市政协机关非委员处级干部、市纪委派驻纪检二组和市直有关单位负责人列席。会议民主评议韶关市产业园区建设工作；传达学习《中共中央办公厅印发〈关于加强新时代人民政协党的建设工作的若干意见〉的通知》精神；审议市政协提案委、经济委、港澳委2018年专题调研报告；邀请市直有关单位负责人列席会议听取市政协常委对相关工作的意见建议，同意将三个报告以建议案形式报市委、市政府。

政治协商

【专题协商会】　2018年，市政协协助市委召开2次专题协商会。

8月23日，市委召开实施乡村振兴战略专题协商会。市政协副主席吴春腾代表市政协作《关于加快推进我市乡村振兴工作的十条建议》，提出重视抓好新农村示范片建设、发挥农民主体作用和乡贤积极作用等十条对策建议，组织各界别委员、县（市、区）政协代表围绕农业产业发展、农村规划建设、农村人居环境整治、乡村治理体系、农业农村人才、农村基础设施建设、农村综合改革等方面建言献策，与会市领导及相关部门负责人分别做出回应。市委主要领导对会议组织、成效给予肯定，对市政协为实施乡村振兴战略提供的重要智力支持表示感谢。市委、市政府把这些建设性的意见建议实施到实际工作中，转化为推动全市乡村振兴的发展成果。

12月12日，市委召开传统文化保护利用专题协商会议。市政协副主席王德雄代表市政协作《关于我市传统历史文化保护利用情况的调查与建议》，组织各界别委员、县（市、区）政协代表围绕传统文化活化利用、历史文化名人研究宣传、打造“世界禅都”品牌、保护传承“粤北采茶戏”、姓氏文化、祠堂文化等方面建言献策。针对韶关市文创产品研发能力不强、专业人才严重匮乏等实际问题，建议着力推进以“大南华”项目为龙头的旅游文化产业园、韶关古城风采重塑等八项“活化”重点工程项目建设。

【首届“韶商·市长面对面”协商会】　2018年9月30日，市政协组织召开首届“韶商·市长面对面”协商会。市长殷焕明及副市长陈磊率政府相关职能部门负责人应邀出席会议。会上，来自韶关市民营企业、非公有制企业的20多名代表就减轻民营实体经济经营成本负担，解决企业信贷、征地及招工难题，提高行政服务效能等发言。关于减轻企业社保费负担、改善社保费征缴方式的建议，得到韶关市各级政府的办理落实。

【市政协对口协商座谈会】　2018年5月3日，市政协召开“我市房屋建筑和市政基础设施工程招标投标实施情况”对口协商座谈会；5月31日，召开“推进我市创建省教育现代化先进市”对口协商座谈会；7月10日，召开“我市基层综合性文化服务中心建设状况”对口协商座谈会；7月24日，召开“我市精准扶贫工作进展情况”对口协商座谈会；10月31日，召开“我市外侨工作”对口协商座谈会；会议由相关专门委员会组织召开，邀请与协商议题相关的市政府分管领导和市政府对口部门负责人与政协委员座谈协商。

民主监督

【民主监督式视察评议】　2018年6月12日至13日，市政协组织常委会组成员及部分委员分4组前往仁化县、曲江区、南雄市、乳源瑶族自治县开展韶关市旅游业发展情况民主监督式视察，了解韶关市“大南华”“大丹霞”“大南岭”“大珠玑”四大重点旅游文化产业项目建设进展情况。9月11日至13日，市政协组织常委会组成员及部分委员分6组前往全市各产业园区开展产业园区建设民主监督式视察和现场评议活动。会上，常委们建议，要把产业园区建设及招商引资工作作为韶关加快发展的根

▲ 2018年8月30日，市政协无主题议政会 （市政协 供）

本抓手和核心任务。视察结束后，分别在市政协常委会会议上进行民主评议，邀请市政府分管领导和市直有关部门负责人出席，通报相关工作情况，听取视察意见建议，并将评议结果报市委、市政府，在市直新闻媒体上公布，引起韶关市社会各界的广泛关注和强烈反响。10月，全国政协主办的《人民政协报》刊发新闻《广东省韶关市政协民主评议产业园区建设》，对市政协的做法给予肯定。

【专题视察】 2018年，市政协组织委员围绕韶关市“消雪岭农场归侨生产生活安置情况”“房屋建筑和市政基础设施工程招投标工作情况”“争创省教育现代化先进市工作情况”“精准扶贫工作进展情况”“创文工作开展情况”“疾病预防控制工作情况”“市区风度书房建设情况”7个专题开展视察，形成视察报告并送市政府及有关部门作参考。

【提案工作】 2018年，市政协成立韶关市政协提案工作研究会，开展督办视察、“回头看”等活动，推动提案办理落到实处。全市政协共收到提案276件，同比增长28.97%；立案224件，同比增长28.74%；其余52件转作委员来信处理。立案提案中，经济建设类56件，城建交通环保类75件，教科文卫体类45件，政法、社会保障类48件。提案办复率100%，满意率89.7%，基本满意率10.3%。解决或采纳的102件，占45.6%；正在解决或纳入计划解决的115件，占51.3%；暂不具备条件解决作参考的7件，占3.1%。遴选确定重点提案9件，分别由市委书记、市长、市委副书记、常务副市长和市政协领导领衔督办。评选出《关于推动乡村振兴、建设融合发展美丽家园的建议》《依法规范农村建房，建设韶关美丽新农村》等25件提案为优秀提案。

【反映社情民意】 2018年，市政协编报《韶关市政协反映社情民意信息专报》16期。其中，民进韶关市委报送的《关于把广富新街打造成韶关风情文化旅游街的建议》《关于对帽峰公园进行军事爱国主义教育主题打造的建议》《关于把中山公园打造成孙中山“航空救国”主题公园的建议》等信息，得到市委、市政府的重视和采纳，推动一些群众普遍关注问题的解决。出版《韶关政协》会刊6期。

参政议政

【市政协专题议政会】 2018年，市政协围绕“加快推进城市提升”议题，组织委员前后用4个月的时间开展调研，形成专题调研报告。7月31日，市政协组织召开“加快推进城市提升”专题议政会，市长殷焕明，市常务副市长朱余旺及市政府相关部门负责人应邀出席。会上，副主席周伟源代表市政协作《关于加快推进我市城市提升工作的调研报告》，与会委员就城市园林绿化、公共体育设施建设、桥梁改扩建、特色小镇建设、提升城市文化品位等方面工作发表意见建议。2018年底，市政府在答复函件中指出，韶关市城市提升工作取得阶段性喜人成绩，城市提升项目已完工51个，项目新开工64个，完成投资66.07亿元，同比2017年均实现翻一番

▲ 2018年7月31日，韶关市政协加快推进城市提升专题议政会在市政协会议室召开 （市政协 供）

▲ 2018年6月1日，韶关市公共外交协会第一届第一次会员大会暨成立大会在市政协会议室召开（市政协 供）

的目标。

【市政协无主题议政会】 2018年8月30日，市政协召开无主题议政会，市常务副市长朱余旺和市政府有关职能部门负责人应邀出席。会上，委员们围绕韶关经济社会发展热点难点问题建言，围绕税款征收、大数据产业、旅游产业、康养产业等议题出谋划策。将研究委员们所提意见，当作提案一样办理，逐个分解落实，并做出专题回应。

【专题调研】 2018年，市政协组织各民主党派市委会、市工商联、各县（市、区）政协和部分委员，围绕韶关市“实施乡村振兴战略”“传统文化保护利用”开展调研，形成报告汇编提交市委专题协商会讨论。以专门委员会为主体，围绕“林下经济发展”“城市提升工作”“公共体育设施建设”“基层综合性文化服务中心建设”“居家养老服务”“谋划建设大型国家公园，推进粤北生态特别保护区建设”“港澳侨资企业发展情况”7个专题开展调研，撰写调研报告并形成建议案报送市委、市政府。市长殷焕明对基层综合性文化服务中心建设、公共体育场地设施建设等相关建议案做出批示，要求有关部门抓好研究和落实，推动韶关市文教卫体事业发展。

【团结联谊】 2018年，全市政协建立健全联系党派制度，支持民主党派、工商联和各界别人士参政议政。市政协十二届二次会议以来，民主党派共提交集体提案33件，在9件重点提案中民主党派提案就有5件，政协信息的稿件大部分也来自市各民主党派。协助做好爱国爱港爱澳社团组织到韶关服务工作，促进韶港澳三地的联谊交流、合作发展。组织香港各界爱心人士，到韶关市开展捐资助学、考察交流活动。香港韶关同乡联谊总会义工团，连续3年在韶关市各县（市、区）开展奖教助学活动。委员卢德基协同澳门有关方面，连续4年在韶关市举办“科学原来很近·韶澳两地科普教育交流周”活动，并多次组织南雄市等地在校师生前往澳门参观考察。截至12月，市政协港澳委员及其企业为韶关市社会各项公益事业捐款捐物达2276万元。在市政协历届委员联谊会换届中，首次邀请原市政协港澳委员参加，拓宽联谊范围。牵头成立韶关市公共外交协会，举办公共外交知识培训班，拓展韶关市公共外交活动。编辑出版《韶关（粤北地方）族谱家训家规集萃》《我熟悉的五位粤北老领导》2辑韶关文史资料。将1983年创刊以来的48辑《韶关文史资料》，全部电子建档入库并挂网，网上的《韶关文史资料》受到市民的关注。市政协建立实施市政协领导联系商会制度。会同市工商联等部门持续加强与商会的沟通交流，协助做好招商引资工作，引导动员韶关乡贤返乡投资兴业。市政协班子领导经常带队深入挂扶联系点，协力推进重点企业项目、新农村建设，参与韶关市乡村振兴、扶贫济困、创文巩卫、抗洪防灾、扫黑除恶等专项督导工作。建立健全走访委员所属企业和联系委员工作机制，深入到委员企业和挂点联系企业调研，帮助企业解决实际问题，协助做好稳商、暖商、安商工作。陈锦铭、郑楚杰、颜吴余英、曹俊哲等委员所在企业增资扩产共6.8亿元，为韶关发展做出贡献。（钟骏逸）

中国共产党韶关市纪律检查委员会和监察委员会

综　述

【概况】　2018年1月19日，韶关市撤销韶关市监察局，设立韶关市监察委员会，与中共韶关市纪律检查委员会合署办公，履行纪检、监察两项职责，实行一套工作机构、两个机关名称。中共韶关市纪律检查委员会、韶关市监察委员会机关编制101名（行政编制69名、政法专项编制32名）。其中：市纪委书记1名、副书记3名、常委5名；市监委主任1名（由市纪委书记兼任）、副主任3名（由市纪委副书记兼任）、委员5名（其中3名由市纪委常委兼任），市委巡察办主任1名（由市纪委领导班子成员兼任）、副主任1名；室（部）主任（部长）18名、室（部）副主任（副部长）27名、机关党委专职副书记1名（按单位内设机构正职配备）。市纪委监委机关设内设机构18个，具体为：办公室、组织部（机关党委办公室）、宣传部、政策法规研究室、党风政风监督室（市政府纠正部门和行业不正之风办公室）、信访室（举报中心）、案件监督管理室、第一纪检监察室、第二纪检监察室、第三纪检监察室、第四纪检监察室、第五纪检监察室、第六纪检监察室（反腐败国际追逃追赃工作办公室）、第七纪检监察室、第八纪检监察室、第九纪检监察室、案件审理室、纪检监察干部监督室。市委巡察工作领导小组办公室，设在市纪委，配主任1名（按正处职领导干部配备，由市纪委领导班子成员兼任）、副主任1名（按副处职领导干部配备），其他干部所需编制，由市纪委内部调剂解决。设市委巡察组3个，分别为市委第一巡察组、市委第二巡察组、市委第三巡察组。7月，韶关市纪委派驻纪检组统一更名为中共韶关市纪律检查委员会韶关市监察委员会派驻纪检监察组，其他机构编制事项维持不变。设20个市纪委监委派驻纪检监察组，包括12个综合派驻纪检监察组和8个单独派驻纪检监察组。市委巡察组和市纪委监委派驻纪检监察组共核定行政编制103名，其中政法专项编制14名。韶关市和畅楼管理办公室为市纪委管理的公益一类事业单位，正科级。12月，增加市和畅楼管理办公室事业编制23名、副主任领导职数2名，调整后重新核定市和畅楼管理办公室事业编制28名，配主任1名、副主任3名。

【市纪委十二届三次全会】　2018年2月5日，中国共产党韶关市第十二届纪律检查委员会第三次全体会议在市委会议中心召开。会议深入学习贯彻习近平新时代中国特色社会主义思想，全面贯彻党的十九大、十九届二中全会、十九届中央纪委二次全会，以及省委十二届二次、三次全会和十二届省纪委二次全会精神，研究部署韶关市全面从严治党工作。市委书记莫高义出席会议并讲话，市委副书记、市长殷焕明等市四套班子领导出席会议。市委常委、市纪委书记、市监委主任郭健生主持会议并代

▲2018年2月5日，中国共产党韶关市第十二届纪律检查委员会第三次全体会议在市委会议室召开
（张丽　摄）

表市纪委常委会做工作报告。全会审议通过市纪委常委会关于《坚决落实党的十九大全面从严治党战略部署，努力开创韶关党风廉政建设和反腐败工作新局面》的工作报告和决议。会议开展述责述廉活动。

▲ 2018年10月30日，韶关市2018年领导干部党章党规党纪教育培训班在市委党校开班 （张丽 摄）

【纪检监察体制改革】 2018年，市纪委监委推进纪检监察体制改革工作，加强党对反腐败工作的集中统一领导，发挥市委反腐败协调小组作用，一体推进纪律检查体制改革、监察体制改革和纪委监委内设机构改革。市县两级党委主动履行改革主体责任，纪检监察机关履行改革专责，市县两级监委如期成立、顺畅运转，改革取得预期成效。全市划转编制134个，转隶96人。落实纪委监委合署办公要求，优化内设机构设置，实行监督检查和审查调查职能分离、部门分设，依法行使监察职权，对所有行使公权力的公职人员实施监察。扩充案件监督管理、案件审理等部门力量，加强对调查措施使用的审批监管和案件质量的审核把关，内部制约机制更加健全。推进纪法贯通、法法衔接，制定监督执纪监察工作规程等多项制度，健全案件线索移送、技术调查、信息共享、追逃追赃等工作机制，与司法、执法机关实现顺畅衔接。遵循刑事审判证据标准和程序要求，提高审查调查规范化法治化水平，市监委向检察机关移送12宗案件，没有一宗退查。全市纪检监察机关立案总数比上年同期纪检监察机关和检察机关立案总数增加94件89人，分别增长8.3%和7.1%。

派驻机构改革进一步深化。派驻纪检组全部更名为派驻纪检监察组，明确派驻纪检监察组履行纪检、监察两项职能，向功能区派出监察专员办公室，向乡镇（街道）派出监察组，赋予其依法进行监督、调查、处置的职责权限，推动监督触角向基层延伸。加强镇级纪委规范化建设，出台《关于强化镇级纪委及纪委委员监督责任的意见》，明确监督职责、监督重点和工作措施，着力破解镇级纪委及纪委委员工作机制不健全、作用发挥不充分的问题。

▲ 2018年1月19日，新任命的市监委副主任、委员在十四届人大常委会第十三次会议上进行宪法宣誓 （杨纯 摄）

监督执纪

【实践运用“四种形态”】 2018年，市纪委监委强化纪律执行，运用监督执纪“四种形态”（第一种：党内关系要正常化，批评和自我批评要经常开展，让咬耳扯袖、红脸出汗成为常态；第二种：党纪轻处分和组织处理要成为大多数；第三种：对严重违纪的重处分、作出重大职务调整应当是少数；第四种：而严重违纪涉嫌违法立案审查的只能是极极少数），突出日常监督，坚持抓早抓小，加大谈话提醒和函询诫勉力度。全市纪检监察机关共运用“四种形态”处理2566人次，同比增长30.5%；“四种形态”占比分别为57.9%、30.2%、7.1%和4.8%，坚决用纪律管住大多数。

【纪律教育学习月】 2018年7至9月，市纪委监委在全市开展以“加强党的政治建设、营造良好政治生态”为主题的纪律教育学习月活动，重点开展四项教育活动，即：开展专题学习、开展主题活动、开展警示教育、开展谈心谈话。在做好“规定动作”的同时，坚持围绕主题，结合实际，探索创新纪律教育学习的形式，重点举办韶关市“奋进新时代，廉洁伴我行”主题演讲大赛。

【领导干部党纪政纪法纪教育培训】2018年10月30日，市纪委监委举办领导干部党纪政纪法纪教育培训班。市四套班子成员，市中级人民法院、市检察院主要负责人，副厅级干部；各县（市、区）党委书记、县（市、区）长、纪委书记；市委各部门、市直各单位、市各人民团体副处级以上领导干部；中央、省驻韶有关单位主要负责人、纪委书记（纪检监察组组长）参加培训。培训班上，市委书记莫高义作题为《加强党的政治建设营造良好政治生态》的辅导报告，市委常委、市纪委书记、市监委主任郭健生通报全市党风廉政建设和反腐败工作情况，并现场播放党风廉政警示教育片。

【作风建设】 2018年，市纪委监委推进作风建设，巩固拓展落实中央八项规定精神成果。紧盯“四风”问题新动向新表现，坚持暗访、查处、追责、曝光机制，查处顶风违纪行为，防止“四风”问题反弹回潮。全市纪检监察机关共开展明察暗访156批次，查处违反中央八项规定精神问题102个181人，给予党纪政务处分159人。深入开展违规收送“红包”礼金问题专项整治，全市共处置问题线索171条，立案查处78人，给予党纪政务处分74人，移送司法机关7人。建立集中整治形式主义、官僚主义工作机制，严肃查处为官不为问题，共问责党员干部393人，给予党纪政务处分216人；立案查处在农村集体土地承包经营权确权登记工作中弄虚作假问题31人；严肃处理在市委十二届七次、八次全会期间违反会风会纪的党员干部57人；严肃处理节假日期间违反工作纪律的党员干部24人。全市通报曝光各类典型问题234个511人次。

【派驻巡察工作推进】 2018年，市纪委监委加强对派驻机构的规范化管理，制定市纪委监委派驻纪检监察组工作指引、绩效评价办法等制度，着力提升派驻机构履职能力。加强对派驻机构的领导，建立委领导及机关纪检监察室联系派驻纪检监察组工作机制，将20个派驻纪检监察组划分为6个办案协作组，整合监督力量。各派驻纪检监察组履行监督职责，紧盯“关键少数”和“三重一大”事项，加强日常监督检查，推动被监督单位党组（党委）落实全面从严治党主体责任。市纪委监委派驻纪检监察组查办案件同比增长36.4%。开展常规巡察、专项巡察和交叉巡察，查找和纠正政治偏差。市委巡察机构开展3轮常规巡察，巡察市经信局、市农业局、市金财集团等24个单位党组织，移交问题线索153条，推动立案查处18人。统筹市县两级巡察力量，对全市111个养老机构开展专项巡察，移交问题线索68条，推动立案查处42人，诫勉及组织处理90人；完成全市278个省定贫困村专项巡察，提前实现巡察全覆盖，移交问题线索157条，推动立案查处73人，建立和完善扶贫领域工作制度53项。对县级环保部门集中开展交叉巡察，发现问题221个，移交问题线索49条。加大巡察监督向村居延伸力度，打通监督“最后一公里”。全市共巡察508个村居，占总数的35.5%，发现问题1746个，移交问题线索252条，推动立案查处89人。做好巡察“后半篇文章”，制定深化巡察整改工作意见，完善巡察情况通报机制，加强对整改落实情况的专项检查，重点对市代建局、粤北第二人民医院等4个单位开展整改评估。强化巡察结果运用，突出对普遍性倾向性问题的研判分析，及时向市委专题报告。

反腐倡廉

【纪律审查工作】 2018年，市纪委监委坚持无禁区、全覆盖、零容忍，坚持受贿行贿一起查，聚焦城市建设、自然资源、国企国资等领域，严惩贪污贿赂、权力寻租等职务违法和职务犯罪。全市纪检监察机关共受理信访举报2812件次，同比增长23.7%；处置问题线索2601件，同比增长29.7%；立案1230件，同比增长17.3%；结案1070件，同比增长13.8%；处分1041人，同比增长11.8%。其中查处县处级干部39人、乡科级干部214人。移送司法机关46人。市纪委监委自办案件133件，同比增长5.6%，重点查处市政府原秘书长、市金财集团原党委书记钟裕荣案，市中等职业技术学校系列腐败案，新丰县非法开采稀土案，仁化县盗伐滥伐林木案，始兴县非法占用农用地和非法采矿案，浈江河非法开采河砂案等案件。加大追逃追赃工作力度，坚持追逃防逃一体推进，全市追回外逃人员4人，保持外逃人员零新增。坚持“三个区分开来”原则，落实容错免责制度，主动为受到诬告、错告的党员干部澄清事实，消除负面影响。坚守办案安全底线，落实监督检查和审查调查安全工作责任制，开展3次全市办案安全专项检查，发现和消除安全隐患。加大办案场所建设力度，对留置点进行改造升级，新办案点建设进展顺利。下发加强县级纪委监委看护队伍规范化建设的意见，增强看护力量，强化安全保障。依法行使监察职权，严把留置措施条件关、程序关。全市监察机关共采取留置措施21人，没有发生安全事故。做好查办案件“后半篇文章”，发挥以案治本功能，深刻剖析典型案件，督促案发单位完善监管制度，开展警示教育，提高预防腐败的针对性。

【纪委监察推进扫黑除恶专项斗争】 2018年，市纪委监委深入开展扫黑除恶专项斗争，与公安机关、检察机关建立协同办案、线索移送、逐案筛查等工作机制，全市共受理涉黑涉恶腐败和“保护伞”问题线索282条，立案111件，给予党纪政务处分52人，移送司法机关11人。中央扫黑除恶督导组交办的11件信访举报件已全部办结。

【基层正风反腐】 2018年，市纪委监委推进基层正风反腐，协助市委制定出台《韶关市基层正风反腐三年行动实施方案（2018—2020年）》，着力解决群众身边腐败和作风问题。全市共摸排基层党员干部违纪违法问题线索3222条，立案1113件，给予党纪政务处分916人，移送司法机关36人。开展扶贫领域腐败和作风问题专项治理，紧盯侵害群众利益问题，加大直查督办力度，全市排查扶贫领域问题线索456条，立案222件，给予党纪政务处分208人，移送司法机关11人。

【廉政教育】 2018年，市纪委监委加强反腐倡廉理论学习，组织全市各级各单位订阅中央纪委和省纪委编印、拍摄的教材、电教片38656本（盒）。继续坚持领导干部任前廉政法规考试制度，对县处级领导干部实行逢提必考，组织考试2次30人。办好“一网一微一版”教育平台，微信公众号全年推送廉政信息890余条，关注数达到18186人；韶关廉政网发布各类廉政信息6000余条，点击量达30余万人次；韶关日报“党建党廉”专版出版52期。举办韶关市“奋进新时代，廉洁伴我行”主题演讲大赛，来自韶关市10个县（市、区）、市直各单位和中省驻韶部分单位的45位选手进入复赛，12位选手晋级决赛。

【纪检监察干部队伍建设】 2018年，市纪委监察委持续深化转职能、转方式、转作风，市纪委监委班子成员落实蹲点联系基层制度，促进工作作风转变。坚持以案代训、跟班学习等制度，市纪委监委共组织干部参加各类培训3000多人次；分批安排派驻机构和县级纪委监委干部89人次到市纪委监委机关跟班学习。形成治理基层微腐败专题调研报告，制定整治基层微腐败行动方案。强化内部监督，执行广东省纪检监察干部行为规范和“九条禁令”，制定韶关市纪检监察干部违纪违法行为处理和责任追究实施意见等制度，规范审查调查权限，严格借用人员管理。加强警示教育，组织观看纪检监察干部违纪违法典型案例专题片。制定委领导约谈纪检监察干部制度，开展日常谈话150人次、廉政谈话50人次、提醒约谈4人次。开展纪检监察干部家访活动，把关心爱护干部落到实处。坚持正人先正己，对反映纪检监察干部违纪违法的问题线索，做到有信必核、有案必查。全市共诫勉及组织处理纪检监察干部9人，立案查处8人。

【预防腐败】 2018年，市纪委监委召开全市构建“亲”“清”新型政商关系座谈会，构建既“亲”又“清”的新型政商关系进行座谈交流，支持保护民营经济发展。联合市城市提升领导小组办公室向全市企业家发放《弘扬企业家精神争做新时代楷模》倡议书，倡议全市企业家做守法诚信经营的引领者、新型政商关系的践行者和加快城市提升的共建者。坚持把“以案治本”工作作为预防腐败最重要的抓手，推进以查促教、以查促建、以查促管，促进形成“查办案件、完善制度、堵塞漏洞、警示教育”一体化的工作体系，构建不敢腐、不能腐、不想腐的有效机制。

（张　宇）

民主党派

中国国民党革命委员会韶关市委员会

【概况】 中国国民党革命委员会（简称民革）韶关市委员会联络小组于1954年1月成立。1956年3月，成立民革综合支部，党员3人，民革韶关市委会直属支部于1984年1月成立，后改为民革振华支部。1959年9月，成立韶关市委员会。2018年是民革韶关市委第十一届委员会，有委员14名。市委会下设监督委和民主监督委、促进经济发展委、促进社会建设与文化建设委、促进法治委、关心妇女儿童工作委、促进祖统工作委6个专门委员会。基层组织有26个，包括2个基层委员会、2个总支部、22个支部。市委会机关不设职能部门。截至2018年底，民革韶关市委党员人数为417人，主要分布在党政机关、医疗卫生、高等及普通教育、科学技术、文化艺术、法律、公有制经济、非公经济等各个领域。

思想建设 2018年，民革韶关市委组织全市各级民革组织和民革党员干部，学习中共十九大精神、习近平总书记对广东工作的重要指示批示精神，学习贯彻习近平总书记视察广东重要讲话精神。学习贯彻中共广东省委十二届四次全会、中共韶关市委十二届七次全会精神，与学习贯彻民革十三届二中全会、民革广东省第十三届委员会第六次常委（扩大）会议精神和2018年韶关市民主党派负责人暑期座谈会结合起来，一体学习领会、整体贯彻落实。开展“坚持和发展中国特色社会主义学习实践活动”和“不忘合作初心，继续携手前进”主题教育。举办“纪念中共中央发布五一口号70周年和民革成立70周年主题”演讲比赛。成立民革韶关市委理论学习中心组。以市委统战部韶关信息微信群、韶关信息、韶关政协、民革e家、团结报、团结网、微信等“六位一体”平台，以及广东民革网站、杂志、微信公众号宣传民革韶关市委的各项工作。

组织建设 2018年，民革韶关市委成立组织工作委员会，加强组织发展工作的领导。制定《中国国民党革命委员会韶关市委员会组织发展规程（试行）》，规范组织发展工作。党员队伍稳步扩大。武江区民革党员之家建成并投入使用。推动浈江区二支部、曲江区支部、南雄市总支在自身建设、参政议政和服务社会方面开展创新，为示范性支部的建设形成一批可复制、可推广的基层组织建设经验和做法。

参政议政 2018年，民革韶关市委参与政治协商。主委张文铭代表民革参加市委传统文化保护利用专题协商会议，作题为《关于加强韶关历史文化名人研究和宣传，促进社会发展的建议》的发言，获得中共韶关市委主要领导的肯定。副主委成容参加市委乡村振兴专题协商会和市政府城市提升专题协商会并作发言。2018年初各级“两会”期间，副主委钟树梅代表民革韶关市委在市政协大会上作《大力改善提升大气质量，树立韶关城市新形象》的发言及委员张嘉异《关于盘活市区专业市场的建议》的即席发言。提案方面，民革韶关市委和党员中的市政协委员向市政协第十二届二次会议提交提案、建议18件。审查立案通过的集体提案3件，个人提案12件。提案数量、比重较上年有所下降，但提案质量明显提高。其中，集体提案《关于在我市大力开展国家生态原产地保护产品评定工作的建议》被列为2018年韶关市政协九大重点提案之一，由市政协副主席吴春腾督办。各基层组织向县（市、区）政协提交提案共31件，大会发言1个，调研报告2个。曲江区支部提交的《关于完善我区高速出口到城区内主干道建设的意见和建议》被列为重点提案，由区委书记跟踪督办。完成“市委出题，党派调研”课题任务和2019年韶关市政协大会发言课题任务。赴江门市、茂名市、湛江市、株洲市、长沙市等地调研学习，到南雄市、始兴县、新丰县等有关部门走访座谈了解情况，完成3个调研报告。

社会服务 2018年，民革韶关市委开展法律援助和法律咨询服务。发挥民革社会法制领域人才专长，鼓励党员律师参加司法局开展的“法进社区”“送法进村”“送法下乡”等活动，参加市委会及有关部门组织的普法教育、法律援助和法律咨询服务活动。开展关爱孤寡老人、留守儿童活动、关爱贫困家庭学生活动和扶贫义诊活动及“6·30”扶贫济困活动等形式和途径。帮助困难群众和党员解决实际问题。浈江区二支部资助乐昌市秀水镇中心小学15名贫困家庭学生2万元，与浈江区五支部联合组织党员医疗小组为该镇100多名村民进行健康检查、诊治，捐送药品总价1.5万元。粤北医院支部持续跟踪帮扶乳源瑶族自治县红云小学的5名贫困学生，组织医务人员到仁化县长江镇开展送医送药活动，义诊群众200多人，捐送药品总价8000元。全市民革各级组织和民革党员共向社会和个人捐资60.8万元。武江区二支部的詹三毛撰写的《关于解决十里亭片区污水排放问题的建议》社情民意信息由市长殷焕明督办，并指导第一期完工；蓝韶章、吴永忠、欧二财、谭健生代表韶关市参加广东省第九届老年健身大会桥牌赛获得金牌；蓝韶章、吴永忠、欧二财、谭健生代表韶关市参加在郴州市举行的红三角杯桥牌赛获第一名。武江区三支部李婷由武江区组织部推荐挂任韶关市芙蓉新区管委会社会工作局副局长。乳源瑶族自治县支部参与中共乳源瑶族自治县委开展的“县委出题，党派调研”活动，围绕“建设全国少数民族先进县”发展战略和民生关注热点等方面开展调研活动，完成《推动农村产业融合发展，促进乳源美丽乡村建设》《我县民主党派干部队伍建设的问题和对策》两篇调研报告；加大对对口联系帮扶的翁源县龙仙镇桂竹村1户村民的帮扶力度，为帮扶对象因病致贫办理低保，解决用水问题，捐款捐物一批。

【“纪念中共中央发布五一口号70周年和民革成立70周年主题”演讲比赛举办】 2018年6月20日，民革韶关市委在市区小岛饭店举办纪念中共中央发布“五一口号”70周年和民革成立70周年主题演讲比赛。来自全市各级民革组织的党员干部30人参加活动。8名选手参加时长一个半小时的演讲比赛。比赛共评出前三名，并决定由其中浈江区一支部的周滨代表民革韶关市委参加全省民革演讲比赛，周滨在全省民革演讲比赛中获得三等奖。

【韶关市首家民革党员之家——“武江区民革党员之家”举行揭牌仪式】 2018年12月17日，韶关市首家民革党员之家——“武江区民革党员之家”举行揭牌仪式。市政协副主席、民革韶关市委主委张文铭，中共武江区委统战部副部长、工商联副主席姜蕴芝受邀出席揭牌仪式。民革韶关市委副主委娄平、成容，各基层组织主委及机关干部30人参加活动。民革武江区基层委员会从2017年7月开始筹建武江区民革党员之家，民革党员之家坚持硬件设施和软件管理并举，设有会议室、书画室、休息室、展览室（分设中山精神、肝胆相照、优良传统、奋发有为及地方组织特色篇）和活动室（乒乓球、棋牌和健身等器材），基层委员会副主委赵高凌担任党员之家专管员，制定党员之家制度。

（王龙树）

中国民主同盟韶关市委员会

【概况】 中国民主同盟韶关市委员会（以下简称民盟韶关市委）成立于1981年8月。历经九届市委会，历任主任委员有梁庆邦（一、二、三届）、彭洁开（四届）、林平杰（五、六、七、八届），现任主任委员林炜东（九届）。截至2018年底，民盟韶关市委直辖1个县委会（下辖8个支部）、2个基层委员会（下辖16个支部）、3个总支、2个直属支部。全市共有盟员625人，其中，具有中、高级职称的盟员528人，占84.6%；主体界别（教育、文化艺术、科技医卫界）盟员460人，占73.4%。

思想建设　2018年，民盟韶关市委深入学习贯彻中共十九大精神。先后多次召开主委会议、市委会会议，学习贯彻中共十九大精神、全国“两会”精神、习近平总书记系列重要讲话精神。市委会领导班子、市委委员、基层组织负责人和全体机关干部先后参加“全市统一战线学习贯彻习近平总书记视察广东重要讲话精神学习会”“市政协、各民主党派市委会、市工商联机关学习习近平总书记视察广东重要讲话精神会议”等学习培训，系统学习习近平新时代中国特色社会主义思想。推进“不忘合作初心，继续携手前进”主题教育，将主题教育活动与纪念中共中央发布“五一口号”70周年、庆祝改革开放40周年系列活动相结合，组织各基层和盟员开展学习活动，重温多党合作历史，弘扬优良传统。组织盟员前往中国民主同盟传统教育（从化）基地参观学习，与民盟广州市委、从化基层委员会相关领导进行座谈，交流学习民盟优良传统、广东民盟的发展历史及中国多党合作制度的独特政治优势。组织部分市委会委员、盟务骨干和机关干部前往东莞市参观李章达故居，缅怀民盟前辈丰功伟绩。邀请民盟揭阳市委会到韶关市开展活动，围绕主题教育活动和盟务工作进行交流。接待民盟广东外语外贸大学基层委员会到韶关市开展爱国主义教育活动，参观仁化县双峰寨、北伐纪念馆、中共广东省委旧址等地。创新活动平台，将民盟翁源县委会“盟员之家”与“同心圆”教育实践活动基地结合，丰富盟员学习教育的形式和载体。启动盟史馆申报工作。广东民盟最早建立的组织是于1942年10月成立的民盟韶关核心小组。民盟韶关市委专门到盟省委机关，请示韶关盟史整理及盟史馆申报等相关工作，主动争取党委政府的支持。民盟韶关市委启动盟史馆申报工作。走访盟市委老领导和市区八十岁以上的老盟员，开展韶关盟史资料收集整理工作。全年共编辑、出版内部杂志《韶关民盟》3期，民盟韶关市委微信公众号推送盟务各类文章93篇。提交7篇文章参加民盟中央开展的系列论坛征文活动、省政协举办的“习近平总书记关于加强和改进人民政协工作重要思想专题研讨会”及市统战部组织的纪念改革开放40周年等征文活动。民盟会员撰写的文章，1篇获2017年民盟广东省委参政党理论研究优秀论文三等奖，一篇获2017年全市统战理论政策研究创新成果优秀奖。在民盟中央11月召开的民盟思想宣传工作会议上，民盟韶关市委获全国“民盟思想宣传工作先进集体”称号。曲江支部盟员之家获全国“优秀盟员之家”称号。

参政议政　2018年，在2018年韶关市民主党派负责人暑期座谈会上，民盟韶关市委提出发挥韶关优秀传统文化优势、加强生态发展区的相关政策研究、加强工矿精神的载体建设等加快韶关经济社会发展的建议。在中共韶关市委组织召开的专题协商会上，作题为《“空心村”在乡村振兴中的出路》的发言。在加大韶关城市提升工作力度专题议政会上，提交《关于完善我市交通设施，改善城区交通拥堵问题的建议》。11月，中共韶关市委常委、统战部部长颜珂走访民盟机关，调研了解建设新时期高素质参政党面临的困难和问题，民盟韶关市委提出领导班子层次和年龄结构、后备干部培养力度、机关干部流动性、高校基层组织发展、调研工作成效及参政议政能力提升等方面的问题。12月，在关于韶关市传统文化保护利用专题议政会上，民盟韶关市委作题为《挖掘韶关历史故事传说，提升韶城文化品位》的发言。4月，民盟韶关市委“空心村在乡村振兴中的出路”专题调研组深入到乐昌市、曲江区等地，与国土、镇政府、村委会等相关部门负责人座谈，收集、掌握一手材料，为民盟韶关市委形成参加专题协商会发言材料提供保证。8月，组织2个调研组分别前往云南省丽江市、浙江省绍兴市和江苏南通市等地开展专题调研，形成《推进生态大数据平台建设，引领粤北生态特别保护区建设的思考》和《传承发展优秀传统文化，助推韶关经济社会发展》2个调研报告，完成2018年“市委出题、党派调研”工作任务，向民盟广东省委提交2019年省政协提案材料《关于进一步推进粤北特别生态保护区的建议》。在市政协十二届二次大会上，王焰安教授代表民盟作题为《保护和开发禅宗文化资源，助推粤北地区绿色发展》的发言，韶关市“两会”召开期间，民盟共提交议案2个，集体和个人提案31件，涉及经济、交通环保、科教卫体、政法和社会保障等多方面内容，数量和质量均有提升。提交的集体提案《加快我市“互联网+”农村电子商务发展的对策与建议》、盟员陈胜鸿的提案《关于加快农村淘宝项目建设，助力精准扶贫的建议》被市政协评为2017年重点提案，优秀提案；盟员戴经国提交的《关于大力发展韶关大数据产业的提案》被评为优秀提案。7名盟员被评为优秀委员。在县（市、区）“两会”期间，民盟翁源县委大会发言3篇，盟员提案30篇；民盟南雄总支提案3篇；民盟乐昌总支提案5篇；民盟曲江支部提案2篇；民盟乳源支部提案2篇；民盟武江区基层委员会提案2篇；民盟浈江区基层委员会提案4篇。各类信息稿件数量增加，质量提升，上报盟省委20篇、报市统战部37篇、报市政协12篇，其中，被民盟广东省委采用的稿件7篇、市委统战部采用8篇、市政协采用2篇，盟员陈伟撰写的信息《高度重视房地产开发项目资本金制度未严格执行问题》和《推进小额精准扶贫信贷政策落实到实处的几点建议》被民盟中央采用，实现民盟韶关市委信息稿件首次被盟中央采用的新突破。坚持开展与市发改局、市教育局的对口联系，始终围绕“三个一”开展活动：每年召开一次座谈会、共同关注一个主题、开展一次联合调研。12月，与市教育局对口联系座谈会召开，双方围绕韶关市实施“县管校聘”教育改革的经验和遇到的困难等问题进行探讨。5月，民盟韶关市委获“2017年度民盟广东省参政议政工作优秀成果奖”。

组织建设　2018年，民盟韶关市委发展盟员25名，平均年龄33.5岁，大学学历20人、研究生学历1人、博士生学历1人。走访中共韶关学院统战部，就发展高层次人才入盟进行深入交流，推动民盟韶关学院总支的组织发展。在5月28日召开的民盟广东省委组织工作会议上，民盟韶关市委获“2017年度组织工作先进集体三等奖”。5月，组织召开宣传工作会议，邀请专家对基层组织负责人及盟务骨干进行培训；6月，选派2名盟员参加民盟广东省委在中央社会主义学院举办的盟务骨干参政议政能力培训班；10月，选派2名盟员参加民盟广东省委在浙江大学举办的干部履职能力提升专题培训班；与盟员挂职单位沟通交流，关注挂职盟员的表现和能力。重视对基层组织建设的指导。民盟翁源县委以活动促进支部建设，组织开

▲ 2018年11月27日，中共韶关市委常委、统战部部长颜珂（左一）、市委统战部副部长廖雨婷（左二）走访民盟韶关市委机关，召开座谈（民盟韶关市委　供）

展基层组织之间的联合活动。民盟曲江支部将所有盟员整合成4个学习小组，每个小组采取不同的形式开展政治学习、盟务交流和履职活动。民盟南雄总支将课题调研进行分解，组织多个调研小组分别完成不同的侧重点，各调研组完成后再进行资料汇总、整合，最后形成调研报告。民盟乳源支部通过文化“走亲”、学习交流、党际共建等多种交流形式，进行会内会外、市内市外的互动，学习提升。民盟韶关市委加强指导，鼓励争创“盟员之家”。尤其是民盟曲江支部“盟员之家”开展知识培训100多次，提高盟员的知识理论水平和政治素养。韶关学院总支盟员获各级各类项目15项，其中国家级项目4项、省级项目3项，获建设经费7000余万元；盟员王焰安被全国地方高校学报研究会评为优秀主编；盟员王帅红获广东省第四届大学生声乐比赛优秀指导教师奖，受到省教育厅的表彰；乐昌总支盟员林记珍完成在林芝为期1年的援藏教学任务；盟员伍安东作品《寝室的友谊小船，不能说翻就翻》获广东省高校校报好新闻评比一等奖。全市盟员2018年获国家级奖励5项、省级奖励15项、市级奖励42项。

▲ 2018年9月25—28日，民盟韶关市委调研组在潮州市开展“传承发展优秀传统文化，助推地方经济社会发展”专题调研（民盟韶关市委 供）

社会服务 2018年，在2018年的“6·30广东扶贫济困日”活动中，各级盟组织和盟员捐款6万余元。先后参加3次扶贫工作会议，安排机关干部前往扶贫点，了解对口帮扶贫困户的情况。11月，民盟翁源县委文化支部联合中医院支部及翁源县科协在新江镇凉桥村开展“三下乡六进”活动，受到当地群众的好评。曲江支部在春节期间，邀请区书法协会参观“盟员之家”，联合为村民送春联、送祝福。中秋前夕，先后对区启智学校和马坝镇、沙溪镇、大塘镇、乌石镇、白土镇、樟市镇等6个镇的敬老院进行慰问，给他们带去节日礼物和文艺演出。7月，受民盟南雄总支的邀请，由广东省人民政府外事侨务办公室主办、广东省华侨职业学校承办的美国旧金山青少年寻根团到黄坑中学参观交流，此次活动被刊登在手机版《羊城晚报》上。

▲ 2018年7月20日，民盟韶关市委主委林炜东（右二）、副主委龙仕华、秘书长曾敏青（右三）等一行十人赴中国民主同盟传统教育（从化）基地参观学习（民盟韶关市委 供）

【美国旧金山青少年赴南雄寻根】 2018年7月8日下午，受民盟南雄总支主委、黄坑中学校长陈盛荣的邀请，由省人民政府外事侨务办公室主办、广东省华侨职业学校承办的美国旧金山青少年寻根团（寻根之友麦礼谦项目），在领队郑国和、广东省华侨职业技术学校国际部主任龙湘芳的带领下，到黄坑中学参观交流。此次交流活动包括参观校园、海外学子与南雄学子交流座谈及中外学生友谊篮球赛等环节。陈盛荣向海外学子讲解南雄的历史文化，介绍粤北山区的教育情况及学子的学习生活情况，学子间相互交换联系方式，南雄学子送给华裔友人小礼物。

【民盟韶关市委赴民盟中央传统教育基地（从化）参观学习】 2018年7月20日，民盟韶关市委主委林炜东、副主委龙仕华、秘书长曾敏青等一行10人前往中国民主同盟传统教育基地（从化）参观学习。民盟广州市委专职副主委黄雪萍、民盟从化区基层委员会主委郑庆禄，民盟从化区基层委员会主委副主委

▲ 2018年11月2日—3日，民盟韶关市委主委林炜东、部分市委委员和盟务骨干前往东莞理工学院、李章达故居参观考察交流　　（民盟韶关市委　供）

迟云平等参加座谈交流。参观学习活动以盟史讲解、参观实物和座谈交流相结合的方式进行。迟云平为大家介绍民盟传统教育基地筹建的历史过程和史料收集过程，展示民盟的史料，讲述中国民主同盟与中国共产党的奋斗历程。座谈会上，黄雪萍介绍民盟广州市委的处室设置、机关编制、组织架构和盟务工作取得的业绩等相关情况。与会者围绕提升盟史教育的效果、开展史实资料的收集整理等进行交流。

【民盟韶关市委赴梅州市、潮州市调研优秀传统文化】 2018年9月25—28日，民盟韶关市委调研组一行在秘书长曾敏青、课题组负责人王焰安的带领下，赴梅州市、潮州市开展“传承发展优秀传统文化，助推地方经济社会发展”专题调研。民盟梅州市委专职副主委李跃文、秘书长徐文莉，民盟潮州市委副主委吴森文、秘书长张树鑫等分别参加座谈并陪同实地调研。在梅州市座谈时，梅州市文广新局、旅游局向调研组介绍梅州市传统优秀文化和建设“农村俱乐部”“客家公共数字文化园”“国家级生态文化保护区”“客家文博会”等传承发展和活化利用传统优秀文化的创新举措。座谈结束后，调研组一行实地调研玉庭楼、纯然文化创意园、华侨文史博物馆等，直观地体验当地的优秀传统文化。在潮州座谈时，潮州市文广新局、经信局、文物旅游局等向调研组介绍潮州市优秀传统文化的主要特点、主要门类及传承发展潮州市优秀传统文化开展的相关工作和取得的成效。座谈双方就非遗基地建设、特色传统文化、传统民俗、研学结合模式等进行交流探讨。调研组一行到潮州市陈舜羌木雕艺术馆、广济桥、韩文公祠等地开展实地调研，了解优秀传统文化与现代旅游的融合发展。

【民盟韶关市委赴东莞市考察交流】 2018年11月2—3日，民盟韶关市委主委林炜东、副主委龙仕华、部分市委委员、盟务骨干和机关干部一行10余人，前往东莞市参观视察，并与民盟东莞市委进行盟务工作经验交流。民盟东莞市委主委程发良、副主委林海川、袁华强等领导参加交流。民盟东莞市委委员陈莉陪同林炜东一行，参观东莞理工学院展览馆，介绍学院的发展史、各级领导的关心，学院名誉院长、诺贝尔物理学奖获得者、著名科学家杨振宁教授多次到学院的情况，以及盟组织和盟员在学院发展过程中作出的贡献。随后，主委林炜东一行在中共莞城街道委员会委员张俊华等陪同下，前往中国近代民主革命家、广东民盟早期领导人李章达故居参观，缅怀民盟前辈。广东最早的民盟组织——以李章达为领导人的民盟韶关核心小组成立于1942年10月。

（陈于兵）

中国民主建国会韶关市委员会

【概况】 中国民主建国会韶关市委员会（简称民建韶关市委）成立于1957年3月6日。截至2018年底，民建在韶关市有基层组织23个，其中基层委员会3个，总支部1个，支部19个；会员411人，

▲ 2018年5月31日，民建韶关市委在韶关市举行学习习近平总书记重要讲话精神辅导报告会　　（民建韶关市委　供）

▲ 2018年6月12—13日，民建韶关市委调研组一行前往湖南省邵阳市调研
（民建韶关市委 供）

平均年龄49.2岁。其中，大专以上学历347人，占84.4%；中级以上职称172人，占41.9%；经济界人士325人，占79.1%；中上层人士241人，占58.6%；各级人大代表、政协委员共61人；任政府实职的会员7人。2018年，民建韶关市委获2017年度民建省委组织管理信息系统一等奖、参政议政工作先进集体二等奖、社会服务先进集体三等奖、网站工作先进集体三等奖和“不忘合作初心，继续携手前进”主题征文活动优秀组织单位三等奖；获市政协2016—2017年度反映社情民意信息工作先进集体；获2017年度全市统战信息工作先进单位；11人获评民建省委2017年度参政议政工作优秀个人、9人获评民建省委2017年度社会服务优秀个人、1人获评2017年度民建省委网站工作优秀通讯员、1人获民建省委学习贯彻中共十九大精神演讲比赛三等奖、1人获评全市统战信息工作优秀信息员。

思想建设　2018年，民建韶关市委坚持把学习贯彻中共十九大精神与学习习近平新时代中国特色社会主义思想结合起来，与开展“不忘合作初心，继续携手前进”专题教育活动、纪念“五一口号”发布70周年活动、纪念改革开放40周年系列活动结合起来，制定各类学习通知和活动方案，召开主委会议、市委委员会议、机关会议深入学习，并组织各专委会、各基层组织开展学习活动。举办学习习近平总书记重要讲话精神专题辅导会和信息工作培训班；组织9名会员参加2018年韶关市各民主党派新成员培训班；组织文体工作委员会前往惠州市、汕尾市开展爱国主义教育学习实践活动。全年出版会刊《韶关民建》2期，编印《会务简讯》12期；抓好网站、微信群、QQ群信息发布和安全管理；向各类新闻媒体报送宣传稿件40多篇。制定《民建韶关市委理论研究和主题征文稿酬发放办法》，完成理论研究和主题征文20篇。多篇文章获得表彰，1篇获2017年全省统战理论政策研究创新成果优秀奖；1篇获民建广东省委“不忘合作初心，继续携手前进”主题征文活动优秀作品特等奖、1篇获民建广东省委2017年度理论研究成果三等奖；1篇获2017年度全市统战理论政策研究创新成果三等奖、2篇获优秀奖。

组织建设　2018年，民建韶关市委组织班子成员参加民建中央举办的骨干会员培训班、2018年省党外县处级领导干部培训班、民建广东省委举办的“不忘合作初心，继续携手前进”主题教育活动等学习培训活动，提升班子成员的“五种能力”。2018年发展新会员26人，具有大专以上学历的25人，占96.2%。制定并落实《民建韶关市委基层组织活动经费使用制度》；补选武江五支部和乳源支部部分班子成员。民建曲江区基层委员会开展曲江民建成立三十周年纪念活动；民建韶关学院总支部、民建浈江区二支部、民建浈江区五支部、民建武江区二支部、民建武江区三支部、民建乳源瑶族自治县支部先后开展爱国主义教育活动；退休支部每月固定时间开展支部学习；其他支部开展会务交流、联合调研、考察会员单位及文体户外活动。参政议政工作委员会增补2名委员，召开专题会议，部署并参与课题调研；企业工作委员会组织会员献爱心、开展“国学”专题讲座；文体工作委员会派员参加体育竞赛活动，分别获民建广东省委第五届会员运动会（羽毛球赛）亚军和2018年市政协乒乓球混合团体比赛统战界别组冠军。将12项制度汇编《民建韶关市委规章制度汇编》400本，发放给会员。

参政议政　在2018年韶关市民主党派负责人暑期座谈会上，主委陈曦围绕粤北生态特别保护区建设和共创多党合作事业新局面等方面作主题发言；在中共韶关市委关于传统文化保护利用专题协商会议上，专职副主委胡湘泉作《关于强势推进“大南华”项目建设、全力打造韶关“世界禅都”品牌的建设》的发言；在中共韶关市委实施乡村振兴战略协商会议上，副主委钟爱明作《抓好干部队伍建设着力推进乡村振兴工作》的发言；在韶关市政协加快推进城市提升工作专题议政会上，提交书面发言2篇。向各级人大、政协提交建议案、提案74件，其中集体提案8件，省政协提案7件，市政协提案33件，县（市）区政协提案24件，市人大建议案2件。市政协大会发言材料《加强农村人居环境整治推进韶关美丽乡村建设》受到市领导的肯定；2篇被选为市政协重点督办提案、4篇被评为市政协优秀提案；2篇被选为曲江区重点督办提案。向有关单位、部门报送“一人一议”和各类信息材料75件，其中被采用为民建中央、民建省委和市政协反映社情民意信息10篇，被采用为省、市统战信息22篇；被采用为省委办公厅和市委办信息9篇；经民建广东省委推荐给会中央春、秋季成果选送材料1篇；被采用为市人大建议案和市政协提案38件。《教师不敢管学生成普遍现象亟待引起重视》被采用为民建中央社情民意信息和省委办公厅信息；《关于加强货运机动三轮摩托车管理的建议》被采用为省统战信息。

社会服务　2018年，民建韶关市委参与市政协机关、市各民主党派机关、韶关市广播电台对翁源县龙仙镇桂竹村的对口帮扶工作，关心、了解挂点贫困户生产生活情况，帮助其发展种养项目；组织开展爱心助学活动，为武江区江湾镇贫困学生捐赠一批价值近2万元的课外读物和助学金；1人捐资给韶关学院美术与设计学院设立“索菲亚全屋定制奖助学金”，计划连续捐赠5年，每年捐赠3万元资助10名优秀贫困生，共计15万元；民建曲江区基层委员会、民建武江区二支部、民建武江区四支部、民建乐昌市支部等基层组织开展捐资助学、慰问福利院、捐建乡村图书馆等公益活动。

【民建韶关市委助推粤北生态特别保护区建设】　2018年4月，民建韶关市委参政议政工作委员会召开全体会议，研究确定选取《韶关推进粤北生态特别保护区体制机制研究》作为民建市委2018年“市委出题、党派调研”课题。随后，民建市委成立专门的课题调研组，组织成员前往湖南省邵阳市、广东省清远市实地调研，学习当地先进经验和举措，并结合韶关市实际情况，从加快体制机制创新、健全完善法规规划政策体系、统筹做好资源开发与保护利用、强化要素保障、鼓励社会参与等方面提出加快推进粤北生态特别保护区建设的建议，供市委、市政府决策参考。在此基础上，梳理相关素材，形成议政材料《提高广东发展平衡性和协调性　加快推进粤北生态特别保护区建设》报送民建广东省委，该材料被民建省委选用为提交省政协十二届二次会议的大会发言材料。　（于方娟）

中国民主促进会韶关市委员会

【概况】　中国民主促进会韶关市委员会韶关市委员会（简称民进韶关市委）于1983年1月8日成立，历任主任委员有饶纪寰、邱坤松、张中林、刘大济。至2018年，有会员430人。

思想建设　2018年，民进韶关市委更新韶关民进门户网站内容，编印《韶关民进》主题年专刊。开展王绍鏊、周建人诞辰100周年纪念活动和纪念“五一口号”70周年活动，班子成员参加全市统战系统赴“五一口号”发布地西柏坡的学习纪念活动，结合此次学习考察撰写纪念文章《传承历史，以党为师》发表于《韶关日报》，撰写纪念文章《走过改革阵痛，探索发展新路——从工业之城走向文旅之城》参与中共中央和统战系统征文。引导基层组织深入开展会章会史教育，其中始兴县总支编写《始兴民进简史》发表在《始兴文史》上。曲江支部组织会员赴赣州市开展“重走长征路，传承红色魂”主题教育活动；始兴县总支组织会员参观著名的江西省上饶市集中营，坚定“跟党走”的信念；浈江区小教支部组织会员参观抗战省委旧址，开展爱国主义教育；仁化县支部组织会员到湖南省汝城县参观红军长征路上“半条棉被”故事发生地旧址及其纪念馆，并向会员发放《党的十九大报告学习辅导百问》等资料。

组织建设　2018年，民进韶关市委发展新会员17名，成立民进芙蓉新区支部，将芙蓉新区周围加入民进的机关和企事业单位人员纳入该支部。完善制度建设，通过向梅州市、河源市等兄弟民进组织学习借鉴，制订《会费收缴管理制度（试行）》，重编《基层组织活动制度》等。做好挂职干部的后续跟进工作，召开挂职人员会议，指出邓华、章程、卢建明等3位干部在挂职过程中的成绩与不足，帮助其返回原单位后继续提升和成长。谭程建正在挂职曲江区旅游局副局长。推荐温荣华和谢寒芳参加省民进举办的地方市委新委员培训班。邀请民进广东省委专职副主委胡献到韶关作“新时代参政议政着力点”的专题讲座，对30多名骨干会员进行学习辅导。坚持会员生病住院探访制度、退休会员“逢五逢十”生日慰问和重大节日慰问制度，以文体活动为平台，展现会员风采，凝聚会员人心。安排徐廷福、陈时雄、白伟华、焦俊梅等4位韶关学院教授代表民进韶关市委参加市政协乒乓球比赛，在统战界别组的乒乓球团体赛中取得季军。向民进广东省委报送文艺协会廖金香、唐冰心和书画协会

▲2018年12月16日，民进韶关市委2018年工作总结大会在韶关市召开
（民进韶关市委　供）

钟英明等3位会员退休后发挥余热的先进事迹，供民进广东省委《余热之光（三）》发表。武江区基层委员会、始兴县总支双双被评为“民进广东省先进基层组织”，蔡红燕、杨辉煌、李婷等3位会员获“民进广东省委优秀会员”称号。

参政议政　2018年，民进韶关市委总计向市政协提交27件提案，其中集体提案15件，居市政协各参加单位之首。韶关民进各基层组织在县（市、区）“两会”期间，总计提交人大建议案4件，政协提案50件。参与政治协商，在市长殷焕明主持的“城市提升”专题议政会上，提交4份发言材料，其中3份材料被指定在大会上作口头发言，占此次大会既定8个发言中的半数。在市委书记莫高义主持的“乡村振兴”专题协商会、“传统文化保护”专题协商会、市政协无主题议政会上，民进韶关市委均有发言。向民进广东省委报送8个议政调研课题，其中3个课题成功立项，报送课题数与立项数超民进全省各工委和各地方市委会。10月，组织参政议政工委赴河源市、梅州市等地调研，形成《关于加强我省农村饮水安全的建议》的调研报告，被民进中央采用为2019年“两会”的参政议政素材；民进韶关市委用3年时间深入研究未成年人保护法、教育法、教师法中对青少年过度保护的条款内容，先后开展多次相关调研和召开相关座谈会，形成《关于建立未成年人犯罪惩戒和预防法制体系的提案》提交民进中央，拟作为全国“两会”提案；民进韶关市委撰写的《救国图强，壮志凌云——韶关飞机制造厂》连载刊登于《韶关日报》《关于对人教版八年级上册〈中国历史〉教科书的几点修改意见》被中共中央办公厅采用。省政协大会期间，民进韶关市委提交《关于重点推进我省农业供给侧结构性改革，尽快补足农业现代化短板的建议》获“省政协优秀提案奖”，《关于大力推进我省医联体建设，尽快补齐我省基层医疗服务短板的建议》获省政协副主席刘日知领衔督办，这是民进韶关市委连续3年第4件获得省领导督办的提案。市“两会”期间，《关于加快特色小镇建设，助推韶关经济发展的提案》《关于对我市农业投入品加强安全监管的提案》《关于加强我市智库建设的提案》等3件提案获“市政协优秀提案”奖，是政协参加单位中获奖最多的；集体提案《关于推动乡村振兴，建设融合发展美丽家园的建议》和大会发言材料《关于做实安商稳商工作，打破我市民营经济发展瓶颈的建议》转成提案后，分别获得市委书记莫高义和市长殷焕明领衔督办。获得省民进奖项有：《关于大力推进我省农业供给侧结构性改革系列提案》获“优秀提案特等奖”，《关于加强我省城市人流密集场所公共安全管理的提案》《关于修正小学语文课文〈海上英魂〉历史错误的建议》获“优秀提案二等奖”，其中，后者获民进中央“2018年参政议政成果三等奖”。信息工作获奖情况：获得全市统战信息工作一等奖，市政协信息工作排名第一、省民进信息工作排名第三。获得“2016—2017年市政协反映社情民意信息工作先进集体”。其中《关于把帽峰公园建设成为德育基地的建议》《关于把广富新街打造成韶关风情文化旅游街的建议》2则信息分别获得市委书记莫高义和市长殷焕明的批示。

社会服务　民进韶关市委参与“6·30广东扶贫济困日”捐款活动，民进韶关市委领导对口帮扶乐昌市大源镇永济桥村期间，多次赴扶贫点指导村容村貌建设、基础设施建设等；机关干部多次深入对口帮扶的翁源县龙仙镇桂竹村开展扶贫工作。组织民营企业家联谊会全体成员继续做强“献爱心”服务品牌。召开社会服务工作会议暨民营企业家联谊会座谈会，布置年度社会服务任务，民进韶关市委主要领导组织会内民营企业家在该村开展“送温暖，献爱心”活动，为19户贫困家庭捐赠慰问金和棉被、电暖炉、花生油等慰问品。各基层组织在社会服务方面均有出色表现：五中支部继续做强“爱心基金”品牌，争取香港李汉荣博士基金资助困难学生31人，人均3000元，该品牌被民进中央收录到《民进基层组织活动案例选编》；浈江联合支部为贫困儿童筹集生活费6000元，赴南雄市南亩镇敬老院慰问孤寡老人，参与韶关市“弘扬时代新风，建设美丽乡村”为主题的2018年文化、科技、卫生“三下乡”活动；始兴县总支继续开展“幼儿图书角”品牌活动，为司前中心幼儿园送去价值5000元的儿童读物；曲江区支部打响“送医下乡”品牌，在区人民公园、白土镇等地开展送医送药和义诊活动，与立德会、启德医院合作开展对贫困尿毒症患者实施免费救助。

【民进韶关市委“微公益”活动】
2018年，民进韶关市委会推行人人公益，引导广大会员自发开展和参与“微公益”活动：乐昌市支部温桂华坚持捐助数十名困难学生直到他们考上大学；浈江区小教支部彭智坚捐助武江区环卫所某职工患白血病孩子的医疗费用，陈东盛赴乳源瑶族自治县金禧小学送教下乡；浈江区中教支部郑鸿沛常年组织企业员工在粤北医院宁养院为晚期癌症患者提供临终关怀；浈江区联合支部李德新长期资助贫困学生；五中支部华艳参与“快乐童行”福利院慰问、乳源瑶族自治县“大手拉小手”关爱留守儿童活动等；始兴县总支林婷玉参加爱心捐书、关爱留守儿童“千粽之爱”、捐助患病警嫂等活动，魏迪华坚持每年献血，聂信开资助山区学校开展体育活动；曲江区支部张雪挺参与区卫计局首届中国医师节活动策划，潘明放、马娜为新疆41团学校捐赠画作，谭程建举办“送法进寺院”教育活动等等。

（朱玉娟）

中国农工民主党韶关市委员会

【概况】　截至2018年12月，农工党韶关市委有基层委员会2个，总支2个，

▲2018年12月16日，农工党韶关市委在韶关市召开学习贯彻习近平总书记视察广东重要讲话精神暨2018年度工作总结大会（陈勇胜 摄）

支部19个，小组1个，党员427人，其中医药卫生、人口资源和环境保护界占74.0%；中高级职称以上党员占78.7%。有各级人大代表13人，政协委员50人。2018年，农工党韶关市委开展“不忘合作初心，继续携手前进”主题教育活动，加强自身建设，履行参政党职能，各项工作取得新进展。农工党党员、粤北人民医院泌尿外二科主任曹正国博士入选广东省“扬帆计划”培养高层次人才、广东省“杰出青年医学人才”。

思想建设　2018年3月15日，农工党韶关市委召开市委会扩大会议，组织市委会委员、各基层组织负责人、机关干部专题学习习近平总书记在参加十三届全国人大一次会议广东代表团审议时的重要讲话精神。5月26日，召开学习中共十九大、习近平总书记重要讲话、全国“两会”精神报告会，邀请全国人大代表、粤北人民医院门诊部主任饶文霖作全国“两会”精神宣讲辅导，农工党韶关市委委员及各基层组织班子成员共60多人参加报告会。10月31日，组织农工党韶关市委全体委员、机关干部参加全市统一战线学习贯彻习近平总书记视察广东重要讲话精神会议。12月6日，召开市委会会议，专题学习习近平总书记视察广东重要讲话精神。12月16日，召开学习贯彻习近平总书记视察广东重要讲话精神暨2018年度工作总结大会。提高《韶关农工》办刊质量和农工党韶关市委网站建设水平。加强农工党韶关市委网站、微信群等信息安全管理。

组织建设　2018年，农工党韶关市委选送骨干党员和后备干部参加省、市有关部门举办的各类培训班，组织21名党员参加市委组织部、市委统战部在市社会主义学院举办的2018年市民主党派新成员培训班，2名党员分别参加农工党广东省委在西北大学、河南省社会主义学院举办的全省骨干党员培训班和参政议政专题培训班。市科技支部1名党员完成挂职曲江区环保局副局长工作。全年发展新党员20人。完善浈江区基层委员会、粤北人民医院总支及二支部组织架构。

参政议政　2018年，农工党韶关市委领导参与韶关市重大问题和重大决策的政治协商。主委卢春燕先后参加市委书记莫高义主持召开的市委实施乡村振兴战略专题协商会议和市委传统文化保护利用专题协商会议，并分别作题为《强化乡村旅游综合营销助推乡村振兴发展》《利用城区山体和人文资源建设文化名山的建议》的发言，参加市人大常委会组织的南水水库引水工程专题询问会及现场视察活动，提出意见和建议。副主委黄得慧在市政协加快推进城市提升专题议政会上提交题为《关于完善我市土地储备管理体制机制的建议》的书面发言材料，并经市政协推荐，应市政府邀请担任市城市提升市政项目特邀监督员。围绕“市委出题，党派调研”课题，联合市委政研室、市卫计局、市民政局等部门组成调研组就“韶关打造全国全省著名的健康养生养老目的地”到广西壮族自治区、广州市等地开展专题调研，向中共韶关市委报送调研报告。组织部分市人大代表、市政协委员先后赴珠海市、中山市开展“户外运动及旅游”“特色小镇”专题调研。组织调研组，并邀请市发改

▲2018年5月28日至6月1日，农工党韶关市委赴广西壮族自治区巴马县等地开展健康养生养老专题调研（陈勇胜 摄）

▲ 2018年12月13日，农工党广东省委会党务工作调研座谈会（韶关）在韶关召开
（农工党韶关市委 供）

局有关科室负责人到韶关航道事务中心开展专题调研，为韶关市融入粤港澳大湾区、对接珠三角、链接“一带一路”，建设粤北绿色水上黄金通道建言献策。组织市委会相关人员到市区周边的芙蓉山、莲花山、皇岗山及相关管理部门调研，到南岭国际诗歌小镇项目调研，助推韶关市文旅品牌打造。主委卢春燕参加省政协组织的乡村振兴发展调研及“推进乡村振兴战略落实”民主监督回头看督查活动。协助农工党广东省文化体育工作委员会到韶关市开展“提倡推广徒步运动带动全民健身，促进我省文化旅游产业发展”专题调研。向各级“两会”提交提案和建议30件，其中市委会集体提案5件。主委卢春燕向省政协十二届一次会议、市十四届人大二次会议提交《关于加紧抢救保护粤北山区千年九龄古村的提案》《关于整合资源加大打造特色品牌奖励政策的建议》2件提案和建议。在市政协十二届二次会议上，副主委黄得慧代表市委会作《大数据时代下韶关智慧档案的规划与建设》的大会发言。黄文忠提交的《依法规范农村建房建设韶关美丽新农村》提案，被市政协列为2018年市领导跟踪督办的重点提案，由市政协主席王青西领衔督办。《打造山地户外运动天堂，助力韶关全域旅游创新发展》《关于切实加强我市青少年学生传统文化教育的建议》2件提案被评为市政协2017年优秀提案。5名党员在市政协2017年度委员履职考核中被评为优秀等次，获得表彰。

社会服务　2018年，农工党韶关市委联合农工党广东省委、中山大学基层委员会，继续开展对乐昌市廊田卫生院、乐城社区卫生服务中心和仁化县人民医院的远程医疗培训，定期安排专题讲课对基层医务人员进行远程培训，至2018年底，举办培训51期，累计培训学员6000多人次。开展“中国环境与健康宣传周”“国际科学与和平周”、送医下乡、送法进村和扶贫助学等活动。农工党韶关市委组织粤北人民医院总支、市第一人民医院支部、市综合支部、浈江区二支部、市妇幼保健院小组党员到仁化县夏富村开展“送医下乡送法进村”联合服务活动。乐昌市总支、曲江区支部、市铁路医院支部、粤北第二人民医院支部等也先后组织6批医疗队前往乐昌市坪石镇转村村、曲江区白土镇下乡村、浈江区犁市镇群丰村、武江区西联镇小阳山村等地送医送药，共发放健康、法律等宣传资料900多份，接受群众义诊咨询1300多人次，免费发放药品价值6.1万多元。倡议全市党员开展爱心捐款，助粤北人民医院党员陈光磊抗击病魔，共有206名党员踊跃捐款33551.83元。发动党员为广东省扶贫济困日、广东“同心圆”工程捐款。与市政协机关和市各民主党派机关一起，做好对口帮扶翁源县龙仙镇桂竹村的精准扶贫工作。联合农工党省委、广东省同心圆慈善基金会举办同心圆工程韶关地区新一轮村医培训，用4天时间举办8个场次培训，共培训村医1000余名。开展“同心助力体旅”“同心助力乡村振兴”等专题活动，组织党员赴翁源县开展“健康中国行全民健身走”活动，和来自社会各界的千余名越野爱好者一起参与2018“平步青云”翁源县山地越野跑。韶关学院医学院支部与韶关学院支部联合举办“大学生健康素养与急救知识讲座”。农工党乐昌市总支二支部组

▲ 2018年5月1日，农工党韶关市委在市区沙湖绿洲举办纪念中共中央发布“五一口号”70周年欢乐跑活动
（陈勇胜　摄）

织党员到九峰镇茶料村慰问特困群众。浈江区二支部到棚户改造区曲仁园开展送温暖献爱心活动，为25户贫困家庭送去价值2万多元的慰问品。市医卫支部到南雄市珠玑镇洋湖村开展扶贫工作情况调研，捐赠扶贫善款1000元并参观当地新农村建设。市中医院支部、浈江区一支部、韶关学院医学院支部的党员参加所在单位组织的送医送药活动。

【“不忘合作初心，继续携手前进”主题教育活动开展】 2018年，农工党韶关市委成立“不忘合作初心，继续携手前进”主题教育活动领导小组，制定主题教育活动实施方案，开展年度“三学一讲”专题活动。8月1日，主委卢春燕在农工党韶关市八届十一次委员（扩大）会议上作动员部署，以《重温光荣历史画好最大同心圆》为题带头讲党课。结合主题教育活动，主委卢春燕为参加市民主党派新成员培训班的新党员作农工党党史、党章专题辅导。市委会领导参加全市统一战线组织的“五一口号”发布地河北省西柏坡开展为期4天的学习培训活动。在市区沙湖绿洲举办纪念中共中央发布“五一口号”70周年欢乐跑活动，农工党党员及社会各界跑步爱好者共1200多人参加活动。9月，组织市委会委员、支部主委一行赴福建省开展为期4天的“不忘合作初心，继续携手前进”主题教育活动，参观福建事变期间农工党中央机关旧址、福建事变会址、古田会议旧址和毛泽东才溪乡调查纪念馆。加强与兄弟市委会的学习交流，农工党韶关市委专门与福建龙岩市委会、广东省珠海市委会、广东省中山市委会及到韶关的湖南郴州市委会、广东省阳江市委会进行党务交流，就深化主题教育，加强自身建设，发挥参政党作用等进行深入的交流和探讨。

【基层组织建设】 2018年，农工党韶关市委组织开展基层组织创优活动，开展“星级支部”创建活动，以指标量化的形式对基层工作进行考核，提升基层组织建设水平。制定《农工党韶关市委星级支部考核标准》及实施办法，并对各基层支部进行专门培训。年终在参评的20个支部及小组中评选出综合支部、医卫支部、浈江区二支部、曲江区支部、乐昌市二支部等5个五星级支部，韶关学院医学院支部、浈江区一支部、粤北第二人民医院支部、乐昌市一支部、市科技支部、市职防院支部、市第一人民医院支部、市妇幼保健院小组等8个四星级支部。完善浈江区基层委员会、粤北人民医院总支及二支部组织架构。市委会划拨部分资金，按每个党员补助100元的标准给各支部发放活动费，保障支部正常开展组织生活。各基层组织围绕开展“不忘合作初心，继续携手前进”主题教育活动和学习习近平总书记系列重要讲话精神，组织党员开展组织活动。乐昌市总支组织党员到梅州翔仪堂等地进行党史教育学习活动。韶关学院支部组织党员到湖南省汝城县开展爱国主义教育与长征精神专题学习调研。

【“狮爱灯光点亮乡村”暨扶贫助学文化下乡服务活动】 2018年，农工党韶关市委联合慈善组织广东狮子会包括韶州服务队在内广州市、韶关市、清远市等地的13支服务队筹集近35万元，在省扶贫点——乐昌市坪石镇灵石坝村主办“狮爱灯光点亮乡村”暨扶贫助学文化下乡服务活动。为该村捐赠安装90盏太阳能路灯和壁灯，解决当地老百姓夜间行路难问题。走村入户，慰问灵石坝村26户贫困户，给他们送上面、油、电风扇等生活用品。向22名贫困学生赠送学习用品。将党和国家惠民政策及人文关怀，通过“送戏下乡”的采茶戏等文艺活动呈现给农民群众。文艺演出过程中还穿插扶贫知识有奖问答，得到中共乐昌市委及坪石镇干部、群众认可与称赞。 （陈勇胜）

九三学社韶关市委员会

【概况】 九三学社韶关市委员会（简称九三学社韶关市委）成立于1988年9月3日。2018年，全市共有5个基层委员会、25个支社，有社员294人，平均年龄42.9岁。其中，高中级职称245人，占社员总数83.33%，女社员107人，占36.39%。2018年，九三学社韶关市委获社广东省委2018年度参政议政工作先进集体表彰。何旗明获九三学社中央组织部“先进个人”称号；谢春雨入选广东省杰出青年医学人才名单；刘奇勇的《青嶂山拾秋》获广东金融系统第一届文学作品赛银奖；刘德波获“2017年度广东省优秀音乐家奖”，赵胜利的作品《年味》获得“首届广东省美术教师

▲ 2018年11月1日，九三学社韶关市委在杭州开展参政议政专题调研工作
（九三学社韶关市委 供）

▲2018年7月28日，韶关市“乡村健康快车”翁源光明行活动
（九三学社韶关市委　供）

作品展”二等奖；梁淑英在2018年第四届中国外语微课大赛中获广东省三等奖。

思想建设　2018年，九三学社韶关市委开展“不忘合作初心，继续携手前行”主题教育活动，组织新时代实践创新成果为主题的征文活动。4月，为纪念中共“五一口号”发布70周年，副主委成绍强、姜向东参加中共韶关市委统战部组织的赴河北西柏坡学习培训班。8月，组织社员赴浙江省、江苏省开展社史学习及革命历史教育活动。12月，组织社员收看“庆祝改革开放40周年大会”直播活动。上报5篇统战理论文章。“韶关九三讲学堂”活动和“两干两学”活动推进。3月举办“韶关九三讲学堂——2018年度宣传信息专题讲座”，邀请市委统战部办公室副主任张弘作专题辅导报告；11月，在韶钢基层委员会举办第25期的“韶关九三讲学堂”，由社员黄雯作主题为《现代诗欣赏与创作杂谈》的授课；在粤北基层委员会举办第26期“韶关九三讲学堂”，由粤北基层委员会主委徐晓南作主题为《放射治疗在乳腺癌治疗中的应用》的授课；在浈江区二支社举办第27期“韶关九三讲学堂”，由社员钟少华作主题为《感恩与孝道》的授课。

参政议政　2018年，九三学社韶关市委主要领导及社员参加中共韶关市委、市人大、市政府和市政协组织召开的各种会议20次；九三学社韶关市委领导班子成员、人大代表、政协委员等参加各级人大、政协组织的视察和督查活动19次。召开参政议政工作会议6次，向各级人大、各级政协提出建议提案累计53件，办复率达到100%。获社省委2018年度参政议政工作先进集体表彰。有全国人大代表1人，省人大代表1人，市人大代表4人，市政协委员14人（副主席1人、常委5人），县级人大常委4人、政协委员26人（副主席1人、常委4人）。在2018年韶关市民主党派负责人暑期座谈会上，主委兰茵作发言。8月，在中共韶关市委实施乡村振兴战略专题协商会议上，主委兰茵作专题发言；在市政协组织召开的加快推进城市提升工作专题议政会上，市政协委员黄雯作专题发言；12月，在中共韶关市委关于传统文化保护利用专题协商会议上，专职副主委谢勇作专题发言。主委兰茵挂帅组织关于“加强我市政务诚信建设”的调研活动，邀请社内专家和政府相关职能部门组成的调研组赴陕西省、浙江省，广东省的东莞市、清远市开展专题调研。参加市委统战部组织的党派联合调研。主委兰茵一行6人赴韶关学院就“发挥学院优势服务地方建设”专题开展调研；为撰写“市委实施乡村振兴战略专题协商会”的课题，主委兰茵带领社市委调研组分赴南雄市、始兴县开展调研；为撰写“市委传统文化保护利用专题协商会”的课题，由市政协和社市委组成的调研组赴南雄市开展调研；为准备市政协“加大韶关城市提升工作力度”专题议政会，市委委员雷东山带领的调研组一行3人赴曲江区城乡规划分局开展调研；南雄市支社调研组赴英德市就“120急救指挥中心运作模式”开展专题调研。其中丹霞山支社和韶关学院三支社联合，以丹霞山夏富村油菜多功能利用为课题申报省科技项目15万元专项经费。完成参政议政调研报告5篇。全国人大代表社员潘丽梅在十三届全国人大一次会议上，提交《关于请求加大对广东省原中央苏区县支持力度的建议》和《关于深入推进诚信政府建设的建议》两份建议。在2018年的韶关市两会期间，在市政协十二届二次会议上提交2篇集体提案，市本级共提交提案和建议33条，立案27件，转来信处理6件，其中罗元月的《关于继续进一步改善营商环境，助力实体经济发展的建议》被确定为市政协重点提案，市政府市长殷焕明督办该提案。由开发区支社撰写的社韶关市委集体提案《重视林业碳汇开发，推动我市绿色发展》被选为2018年市政协优秀提案。九三学社韶关市委在市政协十二届一次会议上提交的集体提案《关于建立分级诊疗制度，全面深化基层医疗卫生机构改革的提案》及成志军提交的《关于对扶贫资金使用加强监督的提案》被评为2017年度优秀提案。成绍强、刘斯琪共提交3篇调研建议参与2018年九三学社广东省委参政议政征集课题评审会，成绍强的《关于尽快出台〈广东省北部生态发展区生态补偿条例〉建议》入选社省委集体提案。九三学社南雄市支社提交的“农村人居环境综合整治的现状、问题与对策”课题中标社省委“深调研”活动重点调研课题，以此延伸的《我市农村人居环境综合整治的现状、问题与对策》作为2018年“党委出题党派调研”调研材料。2018年，共收到参政议政骨干和“两干活动”成员撰写社情民意和信息稿件125篇。出版《韶关九三》两期，每月编发工作动态。有关宣传九三学社工作内容的51篇报道或文章在社中央网站、广东九三网站、《韶关日报》《韶关政协》《广东九三》等登载。

组织建设　2018年，九三学社韶关市委对各基层组织实施支社年度社务工作目标管理考评。发展14名新社员，平均年龄33.2岁，全部具有大学以上学历。开展社员信息采集、录入工作，更新社员组织信息管理系统数据库。完善监督机构设置，监督委员会分2个组，分别由退休老领导杨筠和雷卫平带队，安排干部专门负责监督工作。加强监督人才培训。12月，委员向监督委员会作2018年社务工作述职。4月，许小娟等7名社员参加中共市委组织部、市委统战部在市委党校联合举办的“2018年韶关市民主党派新成员培训班”。5月，机关干部陈洁怡参加中共韶关市党校2018年第二期科级干部培训班。6月，社市委副主委成绍强、李再丰，市委委员罗元月参加市政协在浙江大学举办的市政协系统干部和政协委员履职能力提升培训班。8月，朱应麟社员参加九三学社广东省委在青岛开展的“不忘初心　继续携手前进”主题学习实践活动。10月，社市委委员、丹霞支社主委陈昉参加“2018年省党外县处级领导干部培训班。”创新开展组织活动。1月，退休社员联谊会举办中共十九大精神和九三学社十一大精神专题学习会。三八妇女节，组织全体女社员到仁化县开展农村人居环境建设专题调研。4月，“退休社员联谊会”赴广东东阳光科技控股股份有限公司，就民营企业创新驱动发展开展调研活动。重阳节，组织退休社员联谊会赴广东新元农产品有限公司开展调研。5月，九三学社韶关市委羽毛球队参加2018年社广东省委羽毛球比赛，获团体赛季军。11月，九三学社韶关市委乒乓球队参加2018年韶关政协乒乓球混合团体比赛，获团体赛第五名。和市妇联联合举办的美尚德优雅女士2018乙班于11月开课，女社员参与培训学习。各基层组织也订立“小目标”，开展组织活动。韶钢基层委员会，医学院支社、曲江区支社、浈江区一支社等支社，过组织生活总结社务工作；浈江区二支社、武江区五支社看望退休老社员；武江区五支社学习中共十九大精神，参观始兴红围；武江区三支社、武江区五支社、曲江区支社等支社学习全国“两会”精神；武江区三支社集体观看电影《厉害了，我的国》等。九三学社韶关市委及各基层组织走访慰问社内老领导、患病社员、生活困难的社员26人次；各基层组织开展各类组织活动86次。

社会服务　2018年，九三学社韶关市委开展“四送”社会服务活动6次。6月，组织社员参与“扶贫济困一日捐”活动，捐款5万元。在精准扶贫工作中，在翁源县桂竹村结对帮扶1户贫困户，九三学社韶关市委机关2次为扶贫户捐款1200元。资助1名武江区龙归贫困中学生1600元。为“韶关创建文明城市”开展美城工作，为“九三生态林”开展养护工作，坚持春节慰问老社员、看望生病的社员，解决他们生活上的实际困难。中共韶关市委和九三学社韶关市委领导分别前往粤北医院进行探望和慰问于10月初在韶关发生严重交通事故的广州九三学社社员李丽的父亲。发动“义购红酒助力救治”行动，乳源瑶族自治县二支社、乳源瑶族自治县一支社、南雄市支社、浈江区二支社、供电支社、浈江区三支社、武江区一支社、武江区四支社、丹霞山支社、武江区二支社、曲江区支社、浈江区一支社社员响应，分别购买一定数量红酒，此次行动共购买红酒240只，金额19240元。

【九三学社韶关市委新一届参政议政工作委员会和青年工作委员会组建成立】

2018年9月，九三学社韶关市委成立参政议政工作委员会。九三学社韶关市委委员、南雄市支社主委何旗明任主任。12月，九三学社韶关市委成立青年工作委员会。九三学社广东省委青工委委员、浈江区三支社主委曾瑛任主任，毛小荣、钱芳、吴迪、杨姗姗任副主任。青工委是由社市委领导的青年社员交流、互助、参与社务的平台，是九三学社韶关市委联系青年社员的桥梁和纽带。

【韶关市“乡村健康快车”行动开展】

2018年，九三学社韶关市委和中华健康快车眼科中心（韶关市铁路医院）联合主办以“扶贫治盲”及“优质医疗资源”送基层为目的的韶关市“乡村健康快车”行动。赴广州市开展调研、汇报6次，分别在韶关市、南雄市、乐昌市、翁源县等地实地考察并召开31次工作会议，社员参与韶关市“乡村健康快车”行动60人次。韶关市“乡村健康快车”在南雄市、翁源县、乐昌市举行韶关市“乡村健康快车”启动仪式，进行筛查白内障患者1300例和糖尿病患者一批；建立包括省级眼科专家在内韶关市眼科专家库，到基层为贫困患者进行复明手术治疗503人，其中接受手术的患者中最年长达94岁高龄；募集97.3万元。中华健康快车眼科中心（韶关）——市铁路医院分别与南雄市第二人民医院（即乌迳卫生院）、翁源县第二人民医院（即翁城卫生院）、乐昌市第二人民医院签订长期眼科战略合作伙伴协议，对三地卫生院医务人员、乡医及村干部进行白内障、糖尿病的专业知识和科普培训300多人次。　（成志军）

群众团体

韶关市工商业联合会

【概况】 韶关市工商业联合会（简称韶关市工商联）成立于1954年，至2018年，共经历十四届执委会。2018年11月，召开第十四届第三次执委会议。

【非公有制经济人士健康成长引导】 2018年，韶关市工商联邀请广东省委党校法学系刘丽副教授为乳源东阳光公司党委党员举办十九大精神专题讲座；与韶关市北江纺织有限公司党支部共同学习党的十九大精神，给基层企业支部党员上党课。邀请全国人大代表、市工商联主席张红伟向韶关市统一战线和非公经济代表人士传达全国“两会”精神和习近平总书记参加全国人大广东代表团重要讲话精神；召开主席会长会议和机关会议，学习习近平总书记关于民营企业的系列重要讲话精神。举办学习贯彻党的十九大精神专题培训班，邀请专家围绕党的十九大报告中关于经济领域的新理念和新论述，为全市非公经济代表人士、非公企业党组织代表和骨干党员、商协会党务工作者约150人进行授课培训；组织全市非公经济组织党务工作者代表赴延安开展为期5天的坚定理想信念主题教育培训；组织会员赴北京大学、南开大学学习，指导武江区、曲江区、翁源县等地工商联组织会员赴各地高校、红色教育基地学习，提高民营企业家政治素质。

【政企沟通加强】 2018年，韶关市工商联围绕商会建设发展取得的经验、存在的问题，与市委统战部组织韶关各异地商会会长、秘书长30人召开韶关市异地商会建设发展座谈会，听取意见建议。市商务局、市工商联联合召开“同心谋发展共圆韶关梦”韶关市商协会座谈会，20家商会和行业协会代表在座谈会上发言交流，就招商引资工作和改善投资营商环境等问题提出意见建议。安排30位企业和商会负责人参加韶关市民营企业座谈会议，选派张红伟等10名企业家代表在座谈会上作发言，就民营企业发展提出意见和建议。组织20名企业家参加韶商·市长面对面协商会，就减轻民营实体经济经营成本负担，解决企业信贷、征地及招工难题，提高行政服务效能等发言。

【助推民营企业发展的服务平台搭建】 2018年，韶关市工商联牵头主办韶关市“招才引智”座谈会，请市人社局为省、市部分异地商会负责人和韶关市企业代表100人宣讲韶关的人才政策。7月，会员企业广东衡光新材料科技有限公司促成中国科学院韩布兴院士工作站落地韶关。牵线广东碧云集团韶关第五工厂落户曲江区白土工业园；翁源县工商联和县兰花协会接待客商，配合翁源县办好第28届中国兰花博览会；南雄市工商联和至信集团达成合作协议，推动南雄至信大健康产业园建设。新增新三板挂牌企业2家，组织调研制约本土民营企业发展的部分历史遗留问题，共收集8家企业反映的历史遗留问题，上报市政府和市委统战部，并协助市政府组织召开企业历史遗留问题工作协调会议，着力推动8家企业反映的问题得到解决或回应。联合市各职能部门开展广东省实体经济十条（修订版）等相关政策宣传培训，在工商联微信公众号推送韶关市人才政策、惠企政策。乐昌市、新丰县等工商联组织开展税法宣讲、银企对接等活动，反映化解民营企业融资难题。

【工商联组织建设】 2018年，韶关市工商联发展团体会员3个、企业会员16个，指导韶关兴宁商会等5家商会筹备成立。继续开展创建“五好”县级工商联工作，确定乐昌乐城商会等3个商会作为“四好”商会培育对象。

【工商联参与精准扶贫】 2018年，韶关市工商联组织号召民营企业助力慈善，先后组织开展“八一”拥军慰问活动，组织爱心企业和商会捐款50万元支持市关工委资助贫困学生。各县（市、区）工商联开展光彩事业活动，助学扶弱。动员和组织民营企业为“6·30广东扶贫济困日”捐款，继续推进“百企帮百村”精准扶贫行动。截至2018年底，韶关市参与精准扶贫民营企业127家，帮扶项目165个，投入资金6176.31万元，受惠贫困人口7549人。

【会员代表建言献策】 2018年，韶关市工商联指导市工商联会员中的人大代表和政协委员履行职责，共向市级以上人大、政协提交建议和提案30项。牵头办理提案“关于加强工商联（商会）工作，推动非公有制经济发展的建议”，落实民营企业反映的意见建议。完成省工商联和协助市政府相关部门开展民营企业专题调研9次。组织非公人士参加市委专题协商会和市政协专题议政会，就吸引民营资本助推乡村振兴建言献策。 （赵伯佬）

韶关市总工会

【概况】 韶关市总工会是中共韶关市委领导下负责全市工会工作的群众团体。韶关市总工会成立于1950年9月9日，时称曲江县总工会。1951年底，韶关市和曲江县分离，原曲江县总工会更名为韶关市总工会。1983年，韶关地区和韶关市合并后，原广东省总工会韶关地区办事处与原韶关市总工会合并为现今的韶关市总工会。市总工会共设置办公室、组织部、基层工作部、宣传教育和网络工作部、维权服务部、经济工作和女职工部、财务部、经费审查委员会办公室等8个部室、下辖市工人文化宫、市职工服务中心等2个直管公益三类事业单位。截至2018年9月底，全市基层工会累计7168家，基层工会涵盖单位31163家，工会会员689515人，农民工会员236551人。2018年，全市职工文化繁荣发展，工人开展各种劳动竞赛，韶关市困难职工解困脱困工作走在全省前列，依法维权，发展和谐劳动关系，工会基层基础夯实，工会组织凝聚力增强。

【职工文化繁荣发展】 2018年，各级工会把学习宣传贯彻习近平新时代中国特色社会主义思想和党的十九大精神作为首要政治任务，与学习宣传贯彻落实习近平总书记对广东重要讲话精神和对广东工作一系列重要指示精神，以及中国工会十七大、省总工会全委会议、市委全会精神结合起来，发挥韶关工会微信公众号、市总工会网站、韶关工运、韶关工会信息、风雅翁山等工会宣传阵地作用，通过组织劳模宣讲、辅导讲座、班组学习和职工主题教育活动等形式，推动有关精神进企业、进班组、进职工。弘扬劳模精神、劳动精神和韶关工矿精神。在“五一”前夕，与市委宣传部联合举办“韶关市庆祝五一国际劳动节暨大力弘扬工矿精神”主题活动。市委书记莫高义现场发布韶关工矿精神，1000名社会各界代表参加发布典礼。在各县（市、区）举办10场次“中国梦·劳动美”弘扬工矿精神送文艺进企业系列慰问演出活动，吸引5000多名职工观看。在“中秋”“重阳”等传统节假日，组织开展“我们的节日”系列活动，助推韶关市全国文明城市创建。举办全市性的“五一”节征文、“劳动者杯”篮球赛和“五一杯”象棋赛，共1000多人次的职工参赛。与市体育局联合主办“沙湖绿洲杯”市直机关运动会、第十一届穿越丹霞、韶关半程马拉松等活动，受到社会各界普遍欢迎。

【工人主力军作用发挥】 2018年，各级工会实施各类劳动竞赛活动。各县（市区）总工会，中省、市属企业工会开展劳动竞赛活动。韶钢工会开展以“深化改革、安全生产、环境经营、扭亏增盈、降本增效”为主要内容的争先创优劳动竞赛。凡口矿工会以“保安全、促生产、比创新、降能耗”为重点，开展“立足岗位创一流”的竞赛活动。韶冶工会构建“技能培训、技能练兵、技能比赛、技能帮带、技能成才”的“五位一体”工作机制，提高劳动竞赛实效。创建劳模（职工）和工匠创新工作室。2018年，全市新创建各级创新工作室23个，市总工会为每个创新工作室补助2万元经费，助推企业技术改革创新。大宝山矿钟国建创新工作室，攻克大宝山矿的铜改造扩建、选矿提质达效及矿山建设工作中面临的技术难题。开展岗位练兵和技能竞赛。市总工会联合人民银行韶关市中心支行举办韶关地区征信业务知识竞赛，组织队伍参加全国第六届职业技能大赛广东省选拔赛、广东省第六届残疾人职业技能竞赛、广东省育婴员职业技能大赛。

【困难职工解困脱困工作推进】 2018年，各级工会推进困难职工解困脱困工作。7月，广东省工会城市困难职工解困脱困工作推进会议在韶关召开，省人大常委会副主任、总工会主席吕业升肯定韶关在工作中创造“融入扶贫大局、部门齐抓共管、工会牵头协调、全程精准帮扶”的经验，韶关市困难职工解困脱困工作走在全省前列。市委《调研内参》在2018年第8期刊载《韶关市推动困难职工解困脱困的做法及成效》的专题文章，得到市领导的重视。争取省总工会给予韶关政策倾斜、资金扶持，市政府与省总工会签署工作备忘录，市政府印发工作实施方案，建立工作联席会议制度，形成合力。通过全面入户调查，建立困难职工档案4338户、供养人口14292人，基本掌握群体分布、就业、收入和致困原因等情况。截至2018年底，实现解困脱困1499户、供养人口5003人，解困脱困率33.4%，仍有在档困难职工2839户、供养人口9289人。基本形成政府投入为引导、工会资金为主导、社会资金为辅导的筹资格局。全年全市各级工会累计筹资2708万元，较上年度的663万元增加2045万元，增幅达308%；其中市、县两级总工会累计使用1119万元，开展生活救助2211户次、医疗救助957户次、子女助学1399户次、实现就业岗位36人；基层企业工会累计使用590万元，帮扶6901户次。围绕“两有五保障”（有吃、有穿，就业、就医、就学、社会保险、住房保障）精准施策。开展“春送岗位、夏送清凉、秋送助学、冬送温暖”系列活动，实现全时段、无缝隙帮扶；推动“职工医疗、女职工安康、职工住院医疗、职工住院津贴”四大互助保障计划，构筑抵御疾病风险的屏障；采取“服务+补助”方式，委托第三方人力

▲2018年2月14日，市总工会主席邓小杰（左二）为春运“暖流行动”韶关工会南雄服务点旅客送上慰问品 （市总工会 供）

资源公司免费提供就业指导、职业介绍、政策咨询等服务；针对困难职工子女助学问题，从“一次助学”向“全程助学”转变，从“单方助学”向“多方助学”转变，对就读大专以上高等院校的困难职工子女实施全程跟踪助学，直至其完成学业；争取省总工会在韶关建立困难职工“医爱一千米”示范区，以工会为支点，撬动社会力量参与困难职工医疗救助活动。

【劳动关系和谐稳定】 2018年，各级工会坚持以职工为本，主动依法维权，发展和谐劳动关系。发挥职工服务中心的阵地作用。市县两级总工会健全完善服务中心的职业介绍、政策咨询、生活救助、法律援助、医疗救助等工作制度和程序，实现服务中心规范化、制度化运作。市县两级服务中心共接待职工群众1万多人次。推进工会法律顾问进企业工作。投入50万元签约10家律师事务所，组团服务各县（市、区）总工会及辖区企业工会，做好法制宣讲、争议调处和法律援助等工作。维护职工安全生产权益。各级工会深入开展“安康杯”竞赛活动，组织开展隐患排查和安全文化普及教育活动。推进厂务公开民主管理工作，落实职代会职权和职工的民主权利。全市公有制及其控股企业和公办事业单位建制率稳定在98%以上，非公企业建制率不断提高。发挥工会组织点多面广的优势，发现劳资纠纷苗头，参与各类劳资矛盾调处，通过宣传和疏导，维护职工的合法权益和社会和谐稳定。

【基层组织覆盖面广泛】 2018年，各级工会适应企业组织形式和职工队伍的深刻变化，着力夯实工会基层基础。4月，开展全市货运企业分布和从业人员情况大调研，在此基础上制定《货车司机集中入会行动方案》。针对省总工会布置的百人以上企业建会和25人以上货运企业职工入会任务，分析基层组建的现状、难点和突破口，印发《“百日攻坚”行动方案》。全市30家百人以上未建会企业中有23家完成建会，余下3家已筹备建会，4家仍在争取建会中；全市36家25人以上未建会货运企业，有19家完成建会，余下17家仍在争取建会中。在全市县级工业园（产业转移园）新建10家“三个一批”示范点，打造一批服务职工综合平台。做好省总工会对全市200人以上非公企业工会主席津贴发放工作，及乡镇（街道）、工业园区工会工作经费下拨工作，为基层开展工作提供保障。

【工会组织凝聚力增强】 2018年，市委办和市编办分别印发《韶关市总工会改革实施方案》《韶关市总工会新“三定”方案》，市总机关按新“三定”方案运作，经选举产生1名常务副主席、3名兼职副主席。完成《韶关工会年鉴2018（创刊号）》编撰工作，全面记载2017年度全市工会工作，为研究韶关工会工作提供历史资料。乐昌市总工会机构改革有重大进展，新丰县总工会、翁源县总工会困难职工解困脱困工作成效明显，乳源瑶族自治县总工会工人文化宫新馆建设进展顺利，南雄市总工会宣教文体工作精彩纷呈，曲江区总工会组建工作取得突破，仁化县总工会劳动竞赛活动不断深化，始兴县总工会、浈江区总工会经费收缴工作不断加强，武江区总工会干部关爱和培训工作有新亮点。 （吴柳亭）

中国共产主义青年团韶关市委员会

【概况】 中国共产主义青年团韶关市委员会（简称团市委）前身为中国共产主义青年团韶关地方委员会，1983年6月，地、市团委合并后改为现名。团韶关市委是全市共青团组织的领导机关，内设办公室、组宣部、城乡部、学校部、联络部，以及韶关市青年联合会、韶关市杰出青年协会、韶关青年商会秘书处，下辖韶关市青少年宫。历任主要负责人有覃卫东、李萍、陈茂辉、张中坚、陈波、王晓梅、陈俊林、彭欲殿、梁丽芳、刘海旺。

【青年学习贯彻习近平新时代中国特色社会主义思想】 2018年，团市委推动全市“青年大学习”主题活动，开创“韶关青年论坛”“韶关青年读书会”“青读计划”等品牌，以线上线下相结合的方式推动青年学习习近平新时代中国特色社会主义思想，组织韶关青年宣讲团深入仁化县长江镇、乐昌市大源镇等30余个镇（街），及曲江区大塘镇历山村、始兴县马市镇红梨村等200

余个村（社区）开展基层宣讲，覆盖全市团员青年20余万人次。举办全市团干部培训班，专题学习习近平总书记“7.2”重要讲话精神和习近平总书记视察广东重要讲话精神，覆盖各级团干部约2000人次。

【青少年政治思想引领】 2018年，团市委利用节庆日等重要时间节点，通过报告宣讲、故事分享、主题活动等形式，开展“青春学习十九大·不忘初心跟党走”“重温入党誓词”“红领巾心向党”“奋斗的青春最美丽”“与信仰对话”“向国旗敬礼”“18岁成人礼”等系列主题团（队）日活动，引领广大青少年自觉践行社会主义核心价值观，覆盖学生100多万人次。

【“网上共青团”建设】 2018年，团市委通过“智慧团建”系统，实现关键团务“直接抵达”，全市报到团员111255人，录入团干部15601人，团员报到数111789人，报到数与团统团员数比例达92.82%、与青年常住人口比例达20.56%。推动“青网计划”，开展韶关青少年网络文明志愿行动、韶关青少年网络安全知识竞赛，参与人数近5万人次。

【带动贫困青年创业致富】 2018年，团市委推进“领头雁”农村青年创业致富带头人培训工作，开展专题培训班2期及各类农村青年创新创业培训50余场次，培养258名农村青年致富带头人，直接培训贫困青年1800余人，带动有劳动能力和发展意向的贫困户发展特色产业，助力推动产业脱贫。

【共青团助力乡村振兴】 2018年，团市委出台《韶关共青团助力乡村振兴战略行动实施方案》《在全市开展“乡村振兴志愿同行”村级志愿服务活动实施方案》，围绕美丽乡村建设、农村人居环境整治、精准扶贫等开展常态化志愿服务。全市建立891支村级志愿服务队伍，9687名村级志愿者，开展3297次村级志愿服务活动，创建村级志愿服务示范点102个。实施乡村教师计划，组织30余名支教志愿者为山区中小学提供志愿教学服务。

【青年志愿者助力文明城市建设】 2018年，韶关市注册志愿者超过37万人，占常住人口13.81%，志愿服务组织机构团体3271个，累计全年组织37.75万次志愿服务活动，志愿服务时长达2133.2万小时。开展“暖冬行动”“社区志愿者工作站”“善美亭”“交通文明引导”等志愿活动，获“韶关市2018年春运工作先进单位”称号，市志愿者联合会获2018年“韶城善美人物·春节我在岗”评选活动的“保百姓生活”先进班组称号。开展“善美圈”品牌志愿服务，发动全市各级志愿服务组织与80余家福利院、敬老院开展结对帮扶，定期开展关爱残疾人、老年人、未成年人、智力障碍等特殊群体的志愿服务活动。推动成立韶关市旅游志愿者协会，组织旅游志愿者在国庆、春节等节假日期间开展旅游志愿服务活动，累计服务游客百万人次。

【青少年助力绿色发展】 2018年，团市委推进“保护母亲河，河小青在行动”等青少年生态环保工作，开展河湖管理保护专业知识普及、技能培训及“亲子巡河”环保公益活动，组织3万名青年环保志愿者参与开展义务植树活动。开创“我为家人上堂课”韶关市青少年野外用火条例大宣讲主题团、队日活动，覆盖中小学生20万人次。全市各级团组织开展青少年护林防火、文明祭祀等生态环保宣传活动130余场，参与人数1.4万名。

【青年助力创新创业创优】 2018年，团市委承办第五届“创青春”广东青年创新创业大赛暨首届粤港澳大湾区青年创新创业（农业农村组）大赛，发动韶关市80个创业项目参赛，3个创业项目获省二等奖。完善青年创业服务体系建设，与金融系统开展“银团合作”，建立3个农村青年创业小额贷款风险补偿机制县、2个高达351万元的农村青年创业基金，累计扶持青年创业469人。发放农村青年创业小额贷款2526万元、有利率优惠的农村青年创业小额贷款1296万元、财政贴息农村青年创业小额贷款1825.8万元，帮扶青年农村合作社23个，累计支持推动352人实现创业就业。

【青少年合法权益维护】 2018年，团市委推进“伙伴同行”青少年社区矫正工作，对95名社矫青年建档立卡，完成14个社区矫正个案、310个电访、200余人次面谈，培育项目志愿者，陪伴社矫青少年回归社会。依托12355青少年服务热线和韶关市未成年人心理健康辅导中心，招募80名心理咨询服务专业人员组建心理志愿服务队，打造首批“善美心房”韶关市心理志愿服务站，为市民常态化开展专题心理健康教育讲座、义诊活动、团体心理咨询活动。

【困难青少年关爱】 2018年，团市委举办第十一届“韶城会亲”活动，筹集资金15.8万元，用“互联网+公益”的模式，在腾讯公益乐捐平台发起募款活动，线上捐款达259人次，筹款5.37万元。全年共筹集爱心助学资金达120多万元，资助学生1477名。 （李韶华）

韶关市妇女联合会

【概况】 韶关市妇女联合会（简称市妇联）是负责妇女儿童工作的群众团体，是党和政府联系妇女群众的桥梁和纽带。2018年，市妇联组织结构：设主席1名，副主席2名，在职干部14名，内设办公室、家庭与儿童部、宣传部、权益部，市妇女儿童工作委员会办公室设在市妇联。2018年，市妇联履行基本职能，推进改革创新，团结带领广大妇女为韶关市争当北部生态发展区高质量发展排头兵做出新贡献。

【全市妇联工作创佳绩】 2018年，市妇联成立广东首家“妈妈制造”广东韶关守艺红豆编织合作社，该项目被中央电视台、新华网、中新网、新浪网等媒体报道；组织33个项目参加2018年粤港澳大湾区妇女创业创新大赛，2个项目进入20强，组织选送的《韶关“守艺红豆”合作社非遗传承与地区IP打造的公益+文产聚合体》项目在全国1457个项目中晋级总决赛并获团队组三等奖，是粤东西北地区唯一入围总决赛并获奖的团队项目；市妇联机关的《妈妈制造守艺红豆编织合作社——巾帼助力韶关乡村振兴》项目在韶关市第二届机关工作创新创优竞赛上获三等奖，在广东省直单位第六届工作技能大赛暨市县机关工作技能邀请赛上，位列2000个项目中的第25名，获改革创新类“优秀作品奖”；与市统计局共同完成的2017年度妇女儿童规划年度统计监测报告被评为全省一等奖；获得2018年度广东省妇联系统新媒体最具组织力奖；建有儿童之家1226个，覆盖率达85%，比上年提高20个百分点；创建全市首个关爱帮扶留守儿童的“善美儿童之家”项目，市委常委、组织部部长华旭初为韶关市首个“善美儿童之家”挂牌，韶关市运行的“善美儿童之家”31个；被评为韶关市“2018年度全民阅读优秀推广组织”；被评为韶关市2018年度文明创建工作绩效考核先进市直创文责任单位；在韶关市首届国家机关“谁执法谁普法”履职报告评议活动中获得优秀等次；在韶关市首次成立妇女儿童活动中心；承办省妇联、省司法厅、省综治办交办的广东省“三八维权周”启动仪式；推荐仁化县被省妇联列为广东省首批“乡村振兴巾帼行动”十个示范点之一、刘炳被授予“广东十大最美乡村女能手”称号；市妇联巾帼精准扶贫工作经验被中国妇女报刊登，市妇联有关工作被省、市各类媒体报道上百篇。

【妇女政治学习宣传】 2018年，市妇联继续开展“善美韶城巾帼大宣讲”活动，以“巾帼心向党·建功新时代”为主题，深入企业、农村、机关、校园、社区等基层一线，向妇女宣传习近平新时代中国特色社会主义思想和党的十九大精神、习近平总书记重要讲话和中国妇女十二大会议精神。韶关市2名中国妇女十二大代表到全市各市直单位、省管单位、社会团体及10个县（市、区）基层妇联和妇女组织开展习近平总书记重要讲话和中国妇女第十二次全国代表大会精神巡讲，完成18场宣讲活动，共2480人参与聆听。

【妇联基层组织建设】 2018年，市妇联下发基层妇联执委会议事工作、基层妇联主席轮值、妇联执委联系妇女群众、基层妇联组织工作公开等4个制度，坚持实施妇联干部联系服务妇女群众制度。制定并下发《韶关市妇联业务主管社会组织管理办法（试行）》，加强对各业务主管社会组织的规范化管理。制定《韶关市妇联落实〈韶关市加强党的基层组织建设三年行动计划〉（2018—2020）工作方案》，推动妇联基层组织建设。于7月中下旬分别在新丰县、乐昌市、始兴县三地召开韶关市提升基层妇联组织力片区交流会，总结交流全市各地妇联改革工作经验。在全市新经济组织、新社会组织、新兴领域、新群体中新增3家妇委会，加强村（社区）“会改联”后妇联工作指导。

▲2018年5月9日，“妈妈制造”广东韶关守艺红豆编织合作社挂牌仪式在仁化县红豆兰庭文化创意有限公司举行 （市妇联 供）

【妇女干部教育培训】 2018年，市妇联协调指导全市1208个村（社区）妇联主席和执委登记造册，建立女干部后备人才库，根据《韶关市村级班子青苗培养工程实施方案》提出的“重视培养女性尤其是女性村委会主任后备人选10%”等硬性要求，建立女干部后备人才库，为韶关市在下届村级“两委”换届中提升女性进村“两委”和女性村主任比例做好准备。举办韶关市女干部综合能力提升研修班、韶关市镇级妇联主席能力建设暨婚调委业务培训班，参加全省县（市、区）妇联主席培训班、广东省基层妇联骨干培训班（粤北片）等，共培训女性处级以上干部44名，各级妇女干部、优秀女性创业带头人等共计200多人次。在全市选拔4名年轻女干部到市妇联挂职。

【巾帼精准扶贫精准脱贫行动】 2018年，市妇联实施“南粤巾帼精准脱贫行动”，推荐申报和实施省妇联“1+N”扶贫项目，在全市培树6个“十百帮扶贫困妇女精准脱贫项目”示范点，通过“合作社（基地）+贫困妇女”的模式，一帮十、十帮百，带动贫困妇女脱贫。联合市财政局、市农信联社开展“妇女创业小额贴息贷款”项目，完善城乡妇女创业融资平台。全年发放妇女小额担保贷款237笔，金额1237万元，其中使用省财政贴息资金56.06万元，市贴息资金61.37万元，为有创业发展意愿的妇女提供帮助。

【乡村振兴巾帼行动】 2018年，市妇联制定并下发《韶关市妇联关于开展“乡村振兴巾帼行动”的实施意见》《韶关市乡村振兴巾帼行动实施方案》。在仁化县红豆兰庭文化创意有限公司挂牌成立广东首家妈妈制造广东韶关守艺红豆编织合作社，以基地、合作社为载体，发挥丹霞红豆编织和乳源瑶绣技艺的示范带动作用，探索培育妈妈制造、手工制品基地等灵活就业形式，为女性搭建就业平台，助力全市乡村振兴工作。组织致富女能手带着巾帼种养基地的产品，到“中国农民丰收节”乐昌主会场及9个县（市、区）各分会场进行示范展示，市长殷焕明肯定妇联创业创新工作，并为韶关市妇女创业产品现场代言。12月，召开全市乡村振兴巾帼行动交流推进会，会议为十百帮扶贫困妇女项目示范单位、妇女领办专业合作组织示范单位、家庭农场示范单位、创业女能手先进典型、乡村振兴巾帼行动先行镇（村）、岗村联动示范单位授牌，部分先进典型作经验介绍。

【绿色低碳生活活动倡导】 2018年，市妇联下发《关于开展“弘扬绿色理念、倡导低碳生活”宣传活动的通知》，发出《2018年节能宣传月和低碳日活动倡议书》，号召妇女和家庭做绿色低碳倡导者。组织开展“弘扬绿色理念倡导低碳生活”巾帼志愿服务活动，组织一支100人的巾帼志愿服务队在韶关森林公园开展美化公园环境活动。参与宣传《韶关市野外用火管理条例》，倡导妇女和家庭做生态文明建设的模范。

【“妇女之家”示范点建设推进】 2018年，市妇联依托“南粤女声”“韶关妇联”作为线上平台，各地“妇女之家”、维权服务站点等为线下阵地，搭建一个以省妇联为主导、市妇联为枢纽、各服务阵地为支撑点，集创业指导、家风宣传、维权服务、扶贫帮困等功能于一体的网上服务平台。组织开展省区域化“妇女之家”、2018年市级“妇女之家”示范点项目调研工作。指导社会组织芙蓉旗袍俱乐部和乐善义工会、新成立的市住房和城乡建设管理局成立妇委会，指导国家税务总局韶关市税务局建立机关妇女联合会，指导乐善义工会妇委会发展建立“妇女之家”。

▲2018年5月29日，市委常委、组织部部长华旭初为乳源瑶族自治县游溪镇柳坑小学孩子们送上节日礼物 （市妇联 供）

【“儿童友好社区”“儿童之家”创建工作】 2018年，市妇联投入上百万元，推动在村（社区）打造为儿童服务的载体“儿童之家”（善美儿童之家），共建有儿童之家1226个，覆盖率达85%，比上年提高20个百分点，达到年初市妇联率先提出“在2018年实现村、社区80%覆盖儿童之家”的目标。创建全市首个关爱帮扶留守儿童的“善美儿童之家”项目，韶关市陆续运行的“善美儿童之家”31个。

【妇女维权服务】 2018年，市妇联围绕综治、“平安家庭”创建工作主题，深入综治联系点进行调研指导，了解综治、“平安家庭”创建工作情况及当前遇到的困难和问题，形成材料给相关部门作参考。完善维权机制。下发基层妇联执委会议事工作、基层妇联主席轮值、妇联执委联系妇女群众、基层妇联组织工作公开等4个制度，坚持实施妇联干部联系服务妇女群众制度、主席接访日制度，每月逢5主席、副主席到维权站接访，继续完善人大代表、政协委员接访日制度。完善律师、心理咨询、家教专家志愿者服务日制度，发挥志愿者专业特长，通过在市妇女维权与信息服务站服务窗口值班，为妇女群众提供服务。各级妇联协调，组织开展普法户外咨询、文艺汇演、普法讲座、律师面对面咨询等维权服务活动。各县（市、区）妇联深入村（居）进行宣传动员和调查摸底，全年全市各级妇联开展“律师伴我行维权在身边”活动374场，提供服务的律师志愿者366人次，宣传资料派发4.5万份，服务群众达2.8万人次。开展“不让毒品进我家巾帼在行动”主题活动，组织开展送法下乡、进社区、进厂矿、进学校、进家庭活动，向群众宣传禁毒法律法规、毒品危害预防知识。全市妇联系统开展“不让毒品进我家”户外宣传活动192场，禁毒讲座90场，参与群众8万余人次，参与禁毒帮扶活动27次，帮扶263人次，编印发放禁毒宣传资料7.7万份。年初，市妇联将广东省妇女维权与信息服务站（韶关站）项目联系点增至7个。举办

▲ 2018年9月15日，2018年全国科普日暨健康万步行–启动仪式在中山公园召开（王月欣 摄）

“以案说法话维权”女职工劳动安全保护专题讲座、“做优秀女人当幸福妈妈”暨妇女创业就业培训活动、“两性平等最美好和谐相处没烦恼”反家暴特色讲座、“反对家庭暴力共建和谐家园”民生座谈会、“关爱留守（职业）妇女构建和谐心灵”“悦·心·晴”——粤东西北女性心理健康关护计划、平安家庭创建专题宣传、心理减压沙龙、“敬老月”维权等服务活动。全年累计接待来信来访822宗，累计提供各类咨询265宗，服务382人次；个案服务35宗，开设小组5个30节，服务390人次；召开座谈会10场，收集和推动解决妇女群众民生问题61个；开展大型户外宣传24场，受益群众7180多人次；教育讲座37场，服务群众3652人次。

【婚姻家庭纠纷调解委员会建设】 2018年，市妇联健全完善婚姻家庭纠纷调解委员会的职能，截至12月，韶关市共设立市、县、镇婚调委73个，充实家事调解员队伍，提升婚姻家庭矛盾纠纷化解的水平，在源头上维护、发展妇女儿童合法权益。

【妇女儿童关爱帮扶】 2018年，市妇联建立困境妇女儿童和留守妇女儿童台账，使他们遇到困难有人解决、帮助。持续实施“四援助”项目。落实省妇联《广东省农村妇女“两癌”免费检查项目实施方案（2017—2019年）》，截至2018年10月，协助市卫计局组织妇女开展乳腺癌免费检查38267人次，开展宫颈癌免费检查41491人次，争取各级政府用于开展检查拨款金额356.08万元，检查中发现患病人数128人。全年共为30名“两癌”妇女争取29.3万元的省扶贫基金会和省妇女儿童基金会的农村贫困母亲关爱工程项目救助金，并主动慰问10名“两癌”妇女。协调联系争取各方资源在内的人、财、物，帮扶包括留守妇女儿童在内的弱势群体。截至12月底，链接争取中国妇女发展基金、香港励贤会、广东厚德慈善促进会、仁人家园等爱心机构的支持，筹建7套单亲特困母亲安居房，筹集116.04万元及1万双鞋子、3000桶食用油等物资，帮扶困境妇女儿童7186人次。带领全市各级妇联先后组织策划乡村振兴巾帼行动双节送温暖活动和关爱农村留守儿童系列项目、“相伴共读书香润德”家庭亲子阅读系列活动、“浓情端午关爱留守儿童”等送温暖活动40场。

【妇女儿童发展规划的贯彻落实】 2018年，市妇联召开第七次全市妇女儿童工作会议，对全市妇女儿童发展规划工作进行总结和部署，推动重难点指标的落实。到各成员单位进行调研，加大重难点指标落实力度。举办《韶关市妇女儿童发展规划（2011—2020年）》实施成果展，开展性别平等基本国策进中小学校园活动等。派发《实现男女平等推动社会进步》《助推女性进“两委”》《妇女权益保障法》解读、广东省实施《女职工劳动保护特别规定》办法等有关宣传资料上万份，把“妇女儿童发展规划”政策及“男女平等、儿童优先”理念宣传到最基层。

（李红艳）

韶关市科学技术协会

【概况】 韶关市科学技术协会（简称市科协）是韶关市科学技术工作者的群众组织，是市委领导下的人民团体，是市委、市政府联系科学技术工作者的桥梁和纽带。成立于1958年12月。1980年11月、1984年12月、1991年11月、1997年6月、2002年12月、2007年12月、2016年8月分别召开第二次、第三次、第四次、第五次、第六次、第七次、第八次全市代表大会。历任主席为张铭（1959—1963）、王式培（1979—1984）、许士培（1984—1987）、杨筠（1997—1998）、杨宁德（1998—2001）、郑适（2001—2015）、成绍强（2015至今）。全市代表大会和它选举产生的全市委员会是市科协全市领导机构，第八次全市代表大会选举委员共57名、常务委员共24名、正副主席5名。成绍强为主席。市科协机关人员编制11名，下辖正科级事业单位韶关市科技馆1个，不定编，有25个政府购买服务指标；市科协组成单位有市级学会（协会、研究会）29个，县（市、区）科协10个，驻韶中央、省、市属企业科协18个，高校科协1个。

【科普活动】 2018年3月13日，市科协与多部门联合在曲江区大塘镇红新村（宝贝健康农场）举办以“弘扬时代新风，建设美丽乡村”为主题的韶关市2018年文化科技卫生“三下乡”活动启动仪式。活动现场进行“科普图片展”、机器人表演、线上有奖知识问答、VR体验、科技咨询、现代农业技术展示等活动。开展科普大篷车进校园活动。3月13日至16日，市科协邀请广东省科学馆、东莞市科技馆和韶关市科技馆走进市第八中学、吴礼和小学、乐昌九峰中小学、乐昌云岩中小学等6所学校开展科普大篷车进校园活动，为韶关市边远山区的孩子们送去科普盛宴。3月26日至29日，市科协开展“中国科学院老科学家科普巡讲”活动，邀请白武明等4名国内著名老科学家在韶关市机关单位和校园开展32场科普活动，受众达数万人次。开展广东省科技进步活动月系列活动。联合浈江区教育局、浈江区科协、韶关市风采街道开展“科普文化进万家”创意机器人培训班活动。开展“醉美大自然——寻找韶关市野生动植物”随手拍征文活动。开展“防灾减灾”活动，举行5·12“防灾减灾”系列科普活动，在县（市、区）、社区悬挂横幅宣传，向各村、社区发放防灾减灾科普宣传资料共3000多册，开展防灾减灾日宣传咨询活动15场次。举行“2018年全国科普日暨健康万步行”活动。9月15日，联合多部门在韶关市中山公园广场举办主题为“创新引领时代，智慧点亮生活”的“2018年全国科普日暨健康万步行”活动。韶关市科协党组书记、副主席罗金锋，浈江区委副书记罗永东，韶关市第一人民医院内分泌科主任、多元化糖尿病健康教育项目负责人邓国宝出席此次活动。开展“南岭生物多样性保护校园流动式科普讲堂”活动。联合市教育局、市林业局、广东省动物学会在韶关市各县（市、区）共23所中、小学开展“南岭生物多样性保护校园流动式科普讲堂”活动，给6200多名师生带去科普课程。开展有毒野生植物食物中毒防控“五进”系列科普活动，先后深入乐昌市城北社区、始兴县太平镇中心小学、仁化县周田镇、凡口铅锌矿等地开展科普宣传活动。开展“韶关市科普自由行”活动。以“共建善美之城提升科学素质”为主题，发挥韶关市科普教育基地科普展教作用，开展五期活动，共有1600多名市民免费参加14个科普教育基地组织的科普自由行活动。开展“中国流动科技馆”广东省巡展活动。先后走进始兴县、南雄市、新丰县开展“中国流动科技馆”广东省巡展活动，巡展活动以“体验科学、探究科学”为主题，通过50件展品组成的展览与科学表演、科学实验、科普影院相结合，组成流动科技馆科普资源。

▲ 2018年5月16日，2018年“中国流动科技馆”广东省巡展（韶关·始兴站）启动仪式上，机器人表演（张智琪 摄）

▲ 2018年3月28日，“中国科学院老科学家科普巡讲”团长白武明在市一中讲授“科学就在我们身边——地震、火山和地球”讲座（张智琪 摄）

【科技竞赛】 2018年，韶关市科协开展青少年科技活动。受省科协委托在丹霞山举办首届粤港澳青少年科技创新交流活动，粤港澳三地40多名青少年参加科技竞技“破冰趣味运动”、南岭科普气象中心、丹霞地貌科考和农耕生活。组织参加第33届广东省青少年科技创新大赛，韶关市35个项目参加角逐，获得17个奖项。组织韶关市学生参加广东省中学生生物联赛，全市13所中学的720名中学生参加。选拔出47名中学生代表韶关市参加广东赛区决赛，3人获得全国联赛一等奖；4人获二等奖；8人获三等奖，总成绩在全省排名第六。举办第35届韶关市青少年信息学奥林匹克竞赛中学组比赛，来自市区的100多名学生参加。组织韶关市部分学生参加科学营活动。组织学生参加第六届广东省青少年虚拟机器人竞赛。组织80名美术教师参加少年儿童科学幻想绘画辅导员培训班。做好创意机器人的培训活动，开展26场科普活动，活动主题包括“蝙蝠战车”机器人、STEM教育智能编程机器人、机器人基础水平测试赛等，受众人数达1.1万人次。组织韶关市一中实验学校、第九中学、第十一中学、第十三中学、第十四中学共26名师生赴广东科学中心参加2018年广东省创意机器人中学生研学营活动。组织韶关市13所中、小学20支队伍参加第七届广东省创意机器人大赛，韶关市代表队获一等奖4个、二等奖6个、三等奖6个、优胜奖4个。

【科技工作者评选】 2018年，韶关市科协开展“全国科技工作者日”系列活动。组织召开科技工作者慰问座谈会。市委常委、市委统战部部长颜珂参加座谈会，并向李丽、钟瑞敏等6名科技工作者代表送上慰问金。20名科技工作者对韶关市经济社会发展、关心和服务科技工作者、为科技工作者排忧解难、人才工作等方面提出意见建议。组织开展“韶关市优秀科技工作者先进事迹报告会”活动。潘丽梅、张志明、黄文华等3名2017年受表彰的“韶关市优秀科技工作者”作先进事迹报告。开展“韶关市优秀科技工作者事迹展”活动。集中宣传一批优秀科技工作者的典型事迹。

【科普工程】 2018年，韶关市科协新增广东车八岭国家级自然保护区管理局、武江区山水湾家庭农场、韶关市五马寨菌业有限公司、韶关市金喆园生态农业有限公司等4个单位为2018年度“韶关市科普教育基地”（2018年—2023年）。组织县（市、区）科协开展科普示范县（市、区）申报，始兴县被命名为2016—2020年度第二批省科普示范县，示范期为3年。开展2019年省科普e站项目申报工作。发动县（市、区）科协开展2019年省科普e站项目申报工作。共有1个县和17个科普教育基地、农技协和科普示范社区参与申报工作。始兴科协和金喆园等16个单位入库省2019年科普信息化项目。举办2018年科普中国落地应用培训班。10月24日，在韶关市科技馆7楼学术报告厅举办2018年“科普中国”落地应用培训班，韶关市2018年科普信息化项目单位和2019年科普信息化入库项目单位及所在县（市、区）科协负责人、科普信息化试点县（市、区）负责人共45人参加此次培训。

【科协学会服务管理】 2018年，韶关市科协做好学会服务管理工作。召开市级学会秘书长工作会议，部署学会改革工作，交流学会承接政府转移职能的工作经验。2018年给改革试点的学会1万元的奖补资金。联合省级学会在仁化南岭生态中心建立气象科技服务站，为科技服务站和学会承接政府职能工作争取省科协项目经费各5万元。

【市科技馆获得2017年全国科协系统先进集体】 2018年7月23日，韶关市科技馆的职能部门由5个精简为3个，分别是：办公室、展览部和宣教部。2018年，市科技馆获得中央免费开放补助资金190万元；向广东省科协申报多功能科普厅、航空航天体验馆2个项目。市科技馆获得2017年全国科协系统先进集体奖项，被评为第四批广东省学雷锋活动示范点。

【科普志愿者队伍建设】 2018年，韶关市科技馆联合韶关市爱尔眼科医院、悦享自然等社会团体合作，把他们纳入为市科技馆的科普志愿者，共同开展科普服务活动，组建60多人的科普志愿者队伍。市科协志愿者的服务总时长4500小时以上，人均约190小时。

【科协服务创新驱动发展】 2018年，韶关市科协开展韶关市科技人才服务队，助推脱贫攻坚乡村振兴巡回服务活动。协调省科协安排省农科院、省林科院、仲凯农业工程学院等30多名省级农业专家到韶关市对接征集的28项服务需求，由韶关市组织专家深入园区、企业、农村把脉问诊，现场技术指导，与当地企业及基层科技工作者对接，为韶关市乡村、企业和有关单位解决农业实用操作、技术创新等方面难题，促成合作协议35项。组织专家与本地企业和相关职能部门座谈，专家为韶关市提出意见和建议。搭建粤港澳科技人才、科技资源和科技项目交流与合作活动平台。鼓励港澳科技人员参与韶关的经济社会发展，承办省科协“港澳科技专家广东行（韶关）”活动，邀请近20名港澳科技专家到韶关考察对接科技人才、招商项目、企业创新、科技资源、科技项目，召开“融入珠三角服务大湾区”专题研讨会，为韶关科技创新发展出谋划策。配合市相关单位组织开展人才服务，如人才驿站、海外高层次人才韶关行活动、“大众创业万众创新”活动，优化创业创新环境、助力人才引进培养和科技成果转换。

【科协系统改革深化】 2018年，韶关市科协推进科协系统改革工作。根据“四服务”职责重新梳理市科协和市科技馆“三定”方案，报至市编办待审批。市科协领导机构中基层科技工作者代表比例调整到位，逐步完善补充。学会工作开展有序，市医学会、市护理学会、市地质学会从市卫计局、市国土资源局转移职能中开始试点，市科协也草拟学会改革的奖补办法，争取市财政的资金支持。推动县（市、区）科协系统改革，组织调研、考察、督导，70%的县（市、区）出台改革方案。南雄市的科协改革中特别是其基层组织建设、党的建设拟全覆盖到基层科协组织，成为韶关市首个基层组织全覆盖试点单位。开展提升基层科协组织力“3+1”试点工作。开展调研摸底，制定韶关市提升基层科协组织力“3+1”试点实施方案，始兴县城南社区和浈江区十里亭镇为韶关市首批报备省科协的试点单位。

（朱韶南）

韶关市文学艺术界联合会

【概况】 韶关市文学艺术界联合会（简称韶关市文联）是党和政府联系文艺界的桥梁和纽带。市文联在职干部职工8人，内设办公室和组联部，联系17个市属文学艺术团体，分别是作家协会、美术家协会、书法家协会、摄影家协会、民间文艺家协会、文艺评论家协会、戏剧家协会、曲艺家协会、音乐家协会、舞蹈家协会、电视艺术家协会、诗社、赏石协会、兰花协会、盆景协会、九龄书画家研究会、文联艺术团。全市有市级会员5000余人，省级会员760人，国家级会员118人，其中2018年新加入省级会员60人，新加入国家级会员8人。全年举办展览展示14场，展示作品600余幅；出版文艺作品17本；组织艺术采风20余场；文艺交流15场，参与文艺家300多人次；组织文艺作品研讨会13场，研讨文艺作品20（本）篇；举办惠民文艺服务80余场，惠及群众数万人。2018年，市文联履行团结引导、联络协调、服务管理、自律维权职能，组织实施好文联履职十条，为文艺家协会的建设和发展，为服务韶关市中心工作和提升城市文化品位，满足人民群众的文化艺术需求做出努力。

【组织建设】 2018年，韶关市文联组织理论学习26次，自学9次，外出学习2次，236人次参与学习。制定文联改革方案。起草韶关市文联改革方案，征求省文联、韶关市相关部门的意见。5月上旬，市文联改革领导小组会议原则通过韶关市文联改革方案。开展模范机关创建活动，持续深化“双争双促”实践活动，推进文联机关党建规范化制度化建设。专题组织文艺工作者学习政治理论10场，教育文艺工作者开展主流文艺作品创作。创新党建工作形式，延伸工作手臂，组织成立“韶关市文艺家党员活动站”，发挥党员文艺家的先锋模范作用，开展系列文艺惠民、文艺育人活动。开展主题教育活动，如组织党员文艺家走进赣州革命老区活动和群英走基层活动，推出“红色文艺轻骑兵走基层”“社区文明大讲堂进社区”等活动。

【文艺活动】 2018年，韶关市文联举办展览展示14场，展示作品600余幅；出版文艺作品17本；组织艺术采风20余场；文艺交流15场，参与文艺家300人次；组织文艺作品研讨会13场，研讨文艺作品20（本）篇；举办惠民文艺服务80余场，惠及群众数万人。举办“我们的节日”文化艺术活动。节庆期间，举办各类书法作品展、美术展、摄影展、盆景展；其中“春联进万家”成韶关市各县（市、区）文联和市书法家协会春节期间固定的文化惠民活动。开展志愿服务活动，送舞蹈送福字送家训下乡村、进学校。制作“家和”音频作品并利用新媒体传播，用艺术的方法培育家风家训。开展“结对子、种文化”活动，市舞蹈家协会组织舞蹈骨干到大塘镇东岗岭村等地开展舞蹈艺术辅导；在南雄市水口镇、仁化县长江镇2镇29个自然村成立舞蹈队，为百姓传授艺术健康舞；市作家协会到始兴县墨江中学、始兴县作家协会开展创作辅导、作品讲评等活动；韶关诗社到马坝中学开展诗教进校园活动；市书法家协会到始兴县风度中学开展“书法进校园”活动。各文艺协会举办系列文化文艺活动：市作家协会策划曲江区的抗战省委交通站采风、红军长征过仁化采风、乳源瑶族自治县民俗采风等主题创作活动，利用协会文学刊物专题刊登采风作品。市曲艺家协会举办“粤韵风采”中青年粤曲演唱艺术展演。九龄书画家研究会举办首届《韶关市“学家训、树家风、做传人”专题书画展》和开展送春联下乡活动、“文艺拜年、福送万家”“新春开笔挥毫”助力创文巩卫活动。市戏剧家协会组织参加“2018文化和自然遗产日”广东传统戏剧展演。市舞协组织“不忘初心 牢记使命”韶关红色文艺轻骑兵走进革命老区巡回演出和韶关市第七届“百姓艺术健康舞”活动。市文艺评论家协会组织参与市多项文艺评比活动。市诗社举办《中国梦——庆祝改革开放四十年诗词朗诵会》《韶关美——韶关礼赞诗词朗诵会》等。市音乐家协会做好“广东省音乐创作人才专项培训”，举办《音乐欣赏与歌词创作》公益讲座。市书法家协会、市美术家协会、市作家协会、市摄影家协会、市诗社等开展工矿精神采风和作品展；市戏剧家协会开展大型粤北采茶戏《51号信箱》创作排练工作。乐昌市挖掘红色革命遗址和红色革命历史事件等宝贵资源，在弘扬红色革命传统、传承红色文化精神上做大文章。南雄市围绕红色

▲2018年6月15日，韶关市文联与韶关开放大学承办的“社区文明大讲堂”在韶关开放大学举办揭牌仪式 （市文联 供）

▲ 2018年11月8日，市舞协在仁化县长江镇举行“乡村振兴·志愿同行·百姓艺术健康舞”展演暨村级志愿服务活动（市文联 供）

文化、姓氏文化、恐龙文化、民俗文化和生态文化开展创作，组织文艺家深入基层创作采风。曲江区在全区10个乡镇街道打造一批基层文化活动品牌，培育一批基层文化艺术骨干。浈江区加大文化文艺普及培训工作，举办多场培训班。乳源瑶族自治县组织开展系列摄影赛事展览活动，民族特色作品有新亮点。始兴县文艺家在“中国农民丰收节”暨生态农业博览会、广东省户外运动挑战赛为城乡居民带来乡土文化文艺作品。新丰县艺术协会开展各种文化活动，弘扬传承中华优秀传统文化。仁化县抓好文学刊物《丹霞》编辑出版，展示传播本土文化。翁源县擦亮“风雅翁山”和“潮涌滃江”文化品牌，与广州越秀区文联联合主办“客家风广府情——越秀翁源两地书画联展（广州站）”，促进两地文化交流。

【文化交流】 2018年，韶关市文联开展“韶关市文艺家党员活动站走进赣州革命老区”学习采风交流活动，组织各文艺家协会主席、各县（市、区）文联主席、韶关市中青年文艺带头人近50人，到翁源县开展“韶关市文艺家党员活动站群英走基层学习采风交流”活动，在翁山诗书画院座谈交流，前往翁源县龙仙镇联群村和青云村实地参观和采风。市文联与阳江市各界文艺家代表一行30人，围绕文化建设机制及文艺创作体会进行座谈交流。参与台湾、韶关两地书画艺术家交流，来自台湾和本地共30名的书画艺术家在笔会现场共同创作《君子之风》《两岸同宗》等作品。市作家协会请进来走出去，先后两次邀请《花城》及《作品》《特区文学》《红岩》《星火》等杂志编辑对韶关作家的作品做一对一评稿，市作家协会组织作家一行16人赴梅州市开展以红色文化和客家文化为主题的采风学习交流。国庆期间，市民间文艺家协会组织韶关市、中山市、江门市、清远市四地剪纸巡回展，参展作品130幅。

【艺术成果】 2018年，韶关市文联各协会会员在国家和省市级报刊发表文艺作品100多篇，获市级以上奖项40多项。市文联、韶关学院文学院联合出版刊物《一座城市的诗样年华》；出版《时代强音工矿精神》韶关市美术书法摄影作品集；市文联与市老促会合作推荐的多件作品参加省老促会庆祝改革开放40周年活动获一二三等奖。市作家协会出版书籍《九龄文丛》一套10本及《春雨呢喃》。市文艺评论家协会组织参与文艺评论13场次，评论作品20余篇（本），中国评协会员、市文联主席刘照丁被中国文联文艺评论中心、中国文艺评论家协会评为2018中国文艺新媒体年度达人，撰写的文艺评论《警惕表象背后的文化密码——评网络长篇小说欢乐颂》入选《粤派文艺批评文集》；《微时代微文艺作品的价值向度审视与批判》由《网络文学评论》发表，获省文艺评论推优作品；韶关市文联主席刘照丁、调研员佟虎撰写的散文《粤北茶乡行》被中英文双语刊物《艺术交流》采用发表。市书法家协会陈秀锋作品在“全国第二届大学书法篆刻作品展”入展及“全国农民书法作品展”入展；张志军作品在“白居易奖”首届全国书法篆刻大赛获奖入展；黄倩婵、杨靖二人作品在广东省第六届“南雅奖”书法篆刻展入展；邓海媚、廉清华等7人作品入展“庆祝改革开放40周年——广东省书法大展”；李主平等6人获广东省第八届新人新作书法作品优秀奖。市美术家协会陈勇创作的《连南瑶族耍歌堂》《渔港晚风》《瑶族．节庆欢歌》《瑶族·同心筑梦》等多幅作品在省内多次获奖，作品《瑶族·瑶山颂歌》（陈勇，杨隆柱）入选第三届中国民族美术双年展；朱广新油画作品《春风》入选“大潮起珠江”庆祝改革开放四十周年全国美术作品展。市民间艺术家协会申敏新获得由国家版权局颁发的申体书法《作品登记证书》。市舞蹈家协会组织参加广东省新农村少儿舞蹈课室汇演及湖南省、海南省、重庆市、河北省五省市新农村少儿舞蹈美育工程交流活动，获“优秀组织奖”；参加2018广东省广场舞集中展演活动获“优秀团队”奖，协会获“优秀组织”奖。市摄影家协会会员吴长江等26人在全国摄影比赛中共51幅摄影作品入选，何坚强等54人在省会摄影赛事中共68幅摄影作品入选。在广东省老促会举办的摄影比赛中，洪叶、李子亮的摄影作品获一等奖。在2018年连州国际摄影展中，谭富堂等3人有27幅摄影作品展出。在第三届“碧桂园杯”广东省美丽乡村摄影大赛暨广东省美丽乡村摄影展中，林军龙等8人共15幅作品获奖。市电视艺术家协会围绕改革开放40周年，策划制作系列纪录片《共和国的选择》，推出系列短片《口述历史·韶关工矿记忆》。完成纪录片《家住保护区》，被广东省委宣传部列为电视精品扶持项目。纪录片《土地的变迁》，获广东省新闻出版广电局列为精品扶持项目。市戏剧家协会传统采茶小戏《卖杂货》在2018“茶香中国”首届全国采茶戏（折子戏）展演；采茶小戏《醉酒》获广东省第九届群众戏剧曲艺花会铜奖。市兰花协会在第二十八届中国兰花博览会获得2个铜奖和1个优秀奖。市盆景协会在第24届园林博览会入选5件作品，在“流花岭南韵·花后展风情”盆景展入选10件作品。市赏石协会组织会员参加各地石艺文化交流。

【文艺人才培养】 2018年，韶关市文联以“风度艺苑讲堂”为学习平台，面向省内外专家学者，开展各类文艺学习讲座20场以上，培训学员2000多人次。市美协、市作协、市书协等通过“青苗班”，中学校园文学社、书法班等，培养青年文艺人才和青少年文学艺术爱好者，文学艺术创作梯队已形成，队伍日益壮大。开设美术青年骨干班，30多名青年美术骨干参加为期三年的学习培训。与韶关学院文学院签约，开设文艺班，合作培养文艺人才。与《中国艺术报》、广东文艺网、韶关文明网等合作，推介韶关市优秀文艺家作品，促进韶关市青年文艺人才成长。与韶关开放大学合作，推出“社区文明大讲堂”，以“传承红色基因、弘扬工矿精神、活化历史文化”为主题，面向全市社区群众长年举办公益性讲座活动。市美术家协会陈勇、黄亮加入中国美术家协会。市舞蹈家协会古建民加入中国舞蹈家协会，弥补韶关无国家级舞蹈家协会会员的短板。市音乐家协会主席李金莲当选为中国音乐家协会新兴音乐教育工作委员会第一届委员会委员，市音乐家协会获2018年度广东省优秀地市音乐家协会，李金莲、张鸿舜、彭玉蓉和刘德波获广东省“优秀音乐家奖”。

【广东省古村落认定】 2018年，韶关市文联、市民间文艺家协会坚持开展广东古村落评审保护工作。迄今韶关市被认定的“广东古村落”共有24个：仁化县7个、始兴县7个、南雄市6个、曲江区2个、乐昌市1个、翁源县1个。具体的村名是：仁化县城口镇恩村、石塘镇石塘村、丹霞街道夏富村、黄坑镇南庄村、扶溪镇古夏村、周田镇大围村、周田镇风度村；始兴县太平镇东湖坪、马市镇大安坪村、沈所镇石下村、罗坝镇长围村、顿岗镇选陂村、城南镇周前村、深渡水乡坪田村；南雄市南亩镇鱼鲜村、乌迳镇新田村、黄坑镇溪塘村、百顺镇百顺村、水口镇篛过村、油山镇上朔村；曲江区白土镇大村、小坑镇曹角湾村；翁源县江尾镇湖心坝民居群，乐昌市庆云镇户昌山村。 （李良贞）

韶关市社会科学联合会

【概况】 韶关市社会科学联合会（简称市社科联），是韶关市社科类学会（协会、研究会、促进会）和各县（市、区）社科联组成的群众性社会科学学术团体，是市委、市政府联系广大社科工作者的桥梁和纽带。韶关市社科联成立于1986年5月，历任主席先后是赖泽南、王镝非、肖汉谋、梁健、巫育明、李晓林。至2018年底，市社科联在编人员4名。市哲学社会科学规划领导小组办公室是市哲学社会科学规划领导小组的办事机构，与市社科联合署办公。截至2018年底，以韶关市社科联为业务主管单位的市级社科学会有33个。乐昌市、南雄市、曲江区、仁化县、始兴县、乳源瑶族自治县、翁源县、新丰县等8个县（市、区）设有社科机构。9月，韶关市社会科学联合会被全国大中城市社科联工作会议主席团授予“全国社科组织先进单位”称号。

【社科研究】 2018年，市社科联做好社科规划课题管理工作。完成2018年度社科规划课题立项和2017年度社科规划课题结项工作。本年度共有75项课题列入社科规划立项课题，其中资助课题21项，基地课题15项，青年课题6项，共建课题21项，委托课题12项。组织省专家评审组对2017年度结项的46项课题进行评审。评审出优秀结项课题7项，合格等次35项，不及格结项课题4项，并对评审结果做出通报。处理历年逾期未结项的社科规划课题。市社科规划办对自2011年实施的韶关市哲学社会科学规划课题制度以来的逾期未结项的课题统一做出中止课题、收回经费等相应处理。首次开展社科规划课题中期检查。市社科规划办对18项在研的市社科规划委托课题开展中期检查工作。完善社科研究管理机制。强化社科规划课题的管理，对《韶关市哲学社会科学规划课题管理办法》进行修改，包括重新设定市

▲ 2018年9月25—26日，市社科联与市教育局联合在韶关学院省级中小学教师发展中心举办2018年韶关市乡土文化教材教学培训班 （市社科联 供）

直单位及县（市、区）单位人员申报课题的条件，对课题管理、成果管理也作变动和修改。经市哲学社会科学规划领导小组第八次会议通过后实施。开展社科重点委托课题研究。组织开展《六祖坛经》活化利用课题研究，形成研究成果《〈坛经〉今品》。组织开展“工矿精神”研究。市社科联组织相关专家学者开展“韶关工矿业发展史略”“岭南风骨——20世纪韶关工业企业风云录”“钨金岁月——广东省石人嶂钨矿纪实”等课题研究。受市委宣传部的委托，配合韶关市“一寺两院”建设，市社科联牵头组织专家学者组成禅宗文化整理组，开展若干个禅宗文化研究课题。组织市社科界专家学者参加“用习近平新时代中国特色社会主义思想指导韶关高质量发展”主题研讨会，会议贯彻落实习近平总书记视察广东重要讲话精神、省委书记李希在韶关调研讲话精神，会后在《韶关日报》推出9名社科专家的理论文章。

【社科普及】 2018年，市社科联利用大型节庆纪念开展社科普及活动。围绕庆祝改革开放40周年主题，先后组织开展全市演讲大赛、朗诵大赛和诗歌征集大赛，宣传40年来韶关市经济社会发展取得的成就，展示新时代韶关人民的良好精神面貌。开展社科知识基层行活动。举办2018年韶关市“尚善尚美”社科知识基层行活动。活动以“社科知识展示（含韶关地方特色文化）、知识讲座、现场咨询”为主题开展18场宣传咨询活动，面向全市4家重点厂矿、10所中小学校、4个村居宣传普及社科知识，收到良好的效果。宣传普及韶文化。完成韶文化系列丛书——《孙中山北伐与韶关》《百年粤北纪事》和《余靖思想研究》等3本社科普及书籍的编印工作。完成韶关乡土文化教材《善美和谐的家乡——韶关》的视频拍摄和制作。联合市教育局在韶关学院举办一期乡土文化教材教师培训班，对全市从事七八年级乡土教材教育教学的历史教师进行专题培训。指导省、市级社科普及基地开展基层社科普及活动。指导和扶持职工一区等3家省级社科基地、“南雄市非物质文化遗产展演中心”等6家市级社科普及基地，通过制作宣传栏、发放社科普及读物，举办社科普及咨询活动。先后对乐昌市五山镇红军长征临时指挥所开展的“红色文化科普知识展示”等7个社科普及活动项目进行资助扶持。11月，曲江区马坝人遗址博物馆被认定为“广东省人文社会科学普及基地”。重视加强对广东省人与自然和谐研究基地和韶文化研究基地两个社科研究基地的工作指导。依托两个基地先后完成《新丰产业发展六大课题研究》《浈江区古村落调查》等课题研究，举办“生态文明建设”专题座谈会和韶关地方特色文化研讨会等系列活动。

▲2018年11月7日，“革命历史大讲堂——社科专家话韶关红色文化名片”活动在韶关学院举行
（市社科联　供）

【社会科学学会管理】 2018年度，韶关市社科联组织的学会新增1个，变更业务主管单位1个、注销学会1个，截至年底，共有学会33个（其中，有挂靠单位的15个，纯民间社团的有18个）。市社科联重视加强对社科学会的业务管理，市社科联配合市民政局做好学会年检和抽检相关工作，对于不按时年检或年检资料不齐全的学会提出整改要求。会同市民政局对5个学会进行抽检，将检查意见反馈给学会落实整改。强化对学会的日常服务，发挥社科工作QQ群和学会工作微信群的作用，下发各类业务工作的文件通知。完善学会管理机制，制定《韶关市社会科学联合会学会发展质量评估表》，建立深入学会调研（约谈）和学会办事登记制度，注重对学会的组织建设和业务活动开展的指导，帮助解决学会日常所反映的困难和问题。在韶关学院举办一期社科学会培训班，邀请省社科联社团联络部、市民政局相关人员，对全市33个市级社科学会进行专题业务辅导。指导和扶持学会开展面向社会的公益活动。2018年，指导7个学会先后参与2018年韶关市“尚善尚美”社科知识基层行活动，先后资助8个学会开展专项社科普及活动，比如资助市楹联与诗词学会开展“纪念张九龄诞辰1340年诗词赛”、资助市心理成长学会开展“市民心理健康问卷调查及咨询活动”等。

【“尚善尚美”社科知识基层行活动】 2018年，“尚善尚美”社科知识基层行活动先后在广东省北江中学、乐昌市第三中学等9所学校，大宝山矿业公司、乳源瑶族自治县供电局等4个企业，南雄市雄州街道河南村、乳源瑶族自治县源峰社区等4个村（社区），共17个基层单位开展。活动内容以“社科知识展示、专题知识讲座、现场咨询”为主，宣传的社科知识涵盖图书知识、集邮文化、演讲与口才技巧、朗诵知识、心理学健康等方面。同时，增加中共十九大报告内容及改革开放40周年韶关市经济社会发展成就等方面的知识宣传。该项活动超过1万人接受社会科学知识的系统教育。2018年4月21日，由韶关市社科联主办的2018年韶关市“尚善尚美”社科知识基层行活动在市区北江中学举行启动仪式。市级社科学会代表、北江中学校领导及高一级学生代表，共计200多人参加。市图书情报学会理事长、韶关学院图书馆馆长官建生作“阅读守护信仰，经典丰富思想”主题讲座。

▲2018年10月12—14日，第六届广东省残疾人职业技能竞赛在广州城建职业学院举办，市残疾人邝永华和林学全取得裁剪和美发项目第三名，韶关市残联获优秀组织奖（黄柏强 摄）

【社科专家话韶关红色文化名片活动】 2018年11月7日，由省社科联、省委党史研究室、广州日报报业集团、省文化学会与韶关市共同举办，市社科联负责具体工作对接的“革命历史大讲堂——社科专家话韶关红色文化名片”活动在韶关学院举行。省市社科专家代表，以及市直有关部门，各县（市、区）宣传部，社科联负责人，共计300人共同出席活动。省委党史研究室宣传教育处处长、《红广角》杂志主编吕湛忠，华南理工大学马克思主义理论研究中心主任、统一战线理论政策研究室主任莫岳云等4名党史类社科专家，对“犁市当铺，杨家寨，坪石大捷，双峰寨，血战梅花，城口突围，《梅岭三章》，广东省委、粤北省委机关旧址”等8张韶关红色文化名片进行点评和推荐，为擦亮红色文化名片提出对策和建议。（张建明）

韶关市残疾人联合会

【概况】 韶关市残疾人联合会（简称市残联）是党和政府联系残疾人的桥梁和纽带，2018年，市残联在职干部职工10人，内设办公室、康复科、教育就业科3个科室。2018年，韶关市残疾人工作聚焦重点工作任务，真抓实干，加快推进残疾人小康进程。

【残疾人教育、就业培训和社会保障】 2018年，韶关市开展扶残助学工作，投入14万元资助困难残疾学生199名；实施“南粤扶残助学工程”项目，组织47名新入学残疾大学生完成网上申报工作；通过市关工委、广东狮子会相关服务队筹资24万元，资助120名2018年考上大学的困难残疾学生和残疾人家庭子女完成学业；完成255名适龄残疾儿童少年的入学情况核实，并安排其重新入学。完成残疾人自学考试、高等职业教育单独考试单独招生、普通高考的申报和考前指导，参加普通高考的残疾考生39人。做好省培英职业技术学校中专招生，录取7人。做好培训就业工作。通过新闻媒介、宣传手册、微信公众号等宣传残疾人就业政策，开展技能培训，举办各类培训班19期，全市共培训学员857人（市级培训340人），其中贫困残疾人108人。搭建就业平台，组织专场残疾人招聘会4次，新推荐残疾人43名。做好残疾人实名制就业培训管理，录入就业年龄段40137人，录入率为100%，受到省残联的肯定。鼓励残疾人参加“双创”。组织33名残疾人参加广东“众创杯”和省第六届残疾人职业技能大赛，其中残疾人黄懿团队获得团队自强组铜牌，邝永华和林学全获技能大赛裁缝、美发项目第三名。做好社区康园中心运营和新建工作。全市建成运作的社区康园中心35家，2018年新建15家（含省管县）。加强广东省残疾人粤北就业培训中心的指导，完善消防等配套设施建设。

【残疾人文化体育宣传】 2018年，全市残联系统上报省残联、韶关日报、韶关文明网等新闻稿件合计110多篇，向省残联新闻投稿数居全省前列，韶关残联获得2018年广东省残疾人事业宣传先进单位。开展残疾人文体活动，选送器乐作品《文韵咏流传》《纳西三部曲》在全省声乐器乐大赛获得铜奖；组织参与省残联成立30周年征文活动，韶关市有6位作者获奖，其中韶关市作家李富根的报告文学《文海筑梦——“广东省基层宣传文化能人”陈志强风采录》获一等奖；盲人潘力在全省盲人散文大赛获二等奖；在第七届全省残疾人美术作品大赛上，宁晓梅的剪纸《千手观音》获得二等奖，叶延英的《伞》获得三等奖。开展全国助残日、国际残疾人日活动和市残联系统心理健康日活动。在全国残疾人羽毛球锦标赛上，残疾人运动员朱佩强获双打第一名；组织参加省特奥运动会，获得11金12银2铜，做好第八届省残疾人运动会集训和比赛工作，获得9金9银2铜。鼓励各残疾人专门协会自主开展活动，其中市肢残人协会参加省坐式排球比赛获得第一名，市盲人协会棋手参加省第八届南粤狮声杯盲人象棋邀请赛取得第一名。

【市残联第七次代表大会召开】 2018年5月15日，市残联第七次代表大会在市区湖心宾馆召开。省残联副巡视员何小京、市人大常委会副主任林岚、副市长高冬瑞、市政协副主席吴春腾等领导、市政府残工委成员单位负责人、其他特邀嘉宾及大会正式代表共180人出席会议。大会总结市残联2013—2017的工作，确定2018—2022的主要任务，选举产生市残联第七届主席团委员和出席省残联第七次代表大会韶关市代表。市残联第七届主席团第一次全体会议召开，选举产生市残联第七届主席团正副主席、市残联执行理事会正副理事长、各专门协会正副主席。推举省残联第七届主席团韶关市候选人。（黄婷婷）

韶关市归国华侨联合会

【概况】 韶关市归国华侨联合会（简称市侨联）成立于1958年11月，是广东省最早成立的地级市侨联之一，历经十一届。2003年4月，市侨联成立党组，从市外事侨务局独立出来，为正处级参照公务员管理群团单位，配备事业编制5个。2013年8月，市侨联归党委口分管。至2018年，韶关市侨联主管的侨界组织社团有5个，分别是南方大学归侨韶关校友会、暨南大学韶关校友会、韶关市潮人海外联谊会、韶关市侨界青年联合会与韶关市侨联法律顾问委员会。2018年，市侨联团结归侨侨眷，广泛联系海外侨胞，坚持改革创新，不断提升为侨服务能力和水平。

【归侨侨眷节日慰问】 2018年1月22日，市侨联班子成员陪同省侨联慰问组一行到消雪岭华侨农场慰问困难归侨侨眷。1月30日至2月2日，班子成员到乳源瑶族自治县、乐昌市、仁化县、翁源县、新丰县、南雄市、始兴县等地走访慰问，韶关市共发放慰问金5.75万元。开展重阳节慰问活动。10月15—16日，班子成员上门看望市区部分老归侨。通过浈江区、武江区、曲江区侨联，为市区238位70岁以上老归侨发放慰问金3.54万元。

【侨联“爱心助老”项目】 2018年，“爱心助老”项目由市侨联于2010年引进资金开展，旨在为韶关市特困老归侨提供长期稳定的基本生活保障（每人每月发放200元）。经市侨联牵线，中山市林东慈善基金会自2015年起连续三年每年为该项目捐赠5万元。项目开展至2018年，有14人受益，发放助老金16.7万元。仅2018年为消雪岭华侨农场、乐昌市、浈江区等地8位特困老归侨发放助老金1.92万元。

▲2018年12月10日，海外侨胞故乡行走进韶关市，图为海外侨胞参观韶关市城市规划展览馆（市侨联 供）

【关爱维权】 2018年，市侨联通过省侨界仁爱基金会牵线，澳大利亚魏基成“慈善列车”驶进韶关，为韶关市困难群众捐赠御寒冬衣600件。协助省侨界仁爱基金会开展“创新医疗+健康广东计划”项目，为新丰县妇幼保健院捐赠价值148万元的“核酸芯片检测仪”一套。解决侨界群众诉求。帮助武江区一侨眷患重症地中海贫血的女儿筹集5万元医疗费用。依法维护侨益。先后3次接访在韶关市投资的港商钟某，协调解决该港商的民事经济纠纷。对于侨界群众不合理诉求的问题进行解释疏导。

【华侨交流联谊】 2018年，市侨联先后赴港澳出席香港韶关同乡联谊总会、香港新丰同乡会、澳门东井圆佛会、澳门前山联谊会举办的会庆及联谊活动，密切同港澳友好社团和旅港澳乡贤的交流往来。市侨联副主席曾园带领在韶关的侨商侨企分别参加广东国际华商会“一带一路”国际华商经贸交流会、“创业中华——海内外华商八桂行”和第七届中国·商丘国际华商节活动，开展交流与合作。先后接待到韶关考察学习、交流访问、回乡省亲的美国港澳之友会、澳洲西澳广东同乡会暨总商会等侨社团和澳大利亚魏基成慈善基金会中国区项目负责人黄兆邦等旅澳侨胞及韶关籍旅美爱国侨领招思虹、张昆山等。

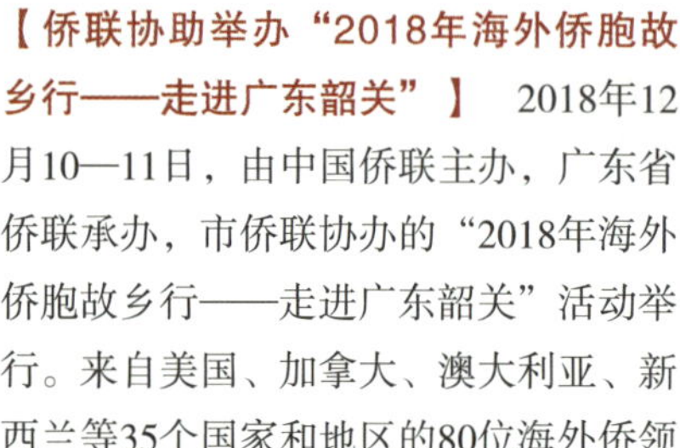

【侨联协助举办“2018年海外侨胞故乡行——走进广东韶关”】 2018年12月10—11日，由中国侨联主办，广东省侨联承办，市侨联协办的“2018年海外侨胞故乡行——走进广东韶关”活动举行。来自美国、加拿大、澳大利亚、新西兰等35个国家和地区的80位海外侨领

齐聚韶关，开展为期2天的参观访问。通过听取介绍、实地察看、阅览资料等方式，海外侨胞们近距离感受韶关改革发展变化，并对韶关市的社会经济、历史人文、城市建设、旅游资源、发展规划等有初步了解。韶关市委常委、统战部部长颜珂出席活动并致辞。

【侨界参政建言】 2018年，市侨联组织侨界市政协委员参加消雪岭华侨农场归侨生产生活情况专题视察活动。市侨界政协委员提交的《关于更好地监管食品安全的提案》《关于进一步落实“门前三包”解决市容市貌问题的提案》《关于对韶关工业园区发展的几点建议》《关于加快社区养老服务的建议》等提案、建议均得到相关部门的重视和答复。市侨联完善全市侨界人大代表、政协委员数据库。

【侨界群众活动】 2018年9月20日，市侨联在市区汇展酒店举办韶关市侨界群众庆祝改革开放40周年茶话会。韶关市委常委、统战部部长颜珂出席茶话会并致辞。市直有关单位，市侨联荣誉主席、顾问，市辖三区侨联干部和归侨侨眷220人参加座谈。茶话会上，韶关市侨界群众表演歌舞，以纪念改革开放。

【侨联改革】 2018年，市侨联推动市委出台改革方案。对标《广东省侨联改革方案》，结合韶关实际，征求省侨联、各县（市、区）党委、各县（市、区）侨联、市直有关单位意见和建议，不断修改完善，形成《韶关市侨联改革实施方案》（送审稿）。4月11日，韶关市委全面深化改革领导小组第五次会议审议《韶关市侨联改革实施方案》（送审稿）。6月11日，韶关市委办公室印发《韶关市侨联改革实施方案》。6月15日，市侨联召开十一届七次常委会议动员部署全市侨联改革工作，凝聚改革共识。市侨联分批推进党建带侨建工作，首批在浈江区、武江区、曲江区、始兴县试点开展，出台《韶关市侨联关于推进党建带侨建工作的实施方案》，指导和推动在符合条件的乡镇（街道）、村（社区）、侨资侨企等建立基层侨联组织，着力解决全市侨联基础薄弱、组织覆盖和工作覆盖不足等问题。7月，韶关市侨联率先在侨资企业——广东康绿宝科技实业有限公司建立侨联工作小组。督促指导县级侨联改革创新。市侨联担负起侨联改革主体责任。班子成员多次深入调研，督促指导县级侨联贯彻落实《韶关市侨联改革实施方案》。浈江区、翁源县、武江区侨联改革方案印发，曲江区、乐昌市、仁化县、始兴县、乳源瑶族自治县、新丰县等侨联完成制定改革方案，等待党委审议。指导乳源瑶族自治县侨联完成换届选举。县侨联实现独立设置，并配备1名专职侨联主席和1名专职干部。指导始兴县侨联成立韶关市首个留学生亲属联谊会，加强同海外留学生的联系，拓展新侨工作。

【侨联协助珠玑古巷申报为中国华侨国际文化交流基地】 2018年10月，市侨联联合南雄市有关方面申报珠玑古巷为中国华侨国际文化交流基地，完成申报资料的提交，正等待中国侨联审批。珠玑文化兼收包容与开放多元的品格、“移民与寻根”的特质，是中华民族向心力、凝聚力的精神内核。珠玑古巷申报为中国华侨国际文化交流基地，可以更为密切地联系海外侨胞，组织开展文化活动，促进海内外文化交流，带动南雄经济文化的发展。（管　慧）

中国国际贸易促进委员会韶关市委员会

【概况】 中国国际贸易促进委员会韶关市委员会（简称市贸促会），成立于1986年8月，是中共韶关市委领导下的群团组织和韶关市政府领导联系的贸易和投资促进机构，是市委、市政府联系经贸界人士、企业、团体的重要纽带，是韶关市与境内外工商界开展经贸交流合作的重要桥梁。至2018年底，市贸促会设会长1名，副会长1名，秘书长兼办公室主任1名；内设办公室1个科室。有在职干部7名，工勤人员1名。2018年，韶关市贸促会围绕韶关市经济发展和对外经贸工作的中心任务，履行对外联络、贸易和投资促进、出证认证和会员服务等职能。

【贸促会组织参加上海首届中国国际进口博览会】 2018年，市贸促会牵头组织各县（市、区）和市直有关部门，以及70家企业和机构组成韶关交易分团，于11月5—8日赴上海参加首届中国国际进口博览会，带领企业“走出去”“引进来”，扩大国际经贸交流合作，举办首届中国国际进口博览会韶关采购签约仪式，成交总额位居全省前列，组织开展“韶关营商环境推介会”，推动韶关市开放升级、消费升级、产业升级。

【帮助企业应对国际贸易摩擦】 2018年，市贸促会向国家贸促会申请设立中国国际贸易促进委员会经贸摩擦预警机构韶关市预警点。配合国家贸促会、省贸促会的部署，开展经贸摩擦应对工作，向企业转发《经贸摩擦预警信息》，向省贸促会申请商事法律服务，对出口商品的反倾销、反补贴、保障措施、反垄断、337、301调查及其他贸易进行帮助和援助。

【与独联体国家开展经贸对接】 2018年，市贸促会通过广东——独联体国际科技合作联盟，先后5次与独联体国家开展经贸交流与对接。2月27日，白俄罗斯共和国驻广州总领事馆总领事列昂尼德巴提亚诺夫斯基到韶关市，与副市长陈磊进行会见和座谈，初步在科技创新、人才引进、生物大健康、文化旅游和国际产能合作等领域达成合作意向。4月19日，市贸促会会长李敦华到上海市，参加中国——白俄罗斯经济合作论坛，与白俄罗斯木业集团公司签订战略合作协议。4月26—28日，乌克兰国家科学院黑色冶金研究所专家到韶关市，分别到宝武集团韶关钢铁有限公司、韶关市中机重工锻压有限公司进行考察和座谈。5月10日，会长李敦华专程赴广州市与白俄罗斯前农业与资源部副部长沃伊托夫·伊戈尔·维塔利耶维奇进行对接，对开展经贸合作进行交流。7月12—13日，格鲁吉亚鲁斯塔维市政府代表团到访韶关市，双方围绕经贸、投资等领域的合作进行洽谈对接，在加强新能源汽车、矿山机械、破碎机、立体停车场、水力资源开发、跨境电商贸易等领域达成合作协议。

【与乌干达、肯尼亚等非洲国家开展经贸合作】 2018年9月，乌干达驻广州总领事馆到韶关考察，推动双方在农业、农产品加工业、能源、电子通讯与技术业等方面开展交流与合作。11月1日，肯尼亚广东总商会及肯尼亚Kiambu州工商联一行12人到韶关市回访，对韶能集团韶关宏大齿轮有限公司、广东磊蒙重型机械制造有限公司、韶关市比亚迪实业有限公司、韶关市创力机械有限公司等企业进行实地参观。在韶关——肯尼亚经贸合作交流会上，双方各自介绍投资和营商环境，表达合作的意向。11月6日，双方签署合作备忘录，在旅游资源、纺织产业、矿山工程、发电机械设备、农产品等方面加强合作。

【推动与中国港澳地区的经贸活动】
2018年，市贸促会先后参加澳门（韶关）联谊会、与香港港九茶叶行洽谈茶叶贸易合作事项，以及参观香港贸发局创业日等活动。并组织企业参加2018粤澳名优商品展、澳门国际贸易投资展览会、香港国际茶展、参加香港第二届创智营商博览，帮助企业开拓国际市场。

【军民融合产业发展座谈会召开】
2018年5月21日，市贸促会组织召开韶关市军民融合产业发展座谈会，邀请北京市中关村海新联新兴产业促进会秘书长武兆华到韶关市，与韶关市具有“军民融合”产业发展潜力的企业开展交流，普及军民融合有关政策，推动企业发展军民融合产品。

【市贸促会协调推动韶关发展生态产业】 2018年1月19—21日，国家林业局、省林业厅及中国林业产业联合会、中产联森林药材与饮品酒业促进会到韶关市，对仁化县创建国家森林生态产业区域经济示范区进行考察。3月28日，棕榈股份公司副总经理张焕新到韶关市仁化县、曲江区、乐昌市等地考察，初步确定投资“时光韶关”项目、田园综合体项目、储备林项目。其后到北京市拜访中国林业产业联合会副秘书长陈圣林，专门就在韶关市开展储备林投资事宜进行洽谈，达成投资意向。6月15日，市贸促会协同南雄市政府及相关企业参加世界竹藤大会，与各界人士接触交流，开展小分队招商，推介韶关市，先后拜访中国林业工业协会秘书长石峰、华夏时报网总经理蒋宏晨等。竹缠绕新材料、竹根水、竹家具等项目，有意向在韶关南雄市投资。投资茅台石斛酒的中林华晟（韶关）生态酒业有限公司、投资生态产业的中林华慧（韶关）生态健康产业发展有限公司在韶关市注册，茅台石斛酒正式生产。协助南雄市制定生态产业发展规划，申报国家银杏产业基地、种子基因库及储备林项目。协助武江区制定生态产业发展规划，开展国家南药植物园选址。正着手申报国家南药植物园及国家江湾森林生态康养小镇，并与981健康集团构建康养基地、服务大湾区达成合作意向。

▲2018年11月5—8日，韶关市贸促会赴上海市参加首届中国国际进口博览会

（市贸促会　供）

【市贸促会协调推动韶关农产品“走出去”】 2018年，市贸促会协助市农业品牌协会（筹备）联系拜访香港贸易发展局、香港蔬菜统营处、港九新界贩商社团联合会、香港创新蔬果食品有限公司、深圳平湖海吉星农产品物流配送中心等农产品配送批发机构和企业，宣传推介韶关农产品，促进韶关农产品走出去。12月20日，协助仁化县政府、韶关市电子商务行业协会举办“2018年仁化县生态农业博览会暨韶关（仁化）互联网+农产品采购会”，并邀请香港贸易发展局、港九新界贩商社团联合会、香港创新蔬果食品有限公司等社团企业到韶关市参加。通过考察了解，香港企业韶关农产品表示采购意愿，从干货类产品开始采购洽谈。协助企业进行资质备案，组织5家农产品生产企业向海关申请出口生产基地资质备案。

【市贸促会推动与北京开展商贸合作】
2018年，市贸促会会长李敦华率团多次赴北京，与国家林业局、中国林业产业联合会和北京中关村海新联新兴产业促进会进行沟通，推进招商引资工作。

经与北京中关村海新联新兴产业促进会协商，围绕军民融合、产业招商、优质农林产品进京签订战略合作协议。5月，北京中关村海新联新兴产业促进会在韶关市考察期间，对竹稻米、五黑鸡、沙田柚、石斛等表示采购兴趣，11月，再次组织中关村企业家到韶关市进行经贸对接。经与北京林业大学洽谈，了解林业机械的研究成果和发展现状，针对当前韶关市相关企业的需求，初步确定在林业机械，特别是林业机器人方面开展合作。

【与黑龙江双鸭山市开展边贸交流】2018年4月，韶关市副市长陈磊在市外事工作会议上把黑龙江双鸭山市对口合作工作交给市贸促会。9月3—9日，由市政府副秘书长安向东带队，率领部分市直单位和相关企业负责人，组成韶关市经贸代表团，赴双鸭山市开展对口合作和经贸交流活动。两地就双向开发两地生态旅游资源签署旅游市场对口合作框架协议，就大米、大豆、玉米等农产品生产采购，签署共建合作和生产购销项目协议；促成“韶关（广东雪印集团）绿色农产品生产基地在优质大米“五常米”核心生产区域——五常市龙凤山镇正式落户，部分优质农林产品也落实采购及供货的意向。

【韶关驻德国（佛莱堡）经贸代表处助推两地合作】2018年3月7日，驻德国（佛莱堡）经贸代表处主任陈炼，协同宏泰航空南方区总经理高山到韶关考察通用航空项目。全年，驻德国（佛莱堡）经贸代表处定期提供德国经济信息达56期，为国际商会会员、行业协会掌握国际经贸动态提供第一手材料。

【韶关国际商会抱团发展】韶关国际商会成立于2015年12月，是韶关市贸促会发起成立的社会团体，是中国国际商会的地方常设机构。截至2018年底，会员单位共有58家，吸纳交通银行、广东发展银行等金融机构作为商会会员，

▲2018年11月1日，肯尼亚广东总商会及肯尼亚Kiambu州工商联一行12人到韶关市考察（市贸促会 供）

缩短金融服务距离，掌握企业需求，帮助会员企业解决融资难问题；加强与各行业协会合作，为中小企业协调采购订单；定期组织会员活动，推动会员间的相互交流与合作。组织会员企业参加《蓝海企业&家运营智慧》讲座，协调乌干达总领事一行到韶关市考察，与会员企业在推动水电、矿山开采、基础设施建设、职业教育合作等方面进行交流和对接。组织会员企业回访中关村海新联，对接北斗定位系统项目，组织会员企业赴浙江省义乌市交流，寻求合作项目。

【出证认证】2018年，市贸促会以签订自贸协定的国家和地区为重点，促进贸易服务便利化，提供原产地证、国际商业文件证明书等服务，落实自贸协定相关条款，并在会员单位中推广企业端“CA数字证书”，利用EDI（电子数据交换）系统平台为企业服务，方便企业通过系统进行网上签证，帮助出口企业减免关税，提高出口商品的竞争力。截至12月31日，市贸促会注册企业为111家，签发原产地证713份，出口货物总值4650万美元，出口49个国家和地区；办理国际商业文件证明书51份、代办领事认证25份，认证国别涉及阿根廷、埃及、伊拉克和土耳其等国家。

（李荣臻）

韶关市关心下一代工作委员会

【“五好”基层关工委创建】2018年，韶关市关心下一代工作委员会加强基层关工组织建设，于7—8月到全市10个县（市、区）进行调研，分三个片区召开市、县、乡镇、村委四级关工委负责同志进行座谈。南雄市关工委联合市委组织部制定《2018年南雄市加强“党建带关建”工作实施方案》，规范各级党委如何“抓”，基层党组织如何“带”，关工组织如何“建”的问题，适时调整、完善关工委成员，成员单位由原来的8个增加到现在的18个。至年底，南雄市17个镇、1个街道全部成立关工委，所有行政事业单位成立关工组织，40所中小学校成立关工组织。仁化县关工委开展第二轮创建基层“五好”关工委活动，实现每年预算内经费10万元。仁化中学关工委成立爱心基金，发动每位学生每月捐一元钱活动，用于资助学校困难学生，帮助一批贫困学生完成高中学业。注重加强关工队伍建设，乳源瑶族自治县关工委建立“五老”队伍档案，成立讲师团、专家团、艺术团等110人。发挥“三团”（讲师团、艺术团、农业科技专家顾问团）作用，服务青少年和农村创业青年；实施“五

老”关爱工程，韶关市关工委讲师团配合教育部门开展各项主题教育活动，韶关市关工委艺术团深入学校、企业、社区大力宣传党的十九大精神，韶关市关工委成立农业科技专家顾问团，指导帮助各地创业青年创业和发展。7月，韶关市关工委被中国关工委、教育部关工委评为“中华魂”（辉煌与梦想）主题教育活动先进集体。

【青少年思想道德教育】 2018年，韶关市关工委讲师团深入学校、社区、企业讲课，开展多形式专题讲座活动，开展纪念改革开放40周年和思想道德教育讲课和宣传活动。全年完成各类讲课讲座报告16场次，受众5520人。抓好中央文明办、教育部、共青团中央、全国妇联、中国关工委5部门开展的“新时代好少年”学习宣传活动，推选一批事迹突出的美德少年、孝心少年、新时代好队员。韶关市评选出第一季5名韶关“新时代好少年”、第二季6名韶关“新时代好少年”、第三季5名韶关“新时代好少年”和第四季度5名韶关“新时代好少年”。翁源县关工委与团县委、县教育局、县文明办联合组织“最美青少年”评比表彰活动，表彰美德好少年、才艺好少年、智慧好少年、自强好少年、创新好少年137名，为全县4万多名中小学生树立榜样。在全市开展评选关工委优秀党史国史教育基地、党史国史教育优秀“五老”辅导员活动。

【“传承红色基因，争做时代新人”主题教育活动】 2018年5月19日，韶关市关工委、市教育局、市文明办在韶关市中共粤北省委旧址举办“传承红色基因，争做时代新人”暨“中华魂”（腾飞的祖国——改革开放四十年）主题教育活动启动仪式，市教育局、市文明办、市妇联、市共青团领导，各县（市、区）关工委负责人和400多名大、中、小学学生代表参加启动仪式。其后，各地分别举办该主题活动。乐昌市关工委在6月1日举行活动启动仪式；新丰县关工委在马头镇军屯小学举行“新丰县中小学开展‘传承红色基因，争做时代新人’主题教育大会”；南雄市关工委开展百场党史国史教育报告进校园活动；韶钢关工委组织韶钢一中、韶钢四小、韶钢实验学校共4000多名青少年开展“传承红色基因，争做时代新人”主题教育活动启动仪式。

【“中华魂”（腾飞的祖国——改革开放四十年）主题教育活动】 2018年，韶关市关工委订购“中华魂”教育读本1.75万册，分发到全市309所大、中、小学。7月，韶关市关工委被中国关工委、教育部关工委、全国“中华魂”主题教育活动组委会评为全国“中华魂”（辉煌与梦想）主题教育活动先进集体。11月16日，由韶关市关工委和市教育局联合举办的2018年中小学生“传承红色基因，争做时代新人”暨“中华魂”（腾飞的祖国——改革开放四十年）主题演讲比赛在韶关市第一中学举行总决赛。比赛评出一等奖6名，二等奖7名，三等奖10名。仁化县关工委和县教育局、文明办专门成立“传承红色基因，争做时代新人”暨“中华魂”（腾飞的祖国—改革开放四十年）主题教育活动工作领导小组，开展“十个一”活动。至11月30日，仁化县组织全县中小学开展各种演讲比赛、知识问答25次；邀请“五老”人员进校开展教育活动18次，出黑板报、墙报、宣传栏等115期。

【“朝阳读书”（红旗飘飘引我成长）主题教育活动】 2018年6月15日，始兴县关工委在县实验小学召开“朝阳读书”活动现场会。全县中小学生有24990人参加“朝阳读书”活动，其中寒假有22467人参加读书活动，占89.9%，暑假期间有21000多人参加读书活动，占84%。浈江区关工委在全区建立图书角27个，举办校园读书活动、演讲比赛、朗诵比赛、辩论比赛等6场次。

【关爱青少年健康成长教育活动】 2018年，韶关市关工委组织市关工委艺术团深入市区15所学校开展“传统戏曲进校园”活动，全市有1.7万名师生参加活动。仁化关工委艺术团演出26场（次），观众1.6万人。曲江区关爱艺术团分别到乡镇、社区进行10场演出，有3.2万人观看。南雄市关工委举行“五老”进校园百场报告会，投入2000多元，发放22个U盘，制作10多个以南雄红色革命史为主的课件，围绕南雄红色革命历史和南雄革命烈士的事迹进行红色基因的百场宣传报告。新丰县关工委宣讲团举办党的十九大宣传图片展20场，向师生宣讲党的十九大精神20场，受教育师生2.5万多人。8月底，乳源瑶族自治县关工委与县教育局联合制定《乳源瑶族自治县中小学校深入推进社会主义核心价值观“进教材、进课堂、进头脑”工作方案》。始兴县关工委与县文明办、县教育局、团县委、县妇联开展“从我做起、从现在做起、从小事做起、从不妨碍他人做起”的“四个做起”活动。

【农村“双带”人才培养】 2018年上半年，韶关市关工委在原有的市关工委讲师团、艺术团2个团的基础上，成立农业科技专家顾问团，加强农村创业青年培训工作，利用专家指导和帮助农村创业青年创业发展，培养更多的农村“双带”人才。4月27日，韶关市关工委举行农业科技专家顾问团成立大会并为28位专家颁发聘书。全市各地关工委陆续举办农村创业青年培训班，全年举办农村创业青年培训班11期，培训农村创业青年873名，其中举办提高班1期，培训53人。曲江区关工委于11月29—30日专门举办一期45人参加的入党积极分子培训班，加强农村创业青年政治思想教育；为创业青年筹集5万元资金，支持农村创业青年创业。

【“三教”结合】 2018年，韶关市关工委讲师团分别在5月12日、13日，为田家炳中学高中一、二年级2000多名学生家长开设家庭教育课；为市十五中初三级学生举办励志教育讲座。始兴县关工委开展创建全国规范化家长学校工作，建立“家庭教育技术探讨”微信群交流平台。曲江区关工委与区教育局以“家长学校”为主阵地，发挥教育专家及“五老”队伍作用。2018年，曲江区九龄小学获“全国首届文明校园”称号。武江区关工委成立学校家长委员会、级部家长委员会和班级家长委员会三级家长委员会，制定《家校联系制度》《家长参与学校活动制度》《家长评议制度》等，开设“校长信箱”，开通“校长热线”，构建“学校、家庭、社会”三结合教育网络。浈江区关工委依托家长学校平台，组织近万名家长到学校及镇办村居的家长学校上课学习。

【法制宣传教育】 2018年，韶关市各级关工委在青少年中开展法制宣传教育，增强青少年法制观念。新丰县关工委联合县教育、禁毒部门，组织禁毒宣传教育进学校活动，全县2.5万多名学生受教育。武江区关工委配合区文明、教育、公安交警等部门在中小学、幼儿园开展“小黄帽”文明交通系列活动，中央电视台少儿频道、中国教育频道、韶关日报社、韶关电视台等多家媒体对该活动作采访和报道。

【关爱帮扶】 2018年，韶关市各级关工委全面展开“五老”关爱工程，开展义演募捐活动，发动社会力量开展扶贫助学。11月24日，由韶关市关心下一代工作委员会、市精神文明建设委员会办公室，市工商业联合会联合主办的“爱心助学，善美韶关”义演募捐活动在市区中山公园举行，近千人参加活动。市人大常委会副主任林岚、市政协副主席吴春腾、市政府副厅级干部王伟阳、市委秘书长颜玉明、市关工委执行主任李石保出席活动。广东省关工委副主任赵福来参加活动并为捐资单位颁发荣誉证书。此次义演募捐活动募集扶贫助学资金48.5万元。发放44万元“爱心扶贫助学金”，资助330名贫困学生。乐昌市关工委募集扶贫助学金148.28万元，资助学生541名。韶钢关工委筹集资金67.21万元，资助贫困学生333人次。推荐贫困家庭学生免费就读深圳德昌机电学院，年内有49名学生被录取上学。

（温祖娟）

韶关市老区建设促进会

【概况】 2018年，韶关市老区建设促进会（简称韶关市老促会）系统共获集体个人各类奖励78个，其中市本级7个。分别是集体奖3个：市老促会获全国老区宣传工作一等奖，省年度宣传工作一等奖，省“讴歌老区征文和书画、摄影作品”竞赛活动最佳组织奖。个人奖4个：会长胡灵光获全国“革命老区建设特别贡献奖”，授予荣誉奖章；会长胡灵光获省宣传工作特别贡献奖；第一副会长梁聪获省宣传工作特别贡献奖；副会长李国华获省宣传工作特别贡献奖。

【调查研究工作】 2018年，韶关市老促会开展三次大调研。6月上旬协助配合中国老促会副会长曾广超率组到南雄市，展开红军传统助推老区法治建设为主题的调研。4月中旬至下旬，省老促会会长陈开枝率调研组一行6人用10天时间，深入5个县1个区2个市，就贯彻落实《关于2277个省定贫困村创建社会主义新农村示范村的实施方案》文件精神，对韶关市开展老区贫困村创建示范村工作情况进行调研。2018年春节前，市老促会自主安排对“国字号工程”老区县发展史的编史工作进行一次大调研。抽调对口联系县的会长联络员25人，分5个组对10个县（市、区）全覆盖调研。于3月7日在韶关召开汇报会，特邀省老促会、市委宣传部领导指导。会后，将经验问题通报各地，互鉴互促。

【烈士后裔助学工作】 2018年，韶关市政府筹措资金107万元（其中省8万元、县级53.5万元，市本级45.5万元），比上年增加29.69万元，为有困难的烈士后裔学生排忧解难，完成学业。全市共资助186人，比上年增加25人。其中大专以上163人，中专（职、技）23人。大专以上6000元/年/人，中专4000元/年/人，补助标准位列全省前茅。

【讴歌老区征文和书画摄影作品评选工作】 2018年，省老促会组织全省讴歌老区征文和书画、摄影作品竞赛活动。韶关市老促会响应，下发《关于成立“韶关市讴歌老区征文和书画、摄影创作综合评审委员会”的通知》，第一副会长梁聪任评委会主任，市文联主席刘照丁任副主任，市老促会4位副会长和6位文联及相关协会专家为成员。共征集文稿65件，其中文学作品21件，美术作品5件，摄影作品23件，书法作品16件。经省终评，韶关市35件作品获奖。其中诗歌一等奖1件，散文一等奖1件，报告文学一等奖1件，画作一等奖2件，书法一等奖5件，摄影一等奖2件。共获奖金10200元。按事前约定，市老促会按1：0.5的比例，追加奖励5100元，以资鼓励。

【讲好老区扶贫故事】 2018年，韶关市老促会与联办单位市扶贫办合作，历时半年时间。共收集故事文稿43篇，经文联专家筛选，将入围的10篇上报省老促会和省扶贫办。组市委会商定，于10月23日，在丛林山庄宾馆举办韶关市老区扶贫故事演讲比赛。到会的有各县（市、区）扶贫办主任、老促会会长，市直机关派出扶贫工作队的单位负责人、市演讲组委会成员、大赛选手及评委、市媒体记者、市老促会常务理事等共110人。省老区刊物《源流》杂志社，受邀派出社长兼总编辑谢佚芳等一行5人到会采访指导。全市10名选手参赛，评出一等奖1名、二等奖1名、三等奖1名、优秀奖7名，当场授匾嘉奖。

【老区县发展史编纂工作】 2018年是中国老促会启动编纂全国1599个革命老区县发展史“国字号工程”的第二年。韶关市老促会把编纂革命老区县发展史作为贯彻落实习近平总书记关于“发挥红色资源优势，深入进行党史、军史、老区革命史优良传统教育，把红色基因代代传下去”重要指示的大事来抓。加大指导督办力度。市老促会制发编号文件16个，其中有关编史文件4个。全市10个编史县，4个稿送出版社，4个将送，2个安排4月送。（张钰廷）

韶关市红十字会

【概况】 韶关市红十字会是从事人道主义工作的社会救助团体，成立于1987年。以弘扬人道主义为宗旨，以改善最易受损害群体环境为基本目标，遵循人道性、独立性、公正性、中立性、统一性、普遍性和志愿服务的基本原则，依法开展救灾、救护、救济工作。1987年7月9日，召开韶关市红十字会第一次理事会议，陈维廉任名誉会长，副市长时述花任会长；1992年5月11日，召开韶关市红十字会第二届代表大会，张广德任名誉会长，副市长张建良任会长；1994年10月13日，召开韶关市红十字会第三次全市会员代表大会，市长汤维英任名誉会长，副市长张建良任会长；1998年8月3日，召开韶关市红十字会第四次会员代表大会，市长覃卫东任名誉会长，副市长杨春芳任会长；2002年4月26日，召开韶关市红十字会第五次会员代表大会，市长徐建华任名誉会长，副市长杨春芳（前期）、丘隆基（后期）任会长。2006年5月，市机构编制委员会将市红十字会列入市直群团机关，隶属市政府管理。2009年，市政府专门划出场地并拨出专款修缮市红十字会新的办公室及备灾救灾仓库。至2018年底，机关下设办公室，在职工作人员4人，执行行政机关待遇。全市共有10个县级红十字会，14个冠名红十字卫生院（站），42个理事单位，468名骨干志愿者，在册红十字青少年6328名。

【红十字会组织建设】 2018年7月，市红十字会召开全市红十字系统《广东省红十字会条例》修订座谈会，汇集组织建设、“三救”“三献”核心业务和红十字会群团改革的意见建议。河源市、惠州市红十字会分别于4月、11月到韶关市开展红十字业务工作交流活动，学习市红十字会宣传工作及红十字志愿服务活动等成功经验，赴始兴县红十字会学习基层组织建设、应急救护、救援救助等方面工作做法。开展基层红十字会组织专题培训会2次。建立红会QQ、微信群，邀请各县（市、区）红十字会具体负责联络人参加。加强理事联系，健全决策机制，向理事会报告捐赠款物收支情况；开展“两公开两透明”工作，公开困难群众关心的热点、难点问题和涉及切身利益的事项，公布款物接受和使用情况、工作制度和流程。

【红十字会博爱关怀活动】 2018年，市红十字会发放捐赠款物202.4万元（其中捐款20.69万元），帮扶困难群众3050人次。元旦春节期间开展“博爱在韶城温暖送万家”活动，通过省红十字会下拨和自购食用油、棉被、棉衣等慰问物资，累计发放价值约70.11万元款物，惠及820多户困难家庭。2月6日，联合芙蓉北社区居委举办“不忘初心跟党走”文明创建迎新春活动，会机关、红十字志愿者、社区居民共100余人参与、观看表演；配合市委办、市政府办等单位开展精准扶贫家庭慰问；动员红十字志愿者参与捐款捐物、服务保障、走访慰问活动，与各级红十字会工作人员一起走村入户，送温暖。将曲江区枫湾镇麻风村纳入志愿服务点，定期上门服务，共捐赠款物23万余元；争取“小天使”基金54万元，救助白血病儿童18人；市红十字会争取中国红十字基金会“六个核桃·智慧书屋”项目6个，分别在翁源县、始兴县、仁化县实施，每个项目学校获得图书和书架价值2万元—5万元，项目点的图书已经全部配备到位并对学生开放。

▲2018年5月12日，韶关市红十字会在西河健身广场组织志愿者进行应急救护培训操作演示（华永锋 摄）

【扶贫救心】 2018年2月2日，广东省、韶关市红十字会联合广州医科大学第一附属医院在芙蓉大厦二楼开展贫困家庭先天性心脏病儿童救治活动。12月2日上午，“众筹救心万里骑——2018博爱穿粤行”志愿服务活动在始兴县拉开帷幕，省红十字众筹救心骑行志愿者一行到始兴县红十字会开展交流活动，志愿者肖海平讲述参加众筹救心穿粤行的感受和体会；同行的广州医科大学第一附属医院专家为始兴县贫困家庭先心病患儿进行筛查、复诊；市、县红十字会和志愿者及医疗专家40多人一起骑行往返30千米到始兴县刘镇营、石俚坝、新村慰问贫困家庭先心病康复儿童和白血病患儿。12月2日下午，筛查义诊活动在南雄市妇幼保健院（南雄市儿童医院）举行，医学专家免费为18名儿童筛查，分期安排符合手术指征和救助条件的患儿家庭到定点救治医院作检查并实施手术。通过“扶贫救心”活动，帮助47名患儿成功“补心”。

【红十字会博爱家园活动】 2018年，市红十字会于2017年起在省定贫困村始兴县城南镇东一村实施“防灾减灾、健康促进、人道传播、生计发展”为主要内容的红十字博爱家园项目。引进始兴县听雨轩家庭农场，引导有劳动能力贫困户加入，成立听农果蔬专业合作社，以“村集体+农场+贫困户”的方式，开展特色瓜果种植。通过培训技术、提供种苗、全程指导、保价销售，实施“互联网+精准扶贫”，扩大农产品网上销路，增加贫困户收入500元—1500元。支持18户贫困户参加种植养殖，安排13人就业增收；帮助11户贫困户实施危房重建和修缮；为21名贫困户在校就读子女实施教育帮扶，对9名患重病贫困户开展大病救助；为全村安装太阳能路灯122盏，硬化村道6.4千米，修建博爱排洪渠450米；公共服务中心、村民活动中心、康复中心、博爱文化广场、健身广场、光伏电站等基础设施建成使用；开展农村人居环境整治工作，村容村貌村风明显改善，美丽乡村示范村建设初显成效。

【应急救护】 2018年，市红十字会在全市范围内开展应急救护宣传教育与培训活动，举办红十字应急救护培训17场，培训（发证）3083人次。构建融组织、教学和实践为一体的院前急救知识推广模式。打造“救护校园行”活动，先后在韶关学院、医学院、市第九中学、曲江区职业技术学校等开展突发事件自救互救与常见传染病预防知识讲座，邀请有关专家为师生讲授各类突发事件处理和常见传染病的预防治疗知识；为云门家具公司、莱雅新化工公司、光华塑胶五金公司、云门山景区、碧桂园韶关物业公司、武广高铁韶关站等企业员工进行心肺复苏、意外伤害等常见意外事故的急救技能演练，为企业的安全生产贡献力量；集中力量为530多名韶关医学院医疗志愿者进行应急救护培训，完成韶关国际半程马拉松赛事辅助医疗保障工作；在5·8世界红十字日、防灾减灾日、世界急救日等重大活动期间，深入校园开展防灾减灾知识竞赛，与市120急救中心合作，在西河全名健身广场组织市民实操体验应急救护。

▲ 2018年1月20日，韶关市红十字会组织红十字志愿者在韶关东站迎接造血干细胞捐献者邓萍萍成功捐献归来 （华永锋 摄）

【无偿献血志愿者成人礼活动】 2018年9月16日，韶关市第九届无偿献血志愿者18岁成人礼活动在市区中山公园举行，此活动宣示18岁的年轻人至此进入成人群体，要负起成人的责任和义务。参加此活动的许多青年人以无偿献血的方式纪念自己成长为“大人”。“成人礼”引领走上公益路。在此次成人礼活动中，有一位22岁的大二学生山冰涛作为志愿者参与相关的宣传和筹备工作。她自18岁生日那天第一次无偿献血至2018年，共无偿献血19次，其中，在深圳市无偿献血2次，在韶关市无偿献血17次（捐献全血1次、机采血小板16次），累计实际献血量达7600毫升。山冰涛用自己的事例，向身边的同学和教师宣传无偿献血好处和帮助他人的理念。受她的影响，身边的同学也加入无偿献血的队伍。截至2018年底，山冰涛累计服务工时逾1200小时。

【造血干细胞捐献】 2018年，市红十字会深入韶关学院、韶关医学院、松山学院、乳源瑶族自治县、始兴县开展造血干细胞集中采样和宣传动员活动，新增有效入库志愿者300人。1月19日，始兴县人民医院妇产科医生邓萍萍在广州捐献成功，成为韶关市第一位女性造血干细胞成功捐献志愿者（全国第7069位，全省第573位，全市第7位）；8月13日，韶关医学院2014届的学生魏建国在广州捐献成功，成为韶关市第8位捐献造血干细胞志愿者；10月17日起，市红十字会联合韶关医学院共同举办“造血干细胞捐献者，你还好吗？”主题宣讲活动，魏建国以亲身的经历，讲述自愿捐赠造血干细胞挽救生命的故事，吸引80名韶关医学院的学生报名参加捐献造血干细胞采集入库报名登记。造血干细胞韶关工作站连续七年被广东分库评为“达标工作站”。 （华永锋）

军 事

中国人民解放军韶关军分区

【机构概况】 中国人民解放军韶关军分区是韶关的军事领导指挥机关，是中国共产党韶关市委员会的军事工作部门和韶关市人民政府的兵役工作机构，是中共韶关市人民武装委员会的组成单位和办事机构，受中国人民解放军广东省军区和中共韶关市委、市人民政府的双重领导。主要负责辖区内的民兵、兵役、动员工作、预备役部队建设和城市警备等工作。韶关军分区前身为中国人民解放军广东省北江军分区，1949年11月17日成立，隶属中国人民解放军第15兵团和广东军区。1952年10月，以北江军分区为基础和西江军分区一部，在韶关成立粤北军区，隶属中南军区广东武装工作部。1954年8月，粤北军区整编后改属中南军区公安部队兼广东军区领导。1956年3月，粤北军区撤销，改编为广东省韶关军分区，隶属广东省军区（广东军区）至今。军分区下辖10个县（市、区）人民武装部，代管广东省韶关离职干部休养所。

【军分区党委十一届七次全体（扩大）会议】 2018年1月15日，韶关军分区在军分区礼堂召开十一届七次全体（扩大）会议，会议传达学习上级党委全会精神；军分区政委郭伟建代表军分区党委常委作工作报告；军分区司令员盖长利就新年度工作指导作讲话；市委书记、军分区党委第一书记莫高义发表讲话。会议全面分析总结2017年度工作，研究部署2018年度任务，通报表彰年度先进单位和先进个人。

▲2018年12月3日，在“粤动——2018”演习工作中，韶关市委领导全程参加
（韶关军分区 供）

【党的创新理论学习】 2018年，韶关军分区学习宣传贯彻中共十九大精神，每季度围绕一个专题安排党委理论学习中心组学习，推进“不忘初心、牢记使命”和“传承红色基因、担当强军重任”两项重大教育，官兵“四个意识”“四个自信”“两个维护”的思想政治根基进一步打牢。

【全面深入贯彻落实军委主席负责制】 2018年，韶关军分区以军委主席负责制《意见》和宣传教育《提纲》为基本教材，采取集体宣讲和个人自学相结合的方式，教育引导官兵从政治与军事、历史与现实、强国与强军的结合上，认清军委主席负责制在新时代强国强军事业中的重大意义、内涵要义和实践要求，确保支持拥护核心思想入脑入心，确保习近平主席决策部署落地见效。

【党纪教育】 2018年，韶关军分区全面彻底肃清郭伯雄、徐才厚流毒影响，7月，专题组织以张阳案为反面教材警示教育；10月，专题组织以房峰辉案为反面教材警示教育，召开专题组织生活会，强化党员干部敬畏法纪、收敛知止

▲ 2018年10月11日，2018韶关市民兵应急营骨干集训总结大会召开

（韶关军分区 供）

的思想行动自觉。

【和平积弊纠治】 2018年，韶关军分区落实党委议战议训制度，巩固深化战斗力标准大讨论成果，采取党小组会、组织生活会等形式，开展纠治和平积弊辨析讨论，加强战斗文化元素建设，纠治军分区、人武部营院重生活环境营造，轻战斗文化建设的不足，统一在办公室悬挂习近平主席训令，采取标语灯箱、橱窗板报、军营广播等多种形式，营造"练打仗"的战斗文化氛围，强化官兵"谋打仗"的战斗文化自觉。

【战备训练】 2018年，韶关军分区突出抓首长机关动员业务训练，专武干部履职、应急分队专业、保障分队对接等训练。2月，组织军分区、人武部两级机关带应急分队全员出动，检验指挥机制和方案预案，提高紧急出动能力。5月上中旬，组织2期轻舟队员集训。6月，军分区机关参加省军区基础课目评比性考核，组织全区部队基础课目评比性考核，取得较好的成绩。

【国防动员演习】 2018年，韶关军分区先后3次召开军分区常委会研究部署"粤动——2018"演习工作，前期，协调市委书记莫高义、副市长刘清生深入实兵演练场检查调研。演习中，市委书记莫高义、市长殷焕明、常务副市长华旭初、市委宣传部部长刘启宇和联系武装工作的副市长刘清生全程参加，在市本级带领乐昌市、曲江区国动委实兵课目演习的基础上，同步组织其余8个县（市、区）国动委参演，探索国防动员运行机制，锻炼队伍。

【征兵工作】 2018年，韶关军分区协调韶关市委、市政府修订《韶关市征兵优抚安置规定》，调整提高义务兵优待金、设立大学生兵员一次性奖励金等，落实市县两级征兵办集中办公。突出廉洁征兵，建立市县两级廉洁征兵监督员队伍，开展阳光征兵，公开定兵等活动。全年征集大学生新兵的比例达到67%，完成年度征兵任务。

【有偿服务停止】 2018年，韶关军分区推进公寓房清理、停止有偿服务等工作，协调成立由市委书记亲自负责的停偿工作军地协调领导小组，先后3次召开专题会议或现场办公会，研究解决停偿工作棘手问题，停偿项目中韶关军分区部队有98宗、驻韶部队有222宗，均按时完成停偿，实现党中央、中央军委停偿工作目标。

【部队安全管理】 2018年，韶关军分区组织"条令月"活动，经常性开展法纪教育和利用大交班组织违规违纪问题警示教育，严把人车枪弹密等安全管理重点，严抓一日生活、舆情监控、安全隐患排查等制度规定落实，定期安全形势分析，定期组织安全检查抽查，举一反三抓好纠治整改，坚持服务保障中心、依法从严管理、紧盯隐患治理，全区没有发生安全违纪问题。

【干休机构调整改革】 2018年，韶关军分区根据军队老干部服务保障体制调整改革工作会议部署，从年初开始筹划干休所改革，3月正式实施，原军分区惠民路、新华路2个干休所合并整编为韶关军分区干休所。改革中，一方面抓工作人员教育管理，一方面在老干部和遗孀中开展"大走访"活动，逐人逐户宣讲政策、征求意见、解难纾困，确保整编期间"三个不降"（力度不降，标准不降，质量不降），全程安全顺利。

【后勤力量调整改革】 2018年，韶关军分区将原来代管的省军区民兵武器装备仓库转隶移交给桂林联保中心，将韶关军分区坳下农场转隶移交给联勤保障部队，由于跨大单位转隶移交协调事项多，时间紧、任务重、安全压力大，韶关军分区明确时限、落实责任，做工作，国家军委、军委国防动员部、省军区和桂林联保中心专项工作组先后6批次前来检查督导，均给予肯定。

（韶关军分区）

武警广东省总队韶关支队

【概况】 中国人民武装警察部队广东省总队韶关支队（简称韶关支队）于2005年6月17日，由原广东省总队第三支队和原韶关市支队两个支队合编而成。2018年1月1日，根据中央军委命令，支队按新的编制体制调整为一类支队。部队主要担负看押、看守、守卫、警卫、城市武装巡逻和处置突发事件等任务。2018年，韶关支队团结带领全支队官兵团结一心、苦干实干，砥砺前行、开新图强，各项任务完成圆满，部队全面建设进步明显，发展态势持续向上向好，被总队表彰为“基层建设先进支队”。

【思想政治工作】 2018年，韶关支队学好用好“四本基本教材”，抓好主题教育、党委中心组学习、“粤北大讲堂”、每月法制课、演讲比赛、强军故事会和军营演说家、“赞辉煌成就、话职责使命”主题辩论赛、“歌颂赞美伟大祖国”诗歌朗诵、“英模英烈”故事会等改革开放40周年配合活动，官兵践行“三个维护”更加坚定自觉；常态组织“五爱”滴灌式教育、仪式教育和小广播小演讲群众性自我教育，创作并唱响支队队歌《韶关卫士军威壮》，喊响队训，建好用好支队史馆（荣誉室），涌现出邓智、吴富贵等先进典型。开展“卫士风采”群众性文化活动，绘制“百米强军漫画墙”、推广“笑脸墙”、完善机关基层政治环境，文化建队育人成效明显，4幅作品获总队“卫士丹青”美术书法摄影比赛2个一等奖、2个三等奖，9名战士考入军校。政治工作处被总队表彰为“先进政治工作处”，1名指导员被表彰为总队“十佳”政治教员。

【执勤战备建设】 2018年，韶关支队围绕“三场维稳行动”，开展“勤务九练”“三学”“六查”等活动，推进“智慧磐石”工程，加大“支队——大队——中队”三级组勤管勤力度，处置3起有碍目标安全险情，固定目标全年安全无事故；落实“一室两站”“1+1”战备力量编成和以车代库，完成春运执勤、联勤武装巡逻等临时勤务；组织首长机关训练、勤训轮换、“魔鬼周”极限训练、卫士演习和“创（破）记录”等活动，军事训练水平持续提升。8月以来，支队采取集中纠治与常态推进相结合的办法，抓住影响备战打仗能力提高的突出问题，区分党委机关和领导干部、中队党支部和官兵两个层面，抓好和平积弊纠治工作，纠治备战打仗中的顽症痼疾。支队被总队表彰为“正规化执勤优胜单位”，参谋部被总队表彰为“先进参谋部”，2个中队被总队表彰为“正规化执勤标兵中队”，7个中队被总队表彰为“正规化执勤优秀中队”，教导队被总队评为“二级教导队”，参加各类比武竞赛分别获总队指挥员大比武团体第四名，教练员、导调员比武团体第二名，参谋人员大比武团体第三名、个人第八名，新大纲重难点课目暨搏击教练员集训团体第二名、2个单项第一名，预提指挥士官集训团体第三名，新训干部骨干集训团体第二名，特战骨干集训团体第一名，1人被总队评为“基层优秀指挥员”，3人分别被总队表彰为优秀教练员、导调员，10名特战队员被总队表彰为“极限训练勇士”。

【部队基础建设】 2018年，韶关支队深入贯彻习近平主席关于抓好改革转隶期间基层工作指示要求和武警党委1号文件精神，选准、配强、育好、管严基层干部骨干，组织新任基层主官网上《纲要》集训、毕业学员岗前培训、“两官队伍”专题教育整训和“三个之家”活动，探索人队周交班、交叉检查、交叉蹲点帮建模式，落实一月一蹲点覆盖、一季一考评、一队一案精准帮建措施，基层自建能力不断提升。乳源中队、执勤五中队被总队表彰为“基层建设标兵中队”，警勤中队、执勤六中队进入先进行列，10个单位被总队表彰为“基层建设先进大（中）队”，3名个人分别被表彰为标兵中队长、标兵班长和标兵司务长。

【依法从严治军】 2018年，韶关支队学习贯彻新《共同条令》，规范统一办公秩序、机关干部宿舍、各类库室和基层14个时段12类人员一日生活制度，正规“五个秩序”；落实安全工作“八个规范”和“五全”要求，持续开展年初安全起航、日交接、周分析、月排查、季讲评、全年竞赛和“五个时段”呼喊安全口号等活动，官兵创安意识增强；组织安全大检查、“7·19”专项整治和百日安全竞赛等活动。支队分别被武警部队和总队表彰为“百日安全竞赛活动优胜单位”和“安全工作先进单位”。

【服务保障质量】 2018年，韶关支队结合编制调整改革、人员调整和大项演训，修订后勤应急保障预案，定期开展“一组五队”训练和岗位练兵活动，参加总队后勤应急力量网上抽考勇夺片区第一，迎接总队后勤战备训练考核成绩全优；深化上级巡察指出问题整改，全面停偿、后勤领域清仓归零整治按时完成；健全规范采购机制，78个采购项目均符合总队要求；分批组织官兵及家属体检，定期组织巡检巡修，争取地方党委政府及目标单位支持，完善机关、基层基础设施建设，2个大队部、8个中队营房新建和升级改造推进，完成执勤六中队新营房搬迁；活用“两红两先三优”载体，激发基层建后管后活力动力。保障处被总队表彰为“先进保障处”，卫生队被总队表彰为“先进卫生队”。

【组织功能发挥】 2018年，韶关支队建立健全各级党组织，召开支队第一届党代会和党的建设会议，部队党的领导和建设不断加强；贯彻总队加强“三个一线”措施坚决，大队“一线指挥所”作用发挥明显，中队党支部“一线战斗堡垒”坚强，乳源中队、执勤五中队党支部被总队表彰为“先进基层党组织”，2人被总队表彰为“优秀党务工作者”，3人被总队表彰为“优秀共产党员”；严肃党内政治生活，组织“六个必须”专题民主生活会，彻底肃清郭伯雄、徐才厚、张阳房峰辉流毒，纠治发生在官兵身边的不正之风和“微腐败”，部队风气更加纯正。组织基层纪检委员、风气监督员培训，开展“学训词、铸军魂、开新篇”专题教育。

【节假日执勤联勤】 2018年春运期间，韶关支队完成武广高铁韶关站春运执勤任务；协助春运部门发送旅客8万余人次，拾获旅客财物30余件，为车站、旅客做好事50余件。2018年节假日期间，支队担负完成韶关火车东站、武广高铁韶关站及市区主要街道公安武警联勤武装巡逻勤务。

【野营拉练】 2018年1月2日至6日，韶关支队组织首长机关带新训大队野营拉练。期间对徒步行军、宿营、野外就餐、综合演练等内容进行训练，磨炼官兵血性虎气，强化军事战术技能。

【武装押解】 2018年12月21—12月22日，韶关支队配合完成广东省监狱管理局将北江等5所监狱的29名涉黑监管羁押对象押解至福建省龙岩监狱。2018年度，支队配合目标单位担负完成102起省内短途武装押解勤务，行程15946千米，成功押解、转移罪犯3426余名。

【比武竞赛】 2018年7月23—25日，9月12日至14日，韶关支队长唐先智率参谋部参谋长熊建武及分队指挥员3名参加完成武警部队“庙算”指挥员比武，取得团体第四名，个人第十名。支队参加总队组织的导调员、教练员比武竞赛中，参谋部副参谋长严基崇获得导调员第九名，被评为“总队优秀导调员”；仁化中队中队长陈书南、曲江中队班长王枭分别获得教练员第六名、第七名，2人均被评为“总队优秀教练员”。在参加总队2018年重难点课目暨搏击教练员集训中，教导队中队长王闯、曲江中队班长王枭、乳源中队战士谢集兆分别获射击组第一名、刺杀组第三名、军事体育组第一名，3人均被评为“先进个人”。

【“车辆安全教育整顿周”暨用电用气安全专项整治月”活动】 2018年3月，韶关支队利用集中开展一次以全体干部、驾驶员为重点的“车辆安全教育整顿周”和以电气设施设备隐患排查为主要内容的“用电用气安全专项整治月”活动，对照车辆安全教育整顿重点纠治的7个方面问题，围绕用电用气安全专项整治重点查纠的3个方面问题，主要开展好“五个一”活动（开展一次警示教育、重温一次法律规章、组织一次网上培训、组织一次训练考核、组织一次问题查纠）。

【“条令年”活动】 2018年5月，韶关支队为机关、基层配发新《共同条令》170套，每周一“条令学习日”及周三理论学习组织条令原文学习、解读和观看7部贯彻新条令集训录像片，从大队到支队逐级组织本级条令知识竞赛，参加总队片区条令知识竞赛；开展市区片正规化管理交叉检查，9月，利用“大（中）队长之家”规范部队各项秩序，提升部队正规化管理水平。

【“百日安全竞赛”活动】 2018年7月1日至10月10日，韶关支队组织开展“百日安全竞赛”活动。活动开展以来，以大队为单位重点组织“六个一”活动，编发3期活动简报；为各中队制作下发“队魂、队训、安全警句”宣传栏，规范安全口号呼喊时机；组织安全法规学习，利用电视会议系统组织2次安全员培训和安全交流发言，组织全体官兵观看安全警示教育录像片，先后组织手抄报评比、安全征文、理论考核、案例剖析等活动。

【安全工作大检查及“7·19”事件专项整治】 2018年5—12月，韶关支队组织开展安全工作大检查，与“条令”年和“百日安全活动相结合”，活动期间组织2批次安全工作大检查和2批次“7·19”事件专项整治检查，排查治理各类安全隐患165处，做好迎接总队安全大检查综合检查工作。

【士官教育整训活动】 2018年8月15—21日，韶关支队集中利用7天时间，组织新选、新晋、无职务、重要岗位士官，开展专项教育整训活动。支队领导进行专题辅导授课，开展一次应知应会和条令条例摸底考核、一次军事体能摸底考核、一次警示教育、一次文体竞赛活动（歌咏比赛、篮球友谊赛、拔河比赛和观看红色电影）、一次自我查摆和大讨论、一次重温誓词和公开承诺活动。

【“传承红色基因、担当强军重任”主题教育】 2018年初，韶关支队按照教育准备、集中教育、巩固转化三个阶段，分4个专题（坚定维护核心、坚决听从指挥，铸牢绝对忠诚的政治品格；聚焦练兵备战、提高打赢能力，有效履行新时代使命任务；贯彻全面从严治党、全面从严治军要求，锤炼坚强党性和过硬作风；弘扬光荣传统、永葆初心本色，做新时代合格共产党员、革命军人），安排20个教育日进行授课辅导。

【支队第一届党代会】 2018年7月12日，中国共产党武警韶关支队召开第一次代表大会，会期1天，与会代表共100名，特邀代表6名。会议听取和审查林心武代表支队党委所作的工作报告，听取和审查周进勇代表支队纪律检查委员会所作的工作报告，选举产生支队第一届党的委员会和支队纪律检查委员会。

【支队史馆（荣誉室）建成开馆】 2018年8月1日，韶关支队史馆正式开馆。史馆于2017年3月30日立项，历时一年半完工，占地面积320平方米，展现部队从组建成立到转战祖国南北，完成各个历史时期党和人民赋予的使命，逐步发展壮大的历史过程，是支队弘扬优良传统、传承红色基因的重要基地。

【强军文化活动开展】 2018年，韶关支队举办“奋进强军新时代”迎新春联欢会、“军歌嘹亮迎八一”歌咏通讯赛、“强军路上青春飞扬”军营歌手大赛、2018年强军文化汇报演出、“卫士丹青铸忠诚”美术书法摄影展和迎国庆“强军杯”篮球比赛；制作下发《习近平主席强军思想书法字帖》，每季度组织1次专题板报评比，定期为基层配发图书、文体器材，下基层播放红色电影，指导基层中队制作“笑脸墙”。

【专业兵之家活动】 2018年起，韶关支队试行拓展“司务长之家”活动内容，通过司务长带部分专业兵参加支队统一的教育培训，强化提高各类专业技能，达到“一专多能、一兵多用”，初步实现活动由单一的司务长办公向“专业兵之家”转变。

【后勤应急力量演练】 2018年9月27—28日，韶关支队接到总队通知对韶关支队进行“一组五队”应急保障力量网上抽组演练。演练着重检验战备方案修订情况、紧急出动程序、个人物资准备、公用战备物资储备、分队应急反应能力、物资装载与登车组织实施、人员对战备常识和装备器材性能掌握等7个方面内容。

【后勤专业兵网上抽考】 2018年9月27—28日，总队组织后勤专业兵抽考，整个抽考全程指挥顺畅、紧张有序、安全规范，其中驾驶员和装备专业评分达到优秀，获得两个考核项目第一。

【后勤队伍培训】 2018年4—10月，韶关支队组织炊事员业务培训。通过理论学习、实际操作两个阶段训练后，进行考核和成绩评定；组织基层卫生员进行专业技能培训。培训共安排无菌操作、清创缝合、心肺复苏、战地救护等科目，结业考核成绩均为合格；组织士官进行预任司务长复训、培训。

【巡检巡修】 2018年，韶关支队组织专业兵到维修技校和修理厂见习培训5批次，水电维修班在全支队范围内开展巡检巡修活动，节约营房维修经费近100万元。

【营房营区搬迁改造】 2018年，韶关支队执勤六中队营房建筑时间久，各项基础设施简陋，支队争取目标单位投入经费数千万元推动新营区建设。11月19日，支队举行执勤六中队新营区搬迁进驻仪式。支队营房普遍建设于20世纪80年代，营区面积狭小，营房老旧问题多发。支队协调地方政府和目标单位，累计投入5266万元推进9个基层单位营房新建改造，支队本级投入185万元改造6个单位营区，整体硬件设施水平得到提升，官兵生活环境得到改善。

（王竑力）

韶关市人民防空办公室

【概况】 韶关市人民防空办公室（简称市人防办）是1984年从韶关市城乡建设委员会划出单独建制、市机构编制委员会批准成立的正处级行政机关，为市人民政府人民防空主管部门。内设4个科室，行政在编9人；下属公益一类事业单位——韶关市人防指挥信息保障中心，正科级，事业在编10人。2018年，市人防办推进人防平战结合，做好人防指挥工程、人防工程的建设管理、人防队伍训练、人防信息化建设、人防知识宣传教育等工作。12月，根据《中共韶关市委韶关市人民政府关于印发〈韶关市机构改革方案〉的通知》总体部署，组建市委军民融合发展委员会，作为市委议事协调机构。市委军民融合发展委员会办公室为市委军民融合发展委员会办事机构，作为市委工作机关。将市人民防空办公室的相关职责划入市委军民融合发展委员会办公室，将市人民防空办公室的人防工程建设质量监督管理相关职责划入市住房和城乡建设管理局。对外保留市人民防空办公室牌子，不再保留单设的市人民防空办公室。2018年，市人防办以战时防空、平时服务、应急支援为使命任务，推进年度22项人防工作要点和13项重点难点亮点工作落实，指挥工程建设、信息系统优化、疏散地域建设、专业队伍整组、“结建”人防工程、政务服务改革、人防宣传“五进”等工作取得明显成效。人防行政审批事项均开通网上申办功能，将法定的140个工作日压缩为22个工作日，提速率达到84.2%。

【人防训练】 2018年，市人防办统筹安排2次市带县人防机动指挥所跨区域训练、8次市县两级人防机动指挥所野外训练。4月24—27日、10月23—26日，先后组织全市人防系统人员奔赴江西省瑞金市、江西省井冈山市、湖南省郴州市、福建省龙岩市、福建省漳州市和广东省揭阳市，分别开展2批次80人共2000千米行程的人防机动指挥所跨区域训练，完成人防机动指挥所开设和撤收、短波通信、4G图传、协同指挥等多个训练科目。先后8次深入指导曲江区、乳源瑶族自治县、乐昌市、

▲ 2018年1月30日，市人防办组织全市人防系统人员在曲江区白土镇开展市、县两级人防机动指挥所训练

（市人防办 供）

翁源县、始兴县、新丰县、南雄市、仁化县人防办牵头组织训练，分别前往曲江区白土工业园、乳源瑶族自治县东田镇、乐昌市国防教育基地、翁源县龙仙镇新城区、始兴县沙水工业园、新丰县实验小学、南雄市主田镇大坝村、仁化县石塘镇双峰寨爱国主义教育基地开展8批次250人的人防机动指挥所野外训练。7月18—20日，市人防办8名指挥通信人员参加由佛山市人防办牵头组织的广东省第一组人防区域协同训练。

▲ 2018年9月14日，市人防办在市区解放路进行人防知识宣传 （市人防办 供）

【人防信息化】 2018年，韶关市人防卫星通信系统升级改造项目、人防空情系统软件升级完成建设。于6月14日完成初验，经过3个月的试运行，于9月21日通过专家组验收。

【防空警报和疏散演练】 2018年，市人防办恢复人防空情训练，完成警报系统升级改造并在市区新增6个警报点，定期开展市、县两级防空警报器检测维修工作；9月18日，完成市区防空警报试鸣；9月19日，在曲江区马坝镇韶关市示范性综合实践基地，组织700多名学生、居民开展防空袭疏散演练。

【人防疏散基地建设】 2018年，市人防办落实人防工程建设"应建尽建、应收尽收、以建为主、以收促建"的要求，人防工程面积增长。确定在南雄市、翁源县、曲江区按"人口疏散地域（基地）+美丽乡村"模式开展建设人防疏散地域（基地）。曲江区、南雄市2个疏散基地完成建设，翁源县2个疏散基地正在建设。

【人防宣传】 2018年，韶关市人防教育宣传进机关、进校园、进社区。将人防知识教育纳入市委党校主体班教学计划、纳入国防形势教育课程，上半年在科级干部培训班开展人防知识考核，9月4日，由原韶关军分区副司令吴楚峰给市委党校中青班、处级班干部进行人防知识授课。人防知识教育在韶关市示范性综合性实践基地纳入中小学生教学计划；与市教育局联合下发《2018年全市城区中学开展人民防空知识教育的通知》。对全市54所中学在校学生开展人民防空知识教育，印发2万册《韶关市中学生人防知识读本》，发放应急包428个、教学光碟56套，累计培训学生26776人。制定下发《韶关市人防办关于进一步加快推进人防工作进社区的实施意见》，推进县（市、区）人防社区工作站建设，基本完成40个人防社区工作站建设。

【"我与人民防空"宣传教育周活动在市区开展】 2018年，在纪念"九·一八"事变87周年前夕，市人防办开展主题为"我与人民防空"宣传教育周活动。在市区20个公交车站点设置人防知识宣传展板、在高铁站LED屏播放人防宣传教育视频。9月14日下午，市人防办联合浈江区人防办、武江区人防办、曲江区人防办在市区解放路悬挂人防宣传横幅、设立人防知识教育展板、设置人防法律咨询台，工作人员在活动现场为群众讲解人防法律知识，向市民发放编印的知识读本《空袭来了怎么办》1000多册。

【首次将人防建设纳入对县（市、区）工作绩效评价】 2018年，市人防办首次将人防建设纳入对县（市、区）工作绩效评价，广东省人防办对此给予高度评价，认为对基层人防建设有导向意义，并下发粤人防〔2018〕195号文要求全省人防系统研究学习韶关市的经验做法。5月下旬，韶关市委办、市政府印发《2018年韶关市县（市、区）工作绩效评价实施方案》的通知，首次将"人防建设工作"纳入2018年县（市、区）工作绩效评价指标。市人防办下发《韶关市各县（市、区）2018年度人防建设绩效评价实施方案》，将县级人防领导班子建设纳入考核内容。

（陈晓丹）

法 治

政法委及综治

【概况】 1983年6月，韶关市委政法委成立。2018年，委机关内设10个科室，分别是：办公室、政治处、研究室、信息舆情科（信息化科）、维稳工作科、综治工作科、防范工作科、社会工作科、法治监督科、依法治市科，有行政编制40名，后勤服务人员4名。市法学会由市委政法委代管，事业编制3名。2018年，全市政法战线推进平安韶关、法治韶关和政法队伍建设，维护国家政治安全，全市社会大局持续稳定，法治韶关建设和社会治理水平不断提升，为全市经济社会发展创造良好的政治环境、社会环境和法治环境。

【维稳安保】 2018年，韶关市落实维稳的“四个责任”，即党政一把手责任、市县主体责任、职能部门的主管责任和党委政法委牵头抓总、统筹协调责任。启动市信访维稳工作专班，按照“矛盾纠纷隐患每日一排查、面上情况每日一研判、重点人员每日一清点、工作情况每日一报送”的工作机制，做好重大节日、重要活动维稳安保工作。全国“两会”、国庆、纪念改革开放40周年等重大节日、重要活动期间，全市无一人进京非访、无一人到外省聚集“维权”，无一人参与涉军“声援”活动，得到省、市领导的肯定。

【国家政治安全维护】 2018年，韶关市推进维护政治安全8个专项行动，坚持严密防范和严厉打击相结合，主动消除政治安全领域的各类风险隐患。打击邪教组织违法犯罪活动，开展创建无邪教“三个一”示范工程活动，完善教育转化工作机制，对邪教痴迷人员采取集中办班、分散帮教等方式，开展教育转化。开展维护意识形态安全专项行动，坚持依法处置、舆论引导、社会面管控“三同步”原则，把握意识形态工作主导权。

【社会综合治理】 2018年，韶关市打造一批基层社会治理模式，如南雄市在城区开展小区网格化、精细化管理，实施“幸福家园”工程；翁源县探索建立“村党支部+村民理事会”治理模式。推进“中心+网格化+信息化”建设，以综治大网格为基础，整合党建、消防、安全、禁毒等资源，将全市10个县（市、区）划分为11674个网格进行管理，逐步构建“上面千条线，下面一张网”的基层治理格局，通过“中心+网格化+信息化”工作排查发现矛盾纠纷7198宗，调解成功7108宗，成功率98.7%。加强特殊人群管理工作，全市113个乡镇卫生院和卫生服务中心，均设立精神卫生防治网点，实现严重精神障碍患者防治网络覆盖率100%。市社矫指挥中心成为全省首批6个与司法部联网的中心，依托市县镇三级社矫中心，开展监狱服刑人员和戒毒人员远程探视亲人工作。全市社区服刑人员重新犯罪率为0.45‰，低于全省1.3‰的控制线，社区矫正电子网格化管理项目被纳入广东省司法厅“智慧社区矫正”信息化体系，获评全国“智慧司法十大创新案例”。

【平安韶关建设】 2018年，韶关市围绕影响群众安全感的治安问题，坚持打防结合，着力构建现代立体化治安防控体系，韶关市群众安全感排名全省第七。开展“飓风2018”专项打击行动、“夏季破案攻势行动”，全市刑事案件同比下降11.3%，刑事案件破案数同比上升2.9%。打击恶性暴力犯罪，全市立命案13宗、破案13宗，实现命案全破。严密治安要素管控，推进社会治安防控“铸盾”行动，实施“亮警灯工程”，落实“1、3、5”分钟应急处突要求，全天候街面见警率、管事率提升，夯实基层基础。加强对全市9个困难派出所的帮扶建设，加强省际公安检查站、市际治安卡点建设，过滤进省出市的各类危安因素。开展智慧新警务建设，“雪亮工程”被纳入韶关市“智慧城市”建设总体规划。统筹推进视频云工程建设，在市辖三区及乐昌市进行试点，部署129个人像识别视频云试点，抓获27名在逃人员。

【社会矛盾纠纷化解】 2018年，韶关市开展社会矛盾排查化解12个专项行动、迎国庆专项排查化解行动和“百日攻坚”行动，加强对征地拆违、环保“邻避”、劳资纠纷、P2P网贷平台、涉货车司机群体等矛盾纠纷的排查化解，对发现的各类风险隐患逐一列账，落实责任，限期“清零”。全市排查出社会矛盾纠纷14122宗，化解13959宗，化解率98.84%。实施领导包案制度，推动信访问题解决。完善人民调解组织建设，截至12月31日，全市共建立各类人民调解委员会1696个，实现哪里有矛盾纠纷，哪里就有调解机构的工作目标。推进基层司法所规范化建设，全市专职人民调解员达到190人，实现每个乡镇（街道）至少配备1名专职人民调解员的目标。

【公正执法】 2018年，韶关市推进“放管服”改革，持续精简行政审批事项，建立权责清单制度，推进执法体制改革。推进行政应诉工作，举办全市行政机关负责人出庭应诉业务培训班，全市2000多名干部参加培训，行政机关负责人出庭应诉228件。落实“执法全过程记录、重大执法决定法制审核、行政执法公示”三项制度，加强执法人员管理，全市办理行政执法证件812个，依法行政水平提升。落实防止领导干部干预司法、司法人员过问司法活动等“三个规定”，确保人民法院和检察院依法独立公正行使审判权和检察权。发挥行政审判在法治韶关建设中的重要作用，加大对行政行为合法性审查力度，纠正行政不作为、慢作为等行政违法行为。深化司法公开，全面公开审判流程和执行信息，出台《关于进一步完善全市法院裁判文书公开工作的实施意见》，上网公开裁判文书39051份，网络庭审直播3759场次，242.9万人点击观看。推进诚信体系建设，加大失信联合惩戒力度，依法对4263名被执行人纳入失信名单，纳入公共信用信息平台管理，向15677名被执行人发出限制消费令，逐步构建“一处失信、处处受限”的信用监督、警示和惩戒体系。强化法律监督，坚决维护刑事诉讼“最后一公里”的公平正义，全市检察机关审查刑罚执行机关提请减刑、假释、暂予监外执行案件6135件，纠正违法及不当情况174件。

【司法体制改革】 2018年，韶关市司法体制综合配套改革取得阶段性成效。建立审判检察权力清单，明晰审判检察权。落实领导干部干预、过问案件的记录和追责制度，筑牢不干预司法防线。探索捕诉合一办案模式，实行案件繁简分流机制，开展家事审判方式和工作机制改革，推进以审判为中心的刑事诉讼制度改革，缓解“案多员额少”的矛盾。推进户籍制度、居住证制度改革。推进驾考制度改革，确保群众就近考取驾驶证。落实出入境“只跑一次”制度。（胡春陵）

立法工作

【人大立法】 详见第73页“韶关市人民代表大会”类目“综述”分目中【人大立法工作】条目。

【政府立法】 2018年，市法制局始终坚持“市委领导、人大主导、政府依托、社会参与”的立法工作格局，完善政府立法工作机制，着力夯实政府立法工作基础，推行精细立法，不断提升政府立法工作质量。2018年，完成《韶关市黄岗山芙蓉山莲花山生态保护条例》《韶关市野外用火管理条例》《韶关市建筑垃圾管理条例》的合法性审核。

法治政府建设

【概况】 韶关市法制局于2017年8月调整为市人民政府工作部门，强化在法治政府建设中统筹规划、部署落实、督促检查、协调指导、综合研究职责，内设5个科室：办公室、法规科、行政复议应诉科（市人民政府行政复议办公室）、行政执法监督科（市人民政府行政执法督察办公室）、法律事务科（市人民政府法律顾问办公室）。机关行政编制18名，后勤服务人员2名。

【依法行政】 详见P19–20。

【规范性文件管理】 2018年，市法制局落实《韶关市行政机关规范性文件管理规定》，执行规范性文件听取公众意见、合法性审查、集体讨论决定、有效期等制度，实行规范性文件统一登记、统一编号、统一公布的“三统一”制度，推行规范性文件政策解读制度，规范性文件管理。审查市政府规范性文件16件，备案审查各县（市、区）政府、市直各单位规范性文件48件。制定印发《韶关市证明事项清理工作方案》，做好韶关市证明事项清理工作，减证便民、优化服务。

【行政复议】 2018年，市法制局化解行政争议，及时纠正违法或不当行政行为。办理市政府行政复议案件134宗、办结105宗，全部在法定期限内办结，按时办结率100%。完善市政府行政复议庭建设，制定印发《关于做好行政复议调解与和解工作的指导意见》《关于全面推进行政复议案件开庭审理的实施方案》，推进重大、复杂或争议较大的行政复议案件实行开庭审理，发挥庭审制度的调解化解功能，开庭审理8宗重大行政复议案件。

【行政应诉】 2018年，市法制局落实《韶关市行政应诉工作办法》，定期通报全市行政机关负责人出庭应诉情况及行政机关在行政诉讼中不答辩、不应诉、不履行人民法院生效裁判的情况，举办全市行政机关负责人出庭应诉业务培训班，组织市政府领导出庭应诉，发挥以上率下示范作用，推动全市行政机关负责人出庭应诉工作深入开展。组织市政府领导出庭应诉3次，代理市政府行政诉讼案件57宗、办结36宗，通报2018年一、二、三季度及2017年度全市行政机关负责人出庭应诉情况及行政机关在行政诉讼中不答辩、不应诉、不履行人民法院生效裁判的情况。

【行政执法监督】 2018年，市法制局界定行政执法权限，理顺行政执法关系，推动行政执法重心下移，提高基层执法能力。加强行政执法主体和人员管理。定期组织行政执法人员参加行政执法资格培训及考核，履行行政执法证件的审核发放职责，执行行政执法人员资格认证和管理。组织全市行政执法人员参加综合执法考试1010人次，办理行政执法证件812个。制定印发《韶关市法制局全面推行行政执法三项制度工作方案》，明确工作任务及时限要求，督促指导全市行政执法单位落实“执法全过程记录、重大行政执法决定法制审核、行政执法公示”三项制度，确保行政执法三项制度推行工作取得实效。

【政府法律顾问】 2018年，市法制局制定印发《韶关市人民政府2018年度重大行政决策事项和听证事项目录》，督促指导各县（市、区）政府、市直各单位制定本地本单位2018年度重大行政决策事项和听证事项目录，规范行政机关的重大行政决策行为。制定印发《韶关市政府外聘法律顾问管理办法》，加强对市政府外聘法律顾问的管理。办理市政府重大行政决策、重要行政措施发布前的合法性审查及市政府领导交办的法律事务26件，为市委、市政府及市直单位法律事务提供法律咨询服务101次，协助草拟、修改、审查市政府重大合同、重要协议及其他重要文书20次。

（李静文）

公 安

【概况】 韶关市公安局位于武江区西联百旺大道1号，是市政府主管全市公安工作的职能机构。2018年，全市有10个县级公安机关，1个行业分局（森林分局），市公安局下设二级部门31个。全市公安机关实施粤警行动计划和智慧新警务双轮驱动，提升公安队伍战斗力，全市群众安全感排名全省第七，为韶关争当北部生态发展区高质量发展排头兵创造平安稳定的社会环境。

【智慧新警务建设】 2018年，市公安局统筹推进战略实施，制定《韶关公安智慧新警务建设应用实施方案（2018年—2020年）》和四大赋能工程（大数据、视频云、云网端、警务云）及八大创新应用（新侦查、新指挥、新管控、新交管、新防控、新监管、新民生、新警队）攻坚方案，明确责任分工和任务清单。组建市、县两级公安机关推进工作领导小组及其办公室，将智慧新警务战略作为“一把手”工程。加强经费保障，争取市委市政府支持，年内共投入3447.53万元推进战略实施。打造大数据工程，采集社会信息量同比增长5倍，整合公安内部数据同比增长12.5倍。推进视频云建设，完成“十三五”视频规划立项和方案设计，建成169个人脸识别抓拍点，抓获28名网上在逃人员。推进云网端工程，移动终端配备率达到85.1%，提前超额完成省公安厅下达的配备任务。举办全市公安机关智慧新警务大数据建模大赛，经侦透图战队参加全省经侦系统经济犯罪行为监测数据实战模型设计大比武获得三等奖。市公安局于9月举行全市公安机关智慧新警务新一代移动警务终端发放仪式。部署开展全市警务移动应用大比武活动，评选优秀单位和个人，提升移动终端的使用效能。

【维稳处突】 2018年，市公安局坚持不稳定因素常态研判和重大敏感时期每日研判，完成重要敏感节点期间的维稳安保工作。加强矛盾纠纷摸排化解，排查化解不稳定因素及群体性事件苗头206起，没有发生有影响的非法上访和群体性事件。

【扫黑除恶专项斗争】 2018年，市公安局深入开展扫黑除恶专项斗争，打掉黑社会性质组织犯罪团伙4个，涉恶团伙94个（其中恶势力犯罪集团12个），查封冻结扣押资产3.75亿元，全市涉恶九类立案数、破案数、刑事拘留数、逮捕数、移送起诉数均同比上升。侦破武江“2·24特大网络赌博案”、曲江“3·22涉枪寻衅滋事案”、浈江“5·15组织卖淫案”等一批大要案件，震慑各类涉黑恶犯罪。在9月27日市公安局召开的全市公安机关扫黑除恶专项斗争案件通报会上，通报集“村霸、林霸、赌霸、沙霸”于一身，以李某林、李某伟兄弟为首的涉黑团伙案件。会后，该案件相继被中央电视台、广东电视台、《南方日报》《羊城晚报》《广州日报》及市属媒体报道。在

▲2018年11月13日，韶关市公安局举行扫黑除恶专项斗争战时表彰授奖仪式

（张荣　摄）

12月6日市公安局召开的扫黑除恶新闻通报会上，通报韶关警方成功打掉黄友芳等人黑社会性质组织案，发布敦促黄友芳等人涉黑违法犯罪团伙成员投案自首的通告，对9名符合奖励标准群众发放共3.8万元奖励金。

【“飓风2018”专项行动】 2018年，市公安局重点围绕涉电信诈骗、涉枪犯罪、追逃专项、打击黄赌违法犯罪等方面集中组织开展专项打击整治行动。10月31日，由省公安厅、市公安局统一组织的“8·22”专案集中收网行动成功，专案组成功抓获犯罪嫌疑人18名，缴获赃物一批。全市立刑事案件同比下降11%；破刑事案件同比上升2.9%；刑事拘留同比上升0.2%；逮捕人数同比上升9.1%。在打击涉电诈方面，破电信诈骗案件181宗，成功止付涉案银行卡1580张，挽回损失146.98万元，封停涉案电话号码226个。在打击涉枪犯罪方面，成功侦破重大网络贩枪案件5宗，起诉犯罪嫌疑人35人。在追逃专项行动方面，全市目标逃犯到案297人，综合到案率84.2%。在打击黄赌违法犯罪方面，全市破获涉黄赌案件同比增加44.2%；逮捕人数同比上升28.2%，侦破北京赛车“PK拾”跨区域开设赌场案等。

【全民禁毒工程】 2018年，市公安局开展“两打两控”“粤剑扫毒”专项行动，全年破毒品案件329宗，缴获各类毒品4.74千克，刑事拘留343人，逮捕206人，查处吸毒人员2020人，强制隔离戒毒510人。实施青少年毒品预防教育“6·27”工程和社区戒毒社区康复“8·31”工程，启动100所省级青少年毒品预防教育示范学校创建工作，基本完成省级示范学校和毒品预防教育基地建设任务。

【涉金融领域犯罪严厉打击】 2018年，市公安局立经济类案件206宗，破案119宗，刑事拘留148人，逮捕109人，涉案金额1.76亿元，破获翁源“8·23”假冒注册商标案、乐昌“9·15”特大非法经营案，“护航金融利剑行动”考核排名全省并列第一。

【社会面治安防控】 2018年，市公安局持续加强省际公安检查站、市际治安卡点建设，强化社会面防控，落实公共安全管理，全市交通、火灾事故的起数、死亡人数、伤人数、财产损失数“四项指数”同比全面下降。组织开展校园及周边治安清查整治行动，排查校园内部安全隐患171处、校园周边治安乱点150处，全部整改落实。加强寄递渠道安全管理，组织物流从业人员培训，制发海报2200张，推动落实寄递物流活动“实名制”，寄递物品先验视、后封箱，邮件、快件过X光机“三个100%”制度。坚决执行《韶关市烟花爆竹燃放安全管理条例修正案》，强化专项整治，烟花爆竹管控工作得到加强。

链接：典型案例

广东公布扫黑除恶十大典型案例之一——通过非法高利放贷获取巨额财富

2018年10月31日，韶关市公安局成功打掉1个通过非法高利放贷获取巨额财富的涉黑组织，抓获包括组织头目庞某军，主要成员黄某新等人在内的犯罪嫌疑人19人，缴获仿“六四”手枪1支、子弹8发，气动力钢珠枪1支、钢珠526颗，收缴管制刀具等物品一批，扣押劳斯莱斯等高档车辆10多辆，查封房产50套、土地3块、冻结银行账户90个、冻结银行账户资金人民币1150万元、港币18.9万元。经查，该涉黑组织以庞某军等社会闲散人员及刑满释放人员为主要成员，以公司为掩护进行高利放贷，非法聚敛财富。成立地下执法队暴力讨债，持枪进行敲诈勒索、寻衅滋事、故意伤害、非法拘禁等一系列违法犯罪活动，恶霸一方，对人民群众的生命财产安全及企业的正常经营造成严重的影响。

广东省涉黑恶案例之一——涉黑家族集“村霸林霸赌霸沙霸”于一身

集“村霸、林霸、赌霸、沙霸”于一身，父子、兄弟均涉黑的家族式团伙2018年9月被韶关市公安机关侦破，抓获成员40人，查处涉案公职人员一批，扣押、冻结涉案资金126.8万元。团伙主要成员之一李某伟曾担任仁化县黄坑镇黄坑村委东庄村小组长，利用职务便利，他长期侵占集体资产，并对村民进行打击报复。该团伙以林霸起家。2017年间，李某林、李某财两父子以胁迫、恐吓等方式垄断当地林业，每亩山场的承包市场价格为500元-700元不等，但在该团伙逼迫下，当地木材老板邓某不得不以每亩高出数倍的价格承包，致非法获利90万元。“沙霸”也是该团伙的恶行之一。李某林曾强行入股当地沙场，并强迫沙场老板一次性支付其30年工资共30万元。公安机关查明，该组织涉嫌故意伤害、聚众斗殴、故意毁坏公私财物、敲诈勒索、妨碍公务、强迫交易、开设赌场、抢劫等案件38宗。

▲2018年8月28日，韶关市公安局市区24小时自助服务区揭牌仪式在浈江区风度路步行街举行 （吕静 摄）

【基层基础建设】 2018年，市公安局出台派出所建设“强基工程”三年行动计划，落实省公安厅450万元资金完成韶关市9个困难派出所的帮扶建设。加快推进警务技能训练基地、广东省公安厅异地容灾备份中心、松山分局指挥中心等项目建设，完成年度重点建设任务。筹划市公安监管中心建设，将该项目列入市代建管理和城市提升项目，完成立项工作。市公安局“四中心+N”合成作战室于9月启动。全市公安机关110统一接处警系统于12月正式上线启用。

【公共安全管理】 2018年，市公安局健全农村交管工作机制，推动将农村交通安全治理纳入县乡村三级综治体系，农村“两站两员”建设全面达标。开展道路交通安全专项整治暨“夏季攻势”专项行动，加强重点车辆、重点驾驶人监管，查处各类重点违法行为。处置乐广高速公路“7·16”较大道路交通事故。为韶关市首批新能源车用户颁发号牌。全市发生交通事故373起、造成174人死亡、448人受伤、直接经济损失466.1万元，同比分别下降12.2%、6.5%、5.3%、19.4%。开展春夏火灾防控、“六类场所，十项必查”（即小档口、“三合一”场所、群租房、建设工程施工现场、养老服务机构、寄宿制学校这六类场所，安装漏电保护开关、电线套管、紧急逃生通道畅通、合用场所物理防火分隔、违规住人彻底搬离、清理电动自行车、拆除木质阁楼、拆除易燃材料、群租房明确消防管理责任、施工现场落实消防安全保障这十项必查）“打通生命通道”、电气火灾整治、电动车“正源清违”等专项行动，全市连续7年未发生较大以上火灾，消防工作连续4年被省政府考核评为优秀。

【深化公安改革】 2018年，市公安局推进警务机制改革，推动机制改革，释放警力，提升警务管理和实战效能。落实交警“新二十条”。9月，推出“申请材料减免”“18类业务一证即办”“一窗通办”“自助快办”等8项简捷快办、网上通办、就近可办的改革措施。推进“放管服”改革，落实2018年度市政府为民办实事项目建设，提前完成“市区24小时公安自助服务区”“新能源机动车号牌制作点”“实施残疾人C5驾驶证考试”3个子项目。推动车驾管改革，开通新丰县、仁化县、翁源县驾考全科目考试。推进“马上办”服务模式优化审批制度，对行政审批及公共服务事项进行清理规范，推动法人事项进驻综合服务大厅，并逐步在全局推行企业法人办事容缺办理制度。持续深化商事制度改革，落实新办企业刻章备案0.5个工作日办结制度，压缩韶关市企业开办时间。

【户籍管理】 2018年，市公安局贯彻落实《广东省租赁房屋治安管理规定》，做好出租屋信息采集登记工作。加强对流动人口和出租屋的治安管理，及时发现和掌握在韶关市的流动人口信息。开展疑似错误恢复户口问题清理核实、无相片人员清理、部级人口信息人像比对线索核查及处理等专项工作。

【出入境管理】 2018年，市公安局推出出入境“只跑一次”制度。将申请人制证照片采集、指纹采集、申请材料提交、面见核查、证件缴费等5个环节集中在一次全部申办完成，让群众只跑一次。在全市率先实行“延时、错峰办证”，从5月开始，提供出入境周六办证服务。推进自助服务，8月，韶关市公安局市区24小时自助服务区在风度路步行街正式启用。

【从优待警】 2018年，市公安局强化从优待警，配强配齐各级干部队伍。开展人民警察职务“两个套改”工作，完成警务技术警员职务序列改革首评工作，基本完成全市执法勤务警员职务序列改革的套改工作。推进落实全市公安机关执勤岗位津贴、法定工作日之外加班补贴。加大惠警力度，发放市公安局民警救助金40万元。在全市公安机关组织开展弘扬工矿精神“最美警察·民警之星”评选活动，评选出15名“民警之星”。 （王晓雯）

检　察

【概况】 韶关市人民检察院于1954年建院，1978年重建。下辖县（市）、区检察院10个和驻监狱派出检察院2个（韶关黄岗地区检察院与乐昌中山地区检察院），共12个基层院。全市检察机关共有编制509个，有干警467人。市检察院设置政治处、公诉科和11个内设机构，1个直属行政单位（司法警察支队），3个派出机构（韶关黄岗地区检察院、乐昌中山地区检察院和驻市看守所检察室），编制129个，有干警人数126人。市院领导班子成员共6人，包括1名正职、3名副职、1名纪检监察组长、1名政治处主任。

【全市工作大局案件检察服务】 2018年，市检察院制定出台《充分发挥检察职能，依法服务和保障韶关全力建设粤北生态发展区的实施意见》。全市检察机关依法办理破坏环境资源犯罪案件176件。持续开展“破坏环境资源和危害食品药品安全犯罪专项立案监督活动”，监督立案16件。办理涉生态环境领域公益诉讼诉前程序案件79件，提起公益诉讼6件，同比分别上升61.2%和100%。推进扫黑除恶斗争，开展扫黑除恶进校园、进乡村、进社区、进监狱宣传活动，聚焦重点地区、行业和领域，加强与公安、法院、司法、纪检监察、组织等部门的衔接和配合，形成专项斗争合力。聚焦重点地区、行业和领域，全市检察机关共召开66次党组会专题研究专项斗争工作。成立扫黑除恶专项斗争领导小组、督导组、检察官办案组和业务指导小组。提前介入引导侦查取证49件，监督立案8件，批准逮捕涉黑恶犯罪144件408人，提起公诉72件261人。保障民营经济发展，打击向民营企业敲诈勒索、强迫交易等犯罪，批捕此类犯罪嫌疑人27人，起诉9人。坚持开展产权保护工作，办理涉民事产权保护案件92件。

【平安韶关建设深入推进】 2018年，市检察院严厉打击刑事犯罪，批准（决定）逮捕各类刑事犯罪案件1623件2401人，起诉2055件3019人。依法办理武江区庄某发等65人特大非法传销案，南雄市张某君等9人寻衅滋事、聚众斗殴案等一批重大案件。推进社会治理创新，建成12309检察服务中心，提供司法救助60件131人次、发放救助款121.3万元，救助件数、人数与金额同比上升11.53%、5.64%、16.96%。关爱保护未成年人，依法对涉罪未成年人不批捕39人、不起诉24人，落实合适成年人到场制度196人次，推进亲情会见83人，对未成年人犯罪记录封存95人，帮助17人回归学校、15人就业，开展“检察开放日”系列活动，为149所学校的8.5万名学生开设法治课堂。着力打造合适成年人、未成年人法律援助、心理援助三个专业队伍。投入100多万元筹建“未成年人司法保护中心”。加强未成年人国家司法救助工作，对39名陷入生活困境的未成年被害人或其近亲属提供救助金44.87万元。

【法律监督强化】 2018年，市检察院探索开展对公安机关刑事拘留强制措施的监督和检察官驻公安派出所刑事侦查活动监督工作，监督公安机关立案103件133人、撤案67件76人，追捕407人、追诉366人，向法院提出抗诉6件。监督行政执法机关移送涉嫌犯罪案件32件40人。推动两级检察院检察长列席法院审判委员会，强化法检配合与制约。增强民事行政诉讼监督。综合运用抗诉、检察建议、违法调查等方式，加强对生效裁判和调解的监督。受理各类民事行政申诉案件378件，其中，市检察院提请省检察院抗诉13件，同比上升116.7%，向法院提出抗诉2件，向法院发出再审检察建议3件。强化刑罚执行检察监督，审查刑罚执行机关提请减刑、假释、暂予监外执行案件6135件，纠正违法及不当情况174件。开展深化推进财产刑执行和判处实刑罪犯未执行检察监督活动，核查涉案金额8870多万元，监督收监执行3名罪犯。

【检察工作创新】 2018年，市检察院以群众关心的生态环境、国有资产和食品药品安全等为重点，打造公益诉讼名片。拓广案源渠道，全市检察机关摸排公益线索89件，立案127件，督促清除违法堆放生活垃圾6300吨，督促回收和清理生产类固体废物758吨，督促保护、收回国有财产价值119万元，办理食药领域案件12件，督促查处销售假药和走私药品217种。如依法办理曲江区邹某有等人倾倒危废物公益诉讼案件、新丰县国土局不依法全面履行非法占用土地恢复监管职责行政公益诉讼案件。市检察院分别与市国土局、市食药监局、市环保局、市林业局签署相关行政检察监督协作配合机制，经市委全面深化改革领导小组第六次会议审议通过，并以市委办、市政府办名义发文，督促行政机关履职，合力保护公共利益。公益诉讼工作获韶关市第二届机关工作创新创优竞赛优胜奖，并入围全省第六届工作技能大赛暨市县机关工作技能邀请赛。在完成市县两级检察机关反贪、反

▲ 2018年5月31日，市检察院举办“关爱祖国未来 擦亮未检品牌”检察开放日活动 （曾敬东 摄）

▲ 2018年1月17日，市检察院召开欢送转隶人员座谈会（李旭斌 摄）

渎和预防部门整体转隶工作后，为继续发挥检察机关在反腐败工作大局中的重要作用，市检察院探索成立职务犯罪检察办公室，制定《韶关市人民检察院办理职务犯罪案件暂行办法》，指导协调各基层检察院清理自侦遗留案件11件12人，提前介入监察委调查案件21件28人，受理监察委移送审查起诉案件52件62人，决定逮捕29件33人，提起公诉32件40人，办理职务犯罪一审判决同步监督案件27件33人。推行捕诉合一模式。为缓解基层检察院“案多员额少”的实际困难，市检察院决定在乳源瑶族自治县检察院开展捕诉合一办案模式试点。通过以案件类别划分，成立捕诉合一的检察官办案组，审查逮捕、审查起诉、补充侦查、出庭支持公诉、刑事诉讼监督等都由同一办案检察官负责到底，提高案件质量和办案效率。

【检察队伍建设】 2018年，市检察院坚持抓党建带队建，严格落实“两个责任”，把意识形态工作深度融入到日常工作中，开展观摩庭、法律文书评比、业务知识竞赛、主题演讲赛等练兵活动。强化系统巡察，对2个基层检察院开展巡察“回头看”，对2个基层检察院开展巡察，对6个基层检察院开展检务督察，狠抓纪律作风建设。建立干部政绩档案、开展干部考验性管理，营造“能者上、庸者下、劣者汰”的政治生态。（李华明）

法　院

【概况】 韶关市中级人民法院成立于1950年，是国家审判机关，依法独立行使审判权。2018年，市中院共有干警199人，其中政法编干警129人，非政法编干警70人。现设副处级内设机构1个，即政治处；直属机构1个，即司法警察支队；市纪委监委派驻机构1个，即市纪委监委派驻市中院纪检监察组；设正科级内设机构15个，即监察室、法官培训科、执行局、办公室、立案庭、刑事审判第一庭、刑事审判第二庭、民事审判第一庭、民事审判第二庭、民事审判第三庭、行政审判庭、审判监督庭、研究室、信访科、司法行政科。辖10个基层法院，即浈江区法院、武江区法院、曲江区法院、乐昌市法院、南雄市法院、仁化县法院、始兴县法院、翁源县法院、新丰县法院、乳源瑶族自治县法院。基层法院共有派出法庭22个，干警1138人，其中政法编干警678人，非政法编干警460人。2018年，全市法院共受理各类案件47911件，审结42063件，同比分别上升8.28%和7.14%，法官人均结案171.69件。市中院共受理各类案件10309件，审结9704件，与上一年基本持平，法官人均结案225.67件。青年法官邓小华被评为全国法院办案标兵。

【刑事审判】 2018年，全市法院审结刑事一审案件2125件，同比下降1.89%，判处罪犯3097人，同比上升18.97%。严厉打击危害国家安全犯罪，深入开展扫黑除恶专项斗争，依法审结袁康俊非法讨债案和李勇组织、领导传销活动案等涉恶案件24件194人。严惩危害群众生命财产安全犯罪，审结故意伤害、故意杀人、绑架等暴力犯罪案件264件322人；审结“两抢一盗”、诈骗等多发性侵犯财产权益案件492件720人。严厉打击破坏经济秩序犯罪，审结黄慧廑非法吸收公众存款案等一审案件64件116人。参与禁毒斗争，审结李家华贩卖、运输毒品案等涉毒犯罪案件245件308人。严惩破坏生态环境资源犯罪，审结黄文威非法倾倒废弃物案等污染环境、非法采矿、盗伐滥伐林木等案件103件144人。翁源法院审结的黄美军非法采伐国家重点保护植物案，入选广东法院服务绿色发展促进美丽广东建设十大典型案例。严惩腐败犯罪，审结武江区西河镇原镇长孙青文受贿案等贪污贿赂犯罪一审案件51件67人。坚持宽严相济刑事政策，对784名犯罪情节较轻的初犯、偶犯、未成年犯等依法判处非监禁刑。

【民商事审判】 2018年，全市法院审结一审民商事案件17946件，同比上升8.09%，结案标的额71.44亿元。加强产权司法保护，审结财产权属纠纷案件220件。规范适用司法强制措施，保护民营经济正常生产活动。服务供给侧结构性改革，助力传统产业转型升级，审结韶关鸿峰特钢有限公司破产案等一审商事案件305件。加大知识产权保护力度，审结知识产权案件149件。妥善处理高速公路、丹霞机场等交通基础设施和产业园区、旧城改造、新城建设过程中引发的土地征收征用、拆迁安置、建设工程合同等各类案件377件。依法维护诚实守信市场秩序，审结买卖、借贷、担保等一审合同案件5799件。成立

▲2018年11月29日，韶关市“基本解决执行难”工作联席会议在韶关中院召开（市中级人民法院 供）

旅游巡回法庭，实现全市重点景区全覆盖，保障旅游文化产业健康发展。

【行政审判】 2018年，全市法院全面监督和支持行政机关依法行政，审结一审行政诉讼案件577件。加大对行政行为合法性审查力度，依法纠正行政不作为、慢作为等行政违法行为，判决撤销行政行为105件。加大行政纠纷调解力度，促进行政争议实质性化解，共协调和解、撤诉案件69件。依法处理涉整治污染、保护环境的行政诉讼案件，推动环境保护主管部门依法履行环境保护职责。武江区法院审结的仁化县检察院诉仁化县林业局环境行政公益诉讼案，入选广东法院服务绿色发展促进美丽广东建设十大典型案例。持续推动行政机关负责人出庭应诉，邀请省法院行政审判专家开展行政机关负责人出庭应诉工作专题培训，全市1200余名干部参训。全年行政机关负责人出庭应诉案件381件，同比上升26.16%，出庭应诉率为48.91%。加强司法审判与行政执法工作衔接，推动司法与行政良性互动，选派资深法官到行政机关、党校授课，提高行政执法人员依法履职能力。

【案件基本解决执行难】 2018年，全市法院构建综合治理执行难工作新格局，推进执行攻坚。共受理执行案件15255件，执结12678件，同比分别增长19.42%和16.38%，执行到位金额23.17亿元。运用韶关市法院“点对点”执行查控系统，查询被执行人2300人次，查询不动产登记信息1600余条，股权登记信息600余条。与市检察院、市公安局联合制定《关于办理拒不执行判决、裁定刑事案件若干问题的意见》，加大拒执犯罪打击力度，15名被执行人被移送立案审查，5人被追究刑事责任。引入

链接：

翁源县法院审结的黄美军非法采伐国家重点保护植物案入选广东法院服务绿色发展促进美丽广东建设十大典型案例

翁源县两男子黄某军、李某在一次偶然中发现楠木后，铤而走险、采伐楠木。2018年8月，翁源法院审结该案，以非法采伐国家重点保护植物罪判处李某、黄某军有期徒刑2年至3年1个月不等，并分别处罚金2万元。

2015年5月初，黄某军、李某煌（另案处理）与一钟姓男子去到许某辉（另作处理）家叫其带路上山采摘药材。后其4人在前往翁源县松塘村某山上采摘药材时发现一棵俗称“黄心果树”的“佰公树”（当地人用于祭拜神灵的树），心生歹念。2015年8月初，经过李某煌的“搭线”，黄某军等3人到该山上将“黄心果树”连根挖出截成21段（包括树根），将树枝和树根运至江西全南县后，经谭某才同意，将木材存放在其经营的家私店里，而后又将木材转移到全南县某桥附近曾某华的厂房里。案发后，公安民警在全南县曾某华的厂房起获被盗楠木，并发还给松塘许姓村。经鉴定，被盗伐林木现场提取的树枝、树叶、树皮样品鉴定结果原植物为樟科楠属的闽楠，是国家二级保护植物，闽楠木7万元/吨，重6.96吨，价值48.72万元。另查明，李某在2016年4月26日被抓获后，配合公安机关工作，提供重要线索，协助公安机关抓获同案犯黄某军。翁源法院经审理认为，被告人黄某军、李某结伙非法采伐国家重点保护的珍贵植物闽楠木材，已构成非法采伐国家重点保护植物罪，情节严重，依法应予惩处。李某归案后协助公安机关抓捕同案被告人黄某军，有立功表现，依法可以减轻处罚，二被告人在归案后能如实供述自己的罪行，依法可以从轻处罚，被采伐的闽楠木已起获并发还给被害人，可酌情对二被告人从轻处罚。故依法做出上述判决。

▲ 2018年3月16日，全市家事审判改革工作推进会暨综合解决家事纠纷联席会议在韶关中院召开（市中级人民法院 供）

税务机关不动产估价系统，实现房屋快速、零成本评估。与宣传部门开展联动宣传，营造诚实守信市场氛围。推进“决胜2018”“南粤执行风暴”等专项执行活动，对被执行人逃避债务、故意转移财产等规避执行行为，加大打击力度。依法用足用活罚款、拘留、限制出境等各种执行强制措施，拘留283名被执行人、罚款89.15万元、限制出境45人次，依法向15677名被执行人发出限制消费令。加大失信联合惩戒力度，依法将4263名被执行人纳入失信被执行人名单，向社会公开曝光2425名失信被执行人照片等信息，3109人迫于信用惩戒压力自动履行义务。推进执行指挥中心实体化运作，实行网格化执行组织架构，组建专业执行团队72个，配备单兵执法仪161台，对执行工作实行统一管理、统一指挥、统一协调。加强执行监督指导，审查执行异议案件420件，执行复议案件64件，通报4起消极执行案件。规范网络司法拍卖，共发布标的物1033件，成交金额7.08亿元，成交率达71.32%，溢价率达19.04%。

【民生权益维护】 2018年，全市法院严惩涉民生犯罪，审结危害食品药品安全、制假售假案件8件。依法保护劳动者和用人单位合法权益，审结追索劳动报酬等劳动争议案件483件，刘秀华义务帮工人受害责任纠纷案入选全国法院2018年度案例。妥善处理家事纠纷，审结婚姻家庭和继承案件3481件，依法保护妇女、儿童、老年人合法权益。维护公民人身财产权利，审结交通、医疗等人身损害赔偿案件1586件，审结相邻关系、物业纠纷等案件1327件。依法推进农村集体产权制度改革，审结非法占用农地、承包经营权确认、流转等涉农案件250件。加大司法救助力度，依法为经济困难当事人缓减免交诉讼费236.92万元，发放司法救助金239.23万元。

【法院智能化服务推进】 2018年，全市法院完善以诉讼服务中心、诉讼服务网、12368诉讼服务热线为主要内容的立体化诉讼服务模式，推进诉讼服务中心实体化运作，将审判服务职能集约到窗口统一办理。建立网上立案平台，推行远程送达系统，设置自助诉讼服务柜员机，文书打印、提交立案材料等实现24小时自助服务。深化司法公开，公开

链接：

武江区法院审结的仁化县检察院诉仁化县林业局环境行政公益诉讼案入选广东法院服务绿色发展促进美丽广东建设十大典型案例

2014年11月，仁化县董塘镇刘建湘未经林地主管部门审核批准，私自开挖山体以获取石头原料，造成林地受损。仁化县林业局针对该违法行为做出行政处罚决定书，责令其停止违法行为，并限期恢复原状。2016年底，仁化县人民检察院向县林业局发出检察建议书，建议该局督促刘建湘限期恢复林地原状。仁化县林业局回复称刘建湘已实施复绿。但经鉴定，刘建湘的复绿工作存在敷衍嫌疑，复绿结果明显未达到恢复原状的效果。为维护国家和社会公共利益，仁化县检察院向韶关市武江区人民法院提起诉讼，请求法院判令仁化县林业局在一个月内督促刘建湘对其擅自改变的林地恢复原状。

韶关武江区法院认为，公益诉讼人仁化县人民检察院作为国家的法律监督机关，负有履行法律监督的职责。鉴于督促违法行为人履行处罚决定，恢复林地原状亦属林业局履行保护国家森林资源的方式，而仁化县林业局在长时间内未能及时督促刘建湘依法履行义务，造成国家、社会的公共利益受损。故武江区法院支持公益诉讼人的诉讼请求，判令仁化县林业局在一个月内督促刘建湘对其擅自改变的林地恢复原状。

审判流程和执行信息，制定《关于进一步完善全市法院裁判文书公开工作的实施意见》，上网公开裁判文书39051份，网络庭审直播3759场次，242.93万人点击观看。

【社会治理共建共治共享】 2018年，全市法院推进司法资源与社会资源交互共享，市中院与市物业协会、消费者协会等8家单位签订纠纷联动化解协议，进入实体化运作。建立道路交通事故一体化处理工作机制，构建多部门协同化解矛盾纠纷体系。引进律师志愿者进驻法院工作室，为当事人提供咨询、调解等服务159人次。推广新时代"枫桥经验"，加强对综治联系点的指导，强化基层治理的法治保障作用。加强法治宣传，综合利用电视、报纸、微信客户端等传统媒体和新媒体，刊发新闻报道1600余篇次，开展法治进校园、进企业、进社区等"法律六进"系列活动156场，发放扫黑除恶宣传单1.2万份，发挥司法裁判的教育、引导、示范作用，促进"善美韶关"建设。

【司法体制综合配套改革】 2018年，市中级人民法院制定《韶关法院"四类案件"监督管理办法》《关于进一步加强重大敏感案事件跟踪和管理的意见（试行）》，对重大、复杂、敏感案件实行全流程动态监管。开展案件评查，坚持常规评查、专项评查和专项检查相结合，制定《关于在裁判活动中开展类案检索的工作指引（试行）》，明确规定对8类案件应当开展类案检索，规范自由裁量空间。作为全省法院试点，率先在全市法院推开家事审判方式和工作机制改革，推进家事审判队伍专业化建设，共设置家事审判团队11个。落实家事审判规程，设置离婚案件冷静期，开具离婚证明书627份，发出人身保护令7份。通过购买社会服务的方式，选聘专职调解员、特邀调解员、家事调查员，全年共调解家事案件1343件，促成当事人和解撤诉799件，南雄市法院家事案件调撤率78.28%。推进两级法院内设机构改革。推进以审判为中心的刑事诉讼制度改革，落实庭前会议、非法证据排除、法庭调查"三项规程"，推进庭审实质化，防范冤假错案发生，准许检察机关撤回控诉8件，驳回刑事自诉案件7件。推进案件繁简分流机制改革，共成立民事、刑事案件速裁审判团队10个，适用民事简易程序快速审结一审民事案件10625件，占一审民事案件审结数的59.21%，适用小额诉讼程序审结案件2134件。（温 菁）

链接：

刘秀华义务帮工人受害责任纠纷案入选全国法院2018年度案例

2015年11月24日，刘秀华向南雄市人民法院提起诉讼称：2014年9月27日上午，刘秀华运送浆板到绿洲公司处。在卸板过程中，绿洲公司所雇请的卸车业务员工叫刘秀华帮忙向浆板底下垫木头，刘秀华在地上捡木头时不慎被绿洲公司卸车业务员工所撬下的浆板砸到右手，造成刘秀华右手食指、中指、无名指、尾指粉碎性骨折。刘秀华被送至粤北人民医院住院治疗188天，花去医药费57675.86元。出院后，刘秀华的伤情经广东北江法医临床司法鉴定所鉴定为八级伤残。刘秀华住院治疗期间，绿洲公司只支付了医疗费22300元，何万雄只支付了医疗费5370元。另外，刘秀华向合伙人李能玲借款10000元用以支付医疗费。刘秀华自行支付了剩余的医疗20005.86元。根据《最高人民法院关于审理人身损害赔偿案件适用法律若干问题的解释》的规定，南雄市人民法院对刘秀华的医疗费、住院伙食补助费、营养费、护理费、误工费、交通费、住宿费、残疾赔偿金、伤残鉴定费及精神损害抚慰金这10项损失做出明确的计算，对刘秀华诉讼中超出的部分诉请，南雄市人民法院不予支持。得出刘秀华损失共计322042.6元，由绿洲公司赔偿20%即322042.6元×20%=64408.52元，扣减绿洲公司已支付的22300元，绿洲公司实际还应赔偿42108.52元给刘秀华；由何万雄赔偿80%即322042.6元×80%=257634.08元，扣减何万雄已支付的5370元，何万雄实际还应赔偿252264.08元给刘秀华。据此，原审法院依照相关法律规定，于2016年2月18日作出（2015）韶雄法民一初字第380号民事判决：一、韶能集团广东绿洲纸模包装制品有限公司应在判决生效之日起五日内赔偿42108.52元给刘秀华。二、何万雄应在判决生效之日起五日内赔偿252264.08元给刘秀华。三、驳回刘秀华的其他诉讼请求。案件受理费3017元，由刘秀华负担135元，韶能集团广东绿洲纸模包装制品有限公司负担300元，何万雄负担2582元。如未按判决指定的期间履行给付金钱义务，应当依照《中华人民共和国民事诉讼法》第二百五十三条之规定，加倍支付迟延履行期间的债务利息。

绿洲公司不服原审判决，何万雄不服原审判决，分别向韶关市中级人民法院提起上诉。韶关市中级人民法院认为：该案是义务帮工人受害责任纠纷，原审法院对该案案由定性准确，该院予以认同。并对该案争议的三个焦点：该案各方当事人之间的法律关系应如何认定，原审法院对本案各方当事人的民事责任之认定是否得当，原审法院对营养费、护理费的认定是否有误进行一一解释说明。最终韶关市中级人民法院驳回上诉，维持原判。

司法行政

【概况】 2018年，韶关市司法局有行政编制41个（2个单列），实际在编公务员39人（含市纪委派驻市司法局纪检组2人）。内设机构有政治处、办公室、计财装备科、宣传教育科、基层工作管理科、公证律师管理科、司法鉴定管理科、戒毒工作管理科和社区矫正科等9个。直属单位有3个：韶关市强制隔离戒毒所，有干警和工作人员76人，辅警46人；韶关市法律援助处有工作人员13人（其中2名工勤人员）；韶州公证处，有工作人员17人（其中在编事业编公证员4人，在编事业编工作人员1人，聘用公证员3人，聘用工作人员9人）。12月29日，依据中共韶关市委、韶关市人民政府印发《韶关市机构改革方案》，将市司法局、市法制局的职责整合，重新组建市司法局。同时，中共韶关市委全面依法治市委员会办公室设在市司法局。

【扫黑除恶专项斗争开展】 2018年，韶关市司法局成立工作领导机构，制定工作方案，加强组织领导，全面推进扫黑除恶专项斗争，协调指导各职能部门通过开展“法律六进”活动，加强宪法、刑法、治安管理法等法律法规宣传，营造扫黑除恶专项斗争氛围；发挥门户网站、“韶司在线”微信公众号、韶关普法网等新媒体作用，开展扫黑除恶工作宣传。全市系统印发各类宣传资料78875份，组织开展户外专题宣传110场次，开展专题讲座400场次，在新媒体发送信息152条。实施刑事案件律师辩护全覆盖试点工作，推进村（社区）法律顾问参与扫黑除恶专项斗争，实施律师代理涉黑涉恶案件报告制度及涉黑涉恶案件法律援助服务报告制度；加强律师接受涉及黑恶势力犯罪案件的刑事辩护和代理的管理指导，提高刑事辩护的质量。全市律师代理涉黑涉恶案件80件，涉黑涉恶案件法律援助168件。组织开展涉黑涉恶案件线索摸排，市局报送有效线索3条，县（市、区）局报送线索5条。

【普法推进】 2018年5月7日，中共韶关市委办公室、韶关市人民政府办公室印发《关于进一步贯彻落实国家机关“谁执法谁普法”普法责任制的实施意见》。6月19日，韶关市普法办印发《韶关市国家机关“谁执法谁普法”履职报告评议活动实施方案》，并于8月组织开展韶关市首届“谁执法谁普法”履职报告评议活动，市公安局、市财政局、市水务局、市工商局、市妇联、国家税务总局韶关市税务局成为全市首批接受评议的国家机关。推进党委（党组）理论学习中心组法学、领导干部旁听庭审、机关单位负责出庭应诉、宪法宣誓、年度学法考试等制度落实，加强党纪党规教育，增强全市党员领导干部和公职人员依法执政、依法行政的责任感和自觉性。突出重点对象青少年普法教育，举办“善美之城·与法同行”青少年儿童法治文艺比赛、法治童话故事征文比赛、法治漫画创作比赛、宪法朗诵比赛等系列法治宣传活动，组织全市中小学生进行年度法律知识测试。部署开展法治建设“四级同创”活动，提升民主法治村（社区）、法治文化示范企业、法治示范校等法治创建工作水平。年内全市有588个村（社区）被命名为省民主法治村（社区），有634个村（社区）向省申报命名，创建法治文化示范企业7个。完善普法阵地平台建设，建立健全媒体公益普法制度，强化村（社区）法律顾问的普法教育功能，建成法治文化主题公园5个，实施市青少年法治教育基地升级改造工程；推进互联网普法平台建设，“韶司在线”微信公众号在全省普法新媒体中持续保持清博指数第一。

【公共法律服务】 2018年，韶关市司法局加强公共法律服务体系建设统筹推进，编制公共法律服务实体平台建设规范，完成市县镇村四级公共法律服务实体平台升级改造，组织法律服务志愿者、实习律师等法律服务资源进驻各级实体平台值班实训，各级实体平台有效运行。深化村（社区）法律顾问工作，制定并实施村（社区）法律顾问述职评估制度，推动村（社区）法律顾问实施精准服务，全市1462个村（社区）实现律师服务微信群全覆盖。健全完善律师进驻法院、检察院和看守所值班制度，为特殊案件当事人提供“零距离”法律服务。加大公职律师和公司律师发展力度，全年增加执业律师104名，同比增长26.4%，全市每万人口拥有律师数1.6人，领先粤东西北地市。实施公证“减证便民”行动，全市各公证机构均有5种以上办证事项实现“最多跑一次”。持续实施“法援助你”惠民活动，全市铺开刑事案件律师辩护全覆盖工作，韶关市被司法部确定为六个全国“法援惠民生·助力农民工”农民工法律援助品牌建设示范点之一。在粤东西北地区率先成立地市级司法鉴定协会，新增1家司法鉴定机构。

【司法行政基层组织建设】 2018年，韶关市司法局推进人民调解组织覆盖，全市建立新型调解委员会55个。通过公务员招录、政府购买服务等方式发展壮大司法所工作队伍，全市每个司法所均配备2名以上工作人员。加强专职人民调解员队伍建设，全市完成2018年省政府民生实事要求的“每个乡镇（街道）至少配备1名专职人民调解员”工作目标，人民调解“以案定补”制度全面落实。建立人民调解工作和信访工作衔接联动工作机制，促进信访问题依法调处化解。基层司法所工作人员、各级各类人民调解员全面参与基层社会网格化管理，推动人民调解和行政调解、司法调解协调联动，构建社会矛盾纠纷多元化解机制。全市各级调委会调解矛盾纠纷14494宗，调解成功率达到98.8%。

【司法行政执法管理】 2018年，韶关市司法局加强律师、公证、司法鉴定、基层法律服务等法律服务机构及人员管理，依法依规办理各项行政审批事项，全面实施“马上办”政务服务模式，优化审批流程促进行政审批服务提速增效。推动法律服务行业党建工作，成立律师行业党委，创建全省律师行业党建工作示范点和市“两新”组织党建工作示范点各1个，广东天行健律师事务所被评为“全国律师行业先进党组织”。加强司法行政刑法执行工作，完善各级社区矫正中心建设，依托市县镇三级社区矫正中心，建立司法行政远程探视系统，为监狱服刑人员或戒毒人员远程探视亲人提供服务。在全省地市建立首个市县两级矫情分析会议制度，定期对全市社区矫正及安置帮教工作进行分析研判，制作《矫情简报》。依托监狱、戒毒所设立2个社区矫正警示教育基地，定期组织社区服刑人员前往开展震撼警示教育。推行社区矫正安置帮教心理矫治及社会危害性评估工作，实现社区矫正安置帮教工作从面到点的精准聚焦和有效监管。韶关市社区矫正电子网格化管理项目被纳入广东省司法厅“智慧社区矫正”信息化体系，获评全国“智慧司法十大创新案例”；构建四位一体社区矫正信息化监管模式的工作经验被《法制日报》报道。社区服刑人员重新犯罪率0.45‰，低于全省1.3‰的控制线。加强司法行政戒毒管理，落实安全责任制，夯实市强戒所场所安全基础，市强制隔离戒毒所连续16年实现场所“六无”安全目标，连续20年实现场所安全生产目标。市强戒所完善“两站两基地”建设，引入社会力量参与戒毒工作，通过设立禁毒宣传教育基地、共建社区戒毒（康复）工作指导站等开展禁毒法治宣传，助推平安韶关建设。

【国家统一法律职业资格考试】 2018年是司法部对原国家司法考试制度进行改革，实行国家统一法律职业资格考试制度的第一年。韶关市2018年国家统一法律职业资格考试分客观题考试（机考）和主观题考试（笔试）两个阶段进行，并分别于9月22日和10月20日分别在韶关市技师学院、田家炳中学举行。全市有1130人报名参加考试，再创报考人数新高。客观题考试（机考）成绩合格取得主观题考试（笔试）学员349人，最终通过考试184人。考试组织工作实现“零差错”。

【人民陪审员选任】 2018年10月8日，韶关市启动实施人民陪审员选任管理制度改革，由司法行政机关负责人民陪审员选任管理。10月17日，市司法局制定印发《韶关市2018年人民陪审员选任工作方案》，联合市中级人民法院、市公安局成立工作领导机构，对全市人民陪审员选任工作进行指导和监督。10月25日发布《2018年韶关市人民陪审员选任公告》，明确全市选任人民陪审员801名。11月，全市各县（市、区）依选任程序进行人民陪审员候选人信息库建立、资格审查、征求意见、意愿确认、确定拟任命人选各项工作。12月，全市10个县（市、区）均开始进行人民陪审员任前公示。（彭继维）

仲 裁

【概况】 2018年，韶关仲裁委员会受理各类经济纠纷案件252宗，其中通过调解化解纠纷138件，调解率51%。案件主要包括房屋装饰、租赁、商品房买卖、保险、建设工程施工、承揽、商标、交通事故损害赔偿等十多种类型。受理案件的范围逐步宽广，新类型案件不断增多，案件办理质量得到逐步提高，人民群众对仲裁的认识和信任度不断提高。仲裁案件被人民法院撤销0件、不予执行的案件是0件。

【交通事故损害赔偿仲裁】 2018年，韶关仲裁委员会交通事故损害赔偿仲裁中心成立以来，全部案件均在当天以调解方式结案，解决损害赔偿纠纷，并且减轻交通部门的工作压力，取得仲裁的法律效果和社会效果的统一。用仲裁方式解决交通事故损害赔偿制度得到社会的普遍认可和自动选择。

【仲裁宣传服务】 2018年，韶关仲裁委员会做好在韶关市各媒体的仲裁宣传工作。向报刊杂志投稿宣传仲裁制度，把仲裁动态、仲裁信息、仲裁知识通过网络形式向社会传播。与重点行业保持密切联系，拓宽服务领域。加强与保险、金融、建筑房地产业等行业协会的沟通联系，部分借贷合同中加入仲裁条款，主动上门服务，举办各类仲裁座谈会、宣传仲裁知识讲座，并对全市20余家保险公司、30余家房地产企业进行逐一走访，提高仲裁条款在这些行业的约定率，为保障仲裁案源的增长提供保障。借助各类大型活动，组织对外宣传。在“3·15”国际消费者权益日宣传纪念活动现场，设立咨询台、发放宣传资料及现场咨询等形式宣传仲裁法律制度，扩大宣传效果。通过入户宣传，帮助企业规范合同，让企业合法权益得到保障。

【仲裁员队伍建设】 2018年，韶关仲裁委员会加强业务交流和学习。开展仲裁员就办案技巧、办案经验及应当注意的问题进行交流。针对韶关市出现的保险合同纠纷、承包合同纠纷等与以往不同的纠纷情况，对一些关系复杂，难度较大，问题较棘手的案件，组织案件研讨会，邀请资深律师、行业专家和大学教授进行研讨。加强办案监督，对办案文书和庭审笔录进行抽查，实行奖优罚劣，规范文书制作，提高仲裁文书的质量，保证仲裁文书能够反映案件审理的真实情况。

【亲和仲裁】 2018年，韶关仲裁委员会推动建立和完善各方面参与的调解工作格局，运用调解方式处理矛盾纠纷。具体来说就是亲和的理念贯穿于咨询、立案、审理、调解、和解、结案等各个环节。对于在立案当时就发现当事人之间争议不大、权利义务关系清楚的案件，立案后及时进行调解。能够达成调解协议的，迅速结案，及时制作调解书送达给当事人。在审理过程中发现有调解可能的，动员各方力量，做好说服工作，并在审限上予以适当处理，促使矛盾纠纷解决。对于调解不成或案情不适合调解、当事人不同意调解的案件，及时做出裁决，防止久调不成、久拖不决。通过践行仲裁的亲和理念，韶关市仲裁案件的调解结案率高于全国仲裁机构调解结案率的平均水平，得到社会和同行的赞许。（李 阁）

监 狱

【韶关监狱】 是广东省特大型监狱之一，始建于1942年6月，为原国民党统治时期的第二监狱。1950年7月，广东省人民政府公安厅接管并筹建新监狱，几经易名，于1981年改名为广东省韶关监狱。2018年，韶关监狱为全省监狱提供多项“韶监经验”，实现连续24年监管安全和连续18年生产安全，为平安广东、法治广东建设作出贡献。

监管安全牢固 开展“扫黑除恶专项斗争行动”“安全隐患大排查、大整治行动”“监狱反恐怖防范行动”等专项行动，排查涉黑、涉恶人员及有价值线索；“互监组”成效显著，制止违规违纪行为，维护监管安全，在全省作经验介绍；建立全省监狱唯一一家成规模的区域中心医院，在全省监狱做经验介绍和推广，开创全省监狱远程视频会见先河；推出全省监狱首个零手续费零花钱微信转账模式；升级围墙电网照明系统，建成五线制的高压电网，新照明系统夜间具有穿透力，为安全保驾护航；4人次罪犯离监探亲，取得良好效果。

教育改造务实 打造政治改造“四部曲”；创新推行《出监教育工作流程》《出监教育50问》工作；出监安置有实措，开展临释人员专场招聘会，现场签订就业意向书115份，签约率53.7%；解决23起复杂刑释人员安置事例，100%解决“三无”刑释人员安置问题；办理11宗暂予监外执行案件，较2017年提升300%；制定《广东省韶关监狱对罪犯生活不能自理鉴别的管理办法》（试行），填补罪犯生活不能自理的鉴别空白；创立《一脚的代价》等特色狱园访谈节目与“立新之声”广播点歌系统等正反结合，引导服刑人员正向改造。

队伍建设创先 通过机关减员（从172人精简至139人，减幅达19%）、基层增员，打造减员增效的“韶关经验”，在全省监狱推广；在内网头条刊登并组织全员学习《警惕给粗暴管理披上合法外衣》等5篇评论性文章，抓实意识形态，把队伍正气引入主流；树立韶关好人李亮、十佳复退转军人等典型，省市各类文体竞赛中斩获冠军2个、亚军2个、季军4个；2名个人获得司法部表彰的全国监狱工作先进个人；记集体三等功一个，记个人三等功11人。

政务保障提升 创办新刊《北山骥忆》，出版4期，深受好评；监狱公众号被部厅局采用率44%，关注人数在省属监狱排名第一，3篇调研论文获一等奖，1篇获三等奖；被评为省宣传报道先进单位、优秀新媒体单位、先进理论调研单位；存在的部分污染顽疾彻底整治，推行市政用水，为“三供一业”社会化进程打好基础；完成家属区的绿化和社区庭院照明，修缮围墙边通勤小道、南门、家属区及备勤楼车棚建设等重大民生工程。省财政专项资金项目中城背村公路建设项目总投资340万元，基本竣工；“十二五”项目总体进度完成90%，室内装修进入收尾阶段，市政配套设施完成。（吴华旺）

▲2018年7月27日下午，市委组织部和市文明办相关负责人到韶关监狱对救人英雄李亮进行慰问 （潘蔚 摄）

【广东省北江监狱】 2018年，北江监狱平稳向好发展，各项工作取得较好的成绩。

“十二五”建设项目提前收官 北江监狱克服边关押边施工边生产边拆旧边围蔽的困难，于12月11日完成搬迁任务，比原计划提前200多天，实现新监管区的启用，监狱基础设施长期落后的现状得到根本改变。

狱政管理 北江监狱坚持把安全隐患排查整治排在首位，建立四级联动机制，成立监管安全突击队，实施7次专项排查，52次突击检查，4次联检，排查整治问题148项。制定全面推广狱政管理制度化实施方案，试行狱政管理69项执行制度，重点规范计分考核、离监就医、档案管理、临时会见室、互监组和劳动工具等管理环节，夯实狱政管理基础工作。开展扫黑除恶，打击赌博、私藏违禁品和牢头狱霸，抓排查、重研判、强处置等专项活动，净化狱内改造风气，罪犯违纪率同比下降74.1%。开展大排查、大整治、大评估活动，确保全年未发生罪犯脱逃、重大以上狱内案件、重大公共卫生安全事故。推进信息化建设，先后完成围墙周界防范高压电网建设项目和厂房视频监控全覆盖建设项目，新建AB门安装3D人脸

▲ 2018年12月11日，北江监狱新监管区启用仪式在北江监狱举行（北江监狱 供）

识别系统、车底监控系统，提升科技防控能力。

教育改造 北江监狱开展罪犯思想教育，打造《每周一讲》品牌栏目，推广体验式教学，开展中华优秀传统文化等7个专题教育活动，分三个阶段开展为期4个月的宪法主题教育，推动普法教育。新入监罪犯全部完成岗前培训，实现岗前培训全覆盖。推行诉求管理，强化层级管理和首办责任制，全年处置罪犯诉求627宗，及时化解狱内矛盾。开展社会帮教活动，加大心理矫治手段应用，优化升级个别谈话管理系统，推广谈话教育记录电子化，稳定罪犯思想。深化狱务公开，坚持业务培训常态化，提前应对法释新规及计分考核的实施，确保平稳过渡，全年依法办理减刑案件1424宗、假释案件93宗和暂予监外执行案件6宗，假释率2.25%，做到零错案和零投诉。举办6次主题开放日活动，主动向社会展示狱务公开工作成果，接受社会各界的监督咨询。

监察审计 北江监狱把抓好省委巡视问题整改作为重要政治任务贯穿全年，成立领导小组和整改办，梳理6大方面20类38个问题，制定97条整改措施，经过集中整改和持续整改，大部分问题得到整改。落实党风廉政建设责任制，根据省局纪委2018年监督清单，明确4大监督项目104项监督事项；开展纪律教育学习月活动，多种形式强化警示教育效果，筑牢警察职工法纪意识；强化对重点单位和重点岗位人员的监督，严格落实廉政谈话制度，组织开展集体廉政谈话和个别谈话；全年向8个部门发出监察审计文书共23份，提出建议57条，督促部门问责10人次；督促落实巡视巡察整改，建立健全重大事项事前事后报备和监督机制；开展“十二五”项目、警察执法、八项规定等专项监督，定期组织开展罪犯反行贿教育和刑释前谈话，对基建项目、土地管理、资金使用等经济活动进行审计，提出审计建议19条；组织全员填写个人廉政卷宗，更新廉政风险监督平台各项数据，监狱廉政风险防控整体水平得到持续提升。

（叶 峰）

【武江监狱】 广东省武江监狱是广东省监狱管理局驻韶关的正处级单位。2018年，武江监狱设部室11个，监区10个。2018年11月20日，武江监狱完成整体搬迁，举行“韶关市社区矫正警示教育基地”揭牌仪式，监狱远程视频会见首次启用，历时41天完成对2012年至2016年五年间刑满释放人员重新犯罪情况调查，经查，重新犯罪483人，重新犯罪率8.51%。

对省委巡视反馈问题的整改 武江监狱对照省委巡视反馈指出的广东省监狱系统6个方面的问题清单进行自查自纠，发现20个问题和潜在问题风险，制定63项整改措施。监狱开展公有住房调整工作，按照异地交流任职干部且在当地无住房的，配备二房一厅，监狱班子成员调整到单间，普通警察2—3人一间。对警囚、警商关系不清的问题进行排查，未发现武江监狱有存在警囚、警商关系不清的问题。组织与会人员到监区现场检查、现场开会，发现问题，现场解决问题；按照省纪委下发的《监督清单》，开展监督工作。下发监察建议书2份。与工程承建商签订《廉政合同》，给15家合作厂家发送《广东省广裕集团有限责任公司合作客户告知书》《合作客户承诺书》。

“离岸上岗”整体搬迁工作完成 省局召开十二五项目建设推进会，明确武江监狱在11月底前要实现搬迁。监狱

▲ 2018年11月20日，省厅局领导为武江监狱新监管区揭牌 （武江监狱 供）

在8月2日组织承建方、监理和全监警察职工召开冲刺100天，决胜离岸上岗整体搬迁誓师动员大会，将各项目标任务落到实处。完善《警察一日执勤指引》《服刑人员一日改造规范》、新监管区执勤模式等，做好生产物资、监区办公设施设备的搬迁方案，开展设备设施调试、组织业务培训和前期试运作、协调武警同步搬迁执勤看押、开展新监管区狱内大清查和安全隐患大排查。在11月20日监狱完成整体搬迁。搬迁后，监狱推进分押分管，优化监狱资源配置，统筹推进“五大改造”落地落实。完成试点工作的监区选定、硬件改造、警力配备、关押对象摸排评估、教育改造计划、生产项目等工作。

服刑人员教育改造　将宪法、习近平新时代中国特色社会主义思想、党的十九大会议精神、中国共产党党史等重要政治理论知识贯穿日常政治改造，保证每月不少于20课时学习。对服刑人员开展学宪法、学新思想、学“两会”“改革开放40周年”、治本安全观、扫黑除恶、刑释政策、禁毒、反脱逃反行贿等专题教育，强化服刑人员改造。推进“一区一品牌、一区一特色”监区文化建设，做强舞龙、舞狮、八段锦、腰鼓等特色品牌，完善监区兴趣小组制度，打造具有监狱特色的庭院文化。组织开展“念亲恩、迎新春、报成绩”家书寄语、“三无”人员新春座谈会、春联创作评比、学习十九大精神知识竞赛、拔河、象棋、购书等主题及节日文体活动。年度征稿3000余份，严格考核监区稿件，打击稿件抄袭，全年组织两次通讯员座谈会，办报质量稳中有升。深化特色教育模式，推行双循环交流授课，以法律常识、中华优秀传统文化及社会主义核心价值观为全年教学重点，通过课堂教育、议案析法、每月考试等形式，培养服刑人员良好的道德品质和法制观念。坚持与韶关学院合作办学，开展扫盲、初小、高小、初一等4个层次的教学，全年完成224人义务教育。开展一期中式面点师，49名服刑人员通过鉴定考试。举办三场亲情帮教活动，接待犯属、企事业单位、司法行政单位来宾共计250余人。联合社会力量，与韶关市司法局共建社区矫正服刑人员警示教育基地，探索构建“社会——家庭——监狱”良性帮教体系。组织开展服刑人员离监探亲工作。完成2018年春节、中秋重大节假日2次共3名服刑人员的离监探亲工作。推进远程会见工作。在1月底前完成远程会见的场地改造、硬件安装、软件调试等工作，全年成功办理284次远程会见。推行周末会见。铺开全年无休会见，得到服刑人员、家属的一致肯定。重新修订服刑人员劳动定额、劳动报酬计提管理办法和服刑人员个人钱款管理办法，提高劳动报酬发放比例。

▲2018年5月10日，“韶关市社区警示教育基地”揭牌仪式暨首批社区服刑人员教育活动在武江监狱举行（武江监狱　供）

监狱持续安全稳定　按“清单式”分派任务，并实行监区支部书记在当月的监狱安全分析会上作落实监管安全情况汇报。制定《监狱安全稳定工作部署推进表》，包括14个任务目标、42条具体工作项目、83项具体措施，摸排并整改61个安全隐患。监狱联合韶关监狱、乐昌监狱、北江监狱3个单位，全年共开展3次联检工作，查出涉及基础制度落实、安全生产管理、硬件设施隐患等79项问题。以“摊任务”的方式对每个监区实行清仓网格化管理，监区将车间、监舍划分成几十个“网格”，每一个网格有对应的责任警察负责管理。实行每天视频巡查、倒查的监督，对警察不履职、服刑人员管理不规范、安全管理不到位、服刑人员违规违纪等行为进行截图曝光通报，并限期整改。对监狱总体狱情进行统筹评估，对狱情相对集中的监区或同类型狱情爆发的情况，作研判分析，把研判分析的结果制作成狱情预警通告并进行挂网公示，深化与公安、地方政府部门的沟通协作，加强情报信息互通、资源共享。开展27次扫黑除恶专项排查活动，共摸排出23条有效线索，其中6条线索获省局线索“转办”的专项奖励。开展为期3个月监规纪律整顿活动，结合“打击赌博、私藏违禁品、牢头狱霸”“强化监规纪律、净化改造环境”“反脱逃、自杀、行凶以及外来袭击”“大排查大评估”四个专项活动，打击狱内违规违纪，以监规整治与扫黑除恶“双结合”的方式整肃改造风气。组织服刑人员开展规范养成评比活动。设置背诵行为规范背诵、内务卫生评比、队列会操评比3个评比项目。捕回一名历年在逃服刑人员。5月21日，监狱追逃小组在深圳成功抓获一名脱逃34年之久的服刑人员。加强服刑人员伙食管理。灵活安排菜谱。2018年，新增菜式8样。在搬迁后，实行配餐制。由服刑人员伙房统一配餐配送。建立服刑人员疾病三级动态排查机制和医师与监区挂钩制度，按规定进行巡诊，发现问题及时向监区反馈和处置。全年门诊治疗7042人次，留观1393人次、收入住院治疗77人次，因病重需送狱外治疗43人次。7月，监狱确诊多名服刑人员患甲型流感。监狱立即启动防治预案，制定隔离治疗、狱内消杀、集中发病较多的入监监区全员服用预防药物、加强进入监管区人员的检查等16项工作措施，短期内控制狱内甲流疫情，共收治甲流（含疑似病例）102起，无重症病患出现。

规范监狱执法行为　全年办理四批减假案件，提请减刑案件897件，假释案件141件，假释提请率5.96%，保持在全省前列，无错案漏案；办理4例保外就医案件。邀请驻监检察官列席监狱每批减假及暂予监外执行案件评审会，听取驻监检察官的意见和建议。开展3次监狱开放日，接待服刑人员亲属193人，国家机关、社会团体、企事业单位、基层组织、社会公众50余人，发放狱务公开手册及执法调查问卷102人次；共接受监狱门户网站咨询43次；制作以“带您一起走进监狱开放日活动”为主题的动画片，并在监狱门户网站、会见大厅等场所进行播放。对服刑人员的申诉、控告、检举，做好相关信件的登记和转递工作，按规定转递24份服刑人员申诉信件给相关部门处理。

全面从严治警　强化警察职工八小时以外的监督管理，加强个人重大事项的报告报备工作，抓实抓紧谈话提醒工作机制，落实好经常性谈心谈话工作等。把职务目标完成情况、现场岗位履职情况和“八小时以外”活动情况纳入日常考核中，落实“四知”无册点名等岗位技能的常态考核工作。强化警务督察工作，抓作风建设。开展“反四风”、机关工作作风、禁赌禁酒、AB门零带入等专项督察活动，开展警察日常履职督察等。累计开展督察活动816次。健全完善以年度表彰和“七一”表彰为主、日常记事为辅的正向激励常态化工作。全年累计表彰先进党支部/集体18个，优秀先进个人（含优秀党员、优秀党务工作者及各线条业务能手）220人次；监狱呈报并批复回个人三等功15人，颁发个人三等功荣誉证章16人；颁发参加监狱工作30年荣誉证章8人。组织开展“政工理论调研”“学习中华传统文化有感”“我为监狱文化建设增添正能量”“新时代共产党员新风采”“我为监狱搬迁献计策”“身边人身边事”等专题研讨，推送《政工工作简报》35期，推送《最美武江人》《金盾之光.我身边的警察故事》7期、《身边人身边事》4期，基本建立选树先进典型常态化工作机制，以讲述身边的警察故事形式，传递基层声音。落实机关减员增效工作。制定《广东省武江监狱机关减员增效工作方案》，机关各部室减员45名警力，补充基层警力。

▲2018年12月4日，武江监狱在该监狱三楼会议室举行宪法宣誓仪式，监狱长杜文滔领誓　（武江监狱　供）

风险监督　加强监检联系，与黄岗检察院举办两次监检联席会议，双方互相通报有关工作信息。监督发现问题70多个，发出监察建议书5份、审计建议书7份、函询通知书1份。对纪委监督清单监督要点逐项分解，任务到人、责任到人；设置纪委监督日志；每月编印一份监督通报。开展内审工作，全年组织开展6个项目内审监督和风险评估，审计金额3.54亿元，提出17条建议，强化“用钱”监督。开展服刑人员劳动考核加分、危化品管理、亲情电话监听等156项工作的重点监督和整改，收到良好实效。开展支部纪检委员廉政风险排查与监督技能竞赛活动。共自查风险点160多个，排查风险现象320多个，制定防范措施700多条。“十二五”常态化监督发现问题17个，向基建办发出对承建商违约扣款提醒函3封，提出整改建议17条，确保“十二五”建设项目进行。　（曾晓明　徐孝东）

经济监督管理

发展与改革

【概况】 原为韶关市计划委员会，2001年更名为韶关市发展计划局，2004年再度更名为韶关市发展和改革局，现在地址位于韶关市武江区西联镇芙蓉新区芙蓉园五栋。韶关市发展和改革局是负责研究提出全市国民经济和社会发展战略、发展规划和政策，进行总量平衡、结构调整，指导总体经济体制改革、宏观经济管理，负责相关价格管理和监督检查的市人民政府工作部门。2018年，市发展和改革局下设办公室、综合规划科、经济体制改革与法规科、区域合作与协调发展科、投资科（行政审批科）、产业发展科、经贸财金科、社会发展科、交通建设和国民经济动员办公室、价格与收费管理科、价格检查局、资源节约与环境气候科、人事科、市重点建设项目办公室、市能源局、市公共资源交易工作委员会办公室等16个内设科室，管理市粮食局、市价格认证中心。核定机关行政编制70名，其中，处级领导职数：局长1名、副局长4名（其中1名兼任市粮食局局长），总经济师1名，市重点建设项目办公室主任1名，市能源局局长1名；正科级领导职数19名（含市重点建设项目办公室副主任2名、市能源局副局长2名）、副科级领导职数16名；后勤服务人员数10名。此外，韶关市粮食局（副处级单位）核定参公事业编制23名，其中，局长1名（由市发展改革局副局长兼任），副局长4名（副处级），正科级领导职数5名，副科级领导职数5名，后勤服务人员数2名。2018年，韶关市共安排162个市重点建设项目，完成投资392.55亿元，完成年度计划的103.3%；列入省重点的23个项目完成投资137.82亿元，完成年度计划的117.36%。加强项目审批服务工作。全市项目立项（包括审批、核准、备案）1473项，总投资1720.91亿元。其中，审批项目681项，总投资321.32亿元；核准企业投资项目16项，总投资8.92亿元；备案企业投资项目776项，总投资1390.67亿元。预备项目提前开工项目7个（含建成投产项目1个），完成投资41509万元。

【发展规划编制调研】 2018年，韶关航空产业园分区规划通过专家评审，编制单位进入控制性详细规划、城市设计规划编制阶段。委托编制《韶关市开发区发展总体规划》，向相关部门征求意见，修改完善后报市政府。配合省发展改革委编制全省红色旅游发展规划。配合编制单位编写《广佛肇清云韶经济圈发展规划》。市发改局牵头起草《韶关市战略性新兴产业发展规划》（送审稿），提交市政府常务会讨论。市发改局牵头开展韶关市乡村振兴战略规划编制工作，开展第三方编制单位招标工作。牵头编制《韶关市生态产业发展规划》，开展规划编制资料收集和到10个县（市、区）进行实地调研，正在组织起草规划。推进“深调研”工作，成立领导小组，组织力量，聚焦关键性的问题进行深入研究，牵头起草《探索推进生态文明制度改革专题调研报告》《关于推进生态产业发展的专题调研报告》《关于深化供给侧结构性改革补齐投资短板的调研报告》《关于促进区域协调发展调研的报告》《关于建立健全与珠三角对接的合作机制调研报告》5个专题调研报告，每个专题调研报告均形成行动方案，通过市委常委会审定。

【重点项目建设】 2018年，韶关市推进重点项目前期工作。建成武深高速公路韶关段、汕昆高速韶关段、南雄犁牛坪二期风电场、丽珠集团利民制药厂袋装参芪扶正注射液技术改造等25个项目，新开工建设韶关市旅游公路、始兴县华洲木业、前海人寿医院等70个项目。广东华电韶关乐昌五山风电场等6个项目列入省2018年风电开发方案。仁化县董塘镇100兆瓦集中式光伏扶贫与土壤改良综合示范项目、广东粤电韶关发电厂灰场光伏发电项目2018年完成并网发电。韶关机场军民合用工程项目获国家发改委批复，创军改后第一个获批准的军民合用机场项目。机场配套设施全面铺开规划建设，征地拆迁工作进展顺利，新征土地120.13公顷，完成征地拆迁面积112.8公顷。与通讯部队沟通协调，和国防光缆迁改单位签订合同，解决南水水库供水工程原水管道施工受国防光缆限制无法施工的问题，南水水库供水工程38千米管线全面开工。协调武江区政府、乳源瑶族自治县政府完成扩建西河二水厂征地工作和原水管道部分沿线大部分地段的征租地工作。规划建设韶钢至乌石的铁路货运通道，组织曲江区政府等相关单位就韶关乌石港规划建设情况开展前期论证研究。编制并印发韶关港乌石综合交通枢纽前期工作方案，成立韶关港乌石综合交通枢纽建设工作领导小组，组建韶关港乌石综合交通枢纽工程管理处。加快推进韶柳铁路项目、赣韶铁路复线、新丰至从化快速交通项目前期工作。韶柳铁路完成预可行性研究报告编制并上报铁路总公司；赣韶铁路扩能改造纳入中长期铁路网规划，联合赣州铁办开展赣韶铁路复线的项目前期研究工作；新丰至从化快速交通项目通过专家评审。推进城区智能轨道交通建设，完成项目立项等手续，正在开展智轨与云巴甄选工作。项目管理体制机制完善。分别出台《韶关市重点建设项目责任单位考核办法（试行）》和《关于进一步加强全市重点项目建设进度调度工作实施方案》；制定《2018年市领导挂点联系市重点建设项目分工方案》《韶关市2018年“项目攻坚年”活动实施方案》等。建立全市项目库，实行重点建设项目进度台账、问题台账和调度台账管理和告知函制度。牵头组织全市重点项目谋划工作。2018年市发改局牵头组织2019年全市重点项目谋划工作，经第二轮组织申报，2019年全市重点项目建设计划安排179个项目，总投资2124亿元，年度计划投资330亿元。安排开展前期工作的预备项目149个，估算总投资1582亿元。

【粤北生态特别保护区规划建设】 2018年，市发改局会同市林业局到曲江区、乐昌市和乳源瑶族自治县政府深入调研，对粤北生态特别保护区拟划定范围的林地资源、水资源、土地资源、动植物资源、人口资源、生产资源，房屋设施等进行摸底调查，收集基础数据。选择集中连片、人口分布、生产设施和建设活动较少的南岭——南水片和大峡谷——罗坑片划入粤北生态特别保护区建议范围，总面积1007.95平方千米。开展政策研究，重点研究生态补偿、转移支付、基本公共服务均等化、产业政策、投融资政策、生态产品交易和考核政策等。起草《关于建设粤北生态特别保护区的工作建议》报市委，由市委报省委。起草韶关市关于《粤北生态特别保护区范围划定及建设实施方案》征求意见的复函（代拟稿）报市政府审定后回复省发改委。起草《粤北生态特别保护区总体规划（2019—2028年）》征求意见的复函报市林业局，由市林业局报市政府审定后回复省林业厅。配合省发展改革委做好粤北生态特别保护区建设社会稳定风险评估工作。

【特色小镇建设】 2018年，韶关市制定实施《韶关市特色小镇创建导则》《韶关市特色小镇扶持专项资金管理办法》。牵头组织召开全市特色小镇建设工作督导会。申报第二批省级特色小镇，新增南雄珠玑文化小镇、浈江商贸物联网小镇、仁化城口历史文化小镇、始兴文笔小镇等4个省级特色小镇。列入2018年市重点建设项目的浈江区商贸物联网小镇、翁源县兰花小镇、仁化县丹霞（国医）康养小镇等3个特色小镇完成投资5.19亿元，完成年度计划投资的103.6%。争取省支持韶关市兰花小镇建设100万元资金，省下达投资计划。

【上级资金和政策支持争取】 2018年，韶关市争取23个市重点项目列入省重点建设项目，省在资金、用地审批、林地审批上给予韶关市支持。组织申报重点地区污染治理和资源节约循环利用重点工程、保障性安居工程配套设施、2018年PPP项目前期工作中央预算内投资。组织申请省基础设施投资基金支持13个项目，总投资693.62亿元。2018年共争取中央、省资金11.9亿元，其中生态保护补偿资金6.17亿元，资源枯竭城市转移支付资金4.12亿元，教育现代化和文化旅游提升工程中央预算内资金4910万元，省级新能源汽车充电基础设施财政补贴资金834.54万元，省级新能源汽车推广应用专项资金清算计划8454.21万元，省级特色小镇创建费用（翁源县江尾兰花小镇）100万元，基础设施重大项目前期工作经费249万元，发展改革部门重大前期工作费用100万元，省固定资产投资项目库管理费用15万元，南雄市整县推进村镇生活污水处理基础设施PPP项目125.7万元，争取粮食资金1290.2万元。成功将韶关市列为《广东省红色旅游发展实施方案（2018—2021年）》北部片区红色旅游发展核心区。

【经济运行分析】 2018年，市发改局加强对韶关市国民经济和社会发展重大问题的研究，做好韶关市经济运行分析。每季度对经济运行情况进行监测，研究分析经济运行中的热点、难点问题和薄弱环节，及时发现并协调解决经济运行中出现的突出问题，每季度向市政府汇报经济运行情况。起草韶关市2018年国民经济和社会发展计划主要指标及重点建设项目计划，起草《关于韶关市2018年上半年国民经济和社会发展计划执行情况的报告》，经韶关市十四届人大常委会第十七次会议审议通过，跟踪和协调计划的实施、调整。

【县域经济发展】 2018年，韶关市县域生产总值实现712.77亿元，增长6.1%，占全市53.04%。加快补齐农村建设短板，重点抓好278个省定贫困村、重要交通干线沿线、重点景区、中心城镇周边村庄的连片集中整治。推进“省际廊道美丽乡村示范区”建设。发展“一村一品、一镇一业”，促进农业绿色化、优质化、特色化、品牌化发展。加快培育新型农业经营主体。加快农村一二三产业融合发展，打造一批乡村旅游和观光休闲农业品牌。推进县城与市区、乡镇、产业园区、主要旅游景区的互联互通，提升教育、医疗、商贸、文化、民生等基本公共服务水平，带动整个县域发展。提升公共服务功能，发展特色产业，着力打造一批县域副中心，不断增强乡镇的人口聚集和综合服务能力。

【民生事业发展】 2018年，全市实现城镇新增就业3.2万人，全市建立创业孵化基地12家，入驻孵化企业648家，带动就业1.59万人；实现返乡人员创业350人，带动就业1500人。全市参加企业职工基本养老保险、城乡居民养老保险、城乡基本医疗保险、失业保险、工伤保险、生育保险等六项保险人数分别为46.8万人、102.5万人、296.7万人、31.4万人、40.5万人、34.2万人。全年为企业减轻社保成本约4.5亿元，减轻群众看病就医负担约2.55亿元。实现省推进教育现代化先进县（区）全覆盖，公办幼儿园和普惠性民办幼儿园覆盖率达87.9%。推进农村义务教育寄宿制学校试点市建设，获省级专项建设资金1.61亿元，新增寄宿学位2317个。完成6间乡镇卫生院标准化建设和380间村卫生站规范化建设，粤北人民医院入围省“登峰计划”。国家基本公共卫生服务人均补助资金达55.31元。建成行政村（社区）综合性文化服务中心1430个。实现预脱贫6471户1.97万人。完成农村危房改造5220户。

【重点领域改革深化推进】 2018年，韶关市推进供给侧结构性改革工作。组织开展钢铁企业和铸造企业实地核查工作。做好2016—2017年退出钢铁企业的转型升级等后续工作。出台《关于实行韶关市钢铁行业淘汰落后产能工作分片包干责任制的通知》，承接珠三角地区产业转移项目12个。韶关市出台降低制造业企业成本32条，2018年减轻企业负担43亿元。推进“放管服”改革。重点开展投资管理体制改革、中介服务市场化改革，配合市编办等单位开展好放管服改革有关工作。韶关市是全省第3个制定出台《韶关市进一步优化建设工程项目审批流程改革实施方案》的地级市，建设工程项目审批流程改革推动项目宽进入、快办理、优服务，落地便利化，将工程建设项目审批时间压减一半以上，不涉及新增建设用地投资项目审批控制在28天内。华南装备园、莞韶园推广项目直接落地。在吸收惠州市、中山市、佛山市经验的基础上，韶关市中介服务超市于5月11日启动运营，是全省第四个建立网上中介超市的地级市。7月30日，市政府召开全市全面推广中介超市服务模式动员部署会议。截至10月30日，韶关市网上中介服务超市推出55个资质类型，累计进驻中介机构702家（营业执照数）、进驻资质1506个（资质证书数）、进驻项目业主354个，累计完成交易选取465单。市公共资源交易中心取消各类交易服务费和收费，2018年预计可减轻企业负担4000多万元，免费开放电子交易平台和交易场所。推进投融资体制改革。制定《关于韶关市深化投融资体制改革的贯彻落实意见》。指导项目单位策划包装2个PPP项目，包含23个子工程，总投资约99亿元。制定《韶关市促进民间投资若干措施》，激发民间有效投资活力。推进全市企事业公车改革工作。抓好国有企事业车改方案的汇编整理，解决车改历史遗留问题。推进价格体制改革。制定《韶关市发展改革局贯彻全面深化价格机制改革的实施意见》，着力推进价格改革。印发《韶关市农业水价综合改革2018年实施计划》，推进农业水价综合改革。修订完善韶关市公立医院医疗服务价格调整方案。继续推进社会信用体系建设工作。制定并印发《韶关市建立完善守信联合激励和失信联合惩戒制度的实施方案》《韶关市加强政务系统诚信建设实施方案》。做好诚信“红黑榜”发布工作。推进市级信用平台升级改造及县级信用平台建设工作。做好韶关市涉金融领域失信问题专项治理。韶关市列入“广东省涉金融经营异常名录名单”的企业共28家，经整顿，共10家企业完成整改工作。推进生态文明体制改革。完成全市7个县（区、市）64个省定贫困村和1个少数民族村林业碳普惠项目开发、备案工作，碳普惠核证减排量达101.94万吨，省发改委同意全部分批备案。第一批成功获得省发改委备案签发，共计30.78万吨，成功在广碳所完成交易，交易额为502.34万元。

▲2018年5月11日，韶关市网上中介超市启动仪式在韶关市举行

（市发改局 供）

【省管项目建设】 2018年，市发改局落实重点项目进度月报制度及重要进展、重大问题即时报送制度，跟进省管重点项目建设进展情况，依托重点建设项目信息管理系统平台实现项目建设全流程、规范化管理。列入省重点的项目加强项目监测管理，加快项目的前期工作、要素保障。韶关市省重点项目完成投资150亿元，完成年度计划的127.7%，完成比例在全省排第七位，在粤东西北地区中排名第一。同期，全省

重点项目完成投资7432.84亿元，完成年度计划的123.9%。

【粮食安全保障】 2018年，韶关市发改局完成2017年度粮食安全责任考核，落实粮食安全责任，在全省考核中取得优秀等次、排名第三。争取国家专项基金1070.2万元支持韶关市“中国好粮油”行动和“优质粮食工程”建设。粮油仓储企业备案实现“二十四证合一”，并在网上办理。全市储备粮宜存率达100%，安全生产零事故。加强粮食仓储物流基础设施建设，推进粮库智能化升级改造建设，推进“优质粮食工程”建设。加大监管力度，全市粮食流通市场规范有序。编制完成市2017年度粮食安全军粮供应工作责任落实情况报告。

【物价管理工作】 2018年，韶关市分别自4月1日起、5月1日起、7月1日起分三次降低一般工商业电价，降价标准分别为每千瓦时1.78分、0.58分、5.7分，这个举措全年为减轻企业负担36945万元。实施居民生活用气阶梯气价暨门站价格与销售价格动态联动机制。降低丹霞山门票价格，10月1日起，丹霞山景区门票价格由原规定的200元/人．次调整为100元/人・次。制定韶关市电动汽车充电服务费标准。“春节”期间开展春运客运票价检查和市场价格巡查，重点检查铁路、公路、出租车客运票价和停车场收费等关系国计民生重要商品价格和收费。清明节期间开展殡葬服务价格检查。全年共受理价格投诉、举报、各类案件31宗，处理答复31宗，办结率100%。落实推进韶关市公平竞争审查制度工作。

【电力能源管理】 2018年，韶关市持续推进能源可持续发展，提升清洁能源比重，提高能源保障能力。推进天然气利用，持续开展风电、太阳能等清洁能源开发，发展屋顶分布式光伏发电，推进生物质利用。全市发电机组容量共672.83万千瓦，其中，火电375万千瓦，水电205.64万千瓦，光伏发电37.39万千瓦，风电19.9万千瓦，生物质发电12万千瓦，自备电厂22.9万千瓦。在建的热电联产火电项目35万千瓦，风电项目12万千瓦，生物质发电项目12万千瓦；天然气输送管道在建项目132千米。

【节能管理】 2018年，韶关市加强对39家“百千万”家重点用能企业节能管控，分解下达韶关市“百千万”家重点用能企业“十三五”节能“双控”目标。对全市9家钢铁水泥企业开展能效对标活动。利用国家节能减排示范城市财政资金和省级节能降耗专项资金，加快推进宝钢特钢韶关有限公司大棒1号和中棒加热炉余热回收节能系统改造项目、广东韶钢松山股份有限公司4.3米焦炉荒煤气余热回收技术改造项目、丽珠集团利民制药厂水电汽节能技改项目等一批项目实施节能改造。广东东阳光科技控股股份有限公司“导电高分子铝固体电解电容器生产绿色关键技术开发与系统集成项目”被列入工信部“2018年绿色制造系统集成专项”，国家级“绿色制造系统”实现零突破。开展能效提升工作，全年完成电机改造任务量63.15万千瓦，完成计划任务进度占263.13%，完成配电变压器能效提升改造容量13980千伏安，更换高效节能变压器16台。新丰产业转移园区申报省循环化改造试点园区申报成功，韶关市园区实现循环化改造全覆盖。完成全市清洁生产审核任务83家企业。（朱 江）

国有资产管理

【概况】 韶关市人民政府国有资产监督管理委员会（简称韶关市国资委）于2006年6月13日设立，早期与韶关市经贸局合署办公。2007年3月19日，韶关市国资委党委和纪律检查委员会设立，履行市委和市纪委规定的职责。2007年5月18日，韶关市国资委单独设置为市政府特设机构，列入市政府工作部门序列。2007年8月31日，市政府授权市国资委代表市政府履行出资人职责，实行管资产与管人、管事（不包括公共管理职能所涉及的事）相结合。2018年市国资委机关行政编制18名，后勤服务人员3名，设党委办、办公室、改革发展科、产权管理科、考核统评科五个内设机构。2018年市国资委监管企业、资产总额332.75亿元，同比下降5.39%；净资产153.18亿元，同比增长1.91%。实现营业收入65.96亿元，同比下降11.5%。实现利润总额7.01亿元，上交税费5.24亿元；上缴国资收益1.46亿元，同比增长17.7%。

【国有资产监管】 2018年，市国资委集中开展市属国有企业经营与债务风险分析研判工作，对企业偿债能力和盈利水平进行综合分析研判。组织专项检查或内部审计，督促企业加强财务监督管理，防范经营风险，完成对监管企业负责人薪酬支付情况检查和对下属事业单位物业管理中心的内部审计工作。集中盘活政府性资金资产资源，制定《关于监管企业资金管理的意见》；完成对市直行政事业单位、国资监管企业的土地、房屋等国有资产摸查、统计、汇总、核实，拟定《关于盘活市属国有存量资产分类处理工作实施方案》和《关于进一步加强出租出借经营性国有资产管理工作实施方案》报市政府审定，抓好资产盘活和资产出租行为规范工作。完善国资监管制度体系建设，设立韶关市人民政府国有资产监督管理委员会外部董事管理办公室，指导企业健全公司法人治理结构，完善董事会决策制度，推行外部董事制度，7月出台《韶关市国资委监管企业外部董事管理暂行办法（试行）》及配套实施细则，逐步实现董事会外部董事占多数，提升董事会科学决策水平。

【国有企业公司制改制】 2018年，市国资委加快推进国资系统内全民所有制企业公司制改制工作，完成韶关市第一建筑工程公司、韶关市中侨实业总公司、韶关市东南工贸公司、韶关市旧机动车交易中心、韶关市金属材料公司、韶关市武江粮所、韶关市自来水公司、韶关市自来水安装公司和韶关市第四污水处理厂等9户企业公司制改制；完成韶关市保安服务公司清产核资，制定改制方案、职工安置方案；督促韶关市港务货运中心摸清企业资产状况，加快推进改制工作。

【国资产权管理】 2018年，市国资委履行国有出资人监管职责，督促监管企业完善国家出资企业产权登记，完成新设立国家出资企业产权占有登记10户，补办新增产权占有登记10户，变动登记25户，注销登记14户。加强对国有资产的监督管理，维护国有资产出资人合法权益，落实国有资产保值增值责任，完成监管企业重大事项及重大投资项目审核备案51项，资产评估核准备案8项。

【企业社会职能分离移交】 2018年，市国资委推进韶关市国有企业职工家属区“三供一业”工作。完成韶关市驻韶央企、驻韶省企、市属国企“三供一业”分离移交工作任务总数13.29万户的正式协议签订工作。2018年累计完成户12.01万户，完成进度为90.3%，全部完成市属企业任务总数1.89万户的管理职能移交和资产划拨工作。2018年度市级财政安排财政补助资金3000万元，全部拨付相关企业，优先保障供水供电项目的改造。推进剥离市政社区管理和教育医疗机构工作，基本完成省下达13个市政社区管理、教育医疗机构剥离任务。推进职工安置工作，做好长乐化工厂剩余未安置离退休人员和亿能股份有限公司职工的安置工作。

【混合所有制改革】 2018年，市国资委印发实施《韶关市属国有企业混合所有制改制操作指引》。引导和鼓励非国有资本以多种方式参与国企改革，推动旅投集团以参股方式参与黄金（商创）小镇项目、南岭诗歌小镇项目开发，投资成立广东商创小镇投资开发有限公司（其中旅投集团出资1000万元，占股比20%）和韶关市诗诺文化旅游开发有限公司（其中旅投集团出资200万元，占股比20%）。推动市金投集团完成熙正基金投资乳源东阳光公司药业项目。推动韶能集团韶关宏大齿轮有限公司完成增资改制工作。向城投集团增资7.3亿元用于出资入股韶关农商行，推动市旅投集团出资1.7亿元置换市农信社捐赠资产。推进与广州万宝集团的合作，授权市工业公司履行股东职责，完成韶铸集团增资扩股事项。

【国有企业监事会】 2018年，市国资委出台《韶关市国资委派出监事会管理暂行规定》和《韶关市国资委派出监事会工作规则（试行）》，规范市国资委派出监事会管理，明确工作职责和工作程序。 （王可菲）

政府投资非经营性项目代建管理

【概况】 韶关市政府投资建设项目代建管理局（简称韶关市代建局）于2011年底成立，属市政府直属公益一类事业单位（正处级参公管理），办公地址位于韶关市武江区西联镇百旺路芙蓉园15、16栋。主要职责是受市政府委托在项目建设期间行使业主职能，负责政府投资建设的非经营性工程项目的组织实施和管理工作。2018年，韶关市代建局内设办公室，计划财务科，规划技术科，合同预算科，房建工程管理一科、房建工程管理二科，市政工程管理一科、市政工程管理二科、市政工程管理三科、市政工程管理四科10个科室，核定事业编制36名，其中，局长1名、副局长4名、总工程师1名；正科级领导职数10名、副科级领导职数10名，下辖韶关市市政建设工程管理中心，属正科级公益三类事业单位。出资成立韶关市金禧城市建设投资有限公司，代管韶关市金建房地产开发有限公司。2018年，韶关市代建局教育资源整合项目颇具成效，民生设施项目落地有声，市政交通工程推进，棚户区改造项目基本建成。共承担代建项目86个，其中完工项目12个，在建项目19个（2018年新开工项目9个），开展前期工作项目55个。完成固定资产投资16.5亿元，同比增长65%，完成代建项目资金支出6.42亿元，同比增长36%。

【非经营性项目建设】 2018年，韶关市代建局在项目建设管理过程中，参与城市提升项目建设，在教育资源整合、市政设施、民生实事、棚改项目等方

▲2018年8月31日，市二中、曲仁中学合并迁建项目实物移交

（韶关市代建局 供）

面取得较好成绩。完成莲花大道一期工程建成通车；完成莲花大道二期项目共7.76千米主线道路施工，占总工程量的75%；完成解放路人行天桥一期工程竣工验收；完成韶关市韶南大道人行天桥工程（南郊二公里天桥）竣工验收；按计划推进工业西人行天桥项目。

【教育资源整合项目推进】 2018年，韶关市代建局负责代建的教育资源整合项目有6个，完成市二中、曲仁中学合并迁建和风采学校2个项目建设，尤其是市二中、曲仁中学合并迁建项目为2017年度市政府为民办实事及省市重点建设项目，如期完工移交使用，项目的进度、质量、安全及廉政都达到预期效果。在建项目2个，分别为：广东北江中学学生宿舍楼建设和市机关一幼改扩建项目。正在开展前期工作项目2个，分别为：韶关市广播电视大学迁建项目和市机关第二幼儿园搬迁改造项目。

【市政工程PPP项目实施顺利】 2018年，韶关市代建局武江、浈江市政工程PPP项目都完成社会资本方采购工作，8月30日完成浈江区PPP项目的开标工作，11月1日完成武江区PPP项目开标工作。正在开展浈江市政工程PPP项目公司组建和武江市政工程PPP项目合同谈判等工作。

【城市提升项目取得新成果】 2018年，韶关市代建局负责的城市提升落地项目有24项（不含浈江、武江市政PPP项目），其中：市区亲水平台（韶乐亲水平台和北江源亲水平台）、市旧堤改造加固及环境改造工程、市二中和曲仁中学合并迁建项目、市委党校校园改造提升一期工程、陵南路滨江景观带、陵南路（鹅坑桥转盘至东郊客运枢纽站）绿化提升工程等6个项目按计划完工。在建的项目有7项；正在开展前期工作的项目有11项，其中工可编制阶段3项，初步设计阶段3项，施工图设计阶段5项。完成韶关市妇幼保健计划生育服务中心项目保健中心楼、行政办公楼封顶工作；推进林桥公园一期项目。7月，沐溪水治理工程竣工验收。8月，韶关市区主次干道内涝整治项目竣工验收。11月，铁路医院路口污水提升泵站项目开工建设。

【中央环境保护督查项目按期完成】 2018年，韶关市代建局按照督查要求，研究制定工作方案，协调市发改、环保、自来水公司等单位，确保武江河韶关市区饮用水源保护区防护栏修复工程项目全线8.64千米完工，历时35天，完成国家生态环境部督办要求。

【棚户区项目成果丰硕】 截至2018年，韶关市金禧城市建设投资有限公司建成市国有工矿棚户区改造项目（一期）2040户安置房；韶关市金建房地产开发有限公司建成原曲仁矿棚户区改造二期工程9770多户安置房并办理签约入住，安置房建设任务完成95.7%；原曲仁矿棚户区改造项目三期工程幼儿园、小学、中学、服务中心、交通等配套设施完成71%，全部动工建设。2018年上缴财政税收2155万元，同比增长102%。（陈舒婷）

工商行政管理

【概况】 韶关市工商行政管理局为市人民政府工作部门，内设11个机构：办公室、人事科（机关党委办公室）、政策法规科、登记注册科（外商投资企业注册科）、市场监管体系建设协调科、个体私营经济监管科、企业监管科、市场规范管理科、网络交易监管科、商标广告监管科、消费者权益保护科，下设2个直属行政单位（经济检查支队、工业园区分局），管理2个公益一类事业单位（韶关市消费者委会、12315投诉举报中心）。市本级机关行政编制101名，行政专项执法编制23名，事业编制16名，后勤服务人员数11名。在职人数123人，本科以上学历82.12%，平均年龄41.47岁。完成3名科长、5名副科长、2名主任科员、1名副主任科员的任免和2名副支队长的转正任职工作，以及2018年度新招公务员、事业单位人员和公务员遴选的录用计划。

2018年，韶关市工商局深化商事制度改革，推进“马上办”服务模式改革，营商环境持续改善，竞争执法工作深入推进，竞争环境不断优化，消费环境稳中向好，履职能力不断加强，各项工作均取得新的显著成绩，获得各级表彰。市局获2017年度全国工商和市场监管系统政务信息工作先进单位，2017年度企业年报公示率全省第一名并获得省局、市政府通报表扬，2017年度广告业统计工作填报率100%全省第一名获省局通报表扬；牵头企业开办便利度改革全省排名跃升粤东西北首位。2018年，韶关市工商局纵深推进商事制度改革，促进“大众创业、万众创新”。至2018年12月底，全市实有市场主体163128户〔其中内资（非私营）企业5929户，私营企业23515户，外商投资企业1208户，农民专业合作社3374户，个体工商户129102户〕，比上年末增加5899户，增长3.75%；2018年新登记市场主体30159户，其中企业6454户，同比分别增长13.53%和29.73%。全市共发出“多证合一、一照一码”营业执照48722份，发放电子营业执照2593张（其中1239张具备金融功能）。

【“马上办”服务模式改革推进】 2018年，市工商局在原有工商登记“马上办”的基础上实行“审核合一、一人通办、马上办好”改革，即全程均由同一登记人员负责各环节业务，把原有的名称预先核准、申请设立登记、受理、审查、核准、发照等6个环节，缩减为申请设立登记、“审核合一、一人通办、马上办好”（受理、审查、核准、发照）两个环节；同时，取消企业名称预先核准、下放冠市名企业名称核准登记权限、推广电子营业执照和全程电子化登记管理。通过改革，压缩内部工作程序，由窗口一线工作人员集中行使审批权。牵头推进全市“马上办”服务模

▲ 2018年3月21日，市工商局与中国农业银行韶关分行在韶关市碧桂园酒店联合举办全程电子化登记推广战略合作协议签约暨韶关农行电子营业执照首发仪式

（市工商局 供）

式改革，市直各部门申报事项总数达993项，申报率100%。其中，31个部门370个事项能“马上办好”，29个部门363个事项能“马上就办，大幅缩短时限”，27个部门260个事项能“马上就办，力争压缩时限”。省审计厅发布《关于全省2018年第二季度国家和省重大政策措施落实情况跟踪审计的报告》，对韶关推行“马上办”服务模式改革给予肯定，将其列入“审计发现的积极推进重大政策措施贯彻落实的好案例”。

【全省开办企业便利度排名成功晋位】 2018年，市工商局牵头起草《韶关市2018年提升企业开办便利度行动方案》并由市政府印发，方案确立把开办企业流程压缩为4个程序（办理营业执照、刻制公章、银行开户、初次申领税务发票）5个环节（“多证合一”商事登记，到印章刻制点刻制公章，人民银行开户许可，商业银行开立基本账户，初次申领税务发票），开办企业时间压缩至3.5个工作日。2018年韶关开办企业便利度在全省21个地级以上市排名从上年的第九名跃升至第六名，居粤东西北地区首位。

【助力市场主体做大做强】 截至2018年底，全市已办理个体工商户转型升级为企业158户，注册资本金28114.8万元。推行企业名称自主申报服务，全市共有3667户企业申请名称自主申报；登记托管企业12户，登记家庭农场1889户；“网上注册大厅”（含全程电子化商事登记管理系统）共受理11041笔网登业务。开展股权出质登记236宗，帮助企业担保融资156.6亿元；办理抵押登记240宗，抵押登记金额近20亿元。加快推进“证照分离”改革，激发创业创新活力。

【“双随机、一公开”监管】 2018年，市工商局制定印发《韶关市全面推行“双随机、一公开”监管工作实施方案》《韶关市跨部门“双随机、一公开”联合抽查工作细则》，初步建立起韶关“双随机、一公开”工作机制与信息支撑。联合发改、人社、税务等部门开展跨部门“双随机”抽查，按照“随机抽取，随机选派”“谁检查、谁反馈、谁填报、谁负责”的原则对144户市场主体进行实地检查，共涉及检查事项19项，检查未发现存在严重违法违规行为。牵头组织全市推进“双随机、一公开”监管工作电视电话会，推进事中事后监管体制改革，组织相关部门人员进行业务培训，加强对县（市、区）政府“双随机、一公开”监管工作的指导，在市政府门户网站集中公开市直有关部门的“抽查事项清单”。

【市场主体信息公示工作开展】 2018年，市工商局全市共计清理“僵尸户”企业848户。全市应报送2017年度年报企业25746户，年报率94.66%，同比增长4.82个百分点；应报送2017年度年报农民专业合作社3169户，年报率91.42%，同比增长3.1个百分点；应报送2017年度年报个体工商户111858户，年报率73.8%，同比增长2.31个百分点。韶关市企业年报率超额完成国家总局下达的公示率达85%以上和省局下达的“不低于去年”的工作要求，从上年全省排名十六跃升至全省首位。其中始兴县、南雄市、乳源瑶族自治县、仁化县、翁源县、新丰县等县（市）局工作主动靠前，取得较好成绩。做好海关管理企业“多报合一”年报改革宣传发动，全市567家应报送年报的海关管理企业已报547家。

【涉企信息归集共享与联合惩戒加强】 2018年，市工商局做好涉企信息归集，国家企业信用信息公示系统（与归集和监管平台数据共享）已归集工商部门以外的各级政府部门涉企信息29316条（其中行政许可信息24426条，行政处罚信息983条，抽查检查信息分别3445条，联合惩戒信息0条，小微企业享受扶持政策信息为462条）。

【经营异常名录管理制度落实】 2018年，全市列入经营异常名录的企业1664户，标记为经营异常状态的个体工商户31512户，农民专业合作社273户。改正违法行为后申请移出（取消）经营异常名录（标志）企业2665户，个体工商户34591户，农民专业合作社78户。633户已列入经营异常名录届满3年仍未履行相关义务的企业被列入严重违法失信名单。

【重点领域市场规范管理加强】 2018年，市工商局推动“守合同重信用”

企业公示活动，共公示2017年度广东省“守合同重信用”企业（含个体工商户及农民专业合作社）392户，同比增长34.7%。全市纳入信用分类监管市场共141个（其中A类市场20个，B类市场89个，C类市场19个，D类市场12个，未分类市场1个），共有3家市场被公示为“广东省文明诚信市场”。

【竞争执法工作加强】 2018年，市工商局深入推动公平竞争审查制度落实，按照“谁起草、谁负责”的原则整理相关文件7395份（其中需要进行公平竞争审查的文件72份，失效文件2949份）。保持打传规直高压态势，配合公安机关对“云联惠”特大网络传销案的查处，对韶关涉及的七、八级代理公司及联盟商家700多家企业开展执法检查，全年共接到70次直销企业活动报备并多次组织执法人员到现场监督，对非法组织直销员培训进行立案查处。应对民生关注，查处市民在韶关家园网投诉的某健身俱乐部。全市工商和市场监管系统共查处各类案件931宗，罚没金额193万元。查获侵犯“红牛”注册商标专用权饮料千箱，市值10多万元，查获一批涉嫌侵犯注册商标“SIEMENS”专用权的工业自动化产品、半成品、说明书、购货单据等物品，涉案金额418万元，移交公安机关彻查。牵头开展“国门利剑2018”联合专项行动，全市查处与打私有关的案件333宗，总案值628.06万元，销毁涉案冻品9批，共226.37吨。委托拍卖公司对2017年查获的走私鱼翅、鱼肚等共计77.01吨干货进行依法拍卖，通过公开竞价拍卖成交，向国库缴纳拍卖成交款1310万元。

【网络市场线上线下一体化监管】 2018年10月10日，市工商局牵头召开韶关市网络市场监管联席会议（第一次），部署联合开展韶关2018年度网络市场监管工作。联合市发改局等11个部门印发《韶关市2018网络市场监管专项行动（网剑行动）方案》，组织全市开展2018年网络市场监管专项行动。建立跨部门网络市场监管统筹协调机制，实现线上和线下监管工作同部署、同落实，提升一体化监管效能，购买《执法工作云》网络取证系统，以硬件资源和云技术为支撑，针对网络商品交易中的涉嫌违法行为，建成集线索发现、网络取证等功能为一体的网络商品交易执法服务，通过网上检查和实地核查，对辖区内网络经营主体进行梳理检查，核实销售商品及服务的网站（网店）和相关经营者等相关信息，并督促其进行网站备案和加贴电子标识链接。完善网络经营主体数据库，全市纳入数据库网络经营主体1844户，入库网站网店数1708个，向网络经营主体网站发放“红盾电子标识”228个，在网上巡查网站、网店14749个次，移除网站21个。

【广告市场监管加强】 2018年，市工商局贯彻落实市政府2018年其他营利性服务业指标任务，开展广告企业“深调研”工作。牵头召开韶关市2018年整治虚假违法广告联席会议并印发《韶关市整治虚假违法广告联席会议2018年工作要点》。打击虚假违法广告，重点开展互联网广告专项整治工作。加强对市属重点媒体的广告监测，共监测各类广告19259类条次，对发布涉嫌轻微违法广告的单位及时发出《关于停止发布涉嫌违法广告的函》，责成立即整改停播。

【消费维权工作推进】 2018年，市工商局加强重点商品质量监管。把310户建材经营户、158户电动车经营户列入定点监管对象，召开经营者约谈培训会议并引导签订《商品质量安全承诺书》。全市开展流通领域商品质量抽检560组（批次），监督总体不合格21批次，其中抽检水泥、钢材、电线电缆商品共60组，服装30组，成品油340组。联合教育部门对全市校服商品质量抽检60组，此项工作得到市政协委员及学生家长的好评。

推进放心消费环境建设 各级消委会共处理消费投诉、申诉共417宗，12315投诉举报机构受理咨询、投诉、举报等2488件，为消费者挽回经济损失合计499.64万元。举办“3·15”大型现场宣传咨询活动，为2017年度“行业十大”诚信单位代表、“消费维权之星”“诚信共建先进单位”“广东省文明诚信市场”颁证授匾，在南雄市、翁源县等地组织“赶集送法下乡”消费维权进农村活动。开展“走进10000号”消费体察入企业活动和互联网平台外卖消费体察评议活动。推进“诉转案”工作有新突破，2018年共办理12宗“诉转案”案件，其中工业园区分局办理的1宗案件在全省典型案件评审中获得唯一一个满分。

▲ 2018年6月26日，市工商局经检支队查获一起侵犯“红牛”注册商标专用权饮料案，图为检查现场 （市工商局 供）

【商标工作取得新进展】 2018年，市工商局牵头起草《韶关市深入实施商标品牌战略服务经济社会发展实施方案》并由市政府印发。商标注册总量持续增长，全市新增注册商标4072件，商标有效注册量达14375件。其中，乳源东阳光优艾希杰精箔有限公司的“HFF及图”注册商标被认定为驰名商标、乐昌市九峰镇果树专业技术协会的“乐昌黄金奈李”商标被核准注册为地理标志（证明商标）。仁化县石塘堆花米酒生产技术协会向国家知识产权商标局提交“仁化石塘堆花米酒”地理标志证明商标注册申请。

【市场监管机制】 2018年，市工商局建立由工商部门牵头的市场监管部门联席会议制度，加强对市场监管改革的统筹协调，健全完善部门协同、上下联动、有机衔接的工作机制。制定印发《韶关市关于落实国务院〈“十三五”市场监管规划〉和〈广东省市场监管现代化“十三五”规划〉主要任务分工的通知》《2018年贯彻落实国务院和省“十三五”市场监管规划主要目标和重点任务》。

【法治工商建设加强】 2018年，市工商局推进“两法衔接”工作，市本级行政处罚案件和涉嫌犯罪移送案件相关信息均录入业务平台，接受检察机关指导和监督。应对行政复议，受理行政复议案件2宗，听证申请1宗。组织普法考试、网络学法、专题讲座等干部普法和“3·15”“12·4”主题宣传活动。聘请两名律师担任法律顾问，并经省司法厅批准在市工商局设立岗位公职律师（现有2名在职公职律师），形成法律顾问、公职律师和本单位法规部门有机结合的专职法律队伍。做好“十统一”政务服务事项工作，把1076项政务服务事项输入广东省政务服务网。

【舆论宣传加强】 2018年，市工商局开展深化商事制度改革和其他工商工作专题宣传和连续性报道，《我市全面推行“马上办”服务模式取得实效马上就办马上办好》《“服务最优”：韶关“马上办”获省肯定省审计厅将其列为积极推进重大政策措施贯彻落实好案例》《“马上办”，彰显营商环境大提升——贯彻落实省委书记李希到韶关调研讲话精神综述之三》《【改革新语】市工商局：在改革创新中体现新担当新作为》等分别在各级新闻媒体主要版面刊发。与韶关电视台联合推出反映全市“马上办”服务模式改革成效的5集专题报道，社会反映热烈。中省媒体采用市工商局专题稿件13篇，市级主要媒体采用69篇；政务信息工作在国家工商总局信息专报点中保持良好成绩，共报送398条，采用90条；省局信息报送240条，采用13条；市委市政府信息、普刊、网站等采用74条。

【全市工商和市场监管系统“最美人物”表彰】 2018年11月21日，市工商局举行“韶关市工商和市场监管系统最美人物颁奖仪式”，表彰10位韶关市工商和市场监管系统“最美人物”。10位“最美人物”分别是卢薇（乳源瑶族自治县）、张贵双（翁源县）、张四平（始兴县）、方程（南雄市）、徐国文（曲江区）、廖丽娟（浈江区）、易新亮（园区分局）、黄俊坚（经检支队）、李晓容（市局机关）、汪江风（市局机关）。（林 珍）

质量技术监督管理

【概况】 2018年，市质监局机关设11个内设机构，分别是办公室、人事监察科、政策法规科、行政审批科、质量发展科、产品质量监管科、标准化科、计量科、锅炉压力容器安全监察科、特种机电设备安全监察科、稽查分局（市打击制售假冒伪劣商品违法行为办公室）。

【市政府重点质监工作落实】 2018年，市质监局推进省级液压件产业计量测试中心建设。标的额度为559万元的2批16台套仪器设备先后履行政府采购程序。会同韶关液压件厂有限公司、武汉科技大学机械自动化学院等单位分别向省质监局、市科技局申报3项科技项目，依托“产学研联动”推动项目技术支撑能力提升。依托标准化工作服务发展。帮扶南岭国家森林公园省级服务业标准体系试点项目通过终期验收，推进经律论旅游小镇国家服务业标准化试点项目。开展农业标准化示范区创建，提前实现新增4个省级项目落户韶关市的年度目标。

【质量强市战略】 2018年，韶关市品牌建设工作再上新台阶。全市共15家企业获2017年度省名牌产品（工业类）称号，其中新增产品11个，再创历史新高，同年推动18家企业20个产品申报省名牌产品。《韶关市政府质量奖评审管理办法》《韶关市首届政府质量奖评审工作实施方案》等文件先后经市政府审定印发，强化质量强市战略的制度保障。做好跟踪推动，惠及18家企业的360万元扶持奖励资金全部兑现。

【“两个安全”监管工作】 2018年，市质监局强化“两个安全”风险治理。深入开展特种设备安全风险隐患排查治理工作。全市监察机构共检查特种设备使用单位1403家，设备3490台（套）；查出一般事故隐患844项，严重事故隐患设备302台；发出安全监察指令书317份，查封设备16台，受理投诉举报50宗，开展特种设备应急演练23次。开展产品质量监督抽查。完成工业产品市级监督抽查154家182批次，合格176批次，不合格检出率3.6%。食品相关产品市级监督抽查16家企业16批次，合格16批次。通过强化风险排查治理和应急演练，保障特种设备和产品质量安全态势继续保持稳定。

【民生执法监管】 2018年，市质监局强化民生执法监管。依托市打假办推动全市各级政府落实打假责任制。全市共检查生产、经营单位90315家（次），捣毁窝点6个，立案367宗，查处大要

▲ 2018年1月3日，市委常委万卓培带队开展特种设备安全大检查

（市质监局　供）

案16宗，查处涉案货值1274.34万元，移送公安机关案件13宗，刑拘14人，批捕14人，净化市场营商环境，维护经济秩序。强化民生计量监管。开展市区内定量包装商品生产企业净含量和集贸批发市场衡器计量专项检查，检查企业18家，检查粮油、茶叶、水果3家大型集贸批发市场在用衡器计300余件；联合公安、环保等部门对机动车检验机构4家开展专项抽查，保障消费者的合法权益。

【政务服务优化】 2018年，市质监局落实《关于免征中央省设立的涉企行政事业性收费省级收入的通知》精神。该政策执行至2018年底，累计在产品质量监督抽查、特种设备检验检测、计量器具强制检定费等方面免征费用8000万元，减轻企业负担，产生社会影响。配合“一门式一网式”和“马上办”政务服务模式改革，优化行政审批流程，压减工作时限。截至年底，有4个项目实现马上办，办理环节减少优化2个，申请材料减少23项，办理时限压减30个工作日，提升行政审批效率。（柯　敏）

食品药品监管

【概况】 韶关市食品药品监督管理局为市人民政府工作部门，设12个内设机构：办公室、政策法规科（行政审批科）、综合协调科（应急管理办公室）、食品生产安全监管科、食品流通安全监管科、食品餐饮安全监管科、药品安全监管科、药品流通监管科、医疗器械安全监管科、保健食品化妆品监管科、人事科、稽查局，下辖市食品药品检验所（参公管理事业单位）。市食品药品监督管理局机关行政编制28名，行政专项执法编制28名，后勤服务人员数6名。2018年，韶关市食品药品监督管理局（简称“市食药监局”），坚持源头严防、过程严管、风险严控，开展各项工作，全市未发生较大及以上食品药品安全事件，食品药品安全水平总体平稳向好，促进食品药品产业发展。

【食品药品安全风险防控】 2018年，市食药监局采取市、县、镇三级联动和“一周一主题”方式，开展“春节前38天食品药品安全风险排查月”“上半年食品药品安全专项集中整治月”两次集中排查整治行动，检查生产经营单位6023家次，排查风险隐患数695个，下发责令整改通知书543份，约谈生产经营单位42家，清理无证生产经营单位10户，全市下架、查封扣押不合格食品药品涉及货值金额约215万元。开展疫苗流通使用安全专项检查，全覆盖检查疾控机构、接种单位143家，100%全覆盖，限期整改41家。实施食品药品生产经营风险分级分类管理，确定125家市级直接监管企业及其风险等级。推行“双随机一公开”监管模式，飞行检查106家食品药品生产经营单位，公开检查信息77条。完成食品风险监测抽样640批次，收到药品不良反应报告2299例、医疗器械不良反应事件846例、化妆品不良反应报告155例。加强食品药品安全应急管理，举办2018年广东省食品药品安全示范性应急演练暨韶关（乐昌）粤湘边界食品安全事故（Ⅲ级）应急演练。加强春夏季有毒植物食物中毒

▲ 2018年1月17日，副市长陈磊（右四）带队开展38天春节期间食品药品安全风险排查整治，现场检查酒类生产企业生产车间

（何立坚　摄）

▲2018年12月23日，韶关市文明餐桌公约发布暨放心餐馆、放心药店、明厨亮灶工作总结会在韶关市举行（何立坚 摄）

防控工作，制定印发《韶关市防控有毒植物食物中毒宣传引导工作方案》。

【食品药品市场整治】 2018年，市食药监局印发《韶关市落实食品安全党政同责的实施意见》，明确各级党委政府食品安全领导责任和行政责任。开展春秋季学校校园及周边食品安全、农村食品安全、养老机构食堂食品安全、旅游景区及周边餐饮单位食品安全、酒类产品质量安全、食品保健食品欺诈和虚假宣传、米面制品、淀粉及其制品、打击整治食品药品违法犯罪“春雷行动”、打击“四品”非法添加违法犯罪等专项行动。强化行刑衔接，与市检察院建立食药监管领域行政检察监督协作配合机制，打击食品药品违法犯罪活动，全市共立案694宗，结案691宗，移送司法机关案件19宗。2018年，市食药监局完成食品、食用农产品监督抽检9005批次，食品检验量达到3批次/千人常住人口。完成药品799批次、保健食品70批次、化妆品110批次、医疗器械54批次的抽检任务。开展50家农贸市场食用农产品快检，快检农贸市场经营户1679家，快检蔬菜水产品畜禽肉蛋类18.5万批次，合格率99.62%，销毁处理快检不合格产品3285公斤。

【食品药品亮点工程】 2018年，市食药监局推进“文明餐桌”示范活动和文明诚信实践活动，评选210家“放心餐馆”、64家“放心药店”、80家文明餐桌示范单位和100名文明服务员。推进市政府民生实事项目“明厨亮灶”工程建设，全市建成1693家“明厨亮灶”单位。开展食品安全示范街创建工作，全市累计成功创建7条省级食品安全示范街；推进餐饮服务食品安全量化分级管理工作，评定8212家餐饮单位食品安全量化等级，量化分级率达98.5%。利用网络订餐智慧监管系统规范入网餐饮单位经营行为，入网餐饮服务经营者持证率、公示率达98%以上。推广使用“智慧食药监”许可信息、日常监管、稽查执法、抽样检验4个子系统，通过“智慧食药监”平台受理行政许可事项10140件，检查“四品一械”生产经营单位11204家次，稽查办结案件279宗，抽样2017批次。

【食品药品产业发展推动】 2018年，市食药监局印发《韶关市医药健康产业发展规划》，明确韶关市打造“一中心一基地”的医药健康产业发展定位。推进乳源东阳光药业一类新药莱洛替尼和英利替尼产业化、抗丙肝类原料药及注射剂生产线技术改造、利民制药厂袋装参芪扶正注射液技术改造、深圳萱嘉生物功能性食品化妆品产学研基地等重点项目建设，完成投资28762万元。开展招商引资工作，组织承办2018年韶关大健康新材料创新发展论坛，走访省内大型医药企业30家，举办2018韶关医药健康产业招商引资推介会，东阳光集团“158”战略合作项目等6个项目现场签约，东阳光集团药物研发乳源中试基地揭牌。推动餐饮业经济发展，成立5个挂点联系工作组对接各县（市、区）共同推进餐饮业经济发展工作，餐饮业经营收入增长7.8%，增加值增长4.3%，新增限上餐饮企业13家。深化“放管服”，推行“马上办”服务模式，市局当场办结行政审批项目达16项，全部公共服务事项均压缩为当场办结，承诺办理总时限为123个工作日，比法定时限减少311个工作日，办理时限总提速率达72%以上，行政许可办理时限均压缩在10个工作日以内。

【食品药品安全社会共治】 2018年，市食药监局开展食品药品安全知识“进社区、进学校、进企业、进农村”“食品安全宣传周”“药品安全宣传月”等品牌宣传活动，营造全社会共同维护的良好氛围。组织策划风险隐患排查整治系列、重要节假日食品药品安全保障、春秋季学校及周边食品安全、明厨亮灶、“放心餐馆、放心药店”评选、创文攻坚等30个专题宣传报道活动，中央、省级、市级媒体重点报道100篇。开展新闻媒体走基层活动，农村集体聚餐食品安全监管网络直播当天吸引全国各地55万人次观看。优化自媒体建设，发布微信文章1000篇，总阅读量达28万人次。推进市级食品药品科普宣传教育基地提档升级，2个创建省级科普基地单位通过验收。（蓝丽华）

市场价格反垄断和专利管理

【概况】 价格检查局原为市发展和改革局的内设科室，正科级，行政编制在编人员6名。主要负责价格行政执法、监督检查工作。2018年，价格检查局疏导价格矛盾，整顿和规范市场价格秩序。韶关市知识产权局挂牌在韶关市科学技术局，与韶关市科学技术局合署办公，设知识产权管理科，行政编制3名。知识产权管理科主要负责知识产权战略的实施、知识产权管理等。2018年，韶关市知识产权工作抓住知识产权宣传培训、企业知识产权工作、知识产权贯标、知识产权保护等方面重点，推动知识产权工作迈上新台阶，全市知识产权创造、保护、运用、管理能力不断增强，全市专利申请的数量和质量明显提升，结构优化，为创新驱动发展提供支撑。

【市场价格检查巡查】 2018年，价格检查局围绕价格及收费问题开展市场价格监管工作。重点开展韶关市“春节”“清明”和“中秋国庆”等重大节假日的价格检查和巡查工作，重点检查辖区内殡葬行业的商品和服务明码标价情况，打击价格欺诈等行为。

【公平竞争审查制度建设】 2018年，价格检查局牵头推进韶关市公平竞争审查制度建设工作，会同市财政局、市商务局、市工商局、市法制局研究制定《韶关市2018年清理现行排除限制竞争政策措施工作方案》，并经市政府审定后印发。通过召开联席会议、督促检查、实地走访、上门培训、印发通知等多种方式，推进韶关市公平竞争审查工作，取得一定的工作成效：实现市、县两级公平竞争审查工作部门间联席会议制度的全覆盖；市有关部门均建立公平竞争审查内部审查制度，并开展增量文件的审查工作。存量文件清理工作取得较大成效，共清理以市政府及其办公室名义出台的文件数量为1067份，市所属部门出台的文件数量370份；共清理以县政府及其办公室名义出台的文件数量为185份，县所属部门出台的文件数量2227份。

【价格专项检查】 2018年，价格检查局开展各类专项检查，主要开展生猪屠宰、烟酒市场价格、邮政EMS收费、城市供水供气电信领域、涉企收费、电网企业及转供电环节电价执行等方面的专项检查工作，重点检查经营者是否执行国家价费政策及是否存在价格违法行为。通过各专项检查工作，纠正一些违规收费行为，全市直接向企业退费金额为101.1万元，为企业单位减负金额约为2000多万元。

【价格投诉举报】 2018年，价格检查局投诉举报案件受理以“12358”价格举报平台和“12345”综合受理平台为窗口，解决涉及价费方面的咨询和投诉，重大节假日期间，坚持实行轮值制，做到事事有回音，件件有结果。共受理价格投诉、举报各类案件31宗，处理答复31宗，办结率100%。

【知识产权创造】 2018年，市知识产权局围绕强化知识产权创造和运用，引导和鼓励企业和发明人申请专利，提高全社会知识产权保护意识。出台相关政策，营造倡导创新的良好环境。2月1日，出台专利资助办法和专利资助办法实施细则。受理、汇总、审核第一批专利资助。尽早谋划推进全年专利申请和授权量增长的主动权。年初，下达各县（市、区）专利申请建议指标；深入全市各工业企业、园区，推动企业开展技术创新和专利申请。专利申请和授权量提升：2018年，全市专利申请量7340件（列全省第十二位，比上年上升六位），同比增长106.7%，增长率排全省第一；专利授权量3808件（列全省第十四位，比上年上升五位），同比增长156.26%，增长率排全省第二。万人发明专利拥有量（件）增长19.2%（2.03上升到2.42）。

【知识产权宣传培训】 2018年3月15日，市知识产权局结合纪念“3·15国际消费者权益日”，在百年东街广场举行2018年“正版正货承诺”活动授牌仪式。全市共7家企业被授予2018年“正版正货承诺”活动牌匾。4月25日，在韶关学院举办2018年知识产权暨科技进步宣传周系列宣传活动启动仪式。活动向学校师生派发知识产权宣传资料800多份，现场设置无人机、机器人等科技创新展示区。全年开办两期知识产权金融培训班。推进企业知识产权质押登记，建立知识产权与科技、金融机构、中介服务机构为企业开展知识产权融资的工作机制，全年完成知识产权质押融资贷款3500万元，有4家企业正在办理专利质押登记手续。

【知识产权保护】 2018年，市知识产权局开展“4·26”知识产权专项执

▲2018年9月28日，国家市场监督管理总局督导组稽小灵一行对韶关市落实商品房销售市场明码标价等工作进行督导 （市发改局 供）

▲2018年4月25日，在韶关学院举办2018年知识产权暨科技进步宣传周系列宣传活动启动仪式 （市知识产权局 供）

法行动，立案查处专利纠纷侵权案1宗，假冒专利案3宗。组织执法人员参加两期广交会驻会知识产权执法（35件），实现专利执法案件量翻番，达39件（2017年执法案件9件）。韶关市知识产权局建立市知识产权保护重点企业库。开展第二批韶关市知识产权保护重点企业申报工作，认定10家企业进入市知识产权保护重点企业库。建立“双随机一公开”工作台账，制定“双随机一公开”工作方案，完善事中事后监管机制，营造法治化便利化的营商环境和公平竞争的市场环境。

【知识产权试点示范】 2018年，市知识产权局韶关市贝瑞过滤科技有限公司的“梯度多层复合结构粉末烧结滤芯及其生产方法”和乳源东阳光优艾希杰精箔有限公司的“一种电解电容器低压阳极用铝箔及其制造方法”两个专利项目获得第二十届中国专利优秀奖。组织南雄市、仁化县申报国家知识产权试点县（市、区）。乳源东阳光机械有限公司被认定为省级知识产权优势企业。全市拥有国家级知识产权试点县（区）2个、省级知识产权试点县（区）4个、国家级知识产权优势企业2家、省级知识产权优势企业14家、省级知识产权试点事业单位2个、省知识产权战略试点企业1家、广东省知识产权示范企业2家。

【专利技术产业化】 2018年，市知识产权局开展专利技术实施计划项目申报工作，共有22家企业申报，经委托第三方机构——广东省生产力促进中心组织专家评审，确定2018年韶关市专利技术实施计划项目5项，共75万元。

【知识产权贯标工作】 2018年，市知识产权局推进韶关市企业《企业知识产权管理规范》（GB/T29490—2013）国家标准认证培育工作。新增10家企业列入贯标培育企业，其中7家企业通过贯标认证。韶关市有9家企业通过知识产权管理国标认证。 （冯瑞麟）

自然资源管理

【概况】 2018年，市国土资源局推进国土资源管理各项工作，保障发展，保护资源，服务民生，推进改革，完成年度目标任务，各项工作取得较好成绩。消化批而未供土地工作、“三旧”改造、水田垦造工作、农村土地拆旧复垦工作、完成省下达的矿山石场复绿任务、韶关市不动产工作走在全省前列。成功入围全国山水林田湖草生态保护修复工程项目试点。地质灾害防治成效是近三年最好的一年。存在的问题有：用地指标紧缺；批而未供土地数量仍然较多。因政府原因导致的闲置土地数量比例仍然较高。各地消化批而供和处置闲置用地的压力较大；部分地区卫片违法用地案件查处进度缓慢，行政处罚内容落实不到位。

【土地规划】 2018年，市国土资源局服务项目建设。对建设项目选址提供规划审查意见，引导企业依法依规用地。做好重点项目涉及的土地利用总体规划修改。主要完成关于对仁化县丹霞街道土地利用总体规划有条件建设区使用方案的批复；办理35千伏坪石北输变电工程项目、35千伏古月输变电工程项目、220千伏尖峰输变电工程项目、省道S342线南雄市区过境段改建工程项目、粤北天然气主干管网韶关——广州干线项目、韶关市新白线公路（乐广高速白土出口至京港澳高速韶关出口连接线）、国道G106线曲江林场至沙溪段改建工程项目、省道S248线乐昌城区至长来中学段改建工程项目、新疆煤制气外输管道工程一期（潜江——韶关段）的用地预审。建立土地利用年度计划管理工作会议制度和年度计划指标竞争性配置机制。做好全市用地报批项目的用地指标审查、耕地占补平衡审查、耕地储备指标管理等工作。

【土地利用】 2018年，市国土资源局承接省下放的13项国土资源职权，完善各项办理程序，加快项目用地报批等事项审批速度。将15个事项纳入“马上办”事项目录，实行即来即办。做好重点项目涉及的土地利用总体规划修改，建立土地利用年度计划管理工作会议制度和年度计划指标竞争性配置机制。完成国有土地利用情况摸查工作，组织各县（市、区）完成全市国有土地利用数据标图建库和专项调研。全年实际利用和盘活使用用地指标823.87公顷，其中，省支持粤东西北帮扶指标184.47公顷，通过竞争及使用省指标用地493.8公顷，往年重点项目补回55.67公顷，组织开展增存挂钩使用50.4公顷，利用增减挂钩使用指标39.53公顷。上报广东省自然资源厅或韶关市人民政府审批共89宗用地材料，取得批复48宗（含往年上报的批次），涉及用地568.4公顷，解决东环线、市区市政道路；大布、梓杉坳等风电场；黄金小镇、智慧小镇、中古坑健康小镇、大南华、丹霞新城、雪山氧吧、心泉谷等省市重点项目的用地问题；缓解码头工业园、华南装备园等园区项目等地的压力。继续推进“三旧”改造，全年新增“三旧”改造项目235.27公顷，超额完成省任务141.93公顷；完成改造项目167.93公顷，超额101.27公顷，完成率在全省排第一。开展增减挂钩取得用地周转指标114.6多公顷。对历史以来的征地资料进行清理、摸排，完成征用农村集体土地数据库的建设工作，实现市区征地资料相对统一的数字化管理。

【土地供应】 2018年，市国土资源局加快重点项目土地供应，合理加大供地，优化供地结构。全年市本级供应土地366.13公顷，收取出让金27.08亿元。加强土地供后监管。召开全市清理处置低效闲置用地工作现场会，通过“增存挂钩”等方式盘活存量用地395.2公顷。闲置土地清理处置工作达到省政府考核要求，消化批而未供土地工作居全省前列，其中2013—2017年全市平均供地率为70.43%，位于全省前列，2007—2017年批而未供土地“去库存”100%完成省下达分解任务（220公顷），是全省第一个完成的市。

【耕地保护】 2018年，市国土资源局开展耕地保护工作。2017年度耕地保护目标责任履行情况于6月通过省政府考核。继续抓好高标准农田建设，完成省下达的年度建设任务。开展增减挂钩取得用地周转指标114.60公顷，推进农村拆旧复垦，验收8.14公顷。在全市推进水田垦造工作，并走在全省前列。省下达韶关市水田垦造任务共不少于1160.33公顷，韶关市施工进度较快并一直位居全省前列，在全省工作推进会上作经验介绍。韶关市自行垦造项目施工进度全省排名第一，省建工集团在韶关市垦造项目施工进度全省排名第三。截至2018年12月底，全市所有49个项目全部竣工，计划新增水田面积1600公顷，超额完成省自然资源厅下达韶关市的目标任务。通过市级验收项目22个，新增水田面积452公顷。首个省试点南雄市古田村项目近千亩水田喜迎丰收，村民通过领分红、收租金和务工等方式，获得近百万元收益。垦造水田结合美丽乡村建设，古驿道修复等，发挥重要作用。推进农村土地拆旧复垦工作，并走在全省前列。省下达韶关市80公顷目标，韶关市将目标增加为133.33公顷，各县（市、区）实施项目74个，面积171.62公顷。韶关市拆旧复垦工作走在全省前列，在全省工作推进会议上作经验介绍。

【矿产资源管理】 2018年，韶关市成功入围全国山水林田湖草生态保护修复工程项目试点省市之一。市国土资源局作为牵头单位之一，历经方案评审、专家现场考察、陈述答辩等环节。8月27日，获得省内评审最高分成为广东省唯一代表申报国家工程试点。10月23日，由省、市组成的答辩组经过陈述答辩，最终从全国20个竞选省市中脱颖而出，成为全国山水林田湖草生态保护修复工程项目试点地区，获得中央财政补助资金20亿元，省配套32.65亿元，项目总投资达到97.11亿元。经广东省国土资源厅批准和韶关市人民政府同意，《韶关市矿产资源总体规划（2016—2020年）》于5月印发实施。对《韶关市矿产资源开发管理规定》进行修改完善。开展市区采石场扬尘专项整治。完成省下达的矿山石场复绿任务，落实任务数排全省第二。到2020年底，韶关市计划建成25家绿色矿山。截至2018年，韶关市已建成绿色矿山18家（其中，2018年建成9家）。

【地籍管理】 2018年，市国土资源局完成全市农村地籍调查工作，完成对各县（市、区）农村地籍调查内业成果的市级验收和全市278个省定贫困村农村地籍调查成果的汇交工作。第三次全国国土调查步入正轨。各县（市、区）调查经费全部落实，年内完成招投标工作，部分县（市、区）开展内外业工作。推进市、县使用2000国家大地坐标系工作。市本级不动产登记整合“交易、纳税、登记”服务，推出不动产“一站式”“一窗式”服务、虚拟窗口便民服务点等，实现抵押登记3个工作日、其他登记类型5个工作日内办结的大提速。2018年1至10月发证量共194842宗。韶关市不动产工作走在全省前列，在全省工作会议上作经验介绍。

【土地矿山卫片执法】 2018年6月，韶关市通过省政府组织的2017年度卫片执法检查工作的验收，乐昌市获省执法监察一等奖。提请市政府对违法用地量大、查处整改进度缓慢的县、乡镇及工业园进行警示约谈，通过定期通报、建立在建重点工程违法用地整改台账，消除违法状态。开展扫黑除恶专项斗争。韶关市国土资源系统共摸排疑似涉黑涉恶线索103条，涉及非法采矿线索60条，土地违法案件31条，其他综合问题线索3条。全市公安机关共立涉矿产资源案件33宗，刑拘74人，逮捕27人。

【地质灾害防治】 2018年，市国土资源局开展地灾防治和矿山地质环境治理，开展汛前、汛期地质灾害防治督导检查和校园、古驿道及周边等的隐患点排查。新增地质灾害7起，造成直接经济损失71万元，无人员伤亡。全市在册地质灾害隐患点454处，共投入资金达4000多万元，实施地质灾害隐患点治理项目50余个，争取省级地质灾害防治专项资金1963万元。其中，投入地质灾害防治搬迁补助资金350万元对武江区重阳镇妙联村委观音山村开展整村搬迁治理。完成搬迁项目的地质灾害危险性评估、土地利用总体规划调整、搬迁选址及征地、新村总体规划和搬迁新址土地平整等工作。解决征地历史遗留问题。其中，原楠枫雅居安置地块的市政配套设施建设工程这一长达16年的历史遗留问题得到解决。（莫新生）

【城市规划】 2018年，市城乡规划局优化深化城市总体规划。研究粤北生态特别保护区范围划定、城镇开发边界划定工作，统筹永久基本农田、生态保护红线，将最新研究纳入《韶关市城市总体规划（2015—2035）》中，完善总规成果后报省住建厅备案。启动《新时代韶关城市新战略与路径研究》《韶关市东部片区规划研究》编制工作。实现中心城区控规“一张图”。开展芙蓉新城控规提质工作，深化控规整合，浈江区、武江区两个区控规100%全覆盖；自1月接管曲江区规划工作，启动曲江控规空白区域的编制工作，完成华南先进装备园、大南华片区、韶钢片区控规，组织编制并完成曲江城东、城南、旧城和城北（十六冶）片区控规中期成果，曲江片区控规编制实现全覆盖。城市设计管理体系逐步健全。加大城市设计力度，按总体、区域、片区、节点等层级，完善城市设计管理体系。组织编制《韶关市整体城市设计》《三江六岸城市设计》，建立分区控制指引，提出规划建设要点，统领中心城区风貌与特色规划；深化芙蓉新城南部片区、老城区“三江口”、韶州公园片区城市设计；编制完成韶州公园、芙蓉山公园、林桥公园三大公园及韶州文化广场、滨江体育公园等重点区域规划方案，打造市民休闲娱乐生态的公共空间。组织编制《禅意大道景观整治改造规划》《大南华地区禅意文化研究与规划提升》《曹溪广场及曹溪河两岸环境整治》及10个重要交通节点整治提升规划，3条样板路完成街区整治和户外广告指引，推进旧城改造更新。专项规划编制研究持续深入。编制完成《韶关市综合管廊规划》，指导百旺路、5号路综合管廊建设工作；组织编制《韶关市中心城区道路交通改善规划》，制定交通改善规划方案和实施计划，提高城市交通服务品质；组织开展芙蓉新城水系规划、市政专项规划、道路交通详细规划等多个专项规划修编工作，不断优化芙蓉新城规划。

【城市提升工作推进】 2018年，市城乡规划局贯彻落实市委、市政府关于城市提升工作“533”（即围绕小岛片区、韶州公园片区、芙蓉山片区、芙蓉新城片区、曲江片区“五大片区”求突破，在控制性工程、骨干性工程和配套性工程“三大工程”上发力，在征拆补偿平衡、新旧城市功能平衡和资金投入产出平衡等“三个平衡”上出实招）系统整体性思路，基于城市总体规划和城市近期建设规划，开展城市中心城区整体布局和片区功能定位专题研究，找准城市提升短板和抓手，重点研究土规、林规不符及征拆、资金投入等问题，会同市提升办拟定2018年城市提升项目实施计划。组织编制完成《惠民路断面改造提升工程规划设计方案》《凤凰路景观提升规划设计方案》等17个项目的规划方案，完成《芙蓉大道北高架工程（原芙蓉北一路高架）初步设计》《朝阳路（移山路至五里亭桥）断面提升改造工程前期初步设计》等7个初步设计，完成韶关市佛教文化交流中心大型客车停车场、市一医、市新消防指挥中心、市机关一幼改造、南沙实验学校、西联村安置房工程建设项目、浈江区府管村经济发展用地等项目规划设计审查工作。提炼制定老旧小区改造规划指引。重点做好市5个老旧小区改造试点规划研究工作，研究制定《韶关市区老旧小区改造建设项目分类指引及改造标准实施方案（试行）》《老旧小区改造方案编制及办事流程（试行）》和《关于规划师、建筑师等志愿者为老旧小区改造进行专业指导的实施方案》，提炼出韶关老旧小区改造规划指引，加快韶关市老旧小区改造的建设步伐。为公共设施建立规划选址库。梳理市区政府公共空间资源中闲置用地、闲置建筑及不良资产用地，建立公共设施规划选址库，为建设小绿地、小广场及公共设施寻找空间。创新引进智能立体停车场。与广东省静态交通协会沟通，引入智能停车管理系统，开展市区智能停车管理规划研究，选出6个地块建设智能停车场，研究制定市区立体停车建设方案，移交市提升办推进建设，缓解城区停车难问题。

【规划管理技术】 2018年，市城乡规划局不断提升规划审批服务。落实“放管服”，运用规划信息管理平台，推行网上办事。改革审批模式，推进并联审批和容承容缺受理机制，制定《韶关市工程建设项目规划审批制度改革工作实施方案》，提升审批效率。全年征收城市基础设施配套费近3.26亿元。完成出具规划设计条件58宗，办理建设用地规划许可证72宗；建设项目工程规划许可479宗；修规审查116宗，建筑方案审查479宗。完成人大建议12件，政协提案25件。办理建设工程规划条件核实81宗，验收282栋建筑物和地下室；共做出违法建筑认定913宗。完成全市域共1258个疑似违法的审核和上报工作。快速提升曲江片区规划工作。成立曲江分局，梳理曲江规划存在的问题，加大规划编制力度，规范规划审批程序，加快项目审批效率，为曲江区政府统收城市基础设施配套费5400万元。加强城市规划技术标准建设。组织修订《韶关市城市规划管理技术规定》，编制《韶关市城市设计导则》。推进容积率计算规则、城市基础设施配套费、市区私房建设规划管理办法等政府规章及规范性文件修订编制工作。组织研究《关于规范市区范围国有土地使用权出让及建设用地规划管理若干问题的通知》和《韶关市建设工程规划批后监督管理办法》，细化内部管理。规划信息化和技术力量提升。市规划院引进人才，技术力量和水平提升，多个项目获得省、市规划设计奖。市测绘院筹建韶关市工程技术研究开发中心，自主开发“测绘研究院内业工具软件”“测绘研究院管线成图处理软件”5个软件获得国家版权局颁发的计算机软件著作权证书，组建无人机航测数据处理集群系统，探索专题数据建设与服务标准建设，建立一站式测绘服务，综合实力增强，成为韶关最具权威的地形测绘单位。市信息中心建立市区“多规合一”信息平台，重点推进协调机制建设、多规成果数据和数据标准的更新与完善。

【镇村规划滞后现状扭转】 2018年，市城乡规划局统筹推进新一轮县（市）城市总体规划修编。除仁化县外，其余县（市）均已基本完成。统筹推进各县（市）“多规合一”。指导督促各县市组织编制规划期至2035年城市总体规划工作，乐昌市、南雄市、乳源瑶族自治县已完成新版总规报批工作；始兴县、翁源县修编工作完成，待市政府审议；新丰县新版总规正在成果编制阶段。仁化县推进相对缓慢，还在开展修编的前期工作。统筹推进乡村规划编制，采取整县推动乡村规划编制工作方式，组织专家服务技术团，督导规划编制，提升规划编制质量。编制完成7900多个自然村规划，村庄规划覆盖率由2017年30%提升至80%。统筹推进乡镇（镇街）整治提升工作，推进“139”行动。市城乡规划局起草的《韶关市乡镇（镇街）提升五年行动计划实施方案》推进首期20个试点镇镇街提升工作，获省住建厅转发各地市推广。举办乡镇（镇街）提升规划设计大赛，力争至2022年实现全部乡镇（镇街）大提升。统筹推进“大丹霞”“大南华”旅游景区规划工作。完成大南华控制性详细规划，启动曹溪小镇规划工作，完成大南华“两院”、曹溪河、禅意大道、南门广场、一期安置区等建设项目规划选址。深化大丹霞景区研究，完成《“大丹霞”旅游度假规划》，谋划“大丹霞”旅游度假开发策略和路径；组织编制《丹霞山南门建设》。

【城建档案管理】 2018年，韶关市城建档案馆馆藏档案实现“存量数字化、增量电子化、检索自动化”。馆藏纸质档案总量达到60007卷，电子档案光盘779张，声像档案光盘2427张，照片档案1421卷112044张。共完成183个项目的拍摄任务，形成照片4902张，视频时长13582秒。韶城建设及面貌影像资料工作形成照片13355张，视频时长169735秒。

【项目测绘】 2018年2月，市测绘院正式更名为韶关市测绘研究院。2018年，市测绘研究院完成各类市场及工程测绘业务1420项。向市城乡规划局提供基础测绘服务38项，测绘面积达32平方千米；无人机倾斜摄影测量70项，面积约63平方千米；控制测量79项，共计260个点；规划定桩267个；规划道路测量16千米。为政府部门、企事业单位提供数据服务，发放光盘839份，图纸208份，编制专题影像挂图42幅。“韶关市测绘院地理信息一张图管理软件”等5个软件获得国家版权局登记计算机软件著作权专利登记，“地形图绘制”及“工程勘测服务”两个项目获得广东省高新技术企业协会评定的“广东省高新技术产品”。

【城市规划展示馆】 2018年，完善城市规划展示馆的展板改造，对展板内容进行优化及增加英文翻译内容；完成室外环境提升宣传影片制作等。接待团体参观91个5144人次，接待市民参观总人数7811余人次，接待总人数1.3万人，是2017年度接待总人数的3倍。

【历史文化名城申报】 2018年，韶关市申报国家历史文化名城工作实施方案（2019—2021年）获印发实施。提交广富新街及升平路历史文化街区、白土镇历史文化街区申报材料。编制完成《韶关市冶炼厂历史文化街区保护规划》《韶关市曲江区乌石历史文化街区保护规划》。启动《韶关历史文化名城保护规划》修编。开展全市第三批历史建筑挂牌工作。推进韶关市省级历史文化名城保护工作评估和开展2019年度历史建筑保护利用工作，配合省住建厅开展韶关市历史建筑三维测绘工作，协调各县（市、区）相关部门开展实地测绘。

（周欣凯）

审 计

【概况】 2018年，韶关市审计局配备领导职数5名（其中局长1名、副局长3名、总审计师1名），在职人员共有63人，其中公务员40名，后勤服务人员5名，审计助理16名，行政辅助人员2名；中共党员40人，共青团员14人，群众5人；研究生5名，本科学历50人，大专及以下学历8人；具有高级职称人员3人，中级职称人员19人，初级职称人员15人，合计37人，占总人数的58.7%；行政人员16人，占总人数25.4%，业务人员47人，占总人数74.6%。全年全市审计机关完成审计项目208个，共查出非金额计量问题903个；查出问题金额85.89亿元，其中违规问题金额11.81亿元，损失浪费问题金额50万元，侵害人民群众利益问题金额547万元，为国家增收节支1.75亿元，审计促进整改落实有关金额2.26亿元。移送司法、纪检监察和有关部门处理事项31件。全市审计机关共出具审计报告296份。向被审计单位或有关单位提出审计建议705条，被采纳627条，占提交建议总数的88.93%；向市政府提交专题报告24份，其中得到市委、市政府主要领导批示19份。全市审计工作存在的问题：审计结果运用薄弱；审计整改力度不够，屡审屡犯问题突出；审计覆盖面的广度深度不够；内部审计工作的规范化水平不高；审计人员的能力素质与新形势新要求还有差距等。10月1日，韶关市审计局被中国时代经济出版社、《中国审计》编辑部评为2018年度审计通联宣传工作先进单位。12月，《韶关市机构改革方案》出台，韶关市组建市委审计委员会，作为市委议事协调机构；优化市审计局的职责，将市发改局的重大项目稽查职责、市财政局的本级预算执行和其他财政收支的监督检查职责、市政府国资委的国有企业领导干部经济责任

▲2018年12月10日，省审计厅党组书记、厅长卢荣春（右三）赴韶关调研审计机关机构改革工作，市长殷焕明（右四）出席　（姚炯华　摄）

审计和国有企业监事会职责划入市审计局。12月，韶关市审计局开展庆祝改革开放40周年和审计机关成立35周年党日专题系列活动。

【全国全省全市审计工作“一盘棋”】2018年，市审计局做好审计署和省审计厅统一组织开展的地方政府性债务审计、精准扶贫审计、县级党政主要领导经济责任异地同步审计、“放管服”审计调查、基础教育投入审计等项目。抽调市本级审计人员32人次参与上级审计机关组织的审计项目，县一级共抽调审计人员88人次参与上级审计机关组织的审计项目。9月，韶关市审计局首次组织开展2018年度全市审计机关审计统计汇审活动，省审计厅计划综合处进行业务指导。

【重大决策部署落实情况跟踪审计】2018年，市审计局突出打好“三大攻坚战”，围绕防范化解重大风险，2017年主动部署开展投融资改革落实情况审计调查和债务审计，对韶关市在实施PPP模式和政府采购模式等进行融资建设存在的问题进行剖析并提前预警；韶关市共组织5次精准扶贫精准脱贫跟踪审计。5月，结合扶贫领域纪律作风专项整治，开展精准扶贫、农村人居环境整治、新农村建设“三合一”跟踪审计；组织开展对环保系统的全覆盖审计、翁源县森林及矿产资源开发利用和节约管理情况调查及翁城镇党政主要领导干部自然资源资产离任审计。在市本级2018年56项审计项目中，其中18项是在研究市委市政府重大决策部署、研究书记和市长最为关注的重大事项后主动安排的。市本级审计查出问题金额28.04亿元，非金额计量问题314个，移送事项26件，提出审计建议142条，审计促进整改落实有关金额2.23亿元，促进拨付资金到位5.61亿元，向市政府提交专题报告24份，其中19份得到市委、市政府主要领导的重要批示。持续开展对重点产业园莞韶园（含两片区）、华南先进装备产业园、供给侧结构性改革、重大基础设施建设、创新驱动、对口帮扶等的跟踪审计；持续开展芙蓉新城“三年基本成城”跟踪审计、城市提升三年行动计划交通节点情况跟踪审计、城管系统事权财权匹配专项审计调查；围绕“放管服”改革、优化营商环境、国有企业改革发展情况开展审计。

【财政资金审计】2018年，韶关市审计局利用大数据等新型审计手段，对财政预算执行情况进行审计，构建“横向到边、纵向到底”财政审计监督大格局，加强对财政运行全过程跟踪，检查财政资金管理使用和政策执行情况，加大财政资金绩效审计力度，从体制机制制度层面揭示财政预算执行存在的问题，推动实施预算绩效管理。不断深化对财政预算执行绩效的审计监督，挖掘出财政存量资金盘活不彻底、财政资金统筹不到位、财政收入征管不及时等方面问题，客观分析原因，提出可行性建议。

【经济责任审计】2018年，全市完成经济责任审计项目87个，审计经济责任人88人。通过审计，共查出管理不规范金额3.92亿元，查出违规金额1488万元。针对财经制度执行不到位及管理不规范等问题，提出审计建议275条，被采纳230条。向纪检监察机关移送违纪违规事项5项，移交其他部门数量1项。

【底线民生审计】2018年，韶关市审计局围绕“三大重点”民生工作，持续开展扶贫攻坚审计、卫生强市创建和教育现代化相关政策落实和资金使用管理情况的审计。围绕完善社会保障体系、基本公共就业创业服务制度和覆盖城乡的公共就业创业服务体系、深化社保制度改革、完善基本医疗保险制度和大病医保制度、完善住房保障制度等民生事项安排重点，开展审计。2017年新丰练溪事件后，主动谋划，通过上审下、同级审、异地交叉审等方式，组织全市审计机关开展对全市民政系统全覆盖审计、残联财务收支审计，审计发现履职不到位、侵害群众利益等重大违纪违法问题线索，揭露民生政策落实不到位、专项资金使用效益不高、资金沉淀和损失浪费等问题，提出针对性审计意见和建议，促进民生资金的规范使用。

【国有企业审计】2018年，韶关市审计局完成对韶关市工贸资产经营有限公司2017年资产负债损益审计，揭露企业资产负债损益的真实性、完整性和合法性及国有企业资产保值增值的情况。完成对丹霞山管理委员会及韶关市丹霞山旅游投资经营有限公司2012年至2017年经营发展情况审计，理清丹霞山管委会在丹霞山景区管理中应承担的职责，查找丹霞山旅投公司经营发展过程中存在的障碍，促进“大丹霞”建设。

【资源环境审计】 2018年，韶关市审计局组织开展对韶关市环境保护局及下属市环境监测中心站、市环境污染控制中心、市环境信息中心等三个单位系统全覆盖审计。开展对翁源县翁城镇自然资源资产离任审计，也是韶关市审计局首次开展自然资源资产离任审计项目，项目重点关注翁城镇领导干部任期内所在地自然资源资产实物量和生态环境质量变化情况，揭示领导干部任期内落实生态环境、国土资源、水资源、森林资源和矿产资源等自然资源资产的保护、监督、管理方面存在的问题，推动领导干部依法依规、守纪尽责地开展自然资源资产管理和生态环境保护工作。

【“放管服”改革推进情况专项审计调查】 2018年，韶关市审计局组织开展“放管服”改革推进情况专项审计调查工作。通过审计发现韶关市在优化营商环境、投资审批制度改革、行政审批制度改革、商事制度改革、职业资格改革等方面仍存在30个亟待解决的问题，提出以人民利益为根本，创新行政服务模式，实现最多跑一次；学习借鉴国内省内地区新理念和好经验，提高全社会运行效率和服务质量；加强信息化网络建设的投入，实现信息资源共享，夯实“放管服”改革工作基础；以深化放管服改革为抓手，推进韶关营商环境建设，提升群众、企业的满意度和获得感及强化考核监督等审计意见和建议，得到市领导的表扬。8月1日，市政府专题召开全市“放管服”改革推进情况专题汇报会，会议听取市审计局局长陈大川通报“放管服”改革推进情况专项审计调查发现的问题，分别听取市编办、发改、行政服务中心、工商等11个单位汇报各单位“放管服”改革推进情况，要求要强化督查问责，力促各部门狠抓改革举措落实。8月中旬，韶关市审计局对放管服”改革推进情况专项审计调查发现并出具审计发现问题整改函的21个违规问题进行跟踪落实审计整改情况。2018年底，已整改到位问题21个，整改到位率100%。

【审计全覆盖】 2018年，市审计局制定《韶关市审计局2017—2022年审计全覆盖工作规划》。根据2017年摸底情况，市本级有237个一级部门预算单位，197个市直部门领导干部及104个乡镇（街道）党政领导干部，国有企业重点监督对象15家，计划从2017至2022年，对上述审计对象通过审计机关直接审计、在财政同级审、经济责任审计项目中结合进行审计，组织安排内部审计开展审计，或由被审单位委托社会审计机构审计等多种组织方式，以大数据审计方式横向覆盖财政四套账、一级预算部门财政财务收支审计，按照纵向到底要求，每年全面审计一个重点部门及下属单位并进行剖析，纵横交错实现全覆盖。2018年同级审计中，通过市公共财政综合管理平台采集237个市级预算单位的财政财务电子数据进行分析，列入此次审计的项目合计29个，涉及60多个单位（未含审计疑点延伸单位），实施审计监督单位占预算单位的25%，实现对预算单位的全覆盖。经济责任审计中，将按5年一个周期继续开展轮审实现全覆盖，至2018年底，197个市直领导干部已实施审计95个，占比48.22%；104个乡镇党政主要领导已实施46个，占44%，继续按5年完成60%目标进行全覆盖。国有企业审计中，2017至2019年均安排对重点企业进行审计。重点监督部门全系统审计中，2017年对民政系统和城市管理系统、2018年对环保全系统进行全覆盖审计。市审计局围绕韶关市“三大主题工作”，2015—2018年持续对芙蓉新城“三年成城”、城市提升跟踪审计，围绕产业发展对莞韶园（含两片区）、华南装备园、南雄产业园等省级产业园推进情况进行审计，围绕县域发展、建设宜居宜业宜游城市，对城管局及下属单位全系统、重点景区丹霞山经营发展情况进行审计；围绕“三大重点民生”，对民政全系统进行全覆盖，对医保、养老重点社会保险进行审计。对权力大、资金量大、社会影响大的单位和项目。如财政、民政、人社、教育、住建、国土等行政事业单位和金财、城投、工贸等国有企业通过单独立项或结合经济责任审计、政策落实跟踪审计等方式，每年或每两年进行一次审计。在组织方式方面灵活采取上审下、同级审、交叉审。如2018年全市精准扶贫及新农村人居环境跟踪审计，2015年以来开展的乡镇党政领导干部经济责任审计，都是由市审计局统一部署，采取异地交叉同步审计，以县区局局长为第一责任人。在对单位性质类似、业务单一、资金量少的财政专项资金审计中，以“项目包”形式进行合并审计，加快实现审计全覆盖。韶关市审计局创新对六个民主党派的专项审计调查，向六个民主党派发一份通知书，出具一份工作报告，提高审计工作效率。针对该六个民主党派多年未进行审计的情况，撰写审计工作实施方案，摸清其在财政资金使用和管理上存在的问题，揭露存在的重大风险和漏洞，提出审计意见和建议，促进被审计单位完善制度，规范治理，防范风险。

【审计制度改革】 2018年，韶关市审计局推动各县（市、区）组建审计委员会及其办公室，按照“计划、执行、审理、整改”四权分离的原则，健全机构设置。继续完善审计管理制度，推进各项审计业务工作规范化、制度化，制定加强审计现场保密和电子审计数据保密工作、档案管理、审计档案立卷归档操作规程、推行“马上办”工作模式推进提高执行力等制度；研究制定《韶关市审计局关于建立容错免责机制的指导意见（试行）》，要求全市审计机关建立容错免责机制，宽容失误，为改革的实干者营造一个良好的干事创业环境，此举得到韶关市委书记莫高义的高度肯定。

【审计力量增强】 2018年，全市审计系统建立审计助理制度，通过购买劳务派遣服务的方式，补充审计业务力量，全市各级审计机关共有审计助理50名。武江区、翁源县启动共计5名辅助审计专业技术人员的招聘工作。强化对计算机审计人才的培养，整合计算机审计人才，组建计算机数据分析小组，建立管理考核制度，拟制任务清单，出题目、压担子，创造条件开展大数据审计，2017年和2018年持续在预算执行审计、全市民政系统审计、地方金融机构运行风险审计调查、精准扶贫精准脱贫跟踪审计和企业养老保险审计中开展大数据审计，开展大数据审计的项目从无到有，从有到多，从多到精，为审计全覆盖提供技术支撑。（朱丽娟）

统　计

【概况】　韶关市统计局是市人民政府工作部门，是负责全市统计工作规划，组织实施统计调查，提供统计资料，实行统计监督的职能机构。2018年，机关内设办公室、政策法规科、综合核算科、工业统计科、能源统计科、农村和社会统计科、服务业统计科、投资统计科8个职能科室。有局长1名，副局长2名，科长8名，副科长3名。管理正科级参照公务员管理事业单位——市统计普查中心（加挂韶关市社情民意调查中心、韶关市统计数据管理中心牌子）。市统计局行政编制29人，后勤服务人员数2名，实有27人；统计普查中心事业编制9人，实有8人。市统计局围绕全市中心工作，完成各项统计调查任务，发挥统计职能作用。

【三大指标体系统计推进】　2018年，市统计局推进三大指标体系统计工作。制定《广东北部生态发展区高质量发展综合绩效评价体系（试行）（学习版）》，为韶关市争当北部生态发展区高质量发展排头兵，开展指标细分解、考评指标优化设计等工作，以发挥考核指标的指挥棒作用。开展2017、2018年度韶关市绿色发展指标测算分析，配合有关部门出台实施韶关市生态文明建设目标评价考核实施办法，根据不同区域主体功能定位，实行差异化绩效评价考核。邀请和配合省统计局调研组到翁源县翁城镇黄塘村、龙仙镇青云村，南雄市珠玑镇灵潭村、乌迳镇社会主义新农村示范点，实地调研乡村振兴投资项目，了解项目投入和纳入统计情况；牵头组织召开多部门参加的座谈会，基本解决乡村振兴投资纳入统计问题。在乐昌廊田镇白平村、坪石镇肖家湾村和南雄全安镇开展“乡村振兴”相关指标填报试点工作，为今后全面铺开乡村振兴统计奠定基础。

【经济运行数据服务】　2018年，市统计局根据市政府主要领导“提高市政府领导对统计数据解读能力”和为市政府领导配备“数据分析师”的指示，3月开始，定期向市政府领导报送分管指标和挂点县（市、区）的经济运行材料。配合做好经济运行通报工作。每月定期向市党政领导报告经济运行情况，重点加强经济指标低增长排位后的原因分析。向市人大常委会、市政协主席会议汇报上半年的经济运行情况。配合市政府组织召开GDP核算联席会议和经济形势分析会议，定期召开县（市、区）、部门经济运行情况通报会，提出抓落实的措施建议；不定期约请县（市、区）统计局到市局分析研究经济形势与统计工作。开展季度县（市、区）领导抓经济发展综合排名测算，在2017年对县（市、区）分管经济领导进行月度排名测算的基础上，编印2018年《县（市、区）领导抓经济发展成效评价情况》，开展《县（市、区）争先进位成效评价》测算，反映县（市、区）政府抓主要经济指标的成效，配合市委、市政府开展经济工作督办，推动县（市、区）分管主要经济指标领导比、学、赶、超抓经济发展，得到市主要领导的认可和批示。加强与市经信局、市商务局、市住建局、市农业局、市发改局等部门联动，为行业发展、投资推进提供信息。

【统计数据质量加强】　2018年，市统计局开展地区生产总值、工业、投资、批发零售业、住宿餐饮业等主要指标的修订工作。开展“两防”（防弄虚作假、防少报漏报）工作，开展企业和投资项目上报数据“跑漏低估”调研，夯实源头数据报送基础。加强企业、投资项目数据上报的在线审核、对异常数据核查。

【第四次全国经济普查工作开展】　2018年，市统计局委托浙江大学经济学院举办韶关市统计暨第四次全国经济普查业务培训班。派员参加省局组织的相关业务培训，全程参与学习全省试点工作开展情况，选取南雄新城西区作为全市四经普试点，组织各县（市、区）经普工作组参与试点工作。组建市、县两级普查机构，选聘普查指导员和普查员3855名，开展“地毯式”单位清查，完成单位清查工作。

【依法统计推进】　2018年，市统计局开展普查宣传和统计法律法规宣讲活动，加强统计执法队伍建设。在全市范围内开展2018年统计执法检查工作，抽取南雄市、始兴县2个县（市）进行数据质量核查，并对本次统计数据质量核查中发现的问题，反馈给相关当事方，提出整改要求。开展统计数据质量专项核查工作，共核查24个镇街、274个“四上”企业和固定资产投资项目，对发现的问题要求立即整改，约谈相关单位负责人。

【统计宣传扩大】　2018年，市统计局做好《韶关市2017年国民经济和社会发展统计公报》的编撰工作，在《韶关日报》、韶关市政府网部门频道等媒体上同步公开发布。在《韶关日报》等媒体发布《韶关市第三次全国农业普查主要数据公报》（1至5号）。印发统计资料和宣传统计知识。编印《韶关统计年鉴》（2018）、《统计摘要》（2017），编印《统计应知应会》（2018），发送给领导和部门。为韶关

日报社等媒体提供全市改革开放四十周年成果相关数据。（罗德威）

通关检疫

【概况】 韶关海关于1987年9月经国务院批准成立，是受广州海关直接领导，按授权负责韶关市范围内海关各类管理工作的正处级隶属海关。根据国务院机构改革方案，2018年4月20日，出入境检验检疫管理职责和队伍划入海关，机构改革后韶关海关主要负责办理通关监管、税收征管、进出口企业资质管理、信用管理、加工贸易保税监管、进口目的地检验、出口产地／组货地检验检疫和跨境电商直购进口商品、进出境快件的现场综合业务、查验、运行监控等业务。

韶关海关人员编制70人，有在编干部62人、职工3人；另有事业编人员10人，其中事业编干部9人、事业编工人1人。关内设办公室（党委办公室）、人事政工科（党委组织宣传部）、督察审计科、法制科、综合业务科、稽查科、企业管理科、查检一科、查检二科、跨境电商监管科、快件监管科11个科室。

韶关海关关区面积1.84万平方千米，在广州各隶属海关排名第二，关区范围包括韶关市3区（曲江区、浈江区、武江区）7县（南雄市、乐昌市、乳源瑶族自治县、始兴县、仁化县、翁源县、新丰县），辖下备案企业590家（其中有进出口活动的180家），监管现场主要是南郊进出境货运车辆检查场。

【税收征管】 2018年，韶关海关会同政府部门走访上级职能部门和口岸海关，深入企业及各县（市、区）外经贸部门，扩展新税源；专人跟进重点外贸企业进出口情况，做好服务；做好属地企业回流申报纳税工作，确保应收尽收。推进企业“自报自缴”改革，辖区实际进出口的涉税货物除公式定价货物以外，均采用“自报自缴”，实现辖区企业全覆盖。韶关海关税收实际入库11.24亿元，同比下降15.30%，完成调整后10亿元的税收目标，其中关税入库0.35亿元，同比上升9.38%。

【通关监管】 2018年，韶关海关监管进出口货物1011万吨，在广州海关排名前列，在全省山区城市居首，主要货物是央企宝武集团广东韶钢松山股份有限公司进口的炼焦煤和铁矿砂。全面深化全国海关通关一体化改革后，2018年开始韶关车场无到场的普通转关车辆，所有报关单在韶关办理通关手续、在口岸实际进出口，对此韶关海关制定措施，加强异常数据监控处置，发现并处置问题，缩短通关时间；引导企业使用提前申报模式，对资料齐全的报关单提前申报，提高整体通关效率。1月至12月2日，韶关海关进口整体通关时间为18.93小时，压缩77.28%；出口整体通关时间为5.42小时，压缩51.99%，完成国务院对整体通关时间压缩1/3的要求。

【加工贸易进出口监管】 2018年，韶关海关推广实施以企业为单元加工贸易监管改革、边角料网上拍卖，开展一对一政策宣讲，引导加工贸易企业加快转型升级、优化产业结构和延伸产业链，提高市场竞争力，支持本地劳动密集型产业持续稳定发展。韶关关区实有运作加工贸易企业31家，2018年关区手册报核、结案75本，及时报核率、结案率均为100%；内销征税5717万元，同比增长43.53%，增幅居广州关区前列。

【认证企业培育】 2018年，韶关海关加大对AEO企业的培育，为重点外贸企业制定服务措施，进行“一对一”的规范指导服务，将信用度较高、在地方影响力较大的大型骨干企业、新型业态企业纳入海关AEO企业培育名单，帮助企业建立符合认证标准的管理制度，力促认证企业的数量、比例上升。韶关关区有认证企业39家，其中高级认证企业11家，所有有进出口活动的生产型企业成为高级认证企业，认证企业进出口总值、货运量、缴纳税款在全市占比均达到九成以上。

【支持新业态发展】 2018年，韶关海关引导韶关车场转型成为对跨境直购进口商品的监管场所，推动当地商务部门加强与外管、税务部门的沟通，支持韶关跨境电商清关服务中心功能叠加、做大做强，扩大B2C直购进口业务量，以进一步保持优势。清关中心保持增长态势，2018年验放商品102万件，监管跨境电商转关运输车辆1578车次，价值5.04亿元，同比增长11.2%；征收税款

▲2018年4月20日，韶关海关正式以海关名义对外办理检验检疫业务，关长冯庆坚（前排左一）在现场带班（郑育洲 摄）

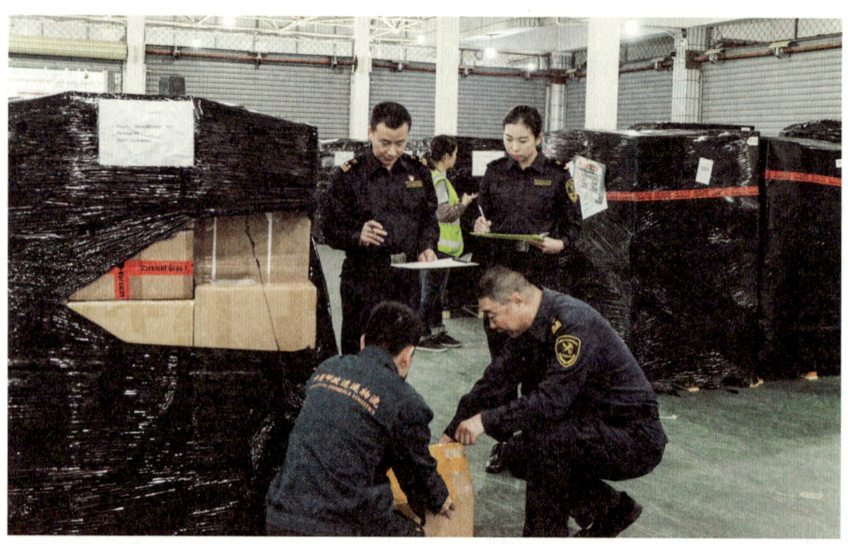

▲ 2018年11月12日，韶关海关跨境电商清关服务中心迎来双十一物流高峰
（郑育洲　摄）

5773万元，成为外贸新增长点。

【培育惠农特色产业】 2018年，韶关海关推动县域经济发展，激发精准脱贫内生动力，与始兴县、曲江区分别签订《共同推进县（区）外向型绿色经济发展合作备忘录》，到各县区、企业走访调研100多家次，召开各类政策宣讲会23场，每月向各县政府发送统计分析，为政府决策提供辅助。推动本地名、特、优农产品“走出去”，支持当地开展出口农产品质量安全示范区创建，完成翁源兰花质量安全示范区建设的前期准备工作及乐昌国家级出口食品与农产品质量安全示范区申报工作；助力本地产品实现“四个首次”，即南雄产烟叶首次打入“一带一路”市场、韶关产食品添加剂实现全国首次出口澳大利亚、乳源东阳光化妆品经检验合格首次进入中国香港、食用真姬菇经检验检疫合格首次出口欧盟。

【严把国门生物安全】 2018年，韶关海关重视非洲猪瘟防控工作，成立防控工作领导小组，密切与农业部门的沟通，加强对疫区跨境直购进口商品的风险布控，实施百分百查验；强化对辖区供港活猪养殖场的监管。8月24日新政策实施起，共巡查供港活猪养殖场26次，落实供港活猪批批监装、逐头查验，合计监装供港活猪430批次213车、17280头，均无异常，保障供港食品安全和非洲猪瘟防控措施落实到位。

【打击走私】 2018年，韶关海关党组成员经常集中研究打私工作，坚持每半年召开一次关局联席会议，对打私工作进行研究部署；开展“绿篱”“绿风”“国门利剑”等专项行动，加强与地方打私成员单位之间的沟通配合，打击固体废物走私、农产品走私活动。全年关区立案39宗，案值1163.8万元，涉税511.98万元，罚没缴库52.52万元。其中，刑事立案5宗，案值1070.3万元，偷逃税款498.3万元，刑拘3人，取保候审1人；行政立案34宗，立案案值93.5万元，涉税18.5万元，罚没缴库52.52万元。（陈　恺）

应急管理

【概况】 2018年12月29日，根据《韶关市机构改革方案》的要求，韶关市组建新的韶关市应急管理局，扩大部门管理的职责，并入消防管理、救灾、地质灾害防治、水旱灾害防治、森林防火的管理职责。调整后的韶关市应急管理局为市政府工作部门。内设14个职能科（室），分别是：办公室、法规宣传和科技规划科、应急指挥科、综合协调科、风险监测和综合减灾科、应急支援和预案管理科、火灾防治管理科、汛旱风灾害救援科、地震和地质灾害救援科、危险化学品安全监管科、安全生产基础科、安全生产执法监督科、物资保障和调查统计科、人事科。机关编制55名（其中行政编制36名，行政执法专项编制19名）。2018年，全市安全生产和消防安全形势保持总体平稳态势。韶关市共发生各类生产安全事故195起、死亡140人、受伤204人（其中较大事故2起死亡11人），同比分别下降29.86%、6.67%、24.72%；发生火灾889起、无人员伤亡，“火灾四项指数”同比全面下降，连续8年未发生较大以上火灾事故。韶关市持续推进以“七类重点整治”为主要内容的安全专项整治活动，及时发现、治理一批事故隐患。

【安全生产督查督导】 2018年，市、县两级政府及有关部门均由同级党委常委、政府常务副职或班子内排名第二的部门副职分管安全生产和消防工作。全年韶关市组织4次安全生产综合督查、12次消防安全联合督导。特别是春节、“五一”节前，市、县两级四套班子领导分别带队深入全市109个镇街开展督导检查，先后组织整改隐患问题1919项，现场查封企业2家、停产整顿17家、行政处罚27家，并取缔3个无证烟花爆竹零售点、打掉6个非法烟花爆竹存储窝点、收缴非法烟花爆竹产品1242箱，行政拘留3人。9月14日，市委书记莫高义、市长殷焕明等市领导分别率10个督查组，对防御第22号台风“山竹”工作进行督查，促进各级安全工作落实。

【督导考核推动】 2018年，韶关市坚持每季度或重要敏感时期，在全市安全生产或消防工作季度会、专题会议上通报各地、各部门安全生产、消防工作形势，发布重点行业领域预警信息，督导各地、各部门有针对性地加强执法监管与事故预防工作。7月11日，市委副书记、常务副市长朱余旺召开安全生产约谈会议，对2017年度安全生产责任制考核排名靠后及发生较大事故的县级政府及有关部门负责人进行诫勉约谈。2018年12月4日至2019年1月底，韶关市对32个有关市直部门和10个县（市、区）党政领导班子安全生产和消防工作责任制落实情况进行年度考核，并坚持把考核结果作为评价各级领导班子和领导干部的重要指标及选拔任用、培养教育、奖励惩戒的重要依据。

▲ 2018年12月24日下午，华旭初带队开展元旦节前安全生产检查 （钟才乐 摄）

【严把企业安全准入关】 2018年，韶关市依法在非煤矿山、危险化学品和烟花爆竹、民爆、建筑施工及消防等重点行业领域，实施安全生产许可制度和建设项目安全设施“三同时”制度，做好换证审查、备案管理等工作，加强源头管控，实现“关口前移，重心下移”。2018年，韶关市共办理各类安全生产许可证52家、危化经营许可证117家、施工许可证22家、竣工验收24家、非药品类易制毒备案26家，核发烟花爆竹（批发）经营许可证7家、（零售）经营许可证354家次，组织各类安全条件审查322家、安全设施设计审查324家，累计办理消防设计审核业务514宗、消防验收业务367宗、公众聚集场所投入使用营业前消防安全检查业务195宗，办理限制使用农药经营许可证75家、其他农药经营许可证890家，对685家企业应急预案进行审核备案，安全生产和消防安全准入关口进一步固实。

【风险隐患排查整改】 2018年，按照“属地管理、行业管理、综合管理、分级管理”原则，韶关市建立市、县两级风险隐患排查治理管控制度，绘制全市风险点危险源电子图，完善各类事故隐患台账和数据库，实行隐患登记、整改、销号的全程闭环管理；对重大安全隐患实行挂牌督办、重点监控，及时督促整改到位。其中，风度广场火灾隐患整治工作由市长殷焕明任总指挥、常务副市长及分管副市长任副总指挥，投入整治资金950余万元，历时近一年，全面完成整治工作；乐昌站南跨线桥垮塌隐患由乐昌市牵头组织实施，省交通运输厅已按程序启动整改设计项目审查工作；乳源南水水库泄洪渠弃渣整治工程进展顺利。省挂牌督办的仁新高速公路TJ标坪田隧道进口重大生产安全事故隐患已完成整改、摘牌销号。2018年，全市各级累计排查、整改一般隐患49240处，整改率100%。

【冶金行业事故隐患排查治理】 2018年，韶关市深刻吸取韶钢“2·5”“2·9”事故教训，组织开展钢铁水泥行业专项整治、有限空间作业专项治理、粉尘防爆专项整治和铅蓄电池及汽车制造职业卫生专项整治等行动，期间共发现各类问题隐患129处，已全部完成整改。

【消防安全专项整治】 2018年，韶关市深入开展春夏火灾防控、“六类场所十项必查”“打通生命通道”、大型商业综合体、电气火灾综合治理、电动车“正源清违”和今冬明春火灾防控等14个专项行动。全市各级消防机构累计检查社会单位2.7万余家，发现和整改火灾隐患3.29万处，拆除疏散障碍物7000多处，临时查封232家，责令“三停”174家，罚款562余万，行政拘留65人；新建电动车库（棚）108个、电动车充电设施222个，清理涉及违规停放电动车建筑329栋、违规充电电动车场所512处，安装电气火灾监控系统186台、在线监管单位80家；调整确定全市564家消防安全重点单位，集中约谈重点单位责任人、管理人800余人次；通过主流媒体集中曝光火灾隐患15次。全市共挂牌督办11个火灾高风险区域、33家重大火灾隐患单位，已摘牌销案28家。自主开展“三合一”场所和风度广场重大火灾隐患整治，专门划拨500万元资金，奖励“三合一”场所整治工作成绩突出的地区。2018年度冬春火灾防控工作被省消安委考核评定为“优秀”；全市消防工作连续5年被省政府考核评定为“优秀”。

【易燃易爆领域专项整治】 2018年2月26日至4月15日，全市突出森林防火、危险化学品和烟花爆竹、民爆、消防、城市重点公共设施等12个重点领域，组织开展易燃易爆领域安全生产专项整治。期间，共检查7239家企业（单位、场所）排查、整改隐患4597处；检查烟花爆竹经营单位和销售点595家次，查处涉烟花爆竹违法犯罪48宗，关闭取缔非法烟花爆竹零售点93个、没收非法私炮2.3万多件价值约170万元，立案查处5宗、移送司法机关治安拘留32人、刑事拘留11人、查扣非法运输烟花爆竹产品车辆7辆，对5家相关企业实施行政处罚14.49万元。对35项油气输送管道风险点危险源、31处高后果区，责令相关企业完善安全措施，确保管道安全平稳运行。

【危险化学品和烟花爆竹专项检查】 2018年，韶关市组织对全市危险化学品企业和烟花爆竹储存（批发）企业开展事故风险防控及隐患排查治理和职业危害防控，共排查、整改731项安全隐患。全市现有4座油库、1家危险化学品储存企业、14个烟花爆竹仓库，106家危险化学品生产企业、231家加油站的危险品储存场所隔离带防火距离均符合相关技术规范要求。部署开展烟花爆竹“打非”联合执法行动，组织排查行动213次，发现非法生产经营窝点111处、没收非法产品19927箱（件）。

【道路交通安全专项整治】 2018年，韶关市先后抽查在建交通工程42个（次），排查国道8条、省道11条、县乡道7条，累计投入8067.7万元修复隐患、损毁公路278.41千米及改造部分危桥，投入378.74万元修复8处隐患边坡，完善坪乳公路两个避险场；发送交通安全宣传短信115.6万条、发放宣传资料35335份；先后检查督查运输企业99家次、驾培企业19家次，集中约谈全市30多家隐患突出的重点车辆运输企业40余次、处罚违规装载重点源头单位17起；严查酒（醉）驾违法行为2974起、其他违法违章案件341宗，查处违法车辆23122辆，车辆超限立案3474宗、结案1064宗，罚款金额528万余元。韶关市农村信息系统采集数据72万条，“两站两员”设置比例100%，平安村口建设达38.16%，在全省排名第七。

【建筑施工安全生产专项治理】 2018年，市各级住建部门累计出动2970人次，检查工程项目886项（次），发出安全整改通知书341份、停工整改令139份，整改安全隐患795项；组织重点排查人流密集区域老旧、年久失修砖木结构等民用房屋，发现疑似存在安全隐患房屋196栋、隐患254项，已及时采取张贴警示、加固补强、劝离和棚改等措施。

【水上交通安全专项整治】 2018年，韶关市组织各地区、各有关部门加强对航运企业、船舶、船员的监督检查，共组织巡航189次，现场检查船舶118艘次、开展船舶安检83艘次、发现问题158个、滞留船舶3艘次，查处非法从事水上运输韶关籍内河船舶10艘，实施行政处罚53宗；完成水上水下活动许可审核4宗、开展通航安全评估8次，确保水上交通安全。

【大型群众性活动管理】 2018年，韶关市贯彻落实国家、省安全生产电视电话会议部署要求，深入排查整改大型活动安全隐患、强化落实安全监管工作责任。共举办大型群众性活动数量28场次，投入安保力量7248人次，所有活动安全有序，未发生拥挤踩踏、群死群伤事故。

【旅游安全专项整治】 2018年，韶关市累计检查旅游景区、星级饭店、旅行社374家次，各县（市、区）均签订《2018年度旅游安全生产责任书》。假期游客高峰期间，在各类媒体平台发布旅游安全提示，先后组织各有关部门及企业负责人600余人参加旅游安全培训和应急演练活动，旅游安全管理水平和应急能力提升。

【非煤矿山安全生产专项整治】 2018年，韶关市开展“头顶库”和采空区综合治理、排土场专项整治和非煤矿山联合执法等工作。期间，重点抽查13家企业，排查问题隐患31处、已整改26处，其余5处正抓紧整改；捣毁非法采矿现场50余处，移送公安机关立案侦查33宗、刑拘71人、逮捕27人，全部完成年度2374.62万立方米采空区治理任务。

【职业健康专项检查】 2018年，韶关市结合行业分布及职业病危害现状，突出开展严重类别用人单位职业病危害专项检查，共排查企业8家、整改问题隐患32处。全市各类企业劳动防护用品配备率、职业卫生培训率、职业危害定期检测率、职业病危害现状评价率、职业健康检查率和监护档案建档率，以及职业病危害警示标识与作业岗位告知卡设置率均达到100%。

【森林防火管控】 2018年，韶关市及时颁发《韶关市森林防火工作整改方案》《韶关市野外用火管理条例》和《韶关市森林防火责任追究办法》，修订、编印《韶关市处置森林火灾应急预案》《森林防火工作手册》，开展“森林防火宣传月”和“《韶关市野外用火管理条例》集中宣传月”活动。防控重点时期，落实入户宣传、火源管理和责任追究等措施，7077个基层党支部、19万名党员签署《共产党员带头严格遵守〈韶关市野外用火管理条例〉承诺书》，累计设立临检站3000多个，出动干部群众、森林防火队员、护林员4万多人次，对野外违规用火行政案件立案15宗、林业治安案件14宗，强化群众野外安全用火意识。

【其他专项整治活动】 2018年，韶关市开展重点行业领域气象灾害（雷电）防御专项检查，将41个单位列为气象灾害防御重点单位，检测3000多家单位防雷设施，对120家单位开展防雷减灾专项检查。深化电力设施安全专项治理，对全市人员密集区、低洼地、临水段等事故易发地段城乡供用电设施进行全面排查，共排查整改隐患3457处。开展特种设备安全大检查，累计检查、抽查特种设备生产（经营、使用）单位481家（次）、城市燃气设施和油气输送管道696处、安装施工现场15处、各类设备993台（套），排除隐患470处、整改严重安全隐患设备178台、立案查处12宗。严格教育场所安全整治，共摸排出4个涉校重大矛盾纠纷问题、110个涉校周边环境秩序突出问题、77个涉校内部突出安全隐患问题，正抓紧整改解决。组织超过20万个家庭进行防溺水、防地震专题教育，对1689家学校食堂、校园及校园周边食品经营单位进行春季学校食堂专项检查，确保学生身心健康。

【安全生产和消防安全日常监管和事故查处】 2018年，韶关市依据《年度安全生产执法监管工作计划》，开展安全生产和消防安全监督执法。全市各级组织日常执法检查，共检查各类生产经营单位49839家次、各类设备1871台次，下发整改通知书13524份、行政处罚决定书445份、安全监察指令书211份、局部停工令430份、组织整改隐患50415处，累计立案查处133宗、查封取缔或停产整顿440家次、行政拘留103人、刑事拘留17人、判刑1人（失火罪）、行政免职1人。实施安全生产及消防行政处罚219次，累计罚款金额1156.82万元。查处交通违法行为75331起、暂扣违法机动车8238辆次、查处违法驾驶人员238人。严格遵循“四个不放过”原则，依法查处2起较大生产安全事故、结案1起，办结南雄“8.11”失火案，采取司法强制措施4人、给予政务处分18人、其他方式问责7人，处罚罚金108.28万元；督导有关地区查处30起工贸行业一般事故，已完成调查26起，对41名责任人实施行政处罚，累计处罚罚金442.72万元。2018年，各级安监部门执法监察标准化建设如期完成，市安监局与3个县（市、区）安监局达到一级标准，其余7个县（市、区）达到二级标准，全市安全生产依法行政、依法执法质量和水平稳步提升。

【教育培训开展】 2018年，韶关市坚持将安全生产方针政策和法律法规纳入各级党委理论中心组学习内容和领导干部、公务员培训内容，广泛开展送安全生产、消防法律法规和知识技能“七进”“安康杯”竞赛、“安全生产月”“安全生产万里行”和“职业健康执法年”等活动；组建市、县、镇三级消防讲师团，开展暑期消防安全教育、“消防知识进军训”“逃生帐篷——体验生命通道”等宣传培训近千场。举办“119消防宣传月”活动，联合人民网报道、“网易新闻”直播消防演练、消防体验等活动盛况，当日网络直播点击量突破12万人次。推进安全生产培训考培分离制度，2018年韶关市共举办安全生产、消防和森林防火业务培训班218期，培训人员8115人次；培训特种作业人员6581人（次），累计办理特种作业操作证13846个，危险化学品行业主要负责人、安全生产管理人员合格证698个，提高企业安全管理水平。

【应急救援能力提升】 2018年，在广东省矿山救援韶关基地的基础上，韶关市在南雄市、乳源瑶族自治县、翁源县等地建设3支危险化学品应急救援队，并整合全市金属冶炼行业抢险救援力量，建成全省第一支挂牌的省级金属冶炼应急救援骨干队伍。韶关市已构建矿山、危险化学品、金属冶炼行业、森林防火、水上交通应急救援体系网络，辐射全市各地，形成资源共享、协同应对的应急救援框架。

【安全生产和消防工作投入加大】 2018年，韶关市设立安全生产专项资金并纳入财政预算，2018年全市安全生产各级财政投入资金2523.03万元，主要用于完善安全监管基础设施，以及开展非煤矿山、危险化学品及烟花爆竹储存（批发）、水上交通、冶金、消防等行业领域事故风险防控、隐患排查治理和职业危害防控项目等。全市落实消防经费1.69亿元，其中消防装备经费8108.49万元，出台《稳定消防救援队伍若干政策措施》，妥善解决消防救援人员家属随调、子女入学、住房保障、经费保障等问题。

【消防安全基础建设加强】 2018年，韶关市投入3.36亿元建设新消防指挥中心及消防站，一期工程现已开工；投入3300多万元对战勤保障、特勤中队消防站进行升级改造，解决消防训练基地建设用地40.53公顷。市委市政府主要领导亲自率队到省直有关部门开展协调工作，争取省级层面的政策、资金和项目支持。2018年度，韶关市先后储备500万元“三防”物资，完成31个省定贫困村消防设施建设任务；新装299个市政消火栓；所有社区和重点单位建成微型消防站；所有县级政府所在建成区和乡镇完成消防专项规划编修。

【安全生产领域改革深化】 2018年，韶关市及时印发《中共韶关市委韶关市人民政府关于推进安全生产领域改革发展的实施意见》，研究制定《韶关市推进城市安全发展的实施意见》和《韶关市落实党政领导干部安全生产责任制的实施意见》，逐步强化各级安委会的组织指导、统筹协调、巡查考核职能作用，推动将市、县应急管理部门列为执法部门，建立健全中心镇街及各类开发区、工业园、港区、风景区等功能区应急管理机构，在人员、装备、经费等方面给予更加充分的保障；推进在高危行业和职工人数100人以上企业设立专职安全生产管理机构和专职安全管理人员，实施高危行业安全生产责任保险制度。

【监管队伍能力建设强化】 2018年，韶关市多次邀请省安监局和市委党校等领导、专家为各县（市、区）、市安委成员单位领导和县（市、区）安全监管人员授课。组织21期市县级负有安全生产监管职责单位负责人、安全生产执法检查人员和重点企业负责人培训，举办两期县（市、区）政府分管领导、市直单位分管领导和市、县安监局长安全生产专题研究班。各县（市、区）也加强对各镇、村和园区专职安全员队伍培训。加强镇（街）、村、园区安全监管和职业卫生监管队伍建设，健全基层安全监管机构。韶关市各县（市、区）、财政独立园区均建立专职安全员队伍，现有基层专职安全员409人，专业、半专业森林消防员2923人，社区微型消防站826个，水上轻舟抢险队员50人，实现安全生产和消防监管重心下移、关口前移、责任均衡。 （谢财娣）

消防管理

【概况】 1958年7月，各地消防队员改为消防民警，全属地方编制。1965年、1970年、1975年、1979年、1983年，韶关市消防机构几经易改。1987年1月1日，消防科从市武警支队分出，单独建立韶关市公安消防支队，实施对全市8个县（区）消防股、消防中队的领导（部分县未设立消防机构）。1992年9月5日，市公安消防支队加称韶关市公安消防局，实行“一套人马，两块牌子”。2002年后，各县（市、区）公安（分）局消防股与辖区消防中队合并组建公安消防大队，隶属于韶关市公安消防支队。韶关市消防支队，改革转制前称韶关市公安消防支队，又称中国人民武装警察部队韶关市消防支队，下设司令部、政治处、后勤处、防火监督处4个部门，辖1个培训基地、1个战勤保障大队、10个县（市、区）消防大队、14个消防中队，承担着全市防火、灭火和应急救援任务。2018年，韶关市社会面火灾形势和消防队伍形势保持“两个稳定”。2018年，全市消防队伍共接警出动2477次，抢救和疏散被困人员3484人，抢救财产价值5.8亿元，完成“2.5”韶钢松山炼铁厂煤气管道泄漏事故救援、“2.14”浈江犁市危及炸药仓库山火扑救、“7.19”京港澳高速翁源段30吨乙苯槽罐车泄漏事故处置等急难险重任务。全市连续7年未发生较大以上火灾，消防工作连续4年被省政府考核评为“优秀”等次（2017年度消防工作考核成绩全省第二名）；全市消防队伍连续8年实现“五无”。在2018年度评比表彰中，被省消防总队评为“先进支队级单位”（位列全省第二名）、“后勤工作先进支队级单位”（位列全省第二名）；在全省2018年全年消防执法质量考评中，被省消防总队综合评定为“优秀”等次（位列全省第三名）；2018年今冬明春火灾防控工作被省消防总队评定为“优秀”等次。全年1个中队获得集体三等功，1个中队获评“先进基层党组织”，26人获得个人三等功。广东省委常委、常务副省长林少春，广东省副省长、省公安厅厅长李春生都对韶关消防工作进行表扬；市委书记莫高义2次批示肯定全市消防工作。

▲ 2018年11月，韶关市消防支队在全市中小学校集中开展“逃生帐篷——体验生命通道”活动

（韶关市消防支队 供）

▲ 2018年7月19日，韶关市消防支队官兵参与京港澳高速翁源段30吨乙苯槽罐车泄漏事故处置

（韶关市消防支队 供）

【消防机构改革】 2018年，根据中央关于深化党和国家机构改革的重大决策部署，公安消防部队改制，不再列武警部队序列，全部退出现役，成建制划归应急管理部。2018年8月23日，中共中央办公厅、国务院办公厅印发《组建国家综合性消防救援队伍框架方案》；2018年10月3日，中央军委下达公安消防部队官兵集体退出现役的命令；2018年10月9日，公安部、应急管理部举行公安消防部队转隶移交交接仪式；2018年11月9日，习近平总书记在人民大会堂为国家综合性消防救援队伍授旗并致训词。2019年1月5日，市委、市政府举行韶关市消防救援队伍迎旗授衔和换装仪式，开启支队作为国家综合性消防救援队伍改革发展的新征程。市长殷焕明出席全市消防救援队伍迎旗授衔换装仪式。

【干部队伍建设】 2018年，韶关市消防支队开展改革教育和整训工作，贴近实际组织基层大队政治教导员授课、“十九大”知识竞赛和精品微党课等活动，提请市政府研究出台《稳定消防救援队伍若干政策措施》。坚持党管干部原则，注重从基层选拔干部，实施干部素质提升计划，组织干部到省内外先进单位交流学习。组织指战员及家属疗养，协调9名转业干部安置、2名家属随军就业、12名子女入学入园。年内，3名战士考入院校，1名大学生士兵提干；参加全省消防队伍“十九大知识竞赛”获第五名。

【消防安全治理】 2018年，韶关市消防支队提请市政府组织召开全市消防工作会议，市县两级政府签订消防工作责任状。全市分行业开展示范性检查和集中约谈；开展“打通生命通道”等14个消防安全专项行动；挂牌督办整治11个市级火灾高风险区域、33家重大火灾隐患单位。提请市政府部署开展“三合一”场所（即住宿与生产、储存、经营等一种或几种用途混合设置在同一建筑内的场所）和风度广场重大火灾隐患整治行动，市长殷焕明担任火灾隐患整治总指挥，安排500万元“三合一”场所整治专项奖励资金。加强消防基础设施建设，完成31个省定贫困村消防设施建设任务，全市新增299个市政消火栓。保持消防监督执法高压态势，全年办结行政拘留案件65宗、失火罪案件1宗，函告民政部门行政免职1人。深化“119”消防宣传月活动，市长殷焕明出席全市“119”消防宣传月启动仪式并观摩灭火救援实战演练，支队在人民网发布、网易直播启动仪式，当日点击量突破12万人次。在全市中小学校集中开展“逃生帐篷——体验生命通道”活动。在市属媒体开设“平安韶关”“聚焦消防”等专栏，在中央媒体刊播新闻8条次，省级媒体85条次。全市火灾“四项指数”（即火灾总起数、死亡人数、受伤人数、直接财产损失数）全面

▲ 2018年7月27日，韶关市消防支队组织开展大型商业综合体风度广场灭火救援演练
（韶关市消防支队 供）

下降，未发生1起亡人火灾。

【救援能力建设】 2018年，韶关市消防支队着眼于“大应急”“全灾种”新形势新任务，加快队伍转型升级。建立健全常态化练兵机制，坚持“全员普训，实战实训”，坚持“主官带着班子练，机关带着基层练，干部带着队员练”，一级抓一级，层层抓落实。举办交通事故救援、山岳救助、水域救援和轻舟驾驶四个领域业务技能培训班，培养89名业务骨干，17人取得国际认证证书。开展高层建筑、抗洪抢险、大型商业综合体、高速公路隧道、危化品事故处置等支队级实战演练7次，举行季度比武竞赛4次、体能普考2次、49公里徒步越野拉练1次。在营门岗哨、表本记录等方面为基层“减负”。面向社会招录政府专职消防队员，组织189名政府专职消防队员完成灭火救援职业技能鉴定考核，补齐队伍人员数量、能力短板。推动完成全市22支政府专职消防队事业单位法人登记。加快推进省级山岳救援专业队、13支应急通信保障分队建设，配齐配强专业救援装备、应急通信装备。参加全省消防部队基础体能比武获团体第二名，参加全省消防队伍装备比武获团体二等奖（全省第四名，非珠三角地区第一名），参加全省消防队伍夏训会操获特勤中队组第七名。

【基层基础建设】 2018年，韶关市消防支队争取市财政投入消防经费突破亿元大关，创历史新高。推进消防基础设施建设，推动市政府启动新消防指挥中心及芙蓉新城消防站建设；争取市、县两级训练基地建设用地40余公顷；谋划推动粤北省际应急救援中心、粤北片区消防综合训练基地建设，启动战保、特勤、武江等精品消防队站建设。按照“急需急配，应配尽配”原则，增配各类高性能车辆装备，新购置1台通信指挥车、2台72米举高喷射消防车、1台70米登高平台消防车、1台化学事故抢险救援车、1台城市主战消防车、3台泡沫消防车和卫星电话、无人机、消防机器人等一批高精尖器材装备，配齐6类专业队车辆装备，13个执勤中队消防车辆配备均达到“3+2”标准（“3”即城市主战消防车、抢险救援消防车、举高类消防车各1辆，“2”即泡沫水罐消防车2辆），淘汰更新17辆超期服役消防车辆。（张甲庆）

财政·税收·金融

财　政

【概况】　韶关市财政局为主管财政工作的人民政府工作部门，2018年，韶关市财政局共有机关行政编制91名，实有在编干部82人，其中含局领导编制6名（局长1名，副局长4名，总会计师1名），实有5名，另市纪委监委派驻第六纪检监察组长任韶关市财政局党组成员。机关内设19个职能科室（人事科加挂机关党委办公室牌子），7个下属单位。市财政局财政总决算工作获得全省一等奖，会计决算报表获得省财政厅通报表扬，部门决算类报表、企业（含金融）类决算报表双双被评为优秀单位，其中部门决算连续三年获得优秀；局国库支付中心获省“巾帼文明岗”称号；朱光仁获广东省五一劳动奖章。

【财政收支监督检查常态化】　2018年，韶关市财政局推进依法行政依法理财。处理行政复议和行政诉讼案件26宗，案件维持率均达到100%。处理信访局转来信访办件3件和人大政协议案提案55件，答复率100%。加强财政监督制度建设。牵头制定《市直部门下属单位财务管理办法》《韶关市财政局进一步加强财政监督检查工作方案》《关于加强财政监督工作的通知》，推动局各支出科室及各县（市、区）加强财政监督检查，上下联动，共同保障财政资金安全规范有效。开展2018年专项资金检查。下发《关于开展2018年专项资金检查的通知》《关于开展扶贫等民生领域资金检查的通知》，要求市直有关单位及各县（市、区）开展自查自纠工作，并对省财政补齐人均公共文化财政支出短板奖补资金等6项专项资金进行重点检查。加强财政内部控制制度建设，完善“1+8+x”模式的内部控制制度体系，保障财政资金安全运行。开展财政收支真实性检查。市财政局在全面摸查全市财政收支数据的真实性和准确性的基础上，组成检查组，对始兴县财政收支真实性进行重点检查，对检查发现的问题进行整改。

▲2018年3月12日，市财政局支付中心在韶关市财政局举行省“巾帼文明岗”揭牌仪式　（陈一鸣　摄）

【财政保障能力提升】　2018年，韶关市财政局加强财政资金统筹能力，盘活政府资金、资产、资源。盘活资金方面，清理完成参公及以上115个单位账户资金，撤销银行存量账户73个，上划国库存量资金5.41亿元。完成对全市市直公益一类63个事业单位银行账户资金的清理，撤销银行存量账户27个，上划财政代管专户资金2.67亿元（其中质保金、押金等约1亿），上划国库存量资金1.43亿元。盘活资产方面，对纳入财政统管的办公用房、未房改未出售的住房、零星房产等资产进行清理并结合资产实际情况进行拍卖、盘活等分类处置，相关资产全部处置完毕预计可实现成交收入6700万元。资源转化方面，共争取生态补偿转移资金16.18亿元，完成土地出让金收入34.64亿元。向省争取新增债券资金34亿元，比2017年的

31.2亿元增加2.8亿元。利用政府和社会资本合作模式推进城市提升项目。全市共有28个项目纳入省财政厅PPP项目库管理，项目计划总投资389.86亿元，可撬动社会资本313.08亿元。其中浈江、武江市政工程PPP项目计划投资99.37亿元，可撬动社会资本97.39亿元，为韶关市城市提升项目建设提供资金保障。抓收入。主要对重点税源企业进行深入摸底，实施一企一策，配置税源，挖掘增收潜力。掌握全市用地计划和耕地指标转让情况，督促相关部门和各县（市、区）加快土地出让工作，配合税务部门加快房地产项目土地增值税清算和清欠工作。狠抓非税收入征管，清缴各县（市、区）过渡户中非税收入，足额缴入国家金库。分解压实收入任务，继续落实财政局领导班子带队分片督促指导制度。

【支持保障和改善民生】 2018年，韶关市财政局组织开展解决发展不平衡不充分课题中的推进基本公共服务均等化专题调研，形成专题报告及行动方案。完善韶关市基本公共服务清单，明确完成服务项目和尚未完成服务项目，推进基本公共服务常住人口全覆盖。韶关市共梳理出133项基本公共服务项目，新增31项基本公共服务项目，其中71项基本公共服务项目与全省平均水平缩小差距。集中全市70%以上财力用于保障和改善民生，其中全市十件民生实事支出完成8亿元。支持配合企业养老保险纳入省级统筹这项重大民生改革工作，贯彻执行《广东省完善企业职工基本养老保险省级统筹实施方案》，将企业职工基本养老保险省级统筹各项政策措施落实到位。2017年7月起，韶关市按月向省申请省级调拨资金，至2018年底，争取上级调拨资金25.78亿元，其中2018年17.53亿元，弥补韶关市企业养老保险基金的缺口，增强韶关市社保基金的保障能力，促进韶关市民生保障和改善工作。

【土地储备营运规范有序】 2018年，韶关市财政局通过土地储备项目工作目标化、目标任务具体化、具体落实时序化，市辖两区完成征拆并移交土地共1352.33公顷。经由市土地储备中心出让土地10宗，面积共75公顷，成交金额7.59亿元。提供6.67公顷的政府储备土地给市辖两区，作为公益性临时停车场使用，缓解市区停车难问题。

【财政政策高效落实】 2018年，韶关市财政局对接区域生态补偿体制政策。对生态指标进行全面摸底，摸清指标当前实际水平和提升空间，并与全国、全省及粤北五市平均水平做横向比较，区分优势指标和劣势指标，其中绝对优势指标6项，相对优势指标5项，相对劣势指标3项，绝对劣势指标4项；较大提升空间指标1项，形成《关于争取省政策支持相关生态指标的情况报告》，使韶关市争取省生态补偿资金和政策支持工作由定性向定量转变。入围国家开展山水林田湖草生态保护修复工程试点，获得中央、省财政资金支持52.65亿元。开展政府购买服务项目整改和隐性政府债务化解，排查清理规范政府举债融资行为。开展供给侧结构性改革。履行好降成本行动计划牵头部门职责，牵头组织研究帮助企业降成本的政策措施，贯彻落实降低税负、制度性交易、人工、社会保险费、财务、电力等生产要素、物流等七个方面成本的政策措施，全市共为企业减负35.65亿元，完成年度计划的118.83%。

【财政管理效能提升】 2018年，韶关市财政局加强绩效管理。初步构建专门服务于韶关市预算绩效管理的分级分类绩效评价指标体系，创新审核方式，分类审核绩效指标，分级开放管理，实现绩效引导，强化目标审核，加强评审结果应用。同时将绩效评价结果及落实整改情况作为今后年度部门预算资金安排的重要依据。涉农资金统筹整合取得突破。制订《韶关市涉农资金统筹整合实施方案》，实行“大专项+任务清单”模式，结合“放管服”工作要求，下放涉农资金分配和项目审批权限，赋予县（市、区）政府更大的统筹资金自主权。市级财政整合涉农资金26876万元，用于实施乡村振兴战略。国库改革实现“两个全覆盖”。国库集中支付改革全部覆盖全市乡镇，财政预算执行动态监控全部覆盖市、县、乡三级。财务核算信息集中监管改革在市级试点预算单位铺开。加快推进政府综合财务报告制度改革，政府财务报告编制试点拓展至市、县两级财政和各市、县预算单位。财政“放管服”改革实现多点突破。推进项目库管理。对原有项目库进行升级改造，实行一级、二级、三级库分级管理，实现项目库常态化开放、分年度动态管理，推动韶关市项目提前谋划，提前储备；推进电子化采购。搭建政府采购计划24小时电子化备案平台，方便采购单位足不出户即可办理备案；简政放权，提高政府采购限额标准，使各单位采购效率提升；优化财政资金支付流程，精简预算执行流程，加快预算执行进度，提高财政支付管理工作效率和服务质量。

【财政运行风险防范】 2018年，韶关市财政局打好防范化解重大风险攻坚战。将政府融资项目等同于财政投资项目进行管理，严控融资项目建设成本，规范地方政府举债融资行为，组织开展政府投资基金清理整顿工作。通过消化存量、控制规模、开拓财源等一系列的降风险措施，市本级和各县（市、区）债务率均控制在风险警戒线以内。压减隐性债务，推进存量隐性债务化解工作。通过提前还款、项目转型、固化融资金额等多种方式压降隐性债务规模。截至2018年底，全市隐性债务规模下降72.83%。按要求完成《韶关市存量隐性债务化解实施方案》的编制。

【支持重点领域和重大项目实施】 2018年，韶关市财政局推动韶关市高质量实体经济发展。加强对企业资源占用与产出分析，对企业发展质量进行量化分级管理，精准实施“一企一策”，促进企业税收增长。全年共投入促进经济转型升级投入资金5.33亿元，促进67家企业完成固定资产投资70.23亿元。着力支持创新驱动发展战略实施。筹集资金8.62亿元重点支持科学技术、资源勘探信息、商业服务业、金融监管等方面项目的创新驱动发展，促进发展动力切换。支持推进乡村振兴战略。推进县（市、区）涉农资金统筹整合工作，探索资产收益扶贫，重点支持农业优势特色产业发展，不断促进贫困人口就业，提高脱贫质量。坚持扶贫与扶志、扶智相结合，创新资金使用机制，采用以奖代补等方式，增强贫困村、贫困人口内生动力。2016至2018年，各级财政共投入扶贫资金23.29亿元，生态宜居美丽乡村建设资金32.4亿元。全年共拨付污染防治资金12.77亿元，支持实施大气、水、土壤污染防治行动计划，推进北江流域治理，巩固和加强黑臭水体整治，实施生态环境保护修复治理工程，推进农村环境综合整治。支持高水平医院建设“登峰计划”。争取省下拨韶关市资金1亿元，将粤北人民医院列入广东省高水平医院建设“登峰计划”。支持加强基层党组织建设经费保障。通过“五加一减”（即增加补助人数、提高补助标准、扩大补助范围、设立书记绩效奖励、增加为群众办实事专项、调减县级负担比例等措施），市财政共安排党的基层组织建设市级补助资金15058.4万元，推动韶关市基层党组织发展。支持红色革命遗址保护利用。韶关市财政共统筹资金10646万元用于红色革命遗址保护利用工作，其中红军长征粤北纪念馆7600万元（省补短板5600万，市安排2000万元）、朱德部队活动旧址（犁市当铺）保护利用经费300万元，其他红色革命遗址经费2746万元（给县市已安排1698万元）。深化司法体制综合配套改革；市级安排262.4万元支持开展社区矫正、法律援助和村居法律顾问等。

【财政预决算信息公开】 2018年，韶关市财政局推进建立预决算公开工作长效机制。牵头制定出台《关于印发〈韶关市财政局预决算信息公开工作方案〉的通知》，健全与预算单位及财政部门内部监督检查、预算、国库等的组织协调和运行机制。开展预决算公开整改情况“回头看”暨2018年预算公开专项检查、2017年决算公开专项检查。采取各支出科室交叉复核、各县（市、区）交叉检查的方式，督促履行监督职责，提高监督效能，韶关市预决算公开获得全省第三名。

【财政机制体制改革推进】 2018年，韶关市财政局深化预算管理制度改革。深化零基预算改革，预算安排由“基数+增长”向“动态+标准”转变，预算管理模式实现由“以资金分配为主线”转变为“以项目管理为主线”，由“先定预算，再定项目”转变为“先定项目，再定预算”，提高预算资金使用效益。继续推进财政资金项目库管理。落实跨年度预算平衡机制，编制实施新一轮中期财政规划。开展预算编制执行监督管理改革。树立全省全市“一盘棋”思想，组织对改革进行解读部署，预算管理“放权”，强化预算编制、执行管理和监督检查、绩效评价，实现“中间宽两头严”管理模式，找准定位，宽严适度。推进财政投入机制改革。经营性领域通过股权投资、基金等方式投入，实现投入的资金有人负责、实现放大效应、持续利用。严格资金监管，确保财政运行合法合规。严格执行各项财经法规，狠抓重点领域专项财政资金的监督检查，完善“1+8+x”模式的内部控制制度体系，加强内部控制执行管理。

（邓韶江 张夏露）

税 务

【概况】 国家税务总局韶关市税务局于2018年7月5日挂牌成立，负责本系统税收、社会保险费和有关非税收入的会统核算工作、征收管理、检查、服务体系建设，组织开展纳税服务、税收宣传工作，保护纳税人、缴费人合法权益。负责增值税专用发票、普通发票和其他各类发票管理、社会保险费和有关非税收入票证管理。截至2018年底，全系统现有干部职工2019人，其中大专以上学历在职人员达到96.74%，研究生以上学历65人。全年全市税费收入累计完成282.9亿元，同比增长15.8%；组织国内税收收入187亿元，增长8.8%；费金收入85.11亿元，增长42.8%。韶关市机关事业单位养老保险改革初步完成。工资薪金所得基本减除费用标准从每月3500元提高到每月5000元，并按新的税率表计算纳税。个税改革各项政策在韶关落地、平稳实施。经中央文明委复查确

▲2018年7月5日，国家税务总局韶关市税务局在惠民北路53号原韶关市国家税务局挂牌成立

（韶关市税务局 供）

认，继续保留“全国文明单位”称号。原韶关市国家税务局直属税务分局获“全国三八红旗集体”称号。

【减税降费】 2018年，韶关市税务局落实减税降费工作，共减免税费40.89亿元，其中减免税收36.33亿元，减免费金4.56亿元；为高新技术、小微企业和改善民生减免税费合计16.33亿元，办理出口退（免）税达10.45亿元。加强与政府、财政、社保部门的协调，抓好组织收入工作，提高组织收入质量。监控483户重点税源企业，将61%的税源纳入监控管理。依托增值税全链条智慧防控系统，形成防虚打骗管理新架构，监控企业开票、申报情况。以“韶关智慧税务服务平台”为支撑，强化税源预测、监控及分析，注重收入形势研判，为地方经济发展建言献策。

【机构改革】 2018年，韶关市税务局推进各项改革任务落地落实。7月5日和7月20日，市、县两级新税务机构相继挂牌成立；9月25日、10月25日，市级和县乡级层面“三定”暂行规定相继落实到位；10月1日个税过渡期政策全面推行。改革各项工作平稳顺利，得到省税务局领导和地方党政领导的肯定，累计获各级领导肯定性批示18次。2019年1月1日新个税法落地实施，社保费和先行划转的非税收入实现由税务部门统一征收。

【营商环境优化】 2018年，韶关市税务局落实“放管服”改革，持续优化营商环境，精简纳税人涉税资料报送，推出634项办税指南、555项“最多跑一次”清单，在全省率先推出社保费委托代扣协议微信签约系统（简称“微签”），开发房地产交易智能办税系统，车购税证明实现无纸化，生产企业出口退税审批权下放后平均办结时间缩短至8个工作日，纳税人办理业务时间平均缩短20%。国务院7项减税等政策和省政府“实体经济10条”等减税降费措施落到实处。

▲ 2018年4月18日，韶关市税务部门联合市普法办打造的广东省首个税收主题小镇在韶关市举行揭牌仪式 （韶关市税务局 供）

【便民春风行动】 2018年，全市22个办税服务厅全部实现第四层级“一厅通办”，162个综合服务窗口实现税费“一窗通办”；全省首个整体进驻公共服务中心的县级A类全职能办税服务厅在南雄启用；第三方纳税人满意度调查位列全省第三，其中翁源县局全省排名第二。1月，通行费发票开具业务在韶关市顺利上线。

【税收宣传】 2018年，韶关市税务局推进税宣由“造势”向“实效”转变，税收宣传力度不断加大，税收宣传实效明显。环保税宣走进国家AAAAA级景区丹霞山，“中国最美小城”始兴县城栽下“税月森林”；税宣直通车驶入兰博会；税收政策送至乳源瑶胞“十月朝”；“有事请@我”税企见面会和“三个一”活动有声有色；个税宣传“六进”实现无盲点、全覆盖；打造的首座“税收主题小镇”在全省税务系统唯一获得广东省“谁执法谁普法”十大创新创先项目。

【依法治税】 2018年，韶关市税务局落实税收执法责任制，首创法治税务合议制度和合议平台。强化巡察和督察内审工作，对武江区局进行机构改革专项巡察。打破原属地管理的稽查模式，建立市局稽查局和第一、二、三稽查局跨区稽查的“1+3”新稽查模式。加强各税种管理，强化增值税和发票管理，优化企业所得税和国际税收管理，实现各税种管理全流程监控。环保税全面开征，土地增值税清算工作持续推进，企业职工养老保险扩面征缴富有成效。加强征管基础管理，补强征管薄弱环节。初步搭建韶关智慧税务服务平台、“韶税家园”平台、法治税务合议制平台、土地增值税清算平台“四大平台”。

（卢　峥）

金融综述

【概况】 韶关市人民政府金融工作局（前身为韶关市人民政府金融服务办公室）成立于2005年，为韶关市人民政府协调服务金融业的工作部门。2017年10月，设立韶关市人民政府金融工作局，为市政府工作部门；行政编制14名，设局党组，局长1名、副局长2名。内设办公室、银行市场保险科（地方金融市场科）、资本市场科3个科室。主要负责金融机构的监管。2018年末，全市农信社改制工作稳步推进。全市共有银行业金融机构22家，证券业机构10家，保险业机构35家，融资性担保公司5家，小额贷款公司17家。全市各项存款余额1849.76亿元，同比增长5.46%；各项贷款余额956.33亿元，同比增长9.07%，存贷比51.70%；全年证券交易额2760亿元，同比下降12.64%；全年保费收入51.8亿元，保费收入同比增长10%；金融业增加值60.22亿元，同比增幅4%，占第三产业比重8.5%，金融业增加值占GDP比重为4.53%。

【助力小微企业贷款】 2018年，市金融工作局出台《解决制造业企业融资问题的工作意见》《韶关市制造业企业贷款风险补偿基金管理办法（试行）》等政策，探索设立“过桥贷”资金；修改完善银行业发展激励考核办法，促使银行机构给予企业贷款的力度；落实《韶关市人民政府关于印发韶关市加快发展新兴支柱产业若干政策措施的通知》，制定配套的《韶关市促进新兴支柱产业发展融资扶持措施的实施细则》。搭建综合服务平台，联合市机械行业协会、东莞银行韶关分行合作搭建韶关市机械行业技改金融综合服务平台，为推动韶关市机械行业发展提供最高4亿元的信贷支持。

【金融改革】 2018年，韶关市率先在全省先行先试不良资产打包工作，转让不良资产包，获得省领导肯定并批示在全省推广；重拳开展不良贷款清收工作，化解农信社不良贷款。新丰县、始兴县、乳源瑶族自治县、仁化县、乐昌市、南雄市等6家联社获得省银监局筹建批复，两区联社于12月底前提交筹建申请并获省银监局受理。涉及资产捐赠的市区、曲江区、新丰县、乐昌市及始兴县等5家机构均完成捐赠资产处置变现工作。其中，广东新丰农村商业银行股份有限公司、广东乳源农村商业银行股份有限公司、广东始兴农村商业银行股份有限公司三家农商行分别于12月29日、30日、31日，举行挂牌开业仪式。

【金融扶贫】 2018年，市金融工作局建立扶贫担保基金、完善县级综合征信中心方式，不断完善农村信用体系，修订完善《韶关市扶贫小额信贷工作实施细则》，督促各地各机构落实金融扶贫工作责任，信贷支持贫困户脱贫。截至2018年末，累计发放扶贫小额贷款2226笔，金额7143.12万元，其中2018年发放扶贫小额贷款1769笔，金额5396.02万元。

【金融合作】 2018年9月11日，韶关市政府与广东粤财投资控股有限公司、中国农业发展银行广东省分行签署《乡村振兴战略金融服务合作协议》，联合构建有效支持乡村振兴战略的金融服务模式，重点解决农业产业化企业或项目融资难、融资贵问题。10月25日，韶关市人民政府与中国建设银行广东省分行在韶关市举行《乡村振兴战略合作协议》签约仪式，建设银行广东省分行将为韶关市乡村振兴项目提供50亿元授信规模的金融支持。联合市机械行业协会、东莞银行韶关分行合作搭建韶关市机械行业技改金融综合服务平台，为推动韶关市机械行业发展提供最高4亿元的信贷支持。12月18日，市金融局、市经信局、人民银行韶关中心支行、韶关银监分局主办的“韶关市政银企融资对接会”上14家银行机构为103家企业达成授信额度1.35亿元的合作协议。

▲2018年7月5日，韶关市举行全面推进韶关地区农合机构改制组建农商银行工作战略合作协议签约仪式 （市金融工作局 供）

【资本市场多层次发展】 2018年，全市上市企业3家，融资137.63亿元；发债企业3家，融资28亿元；新三板挂牌企业6家，融资4500万元；区域股权交易中心挂牌企业60家。举办2018年丹霞天使投资全球高峰会；推动政府投资基金的设立与投放的管理，市金融工作局牵头组建丹霞天使母基金、众投邦创新创业投资基金、达安医疗健康股权投资基金等3支政府投资基金，总规模达13.5亿元，全年合计投放15个项目、5支子基金，总投资额达3.31亿元，其中4个项目、4支子基金已落地韶关。9月新设立规模15亿元的韶关东阳光新兴产业母基金，将东阳光外地医药产业项目吸引至韶关落户。基金对招商工作提速作用显现，得到省金融办的认可和表扬。

【普惠金融】 2018年，市金融工作局鼓励发展社区金融，印发《韶关市推进社区金融发展实施方案》，鼓励有条件的银行设立社区支行，同时承办城乡居民养老保险、省市县属养老金代发等业务。保险服务经济社会实现新作为，驻韶各保险公司从产业扶贫特惠保险、医疗救助保险、投融资创新合作等方面，创新保险扶贫机制，加大保险扶贫力度，助推全市精准扶贫工作；全市政策性农房保险承保工作完成100%承保率。推广移动支付业务。联合人民银行成立移动支付便民工程工作领导小组，统筹协调推进移动支付便民工程在韶关市落地实施。引进北大方正寿险、利宝财险设立分支机构，引导其依法开展经营业务。

【金融风险防范】 2018年，市金融工作局防范地方政府债务风险，全市债务率、偿债率、负债率低于国际警戒线，全市政府性债务风险总体可控。防范地方法人金融机构风险，着力压降不良贷款，督促部分农信社落实去杠杆工作，提升农合机构抗风险能力。防范和处置非法集资，建立健全处非工作制度，加强对非法集资活动的监测和处置，联合市公安局加大对非法集资的侦办，维护韶关市金融秩序和谐稳定。做好互联网金融的监督和风险防控工作。

（吴文君 侯远林 陈 惠）

中国人民银行韶关市中心支行

【概况】 中国人民银行韶关市中心支行（前身为中国人民银行曲江支行）成立于1949年，是中国人民银行总行的派出机构，内设18个部门，管辖曲江、乐昌市、南雄市、仁化县、始兴县、翁源县、乳源瑶族自治县、新丰县8个县（市）支行。2018年，中国人民银行韶关市中心支行贯彻落实稳健货币政策，维护区域金融稳定，优化金融服务，谋划金融支持韶关高质量发展的新思路新举措，各项工作取得成效，获得省部级以上集体和个人荣誉4项。

【稳健货币政策落实】 2018年，中国人民银行韶关市中心支行加大信贷政策指引，出台《关于优化信贷服务促进韶关经济提质增效发展的实施意见》，督促和指导金融机构加大对小微企业、旅游、绿色发展等重点领域的支持力度，韶关全市共有40个重点项目获得贷款支持，比年初增加15个，重点建设项目贷款余额为106.76亿元，比年初增加41.29亿元，增长62.99%。强化“再贷款+再贴现”政策运用，引导信贷资金投向小微企业和涉农领域倾斜，向上级争取支小再贷款额度1亿元、再贴现额度0.5亿元，发放首笔支小再贷款，办理再贴现0.4亿元，均直接用于支持小微企业的发展。多项措施支持民营企业发展。以中征应收账款融资服务平台为抓手，打造广东省内第一个以核心企业（韶钢松山）支持中小微企业供应商实现全线上应收账款融资的模式，办理反向保理业务4笔，金额5569万元，涉及韶钢松山供应链中小微企业4家。推动广东东阳光科技股份有限公司发行首单粤北欠发达地区民企债券融资支持工具，为该民营企业发行5亿元270天的超短期融资券，票面利率7.2%，较该公司上一期发行的同期限票据利率低10BP。截至2018年末，韶关市银行业金融机构本外币各项存款余额1849.76亿元，同比增长5.40%；各项贷款余额956.33亿元，同比增长9.07%；存贷比为51.70%，同比提高1.74个百分点；民营企业贷款余额为152.18亿元，占全市企业贷款余额的比重为39.87%。

▲2018年7月12日，中国人民银行韶关市中心支行组织举办“善美韶城 支付为民”系列活动 （中国人民银行韶关市中心支行 供）

【金融风险防控强化】 2018年，中国人民银行韶关市中心支行对辖内银行机构进行综合评估，对银行、保险、证券的稳健性进行现场评估，组织开展乐昌农信联社、翁源农商行压力测试工作。开展房地产、农业等5个重点行业授信监测，掌握重点行业信贷风险状况。推进央行金融机构评级工作，做好存款保险制度实施各项工作。牵头开展金融综治暨平安金融创建，完成对辖内8个支行综治安全检查，完成57家金融机构2017年度社会治安综合治理工作检查和考评。推进反洗钱监管和金融系统扫黑除恶。共对辖区金融机构开展反洗钱现场执法检查2次，监管走访、质询、风险评估等措施共8次，移送涉黑恶违法犯罪线索共35条。推动完善监管信息共享机制，完善反恐融资、处置与防范非法集资、处置与防范互联网金融等非法金融活动工作机制，推动实施金融风险监测台账管理，辖区金融风险防范能力持续加强。

【金融扶贫攻坚加大】 2018年，中国人民银行韶关市中心支行修改完善《韶关市扶贫小额信贷工作实施细则》，推进扶贫小额信贷业务发展，全市发放扶贫小额信贷1769笔，金额5396万元。加大“央扶贷”模式的推广应用，扶贫项目和民生领域的信贷投入增长，支持脱贫攻坚，通过“央扶贷”模式发放银行贷款15437万元，扶持农户约3500户，其中贫困户1957户，为22家涉农企业提供融资1972万元。继续支持广州分行在翁源县龙仙镇中心村的金融扶贫工作，引导翁源涉农银行机构发放扶贫小额信用贷款，带动食用菌（草菇）和红薯加工等扶贫产业发展，筹集120万元教育资金修建中心村新楼小学运动场，筹集800万元改造全村电网，筹集500万元修缮乡村道路等，民生保障工程持续发展。截至2018年末，中心村预脱贫率达98.25%，贫困户年人均可支配收入提高到13559元。做好在始兴县深渡水村的定点扶贫工作，运用小额信贷政策帮助9户贫困户解决各5万元生产发展资金，通过“央扶贷”模式帮助深渡水村木材加工厂贷款150万和葡萄、猕猴桃种植项目贷款50万元，免费为9户贫困户新建住房，推动饮水工程建设，改造乡村公路，修建文化广场，各类文体设施得到完善。中国人民银行韶关市中心支行金融精准扶贫工作在中央和国家机关工作委员会主管的杂志社《紫光阁》在2018年第7期上刊登。

【金融改革深化】 2018年，中国人民银行韶关市中心支行支持农信社改制农商行工作，在清收不良贷款、增资扩股、改善各项经营指标等方面开展督导调研，制定《韶关市农村信用合作联社改制农村商业银行加入人民银行金融服务与管理体系操作指引》，规范农商行加入人民银行金融服务与管理体系制度。主动与广州分行相关处室汇报沟通，完成乳源农商行等3家新开业的农商行存款准备金优惠政策的审批工作，给予3家农商行延期一个季度执行农商行存款准备金率期限，释放流动性约3.5亿元，满足3家农商行对“三农”、小微及民营企业的信贷资金需求。截至2018年末，乳源联社等3家联社成功改制组建农商行并挂牌开业；仁化联社等3家联社获准筹建农商行；市区联社和曲江联社2家联社合并改制农商行完成筹建申报工作。定期监测分析国有商业银行分支机构改革进展，关注农业发展银行分支机构改革发展状况，完成2018年上半年商业银行体制改革进展情况报告。加强利率政策执行情况分析和推进利率市场化改革，健全市场利率定价自律机制，组织辖内7家法人机构参加合格审慎评估年检，以此促进法人金融机构强化财务约束，提高自主定价能力，完善市场供求决定的利率形成机制。韶关市8家农信社累计新发放贷款56.69亿元（不含贴现、个人住房贷款），加权利率7.16%，比上年同期下降0.19个百分点。

【外汇政策服务优化】 2018年，中国人民银行韶关市中心支行深入企业开展“外汇服务百企行”活动，举办政、银、企三方外汇政策培训班，加强外汇政策宣传引导，解决企业遇到的融资难问题。2018年，共办理全口径跨境融资业务8笔，金额1.71亿美元，折人民币11.83亿元，为企业节约利息支出1540万元。做好辖区跨境人民币业务宣传工作，扩大跨境人民币结算规模，提高跨境人民币结算占比。2018年韶关辖区跨境人民币结算总额为52.39亿元，同比增长37.9%，净流入28.63亿元，同比增长125.1%。加强现场和非现场监测，按照分类管理原则对部分重点企业进行非现场核查，对货物贸易资金流与货物流偏离情况严重的企业开展现场核查，对异常企业发放风险提示函、约谈法人，防范跨境资金异常流动风险。开展外汇专项检查，打击地下钱庄等外汇违法违规行为，2018年外汇违法违规立案6件，结案5件，涉及外汇违规金额451.78万美元，处罚金额126.46万元，收缴罚款126.46万元，其中地下钱庄交易对手案件4件，罚款123.46万元，维护韶关外汇市场的健康稳定。

【金融服务效能提升】 2018年，中国人民银行韶关市中心支行优化企业开户流程、提升审核效率和服务质量，推动辖内各银行全面开通中小微企业绿色通道，实现银行开户“2+2”个工作日办理，提升企业开户服务水平和客户满意度。实施移动支付惠民、便民工程，提请市政府调整成立由副市长任组长的移动支付便民工程工作领导小组，向韶关市人大、政协提交《关于推动移动支付便民工程实施，加快我市智慧城市建设，助推城市提升的建议》提案并得到立项批复，移动支付便民工程工作高位推进。发挥农村信用体系作用，通过打造“央扶贷+信用三农”模式，扩大扶贫资金发放规模，提高金融扶贫工作的覆盖面和渗透率。以翁源县江尾镇为试点，开展信用创建支持乡村振兴“521”行动，建立多维度农户综合评分体系，帮助当地兰花产业获取信用贷款，促进乡村振兴发展，该工作被评

▲2018年7月12日，韶关市移动支付体验馆暨征信服务中心正式启用揭牌仪式在中国人民银行韶关市中心支行举行 （中国人民银行韶关市中心支行 供）

选为广州分行2017年度十大亮点工作。加快国库信息化重点项目建设，完成韶关库银横向联网系统上线运行。加强货币发行工作，对发行库进行检查，对人民币收付开展监管，推进拒收人民币现金专项整治，加大反假的打击和奖励力度。金融统计研究成效显著，协助广州分行开发广东金融统计数据库，重点课题获得广州分行重点课题一等奖和二等奖。大兴调研之风，创建《韶关金融调研》《韶关金融简讯》等刊物，中国人民银行韶关市中心支行一把手组织召开大兴调研之风推进会，署名的调研文章《广东韶关创新农合机构组团批量转让不良资产模式取得明显成效》被省委省政府采用并批示。金融消费权益保护工作亮点纷呈，牵头签署《协同开展金融广告治理工作备忘录》，举办广东省首届“金融与诚信”亲子金融知识竞赛（韶关赛区）活动，建立韶关首个小学校园金融读书角。得到韶关市政府的肯定和表扬。（黄　乔）

▲ 2018年12月18日，韶关银监分局与韶关市金融工作局、韶关市经济和信息化局、人民银行韶关市中心支行联合在韶关市举办韶关市政银企融资对接会

（韶关银保监分局　供）

银行监管

【概况】　2004年2月，韶关银监分局成立，2018年12月，韶关银监分局更名为韶关银保监分局，并正式挂牌。截至2018年末，在职干部员工59人，内设8个部门。截至2018年末，全市银行业机构资产总额1975.58亿元，比上年末增加125.96亿元、增长6.81%；负债总额1909.06亿元，比上年末增加109.66亿元、增长6.09%；各项存款余额（不含财政性存款）1797.67亿元，比上年末增加95.63亿元、增长5.62%；各项贷款余额956.33亿元，比上年末增加79.57亿元、增长9.08%。辖内银行业未发生重大案件风险事件，守住不发生系统性风险的底线，整体经营保持稳定。

【主动对接支持重点项目建设】　2018年，韶关银保监分局加强外部单位联动，推送市政府重点项目信息共享至辖内银行业机构，督导辖内银行业机构主动精准对接，为相关重点建设项目量身订做信贷支持或其他金融服务方案，并通过加大政策宣讲、业务营销和推介力度，做好融资对接和相关配套金融服务。截至2018年末，辖内银行业机构重点建设项目贷款余额106.76亿元，比上年末增加41.29亿元、增长62.99%。

【降低实体经济企业融资成本】　2018年，韶关银保监分局印发《关于切实做好小微企业无还本续贷政策宣讲普及和推进实施工作的通知》，继续组织辖内银行业机构开展降低企业成本活动并定期通报督导，2018年前三季度银行业通过办理循环贷款、无还本续贷、还旧借新无缝对接贷款及银税互动贷款，累计为小微企业减负1032.47万元。

【农村金融服务水平提升】　2018年，韶关银保监分局印发《关于推进落实普惠金融“村村通”全覆盖工作的通知》，督导辖内银行业机构不断加强县域营业网点和服务渠道建设，延伸金融服务触角，提升农村金融服务水平，改善偏远农村地区的金融服务环境。截至2018年末，全辖共有行政村（不含居委会、社区）1208个，农村基础金融服务实现“村村通”100%全覆盖，其中机构覆盖行政村155个，各类电子机具覆盖行政村1038个（比上年末增加9个），以其他金融服务方式覆盖的行政村812个（比上年末增加1个）。

【支持小微企业发展】　2018年，韶关银保监分局协同市金融工作局、人民银行韶关中支先后3次召开小微企业融资情况座谈会，联合市经信局开展省民营经济“十条政策”宣讲活动，推动改进民营企业、小微企业金融服务相关政策落地实施；联合市经信局、市金融工作局和人民银行韶关中支印发专项通知，督促辖内银行业机构加大对全市108家IPO后备库企业、35家拟上规企业及纳税信用等级为A、B级优质纳税企业的信贷支持。截至2018年三季度末，辖内银行业机构发放贷款支持IPO后备库企业75家、贷款余额23.61亿元，支持拟上规模企业11家、贷款余额7.65亿元。

【扶贫小额信贷工作推进】　2018年，韶关银保监分局会同市扶贫办、市金融工作局等部门召开培训会、工作推进会并采取按季通报督导方式，指导辖内相关银行业机构推广扶贫小额信贷，实现2018年扶贫贷款“2—2—1”目标；制定《韶关银行业扶贫领域作风问

▲2018年4月27日，韶关银监分局与韶关市金融工作局、人民银行韶关市中心支行在韶关市召开农信联社改制专题会议（韶关银保监分局 供）

题专项治理工作方案》，组织开展实地督导。截至2018年末，辖内银行业机构扶贫小额贷款户数2094户、贷款余额6423.53万元，分别较上年末净增长360.22%、270.45%，扶贫小额信贷覆盖面为6.14%，应贷尽贷比例100%。

【金融风险防控加强】 2018年，韶关银保监分局在信用风险防控方面，通过开展信用风险专项排查，督导辖内银行业机构做实信贷资产质量、充分暴露风险，针对农合机构年后逾期90天以上贷款占不良贷款比例有所反弹问题，督促做实资产质量、真实反映入账，确保把逾期90天以上贷款占不良贷款比例控制在100%以下，并对逾期入账和资产处置情况开展自查，提高资产处置合规性。全年辖内银行业机构累计处置不良贷款38.46亿元，同比增长24.36%。截至2018年末，银行业不良贷款余额11.40亿元、比年初减少10.06亿元，不良贷款率1.19%、比年初下降1.26个百分点，不良贷款余额和比率均“双降”；辖内农合机构将贷款分类偏离度压降至66.89%，贷款质量反映更加真实。在案件和风险防控方面，组织辖内银行业机构开展合规述职并对20家机构进行监管走访，提出监管意见108条；组织农合机构开展制度梳理，梳理制度2598份，其中需重新修订385份、需废止107份、需新增279份；开展员工行为管理自查，对工商银行、建设银行等8家机构员工行为管理情况进行现场检查，发现问题65个，并对违规问题立案调查；开展虚假理财案件风险排查、销售专区“双录”专项评估检查等，消除操作风险隐患。严密防范非法金融风险传导。参与组成市网络借贷信息中介机构联合整改验收工作小组，负责对辖内已摸查到的4家P2P网贷中介机构进行整改验收、复核、指导及抽查工作等，全市互联网金融风险逐步企稳。召开全市金融系统扫黑除恶工作督导会2次，向市公安局移交涉黑涉恶线索5条、协助排查线索6条。

【农信社改制工作加快】 2018年，韶关银保监分局专门制作“入股农村商业银行监管政策宣讲”演示文稿，开展解读宣讲；建立与市金融工作局、市农信联社每周碰头机制，及时沟通解决问题，协同市金融工作局、人民银行韶关中支到乐昌市、仁化县、南雄市等6县（市）开展农信社改制工作督导，加快推进改制工作进程。做好清产核资和评估验收工作。在组织改制机构及相关中介机构签订承诺书并分别开展约谈、压实改制机构及中介机构责任的基础上，集中人员投入1511人/天对8家农联社清产核资及资产评估等改制组建农商行前期工作进行现场验收（预验收），提出问题648个，下调不良贷款5.2亿元，并提请广东银保监局筹备组安排交叉督查组前来实地督查。帮助引进外地投资者参与改制。协助市政府和金融局研究帮助辖内各农联社引进战略投资者问题，并先后陪同地方政府领导前往原广东银监局、省金融办及广州农商行走访，协同省、市农联社到南海农商行沟通工作，帮助引进或会见有意参与农信社改制的机构投资者，促使辖内各拟改制的农联社均按要求明确或落实3至5家机构投资者作为主要股东参与改制。截至2018年末，辖内8家农联社拟改制组建的7家农商行中有3家正式开业，另有3家已筹建，韶关市区、曲江农联社拟合并改制组建韶关农商行的请示也已获广东银保监局受理。通过改制组建农商行，辖内南雄市、仁化县、韶关市区3家农联社成功摘掉高风险机构的“帽子”，同时辖内8家农联社通过改制共增资扩股17.44亿股、金额38.69亿元，其中引进外地投资资金30.48亿元，充实资本金，为韶关市招商引资做出贡献。

【金融消费者权益保护】 2018年，韶关银保监分局成立银行业金融机构消费者权益保护考核评价工作委员会，组织辖内银行业机构开展打击非法集资宣传活动，开展非法集资风险专项整治工作；督导辖内银行业机构开展“金融知识进万家”宣传服务月活动，活动期间辖内银行业机构共出动宣传人员2845人次，开展集中宣教322次，网点参与率达100%，发放宣传材料14.01万份，受众客户量22.67万人，发送宣传短信27856条，微博宣传发送8179条，微信宣传发送数量34324条，得到韶关电视、民生热线、韶关日报等地方主流宣传媒体报道，社会影响力扩大。

【银行业乱象深入整治】 2018年，韶关银保监分局强化组织保障。成立由分局主要负责人担任组长的工作领导小组，制定工作方案，先后召开7次专题会议部署和推动整治银行业市场乱象工作。要求银行机构就重大事项做出说明41次。紧盯重点机构。针对农村中小金融机构在贷款分类偏离度、利润分红、薪酬绩效及股权管理等方面存在的问题，督促机构按监管规定修订绩效考核和薪酬延期支付制度，将辖内7家拟改制农信社28.47亿元贷款下调为不良，反映和化解潜在风险。做实问题整改。督促银行业机构开展自查，发现问题3461个、金额313.34亿元，整改问题3174个，整改率91.71%。组织开展监管检查，发现股东资质和股权管理混乱、绩效考核指标设定不合规等方面问题186个、金额19.39亿元。通过深化市场乱象整治，辖内银行业机构合规意识增强，业务经营规范，特别是农村中小金融机构长期普遍存在的经营利润不实、违规分红、薪酬绩效及股权管理混乱问题基本得到遏制，各项业务不断趋向合规。截至2018年末，辖内农合机构（包括农信社和农商行）资本充足率19.39%，较年初提升6.01个百分点。

【银行业机构监管】 2018年，韶关银保监分局开展评价促提升。会同市金融工作局、人民银行韶关中支联合印发《韶关市银行业机构服务实体经济质效评价暂行办法》，建立服务实体经济质效“使命（MISSION）”评价体系，加强对辖内银行业机构金融服务质效评价，同时作为开展年度监管工作评级、评价和采取相关后续管理督导措施的重要参考依据。联合授信稳预期。组织银行业机构开展联合授信试点，分别对韶钢松山、韶赣高速、粤江发电、粤华电力、赣韶铁路5家重点企业建立联合授信机制，锁定企业融资总量，以此防止企业多头融资或银行过度授信，同时要求银行业机构不得简单压贷、抽贷、断贷，以此稳定信贷、稳定预期、稳定支持。组织编写《韶关银行业发展年报（2017年）》，主动牵头与市金融工作局、人民银行韶关中支建立定期联系会议制度。（曾剑君）

银行简介

【中国工商银行股份有限公司韶关分行】 2018年末，中国工商银行股份有限公司韶关分行（下称工行韶关分行）在职干部员工759人，下辖16个内设部门、13个一级支行、38个营业网点（覆盖三区七县），党委书记、行长：邓湧。2018年该行实现净利润50597万元，同比增加23749万元，增幅88.45%。全辖当地缴纳税款达5541万。服务全辖个人客户127.22万户、占常住人口的43.4%；法人结算账户数17549户，净增1998户，存量四行第一。2018年末，本外币各项存款时点余额254.80亿元，本外币各项贷款时点余额157.45亿元、净增10.09亿元（全年正常类住房贷款累计证券化8.64亿，腾出规模满足优质信贷需求，还原该因素，各项贷款增18.73亿元）。年末不良贷款余额18164万元，不良率1.15%，资产质量实现“双降”。实现安全运营无事故、无案件的“双零”目标，内控管理水平提升至系统内“一类行”。

经济建设助力 工行韶关分行支持重大项目和重点企业，加大金融创新力度，通过资产证券化、理产直投、产业基金等多元化金融手段助力韶关市产业升级发展。截止2018年12月末，公司贷款累计发放48.23亿元，其中累计发放一般流动资金贷款34.39亿元，为客户减少融资成本金额5640.15万元。重点支持韶关市上市公司板块、道路建设板块、能源板块、先进制造业等。

普惠金融发展 工行韶关分行支持民营企业发展，出台支持民营企业九条措施，在产品、服务、成本、效率等方面提升小微企业金融服务质效。2018年全口径小微企业贷款27.35亿元，小微企业贷款户数408户，累计发放小微企业贷款8.6亿元，完成“两增两控”监管目标，小微贷款利率执行水平稳中有降，支持包括商贸零售、汽车贸易、加工制造等小微实体经济。

企业融资成本降低 工行韶关分行推进创新产品落地，利用“互联网+”产品模式，发展金融创新产品投放市场。该行创新产品“经营快贷”（企业主版）和“税易通”（税务贷）均采用全线上信用方式办理，满足小微企业“短、频、快”的融资需求。工行韶关分行贯彻执行上级行关于普惠贷款差异化定价的要求，对符合条件的小微企业客户主动做出让利，直接降低企业融资成本。按照“七不准”〔不准以贷转存（强制设定条款或协商约定将部分贷款转为存款）、不准存贷挂钩（以存款作为审批和发放贷款的前提条件）、不准以贷收费（要求客户接受不合理中间业

▲2018年10月29日，工行韶关分行“不动产登记+金融服务”便民服务点在韶关市揭牌
（工行韶关分行 供）

▲2018年3月16日，工行韶关分行汽车贷款中心在市区开业揭幕

（工行韶关分行　供）

务或其他金融服务而收取费用）、不准浮利分费（将利息分解为费用收取，变相提高利率）、不准借贷搭售（强制捆绑搭售理财、保险、基金等产品）、不准一浮到顶（笼统地将贷款利率上浮至最高限额）、不准转嫁成本（将经营成本以费用形式转嫁给客户）〕、“四公开”（包括收费项目公开、服务质价公开、优惠政策公开、效用功能公开）要求规范小微企业业务收费，对符合小微企业减免政策的如：承诺费、咨询费、财务顾问费等各类费用予以免收，减轻企业负担。

农村金融体系改革推进　工行韶关分行在7个县城均设立有一级支行，共计13家全功能营业网点，36家离行式自助银行合计66台自动柜员机，为城镇居民提供服务。截至2018年12月末，农村地区网上支付存量开户数19.28万户，本年发生交易笔数为554.84万笔，本年发生交易金额为131.03亿元；移动支付存量开户数20.45万户，本年发生交易笔数为163.29万笔，本年发生交易金额为271.65亿元；电话支付存量开户数为1.62万户，本年发生交易笔数为2.96万笔，本年发生交易金额为27.17万元。

业务创新推进　2018年，柜面推行运营服务无纸化项目建设，构建基于客户体验的柜面交互式、无纸化服务模式，满足客户金融消费需求。投产人脸识别项目，建立“联网核查+人脸识别+柜员人工”的柜面增强型客户身份认证机制。推广中小微企业便捷开户流程，实现网上预约、移动手机预约、智能终端自助开户、柜面开户等各渠道账户开户预约和开户服务。

服务品质提升　加快服务渠道转型，推动网点智能化、轻型化，加快融e行、融e联、融e购“三融”平台应用，围绕公众衣、食、住、行、玩、学、购等构件服务场景，向全市单位和个人提供金融服务。两年来，该行累计完成全行一半营业网点的标准化装修改造，通过功能分区和智能化机具配置提升服务水平，推进内部业务运管改革及流程优化。不断创新服务模式，在系统内首次推出车贷中心，把真车开进大堂，客户选车、洽谈、分期申请与审核一站完成；辖内第一家推出“不动产登记+金融服务”便民窗口服务业务；结合创文创卫等契机，深入开展网点服务环境和满意度建设，为善美韶关贡献力量。（侯志萍）

【中国银行股份有限公司韶关分行】

简称中国银行韶关分行，是中国银行股份有限公司在广东省境内设立的二级分行。2018年末，全行在职员工428人，设立营业网点27家，拥有ATM、存取款机等自助设备177台。党委书记、行长：张海文。全行本外币时点存款（不含卡含理财）余额152.55亿元，较上年新增17.65亿元，增幅13.09%。本外币日均存款（不含卡含理财）余额140.64亿元，较上年减少0.55亿元，较上年负增0.39%。12月后五日存款平均余额为152.35亿元，完成省行下达的后五日存款目标。本外币各项贷款余额104.95亿元，较上年新增11.41亿元，增幅12.2%，其中本外币公司贷款余额49.32亿元、较上年增幅8.40%，零售贷款余额54.39亿元、较上年增幅18.27%；人民币各项贷款在四大行市占16.91%，新增额本地四行位列第三。落实全年“零案件、零重大违规、零重大违纪、零重大风险事件、零监管处罚”内控管理“五零”目标。

价值贡献提升　2018年实现营业净收入48508万元，同比增幅6.18%。其中：净利息收入35603万元，同比增幅7.25%；非利息净收入12937万元，同比增幅2.65%。实现拨备前利润34029万元，同比增幅7.81%。实现净利润37640万元，同比增幅95.03%。全行不良余额（考核口径）5270万元，较年初下降585万元，不良率0.50%，较年初下降0.13%，不良余额、不良比率实现双降。与同业相比，中国银行韶关分行整体不良率在本地四行中次低，不良余额为四行最低。实现EVA30184万元，进步排名全省第七，同比增幅172.07%。剔除拨备影响后，中国银行韶关分行RORWA为6.30%，较上年提升0.99个百分点，变动排名全省第四。存贷利差3.58%，较上年提升0.26百分点，改善幅度为7.85%。

业务转型深化资产业务领跑同业　截至2018年12月末，本外币公司贷款余额49.32亿元，四行占比18.91%，较年初新增3.82亿元，较年初增幅8.4%，增幅稳居四行第一；中小企业新模式人民币贷款余额67111万元，较上年净增4184万元，增幅6.65%，新增额四行第一；个人贷款余额54.39亿元，较2017年新增8.4亿元，增幅18.27%；分期付同比增幅排名同组行第一。

贸金业务优势领先　2018年末，中国银行韶关分行国际结算及跨境人民币市场份额分别为52%及35%，两项市占继续保持本地第一。叙做国内信用证福费廷共32.93亿元，其中，国内信用证福费廷（一级市场）30.90亿元，国内信用证福费廷（二级市场）5800万元。

主动服务实体经济　支持本地重点行业、龙头企业发展，全年累计向广乐高速、仁博高速资金支持，以及乳源东阳光、碧桂园等企业投放贷款近14亿元。结合中小微企业行业特点及轻资产抵押不足值等实际问题，在原开发系列通宝类产品的基础上，推动中银普惠金融农业“种植贷”“养殖贷”“冷链贷”“食品贷”，中银普惠教育“优才贷”“雏鹰贷”“托管贷”等18款子产品，手续简便、审批效率高，受到中小微企业的普遍欢迎。

▲2018年7月20日，中国银行韶关翁源支行开业　（中国银行韶关分行　供）

支持民营企业发展　持续与韶关市科技局保持全面合作关系，全年累计为119家民营企业提供近6亿元的贷款支持。2018年，该行中小企业新模式贷款余额较上年增幅6.65%；中小企业新模式贷款客户数量较上年增幅12.26%。完成小微企业“两增两控”〔“两增”即单户授信总额1000万元以下（含）小微企业贷款同比增速不低于各项贷款同比增速，贷款户数不低于上年同期水平，“两控”即合理控制小微企业贷款资产质量水平和贷款综合成本；突出对小微企业贷款量质并重、可持续增长的监管导向〕监管目标。

普惠金融服务　抓住海关电子税费支付改革机遇，发挥“单一窗口”业务首发合作银行优势，将“单一窗口”大通关流程由“串联”改为“并联”，实现一站式办理。与韶关市住房公积金管理中心签署全面战略协议，对中小企业融资、市政建设、民生工程等提供全面普惠金融服务，更为韶关住房公积金业务、住房建设和租赁房屋等领域各参与主体提供金融产品和服务。联合市工商局举办“个转企”政策宣讲暨“中银个企达”产品发布会，为参加活动的个体工商户和中小微企业，介绍结算产品体系与融资服务及中银个企达产品。通过住房按揭、家庭住房装修贷、汽车分期、车位贷、“互联网+”金融服务民生代缴等业务，支持市民购房置业、投资增值和提高生活品质，满足个人客户各类金融、结算、资产配置的多样化需求。推出“一站式”出国金融服务，提升外币存取、兑换服务能力。截至12月末，中国银行韶关分行不良压降全年累计9028万元，同比增幅9.52%，其中个贷压降4668万元、银行卡压降2338万元、对公压降2022万元，完成省行下达的清收任务。强化反洗钱业务的可疑甄别能力，辖属乐昌支行向人行及公安报送一条重点可疑线索，进入核查攻坚阶段，得到当地公安、人行的肯定。

▲2018年7月3日，韶关市住房公积金管理中心与中国银行韶关分行签署全面战略合作协议　（中国银行韶关分行　供）

支持绿色金融发展　争揽广东省韶关韶农发展基金托管资格，从农业龙头企业、本地特色产品、区域风险情况、公司治理情况等维度，筛选目标客户，重点支持本地优质农业龙头企业发展。2018年末，该行存量授信农业企业17户，累计投放贷款1亿余元，为本地农业企业及新型农业经营主体提供综合性的农业金融服务。

网点建设　加快普惠金融网点建设，始兴支行、翁源支行、乳源支行分别于7月18日、7月20日、12月18日开业，为当地小微企业、“三农”、创新创业群体、扶贫攻坚提供金融服务。优化网点经营模式，推进辖内和平路支行、韶南支行、芙蓉支行、站南支行、工业东路支行等五家网点实行轻型化转型。做好网点智能柜台发展工作，2018年累计投入31台智能柜台，实现网点全覆盖。实行大堂引导服务外包及客户外拓营销服务外包，缓解厅堂及外拓人员紧张局面。（宋秋霞）

【中国农业银行韶关分行】 中国农业银行股份有限公司韶关分行是农业银行的二级分行，本部位于韶关市惠民北路2号农行大厦。2018年，全行辖属12个管理型一级支行，44个营业网点，38个离行自助银行，529台智能设备，从业人员920人。响应金融监管部门“消除金融服务空白点”的要求，履行国有大行责任担当。在各县（市区）18个中心乡镇设立5个物理网点，13个金融服务站，布放650个惠农通服务点，金融服务在全辖463个行政村实现全覆盖。党委书记、行长：钟杰，党委委员、纪委书记：蔡志兴。该行各项存款总额310亿元，各项贷款总额197亿元，在四大国有商业银行中存、贷规模均排名第一。从业务结构看，大型企业、重点项目贷款35户42亿元，农业农村贷款4800户24亿元，普惠民营企业贷款2258户15亿元，民生住房类贷款49000户100亿元，个人消费类贷款15000户16亿元，农民安家贷5300户16亿元。

乡村金融服务 农行韶关分行服务新型农业经营主体、农业农村各领域新要素，以及产融发展、现代农业、生态农业、互联网等新主体、新业态，把服务三农和履行社会责任相结合，抓住机遇，促进县域经济发展。服务种养专业户。运用省行推出的“纯信用、线上化”产品“快农贷”。针对各县（市、区）“一村一品“特色产业，定制贡柑、蘑菇、佛手瓜等25个融资服务方案，共对1020户种养户授信1亿元，已投放830户、金额8500万元。服务新型农业经营主体。2018年以来累计向1674户新型农业经营主体投放贷款6.16亿元，支持新型农业经营主体的发展壮大。面向农业龙头企业、现代农业产业园，定制产业链融资服务方案。对已落户的翁源县兰花、乐昌市香芋、新丰县茶叶、南雄市丝苗米、乳源瑶族自治县高山蔬菜园区内的种植户投放贷款202户，金额6132万元。对市级及以上农业龙头企业投放贷款62户，金额2.3亿元。截至2018年末，已经投放农担贷款335户，25468万元，在韶关开办该项业务银行中，农行韶关分行取得“全省发放笔数最多、全省发放金额最大、全市发放首笔农担业务”三个第一。2018年以来，农行韶关分行“惠农e商”商户7100户，“惠农e付”4.7万户、交易金额5.06亿，投放“惠农e贷”1945户，金额5.14亿元。

金融精准扶贫攻坚落实 作为全市3家金融扶贫责任包干机构之一，2018年，农行韶关分行分赴164个行政村开展对已授信1381户建档立卡贫困户的100%上门摸查、了解有效需求。共向294户有信贷需求且符合贷款条件的建档立卡贫困户发放扶贫小额贷款868万元，在包干的11个镇实现“应贷尽贷全覆盖”，市扶贫办专门印发《主动作为强化担当构建“五位一体”金融扶贫模式》宣传农行韶关分行精准扶贫经验做法。共支持16个产业（项目）扶贫项目，贷款余额9484万元，带动贫困户15766人稳定增收。

服务地方发展 农行韶关分行做好地方政府性债务减免处置工作。先后为南雄市、曲江区、乳源瑶族自治县、仁化县、始兴县、乐昌市、新丰县等七县（市、区）政府、市社保局等106户政府不良债务实施减免利息处置方案，共计收回贷款本金6257万元，收回利息285万元（无本有息贷款），减免贷款本息18817万元，化解政府历史遗留债务。做好代理社保业务常态化、长期化服务。农行韶关分行共发放全市职工五险、城乡居民医疗保险金额共89.25亿元，其中职工养老45.82亿元，医疗21.95亿元，工伤、失业、生育合计3.61亿元、城乡居民医疗17.86亿元，通过农行韶关分行集中支付一对多行发放人数达290万人，承担庞大的金融结算服务工作。创新产品，强化科技赋能，破解小微企业融资难题。2018年以来，农行运用大数据、云计算等新兴技术，开发纯线上操作的“微捷贷”产品，纯信用、在线申请、秒级审批，产品推出一个月就实现为22户小微企业在线获得融资，满足小微企业贷款“短、小、频、急”的需求特征。针对担保难问题，推出“税银通”“结算通”“工资贷”等纯信用贷款产品。农行韶关分行与市工商局开展深度合作，以农行发行的联名卡作为电子证照、工商信息的载体，通过“银证通”系统与工商局网上办事大

▲ 农行韶关分行在新丰县宣传“惠农e商”“惠农e付”“惠农e贷”（农行韶关分行 供）

厅无缝对接，助力工商户在农行网点轻松办理电子营业执照。

（农行韶关分行）

【中国建设银行股份有限公司韶关市分行】 2018年末在职员工624人。内设12个部门，辖属32个营业网点、自助银行80个、自助设备191台。行长、党委书记：石中心。全口径存款余额256亿元，其中，企业存款121亿元，个人存款135亿元；各项贷款余额140.44亿元。金融科技打造电费交易、智慧公交等获客平台，普惠金融贷款客户新增超千户，乡村振兴金融服务获好评。全年零案件。建行韶关分行获2017年度银行业机构综合评估第一名，获得省分行2018年度合规管理“五无”先进单位称号，获省行2018年集约化劳动竞赛活动“进步团队”奖；建行乐昌支行林学雯在省行柜面业务知识竞赛和韶关银行业“最美柜员”评选活动均获第一名。开展非法集资可疑数据排查、民间集资疑点核查、金融制裁数据核查、涉黑涉赌数据核查、地下钱庄可疑数据排查、人行协查名单排查等20多批次，向相关部门反馈。全行对公客户身份信息完成率达到90%，对私客户身份信息完成率达到82%。

▲2018年8月15日，建行韶关分行“劳动者港湾”投入使用　　（郑彬　摄）

聚力“三大战略”　建行韶关分行住房租赁攻克公租房业务系统并行上线难题，房源上线1.5万套。金融科技打造“韶关特色”，成立金融科技委员会，统筹金融科技总体发展，推出全省首个供电局电费类交易金融服务平台；“智慧公交”便民工程交易37.5万笔；实施首个“无感支付”项目和12个菜市场移动支付升级改造；10类社会化平台上线推广，获客数超8万户。普惠金融客户新增破千户。召开全市首家金融机构民营企业座谈会，对全市63个行业协会、商会、社会群体进行全覆盖营销。向各大工业园区推介普惠金融产品，得到政府及小微企业主的认可。全年普惠金融贷款客户新增1021户。

“发展工程”再创新高　建行韶关分行联系政府、发改委、金融办等部门，抓信息源头，加强财政社保、机关保“文教卫”、省市重点建设项目及上市公司等重点领域营销拓展，开展资金链上下游联动营销，并应用系统科技手段，挖掘目标客户和营销商机。对公贷款投放超50亿元。主承销东阳光科超短融5亿元，投放大中型项目贷款30.13亿元，完成贸易融资投放16.97亿元，跨境融资投放4.1亿元；持续加强对高新技术企业的营销，实现高新技术产品服务全覆盖124户，授信半覆盖48户，资产余额16.54亿元。密切和地方职能部门联系，持续巩固对公客户合作，区块链平台、党群平台、安心养老平台。个人存款稳步增长。常态化推进大额存单、惠存通等存款创新产品销售；个人类贷款余额由2014年25亿元增加到2018年96亿元，翻近三番。推进“8+N”移动支付便民工程，开展“服务100，满意在建行”“客户服务竞赛”等活动。获总行、省分行各类创新奖项13项，全年复制推广总行45个优秀案例，完成总行级创新项目1个，完成省行级创新项目11个，入驻省行“金蜜蜂”创客空间研发项目3.5个。

支持小微企业发展　建行韶关分行与国税局合作，开展“线上银税互动”，创新推出小微快贷子产品——云税贷，实现纳税系统与银行系统的直连，为小微企业、个体工商户提供“以税获贷”的纯信用贷款，贷款额度最高可达200万元。该产品自2017年8月推出以来，累计为韶关当地660户民营企业发放贷款7亿元。

业务和人员实现双平安　建行韶关分行开展员工警示教育，开展整治银行业市场乱象和员工行为管理自查检查工作，全年共编发每日一训250条、开展网点检查72次、开展合规知识测试16次、举办合规讲座4期，营造“不想为、不愿为、不能为、不敢为”的平安文化氛围。实现全年无重大违规、无重大案件的平安年目标。开展反洗钱工作，获得当地人民银行的表扬。创新电子刊物《韶建合规之声》获得省分行肯定。通过完善柜面营运考核机制、加强业务培训、开展落后网点和人员的重点帮扶等措施，防范和化解柜面业务风险。

乡村振兴金融服务获好评　2018年，建行韶关分行在全省二级分支行中率先实施、探索乡村振兴金融服务的“建行样板”，8—10月，选择乐昌市北乡镇前村村、翁源县龙仙镇中心村进行前期试点，边试点，边总结经验。两次在省行作先进经验介绍，作为主会场举办全省乡村振兴工作会议，并促成省行与韶关市政府签订《乡村振兴战略合作协议》。制定《推进乡村振兴战略金融服务实施方案》，在全市19个村中搭建裕农通平台19个，实现9个农产品上线善融商城，销售额4000万元，

▲2018年8月8日，韶关市首台纸硬币自助兑换机落户建行太阳城支行揭幕仪式在韶关市分行举行（郑彬 摄）

搭建15座建行客户“一对一”帮扶贫困户的桥梁，开展党建共建18次，金融知识进乡村24次，参与村民人数1000人，发放各项贷款3000万元，开立借记卡509张、信用卡61张、手机银行519个。春节期间，开展“送电影进乡村”系列活动。得到韶关市委常委、常务副市长华旭初的肯定。

“劳动者港湾”助力城市文明建设　履行社会责任，建设32家“劳动者港湾”。共服务户外劳动者5627人次，服务老弱病残孕幼等特殊群体7263人次。“劳动者港湾”免费提供服务设施、物资等满足群众日常生活需求的服务。建行韶关分行推广“劳动者港湾”APP，在每个网点入口和“劳动者港湾”区域张贴醒目的标识。截至2018年底，该分行“劳动者港湾”APP下载注册量超过1.5万人次。（郑　彬）

【广发银行股份有限公司韶关分行】

2018年，广发银行韶关分行内设部室7个，分别为公司银行部、零售银行部、授信管理部、财务会计部、合规与内审部、运营科技部、办公室/监察室/保卫部。下辖3个支行（分行营业部、曲江支行、碧桂园社区支行）、5个离行式自助银行和15台自助银行设备。在职干部员工78人，信用卡中心自建团队20人。党委副书记、副行长（主持工作）：范伟波。截至2018年末，该行各项存款规模增长，各项存款余额19.5亿元，比年初增加9107万元，增幅4.90%。信贷结构持续优化，各项贷款余额10.7亿元，比年初增加1.9亿元，增幅21.19%。

助力小微企业发展　广发银行韶关分行针对中小企业“短、小、频、急”的融资需求特点，不断加大小企业金融产品创新力度，量身打造中小企业专属金融产品和服务，缓解中小企业资金压力大、融资成本高、抵质押物不足等问题。该行推出联合贷、政银通、政采贷、电商贷、法人按揭等重点产品，实行专项利率、专项考核、专项审批。截至2018年末，广发银行韶关分行2018年监管考核口径下小微企业信贷计划贷款余额为4.16亿元，小微企业贷款户数为625户。对33户续贷客户采取贷款利率下调，涉及1.97亿元，帮助企业节约成本90.58万元，支持小微企业发展。

网点智能化服务水平提升　该行网点实现智能化转型工作，网点实现智能机具2+1的配置（2台智汇柜台+1台智能打印终端）。网点柜员转为厅堂经理，进入厅堂服务和营销，使网点从“交易操作型”转为“服务营销型”。实现交易处理自助化与离柜化、业务流程一站式与精简化、厅堂人员联动化与一体化，给客户带来“自助+智能”的全新体验。（宋文婷）

【中国农业发展银行韶关市分行】

2018年，农发行韶关市分行内设部室5个，分别为客户业务部、信贷与风险管理部、计划财会部、信息科技部、办公室。在职干部员工69人。下辖2个支行。2018年全行轮岗人数共17名（含支行正副行长），调整和提拔支行“一把手”各1人，提拔县支行信贷副经理1名。党委书记、行长：曾健东。2018年，农发行韶关市分行实现各项贷款余额43.89亿元，比上年末增加1.63亿元，增幅3.87%，其中累计发放9.25亿元，累计收回7.62亿元。存款余额18.39亿

▲2018年5月30日，广发银行韶关分行在武江区向阳村开展“2018年防范非法集资”宣传教育活动现场（广发行韶关分行　供）

▲ 2018年9月11日，韶关市人民政府、广东粤财投资控股有限公司、中国农业发展银行广东省分行在韶州宾馆签订《乡村振兴战略金融服务合作协议》签约仪式

（农发行韶关市分行　供）

元，日均存款24.29亿元，比上年末增加3.04亿元，增幅14.31%。年末，农发行韶关市分行政府购买服务类项目全部纳入地方政府隐性债务，其中有20个存量项目提前收回贷款，提前化解金额0.98亿元。2018年顺利收回历年政策性挂账贷款本息208万元，包括乳源瑶族自治县粮食购销有限公司挂账欠息75万元、韶关市军粮供应中心贷款本金133万元。

营销亮点突出　农发行韶关分行创新营销新营销项目13个，融资额度47.10亿元；获批中长期项目4个，授信额度19.05亿元，并实现首笔创新条线中长期贷款的投放。建立“政银担”融资合作框架。代理保险业务突飞猛进，同比增加24.55万元，增长额超300倍。

服务地方粮食安全　农发行韶关市分行坚持在不“打白条”前提下防控国家粮食安全风险，推动粮油信贷业务由政策性业务为主向政策性和市场化业务并重转变，发挥农发行粮食收购资金供应主渠道作用，支持市场性多渠道粮食收购，保障粮油贷款安全运行。2018年农发行韶关分行粮棉油贷款累放4.64亿元。

转型发展拓“蓝海”　农发行韶关市分行顺应国家投融资体制改革，坚持“政府引导、实体承贷、市场运作、风险可控原则，以公司自营替代原政府购买服务，力求摆脱路径依赖，主动走出去、活起来，推进业务发展，提高创新转型质效。2018年以整县推进村镇污水处理PPP项目为抓手，以点带面实现模板式营销办贷，先后营销新丰县、翁源县、始兴县、武江区等村镇生活垃圾和污水处理基础设施整区打包PPP项目等，其中新丰县污水PPP项目获得上级行批复3.30亿元。以农业科技现代化为抓手，支持农村一二三产业融合发展，助力农业侧供给结构性改革，2018年新批复韶能集团新丰生态植物纤维餐具全自动生产线工程7.40亿元项目，新营销韶能集团翁源生物质发电工程项目、乳源东阳光公司新型动物专用低毒长效生物药物研发及产业化项目等。

加快网银支付　农发行韶关市分行作为广东省网银试点行，财会条线全员参加网上银行培训考试，主动克服困难，向客户宣传网银，每日工作总结，优化支付结算方式方法。2018年，农发行韶关市分行率先完成辖内所有网点都有客户申请开立网上银行的任务，将农发行韶关市分行的网上银行工作经验分享给深圳市、珠海市、汕头市、佛山市等8家分行。（李　双）

【韶关市农村合作金融机构】　韶关市联社成立于2000年10月。2018年，韶关市农村合作金融机构（简称韶关农合机构）共有10家法人机构，其中地市级联社1家，党委书记、理事长：张敬川，农村商业银行4家，县（区）联社5家，辖营业网点171个，在岗员工1900多人，是全市营业网点最多，服务地区范围最广的综合性农村合作金融机构。韶关农合机构各项存、贷款总量稳居全市银行业首位，成为支持地方经济发展，特别是支持农村经济发展的金融主力军。韶关农合机构与地方人民政府、中国人民银行韶关市中心支行、中国银行业监督管理委员会韶关银保监管分局联动配合，改制工作取得突破性的进展，全市农合机构电子金融业务快速发展，落实“支农支小工作”。

存、贷款　截至2018年末，韶关农合机构各项存款余额474.69亿元，比年初增加21.92亿元，增幅4.84%，占全市金融机构市场份额的25.71%；各项贷款余额188.13亿元，占全市金融机构市场份额19.93%。

农商行改制　市联社督促、指导改制机构制定工作方案，做好增资扩股、抵债资产处置、不良贷款清收、贷款集中度化解等工作；与地方政府、市金融局、人行、银监及相关部门沟通改制工作，召开全市农信联社改制协调会，推进组建工作；开展改制宣传活动，制作改制宣传H5页面、在《韶关日报》刊登改制公告、利用微信公众号上载宣传通讯稿，营造社会各界支持农信社改制组建农商行工作的氛围。截至2018年12月末，广东新丰农村商业银行股份有限公司、广东乳源农村商业银行股份有限公司和广东始兴农村商业银行股份有限公司挂牌开业；广东乐昌农村商业银行股份有限公司、广东仁化农村商业银行股份有限公司召开创立大会暨股东大会第一次会议；广东南雄农村商业银行股份有限公司获得《关于广东南雄农村商业银行股份有限公司筹建的批复》；韶关市区农村信用合作联社、曲江区农村信用合作联社合并组建农商行获得中国银行保险监督管理委员会广东监管局出具的受理通知书。

电子金融业务 2018年，韶关分中心推动组织辖内农合机构开展“鲜特汇”收银台营销及拓展工作。截至2018年底，辖内机构拓展商户158户，全市共上线368个产品，有效注册用户数约85497户，互联网金融基础成功筑牢；推进二代社保卡开办和激活等各项工作，指引农合机构畅通涉政业务基本通道；加快推进智能POS及移动设备在各领域的应用。升级改造POS机具，推广智能POS在公交、酒店、商场及县域小农市场的场景应用。

普惠金融支农支小发展 坚持支农支小的市场定位，着力调整信贷投向。引导辖内各机构将单户授信总额1000万元以下（含）的小微企业贷款和500万元以下普惠型农户经营性贷款作为发展重点，单列小微企业和涉农贷款信贷计划；落实服务乡村振兴战略，加大对农业、教育、环保、卫生医疗、先进制造业、现代服务、快速消费等国家支持产业的优先支持力度。将政策性限制的行业列为压缩退出行业，退出“两高一剩”和不符合环保要求的行业，审慎介入房地产行业。落实小微企业融资服务政策，运用小微企业配套机制。在落实无还本续贷方面，为流动资金暂时出现困难的小微企业办理续贷手续，缓解小微企业资金紧张。在金融服务收费方面，公布金融服务收费项目，让金融服务费用公开、透明；废除承诺费、资金管理费、财务顾问费、咨询费等收费项目；减免贷款工本费，承担抵押登记费用，直接降低小微企业融资成本。在信贷产品投放方面，指导农合机构利用循环授信解决部分小微企业周期性、临时性、频繁性融资需求。指导辖内各农合机构延伸金融服务，推进普惠金融“村村通”工程。把信贷产品宣传、支农支小政策与农信互联网金融深度融合，形成农村支付生态圈；借助广东农信鲜特汇平台，上架农户特色产品，打通农户线上线下营销渠道，助力当地农民提升市场竞争力；通过产品创新，引导农村客户群体改变支付习惯。营造良好支付环境。率先在农村推出芯片存折，方便客户支取现金。截至2018年12月末，辖内农合机构网点171个，基本消除空白金融网点乡镇；已建成村级金融服务站102家，建成助农取款点395个，累计交易47839笔，累计交易3789万元。辖内有6家机构开办县级征信中心。建立信用村143个。小微企业贷款余额105.43亿元，“政银保”贷款余额1717万元。扶贫小额贷款发放1509笔，金额4704万元。（邓霏薇）

【中国邮政储蓄银行股份有限公司韶关市分行】 简称邮储银行韶关市分行，成立于2007年，按照“自营+代理”经营模式错位经营。2018年，邮储银行韶关市分行主动承担普惠金融先行者的责任担当，坚持服务“三农”、服务社区、服务中小企业的战略定位，支持经济建设，服务社会民生。2018年，在职干部员工452人，内设11个部门，下辖9个一级支行，全市共有93个全国联网营业网点，自营网点21个，代理网点72个，是韶关市网点数量最多、服务客户最广的商业银行。党委书记、行长：欧阳敬钧（任至10月），朱报林（10月任职党委书记，12月任职行长）。2018年，自营各项存款余额为78.42亿元（代理机构为191.84亿元），较年初新增6.88亿元（代理机构新增为13.83亿元）。各项贷款余额为39.22亿元，年净增10.56亿元，同业排名第五，贷款增速36.9%，同业排名第二，资产质量优良。2018年，绿色信贷余额5318.41万元，年新增1650.45万元。

支持重大项目建设 邮储银行韶关市分行对接韶新高速、乳源东阳光、粤水电能源、粤江发电、韶关烟草等项目，2018年以来累计投放项目贷款8.3亿元，其中为韶新高速投放资金5.9亿元，为投放最多的银行，支持地方重点项目及重大工程建设。

支持中小企业发展 2018年以来，邮储银行韶关市分行完成行内全省首笔大健康医疗产业客户信用贷款、全市首笔小企业林权抵押贷款、全市首笔小企业敞口承兑业务、全市首笔小企业污水贷业务、全市首笔科技型小企业贷款等5项小微企业金融新产品落地放款2600万元。截至12月，落实无还本续贷政策共放款10笔，金额4809万元，降低企业资金过桥成本。再次与市科技局签订科技信贷业务合作补充协议，引入科技风险准备金500万元，投放贷款1500万元。缓解小微企业融资难、融资贵、融资慢的难题。

助力大众创业创富工程 邮储银行韶关市分行投放创业担保贷款99笔，金额1594.4万元；累计发放1461笔、金额1.84亿元，占全市发放创业担保贷款的90%以上，累计带动创业就业人数超过5000人。连续8年举办创富大赛，邮储银行韶关市分行2018年推荐的“韶关龙德生态农业”项目获得全省铜奖。

助力打赢脱贫攻坚战 2018年，邮储银行韶关市分行累计通过现场宣讲会、面对面座谈、入户走访等形式开展金融扶贫宣传活动125次，帮助6000多位贫困户了解扶贫小额信贷支持政策。在15个包干乡镇中的65个省定相对贫困村，走访包干区域建档立卡贫困户5960户，非包干乡镇53户，走访率达100%。截至2018年12月，完成对接15个乡镇的5954户建档立卡贫困户信用评级，累计向349户建档立卡贫困户发放扶贫小额信贷1301.79万元。

普惠金融 邮储银行韶关市分行在全市共布放221台自助设备，覆盖韶关市三区七市县6成的乡镇，在边远山区布放618个助农取款点，居全市银行业前列，助农取款点本年新增交易笔数36万笔，新增交易金额1.83亿元，其中取款24.2万笔，查询7.6万笔，转账2.8万笔，满足金融服务空白乡镇和金融资源贫乏地区的农村客户小额取款等基础金融服务需求。

着力推进民生工程 邮储银行韶关市分行助力城乡居民养老保险业务推进，全市参保人数达到102万人，2018年1—12月待遇发放780万人次，金额5.88亿元；缴费笔数46万笔，缴费金额1.56亿元；代发省市县属社保养老金216万人次，49.2亿元。2014年4月起，率先成为全省离退休人员养老金领取资格认证业务（简称生存认证）协办网点，减少异地领取养老金人员舟车劳顿，年认证客户14494户，实现社保局、参保人员、政府三满意。

（中国邮政储蓄银行韶关市分行）

【交通银行股份有限公司韶关分行】

2018年，交通银行股份有限公司韶关分行（以下简称交通银行韶关分行）共有在职干部员工53人，下辖6个内设部门、1个支行（韶关曲江支行），党委书记、行长：高延。2018年末，分行在编人员53人，男女比例3∶2，其中，经营单位干部员工37人，占比70%，客户经理序列18人，占比34%，人力资源不断向一线倾斜。通过“张开嘴、迈开腿、走出去”等方式，让柜员走出来服务和营销，让客户经理走出去营销，实现由“坐商”到“行商”的转变。2018年，分行资产经营良好，资产质量优良，严控风险，稳中求进，建设质量优秀行。连续五年获“韶关市金融系统社会治安综合治理优秀单位”称号。共开展14项总、分行下发的授信客户、零贷客户和行业风险排查，完成银监会“治乱象”（整治银行业市场乱象）、扫黑除恶等2个专项治理工作。

▲ 2018年5月16日，交通银行韶关分行五星网点揭牌仪式在分行营业部举行

（交通银行韶关分行 供）

经营概况 2018年末，交通银行韶关分行人民币各项贷款时点余额25.09亿元，年化日均余额22.37亿元，较年初新增3.53亿元；其中，对公贷款年化日均余额13.78亿元，较年初新增1.36亿元；个人贷款年化日均余额8.59亿元，较年初新增2.17亿元。年末分行人民币存贷款比例为115.64%，比年初增加12.45个百分点。市场占比稳中有升。2018年，分行人民币各项存款、贷款市场占比分别为1.18%、2.67%，存款占比与上年持平，贷款占比较年初提升19个基点，分行总体规模、创利能力在当地逐年提升，跑赢大市。2018年，韶关市金融机构网均存款、人均存款、人均利润（账面利润）分别为4.2亿元、2839万元及42万元，分行网均存款、人均存款、人均利润（账面利润）分别为10.85亿元、4172.64万元及100.12万元，三项指标均位居韶关市五大行之首。

夯实客户基础 2018年，交通银行韶关分行深化客户分层分级分类管理，实现客户基础稳步提升。公司板块：2018年，全行对公账户共946户，较年初新增276户，其中优质新开户43.5户；代发工资新增824户；“银烟宝”新增签约商户121户，下半年累计代扣金额1125万元。小微板块：小微企业授信户较年初新增35户，线上税融通客户新增26户，普惠对公新开户新增279户，代发工资客户新增496户。个金板块：双卡客户增长迅猛。2018年，借记卡客户共8.8万户，净增1.93万户；贷记卡客户共9.95万户，净增2.92万户，超额完成省行下达任务；家易通客户新增116户，手机银行新增动户8568户。2018年，公司板块新拓优质资产，在市政工程PPP项目、上市公司、房地产项目等领域累计储备有效表内对公授信额度近50亿元；与韶关市财政局签署《韶关市地方债合作框架协议》，通过对接政府专项债业务的项目储备、债券申报工作，转型做好政府的金融服务；稳存增存，做大结算留存，抓C、D类客户提升，做好中名单客户拓展；通过支持小微企业、拓展烟草客户、开展“掘金行动”等措施，推进客户工程，全年新增276个对公客户，超额完成省行计划任务。

助力普惠金融发展 2018年，韶关分行聚焦体制机制创新，推出架构调整、队伍建设、考核评级、绩效分配、资源支撑等改革举措，打造“事业部+支行”双轮驱动的经营管理模式，在分行设立普惠金融部的基础上，同时在支行层面也设立小微专营团队，延伸服务半径。分行创新提出银行“厅堂一体化”服务理念，为中小企业提供开户服务。根据总行《关于贯彻落实监管要求推进2018年普惠金融服务的意见》的指导意见，分行及时了解、掌握、传达国家“双创”、监管“两增两控”、人行MPA考核、总行普惠金融、广东政府各项工作部署和要求，及时调整经营重点，强化全行一盘棋推动，掀起人人做小微的热潮，持续夯实“金字塔”底端庞大的小微基础客群。2018年，交通银行韶关分行全口径小微贷款余额9894万元，较年初新增4295万元，非监管口径实质性贷款较年初新增1670万元，“两增，两控”口径贷款较年初新增2625万元，银监口径小微企业贷款余额为8.96亿元，比年初增加6.87亿元，增幅为329.01%；中小企业贷款加权平均利率4.76%，全面完成省行监管定价要求；MPA口径中小企业贷款较年初新增1911万元，完成省行计划数的191.07%。利用“互联网”大数据平台，延伸小微企业服务半径，打通线上线下金融服务链条，推出线上融资产品，如：pos贷、沃易贷、药融通、网银贴现、优贷通、税融通等产品，增加中小企业融资机会。7月，针对诚信纳税优质小微企业的企业主开发线上税融通，实现电子渠道的客户申请、实时审批、签约、提用和还款，给予客户“互联网+金融”的全新服务体验。截至2018年末，分行共成功为26户当地企业提供“线上税融通”贷款支持，贷款余额约1710万元。

支持地方经济建设 2018年，交通银行韶关分行参与各类重大项目融资，实现新增贷款投放3.35亿元，存贷比达115.64%。其中：支持韶关市核心路网体系建设，推动1.1亿元“韶新”工程项目贷款落地；聚焦小微企业发展，持续打造优质金融服务品牌，开通线上税融通产品和成为工业园区非税缴纳专设金融服务机构，支持中机重工、金悦诚电池、广东硕成科技、万立齿轮、市起重机厂、兴合化工等一系列优质科技型小微企业生产经营，同比新增小企业贷款4562万元，增幅达56%，完成银监“两增两控”和人行MPA口径目标。

电子金融业务加快发展 2018年，分行个金板块获省行高端客户满分工程奖、储蓄存款贡献奖、零售板块先进单位等多个奖项。提高城市电子化水平，上线两个“智能校园”项目，累计发放学生金融IC校园联名卡1.2万余张，实现金融功能与校内管理与闪付消费的一体化；打造银联免签免密闪付满额享立减的大型商圈优惠活动，活动覆盖餐饮、电影、加油、洗车等多类便民高频低消的行业，与超过40个商家的联合，带动全年信用卡发卡2.9万张，促进韶关当地消费经济发展。

获评五星级、千佳网点称号 2018年5月，韶关分行获评五星级网点，成功创建粤北地区首家“五星级”银行网点。分行参加全国银行业“文明规范千佳网点”创建工作，并于2018年12月正式获评“2018年银行业文明规范服务千佳单位”称号。分行营业部结合韶关千年梅关古道、西京古道与百年交行服务文化理念，加入“善美韶关”的地方元素，确立“千年古道，百年交行”的创建主题。自2013年开业以来，韶关交行始终把服务提升工作放在突出重要的位置上，尤其是分行营业部，外塑形象，内强素质，始终致力于优化服务流程、完善厅堂设施、健全服务机制、提升客户满意度，得到客户的信任、社会的尊重和政府的支持，分行各项业务稳健发展，实现安全运营无事故、无案件、无有效投诉的“三零”目标。（杨楚贤）

【东莞银行股份有限公司韶关分行】 2018年，东莞银行韶关分行现有在职员工60人。内设业务管理部、风险管理部、综合管理部3个管理部门，配备营业部等5个业务营销团队。全年“无案件、无事故”。行长：汪朝华。韶关分行依托特色金融产品和服务方案，为韶关市政、园区建设、中小企业和广大市民提供金融服务，在公司、投行、国际业务、惠民便民等领域支持本土上市公司、国有企业平台、优质民营企业多品种的融资，助力韶关经济的发展。截至2018年末，各项存款余额为28亿元，各项融资余额38.28亿元。获韶关市2017年度金融系统综合治理和平安金融先进单位，韶关市2018年度优秀纳税大户。

直接融资助力企业拓宽融资渠道 2018年，该行投放企业债券3.4亿元、股权并购融资4.5亿元。该行认购深东实、东阳光科企业债券3.4亿元，助力企业成功发债；3月19日，乳源东阳光药业有限公司7.5亿元股权并购基金项目成功落地，其中东莞银行作为优先级出资4.5亿元，金投集团作中间级代表政府出资1.5亿元，东阳光集团作为劣后级出资1.5亿元，支持抗肿瘤原料药项目建设，助推本土上市公司产业升级。

支持地方制造业转型升级 该行分别与韶关市华南装备管委会、乐昌市人民政府签订《合作框架协议》，向入园企业提供优质咨询服务和金融产品，共同打造良好的投资营商环境。截止2018年底，为9家入园企业核定项目贷款1.43亿元，贷款余额7800万元。

支持民生项目建设 该行加大对民生项目、安居保障工程的支持力度，为韶关市沙湖绿洲、沙湖天上虹等三旧改造项目、本土地产项目提供项目贷款支持。截至2018年末，该行支持各类商业用房近100万平方米，贷款余额4.9亿元，累计投放5.6亿元。

助力建筑行业企业发展 截至2018年末，该行为建筑行业企业核定授信额度1.6亿元，贷款余额3610万元，支持韶关市基础设施建设，持续推动建筑施工企业的发展。该行与韶关市建筑行业协会设立建筑施工企业专项融资产品，为韶关市建筑行业协会会员且是韶关市、县区基础设施的施工项目单位，因工程结算等原因导致不能及时发放农民工工资，最高申请500万元的信用贷款，解决建筑施工企业代发民工工资难题。

助推机械行业发展 与韶关市金融局、韶关市机械行业协会签订三方合作协议，该行作为合作融资平台的具体执行机构，建立绿色金融服务通道，共同实施“重点企业信贷支持计划”合作内容。截至2018年末，为5家企业核定授信额度6750万元，贷款金额3000万元。

持续推进普惠金融服务 通过优化业务流程、提升金融服务，加强业务考核，开通普惠金融快速通道，持续推进普惠金融服务。2018年，实现普惠金融贷款余额1.37亿元，完成全年普惠金融任务。（饶丽华）

证券公司简介

【广发证券韶关营业部】 广发证券成立于1991年，是国内首批综合类证券公司，先后于2010年和2015年分别在深圳证券交易所及香港联合交易所主板上市（股票代码：000776.SZ，1776.HK）。韶关营业部自1996年开业发展至今，韶关地区共有4家证券营业部，分别位于浈江区解放路、武江区怡华路、曲江区府前中路及南雄市新城区。其中，浈江区的韶关解放路营业部作为一级营业部，统一管理协调韶关地区证券业务发展，领导班子：钟国文。截至2018年12月31日，韶关营业部报表资产总额5.01亿元。

经纪业务　经纪业务是韶关地区营业部主要经营范围。本地区大众客户通过电话、手机证券、网上交易等方式进行证券投资。营业部提供资讯服务、线上智能服务、投资顾问服务及产品服务等增值服务。

帮扶天井岗村精准扶贫　2018年6月21日，公司扶持天井岗村产业化公司签约仪式在乐昌市天井岗村委会会议室举行。公司总裁助理王新栋出席签约仪式，与乐昌市委书记陈宏宇等领导就精准扶贫工作的开展进行探讨和交流，王新栋代表公司对天井岗村的贫困户开展慰问。广东证监局副局长刘永强、乐昌市委副书记郇贤有等领导共同见证签约。该产业化公司是广发证券开展精准扶贫的创新模式，由广发证券向天井岗村委会捐资90万元，引进当地具备订单资源的企业，双方共同设立。产业化公司在天井岗村开展规模化示范化种植，带动贫困户跟进种植，由产业化公司保价收购贫困户农产品，对接供销两端的资源，实现乐昌当地特色农产品的集中收购和销售。王新栋陪同刘永强参观天井岗村母猪代养产业扶贫项目，参观乐昌市誉马红酒庄园。天井岗村的股权投资扶贫项目、光伏扶贫项目和公益扶贫项目均同步处于实施当中，整体进展情况理想。2018年下半年，天井岗村扶贫工作进入收尾阶段，通过产业化公司巩固帮扶成效，保障村集体经济增收，村民持续稳定脱贫。

（广发证券韶关解放路营业部）

▲ 2018年6月2日，海通证券韶关营业部派出3名工作人员参与韶关市金融工作局组织的2018年度防范和打击非法集资广场宣传活动（海通证券韶关营业部　供）

【海通证券韶关文化街营业部】　海通证券股份有限公司韶关文化街证券营业部于2011年11月正式入驻韶关，位于浈江区文化街大哥大楼。营业部面积300平方米，设有柜台业务办理处、咨询投诉接待处、投资者教育专区，总经理：林汉利。有证券市场教育视频滚动播放区，为客户提供资讯信息与专业服务。服务平台有移动互联网产品“e海通财APP”，综合服务产品“海通证券彩虹俱乐部”。

业绩指标完成情况　2018年，韶关营业部股基交易量市场份额0.0321‰，同比2017年，韶关营业部市占率增长4.56%；代理买卖收入份额0.0242‰，完成考核指标91.25%；新增客户数2050户，完成考核指标102.5%；新增有效客户数资产1.13亿元。在分公司对营业部的各项考核指标中，韶关营业部在代理买卖收入份额指标，新增客户数，E海通财APP装机率、私募产品引入等指标完成情况较好。

营销管理情况　2018年，加强经纪人队伍建设与合规管理，多次组织经纪人的合规与专业技能培训。新入职经纪人3人，离职3人，正常展业的经纪人数为23人。利用团队与工行、中行、农行、建行、广发银行等渠道展开合作，与银行保持合作关系。

客户服务管理情况　针对营业部存量客户，营业部制定一系列的短信、电话回访和上门拜访方案，激活营业部部分存量客户账户，了解客户近期投资情况，提醒客户重做风险测评、身份证有效期过期等业务操作，做好账户普查等相关工作。对于前来销户的客户，营业部进行客户挽留工作，全年挽留客户37户，成功率达52.86%，避免营业部的资产流失。

合规管理情况　2018年营业部合规0扣分。韶关营业部2018年接1次内部离任稽核检查和2次外部检查，广东证券期货业协会自律评价现场检查和人行韶关中心支行对该营业部2017年经营稳定性状况现场评估，完成相关工作。

打击非法集资和反洗钱宣传　2018年6月2日，韶关营业部派出3名工作人员参与韶关市金融工作局组织的2018年度防范和打击非法集资广场宣传活动。该次活动主题为“防范非法集资，维护社会稳定，创建善美韶城”。韶关营业部工作人员向前来问询的数十位群众分发打击非法集资宣传资料，为社会群众提示风险，远离非法集资。11月3日，韶关营业部派出2名工作人员参加由人民银行韶关市中心支行主办的主题为“2018·共筑反洗钱防线”的反洗钱宣传月启动仪式并进行现场金融知识宣传。韶关营业部向前来咨询群众讲解反洗钱、扫黑除恶等相关知识，倡导群众远离洗钱犯罪。（杨慧萍）

【联讯证券韶关新华北路证券营业部】　联讯证券股份有限公司成立于1988年6月，注册资本31.26亿元。2014年8月1

日在全国中小企业股份转让系统（下称“新三板”）挂牌，证券代码830899。联讯证券韶关营业部成立于2011年4月，营业部地址位于韶关市武江区新华北路28号香槟小城1幢商铺二层，营业部设有零售业务部、机构业务部、运营支持部3个部门，有人员21人，总经理：谭世杰，营业部各部门设置权责分明、互相牵制；前台业务运作与后台管理支持适当分离；树立合法合规经营理念和风险控制优先的意识，健全员工行为准则和员工道德规范，营造合规经营的制度文化环境。（胡肖肖）

▲2018年7月8日，韶关市保险行业举行7·8保险扶贫健步走活动捐款仪式（市保险行业协会　供）

保　险

【概况】　2018年，韶关保险主体有36家，其中寿险20家，财险16家。县（市）级支公司（营业部）机构58个，其中，财险35个，人寿险23个。营销服务部机构110个，其中，财产险43个，人寿险67个。全市保险从业人员15453人，其中，财险2999人，寿险12454人。2018年，韶关市保险市场保费收入52.62亿元，同比增长11.68%。其中，财险公司保费总量15.29亿元，同比增长12.69%；寿险公司保费总量37.33亿元，同比增长11.26%。

【保险行业自律】　2018年，韶关市保险行业开展车险自律。定期组织驻韶关财险公司召开产险工作专业委员会工作会议，依据监管部门费用监测制度，每月进行市场分析，协调解决车险市场存在的问题，维护市场稳定。成立自律工作检查小组，不定期对财险公司进行车险业务检查，规范车险市场。推动非车险自律。开展十三行业企财险及道路客运承运人责任险纯风险损失率表执行情况等检查工作。加强中介自律工作。韶关保协成立中介专业委员会，11月，对韶关中介市场进行摸底、排查，加强落实中介自律工作。做好保险从业人员流动规范工作。维护保险销售队伍的稳定，加强规范和约束，保证保险从业人员的正常流动。2018年共协调处理人员流动投诉63宗。

【防范化解行业风险】　2018年，韶关市保险行业协会保险纠纷调解处置专业委员会共受理各类投诉案件13宗，涉案金额83万余元，成功处理10宗，结案金额50万余元。韶关保协与各法院签订《交通事故损害赔偿纠纷案件诉调对接工作方案》，在法院建立调解工作室，在市区（浈江区、武江区、曲江区）基层法院设立“保险纠纷诉调对接工作室”，协会派专职工作人员入驻，提前介入，化解保险纠纷，把矛盾解决在萌芽状态。共受理各类诉调、调解案件63宗，涉案金额总计1326万余元，调解结案9宗，结案金额82.5万元。12月，韶关市中级人民法院、韶关市公安局、韶关市司法局、韶关市保险行业协会联合制定并印发《关于在韶关地区开展道路交通事故损害赔偿纠纷“一体化”实施方案（试行）》，通过发挥部门联动、信息共享、诉前调解等机制的作用，促进道交纠纷社会治理的法治化和专业化。人身保险重大风险应急演练工作推进。韶关保协督导寿险公司开展重大风险应急演练，并组织各公司客服人员观摩学习。全市共13家保险机构开展32场

▲2018年9月，韶关高速公路中秋国庆假期快处快赔工作协调会在韶关市举行（韶关保协　供）

▲ 韶关市保险行业协会被评为2018年度韶关市AAAAA级社会组织
（韶关保协 供）

风险应急演练，其中韶关保协组织保险公司观摩15场。

【道路交通事故快赔服务】 截至2018年，韶关设立11个轻微道路交通事故快处快赔服务中心，遍布全市9个区县，基本完成韶关七县三区的覆盖。2018年，各快处快赔服务中心共处理案件8133宗。协会推广轻微道路交通事故快处快赔“事故e处理”系统。2月12日“韶关事故e处理”服务平台正式上线。韶关保险业创新理赔服务模式，联合交警部门推出“警保联动”便民新举措，先后在浈江区、武江区和曲江区施行。由韶关保协组织驻韶关财险公司成立“保险公司应急联动队”，在高峰期与交警部门联合上路，快速处理轻微交通事故。韶关保险业配合交警部门开展节假日期间高速公路快处快赔服务工作，成立“保险公司理赔服务小组”在高速公路收费站、服务区设立保险快速理赔服务点，为车主提供事故快速处理、快速理赔、保险咨询、线路指引等相关服务，缓解因交通事故造成的交通拥堵，提高通行效率和保险理赔的服务时效。

【责任保险发展推进】 2018年，韶关保险业协助相关部门共同做好环境污染责任险、食品安全责任保险、安全生产责任保险、医疗责任保险、校园方责任保险的推广工作。韶关保协多次组织安责险五家共保体召开安责险共保体协调会，共同商定《安全生产技术服务合同》等有关事项，并组织安责险五家共保体单位参加由市安委会、市安监局举办的“2018年安全生产咨询日”现场开放活动。12月17—21日，韶关市保险行业协会及韶关市安全生产责任保险共保体五家保险公司共同组织召开韶关市安全生产培训暨研讨会。市安监局、市金融局、韶关银保监分局、各县区安监局相关负责人及89家生产经营企业共100余人次参加会议。

【车险理赔服务测试】 2018年，韶关保协分别在4月、7月和11月进行车险理赔服务质量现场测试。测试结果除向监管部门汇报外，在全市保险行业中通报，促进各公司做好整改，提高理赔服务能力和服务水平。

【反保险欺诈工作开展】 2018年，韶关保协加强与市公安局经侦、交警等部门的联系，明确反保险欺诈的具体工作事项和相关要求。与会员单位共同制作印发《反保险欺诈告知书》和《告交通事故伤者书》，维护交通事故伤者和会员单位的合法权益。

【韶关市保险行业协会被评为韶关市AAAAA级社会组织】 2018年，韶关市保险行业协会参加韶关市社会组织等级评估，经过社会组织自评、第三方评估机构实地考察评估、评估委员会评议、评估结果公示、登记管理机关审核终评等程序，韶关市保险行业协会最终被评定为韶关市AAAAA级社会组织。

（尤嘉歆）

【中国人民财产保险股份有限公司韶关市分公司】 简称人保财险韶关市分公司，本部位于韶关市浈江区风采路17号，下辖11个支公司，3个营业部和21个营销服务部，建立覆盖全市各县

▲ 2018年春运期间，人保财险免费提供救援直升机参与春运保障
（人保财险韶关市分公司 供）

（市、区）、乡镇的服务网络，专业员工400多人。党委书记、总经理：李劲松。2018年，人保财险韶关市分公司通过保险保障、风险管理和保险赔付，为韶关经济建设、社会发展、人民福祉保驾护航。全险种累计保费8.12亿元，同比增长10.39%，占全市财险行业市场份额53.11%，支出总成本达7.5亿元，缴纳各类税金4216万元，稳居韶关财险市场首位。

创新服务　2018年，人保财险韶关市分公司加快建设海外承保、理赔作业，承保韶关企业到海外投资建厂保险项目，助力韶关参与“一带一路”建设，为韶关企业保驾护航。开展海关关税保证保险试点工作，降低企业通关成本和提高通关效率，减轻中小微企业经营成本，促进进出口贸易发展。为韶关当地200多家建筑工程企业提供建筑工程类保证保险，释放建筑工程企业的保证金占用负担。

产业扶贫　2018年，人保财险韶关市分公司为“三农”和中小微企业提供无抵押、纯信用的融资担保服务，共计担保贷款金额4474万元，受益农户及中小企业64家。推进中国人保集团“支农支小”融资项目，运用保险资金开展无抵押、纯信用的支农融资业务，发放融资1800万元，降低农户或农业企业的融资成本，助力韶关农户和农业企业开展生产经营活动。

公益救援　主动履行社会责任，参与政府公益救援活动。2018年春运期间，人保财险韶关市分公司免费提供救援直升机参与春运保障工作，完成两例救援任务，并于4月将公司的直升机救援纳入市政府应急体系。多次参与政府公益救援、安保、救援演练等活动，出动飞机20余架次，全年累计投入500多万元，履行国有企业社会责任。

财产险增值服务　人保财险韶关市分公司创新推出免费空中救援、警保联动、故障救援、理赔夜市等在内的26项增值服务。在市区建立交通事故人伤综合服务中心，与法院、人民调解委员会、交警、司法鉴定机构等各方联合办公，为客户提供一站式服务，月均调解案件40宗，人伤万元以上调解率达到77%，现场到达率70%，小额人伤快处率55%，提升理赔服务体验。牵头完成全市10家道路交通事故快处快赔中心建设，2018年共处理案件8133宗，解决小额案件的处理速度。与市中医院签订合作协议，每年为客户垫付医疗费用约300万元，减轻客户医疗费用垫付压力，简化理赔流程，确保客户享受到优质贴心的人伤理赔服务。

合规经营　2018年，共组织参与相关宣传活动10余次，通过开展和参与韶关金融知识宣传活动，向广大市民群众宣传和普及金融基础知识、公民的反洗钱义务，以及开展扫黑除恶、金融综治工作的重要性和必要性。　（杨建明）

【中国平安财产保险股份有限公司韶关中心支公司】　2018年是中国平安财产保险股份有限公司韶关中心支公司（以下简称韶关平安产险）成立20周年，公司于成立于1998年4月，经过20年的不断发展壮大，2018年，员工112人，其中总经理室成员3人，本部设综合管理部、车险部、客服理赔部、车代渠道、直通渠道、政企客户业务部，韶关平安产险下辖有曲江、南雄、翁源、乐昌、仁化、始兴、乳源、新丰8个分支机构。2018年，韶关平安产险完成保费收入2.45亿元。截至12月，整体增长10.07%，占韶关市财险市场份额约16.04%，排名第二。完成纳税费金额1212.13万元，代征代缴税金2133.46万元。获得韶关市委市政府2018年“优秀纳税大户”称号。韶关平安产险配备理赔查勘车辆23辆，各县域机构均都配置查勘车辆和车险查勘人力。公司承保件数27.10万件，处理赔案件达1.94万件，赔款支出1.36亿元。

助力韶关发展　韶关平安产险除传统的车险服务外，发展非车险，为企业提供更多保障选择。在传统型产品方面，如：企业财产保险、建筑工程一切险、雇主责任保险、公众责任保险、安全生产责任险、食品安全责任险、环境污染责任保险、精神障碍患者监护责任补偿保险等；而创新型产品方面，如：诉讼保全保险降低企业在发展中所面临的成本风险，公司推出小微乐享系列产品，如乐享旅馆、乐享教育、乐享美食等保险能够为中小微企业应对经营中存在的各类风险。

巨灾保险极速理赔落实　韶关平安产险参与到巨灾保险、安全生产责任险、食品安全责任险、环境污染责任保险的统保工程中来，承担社会责任。2017年10月，韶关平安产险中标广东省政府采购中心公布的《粤政采函〔2016〕53016F—3号》2017—2019年韶关

▲2018年，韶关平安产险与韶关市财政局举行的平安产险——韶关市政府巨灾指数保险理赔款交付仪式举行
（韶关平安产险　供）

▲2018年韶关平安产险“智慧支教，音为有你”支教行动在乐昌市三溪镇开展（平安产险韶关中支 供）

市巨灾（强降雨指数）保险，连续三年与韶关市财政局签订《韶关市巨灾指数保险合同》。2018年1月—2019年6月期间，韶关地区共发生6次强降雨，触发巨灾保险合同强降雨部分的赔付条件，平安产险累计赔款8519.9万元。

科技服务创新　韶关平安产险推出平安510极速查勘，保证查勘员10分钟内到达现场，减少客户等待时长。韶关市区内白天案件10分钟到达率达到96%。通过公司的风险管理体系、“鹰眼系统DRS”为公司承保的个人客户、企业客户发送灾害天气预警、防灾防损、建议等信息，帮助个人和企业客户加强风险预防、降低损失发生风险。平安产险以“平安好车主”APP为载体，为客户提供汽车后市场服务及一站式的用车服务体验。截至2018年12月，“平安好车主”APP注册用户数5500万户，绑车用户3400万户，活跃用户稳居汽车工具类移动应用第一位。

‘三村建设工程’　2018年是中国平安成立30周年，平安启动100亿元的‘三村建设工程’。9月10日，由广东平安产险主办、韶关平安产险协办的“智慧支教，音为有你”支教行动在韶关市乐昌三溪中学启动，22位支教志愿者支教3个星期。（曾志林）

链接：韶关平安产险各营业网点地址

韶关：韶关市浈江区韶南大道北112号一楼25-27号铺及二楼部分
乐昌：乐昌市乐城西石岩路11号东方家园101、121商铺
南雄：南雄市雄州镇环城东路花莱山对面新建门店8-13号
曲江：曲江区马坝镇城南东风一路7号顺景花园B2幢首层3号商铺
仁化：仁化县丹霞大道103号大诚华府商业楼首层08号商铺
乳源：乳源县乳城镇滨江东路1号白云天园林宾馆有限公司办公楼1楼
始兴：始兴县太平镇城郊派出所北面众信花园首层15-16号商铺
翁源：韶关市翁源县龙仙镇龙仙大道金悦华府首层商铺278、280号
新丰：新丰县丰城街道顺发巷9号D1-D5幢首层第15号商铺
全国统一服务电话95511

【中国太平洋财产保险股份有限公司韶关中心支公司】　简称太平洋财险韶关中支，成立于2002年6月，坚持推动和实现价值增长，开拓进取，锐意创新，为韶关经济的发展提供风险保障服务。

规范经营服务　太平洋财险韶关中支网点遍布市辖3个区7个县，依托全国统一客户服务电话95500和“数字太保”新技术，以专业、规范、高效的客户服务体系，树立优质服务品牌，受到韶关广大客户的认可与肯定，经营业绩在韶关财险市场稳居前三。获韶关市“2018年度优秀纳税大户”荣誉。

向粤运集团下属公司支付重大交通事故理赔款　2018年6月23日，粤运集团下属韶关市喜安旅游运输有限公司在乐广高速韶关往广州方向清远段发生重大交通事故，事故造成3人死亡，23人不同程度受伤。接报案后，太平洋财险广东分公司及韶关中支立即启动应急预案，成立理赔应急小组，赶赴出险地点，协助当地政府和被保险人开展事故理赔及善后工作，开通绿色理赔通道，在48小时内向粤运集团紧急预付赔款200万元，为及时抢救伤员、处理善后事宜赢得时间，为事故的快速处理提供保险保障，得到政府有关部门和广大市民的肯定和赞许。（黄　涛）

【太平财产保险有限公司韶关中心支公司】　隶属于金融央企中国太平保险集团有限责任公司（以下简称“中国太平”），中国太平于1929年在上海创立，是中国唯一一家总部在境外的中管金融企业。太平财产保险有限公司韶关中心支公司（以下简称“太平财险韶关中支”）于2003年8月5日成立，设有曲江区、乐昌市两个营销服务部。公司设有运营支持部、综合管理部、销售管理部等后援管理部门，以及车商渠道、综合开拓渠道、综合金融渠道、银保渠道、经代渠道、中石化渠道、重客渠道等专业渠道。截至2018年12月，太平财险韶关中支共有正式员工38人，保险代

理人118人。2018年太平财险韶关中支完成保费收入3266万元，在韶关市16家保险主体中排名第七位，其中车险保费收入排名第五位，增长率连续两年跑赢大市。

太平财险韶关中支统一客户服务热线95589，为客户提供365天、24小时全天候的专业服务。车险小额赔案“快易赔”服务：通过简化流程（查勘、定损、报价、核损四合一）、简化单证（索赔通知书、查勘单、定损单、赔款收据四合一）实现“先领赔款，再修车”，并实行全国通赔服务，客户可在出险地进行查勘、定损及领取赔款服务。针对9座以下非营运客车且购买商业车损险的客户，提供非事故道路免费救援服务，包括拖车、搭电、援油、换胎和现场抢修等5项100千米免费救援服务。（梁玉庆）

【中华联合财产保险股份有限公司韶关中心支公司】 中华联合财产保险股份有限公司始创于1986年，是全国唯一一家以“中华”冠名的保险公司，是中国第二家具有独立法人资格的国有独资保险公司。中华联合财产保险股份有限公司韶关中心支公司（以下简称“中华财险韶关中支”）于2004年11月进驻韶关，内设职能部门4个，业务部门4个，下辖分支机构7家，中华财险在韶关市场的机构网点和服务实现全覆盖。2018年，中华财险韶关中支实现保费收入6009万元，同比增长2.63%，市场份额3.92%，整体市场排名稳居前五，其中，农险市场地位排名第二。

农业财险业务新品种开拓 2018年，中华财险韶关中支创新开拓农险业务新品种，在全省率先签下首张烟叶保险保单。中华财险韶关中支经过两年的不懈努力，最终由广东烟草韶关市有限公司下发《关于积极推进烟农购买烟叶种植农业保险的通知》，指定由中华保险韶关中支独家承保，签单保费达77万，完成首年承保任务，实现地方特色农险业务的新突破。全年承保韶关市烟田面积约1713.33公顷，累计为韶关烟农提供2475万元的风险保障。8月，会同市林业局系统召开2018年政策性森林保险工作推进会，共商推进新一轮政策性森林保险工作。设立乡镇三农保险服务站，与各县（市、区）林业局建立对接，收到复函同意挂牌建立三农保险服务站的林业站78个，延伸“三农”服务触角。全年累计承保全市政策性森林保险87.80万公顷，承保覆盖率为62.28%，为广大林农提供风险保障。

参与社会治理 继2017年捐赠20万元帮助市林业局挂点扶贫的永济桥村修筑村道后，中华财险韶关中支于2018年9月和10月分别向该村贫困学生和老人送去油、米、棉被和慰问基金，累计帮助33名考入中学、大学之后无力支付学费的贫困学生顺利就学。开展“送保险下乡”公益行动，为该村委集体林林地4040公顷商品林免费送上政策性森林保险，获2018年韶关市保险行业扶贫工作“最佳支持奖”。协助市林业局开展森林防灾防损工作，为绿色生态发展贡献力量，获得政府的认可。2018年5月—6月的韶关市百年难遇的大旱发生后，中华财险韶关中支快速理赔，为受灾烟农提供超过400万元的保险赔款。

客户服务 2018年，中华财险韶关中支联合市交警支队开展“车险理赔打假”专项行动，查处各类虚假案件。通过“警保联动”与交警部门构建起资源共享、职能互补的道路交通事故处理新格局。推行“365天、24小时”理赔服务举措、“快处快赔”机制，提供“人伤绿色通道”紧急救助及异地出险就地服务，指定投保后可享全国免费非事故道路救援及主城区20千米免费酒后代驾，转化提高服务效率，全年有效报案数为2816件，案件结案率达92.26%。举办3.15消费者权益日、总经理接待日、“中华有爱·助学同行”客户服务节、春运主题便民服务等客户服务活动，提升客户满意度。

车商、理赔协同平台打造 2018年，中华财险韶关中支针对韶关车商市场环境进行深入调研分析，发现韶关地区C2车商主要集中于市区，尚未分布县域，县城出险车辆只能大量涌入当地C3渠道汽贸店维修，但这些汽贸店准入费用普遍偏高，不利于建立售后维修合作的问题，开拓县城车商、理赔业务。于每周一召开理赔农险车商联席会议，加强车商与理赔的沟通机制，携手严抓送、返修资源，引导县城出险客户，尤其是特大事故出险客户回市区维修，并提供优质服务保障。经过一个季度试行，推返修成功率逐月提升，使资源得到司控，成功开拓一汽大众众德源和广汽本田金沅4S店。

非车险大项目实现零的突破 2018年，中华财险韶关中支重视大项目业务

▲2018年8月7日，中华财险韶关中支会同市林业局在韶关市召开2018年政策性森林保险工作推进会（中华财险韶关中支 供）

的发展，专门成立公关大项目工作小组。大项目公关小组多次拜访珠三角城际轨道交通公司及广东铁投华城保险经纪有限公司，通过努力，该公司中标“广州至清远城际轨道交通项目广州北至清远段四电集成、房屋建筑及相关工程施工总价承包”的工程一切险项目，保费收入76.45万元，实现该公司开业以来的非车险大项目零的突破。

新技术应用　中华财险韶关中支拥有专业无人机技术团队，在农险验标承保、理赔查勘定损、客户服务、防灾防损等领域，将无人机投入作业，持证驾驶，查勘受损情况，准确定损，为应对大灾提供支持。11月，开展首次无人机队伍专项培训班，为促进无人摇感新技术推广应用提供人才支撑。

销售渠道改革推进　2018年，中华财险韶关中支召开销售渠道改革研讨会议，制定该公司销售渠道改革方案，于12月经分公司批复同意。反复协调、宣导，按照批复文件进行团队建设及人员清分，探索创新途径，加强非车险团队培育及政策扶持，制定该公司“金牌代理人”制度和“优才培养制度”，释放改革活力，推进该公司销售渠道改革的实施。（温水贤　彭雨欣）

▲ 2018年12月1日，华安财险韶关中支全体工作人员在中支本部门前合影（华安财险韶关中支　供）

【华安财产保险股份有限公司广东分公司韶关中心支公司】　简称华安财险韶关中支，是隶属创立于1996年10月18日总部设于深圳的华安财产保险股份有限公司的三级机构，主要经营各种财产险、责任险、信用保证险、农业险、意外伤害险、短期健康险和再保险业务。华安财险韶关中支成立于2004年12月，分别在武江区、浈江区、曲江区、南雄市、新丰县、乳源瑶族自治县等开设7个营销服务部，服务网点基本覆盖全市。2018年，华安财险韶关中支本部迁至韶关市武江区怡华路1号志兴华苑首层。公司共设计划财务部、综合管理部、业务管理部、理赔客服部和业务部等部门，共有内外勤员工42人，总经理：龚小龙（兼），副总经理：高木星。全年完成保费收入2773万元，同比增长112.34%，当地市场份额排名由2017年的第十位上升至第八位。华安保险韶关中支成功中标韶关市安全生产责任保险。（陈　芬）

【永安财产保险股份有限公司韶关中心支公司】　永安财产保险股份有限公司于1996年9月28日注册成立的财产保险公司，总部位西安，为国有资本控股企业，主要股东为延长石油集团、上海复星集团、陕西有色集团等，公司注册资本金30.09亿元。永安财产保险股份有限公司韶关中心支公司（简称永安保险韶关中支）于2005年成立，经营范围：企业财产损失保险、家庭财产损失保险、短期健康保险、意外伤害保险、建筑工程保险、安装保险、货物运输保险、机动车辆保险、船舶保险、一般责任保险、保证保险、信用保险；经中国保监会批准的其他财产保险，注册地址：韶关市浈江区北江路2栋电信综合楼10楼。永安保险韶关中支设有总经理室、综合管理部、业务管理部、理赔服务中心、业务一部、业务二部、业务三部。截至2018年12月31日，永安保险韶关中支共有员工30人，其中：内勤管理人员6人，销售系列员工24人，平均年龄33岁，其中：本科学历2人，大专学历20人，注册会计师1人，中级职称1人。永安保险韶关中支历届总经理：苏健（2006年1月—2012年11月）、马绍富（2012年12月—2018年3月）、梅艳（2018年4月—至今）。2018年，完成保费收入1613.65万元，创历史最高纪录，同比增长57.92%。

客户服务　永安保险韶关中支推行“全年无休、365天营业、24小时理赔”的服务举措，依托全国统一客户服务电话“95502”，推广微信报案、自助查勘等便捷服务，接受客户的各类保险咨询、承保与理赔业务。通过建立以客户满意为中心的管理理念和经营模式，建设专业、规范、高效的客户服务体系，提升客户体验，树立公司的优质服务品牌。截至2018年12月31日，已结赔付案件827件，赔款支出金额786万元。

合规经营　2018年，永安保险韶关中支坚持依法合规经营，建立健全各项风险管控体系，主动接受市金融局、人民银行和上级公司的领导，建立工作联系机制，准确报告相关信息。开展打击非法集资宣传和排查工作，主动配合人民银行，履行反洗钱义务工作，打击保险欺诈行为，开展诚信保险销售，保险客户利益。（许文雄）

【安邦财产保险股份有限公司韶关中心支公司】　2018年，安邦财产保险股份有限公司韶关中心支公司坚持依法合规经营，坚持产品和服务创新，专注客户的实际需求，重视建立与客户的相互信任和长期发展，为客户提供金融服务，推进各项工作。公司机构负责人：陈刚。

科技创新。坚持走惠民、利民、便民的科技创新、服务升级之路。坚持以科技促进服务，以人才带动发展，坚持服务创新、产品创新、渠道创新、模式创新，通过服务驱动、产品驱动、渠道驱动，带动业务规模、经营效益提升。经营风险防范。重视合格风险管理，依法合规经营。通过落实相关制度化管理方法，加强机构内控管理风险提示与预警，提升员工从业专业的规范化、法制化。客户服务能力提升。坚持“客户第一，速度第一”的业务方针，通过资源配置能力、创新精神，坚持通过产品、服务、价格争取客户，实现客户增值。通过实时查勘、实时定损、实时审核、实时赔付4个“实时”提供“邦到位”的服务，保证理赔服务质量。

（何丽媚）

【阳光财产保险股份有限公司韶关中心支公司】 阳光财产保险股份有限公司是中国500强企业、中国服务业100强。阳光财产保险成立于2005年7月，是主要经营财产保险业务的全国性保险公司，有36家二级机构开业运营，三四级分支机构1500余家，服务网络实现全国覆盖。阳光财产保险股份有限公司韶关中心支公司（简称阳光财险韶关支公司）是阳光财产保险股份有限公司下设的地市中心支公司，于2008年8月19日在韶关开业。总经理：庞强旭。2018年，阳光财险韶关支公司共实现保费收入2413.57万元，其中机动车辆险保费收入2104.06万元，企业财产险保费收入140.84万元，意健险保费收入168.68万元。

快赔”“闪赔”服务 阳光财险先后推出“快赔”“闪赔”服务标准，不断刷新理赔周期。“快赔”指对凡单车损事故在5000元以下（非人伤）的案件，均可享受免单证，报案后24小时内赔付的服务。第一次将理赔主动权由保险公司转交至客户手中。“闪赔”服务是“阳光e车险”客户专享，5000元以下（非人伤）案件免单证，报案24小时内赔付，如有延时，执行实际赔款金额的100倍罚息。车主可以先拿到赔款，后由阳光产险理赔人员协助车主补办相应理赔资料。提升现有车险理赔服务标准，推动车险从拼销售走向拼服务的良性轨道。为兑现“闪赔”服务承诺，阳光产险还在中国消费者协会专门设立100万元的阳光“闪赔”专项服务承诺保证金，作为“阳光闪赔专项服务”的罚息保证金，并邀请中国消费者协会作为“闪赔”服务监督单位。（陈丽琼）

【利宝保险韶关中心支公司】 2018年6月22日，利宝保险有限公司韶关中心支公司（以下简称利宝保险韶关中支）在韶关浈江区正式开业，为首家进驻韶关市的全外资产险公司。利宝保险韶关中支销售服务网络的设立旨在凭借广泛的销售渠道和多样化的保险产品，为更多客户提供优质创新的专业化服务。

利宝保险有限公司隶属于利宝互助保险集团，该集团是一家多险种的国际保险公司，创建于1912年，总部设在美国马萨诸塞州的波士顿，在世界各地设有800多家机构，有大约50000名员工，是全球第六大国际财险公司。截至2018年底，总资产达到1260亿美元，总收入达416亿美元。

利宝保险将海外的先进管理理念和理赔经验带到韶关，力求为韶关的客户提供理赔服务体验。对于复杂案件，利宝保险是最早采用一起事故，多车、多人损失拆分赔付服务模式的保险公司。涉及车辆损坏、人员伤亡及道路设施损坏等的复杂案件，利宝将此类案件拆分赔付，同一事故中的标的车损、三者车损、人员伤亡及财产损失进行单独立案，各自赔付，缩短客户等待赔付的时间，保证客户最快领取赔款。在利宝签约的特约维修商修理事故车，利宝可根据维修工单先行赔付，客户不再有垫付修理费的困扰等。

利宝保险承保服务也同步升级，公司自营平台“微门店”2017年正式上线，结合全新开发的出单系统，通过官方微信公众号“利宝保险”，为客户提供随心投保、轻松支付、保单查询、理赔查询、理赔报案及尊客会服务预约等便捷服务。（马绍富 邱士琴）

【中国人寿财产保险股份有限公司韶关中心支公司】 简称国寿财险韶关中支，是国寿财险广东省分公司下属中心支公司，总部位于北京，注册资本金150亿元，为韶关市企业及个人提供财产损失险、责任保险、信用保险和保证保险、短期健康保险和意外伤害保险、机动车辆保险及其他保险服务。2018年，国寿财险韶关中支本部位于韶关市浈江区解放路40号金友大厦七楼，下设2个县支公司、23个出单网点，全市系统员工及从业人员100人。公司党委书记、总经理（主持工作）：陈朝晖。2018年，国寿财险韶关中支实现保费收入7742.61万，同比增长11.41%；其中车险保费收入7125.40万，同比增长11.49%；非车险保费收入617.21万，同比增长10.50%。2018年，国寿财险韶关中支推广微信报案、自助查勘等便捷服务。举办星光守护进校园2场活动及“7.14”客户节等客户服务活动，提升客户满意度。（国寿财险韶关中支）

【中国平安人寿保险股份有限公司韶关中心支公司】 中国平安集团于1988年在深圳蛇口成立，2018年度营业收入9768.32亿元，净利润1074.04亿元。中国平安人寿保险股份有限公司韶关中心支公司（简称平安人寿韶关中心支公司）是中国平安保险（集团）股份有限公司之旗下成员中国平安人寿保险股份有限公司的三级分支机构，于1998年4月在韶关开业。2018年，平安人寿韶关中心支公司个、银累计实现总保费收入5.50亿元，同比增长12.6%，赔款给付（含满期给付）9088万元，同比增长36.8%。截至2018年末，共有各级分支机构7家，营销员2001人，在册管理人员89人。2018年度，共缴纳税款

▲2018年6月，韶关中心支公司本部从财富广场搬迁到韶关市武江区沿江路16号南枫碧水花城K幢枫合汇（平安人寿韶关支公司　供）

1676万元，获韶关市委、市政府2018年度优秀纳税大户称号。

2018年6月，平安人寿韶关中心支公司本部从财富广场搬迁到韶关市武江区沿江路16号南枫碧水花城K幢枫合汇写字楼18至22楼，内外勤办公职场、培训中心、智享门店同期启用，改善新职场办公环境。其中培训中心1300多平方米，培训教室均按总公司标准化配置，具有视听设备功能。培训中心内设创业中心、星光大道、直播间、研讨室、内勤办公室及四个培训教室，其中最大的教室可容纳180人，整个培训中心可同时容纳500人，是韶关寿险业最大的培训中心之一。智享门店融入互联网思维，强调智能化和科技感，以提升客户体验为核心目标，打造客户服务体验。2018年7月，柜面服务模式完成转型，智慧客服作为平安人寿保持行业优势的智能创新服务项目深受客户青睐。99%的保全业务均可通过金管家智慧客服自助办理或连接空中客服办理，客户不需亲临柜面、服务人员也不用来回跑客服拿客户原件代办，其中空中客服一次接通，只要客户资料齐全、资格人正确，可一次性办理完成N个业务。

（丘桂棠）

【中国太平洋人寿保险股份有限公司韶关中心支公司】 简称太平洋寿险韶关中支，成立于2002年7月，位于韶关市武江区怡华路1号志兴华苑E幢2层E2座201，设有行政人事部、财务会计部、营运部、个险业务部、营销培训部、服务营销部、顾问营销部、渠道业务部，以及武江区营销服务部、曲江区营销服务部、乐昌市营销服务部、南雄市营销服务部、翁源县营销服务部、仁化县营销服务部等部门及下辖机构，有内勤员工40人，营销员500人。太平洋寿险韶关中支探索经营管理与业务发展的新模式、新方法，践行集团公司“数字太保”战略举措，运用“神行太保”“太平洋寿险”APP、“太平洋寿险”官微及“科技个险”四大应用平台构成的企业级移动应用体系，带给客户便捷贴心的服务体验。

2018年，太平洋寿险韶关中支获“韶关市诚信单位”“韶关市金融系统综治暨平安金融创建优秀单位”“2018年韶关保险行业宣传工作先进单位”称号等。2018年实现保费规模约为1.27亿元，个险期缴业务约为2300万元。

（刘　颖）

【泰康人寿保险有限责任公司广东韶关中心支公司】 简称泰康人寿韶关中支，是泰康人寿保险有限责任公司广东分公司下属中心支公司。泰康人寿保险有限责任公司总部位于北京，已经发展成为一家涵盖保险、资管、医养三大核心业务的大型金融保险服务集团。业务范围涵盖人身保险、资产管理、企业年金、互联网财险、医疗养老、健康管理等领域。在《信息时报》金狮奖评选中，泰康人寿保险有限责任公司广东分公司“鑫享人生保险计划”获“年度最具创新力寿险产品”奖。先后获得“十大值得信赖保险公司”“最受信赖保险机构”。泰康人寿韶关中支成立于2003年3月21日，现址为韶关市浈江区五里亭前进路18号琪富大厦主楼十七层整层、十六层1601—1604号，设有总经理室、营销部、培训部、公共资源部、计划财务部、保费部、客服服务部等多个部门。秉承“服务公众，回馈社会”理念为消费者提供服务。（卢谷谷）

【新华人寿保险股份有限公司韶关中心支公司】 简称新华保险韶关中心支公司，是隶属于新华人寿保险股份有限公司总公司的三级机构，成立于2003年7月，位于韶关市浈江区的湾景中心商业大楼三到五层，有个险销售部、银代业务部、团险业务部、培训部、财务部、综合行政部9个职能部门，在南雄市、始兴县、乐昌市和曲江区设立分支机构。到2018年末，新华保险韶关中心支公司员工人数800人，其中业务队伍人力达750人，总保费达成19148万元，较2018年初同比上升9.42%，市场份额5.17%，总保费市场排名第四。新华人保续期拉动业务增长模式，重点发展保障型业务。2018年，新华保险韶关中心支公司实现续期保费15769万元，同比增长35%，占总保费的比例达到82%，同比提升9个百分点。长期健康险和附加险业绩提升。产品体系建设方面，新华保险着力加大供给侧改革力度，丰富产品种类、创新保障服务。主险方面，挖掘并升级防癌产品康爱无忧；附加险方面，开发创新性保障型产品“附加特定心脑血管疾病保险”，填补市场空白，受到客户欢迎。客户附加险覆盖率显著提高，风险保障程度改善。理赔服务方面，通过广泛覆盖的赔付，让客户体验到保险保障的价值。全年新华保险韶关中心支公司结案1713件客户理赔件，理赔金额达920万元。服务能力建设方面，新华保险应用微信投保、智能微信回访、人脸识别等新技术来提高客户服务效率，改善客户服务体验。公司核心运营指标持续改善，承保时效0.45天，理赔申请日时效1.4天，理赔出险日时效43.78天。公益活动方面，新华保险韶关中心支公司开展各类爱心公益活动，履行企业社会责任。在韶关市区和始兴分支机构开展无偿献血爱心活动、慰问乐昌坪石困难群众活动；组织参加韶关市保险行业协会组织的7.8扶贫健步走活动等。（官原金）

【太平人寿保险有限公司韶关中心支公司】 太平人寿是中国太平保险集团有限责任公司旗下专业寿险子公司，为中国中大型寿险公司之一。太平人寿韶关中心支公司于2007年6月25日开业营业，下设人事行政部、财务部、运营服务部、个人业务部、保费部、银行保险部等6个部门，下辖含个险本部、曲江区营销服务部、南雄市营销服务部3家营销服务部。截至2018年底，太平人寿韶关中心支公司内勤员工共计32人，个险代理人546人，银保外勤19人，续收外勤3人。2018年，太平人寿韶关中心支公司实现全年保费收入14147万元，其中，个险新单保费2663万元，银保期缴新单保费255万元，业务不断发展，各项占比均稳步提升。

服务不断创新　2018年，太平人寿韶关中心支公司以科技创新服务为基础，推出“秒赔”服务，运用OCR、人脸识别等新技术，让理赔服务从公司柜台延伸到线上，代理人可通过移动设备进行理赔操作，让客户了解和参与理赔处理过程。空中签名借助CA电子签名、人脸识别及影像合成技术，将投保时效从2天缩短为10分钟，实现投保全流程电子化，解决投保人、被保人异地投保签字难、时效慢的难题。为VIP客户提供童书乐捐活动、亲子科技夏令营活动、退保风险应急演练活动等十余种活动。

合规管理成效显著　2018年，太平人寿韶关中心支公司强化合规管理，开展治乱打非、打击非法商业保险、深化乱象整治、防范非法集资等12个大型排查项目。创新合规宣传工作的方式方法，参加市金融局、人民银行韶关市中心支行、市保险行业协会组织的各类宣传活动。丰富员工合规培训手段，全年累计开展各项合规培训及宣导共计59次，培训达1716人次。（邓广平）

【合众人寿保险股份有限公司韶关中心支公司】 简称合众人寿韶关中支，是合众人寿保险股份有限公司广东分公司下属中心支公司，总部位于北京。合众人寿韶关中支成立于2009年9月27日，公司职场位于韶关市武江区海景花园二楼。下辖有韶关本部、曲江区营销服务部、乐昌市营销服务部、南雄市营销服务部等4个四级机构，截至2018年底，合众人寿韶关中支有内勤员工22人，个险代理人812人，续收外勤3人。机构总负责人：肖岚。合众人寿投资建成国内首家复合型养老社区——合众优年生活养老社区，合众人寿完成武汉、沈阳、南宁三地的养老社区布局，实现“居住在家中，生活在社区，照护于机构”的老人理想退休生活模式。合众人寿韶关中支于2018年每月定期组织“助老行”公益活动，在韶关市松鹤老人颐养院、蓝山老人服务中心等老人服务中心看望和慰问老人。（钟　芬）

【中国人寿保险股份有限公司韶关分公司】 中国人寿保险股份有限公司是国内寿险行业的龙头企业，总部位于北京，注册资本282.65亿元。中国人寿保险股份有限公司韶关分公司（简称中国人寿韶关分公司）向个人及团体提供人寿、年金、健康和意外伤害保险产品，涵盖生存、养老、疾病、医疗、身故、残疾等多种保障范围。公司本部位于韶关市浈江区北江北路17号，下辖10个县区综合性支公司、5个营业部及40个营销网点。

业务发展　该公司发展中长期期交业务，业务结构不断优化，2018年实现总保费收入14.5亿元，同比增长14.59%，市场份额占比39.1%；全市系统员工及从业人员规模近5300人，个人代理人市场份额占比38.37%，继续保持行业领先位置。

客户服务　2018年通过推广微信自助查询、e宝账自助保单、无纸化投保、微回访及电子化红利通知书等创新科技优化服务，举办“新春送福、年终回馈”“妈妈我要向您表白”“第八届少儿绘画大赛”和“国寿健康大讲堂”等大型客户服务活动，提升客户满

▲中国人寿保险韶关分公司联合韶关市计划生育协会召开2018年计划生育保险工作会议　（中国人寿韶关分公司　供）

意度。

综合金融　2018年与广发银行、国寿财险及养老年金公司加速推进重点项目，创新升级协同模式，不断提升中国人寿品牌影响力，为广大市民提供更加优化便捷的金融保障服务。

服务民生　2014至2018年连续五年中标承办（联合承办）韶关大病保险项目及城镇职工住院附加医疗保险项目，覆盖全市近297万城乡居民和55万城镇在职职工；联合民政系统持续开展“银龄安康行动”，2018年全市共计44万老年人参与“银龄安康行动”，整体覆盖率达84%；推进关爱女性行动，2018年共为全市3万余名女性提供高额的疾病保额和意外保障，减轻女性因疾病、意外造成的家庭负担，提高群众幸福感；持续开展计生保险，2018年共计10万人次投保，同时为全市失独家庭捐赠计生保险，弥补计划生育家庭成员因意外伤害造成的经济损失。

社会责任　2018年获韶关市保险行业协会授予“2018年保险行业扶贫工作先进单位突出贡献奖”。公司支持韶关市公益文化事业发展，共建“风度书房”服务广大市民，获韶关市文化广电新闻出版局授予“2018年度风度书房支持单位”称号。

韶关分公司持续推进“银龄安康行动”　2018年5月30日，该公司总经理张延国携副总经理张辉、团体业务部经理拜访韶关市人民政府副市长高冬瑞并召开座谈会，民政局局长邢丽、老龄办主任李芬田参加座谈。会议汇报近年来韶关市“银龄安康行动”的开展情况及存在问题，并就全省“银龄安康行动”的发展形势进行展望分析展。

韶关分公司联合韶关市计划生育协会召开2018年计划生育保险工作会议　2018年4月11日，该公司联合韶关市计划生育协会召开2018年计生协会暨计生家庭意外保险工作会议。韶关市卫计局副局长刘建军、韶关市计划生育协会秘书长周波、全市计生协会相关工作负责人及韶关分公司总经理张延国、副总经理张辉、下辖各支公司分管负责人出席本次会议。会议回顾2017年与各级计生单位的合作情况，同时部署下阶段工作规划：扩大共识，落实战略合作；共同打造计生保险三位一体运作平台；增强合力，共同打造精品民生工程；固老拓新，加快计生保险事业发展。（杨亮）

【平安养老保险股份有限公司韶关中心支公司】　平安养老保险股份有限公司为中国平安保险（集团）股份有限公司的全资子公司，于2004年12月在上海成立，为国内最大的养老保险公司。平安养老保险股份有限公司韶关中心支公司（简称平安养老保险韶关支公司）于2008年3月10日成立，是迄今为止韶关地区唯一一家专业养老保险公司，也是当地首家属地化管理专业经营企业年金基金管理的金融保险机构。2018年，该公司在韶关团体保险市场上的占有率排名第二。平安养老保险韶关支公司前身为中国平安人寿保险股份有限公司韶关团险营业部。暨重组后，平安养老保险韶关支公司为企事业单位提供年金业务、团体养老保险和团体人寿保险、健康保险、意外保险等服务。该公司得到韶关市人民政府、韶关市人力资源社会保障局及各社会团体的认可。在韶关市社保项目承保服务工作方面，从2009年开始，该公司连续10年中标承保韶关市城镇职工大额医疗保险和驻韶省属煤矿补充医疗保险项目，从2014年起，连续5年中标韶关市城乡居民大病医院保险。截至2018年12月，该公司为韶关市超60万城镇职工与超230万城乡居民提供大额及大病医疗保险服务。

（黄颖怡）

【中信保诚人寿保险韶关中心支公司】　中信保诚人寿保险公司（原信诚人寿）于2000年成立于广州，由中国中信集团与英国保诚集团联合发起创建，总部设立于北京，公司注册资金为23.6亿元。2011年12月正式进驻韶关市场。公司为客户提供保障服务，推出微信公众号与官网服务、营销员服务终端系统，为保单全周期提供“微化服务”，让客户体验全天候足不出门的便利保险“微服务”。2018年是中信保诚人寿成立18周年，中信保诚人寿联合中国儿童少年基金会推出“携手18，健康同行”公益健步走活动，全体内外勤及客户通过捐赠自己的微信步数可完成公益助力，中信保诚人寿为广东省郁南县贫困地区儿童筹建一座中信保诚公益图书馆。

（朱咏殷）

【幸福人寿保险股份有限公司韶关中心支公司】　简称幸福人寿韶关中支，是幸福人寿保险股份有限公司下辖的三级机构，由中国信达资产管理股份有限公

▲2018年7月5日保险公众宣传日，幸福人寿韶关中支在韶关龙归乾源村开展送温暖活动

（幸福人寿韶关中支　供）

▲ 2018广州日报金质金融服务品牌评选颁奖典礼现场，友邦广东韶关中心支公司总经理黄响上台领取“大湾区最受客户信赖分支机构”牌匾

（友邦韶关　供）

司控股，成立于2011年12月22日，办公地址位于韶关市浈江区前进路18号琪富大厦二楼。幸福人寿韶关中支为社会各个年龄、群体的不同客户提供包括人寿保险、健康保险、意外保险和养老保险在内的全方位风险保障解决方案和投资理财计划，参与国家的健康养老产业、基础建设及各类民生工程。2018年，幸福人寿韶关中支实现总保费4918万元，同比增长11.52%，先后获得中国人民银行韶关中心支行反洗钱工作通报表扬，韶关保险行业协会扶贫工作突出贡献奖。幸福人寿韶关中支参与保险宣传活动，7月保险公众宣传日期间，制定“守护美好，从一份保障开始”方案计划，通过开展扶贫健步走、举办开放日、送温暖等形式，让社会公众明确保险的概念。（潘艳琳）

【民生人寿保险股份有限公司韶关中心支公司】 简称民生保险韶关中支，是民生保险广东分公司下属中心支公司，成立于2012年。2018年12月，该公司搬迁于韶关市浈江区站道路24号粤通综合大楼1号楼第14层1403号。产品涵盖人寿保险、年金保险、健康保险、意外伤害保险等多种类型，能够满足用户的保险保障需求。推进“511”工程建设，自主创新研发互联网在线学习平台“充电保”，以视、听、触三位一体的学习体验为员工提供自主学习、资料查询、在线考试、互动直播等多元化的学习方案，满足员工不同职业生涯阶段的个性化培训需求。中支推进总公司在行业内率先推出的“非常6+1”快速理赔服务；依托全国统一客户服务电话“95596”，接受客户各种保险咨询。通过建立以客户为中心的管理理念和经营模式，建设客户服务体系，提升客户服务满意度。2018年，民生保险韶关中开展落实精准扶贫工作，参与市保险行业协会所举办的“送温暖献爱心”捐款活动及“7.8”千米保险扶贫公益跑等大型宣传公益活动。（吴桂兰）

【友邦保险有限公司广东分公司韶关中心支公司】 简称友邦韶关。2018年，与2017年相比，友邦韶关实现业务规模、人力规模飞跃式的进步。有9名内勤员工和319名保险营销员，友邦韶关负责人：黄响。参与社会公益活动：2018年2月6日，全市驻韶34家保险公司志愿者代表前往莲花山社区居委会慰问车站街的困难群众及党员。由6名员工志愿者组成的友邦广东志愿者服务队韶关分队为活动慰问的70户困难党员及群众家庭筹集粮油共175升。11月18日，第四届韶关2018年半程马拉松赛事开赛，友邦广东韶关中心支公司百名员工及客户参与五千米欢乐跑项目，参赛者中最大年龄为62岁的长者营销员，最小年龄为报名参加亲子跑的7岁的营销员子女，更有两位挑战21千米半程马拉松。2018年11月友邦广东省公司正式启动“友邦百年希望足球场公益计划”，该项目携手广东省青少年发展基金会聚焦省内缺乏体育设施的乡村学校援建足球场。友邦广东韶关中心支公司坚持以客户为中心，推广“预防+保障”健康管理新模式，协助当地大众实现健康长久好生活。在“友邦百年希望足球场公益计划”启动之初，以分支机构营销员认捐参与率最高的殊荣，获得2018广州日报金质金融服务品牌年度评选参评资格，最终获得“大湾区最受客户信赖分支机构”称号。（陈文彬）

【长城人寿保险股份有限公司韶关中心支公司】 简称长城人寿韶关中支，成立于2012年8月，地址是韶关市浈江区中山路17号综合楼3号铺。长城人寿韶关中支于2017年底重启韶关个险业

▲ 春运期间，长城人寿韶关中支在高速服务区为过往司乘人员开展送福袋活动

（长城人寿韶关中支　供）

务条线，注重业务品质，做好价值转型。2018年，韶关个险业务新单保费收入255.85万元，银代新单保费收入2428.26万元。开展客户服务活动。举办保险进社区、进企业的活动。热心公益事业。春运期间，在高速服务区为过往司乘人员免费提供姜茶，送春联、发放安全宣传单、送福袋等活动。在服务体系方面，推出理赔“六个一工程”、异地保全和E化服务等，令客户满意度提升。（长城人寿韶关中支）

【建信人寿保险股份有限公司韶关中心支公司】 是中国建设银行股份有限公司控股的专业化人寿保险公司，总部位于上海。建信人寿的前身是太平洋安泰人寿保险有限公司于1998年成立。2011年，因股权变更，太平洋安泰人寿保险有限公司更名为建信人寿保险有限公司；2017年，建信人寿保险有限公司更名为建信人寿保险股份有限公司。建信人寿保险股份有限公司韶关中心支公司于2012年10月25日成立。建信人寿主要经营人寿保险、健康保险、意外伤害保险等各类人身保险业务，创建“关怀天使”“关怀妈妈”等一系列关怀服务品牌。（王　婷）

【珠江人寿保险股份有限公司韶关分公司】 珠江人寿保险股份有限公司（简称珠江人寿）由广东珠江投资控股集团有限公司、广州金融控股集团有限公司、广东珠光集团有限公司、广东韩建投资有限公司、广东新南方集团有限公司、衡阳合创房地产开发有限公司和广东粤财信托有限公司等7家股东共同投资的综合性寿险公司，注册资本金67亿元。珠江人寿总部位于广东省广州市，是唯一一家总部设在广州的寿险公司，成立于2012年9月26日。2018年11月30日，珠江人寿获“2018TOP金融榜评选——年度最佳寿险公司”。珠江人寿保险股份有限公司韶关分公司于2014年11月10日正式开业，位于韶关市武江区新华南路23号红星大厦二层。珠江人寿产品保障内容涵盖养老、健康、意外、理财等，服务对象包括个人、家庭、中小企业、大型公司、机关团体和政府机构。2018年，珠江人寿韶关分公司实现保费收入4.4亿元。（于金芬）

▲2018年，北大方正人寿保险有限公司韶关中心支公司前台
（北大方正人寿韶关中支　供）

【信泰人寿保险股份有限公司韶关中心支公司】 信泰人寿保险股份有限公司（简称信泰保险）创立于2007年5月18日，总部设在浙江杭州，注册资本50亿元，经营各类人身保险业务。信泰保险全资创立联创保险销售有限公司，获得股权、不动产等多个领域的投资牌照及兼业代理牌照，各项经营资质齐备。信泰保险总资产逾455亿元，年保费平台达100亿元，保持逐年稳定增长，客户群体总数近300万人。信泰人寿保险股份有限公司韶关中心支公司成立于2017年4月25日，位于韶关市浈江区韶南大道北3号鑫园花苑首层南面4至8号。（陈桂霞）

【北大方正人寿保险有限公司韶关中心支公司】 北大方正人寿保险有限公司（简称北大方正人寿）是由北大方正集团有限公司、明治安田生命保险相互会社和海尔集团旗下的海尔集团（青岛）金融控股有限公司联合组建的一家中外合资保险机构（原名为海尔人寿保险有限公司）于2002年11月28日正式成立，总部设立在上海。方正集团、明治安田生命与海尔集团分别持有北大方正人寿51%、29.24%和19.76%的股份。北大方正人寿保险有限公司韶关中心支公司（简称北大方正人寿韶关中支）于2018年8月3日在广东韶关市成立，地址为韶关市武江区工业西路26号山水商务酒店三层，是北大方正人寿在广东开设的第一家中心支公司，建立有个险业务渠道，在韶关寿险市场呈现良好的发展趋势，为韶关地区的客户提供人寿、健康、意外等保险产品和保险服务。开业当月，北大方正人寿韶关中支内勤员工8人，个险代理人440人，完成规模保费收入100万元。截至2018年12月，北大方正人寿韶关中支累计规模保费收入185.7万元。（刘晓鹏　宋明泽）

工 业

综 述

【概况】 2018年，韶关市以提高发展质量和效益为中心，以供给侧结构性改革为主线，创新举措，狠抓落实，推动工业和信息化平稳较快发展。全市规模以上工业实现增加值310亿元，增长1.5%；全市园区实现规上工业增加值112.52亿元，同比增长13.8%；纳入倍增计划的107家企业实现规上工业增加值55.29亿元、增长18%；全市装备制造业增加值和投资分别增长11%、60%；全市规上工业综合效益指数同比提高13.2个百分点，实现利润86.64亿元。

【全国首创家教式的管理标杆培训】 2018年，全市聘请海峡两岸资深管理专家和投资专家深入企业内部开展培训。首届4户参训企业改造提升项目25个、降本增效超2000万元，50多名管理人才得到提升。邀请央视知名编导联合市广电台全程跟踪记录实施过程，录制20集纪录片《企业变形记》并先后在韶关电视台、广东卫视播出，该纪录片在2018年中国（广州）国际纪录片“广东日”活动中获中国南派纪录片优秀作品奖。2018年底，广东省工业和信息化厅将韶关市该项工作经验专题刊发至全省进行宣传推广。

【装备制造业发展提速】 2018年，全市制定实施《韶关市装备制造业首台（套）重大技术装备及关键部件认定与奖励办法》，在全省率先开展首台（套）认定和奖励。组建特钢和先进装备产业联盟，借助北京、武汉等地高校院所和国家级行业协会的资源优势，促进韶关市装备制造业关键共性技术研发、产业链资源整合和协同发展。编印全市装备制造产业招商手册，开展装备制造业招商，对接引进广汽中国南方智能网联新能源汽车测试中心项目。省已预下达韶关市2019年度珠西专项资金1.54亿元，在全省21个地级市中排名第一。

【工业绿色低碳发展】 2018年，全市国家节能减排示范城市创建工作通过验收，推动莞韶园、新丰产业转移园等9个园区被认定为省级循环化改造试点园区，全市产业园区实现循环化改造全覆盖。推进工业绿色化循环化升级改造，韶钢、利民制药厂节能改造项目实施，东阳光科技“导电高分子铝固体电解电容器生产绿色关键技术开发与系统集成项目被列入工信部“2018年绿色制造系统集成专项”。组织开展钢铁水泥能效对标活动，对119家重点用能单位开展节能监察，超额完成高污染高排放企业节能监察任务。开展电机和变压器能效提升工作，分别实现年节电量2.2亿千瓦时和3000千瓦时。开展多轮“地毯式”清查，防止淘汰钢铁产能死灰复燃，完成省目标任务。

【营商环境优化】 2018年，全市实体经济降成本政策落地。组织18个市直部门研究修订韶关市降成本政策措施，委托新华社中国经济信息社，对韶关市降成本政策实施情况进行调查评估。举办宣讲培训活动，推动政策宣贯覆盖到基层政府部门工作人员、覆盖到大中小企业、企业中层以上管理人员，企业降本减负取得成效。2018年，全市直购电用户达到611户，交易电量67.43亿千瓦时，占一般工商业用电量的73.20%，占比全省最高，为企业节省成本4.14亿元。成为全省率先开展应收账款融资业务的地市，推广应收账款融资业务，对帮助中小企业实现应收账款融资的供应链核心企业进行奖励。成为全省首批获得中小微企业服务券发放的地市之一，分5批次为全市中小微企业发放中小微企业服务券500万元，对中小微企业生产经济过程中所需要的服务进行补助，全市17家服务机构、100多家民营企业获益。

【制造业与互联网融合发展】 2018年，韶关市出台《韶关市深化“互联网+先进制造业”发展工业互联网实施方案（2018—2020年）》，全省率先制定实施支持企业“上云上平台”加快发展工业互联网奖补政策，鼓励支持工业互联网在企业内外部的应用。建成山区市首个行业性工业互联网平台标杆项目，昆仑科技公司的“面向钢铁冶金行业产供销一体化智能制造公共技术支撑平台”获广东省智能制造公共技术支撑平台认定，全省仅11个地级市有企业入选，山区市中唯韶关市有企业入选。韶关科艺创意工业有限公司申报2018年两化融合贯标试点企业。韶钢松山等4家企业申报实施2018年工信部制造业与互联网融合发展试点示范项目。编制《大数据产业招商宣传手册》，加强与广州招商工场、广东联通、科大讯飞、腾讯华南云计算中心和广东软件行业协会等企业、协会对接，推进“华南数谷”大数据产业园的招商工作。华为·鹰硕韶关智慧城市及华南数谷首期建设项目动工建设；市政府与广东联通签约的合作项目推进实施。 （谭桃华）

【工业园区提质增效】 2018年，韶关市省级产业园区实现“全覆盖”。2018年6月以来，新丰县、仁化县产业集聚地升格为省级产业园，乐昌产业园重新被认定为省级产业园，莞韶产业园、新丰产业园等被认定为省级循环化改造试点园区。至此，韶关市省级产业园实现县域全覆盖和循环化改造全覆盖。推动园区经济提质增效。出台实施《韶关市产业园区工作绩效考核办法》《韶关市产业园区工作绩效奖励方案》，建立园区考核结果与个人绩效奖金挂勾机制，对考核及格的园区在岗工作人员实行绩效奖励。分解下达2018年各园区基础设施投资、工业投资、规上工业增加值增速目标，实施指标月度进度监测和通报机制。建立集中动工项目和新签约项目台账，联合国土、统计部门开展实地督导，加快项目动工、入库步伐。全市产业园承接珠三角产业转移项目50个，提前超额完成省下达任务，任务完成率（166.7%）在全省排名第一；实现规上工业总产值463.04亿元，增长13.4%，占全市工业的比重约为36.1%；完成税收24.13亿元，增长32%。其中乳源园、翁源园、曲江园等园区规上工业增加值和税收均呈现双位数增长。园区基础设施建设投入加大。实施产业园区三年提升计划，莞韶园香樟雅居、印雪精舍、创智城等项目加快推进，双创中心二期、保障房等项目动工建设，曲江园、南雄园、仁化园等园区道路管网、美化亮化工程进度加快，乐昌园自助办税大厅、标准厂房、医疗点建成，翁源园商务大厦主体建设完成，华南装备园6条主干道启动，园区基础设施投资提升。全市园区完成基础设施投资18.07亿元，增长55.7%，园区基础设施投资为近四年以来最高。 （吴利君）

【钢铁工业】 2018年，韶关市钢铁工业实现工业增加值46.62亿元，同比下降11.3%，工业增加值占全市规模以上工业的15%，是韶关市工业经济发展的第二大支柱产业。钢铁工业主要产成品产量成品钢材682.62万吨，同比增长3%，其中，特钢71.75万吨，同比增长35.6%。韶关钢铁行业以宝武集团广东韶关钢铁有限公司为代表，2018年韶钢实现产值272.8亿元，增加值44.69亿元，税收14.78亿元。 （柯 峰）

【有色金属工业】 作为韶关市工业经济七大支柱产业之一的有色金属工业，2018年实现增加值34.63亿元，同比下降1.5%，工业增加值占全市工业增加值总量的11.2%。全年生产十种有色金属26.61万吨，同比下降2.4%，有色金属选矿产品含金属量17.11万吨，同比增长7.3%。韶关的有色金属工业主要以凡口铅锌矿、韶关冶炼厂、丹霞冶炼厂为代表。其中，凡口铅锌矿2018年年产铅锌金属量16.3万吨，实现产值24.73亿元，增加值21.39亿元，税收4.67亿元。韶关冶炼厂2018年完成铅锌总产量131382吨（铅锭47135吨，锌及锌品84247吨），实现产值25.9亿元，增加值2.99亿元，税收4708.6万元。丹霞冶炼厂2018年实现产值29.01亿元，增加值3.57亿元，税收6526.5万元。

（柯 峰）

重点监测工业

【概况】 2018年，全市有规模以上工业企业552户，实现规模以上工业增加值310.03亿元，增长1.5%，其中，民营工业增长较快，增长10.9%。全市规模以上工业综合效益指数连续三年保持高速增长，同比提高13.2个百分点，实现利润86.6亿元。重点做好50户重点工业企业运行监测工作，50户重点工业企业累计完成工业增加值254.52亿元，同比增长1.5%，拉动规模以上工业1.2个百分点，占全市规模以上工业比重的82.1%。全市产值超10亿元的工业企业共有15户，累计完成产值699.17亿元，工业增加值190.8亿元，占全市规模以上工业比重的61.5%。全市产值超100亿元的工业企业（集团）有2户，产值50亿—100亿元的企业（集团）有2户，产值10亿—50亿元的企业（集团）有11户。在产值超10亿元的企业（集团）中，民营企业有8户，占比超过50%。

【监测工业名单】 2018年，韶关市重点监测工业企业（集团）有50户，分别是：韶关卷烟（武江区）、韶钢集团（曲江区）、东阳光集团（乳源瑶族自治县）、凡口矿（仁化县）、韶关供电（武江区）、旭日国际（武江区）、粤江发电（曲江区）、韶能集团（武江区）、粤华电力（浈江区）、大宝山矿（曲江区）、比亚迪（浈江区）、北纺智造（曲江区）、日本电产（始兴县）、丹霞冶炼厂（仁化县）、利民制药（武江区）、鸿丰水泥（新丰县）、韶关冶炼厂（浈江区）、坪B电厂（乐昌市）、建滔集团（始兴县）、卡西欧电子（翁源县）、建滔集团（始兴县）、韶铸集团（浈江区）、万达工业（始兴县）、韶钢普莱克斯（曲江区）、韶钢嘉羊（曲江区）、至卓飞高（曲江区）、宏德热轧带钢（曲江区）、东方锆业（乐昌市）、宏大韶化民爆（浈江区）、烟叶复烤公司（浈江区）、中源水泥（翁源县）、华粤煤矸石电力（仁化县）、华欣环保（曲江区）、彤置富水泥（南雄市）、科艺创意工艺（武江区）、金悦通电子（翁源县）、五联木业（曲江区）、市自来水公司（浈江区）、中建材水泥

（乐昌市）、娃哈哈饮料（曲江区）、鸿伟木业（仁化县）、华洲木业（始兴县）、三协电子（乳源瑶族自治县）、金亿合金（曲江区）、国润再造烟叶（浈江区）、安捷铁轨（乐昌市）、万成塑胶（翁源县）、飞达轻工（乐昌市）、东南轴承（武江区）、韶钢金属（曲江区）。

【挂点联系企业工作开展】 2018年，继续实施市领导挂点联系企业工作，发挥市挂点办职能，收集整理汇总企业诉求及挂点部门反馈意见，协调相关部门受理、解决企业诉求。市经信局共收集整理96家企业366项诉求事项，下发41份诉求交办函，转各部门协调解决，诉求处理率100%。其中，办结和按工作时限如期推进的事项303项，占总诉求事项的82.8%。市领导挂点联系企业实现工业增加值271.48亿元，同比增长6.2%，远超全市工业平均增速。

【实施倍增计划】 2018年3月，韶关市启动倍增计划工作，成立由分管市领导任组长的市优质企业规模与效益倍增计划工作领导小组。4月，通过深入企业实地调研、外地学习考察，印发《韶关市实施优质企业倍增计划工作方案》。5月，根据工作方案，经过部门推荐、企业申报、综合评选、公开公示等环节确定107户优质企业纳入韶关市倍增计划。10月，印发《关于实施优质企业规模与效益倍增计划的意见》，明确22条扶持措施，由市财政每年投入1亿元用于支持倍增计划试点企业发展。2018年，倍增计划试点企业发展势头较好，107户试点企业实现规模以上工业增加值55.29亿元，同比增长18%，整体达到5年倍增的目标要求（增长15%）。

（柯　峰）

电力供应

【概况】 2018年，市供电局负责韶关全域供电，供电客户133.8万户。本部设有14个部门、10个中心机构，每个县（市、区）设置1个县（区）供电局，其中城区局负责为浈江区、武江区两区供电。有在职员工7691人（其中供电局员工4332人，竞争性企业员工3359人）。党委书记、执行董事：吴亦竹；局长、党委副书记：黄松波。韶关供电局变电管理所、韶关新丰供电局获得广东省“五一劳动奖状”，韶关乳源供电局获得中国南方电网公司“五一劳动奖状”。

韶关市电源情况　韶关是广东电源主要基地之一，境内发电装机容量708.77万千瓦（其中火电404.5万千瓦，水电210万千瓦，自备电厂22.9万千瓦，光伏39.12万千瓦，生物质12.2万千瓦，风电18.7万千瓦，余热1.35万千瓦）。同时，湖南桥口、鲤鱼江电厂（共190万千瓦）电力也需要通过韶关电网南送，地区上网装机容量达到898.77万千瓦。

韶关电网情况　韶关电网位于广东电网北部，通过3条500千伏线路、4条220千伏线路与广东主网架联网，电网联络点为500千伏曲江站和220千伏韶关A厂。湖南桥口、鲤鱼江电厂通过2条500千伏线路接入500千伏曲江站。韶关电网共有35千伏以上变电站164座（不包括25座电厂升压站），主变297台，容量1316万千伏安。其中500千伏变电站1座，220千伏变电站17座（用户站5座），110千伏变电站93座（用户站23座），35千伏变电站53座（用户站5座）。共有35千伏及以上输电线路401回，总长度6335千米，配网线路以架空线为主，共1139回，总长18429千米。韶关主网已形成以500千伏曲江站为核心，220千伏电网为骨架，“一核五环一链”的网架结构。县域电网形成以220千伏变电站为枢纽，110千伏变电站向县城中心等重要负荷直接供电，35千伏变电站作为补充，结构相对合理、分区运行的电网络。

发电情况　2018年，韶关本地上网电量187.05亿千瓦时，同比增长15.35%（其中火电113.8亿千瓦时，增长32.53%；水电46.08亿千瓦时，下降17.2%；生物质、风电、光伏等新能源13.99亿千瓦时，增长38.24%；自备电厂13.18亿千瓦时，增长22.04%），外来上网64.99亿千瓦时，本地消纳133.34亿千瓦时，外送郴州0.083亿千瓦时，南送省主网118.32亿千瓦时。

用电情况　2018年，全社会用电量133.36亿千瓦时（全省第十四位），同比增长11.62%（全省第三位）。其中工业用电量89.56亿千瓦时（全省第十四位），同比增长12.51%（全省第二位）。

负荷情况　2018年韶关电网统调负荷9次创历史新高，最高负荷出现在12月31日，达到209.8万千瓦，比2017年最高负荷增长15.53%。

韶关供电局完成安全生产考核目标，韶关电网连续安全运行超过7000天。第三方客户满意度83分，连续7年获地方公共服务评价第一。

表7 2018年韶关市全社会用电量情况表

单位：亿千瓦时

行业类别	2018年1—12月累计	
	累计报表数据	报表数据同比增幅
全社会用电量总计	133.34	11.60%
A、各行业用电量总计	113.90	11.56%
第一产业	2.46	16.71%
一、农、林、牧、渔业	2.77	16.91%
第二产业	90.84	12.68%
二、工业	89.72	12.72%
三、建筑业	1.64	-0.55%
第三产业	20.61	6.33%
四、交通运输、仓储和邮政业	6.10	0.86%
五、信息传输、软件和信息技术服务业	1.10	8.27%
六、批发和零售业	3.89	10.79%
七、住宿和餐饮业	1.70	10.10%
八、金融业	0.15	5.23%
九、房地产业	0.37	18.95%
十、租赁和商务服务业	0.84	21.88%
十一、公共服务及管理组织	5.63	7.63%
B、城乡居民生活用电合计	19.44	11.85

【健全电网规划建设的相关机制】2018年，市委、市政府重视韶关市电网规划建设工作，连续三年召开全市电网建设工作推进会。市政府和广东电网公司签订《“十三五”韶关电网战略合作协议》《协议》明确“十三五”韶关电网规划投资将达到70亿元以上，比“十二五”增长110%（2016年、2017年两年已完成投资30.6亿元）。韶关供电局与县（市、区）政府代表签订《2018年度加快推进电网建设工作协议书》。2018年度完成固定资产投资14.4亿元，完成计划的104.34%。市供电局电网建设连续两年获得市年度重点项目考核优秀。电网基建投资9.9亿元，年度完成10.5亿元，投产4项主网项目，建成10千伏以上供电线路1362千米。农网改造升级投资7.1亿元，完成7.35亿元，完成278个贫困村电网改造，以及1148宗新一轮农村电网改造升级工程。

▲ 2018年2月8日，韶关市首个电网警务室在韶关供电局成立 （于芳芳 摄）

▲ 2018年2月1日，韶关供电局利用无人机进行融冰　　（于芳芳　摄）

【重点工程建设助力产业共建加快】 2018年，市政府解决110千伏赤水、数谷等站选址问题。重点项目加快推进，南雄“上大压小”接入电网一期工程先于电厂3个月投产（雄州电厂于2018年11月正式送电），电厂接入二期工程推进总体顺利，投运后提高送电能力。浈江220千伏尖峰站220千伏设备全部建成，110千伏特钢站完成设备安装。35千伏周陂输变电工程等4项主网工程按期投产。

【农网改造升级助力县域发展】 2018年，韶关市1053农配网项目按期投运，以县（区）局为单位提前达到国家农改“三大指标”（农网供电可靠性、综合电压合格率、户均配变容量）要求，完成乳源小康电示范县电网建设，得到广东电网公司表扬。加快推进智能电网规划建设，乳源山区智能配电网成为广东电网4个智能电网示范区之一，在年内投产智慧台区等4个项目。广东电网首个山区智能电网示范区——乳源山区两条10千伏配电网线路于11月15日率先投入自动转电功能，改造后共配置自动化开关17台，隔离故障用时数分钟，缩小故障影响范围。2018年广东电网公司配电网规划现场会在乳源瑶族自治县召开，省内兄弟单位对韶关市配网规划建设成果给予肯定。

【城市电网建设和迁改助力城市提升】 2018年，市供电局加强与市提升办等项目负责部门对接，对每宗供电迁改申请，均安排技术人员逐一跟进，协助制定相应的迁改方案。配合南水工程、大南华等市政重点项目迁改，涉及资金7135万元。制定城市配电房选址标准，加强防洪管控。加大城市电网建设力度，2018年韶关市客户平均停电时间与珠三角城市基本持平。

【电网与环境和谐发展促进】 2018年，市供电局在丹霞山景区调研时，发现瑶塘新村生态停车场市供电局配电箱外露问题，影响景区观感。市供电局立即会同丹霞山管委会开展现场勘查，研究制定整改方案。参照《韶关市区强弱电箱美化改造方案》，结合景区外部环境，为配电箱进行美化改造，增加风景涂装的外壳，改造工程投资3.28万元，于1月31日完成。做好新能源消纳。韶关供电局100%消纳风、光、生物质等清洁能源电量13.99亿千瓦时，同比增长38.24%。

【供电服务质量提升】 2018年，市供电局创新服务模式。配合韶关市招商引资工作，由供电局各级党委班子成员带头联系148项市重点项目，跟进做好供电服务。打造“灯火志愿者服务队”，推进全员志愿活动，全年开展服务380余次，共约1.7万小时，参与5300余人次，获得团市委和市文明办表扬。市供电局连续7年获地方政府公共服务满意度评价第一。2018年在乳源瑶族自治县成功承办第23届粤港澳电力服务研讨会，市供电局供电服务获得省内和港澳同行的一致肯定。精简报装程序。落实《深化营商环境综合改革实施方案》要求，通过优化报装流程、远程渠道“一口受理”等措施，中压业扩平均用时55天，同比下降27天。实增用电容量128.74万千伏安，同比增长77.98%；实增用电客户9.9万户，同比增长375.68%。提供综合能源服务。3月1日，莞韶园管委会、白云电气公司与市供电局共同成立韶关云舜综合能源科技有限公司并揭牌，提供智慧能源综合管理、智能电网工程和大工业用户电力服务等业务，助力韶关市绿色低碳发展。由韶关供电局与韶关市公安局打造的市区首个电网警务室于2月8日举行揭牌仪式。韶关供电局首个智能配电房——南水智能配电房工程于11月启用。

【降低客户用电成本】 2018年，韶关市供电局通过落实降电价、市场化交易，业扩延伸等各项优惠措施，共为用户节约成本9.84亿元（其中，韶关市交易电量67.4亿千瓦时，增长27.6%，占一般工商业用电量的73.2%，比例全省最高，为企业节省成本4.1亿元，同比增长44.9%；业扩延伸至用户红线，延伸比例达99.99%，为客户节约投资4.5亿元）。

【电力体制改革推进】 2018年，仁化县供电局完成“子改分”，市供电局8个县局中7家完成改制。理顺历史遗留下来的13个乡镇供电区域与行政区域划分不一致的问题（主要是浈江区犁市镇，武江区重阳3个镇，以及乐昌坪石片区9个乡镇）。落实“变优惠电价暗补为资源使用费明补”原则，接收18个独立自供区。接收“三供一业”供电业务3.8万户并抄表到户。

【守稳安全生产底线】 2018年，市供电局做好抗灾保电工作。出动人员2380

人次、车辆884台次，防御4轮冰雪凝冻天气，以及台风、暴雨、洪涝灾害的影响，完成兰博会、高考、国庆等143项保供电任务。抗冰工作得到省、市领导的肯定和表扬，韶关市供电局被市政府评为抗冰工作先进单位。做好安全隐患排查整改。吸取2018年省内涉水触电事故教训，结合迎峰度夏、防风防汛安全大检查等工作，组织开展城乡涉电设施安全专项整治，累计发现隐患1.37万项，均完成整改。对风度广场内部及周边的不规范电力设备或用电安全隐患进行排查，并督促指导隐患责任单位按计划开展整改。做好高杆植物隐患清理工作。2018年以来，在全市三区七县（市）89个乡镇，以及湖南郴州2个乡镇，清理树障786.67公顷，修剪超高树木超过67万棵，处理树障重大缺陷4085处，避免冰灾、台风期间超高树木压断线路引发的大面积停电事件。首次采用无人机进行等电位消缺。韶关供电局首次利用无人机抛挂牵引绳，在不停电的前提下，清除110千伏武犁线#4—#5导线飘挂物，刷新消缺速度，从现场安全交底到收拾好工具撤离，用时40分钟，比正常停电人工登塔消缺缩短用时2小时以上。

【3项新技术全国首次运用于韶关电网抗冰领域】 2018年2月受寒冷天气影响，韶关电网部分线路出现覆冰。高寒山区的220千伏关通线、110千伏大梅线通过直流融冰后，仍存在部分导地线覆冰。机巡作业中心联合创新团队和韶关供电局技术人员，使用科技融冰新方法，在关通线、大梅线使用激光雷达、激光大炮、无人机喷火等办法进行线路除冰。3项高端科技装备应用在电力融冰实践方面属国内首次，标志着广东电网输电运维工作向智能化自动化方向转变。

【韶关供电局迎战台风“山竹”】 2018年9月中旬，韶关供电局迎战台风“山竹”，启动防风防汛四级响应，完成130个变电站和248条线路的防风防汛特巡；出动人员9163人次，车辆1959车次开展输电设备设施防台风、防树障特巡；组织对全市25个重要用户、25个重点关注、76个停电敏感客户专项用电检查、发送台风期间安全用电温馨提示短信109万条。韶关供电局派出抢修队伍前往阳江阳春支援，三批抢修人员共计158人，配备8辆抢修车、4台海事卫星电话、5架无人机、6台应急发电车、5台后勤保障车等先进设备，投入阳春市的抢修复电工作中。

【华电南雄“上大压小”热电联产项目接入系统工程一期投产】 2018年9月4日凌晨48分，220千伏雄董线完成启动送电，至此韶关220千伏华电南雄“上大压小”热电联产项目接入系统工程一期整体投产，完成投资8407万元，为华电南雄雄州电厂送出提供支撑。雄州电厂投资35亿元，是广东省和韶关市重点工程，装机容量为2台35万千瓦机组，按年利用4000小时，每年并网送出28亿度电，雄州电厂可满足园区企业用电、用热需求，实现集中供热并替代落后、能耗高的小锅炉70余台。一期工程包含220千伏墨珠乙线解口入电厂线路、220千伏墨董线改接入南雄电厂线路工程，新建线路总长44.62千米，新建杆塔126基，线路跨越韶赣铁路1次，韶赣高速2次，跨越G323国道2次，航道1次，跨越110千伏线路5次、35千伏线路8次、10千伏线路21次，线路地质环境复杂、交叉跨越繁多。该工程的建成，改善韶关东北部地区220千伏电网的结构，保证雄州电厂的电能输出，推进该地区的经济建设。

【韶关市278个贫困村电网改造完成】 2018年10月26日，随着韶关南雄市水口镇水口村和全安镇杨沥村农网改造项目投产送电，标志着韶关市278个贫困村电网改造任务全面完成。根据韶关市配电网规划修编结果，韶关供电局分阶段对韶关278个省定贫困村的配电台区进行改造，累计新增10千伏线路24.2千米，新增配变221台、容量6.46万千瓦。2016年、2017年投资5459万元，完成198个贫困村的电网改造。2018年投资3819万元，对剩余贫困村电网开展改造。其中40个省直、中直驻点贫困村在6月30日前全部完成。

【全国首台抽屉式大功率立体充电站在韶关投运】 2018年11月16日，全国首台新型抽屉式大功率立体充电站在韶关市乳源瑶族自治县投运。该充电站占地两个车位面积，拥有12个车位，每个车位可独立配置60千瓦直流充电桩或交流充电桩，可供12辆电动汽车同时停车、充电。该款立体充电站同时解决现代城市“停车难、充电难”两大难题，可降

▲ 2018年9月17日，韶关供电局党员突击队支援阳江抗击台风“山竹”，图为东湖变电站抢修现场（潘跃鹏 摄）

低土地和维护成本。

【韶关供电局全省率先实现全量用户100%自动抄表】 2018年12月，韶关供电局实现全量用户（包括全部专变用户、公变台区、低压用户）100%自动抄表并自动推送至营销系统完成电费结算，成为全省第一个真正实现全量用户100%自动抄表的地市局，取得历史性突破。韶关供电局电子化结算率连续12个月在全省排名第一，标志着该局低压集抄自主运维的成功转型。

【客户停电时间稳步下降】 2018年，全口径客户平均停电时间7.77小时，下降55.01%。平均预安排停电时间、故障平均停电时间下降均超过50%。1小时区域客户平均停电时间0.58小时，同比下降84.2%。全年带电作业5067次，增长261%，低压保电950次，同比提升30%。

【韶关统调负荷创新高】 2018年，韶关电网流调负荷九创新高，最高负荷209.8万千瓦（12月31日），同比历史最高负荷181.6万千瓦增长15.53%。受低温提前抵达影响，韶关市用电负荷新高较以往提前1个半月，韶关供电局加强与客户沟通，完成防冰抗冰准备工作，应对可能出现的更高用电需求，保障电力供应。

【第二十三届粤港澳电力服务研讨会召开】 2018年11月16日，由广东电网有限责任公司主办的第二十三届粤港澳电力服务研讨会在韶关市乳源瑶族自治县举办，研讨会的主题是“绿色智创·融聚发展”，目的是为进一步加强粤港澳三地电力企业的学术、业务交流，提升客户服务水平。韶关市副市长陈磊和广东电网公司、香港中华电力公司、澳门电力公司、广州、深圳供电局的嘉宾、代表97人出席。

【韶关供电局计量自动化系统低压监测全省率先实现台区全覆盖】 2018年12月15日，广东韶关供电局计量自动化系统低压监测在全省第一个实现台区全覆盖，覆盖率为100%，共监测台区10741个，监测用户219223个，用户覆盖率为16.45%，全省排名第一。

【韶关供电局资产产权补办完成率全省第一】 2018年，广东韶关供电局累计完成255项土地、房屋产权证明补办（土地证20宗，房屋235宗）。总体完成率在广东电网系统内排名第一。

（赵湘敏）

东莞（韶关）产业转移工业园

【概况】 东莞（韶关）产业转移工业园是东莞、韶关两市政府于2008年联手共建的省级产业园区，2011年入选广东省十大重点产业园区，2015年被认定为第三批广东省循环经济工业园园区，2016年获批为“珠江西岸先进装备制造产业带重点配套园区”。莞韶园区总规划面积53.89平方千米，辖沐溪阳山片区、浈江片区、武江甘棠片区、龙归片区及曲江白土片区、华南先进装备产业园。2018年，莞韶园区以先进装备制造、大数据（电子信息）、生物医药、生产性服务业、新材料为支柱产业，以大数据、电子商务、现代物流为新兴产业，以建设广东装备制造业总部基地为具体目标，重点推进装备制造业主导产业发展，特别是在先进制造业装备基础零部件、汽车零配件、液压油缸、铸锻件、非标准件、工程机械，以及钢铁和铅锌冶炼及深加工等优势产业和特色产业体现出区域产业特色，成为韶关乃至广东构建现代产业体系的重要组成部分。2018年，莞韶园区装备制造产业产值57.26亿元，同比增长22.9%，占高新区工业总产值的31.3%；高新技术企业产值53.63亿元，增长19.4%，占29.3%；电子信息产业产值16.1亿元，增长9.5%，占8.8%。形成以电子商务、现代物流、科技金融、检验检测为主的生产性服务业集群。莞韶园区有工业企业300多家，建成投产工业企业240家，其中规模以上工业企业95家，高新技术企业62家，工业总产值1亿—10亿元有34家，10亿元以上有10家。

【莞韶园区经济】 2018年，莞韶园区贯彻落实融入珠三角、服务大湾区战略，加大产业对接和共建力度，强化服务企业和项目，推动科技创新，着力优化园区发展环境，园区主要经济指标完成情况持续向好。1—12月，园区工业总产值完成183.21亿元，同比增长18.3%，占全市比重约为16%；工业增加值完成46.56亿元，同比增长11.2%，占全市比重约为15%；固定资产投资完成36.1亿元，同比增长1%，其中工业投资完成22.13亿元、同比下降23.8%，基础设施投资完成11.51亿元、同比增长161.3%。全年没有出现重大安全生产事故和重大环保事件。

【基础建设】 2018年，莞韶园区对核心发展区进行道路改扩建，截至年底完成86%工程量；道路绿化及节点景观提升工程完成约68%工程量。百旺西路建成通车，沐溪大道实现双向八车道扩建，沐溪一路、沐溪八路、阳山七路等交通要道基本完成改造提升，绿化、亮化、美化工程同步实施。推动5个生活配套设施项目建设，总投资约16.3亿元。创智城计划开盘；香樟雅居和印雪精舍酒店主体工程计划2019年2月底完工；双创中心一期完成，正在实施二期建设；两塘书院对外开放。

【土地清理征拆】 2018年，莞韶园区解决园区历史遗留问题有突破。解决征拆历史遗留问题7个；已启动4家试点企业的清理处置闲置用地和低效用地工作，完成1家企业的清理工作；已为欧莱公司等3家企业完成报建手续办理产权登记；对武江片区、浈江片区41宗土地出让历史遗留问题，正分类制定处理办法。征地拆迁和土地出让工作有新成果。莞韶城三期计划征收土地面积约

400公顷，累计完成土地征收约236.67公顷，累计补偿到位资金约1.57亿元，累计完成清表面积26.67公顷。引进睿华仿制药项目，启动生物医药产业园建设，已完成生物医药产业园城市设计初步方案。全年完成土地出让9宗，总面积69.9万平方米；土地出让金收入1.8亿元，完成年度目标任务的129%。

【项目引进】 2018年，莞韶园区探索创新招商引资方式，建立领导班子直接抓招商引资的工作机制，明确招商引资方向，实行定向招商，完善招商引资项目统计数据，探索市场化的方法，创新招商引资方式，采取委托招商、政府购买服务等多种方式方法开展招商活动。签订招商引资项目47个（韶关工业园12个，已超额完成任务目标数8个），新签约项目投资额达79.51亿元（韶关工业园10.75亿元，完成任务目标数25亿元的43%），其中新签约亿元以上项目数30个（韶关工业园6个，已完成任务目标数），园区新建开工项目71个，其中亿元以上项目13个。新签约企业项目动工率55.6%。无人机智能指挥中心完成主体工程，正在开展配套工程建设及行业运用；众投邦加速器招引项目入驻；达安创谷孵化器完成签约，引进广州泛美实验室项目。萱嘉医品、“华南数谷”等项目的引进，为园区科技创新增添新力量。

【创新驱动】 2018年，莞韶园区调整产业发展方向，推动传统产业转型升级。涌现宏大齿轮、韶关液压、欧莱靶材、萱嘉医品、中机重工等一批骨干企业，高端装备制造、生物医药、新材料等产业集聚发展。同时，形成以电子商务、现代物流、科技金融、检验检测为主的生产性服务业集群。莞韶园区实施高企“倍增计划”，培育高新技术企业，三年共组织50多家企业申报高新技术企业。高新区高新技术企业62家，比2015年增加39家，占全市的37%。

【科技创新】 2018年，莞韶园区创新平台建设有新突破，国家级科技企业孵化器、国家第三批创新型产业集群试点顺利获得科技部认定，于2018年初正式挂牌；国家高新技术产业化基地通过科技部专家现场考察和专家评审论证会。火炬特色产业基地项目报科技部待审批。2018年组织30多家企业申报高新技术企业，其中21家已在第一、第二批高企名单中公示（韶关工业园区13家）。新增9家市级工程技术研发中心。2018年，园区有55家企业经省公示拟认定为高新技术产品的199件，其中，韶关工业园区20家企业、76件。国家科技型中小企业入库18家。引入佛山国家科技孵化器专业团队运营国家级孵化器，有56家在孵企业。产学研合作有新亮点，成立矿山机械产业技术创新联盟。60多家企业与北京科技大学、华南理工大学、华中科技大学等高校院所建立长期稳定的产学研合作关系。引入萱嘉医品健康科技张嘉恒教授的研发团队、华工吴晖教授的食品研发团队；韶瑞铸钢公司引进的“大型破碎机用细晶高性能耐磨锰钢关键部件研制与产业化团队”被认定为省“扬帆计划”人才团队。兴建市育威中职学校，解决企业技术工人短缺问题。韶关欧莱高新材料有限公司获第七届中国创新创业大赛全国总决赛第三名（新材料行业成长组二等奖），这是韶关地区历年来获得的最好成绩。

【政策扶持】 2018年，莞韶园区相继出台韶关高新区促进科技创新奖励实施暂行办法、产业发展扶持资金管理办法、科技企业孵化器扶持办法、“双创”人才发展计划、“一区多园”建设工作实施方案等政策措施。从2011年起，每年设立300万元孵化种子资金，孵化场地超过10万平方米。发挥市科技金融综合服务中心的作用，促进科技金融产业深化融合。

【国家高新区创建】 2018年，韶关高新区申报国家高新区的各项工作推进。2016年3月，启动申报工作，成立以市长为组长的创建国家高新区领导小组，列入市政府重点工作，出台具体实施方案。2017年6月，省政府将韶关申报国家高新区的资料批转上报科技部。2018年7月，科技部高新司来函将韶关高新区列入咨询调研名单，创建工作进入迎检关键环节。根据专家咨询调研要求，重点实施高新区展览馆的改建升级工程，完成并投入使用。增加高新区logo标志建设，新建设一批指示牌和广告牌，完善VI系列、“火炬”标志，整体包装高新区。推出韶关以升促建系列报道，营造创建升级氛围。查漏补缺。专门组织人员到湛江市、茂名市、清远市、阳江市高新区考察学习。邀请东莞松山湖、

▲ 2018年4月20日，由国家科技部高新司、省科技厅有关领导及专家组成的调研组到莞韶园区考察专用工程机械及关键零部件高新技术产业化基地建设情况

（莞韶园区 供）

长沙高新区相关专家到高新区现场辅导，结合实际，查漏补缺，完善创建有关材料和工作。环境卫生整治工作投入人力物力，环境卫生改观。“一门式、一网式”政务服务大厅建设基本完成并上线试运行。修改完善韶关高新区总体规划、发展规划及战略规划等申报材料。

【金融服务】 2018年，针对大部分中小企业在资金融通上存在“小、频、急”和贷款要求“短、平、快”的特点，莞韶园区依托直属企业韶关市鼎盛融资担保有限公司和韶关市圆融小额贷款有限公司，完善金融服务，为创业企业提供资金融资渠道，全年累计为企业担保总额240041.05万元；小贷公司发放贷款总额28194万元。

【韶关市人才驿站揭牌仪式】 2018年12月26日上午，省委组织部、省人社厅和市委、市政府在位于韶关高新区的华科城·莞韶双创（装备）中心举行韶关市人才驿站揭牌仪式。副市长高冬瑞，省委组织部、省人社厅有关领导，广东省“南粤楷模”，港珠澳大桥“建设功臣”张宝兰等嘉宾，以及韶关市各界人才代表等共同见证驿站揭牌。韶关市人才驿站是省市共建的柔性引才公共服务平台，是韶关实施创新驱动发展和人才强市战略的重大举措。人才驿站按照“中心+分站+服务基地”的整体布局，由市级人才驿站和县级人才驿站组成，主要承载柔性引才平台、信息发布窗口、交流对接纽带、休闲疗养基地等四项功能。各县（市、区）人才驿站依托大型创新创业综合体、产业园区、生态景区等相关基地平台，突出本地特色。

（白文礼）

始兴工业园区

【概况】 广东始兴工业园区管理委员会前身为始兴县林产工业开发试验区管理委员会，为始兴县人民政府的派出机构，是负责全县工业园区建设、管理和招商引资工作的正科级行政单位，核定行政编制5名，后勤服务人员3名。机构内设4个股室：办公室、建设综合办公室、招商综合办公室、安全生产监督管理办公室。始兴县企业服务中心前身为始兴县招商引资办公室，为广东始兴工业园区管理委员会下属正股级公益一类事业单位，核定事业编制10名。始兴产业转移工业园和广东始兴工业园区实行“两块牌子、一套人马”管理模式。2018年，实有在编行政人员5名、事业编制人员7名。始兴产业转移工业园原名东莞石龙（始兴）产业转移工业园，成立于2005年，是全省首批产业转移工业园，该园区位于始兴县太平镇与顿岗镇交界处。2015年12月，变更为现名，由此前的东莞石龙镇和始兴县合作共建调整为始兴县自建。广东始兴工业园区原名始兴县林产工业开发试验区，于1993年6月建立。始兴工业园区形成以始兴产业转移工业园为中心，带动沙水、东湖坪、马市、江口、黄花园等工业片区齐头并进的“一园五片区”工业发展格局。截至2018年12月底，入园工业企业63家，其中规模以上工业企业42家，企业用工人数2.8万人，完成工业总产值46.16亿元，工业增加值14.2亿元，同比增长14.7%，实现税收2.3亿元，同比增长4.83%，完成固定资产投资6.73亿元。

【园区环境及功能提升建设】 2018年，始兴产业转移工业园起草制定《始兴县工业园区2018年环境及功能提升实施方案》，实施园区环境及功能提升建设项目共17个，其中续建项目7个，新建项目10个。已完成沙水片区污水处理厂二期、园区二期供水工程、绿化升级、供水加压泵站、马市片区土地平整等8个工程建设项目，完成马市片区扩园征地54.24公顷。

【招商引资】 2018年，始兴产业突出办公文具、电子、机械加工主导产业招商，突出龙头企业强链、补链项目招商，实行质量招商，严把项目准入“门槛”（即环保、投资强度、税收强度、用工情况等），推动园区转型升级增效。园区先后到广州、顺德、中山、东莞塘厦等珠三角地区，组织开展招商引资推介会5场（其中广州2场，顺德1场，中山1场，东莞塘厦1场），拜访企业238家，先后邀请367家企业到始兴县投资考察，引进8个工业项目，总签约金额17.43亿元（其中亿元项目4个），分别是投资1亿元的香港通用集团益而高文具项目、投资1.8亿元的咖冠食品加工项目、投资10亿元的南龙工业园项目、投资3800万元的高森五金制品项目、投资6000万元的华聚环保型新型材料项目、投资3亿元的日芝电梯零部件生产项目、投资3000万元的耐特尔包装材料制品项目及投资3500万元的骏东连接器项目。

【项目建设】 2018年，始兴产业转移工业园建立完善园区在建项目问题台账，实行“周一计划、周五通报”的重点工作跟踪机制、园区企业挂点联系责任机制，利用县产业发展联席会协调作用，研究解决园区建设、招商引资、企业服务、项目建设等问题42个。坚持以企业需求为问题导向，排除企业建设生产经营中存在的困难和问题，牵头组织召开政企会议21次，协调解决重点企业（如忠信、三信、益而高、润聪、华洲等）各类问题39个。2018年，推动华洲木业二期、润聪、益而高、忠信、咖冠、集友、赛洁、骏东等8个项目动工建设；推动三信、益而高、东森、育鑫、超卓、中汇等6个项目新投产；新培育三信、益而高等2家企业上规。

【服务企业】 2018年，始兴产业转移工业园强化对企业融资支持、用工支持、子女入学支持；建立园区企业代办服务台账；规范对园区企业行政执法检查行为，落实减轻企业负担政策。先后为27家企业代办证照、报批报建、子女入学等服务项目61项。通过政校企合作，配合县人社局开展校园招聘会活动18场，共帮助企业招工达2600余人次，特别是为三信、益而高、东森等新投产企业解决急需用工问题。帮助企业申报上级奖补资金6400多万元。园区功能配套得到完善，餐饮、公交、卫生医疗、工会等公共服务逐步进驻园区，园区环境提升日渐明显。

【环境保护】 2018年，始兴产业转移工业园研究制定《始兴县工业园区2018年工业污染防治攻坚工作方案》，将工作任务、责任分解到人，通过深入各自挂点企业核查环保问题，发放污染防治宣传资料200余份，摸清园区所有企业涉及环保问题情况。抓好问题责任清单整改工作，采取关停取缔、整合搬迁、升级改造等措施对园区内企业实施分类整治，淘汰一批产能落后的企业，推动一批企业走绿色发展之路。2018年，完成对13家塑料企业的清理整顿工作，其中关停5家，引导8家企业转型发展；指导三信、众鑫骏、凤阁、华洲、泰昊、佳山、佳星、天山药业、盛怡、江茂源、爱达、维特等19家企业完善项目环评手续；督促凤阁、华洲、博泰等3家重点污染企业增设环保设施；对沙水园一期雨污管网进行排查，组织实施沙水园区一期的雨污分流改造工程，启动实施马市、东湖坪工业片区的规划环评编制工作；推进产业转移园污水处理厂二期项目建设实现试运行。协同县环保局做好凤阁、华洲、博泰、爱达、佳山、佳星、泰昊等7家企业的废水、废气排放监测工作，指导骏汇、凤阁、华洲、联丰、博泰、爱达等6家企业规范固体废物堆放，帮助园区内企业建立健全“三废”处置的规章制度。引进“环保管家”，通过政府采购服务聘请广东泓耀环保工程有限公司作为园区环保管家服务机构，服务和指导园区及各企业的环保工作。

【闲置土地、低效用地处置】 2018年，始兴产业转移工业园根据土地利用台账、土地市场动态监测等成果，采用查阅档案资料、现场踏勘、通知约谈等方式对园区61家企业用地情况进行调查摸底，摸排和重新评估园区现有企业用地及其投资、生产、税收等情况。召开工作会议5次，专题研究，逐一对相关地块进行“过堂”，拟定处置方案，做到“一地一策”分类盘活处置。与县国土部门沟通协调，将比较成熟的处置方案提交县产业发展联席会或县政府常务会审议，实施清理工作。2018年，始兴产业转移工业园共处置盘活闲置土地、低效用地32.2公顷。

【项目集中签约动工】 2018年11月30日上午，韶关市举行“2018年莞韶产业共建项目集中动工暨招商项目集中签约仪式”，始兴县设分会场，签约2个项目和动工2个项目，其中签约项目计划总投资3.3亿元，动工项目计划总投资2.8亿元，签约项目主要涉及机械制造和包装材料等领域，集中动工项目涉及食品加工和农业旅游等领域。县委副书记、县长叶洪番、县委常委李杰秋、副县长张智光等县领导及有关部门负责人、企业代表等出席活动。（曹志恒）

乐昌产业转移工业园

【概况】 广东乐昌经济开发区创建于1992年，1996年认定为省级经济开发区，国家发改委核准面积303.33公顷，2014年9月，经省政府办公厅同意，开发区区位调整到乐昌产业转移工业园范围内。园区规划总面积897.5公顷，其中乐昌市区东郊6千米城东地块700.9公顷，主要发展壮大机械装备制造、建筑新材料等产业；规划启动建设的乐广高速引线附近城南片区地块196.6公顷，计划重点培养发展新兴产业和商贸物流业。园区现已开发建设面积249.8公顷，建成污水处理厂、生活服务区、供水加压站、管道天然气、自助办税服务厅等配套设施，实现“通路、通水、通电、通气、通讯、通纳污管网”等“六通”；截至2018年，园区共引进工业项目102个，投产企业33家。2018年，新签入园项目31个，投资总额46.48亿元，其中亿元以上项目有15个，高新技术企业投资项目7个，签约项目数量、金额和落地项目数量位居韶关市工业园区前列。完成固定资产投资16.01亿元，同比增长14.11%；其中工业投资13.82亿元，同比增长10%，基础设施2.19亿元，同比增长48.9%。完成规模以上工业增加值2.5亿元，同比增长30.3%。实现税收7618万元，同比增长37%。吸纳就业2958人。

【园区发展再创佳绩】 2018年8月，协办2018年韶关全市园区工作现场会获与会领导好评，在9月韶关市政协产业园建设情况民主评议中获得第一名，并在2018年度韶关产业园区工作绩效考核中取得第一名，实现从落后到前列的转变。乐昌产业园依托广东乐昌经济开发区，于8月重新获认定为省级产业转移工业园，并在9月开展规划的城南片区196.73公顷土地和城东片区原规划范围认定为产业园集聚地申报工作。实施完成“一横一纵”绿化美化提升工程，原利生纺织地块内道路建设工程，环园西路排水工程，中博项目北面道路工程；新建、改扩建道路5条（段）合计1813米；完善园区自助办税服务厅、医疗站、货运站等配套设施，加快推进“金山湖”“碧水湖”、公交枢纽站、产业共建科技园等配套项目的规划建设，完成61.45公顷集体土地征收及23.08公顷地上附着物补偿工作与8公顷土地平整。

【企业创新有新突破】 2018年，乐昌产业园促进企业转型升级。由大朗乐昌对口帮扶指挥部牵头，制定三年产业共建“引优培强”计划，通过实施“育苗造林”计划和“暖风行动”，着力做好企业提升、产业优化工作。欧亚特、恒发纺织认定为高新技术企业，南方阳光、科优、高尔德认定为韶关市工程技术研究中心。园区现有高新技术企业4家，珠三角高新技术企业投资项目9个，省级工程技术研究中心1家，市级工程技术研究中心4家。推荐韶瑞、泰

▲ 2018年8月1日， 2018年韶关市产业园区建设推进工作现场会在乐昌市召开（乐昌市产业园 供）

邦等7家园区企业申报2018年企业技术改造新一轮企业技术改造政策支持项目。

【帮助企业解决难题】 2018年，乐昌产业园区共有在建（续建）项目30个，新增投产企业8家，培育规模以上企业4家。解决企业融资难问题。与东莞银行、中国银行等签订战略合作协议，其中东莞银行、中国银行分别向乐昌产业园授信5亿元和10亿元，激励金融机构创新信贷产品、优化服务，中国银行在乐昌市创新开发在建工程抵押、边建边贷的新型信贷产品，帮助园区企业解决融资、建设、投产、上市等难题。解决企业用工难问题。组织企业在城区、乡镇举办14场招聘会，累计组织200余家次企业参加，因故不能参加企业由园区管委会代收取应聘信息，登记应聘1000余人，达成意向700余人，到岗就业200余人。在9月协同韶关市技师学院与园区12家企业签订校企合作协议，在乐昌中等职业技术学院开班园区班，为企业提供订单式人才。在网络平台定期发布企业招工信息。

【招商引资成效持续】 2018年，通过乐昌招商网、招商公众号等多媒体信息平台，多渠道对外宣传乐昌优势、招商政策及招商动态。强化“一把手”招商，形成以上率下全员招商氛围。主动邀请各地行业协会、商会、企业等到乐昌市考察投资环境，宣传乐昌市投资优势。全年签约入园项目31个，完成目标10个的310%；合同投资总额46.48亿元，完成韶关市下达目标20亿元的232.4%；其中亿元以上项目15个；完成目标4个的375%。（吴进波）

南雄产业转移工业园

【概况】 南雄产业转移工业园（简称南雄园区）于2010年3月被认定为省级产业转移工业园。园区规划总面积733.33公顷。其中，南雄园区一期规划面积402.67公顷，位于南雄市区西南郊，以精细化工为主导产业，产品涉及涂料、树脂和包装、制罐等上下游配套产业，企业在园区内实现“研—产—供—销”一体，产业集聚功能凸显。园区二期位于南雄市区北郊，与园区一期相距4千米，规划面积336.06公顷，以新材料和电气机械及器材制造为主导产业，现正推进招商引资工作。园区与韶赣高速公路南雄站、赣韶铁路南雄火车站相邻，50分钟车程可达赣州机场。南雄产业转移工业园管理委员会作为南雄市人民政府管理的公益一类事业单位，不定级别，核实编制人员31人，现有在编人员29人，内设机构为党政办公室、基建室、企业发展室、融资服务室、统计信息室等5个科室。

【经济运行】 截至2018年底，南雄园区入驻企业106家，其中生产经营型企业96家，试投产企业85家，高新技术企业23家，省、韶关市工程技术研究中心13家，挂牌上市企业4家，5个广东省名牌产品。2018年完成规上工业总产值23.3亿元，实现规上工业增加值4.36亿元，增速2.7%，完成固定资产投资

▲ 2018年7月11日，南雄产业转移工业园入园企业广东衡光新材料科技有限公司与中科院韩布兴院士签订合作协议，成立广东南雄衡光绿色高性能材料院士工作站（李慧 摄）

▲ 2018年12月21日，南雄市人才驿站在南雄产业转移工业园揭牌成立

（李慧　摄）

16.2亿元，增速11.84%，入库税收1.45亿元，创税较上年同期增长约19%。

【扩能增效】　2018年，南雄园区推动项目建设力促扩能增效，有碳谷新材料、华电等13个在建项目；自由能、衡光等13个增资扩产、技改项目，其中5个项目开工建设，年内实现投产。重点扶持纳入“韶关市倍增计划企业”的邦固、自由能、阳普等10家企业，这10家企业共完成工业总产值7.6亿元，较上年同期增长15.7%。南雄市专门成立工业企业闲置和低效用地清理处置工作领导小组，由南雄市人民政府市长林小龙担任组长，统筹闲置和低效用地清理处置工作，共完成广东三七漆实业有限公司、南雄科田化工有限公司、广东德鑫翔远高新材料有限公司、粤宝丽化学有限公司（东升地坪）4家企业的置换工作，圣邦、丰源2家企业也已挂网启动资产拍卖程序，为推动园区发展注入新的活力。

【科技创新】　2018年，南雄园区开展申报广东省高新技术产业开发区、广东省知名品牌示范区创建工作。申报省高新区通过省第一轮评估，正待省科技厅专家到园区进行现场考核验收；省知名品牌示范区创建，完成申报资料汇编，待省专家组验收科技创新平台建设取得实质性突破。7月11日，园区企业广东衡光新材料科技有限公司与中科院韩布兴院士签订合作协议，成立广东南雄衡光绿色高性能材料院士工作站，实现韶关市工业类院士工作站零的突破。新增九盾、康绿宝、嘉盛3家韶关市级工程技术研究中心，新增西顿、瑞泰、星隆、志一、双溪丽盈5家高新技术企业。园区共有23家高新技术企业，占韶关市高新技术企业的14%、4家挂牌上市企业、5个广东省名牌产品、13家省市级工程技术研究中心，企业自主创新能力不断提升，园区整体创新环境不断优化。投资1.5亿元的中科院南雄新型特种精细化学品专业孵化器项目完成基础设施建设，在进行设备采购和招商工作，签约引进一家化工企业项目入孵，利用中科院孵化平台提供新产品研究开发技术支撑。

【基础设施】　2018年，南雄园区利用从省市各级竞得的各类扶持奖励资金和国家专项扶持资金、贷款，加大投入到基础设施建设项目中，不断升级完善基础配套设施。通过推进道路黑底化建设、绿化升级改造、完善道路标识标线等系列工程，园区整体形象得到提升。园区生活配套服务设施不断完善。12月21日，南雄市投资2000万的人才驿站在园区揭牌成立，配备有职工之家（综合性室内体育馆）、人才公寓、园区餐厅、阅览室等。投资2865万元的园区污水管网升级改造工程完工，正在进行设备调试；专职消防队基础设施一、二期综合楼完成主体部分建设。

【管理服务】　2018年，南雄园区落实《南雄市工业企业发展扶持办法》，对企业从投资、技改、融资、创新、上市、物流、人才等多方面进行专项精准扶持，园区共有25家企业获得859.89万元专项扶持资金。继续实施市领导和各部门挂点联系企业制度，按照“谁联系、谁负责、谁落实”的原则，及时协调解决企业遇到的问题和困难。对重点龙头企业，实行“一周一报”“一企一策”的工作制度，及时跟进项目投资、建设等进展情况，及时解决落实企业发展中所遇的难题，将服务和管理做细做精，取得很好的效果。在日常管理服务中，采取日常巡查，突击抽查，重点检查，安全生产、环境保护联合检查等方式，实施网格化管理，压实安全生产和环境保护责任。安全生产工作检查园区企业248次，排查出企业安全隐患251项，整改完成251项，整改完成率为100%，移交职能部门处理12宗；环保工作方面，开展固废专项检查65家次，提出问题整改121项，落实整改121项，整改完成率100%。　（李　慧）

乳源经济开发区

【概况】　广东乳源经济开发区管理委员会（以下简称“乳源开发区”）成立于1992年，2006年5月经省政府批准为省级经济开发区，2015年5月经省政府同意依托开发区建立产业转移工业园。园区认定范围位于乳源瑶族自治县城东南郊，规划总面积561.56公顷，开发面积300.4公顷，入驻企业56家（规上企业34家），以铝箔加工、电子元器件制造业为主。新材料产业园是依托产业园发展的延伸聚集区，规划面积164公顷，已开发80公顷，入驻企业9家（规上企业8家），主要是以东阳光电化厂、氟化工为核心的产业聚集区，主要生产制冷剂、双氧水、氯化石蜡等化工产品。乳源开发区作为县政府的派出机构，实行两块牌子（广东乳源经济开发区管理委员会、乳源产业转移工业园管理委员会），一套人马的管理体制。内设：主任1名，副主任2名。下辖办公室、经济发展股、规划建设股3个股室，在职人员18名，其中行政编制人员12名，专职安全员4名，后勤服务人员2名。

【经济增长】 2018年，乳源开发区纳入省产业转移工业园统计考核，完成工业总产值122.24亿元，同比增长18%；完成工业增加值25.5亿元，同比增长20.6%；新增固定资产投资项目33个，年度完成固定资产投资13.06亿元，其中工业固定资产投资12.67亿元，设备投资6.97亿元；其中新落地建设项目2个，续建项目5个，扩建项目5个，技改项目19个，基础设施项目2个。园区全口径税收完成4.15亿元，同比增收12701万元，同比增长44.18%；其中，税收超千万元的企业有4家，分别是东阳光电化厂1.47亿元、东阳光化成箔厂8975万元、东阳光优艾希杰精箔厂5003万元和东阳光氟有限公司2365万元。

【招商引资】 2018年，乳源开发区引进7个签约项目，签约投资额为16.96亿元；其中亿元以上项目5个，5亿元以上项目1个，投资额为8.5亿元；本年度新投产项目3个，分别为东阳光高纯新材料有限公司、力强磁铁有限公司和鸿翰环保有限公司。

【企业建设】 2018年，乳源开发区新增国家高新技术企业5个；新增专利数量111个，其中发明专利23个，实用新型专利88个；新增企业研发机构13个，其中省级4个，市级9个；新增国家驰名商标1个、广东省名牌产品5个和经省认定的新技术产品41个。新增规模以上工业企业3个，新减少规模以上工业企业3个。

【设施建设】 2018年，乳源开发区运用省扩能增效专项资金、市县财政专项资金推进园区基础设施建设，优化园区的营商环境。其中工业污水处理厂项目位于三协电子厂东南侧，占地面积2公顷，分两期建设，首期污水处理能力2500吨/日，远期5000吨/日，总投资约2830万元，工程全部完工。新材料产业园河堤二期治理河段950米，投资1260万元，基本完工；新材料产业园新建桥梁工程项目位于凌一化工公司到东阳光氟有限公司南水河段，总投资500万，正在施工；横三路西段位于开发区富源工业园内，大唐研磨南侧，道路全长700米，宽18米，总投资703万，竣工验收；二期污水管网埋设污水管网在迎宾北路、东阳光高科技园内、化工基地内地段，总投资1260万元，竣工结算；G323线泽桥至墩子公路项目位于三协电子厂西侧，道路全长0.563千米，宽7.5米，车行道6.5米，总投资303万元，该项目施工完成，准备验收。新材料产业园盈田硕成地段边坡治理工程总投资621.84万元，正在施工。乳源瑶族自治县开发区墩子村段八仙河堤防工程总投资344万元，已经完工；国道323线至西罗坑新建公路工程开工建设，总投资289万元。完成新材料产业园路灯安装、土方挖运等小额工程。

【园区规划】 2018年，乳源开发区开展区位调整工作，编制《开发区区位调整可行性研究报告》《开发区规划选址评估报告》《开发区产业发展规划》《开发区控制性详细规划》《开发区环境影响评价报告书》。乳源开发区制定广东乳源经济开发区创建省级高新技术产业开发区工作方案。成立申报省级高新技术产业开发区工作领导小组。领导小组下设办公室，负责申报工作的统筹和协调。申报资料提交至省科技厅。

【安全生产】 2018年，乳源开发区污水处理设施和配套管网建设共分三个片区，分别为富源工业园片区、新材料产业园和东阳光高科技园。富源工业园片区污水管网已基本覆盖，污水处理厂已建成投入使用；新材料产业园和东阳光高科技园片区污水处理设施正常运营，污水全部实现集中处理。各污水处理厂排口监测达标；废水排放扣上下游监测断面水质达标。（罗　丹）

翁源经济开发区

【概况】 广东翁源经济开发区创办于1991年11月，1992年8月17日经广东省人民政府批准正式成立，位于翁源县官渡镇，2014年7月经省批准调区到翁城镇，调整后的区域位于翁城镇和新江镇，面积405.61公顷。2016年4月经省批准，在开发区现有范围内设立省级产业转移园，享受转移园的相关优惠政策，纳入省产业园管理和统计考核。广东翁源经济开发区属于县政府的派出机构（副处级单位），内设办公室、招商科、建设科、财务科、投资企业服务中心、国有资产管理中心、人力资源和社会保障服务中心及安全生产应急救援中心等8个部门，实行“一区多园”管理模式，现有华彩新材料工业园、电源基地、广业食品科技产业园、粤北危险废物处理中心等几个专业园区。县委常委、工委书记：叶有昌。广东翁源经济开发区自1991年创立以来，累计开发土地面积936公顷，先后引进项目140多个，合同投资总额125亿元，累计创税13亿元。在引进的项目中，以新材料化工、电子、食品、五金、家具、皮具、塑料加工等企业为主。2018年，翁源开发区开展招商引资、项目建设、产业培育、园区建设等工作，园区固定资产投资、规模以上工业增加值、税收等有较大幅度增长，园区基础设施与商务配套设施建设等取得较大成效，推动园区可持续发展。2018年全区招商引资项目签约11个，全区动工项目6个，投产项目4个，新增规模以上企业3家，完成固定资产投资15.18亿元，完成工业总产值

46.35亿元，规模以上企业实现工业增加值11.23亿元，实现全口径税收2.63亿元，增速61%。

【招商模式创新】 2018年，翁源开发区坚持领导带头外出招商。加强与省、市、中介及各大商会的沟通联系和对接工作，建立招商引资项目库，实行招商引资月报制度。采用政企合作，打造专业园区。园区采用“政府引导、市场运作、专业打造”的合作模式，形成一区多园的模式，打造华彩新材料产业园、电源基地、广业食品科技园等专业园区，破解山区县资金、技术、市场、管理的瓶颈问题。实行信息招商。采用“互联网+招商”模式，以华彩新材料产业园、电源基地、官渡食品健康综合园等园区为主要招商平台，利用互联网信息对接招商项目，建立信息互通共享机制。实行中介招商。建立中介招商机制，加强与珠三角企业、行业协会、商会等主体的联络沟通，准确掌握招商信息。实施“乡贤回翁工程”，扩大有效投资，促进项目落地建设。落实激励措施。发挥自身区位、资源等优势，发挥政策的先导作用。翁源县出台《关于促进投资和企业发展的激励措施（试行）》等政策，制定“一张政策菜单”“一张政策导图”等招商手册，对符合条件的企业给予奖励，激发企业发展。作为第28届中国（翁源）兰花博览会系列活动重头戏，2018年广东翁源招商推介会共计有20个意向项目和合作项目成功签约，其中开发区签约工业项目占12个，签约额达22亿元。

▲ 2018年3月28日，2018年广东翁源招商引资推介会在翁源县举行

（翁源经济开发区 供）

【营商环境优化】 2018年，翁源开发区重视营商环境建设，协助企业解决生产经营中遇到的问题，营造良好的发展氛围。提高项目审批效率。出台《提高社会资本投资项目审批效率》《提高社会投资工业项目行政服务效能》两个文件，实行双向承诺审批制和零距离服务、零障碍落地、零容忍跟踪“三个零”服务机制，建立联席会议制度，从项目的签约、筹建、在建到投产环节，推行实行“保姆式”服务。实行“跟单代办制”，建立项目从签约到投产的“一条龙”跟踪代办服务制度，以“只进一次门、最多跑一次”为目标，对重点项目实行县领导直接联系制度，在项目洽谈阶段解读招商政策，项目入区阶段协助跑办各项手续，在企业生产经营阶段为企业排忧解难。对新上投资项目，凡是符合产业政策、材料齐全，在市级审批权限内，可在3个工作日内办毕证照相关手续。抓好园区管理工作。实行划片区小组服务制度，将全区分为8个片区，辖区内有工商、国税、地税、财政、国土、规划、环保、公安等服务部门，设有“县投资企业服务中心”“县危险化学品安全生产应急救援中心”“人力资源和社会保障中心”等服务机构，为企业和外商提供立项、办证、审批、建设、招工等“一站式”服务。全面抓好园区管理工作。严把园区准入关，严禁高能耗、高污染项目入园；严格执行投资强度、用地定额标准等控制性指标，在供地环节坚决落实节约集约措施；落实工业园区环保配套设施与园区企业建设“三同时”要求，抓好消防、安全、环保等工作，保障企业的安全生产。

【基础设施建设】 2018年，翁源开发区完善园区基础设施建设，夯实园区发展基础。华彩新材料工业园、电源基地、广业食品科技产业园完善供水、供电、排污、道路、路灯、绿化等基础设施配套建设，建有商务办公楼、宿舍楼、仓储物流、污水处理厂。推进产城融合。规划建设100公顷的商务中心区，整合工业园区和翁城镇街中心资源，加快商务中心区建设和翁城老城区改造，集行政、商住、金融、教育、医疗、休闲娱乐等服务功能于一体，为工业园区提供生活、服务等各项配套，将产业、生活、娱乐等生产生活生态元素有机融合，以工业集聚带动人口集聚，实现“以产促城、以城助产、产城融合”。其中厚源商务大厦投入使用；第二人民医院及省级应急救援基地、消防站完成主体建设，正在加紧内部装修及购置部分设备。

【安全生产】 2018年，翁源开发区安委会成立岁末年初安全生产大检查工作领导小组，由开发区片区工作组在全区组织开展全覆盖安全生产大检查。集中对各类生产经营单位可能存在安全风险隐患的风险点、危险源进行排查整治。重点检查危险化学品生产经营单位安全管理规章制度的制定和执行情况，事故隐患排查治理、提升本质化安全水平、加强化工过程安全管理及开展从业人员安全培训教育的落实情况，对2018年以来开展安全生产检查中发现的安全隐患和问题进行全面复查。省市领导先后督查安全生产工作。2月7日下午，由省发改委党组书记魏宏广带领的省安全保障工作第一督查组到园区开展岁末年初安全保障工作督查。魏宏广一行来到华彩新材料产业园入园企业广东化建物流有限公司进行安全保障工作督查。并对企业的安全设备设施进行检查，对于检查中发现的问题，魏宏广当场给予指正，并要求企业对事故隐患问题进行整改。2月10日下午，市委书记莫高义到开发区检查指导安全生产工作，莫高义先后到金悦通电子公司、广业清怡检查安全生产落实情况。3月14日，6月8日，8月31日，11月20日，分别召开各季度环保安全生产工作会议。邀请专家，对企业提出整改意见，解决核心问题。开展环保安全生产培训教育活动。5月25日，开发区组织园区各企业法人、环保安全生产管理负责人和本单位环保安全相关工作人员约80人，开展“安全生产管理和应急处理”和“三废管理与处置及相关法律法规”两场专题培训。完善监管制度，定时检查。对企业经营证照要严格检查，联合环保、安监等部门，对证照不齐全的企业协助完善，对无证、违规企业责令关停。全面清理“散乱污”企业，建立“散乱污”企业（作坊）台账清单。执行“一月一检查”制度，要求企业及时整改，其中小问题限期整改、大问题上报县相关部门处理。工作组成员及时对园区生产企业执行国家法律法规，引导企业依法经营。对不遵守国家法律法规的企业，坚决采取措施，协助好县职能部门依法查处。园区未发生一宗安全生产事故，实现园区安全和环保形势稳定良好的成效。

【江门制漆项目落户华彩新材料产业园】 2018年2月7日，开发区举行江门制漆项目签约仪式，县委常委、翁源经济开发区工委书记叶有昌与企业签约，县政协副主席张洪、县直有关部门人员及广东华彩鸿盛集团有限公司、江门制漆企业代表参加签约仪式。江门制漆有限公司经营范围包括设计、研发、生产、销售高分子材料，在翁源的项目总投资为2亿元，投产后年产值约3亿元。

【推进韶能生物质发电项目加快】 2018年9月18日，韶能生物质发电项目工作推进会在开发区召开。韶能生物质发电项目利用当地及周边丰富的农林剩余物和生活木质废弃物等生物质资源作为燃料发电，干净环保。座谈会上，韶能生物质发电工程项目负责人介绍项目建设进展情况。与会人员就如何加快项目推进展开讨论。12月25日，县长陈来安在开发区主持召开工作会议，专题研究推进韶能生物质发电项目施工相关工作。会议听取韶能集团董事长陈来泉关于韶能生物质发电项目当前推进情况及推进遇到的问题汇报，翁源经济开发区、官渡镇政府、县国土资源局、县林业局等单位就本职工作对所提问题进行一一解答。韶能生物质发电项目及即将建设的植物纤维制品项目建成投产后，产值预计超过30亿元。

【翁源县产业共建项目集中动工暨招商项目集中签约仪式举行】 2018年11月30日，2018年翁源县产业共建项目集中动工暨招商项目集中签约仪式在官渡镇利龙工业园举行。县领导黄令遥、陈来安、陈建为、叶有昌、陈向宗，以及县委办、县政府办、县国土资源局、官渡镇等单位、东莞市厚街镇及开发区等单位负责人参加仪式。县长陈来安致辞。4家企业签约，8家企业动工建设，这12家企业均为翁源县重点项目。

（赵　薇　罗丽香）

中央和省驻韶主要企事业单位

【宝武集团广东韶关钢铁有限公司】 简称韶钢，前身是广东省韶关钢铁集团有限公司，始建于1966年8月22日。2011年8月22日，宝钢集团和广东省国资委签订股权划转协议，韶钢在分离办社会职能基础上由原宝钢集团直接持股51%。2012年4月18日，宝钢集团广东韶关钢铁有限公司挂牌成立。2016年12月1日，宝钢集团与武钢集团联合重组成立中国宝武钢铁集团有限公司，韶钢成为其子公司，2017年10月16日更名为宝武集团广东韶关钢铁有限公司。2018年底，韶钢在册员工10476人。韶钢党委书记、董事长：李世平，韶钢副总经理（主持工作）：刘建荣。韶钢年产钢能力660万吨，是广东省重要

▲2018年9月13日，韶关钢铁11项创新发明专利成果在佛山市潭州国际会展中心召开的2018第十届国际发明展上获2金、3银、3铜的历史最好成绩　（韶钢　供）

的钢铁生产基地、国家高新技术企业。钢铁主业产品涵盖板材、棒材、品种线材及特钢长材等，应用于汽车、石油化工、机械制造、能源交通、航天航空、核电等行业。

生产经营 2018年，韶钢产铁577万吨、钢661万吨、钢材618万吨（含轧制坯17.7万吨）、烧结矿785.5万吨、焦炭260万吨，发电17亿千瓦时。全年销售钢材648.44万吨，实现营业收入269.9亿元，实现利润35.25亿元，上缴税金14.14亿元，经营业绩创历史最好水平。

能源环保 2018年，韶钢吨钢综合能耗526.9千克标准煤，创历史新低。推进环保合规性管理、污染物减排和环境质量改善，通过中央和广东省环保专项督察。推进厂区环境整治，新增绿化面积10.18万平方米，绿化覆盖率达38.6%。实施工业固体废弃物源头分选，推进固体废物协同处置和产品化认证，实现"固废不出厂"目标。推进厂区道路"白改黑"，覆盖厂区道路总里程17.1千米。

智慧制造 2018年，韶钢完成《韶钢智慧制造专项规划（2019—2020）》。评审同意实施智慧制造项目49个，投资估算5.2亿元。其中，立项并推进实施43个项目，完成实施23个项目，年化效益4820万元。标志性项目"铁区与能介智慧中心"，从点、线、面3个方向同步开展全流程资源配置优化，实现现场42个中控室撤并（其中22个位于煤气危险区）；炼钢厂七号连铸无人平台智慧制造项目减轻员工劳动强度，确保操作人员远离高温液态金属危险区域，实现国内首例"五机五流"特钢大方坯连铸机无人化。

▲ 2018年12月27日，韶关钢铁智慧制造重点项目——智慧中心整体切换上线（韶钢 供）

机构优化 2018年，韶钢对铁前、钢后、能源环保等单位三级机构进行优化整合，推行厂管作业区运行模式，实现生产管控一体化，三级机构数量由37个减少至17个，作业区数量由136个减少至52个，优化人员178人，人事效率提升31%。

增产创效 2018年，韶钢铁水成本2070元/吨。探索高炉加废钢新工艺，六号、七号高炉实现高炉加废钢作业。炼钢工序铁钢比持续降低，全年综合铁钢比867.2千克/吨，创历史最高水平。

基础管理 2018年，韶钢通过岗位规程优化升级、岗位关键指标对标、全员岗位规程培训等措施，推进"三岗"（岗位找茬、岗位对标、岗位提升）活动，提升基层基础管理能力。193个指标对比周边钢厂（湘钢、涟钢、柳钢、三钢、新钢、萍钢），排名前三名有89个；对比行业，排名前三名的指标有13个。以现场问题为导向，聚焦安全、环保、质量、设备等领域，开展全员"改善"日活动。开展改善活动26期，改善成果达2849项。规范站立式班前会和列队式交接班；推进手机集中管控，设置手机定置点334个及接听点453个，现场安全管理强化。

设备管理 2018年，韶钢推进设备"零故障"管理模式，强化薄弱生产线的状态监控，抓好主要（重要）生产线的关键、瓶颈设备的点检和状态管理，非计划停机时间月均12.34小时，设备事故次数36起，均处在历史最好水平。深化备品备件阳光采购，公开采购率达76%。

▲ 2018年12月20日，韶钢连铸大包自动浇钢项目，机器人替代员工完成大包滑板油缸、长水口装拆、烧氧引流、中包测温取样、添加保温覆盖剂等操作（韶钢 供）

产品转型升级 2018年，韶钢在产品质量改善、服务水平提升、认证项目拓展、重点产品销量提升等方面取得新突破，产品结构优化。全年开展34项技术攻关、110项科研项目。特钢产品第二方认证通过44项，实现销量转化2.45万吨，汽车用钢实现从国产品牌到合资品牌应用的突破，轴承用钢跨进世界八大知名轴承品牌供货门槛。工业线材实现由“增量”向“提质”转变，重点产品销量由28.13万吨提升至36.56万吨，同比增长30%；高等级工业线材实现销量6.38万吨，同比增长117%。

营销体系能力提升 2018年，韶钢电子商务现货销售8万吨，同比增长50%。推进合同全周期管理，特钢合同按期交付率达92%，同比提升21%。创新工业线材期货模式，实施全额付款或周预付款订货模式，合同按期交付率达98%，同比提升18%。加大终端开拓力度，新开拓客户235家，其中终端客户95家。韶钢品牌的区域影响力得到提升，全品种自营渠道占比70%，同比提升9%，实现自营渠道增值13640万元。完善客户服务快速响应处理机制，为用户提供技术服务600次。加强物流服务商管理，24小时到货率稳步提升至80%，同比提升13%。客户满意度达92.28%，实现连续3年提升。

社会职能分离 2018年，韶钢“三供一业”（供水、供电、供气、物业管理）等剥离企业办社会职能工作推进，供水、供电、供气、物业管理、市政设施、幼儿园等全部项目都实现交职能、交资产、交资金，家属区供水、供电维修改造竣工，并完成交接。

产业融合 2018年，韶钢对宝特韶关、华欣环保进行专业化整合。5月，宝特韶关完成股权转让，成为韶钢松山的全资子公司。12月，实现华欣环保委托宝武环科管理。韶钢首次派出支撑团队，以“嵌入式支撑、项目化管理”的方式，支撑宝钢德盛的产品转型、降本增效、运营能力提升等工作。

企业与员工共同发展 2018年，韶钢将原员工549间休息室优化为68间，完成121间存在安全隐患休息室“拆、关、调”；完成餐饮模块手机上线工作，实现岗位餐环保饭盒配送；提高中夜班津贴标准，并增设一线员工全勤奖等；同时，召开第二次人才工作会议，重新梳理核心人才培养对象633人；举办青年骨干培训班，完善后备人才梯队建设；安排49人申报赴宝武集团、宝钢股份轮岗锻炼；完成31个技能竞赛项目，参与人数2153人次；参加集团公司全部14个工种的技能竞赛，其中营销模拟项目获第二名、第三名，程序应用设计项目分获第三名、第四名及团体第一名。（陈立新）

【深圳市中金岭南有色金属股份有限公司韶关冶炼厂】 简称韶关冶炼厂，隶属于深圳市中金岭南有色金属股份有限公司，始建于1966年，是中国首家采用ISP工艺的大型铅锌冶炼企业。工厂主产品有电铅、精锌、电银、精镉、精铟、锗锭、铅锌系列合金30种，注册商标为“南华”牌。2018年，韶关冶炼厂厂长、党委副书记：杨立新，党委书记：饶东辉。2018年，韶冶厂围绕减亏、控亏工作主线，坚守安全环保底线，推进各项工作，完成公司下达的各项任务目标。全年安全生产形势平稳、安全生产事故为零，火灾事故为零，新增职业病为零，未发生环保事故，工业废水零排放，废气稳定达标排放，固废妥善处置，社群关系和谐，通过清洁生产审核。11家僵尸企业完成注销出清。做好“三供一业”分离移交工作及厂职工医院、幼儿园关停工作，员工妥善安置。

产量完成情况 全年完成铅锌总产量13.14万吨，其中完成铅锭4.71万吨，锌及锌品8.42万吨，超年计划0.29%。实现工业总产值25.9亿元，超年计划的6%，上缴税费5000万元。烧结块产量达到637吨/天、粗铅锌产量达到332吨/天、电解单槽产量达到0.61吨/天、锌精馏单塔产量达到28.72吨/天。其中平均日产粗铅锌332吨/日（计划325吨/日）。

过渡性生产 2018年，在ISP工艺优势的前提下，加大小矿山矿及氧化锌物料的配入量，完善工艺，加大综合回收力度。混合矿比例达到63.81%。氧化锌物料也逐步增加配入量，共计购入4929吨。粗炼系统对“制粒”“压团”两大工艺情况进行跟踪把控，共计制粒3683吨、团块2276吨；精炼系统加强工艺调控，浮渣熔炼炉产粗铅5022吨，比2017年同期增长35.36%；关注炉窑运行情况，合理加大外来粗锌处理量，增加热镀锌、低铁锌等产品产量，共产锌合金2716吨，比上年同期增长146.2%，产热镀锌3.49万吨、低铁锌锭1.64万吨；综合回收银、铜、锑、铋等有价金属，重点抓好粗铜、黄金和高锑粗铅的生产，粗铜产量稳定在120吨/月，粗铜品位由年初的95.5%提升至97.5%，全年实现粗铜产量1055吨，比2017年同期增长9.92%；白银产量2.39万千克。

安全环保 工厂安全环保投入3000万元，为实现安全环保目标提供物质保障。接受上级部门安全环保检查共计20余次，开展“煤气、天然气专项检查”“汛期专项检查”“现场突查”“节前专项”等专项检查共13次，累计发现一般隐患37项并整改完毕。做好月度预警监测，完成企业自行监测、信息公开，做到废气有组织和无组织排放达标。配合韶关市人民政府关于韶关市区应对秋冬季节大气污染管控措施的系列活动；组织学习韶钢“2.5”较大煤气中毒事故及“2.9”穿漏喷溅事故通报。开展“安全生产月”暨“六五世界环境日”活动；启动“环保管家”技术服务项目，开展领导干部“结对子”、班组长安全生产培训、“创星级班组”等活动。

精准管理推进 工厂编制并发布《韶关冶炼厂2018年精准管理工作实施方案》，推进以全面预算管理和“7S”现场管理为主要项目的精准管理。围绕工厂生产经营目标，抓住减亏控亏的主线任务，以公司深入开展运营改善和成本削减“两个计划”为契机，结合“关键绩效指标（KPI）”考核和“专项合同”的激励引导，实现工厂内部的降本增效目标。组织实施工厂减亏、控亏方案，降低成本，按预算严控工程及备件、辅料领用费用，三公经费比预算降低119万元。按“7S”管理体系强化现场管理，执行卫生责任区域管理责任制，整治外来施工单位违规现象，执行中间物料管理制度；强化人力资源管理，先后调整员工中、夜班津贴，加班工资计算基数等关键指标；强化监督管理，严把取样关，杜绝进厂原燃料掺假，保证施工质量和控制维修费用，规范合同管理并推进招投标业务，完成190个项目招标，实际完成率100%。举办精准管理、QSHE体系换版、员工职业技能竞赛、廉洁从业教育、女职工劳动保护、政工系列教育、危险化学品等专题培训班达25期，各类培训班1720期，合计4872课时，培训人次30936人次。做好工厂的合同管理工作，对90份非标准版本合同进行合法性审查，开展全厂范围性的合同检查2次。

设备管理　工厂从2017年12月开始实施大修，共计用时48天，于2018年1月完成十年来最大规模的跨年度检修，首次编制并印发《大修项目负责人管理职责》《大修管理手册》，提高效率和管理水平。推行设备预知管理，加强日常设备的巡检保养、日常维护工作，加强重点设备、炉窑的点巡检维护力度。全年设备有效利用率96.45%。做好修旧利废工作，降低车间维修费用，全厂修旧利废1732.9万元。参与2018年广东省电力集中竞争交易，全年降低用电成本1170万元。

劳动竞赛开展　2018年，工厂创新竞赛方式，针对工作中存在的瓶颈、难点、关键指标新增“点题式”劳动竞赛，“熔炼车间实现煤改气”等11个点题式竞赛项目实现竞赛目标。主流程开展“战高温、促生产、保安环、降成本”劳动竞赛，稳定工艺设备，确保安全环保，降低生产成本。共开展劳动竞赛35项。

“煤改气”工程完成　2018年，工厂完成天然气替代发生炉煤气项目，提高燃料供应的稳定性、安全性、环保性，大规模的炉窑改造实现取消煤气发生炉岗位，缓解岗位人员压力。12月26日，韶关冶炼厂动力车间煤气发生炉全部关停，连续运行40多年的煤气发生炉退出历史舞台。韶关电视台在《全市新闻联播》栏目中对韶关冶炼厂煤气炉关停工作做出详细报道。

富氧烧结工艺正式投入使用　2018年9月，富氧烧结工艺正式投入使用，该投用方案得到公司在资金、技术上的支持。该项目发挥ISP工艺优势，提高烧结机的生产效率和改进烧结机的原料结构，提高杂料消化量，节约生产成本；为全返烟烧结提供充足供氧，起到很好的环保效果。富氧烧结工艺自投用以来，工艺改造的效果得到体现：烧结机处理二次氧化物料的能力提高，烧结配料二次氧化物料的比例比原来提高8%；烧结机结块率和精矿投入量也有提高，精矿投入量比富氧前提高约2吨/小时。

制粒工艺攻关突破　氧化锌制粒项目是工厂2018年技术攻关项目，该项目成立项目攻关小组，从项目的设计、安装、设备调试、工艺要求、员工培训层层把关。反复实验进行数据积累、记录和对比，精准完善参数，经过如振打器和计时器，改进管链输送，解决制粒锅震动等一系列问题，稳定并逐步提高制粒的产量。氧化锌制粒项目日产达到16吨，满足生产需要。

出清僵尸企业　2018年，韶关冶炼厂贯彻落实广晟公司《出清僵尸企业工作方案》，进行组织保障、搜集整理材料核实情况、建档入库和制定方案等工作。对属“三无”企业经开公司等11家公司进行注销。处理历史遗留的深圳市龙岗区布吉街道小产权房，获得曲江大道建设项目拆除工厂公屋赔偿款，共计为工厂盘活存量资产4400多万。

“三供一业”推进完成　2018年，韶关冶炼厂按照上级文件精神和时间节点推进工作，着力做好上传下达和沟通协调。宣传和支持“三供一业”分离移交，工厂在项目可研、设计、造价、监理、施工全流程跟进、监管、督促、协调上，克服施工手续办理难度大、涉及用户多、老旧小区用户长期不在家等问题，改造后的职工宿舍小区在水电、绿化、卫生、治安等方面均得到提高。

社会职能移交　2018年，韶关冶炼厂相继关停韶冶职工医院、韶冶幼儿园，做好宣传，支持配合做好维稳工作，争取和维护员工权益，妥善安置分流人员。其中分流安置职工医院在岗员工67人，其中入韶关市浈江区事业编24人。

配合市政工程建设　配合韶关曲江

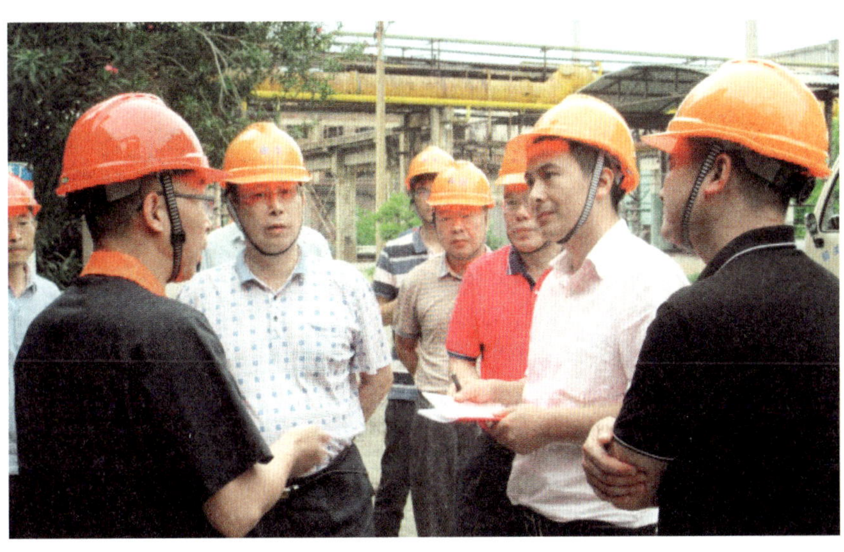

▲2018年6月13日，中央环境保护督察“回头看”行动第五组到韶关冶炼厂开展环保督查　（韶关冶炼厂　供）

大道建设，对接好韶关市曲江大道建设涉及浈江韶冶段各项工作，特别是浈江韶冶段部分房屋构筑物、青苗树木等拆迁补偿相关问题，维护和争取工厂权益。

“一人一方案”考核首次出台 在完善《韶关冶炼厂2018年关键绩效指标（KPI）考核方案》的基础上，以各专业绩效评价为基础，强化考核的多维度权重管理，加强对关键岗位的规范。加强对厂中层管理人员（KPI）考核方案，工厂历史上首次出台“一人一方案”考核。

行业荣誉 《铜、铅、锌和镍精矿中砷量的测定——电感耦合等离子体原子发射光谱法》获得2017年中国有色金属工业科学技术奖一等奖；《烧结、硫酸、熔炼计算机系统改造项目后评价报告》出台并得到专家团队认可，标志着韶冶粗炼系统计算机系统改造获得成功；2018年全国有色金属标准化技术委员会年会上，工厂共获得奖项5项，其中2018年度全国有色金属标准化技术委员会技术标准优秀奖（三等奖）4项，质控车间师世龙获2018年度全国有色金属标准化先进工作者称号；动力车间职工林兴韶获“广东省五一劳动奖章”称号；2018年“中铜杯”全国有色行业班组长综合管理技能竞赛中，熔炼车间谭海军获得个人一等奖，精馏车间侯世龙获得个人二等奖；3月，南方工报记者到厂对广东省劳模创新工作室——陈福春、王宗亚劳模创新工作室进行采访，7月举行揭牌仪式。

工厂发展规划 2018年，工厂高度重视韶冶未来发展规划，反复同中南大学等科研院所及行业协会咨询讨论。结合专家意见，经过研究，提出韶关冶炼厂就地转型升级新思路：在韶冶厂现址一系统约100公顷工业用地上打造金属材料产业园，二系统转型为采用冶炼技术搭配处理含铅锌铜城市矿产的资源综合利用基地。韶冶未来发展规划方案已报中金岭南公司党委，并经公司党委讨论通过。向韶关市政府相关部门做专题汇报，取得支持和认可；与广东赛迪工业和信息化研究院有限公司对接，编制《韶州新材料产业园项目初步方案》《中金岭南新材料产业战略规划研究报告项目建议书》；组织实施富氧强化冶炼、压团和制粒等技术升级改造，为建设城市矿产资源综合利用基地创造条件。 （丁 众）

【深圳市中金岭南有色金属股份有限公司凡口铅锌矿】 简称“凡口铅锌矿”，1958年建矿，1968年正式投产，铅锌金属量年生产能力18万吨。2018年，凡口铅锌矿矿领导团结带领全矿干部员工推动矿山保持稳中向好的良好发展态势，生产和销售铅锌金属量16万吨。矿长：蔡文（任至1月）、田志刚（1月任职），党委书记：骆建辉（任至1月）、蔡文（1月任职），在册职工人数2698人，在岗2451人。2018年，凡口铅锌矿被中共韶关市委、韶关市人民政府授予“亿元纳税大户”称号，“矿井排风节能减排关键技术及工程应用”项目获得中国职业安全健康协会科学技术奖一等奖，蔡小建被评为“全国优秀工会工作者”，张杏移获得“广东省五一劳动奖章”。

生产经营业绩喜人 2018年，凡口铅锌矿主要技术经济指标铅锌综合回收率达92.86%，创下凡口铅锌矿历史最好记录。主要技术经济指标屡创新高，完成全年生产任务，利润总额取得良好成绩，政策资源开发获得新成果，提质增效取得新成绩，矿区外围探矿探获取得新突破，风险防控取得新成效。

安全生产严抓实管 2018年，凡口铅锌矿共开展各类安全检查29次，从3月“安全问题曝光月”活动开始，此后每月均开展安全主题活动，至12月“保障安全激励月”结束。6月20日，和仁化县人民政府联合举行尾矿库生产安全事故应急演练，提升企业与地方应急响应联动机制。2017年8月，凡口铅锌矿被国家安全生产监督管理总局指定为全国非煤矿山双重预防体系建设试点单位，2018年8月底完成双重预防体系建设工作，项目于12月11日通过验收，国家应急管理部于12月19日到现场检查认为体系可向全国推广。凡口铅锌矿安全工作保持良好态势，杜绝轻伤以上事故，千人负伤率为零，为历年最好的千人负伤率指标。

让绿色成为矿山底色 2018年2月，完成《凡口铅锌矿工业固体废物调查与处理处置优化方案》编制工作，全面摸清矿山固体废物及危险废物产生及处置情况。9月，水仓泥矿处理系统建成投入生产使用，解决多年来水仓泥矿的处理难题，又使水仓泥矿变废为宝，每年可处理回收约4000吨泥矿资源。自4月起，凡口矿区居民生活垃圾全部由

▲ 2018年6月20日，中金岭南公司和仁化县人民政府联合举行凡口铅锌矿尾矿库生产事故应急演练 （张秋利 摄）

北控集团负责清运至仁化县石窝生活垃圾卫生填埋场处置，至此，矿山使用约40年的九莲塘生活垃圾堆场成为历史。凡口铅锌矿环保设备设施正常运行，没有发生环境污染事故，排放达标率100%，通过国家和广东省开展的各种环保督查，环境保护工作得到各级政府部门的肯定。9月，凡口铅锌矿被授予“生态广东建设公益单位”称号。

企业管理精益求精 2018年，凡口铅锌矿各领域实施机制体制改革和流程优化，提升企业管理水平。实施薪酬分配制度改革，体现收入与工作绩效、履职担当挂钩，收入向一线和贡献大的岗位倾斜。3月1日，重新修订颁布《关于调整职工离岗休养规定》，同时停止执行〔2003〕21号文“职工离岗休养年限为距法定退休年龄5年”的规定。调整后职工离岗休养年龄为“距法定退休年龄两年和连续留用至退休止”两种。3月，成立磨砂厂，对从井下开采出来的废石进行细加工成为建筑材料，既增加收入，又解决固体废物环保问题。7月，将采矿车间、选矿厂等4个职工食堂实行统一管理，为全矿在职员工发放就餐补贴，提高员工福利。9月，凡口铅锌矿职工医院改制为职业卫生防治中心。

创新驱动解难题促发展 2018年，凡口铅锌矿打造矿山创新驱动新引擎，构建创新发展长效机制，设立项目280项，最终由各专业人士评定岗位创新成果31项、管理创新成果15项、技术创新成果17项。7月26日，引进辽宁省博士重型装备有限公司生产的EBZ260H型悬臂式掘进机进行巷道掘进，该机具有推进的巷道能一次性成型，无须凿眼放炮，对周围岩石的扰动小，具有连续作业性强、有利于保障生产的接续性、安全高效环保等特点，运用于煤矿和城市地铁作业。2018年开展尾矿库推出多项关键技术科研攻关，开展低碱流程选矿技术、无酸选硫技术等27项科研项目，取得较好进展。“矿浆取样控制系统设计与应用”获得国家专利，该技术已广泛应用于选矿取样系统。

▲ 2018年1月23日，中金岭南公司召开凡口铅锌矿干部大会，宣布人事任免：田志刚任矿长、蔡文任党委书记 （张秋利 摄）

全面推进尾矿库退出工作 2017年8月，凡口铅锌矿编制《尾矿库逐步退出方案》并通过广东省环境保护厅的审议。随后，凡口铅锌矿对照退出方案，持续推进相关工程项目按计划分步骤实施。尾矿库生态恢复1期工程A地块于2017年3月完成，B地块也于2018年3月完成，至此，凡口铅锌矿尾矿库生态恢复一期工程AB地块共14公顷全部完成。7月19日，尾矿库清污分流工程完成。工程于2016年6月开工，通过截留尾矿库周边山体大部分现有入库地表水，实现雨污分流，预计每年可减少尾矿库外排水177万立方米，实现环保与经济效益的双赢。

选矿5000吨技改工程推进 凡口铅锌矿选矿厂5000吨技术改造工程是广东省和韶关市重点建设项目，于2016年12月9日开工建设，将改进选矿工艺，调整产品方案，生产单一精矿，提升选矿产品市场竞争力，实现低碳环保绿色的发展目标。2018年按计划推进土建施工建设、设备安装等工作，完成主体厂房及设备安装工程，选矿废水厂前处理与回用工程完成基础及部分池体等施工。

（张秋利）

【广东韶关瑶岭矿业有限公司】 位于韶关市曲江区境内，由原瑶岭钨矿改制组建的股份制企业。原瑶岭钨矿于1919年开始开采，于解放后1951年3月收归国有，属中央直属企业。于2000年下放广东省管理，于2003年经上级主管公司批准改制为股份制企业，属上市公司广晟有色金属股份有限公司旗下的国有企业。公司按照现代企业制度设置董事会、监事会、经营班子和党委、纪委、工会，下设五个部和三个分公司，分别为综合部、生产技术部、安全环保部、贸易经营部、财务审计部和采矿、选矿、电力分公司。年末员工254人，全年平均从业人数268人。公司是一个采选联合企业。董事长、总经理、党委书记：刘广云（2018年5月外调，职务未变），常务副总经理、党委委员：詹成希（主持公司党政全面工作）。公司主要从事钨矿采选业和电力生产。矿山开采方式方法为浅孔留矿法地下开采，平窿——盲斜井联合开拓。选矿工艺为手选与重选、磁选和浮选，回收黑钨矿精矿及少量白钨精矿、锡精矿。小水电装机容量为2940千瓦，具有600万—1000万千瓦时的年发电能力。主要产品有黑钨精矿、白钨精矿、铋钼矿，水电上网销售曲江供电公司。

生产经营 重点抓好生产工艺技术和设备管理，加强企业内控管理。受市场价格和国际经济形势等各种因素影响，钨精矿价格持续低迷，营业收入减少。2018年，公司工业总产值2520.42

万元，销售产值2478.38万元，工业增加值2179.84万元，主营业务收入2560.32万元，利税总额462.36万元，利润总额6.18万元，资产总额9309.33万元，固定资产净值平均余额1986万元，流动资产平均余额1936万元，负债总额8111.74万元。年末从业人数254人，全年平均从业人数268人。2018年生产钨精矿253吨（其中：黑钨精矿253吨）。

环保安全　2018年，公司实现安全生产，环保达标，尾矿库生产运转正常，安全生产情况总体平稳，公司无生产安全事故，矿区生产生活秩序稳定。制定和完善相关制度5项，全年安全环保教育培训21场次，特种作业人员持证上岗率100%。公司与韶关市矿山救护队签订救护协议，公司成立抢险小队，配备应急物资。6月22日，组织一场尾矿库防洪应急救援演练，10月24日，组织一场炸药库消防、防盗抢应急演练。公司设立安全环保委员会，定期进行安全检查，发现问题及时整改，对排查出的隐患，实行挂图作战，销号管理，缴纳排污费。

建设与发展　抓好设备更新工作。井下通风系统改造。10月底完成两台空压机的招投标和合同签订工作。更换井下所有绝缘老化高压电缆头和负荷开关，增加450接地网和避雷器。加装坪山电站发电供电隔离开关，为生产供电提供保障。更换节能电机，逐步迈进低碳环保的产业导向。220深部开拓工程。12月底完成卷扬机招标采购，进入安装调试阶段。推进坪山水电站增效扩容改造项目建设，土建工程基本完成，电气设备到位，准备安装。450—392中段地质扩产项目稳步推进。配合广西设计院完成对428、392中段安全设施设计。7月，公司引进有资质的工程队参与瑶岭的生产和建设，产量提高。2018年，受降水量影响，瑶岭矿计划发电550万千瓦时，实际发电452.80万千瓦时，完成年计划的82.33%。除部分自用外，全年销售水电399.48万千瓦时。

（张　静）

【广东省大宝山矿业有限公司】　简称大宝山矿，位处韶关市曲江区沙溪镇，1958年5月，建矿；1966年10月，建成投产；1995年12月，改制为国有独资有限责任公司。现下设有全资子公司广东省南方特种铜材有限公司和韶关市大宝山资源综合利用有限公司，以及控股子公司韶关市广宝化工有限公司，是一家集矿产资源勘探、采选、综合利用、加工及矿产品销售等为一体的省属大型有色金属支柱企业，规模为年产铜精矿金属量超10000吨（广东省排第一）、硫精矿超100万吨（广东省排第二）、硫酸超10万吨、磷铜1万吨，以及综合回收钨精矿、铁矿石、副产矿等产品，年工业总产值超10亿元。董事长、党委书记：吴泽林，总经理：刘聪，党委副书记、纪委书记、工会主席：巫建平。截至2018年底，大宝山矿探明的铜、硫、钨、钼等各类矿产资源潜在的总经济价值超1000亿元以上。2018年度，大宝山矿获得“全国五一劳动奖章”“广东省绿色矿山”、韶关市“亿元纳税大户”“中国有色金属工业科学技术奖一等奖”“中国职业安全健康协会科学技术一等奖”“广东省AA级企业管理创新示范基地”“广东省企业文化突出贡献单位”等国家、省、市、行业协会授予的称号。

从黑色到有色的高质量发展　2018年，大宝山矿聚焦于提升7000吨铜硫选厂这个新基业的发展质量和后发优势，通过全面强化、细化、优化全流程管控工作力度，在采矿、配矿、选矿、化验四大关键环节做到无缝对接、并举发力，选厂实现稳产高产。通过不断加强技术攻关，深挖工艺流程潜力，依托新上精扫系统等一系列技术改造项目，促使选矿主要技经指标攀升，铜的年平均回收率稳定在80%以上，关键设备开机率稳定在95%以上，硫精矿量质提升。2018年全年累计生产铜精矿10051吨，硫精矿（含磁硫）93.95万吨，同比增长6.66%、42.62%。累计销售铜精矿10085吨，硫精矿（含磁硫）93.52万吨，同比增长7.33%、42.08%。广宝公司生产硫酸14.33万吨，销售13.28万吨，南方特铜生产磷铜4466吨、销售4449吨。全年公司累计实现营业收入10.43亿元，其中主营业务收入9.40亿元，实现归母考核净利润5486万元，子公司南方特铜实现净利润113万元，控股子公司广宝公司实现净利润182万元。

绿色发展从追赶到领跑　严格落实安全生产主体责任、安全风险分级管控和隐患排查治理双重预防机制等刚性安全管理制度。走好科技兴安路，引进的“排土场在线监测技术”“高陡边坡下部复杂采空区探测及处理技术”“边坡合成孔径雷达监测预警技术”，全部被国家应急管理部评为“2018年安全生产重特大事故防治关键技术科技项目”，突出技防的重要支撑。全年实现“6011”安全管理目标，连续四年半实现轻伤以上事故为零，并获得省市安全奖补资金220万元。通过加强对4.5万吨污水处理厂等环保设施的运营管理，全年未

▲2018年，大宝山矿7000吨铜硫选厂实景　（大宝山矿　供）

发生过一起环保事件。大宝山矿掀起全员植树造林的热潮，全年累计完成生态修复面积超66.67公顷。大宝山矿在2018年被评为“广东省绿色矿山”，成为韶关市建设国家第三批“山水林田湖草示范项目”重点单位，企业的环境信用等级由“蓝牌”提升至最高的“绿牌”。

多点开源节流 大宝山矿按照在运营好铜硫主业的基础上，深挖资源综合利用的创效潜力，其中：综合回收尾矿钨创效显著，增收净利3000万元；回收和销售各类副产矿111万吨，创收1.19亿元；开辟石料销售渠道，变废为宝，石料销售创效2800万元。通过合理使用票据贴现和票据支付，财务费用节约208.8万元；通过大用户电力交易和用电避锋就谷，节约电费1300万元以上。

内部改革深化 撤销合并部门2个，压缩车间科室18个。实行内部退养政策，用工减少331人，劳务发包用工全面取消。完成22家僵尸企业注销工作，“三供一业”供电项目、办学校、办幼儿园的企业办社会职能成功剥离，剩余的其他企业办社会职能，通过采取“自负盈亏、自主经营”的市场化运作模式，基本实现脱离主业。

技术创新 2018年，大宝山矿搭建的“韶关市工程技术研究中心”“广东省省级企业技术中心”“广东省工程技术研究中心”研发平台相继获得省市认定。在这些技术创新研发平台的支撑下，孵化出的《高酸铜硫矿资源非碱性梯度高效回收一体化精准应用项技术》获中国有色金属工业科技进步奖一等奖、《矿山边坡滑坡风险评估与合成孔径雷达监测预警技术研究》获中国职业安全健康协会科技进步一等奖、《外围（深部）地质找矿综合研究》获韶关市科技进步一等奖，“石英砂岩辉铜矿选矿”“低品位铅锌矿工业试验”等一批技术创新储备项目也取得突破。大宝山矿获得省市各类技改奖补和政策扶持资金累计1238.7万元。（蔡浩双）

【广东省韶关粤江发电有限责任公司】 简称韶关粤江发电公司，是广东省能源集团有限公司下属大型骨干发电企业之一。至2018年底，韶关粤江发电公司在岗职工1014人，有4台在运机组，2台330兆瓦机组，2台600兆瓦机组，装机总容量1860兆瓦。2018年，韶关粤江发电公司环保设备设施运行正常，环保指标可控，没有发生环保污染事件，单位污染物排放绩效达到集团公司AAA级水平。连续九年获广东省“环保诚信企业”（绿牌）。开展精准扶贫取得新成效。对口帮扶南雄市全安镇密下水村39户相对贫困人口全部脱贫。党委书记、总经理：刘涛。

生产经营管理 2018年，韶关粤江发电公司完成结算电量70.70亿千瓦时，超额完成年度电量目标（68.45亿千瓦时）；供电标煤耗326.92克/千瓦时，同比下降0.38克/千瓦时；综合厂用电率7.36%，机组综合利用小时数3031.89小时。截至12月31日，连续安全生产525天，实现年内安全生产3个100天。承办集团2018年锅炉检修技能大赛，获优秀组织奖，公司代表队获团体“第一名”，个人“第一名”“第三名”。受市场煤价高企和电价让利两头挤压，韶关粤江发电公司亏损严重，领导班子提出“全员营销”的管理理念，开展电力营销培训宣贯，逐步完善全员电力营销机制。协助韶关市政府启动韶关港码头一期建设，加快实施330兆瓦机组供热改造项目，推进公司多元化产业发展，助力公司经营减亏脱困。韶关粤江发电公司月度集中竞争交易成交10次，共成交电量9.5亿千瓦时；发电合同电量转让交易成交12次，共成交出让电量11.95亿千瓦时。6月，以启备变用电为切入点，韶关粤江发电公司获批成为电力大用户。

节能环保 韶关粤江发电公司推进330兆瓦机组超低排改造，10号机组改造项目进入招标阶段。组织开展全厂废水“零排放”项目可研，完成水平衡测试及可研报告编制。实施330兆瓦机组燃油系统全停优化，每天节约厂用电1400多度。开展脱硝运行优化，单位发电量用氨量降低10.4%，节约成本84万余元。推进经济煤种掺烧工作，采购经济煤种105.94万吨，占总进煤量41.6%，掺烧合格率92.56%，节约成本4573万元。重启东莞海昌港中转印尼煤，全部采取水路运输。水路运输煤炭21.03万吨，占总进煤量8.2%，节约运费630万元。

出清重组与“三供一业” 韶关粤江发电公司分别在2016年、2017年、2018年完成韶关D厂公司、韶关九号机公司、韶关发电厂的工商注销。韶关粤江发电公司“三供一业”所有项目资产移交、职能移交、维修改造、财务处理等在2018年10月28日前全部完成，共涉及供水1263户、供电496户、物业887户，是韶关市第一家全面完成“三供一业”移交工作的单位。

科技创新 韶关粤江发电公司自主申报的《一种立式凝结水泵推力轴承室密封油挡》获实用新型专利，联合申报的《一种内反馈式轴流式引风机动叶片调整机构》获实用新型专利，实现该公司专利拥有“零突破”。申报的《推进燃料生产经营一体化，助力企业减亏扭亏》获集团管理创新成果三等奖，《三维肋片换热器的应用》获集团科技进步二等奖。实施女职工提升素质建功立业工程，“侯金彦劳模创新工作室”获2018年“广东省女职工创新工作室示范点”称号。

供热改造与韶关港建设 韶关粤江发电公司两台330兆瓦机组供热改造是韶关市节能减排重点示范项目，纳入韶关市区供热规划（2016—2020年）南线管网，供热改造项目施工单位进场，厂外管网建设部分启动。韶关港一期工程建设范围以该公司厂区沿江地块为主，建设1000吨级泊位11个，吞吐量1200万吨/年。12月，编制完成《韶关港北江港区规划调整方案（送审稿）》，报省交通运输厅申请审查。（徐俊喜）

【广东省第五建筑工程有限公司】 简称省五建，始建于1951年8月，具有独立核算的经济实体，国家房屋建筑工程施工总承包一级、市政公用工程施工总承包一级、钢结构工程专业承包一级、建筑装饰装修工程专业承包一级的企业。2018年，该公司产值19.03亿元，完成年度计划的105%，同比增长22.7%；竣工验收项目5个，竣工面积39188.84平方米，验收合格率达100%，顾客满意度96.45%；全员劳动生产率22万元/人·年，同比增长22%；主营业务性收入13.14亿元；上缴税收8319万元，自营工程完成产值5.43亿元，完成年度计划的134%；经营考核利润3070.99万元，完成年度计划的119%。全年未发生重大质量和安全责任事故，轻伤频率1‰；没有重大的环境污染事故。连续三十一年获得广东省“守合同重信用”企业荣誉称号；韶关市棚户区改造项目——鸿裕花园A区工程获广东省安全生产文明施工示范工地称号、韶关市国有工矿棚户区改造项目（三期）工程获韶关市安全生产文明施工示范工地称号。南雄二院项目通过广东省安全生产文明施工示范工地的评审，市二中、曲仁中学合并迁建项目通过韶关市安全生产文明施工示范工地的评审。董事长、党委书记：林　松；副董事长、总经理：伍小彝。

工程创佳绩　全年投标174项，超5000万元的工程有6项，同时水利、房地产、PPP等项目上均有突破，签订合同237份，造价金额14.35亿元；签订劳务合同17项，金额3.2亿元。加强项目成本管理，降低工程成本，提高资金的使用效率。企业的第一分公司完成韶关市区棚户区改造项目——鸿裕花园A区摘获省“示范工地”称号；第二分公司市二中、曲仁中学合并迁建1.89亿元；项目历时8个月按时按质完成项目整体交工；机关一幼改造320万元，项目主体框架已封顶；警务技能训练基地2115.1万元、粤北二院传染病综合楼3589万元、保利中旭花园项目一期1866万元、城市客厅1400万元、乳源县安居安置房1.198亿元、市二中曲仁中学合并迁建——A区安装、乳源县金狮森林公园改造、乳源县东坪镇污水处理厂、群康路等项目共完成3638万元；韶关印雪精舍、南雄小岛花园、南雄二院、翁源二院、粤北人民医院地下车库、曲江区江畔花园6个项目共完成4.8亿元。按照施工规范标准承建项目，增强企业的市场竞争力，获得广东省第十七批省级企业技术中心授牌。

严守生产安全线　严把材料采购合同关，倡导“同质低价”原则，为各项目提前作好合格材料设备采购计划，合理调配仓库周转材料；杜绝虚高单价、采购数量，套税、套款现象。建立材料出入管理台账，建立供方名录信用库，为材料设备的供应提供保障。持续加大融资力度和降低融资成本。各分公司遵从企业管理方针制度，规范管理，各项目部狠抓项目责任制的落实。工程管理部制定《安全文明施工标准化手册》《工程质量、安全文明施工标准化检查评分标准》等管理规范制度，在文明施工、安全生产、工程质量、工程资料上实行动态巡查管理，机动巡查201次，下达书面整改173份、排查隐患，处置各类事故发生。总工办审核施工方案539份次，对危大专项方案的论证、审查14份次，坚决落实贯标工作，完成《工程质量管理手册》的编写；完成QES 管理体系的审核再认证。韶关旭日玩具城厂房（B7）土建工程、乐昌原坪石棚户区改造项目（一期工程）、韶关市国家税务局综合业务办公用房维修项目、乳源瑶族自治县必背镇镇生活污水处理厂工程、南雄珠玑纸业年产三万吨本色活用纸项目后加工车间、陵水三正海棠南洋小镇项目土建及附属工程、2017年韶关市新丰县遥田镇国家农业综合开发小流域治理项目、广东乳源经济开发区污水处理工程共8个项目完成竣工验收，合格率均达100%。

（钟　丽）

【广东省地质局第三地质大队】　简称地质三队，加挂广东省韶关地质灾害应急抢险技术中心牌子，隶属广东省地质局，为正处级事业单位。2013年，地质三队由20世纪50年代成立的705、706地质大队整合组建而成。2018年，有在职职工292人，各类专业技术人员170人，其中中高级专业技术职称103人。下设7个综合管理部门，8个业务部门，2个经营单位，在韶关市、惠州市、东莞市、清远市等地设有基地和分支机构。开展地质找矿、地质灾害评估与治理、工程勘察、施工、测量等服务工作。大队长、党委副书记：尤永春。

地质找矿　2018年，地质三队开展4个省级地勘基金项目，广东省翁源县丘屋金多金属矿预查（续作）和广东省乐昌市大石山铅锌多金属矿预查项目成果报告通过省档案馆组织的专家评审，分别获优秀级和良好级；广东省乐昌市大石山铅锌多金属矿普查（2018年度）项目，完成1∶2000地质填图0.5平

▲ 2018年5月30日，地质三队进行矿山地质环境详查　（张福来　摄）

▲ 2018年12月18日，惠阳项目野外验收 （何莉 摄）

方千米，1∶10000水文地质填图3平方千米，完成钻探工程施工2个孔，进尺452.45米。围绕南岭成矿带等重要成矿区带，开展资料二次开发工作，优选找矿靶区，编制“韶关地区地热资源调查评价”“韶关地区典型矿山地质环境现状调查与评价”等5个项目申请书，进入省级财政专项资金项目库。开展《广东省连州市XX多金属矿预查》立项申请，通过省国土资源档案馆专家组评审，同意立项，项目资金80万元。承担《广东省韶关市大宝山铜多金属矿接替资源勘查》项目，获广东省地质科学技术一等奖。

环境地质 2018年，地质三队参与国家重点研发计划专项项目“农田地质高背景重金属污染机理研究”。承担韶关市矿山地质环境详细调查和韶关市10个县（市、区）的矿山地质环境保护与治理规划编制工作。完成韶关市241个矿山地质环境详查，通过专家组野外验收，评定为优秀。完成广东省南雄市江头镇文山矿区建筑石料用花岗岩矿等8个矿山地质环境保护与恢复治理方案编制。开展仁化县城口锦城、锦东、曲江小坑、乳源东粉温泉等地热资源勘查。编制完成韶关奥威斯酒店有限公司龙华山温泉绿色矿山建设评估报告，获韶关2018年度绿色矿山建设项目优秀等级。完成大宝山多金属矿矿山地质环境恢复治理（石门坳范围一期）项目监理工作。

民生地质 2018年，地质三队继续推进与各县市建立地质灾害防治联动机制，与韶关市7个县（市、区）及惠州大亚湾区签订地质灾害防治技术服务协议，出动200余人次协助韶关市区及各县（市、区）国土资源主管部门做好地灾防治规划及方案编制、汛期地质灾害巡查、隐患点排查、应急调查、地灾知识培训和应急演练等工作。承担曲江区、乐昌市、浈江区、南雄市4个地质灾害防治高标准“十有县”建设项目。开展惠州市惠东县、惠阳区、韶关市武江区和广州白云区4个地区1：5万地灾详查项目。服务粤港澳大湾区建设，完成广东省中医院南沙医院、顺德西部生态产业区启动区2地块、惠州市大亚湾区维港湾花园等建设项目场地地质灾害危险性评估项目15个，完成东莞市樟木头围后山边坡维护工程施工。承接华南先进装备园新民路道路及周边道路建设工程勘察、设计、施工，韶关市解放路人行天桥二期勘察，乐昌市医疗急救指挥中心工程，韶关乳源南水水库供水工程扩建西河二水厂部分边坡支护工程监测，韶钢亚公山住宅项目二期工程12#楼桩基检测等项目。6月12日，与武江区重阳镇签署乡村振兴战略合作协议，完成该镇规划新农村建设场地岩土工程勘察任务，该镇革命老区（含镇区）公共基础设施建设项目——镇区街巷整治、亮化及文体广场建设工程建筑物立面调查测绘、主干路改造工程道路断面测量，开展武江区农村人居环境综合整治提升等工作，为乡村振兴发展提供技术服务。开展南粤古驿道调查，参与编写广东省古驿道旅游地质资源调查报告，新发现并提交韶关西京古驿道乳城——江湾——大布段旅游地质资源调查简报，该报告得到副省长许瑞生的肯定。 （刘 珊）

【广东省有色金属地质局九三二队】

广东省有色金属地质局九三二队创建于1960年4月，隶属广东省有色金属地质局，正处级公益二类事业单位。2018年在职职工147人，其中高级职称22人，中级职称42人，初级职称（助理+员级）19人。九三二队设机关管理科室6个，队属二级单位10个。在韶关市新华北路、西联小阳山、工业西路、广州、珠海、佛山、东莞、中山等地设有基地和办事处，队机关设在韶关市新华北路38号。九三二队在公益性、商业性矿产资源勘查、工程地质勘察、地质灾害评估（治理）、水工环地质调查等方面开展多方位为地方经济社会服务工作。2018年新增广东省环境污染治理能力评价证书（类别等级：废水临时、污染修复临时）。

基础性地质工作 全年开展地质项目30余项。其中，凡口铅锌矿接替资源勘查项目完成探矿钻孔28个，探矿钻孔钻探总进尺26552.70米。完成28个钻孔中，钻孔见矿率达80%。广东省翁源县红岭矿区614线—626线钨矿详查项目是在2014—2015年普查工作的基础上进一步开展地质工作，提升勘查工作阶段至详查，为下一步矿山设计提供地质依据，并进一步评价矿山云英岩型钨矿的开采技术条件。初步建立红岭钨矿“三位一体”的勘查模式，同时探获的三氧化钨（WO3）达大型矿床规模。

服务地方发展 协助韶关市丽宫温泉、南宝山矿泉水公司的绿色矿山建设的指导及申报工作，使该两个矿山分别获得韶关市2018年度绿色矿山建设第一名和第二名，被广东省自然资源厅授予“绿色矿山”称号。继续深入落实广东省地质灾害防治“十三五”规划，加强与自然资源部门联系，参与环境恢复治理和省级地灾项目入库工作。

服务大湾区推动工程地质产业向好发展　借势横琴新区建设和粤港澳大湾区的建设，做大做强九三二队的岩土勘察与施工工作，于2018年5月在粤港澳大湾区的中山市、佛山市、东莞市共新设3个下属二级分公司，均已开始承揽项目。在珠海购置400平方米的甲级写字楼。

地质科技创新　广东省翁源县红岭钨矿接替资源勘查项目于2018年分别获得广东省地质科学技术奖一等奖、中国有色金属地质找矿成果奖一等奖，是九三二队20年来获得的最高找矿成果奖。

“三旧”改造项目取得新成果　2018年，九三二队“三旧”改造项目中：阳山基地“三旧”改造一期项目自2018年6月办好预售证对外销售以来，销售情况超预期，总体销售情况良好；新华大院东区“三旧”改造项目由于原规划已过期，加之政策调整，现正在申请重做规划设计；新华大院西区棚户区改造项目一期于2016年底完成项目竣工验收，并交付住户使用，正在办理产权登记前的准备工作；新华大院西区棚户区改造项目二期于2018年6月封顶，正在施工配套工程，计划2019年6月竣工并交给住户。（李倩倩）

【中国中铁五局集团第四工程有限责任公司】　该公司是原铁道部第五工程局第四工程处，是世界企业500强“中国中铁”旗下的国有综合性一级大型施工企业，成立于1964年10月，2000年6月，该公司实现公司制改造。该公司是以公路、铁路、桥梁、市政工程施工为主的国家级高新技术施工企业，是国家级计量合格企业和广东省AAA级信用等级企业，具有公路、铁路、市政公用工程施工总承包一级，桥梁、隧道、公路路基工程专业承包一级等资质，注册资本5.1亿元，年生产力50亿元。2018年，总资产44亿元，装备国内外先进工程机械设备1763台（套）。有员工2358人，其中技术人员916人，中、高级职称593人。2018年，区域经营成果显著，二次经营创历史新高。党委书记、董事长：张习亭，主持行政工作：彭宇峰。

经济指标　2018年，该公司完成建安产值43.1亿元，完成新签路外合同额67.26亿元（其中自主承揽32.26亿元，完成局下达计划25亿元的129%，配合局区域指承揽35亿元），归属母公司净利润1.02亿元，上缴资金1000万元，经营性现金流为正1.45亿元，年末资金存量6.59亿元；两金、带息负债、资金集中度均完成局下达指标。

施工生产　2018年，该公司承揽的京张项目攻克地质复杂、工期紧张、技术难度大、干扰因素多等诸多难关，确保八达岭隧道如期贯通，得到各级领导的肯定，也得到局的专项表彰。成贵项目克服方案未稳定、施工条件差、资金紧张等不利因素，保证施工推进。银西项目突破征迁难题，施工组织步入正常，扭转进场以来的被动局面。蒙华5标项目在施工交叉干扰大的情况下，实现西安岭隧道贯通。蒙华15标提前完成线下全部工程，确保铺轨工期目标实现。京沈、怀邵衡、兴县、临县北等项目通过验收，如期开通。引江济淮项目快速进场，完成保通路节点目标和业主下达的产值目标，得到各方肯定。武九、阳光城丽景湾、8256工程等项目做到快速进场，快速开工创造产值。深圳坪地供水项目做到进场三个月内完成主体工程，得到业主的肯定。郑州地铁10号线以领跑全线为目标，实现第一根成桩等“五个第一”的成绩，两个车站做到当年进场、当年封顶。西安地铁疗养院站全线第一个主体结构封顶。合肥地铁3号线12标全线最难控制性盾构区间实现提前贯通，受到业主发函褒奖。合肥地铁3号线18标克服困难、合理组织，保证业主节点工期要求。

标准化建设　2018年，该公司制订临建标准化手册、迎检工作手册、创优工作手册、科研工作手册等，为标准化管理提供指导和支撑。该公司获得中国施工企业管理协会2017年度“AAA级信用企业”。工程创优取得5项国家级、省部级优质工程奖成果。大岳洞庭湖滩地引桥获“国家优质工程奖”，这是二十多年以来再次以四公司的资质获得的国优工程奖。沪昆腰站特大桥获得2018年“中国中铁杯奖”。京张铁路在上半年、下半年信用评价分获第三（共12家）、第四（共16家），均获得总分加分；成贵项目上半年、下半年分获第二、第五（共19家）；银西项目上半年、下半年均获第三。深圳地铁10号线在建设单位一季度、二季度分别排名第一和第二，全年排名第五（共18家）；西安地铁一季度获得业主劳动竞赛评比第一名；郑州地铁4号线、6号线在业主履约等考核评比中，二季度、三季度均获第二；郑巩3标获得履约检查评比一季度第一、二季度第二、年度第二，并获得郑州市“安全文明工地”等荣誉；广州地铁下半年信用评价获得第二。武九项目下半年信用评价获得“AA”。引江济淮、深圳地铁14号线2号竖井等均成为全线观摩点。公路标准化管理通过认证。

安全质量　2018年，该公司按照“管监分离”的原则和要求，优化安全质量管理体制机制。围绕“辨识评估到位、措施制订到位、责任明确到位、培训交底到位、现场卡控到位、检查整改到位、考核奖惩到位、应急处置到位”等八个环节，不断强化风险防控措施。持续强化基础管理，取得一定效果。安全质量教育培训持续开展，采取分片区、分类别开展专项培训、取证培训、稽查培训139余次，累计培训5700人次。铁路质量排查整治显成效，公司通过铁总上半年、下半年的红线检查。实现公司年度创优目标，各项目获得国家级、省部级奖项6个，获得国家级优秀QC小组1个，省部级优秀QC小组4个。

经营开发　2018年，该公司初步形成深圳市、郑州市、合肥市、东莞市、兰州市等具有竞争优势的5大区域经营阵地，在贵州省、东北地区、京津冀地区、韶关市等区域的经营基础在不断加强。自主经营能力有所提升，在水利、房建、军工、代建四大领域取得历史性突破，共实现自主承揽任务32.26亿元，完成局下达25亿任务目标的129%。

二次经营　2018年，该公司共实现二次经营收入14.3亿元。其中京张铁路实现二次经营收入2.71亿元、成贵项目2.17亿元，沈海项目1.88亿元，广州地铁1.67亿元。成贵的玉京山隧道岩溶大厅、银西的四线桥、蒙华5标的特殊地质隧道、沈海的北互通、深圳地铁14号线的大运枢纽、广州地铁的沙河站等重点题材均取得阶段性成果。

人才科技　2018年，该公司完成韶关市科技项目立项2项，股份公司课题评审2项，取得实用新型专利15项，获得省部级工法5项，股份公司级工法1项。获湖南科学技术进步奖三等奖一项，获韶关市科技进步奖二等奖、三等奖各一项。成立3个测绘训练基地，共开展大型专项测绘培训19次，培训542人。通过广东省高新企业认证，将企业所得税率从25%降至15%。钢结构分公司新取得特种设备制造及安装资质3项。选拔年轻中层干部65人次。共79人通过中级职称评定、29人通过高级职称评定，40人获得一级建造师任职资格，4人获得安全工程师任职资格。高级工程师、一级建造师评定通过人数在局内排名第一。　（刘　维）

▲ 2018年11月23日，韶关卷烟厂青年员工参加2018年广东省职业技能大赛—广东机电一体化职业技能竞赛，获得团体奖第三名　（韶关卷烟厂　供）

【广东中烟工业有限责任公司韶关卷烟厂】　广东中烟工业有限责任公司韶关卷烟厂始建于1950年6月1日。2002年，在行业“1144”战略的指引下，兼并南雄卷烟厂，产量规模由18万箱提升到26万箱。2005年，广东卷烟工业企业重组，成为广东中烟公司属下的一个生产点，产量、产值得到提高。2015年，企业产量规模从2004年的30.5万箱一跃提升至43万箱，增长41%；产值由25亿元提升至65.3亿元，增长161.2%；税金从12.2亿元提升至38.49亿元，增长215.5%，达到建厂以来的历史最好水平。

韶关卷烟厂年卷烟生产能力达50万箱，主要生产“双喜”系列品牌卷烟；企业拥有4800千克/小时的制丝线一条，570千克/小时的二氧化碳膨胀烟丝生产线一条，卷接包机组17台套；企业占地面积约11.06万平方米，固定资产总额17.62亿元，在岗员工757人，平均年龄41岁，大专及以上人员共有521人，占比70.88%。生产运作总体上以两班两运转为主，二氧化碳膨胀烟丝生产线为三班三运转。2018年，韶关卷烟厂完成卷烟产量39.7万箱，实现产值63.23亿元，实现税金35.229亿元。2018年评为广东中烟优秀组稿单位，广东省扶贫济困红棉杯铜杯。何锦章任党委书记、厂长。

落实柔性化生产机制　围绕“深化提高——精准发力——提质增效”主线，健全精益管理机制，夯实制度建设基础。以专题改善为切入点，瞄准企业重心，深挖精益课题，攻克工作难点，形成精益改善成果25个，其中QC活动成果16个，管理创新课题9个。通过找差距、补短板、强弱项，共征集到合理化建议581条，QC活动课题18个、管理创新课题18个。疏通生产瓶颈，克服膨胀烟丝产能不匹配、不同规格卷烟转换、生产计划频繁调整、仓库库容严重不足等问题，完成生产任务。

严抓产品质量　突出质量保障、质量提升、质量升级等三项工作的管控“联动”，强化源头控制和现场监督检查工作，严把原辅材料入口、过程制造和成品出库关。落实工艺质量例会制度，加大专题培训力度，优化设备保养模式，完善和细化质量管理绩效考核细则，开展质量攻关活动，不断提升质量管理水平。2018年，产品市场抽检合格率、包装和卷制质量抽检质量合格率均为100%，卷烟产品质量市场抽检包装和卷制质量得分99.5分，市场投诉率为0.015ppm，产品质量事故为“零”。

全面提升技术改造水平　落实“五项设备管理重点工作”的要求，完善设备管理评价体系，形成闭环改善过程。加强现场设备巡检，突出以我为主，强化自主维护和专业检维修相结合，对维修活动的组织、资源配置、规范验收和质量进行评价，提升设备维护和现场管理水平。在技术改造方面，落实制丝生产线及其配套工程技术改造项目的验收，完成职工新食堂建设及二氧化碳储罐整体更换、74毫米异型设备改造等项目工作。

坚实筑牢安全管理阵地　2018年，韶关卷烟厂全岗位签订安全生产责任书和网络安全责任书。以“384文件”转版为契机，将安全风险分级管控与新版行业标准有机融合，推进隐患排查治理、岗位达标、安全培训、应急预演、环保治理等工作，筑牢企业安全发展基石。强化安全生产检查，整改安全隐患79项。通过开展全方位的安全生产活动，达到“七个为零”“八个不发生”的安全目标。

推动队伍建设水平上新台阶　2018年，韶关卷烟厂树立正确选人用人导向，规范选人用人机制，打通“管理、技术、技能”员工发展通道，为员工成长、成才搭建好平台。11月23日，3名青年员工参加2018年广东省职业技能大赛——广东机电一体化职业技能竞赛，首次获得团体奖第三名，取得广东中烟参赛最好成绩，其中一名员工获得大赛一等奖和“广东省技术能手”称号，另外两名员工分别获得大赛二等奖。

促进品牌影响力的提升　2018年，韶关卷烟厂深入开展全面协同营销工作。强化“工商零政”四方友好关系，为构建双喜品牌培育体系，挖掘双喜市场增长潜力打下基础。厂领导班子深入一线走访调研，组织开展多层次市场走访和驻点访销活动。参与全员营销员工达147人，走访零售户2500户次，驻点零售户310户次。通过专项推广、“体彩杯”龙舟赛、“双喜杯”垂钓邀请赛等活动，开展双喜（硬紫红玫王、硬红五叶神101、金国喜、硬珍藏）宣传推广，不断提升双喜品牌影响力。截至2018年12月31日，韶关市场累计商业销售双喜品牌67668箱，同比增长0.1%；其中双喜一类烟销售4353箱，同比增长0.4%；双喜二类烟销售12847箱，同比增长0.6%。

全面落实国有资产管理达标　全面清点盘查企业资产，通过资产盘查，共梳理出需办理权证的项目100项。完成权证办理84项，剩余16项正按要求补充完善有关资料，推进办理工作。原南雄卷烟厂资产处置于2018年12月完成结案；原拖拉机厂内缩地块、原广州办事处的资产正在处置。

勇于担当社会责任　2018年，韶关卷烟厂紧抓对点扶贫村（南雄市水口镇群星村）扶贫工作，捐赠200万元支持地方扶贫工作，员工捐款4.2万元。制定贫困户、贫困村的脱贫工作规划，推进贫困户增收、集体经济增收、公共服务中心、村民活动中心、道路硬化亮化等项目的建设，扶贫工作成效显著，22户贫困户摘掉贫困帽子。南雄群星村的村容村貌发生巨大变化，并取得水口镇“三个第一”（农户危房改造完成率全镇第一、党群服务中心建设水平第一、新农村建设推进第一）。韶关卷烟厂派驻群星村的工作队取得南雄市扶贫资金使用进度第一名，得到当地政府和群众的好评。（曾　莹）

【深圳市中金岭南有色金属股份有限公司丹霞冶炼厂】　2018年，深圳市中金岭南有色金属股份有限公司丹霞冶炼厂（简称“丹霞冶炼厂”）面对国际形势风云变幻、金属价格断崖下跌、加工费创历史新低、环保压力空前严峻、生产流程不够完善、成本刚性上涨等诸多困难和挑战，完成生产经营等各项年度任务目标，巩固生存保卫战的阶段性成果，开创工厂实现高质量发展的新局面。厂长、党委副书记：刘野平，党委副书记（主持工作）：吴涛。

生产产量全面提升　2018年，锌金属13.5万吨。其中锌锭为128034吨，完成工厂年任务目标的101.62%；加工成锌粉的锌片为6116吨；七水硫酸锌为5458吨；硫磺37028吨，完成工厂年任务目标的115.71%；硫酸55311吨，完成工厂年任务目标的100.56%；阴极铜：352.86吨，完成工厂年任务目标的88.21%，同比提高58.05%；锗精矿含锗（金属量）10.235吨，完成工厂年任务目标的106.62%；电镓2.3吨，实现零的突破。

生产技术指标创新高　2018年，丹霞冶炼厂组织生产，攻关技术难题，破解生产瓶颈，强化设备维护保养。全年，主要技术指标：高压釜浸出率99.38%，比上年高0.34个百分点；铅银渣含铅16.03%，比上年高0.87个百分点；置换渣含锌14.67%，比上年低0.93个百分点；电解电流效率90.81%，比上年低1.06个百分点；锗回收率82.93%，比上年高1.38个百分点。2018年7月31日，中金岭南公司邀请中国有色金属工业协会、北京矿冶科技集团有限公司、中南大学、中国瑞林工程技术有限公司、广州有色金属研究院、株洲冶炼集团股份有限公司、云南驰宏锌锗股份有限公司、江西铜业铅锌金属有限公司、中冶长天国际工程有限责任公司等单位

▲ 2018年7月31日，评审专家组对《深圳市中金岭南有色金属股份有限公司丹霞冶炼厂炼锌渣绿色化升级改造项目可行性研究报告》进行评审　（黄育平　摄）

的9名专家，组成评审专家组对《深圳市中金岭南有色金属股份有限公司丹霞冶炼厂炼锌渣绿色化升级改造项目可行性研究报告》进行评审并顺利通过。

开创工厂高质量发展新局面　2018年，在生态环保投入刚性上涨、液氧价格持续走高、活性炭耗量大幅增加等不利条件下，工厂通过实施技术创新、精准管理等举措，有效管控成本上涨，减亏控亏成效显著。全年纳税6696万元，创历史新高。

安全环保平稳受控　2018年，工厂实现“六无五少四平衡”的安全环保目标，千人负伤率为千分之零，粉尘合格率百分之百，三废达标排放，未发生职业病例。（何长力）

【广东省储备粮管理总公司韶关直属库】　2018年，韶关直属库以示范仓建设为突破口，重点抓好气调控温储粮试验、智能化粮库建设、仓房气密性升级等工作，加强重大风险隐患管控和质量检测体系建设，提升仓储管理工作水平。

做好年度轮换和租仓点到期销售工作　2018年，韶关直属库计划轮换省级储备粮5.645万吨，租仓点到期销售7.1万吨，合计销售总量12.745万吨，计划轮换入库（含2018年未完成计划）7.275万吨，总进出库粮达20.02万吨，创韶关直属库进出粮历史之最。年前提前对设备进行检查和维护保养。由于2018年粮食市场行情低迷，全省及周边省份轮换数量较多，销售出库难度很大。在轮换过程中，赴江西等地现场抽样，提前锁定优质粮源。创造单日入库量1560吨的历史记录，在春节前完成年度轮换工作。

动态储备工作开展　2018年，韶关直属库寻找优质合作企业，反复修改动态储备合作方案。利用现有静态储备的模式，采取货款两清的办法，降低资金风险。结合客户需求，把粮食质量从三等提升到一等，高于省级储备粮入库标准，实现对粮食质量的把控。为合作企业做好进出粮服务工作，实现互利共赢。

仓储重点工作推进　2018年，韶关直属库开展高大平房仓气调控温储粮实验，完成年初定方案到气密性改造、覆膜密闭和充氮控温的具体实施。仓储一线人员在充氮期间轮班24小时值守，实验仓氮气浓度连续4个多月保持95%以上，水冷控温度夏最高粮温不超过30℃。在示范仓建设工作中，实现一口清与粮情信息视频同步播报、规章制度二维码化、安全警示警戒一体化等功能，仓储管理发展良好，在系统内形成示范引领作用。在智能化粮库建设方面，启动招标工作。采购呕吐毒素快速检测仪和重金属检测仪，强化粮食质量检测手段，做好质量检测体系建设。

科储技改亮点工程打造　2018年初，韶关直属库领导参加总公司组织的仓储先进企业调研活动，为落实调研成果，在科技储粮和技改创新共投入资金超过25万元，效果明显。升级仓房基础设施，开展平房仓气密性改造等工作。在轮换空仓期，用水性聚氨酯堵小缝，用耐水腻子粉补大缝，用柔性防水涂料刷变形缝，对实验仓的地面、内外墙及天花板进行大修补，在处理仓房墙体漏点时，采用全墙面皂液检测法，解决墙体渗漏无法检测的难题，正在开展墙面的气密改造工作。在平房仓进入口加装防虫门，避免虫害交叉感染。在窗户内侧加装5厘米厚的挤塑隔热板，为春粮渡夏工作提供保障。自行设计防雀防虫双层组合网，利用卡扣和磁条的方法实现快速装卸。改造工作间，设置综合柜、目视板和电子播报屏幕，提升粮库信息化水平。开展膜下双向环流熏蒸实验。常规膜下熏蒸时，由于粮面覆膜，药剂在膜下与粮面的狭窄空间中释放，其渗透能力和扩散均匀性不理想，局部浓度差较大，尤其在仓房四周等处容易产生死角，熏蒸杀虫效果差。通过改造环流风管，把单项环流升级为双向环流，实现正向环流弥补死角浓度差，反向环流均衡全仓浓度的作用，解决常规膜下环流熏蒸的缺点。实验仓从5月30日投药，9个月后仍然保持稳定基本无虫状态，效果良好。与河南工业大学联合开展黄色花蝽生物防治探索实验。黄色花椿作为嗜卷书虱、赤拟谷盗和锈赤扁谷盗等常见害虫的天敌，对解决粮库比较棘手的害虫抗药性强的问题有明显效果。10月，开展实仓实验，第一批投放黄色花椿800头，派专人跟进实验，收集相关数据，为2019年的实验提供数据支撑。发明“槽式非等分”快速分样器和移动输送设备短距离托运装置，提高生产效率，保障作业安全。其中移动输送设备短距离托运装置获得实用新型专利。在浅圆仓高低位发放口安装固定式抑尘料斗，改善作业现场粉尘弥漫的恶劣环境，降低储粮损耗。升级改造机修房，铺设聚氨酯防尘地面，采购货架，安装指示牌，建立工具使用登记制度，规范工具管理，改善“找工具难，借工具烦”的被动局面。

（省储备粮韶关库）

【中国石化销售股份有限公司广东韶关石油分公司】　系中国石化下属驻韶销售分公司，于2000年8月16日注册成立，公司性质为股份有限公司（国有控股），覆盖韶关辖区七县（市）三区，现有9个职能管理部门，下设8个市、区、县公司，在职员工816人，其中大学及以上学历职工326人、占39.9%；拥有各类专业技术职称人才588人、占72.1%。经理：梁劲超（7月任职），党委书记：潘康想。该公司主营汽油、柴油、润滑油、天然气等，兼营加油站便利店、餐饮、汽服、电子商务等非油品业务，拥有93座在营加油站，加气站3座，2座在营油库、库容5.85万立方米。2018年，成品油销量同比增长1.1%，销售额同比增长16%，上缴地方税收6120万元、增长6.5%。该公司获（2015—2017年）“广东省守合同重信用”企业、韶关市2018年度优秀纳税大户、韶关市“安康杯”竞赛优胜奖。路通加油站获“全国模范职工小家”。

安全环保风险可控　2018年，该公司围绕年度制定的HSSE工作目标，通过抓制度体系建设，狠抓教育培训，上

▲ 2018年，新建成的芙蓉新城一块加油加气站　（中石化韶关分公司　供）

下联动开展安全检查，加大考核力度，实现安全生产平稳运行，未发生安全事故，在省公司季度HSSE及设备管理工作考核中均居全省前列，先后获省公司消防安全技能比武优秀组织奖、省公司安全环保先进单位。

成功进驻芙蓉新城　2018年10月11日，该公司通过网上公开竞拍，取得芙蓉新城一块加油加气站的国有建筑用地使用权，填补中国石化在芙蓉新城的网点空白，该站计划打造成韶关首家集油品、便利店、汽服、电子商务及肯德基于一体的“人、车、生活”综合性服务平台。

举办金猪能量包发布会　2018年12月16日，该公司举办钻石客户联谊会暨金猪能量包发布会，200多位钻石客户及保险公司、品牌4S店、当地主流媒体等嘉宾受邀出席。现场设置金猪能量包有奖问答、寻找最高积分、“我与中石化的故事”、现场抽奖、转发有礼等环节，增进与客户之间的交流互动，为客户提供服务。

“茅台酱香万家共享”全国巡回品鉴会走进韶关　2018年12月底，公司携手赖茅酒业成功举办“茅台酱香万家共享”——2019赖茅全国巡回品鉴会暨年终客户答谢会。300多位嘉宾受邀出席。中国石化与贵州茅台进行战略合作，推出的赖茅“国民酱香”品牌系列酒，凭借酱香鼻祖赖茅酒的古老工艺，通过中国石化易捷便利店进入到千家万户。（唐秋林）

【韶关石人嶂矿业有限责任公司】　简称石人嶂公司，它的前身是石人嶂钨矿。1953年，石人嶂钨矿成立，是从事井下采掘原矿到选矿生产钨精矿的采选联合企业。2002年8月，石人嶂钨矿因资源枯竭，启动关闭破产程序。2002年12月，石人嶂公司承购石人嶂钨矿关闭破产有效资产，改制重组为韶关石人嶂矿业有限责任公司，隶属广东广晟有色金属集团有限公司。2009年1月，广东广晟有色金属集团有限公司将石人嶂公司国有资产部分注入上市的广晟有色金属股份有限公司，成为广晟有色金属股份有限公司的控股子公司。从事钨矿开采、附属产品的选料加工、销售的中型国有控股矿山企业。2018年，公司执行董事、总经理、党委书记：梁仁建，党委副书记、纪委书记：钟文。

改革发展　2018年，石人嶂公司制定《石人嶂公司落实主体责任实施方案》《防洪度汛工作计划和常态化的汛期值班值守制度》《韶关石人嶂矿业有限责任公司生产安全事故应急预案》等，抓好贯彻落实工作，保证全年安全生产。开展降本增效工作。深化石人嶂公司内部经济考核责任制，逐层细化分解任务目标，把产量、成本、工资总额作为主要考核指标，发挥基层单位主观能动性，围绕生产经营目标落实各项工作。持续做好精细化管理工作，2018年完成公车改革任务，减人减车，公车喷字，降低三公经费开支。

科技创新　2018年石人嶂公司尾矿库覆绿工程效果明显，绿色矿山的建设成效显著。

帮扶农村　加强与周边农村的沟通交流，尽力解决历史遗留问题，加大力度帮扶农村建设。2018年共提供帮扶资金48万元，营造良好共处关系。

（官凤英）

【核工业广东矿冶局】　集团公司成功实施战略重组。2018年，广东矿冶局系统把集团公司、中国铀业部署安排落到

▲ 智能选矿机——机械化换人，自动化减人　（石人嶂公司　供）

实处。硬岩矿山调整改革后改造提升，转型升级谋发展。完成“三供一业”分离移交任务；落实区域安全环保监管责任，强化隐患整治，确保关停矿山废水达标排放；非铀产业发展有新进展；局机关加强资产管理利用，超额完成上级下达的年度考核指标，实现较大幅度减亏。物业管理职能平稳移交。

持续深化改革　持续推进调整改革工作。如期完成“三供一业”分离移交工作目标。福源、锦园、莲花山、新风四个社区全部按节点目标要求于6月30日前完成正式移交协议签订，于12月31日前完成职能移交和资产移交，供水改造工程完成，物业改造施工进场。继续做好硬岩铀矿山调改后续工作。锦原铀业内退人员122人中108人符合退休条件办理退休手续，新村项目停建后完成人员分流安置，桂林分公司债务清偿和沙子江矿井储量注销获得批复。金宏铀业继续实施人员分流，协议解除劳动关系3人，基本达到调改实施方案人员定额要求，完成账内债务清理，完成停建项目清理处置大部分工作。两个关停矿山维持维护工作正常开展，安全环保设施设备运行，废水达标排放。

安全环保监管责任落实　开展“4·6”安全生产周、安全生产月、“百日安全无事故”等安全活动；对监管单位开展季度检查和开工前各项专项检查24次，查出隐患和问题138项，下发整改意见8份。配合集团公司、中国铀业、华南监督站等开展各类安全环保检查14次，查出隐患44项；完成对金瑞铀业、金安铀业和衢州铀业3家单位的安全环保巡视，查出隐患和问题34项，上报巡视报告3份；对各监管单位重大风险点、重点部位和危险源进行安全风险评估，上报风险评估报告；落实关停矿山蹲点制度，督促关停矿山履行安全环保职责，上报蹲点周报和关停矿山环保设施运行周报51份。2018年各监管单位未发生较大以上工亡事故，未发生环境污染事故，废水100%达标排放，未发生辐射事故和职业病危害事故，“三率”达标，安全、环保、职业卫生“三同时”执行率100%。

保障改善民生取得新成效　完成养老保险并轨系统录入确认工作，经过与地方社保部门的反复汇报、沟通，按现工资标准录入。社区规范管理水平和服务质量得到提升。局成立社管办，加强对社区日常工作的协调指导；对福源、锦园、新风社区开展财务收支审计，促进社区财务管理提升；做好“三供一业”分离移交政策宣传和正面引导，得到广大离退休老领导、老同志理解和支持配合；助推共建共治共享新社区建设，锦园社区被韶关市列为老旧小区改造试点单位，开展加装电梯等系列改造工程，开展关爱帮助空巢老人、留守儿童等工作。新风社区提升服务社区群众工作效率，与地方派出所联合共建“平安小区”。莲花山社区成立党群连心社志愿服务队，开展文明创建活动。福源社区开展精神文明创建系列活动。开展扶贫帮困工作。与419医院签订医疗健康精准扶贫协议，对集团公司驻韶单位离退休人员、在职职工及家属中因病致贫人员开展医疗健康精准扶贫，现场义诊300人，免费为33名符合医治条件人员做白内障手术。做好困难职工摸底工作，建档立卡、动态管理，送温暖725人，特困救助64人，共计79.82万元。组织开展“健康徒步，快乐工作”徒步活动、“弘扬工矿精神、强化使命担当”故事交流会暨徒步活动等文娱活动和“广东扶贫济困日”捐款。

推进科技创新　局本部实现减亏目标，健全资金管理相关制度，加强资金管理，加大债权清收工作力度，收回历史欠款资产和租赁租金，完成土地确权工作，加快产权证办理进度。局机关超额完成上级下达的经济指标。科技创新取得成效，锦原铀业自主科研项目《棉花坑矿井膏体充填研究与应用》完成室内试验；与化冶院合作对棉花坑矿井南部破碎矿体进行回采技术研究。棉花坑矿井通风QC小组获集团公司QC成果二等奖；棉花坑矿井改造提升后，被评为广东省第一批绿色矿山；公司6S管理提升企业形象，被韶关市授予文明单位。

非铀产业不同程度得到推进　锦原铀业“中核锦苑”房地产项目方案获得中国铀业批复，中核锦原大厦、机械厂完成对外租赁。锦园小区综合楼1—3层完成产权登记，局属物业完成确权并申请办证；金宏铀业大坑口铁路转运站改造工程通过铁路部门验收，具备行车条件，实现年度创收目标；芙蓉新城地块合作开发、固体废物（含放射性废物）处置项目、红色旅游项目开展初步调研，与有关意向合作方进行接触洽谈。

（刘　颖）

市属重点企业

【广东韶能集团股份有限公司】　广东韶能集团股份有限公司（简称韶能）是以能源（清洁能源、可再生能源、常规能源）、生态植物纤维制品（安全健康纸品）、精密（智能）制造投资开发与经营为主营业务的上市公司。韶能于1996年8月30日在深圳证券交易所挂牌上市，股票简称“韶能股份”，股票代码“000601”。董事长：陈来泉，副董事长、总经理、党委副书记：肖南贵，监事会主席：欧德全。截至2018年12月31日，韶能总股本为10.81亿，资产总额100.19亿元，净资产48.14亿元；电力总装机103万千瓦，其中水电装机67万千瓦，综合利用发电装机24万千瓦，生物质能发电装机12万千瓦。在建电力装机12万千瓦。韶能在三季度制订《提升经营业绩综合行动方案》，年度内增收节支额3000多万元。公司下属企业广东绿洲生态科技有限公司获“全国先进生产力典范企业奖”，韶关宏大齿轮有限公司获广东省“五一”劳动奖状

经营效益　2018年，韶能完成收入34.28亿元，实现利润总额4.23亿元，净利润3.17亿元，权益净利润3.03亿元。全年完成投资9.41亿元，同比增长98.75%；工业总产值28.23亿元，同比增长14.2%；工业增加值8.61亿元，同比增长7%。

▲2018年2月3日，韶能下属企业广东绿洲生态科技有限公司获“全国先进生产力典范企业奖” （韶能　供）

项目建设推进　南雄绿洲生态科技公司扩产四期项目：2017年12月初开工，2018年11月建成投产运行。总投资2.48亿元，年度内完成投资1.83亿元。完全年度可实现营业收入2.4亿元。新丰生物质能发电二期扩建项目：装机6万千瓦，投资4.5亿元，4月动工建设，年度内完成投资3.45亿元，完全年度可实现营业收入3亿元。新丰产业园区生态植物纤维一期项目：投资9亿元，2月底动工建设，年度内完成投资2.95亿元，力争2019年7月底建成投产。完全年度可实现产能7万吨，年营业收入12亿元。仁化丹霞纸品后加工基地项目：年度内完成投资3000万元，首批生产线于2018年12月底建成投产，完全年度可实现营业收入1亿元。河南汤阴豫佳纸品后加工项目：年度内完成投资1000万元，采用厂房租赁、设备购置和租赁组合的投资建设模式，首批生产线于2018年11月底建成投产，完全年度可实现营业收入1.5亿元。技改及其他项目。年度内完成投资1.61亿元。

工程建设领域提质降本增效专项工程推动　绿洲生态（新丰）植物纤维餐具项目用能方案调整后减少投资5个多亿。新用能方案优化再次节省投资1700多万元，后勤设施建造费用节省600多万元。翁源致能生物质发电项目的土地平整招标结果费用较设计院初次方案预算节省3540多万元，主体工程招标结果费用较设计院预概算最高限价节省3200多万元。其他工程项目节省投资1000多万元。在工程建设领域，减少投资5亿元，降低工程建造成本约1亿元。

餐具生产用能方式创新　经过多轮调研论证，韶能寻找到通过生物质发电利用换热器技术解决绿洲生态（新丰）植物纤维餐具项目用能的方案，实现热电联产。本色纸原纸生产也需要蒸汽，换热器技术的使用也为本色纸产业的产能扩张拓宽空间和路径。

创新升级生物质发电锅炉　韶能在运行的生物质发电锅炉深受高温腐蚀的困扰，阻止发电效率和效益的提高。韶能经过考察调研论证，确定将生物质发电锅炉改用循环流态化锅炉，这可以遏制锅炉高温腐蚀。新丰生物质发电扩建项目改用循环流态化锅炉，为提高生物质发电产业综合效益奠定基础。生物质发电项目需配套用热联产项目，韶能将生物质发电与餐具生产、本色纸原纸生产相结合，形成产业链，既解决餐具与本色纸原纸低成本用能，又提高生物质发电的综合效益。

非电制造企业发展良好　2018年，韶能非电制造企业经营质量和效益得到提升，营业收入同比较大增长，全年营业收入13.02亿元，同比增长44.05%。

生活用纸加工项目与仁化县签约　2018年11月12日，韶能集团生活用纸加工项目在仁化县举行签约仪式，项目总投资6亿元，生产线全部运营后总产值20亿元，解决仁化县500多人就业。

（陆　颖）

【广东省韶铸集团有限公司（韶关铸锻总厂）】　简称韶铸，始建于1969年，市属国有企业，中国最大的铸锻件专业生产企业之一。主要生产铸钢件、铸铁件、锻钢件、精锻件（轴承毛坯）、破碎机等，拥有“韶铸”“双拳牌破碎机”及“宇航”牌吊钩，入选中国铸造行业综合百强企业、中国铸造行业铸钢分行业排头兵企业，拥有广东省铸锻工程技术研究开发中心及省级企业技术中心，是中国铸造协会理事单位、广东省铸造协会首届理事长单位、中国锻造协会理事单位、铸钢件和精锻件国家标准修订起草单位。截至2018年12月，共有从业人员1550人。公司获得广东省法治文化建设示范企业、韶关市2018年度优秀纳税大户称号，连续29年被广东省工商局评为“重合同守信用”企业。董事长：王松，党委书记及总经理：杨国华。

经济指标　2018年，韶铸主营收入9.09亿元，工业总产值10.11亿元，出口交货值810.4万美元；上缴税费4337万元。

股权变更　韶关市工业资产经营有限公司、广州万宝集团有限公司分别以韶关市金属回收有限公司、韶关铸锻机械设备有限公司和广东韶铸精锻有限公司3个子公司股权、原新宇公司土地房产作价，完成对韶铸集团增资，广州万宝集团有限公司占股比61.826%，韶关市工业资产经营有限公司占股比38.174%，3个子公司全部变更为韶铸集团全资子公司。

创新建设　韶铸搭建创新平台，牵头成立“广东高品质金属材料研究院”。与华南理工大学联合申报“博士后创新实践基地”，引进博士后1人，开展先进精密锻造技术课题研究。启动科技特派员攻关工作，聘请2名企业科技特派员教师，联合开展技术攻关。加强知识产权保护，共申请专利30项（其中发明3项），专利授权13项。以QC活动为抓手，开展群众性创新活动，举行年度评比表彰。引进国际先进铸造三维模拟软件（Procast），提高铸件研发水平。打造高新技术企业，韶关金宝铸造有限公司通过企业知识产权贯标、“市级工程技术中心”和“高新技术企业”审核认证，入围韶关市“倍增计划”名单；韶关铸锻机械设备有限公司申报的“直驱式圆锥破碎机系列产品开发与产业化”获得省重大科技专项资金扶持，新型DHP电磁直驱智能圆锥式破碎机实现中国矿山机械设备创新和转型升级的重大突破。

生产技术改造　韶铸以高端布局为导向，实施企业技术改造。引进日本阪村HPF—80SS精锻机项目，提升轴承套圈生产交付能力；开展金宝公司升级技术改造项目，提升铸铁件生产品质和交付保障；引进2500吨压力机，提高锻造生产水平；实施调质线项目，提高冷加工能力等。全年技改立项12项，开工12项，合同签订金额5398万元，在建技改合同支付4320万元。

电子流程管控　韶铸启动金蝶EAS项目，建设以集团公司管控为核心，各公司业务+财务一体化的信息化管控平台，实施进销存电子流程管控。项目建设涉及采购、销售，库存、委外、存货、财务核算、简易生产等模块。分两期建设，第一期于2018年3月9日正式启动，经过项目调研、蓝图设计、系统初始化，于8月1日正式运行，覆盖韶关金宝铸造有限公司、韶关铸锻机械设备有限公司、广东韶铸锻造有限公司及财务部四个单位和部门。第二期计划2019年10月前完成，届时集团公司所有生产单位均纳入项目管理系统。

职业技能教育　韶铸制定《广东省韶铸集团有限公司“工匠”制度》《公司技能竞赛管理及奖励办法》。组织专业技术人员、职工参加的各类培训，共计479人次（不含外出培训），全年培训费用约11万元。罗本诗、林绪平分获“圣泉杯”第四届全国铸造行业职业技能竞赛铸钢组第一名、第二名；何骁霖获广州首届“羊城工匠杯”智能制造（可编程序控制系统设计师）职工技能竞赛铜奖。　（朱　健）

【韶关市工贸资产经营有限公司】　以下简称工贸公司，成立于2008年4月，是经韶关市人民政府批准，由市国资委履行出资人职责的国有控股公司（其中：市工业公司占68.5%，市商贸公司占31.5%），注册资本1亿元。经营范围：根据授权或委托管理范围内的资产进行经营和运作；房地产投资开发、矿业投资开发；物业服务、物业租赁；汽车维修、检测；驾驶员培训；交通拯救；建筑机械制造及销售。工贸公司内设综合部、人事监察部（与综合部合并工作）、财审部、企业管理部、企业改革部等5个职能部门，全资子公司8家，投资参股企业7家。工贸公司担负一些社会性的服务工作：处理市属企业实施退出后的各种遗留问题（如僵尸企业出清、国有企业宿舍区“三供一业”移交、退出企业清算等），配合有关部门做好原企业职工计划生育奖励金审核工作，管理市直行政性总公司资产及退休、内退人员服务，管理退出企业档案和未房改公房及12家集体企业的代管工作。党委副书记、副董事长、副总经理：林东军。

推进重点　2018年，熔剂矿项目为市政府督办的保障韶钢生产用熔剂矿供应项目，拟选位于韶钢南北两端的翁源将军屯（矿种为白云石）、亚婆髻（矿种为石灰石），以及武江区红尾坑（矿种为白云石和石灰石）设置矿区保供。矿区建设投资约3.2亿元，年原矿开采量约600万吨，投产后年均经营收入约3亿元、纳税约4800万元、净利润约2700万元，将提供300个工作岗位，可在保障韶钢资源供应的同时具有较好的经济与社会效益；国投·西城尚筑项目占地面积1.02万平方米，总建筑面积约3.3万平方米，将建设酒店、地下停车库、商住楼，其中地下停车场为市政府为民办实事项目之市区增加2000个停车位选址之一。项目总投资约1.48亿元，净利润约800万元。项目现取得建设用地规划许可，工程规划许可申请报市规划部门审批；祥和公寓项目占地面积约5502平方米，总建筑面积19945.87平方米，建成后全部由市土地储备中心回购，用于拆迁户安置。项目总投资约7852.16万元，回购总价款约8678万元。商住楼于1月主体封顶，项目附属工程、安装、边坡等正在实施。

“三供一业”工作　2018年，工贸公司供水分离移交计划户数6664户，补助资金预算2532.85万元，完成2266户供电移交及改造工作，完成物业分离移交户数9955户，划拨补助资金138万元。

为民办实事　农贸市场升级改造项目为2017年市政府为民办实事项目，其中沙湖市场升级改造结转至2018年实施，沙湖市场2018年1月20日竣工并交付使用。2018年三季度第三方机构对第二批城区农贸市场升级改造进行验收评级，工贸公司负责改造风采市场、启明市场、中山市场、武江市场、芙蓉市场、惠民北市场、沙湖市场均评为AA级农贸市场。

国有资产安全管控　2018年，工贸公司组织9名企业负责人及安全管理人员前往市安监局进行有关安全生产管理人员学习。年度开展各项安全检查16次，排查安全隐患1119处，下达整改通知书125份，安全演练3次，有效防范重特大事故的发生，使安全生产状况保持稳定；2018年度例行物业安全巡查共804处/次，发出《责令限期整改通知》共40份。公司实现安全责任零事故。

（林序涵）

【韶关市东南控股有限责任公司】　是韶关市国资委监管的有限责任公司，成立于2009年2月，经营范围主要是对市国资委授权或委托管理范围内的企业国有资产进行经营管理，公司下设4个部门，2018年在册职工313人，董事长、总经理：高仁辉。该公司协助东南冶金矿产（香港）有限公司管理韶关市东南盈通物流有限公司、韶关市东南盈丰加油站有限公司、菲儿教育投资（韶关）

有限公司、韶关市善美文化传媒有限公司、香港美达多有限公司等14家境内外企业，业务涉及进出口贸易、物流运输、成品油销售、物业租赁、教育培训、广告传媒等行业。2018年度净利润671.05万元，同比增长14.09%，2018年上缴税费459.11万元，同比增长2.91%。（谭兴华）

【韶关市金财投资集团有限公司】 以下简称金财集团，成立于2015年12月18日，注册资金6.5亿元，总资产57亿元，净资产21亿元。金财集团集工程建设、项目开发、产业投资、资产运营为一体的国有企业集团，主营业务为产业与项目投资。2018年，金财集团总部内设11个部（室），对外投资公司共23家，其中二级控股公司8家，二级参股公司6家；三级控股公司7家，三级参股公司2家。在岗职工共220人。党委副书记、董事长、总经理：吴武超。金财集团贯彻落实“城市提升三年行动计划”等工作任务，按照市国资委“国资保值增值，国企做大做强”的监管要求，开拓市场，主要经营指标提升，取得一定成绩。2018年，金财集团利润总额1.22亿元，净利润6900万元，上缴利税1.5亿元，社会贡献总额2.7亿元。全年完成固定资产投资4亿元，其中市政项目投资1.5亿元，自营项目投资2.5亿元；取得政府投资类项目授信14.49亿元，自营项目授信15.54亿元。下属金沁公司，金财资产公司，一建公司获得“2018年度优秀纳税大户”。

拓宽投融资渠道 金财集团拓宽融资渠道，通过加强与金融机构合作，争取授信，控制成本；锁定优质项目，实现基金投放；坚持依法合规，配合政府隐性债务整改工作。对接各类金融机构，共取得授信额度约27.4亿元。在融资利率不断上行的环境下，融资成本基本控制在基准上浮30%以内；落实政府隐形债务化解工作。就韶师搬迁项目、旧堤改造项目、韶关市东环线片区土地整治项目、江湾片区土地前期开发等集团承接项目，与项目购买主体及金融机构多次沟通与测算，落实政府隐性债务化解工作，落实有关的政府隐性债务整改工作；配合政府设立引导基金，促进韶关经济发展。作为熙正基金有限合伙人，金财集团出资1.5亿元认购光大金控熙源私募股权投资基金中间级基金份额，专项投资乳源东阳光药业有限公司优质项目，支持韶关产业转型升级。

多元经营发展开创新格局 截至2018年底，托管中心所管辖的资产占用费收回约720万元，金叶、金财公司租金收入合计约为506.7万元，商品房销售收入合计约1.05亿元。一建公司改制完成，参与市场项目建设。截至2018年底，中标工程总数为42个，中标金额约11.7亿元，实现净利润2035万元，同比增长70%。参与新丰县鲁古河水库供水及新丰县第三水厂建设工程PPP项目和推进入股新丰农村商业银行项目。通过子公司——金升公司与南方电网下属韶关舜发新能源科技有限公司共同组建联合体，参与市区充电桩建设运营特许经营权投标（现已中标）。物业公司承接韶钢“三供一业”改造项目。

项目推进 推进政府采购服务项目的组织实施。韶关市妇幼项目保健中心楼已完成三层主体结构，行政楼已完成二层主体结构。粤北二院项目正进行综合大楼地下室施工，另污水处理站、垃圾站、氧气站主体结构均已封顶。加快推进在建工程项目建设进度。云峰诗意二期棚改建设项目，主体施工基本完成；金港湾商贸城项目完成地上部分竣工备案手续，正在进入地下室规划验收公示阶段，B1幢公寓精装修项目完成，完成结算初步编制工作；广东北江中学新运动场项目基本完成，正在准备办理竣工验收备案及结算等相关工作；广富楼项目完成主体部分及装饰装修工程，正在开展附属工程的相关工作；广富新街修缮改造项目完成主体修缮工作，基本完成附属工程、绿化工程，正在收尾阶段。推进县级基础设施及公共服务设施建设。参与南雄旅游公路建设项目建设，协调推进始兴旅游公路、始兴县城小学、始兴县人民医院新建项目建设。（周 彦）

▲2018年1月31日，金财集团与曲江区人民政府、宝武集团韶钢公司就韶钢家属区物业管理服务正式签署委托协议 （金财集团 供）

【韶关市旅游发展投资集团有限公司】 简称旅投集团，成立于2016年8月22日，注册资本3.5亿元。为韶关市属国有企业，隶属于韶关市国资委管理。2018年，旅投集团总部内设6个部门，下属控股、参股子公司25家，总经理卢少新。主要经营业务涉及旅游项目和产品的策划与开发、旅游国有资产管理、旅行社业务、旅游商品开发销售、景区景点经营管理、旅游饭店经营管理、智慧旅游、旅游交通客运、旅游基础设施项目建设及保安服务等多个板块。2018年实现合并营业收入7182.40万元，合并净利润151.78万元，资产总额8.98亿元。

重点项目建设　按照上级工作部署安排，加大力度推进旅游公路PPP项目、丹霞山东南片区、林桥坑公园、城市客厅等项目建设。

景区、景点经营项目开发　整合韶关市旅游资源，参股的丹雄巅峰公司通过公开摘牌方式取得南雄帽子峰旅游景区40年经营权；收购丹霞山旅游景区停车场和观光车；策划红色旅游精品路线、打造韶关市红色文化品牌，将乐昌五山红军长征指挥所遗址作为韶关市重点建设的红色景区。

创新投融资服务　设立韶鑫基金管理公司，发起韶农基金，以专业化的投融资团队，将基金投资于韶关优质农业企业，挖掘农旅结合项目。旅投集团与对接各家金融机构开展合作，建立投贷联动模式，解决项目建设资金需求。

打造酒店板块　以荷花园酒店为基础打造集团酒店板块的产业布局，形成具有韶关特色的酒店系列品牌，提升韶关市旅游接待能力。对荷花园酒店一期升级改造和投资开发新津酒店，并策划荷花园酒店二期、消雪岭农业公园、城市客厅配套酒店的开发建设；与本地优秀民宿企业“丹霞印象”开展合作，开发具有当地特色民宿系列。

智慧旅游服务　依托与深大智能公司合作设立的智途旅游公司制订智慧景区标准解决方案，以自助闸机和票务系统为切入点，打破景区孤岛化现象，实现韶关市景区间的互联互通，为实现“一码游韶关”等业务模式落地提供技术支撑；通过策划韶关旅游产品线路，打造线上、线下旅游商品推广平台及销售渠道，搭配全市主要酒店、景区景点，形成景区+酒店的套票模式，提升旅游服务水平。

旅游客运服务　做优旅游运输服务，以丹霞山景区、南雄帽子峰景区为基础拓展全市景区观光车运营，开展旅游包车、公务车租赁、通勤车服务等相关业务，策划韶关水上旅游线路。

专业保安服务　做大做强韶关乃至粤北地区保安服务事业，致力于打造优质、规范人防服务，以韶关市行政机关、事业单位、大型厂矿企业、金融机构、商业、保险、学校为主的保安服务。在全市范围内拓展电力系统、物业小区、旅游景区保安服务；加强与文化、旅游、体育、民营广告等行政（企）事业单位协作，巩固、拓展临时性安保服务，加大力度策划物业保洁服务、园林绿化服务、餐饮管理服务业务的拓展。（黎娟娟）

【韶关市粤运汽车运输有限公司】　是由原广东省韶关市汽运集团有限公司通过股权转让、资源整合组建的粤北最大的国有控股专业汽车运输骨干企业，通过ISO9001质量管理体系认证，是韶关市唯一的“二级道路旅客运输企业”。2018年，公司注册资本14278万元，在岗职工1392人，下设22个客货运分公司，6个全资或控股子公司，在韶关三区六县（市）设有汽车客运站，主要经营客运站场、班车客运、包车客运、出租客运、公交客运、汽车租赁、货运物流、驾驶员培训、汽车维修、充电设施建设运营、校车服务等。公司党委书记、董事长、总经理：袁立新。公司拥有客运站场17个，各类班线251条，营运车辆1175辆，占韶关区域（新丰除外）客运市场份额的70%，公路客运网络覆盖全省，并向湖南省、江西省、广西省、福建省等省延伸。公司构建“1—2—2—4”业务发展体系，拓展旅运结合、定制包车、汽车租赁、充电站、便利店、小件快运等多项新兴业务，重点开展“村村通”农村班车客运服务。2018年，公司建制车累计完成客运量1624万人次，客运周转量78904万人千米；实现营业收入21335万元，利润总额2158万元；2018年末，公司总资产4.41亿元，净资产2.68亿元。公司被推选为广东省道路运输协会理事单位、韶关市道路运输行业协会会长单位。2018年，公司连续第5年获“中国道路运输百强诚信企业”称号，“2017年度广东省法治文化建设示范企业”等多项称号。（许少强）

【韶关市公共汽车有限公司】　简称公汽公司，成立于1967年6月10日，是韶关市国资委监管的国有独资企业（韶关市金叶发展公司持100%股权），行业主管部门是韶关市交通运输局，主要提供城市公共交通服务。公司内设8个部门、5个分公司；拥有控股及参股公司共6家。在岗员工741人，其中运营驾驶员490人。2018年2月获得“2017年度广东省法制文化建设示范企业”；3月获“2017年度韶关市工会工作先进单位”；6月，第四分公司机动应急班组获韶关市精神文明建设委员会授予“保畅运”先进班组称号、驾驶员陈志坚获“保畅运”先进个人称号；9月，李娟被广东省总工会评为《南方日报》发行先进个人；10月，龙华清获“2018年度广东省优秀高级政工师”。

公共交通业务　公司现有公交站场12个（其中首末站9个，停车场3个），营运线路51条，营运车辆461辆（其中欧Ⅲ柴油车106辆、天然气公交车120辆、纯电动公交车235辆）。2018年完成客运量4312.05万人次，同比下降3.94%；行驶里程2069.33万千米，同比下降2.98%；主营业务收入4761.17万元，同比下降8.06%。2018年百万千米责任事故率2.29，责任伤人率1.13，事故死亡率0。安全考核指标均低于考核标准。

公共交通服务　2018年，优化调整线路2条；3月1日，调整2路公交线路（韶关东站至众力发电设备厂）；8月1日，优化5路公交线路（新增6个站点）。完成政府指令性临时增派任务4次，1月21日至3月2日春运期间增加车次181趟，共完成8700人次高铁站旅客转运工作；4月15日公务员考试期间增派车辆21辆；6月7日至9日高考期间增派车辆16辆；10月国庆期间丹霞山景区增派车辆43辆。（许　祯）

【韶关市城市投资发展集团有限公司】　简称韶关城投集团，前身为韶关市新鸿达城市投资经营有限公司，成立于2003年9月，是国有独资公司，主要承担芙蓉新城投融资建设工作。2016年6月，公司完成市属国企脱钩并纳入市国资委监管体系，于2016年10月组建集团公司。韶关城投集团拥有8个事务部，5家全资下属公司，4家控股下属公司，6家参股专业公司。2018年，集团总经理为黄勇（1月任职），法定代表人为黄勇。截至2018年12月末，集团总资产为103亿元，负债率为59%，年净利润为1900万元，下属公司总注册资本金约30亿元，信用评级为AA级。上缴国家利税共4210.91万元，下属鸿晟公司和鸿源公司获“韶关市2018年度优秀纳税大户”称号。

主要经济指标 2018年度，集团在建项目22个，累计完成固定资产投资34亿元，任务达成率为129%；本年度营业收入34608.96万元，累计净利润1900万元，净利润较2017年度增长23%。经市国资委、芙蓉新区管委会联合考评，集团实现2017年度考核工作91.5分，位列市国资系统第一位。

项目建设 为集团重点项目建设筹集资金11.27亿元；规范预算管理，全年预算执行率达91.71%，下半年达97.87%；通过招标方式选取中期票据发行工作主承销商，提前谋划资金筹集工作；通过理财招标方式对暂时闲置资金进行管理，全年实现理财收入3875万元，弥补因部分项目建设受客观条件影响滞后与资金提前储备间的损失。擦亮城市“名片”，立足民生福祉，打造“宜居”新城。芙蓉隧道实现全线试通车，加快新老城区融合互通；曹溪文化小镇项目8个月时间内完成“三个一”工程，建成旅游服务区安置部分的基础施工，举办海峡两岸交流基地授牌仪式暨曹溪文化广场启用仪式、曹溪博物院奠基仪式，得到中央、省、市媒体报道与民众好评；综合客运枢纽（一期）工程完成竣工验收并投入运营，满足交通、服务窗口、创业性平台和高铁经济四大功能；综合客运枢纽（二期）工程动工建设并完成基坑支护与90%土方工程；盆景山公园北区建成并对外开放。集团对芙蓉新城首批11个公共设施配套项目进行代建管理，百旺路公交候车亭建成并投入使用；新城裸露地块及重要节点绿化提升项目基本完成，新城生态环境与形象得到提升；车头小学项目方案设计经业主单位确认，北江体育公园、芙蓉新城水系项目、公交首末站、社会公共停车场、公园项目群、垃圾转运转、电力迁改等项目开展前期工作；新白线工程、5号路管廊及百旺路缆线管廊推进，完成实验中学周边路网、2号路等道路的规划验收，推进百旺路扩建工程、南华路、芙蓉隧道等项目的分步分项验收移交；下胡安置村项目实现动工建设并完成部分主体工程，取得突破性进展；市行政服务中心及周边环境提升（二期）工程，成为韶关市裸露土地治理标杆工程；集团用20天时间克服冷雨天气，为新天堂村村民修建的便民道路，解决村民出行难题，兑现市政府主要领导对群众的承诺，换来村民的谢意与市政府的认可。城投商务大厦完成竣工验收达到招商及进驻使用条件，滨江商务中心主体工程建设完成30%，点亮滨江城市天际线。

▲ 2018年2月9日，芙蓉隧道实现全线试通车 （魏奕弟 摄）

土地开发抢抓机遇 完成代持政府储备土地23宗注销工作；申请办理韶州文化广场、曹溪文化广场等划拨用地76.13公顷；协助办理新白线武江段等6个批次项目用地报批工作；解决17宗36.67公顷地未开发土地闲置问题。完成集团及下属企业7宗29.53公顷价值7.937亿元的土地置换工作；协调推进新白线、下胡安置房、盆景山公园、芙蓉大道南等项目的征拆工作。通过参与莲花山加油站地块竞拍工作，将该地块价值从6000万元提升至1.18亿元。滨江花园是韶关市2018年同类棚户区改造项目中第一个成功分房的项目，实现移交并确认收入1.95亿元，筹划集团芙蓉新城商业片区合作开发项目，基本完成土地开发合作初步概念方案，提请市政府常务会议审议；天玺湾项目超额完成2018年度销售目标，实现两次资金分配累计2.26亿元；曹溪文化小镇、综合客运枢纽、城投商务大厦等累积签租赁面积1.12万平方米，意向租赁面积5289.01平方米。

实现市场化转型升级 城投公司作为唯一符合条件的意向投资人参与滨江商务中心项目增资扩股项目。完成韶关市城市智能指挥调度中心项目主体及配套工程，启动项目回购工作。与粤运集团共同合作运营的韶关客运站试运营，作为韶关市旅游配套重要节点。经报市政府审批同意，韶关市行政服务中心一期、二期工程项目签订租赁协议；韶关丹霞机场项目可研于2018年11月获得国家发改委批复。创智城收购项目、华南装备园污水处理中心及华南装备园金属表面处理中心、循环经济产业园等多个项目均在对接中。参与设立韶关达安医疗健康股权投资合伙企业（有限合伙），支持设立的韶关市丹霞天使母基金、韶关市众投邦创新创业投资基金加快投放，合计投放3.31亿元，依托众投邦基金平台，吸引60家创新企业入驻韶关。韶关城投集团分别入股韶关农信社及南雄农信社9%和6.12%，成为2家农信社改制后的第二大股东。通过建立低成本营销策略模式，提升满意度与宣传力度，全年南华纪念园完成销售收入1555.36万元，经营收入1355.31万元，净利润604万元，同比增长50%、41%、54%；通过拓展芙蓉园食堂、市智慧城市指挥调度中心、综合客运枢纽项目等物业经营，挖掘现有物业的潜在需求，健富公司实现主营业务收入1267万元，净利润164万元。

（夏 竹）

重点民营企业

【乳源东阳光集团】 2018年，东阳光集团有员工2万余人；主要从事医药、电子材料和健康养生三大产业，在国内拥有广东长安、乳源、湖北宜昌、西藏林芝、贵州遵义、内蒙古乌兰察布六大基地，拥有东阳光科（股票代码：600673）、香港东阳光药（股票代码：01558.HK）两家上市公司。东阳光集团于2005年创办研究总院，下设东阳光科和东阳光药两个研究院，八大研究所，研发项目共有300多个，主要涵盖新药、生物药、首仿药、仿制药、新材料，其中在研1.1类新药项目有50个。乳源基地是东阳光集团最大的生产基地之一，公司于1998年落户乳源瑶族自治县，经过20年的发展，已初步建成电子材料、化工新材料、新能源材料、药业、健康养生五大产业雏形。是上市公司“东阳光科”的总部所在地，现有员工7000余人，2018年实现含税工业产值125亿元，工贸销售161亿元，出口7065万美元，上缴税收4.13亿元。

【韶关比亚迪电子有限公司】 于2016年11月29日成立，注册资金3000万元，主要经营手机零配件，旨在为各大品牌手机的机壳提供表面装饰工艺包括喷涂，印刷，NCVM等。主要客户包括华为、TCL、vivo、步步高、联想、三星、摩托罗拉等国内外知名企业。2018年，公司实现销售收入8.08亿元，同比增长7.59%；利润总额940万元。截至2018年底，技术改造投资额超过5.5亿元，拥有1614台CNC加工机床及182台ABB机械手，手机零部件生产车间高度自动化，产品良率及生产效率提高。

韶关比亚迪实业有限公司注册资金3000万元，主要经营电动叉车，生产产品主要有：电动平衡重式叉车（1.5T、2.0T、2.5T、3.5T）、电动前移式叉车、电动堆高式叉车、电动托盘式叉车、电动牵引车（5T、25T）等五大类，其中电动平衡重式叉车、电动托盘式叉车为主打产品，根据客户需求可量身特制。比亚迪电动叉车在锂电类叉车市场份额中占有率达50%以上。已遍布中国30个省份108个城市，打入德国、荷兰、比利时、美国、巴西、澳洲、新加坡、日本等多个海外市场，产品覆盖全球六大洲。主要客户包括宝马、大众、通用、丰田、日产、京东、顺丰、娃哈哈、美的、上汽等。2018年，韶关比亚迪实业有限公司实现销售收入11.20亿元，同比增长85.12%；进出口额5687.74万美元，同比增长150.09%；利润总额0.99亿元。韶关比亚迪实业有限公司建有电动叉车研发中心。

【广东五联木业集团有限公司】 成立于2002年5月15日，注册资本1亿元，是一个民营股份制有限责任公司。公司坐落于广东省韶关市曲江区白土工业园，占地面积26.67公顷，是以三剩物和次小薪材为原料生产高质量环保刨花板的资源综合利用生产企业，该公司现有员工300多人。2018年，该企业主营收入3.26亿万元，纳税764万元。

该公司拥有国际上最先进的德国Dieffenbacher9英尺年产30万立方米的刨花板全套生产线和技术，生产的刨花板为绿色环保（E1、superE0）产品。产品规格为：幅面（4×8）—（8×9）英尺，厚度为8—38毫米。该刨花板适用于高档家具、房屋建材、出口产品、大型包装等。并可根据客户的要求，提供各种特殊规格的订制服务。

该公司生产的刨花板销往珠江三角洲市场及华东、华北、东北、西南市场。国内外多家上市公司如欧派、索菲亚、皮阿诺、尚品宅配、曲美等和一线品牌宜家家居、红苹果等均与该公司签订长期合作协议。

【韶关东南轴承有限公司】 成立于1966年，注册资金为3850万元，公司于2011年由国有控股企业转为民营控股企业，是国家高新技术企业，建有省部级的研发机构“广东省轿车轮毂轴承工程技术研究开发中心”，参与起草JB/T10238—2001《汽车轮毂轴承单元》行业标准。现有员工550人，经过50多年的发展，年生产汽车轴承达500万套，年产值1亿多元。

该公司生产主导产品主要有：轿车轮毂轴承单元、汽车空调压缩机电磁离合器轴承、汽车涨紧轮轴承、汽车离合器分离轴承、高精度单列角接触球轴承等，还生产带座外球面轴承、深沟球轴承等。

该公司生产的产品70%以上出口到德国、意大利、法国、美国、英国、加拿大、波兰、日本、巴西、阿根廷、阿联酋、新加坡等40多个国家及中国香港地区。国内汽车主机厂配套的汽车整车包括上汽通用五菱、哈飞汽车、奇瑞汽车、吉利汽车、北汽M50、华晨X30、华晨X30L、华晨T30、陕汽通家面包车等。

该公司商标为“IB”，是广东省名牌产品、广东省著名商标，已经加入“商标国际注册马德里协定”并在马德里注册，同时在美洲巴西进行注册。共有实用新型专利5个，发明专利2个，软件著作权2个，公司2018年产值为1.1亿元，销售收入8840万元。

【韶关市乐华陶瓷洁具有限公司】 于2008年由广东乐华家居有限责任公司投资兴建，位于南雄市全安镇杨沥村乐华陶瓷城，主要生产“ARROW”箭牌卫浴产品。

乐华陶瓷生产基地占地面积53.33公顷，注册资金1500万元，从2008年年底开始筹建，总投资15亿元，规划兴建

9条洁具卫浴线和2条浴室柜生产线。投入资金4.5亿元，主要生产陶瓷洁具马桶、小便器、蹲便器、台盆等陶瓷卫生洁具产品。现有员工1100多人，年产陶瓷卫生洁具产品90万件。2018年，年产值1.8亿元，纳税2300万元。

【韶关市源昊住工机械有限公司】 成立于2004年7月，是中国内地首家专业设计制造工业化住宅预制构件生产线成套设备的厂家。该公司现有办公及生产场地共约2.5万平方米，其中1.87万平方米为自有土地。

该公司设立初期，主要从事混凝土搅拌站成套设备的研发和生产，自2008年起，引进吸收欧洲预制墙板、楼板、异形件的生产设备制造技术及工艺，结合中国国情和客户需求，公司于2010年制造出国内第一条自动化PC（Prefabricated Concrete Structure，即“预制装配式混凝土结构”）构件生产线，部分核心设备技术指标超过国外同类产品。通过多年的自主研发，公司现有2项PC设备领域的发明专利及5项实用新型专利。

该公司有员工人数178人，其中研发设计人员18人。2017年，成为国家高新技术企业。

该公司拥有50套全套设备/年或100套核心设备/年的生产能力，有40%以上的国内PC构件生产线设备市场份额，是中建国际、远大住工、宁波建工、中建三局、湖南三建、华坚集团海外工程部等特大型建筑集团的PC构件生产线设备供应商。在辽宁省沈阳市、天津市、安徽省合肥市、江苏省常州市、陕西省西安市、浙江省杭州市、上海市、江苏省溧阳市、湖南省长沙市、南美苏里南、埃塞俄比亚的斯亚贝巴工业园等地为多家企业设计、制造、安装150多条PC自动化生产线（以核心设备计算）。该公司获得1项发明专利，6项实用新型专利。

【韶关液压件厂有限公司】 始建于1965年，在2003年由国营企业改制成私营企业，是一家专业设计和制造液压油缸、锻压机成套装备的国家高新技术企业，是中国唯一全套引进德国Rexroth高压系列液压缸设计和制造工艺的高新技术企业，专业生产各种液压缸，包括：力士乐系列、工程系列、高端伺服液压缸、齿条摆动液压缸、旋转接头、超大压力大缸径液压缸等，市场涉及冶金、工程机械、港口机械、军事工程等领域。公司重视科技研发及创新，2007年公司成立企业技术中心，2011年9月获批成为省级企业技术中心，2012年9月获批组建广东省伺服液压缸工程技术研究开发中心，2012年12月与武汉科技大学联合组建高品质液压技术与装备研究所。韶液是国家（行业）标准制定单位之一，建有国内先进水平的精密液压油缸制造基地，依托高品质冶金液压缸平台，着力于轨道交通、机器人行业发展，向工业4.0转型。公司专业生产冶金设备、航空航天和国防军工、矿山机械等行业的配套液压缸和成套液压设备，包括高端伺服液压缸（AGC、AWC等）、冶金结晶器振动液压缸、齿条摆动液压缸、旋转接头、立磨油缸、液压岩石爆破机、锻压机成套设备等产品。2018年，该公司销售收入1.6亿元，比上年增长30%；税金1183万元，比上年增长20%；利润803万元，比上年增长60%。（伍雪雁）

【广东粤佳太阳能有限公司】 是一家专业生产太阳能光热、光伏产品的国家高新技术企业，厂址位于韶关市曲江经济开发区，建地面积2.3万平方米，每年生产太阳能热水器50万台，太阳能路灯5万台，是华南地区太阳能热水器产品的主要生产企业之一。主营家用太阳能热水器、太阳能热水工程、空气源热泵、高档别墅太阳能热水器、太阳能发电系统、太阳能杀虫灯、太阳能路灯、庭院灯、草坪灯及保温产品等节能产品。该公司生产的“粤佳”牌太阳能热水器遍及全国各地。

该公司先后获得国家太阳能热水工程相关标准九项资质认证。“粤佳”牌太阳能热水器通过广东省专家组评审，各项指标均符合广东省经济贸易委员会、广东省财政厅“农村经济型太阳能热水器”的要求，成为广东省政府向全省新农村建设推广使用的产品，承建广东省农村经济型太阳能热水器示范村；作为中国农村太阳能热水器普及推广的开拓先锋，粤佳太阳能有限公司承担建设首个国家级星火计划《太阳能热水器在社会主义新农村建设中的普及和推广》项目。2013年，粤佳太阳能有限公司通过国家科技部审核批准，成为国家高新技术企业。2018年，该公司累计销售收入2702万元。

【广东鸿源众力发电设备有限公司】 鸿源众力是一家电气机械装备制造企业，具有60多年生产水轮发电机组成套设备历史。该公司注册资本1.1亿元，是广东鸿源机电股份有限公司属下一家独立法人、独立核算、自主生产经营骨干子公司。鸿源众力公司是国家高新技术企业、中国水电设备分会理事单位、广东省水电设备制造业龙头企业、广东省现代产业500强、广东省装备制造业100重点培育企业、广东省诚信示范单位、广东省信息化示范企业、广东省雇主责任示范企业。2018年，产值9766万元，销售收入9254万元。

该公司有员工500人，公司占地面积23.6万平方米，拥有11座占地面积6000—12000平方米厂房。拥有设备700多台套。拥有自主研发的知识产权40多项。

低水头灯泡贯流式机组是该公司的主要核心竞争力和主导产品，韶关市委、市政府已将其列为扶持发展的项目。该公司投资5亿元，在省级莞韶浈江产业园建设一个华南地区最大的水轮发电机组研发、生产基地，该项目是省市技改重点项目。

该公司先后向国内、外用户提供大、中型机组3000台套，销往全国30个省、市、自治区，遍布1000个水电站。在中国长江、黄河、珠江、黑龙江都安装有鸿源众力产品。产品出口至土耳其、缅甸、越南、泰国、老挝、尼泊尔、巴基斯坦、几内亚等国家。

【丽珠集团利民制药厂】 丽珠集团利民制药厂成立于1966年，1997年，转制加入丽珠集团，是国家高新技术企业、国家中药工业百强企业、广东省创新型企业、广东省知识产权优势企业、广东省战略性新兴产业培育企业。拥有大容量注射剂、小容量注射剂、片剂、胶囊剂、颗粒剂等10条生产线，150个品种规格，核心产品“参芪扶正注射液”为国家二类中药新药，国家中药保护品种，国家食品药品监督管理总局批准的首个也是唯一的纯中药澄明大输液品种。申请国际和国内发明专利64项，获得授权38项。从2005年开始，该厂进行参芪扶正注射液增加多层共挤输液用膜制袋包装（即袋装）的研发，2010年4月，申请获得受理。2017年，投入7000多万元，建设完成一条业内技术领先的袋装输液车间。2018年，该厂实现产值5.86亿元，增加值3.4亿元，上缴税款1.32亿元。

【韶关市起重机厂有限责任公司】 韶关市起重机厂有限责任公司创于2002年，前身是一家专业生产汽车起重机等工程机械、特种车辆的国有企业。2002年12月，转制重组成立为民营有限责任公司，是国家定点专用改装汽车企业之一。该公司自成立以来至今已发展成为集重型自卸车、折臂式起重机等产品研发、生产、销售的国家高新技术企业。该公司占地11万平方米，车间建筑面积3.5万平方米。建设有省级工程技术研究中心，获得国家专利授权30项。大型折臂起重机生产技术在国内处于领先地位，拥有特种设备制造许可证，是韶关市装备制造重要企业之一。2018年，实现工业总产值2.62亿元，增速61.77%，增加值达0.49亿元，增速61.77%，上缴税费总额964.4万元。 （柯 峰）

重点港澳台资·外资企业

【日本电产（韶关）有限公司】 成立于2010年9月，属中外合资企业，公司总投资1250万美元，注册资本500万美元，有员工1500人。该公司主要生产开发大容量光磁盘驱动器及其部件（超精密马达）、新型电子元器件（新型机电元件、小型超精密无刷马达）、高性能风机马达及其零部件。在2017年获得12项实用新型专利，在同年获得高新技术企业称号。2018年的生产总值为11.1亿元，纳税总额7500万元。

【韶关旭日国际有限公司】 是香港旭日国际集团在韶关投资兴办的一家大型外商独资企业，位于韶关市西郊六公里，计划总投资20亿元，占地面积260公顷。该公司主要生产电子玩具、手提袋、旅行袋、旅行箱、制衣等产品，产品全部出口远销欧美等国家和地区。该公司的客户主要是世界知名的玩具入口商。至2018年底，公司每年解决5万人次就业，2018年平均用工人数为19138人，实现产值18亿元，全年缴纳税费1亿元。

【至卓飞高线路板（曲江）有限公司】 是亚太地区最大的线路板制造商之一，是至卓飞高线路板（香港）有限公司投资兴建的大型高新技术企业，公司位于曲江区白土工业园内。公司注册资本1.09亿美元，占地面积13.33公顷，厂房占地面积达13万平方米，总体规划5000人，有员工1200多人。该公司是一家以高技术生产PCB的印制线路板厂商，各类专用生产设备有600多台（套），主要生产2至24层线路板及高密度互连板（HDI）、电路板装配、电子器件组装件，年产量150万平方米，产品领域包含汽车、医疗、电脑、仪器、电信、存储设备、大型家电等。产品大部分销至欧美、日本、新加坡、马来西亚、泰国等国家和中国香港地区。2018年度，公司营业收入4.42亿元，纳税总额1100万元。

【建滔积层板（韶关）有限公司】 简称韶关建滔，是KB建滔化工集团（HK0148）、建滔积层板控股有限公司（HK1888）下属独资企业。该公司成立于2002年，工厂地址位广东省始兴县，占地12万平方米，员工人数超200人，总投资5.5亿元，主要生产电子行业所需的基础材料——覆铜积层板。该公司拥有4条覆铜板生产线，主要设备全部从日本及美国引进，月产能100万张。该公司终端客户包括索尼、三星、高信、荣信、康佳、飞利浦、长虹、夏普、LG、TCL、HP、美的、格力、格兰仕、海尔、海信等。该公司于2017—2018年实施设备技术改造项目，总共投资5100万元。2018年公司主营业务收入7.8亿元，纳税2889万元。

【乳源东阳光优艾希杰精箔有限公司】 成立于2002年6月，为中日合资企业，其中东阳光科占股51%，UACJ占股49%，与日系汽车配套的日本电装公司建立战略合作关系，是华南地区规模最大、技术领先的铝板带箔生产企业。公司主要产品包括铝电解电容器用铝箔、汽车热交换器用复合板带箔材、家用空调铝箔、3XXX和5XXX板带材等。公司发展成为国内第一大电子铝箔供应商、国内第二大空调铝箔供应商，汽车热交换器用钎焊铝箔排名前列。2009年11月起至今，连续被认定为广东省高新技术企业。车载锂离子电池铝箔的需求不断扩大。2018年度完成产量10万吨，实现产值24亿元，创造利润1.2亿元，入围广东省制造业百强榜单。

【万达工业（始兴）有限公司】 成立于2001年，隶属于香港美昌集团，投资总额3500万美元，注册资本1700万美元。现有在职员工3500多人，用地面积25万多平方米。该公司主要按照真车的内外观设计和体积大小，缩小比例生产合金模型车，拥有Maisto（美驰图）、Bburago（比美高）、Muscle Machines及Polistil等知名品牌，集团总公司独家承办航天工程探月办公室授权制作月球着陆器和嫦娥四号探测车。2018年，该企业投资2000万—3000万升级转型技术改造。该公司主营业务收入4.6亿元，累计纳税总额640万元，出口免抵调库税额3500万元。

【鸿伟木业（仁化）有限公司】 是鸿伟（亚洲）控股有限公司在广东韶关投资的外商独资刨花板专业生产企业，创建于2003年5月，注册资金为3.02亿港币。2014年起，连续三年被中国木业网网络评选为年度刨花板十佳品牌，连续三年获中国绿居委评选为“人造板十大品牌”“行业最具绿色价值品牌”。被维尚集团、台湾橱柜协会等企业和行会授予“最佳品质奖”“五星级供应商”“最优厂商”等荣誉。

【金悦通电子（翁源）有限公司】 是香港金悦通国际投资的一家大型港资企业，位于韶关市翁源县翁城工业园内，注册资本2280.08万美元，占地面积26.67公顷，有员工800余人。该公司主要生产和销售高密度互联线路板（HDI）、盲埋孔线路板及树脂塞孔线路板，产品用于计算机、通讯、电子、汽车和医疗等行业。2018年公司营业总额2.74亿元，纳税总额2336.92万元。

【韶关丸仁电子有限公司】 成立于1999年10月，公司注册资本金为358万美元，占地2万平方米。是韶关市重点引进的外资独资企业，也是接插连接线行业领军企业之一，主要生产汽车、无人机、监控系统、医疗器械、摄像机、笔记本电脑等设备所需高精密、高速传输接插连接线。该公司能加工全世界最细的AWG46电线，以及全世界最小0.25毫米间距的连接器，压接能做到最小间距达0.6毫米。细线（焊锡）+接插件（注塑成型）+一般接插件（压接、压着）集三合一的加工技术，产品远销东南亚及欧美各国。2018年，该公司实现产值1.738亿元，利润2161.6万元，税费总额828.1万元。该公司共申请专利9件，得到批准4件，USBTYPEC等一大批新产品进行量产。

【韶关科艺创意工业有限公司】 是香港上市企业——星光集团有限公司的下属企业，是一家以设计、生产高端创意多功能儿童图书、纸艺精品和包装彩盒的大型港资企业，产品以出口为主。该公司占地面积13.33公顷，拥有员工1500人。2007年至今，每年均获得市开发区颁发的外贸先进企业、优秀纳税企业、先进出口创汇企业和先进生产企业等多项嘉奖，同年被韶关市评为“诚信守法示范企业”。开发电子贺卡、木精品等多项业务模块，投资一批如3D打印机的高新、先进设备。2018年，销售收入2.9亿元，纳税总额1590万元。

【韶关市韶瑞重工有限公司】 是由世界最大的矿山机械——破碎机设备供应商芬兰美卓集团公司与2013年股权并购韶关市韶瑞重工公司而成立的中外合资企业。该公司前身是坐落于浈江区十里亭的韶关市韶瑞机械制造有限公司，始建于1992年。2002年10月，迁至武江科技工业园（现址）落户新建，并于2004年底新厂建成投产，是一家集研发、加工、制造、销售及售后服务为一体的专业矿山机械设备制造商。该公司在全球20多个国家级地区设立分公司，在全国各主要城市设有销售公司及服务网点。2018年，该公司主营业务收2.03亿元，纳税955万元。

【中华制漆（新丰）有限公司】 成立于2007年，于2008年底开始投建，2011年下半年，开始试产，2015年1月，投产。该公司占地面积约60万平方米，投资总额2.6亿元。主要产品有长颈鹿牌硝基漆、菊花牌硝基漆、木器漆、玩具牌玩具漆、海诺威重防腐漆及与油漆配套的稀释剂等。2014至今，公司获16项发明专利。2016年，被评为国家高新技术企业，被列为韶关市环保高性能涂料工程技术研发中心。2017年中漆集团在香港上市，公司的“双组份聚氨酯白色亮光木器漆涂料”及“低温热固化聚氨酯涂料”被认定为广东省高新技术产品。2018年，该公司被评为韶关市名优企业十佳会员单位。

【华润风电（新丰）有限公司】 注册成立时间为2015年11月27日，注册资本为1.2亿元（境外），投资总额为3.6亿元。该公司性质为港澳台独资，股东为华润电力新能源投资有限公司，隶属于央企华润（集团）有限公司，华润风电（新丰）有限公司是华润韶关新丰金竹风电场项目的建设单位。风电场位于新丰县沙田镇、梅坑镇和回龙镇的一带山脉上，位于新丰县城以西约20千米处，东侧为海拔高度1436米的云髻山，整个风电场场址海拔900—1150米，山脊海拔为900—1150米，为典型山区风电场。华润韶关新丰金竹风电场项目的装机容量为50兆瓦，安装25台2兆瓦风机。于2014年12月24日取得广东省发改委核准批文，于2016年10月14日取得广东省林业厅使用林地批复。风电场浇筑第一方混凝土时间为2017年8月15日，首台风机并网为2018年1月20日。25台风机于2018年8月30日全部投运。

【乳源县立东电子科技有限公司】 是台湾立敦与广东东阳光科技控股股份有限公司合资设立的台港澳与境内合资企业。2016年11月，被认定为国家高新技术企业。主要产品有低压腐蚀箔、中高压腐蚀箔。低压腐蚀技术在国内领先，达到国际先进水平。年产设计能力为1500万平方米腐蚀箔；通过和日本松下等世界名企的合作，携手倾力打造世界一流的腐蚀箔。2018年，完成产量1500万平方米，实现产值2.6亿元，创造利润4011万元，上缴税收358万元。

【韶关日立化成能源科技有限公司】

是世界500强企业日立集团的重要企业——日立化成株式会社于2015年底在广东省韶关市成立的全资子公司，位于韶关市翁源县翁城镇电源工业基地内，注册资本2800万美元，总投资额超过4.6亿元，占地面积96713平方米。该公司生产铅酸蓄电池项目，是世界领导级的品牌，产品主要运用于不断电系统、电动车具及通信电源等方面。该公司成为结合科技、绿色、节能的世界级企业。 （伍雪龙）

农业·林业·水利·气象

农业综述

【概况】 韶关市农业局，加挂中共韶关市委农村工作办公室牌子，为市人民政府工作部门。2018年，市农业局核定机关编制60名（其中，行政编制43名，行政执法专项编制17名），设13个内设机构，下设9个直属单位；市委农办核定行政编制18名，设4个内设机构。市农业局主要负责农业产业和农村经济发展等工作，市委农办主要负责全市农村工作的组织领导和统筹协调、决策服务等工作，承担市扶贫开发领导小组日常工作。2018年，全市农业经济整体运行平稳，第一产业增加值156亿元，比上年增长5%，是近年来增幅最大的一年；农村居民人均可支配收入15433.7元，增长9.4%。

【特色农业产业】 2018年，韶关市落实“一镇一业、一村一品”产业振兴发展指导意见，发展特色农业产业。全年全市优质稻种植面积8万公顷、优质蔬菜4.95万公顷、优质水果4.13万公顷、茶叶4633公顷、中药材1624公顷、出栏生猪330万头、特色水产8.16万吨。

【农业品牌战略】 2018年，韶关市实施农业品牌战略。年内新增名牌产品（农业类）35个，新增数连续两年排名广东省第一名；新增省十大名牌农产品8个，占全省12.9%，名列全省前茅。新增“三品”认证农产品149个。其中，新增无公害农产品认证产品108个，新增绿色食品认证产品5个，新增有机农产品认证产品36个。丹霞贡柑通过农业农村部地理标志农产品专家评审。

【现代农业产业园建设】 2018年，韶关市获批的省级现代农业产业园有5个，分别是翁源县兰花产业园、新丰县茶叶产业园、乐昌市香芋产业园、乳源瑶族自治县蔬菜产业园和南雄市丝苗米现代农业产业园，是全省获批个数最多的地级市，涉及面积22993.33公顷。

【农业龙头企业】 至2018年底，韶关市有市级以上农业龙头企业144家。其中，国家级重点农业龙头企业1家，省级重点农业龙头企业48家，覆盖包括粮食、蔬菜、蚕桑、糖业、养殖业、茶叶、兰花等领域。

【农民专业合作社和家庭农场】 2018年，韶关市依法在工商部门登记注册的农民专业合作社3374家，出资总额32.15亿元，成员78662人。至年底，全市拥有市级示范社173家，省级示范社105家，国家级示范社24家。全市在工商部门登记注册的家庭农场1889家。

【休闲农业】 2018年，韶关市创建一批休闲农业示范单位。其中，南雄市珠玑镇灵潭村创建为中国美丽休闲乡村；仁化县扶溪镇、南雄市邓坊镇创建为广东省休闲农业与乡村旅游示范镇；仁化县丹霞街道夏富村、仁化县丹霞街道瑶塘新村、新丰县马头镇秀田村、始兴县司前镇石斛山庄等4个单位创建为广东省休闲农业与乡村旅游示范点。

【农产品质量安全】 2018年，韶关市农业农村部门开展蔬菜农药残留定性检测样品20220份，合格率99.5%；种植业产品农药残留定量检测样品2695份，合格率99.5%；生猪尿样“瘦肉精”残留定性检测样品63704份，合格率均为100%；畜禽产品药物残留检测样品1490份，合格率99.9%；水产品药物残留检测样品96份，合格率100%；生鲜乳药物残留检测样品14份，合格率100%；饲料药物残留检测样品32份，合格率100%。开展市级监督抽查2次，重大节日（元旦春节、中秋国庆）专项监督抽查2次，共抽查蔬菜产品65份，畜禽产品105份，水产品10份，合格率100%。开展省级蔬菜产品质量安全监督抽查2次，畜禽产品质量安全监督抽查2次，共抽查蔬菜产品20份，畜禽产品10份，合格率100%。广东省对市农产品质量安全例行抽查，在韶关市抽检蔬菜样品120个，合格率100%，抽检猪尿、猪肝、鸡肉、禽蛋样品共90份，合格率100%，抽检水产品样品90个，合格率97.8%。乳源瑶族自治县通过广东省农业农村厅组织的第二批国家农产品质量安全县验收核查，核查结果按程序呈报农业农村部。乐昌市农检站完成中央投资建设项目并通过竣工验收。完成2017—2018年度农产品产地土壤环境质量国控例行监测工作。完成农用地污染状况详查，全市采集农产品（水稻）样品4057个，完成率100%。其中，农作物样品861个、无机土壤样品2796个、有机土壤样品400个。（陈珊珊）

【农业综合执法】 2018年，韶关市农业局推进农业综合行政执法常态化，加强对农业投入品生产经营市场和农产品生产环节的日常执法巡查。2018年农资打假和农产品质量安全专项整治行动中，全市农业部门检查农资及农业生产经营企业7304家，出动执法人员24684人次，查处违法违规行为37起，涉及金额19.7177万元，整顿市场275次，媒体宣传5次，发放宣传材料22974份，指导培训85场次，指导培训2271人次，立案查处16起。

【农业科技推广应用】 2018年，韶关市2个单位获得2017年度韶关市科学技术进步奖。其中，授予韶关市农业科技推广中心“籼型水稻三系不育系‘韶农A’的育成与应用”科学技术成果一等奖；授予仁化县畜牧兽医水产局“仁化县贡柑测土配方施肥技术的研究与应用推广”科学技术成果三等奖。全年全市开展“科技、农资、农机”下乡活动191场次，受益农户42000多户。培育、引进、示范、推广农作物新品种331个、推广应用面积11666.67公顷，推广应用新技术33项、13.33万公顷次。

【中央基层农技推广体系改革与建设补助项目】 2018年，中央基层农技推广体系改革与建设补助项目落实中央资金710万元。韶关市遴选农技推广指导员346人；建立农业科技示范基地20个；培育农业科技示范主体1537个；示范推广优质绿色高效技术23项。

【新型职业农民培训】 2018年，新型职业农民培训项目覆盖韶关市10个县（市、区），落实中央资金444万元。全年全市培育新型职业农民820人，其中培育青年农场主81人。培训师资与培训基地较好发展，全市入选省级培训基地库有77个，其中综合类基地16个、农民田间学校9间、实训基地46个、创业孵化基地6个；入选培育师资库师资148名，其中具有初级职称44人、中级职称48人、副高10人、正高13人。

（肖仕胜）

【农业机械化建设】 2018年，韶关市落实农机购置补贴资金813万元，拉动社会资金投入农业机械3128万元，新增耕、种、收、植保等各类机械2517台（套），其中大中型拖拉机104台、联合收割机128台、大型谷物烘干机8台、无人植保飞机10台。全年全市农机总动力增长2.7万千瓦，同比增长1.6%；农作物耕种收综合机械化率49.4%；水稻耕种收综合机械化率70.2%，同比提高1.01个百分点。

【农机推广服务】 2018年，韶关市各地以不同形式开展水稻机插秧现场演示会和水稻机械化种植培训等水稻全程机械化推进活动。全年开展10场活动，为650多名农机大户、种粮大户讲解演示机械化育秧、机插秧、谷物烘干、无人机植保等各类农机新技术、新机具；推广应用稻谷烘干设备，新建稻谷烘干机装机容量222吨，新增稻谷烘干总量4000余吨。指导和培育农机专业合作社，构建新型农机社会化服务体系，新增2家市级农机专业合作社。全年全市农机作业服务面积16333.33公顷、同比增长6%，无人机植保作业服务面积6666.67公顷次。（高　驰）

【农业综合开发】 广东省第一个农业综合开发创新试点项目 2017年3月，广东省财政厅批复韶关市翁源县高标准农田建设模式创新试点项目，建设期2年。总投资8104万元，其中财政投资5000万元，包括2个高标准农田建设项目和6个产业化发展项目。大部分项目在2018年9月底前竣工，至12月底所有项目完成，提前3个月完成省的批复计划任务。该项目创建为国家农发办在广东省首个国家农业综合开发高标准农田建设模式创新试点项目，得到财政部国家农发办和省财政厅的重点关注和高度评价。以此项目为背景，韶关市农业局组织牵头《实施五个融合，创新开发模式》作品，2018年6月获韶关市第二届机关工作创新创优竞赛二等奖。

农业综合开发田园综合体试点项目 该项目进入省级项目库。组织申报的韶关市翁源县“丝路花海”农业综合开发田园综合体试点项目，经过广东省财政厅的二轮评审，二次公示，得分72.99分，全省排名第二名，进入省级项目库，成为全省三个入围项目之一，将获得上级财政资金3亿元。

农业综合开发高标准农田建设项目进度全省领先 2018年，韶关市2017年度以前的农业综合开发高标准农田建设项目全部通过市级验收，均达到良好标准。2017年度国家农业综合开发土地治理项目12个，总投资10828万元，治理面积4720公顷。其中，高标准农田建设项目9个、3120公顷、投资7048万元，创新试点高标准农田建设项目1266.67公顷、投资3030万元，小流域治理项目333.33公顷、投资750万元。2018年11月组织验收，每个项目均90分以上，达到良好标准。2018年度农业综合开发高标准农田建设项目全面开工。2018年度国家农业综合开发土地治理高标准农田建设项目9个，总投资8822.4万元（其中，财政资金8710万元、农民专业合作社和农业龙头企业自筹资金112.4万元），在2018年10月底前开工建设，至12月底完成计划任务的80%。

【高标准基本农田建设】 2018年，韶关市全面完成原国土、农业2015年度高标准基本农田建设项目1.35万公顷的市级验收工作，下发验收确认函；完成原国土、农业2016年度高标准基本农田建设项目15606.67公顷，正在进行单项工程验收和县级初验工作；完成原国土、农业2017年度高标准基本建设项目

10440公顷的规划设计与预算《方案》的市级评审工作，建设总体进度30%。2018年度建设任务15713.33公顷，启动市级评审项目21个6773.33公顷，占建设任务的43.17%。（朱光仁）

种植业

【粮食生产】 2018年，韶关市粮食播种面积11.53万公顷，总产量68.82万吨，面积比上年减少0.19万公顷，总产量比上年减少0.06万吨。韶关市大宗粮食作物主要包括水稻、玉米、大豆和薯类。2018年，水稻种植面积10.02万公顷，产量62.84万吨，面积和产量分别比上年减少0.17万公顷和0.19万吨；玉米面积0.77万公顷，产量3.41万吨，面积比上年减少35.6公顷，产量增加0.16万吨；薯类0.37万公顷，产量1.62万吨（五折一），面积和产量分别比上年减少234.67公顷和0.02万吨；大豆面积0.26万公顷，产量0.67万吨，面积和产量分别比上年增加107.93公顷和0.02万吨。

【经济作物生产】 韶关市大宗经济作物主要有蔬菜、烟叶、花生、油菜籽、果用瓜、甘蔗等。2018年，韶关市蔬菜种植面积4.95万公顷、总产量119.39万吨，分别比上年增加0.22万公顷、6.43万吨，增幅为4.68%、5.69%。全市种植黄烟的有南雄、始兴、乐昌、乳源等4个县（市）约30个乡镇，种植面积9000公顷、总产量2.21万吨，面积比上年增加26.6公顷，产量基本持平。全市油料种植面积3.83万公顷、总产量12.89万吨，比上年面积增加0.09万公顷、产量增加0.34万吨。其中花生种植面积3.65万公顷、产量12.63万吨，比上年面积增加869.27公顷、产量增加0.34万吨。甘蔗主要包括果蔗和糖蔗，其中翁源县是甘蔗主产区。2018年全市甘蔗种植面积2892.8公顷、产量29.55万吨，面积较上年增加285.93公顷、产量增加2.26万吨。其中糖蔗1167.33公顷，产量9.96万吨；果蔗1725.47公顷，产量19.59万吨。果用瓜种植品种主要有西瓜、甜瓜、草莓和小西红柿等，2018年果用瓜种植面积5232.07公顷、总产量16.22万吨，分别比上年增加240.27公顷、0.86万吨。

【园艺作物生产】 韶关市主要园艺作物包括蔬菜、水果、茶叶和花卉。水果栽培品种资源丰富，除柑、橘、橙、梨、柿子等常规品种外，还有沙田柚、三华李、黄金柰李、九仙桃、油桃、大果枇杷、杨梅等大批名优特色水果。2018年水果种植面积4.13万公顷，总产量59.66万吨，面积比上年增加2169.6公顷，产量增加3.90万吨。其中柑、李子、橘、柚子种植面积较大，分别为1.55万公顷、0.82万公顷、0.44万公顷和0.28万公顷，产量分别为22.92万吨、12.01万吨、6.82万吨和3.01万吨。花卉生产以盆栽植物、鲜切花、观赏苗木为主，品种主要有兰花、茶花、桂花、樱花、菊花等。2018年花卉种植面积1195.27公顷，面积比上年减少15.8公顷。全年生产盆栽植物2010.08万盆、鲜切花16111万枝、观赏苗木1.36万株，合计产值53262.1万元。2018年茶叶种植面积4633公顷，总产量0.62万吨，分别比上年增加123.67公顷和0.02万吨。主产区有仁化县、乐昌市、曲江区和乳源瑶族自治县，具有代表性的茶叶品种是仁化、乐昌白毛尖，曲江高山茶和乳源单枞茶。茶叶生产以绿茶为主，青茶、乌龙茶次之，有少量红茶和其他茶。2018年绿茶产量3700吨，占茶叶总产量的59.31%；青茶乌龙茶产量1300吨，占茶叶总产量的21.39%；红茶产量600吨，占茶叶总产量的8.97%。（丘兰英）

畜牧业

【概况】 2018年，韶关市畜牧业生产整体运行良好，继续保持稳定持续发展态势。全年全市生猪饲养量375.22万头，其中出栏232.72万头、存栏142.5万头，分别比上年同期增长3.74%、4.43%和2.64%；家禽饲养量4546.14万只，其中出栏3296.18万只、存栏1249.95万只，分别增长0.73%、0.5%和1.35%；山羊饲养量15.02万只，其中出栏7.45万只、存栏7.57万只，分别增长2.23%、2.8%和1.68%；禽蛋产量1.93万吨，增长1.89%；肉类总产量22.12万吨，增长3.12%。

【畜禽养殖标准化】 至2018年底，韶关市有国家级畜禽养殖标准化示范场13个（其中生猪养殖场12个、肉鸡场1个），“省级重点养猪场”16个，“省级重点家禽养殖场”4个。

【生猪屠宰】 2018年，韶关市出台《韶关市深化屠宰行业改革完善屠宰管理体制机制实施方案》《韶关市生猪屠宰标准化创建活动实施方案》，推进屠宰企业升级，组织韶关市顺生联合屠宰有限公司和韶关市群达实业有限公司屠宰厂两家屠宰企业报送验收材料。整合撤并曲江大塘镇生猪定点屠宰场、翁源县官渡屠宰场、始兴县顿岗屠宰场3家小型屠宰场，启动始兴县兴民肉联厂、乳源瑶族自治县县城食品公司屠宰场和南雄乌迳群星肉联厂3个屠宰厂异地重建项目。全年屠宰检疫生猪64.8718万头。

【饲料工业发展】 2018年，韶关市有建成投产的饲料和饲料添加剂企业3家，分别为韶关正邦农牧科技有限公司、韶关市龙凤胎饲料有限公司（曲江区白土镇）、南雄英赛特精细化工科技有限公司；饲料和饲料添加剂企业14家。全市饲料工业产量75万吨，同比增长15%；总产值20亿元，同比增长17%。

【畜禽养殖废弃物资源化利用】 2018年，韶关市持续推进畜禽粪污资源化利用，全年完成169家规模畜禽养殖场粪污处理设施建设，主要推广异位发酵床及粪污全量收量就近农业利用两种模式。2018年全市畜禽粪污综合利用率68%。

【政策性养殖保险】 2018年，韶关市开展政策性能繁母猪、生猪、家禽养殖保险工作。是年，政策性能繁母猪、生猪、家禽养殖参保量分别为13.6万头、142万头、15.4万只。政策性养殖保险总保费3666.7万元，财政补贴资金2858.7万元，为养殖户提供8.5亿元（保险金额）的风险保障。

【非洲猪瘟防控】 2018年，韶关市成立控重大动物疫病应急指挥部，印发《韶关市非洲猪瘟防控工作实施方案》，设立50个临时检查站，截获并处理无害化生猪1082头、生猪产品47670.13公斤，备案生猪运输车辆292辆，对8家存在违法违规行为的屠宰企业进行立案查处，清理近1000户泔水养殖户，排查生猪养殖场（户）81544个次，排查生猪37691388万头次，排查生猪屠宰场3597个次，排查生猪269033头次，检查生猪产品500多吨，采集134批次482份冻猪肉产品进行非洲猪瘟检测，结果均为阴性。组织韶关、郴州、赣州三地召开非洲猪瘟联防联控会议，建立区域联防联控机制，实行《韶关市非洲猪瘟防控工作专报》日报制，发放明白纸、知识手册、挂图、预警告知书等宣传资料3.5万多份。

【动物疫病防控】 2018年，韶关市采取春、秋季集中强制免疫和平时补针相结合的动物防疫，做好标识佩戴、档案记录。全年全市免疫生猪、牛羊口蹄疫354.15万头，禽流感4074万羽，羊小反刍兽疫15.4万头，存栏畜禽免疫率在98%以上；检测猪血清1337份、羊血清495份、牛血清150份、鸡血清1184份、水禽血清211份，检测猪瘟、蓝耳、口蹄疫、禽流感、新城疫和小反刍兽疫等6种动物疫病免疫抗体，免疫抗体合格率全部达到农业部规定的标准。开展布鲁氏菌病、牛结核菌病（两病）专项监测和种畜禽场伪狂犬病动物疫病净化工作，检测布鲁氏菌病6192头份，结核病526头份。养殖环节无害化处理病死猪71750头，屠宰环节病害猪无害化处理1027.9头。

【兽药药政】 2018年，韶关市开展兽药专项整治，加强兽用麻黄碱等易制毒化学品监管，送检兽药样品40个，对天山药业有限公司申请的32个产品批准文号抽样96个批次。

【全国执业兽医资格考试】 2018年，韶关市有20名考生报考全国执业兽医资格考试，6名考生成绩达到执业兽医师合格分数线，5名考生成绩达到执业助理兽医师合格分数线。

【全国兽医主题公益活动】 2018年4月18日，韶关市农业局联合韶关市养猪行业协会、广东天山药业有限公司，在韶关市碧桂园凤凰酒店举办“传递爱心守护健康全国兽医在行动”公益活动暨全国兽医挑战“世界最长信封链条”活动。 （邓大旺）

水产业

【概况】 2018年，韶关市水产品总产量81037吨，同比增长2.31%；渔业总产值12.77亿元，同比增长8.58%；养殖面积15968.06公顷；渔业人口88821人，其中专业从业人员28159人。

【渔业生产】 2018年，韶关市繁殖鱼苗12.54亿尾，其中罗非鱼苗0.98亿尾，各类鱼种9356吨。成鱼养殖以草鱼、鲢鱼、鳙鱼、鲫鱼、罗非鱼为主，其中池塘养殖面积9622.6公顷，产量61898吨，亩产429公斤；成鱼水库养殖面积6345.46公顷，产量15707吨，亩产165千克。全市捕捞机动渔船682艘，主机总功率8042千瓦；江河捕捞产量2915吨，同比减少1.82%。

【名特优水产养殖】 2018年，韶关市稻田养鱼面积1620公顷，产量517吨，主要分布在乐昌市和乳源瑶族自治县，平均亩产21千克，全市建立稻田养鱼示范基地306.67公顷，举办技术培训班10期，培训800多人次，投入政府扶持资金200万元。生态健康养殖大水面有9宗，面积400公顷。全国休闲渔业示范基地3个，分别为浈江区明弘生态农业有限公司、浈江区冯氏生态庄园、曲江区狂人路亚垂钓基地。 （倖 芬）

【渔业安全生产】 2018年，韶关市各级渔政部门构建“二责三员二检”渔业安全管理体系。与渔民签订安全生产责任书，全年全市签订安全生产责任书783份；对全市登记在册的783艘渔船进行渔船年审检验，检验率100%，检验合格率100%；强制为船主配备消防救生设备及航行信号灯，强化渔业船舶船员船舶基础知识、内河船舶避碰规则、消防救生知识、渔业法律法规和实际操作技能培训，举办新增渔船培训班，举行渔业船舶安全事故应急救援演练，对船东互保进行全面覆盖，至年底被纳入保险范围人员1508人；落实渔业安全生产检查制度，定期每季度对全市渔船安全生产进行监督检查，检查各大队渔船安全生产落实情况及检查工作台账，实现渔业安全生产全年“零伤亡”。

【渔业柴油补贴】 2018年，韶关市发放2017年度渔业柴油补贴资金342.6万元。其中，符合发放条件的浈江区渔船219艘，补贴资金96.5万元；武江区渔船63艘，补贴资金23.7万元；曲江区渔船119艘，补贴资金52.7万元；乳源瑶族自治县渔船126艘，补贴资金59.2万元；乐昌市渔船121艘，补贴资金59.1万元；仁化县渔船118艘，补贴资金51.4万元。渔业柴油补贴均由各级财政通过农村信用社、建设银行、农业银行直接发放到渔民的银行账户。

【珠江禁渔执法】 2018年是实施珠江禁渔期制度的第六年。禁渔期间，韶关市出动渔政执法船艇195艘次，执法车辆373车次，执法人员数1298人次，派发禁渔宣传资料2927份，政府发布通告4条，张贴标语通告292幅，发送手机短信2752条，电视电台报纸网络相关报道77次。清理违规网具500多张共11100平方米，警告108人次，期间查处电鱼案件10件，没收电鱼设备11套，两法衔接移送案件1件。

【“电、毒、炸”等非法捕捞行为得到遏制】 2018年，韶关市渔政部门出动渔政船253天次，出动渔政快艇254艘次、车辆581次，出动执法人员2829人次，检查渔船4397艘次，查处电鱼违法行为13宗，没收电鱼设备13套，通过“两法衔接”向公安机关移送电鱼案件1件；查处水产品案件2件，罚款1.5万元，无害化处理问题水产品123千克。

（王　宁）

扶贫开发

【精准扶贫特色做法】 2018年，韶关市把脱贫攻坚与加强基层组织建设、与特色产业发展、与责任政策落实等结合起来，深化帮扶成果。新推出“三个在先、六个坚持”（坚持党组织设置在先、优化资源，坚持党组织领导决策在先、科学谋划，坚持党员作用发挥在先、真心帮扶，坚持四级书记带头、示范带动，坚持预留提拔岗位、激发动力，坚持遍访贫困村户制度、夯实作风），实施“大雁”工程，全市3.09万名党员干部以“第一家长”身份帮扶3.49万户贫困户，帮助解决致贫问题3.6万个。探索形成“六个一批、七个机制”，培育一批特色优势扶贫产业，建立贫困户参与扶贫产业项目签订产供销合同产生收益模式，创新扶贫小额信贷“托管代种代养”模式，助推葡萄、生态猪、百香果等三大特色产业发展，多渠道提高贫困户收入。创新设立“8个攻坚组”，2018年该市建立由市分管领导任组长的21个主要行业部门组成的“8个攻坚组”。推行“无缝对接、简易结算”，提高医疗救助效率质量，2018年该市在全省率先实现贫困户医疗救助与医保报销系统无缝对接、简易“一站式”结算、省内异地医疗救助“一站式”结算，提升贫困户医疗救助服务效率。该市有4920名救助对象享受“一站式”结算待遇，救助金额226.7万元。

【保障政策全面兑现】 2018年，韶关市压实各地各部门落实教育、医疗、住房、低保、残保和就业等保障政策责任，实现应纳尽纳、应享尽享。全面落实教育保障，2017—2018学年，全市义务教育入学率99.18%，全面落实贫困学生生活费补助政策。全面落实基本医疗保险和养老保险，85852名贫困人员由政府全额资助参加基本医疗保险，44123名符合参保条件的16~60岁非在校贫困人员全部参加基本养老保险。全面落实住房安全保障，2018年省下达的5220户危改户全部竣工验收并拨付资金，补助资金18290.85万元。全面落实最低生活保障，2018年全市贫困户纳入低保和特困供养39406人，无劳力贫困户纳入低保或当地财政兜底保障19530人；医疗救助合规医疗费救助比例80%。全面落实残疾人保障，2017年6月底前，该市残联与民政部门全面完成“残疾人两项补贴”的交接，累计发放困难残疾人生活补贴31701人、5630.6万元，重度残疾人护理补贴58223人、13740.6万元。全面落实就业帮扶保障，对有就业意愿的建档立卡贫困劳动力提供全面、全方位就业帮扶，就业率92.01%。

（何惠琦）

林　业

【概况】 韶关市林业局是韶关市人民政府组成部门，正处级行政单位，内设9个科（室）。直属行政单位有韶关市公安局森林分局（下设曹溪、河口、锦江、九曲水、华溪5个副科级基层派出所）；有3个直属副处级公益一类事业单位，分别为韶关国家森林公园管理处、韶关市国有林场管理处、广东粤北华南虎省级自然保护区管理处（经费为省财政拨付，省市共管，以市为主）；下属9个正科级单位，分别为韶关市野生动植物和自然保护区管理办公室（参照公务员管理单位）、韶关市林业科学研究所、韶关市国有曲江林场、韶关市国有仁化林场、韶关市国有河口林场、韶关市国有九曲水林场、韶关市国有华溪林场、韶关市国有韶关林场、韶关市林业勘察设计室。至2018年底，韶关市有林地面积126.85万公顷，森林覆盖率73.84%，森林蓄积量8917万立方米。韶关市自然保护地中各类自然保护区37个（林业类自然保护区24个，地质类自然保护区2个，渔业自然保护区11个）；湿地公园11个；森林公园111个；风景名胜区3个；地质公园2个；自然遗产地1个；矿山公园1个。

【营林绿化】 2018年，韶关市完成造林面积2.27万公顷，占年度总任务2.13万公顷的106.5%；完成森林碳汇工程种植面积3335公顷，其中各县（市、区）完成面积分别为浈江117.33公顷、武江66.67公顷、曲江50公顷、南雄970公顷、始兴266.67公顷、翁源533.33公顷、新丰193.33公顷、乳源304公顷、乐昌626.67公顷，市属场207.33公顷，完成种植和当年抚育任务。

景观带建设　全年全市完成生态景观林带建设任务17.1千米、面积68.4公顷。其中，新丰县新建里程2.1千米、面积8.4公顷；始兴县完善提升里程15千米、面积60公顷。完成景色景观带建设“线上”及“面上”任务671.73公顷。

乡村绿化美化　全年全市完成乡村绿化美化工程建设点126个，其中省级示范点123个，完成计划任务的102.4%。新丰县超额完成建设任务。

森林抚育　全年全市完成森林抚育面积6.23万公顷，占计划任务的100%。其中，完成新造林抚育1.68万公顷（含省级碳汇林抚育0.79万公顷）；中幼林抚育4.55万公顷（含2017年中央财政森林抚育1.6万公顷）。完成新建森林公园2个、湿地公园1个。翁源县江尾镇被认定为“广东省森林小镇”。

【森林公安执法】 2018年，韶关市各级森林公安机关保持对各类涉林违法犯罪严打高压态势，全年受理刑事案件立案416件，比2017年374件上升8.9%；侦破刑事案件247件，比2017年143件上升58%，刑事拘留210人、逮捕123人、起诉210人，刑拘、逮捕、起诉同比分别上升89%、146%、45%；受理林业行政案件965起，较2017年有所下降，查结920起，查结率95%，处理违法人员927人（次），林业行政罚款775.12万元；受理治安行政案件80件，查处74件，查结率93%，治安拘留84人。

【政策性森林保险】 2018年，韶关市森林承保面积74.03万公顷，承保保费2220.89万元。全年出具90笔保险单。

公益林承保 全年全市完成10个县（市、区）公益林和6个市林业局直属林场承保，承保面积64.10万公顷，承保保费1931.44万元，承保率100%。

商品林承保 全年全市承保面积23.61万公顷，承保保费708.32万元，承保率30.14%，占商品林投保任务的75.35%。承保的政策性森林保险生效保费中，有效报案274件，已决赔款支出1127.87万元。

【林业产业发展】 2018年，韶关市油茶产业带项目完成种植面积666.67公顷，改造面积53.33公顷；争取省级特色经济林资金8个项目补助400万元。到年底，建成竹子产业基地13.47万公顷、茶叶产业基地0.47万公顷、油茶产业基地1.57万公顷，建立13个省级特色经济林补助项目。争取省级林下经济示范基地建设资金7个项目补助420万元，争取省级林下经济示范县资金200万元。10月，仁化县被广东省林业厅认定为省级林下经济（扶贫）示范县。至2018年底，韶关市有17家企业获得“广东省级林下经济示范基地”称号，5个县（市）成为林下经济（扶贫）示范县。全年面向全市农户（重点是贫困户）免费发放茶苗10万株、油茶苗20万株。

【国有林场改革工作完成省级验收】 2018年10月，广东省国有林场改革工作验收组对韶关市国有林场改革工作进行省级验收，反馈存在问题和整改意见。韶关市从2015年启动国有林场改革工作，38个国有林场列入改革，包括市属国有林场7个（含市国有林场管理处），县属国有林场31个，国有林场经营总面积12.5万公顷。国有林地面积4.62万公顷，森林总蓄积量1218.6万立方米，森林覆盖率88.3%；国有林场在册职工1521人，退休职工2070人，保留10年以上长期聘用人员241人。38个国有林场整合为29个较大林场。

【自然保护地管理】 至2018年底，韶关市建设有自然保护地165个，总面积4385.6平方千米，占国土面积23.83%。自然保护地主要分布在韶关市北部和西部的南雄市、仁化县、乐昌市和乳源瑶族自治县，4个县共有100个自然保护地，占全市总数61.2%。自然保护地中各类自然保护区37个（林业类自然保护区24个，地质类自然保护区2个，渔业类自然保护区11个），面积2557平方千米；湿地公园11个，面积116.79平方千米；森林公园111个，面积947.63平方千米；风景名胜区3个，面积384.5平方千米；地质公园3个，面积379.68平方千米。

【韶关市创建国家森林城市】 2018年4月，国家林业和草原局对韶关市创建国家森林城市予以备案。根据《韶关市创建国家森林城市工作方案》，韶关创建国家森林城市将围绕“建设生态之城、品质之城、幸福之城”总体目标，以“城市、森林、民生”为主题，以建设美丽幸福韶关为主线，实施“森林进城、森林围城”战略，推进建设广东绿色生态第一市、全国文明城市、粤北生态特别保护区、全国绿化模范城市和新农村建设，构建以森林植被为主体的国土生态安全体系。具体创建目标包括建立完善的城市森林网络、建立健康的城市森林保障体系、建立发达的城市林业经济体系、建立繁荣的城市生态文化体系、建立有效的城市森林管理制度等方面。到2022年，韶关市的城市森林覆盖率达到35%以上，平均每年完成新造林面积占市域面积的0.5%以上，城区绿化覆盖率达到40%以上，城区人均公共绿地面积11平方米以上，市民出门500米有休闲绿地，达到《国家森林城市评价指标》各项指标要求。4月23日上午，韶关市创建国家森林城市工作领导小组成员单位相关负责人及代表、市林业局与浈江、武江两区林业局干部职工等在韶关国家森林公园，与市民举行“韶关

▲ 2018年4月23日，韶关市在国家森林公园举行“韶关市创建国家森林城市主题宣传活动”

（韶关市林业局 供）

市创建国家森林城市主题宣传活动”；省林业厅党组成员、省森林防火指挥部副总指挥彭尚德出席活动。10月1日，韶关市区联合10个县（市、区）同步举办万人签名支持创建全国绿化模范城市暨迎国庆绿道健步行活动，全市11个活动会场共2万多人参加活动。

【新一轮古树名木资源普查建档完成】 2018年12月5日，广东省古树名木保护管理工作业务培训班在韶关市召开，广东新一轮古树名木资源普查建档工作完成，韶关市是全省古树名木数量最多的地级市之一。自2016年3月起，韶关对全市古树名木进行统一编号、设置标准，确保古树名木保护率100%。至2018年底，韶关市现存古树8303株，古树群148个，隶属于43科86属139种，其中一级古树194株、占2.3%，二级古树1087株、占13.1%，三级古树7022株、占84.6%，包括被评为“全国最美古树”的南雄市坪田镇树龄达500年的枳椇、始兴县深渡水乡树龄达1000年的米槠等。（黄秋亮）

水 利

【概况】 韶关市位于广东省北部、北江流域中上游，水资源分区划分为浈江、武江（中下游）、北江上游、滃江、连江（连江中游支流黄洞河、大潭河）、新丰江（上游）、桃江和章江（长江流域）等8个四级水资源分区。境内主要江河有浈江、武江、墨江、锦江、南花溪、南水、滃江、北江干流及新丰江。至2018年底，全市有大型水库6宗，中型水库33宗，小型水库599宗，山塘2633宗。水力资源理论蕴藏量174.49万千瓦，可开发量147.37万千瓦，水利工程年供水量17.97亿立方米，耕地有效灌溉面积12.22万公顷。全市有小水电站2104宗、总装机容量173.46万千瓦，年平均发电量51亿度。

2018年全市地表水资源量175.6亿立方米（折合年径流深955.1毫米，比上年偏多0.2%，比多年均值偏少2.4%）。地下水资源量43亿立方米（不含中深层地下水，比上年偏多0.2%，比多年均值偏少2.4%）。供用水量19.75亿立方米（其中地表水源占92.6%，地下水源占4.1%，其他水源占3.3%）。总用水量19.75亿立方米（比上年略有减少，其中生产用水占总用水量的90.9%，居民生活用水占7.9%，生态环境用水占1.2%）。全市用水消耗量9.85亿立方米，水资源利用率11.2%（比上年略有减少）。人均综合用水量659立方米，万元国内生产总值用水量147立方米，万元工业增加值用水量84立方米（含火电），农田实灌亩均用水量720立方米，城镇居民生活人均生活日用水量165升，农村居民生活人均日用水量112升。

2018年，全市水利建设项目完成投资163915.25万元，其中中央投资完成25025.11万元（含结转资金），省级投资完成59558.18万元，市级投资完成6425.13万元，县级投资完成22686.34万元，企业和私人投资38296.8万元，国内贷款3250.7万元，债券6880万元，其他投资1792.99万元。

【雨水情况】 2018年，韶关市平均降雨量1571.6毫米，比多年平均年降雨量1666.3毫米少94.7毫米。全市2—5月平均降雨量偏少，降雨主要集中在1月、6月、8月和9月，4个月降雨约占全年总降雨量的60%。

【三防工作】 2018年，韶关市在汛前对排查出来的隐患全部落实整治措施，完成27宗水库、670宗山塘、208处山洪灾害隐患点、447处地质灾害隐患点、204处沿河临河低洼区、22处灾害易发区建筑工地、163处灾害易发区铁皮屋、1388处灾害易发区有人居住泥砖房的整治工作。入汛以来，该市先后遭遇数次强降雨袭击，截至2018年12月1日，共造成6个县（市、区）35个乡（镇）受灾，受灾人口7925人，倒塌房屋39间，农作物受灾面积589公顷，转移人口10559人，无因灾死亡人员，直接经济损失1295万元，其中水利设施直接经济损失407万元。全市投入抗洪抢险资金9.42万元、抢险救灾人数987人次，出动抢险舟（船）2舟次、运输设备5班次、机械设备144台班，消耗编织袋、木材等防汛物资1.28万元，减灾经济效益474万元，耕地减淹700公顷，避免人员伤亡1次1人。

防冰冻工作　2018年1月25日夜间至29日，该市受强冷空气影响，京珠北乐昌市云岩到梅花段、乳源瑶族自治县洛阳镇和大桥镇、始兴县罗坝镇等出现降雪、道路结冰和冻雨，新丰县黄礤镇、南雄市百顺镇等出现冻雨和道路结冰，广乐高速梅花北路段出现道路结冰，其中乐昌市梅花镇录得最低气温-5.1℃，京珠北云岩-5.0℃。据韶关市三防办统计，曲江区、乐昌市、南雄市、乳源瑶族自治县、仁化县和翁源县6个县（市、区）29个乡（镇）受灾，受灾农作物2340.6公顷，受灾人口57528人，转移人口15人，直接经济损失6382.61万元，其中水利设施直接经济损失177.4万元，农林牧渔业直接经济损失6089.81万元，工业交通运输业直接经济损失80.4万元。其中灾情较严重的乐昌市直接损失3121.3万元（农业损失3060.9万元）。

防御台风“山竹”　2018年9月16日17时，第22号台风“山竹”在台山海宴镇沿海地区登陆，正面袭击广东省。此次防御“山竹”台风过程中，韶关市未收到人员伤亡和灾情报告，实现“零伤亡”的防御工作目标。

三防系统标准化建设　韶关市本级三防系统标准化建设于2018年5月完成，县级和试点镇的三防系统标准化建设于6月完成，镇级的三防系统标准化建设于2019年1月全面完成。全市落实三防办公人员381人，三防责任人60352人，工作预案5290个，规章制度872个，三防物资设备价值1974.14万元，三防仓库面积20444.52平方米，抢险队伍7871人，工作场所面积5889.21平方米。

【山区中小河流治理】 韶关市2018年度山区中小河流治理项目共11宗，总规划治理河长204.78千米，估算投资3.54亿元。项目于2月底前全部开工建设，至12月底完成项目建设任务，完成治理河长215.4千米，完成投资3.5亿元。广东省水利厅于2018年9月25日对2019年度项目清单进行批复。

【村村通自来水工程】 韶关市村村通自来水工程规划总受益人口97.84万人，项目规划总投资10.2亿元，其中省级补助2.71亿元，地方自筹7.49亿元。2018年度韶关市村村通自来水工程计划完成投资27398万元，解决27.47万群众饮水问题，截至12月底，全市完成投资35082万元，投资完成率128%，超额完成广东省下达计划任务。至2018年底，韶关市农村自来水普及率90%。

【南水水库泄洪河道整治】 2018年年初，韶关市落实南水水库泄洪河道整治工程所需资金1.82亿元。工程完成招投标，设计中标方是中国电建集团中南勘测设计研究院有限公司，施工中标方是广东省水利水电建设有限公司，施工监理中标方是韶关市水利水电勘测设计咨询有限公司。施工单位于7月27日进场清表，至12月底完成投资约5500万元。

【病险山塘除险加固】 2018年，韶关市有万立方米以上的山塘2633宗，其中986宗存在安全隐患，除险加固资金需5.62亿元。至年底，全市筹集资金12852.26万元，初步设计审批806宗，通过招标施工295宗，完工160宗（其中2018年完成104宗），完成投资4952.17万元。

【农田水利建设项目】 小农水重点县建设 韶关市10个县（市、区）均列入中央或省小农水重点县项目，至2018年底全部完成建设任务。其中，乳源瑶族自治县、南雄市完成总体验收工作，乐昌市、翁源县、始兴县、浈江区完成小型农田水利重点县年度验收和总体验收工作。

灌区改造工程 韶关市有27宗中型、399宗小型灌区列入广东省中小型灌区改造规划，广东省对其中7宗中型灌区和63宗小型灌区改造工程下达投资计划。至2018年底，省投资计划任务全部完成。

【水系连通试点县项目】 韶关市南雄市（6条河6个项目区）和仁化县（6条河5个项目区）于2015年列入全省中小河流治理重点县综合整治及水系连通试点规划项目，计划总投资2.69亿元。截至2018年12月，11个项目区主体工程建设任务基本完成。

【农村水电项目】 韶关市列入“十三五”农村水电增效扩容改造项目共48宗，分别为乳源瑶族自治县19宗、乐昌市15宗、南雄市3宗、翁源县2宗、新丰县2宗、曲江区2宗、武江区5宗。总投资3.79亿元（其中中央财政奖励资金1.41亿元），改造后总装机容量203180千瓦（其中新增装机27940千瓦）。截至2018年底，全市48宗项目均完成前期工作，总体进度超过80%，其中23宗完成工程施工工作。

【河长制全面推行】 2018年，韶关市投入河长制基础工作经费1121.92万元。2204名四级河长、11765名自然村河段长上岗履职。韶关市各县（市、区）河流“一河一策”实施方案全部编制完成。河湖名录及电子成果标绘等信息全部完成并上报，录入率100%。国家河长制信息平台数据录入填报率100%。制定《韶关市河湖管理范围和水利工程管理与保护范围划定工作实施方案》，完成堤防管理范围划界长度382.36千米。全年全市各级河长开展巡河121544人次，其中市级河长巡查36人次，县级河长巡查946人次，镇级河长巡查20120人次，村级河长巡查100442人次，协调解决河湖问题152365个。开展3次河面漂浮物集中清理专项行动，投入资金3120.5万元，清理河道7314.46千米，清理漂浮物17.26万吨。广东省组织对地市2018年度河长制工作进行考核，韶关市被评为“优秀”。

河长制工作研判和督查 韶关市河长办公室全年研究河长制有关工作20余次，包括市区饮用水源保护区整治，市区东河片区截污管网及污水提升泵站、浈江河市区段、第三污水处理厂建设，新丰江县城段水质污染，南水水库泄洪河道整治以及南水河干流沿岸等河湖突出问题。派出督查小组200余人次，印发督办函68次，落实整改问题68个。制定印发《韶关市开展水面漂浮物清理专项行动工作方案》《韶关市2018—2019年重点河段及突出问题专项整治行动方案》和《韶关市开展河湖“五清”专项行动方案》。

【最严格水资源考核与管理】 2018年，韶关市按照实行最严格水资源管理制度要求，严格落实水资源管理用水总量控制、用水效率控制和水功能区限制纳污“三条红线”控制目标，加强取水许可管理，加强水功能区和入河排污口的监督管理，开展节水型社会建设，建成一批节水型公共单位。广东省对韶关市2017年度实行最严格水资源管理制度进行考核，韶关市在全省排名第四名。

【水库移民】 至2018年底，韶关市水库移民后期扶持人数78270人。其中大中型水库移民后期扶持人数68884人，主要来自全市31个大中型水库，其中核定到人14728户57153人，未核定到人8776人（含跨省投亲投亲靠友113人），动态核减1134人，分布在全市66个镇233个村744个村小组；小型水库后期扶持的人数1973户9386人，其中核定到人8477人，未核定到人909人，动态核减25人，来自全市30个小型水库，主要分布在曲江区、仁化县、始兴县、翁源县、新丰县、南雄市、乐昌市7个县（市、区）26个镇45个村86个自然村。经过10多年后期扶持政策实施，全市水库移民基本完成建房，民生工程相对完善，大中型水库农村移民人均可支配年收入8342.40元/人，比上年增长

13.75%；小型水库农村移民人均可支配年收入7694元/人，比上年增长13.27%。

【小型水利工程管理体制改革】 至2018年底，韶关市10个县（市、区）全面完成改革任务，全部完成绩效评价考核验收。韶关市有7921宗小型水利工程纳入改革，其中88.7%明晰工程产权，全部落实管护主体、责任和工程管理模式，全市落实管护经费2514万元。核发小型水利工程权证书6767宗，其中小型水库386宗、中小河流工程77宗、小型水闸110宗、小型农田水利工程4223宗、小水电站1663宗、农村饮水安全工程308宗。

【水行政执法】 规费征收 2018年，韶关市征收规费2921.48万元，其中水资源费2893.58万元，水土保持补偿费27.9万元。

河道采砂管理 2018年，韶关市制定印发《韶关市河道采砂规范化管理工作方案》《关于规范我市河道采砂管理工作的通知》，明确河道采砂日常管理和执法责任，规范河砂开采权招标、采砂现场管理、堆砂场的管控、河道采砂执法等工作。全市清理涉砂“三无”船舶318艘，总体完成清理率92%，仁化县、浈江区未完成清理任务。

河湖执法检查 韶关市全年出动水政执法人员4218人次、执法车辆1325辆次、执法船只21船次，巡查河道长度13420千米，现场制止违法行为160余次，立案查处河湖水事违法案件43件，罚款96.3万元。

河道日常巡查 韶关市水务局坚持每周不少于3次以上的日常巡查，全年发现并处理水事违法行为苗头8起，下发执法文书13份，张贴公告36份。受理各类水政投诉38件，已办结37件。全市依法征收水规费3036万元。

【水务局扫黑除恶专项斗争】 2018年，韶关市制定印发《韶关市水利系统扫黑除恶专项斗争工作总体方案》等文件，组织力量对水利工程建设、河道采砂、水资源保护、水土保持、垄断农村水资源、非法占用河道水库等重点领域的黑恶势力线索进行深入摸底排查。至年底，全市水利系统上报线索36宗。

（刘志荣）

表8 2018年韶关市行政分区地表水资源量统计一览表

名称	计算面积（平方千米）	地表水资源量（亿立方米）	占全市比例（%）	多年平均地表水资源量（亿立方米）	与多年平均值比较（%）	单位面积地表水资源量（万立方米/平方千米）
曲江区	1618	15.37	8.8	15.37	0.0	94.99
武江区	689	6.80	3.9	6.61	2.9	98.69
浈江区	567	5.13	2.9	5.22	-1.7	90.48
乐　昌	2421	22.35	12.7	22.10	1.1	92.32
南　雄	2361	18.51	10.5	18.73	-1.2	78.40
始　兴	2152	18.31	10.4	19.14	-4.3	85.08
仁　化	2205	21.37	12.2	21.80	-2.0	96.92
乳　源	2227	27.03	15.4	27.29	-1.0	121.37
翁　源	2158	19.68	11.2	22.60	-12.9	91.20
新　丰	1987	21.05	12.0	21.08	-0.1	105.94
全　市	18385	175.60	100.0	179.93	-2.4	95.51

表9 2018年韶关市行政分区地下水资源量一览表

名称	计算面积（平方千米）	地下水资源量（亿立方米）	占全市比例（%）	多年平均地下水资源量（亿立方米）	与多年平均比较（%）	单位面积地下水资源量（万立方米/平方千米）
曲江区	1618	3.65	8.5	3.65	0.0	22.56
武江区	689	1.58	3.7	1.56	1.3	22.93

续表

名称	计算面积（平方千米）	地下水资源量（亿立方米）	占全市比例（%）	多年平均地下水资源量（亿立方米）	与多年平均比较（%）	单位面积地下水资源量（万立方米/平方千米）
浈江区	567	1.28	3.0	1.30	-1.5	22.57
乐　昌	2421	5.45	12.7	5.43	0.4	22.51
南　雄	2361	4.47	10.4	4.52	-1.1	18.93
始　兴	2152	4.07	9.5	4.29	-5.1	18.91
仁　化	2205	6.73	15.7	6.88	-2.2	30.52
乳　源	2227	5.07	11.8	5.14	-1.4	22.77
翁　源	2158	4.33	10.1	4.90	-11.6	20.06
新　丰	1987	6.37	14.8	6.38	-0.2	32.06
全　市	18385	43.00	100.0	44.05	-2.4	23.39

表10　2018年韶关市行政分区水库蓄水动态表

行政分区	水库宗数		大型水库蓄水量（万立方米）		大型水库年蓄水变量（万立方米）	中型水库蓄水量（万立方米）		中型水库年蓄水变量（万立方米）	合计（万立方米）	
	大型	中型	上年末	当年末		上年末	当年末		年末蓄水量	年蓄水变量
曲江区	2	2	10300	9230	-1070	6673	8523	1850	17753	780
武江区	1	1	5106	4969	-137	231	249	18	5218	-119
浈江区	—	3	—	—	—	3946	6775	2829	6775	2829
乐　昌	1	2	8867	15255	6388	2631	2254	-377	17509	6011
南　雄	—	6	—	—	—	7945	7196	-749	7196	-749
始　兴	—	3	—	—	—	2607	2137	-470	2137	-470
仁　化	1	3	11722	10834	-888	5265	6046	781	16880	-107
乳　源	1	4	50637	55328	4691	3809	11603	7794	66931	12485
翁　源	—	5	—	—	—	3021	2319	-702	2319	-702
新　丰	—	1	—	—	—	775	535	-240	535	-240
全　市	6	30	86632	95616	8984	36903	47637	10734	143253	19718

表11　2018年韶关市行政分区供水量表

行政分区	总供水量（万立方米）	占全市比例（%）	地表水量				地下水量（万立方米）	占总供水量比例（%）	其它供水量（万立方米）	占总供水量比例（%）
			蓄水量（万立方米）	引水量（万立方米）	提水量（万立方米）	占总供水量比例（%）				
曲江区	23896	12.1	13050	1280	6600	87.6	1520	6.4	1446	6.1
武江区	13650	6.9	3065	1435	8099	92.3	588	4.3	463	3.4

续表

行政分区	总供水量（万立方米）	占全市比例（%）	地表水量				地下水量（万立方米）	占总供水量比例（%）	其它供水量（万立方米）	占总供水量比例（%）
			蓄水量（万立方米）	引水量（万立方米）	提水量（万立方米）	占总供水量比例（%）				
浈江区	14420	7.3	12020	1511	353	96.3	456	3.2	80	0.6
乐　昌	26364	13.3	17450	6274	869	93.3	898	3.4	873	3.3
南　雄	26408	13.4	17070	7000	2108	99.1	130	0.5	100	0.4
始　兴	18512	9.4	5735	9126	1463	88.2	1600	8.6	588	3.2
仁　化	23910	12.1	18263	1325	3171	95.2	570	2.4	581	2.4
乳　源	15617	7.9	10409	1700	1568	87.6	320	2.0	1620	10.4
翁　源	20465	10.4	12459	5012	1654	93.5	1340	6.5	—	—
新　丰	14260	7.2	3620	875	8349	90.1	616	4.3	800	5.6
全　市	197502	100.0	113141	35538	34234	92.6	8038	4.1	6551	3.3

表12　2018年韶关市行政分区用水量表

行政分区	生产用水量					居民生活（万立方米）	占总用水量比例（%）	生态环境（万立方米）	占总用水量比例（%）	总用水量（万立方米）	占全市比例（%）
	农田灌溉（万立方米）	林牧渔畜（万立方米）	工业（万立方米）	城镇公用（万立方米）	占总用水量比例（%）						
曲江区	10800	970	9186	890	91.4	1690	7.1	360	1.5	23896	12.1
武江区	4660	1000	5132	693	84.1	1895	13.9	270	2.0	13650	6.9
浈江区	6460	1730	2641	860	81.1	2379	16.5	350	2.4	14420	7.3
乐　昌	20626	1210	1816	368	91.1	2163	8.2	181	0.7	26364	13.3
南　雄	19729	2448	1876	550	93.2	1555	5.9	250	0.9	26408	13.4
始　兴	14360	769	1743	482	93.7	1005	5.4	153	0.8	18512	9.4
仁　化	15680	1930	3845	980	93.8	1115	4.7	360	1.5	23910	12.1
乳　源	10867	680	2290	620	92.6	960	6.1	200	1.3	15617	7.9
翁　源	14770	1910	1695	420	91.8	1530	7.5	140	0.7	20465	10.4
新　丰	9241	1087	2180	420	90.7	1232	8.6	100	0.7	14260	7.2
全　市	127193	13734	32404	6283	90.9	15524	7.9	2364	1.2	197502	100.0

表13　2018年韶关市各行政分区主要用水指标表

行政分区	人均GDP（元）	人均综合用水量（立方米）	万元GDP用水量（立方米）	万元工业增加值用水量（立方米）		农田实灌亩均用水量（立方米）	居民生活人均用水量（升/日）	
				含火电	不含火电		城镇	农村
曲江区	60342	744	123	87	77	778	165	112

续表

行政分区	人均GDP（元）	人均综合用水量（立方米）	万元GDP用水量（立方米）	万元工业增加值用水量（立方米）		农田实灌亩均用水量（立方米）	居民生活人均用水量（升／日）	
				含火电	不含火电		城镇	农村
武江区	74860	429	57	66	66	883	171	118
浈江区	60046	351	58	73	79	856	164	127
乐　昌	29707	628	212	116	96	682	167	113
南　雄	35621	782	220	120	120	631	150	104
始　兴	36833	847	230	88	88	707	148	111
仁　化	56086	1129	201	90	90	900	175	123
乳　源	47862	825	172	58	58	748	165	117
翁　源	29399	583	198	87	87	581	166	94
新　丰	34185	651	190	112	112	866	175	131
全　市	44833	659	147	84	82	720	165	112

水文监测

【概况】　广东省水文局韶关水文分局（以下简称韶关水文分局）是广东省水文局的派出机构，正处级行政类事业单位，内设5个职能科室，2018年有在职干部职工56人。管辖韶关市行政区内的水文站网，负责辖区内的水量水质监测、水情预报等方面业务。管辖站点包括15个水文站（含6个巡测站），其中有3个国家级水文站、4个省级水文站；32个中小河流水文监测站点（21个水文站、11个水位站）；274个雨量站，其中基本站158个；4个蒸发站；33个大中型水库水雨情监测站；11个冰冻灾害站；8个土壤墒情站；83个常规水质监测断面（其中有15个国考、32个省考）、9个市界断面、72个韶关市重要水功能区。除水质监测断面外，其他监测站点与2017年一致。雨量、水位观测站点基本实现自动测报。辖区内有7个断面安装H-ADCP，新丰江岳城站安装非接触式雷达测流系统，重要江河水文站基本实现流量的在线自动测流。站点配备雷达测速枪、水文测船、冲锋舟、GPSRTD（RTK）、全站仪、数字水准仪、水深测量仪等辅助测量设备。站网建设覆盖辖区大江大河、城乡防洪重点区域和主要供水水源地的监测网络，满足地方政府以及各涉水部门解决“洪、涝、旱、污”等水问题对水文技术服务支撑能力的需求。

▲韶关水文分局开展达标建设工作，图为改造后的乐昌水文站自记台夜景

（杨萍　摄）

【水文测报】　2018年，韶关水文分局做好水情预报，服务防汛减灾。完成辖区内水文位站的测验任务和水文资料收集整理，主持完成《中华人民共和国水文年鉴2017年第8卷珠江流域水文资料第4册（北江区）》的整理编纂。全年向各级三防部门发布水雨情预警简报392期，在6月8—9日强降雨过程中发布洪水预报3期、洪水预警4期，为乐昌峡枢纽报送水情专题预报500期。

【水环境监测】　2018年，广东省水文水资源监测中心完成北江流域连江口以上区域和东江上游部分区域83个常规监测站点水质采样、分析与评价工作，比2017年新增8个监测站。站点能代表的功能区有72个，覆盖率约80%。完成2018年水功能区考核站点（32个，较2017年增加2个）评价分析工作，其中省考断面32个，国考15个（有15个与省考重合）。完成9个市界断面的监测评价工作。

【重要江河实现在线自动测流】 2018年，韶关水文分局在原有基础上，增加安装坪石站、赤溪站在线ADCP测流系统并进入比测率定阶段；在新丰江岳城水文站安装非接触式雷达“水上”流速测验系统，结合上游7千米新丰站安装的“水下”在线声学多普勒测流系统，打造韶关地区首个空间立体式流量监测模式，为解决岳城水文站受突发大洪水及上下游电站严重影响的流量测验问题奠定基础。韶关境内新韶、坪石、犁市等3个国家重要水文站均实现在线自动测流。

【新仪器引进】 2018年，韶关水文分局引进TEZ-601全自动水面遥测蒸发站，安装在新韶水文站，完成1年比测和报告编写，批复后将正式启用新系统用于蒸发量的观测；引进便携式泥沙测量仪应用于犁市水文站并开始比测。

【水资源管理服务】 2018年，韶关水文分局组织实施2017年《韶关市水资源公报》《韶关市水资源管理年报》《韶关市水务信息季报》的编制工作；完成《2017年北江流域水资源状况报告》《2018年北江流域水功能区监测评价报告》的编制工作；承担2018年韶关市47个主要水功能区的监测评价，每月编制《韶关水质月报》。

【科技创新能力提升】 2018年，韶关水文分局完成《粤北山洪预警指标确定及防洪影响评价关键技术研究与应用》科技项目及成果评价，通过广东省水利学会组织的科技成果评价，公示拟获2017年度韶关市科学技术进步二等奖；完成降水短历时分析成果，在防御“艾云妮”台风得到成功应用，根据雨洪同频分析，查短历时降水等值线分布图，及时向市三防和新丰三防发出“白沙水遥田镇河段将出现超20年一遇洪水”预警信息。

【水生态健康评价持续推进】 2018年，韶关水文分局继续完成南水水库浮游生物监测及水生态健康评价，对南水水库浮游生物和水质理化指标进行每月一次，为期3年的监测。每月在南水水库的库中、大坝、库尾等5个站点进行采样，完成水质理化指标的检测，拍摄清晰的藻类和浮游动物图片。年内撰写南水水库的水生态健康评估报告，对比两年水生态健康水平变化。从5月起逐月撰写监测月报，准确反映水环境质量状况和南水水库水生态系统本身的健康水平，为该水库和同类型水库的蓝藻水华预防和预警提供基础资料和科学依据。5月，该局在小坑水库开展水生态健康评估项目，逐月监测小坑水库水环境健康水平，分析小坑水库水质变化趋势，与南水水库理化数据和浮游生物种类和群落的对比，分析两者变化趋势的异同。

【测站达标建设】 2018年，韶关水文分局研究制定《乐昌站达标建设方案》和《犁市站达标建设方案》，推进工作落实。至年底，乐昌站、犁市站的示范站达标建设基本完成。

【中小河流水文站比测初见成效】 2018年，韶关水文分局对韶关辖区内基本水文（位）站和中小河流水文监测系统建设的21个水文站开展非接触式雷达流速测验系统的比测率定。至年底，大桥、大村、侯公渡3站完成率定报告的初步编制。

【地下水监测站建设管理】 2018年，韶关水文分局配合国家地下水监测工程项目，按照国家地下水监测工程（水利部分）监测站施工质量和安全监督检查手册（试行），组织开展辖区内11个地下水监测站点的建设管理工作。年内，完成韶关市境内11个地下水监测站点的单井验收，进行高程、坐标测量及地形图绘制、站码编制，完成站点的验收、督查整改、报告修编、仪器安装验收等工作。

【社会服务】 2018年，韶关水文分局完成韶关市上饶桥建设工程桥址设计洪水位、警戒水位、年平均水位推算及报告编写；为韶关市统计局、韶关市环境监测站、乐昌市水务局，北江流域管理局河长制工作，腾讯华南数据中心选址，编制韶关市重要饮用水源地安全保障达标建设实施方案提供相应水文资料；向丹霞山管委会提供每两月一次的《丹霞山风景区水文综合情况汇报》材料。 （王贵妹）

气　象

【概况】 广东省韶关市气象局（台）为正处级，内设7个科室；直属正科级事业单位4个，分别为韶关市生态气象中心（韶关市环境气象中心）、韶关市气象公共服务中心、韶关市气象局机关服务中心、韶关市气象公共安全技术支持中心；受韶关市政府委托管理的地方气象事业机构2个，分别为韶关市防雷减灾管理中心（韶关市人工影响天气中心、韶关市专业气象预报服务中心合署）、韶关市突发事件预警信息发布中心；广东省气象局独立设置机构1个，为韶关天气雷达站；下辖8个县（市、区）气象局（台）。2018年，全市在职气象职工245人。其中，研究生11人，本科生195人；高级工程师14人，工程师79人。

2018年，韶关气象部门加强公共气象服务和预警信息发布工作，提升气象预报、预测、预警和服务能力，保障公众生命财产安全。完成年初和年尾持续低温雨雪冰冻和台风“艾云尼”“山竹”等重大灾害性天气过程的气象服务保障工作。韶关市气象局被韶关市人民政府表彰为“2018年全市春运工作先进单位”。韶关市气象局2018年度再获广东省气象局综合考评特别优秀单位（2017年排名第三、2018年排名第二）。

【气候特点】 2018年，韶关气候总体平稳。该年度气候主要特点为“气温高，高温天气多；开汛晚，旱涝急转快；春夏干旱，早秋早冬。”

气温　全市年平均气温20.6℃，较常年偏高0.5℃，属显著偏高年份。从时间分布上，年内有9个月出现气温正距平，其中3月、5月、11月气温明显偏高，同比分别偏高2.6℃、2.4℃、0.8℃。6月、8月、10月出现气温负距平，同比分别偏低0.2℃、0.4℃、1.7℃。年内极端最高气温为36.5～37.9℃，极端最低气温为-3.7～-0.3℃。全年全市平均高温（最高气温≥35℃）日数42天，较常年偏多16.4天，自有气象记录以来位列历史记录第六位。从空间分布看，全年全市各县（市、区）年平均气温均较常年平均值偏高，始兴县最高（偏高0.7℃），乐昌市、南雄市、乳源瑶族自治县、翁源县、新丰县偏高0.3～0.6℃，其余县（区）偏高0.1～0.2℃。

雨量　2018年5月7日，广东省开汛，比历史常年晚31天。韶关市全年降水量1595毫米，属正常年景，年内降水分布极不均匀。汛期内出现5次大范围强降水过程，分别为5月9—10日、6月8—9日、8月31日至9月1日、9月17日、10月15日。从时间分布情况看，6月降水量最多（311毫米），2月最少（38毫米）。与常年值比较，1月、6月、8—12月降水偏多，其中6月、12月偏多1～2成，1月和8—11月偏多6成到1.7倍；2—5月和7月偏少，偏少3～7成。从空间分布情况看，乳源瑶族自治县最多（1828毫米），乐昌最少（1433毫米）。与常年同期比较，各地降水均属正常。

日照　2018年全市平均日照时数1563小时，与历史常年持平。其中，12月日照严重偏少，比常年平均少7成；3月严重偏多1.3倍；2月、5月偏多6成；其余月份正常。

雷电　2018年全市收到14宗雷击灾害报告。其中，农村雷灾事故6宗，雷击身亡事件2宗。直接经济损失60.57万元，间接经济损失0.5万元。

【极端气候事件】 1月降水历史第二多2018年1月6—8日，韶关市遭遇大范围冬季暴雨和寒潮天气，全市普降大到暴雨，局部大暴雨。全市平均过程降雨量145.9毫米，南雄江头镇录得最大过程降雨量217.5毫米；全市出现大范围低温雨雪冰（霜）冻天气。

春季旱情严重　2018年3—5月，韶关全市日平均气温21.7℃，比常年平均19.9℃偏高1.8℃，破历史极值；降水量280.8毫米，比常年平均637.8毫米偏少6成，位列有历史记录以来第二少，最少年份出现在1963年（260.7毫米）。春季高温少雨，全市出现较严重旱情。

开汛偏晚31天　2018年5月7日，广东全省范围有对流性强降水，多地出现旱涝急转，全省全面入汛，较常年偏晚31天。入汛前，韶关全市降水偏少，各县（市、区）出现不同程度的气象干旱；入汛后，各地进入强降水集中期，气象干旱得到一定缓解。

5月气温历史第二高　2018年5月，韶关市平均气温26.6℃，较常年同期偏高2.4℃，为有历史记录以来第二高。其中，乳源瑶族自治县、始兴县破纪录；5月，全市高温日数8.1天，全市8个县（市、区）同时破历史纪录。全市月内发布高温预警26次，其中黄色高温预警16次，橙色高温预警10次。

首个影响高考的台风　2018年第一个登陆广东的台风为“艾云尼”，造成全省连续5天出现大范围暴雨，是1980年以来登陆广东造成暴雨范围最广、雨量最大、持续时间最长的热带风暴。时值高考，是《广东省气象灾害防御条例》实施以来首个影响高考的台风。6月8—9日，受台风“艾云尼”北上环流影响，韶关全市出现暴雨、局部大暴雨降水。6月7日20时至9日20时，全市有3个测站录得雨量超过250毫米，143个测站录得雨量超过100毫米，38个测站录得雨量超过50毫米，平均降雨量129.5毫米，最大雨量出现在新丰县遥田镇站（314.9毫米）。全市未出现重大灾情。

“风王”山竹　2018年9月15—17日受第22号台风“山竹”影响，韶关连续三天出现大范围大风天气。最大瞬时风出现在乐昌九峰沿溪山茶场自动气象站24.6米/秒（十级）。翁源、新丰发布台风黄色预警信号，其余各县市均发布台风蓝色预警信号。受台风“山竹”外围环流影响，全市出现大雨、局部暴雨。

历史最早入秋　2018年10月1—20日，韶关市区气温为20.2℃，比常年历史平均（23.5℃）低3.3℃，破有历史记录以来极低值。10月1日，韶关市区进入气象学的秋季（简标），是有气象记录以来入秋最早的年份，平记录的年份有1967年、1993年。

11月阴雨寡照　2018年11月上旬、中旬连阴雨天气多，1—20日降水69.1毫米，比常年同期偏多1倍；日照时数53小时，比常年同期偏少5成。阴雨寡照天气影响秋收，至11月10日，全市晚稻未收割完毕，生产进度同比2017年约慢5天。

入冬第五早　2018年12月8—14日，韶关市日平均气温连续低于10℃。12月7日韶关市区进入气象学的冬季，比常年入冬（简标）时间早11天，是入冬第五早的年份。

“跨年”寒潮　2018年12月27日至2019年1月2日，寒潮持续影响韶关，全市气温急剧下降，高寒山区出现冰冻、雪或雨夹雪，乳源大桥镇录得全省最低气温-5.1℃；乐昌、乳源、仁化、南雄、曲江等高寒山区出现雨凇、雾凇。

【气象现代化建设】 气象科普场所建设　2018年，韶关市推进气象科普场所建设有序。韶关市人民政府2018年10件为民办实事项目之一的市气象天文科普馆建设完成；仁化县气象灾害防御自救互救科普馆建成并向社会公众开放；南雄市、乐昌市、乳源瑶族自治县、翁源县气象科普馆入场施工。

气象预警信息发布融入地方社会治理体系　2018年，新丰县将综治网格化信息系统接入气象预警平台；南雄市将智慧城市管控平台建设融入预警中心建设，纳入2018年南雄市民生实事项目；始兴县气象预警中心完成建设，实现县三防视频会议在预警中心收看。

气象预警靶向发布　2018年，韶关市气象部门联合移动部门落实靶向预警工作。继深圳市和珠海市后，韶关市成为第三个开通气象预警信息靶向发布的城市。以国家级科研实验业务基地的标准打造新丰大顶山综合观测基地。与气科院、热带所共推云和降水科学试验基地、大气本底站、综合生态气象站建设，集科研、业务、试验于一体的综合观测基地。

南岭生态气象中心建设　2018年，南岭生态气象中心获得“全国气象科普教育基地”和“广东省科普教育基地”两个称号，成功申报2019年“科普中国”落地应用e站。广东省气象学会联合省、市科协在南岭生态气象中心建成全省首个气象科技服务站。省气候中心将仁化县南岭生态气象中心纳入“南岭森林生态系统野外科学观测研究站”省科研项目，是广东省支持建立的三个野外科学观测研究站之一。

生态文明建设气象保障服务　2018年，韶关市气象局开展新丰国家基本气象站搬迁工作，与新丰县政府在原观测基地共建综合性科技馆；开展气候标志认证工作，推进新丰“国家特色气候资源品牌”和“岭南避暑胜地”创建工作，开展仁化长坝沙田柚中国气候生态优品品牌创建工作。6月，曲江、乳源气象站入选首批“中国百年气象站（五十年）”名录。

【气象管理体制改革】　2018年，韶关市气象局推进气象服务供给侧结构性改革。以旅游气象、农业气象服务系统和乐昌峡流域面雨量精细化预报预警系统等项目为依托，以点带面拓展与国土、环保、交通、电力、林业、电信、烟草等部门的合作。年内，召开新闻发布会和利用微博、微信等多渠道宣传《广东省气象灾害防御重点单位气象安全管理办法》；牵头组织韶关市区气象灾害防御重点单位的评审，2018年新增41家气象灾害防御重点单位。牵头修订《韶关市气象灾害应急预案》，细化气象灾害的等级标准和启动应急响应的条件，进一步明确28个应急成员单位防御气象灾害的工作职责和联动措施。

【气象灾害防御暨防雷安全生产】
2018年，韶关市气象局联合市安监局、质监站等部门开展气象灾害防御暨防雷安全生产检查。开展规范防雷检测行为专项检查，完成1宗行政处罚。推进风雨雷预警服务工作，与积雨云公司共同完成凡口铅锌矿“风雨雷在线预警”服务；与县（市、区）联动，开展大型地网检测业务；以财政专项购买服务的方式开展丹霞山景区和易燃易爆场所区域精细化雷评。落实全市中小学校防雷检测费用，由韶关市财政每年固定安排到部门预算。更新完善全市中小学校防雷安全设施事项列为市、县（市、区）政府重点工作，分三年完成，共需整改1745栋。2018年完成整改650栋。中小学校防雷装置完善工作被韶关市人大评价为“全省首创”。

【气象灾害赔付】　韶关市建立以气象灾害等级为触发机制的巨灾指数保险模式，2018年平安保险赔付4601.9万元。

【人工影响天气】　2018年，韶关市气象部门实施增雨抗旱、森林防火、改善空气质量和生态环境。年内实施人工影响天气作业61次，发射增雨火箭230枚，由韶关市环境保护局出资新购置人影作业车辆4辆和发射架。

【气象服务】　2018年，韶关市气象部门与宣传部门合作，在官方微信“韶关发布”中每天推送气象信息。部署全市县级电视天气预报节目上主持人工作，翁源、乐昌、仁化、始兴实现天气预报节目上主持人，推动各县财政购买该项服务。与韶关家园网合作拓展“互联网+”气象信息服务空间。韶关市气象局和旅游局共同打造的“韶关旅游气象”微信公众号上线，是广东省内首家专业旅游气象服务平台。

【气象科技创新】　2018年，韶关市气象局研发的乐昌峡流域面雨量预报预警系统、韶关市旅游气象服务信息平台、韶关市农业气象减灾防损预报预警平台等3个创新项目通过中国版权保护中心审核，获得国家版权局计算机软件著作权登记证书。广东省气象学会科研成果认定3项，韶关市人民政府授予市科技进步三等奖2项。广东省气象局立项课题1项，韶关市气象局立项课题14项。韶关市高速公路低温雨雪冰冻预报预警技术研究项目获韶关市2018年科技计划立项。

【气象人才体系建设】　2018年，韶关市气象部门有3人获评高工。温丽华被授予新丰县“十大优秀人才”称号；李丽获得广东省2018年度重大气象服务先进个人；李宇璐在全国气象科普讲解大赛、省局纪念改革开放40周年演讲比赛和科普讲解大赛中分别获得优秀奖、二等奖、三等奖。郭永婷参与的项目《省市县一体化农业气象业务系统推广运用》获2017年度广东省农业技术推广一等奖。韶关市气象局在2018年广东省气象行业职业技能竞赛中获团体第二名。其中，邓小良获个人全能三等奖、单项观测数据处理三等奖，被广东省人力资源和社会保障厅授予“广东省技术能手”称号；邬琰元和黄少忠获个人全能优秀奖、单项观测数据处理三等奖；朱永兵获单项天气雷达探测二等奖。

（欧万华）

商贸服务·开放型经济

批发零售业

【消费市场实现快速增长】 2018年，韶关市实现社会消费品零售总额751.6亿元，同比增长9.4%，增速全省排名第六。其中，批发和零售业仍是支撑全市社会消费的支柱行业，占全市社会消费品零售总额的91%。全年全市城镇消费品零售额653.4亿元，同比增长9.3%；乡村消费品零售额98.2亿元，同比增长9.8%。社会消费品零售总额中，批发和零售业实现零售额683.2亿元，同比增长9.6%；住宿和餐饮业实现营业额68.4亿元，同比增长7.4%。

【批发零售业稳中有升】 2018年，韶关市批发零售业实现销售额1226.7亿元，较上年增长10.1%。其中，批发业实现销售额617.8亿元，零售业实现销售额608.9亿元，分别同比增长10.7%和9.4%。电商发展初见成效，全市通过互联网实现的商品销售7.0亿元，同比增长64.9%。全市批发零售业实现增加值142.7亿元，同比增长4%，为全市GDP增长贡献9.9个百分点。2018年，韶关市限额以上批发企业240家，零售企业268家，新增限额以上批发零售企业68家。全市限上批发零售企业实现销售556.2亿元，同比增长9.7%，但各行业发展不均衡，日用品、家电、药品、建材、金属材料等行业实现高速增长，水产、服装、计算机、汽车、通讯器材等商品销售降幅明显。其中，销售总量大、增幅明显的行业有：通讯器材类商品175.7亿元，同比增长6.6%；石油及其制品90.4亿元，同比增长13%；金属材料83.2亿元，同比增长20.7%；中西药品26.4亿元，同比增长20.2%；日用品12.4亿元，同比增长298.1%；家用电器10.4亿元，同比增长14.7%；建筑材料9.4亿元，同比增长33.7%。销售降幅明显的行业有：汽车类35.9亿元，同比下降6.5%；肉禽蛋类17亿元，同比下降5.1%；文化办公用品3.4亿元，同比下降14.8%；煤炭及制品7.9亿元，同比下降11%；化工材料及制品9.7亿元，同比下降4.1%。

现代物流业

【概况】 2018年，韶关市现代物流业发展较快。全市交通运输、仓储和邮政业增加值101.8亿元，同比增长4.4%；全市货运量20961万吨，同比增长7.4%，货运周转量3926117万吨千米，同比增长8.7%；全市快递服务企业业务量累计完成1993.54万件，同比增长31.8%，业务收入累计完成2.92亿元，同比增长19.36%。

【现代物流业发展】 韶关市被广东省商务厅确定为广东省2018年商贸流通标准化建设试点地区，获得875万元专项资金。2018年，韶关市引导商贸物流企业标准化升级改造，撬动社会投资超过6700万元；组建商贸物流产业专家组，聘请5位行业专家作为产业顾问；与广东省现代物流研究院、中投顾问公司、广州市专业市场商会等机构建立长期合作关系，利用机构智库资源、会员资源推动全市商贸物流产业发展。

【物流基础设施建设加快】 2018年，韶关港确定投资主体，组建筹建处，有序推进各项前期准备工作。其中，子项目——乌石综合交通枢纽项目取得实质性进展；粤北国际物流中心项目启动征地工作，完成25.33公顷国有土地征收及33.33公顷集体和个人土地征收；由市交投集团主导的现代综合物流园项目完成选址。

【商贸物流项目建设】 2018年，华南农产品交易中心一期粮油区于12月底开业；乳源中农批农特产品电商物流商贸城项目一期开业；翁源华凯商贸城于8月动工，至年底完成地下室工程量60%；鑫金汇财富中心二期双创小镇启动建设。

【商贸物流产业招商】 2018年，韶关市商务局编制印发《韶关市商贸物流产业招商手册》，启动《韶关市商贸物流产业招商课题研究》。在珠三角地区参加并举办4场大型招商推介会，累计接洽或拜访商贸物流产业类客商超过40批次，涉及12个项目。其中，投资超过1.1亿元的3万吨广东亚北农产品冷链仓储物流中心在曲江开工建设；投资超过2亿元乐昌电商物流园项目完成部分土地摘牌；SPAR嘉荣超市、黄岗粮油仓储物流项目等在内的招商引资项目取得重大进展。

连锁经营行业

【连锁经营行业取得突破】 2018年，韶关市与星巴克、SPAR嘉荣、H&M、优衣库等全球知名连锁品牌签约，部分已进驻或即将进驻韶关；沃尔玛、大润发、益华、国美、苏宁、京东、美宜佳、凤凰优选、屈臣氏、肯德基、麦当劳、必胜客、味千、德州汉堡等国内外知名连锁商业企业在韶关持续蓬勃发展；广客隆（东明）、爱心药房、惠福超市、诺庭酒店等本土连锁企业继续加快城乡网点布局。

【连锁经营从零售领域向批发领域、服务行业发展】 2018年，韶关市服务行业连锁经营广泛开展，从旅游、餐饮、洗染、照相彩扩，向服务、速递、运输、租赁、法律、中介服务、社会化家政等领域发展。农村农副产品的销售连锁组织得到一定程度的发展。零售业中，连锁经营逐渐从超级市场向便利店、大卖场、购物中心和家居中心等业态发展。

二手车市场管理

【概况】 2018年，韶关市商务局推动取消二手车限迁政策，鼓励建设二手车交易市场，引导二手车经营主体入驻二手车交易市场，支持产业聚集发展，强化二手车交易管理服务，规范二手车交易行为。至年底，全市经广东省商务厅备案的二手车交易市场有25家，二手车交易量29472辆。

【二手车限迁政策取消】 2018年，韶关市人民政府办公室发出通知，从8月8日开始，除国家要求淘汰的黄标车（指排放水平低于国一排放标准的汽油车和国三排放标准的柴油车，以及环保检验不合规的车辆）以外，韶关市对符合国家在用机动车排放和安全标准，在环保定期检验有效期和年检有效期内的二手车，均可办理迁入手续。不再执行《韶关市人民政府办公室关于印发韶关市区蓝天保卫战2018年工作方案的通知》和市环保局《关于印发韶关市区大气污染防治强化措施及分工方案的通知》中涉及限制二手车迁入韶关市的相关条款。同时要求各县（市、区）、各有关部门要及时对限制二手车迁入的有关政策文件进行清理。

拍卖业

【概况】 2018年，韶关市有拍卖企业11家，从业人员59人，其中拍卖师20人。全年举办拍卖会152场次，拍卖成交额3.24亿元。按照拍卖委托部门分类，法院、政府部门委托拍卖1.04亿元，金融资产机构委托拍卖0.67亿元，破产清算组委托拍卖0.32亿元，其他机构委托拍卖0.81亿元，个人委托拍卖0.4亿元；按照拍卖标的物分类，房地产拍卖1.4亿元，土地使用权0.01亿元，机动车0.04亿元，债权、股权0.06亿元，无形资产0.16亿元，其他1.57亿元。

（伍雪龙）

粮　食

【韶关市超额完成全年粮食收（采）购任务】 2015年，广东省下达韶关市新增地方粮食储备规模比原有规模增加1.3倍。2018年部分新增地方粮食储备进入轮换期，加上原有按规定轮换的储备粮，储备粮轮换任务数量创粮食购销市场放开后最高纪录。截至2018年12月29日，韶关市收（采）购粮食119729吨（不含成品粮），比应收（采）购任务多2516吨，超额完成全年粮食收（采）购任务。

【粮食安全责任考核】 2018年7月5—6日，广东省发展改革委副主任、省粮食局党组书记蔡木灵率省粮食安全责任考核工作组第一抽查组，抽查韶关市2017年度粮食安全责任制落实情况。韶关完成2017年度粮食安全责任考核，在全省考核中取得优秀等次，全省排名第三名。

【粮油市场保供稳价】 2018年，韶关市争取国家专项基金1070.2万元，用于支持该市“中国好粮油”行动和“优质粮食工程”建设，加强粮食仓储物流基础设施建设，推进粮库智能化升级改造建设。该市粮油仓储企业备案实现“二十四证合一”，并在网上办理。珠海和乐昌签订从2018年起为期三年的储备粮代储协议。年内，通过公开招投标，选定600吨市级成品粮代储企业。全市储备粮宜存率100%，安全生产实现零事故。将市级储备粮油保管费用由100元/吨·年调整为120元/吨·年，减轻国有粮食承储企业的负担。做好市场粮油价格监测，坚持采集、分析及上报当地粮食动态价格信息。

【粮油储备监管】 2018年4月11—19日，韶关市粮食局联合发改、财政、农发行韶关分行等部门和单位，成立市级储备油库存检查工作组，对翁源、始兴、乳源、市直属粮食储备库进行地方储备油库存专项检查市级抽查，检查储油仓廒（堆）4个，各级库存储备油484吨。抽查显示，全市地方储备油总体情况良好，但个别企业的保管账与会计账受统计截止时间影响，存在略微时间差等问题。5月8—9日，韶关市粮食局对广东金友米业股份有限公司（南雄）、广东汇茂源粮油有限公司（始兴）、广东慧园粮油有限公司（翁源）、韶关金苹果饲料有限公司等4家市级储备粮代储企业进行“两个安全”和粮食流通统计情况检查。检查总体情况良好，部分企业存在“以表代账”用统计报表代替统计台账和仓库外堆放杂物等情况。

（朱　江）

供　销

【概况】　2018年，韶关市有1个地级（韶关市供销合作联社），8个县级社（曲江区、仁化县、始兴县、南雄市、乳源瑶族自治县、乐昌市、翁源县、新丰县供销合作社）。全年全市系统实现销售总额16.19亿元，同比增长6.56%；实现社会贡献总额2830.14万元，同比增长7.54%。

【供销合作社综合改革】　2018年，韶关市供销全系统改造基层社17家，建设助农服务综合中心10个，发展和完善农民专业合作社19家。8个县级社党委政府全部出台贯彻《中共中央国务院关于深化供销合作社综合改革的决定》《广东省供销合作社综合改革试点实施方案》和〈中共韶关市委、韶关市人民政府关于深化供销合作社综合改革的实施意见〉文件精神的实施意见。仁化红山富农茶叶专业合作社入选2018年广东省林下经济示范基地。

【供销电子商务平台建设】　2018年，“韶关富农云商”完成网络销售平台改版，新设直播平台，建立粉丝经济圈，全年销售额500万元。翁源、始兴2个县拓展成立“富农云商”乐村淘电子商务有限公司。“韶关生鲜菜网”继续拓展农副产品“进单位”“进社区”业务，与市内9个行政事业单位达成粮油和蔬菜配送意向。“乐昌好方便”组织技术人员下镇、到村举办电商知识培训班，培训400余人次，增建镇级电商综合服务中心1个、村级电商服务站2个。

【城乡社区综合服务实现新突破】　2018年，韶关市恒福社会工作服务社从单一的社工模式，发展到“社工+义工”“社工+社会组织/企业”“社工+党员志愿者服务队”等多种形式，与8个政府部门及多家社会组织和企事业单位建立服务购买合作关系，签订各项购买服务协议和合作协议21份，较好满足城乡社区多元化服务需求。

【社有企业改革初显成效】　2018年，韶关市供销合作联社党组研究制定直属企业改革实施方案和集团公司绩效考核方案，量化经济指标，明确奖惩办法，优化企业管理。启动与广东省供销天业冷链物流集团公司洽谈合作共建冷链仓储物流项目，拓展企业经营范围。市社企业集团公司2018年管理费用比上年下降5.4%，企业经营减亏124.6万元。

（颜　毅）

烟草专卖

【概况】　韶关市烟草专卖局与广东烟草韶关市有限公司［以下简称韶关市局（公司）］合署办公，实行两块牌子、一套人马的管理体制，是韶关市对全市烟草市场实行专卖专营集中统一管理和烟叶生产经营、卷烟经营的机构。内设14个职能部门、1个直属分局，下辖曲江、乐昌、始兴、乳源、仁化、翁源、新丰、南雄8个县（市、区）烟草专卖局（分公司），广东烟草南雄科学研究所（粤北技术中心）行政关系隶属韶关市局（公司），全系统有员工1223人。2018年，全市烟草商业系统销售卷烟11.76万箱，销售烟叶32.73万担，完成销售收入41.84亿元，同比增长6.2%，实现税利总额11.35亿元，其中上缴税金7.37亿元。韶关市局（公司）获得广东省烟草商业企业2018年度工作目标综合考核评分第一名，被韶关市委市政府授予“2018年度亿元纳税大户”称号。自2016年以来，韶关市局（公司）连续三年协调韶关市政府组织召开全市烟草工作会议。

【烟叶工作】　2018年，韶关市落实烟叶生产收购计划，全市收购烟叶27.51万担，完成计划的99.5%，收购均价1273.18元/担，增长11.27%；上等烟占58.94%，同比提高19.57个百分点。全市辖区有烟农3460户，深化现代烟草农业建设，建成烟农合作社9个，烟农入社率51.5%，同比增加10.9个百分点。

【卷烟经营稳中向好】　2018年，韶关市全面促销量、稳市场、挖潜力、提结构、育品牌、强网建，实现销量、收入与结构均同比提升。全年全市销售卷烟11.76万箱，实现卷烟销售收入38.54亿元，增幅3.16%。开展行业重点品牌、高档卷烟、低焦油、省产双喜卷烟培育工作，推进卷烟零售生态建设，2018

▲2018年12月29日，韶关二十支公司浈江建国路专营店开业　（刘昌其　摄）

年建成室外吸烟点400个、室内吸烟室3个，卷烟消费体验区38个，成立韶关市二十支商业连锁有限公司，4家直营店开业。优化客户服务，全市辖区有卷烟零售户10164户，2018年全市建成自律互助小组322个。深化现代物流建设，整合设立4个物流对接点。

【专卖管理】 2018年，韶关市打击制售假烟和走私贩私行为，保障市场规范有序。全年全市查处涉烟案件1068件，其中5万元以上涉烟案件88件（同比增长36%），破获国标、省标网络案件4件；查获涉案卷烟5547.28万支（同比增长25%），查获烟叶烟丝135.57吨（同比增长57.43%），破获南雄“1·16”、翁源“8·23”、乐昌“9·15”等大要案。强化联合监管、规范经营，加大监控排查力度，严打互联网涉烟违法行为。强化行政许可管理，依法行政水平提升。

【企业管理】 2018年，韶关市烟草企业强化货币资金收益管理，实现降本增效233万元。加强精益管理，1个QC课题获全省系统一等奖、行业二等奖、全省“南粤之星杯”金钻奖。推进科技创新，1项科技成果获2017年度省科学技术三等奖，2项科技成果获省农业技术推广奖。（赖晓媛）

▲2018年2月6日，韶关市食品药品监督管理局与广东省盐业集团韶关有限公司（韶关市盐务局）在市食药监局会议室举行全市食盐监管职能移交工作会

盐　业

【概况】 广东省盐业集团韶关有限公司（以下简称韶关盐业）隶属于广东省盐业集团有限公司，是广东省国资委监管的有限责任公司（国有独资）。公司是韶关市唯一拥有“食盐定点批发许可证”的国有企业，担负着国有资产保值增值的经济责任和供应合格加碘食盐、消除碘缺乏病的社会责任，负责食用盐、生产用盐、农牧盐供应任务和国家储备盐管理。公司下设4个职能部门。直属单位设4个经营片区，分别为市区经营部（市区分公司、马坝分公司）、南片区经营部（翁源分公司、新丰分公司）、北片区经营部（乐昌分公司、坪石分公司、乳源分公司）、东片区经营部（南雄分公司、始兴分公司、仁化分公司），销售网络实现全覆盖。2018年，公司有在岗员工43人。公司通过丰富盐产品种类、提升盐产品质量，根据市场情况进行结构优化调整，全年全市盐产品销售11228吨。其中，小包装食盐销售8274吨，与2018年持平；食品加工用盐销售1854吨，同比增销335吨；小工业盐销售1084吨，同比减销174吨；畜牧盐销售16吨，同比减销9吨。全年营业收入3171.16万元。其中，主营业务收入3075.03万元，其他业务收入96.13万元；其他收益（储备盐财政补贴）190万元。实现利润总额651.56万，净利润466.64万元。2018年，9个县（市、区）盐业分公司分别获得中国盐业协会“企业信用评价AA、A级信用企业（县级食盐批发企业）”。

【食盐质量安全管理】 2018年，韶关盐业公司严格把控盐产品质量关，做好来盐入库前的质量检验，确保食盐的加工、仓储、运输、销售各环节均符合食盐质量安全要求，实现产品质量安全零事故。年内，通过广东省市场监督局审核小组对该公司食盐定点批发的检查，完成食盐批发企业换证工作。但盐业体制改革后，由于部分经营个体对《食盐专营办法》及专营法律、法规政策不了解，导致少数经营者擅自从外省市购进食盐，进行违规批发食盐活动，食盐市场质量安全受影响。

【食盐渠道建设】 2018年是盐业体制改革过渡期最后一年，韶关盐业公司参与市场竞争，重点拓宽食盐渠道建设。韶关市的主要食盐销售渠道分别为渠道商渠道、连锁超市及商超渠道、大专院校饭堂大客户渠道、药店渠道、邮政渠道。韶关盐业公司通过改善、提高服务质量和服务效率，以专柜、直供店门头为抓手销售多样化、差异化和优质化的“粤盐”产品，对大中院校、幼儿园、企事业机关饭堂的食盐采购业务进行直配直送，开发爱心连锁大药房、广安堂连锁药房及“大嘉大”连锁药房参与“粤盐”品牌无碘盐特许经营以及中高端盐、非盐、泛盐产品经营推广，通过邮政公司线下覆盖全市三区七县、乡镇、自然村“邮掌柜”加盟商的1270个实体店，在邮政内部批销平台上实现食盐下单采购，联合召开县（市、区）8场食盐产品订购会，“粤盐”产品销售渠道扩大。

【“粤盐”品牌宣传推广】 2018年，韶关盐业公司通过“粤盐专营店”开放小包装食盐的批发和提货服务；实施招牌上门和货架进店的推广力度；开展《致食盐渠道商、消费者一封信》宣传派发行动，开展“喜悦回家路”“粤盐公益行，科普进校园”“粤盐公益行，金秋送健康”“3·15”“5·15”“市食品安全宣传周启动主题活动暨食安科普嘉年华”等宣传活动，“粤盐”品牌的知名度、美誉度及受众面进一步扩大。

【食盐监管职能移交及辅助执法】 从2018年1月1日起，广东省盐业集团韶关有限公司（广东省韶关市盐务局）实行政企分开、市场化运营，撤销原广东省韶关市盐务局。按照《广东省盐业体制改革实施方案》和《韶关市食盐监管体制改革方案》要求，韶关市政府于2月6日召开“韶关市食盐监管职能交接工作座谈会”，广东省盐业集团韶关有限公司和韶关市食品药品监督管理局双方签署职能交接协议书。其间，各县（市、区）分别进行职能移交工作。

按照《关于做好我省盐政执法人员管理工作的意见》，2018年公司10名原盐政执法人员通过考录或直接办理登记等程序转隶到各县（市、区）食品药品监督管理部门。根据《关于在食盐监管职能移交后原有盐政执法人员用于协助巡查工作的指导意见》要求，公司经申请韶关市食品药品监督管理局同意，办理食盐辅助执法巡查员证，协助各县（市、区）食药部门开展食盐市场辅助执法工作。

【食盐储备管理】 2018年，韶关市食盐储备量2100吨。其中，省级食盐储备1100吨，市级食盐储备1000吨，承储单位为广东省盐业集团韶关有限公司。是年，公司食盐储备库存保持充足，市场供应稳定。（欧阳宛华）

住宿餐饮业

【住宿业】 2018年，韶关市住宿业实现增加值8.4亿元，同比增长6.9%；住宿实现营业收入14.33亿元，同比增长10.4%；新增限上住宿企业10家；住宿设施接待过夜游客1831.54万人次，同比增长11.06%。至年底，全市有旅游星级饭店52家，其中，五星级饭店1家，四星级饭店3家，三星级饭店42家，二星级饭店5家，一星级饭店1家。全市有星级民宿33家，其中，五星级民宿2家，四星级民宿10家，三星级民宿21家。

【餐饮服务食品安全量化分级提级工程】 至2018年底，韶关市有持证餐饮服务单位9119家。已按餐饮服务食品安全量化分级评定8660家，其中，优秀等级（A级）309家，占比3.57%；良好等级（B级）3291家，占比38%；一般等级（C级）5060家，占比58.43%，基本完成学校食堂灭“C”工作。

【“明厨亮灶”工程】 2018年，韶关市将“明厨亮灶”工程列入为民办实事项目，召开“明厨亮灶”现场推进会，加快推进市政府为民办实事项目。全市有5856家餐饮单位实施“明厨亮灶”工程，占获证餐饮服务单位64.22%。“明厨亮灶”工程累计投入资金980万元，其中，财政资金904万元，企业自筹资金76万元。“明厨亮灶”视频监控管理存储平台建设完成并正常运行；100家重点单位的监控视频按要求接入平台并可实时查看。

【网络订餐食品安全监管】 韶关市委托第三方机构采用大数据采集和图片识别技术，自动比对分析入网餐饮单位经营行为，准确筛查违规行为。至2018年底，全市有1419家餐饮服务单位加入网络订餐平台，入网餐饮服务经营者持证1415家，入网餐饮服务经营者持证率99.7%，入网餐饮服务经营者公示许可证1406家，入网餐饮服务经营者公示许可证率99.1%。

【食堂餐饮安全监管】 2018年，韶关市开展春秋两季学校食堂、养老机构食堂、单位食堂、旅游景区及周边餐饮单位等一系列食品安全专项整治工作，全覆盖检查韶关市辖区所有单位食堂。

【“光盘行动我践行”主题宣传活动】 2018年9月20日，韶关市食品药品监督管理局在浈江区恒胜品味餐饮有限公司开展“光盘行动我践行”主题宣传活动。监管人员、市餐旅烹饪协会及会员单位代表、市民代表、恒胜品味餐饮有限公司员工近200人参加活动，现场派发《2018年韶关市“光盘行动我践行”倡议书》近200份。

【打击餐饮服务环节违法添加非食用物质专项行动】 2018年，韶关市食品药品监督管理局开展打击餐饮服务环节违法添加罂粟壳、工业明胶等非食用物质的违法违规行为专项行动，行动中抽检样品303批次，检查各类火锅店、麻辣烫店、面馆等餐饮服务单位1146家次，出动执法人员1752人次，吊销食品经营许可证1户，移送司法机关2起。

（伍雪龙）

【餐饮烹饪交流考察活动】 2018年，韶关市餐旅烹饪协会多次派人参加兄弟协会组织的烹饪比赛、美食节及交流活动；湖南、江西、福建和广东等地区的餐饮烹饪协会到韶关交流。5月18日，韶关市餐旅烹饪协会会长陈树源率10人参加首届客家美食联盟大会·永定客家古镇开街暨第四届海峡客家美食小吃节。5月23—25日，韶关餐旅烹饪协会组团参加第九届中国（广州）酒店餐饮业供应商博览会。6月20—29日，韶关组团23人参加中国（赣州）第五届家具产业博览会美食节。10月30日，韶关市餐旅烹饪协会参加改革开放四十年广东餐饮行业纪念大会，会长陈树源获得“改革开放40周年特别贡献人物”奖。12月2—4日，韶关市餐旅烹饪协会一行37人到顺德和江门交流学习，先后参观考察顺德潮记酒楼、“岭南第一糕”伦教糕工场、顺德耐之锢酒店用品公司、新会陈皮基地——新宝堂公司、陈皮村侨乡人家和恒益烧鹅、五邑人家。

【韶关市餐旅烹饪协会15周年庆典暨第四届监理事就职典礼】 2018年4月28日，韶关市餐旅烹饪协会成立15周年庆典暨第四届监理事就职曲礼在近水楼台园林食府举行。来自湖南、江西、福建及广东各地市兄弟协会参加活动。换届大会选举产生理事单位、副会长单位、常务副会长单位、监事单位，选举罗乐天为新一届韶关市餐旅烹饪协会会长。

【2018首届世界鸽王美食大赛】 2018年12月14日，由世界中餐业联合会粤菜产业委员会和中国畜牧业协会鸽业分会共同打造的世界盛事——2018首届世界鸽王美食大赛在广州白云国际会议中心举办。活动主题为“弘扬饮食文化、传承鸽肴经典、打造鸽业品牌、推动精准扶贫”。韶关市餐旅烹饪协会名厨委副主任程建民代表韶关参加比赛并取得“至尊金奖”。

【广东省首届“粤菜师傅”技能大赛】 2018年12月14日，广东省首届“粤菜师傅”技能大赛在汕头闭幕。韶关代表队派出3名选手参加，乳源小岛饭店行政总厨沈春殊获得比赛优秀选手称号，晋升为国家烹调技师。中国烹饪大师、南粤厨王、乐昌迎宾大酒店出品总监陈锦洪代表大赛工匠组接受广东电视台采访。 （李 勇）

家庭服务业

【概况】 2018年，韶关市有家庭服务机构185家（其中，企业32家，个体工商户150家），覆盖保洁、母婴护理、养老护理等10多个家庭服务门类。6月，韶关市家庭服务业协会完成第二届理事会换届工作。

【家庭服务品牌企业逐渐崛起】 2018年，韶关市开展“韶关十大月嫂”“韶关最佳保姆”“韶关最受欢迎家庭服务行业”等家庭服务行业内的评选活动，推动心悦家政、嘉源汇人才、众盛培训、滃江人力、真情培训学校、现代职业培训学校等一批知名品牌企业逐渐崛起。 （伍雪龙）

对外贸易

【概况】 2018年，韶关市实现货物进出口156.03亿元，同比下降6.5%。其中，出口72.47亿元，同比下降5.02%；进口83.56亿美元，同比下降7.77%。服务进出口总额18.99亿元，增长5.22%。其中，服务进口6.08亿元，下降2.89%；服务出口总额12.92亿元，增长9.53%。

【进出口贸易方式结构】 2018年，韶关市一般贸易出口34.84亿元，增长6.35%，占全市出口总值的48.08%；加工贸易出口35.54亿元，下降16.76%，占全市出口总值的49.04%。一般贸易进口69.95亿元，下降12.56%，占全市进口总值的83.71%；加工贸易进口12.92亿元，增长64.08%，占全市进口总值的15.46%。

【进出口主体结构】 2018年，韶关市出口以三资企业为主，三资企业、国有企业呈下降趋势，民营企业呈两位数增长。全市三资企业出口43.55亿元，下降12.77%，占全市出口总值的60.09%；民营企业出口24.92亿元，增长14.09%，占全市出口总值的34.39%；国有企业出口4亿元，下降11.66%，占全市出口总值的5.52%。进口以国有企业为主，国有企业、民营企业呈不同程度下降，三资企业呈两位数增长。全市国有企业进口55.04亿元，下降17.63%，占全市进口总值的65.89%；三资企业进口14.46亿元，增长24.74%，占全市进口总值的17.3%；民营企业进口9.07亿元，下降0.52%，占全市进口总值的10.85%。

【进出口商品结构】 2018年，韶关市出口产品以机电产品为主，机电产品出口呈两位数增长，玩具和纺织服装不同程度下降。全市机电产品出口32.94亿元，增长15.7%，占全市出口总值的45.45%；玩具出口16.03亿元，下降29.89%，占全市出口总值的22.12%；纺织服装出口6.61亿元，下降18.56%，占全市出口总值的9.12%。进口商品以铁矿砂为主，铁矿砂、煤进口降幅较大，机电产品大幅增长。全市铁矿砂及其精矿进口34.47亿元，下降19.25%，占全市进口总值的41.25%；煤及褐煤进口20.73亿元，下降15.49%，占全市进口总值的24.81%；机电产品进口11.82亿元，增长62.55%，占全市进口总值的14.15%。

【进出口市场结构】 2018年，韶关市的出口市场以亚洲、北美洲地区为主，对美国、欧盟出口呈不同程度下降。全市对中国香港出口20.88亿元，下降18.16%，占全市出口总值的28.81%；对美国出口18.66亿元，下降13.61%，占全市出口总值的25.75%；对欧盟（28国）出口9.62亿元，下降10.7%，占全市出口总值的13.27%。进口市场以大洋洲、亚洲地区为主，对澳大利亚和巴西进口均有不同程度下降。2018年，全市对澳大利亚进口37.06亿元，下降21.14%，占全市进口总值的44.35%；对巴西进口11.2亿元，下降0.49%，占全市进口总值的13.40%；对欧盟（28国）进口5.77亿元，增长69.46%，占全市进出口总值的6.91%。

表14 2018年韶关市外贸进出口情况表

指标	累计（亿元）	比上年同期增长（%）
进出口总额	156.03	-6.51
一、出口总额	72.47	-5.02
按主要贸易方式分		
一般贸易	34.84	6.35
加工贸易	35.54	-16.76
其他贸易	2.09	148.38
按主要经济类型分		
三资企业	43.55	-12.77
民营企业	24.92	14.09
国有企业	4.00	-11.66
按主要国家（地区）分		
中国香港	20.88	-18.16
美国	18.66	-13.61
欧盟（28国）	9.62	-10.70
按主要商品分		
机电产品	32.94	15.70
玩具	16.03	-29.89
纺织服装	6.61	-18.56
二、进口总额	83.56	-7.77
按主要贸易方式分		
一般贸易	69.95	-12.56
加工贸易	12.92	64.08
其他贸易	0.69	-73.75
按主要经济类型分		
国有企业	55.04	-17.63
三资企业	14.46	24.74
民营企业	9.07	-0.52
按主要国家（地区）分		
澳大利亚	37.06	-21.14
巴西	11.20	-0.49
欧盟（28国）	5.77	69.46
按主要商品分		

续表

指标	累计（亿元）	比上年同期增长（%）
铁矿砂及其精矿	34.47	-19.25
煤及褐煤	20.73	-15.49
机电产品	11.82	62.55

【韶关市企业参加第123届、124届广交会】 第123届、124届中国进出口商品交易会分别于2018年4月15日、10月15日在广州琶洲会馆召开。韶关市30家外贸企业参加展览，分别在大型机械及设备、汽车配件、轻工纺织、建筑及装饰材料等行业展馆参展，两届广交会成交意向总值合计1.8亿美元。

【外贸新业态蓬勃发展】 2018年，韶关市跨境电商清关服务中心完成B2C直购进口货值5亿元，同比增长63.5%，成为全市外贸可持续发展的增长点。粤北首个涵盖个人物品类和跨境电商B2C业务的快件监管场所于6月上旬动工，11月竣工。

【省级出口名牌企业培育】 2018年，韶关市商务局推进出口品牌建设工作，组织企业开展“广东省出口名牌企业”申报。年内，韶关宏大齿轮、乳源东阳光优艾希杰精箔、韶关北纺智造和韶关比亚迪等4家企业入选“广东省出口名牌企业”。

【外贸数据回归】 2018年，韶关市商务局发挥外贸稳增长专项资金和口岸联席会议机制作用，与海关、税务和外汇管理等相关部门协调联动，与地方政府协同推进和扶持外贸数据本地化工作，推动卡西欧电子（韶关）有限公司、韶关比亚迪等韶关本土生产型企业实现自营进出口，外贸数据回归工作取得成效。2017年，卡西欧和比亚迪外贸进出口同比分别增长2090.3%和71.4%，2018年分别继续以483%和153.8%的增幅快速增长。

【韶关市采购商参加首届进口博览会】 2018年11月5—10日，首届进口博览会在上海开幕，韶关市组织30多家采购商到展会现场采购。

【韶关企业参加2018粤澳名优商品展览会】 2018年7月26—29日，由广东省商务厅与澳门贸易投资促进局联合举办的“2018粤澳名优商品展览会”在澳门召开，韶关市组织2家企业参展。

吸收外来投资

【概况】 2018年，韶关市新批准外商直接投资项目376个，同比增长526.67%；合同吸收外资33645万美元，同比增长442.4%；实际利用外资7596万美元，同比增长44.13%。

【外资产业结构】 2018年，韶关市第三产业吸收外资占比较大，规模居三次产业之首。第一产业实际利用外资701万美元，同比增长144.15%，占总量的9.2%；第二产业实际利用外资1718万美元，同比下降38.84%，占总量的22.6%；第三产业实际利用外资5178万美元，同比增长140.2%，占总量的68.2%。

【投资来源地】 2018年，韶关市的投资来源地主要集中在亚洲。来自中国香港的投资为6544万美元，同比增长92.28%，占总量的86.2%；来自中国台湾的投资为552万美元，同比增长303.74%，占总量的7.3%；来自日本的投资为362万美元，同比下降70.18%，占总量的4.8%。

【区域结构】 2018年，韶关市各县（市、区）吸收外资不均衡。乳源瑶族自治县吸收外资3278万美元，同比增长557.93%，占总量的43.15%；曲江区吸收外资1485万美元，同比下降1.98%，占总量的19.55%；翁源县吸收外资822万美元，同比下降18.14%，占总量的10.82%。

表15 2018年韶关市吸收外商直接投资情况表

指标 划分	新批项目个数		合同吸收外资		实际吸收外资	
	本年数（个）	同比增（%）	本年数（万美元）	同比增（%）	本年数（万美元）	同比增（%）
全市	376	526.67	33645	442.4	7956	44.13
一、按产业结构分						

续表

划分 \ 指标	新批项目个数		合同吸收外资		实际吸收外资	
	本年数（个）	同比增（%）	本年数（万美元）	同比增（%）	本年数（万美元）	同比增（%）
第一产业	29	141.67	3397	53.86	701	144.05
第二产业	56	330.77	10893	244.89	1718	-38.84
第三产业	291	731.43	19355	2143.03	5178	140.2
二、按投资来源地分						
中国香港	354	622.45	32916	571.37	6544	92.28
中国台湾	1	—	62	-68	552	303.74
日本	—	—	—	—	362	-70.18
三、按区域结构分						
浈江区	21	600	726	3217.8	—	—
武江区	34	—	1002	—	—	-100
曲江区	11	450	715	-42.88	1485	-1.98
乐昌市	17	41.67	572	-8.48	203	40.74
南雄市	11	83.33	599	171.14	85	-83.39
仁化县	16	433.33	3560	320.59	494	32.12
始兴县	124	552.63	7823	468.5	319	35.50
翁源县	24	300	1634	3129.5	822	-18.14
新丰县	5	400	3800	2517.57	486	-11.82
乳源瑶族自治县	110	2650	11789	—	3278	557.93
广东韶关工业园	3	-25	1380	-26.13	424	206.77

对外及港澳台经济合作

【概况】 2018年，韶关市商务局实施“走出去”战略，参与“一带一路”建设，开展对外经贸往来，依托韶关优势产业，进一步加强与港澳台及世界各国的经济合作。该局参加7月12日在香港会议展览中心举行的首届粤港澳大湾区经贸合作交流会暨2018粤港经济技术贸易合作交流会，12月5—7日在香港会展中心举行的2018香港贸发局创智营商博览。

【韶关市经贸交流团赴境外考察】 2018年7月26日至8月4日，韶关市组织经贸代表团赴南非、尼日利亚和阿联酋开展经贸交流。韶关市首次组织企业参加南非全球贸易展览会［广东（南非）］商品展览会，参展企业与57家国外企业进行洽谈，贸易成交10万美元。韶关市韶铸集团在尼日利亚进行产品推介和新闻发布会，40多家客商出席，会上与刚果及加纳的两家客商，分别签订新矿山设备采购合同，合同金额10.6万美元。出访期间，考察团分别拜会南非开普敦、约翰内斯堡和阿联酋3家华人商会，推动韶关企业及其产品进入非洲和中东市场，达成初步合作意向。

招商引资

【概况】 2018年，韶关市委、市政府先后提出“构建大招商工作格局”“推进招商工作机制改革”“压实招商引资责任”“拓展中介招商网络”“加强产业研究”。韶关市政府驻广州、深圳招商联络处正常运作；6支产业招商分队开展精准招商；全市中介招商网络逐步拓展，至年底有100家以上中介招商合作机构；各县（市、区）、产业园区成立党政班子主要成员为组长的招商专责小组；市产业研究院于8月31日成立，首期聘请65位特聘专家及12家合作机构。全年全市招商引资新签约项目215个，新开工项目88个，新竣工投产项目34个，完成年度投资额98.5亿元。

【市级产业研究院成立】 2018年8月31日，韶关市产业研究院成立大会暨产业发展专家咨询会在韶关市区召开。韶关市委书记莫高义出席会议并讲话，市长殷焕明致辞。韶关市产业研究院将加强全市产业发展的战略规划、业态研究和市场分析，为决策咨询和产业发展提供智力支持，对招商引资重大项目的可行性、前景性、投入产出效益等方面进行专业评估。会上，65位国内各领域的专家受聘为产业研究院第一批特聘专家，中国科学院院士、华南农业大学研究员刘耀光担任院长。产业研究院设有7个专家小组，分别是现代特色农业产业专家小组、先进装备制造业产业专家小组、旅游文化产业专家小组、大数据产业专家小组、商贸物流产业专家小组、医药健康产业专家小组、现代环保产业专家小组，工作内容包括市产业发展咨询会、产业专题咨询会、项目评价、专项课题研究、开展合作交流、为基层和企业服务等。大会公布《韶关市产业研究院合作机构名单》，第一批合作机构12家，其中综合性研究机构、专业类研究机构各6家。

【驻点招商】 2018年，韶关市政府驻广州招商联络处拜访和接待商（协）会50家，企业49家，提出有意向来韶考察商协会4批次、企业13家，其中已考察商协会2批次、企业8家；参加商协会及招商推介活动8次；促成广东省冷链协会为全市编印推广农产品杂志1刊；持续跟踪企业6家，4个项目达成初步投资意向。韶关市政府驻深圳招商联络处拜访商（协）会26家，企业98家，走访园区2家，接待企业来访5次，接待企业考察团1次，接待企业考察2次，参加活动12次，获取有效投资信息58条。

【“2018韶关旅游文体、农业产业”东莞对接会】 2018年1月14日，韶关市在东莞市举办“2018韶关旅游文体、农业产业”对接会，对樱花特色小镇项目、岭南国际诗歌小镇项目、龙山温泉项目等23个招商引资项目进行推介。韶关市市长殷焕明，东莞市委常委、宣传部部长杨晓棠在对接会上致辞。东莞市委常委、常务副市长白涛，韶关市委常委、副市长万卓培以及莞韶两地有关职能部门、行业机构及企业代表共300多人参加对接会。韶关副市长陈磊主持对接会。

【韶关（东莞）旅游产业招商推介会】 2018年6月6日，韶关市旅游局、市商务局、市农业局等单位联合举办的“韶关（东莞）旅游产业招商推介会”在东莞举行，东莞市旅游投资企业、东莞市各地商会、行业协会负责人以及东莞和韶关两市旅游局、农产品协会、旅行社、酒店和景区负责人近180人参加推介会。会上，韶关市农业品牌协会组织该市主要农业企业对韶关农特产品进行现场展示与品尝；韶关市各县（市、区）对当地旅游资源和产业发展、旅游文化招商项目进行展示推介；韶关市国土资源信息中心开展温泉旅游项目专项招商；韶关市旅游部门负责人推介该市温泉、草原、古村落、林场等优质旅游文化资源和可策划打造项目设想。

【“韶关印象”招商推介会】 2018年5月15日，由莞韶对口帮扶指挥部、韶关市商务局共同主办的“韶关印象”招商推介会在佛山市顺德区举行。韶关市委副秘书长、莞韶对口帮扶指挥部办公室主任、市招商局局长蔡国威，市商务局，市农业局、市旅游局、市卫计局，市食药监局、市工商联等单位负责同志以及莞韶对口帮扶指挥部各组团、各县（市、区）商务经信部门代表和顺德企业家代表近200多人参加推介会。会上，韶关装备园咨询服务有限公司和顺德韶关商会签订战略合作协议。华南先进装备园区、市旅游局、市农业局、东韶公司、莞韶对口帮扶指挥部各组团分别进行推介。韶关市商务局副局长王卫军向参会顺德企业家介绍乳源瑶族自治县少数民族税收优惠政策。

【广东·韶关2018（中山）推介会】 2018年6月20日，由东莞韶关对口帮扶指挥部、韶关市商务局主办，韶关市农业局、市旅游局协办，中山市韶关商会承办的“善美韶关·商机无限”——2018广东·韶关（中山）招商推介会在中山市举行。韶关市副市长陈磊，市委副秘书长、莞韶对口帮扶指挥部办公室主任、招商局局长蔡国威，韶关市商务局、市农业局、市旅游局、市工商联等单位负责同志以及莞韶对口帮扶指挥部

▲ 2018年8月31日，韶关市产业研究院成立大会暨产业发展专家咨询会现场 （张伟 摄）

▲ 2018年1月14日，韶关旅游文体农业产业对接会在东莞市举办　（丘俊军　摄）

各组团、各县（市、区）商务经信部门代表与中山的韶籍企业家、中山各异地商（协）会的优秀企业家代表共300多人出席推介会。大会举行“韶关市驻中山招商联络处”揭牌仪式，韶关装备园咨询服务有限公司和中山市韶关商会签署战略合作协议。市旅游局、市农业局、市商务局、莞韶园、华南先进装备园区、东韶公司、莞韶对口帮扶指挥部各组团分别作推介。会后，大会举办小型精准招商交流会，来自各商会的企业家代表在交流会上对现代农业、机械装备、民宿民居、丹霞山水扩大生产等项目进行进一步的交流。

【医药健康产业招商推介会】 2018年10月30日，韶关市食品药品监督管理局、市卫生和计划生育局、市民政局、市商务局联合主办的韶关2018医药健康产业招商推介会在广州召开。副市长陈磊参加会议并致辞。来自全省医药健康产业的企业代表100多人参加推介会。会议举行项目签约和东阳光集团药物研发乳源中试基地揭牌仪式。有6个项目进行现场签约，分别是东阳光集团“158”战略合作项目、乳源东阳光药业有限公司动物药项目、南雄万亩南药中药材种植基地项目、大参林医药集团医药物流中心项目、韶关市天康医疗投资有限公司医养结合项目、中核医疗集团419医院共建健康管理中心项目。

口　岸

【概况】 至2018年底，韶关市有对外开放口岸5个。开设时总体设计吞吐量为100万吨/年，经改造升级，年吞吐能力达300万吨。5个对外开放的口岸分别为，铁路口岸2个［韶关陆路（铁路）口岸、乐昌陆路（铁路）口岸］，公路口岸2个［韶关陆路（公路）口岸、乐昌陆路（公路）口岸］，内河口岸1个［韶关新港水运（河港）口岸（二类口岸）］。2018年全市口岸物流通关总量981.5万吨，与上年同比下降2.6%；出入交通工具16.3万辆次，同比下降6%；进出口集装箱6865标箱，同比增长0.9%。

表16　2018年韶关市对外开放口岸一览表

口岸名称		情况简介
铁路口岸	韶关陆路（铁路）口岸	位于韶关市区南郊三公里处，占地25640平方米，内设1座500平方米封闭式仓库、1座3000平方米的低温仓库、300平方米的停车场，铁路专用线、站台465米，可同时停靠8个火车皮，地面仓库及附属建筑4153平方米，年吞吐能力150万吨，主要开展铁海联运业务
	乐昌陆路（铁路）口岸	位于乐昌市环城中路，距离韶关车检场65千米，占地21700平方米，有专线500米，年吞吐能力20万吨
公路口岸	韶关陆路（公路）口岸	位于韶关市区南郊六公里的广韶公路旁，占地9500平方米，设有建筑面积2400平方米的三层报关大楼，800平方米19个停靠候检车位的查验平台和5000平方米的停车场并配套设有500平方米的监管仓，年吞吐能力90万吨
	乐昌陆路（公路）口岸	位于乐昌市乐城镇环城中路，距离韶关车检场65千米，占地1600平方米，设有3条人工查验通道，年吞吐能力10万吨
内河口岸	韶关新港水运（河港）口岸	位于市区南郊九公里处，占地65000平方米，300吨船泊位3个，岸线180米，监管仓库500平方米，堆场30000平方米，办公大楼2800平方米，配备设备40T吊机1台，叉车1台，120吨地磅1台，年吞吐能力30万吨

【口岸“单一窗口”全面试点】 2018年5月4日和7月13日，韶关市商务局邀请广东省口岸办和省电子口岸公司到韶关市开展2场“单一窗口”培训及政策宣讲会。年内，韶关市实现“单一窗口”在辖区所有报关行及自主报关报检企业的全覆盖。随着8月关检融合统一申报改革，“单一窗口”应用率提升，全年全市通过“单一窗口”报关14092票，报检3088票，全市第四季度货物申报覆盖率100%，完成省口岸办下达的“‘单一窗口’主要申报业务覆盖率达到80%”的年度目标。

【口岸收费清理】 2018年11月13日，韶关市商务局组织市财政局、市发改局、市交通运输局、韶关海关、韶关海事局等单位召开韶关市清理口岸收费工作会议，研究讨论全市贯彻落实清理口岸收费工作的具体措施，规范和降低全市进出口环节收费。市商务局牵头成立全市清理口岸收费工作领导小组，印发《韶关市清理口岸收费工作实施方案》。至年底，韶关市车检场免除收取公路口岸货物仓储费、货物人工装卸费、叉车装卸费、地磅过磅费等5项收费，每20尺标箱集装箱减少通关费用约270元。市交通运输局免除收取港口设施保安费，每20尺标箱集装箱减少通关费用10元；货物港务费收费降低50%，每20尺标箱集装箱减少通关费用约30元。

【关检融合统一申报】 2018年7月，韶关市商务局会同韶关海关组织全市外贸企业开展培训，结合“单一窗口”改革对关检融合统一申报相关政策和操作流程进行培训，现场解答企业疑问。韶关市商务局通过韶关海关“韶关通天下”、市商务局“韶关单一窗口工作交流群”等微信群与企业保持联系，实时宣传新的政策和信息，解决企业在实操中遇到的问题，确保关检融合统一申报实现平稳过渡。

【口岸通关时间有效压缩】 2018年，韶关市口岸整体通关时间18.93小时，压缩77.28%；出口整体通关时间5.42小时，压缩51.99%，完成国务院对整体通关时间压缩1/3的要求。

【清关中心B2C直购进口业务量扩大】 2018年，韶关跨境电商清关中心B2C直购进口业务量持续增长，全年验放跨境电商直购进口商品102万件，价值5.04亿元，同比增长11.2%。韶关进出境快件监管场所建设工程于11月竣工。

【铁海联运】 2018年，韶关市商务局及运营方采取系列措施，做优做强“铁海联运”。扩大货源组织范围，将货源地拓展至始兴、南雄及湖南郴州、永州等地区，增加清远装货点，组织清远、韶关阶梯班列；优化火车运输时效，广铁集团运输处同意从2018年9月3日起，铁海联运班列韶关始发时间从23：30分调整为凌晨05：16分，增加韶关东货场装货时间。全年全市“铁海联运”运输3090标箱，受国际贸易大环境影响，运量有所下降，同比2017年减少896标箱，下降22.5%。 （伍雪龙）

交通运输·邮政·信息

交通管理

【概况】 至2018年底，韶关市公路通车里程16917.48千米，公路密度92千米每百平方千米，通车里程比上年增加285千米。按技术等级分，等级公路16881.57千米，其中高速公路688.59千米、一级公路217.24千米、二级公路825.4千米、三级公路1456.58千米、四级公路13693.75千米，等外公路35.91千米。按行政等级分，国道1561.35千米，省道1595.55千米，县道1101.97千米，乡道8113.87千米，专用公路34.95千米（另有村道4509.78千米，不计行政等级）；公路桥梁2382座/163363.45延米（含高速公路）。全市内河航道维护里程698千米（其中等级航道256千米），泊位23个，泊位年通过能力530万吨，营运船舶892艘。全市道路运输车辆（不含公交车、出租车）10007辆。其中，营运客车1036辆，营运货车7893辆。全市有等级道路客运站21个。其中，一级客运站1个，二级客运站7个。1164个行政村开通农村客运班车，开行农村客运班线213条。全市出租汽车646辆，公交车辆797辆，公交线路112条。 （王　琼　钟满芬）

【交通基础设施建设】 2018年，韶关市交通基础设施建设完成投资103.35亿元，创历史新高，超年度计划47.6%。其中，高速公路完成投资74.83亿元，超年度计划47.9%；国省道完成3.66亿元；农村公路完成3.6亿元；旅游公路完成6亿元；水运工程建设（北江航道扩能升级）完成6.83亿元；韶关机场完成3.6亿元；城市交通提升项目、公路客货站场及其他完成4.83亿元。武深高速、汕昆高速韶关段于2018年12月28日建成通车。大南华旅游通道开工建设。

【韶关汽车客运站建成】 2018年9月20日，韶关汽车客运站建成并试运营。该站位于韶关市武江区韶关大道，毗邻韶关高铁站，距韶关老城区约10千米，距京港澳高速不足2千米，是集旅客运输、停车保管服务、零售、物业租赁服务、旅游集散等于一体的综合客运枢纽站。站场按照交通运输部一级公路客运站标准设计建设，建筑面积3万平方米，分三层，可同时容纳1000人候车，配有重点旅客候车室及母婴候车室，是一座具有现代化运输站场功能的大型汽车客运站。其中，一层为落客区及车辆检测区；二层为大巴停车库；三层为购票、候车、发车区。该站主要运行韶关至始兴、南雄、仁化、翁源、新丰、乳源等县际班车，辅以部分发往湖南、江西方向的省际班车。

【交通运输行政执法】 2018年，韶关市交通运输局综合整治交通运输秩序，抓好春运、两客一危一货监管、打击非法营运、治理车辆超限超载、出租车管理、节假日执勤等工作。加强火车站、汽车站、商业中心、旅游景点、学校等重点地区执法监管，用两年时间在全市范围内开展公路路域环境整治提升工作，坚持治理车辆超限超载联合执法常态化制度化，联合公安部门开展异地用警联合治超行动，加强水路执法、高速公路救援监管工作。全年全市出动执法人员23015人次，检查车辆49869辆次，查处违章车辆3408辆，查处违章案件3455宗。其中，韶关市区查处违章车辆1307辆，查处违章案件1364宗。

（刘永刚）

【交通运输安全】 2018年，韶关市以“两客一危”道路运输企业、道路客运站场、码头和在建高速公路为重点监管对象，开展安全生产大检查、平安交通百日行动、交通工程施工安全专项治理、道路运输安全“夏季攻势”等专项活动，强化源头监管，约谈发生影响较大事故或事故频发的企业负责人，提升交通运输企业安全生产水平和防范重特大事故的能力。全年全市发生交通运输生产安全事故8宗，死亡12人。其中，道路运输事故6宗，交通建设工程事故2宗。 （廖　俊）

【交通发展规划】 韶关市在全市旅游公路建设的基础上，围绕“大丹霞、大南华、大南岭、大珠玑”四大景区及周边重要景区串珠成链，组织编制《韶关市旅游交通公路规划方案》。该方案于2018年4月13日经市政府十四届36次常务会议审议通过。韶关市交通运输局加强与广东省相关部门的沟通对接，配合省开展《广东南岭生态旅游公路规划》编制工作。

【交通运输生产】 2018年，韶关市公路客运量5558.2万人，客运周转量287489.5万人千米；公路货运量1.6亿吨，货运周转量275.2亿吨千米，公路货运周转量增长率8.03%，居全省第六位、北部生态发展区第一位；水路运输总量0.5亿吨，运输周转量116.5亿吨千米，水路货运周转量增长率10.04%，全省排名第九位。港口吞吐量46.57万吨。（王 琼）

【节假日交通运输生产】 2018年春运期间，韶关市运送旅客453.9万人次，同比下降3.4%。其中，铁路发送旅客71.4万人次，同比上升2%（韶关火车东站发送旅客29.3万人次，同比下降5.1%；武广客运韶关站发送旅客26.3万人次，同比上升4.3%；其他车站发送旅客15.8万人次，同比上升15.3%）；公路客运发送旅客378.1万人次，同比下降4.5%；水路客运发送旅客4.3万人次，同比上升16.2%。高速公路出口车流总量362.2万车次，同比上升9.8%；入口车流总量358.6万车次，同比上升16.2%。

城市公共交通

【公交车辆管理】 至2018年底，韶关市有公交企业13家（含子公司、分公司），车辆846辆。市辖三区有公交企业3家，车辆610辆，线路81条（其中，城市公交车辆503辆，线路61条；城乡公交车辆107辆，线路20条）。全年全市公交客运量5123.52万人次，其中市辖三区公交客运量4594.53万人次。

【新能源公交车更新及新增】 2018年，韶关市新购新能源公交车26辆。其中，曲江区24辆，乐昌市2辆。（钟满芬）

【市区公交站亭建设】 2018年，韶关市4个公交站场（十里亭公交总站，莞韶园、百旺桥、上饶桥公交首末站）建设前期工作取得进展。迁移站亭3座，维护更新站牌24座，维修翻新农村公交候车亭25座，维修破损站亭灯箱玻璃17块。

【公交信息化】 2018年，韶关市完成该市全国一卡通升级改造工作，升级车辆终端机具728台，超额完成广东省交通运输厅下达的工作任务。全国公交一卡通在全市8个县（市、区）实现公交100%覆盖。全市公交能够受理全国一卡通卡刷卡乘车和全国一卡通卡及银联移动支付方式，可实现全国一卡通卡、韶州通卡、银行卡闪付及银联云闪付、手机Pay闪付。岭南通·韶州通公交IC卡累计发行46万张，2018年使用岭南通·韶州通公交IC卡乘车3469.1万人次。（赵 洁）

【网约车管理】 2018年，韶关市支持“互联网+”运输服务新业态，继续推进网约车合规化进程，开展《韶关市网络预约出租汽车经营服务管理实施细则》修订工作。落实网约车平台公司、网约车辆、网约驾驶员证件核发管理工作流程。完成网络预约出租汽车驾驶员从业考试筹备并发布有关公告，受理网络预约出租汽车驾驶员考试报名，开展网约车辆运输证发放工作。全年全市发放网约车上岗证2472张。（张文俊）

公路交通运输

【概况】 至2018年底，韶关市有道路运输营运客车（不含公交车和出租车）1036辆、36246客位；营运货车7893辆、127722吨位；道路客货运输业户3713户，从业人员51694人；汽车维修业户1723户；汽车综合性能检测站6个；机动车驾驶员培训业户25户；道路客运线路326条，道路客运等级站21个，其中一级站1个、二级站7个、三级站2个。

【道路客运】 至2018年底，韶关市有道路客运业户38户，其中班车业户32户。客运班车850辆，旅游包车181辆；高级车688辆，中级车139辆，普通级车23辆。客运从业人员6592人。客运站日均发2586班次。跨省客运线路27条，跨市线路95条，跨县线路26条，县内线路192条。（钟满芬）

【农村客运】 至2018年底，韶关市开行农村客运线路213条。新增通客运班车行政村82个，全市1202个行政村有1164个通客运班车；农村客运车辆550辆；乡镇等级客运站17座，农村客运候车亭996个。（张文俊）

【道路货运】 至2018年底，韶关市有道路货运业户3630户，从业人员28846人。其中，危险品运输20户，从业人员2726人。营运载货车辆8512辆（个体1773辆）、127608吨位（个体9990吨位）。按车型分，普通载货货车4115辆、77646吨位；牵引车456辆；挂车529辆、17320吨位。按标记吨位分，大型车辆6893辆、129291吨位，中型车辆1058辆、3833吨位，小型车辆549辆、705吨位。

【机动车维修与检测】 至2018年底，韶关市有一类汽车维修业户20户，二类汽车维修业户185户，三类汽车维修业户1068户，摩托车维修业户450户。全年全市完成维修量2815287辆次。其中，整车修理208456辆次，总成修理2214927辆次，二级维护869756辆次，专项修理1346548辆次，维修救援175600辆次。汽车综合性能检测站6个，全年检测车辆19133辆次，其中维修竣工检测5018辆次，等级评定检测6920辆次，维修质量监督检测2145辆次。（钟满芬）

【道路运输培训】 至2018年底，韶关市有机动车驾驶员培训机构25家。其中，一级机动车驾驶员培训机构9家，二级机动车培训机构10家，三级机动车驾驶员培训机构7家；道路运输驾驶员从业资格培训机构1家。推进完成C5驾驶员培训。2018年全市有机动车驾驶培训教学备案车辆2053辆，教练员2679人。全年完成机动车驾驶员培训40398人次，其中培训合格36560人次。开展省级驾驶培训监管服务平台与交通安全综合服务管理平台联网对接工作。道路运输从业资格培训6514人次，其中初考、增考4093人次，到期换证2421人。

（张文俊　徐　婷）

【车辆超限超载管理】　2018年，韶关市交通、公安部门在广东省政府批准的1个固定治超站（梅花治超站）、13条治超流动巡查路段开展治超工作。全年全市查处超限车辆4146辆次，卸载1011辆次，卸载货物27568.63吨。加强源头监管，全市公布重点货运源头单位96家，签订源头治超责任书143份，建立远程监控点数量20个。路警联动，联合公安部门开展异地用警联合执法整治货车超限超载统一行动。结合“蓝天保卫战”、渣土执法等行动，严查货车抛洒、渣土车扬尘和超限超载等违法行为。加强高速公路治超非现场执法，全市收到车辆超限告知书87128份、推送超限案件65870件，审核通过5474件，立案3673件，结案1126件，发出协查通知书2720份，罚款金额177万元。实施“一超四罚”，对违规的25家道路运输企业、4台货运车辆、13家货运源头单位作出行政处罚。（刘永刚）

【韶关市粤运汽车运输有限公司】　2018年，韶关市粤运汽车运输有限公司完成客运量1623.46万人次，同比增长15.20%；客运周转量78903.71万人千米，同比增长6.06%；客运收入15127万元，同比增长0.07%；交纳税金2043万元，同比下降19.38%；职工年人均收入6.28万元，同比下降1.7%。投资2938万元更新和新增营运客车96辆。至年底，拥有营运客车786辆，出租汽车336辆，教练车168辆。强化安全生产管理，实现每百万车千米责任事故频率0.009宗，伤人率0.062人，死亡率0.026人，经济损失率37610元／百万车千米。

（王伟清）

【韶关市汽车运输有限公司】　2018年，韶关市汽车运输有限公司完成客运量340.22万人次，同比下降15%；客运周转量16659.27万人千米，同比下降13%；营运收入1945.44万元，同比下降16%；交纳税金158万元。至年底，所有营运车辆安装GPS行车记录仪和车载视频监控。年内，每百万千米责任事故频率0.0005宗，伤人率0.0001人，无死亡，经济损失率23元／百万车千米。全部考核指标均低于考核标准。

（陈松南）

【新丰县汽车运输有限公司】　至2018年底，新丰县汽车运输有限公司有营运客车98辆。其中，市际班线44辆，县际班线8辆，县内班线46辆，合计座位3383个。安全行车973.26万千米，同比下降3.48%；完成客运量125.72万人次，同对比下降13.68%；完成客运周转量10811.92万人千米，同比下降10.57%。（陈华栋）

农村公路建设与管理

【农村公路建设】　2018年，韶关市完成农村公路水泥路面硬化里程454千米，投资18450万元。其中，精准扶贫项目累计完成243.5千米，投资8521万元。完成未通客车行政村窄路基路面公路拓宽改造690千米，投资7137万元。

【农村公路安全生命防护工程建设】　2018年，韶关市农村公路安防工程建设项目完成1680千米，完成1.68亿元。其中，未通客车行政村公路生命安全防护工程完工项目778.5千米，完成投资7784万元。

【农村公路桥梁改造与新建】　2018年，韶关市完成农村公路危桥改造项目1473.58延米/28座，完成投资2627万元。

【农村公路养护】　2018年，韶关市县道（含重要乡道）路面大修工程完成59.394千米，完成投资11441万元。该市管养县道里程1836.943千米，列养率100%，年平均优良路面率84.1%；管养的乡村公路里程10913.809千米，列养率100%，年平均良好路面率80.2%。

【农村公路水毁】　受雨雪影响，2018年韶关市农村公路中断交通的地方公路120条/133处，损坏路面38328平方米/14.64千米，损坏涵洞7道，损坏挡墙3330立方米/58处，坍塌方8215立方米/129处，累计损失1311万元。

（刘洪亮）

国省道公路建设与管理

【国道与省道公路建设】　2018年，韶关市境内的国道323线乳源上围至沙坪段改建工程于10月开工，全年完成投资1亿元；国道220线新丰黄礤至县城段路面改造工程全年完成投资2405万元；省道251线黄岭亭至汤湖段改建工程进行路基桥涵施工工作，全年完成投资5500万元；省道248线乐昌市区至长来段路面改造工程全年完成投资2252万元；省道258线乳源瑶族自治县鸭麻湖至大布段改建工程全年完成投资7100万元；省道342线南雄分水坳至雄州段路面改造工程、省道342线仁化塘面至双合水段路面改造工程、省道245线翁源半溪至坝仔段路面改造工程完工。

【旅游公路建设】　2018年，韶关市旅游公路PPP项目工程完成可行性研究报告、实施方案、财政承受能力和物有所值4项报告的编制工作，实施方案经韶关市政府十四届51次常务会议审议通过，广东省财政厅完成入库申请的审核，项目招标文件初稿编制完成。

【公路养护管理】 灾毁重建工程 2018年，韶关市公路局完成国道240线坪石至高家村段灾毁恢复重建工程、国道240线高家村至乳源瑶族自治县城段灾毁恢复重建工程，总里程78.414千米，总投资2929.7万元。

安全生命防护示范工程 韶关市公路局完成2018年公路安全生命防护工程30个项目（整治隐患里程228.3千米），完成总投资4496.11万元。

养护示范路项目 2018年，韶关市公路局完成国道106线、323线养护示范路建设项目，总里程257.6千米，总投资15779万元。

桥梁维修加固和改造 2018年，韶关市公路局完成11座桥梁中修工程，完成省道246线江下桥应急抢修工程和省道246线青石桥危桥加固工程，协助仁化县人民政府完成国道106线灵溪水桥改造工程。

【路政管理】 2018年，韶关市公路局按照《广东省路政许可实施办法》规定的要求、条件、程序，按期办理路政许可65宗。根据韶关市推行“马上办”服务模式工作要求，印发韶关市公路局6个配套制度，对16个行政许可事项（含子项）中的14个事项（含子项）进行提速。加强巡查，净化公路通行环境。累计巡查里程18万千米，发现违法案件14227件，有效处理13977件，通过协作信息系统移交属地交通综合行政执法局190件。协调各县（市、区）政府对管辖公路进行综合整治。

【年票追缴】 2018年，韶关市公路局协调省、市相关部门，进一步完善年票网上缴费功能，开通微信和支付宝缴费，提高追缴年票便民服务质量。各收费单位争取当地政府和有关部门的支持，利用电话、信息、登报、上门走访运输企业等方法进行催缴。全年完成年票追缴301.5万元。

▲ 2018年1月8日，韶关市公路局养护职工在省道248线乐昌狮子山路段融冰作业（韶关市公路局 供）

【应急保障】 2018年春运前夕，受寒潮影响，韶关市北部山区多条国省道公路路面结冰。韶关市公路局应急保通队伍通过撒融雪剂、机械破冰等方式以最短时间恢复交通。台风“山竹”期间，该局启动防风Ⅳ级应急响应，关停工地34个，撤离人员312人，清除吹倒路树、毛竹131棵，设置警示标志19处，清理塌方8处370立方米，出动人员712人次，出动机械台班142台班，涵洞疏通110处。

【国省道公路服务区创新发展】 2018年，韶关市公路局以推进“厕所革命”为抓手，结合韶关全域旅游发展规划，推进公路服务区建设，在重点旅游线路设立服务区，方便旅客加油、休息和其他休闲活动。全年筹措配套资金230万元。完成仁化周田、南雄珠玑、乐昌坪石、新丰徐坑等重点服务区建设。

（马德才）

水路交通运输

【港口概况】 至2018年底，韶关港岸线2079米，建成泊位61个。其中，正常使用泊位数23个，堆场102519平方米，堆场容积44.5万吨，年货物通过能力570万吨。2018年，韶关港年吞吐量为46.57万吨，同比下降27.12%。

【港口企业】 至2018年底，韶关市登记在册港口企业6家，均为民营港口企业，其中1家为客运港口企业，5家为普通货运港口码头企业，没有经营危险品货运港口码头企业。5家货运码头企业中有3家处于停业或歇业状态，2家码头为散货码头（经营规模小）。全市港口从业职工有160人。其中，港口管理人员35人，专业技术人员70人，安全生产管理人员25人，后勤人员30人。港口装卸设备有吊机6台、铲车7台、输送机4台，吊机最大起重能力40吨。

【航运能力】 至2018年底，韶关市有15家水运企业。其中，货运14家，客运1家。建造船舶29艘、62960载重吨。全市营运船舶892艘、1108475.1载重吨、582客位、265318.76千瓦，其中货运船舶874艘、1108475.1载重吨、264351千瓦，同比分别增长0.22%、2.29%。

（刘洪亮）

航　道

【概况】 根据《中共广东省委办公厅 广东省人民政府办公厅关于印发〈广东省承担行政职能事业单位改革试点方

案〉的通知》，2018年起，广东省韶关航道局更名为广东省韶关航道事务中心，隶属于广东省航道事务中心管理，正处级公益一类事业单位。内设3个科室；下设2个航标与测绘所（浈江航标与测绘所、武江航标与测绘所），正科级公益二类事业单位。2018年，韶关辖区航道位于北江中上游，航道里程698千米，等级航道256千米。浈江、武江是北江的主要支流。浈江由南雄水南桥至韶关全长130千米，航道等级为Ⅶ级。武江由坪石至韶关全长129千米，其中坪石至乐昌铁路桥62千米为等外航道，乐昌铁路桥至桂头29千米为Ⅶ航道，桂头大桥至韶关38千米为Ⅵ航道。北江由韶关市区至大坑口分界石全长49千米，与北江航道事务中心辖区航道接壤，航道定级为Ⅴ级。辖区航道还有龙归河、新丰江和墨江等。辖区内设有各类航标257座，各类航道维护工作船舶7艘。

【韶关航道在改革开放40年高速发展】改革开放40年，韶关航道高速发展，实现从低能运输到优质高效的飞跃。北江航道扩能升级工程及其上延项目的推进，航道技术等级从Ⅶ级逐步提高到Ⅲ级，北江千吨级航道通达贯穿韶关，韶关将拥有高等级航道105千米。至2018年底，韶关辖区航道通航里程386千米，设标里程95.5千米。

【北江航道扩能升级上延工程建设规划】2018年，广东省韶关航道事务中心按照广东省交通运输厅于11月20日作出的批复，按“先武江后浈江”的思路，先期推进桂头至韶关段42千米，按通航1000吨级标准建设。该项目工可研究阶段共开展15个专题研究，2018年新增4个，完成验收4个，研究成果完成专家评审2个。项目前置的用地预审、规划选址、节能评估和社会稳定风险评估正在开展。北江上延工程继续上延，锦江按特色航道进行规划研究。武江乐昌至桂头段20千米的工程方案研究通过专家评审，省交通运输厅、省航道事务中心于年底明确开展工可研究，列入计划和安排经费；锦江元阳桥至锦江口段37千米特色航道，省航道事务中心于年底要求开展方案研究，列入计划并安排经费。北江航道扩能升级工程进展顺利，辖区濛浬枢纽二线船闸基本完成土建施工；孟洲坝二线船闸完成征地拆迁，基坑土方开挖基本完成；航道、航标和桥梁防撞等工程有序开展。白土航道站场及码头建设工作有序推进，完成测量勘探和方案设计。辖区航道规划等级全面提升，省交通运输厅上报省政府审批的《广东省内河航道规划（2018—2035）》中，辖区北江塔台至大坑口分界石49千米、武江乐昌至塔台67千米、浈江周田至塔台39千米、龙归河鲤鱼村大桥至河口2千米均规划为内河Ⅲ级航道；锦江阳元桥至锦江口37千米规划为内河Ⅴ级旅游特色航道，武江乐昌峡库区57千米规划为内河Ⅳ级特色航道。

【航道养护管理】2018年，广东省韶关航道事务中心按《内河航道维护技术规范》等规定，组织开展航道巡查、浅滩探测、水位站维护、水情观测、船舶密度观测、航道维护技术方案考核、节能减排等工作，航道维护水深年保证率100%。加强养护专项工程管理，110千瓦快艇新建、新丰江航道测量、白芒站围墙安全隐患整改、测量仪器购置等8个专项工程如期完成。配合广东省航道事务中心完成支持保障工程航道信息化项目硬件设备安装、调试、验收工作，实现与省中心视频联通。全年投入航道专项经费195万元，巡查航道5046千米，发布航道通告14次。

【航标维护】2018年，广东省韶关航道事务中心完成航标维护工程量93805座·天、改造启用发光航标里程20千米、航标维护性正常率100%。按规定开展航道航标巡查，坚持每季度一次常态化航标全线巡查，完成武广客运专线武江特大桥和南水特大桥桥涵标设置，辖区等级航道以上桥梁桥涵标整治工作全部完成。开展航标检查标准化研究，初步实现航标检查标准化。

【船闸管理】2018年，广东省韶关航道事务中心按照“接得住、管得好”原则，学习参加省航道事务中心组织的辖区濛浬、孟洲坝二线船闸联合调度有关事项，加强与船闸建设、管理单位沟通协调，参与船闸建设，谋划管理制度编制、人员配置、业务培训、经费安排等；安排林标强、钟文杰提前进驻濛浬参与建设、学习管理，保障船闸建设。

【航道工作船舶管理】2018年，广东省韶关航道事务中心按要求进行计划修理和三级保养，完成粤标1503、粤标1508等工作船的年度维修保养。其中，粤道工1503、粤道政1504存在安全隐患，按照有关规定作上岸封停处置。每季度开展1次船舶应变部署演练；详细、准确地填写航行日志、轮机日志，船舶技术档案、船舶技术资料比较齐全完整；年末船舶联合检查船舶完好率100%，优秀率100%。

【航道技术服务】2018年，广东省韶关航道事务中心开展航道巡查、技术核查工作，加强与韶关市交通运输局综合行政执法局的沟通协调，定期召开航道行政执法联席会议，加大执法协作力度，保障航道合法权益。年内，该中心完成航道专业技术意见复函9件，现场技术核查8项，向韶关市交通运输局综合行政执法机构报送涉嫌违法案件8件，联合执法检查14次，督促完成查处违法案件1件。

【航道安全生产】2018年，广东省韶关航道事务中心投入安全生产经费58万元，用于开展安全生产宣传教育活动、应急演练、安全隐患排查整治等工作。开展安全隐患排查和专项整治行动，强化对辖区濛里和孟洲坝二线船闸、江湾大桥等施工项目的安全监管，督促建设和施工单位落实安全保障措施。加强季节性灾害天气防御，加强值班值守，完善安全生产制度，开展应急预案演练，

全面提升应急处置能力，改善航道通航环境和生产作业环境。2018年韶关市航道安全生产形势持续稳定。（李国坚）

海 事

【概况】 韶关海事局成立于2000年11月，为广东海事局驻韶的分支机构，是韶关市水上交通安全监督管理主管机关。内设8个科室，下设浈武江海事处、曲江海事处2个派出机构，机构在编人员42人。2018年，韶关辖区未发生列入统计范围的水上交通安全事故或险情，辖区安全形势保持稳定。

【现场监管】 2018年，韶关辖区进出港船舶13402艘次，同比增长111.69%。韶关海事局严控重点水域、严查重点船舶、严守重要节点、严惩违法违规、严防重点岗位，采取智慧海事监管服务平台与现场巡查监管相结合、白天监管与夜间监管相结合、水上监管与岸上监管相结合的监管方式，开展巡航321次，巡航里程2686海里，巡逻里程2.3万千米，巡航计划完成率100%，做好全国“两会”、春运期间等重点时段的安全监管。韶关海事局组织开展防范船碰桥、非客船乘载非船员、内河船舶非法从事海上运输、“平安交通”百日行动等专项整治活动，打击违法违规行为，实施海事行政处罚54宗，同比上升184%。

【通航管理】 2018年，韶关海事局开展安全大巡察隐患清零行动，整改安全隐患128宗。韶关海事局服务重点涉水工程建设，为北江航道扩能升级、韶关港乌石综合交通枢纽、江湾大桥、新白线龙归河大桥等重大涉水工程建设提供保障。韶关海事局做好“体彩杯”龙舟赛水域的通航安全管制工作，全年完成水上水下活动许可6宗，发布航行通告11份。韶关海事局打造绿色渡运通道，服务平安渡，配送800多件救生衣到辖区渡口，保障群众水上出行安全便捷。

【船舶管理】 2018年，韶关海事局开展船舶登记业务765宗，实施船舶安检74艘次，发现缺陷249个，办理6艘船舶脱离“重点跟踪船舶”名单。韶关海事局开展中小型船舶安全管理专项整治行动，对169艘次中小船舶开展现场监督检查；开展国内航行船舶进出港报告专项整治行动，船舶进出港报告网上信息核查率100%；加强船舶检验质量监督检查，开展船舶吨位复核丈量5艘次，船检质量监督检查17艘次。

【船员管理】 2018年，韶关海事局组织开展典型事故案例进航运公司进船员培训机构活动，完成船员履职检查67人次；组织开展船员考试22期，考生683人次。韶关海事局开展世界海员日主题宣传活动1次，开展船员培训就业宣传1次，推进“绿色船员保障基地”品牌建设。

【船舶污染防止管理】 2018年，韶关海事局制定并发布《韶关海事局船用燃油抽检指南》，统一执法标准和尺度，全年完成燃油抽检10艘次，打好“蓝天保卫战”。韶关海事局与韶关市交通运输局联合印发《韶关市防治船舶及其有关作业活动污染水域环境应急能力建设规划（2018—2025年）》，分步推进韶关港溢油应急能力建设。韶关海事局开展船舶生活污水排放专项治理行动，落实“河长制”工作任务，做好水资源保护和水环境治理工作。

【航运公司管理】 2018年，韶关海事局以反复检查、跟踪验证、闭环管理方式加强航运公司管理，开展航运公司安全与防污染监督检查69次，约谈航运公司5次，送达安全管理建议书4份，要求整改安全隐患100多项，督促航运公司落实安全管理主体责任，辖区航运公司管理水平提升。

【智慧监管】 2018年，韶关海事局协助广东海事局推进辖区CCTV二期补点工程及电子海图建设，协助广东海事局持续跟踪韶关海事局20米级、30米级海巡船建造工作。韶关海事局为现场执法人员配备移动执法终端、执法记录仪等现代化执法装备，实现执法过程全程记录。

【应急搜救】 2018年，韶关海事局组织拟订《韶关市船舶污染水域事故应急预案》，提请韶关市人民政府办公室发文实施，健全应急处置机制，提升船舶污染水域风险防控水平。深化水上应急搜救协作，年内，韶关海事局

▲ 2018年7月16日，广东北江流域“共建平安北江”活动启动仪式在清远市凤城文化广场举行 （韶关海事局 供）

组织或指导开展水上消防、救生、溢油等各类应急演习7次。韶关海事局修订《韶关海事局防台应急预案》，防御“山竹”等强台风，实现辖区水域船舶防台“三零”（零事故、零伤亡、零污染）目标。

【平安北江建设】 2018年7月16日，广东北江流域“共建平安北江”活动启动仪式在清远市凤城文化广场举行。“共建平安北江”活动由广东海事局牵头，联合交通运输部南海航海保障中心和广东省环保、交通、水利、旅游、渔业、气象等部门，北江流域的清远、韶关、肇庆、佛山等4个地市共同组织开展，全面提升北江水上安全和水资源治理能力，推动北江流域生态文明绿色发展。参与共建的单位部门共同签署《“平安北江”共建协议书》，启用“平安北江航运综合服务系统”“北江航路信息服务APP”“交通运输部服务船员口袋工程（远程考试系统）”“港建费自助缴费系统”等系统。

【船舶检验管理体制改革】 2018年，根据《交通运输部办公厅关于印发广东、黑龙江海事局船舶检验管理体制改革实施方案的通知》，韶关海事局完成船舶检验管理体制改革。8月1日起，韶关海事局船舶及水上设施检验工作整体划转中国船级社广州分社负责，撤销韶关海事局船舶检验处，韶关海事局船舶检验处原承担的船舶重要日期确认、船舶吨位丈量复核、取消相当遮蔽航区后的特定航区认定等船舶检验行政管理职责调整为韶关海事局船舶监督处承担。韶关海事局6名划转人员于8月1日前到中国船级社广州分社报到。

【党组改设党委】 根据中华人民共和国交通运输部党组和部海事局党组的总体部署，经广东海事局党组研究，韶关市直属机关工作委员会同意，2018年10月24日成立中共韶关海事局临时委员会、中共韶关海事局临时纪律检查委员会。

【执法规范】 2018年10月31日，根据《广东海事局关于批准汕头、湛江海事局及各分支海事局权责清单的通知》，韶关海事局对外发布《韶关海事局权责清单》《广东海事局关于汕头、湛江及各分支局公务权力清单的批复》同时废止。韶关海事局实施法律顾问和公职律师制度，按程序聘请2名法律顾问。至年底，全局有2人取得公职律师证书。

【砂石船舶安全隐患专项整治】 2018年2月14日，韶关海事局与韶关市水务局联合印发《韶关市砂石船舶安全隐患清理整治实施方案》，在全市开展砂石船舶安全隐患专项整治行动，全年全市清理上岸“三无”砂石船舶305艘。

（邝剑明）

韶关火车东站

【概况】 广深铁路股份有限公司韶关东站（以下简称韶关东站）是京广铁路南端的一等区段站，属中国铁路广州局集团公司广州车务段管辖。车站站型为双向纵列式一站二场，分为韶关东场和韶关直通场，韶关东场中心里程为京广线K2048+248米，韶关直通场的中心里程为京广线K2051+630米。韶关东站南与马坝站，北与黄岗站、赣韶线的腊石坝站相接。主要办理粤北地区、赣南地区大部分的客运业务；列车中转技术作业（机车换挂、列检、商检作业等）；部分直通、区段、摘挂货物列车的解编。至2018年底，有职工502人，设运转、客运2个车间和1个综合后勤班组。2018年，韶关东站每日办理营业的旅客列车有57对114列。全年发送旅客289.7万人，比2017年增加0.8万人；客运进款完成2.21亿元，比2017年减少0.07亿元。

【铁路运输安全管理】 2018年，韶关东站落实《广州车务段安全生产责任制》，督促指导所属运转和客运两个车间和综合后勤组对各项管理制度和办法进行全面的清理、完善和补强。做好现场作业标准落实、安全分析制度落实、管理人员安全管理量化、接发列车安全、调车作业安全、劳动人身安全、防火防盗安全、旅客乘降安全、站场封闭式管理、职教培训等方面的工作。督促各车间抓好春运、清明、“五一”、端午、暑运、中秋、国庆等重要时期的运输工作。车站每月组织运转、客运和综合后勤组的管理人员召开月度安全生产分析会，分析和研判车站安全生产工作中存在的问题，强化安全管理。截至2018年12月31日，实现安全生产无责任事故3388天。

【运输生产协调】 2018年，韶关东站定期组织运转车间、客运车间和综合后勤班组召开运输生产协调会，就各车间需要解决的问题进行协调处理。协调落实春运、清明节、“五一”节、端午节、中秋国庆节支援客运岗位事项，运转与客运加开车的股道安排，博鳌亚洲论坛和青岛上合峰会安保工作等事项；每月组织召开有站区内各单位参加的站区协调会，协调解决整个站区内各单位在运输生产安全方面存在的问题。协调解决联创公司点外作业登记问题、站场股道石碴清理问题、货场树木侵限和杂草清理问题、货场灯光改造问题等，确保运输生产安全和站区内各项工作。

【职业技能竞赛】 2018年，韶关东站在广州车务段组织的“进取杯”职业技能大赛中，有15人获得各类奖项，9个奖项获得第一名。何顺法获调车长理论第一名、全能第一名；林盛忠获驼峰作业员理论、实作、全能第一名；曾国斌获减速顶维修工理论第一名；刘林林获货运检查员理论第一名；邢虹获客运值班员理论第一名；喻小婷获综控员全能第一名。运转车间和客运车间分别获得调车工种和客运工种团体第二名。在汽车司机技能竞赛中，韶关东站汽车班司机罗建军获得理论第一名、张艺获得理论第二名。 （罗春辉）

邮政管理

【概况】 2018年，韶关市有邮政普遍服务营业场所136处，覆盖全市的乡镇。其中，城市网点27处，农村网点109处。普遍服务网点中的102处具备电子化经营条件。全市有邮筒（箱）168个，其中街道箱34个、营业厅门口箱134个；传统信报箱群1825个，格口数92663个；智能包裹柜83台，包裹格口数3234个；1199个村邮站。全市有73条邮路，邮路总长度6590千米。至年底，全市快递行业有许可企业20家，备案分支机构118个，快递服务网点499个（含邮政网点136个），乡镇快递服务覆盖率100%；拥有邮政EMS、顺丰、“四通一达”及联邦快递等30多个中、外快递品牌；各型运输配送车辆1100余辆；全市邮政业从业人员4205人，其中快递企业1826人，邮政公司2379人。全年全市完成邮政业业务总量7.52亿元，同比增长29.5%，超额完成韶关市政府下达的25%年度任务，业务收入完成6.7亿元（不含邮政储蓄银行直接营业收入），同比增长15%。其中，快递业务量完成1994万件，同比增长32%，业务收入完成2.9亿元，同比增长19.4%，投递量完成7000万件，同比增长33.3%。以单件快件货值200元计算，韶关快递业承载近180亿元货值的商品流通。“双11”期间，全市快递业处理量完成455万件，同比增长53%。其中，派件量完成370万件，同比增长43%；收件量完成85万件，同比增长126%。跨境业务快速发展，跨境电商清关服务中心全年到车1578台次，到货101万件，货值5亿元，同比增长10%。邮政普遍服务满意度稳中有升，消费者申诉处理满意率99%。

【邮政普遍服务监管】 2018年，韶关市邮政管理局做好邮政普遍服务行政审批工作。全年收到邮政企业申请21件，其中营业场所迁址备案4件、信息变更备案12件、暂时业务停限办备案5件。开展邮政普遍服务合法合标检查、纪特邮票发行销售专项监督检查、机要通信专项检查、重大会议期间安全保障专项检查、旺季邮政服务和安全生产检查、邮政报刊亭扫黄打非专项检查等，全年出检267人次、下发责令改正通知书5份、约谈1次、通报5份。开展全市《人民日报》见报情况及寄递服务质量测试工作，各县区通过优化作业、增开邮路等方式，县级城市《人民日报》实现全年当日见报。联合韶关市保密局组织开展全市机要通信保密专题培训；联合市“扫黄打非”办组织开展全市邮政业“扫黄打非”工作培训。做好建制村直接通邮工作的落实情况抽检，委托第三方单位调查全市建制村通邮情况，建制村100%直接通邮。组织开展社会监督工作，社会监督员全年查看服务网点517个，开展社会监督员活动878人次，提交监督报告843份。

【寄递市场监管】 2018年，韶关市邮政管理局优化许可审批流程，做好行业经营许可核查。全年核准企业申请分支机构变更18个，新增许可企业8个，末端备案受理190个，核准平均办结时限由2017年的6天缩减为4天，末端网点备案办理时限缩短为1.5天。开展快递市场清理专项整治，全年出动执法296人次，其中联合公安、国安、烟草部门开展执法检查20人次，检查寄递企业快件分拣、仓储场所以及基层网点98个，发现安全隐患及违规问题151个，发出整改通知书65份，行政处罚10起，行政处罚金额24.4万元。做好旺季服务保障工作，“双11”期间增加作业人员超500人，增加场地近8600平方米，增加各类车辆超200台，旺季期间全市邮政业未发生重大安全事故。做好重要节点执法检查和应急值守工作。建立重大活动重要时期值班值守制度，做好全国两会和上海合作组织成员国元首理事会第十八次会议、2018年中非合作论坛北京峰会、台风“山竹”、首届中国国际进口博览会和“双11”等期间寄递渠道安全服务保障工作。推进行业扫黑除恶工作，印发行业扫黑除恶宣传单3万张，排查并处置线索3条。

【邮政业改革】 2018年，韶关市以产业联动和基础建设为依托，持续推动邮政行业供给侧结构性改革。

推进“快递下乡”工程 2018年，韶关市邮政业以“快递+农特产品”项目助力乡村振兴，顺丰、申通、中通等快递企业以“广东韶关翁源第28届国际兰花博览会”为契机，介入兰花寄递市场，收寄兰花4万多件，为当地增收超过500万元。组织开展“一市一品”农产品进城示范项目，邮政企业建立邮乐购站点1308个，通过邮政渠道收寄的农

▲2018年12月19日，韶关市邮政业快递专用电动三轮车规范管理暨交通文明出行宣誓仪式在西河全民健身广场举行（韶关市邮政管理局 供）

产品近3000吨，带动电商快包业务量60万件。快递企业全年收寄各类生鲜水果130万件，配送量5500吨。

补齐行业短板　2018年，顺丰快递在韶关市莞韶工业园完成较大型区域性分拣分拨中心建设。韶关市跨境电商清关服务中心全年到车1578辆次，到货101万件，货值5亿元，同比10%。推进“韶关市跨境电商清关服务中心”二期建设招投标工作，二期建设顺利开展。推进智能快件箱建设，全市布设智能快件箱189组，同比增长40%。推进“绿色快递”工程，鼓励企业使用电子运单，全市主要品牌快递企业电子运单使用率超过90%。加强快递员权益保护和开展关爱快递小哥活动，组织开展“最美快递员”评选和系列关爱慰问快递从业青年活动。

加强邮政业政策支撑　2018年，韶关市邮政管理局会同市商务部门推动韶关市政府出台《韶关市促进电子商务发展扶持措施》，自2018年起市财政将连续三年安排资金在快递基础设施建设、业务发展、服务精准扶贫方面予以支持；联合市住管局出台《关于加强全市住宅小区邮快件末端投递服务的通知》，解决智能快件箱建设和快件进小区难等问题；联合市工商局印发《关于规范快递末端网点备案管理有关事项的通知》，简化快递末端网点备案流程；联合公安、交通部门制定《韶关市邮政快递专用电动三轮车规范管理工作实施方案》，在全国率先由市政府常务会议审议，由市政府办公室印发，解决快递专用电动三轮车规范管理和通行难问题。全年全市超过10家企业参与三轮车规范管理，覆盖网点超过80个，快递人员超过550人，车辆近600辆。

【寄递渠道安全防护】　2018年，韶关市开展邮政行业安全生产整治，组织全市邮政快递企业集中开展安全生产暨消防安全排查整治、涉枪涉爆专项治理和危险化学品安全综合治理专项检查。全年出动执法296人次，检查各类场所98个，排查隐患及违规问题151个，行政处罚24.4万元。其中，按照《中华人民共和国反恐怖主义法》行政处罚2件。全年与政法委、市公安、国安、交通、工商、海关、烟草等部门开展跨部门联合执法检查20人次。配合农业部门强化非洲猪瘟防控力度，截获猪肉制品快件7件。是年，与各邮政快递企业负责人签订安全生产、行业禁毒、扫黄打非工作责任书，指导快递行业协会定期组织交叉检查。邀请市公安治安、禁毒、反恐、消防、市文广新局执法大队等部门在乐昌市举办行业禁毒专题培训，全年全市邮政业参训人数400多人次。

（刘　峰　张　睿）

邮政公司

【概况】　中国邮政集团公司韶关市分公司是中国邮政集团公司广东省分公司管辖的21个地市分公司之一。市分公司本部设10个部室，下辖1个寄递事业部、1个直属单位；有城区、曲江、乐昌、南雄、仁化、始兴、乳源、翁源和新丰9个县（市、区）分公司；72个邮政金融服务网点，136个邮政支局（所），164台金融服务自助设备、525个助农取款点。邮政服务网络覆盖遍全市，邮路通达全市各个建制村，总里程7922千米。邮政普遍服务执行新标准要求，全部开办普遍服务和特殊服务。2018年，全市邮政收入完成进度101.45%，同比增幅11.13%，全省排名第三名；经营利润完成进度100.01%，完成省邮政公司各项年度经营发展指标和改革任务。

【金融安全风险防范】　2018年，韶关邮政配合市银监局等监管部门开展专项活动，探索建立网点飞行式接管检查机制，防范金融安全风险。提供居民存取款、汇兑等基础金融服务，承办国债、保险、理财等金融延伸服务。实现全市72个网点微信预约功能，加大CRS、ITM等自助设备投放。加大网点搬迁整治，完善规范营业网点环境、服务质量、服务设施，为人民群众特别是偏远农村地区提供普惠金融服务。

【邮政电商扶贫】　2018年，韶关邮政探索金融+电商+定点扶贫模式，借助助农取款点推动贫困地区金融服务均等化，借助邮乐平台助力特色农产品线上销售，发展12个年收寄量5000件以上的省定贫困村邮政快递配送点。主办“电商扶贫·绿色邮政助力乡村振兴”推进会。

【绿色邮政行动启动】　2018年，韶关市全网点推广应用绿色包装箱和窄胶带，新型绿色包装及窄胶带全网点使用普及率、科学打包推广率100%，电子面单使用率85.8%。践行绿色金融，布放智能设备1台，电子银行替代率89.9%，较2017年同期提升4%，手机银行新增激活数14.4万户。

【普遍服务质量达标】　至2018年底，韶关市邮政设置邮筒158个，邮路73条，邮路总长度（不含单独机要）单程3961千米；投递网点109个，建成信报箱群1825个，智能包裹柜83台。全年全市投递进口邮件4834万件。其中，函件654万件，普包2.5万件，快包615万件，标快51万件，机要4万件，报刊3506万份。各类普邮时限基本达标普遍服务要求，县城以上党政机关《人民日报》当日见报率100%。保障1204个建制村通邮，持续规范网点设置、业务开办、行政审批和备案工作，完善网点基础服务设施配套。开展平常邮件大提升活动，组织投递“三大歼灭战”专项整治，无着邮件同比压降34.15%，国网申诉处理满意率100%。开展“扫黄打非”等专项检查，全面落实“三个100%”制度，杜绝非法出版物流入寄递渠道。机要通信连续保持40年无失密和丢损事故，连续32年无差错。与市邮政管理局建立定期联席会议制度；获得专项财政资金支持，用于13处普服网点监控设备改造；推进智能包裹柜建设，规范投递专业电动三轮车管理，配合开展普服检查整改。

【韶关邮政服务地方经济民生发展】 2018年，韶关邮政对接宣传部门，成为《习近平新时代中国特色社会主义新思想三十讲》发行主渠道，发行系列政务图书近1万册，承接多起始兴、乳源等地政府党建宣传、综合文化建设项目。借助小包伴侣、新媒体广告等线上渠道，开展“扫黑除恶”“创文”等政务宣传。开发《古虞名郡善美韶城》专题册、《丹霞山》邮票镜框。服务农产品进城，全年助力农产品上行超800万斤，农品收寄量增幅76.8%。“喜邮记”主题邮局切入“南国书香节”，开展亲子阅读、公益讲座等系列活动开拓校园市场。打通“警医邮”通道，启动邮政代办交管业务便民服务点，开发等法院文书、投递车牌及录取通知书等各类政务项目寄递超过60万件。

【寄递事业部改革】 2018年，韶关邮政按照省公司总体实施方案，完善市、县寄递事业部机构，加强资源整合，各线人员结构有效控制，财务配套工作顺利落实，经过初期磨合整体运行平稳，圆满完成“双11”高峰和重要会议期间的生产经营工作。（柯月华）

公共资源交易管理

【交易平台信息化建设】 2018年，韶关市公共资源交易中心按照“十统一”要求，逐步推进平台改造工作，完成“统一身份认证、统一市场主体库、统一交易办事事项、统一场地管理、统一交易数据中心、统一信用服务”6项工作；四大类业务基本实现全流程电子化交易，促进与公共资源交易服务平台、专家管理系统和资金管理系统的无缝对接，交易流程完全按照国家和广东省的有关技术标准；全流程业务数据实现以前置机的方式从服务平台向省平台实时推送，再由省服务平台统一向国家公共资源交易中心；推进电子交易平台评价认证和信息安全等级保护三级整改工作，开展电子交易平台评价认证和通过信息安全等级保护三级验收检测工作。

【“放管服”改革】 2018年，韶关市实现投标人“零跑腿”。入库“网上办”，投标人办理企业数字证书（CA）后，登录韶关市公共资源交易服务平台，进入相应的业务交易系统补充和完善的相关信息，即可提交入库。建设工程类企业入库后将长期在韶关市公共资源交易服务平台公示。投标人报名、下载招标文件、答疑、缴纳保证金“网上办”。投标人使用企业数字证书（CA）登录韶关市公共资源交易服务平台，进入相应的交易系统后，即可报名参加交易活动，下载招标文件，获取答疑资料，获取缴纳保证金子账号，通过网上银行或银行柜台转账缴纳保证金。

全国“一张网” 2018年，韶关市各类业务交易信息实时从市交易服务平台推向广东省交易服务平台，省交易服务平台再推向国家交易服务平台，交易信息透明化、公开化，实现全国“一张网”信息公开。

监管加强 2018年，韶关市实行行业监督部门远程“数字监督”和现场监督相结合的监督方式，推进公共资源交易全流程公开化、阳光化、透明化。公共资源交易过程均在办事大厅现场进行“数字直播”，交易相关文件（如招标文件、采购文件等）、交易过程、交易结果等均通过交易平台向社会公开，接受社会监督。

【“数字见证”新模式试行】 2018年，韶关市公共资源交易中心完善公共资源交易见证管理，参照广州市公共资源交易中心的先进经验，逐步试行“数字见证”新模式，将1号楼304调整为“数字见证室”，与“澄清室”功能并用。见证人员在数字见证室通过语音视频同步输送系统对评标区实时监控，达到“物理隔离、数字见证”的效果，实现“智能化”转变，见证工作效率提高。（赖斯文）

政府信息化建设管理

【市政务云服务项目建设】 2018年，韶关市推进政务云平台建设。市政务云平台建成并投入使用。原市电子政务中心机房所有设备（系统）全部搬迁至政务云平台机房，在市政务云平台上部署县级“一门式一网式”政务服务信息系统、全市政府网站集约化平台及全市90多个政府门户网站、韶关市中介服务超市等政务应用系统（网站）。政务云平台和各系统全年运行稳定，没有出现安全事故。推进“一门式一网式”政务服务系统建设。市级系统于2017年10月全面上线运行，10个县（市、区）系统软件于2018年4月全部上线试运行。2018年重点开展市县“一门式一网式”系统的提升优化和推广应用。2018年11月23日，市信息中心委托广东省电子政务协会组织专家对项目进行竣工验收，专家组质询讨论后一致同意通过验收。

【“数字政府”建设】 2018年，韶关市制定下发《韶关市政务信息系统整合共享工作方案》，明确政务信息系统整合共享工作的目标任务和要求，确定各项工作的牵头单位、配合单位和完成时间；会同市审计局组织市直部门开展政务信息系统整合共享专项调查，指导各县（市、区）参照市的做法，同步开展政务信息系统专项摸底调查；《韶关市“数字政府”改革建设方案》经市政府常务会议和市委深改组会议审议通过，于4月28日印发实施；成立韶关市“数字政府”改革暨“智慧城市”建设工作领导小组，由市长任组长，相关部门一把手任组员，负责全市“数字政府”改革和“智慧城市”建设顶层设计，统筹指挥“数字政府”改革和“智慧城市”建设推进工作。

【政府网站集约化建设】 2018年，韶关市信息中心在做好政府网站集约化平台管理维护的基础上，重点推进部门网站集约化工作。至年底，市政府集约化平台上线单位80家。其中，政府网站36家，非政府网站26家，频道栏目18家。

【网络信息安全】 2018年，韶关市信息中心实施全市政府网站（系统）安全服务项目，通过应用国内先进的云安全防护技术手段和网站安全检测手段，提升网站及应用系统自身的安全防范能力，为全市100余个网站及系统提供云防护服务。

【政府网站检查、监测和考评】 2018年，韶关市信息中心开展全市政府网站的检查、监测工作。组织第三方每季度对韶关市范围内的政府网站进行检查、监测，协助市政府办督促各单位对监测中发现的问题及时整改。韶关市信息中心配合做好各县（市、区）地情网的关停迁移工作。全年全市政府网站未出现被国家、省通报为不合格的情况。

【市政府网站运营维护及安全管理】 2018年，韶关市政府网站及时转载每季度的“群众办事百项堵点疏解行动”链接及上级政府网站发布的重要信息，督促全市各政府网站按要求及时转载；按照《广东省人民政府办公厅关于转发〈“我为政府网站找错”网民留言办理规范〉的通知》，按办理网民留言的时限要求及时答复审核网民留言，督促各单位及时办理。全年办理网民留言42条。

【政务短信平台部署应用】 2018年5月，韶关市信息中心搭建新政务短信平台。该平台为全市政务信息系统提供统一规范的短信平台接口服务，供全市政务信息系统接入，自动向各部门工作人员和社会公众发送提醒短信；为市直每个单位提供短信平台，用于发送行政办公短信通知。年内，政务短信平台对接韶关市电子政务综合应用平台（OA、网络问政平台等）、市县统一申办受理平台（网上办事大厅）、便民服务（12345平台）、督察督办系统、中介超市、韶关市公积金平台等系统，为10余个部门开通短信平台账号。

【韶关市电子政务网络管理】 2018年，韶关市信息中心对电子政务外网互联网出口带宽进行升级，电子政务外网互联网出口带宽从原有的400兆扩容升级为1200兆。

【电子政务综合应用平台及业务系统运维】 2018年，韶关市信息中心对前期建设的电子政务综合应用平台、OA系统、网络问政平台、政府信息公开平台、党风廉政信息公开平台、重点领域信息公开平台等系统，根据运行情况、存在问题、国家省市政策要求调整、各地各单位使用意见建议等进行功能升级拓展及优化。全年市级311个单位对外发文103357件，办结102951件，办结率99.02%；收文478969件，办结458133件，办结率95.65%。10个县（市、区）通过市县公文交平台实现发文15858件，收文182624件，未及时接收公文66件，及时接收率99.88%；网络问政平台累计点击率149527472人次。受理问政贴6538条，答复6529条，及时答复6520条，及时答复率99.86%；党风廉政信息公开平台发布信息367637条，其中，党务公开信息1837条，政务公开信息43450条，村务公开信息316540条，所站公开数据5810条；重点领域信息公开专栏累计发布保障性住房、财政预决算和“三公”经费、环境保护等各类重点领域信息10469条。（尹德雄）

政务服务管理

【政务服务事项规范化】 2018年，韶关市根据广东省“十统一”的要求，对同一事项名称、编码、依据、类型等基本要素在市县镇村四级政务服务事项进行标准化。年内，总结南雄市、浈江区的经验，按照统一标准推广到其他8个县（市、区）。

【一门一网模式】 2018年，韶关市信息中心与市行政服务中心等单位紧密合作，推进“一门式一网式”系统应用。按照广东省的要求，将原来网上办事大厅统一升级提升为省政务服务网。重点以南雄、浈江为试点，参照市的做法，推进一门一网模式向镇村延伸。市辖10个县（市、区）均按要求，完成“一门式一网式”系统向镇（村）的推广延伸工作。

政务数据资源管理利用

【政务信息系统调查摸底】 2018年，韶关市信息中心会同市审计局组织市直部门开展政务信息系统整合共享专项调查，指导各县（市、区）参照市的做法，同步开展政务信息系统专项摸底调查。市信息中心组织全市各部门进一步对政务信息系统建设情况进行核对确认。全市已建的政务信息系统304个，其中，市直各部门已建系统214个，各县市区已建系统90个。初步梳理出“僵尸系统”12个，年内全部清理完毕。开展市级部门使用国家和省垂直业务系统调研工作，形成《使用国家和省垂直业务系统清单》。韶关市发改局、经信局等45个部门使用国家、省垂直系统数合计353个。

【政务信息共享平台推广应用】 2018年，韶关市信息中心完成市共享平台安装部署和调试工作，实现横向纵向的互联互通；完成市直第一期政务信息资源共享目录的梳理编制，在省政务信息资源共享目录系统进行注册发布，涉及48个部门644个目录；完成共享平台与市发改局公共信用平台、人社局社会保险管理系统、城乡规划局一站式规划管理服务平台、市级和县区级统一申办受理平台、中小微企业融资对接平台、公积金管理平台、智慧警务平台、国土局电子政务系统以及不动产登记管理系统等的对接；组织全市10个县（市、区）开展政务信息资源共享目录梳理编制培训工作，部署政务信息资源共享目录梳理编目的工作任务；开展市直第二期政务信息资源共享目录梳理编制工作。市共享平台中心资源库采集各部门400多个共享目录数据1248.9万条。推进政务信息数据的开发利用工作，市政务信息资源共享平台实现与市人民银行的中小微企业融资平台、公安的智慧警务平台等数据应用平台的对接，共向中小微企业融资平台和智慧警务平台推送共享目录数据243.3万条。通过市共享平台接收省下放的政务信息数据6000多万条。

【电子证照部署实施】 2018年，韶关市信息中心完成电子证照系统部署工作，实现电子证照系统与事项目录系统、统一身份认证平台、企业专属和市民个人网页系统及统一申办受理平台的对接；推进部门进驻、证照开通及省级证照匹配等工作。至年底，市电子证照系统进驻市级部门37个，区级部门40个；开通营业执照、结婚证、离婚证、完税证明等74种证照，匹配对应电子证照55万张。市信息中心梳理事项办理中使用营业执照等高频证照的情况，在电子证照系统里进行绑定，完成市级营业执照用证事项绑定74个。组织市人社局、安监局、行政服务中心等部门开展第一批电子证照制证用证培训工作，推进电子证照的应用。 （赖斯文）

电子商务

【概况】 2018年，韶关市商务局推动出台《韶关市促进电子商务发展扶持措施》，推进电子商务工作，与苏宁易购、阿里巴巴、京东、乐村淘等国内知名电商企业开展深入合作。全年全市快递服务企业业务量累计完成1993.54万件，同比增长31.8%；快递业务收入累计完成29157.7万元，同比增长19.36%。年内，乐昌市、翁源县获得省级电子商务进农村示范县资格。

【韶关出台17条扶持措施促进电子商务发展】 2018年7月12日，《韶关市促进电子商务发展扶持措施》发布出台，通过17条促进电商发展措施，在政策和资金上对电商人才培养等方面给予支持，争取在3年内培育并建立本地电子商务企业、电商精准扶贫、电子商务配套的快递配送体系。其中，支持电子商务精准扶贫，对在韶关市贫困村建设的村级电子商务服务站，年代购交易额和年销售额达到一定额度的给予补助，对于帮助贫困户销售产品或者带动贫困户就业的电商企业予以支持。

【乐昌市、翁源县入选省级电子商务进农村综合示范县】 2018年9月20日，广东省商务厅公布2019年省级电子商务进农村综合示范县名单。乐昌市、翁源县经过申报推荐、专家评审以及公示等程序，入选名单。

【韶能集团与京东韶关特色馆举办战略合作签约仪式】 2018年5月8日，韶能集团广东绿洲生态科技有限公司韶能本色分公司与京东韶关特色馆举行战略合作签约仪式，韶关市本地优质品牌产品与本地电商实现相互融合、共赢发展。预计未来3年内，韶能集团与京东韶关特色馆的本色竹纸线上销售项目将实现年销售额超过3亿元目标。

【坪石镇电商精准扶贫培训中心成立暨贫困村电商服务站启动】 2018年6月6日，韶关乐昌市坪石镇电商精准扶贫培训中心成立暨贫困村电商服务站启动仪式在坪石镇举行，韶关市商务局副局长丁冰，乐昌市商务局、乐昌市农业局、乐昌市扶贫办和坪石镇主要领导，坪石镇电商行业协会成员单位，坪石镇各省定贫困村的第一书记和驻村工作队长参加启动仪式。坪石镇电商精准扶贫培训中心是粤北首家镇级电商培训中心。

【韶关农村电商助力精准扶贫在全省作经验介绍】 2018年9月3日，广东省商务厅召开全省电子商务精准扶贫工作会议。省商务厅副厅长任少、省厅电商处处长黄金祥、副处长张菊清，各地市商务局分管电商负责人，省农村电商协会、阿里巴巴、京东、唯品会、苏宁负责人等40多人参加会议。韶关市商务局副局长丁冰代表韶关市在会上进行交流发言，介绍韶关发展农村电子商务、推动电商精准扶贫的经验做法。

【2018年广东“众创杯”创业创新大赛宣讲会暨韶关市电商精准扶贫助力乡村振兴专题培训】 2018年6月12日，由韶关市商务局、人社局、农业局、妇联，广东省电子商务协会主办，韶关市电子商务行业协会承办的“2018年广东‘众创杯’创业创新大赛之农村电商赛（粤北赛区）宣讲会暨韶关市推进县域电商精准扶贫助力乡村振兴专题培训”在韶关市举办。来自韶关市商务局、人社局、农业局、妇联、扶贫办，广东省电子商务协会和各县（市、区）商务（经信）部门、电商行业协会负责人，企业代表、大学生创业者、返乡创业青年、部分建档立卡贫困户等约120人出席活动。 （伍雪龙）

电信

【概况】 中国电信股份有限公司韶关分公司（以下简称韶关电信），是中国电信在韶关的本地网企业。下辖城区、南雄、曲江、乐昌、翁源、新丰、仁化、乳源、始兴等9个县级分公司，49个营销服务中心，服务网点遍布全市所有城乡。承担着韶关地区普遍服务、党政专网通信、应急通信、战备通信和抗洪救灾通信保障等任务，提供移动通信、宽带互联网接入、信息化应用及固定电话等综合智能信息服务。

【通信基础设施建设】 2018年，韶关电信持续加强信息基础设施建设，建成4G网、全光网和物联网3张网络。建成光端口77万个，实现城市和行政村100%覆盖，自然村普遍覆盖。互联网出口带宽1180千兆，占行业80%以上。采用高低频协同方式的4G基站2558个。建成全覆盖物联网，促进物联网商用进程，推动城市智能化、信息化建设。优化VoLTE网络，做好5G试商用建设，全面布局5G。推进网络简化，开展核心层和接入层网络简化，在广东省首个完成DSL业务退网。完成软交换退网。

【云网融合支撑地方发展】　2018年，韶关电信在广东电信“2+21”云资源池部署的基础上，本地建成2个云计算中心，可扩展面积6740平方米。通过云网融合，支撑韶关市互联网+政务、医疗、教育、工业等信息化项目建设，如支撑建设“12345”市民服务平台，协助打造“名厨亮灶”民生工程等。推动企业上云，全年向全市300多家中小企业提供云资源服务。

【客户服务】　2018年，韶关电信推进百项政企服务标准落地。压降宽带装移机和修障时长，提升关键触点服务质量，光宽装移满意率98.82%，在广东省排名前列；天翼高清装移满意率99.02%，全省排名第三名；投诉处理满意率月均92.38%，全省排名第一名。开展星级客户差异化服务，通过线上线下协同，落实全流程管控。

【提速降费】　2018年，韶关电信持续推进提速降费工作。提速方面，韶关电信光宽占比95%，100兆+占比65%。降费方面，2018年全面取消手机流量“漫游费”。互联网专线业务标准资费在2017年下调23.5%的基础上再下调10%。

【社会服务】　2018年，韶关电信开展基础通信网络普遍服务工作，推进光进铜退、移动网络补盲、光网络向自然村延伸覆盖。做好应急通信保障和抢险救灾工作，完成各类重大会议和活动的通信保障工作。配合公安机关治理通讯信息诈骗461件，健全反诈防控体系建设。　（陈丽颖）

移动通信

【概况】　中国移动通信集团广东有限公司韶关分公司（以下简称韶关移动）是中国移动通信集团广东有限公司驻韶关分支机构。2018年，有职能部门8个，中心6个，下辖市区、曲江、乐昌、翁源、南雄、仁化、乳源、始兴、新丰9个分公司。2018年，韶关移动全面承接集团公司“大连接”战略，推动“四轮驱动”融合发展，扩大规模优势，提升市场份额。全年有197个先进集体和个人获得省、市、县级的表彰。其中，6个单位获“韶关市巾帼文明岗”，3个单位获“广东公司先进基层党组织”，4个单位获“广东公司先进班组”，8个单位获“广东省优秀QC管理小组”。

【网络基础建设】　2018年，韶关移动推动无线网络建设提速，新建3500个4G基站，新增开通4600个站点，新建471个NB-IOT物联网站点，实现乡镇以上连续覆盖。深化“一张光缆网”建设，新建96个传输机房、管道268管程千米、光缆1262皮长千米。提升家集客接入能力，家宽预覆盖超100万户，宽带端口配置率同比增长43%；高价值楼宇覆盖持续补强；互联网出口带宽可满足100万用户的百兆带宽接入和4K电视应用需求。

【客户服务水平提升】　2018年，韶关移动聚焦用户痛点，建立完善的服务管理机制。4G客户满意度80.98%，考核列广东省第五名。建设多网协同能力，持续提升网络感知，开展MR深度覆盖优化，调整天馈832个，整治室分21个；提升VOLTE质量，全程呼叫成功率提升至99.9%；全面达成“480”服务体系，重点小区4小时故障修复率和8小时安装及时率均超99%。

【信息化建设助推物联发展】　2018年，韶关移动响应“数字政府 智慧城市”发展号召，推动物联应用在工业、电力、交通、物流、安防等行业领域落地。参与市政府公务用车改革、交通执法、智能抄表、视频监控等项目，其中韶钢集团通过物联网技术应用，实现工艺优化和生产效率提升。物联网连接规模超20万户。

【网络通信与信息安全保障】　2018年，韶关移动启动防汛抗台保障1次，节假日通信保障11次，“两会”保障及“3·15”保障2次，重大活动通信保障28次。出动人员4054人次，车辆1528辆次，应急通信车41辆次，应急通信设备55套次。开展各类安全检查120次，整改安全隐患411处，实现全年安全管理“零”责任事故。完成防“撞库”、MAS机、Apache Strust2、互联网暴露面资产、ICP备案和大数据等18次信息安全专项检查，检查服务器2813台次、网络设备633个，配合公安机关侦破伪基站案件4宗，全年未发生重大信息安全事件。　（聂圣怡）

联通通信

【概况】　中国联合网络通信有限公司韶关市分公司（以下简称韶关联通），是中国联合网络通信有限公司广东省分公司在韶关的分支机构。下辖市区、曲江、乐昌、翁源、南雄、仁化、乳源、始兴、新丰等11个分公司。2018年7月，韶关互联网协会筹备成立，韶关联通成为会长单位。8月，韶关联通促成韶关市政府与广东联通签署全面合作协议，双方将在BPO、数字政府、智慧医疗、工业互联网等多个领域进行深入合作。

【匠心网络优势深化】　至2018年底，韶关联通4G物理站点达1780个，市县城区范围内4G宏站数量基本与其他通信运营商持平。网络覆盖提升，4GMR由年初的87.08%增长至90.45%。

核心价值区由年初的88.03%增长至91.48%。3G网络质量提升2.34PP，4G网络质量提升2.78PP。

【网络服务提升】 2018年，韶关联通坚持“以客户为中心”的经营理念，成为市场经营政策规范性、经营流程合理性的质检部门，运用两会三制（“感知会”“推进会”“倒逼机制”“挂牌机制”“问责机制”），解决和根治客户关心的问题和督查问题。是年，聚焦客户感知和一线支撑TOP问题，后台投诉解决率92%，排名广东联通第一位，高于广东联通平均值10PP（表现和贡献）；实现移网NPS全年同比提升1.5PP、固网宽带NPS全年同比提升4.5%。

【“互联网+”助力信息化建设】 2018年，韶关联通通过“互联网+”为代表的大数据、云计算、物联网、工业互联网、智能制造等新技术、新应用、新模式，推动行业转型与企业增长。韶关联通融入5G产业链，为5G时代做好准备。

【BPO（商务流程外包）产业】 2018年，联通第三呼叫中心落户韶关市。韶关联通将配合韶关市政府进行BPO产业招商，引入BPO产业合作伙伴。

（胡 琰）

无线电管理

【概况】 2018年，无线电管理工作加强航空、铁路、广播电视、公众通信等重要无线电业务安全管控，重点开展频率使用率评估和频率台站专项监督检查工作，排查和处置无线电干扰，维护空中电波秩序。

【频率使用率评估】 2018年，韶关市无线电监测站依据《广东省无线电管理办公室关于印发广东省2018年无线电频率使用率评价工作方案的通知》的工作目标、主要内容、任务分工、相关要求及时间安排，以客观、公正的原则，综合评价韶关市无线电管理机构频率使用率情况评价工作。

【频率台站专项监督检查】 2018年，韶关市无线电监测站落实《国家无线电办公室关于开展提升全国无线电管理机构执法能力专项行动的通知》和《2018年广东省无线电管理工作要点》中开展频率台站专项监督检查的工作部署，提升对无线电频率使用事中、事后监管力度。在韶关市范围内对广电、民航、海事、铁路等部门主要频段的频率使用开展专项检查，通过无线电监测技术手段全面掌握各部门主要用频的相关参数，分析比对无线电频率数据库（含频率批文、频率许可证）和无线电台站数据库，及时发现、识别、定位不明信号，对未经许可擅自使用无线电频率等违法行为实施行政处罚。

【无线电安全保障】 2018年，韶关市无线电管理机构完成各类无线电安全保障任务。完成春运期间、“两会”期间、博鳌亚洲论坛、国庆等重要活动、重要节假日的无线电安全保障，共投入160多人次，出动移动监测车50多台次、各类监测设备126台套，行程1.8万千米。投入各类考试无线电安全保障21场次，考试保障天数38天，投入人员190多人次，各类监测设施80多台套。坚持每月定期开展打击治理“伪基站”“黑广播”等非法无线电台站监测和处置工作。

【无线电基础设施】 2018年，韶关市无线电监测站完成5个韶关市高铁智能化无线电监测固定站建设，包括韶关京珠口站、韶关林科所站、曲江三都村站、乐昌高铁站、庆云湾雷村站；盘活无线电结余资金，购置1套性能优良的便携式监测设备、1套考试保障专用监管设备；进行广东预备役电磁频谱管理大队韶关监测站修缮工作。（李展癸）

城乡建设·生态环境

住房和城乡建设

【概况】 2018年，韶关市实施主动融入珠三角战略，围绕省委“1+1+9”工作部署和“一核一带一区”区域发展新格局要求，坚持稳中求进工作总基调，抓“三大主题”工作、“三大重点”民生和“三大基础”工程。全年全市完成房地产开发投资198.2亿元，房地产业增加值49.89亿元。至年底，韶关市有131家资质等级建筑企业，完成建筑业总产值201.9亿元、增长6.3%，其中省内完成产值173亿元、增长11.4%，实现利润6.3亿元。完成农村危房任务5220户，棚户区改造基本建成2284套，公积金管理缴存总额284.59亿元。房地产去库存工作取得成效，城市市容市貌整治力度加大，城市人居环境得到改善。开展乡镇（镇街）提升“139”（即一个规划、三项整治、九项基础工程）行动，整治农村人居环境。年内，完成9个老旧小区改造任务。

【保障性住房建设】 2018年，广东省下达韶关市棚户区改造基本建成任务2284套，新增租赁补贴110户，政府投资公共租赁住房分配目标任务4513户，目标任务比例95%。至年底，韶关市完成棚户区改造基本建成2284套，完成率100%；政府投资公共租赁住房分配4594套，完成率96.72%，超出省要求的1.72个百分点；城镇住房保障家庭租赁补贴发放110户，完成率110%。

住房租赁 2018年，韶关市住房和城乡建设管理局做好《韶关市住房发展规划（2016—2035）》的编制。初步制定《关于加快建立多主体供给、多渠道保障、租购并举的住房制度的实施方案（送审稿）》。探索政银合作模式，与中国建设银行达成住房租赁管理系统建设框架合作协议，搭建韶关住房租赁管理系统，打造市场化、专业化、规模化的住房租赁“韶关模式”。成立金财租赁服务有限公司作为国有专业化住房租赁平台企业，以国有企业综合优势引领和带动住房租赁市场。

保障性住房规范配建和公房管理 2018年，韶关市住房和城乡建设管理局完善市区土地开发配建政策，结合市区现行地价、房屋造价及目前普通商品住房的商品销售价格，对缴交标准进行调整，制定《市区直管公有住房管理暂行规定》，制定《市区公租房租赁补贴实施细则》，规范市区租赁补贴发放工作。

棚改划片收储规划 2018年，韶关市住房和城乡建设管理局为全面统筹市区棚户区改造工作，实现棚户区改造地块有序收储和土地集约节约利用，改善人居环境，推动韶关城市提升，完成《市区棚户区改造划片整体收储规划》编制。最终确定市区集中成片棚户区共139个地块，总户数3.7万户，总用地面积4.4平方千米。

【公租房管理】 公房管理 2018年，韶关市续签直管公房、公租房住宅合同7015户，办理公共租赁住房入住手续33户、人才公寓新安排9户；完成非住宅续签合同119宗。全年完成直管公房（标准）租金收入5230.27万元，完成率108.2%；公租房租金149.47万元，完成率100.14%。

公房维修 2018年，韶关市完成公房维修工程项目1300宗，同比减少23.53%；全年各种维修金额466.9万元，同比减少1.25%。

公房消防安全治理 2018年，韶关市住房和城乡建设管理局对市辖区所有公房进行消防安全检查，更换缺损的或损坏的公房消防设备设施405处，整改清理公房天面堆放可燃杂物10处，更换9栋公房旧楼线路，改造1栋公房供水设施，翻新3栋旧楼外墙翻新，改造危旧公房1栋。

【住房公积金资金管理】 2018年，韶关市开通“微信”服务平台，实时推送政策资讯，方便职工查询个人公积金账户信息、业务办理进度等。住房公积金中心窗口增设银行卡和身份证识别设备，职工办理业务可刷职工银行卡直接获取缴存提取账户信息。

缴存额持续增长 2018年，韶关市实缴公积金单位4462家，实缴职工22.42万人，新开户单位573家，新开户职工3.14万人。全市归集住房公积金35.83亿元，比上年增加4.16亿元，同比增长13.12%。

提取额平稳增长 2018年，韶关市进一步支持提取公积金支付房租，由原每月提取300元提高至每月400元。全年全市职工提取住房公积金29.33亿元，比上年增加2.53亿元，同比增长9.44%，主要用于个人购房。全市累计提取住房公积金199.18亿元，同比增长17.27%。

贷款平稳发展 2018年，韶关市开展公积金冲还贷业务，可按月划扣借款人公积金账户余额冲抵公积金贷款本息，减轻职工还贷压力。全年为全市5502户家庭发放住房公积金委托贷款16.07亿元，比计划13.5亿元增加2.57亿元；全市累计为64961户职工发放住房公积金委托贷款120.41亿元，同比增长15.41%。贷款余额81.06亿元，个贷率由2016年底的81.04%上升至94.91%。全年发放异地贷款2538.8万元，85户异地缴存职工家庭受惠；全年发放人才优惠贷款260笔，发放贷款金额为1.39亿元。增值收益提取保障房建设资金平稳。2018年，增值收益中提取保障房建设资金1.15亿元。

【房地产交易管理】 *房地产交易实现"一窗受理"* 2018年，韶关市房产交易业务全面纳入"一门式，一网式"改革，通过完善办事流程，加强信息共享，深化业务协作，实现不动产交易、纳税、登记"一窗受理"。在市行政服务中心及市不动产登记中心武江办事处2个办事大厅推出整合"交易、纳税、登记"的"一站式"服务。年内，韶关市在实现房屋交易与涉税信息对接共享的基础上，正式推出房屋交易与办税业务联办模式，实现存量房合同网签备案制度的全覆盖，巩固网签备案制度。是年，市辖两区商品房销售（网上签约）15618宗，面积169.24万平方米，金额119.45亿元；存量房网签成交7310宗，面积88.12万平方米，金额33.66亿元。

商品房交易监管 2018年，韶关市完善商品房预售资金监管制度，在落实《韶关市区商品房预售资金监督管理办法》的基础上，细化制订出《韶关市商品房预售资金管理操作规则》。全年完成商品房预售款审批1157宗，审批金额108.97亿元；办理存量房资金托管147宗，托管金额3163.58万元。

房屋租赁登记 2018年，韶关市与建设银行韶关分行共同推进韶关市住房租赁信息服务平台的建设，成为广东省第一批完成平台上线对接工作的地级城市。平台运行后，上挂房源总量898户，可出租房源总量730户，住房租赁合同网签162宗，入驻房地产经纪机构66家。开展房地产中介专项整治工作，对存在问题的房地产中介机构提出整改要求。全年市辖两区完成房屋租赁登记备案60宗，纳入管理面积4900平方米，换证19宗，调解租赁纠纷3宗。

【房地产市场发展】 2018年，韶关市住房和城乡建设局牵头编制的《韶关市住房发展规划（2016—2035）》通过专家评审。全年全市房地产业增加值同比增长3.2%，完成房地产开发投资198.2亿元，同比增长4.9%，占固定资产投资比重29.71%。

【房地产市场监管】 2018年，韶关市住建管理局制定新的稳定新建住房价格工作方案，构建以市场供需关系为主导的价格调控体系，完善商品住房日监控制度，分析、评估和稳控商品住房价格，遏制房价上涨；会同价格主管部门，联合进行市场巡查，加大违法违规行为查处力度；指导实施《韶关市区房屋交易管理办法》《韶关市区商品房预售资金监督管理办法》；联合规划、工商、金融部门印发《2018年韶关市房地产领域社会矛盾专项治理工作方案》，围绕房地产项目建设、工程质量、销售与售后、物业管理等环节，开展涉房地产领域矛盾纠纷专项治理。全年化解涉房地产领域矛盾纠纷600多例，未出现影响社会稳定的新苗头新问题。

【物业管理服务】 2018年，韶关市将物业服务企业诚信管理系统、物业管理信息系统、物业专项维修资金管理信息系统和电子投票系统有机结合，搭建物业管理综合信息平台。该平台于11月28日上线运行，全年办结5125宗业务。开展物业管理专项整治，开展重大节日安全生产现场检查。全年市区维修资金归集161503户，当年新增归集29970户，年末账户余额10.44亿元，当年归集额2.49亿元，审核维修资金支出申请304宗，实地查勘工程维修现场75次，审核通过并划拨的住宅专项维修资金申请109宗，划拨金额301.65万元。办理维修资金变更507宗。

【房屋交易合同网签备案】 2018年，韶关市通过"纵向"县市区系统升级改造，"横向"与市本级跨部门系统对接，实现全市房产交易数据互联互通，完成韶关市房产交易合同网签备案制度的全覆盖。发挥房屋交易合同网签备案信息与市本级不动产登记中心、税务局、公积金管理中心、市中级人民法院执行局等部门业务数据的共享利用优势。2018年市辖两区商品房合同网签备案17051宗，存量房合同网签备案7310宗。

【房产测绘】 2018年，韶关市房产测绘管理所完成商品楼房预售预测绘362幢，分层分户测绘23294套，建筑面积280.81万平方米；新建商品楼房建立楼盘表实测绘47幢，分层分户测绘4141套，建筑面积52.27万平方米；建设工程竣工验收测绘68幢，建筑面积62.27万平方米；二手房测绘1467宗，建筑面积12.98万平方米；变更测绘及其他各类测绘273宗；完成各类测绘建筑面积462.04万平方米；实现事业收入451万元。

【建筑业发展】 2018年，韶关市建筑业增加值67.1亿元，增长0.7%。年末资质等级建筑企业131个，完成建筑业总产值201.9亿元、增长6.3%，其中省内完成产值173亿元、增长11.4%，实现利润6.3亿元、与上年持平，利税总额14.1

亿元、增长17.3%。年内新增资质建筑企业12家，纳入韶关市统计库。

【建筑施工安全生产】 建筑施工安全生产检查 2018年，韶关市住房和城乡建设管理局组织开展以“生命至上，安全发展”为主题的全市建筑系统“安全生产月”和“安全生产万里行”暨奥园项目现场观摩交流会、2018年韶关市住房城乡建设系统“质量月”活动保利大都会中悦花园工程工地现场观摩会、2018市年中安全生产大检查等活动。做好建筑工地防御台风等恶劣天气工作。组织全市开展2018年上半年在建房屋市政工程安全生产大检查和下半年质量安全、扬尘治理和农民工工资支付管理综合检查、开展建筑业企业信息和人员信息核查工作。

文明施工 2018年，韶关市住房和城乡建设管理局督促在监工地做好施工现场文明施工，规范全市建筑工地的围挡设置，提升施工现场安全文明管理水平。落实建筑工地大门、洗车槽及冲洗设施、场地硬化及排水沟，作业区分割、施工现场的建筑垃圾和生活垃圾处理、工地饭堂、卫生间、渣土运输等工作。对市区每个建筑工地的督查落实到具体责任人，发现问题迅速整改。落实在监工地设置创文宣传栏，在建筑围挡上张挂“图说我们的价值观”“讲文明树新风”“关爱未成年人”“社会主义核心价值观”“农民工维权投诉”“中国梦”等创文公益广告，公益广告展示面积不少于建筑工地围挡墙体面积的30%。全年对市区在监工程创文工作落实情况不达标的下发限时整改通知216份，企业、人员动态扣分通知书76份。2018年韶关市创建全国文明城市的任务中，建筑工地文明施工达标，没有被扣分。

建材打假专项行动 2018年，韶关市住房和城乡建设管理局对在建工程使用的钢筋、水泥、混凝土、河砂、防水材料、新型墙材等原材料进行质量抽检。对预拌商品混凝土生产企业进行检查，重点检查企业资质情况，组织机构、实验室设备、原材料采购，以及产品质量控制、人员技术资质等情况；对各企业现场使用的原材料，进行现场抽样检测。通过检查确保商品混凝土质量处于受控状态。

建筑施工安全专项治理 2018年，韶关市住房和城乡建设管理局开展建筑施工安全专项治理行动。国庆节前建筑施工安全生产综合督查专项整治行动，抽查全市在建工程36项，检查建筑施工起重机械91台，高边坡4处，高支模1处，高层外脚手架37处；检查施工企业17家，监理企业14家。针对存在的问题发出安全隐患整改通知书12份、扣分通知书9份。对全市建筑施工质量安全、扬尘治理、农民工工资支付开展综合检查，随机抽取各县（市、区）在建工程32项，实地核查项目综合工作落实情况、质量安全管理资料及实体质量安全管理状况，针对存在问题发出整改通知书32份。

在监工程和施工许可办理 2018年，韶关市有在监工程611项，市区纳入质量安全监督的房屋建筑工程172项，占全市的11.78%；建筑面积1059.8万平方米，占全市的51.11%；市区在监市政工程58.5千米，占全市的43.69%；市区在监工程总造价208.56亿元，占全市的58%。全年全市办理施工许可356宗，投资额137.37亿元。其中，由本地施工企业承建的项目192宗，总造价47.16亿元，占全市的34.33%；由外地施工企业承建的项目164宗，总造价90.21亿元，占全市的65.67%。市区办理施工许可83宗，投资额62.48亿元。其中，由本地施工企业承建的项目36宗，总造价13.67亿元，分别占全市的21.87%；由外地施工企业承建的项目共47宗，总造价48.8亿元，占全市的78.1%。

【建筑工程质量监督】 两书一牌制度 2018年，韶关市明确工程的建设、勘察、设计、施工、监理等五方责任主体项目负责人的质量终身责任，要求工程项目开工前，五方责任主体单位法定代表人签署授权书，明确本单位项目负责人；工程建设五方项目负责人必须签署质量终身责任承诺书，全年全市新办理监督注册84项。工程竣工后设置永久性标牌，载明参建单位和项目负责人姓名，全年全市办理新竣工验收94项。

城市提升项目流程优化 2018年，韶关市对城市提升项目的监督注册等程序开展容承容缺、靠前服务、主动服务。加快投资项目审批，优化和再造投资项目审批流程，将办理工程质量安全监督注册需要提交的资料进行合理精简，实行容承容缺快速办理。由改革前的18类41项必须资料，将工程质量安全监督注册与建筑工程施工许可证合并精简为12类26项必要资料，2类3项容承资料。

受监工程 2018年，韶关市有受监工程259项，总面积1054.8万平方米，造价217.9亿元。其中，新报监工程项目84项，建筑面积349.4万平方米，工程造价79.9亿元，受监率100%。办理竣工验收工程104项，建筑面积242.41万平方米，工程造价74亿元，所有竣工项目均按规定设置永久性竣工标识牌。工程实体质量监督检查138项单位工程，回弹检测砼强度407个构件，合格率100%，单位工程原材料监督抽查40项工程，其中钢筋原材监督抽查96组，合格率100%。全年发出质量整改通知书204份，建设工程各方责任主体违规人员进行动态扣分处理累计33人次项，合计分值121分。

【建筑市场规范】 2018年，韶关市出台《关于加强我市建筑行业企业及注册人员诚信管理的通知》《韶关市市政工程交（竣）工验收制度》《关于印发韶关市建筑工程施工发包与承包违法违规行为专项治理行动方案的通知》，完成《韶关市工程质量安全飞行检查工作制度》《韶关市房屋拆除工程管理办法》《关于推行建筑工程标准化示范工地管理的办法》《韶关市政工程设计导则》《韶关市建设工程保证保险试点实施方案》等规章制度的征求意见。

【工程项目招投标】 2018年，韶关市实施房屋建筑和市政基础设施工程招标文件备案要点说明制度、招标失败告知制度、招标人招标备案全过程参与制度，压实招标人主体责任。开展招标代理机构和从业人员诚信体系建设，发布6期招标代理机构诚信评分，对11家招标代理机构进行诚信扣分，推进招标代理诚信评价与中介超市选取挂钩。规范评标专家选取，房建和市政工程专家统一从原来的韶关市库改为从省级库中抽取，在备案过程中，注意指导招标人和招标代理机构根据项目实际的需要合理配备选择专家，避免跨行业抽取专家现象。是年，监管进入市公共资源交易中心交易的房建和市政工程115项，中标金额53.26亿元，招标备案宗数和金额分别比上年减少4.95%和增长31.27%。办理诚信登记工程招标代理机构94家。其中，本地6家，市外88家；甲级资质86家，乙级资质5家，暂定级3家。纳入诚信管理从业人员470名，审批中介超市招标代理机构136家，其中通过90家，未通过46家。

【工程造价】 2018年，韶关市住房和城乡建设管理局完成《乡村振兴（美丽乡村）建设项目投资估算清单指引》的编制工作，对交通干线沿线村庄村容村貌整治提升、旧建筑修复、农村危房改造、道路绿化、房屋统一规划建设等新农村建设项目投资估算工程量清单项目做出指引。推进建设工程造价信息化管理系统建设工作，开展工程造价咨询企业市场行为诚信综合评价工作。全年有44家工程造价咨询企业将企业信息录入韶关市造价行业诚信与四价备案系统并接受评价。造价行业诚信与四价备案系统每月月底自动生成并公布企业诚信排名。是年，韶关市有完成合同价款登记备案的项目52个，建筑面积182.33万平方米，工程造价56.78亿元。其中，招标项目13个，建筑面积9.89万平方米，工程造价5051.29万元；非招标项目28个，建筑面积144.58万平方米，工程造价39.48亿元；EPC项目11个，建筑面积27.86万平方米，工程造价12.26亿元。完成在韶承揽单项咨询业务登记备案的外地工程造价咨询企业32家，备案项目65个。网签项目3个，建筑面积20.59万平方米，工程造价4.94亿元。

【新建民用建筑节能】 截至2018年6月30日，韶关市区节能设计审查备案项目41个，建筑面积283万平方米。新建建筑设计阶段执行建筑节能标准比例100%。按照国务院放管服改革精神及韶关市进一步优化建设工程项目审批流程改革实施方案的要求，自2018年7月1日起，韶关市取消建筑节能设计审查备案事项。

【绿色建筑】 2018年，韶关市区城镇绿色建筑占新建建筑比例达到38%以上，新增绿色建筑面积71.31万平方米以上，占年计划的142%；评价+认定绿色建筑面积80.55万平方米，占年计划的134%；落实“韶关市碧桂园凤凰城项目第三期（小学）”（12724.87平方米）申报绿色建筑运行标识工作。

【能耗统计和既有建筑节能改造】 2018年，韶关市住房和城乡建设管理局完成全市196栋国家机关办公建筑及大中小型公共建筑（建筑面积139万平方米）及123栋农村居住建筑（建筑面积2.16万平方米）的能耗统计、公示工作。完成“韶关市教育资源整合项目迁建工程（一期）之市二中、曲仁中学合并迁建项目”等3个既有建筑节能改造项目，共计9.26万平方米。

【散装水泥应用】 2018年，韶关市完成散装水泥供应量538万吨，占年计划134%；预拌混凝土使用量486万立方米，占年计划115%；预拌砂浆使用量16万吨，占年计划109%。

【装配式建筑】 2018年，韶关市住房和城乡建设管理局完成《韶关市装配式建筑2017—2025年发展规划报告》和《韶关市装配式建筑的现状及发展方向研究报告》编制工作；代韶关市政府起草《关于大力发展装配式建筑的实施意见》，征求各有关部门意见后报韶关市政府。该《意见》明确提出韶关市装配式建筑发展目标、重点任务和保障措施。年内引进1家装配式部品部件生产线，已批量生产，填补装配式建筑粤北地区无产品部件生产基地的空白；建成兰花创新博览中心、韶关城投集团商务中心等装配式建筑项目11个，建筑面积14.30万平方米。

【可再生能源建筑规模化应用】 2018年，韶关市新增“武广客运专线韶关综合客运枢纽项目（一期）”等太阳能光热应用建筑面积12.13万平方米，太阳能光热应用集热面积57平方米；新增个人住宅分布式光伏发电项目637项，太阳能光电建筑应用装机容量6.93兆瓦。

【农村危房改造】 广东省政府下达韶关市2018年危房改造任务数为3126户、存量改造任务为2094户，共5220户。2018年，韶关市农村危房改造任务开工5220户，开工率100%；竣工5220户，竣工率100%。

【城乡生活垃圾】 2018年，韶关市各县（市）及曲江区垃圾收运实行市场化模式，各县（市、区）政府落实“户收集、村集中、镇转运、县处理”和“县统筹镇、镇统筹村”的农村生活垃圾收运模式，基本实现农村清扫保洁和垃圾转运工作的常态化。全年全市村庄保洁覆盖率100%，农村生活垃圾有效处理率96.4%。

【全国老旧小区改造试点】 2017年12月，韶关市被列为“全国老旧小区改造试点城市”。2018年初，韶关市出台《韶关市区老旧小区改造试点工作意见》，配套出台《韶关市区老旧小区改造试点建设项目分类指引及改造标准实施方案》《老旧小区改造方案编制及办事流程》《韶关市老旧小区改造管线整治实施方案和技术指引》《韶关市区老旧小区改造奖励补贴资金管理暂行办法》等12个制度办法。经过试点，居民参与小区改造，小区面貌焕然一新，居民获得感提升，小区的自管组织更加健全，建立一套契合欠发达地区老旧小区改造的工作机制，形成有效管用的工作模式和可复制可推广的老旧小区改造经验。

【南粤古驿道与传统村落保护利用】 2018年，韶关市开展南雄梅关古道、乳源西京古道重点线路的深度修复与活化利用工作，南雄、乳源、乐昌境内的古驿道均列入省南粤古驿道重点段建设。南雄市梅关古道进行修复古驿道本体7.2千米，西京古道乐昌段修复古驿道本体8.27千米，西京古道乳源段修复古驿道本体15.4千米，第一期古驿道道路本体修复全部完成。根据第五批中国传统村落评审结果，中华人民共和国住房和城乡建设部初步确认韶关市申报的10个古村落列为中国传统村落。截至2018年11月，韶关市有29个中国传统村落。

【乡镇（镇街）提升】 2018年，韶关市印发《韶关市乡镇（镇街）提升五年行动计划实施方案》，规范镇街居民日常生产生活行为，整治镇街“脏、乱、差”现象，完善基础设施和公服配套，增强产业发展和公共服务能力，整体提升镇街特色风貌和形象品位。重点开展“139”（即一个规划、三项整治、九项基础工程）整治行动。计划对纳入整治提升的85个乡镇平均给予1000万元奖补资金，五年共投入8.5亿元。20个试点镇全部完成规划编制工作。各试点镇的垃圾清运保洁基本实现市场化运作，由专业的公司进行收运和保洁；污水整治，通过定期清淤疏浚，绝大部分试点镇无污水横流的现象。全年组织整治600批次、2000余人次，平均清理乱搭乱建300余宗、清理乱堆乱放400余处、清理垃圾200余吨、清除乱搭乱拉广告牌3000余块、清理牛皮癣、小广告2000余处。重点整治镇域范围内的机动车、摩托车、电动车乱停乱放问题，规范停车摆放位置，制止乱停乱放现象。全市镇街主干道风貌街（商业街）提升工程开工9个，完成1个；镇街门户标志标识节点工程开工10个，完成2个；镇街绿化美化工程开工13个，完成5个；镇街文体中心工程启动和开工11个，完成5个；镇街文化公园工程开工9个，完成1个；镇街农贸市场提升工程已开工12个，完成3个；镇街停车场建设工程已开工7个，完成13个；镇区污水处理和公厕改造工程开工14个，完成2个；镇街文化书屋（党员服务中心、志愿者驿站）工程开工10个，完成5个。该项工作得到广东省住房和城乡建设厅的肯定，发文向全省各地住建系统推广学习。 （章 程）

城市管理

【城市管理制度】 2018年，韶关市规范拆违控违工作程序，推进城市拆违整治工作，出台《韶关市区拆违整治工作考核奖惩制度》《韶关市区拆违整治典型案件线索曝光制度》《韶关市区违法建设举报管理制度》等12项制度方案，明确全年重点任务，理顺举报发现受理、调查取证、集中联合拆除、考评奖惩等环节流程和责任。建立健全“各区每周组织两至三次拆违行动，市级每两周组织一次跨区拆违大行动”联动机制。逐步构建起群众举报、专业巡查、无人机巡查和卫星遥感监测等“四位一体”的监控网络。利用住建部及省住建厅卫星遥感监测城乡规划遥感监测下发数据，对市区范围疑似图斑进行核查。推进无人机项目，通过无人机“航拍”方式对新增违建进行监控，作为控违日常巡查方式。组建市级专业巡查队伍，负责对市区新增违建进行全面摸排。市级外包巡查范围从浈江区、武江区扩大至曲江区，并要求各有关单位、施工企业根据行业特点制定报装和处理的相关指引，从源头上抓好防控。

【违法违章建筑查处】 2018年，韶关市计划完成拆违任务64.92万平方米，市辖区全年治理违建1257宗、面积147.95万平方米，完成年度存量拆违任务的227.9%。其中，浈江区治理违建379宗、面积64.52万平方米；武江区治理违建502宗、面积65.85万平方米；曲江区治理违建376宗、面积17.57万平方米。

【市容市貌整治】 2018年，韶关市开展“六乱”整治，打造“洁净、整齐、有序、绿色、亮丽”生态宜居城市。全年下发《市容市貌考核工作督促整改告知单》233份，督查问题2423宗。

“六乱”整治 2018年，韶关市对市容市貌乱象进行分类，细化明确工作任务，提出8大类整治内容。开展市辖三区各类联合专项整治行动，各区“六乱”黑点、露天烧烤档等得到初步整治。开展乱垂钓整治和流浪乞讨人员救助工作。全年市区整治“六乱”8.91万起，维修垃圾桶、果皮箱等环卫设施1362个。强化市容市貌专项考评，每月定期对市辖三区市容市貌进行专项考评，考评结果通过媒体向社会进行通报。

户外广告招牌整治 2018年，韶关市推进户外广告专项规划。加强户外广告、招牌设置管理，规范设置行为，编制印发《韶关市户外广告、招牌规划建设指引》，对2大类6中类9小类户外广告、招牌明确设置位置、尺寸、颜色、材质。开展户外广告招牌拆除，市辖三区政府全年拆除户外广告牌2183块，面积5.6万平方米。对11个影响市容市貌的超大型T型广告牌进行整治。

裸露地整治 2018年，韶关市编制出台《韶关市城区裸露土地整治工作方案》，市辖三区同步制定实施方案并开展摸底调查工作，同步开展整治。全年完成裸露地整治61处，其中浈江区18处、武江区28处、曲江区13处、芙蓉新区2处。

“三线”整治 2018年，韶关市推进《韶关市通信线路建设指引规范》编制，出台《韶关市“三线”整治工作验收标准（弱电部分）》，对光缆电缆吊线、用户线、箱体3类提出14种不同情况的具体整治要求。聘请专业通信规划设计单位，编制重要节点及市区30条道路的线路规整工程方案。下达重要节点第一阶段工作任务，明确风采桥东桥头、曲江桥东西桥头等具体位置的实施意见，编制整治方案。完成第一期十大最差路段“三线”整治，老东门社区完成弱电整治；侯山村（韶大片区）强电乱拉部分整改，适用捆扎的线路全部捆扎。

“十大最差路段”整治　2018年，韶关市组织开展市区“十大最差路段”公开评选活动，制定《韶关市区“十大最差路段”评选方案》，评选结果作为市容市貌整治的重点区域，列入城市综合管理考核项目，对各区整改落实情况进行考核。新闻媒体、人大代表、政协委会不定期明察暗访，全程监督整改。第一期评选整治工作取得成效，环境卫生方面大为改观。

【建筑渣土治理】　打击违规渣土运输　2018年，韶关市住房和城乡建设局通过落实日常巡查制度、强化工地出场管理，查处处置渣土的各类违法违规行为，遏制渣土运输车辆超载、不按规定路线行驶和严重污染路面等现象。年内，全市路面污染情况得到较大改善，市区道路扬尘情况有所缓解。全年出动执法人员10009人次，执勤车辆2830台次，发出《调查通知书》97份，责令整改通知书43份、立案处理案件45宗，罚款42.8万元。

联合执法　2018年，韶关市城管、交警、交通执法部门联合开展7次联合执法专项整治，分别于23：30—次日4：30和5：30—8：30，开展两班次的错峰联合执法。联合执法期间，出动城管、交警、交通执法人员1926人次，执法车辆536辆次；检查运输车辆819辆，由交警处罚293辆，罚款383750元，扣分1063分。

新型环保车推广　2018年，韶关市印发《关于在韶关市区启用新型全密闭建筑垃圾运输车辆的工作方案》，自2018年6月1日起，在市区范围内全面使用新型全密闭建筑垃圾运输车辆。禁止不符合技术规范、无牌无照车辆运输建筑垃圾。2018年，因购置新车加入渣土运输市场，新准入6家渣土运输企业，至年底有符合新车10辆以上等条件的运输企业16家。全年全市有250辆新型全密闭环保车投入运营。其中，210辆配备卫星定位装置，办理车辆入户手续；其余车辆正在办理相关手续。市区建筑渣土运力能满足市区建筑渣土运输。

垃圾消纳场建设　2018年，韶关市住房和城乡建设管理局对小阳山消纳场开展安全检查，协调市规划局、市国土资源局、市住管局、市环保局、市水务局、市安监局、市农业局、市林业局、武江区政府等相关职能部门，于6月19日对小阳山建筑垃圾消纳场进行安全检查。推动小阳山渣土场3号区扩容堆填项目，多次召集市、区两级职能部门召开协调会，待形成方案后上报市政府批准实施。推动花拉寨消纳场的建设，工作方案经市府常务会议讨论通过，经营业主正在开展各项备案工作，开展前期建设。

【数字城管建设】　2018年，韶关市实现“12319”数字城管平台对市辖三区覆盖。2018年4月起，曲江区纳入到“12319”数字城管平台进行统　管理。是年，“12319”数字城管平台有29个网格，实现对韶关市市政公用设施覆盖管理。全年全市采集和有效处置案件54931件。

【市政公共基础设施管理】　新型保洁箱更换　2018年，韶关市辖三区投放新型保洁箱1020个。其中，浈江区投放463个，武江区397个，曲江区139个。完成浈江区强弱电箱（86个）美化改造项目。

垃圾中转站升级改造　2018年，韶关市浈江区南郊一公里中转站和五中中转站完成建设；南郊三公里中转站协调完土地权属问题，在办理土地权属转让手续；武江区百旺路中转站（新建）试运行；矿山公园中转站完成主体建设，正在装设备；武江北中转站完成主体框架建设，正在进行建筑物首层建设；工业西中转站正进行设备调试。

韶关市循环经济环保园一期工程　2018年，韶关市循环经济环保园一期工程确定选址位置，确定项目用地意见及用地红线，可行性研究报告初步编制完成，项目物有所值评价报告初步编制完成，项目实施方案初步编制完成，项目建设工作领导小组成立，完成项目建议书修编专家评审会。

【桥梁隧道养护管理】　2018年，韶关市继续抓好桥梁、隧道日常巡查管理工作、根据巡查结果，每月展开桥梁隧道应急零星维修工程，整改巡查和数字城管案件发现问题。推进17座桥梁和4座隧道的常规检测。开展2019—2021年度桥梁、隧道日常养护维修外包服务采购招标工作，完成五里亭大桥等5座桥梁提升方案编制工作。做好桥梁隧道信息化运行维护，推进韶关市区百旺大桥、百旺隧道等桥隧健康监测保护系统项目。

【公园绿地建设】　2018年，韶关市重点以滨江带状景观绿地为绿脉，整合、利用、绿化、美化桥、岸、岛等，拓展游憩型公园绿地。全年旧堤加固改造及环境改造工程绿化面积1.84万平方米；韶州公园开工建设，公园规划面积247.5公顷，总投资2.13亿元。韶关市林桥公园一期开工建设，总用地面积6.3公顷，其中绿化面积3万平方米；以芙蓉新城为未来发展目标，开展芙蓉新城裸露土地整治及重要节点绿化提升项目，全年完成美化绿化面积21万平方米。完成芙蓉新区盆景山公园建设，项目总用地面积20.5万平方米；以马坝人遗址、石峡文化遗址以及大南华旅游品牌为特色，扩建马坝人遗址公园。以单位附属绿地和居住区绿化为绿星，营建绿星棋布人居空间，均衡全市绿地布局，着重对公园绿地、小游园及道路绿化实施提质改造。

【生活垃圾处理填理】　2018年，韶关市的花拉寨生活垃圾卫生填埋场处理生活垃圾25万吨，采用“生化处理+膜处理”技术工艺处理生活垃圾渗漏液19万吨。花拉寨生活填埋场二期工程开工建设。

【城市绿化、亮化工程】 城市绿化 2018年，韶关市落实“300米建绿、500米见园”要求，增加社区公园、街头游园等小型绿地，提升公园绿地服务半径覆盖率情况。通过拆墙建绿，拆违建绿，污渠覆绿，改善老城区空间布局，选择在武江区人口密度大、市民需求比较紧迫的区域进行绿化建设，利用各类边角地块，开展社区公园、街头游园等“五小”项目建设。其中，武江区有18个项目建成启用，建设面积4.97万平方米，包括韶关大道沐溪大道西南侧交接处绿化工程、韶州公园绿道入口绿化改造工程和芙蓉东路原市中心血站门前绿化工程等；浈江区“五小”项目中的2个示范小公园（粤华商贸小公园、华南农产品交易所旁小公园）竣工并向市民开放。2018年，韶关市完成绿道建设7.8千米。其中，森林公园绿道提升工程绿道3.6千米，道路宽4米；韶州公园新增绿道4.2千米；马坝河绿道完成初步设计审查并于11月正式施工。绿道部分总投资570万元。

城市亮化工程 2018年，韶关市完成城区帽峰山步行道、市区公共亮化道路及沐阳东路横巷、西河立交桥底、天子岭新村、天子岭前进新村、风度南路27号、惠民北横冲山（原三建石场）、芙蓉北横巷（集琦集体宿舍旁）7条小街小巷的城市亮化工程，安装LED灯具416套，LED景观灯饰118套，敷设线路总长24千米。完成2018年巩卫创文城市照明设施采购项目，对市区主要道路灯杆翻新油漆1371套及更换市区主要道路路灯灯罩3930套。

路灯改造工程 2018年，韶关市完成城区新华南大道、立交桥至新华北五中路口、韶冶路、新惠路、新民路及帽峰公园广场路灯改造，安装LED灯具399套，敷设线路总长5635米。

市区城乡接合部路灯安装升级工程 2018年，韶关市安装LED灯356套。完成三江六岸公共设施进行亮化美化效果设计，完成“三江六岸”河堤管线整治工程（一期）暨风采桥至西河桥河堤段（小岛河堤侧）的亮化美化工程。

【污水处理】 城镇污水处理 至2018年底，韶关市建成城镇污水处理厂29座，其中投入运营的城镇污水处理厂27座，建成总处理能力43.13万吨/日，累计建成截污管网总长度425.72千米，2018年度全市城镇生活污水处理率87.73%。市区建成7家城镇生活污水处理设施（其中2座尚未投产），建成总处理能力25.4万吨/日，建成截污管网158.87千米，2018年市区城镇污水处理率91.22%。在建城镇污水处理厂1座，第三污水处理厂（6万吨/日），服务范围为浈江区东河片区、韶南片。各县（市）城区全部及中心镇建成污水处理厂，共21家污水处理厂在运行，总规模17.73万吨/日，建成配套截污管网累计162千米，2018年县城生活污水处理率85.8%。

村镇污水处理设施建设 2018年，韶关市有省定贫困村278个，20户以上自然村2757个。至年底，有1729个自然村完成雨污分流任务，完成占比63%。“十三五”期间，韶关需新增村级污水处理设施3800个，部分村级污水处理设施建设工作启动。

镇级污水处理设施建设 至2020年，韶关市拟建65座镇级污水处理设施。截至2018年底，韶关市开工建设的镇级污水处理设施有34座，未开工建设的有21座，开工建设率52%。

城镇污水厂提标改造 在“十三五”期间内，韶关需完成出水水质提标改造的城镇污水处理厂有5家，分别为新丰县污水处理厂（1.5万吨/日）、曲江区鑫田污水处理厂（4万吨/日）、乐昌市污水处理厂（一期1.25万吨/日）、南雄市珠江污水处理厂（一期1.5万吨/日）以及韶关市第二污水处理厂（11万吨/日）。截至2018年底，乐昌市污水处理厂完成出水水质提标改造工作，新丰县污水处理厂正在进水调试。 （章　程）

芙蓉新区建设

【概况】 韶关芙蓉新区管理委员会（以下简称芙蓉新区管委会）于2013年10月28日挂牌成立，为韶关市人民政府派出机构，主要职责是根据市委、市政府授权或委托依法行使芙蓉新区规划、建设和发展等职能，负责新区开发建设效能监察工作。芙蓉新区管委会有编制22名，其中主任1名、副主任3名；内设4个副处级职能部门；至2018年底，有在职干部19人。2018年，芙蓉新区管委会落实“快字当先、好字当头”的总体要求，按照“抓重点、破难点、出亮点，在建设一线比高低论英雄”的“三点一线”工作思路，推动芙蓉新区开发建设。全年芙蓉新城安排建设项目46个，其中续建项目21个，新开工项目25个，计划完成投资70亿元。年内实际完成投资72.74亿元，完成全年投资计划的103.9%。综合客运枢纽（一期）、城投商务中心等12个项目完工，碧桂园天麓山小学、滨江商务中心等15个项目开工。

【征拆交地】 2018年，韶关芙蓉新区管理委员会采取党建助推、打违拆违、挂图作战、分合作战等四种征拆新模式，会同武江区组织开展芙蓉新城征拆交地“大会战”。全年完成清表交地400公顷，拆除房屋面积45万平方米，迁移坟墓1240座。韶州文化广场、滨江商务中心、芙蓉大道南、北江航道“五改三”等重点项目全部完成征拆交地工作。

【项目建设】 2018年，韶关芙蓉新区管理委员会多次组织市直相关单位现场勘察研究，确定开展小阳山弃土场扩容堆填的方案，有效解决长期以来影响新城建设的弃土问题。建立组团挂点联系重点项目制度、芙蓉新城开发建设“三函”协调制度等，芙蓉新城几个关键性项目取得实质性进展。芙蓉隧道于2月9日建成通车；芙蓉大道于8月1日实现全线贯通。妇幼保健计生服务中心完成部分主体封顶；韶州文化广场完成场地勘察；滨江商务中心项目进行基坑开挖和桩基超前钻。5号路管廊主体工程施工有序推进，百旺路缆线管廊完成约6300米主体结构。完成防洪、治涝、水环境等新城水系上位规划的编制。北江体育公园完成方案设计修改。市第一人民医院迁建项目完成EPC招标。

▲ 2018年8月1日，芙蓉大道实现全线贯通。图为芙蓉隧道和芙蓉大道南
（曾善福　摄）

【城市管理】　2018年，韶关芙蓉新区管理委员会按照“连片征拆、连片绿化”的思路，开展新城环境整治和美化绿化行动，拆除违规广告牌32块（面积862平方米），完成美化绿化面积21万平方米。芙蓉第一小学建成投入使用，于9月正式招生；天麓山小学于9月30日动工建设；芙蓉新城“四小公园”完成规划设计方案；车头小学异地重建项目开展规划方案设计。碧桂园太阳城、恒大城建立社区居委组织，武江区城市管理局分派部分工作力量进驻新城，加强环境卫生和市政设施管理。韶关市公安局武江分局交通警察大队六中队在芙蓉新城挂牌成立，对芙蓉新城百旺路、韶关大道、芙蓉大道、西联隧道、芙蓉隧道等主干道路和重要节点交通实行管控。

【产城融合】　2018年，武广客运专线韶关综合客运枢纽（一期）竣工验收，韶关汽车客运站、旅游及农产品展示中心于9月20日进驻运营。城投商务中心、移动生产调动中心建成，韶关前海人寿三甲医院于9月5日动工建设。韶关芙蓉新区管理委员会联合市国土资源局强化芙蓉新城闲置土地处置，年内对恒大酒店、捷豹路虎4S店等项目的企业法人进行2次约谈。至2018年底，保利商业综合体项目开展基坑支护及桩基础施工，恒大酒店规划方案通过韶关市城乡规划委员会审议。2018年完成土地出让19.13公顷，收取土地出让金3.74亿元。其中，芙蓉大道南加油站地块出让以1.18亿元摘牌，每亩成交价2171万元，刷新土地出让单价的历史最高纪录。推进外联交通设施建设，曲江大道、新白线等工程建设取得新进展。

【农民安置】　2018年，芙蓉新城的赤水安置新村全部完成分配入住；芙蓉安置新村分房500套，入住率95%；西联安置新村分房694套，入住率60%以上；车头安置新村分房522套，入住率20%。下胡安置新村全面动工建设，完成18栋（72户）安置房主体工程建设。芙蓉新城范围内涉及芙蓉、西联、赤水、下胡、车头5个村委会，符合办理人数5312人，办理5300人，芙蓉新城失地农民社保手续办理工作基本完成。落实各村委首期经济发展用地38.15公顷，赤水、西联、芙蓉、车头等4个已建成的安置新村绿化、卫生站等公共服务设施逐步完善。（曾善福）

生态环境

【概况】　主管工作部门为韶关市环境保护局，韶关市人民政府组成部门，正处级单位。2018年，韶关市环境保护局行政编制19名、行政执法专项编制20名。内设9个职能科室（分局），以及韶关市环境保护局浈江分局、韶关市环境保护局武江分局2个派出机构。下设韶关市环境监测中心站、韶关市环境污染控制中心、韶关市环境信息中心等3个直属事业单位。韶关市全力推动生态环境保护工作，打好污染防治攻坚战，生态环境质量持续改善。空气质量方面，韶关市区空气质量AQI优良达标率90.41%，全年空气质量指数优良天数330天。水环境质量方面，全年韶关市地表水水质优良比例100%，县级以上饮用水水源水质达标率100%。声质量方面，各功能区域噪声基本符合标准要求，市区道路交通噪声年昼间平均等效声级（L_d）67.3dB（A）、夜间平均等效声级（L_n）58.9dB（A），声环境质量较好；市区区域环境噪声昼间平均等效声级（S_d）56.18dB（A），夜间平均等效声级（S_n）47.27dB（A），声环境质量一般。

【主要污染物总量减排】　2018年，韶关市印发《韶关市2018年主要污染物总量减排工作计划》，将减排重点项目和目标任务分解到重点企业和县（市、区）政府。成立韶关市环境保护局、住建、农业等部门组成的减排工作督办小组，在4月、7月、10月开展三次督查督办，并印发督办通报。全年全市实施完成208个减排项目，其中规模化畜禽养殖场项目169个、污水处理厂项目27个、垃圾填埋场渗漏液处理项目2个、脱硫脱硝项目9个以及拆除南水河网箱养鱼项目。经广东省生态环境厅核算，韶关市化学需氧量相对于2015年减排比例下降9.8%，氨氮下降9.8%，二氧化硫下降12%，氮氧化物下降1.5%，均超额完成广东省下达韶关市污染防治攻坚战年度目标任务。

【蓝天保卫战】 2018年，韶关市全面开展“散乱污”工业企业整治工作，完成整治297家。落实重点企业管理要求，关停韶关市坪石发电厂有限公司（B厂）一台3号机组（12.5万千瓦），完成企业节能减排技术改造工作；陶瓷行业1条生产线完成煤改气工作；水泥行业2条生产线完成提标改造工作；完成13家加油站油气回收治理工程改造。全市有14家VOCs省级重点监管企业，其中，9家完成治理，3家已停产，2家不涉及VOCs污染物排放。全市淘汰、停用、报废、注销燃煤锅炉23台，完成生物质锅炉整治的锅炉57台（其中淘汰、停用、报废、注销生物质锅炉25台）。强化渣土、物料运输车辆和施工工地管理，对市区在建工程扬尘整治不达标的施工单位下发限时整改通知222份。制定乡村秸秆废弃物回收利用工作方案，扩大烟花爆竹禁放区。加强机动车尾气管理工作，检查并处罚不达标车辆45台次。2018年，韶关市区空气质量AQI优良达标率90.41%。

【碧水攻坚战】 2018年，韶关市全力打好碧水攻坚战。控制工业污染，完成广东省下达的3家重点企业改造任务，66家企业通过清洁生产审核验收。推进工业集聚区污水处理设施建设，莞韶园甘棠片区和乳源经济开发区富源片区污水处理设施投入运行。加强畜禽养殖污染防治，对全市江河沿岸的养殖场开展清理整顿，完成169家规模化畜禽养殖场的污染减排设施建设，全市规模化畜禽养殖废弃物资源化利用率68%。推进城镇污水处理设施建设，2018年新增县级以上城市污水处理能力3.7万吨/日，完成6家乡镇污水处理厂建设，新增镇级污水处理能力0.51万吨/日，完成新丰县污水处理厂提标改造工程，新增县级以上城市污水管网86.32千米，新增镇级污水管网70.86千米，完成改造城镇老旧污水管网27.58千米。加强全市地表水水质监测预警，开展水污染防治第三方评估考核。2018年韶关市地表水水质优良比例100%，县级以上饮用水水源水质达标率100%。

【土壤及重金属污染防治】 2018年3月，韶关市人民政府印发《关于印发韶关市2018年土壤污染综合防治先行区建设工作计划的通知（韶先行〔2018〕2号）》，引导各级各部门分解落实工作责任，推进全国土壤污染综合防治先行区建设。韶关市农用地污染状况详查完成率100%，市县级质控工作完成率100%；韶关市重点行业企业用地土壤污染状况详查进入第二阶段入场调查阶段，完成70%以上地块采样和50%样品检测任务；韶关市土壤环境背景值调查完成5000个野外样品采集及其制备工作；韶关市321家企业工业固体废物排查和大宝山矿区土壤污染状况调查评估已完成。2018年起，韶关市在凡口铅锌矿及其周边区域（仁化县董塘镇）、大宝山矿及其周边区域（曲江区沙溪镇、翁源县铁龙林场）执行部分重金属水污染物特别排放限值，减少重点区域土壤源头污染。通过实施原位不覆土技术体系，开展新山片区历史遗留矿山生态恢复治理工程（一期），完成25万平方米废弃矿山生态环境修复。韶关市在土壤和农产品协同调查基础上，进行民情调查，综合分析农民需求、种植品种和习惯、周边污染源及特色农业等情况，成功探索“板上发电，板下管控，植物修复示范”的第三方资金管控、“种桑养蚕”种植结构调整和“农企合作”等农用地分类管理模式。通过平台基地建设，完成34个水稻品种、10个玉米品种、24个土壤调理剂的验证评估。12月，韶关市工信局联合市生态环境局印发实施《韶关市涉重金属重点行业工业清洁生产技术推行方案（铅锌冶炼和采选行业）》、韶关市水务局印发实施《韶关市灌溉水水质定期监测制度（试行）》。12月底，韶关市土壤环境信息化管理平台建成试运行，实现“土地流转程序中红线压踏—信息提醒—信息反馈—严格准入”等联动管理环节信息化、“一企一档”电子化和土壤环境管理信息定期更新信息化。通过土壤污染防治第三方评估和全过程技术等国家和省级单位技术服务，韶关市土壤污染综合防治“管理、技术和评估”等“三大”体系逐步搭建，各级各部门联动管理能力逐步提升。

【环保督察案件办理及反馈意见的整改】 2018年6月，韶关市配合中央开展为期1个月的环保督察“回头看”工作，期间转办该市的35批62宗案件全部办结。9月，广东省第三批第一环保督察组对韶关市开展为期半个月的省级环保督察工作，督察期间交办案件380宗全部办结。根据督察反馈意见，韶关市分别制定整改方案，列出68项问题清单，明确工作目标、任务要求和责任单位。韶关市完善环境保护责任考核制度，组织开展新一轮生态环保规划与生态产业发展规划工作；南岭国家自然保护区和乐昌杨东山十二度水省级自然保护区完成违法项目清理；市区十里亭水源地整治任务基本完成；全市划定畜禽禁养区，清理264家规模以上养殖场；市区扬尘管控取得明显成效；完成全市固体废物摸底调查工作，粤北危险废物处置中心、韶钢固体废物综合利用等一批重点项目建设进展顺利。

【水源地整治】 2018年2月，中华人民共和国生态环境部、水利部共同部署水源地整治工作（主要内容为“划、立、治”，即划定边界，设立警示标志和视频监控，整治违法建筑与项目）。韶关市排查市级饮用水源地2个、县级饮用水源地8个，排查出环境问题44个（其中35个自查问题，9个交办问题）。至年底，完成清理整治36个（其中，27个自查问题，9个交办问题）。其中市级饮用水源地27个环境问题全部按期完成清理整治并销号。12月，广东省政府批准韶关市县级以上7个水源保护区的调整方案（其中，6个调整边界，1个明确边界）。

【环境监管执法】 2018年，韶关市环境保护局出动执法人员2384人次，较上年度增加7%；检查企业1018家，较上年度上升25%；处罚企业26家次，较上年度上升160%；处罚金额291.55万元，较上年度增加455%。全年受理群众反映各类环保问题信访件1673宗，比上年同期上涨52.8%，处理率100%，办结率100%。根据中华人民共和国生态环境部、广东省生态环境厅等部门要求，开展三轮联合交叉执法检查，检查企业137家次，其中存在环境问题的企业84家次，所排查企业涉及化工行业、农林牧渔业、农副食品加工业非金属矿物制品业、金属冶炼及压延加工业、废弃资源综合利用业、环境治理业、公共设施管理业等22个行业，存在问题的企业由市、县两级环保部门分别要求整改，涉及违法行为的依法对企业进行立案查处。联合市住管、国土、经信部门组织各县（市、区）对辖区黏土砖厂和非黏土砖厂开展排查整治工作，出动执法人员290人次，检查各类砖厂57家，关闭粘土砖厂6家，发现存在问题的各类砖厂29家。根据国家对排污许可最新要求实施全过程管理，韶关市完成42个行业的排污证核发，为强化证后监管，督促持证单位尽快完善排污许可证台账记录和执行报告的报告工作。

【项目环评审批改革】 2018年，韶关市环境保护局提速审批，联合华南先进装备产业园管理委员会，共同出台《关于华南先进装备产业园项目环评管理的若干意见》，为装备园入园项目环评文件审批的保质提效提供制度保障。结合最新的环保法律法规及实际的工作情况，进一步优化环评审批工作程序，发布《韶关市环境保护局行政审批流程（2018年版）》，明确政府投资、社会投资、符合园区规划的入园企业、敏感类和非敏感类项目实行不同的审批流程。全年市级办理各类新建项目环评审批97份，登记表备案管理191份，建设项目噪声、固体废物环境保护设施验收决定6份，建设项目自主验收材料接收凭证66份，办理许可证228份（其中广东省污染物排污许可证85份，国家污染物排污许可证7份，在城市市区建筑施工使用蒸汽桩机、锤击桩机审批71份，噪声敏感建筑集中区域内夜间连续施工作业审批27份，办理辐射安全许可证36份，危险废物收集经营许可证2份）；广东省危险废物经营许可证初审意见2份。

【农业面源污染治理监督指导】 2018年，韶关市环境保护局配合农业部门推进畜禽污染防治。督促指导全市畜禽养殖废弃物资源化利用，减少畜禽养殖污染排放，对资金条件好的养殖者推广高效生物降解床养殖模式，中小型养殖户推广干式环保微生物除臭模式。全年全市完成畜禽养殖污染减排项目169家，其中养猪场97家、养鸡场71家、养牛场1家。督促农业部门及各地政府加强农药、化肥使用管理，推广测土配方施肥，开展稻田重金属污染土壤修复应用示范。与2017年相比，化肥、农药、塑料薄膜使用量均有所下降。

【水功能区划】 2018年，韶关市辖区内已批复的市级水功能区个数228个，所有小（一）型以上水库和50平方千米以上河流全面划定水功能区。保障水功能区水质监测的资金投入，确保监测站点数量和检测频率，市级投入监测经费19.5万，实施监测的水功能区71个，全年全市监测次数284次。

【入河排污口设置管理】 2018年，韶关市水务局部署开展入河排污口调查摸底和规范整治专项行动，全面完成调查摸底工作，排污口数目210个。完成排污口的监测工作；完成入河排污口整改方案印发和发布全部入河排污口的准备工作。

【气候变化应对】 2018年，根据《广东省碳排放权管理试行办法》，韶关市13家年排放二氧化碳2万吨及以上控排企业（钢铁企业5家、电力企业3家、水泥企业3家、造纸企业2家）开展2017年度企业碳排放权信息报告核查和配额清缴履约工作。推进全国碳排放权交易市场建设，15家（钢铁企业4家、电力企业3家、化工企业4家，水泥企业3家、造纸企业1家）温室气体排放量2.6万吨二氧化碳当量及以上企业向全国碳交易市场提交2016、2017年度温室气体排放信息报告。翁源县等4个县（市）36个省定贫困村及少数民族县村林业碳普惠（PHCER）项目减排量307805吨二氧化碳当量经广东省发展改革委核准核证，6月7日成功在广州碳排放权交易所竞价交易，全部用于碳排放权控排企业的配额清缴履约，交易价格16.32元每吨二氧化碳当量，交易金额502.34万元。

【水环境质量】 *县级以上集中式饮用水源地水质状况* 至2018年底，韶关市有县级以上集中式饮用水源地9个，设监测断面9个，其中，乳源南水水库、南雄瀑布水库、始兴花山水库等3个水源地为Ⅰ类水质，市区十里亭、曲江苍村水库、乐昌铁桥下、仁化赤石迳水库、翁源园洞水、新丰白水礤等6个水源地为Ⅱ类水质，达标率100%，与2017年持平，保持稳定达标。市区饮用水源地水质达标率100%，与上年持平，其中，十里亭断面水质为Ⅱ类、达标水量7974.0万立方米，苍村水库断面水质为Ⅱ类、达标水量2070万立方米。

江河地表水水质状况 至2018年底，韶关市河流水质监测在北江、武江、浈江、南水河、墨江、锦江、马坝河、滃江、新丰江、横石水共设23个市控以上常规监测断面，其中省考以上断面13个（国考断面3个，分别为武江十里亭、浈江长坝、北江高桥），省跨界断面2个，分别为三溪桥（与湖南交界）、孔江水库上游（与江西交界）。2018年，韶关市23个监测断面水

质均达水质目标要求，优良率100%，与2017年持平；达标率100%，其中13个省考断面较2017年（92.3%）上升7.7个百分点。

【大气环境质量】 2018年，韶关市区城市空气中二氧化硫、二氧化氮、可吸入颗粒物、细颗粒物年均浓度、一氧化碳日均浓度第95百分位数、臭氧日最大8小时浓度第90百分位数分别为0.015毫克/立方米、0.029毫克/立方米、0.049毫克/立方米、0.036毫克/立方米、1.4毫克/立方米、0.148毫克/立方米，除细颗粒物外均优于国家二级标准，全年空气质量指数优良天数330天，优良率90.41%。

【声环境质量】 2018年，韶关市区道路交通噪声年昼间平均等效声级（L_d）67.3dB（A）、夜间平均等效声级（L_n）58.9dB（A），道路交通噪声强度为二级，声环境质量较好；市区区域环境噪声昼间平均等效声级（S_d）56.2dB（A），夜间平均等效声级（S_n）47.3dB（A），市区区域环境噪声总体水平等级为三级，声环境质量一般。各功能区域噪声基本符合标准要求。（杨文怡）

表17 2018年韶关市区饮用水源水质状况表

监测断面	监测年份	年取水量（万立方米）	年达标水量（万立方米）	水质达标率（%）	水质类别	年均值超标项目	年均值超标项目浓度（毫克/升）	综合污染指数均值
十里亭	2018	7974.0	7974.0	100	Ⅱ	—	—	0.14
苍村水库	2018	2070	2070	100	Ⅱ	—	—	0.10

表18 2018年韶关市区市控以上河流水质变化趋势分析结果表

河流名称	断面名称（功能类别）	功能区划水质目标	水质类别	是否达标	超标项目	定性描述	上年水质类别	变化趋势	备注
武江	三溪桥	III	Ⅱ	是	—	优	Ⅱ	持平	国控、国考（考核湖南）、跨省界
	坪石	Ⅱ	Ⅱ	是	—	优	Ⅱ	持平	省控
	昌山变电站	Ⅱ	Ⅱ	是	—	优	Ⅱ	持平	省考
	桂头	Ⅱ	Ⅱ	是	—	优	Ⅱ	持平	省考
	十里亭	Ⅱ	Ⅱ	是	—	优	Ⅱ	持平	国控、国考
	武江桥	III	Ⅱ	是	—	优	Ⅱ	持平	市控
锦江	丹霞山	III	Ⅱ	是	—	优	Ⅱ	持平	国控、省考
孔江水库	孔江水库上游	Ⅱ	Ⅱ	是	—	优	Ⅱ	持平	国控、跨省界
浈江	河坪	Ⅱ	Ⅱ	是	—	优	Ⅱ	持平	国控
浈江	古市	III	III	是	—	良好	III	持平	省考
墨江	墨江出口	Ⅱ	Ⅱ	是	—	优	Ⅱ	持平	国控、省考
浈江	长坝	Ⅱ	Ⅱ	是	—	优	Ⅱ	持平	国控、国考
浈江	曲江桥	III	Ⅱ	是	—	优	Ⅱ	持平	市控
北江	孟洲坝电站	IV	Ⅱ	是	—	优	Ⅱ	持平	国控
北江	白沙	Ⅱ	Ⅱ	是	—	优	Ⅱ	持平	省控
北江	高桥	Ⅱ	Ⅱ	是	—	优	Ⅱ	持平	国控、国考、跨市界
南水水库	南水水库	I	I	是	—	优	I	持平	国控、省考
南水河河	锑厂下游	Ⅱ	Ⅱ	是	—	优	Ⅱ	持平	市控

续表

河流名称	断面名称（功能类别）	功能区划水质目标	水质类别	是否达标	超标项目	定性描述	上年水质类别	变化趋势	备注
龙归河	龙归	Ⅱ	Ⅱ	是	—	优	Ⅱ	持平	省考
马坝河	马坝河出口	III	III	是	—	良好	III	持平	市控
滃江	官渡	III	III	是	—	良好	III	持平	省考
横石水	横石水桥	III	III	是	—	良好	Ⅱ	持平	省考
新丰江	马头福水	Ⅱ	Ⅱ	是	—	优	Ⅱ	持平	国控、国考、跨市界

表19　2017、2018年韶关市区大气监测结果统计表

市县名称	监测项目	测点名称	年平均（毫克每立方米）		超标率（%）	
			2017	2018	2017	2018
韶关市区	二氧化硫	市八中	0.020	0.016	0	0
		碧湖山庄	0.015	0.013	0	0
		园林处	0.017	0.015	0	0
		韶关学院	0.016	0.013	0	0
		曲江监测站	0.020	0.017	0	0
		市区统计	0.017	0.015	0	0
	二氧化氮	市八中	0.031	0.029	0	0.6
		碧湖山庄	0.024	0.027	0	0
		园林处	0.028	0.028	0	0
		韶关学院	0.022	0.023	0	0
		曲江监测站	0.038	0.036	0.3	0.3
		市区统计	0.029	0.029	0	0
	可吸入颗粒物	市八中	0.055	0.050	0.3	0.3
		碧湖山庄	0.053	0.048	0.6	0.3
		园林处	0.051	0.049	0.3	0.3
		韶关学院	0.045	0.044	0	0.3
		曲江监测站	0.059	0.055	1.1	0.8
		市区统计	0.052	0.049	0.3	0.3
	细颗粒物	市八中	0.039	0.036	6.1	5.7
		碧湖山庄	0.037	0.036	5.5	5.4
		园林处	0.036	0.033	5.2	4.8
		韶关学院	0.036	0.035	4.3	3.9
		曲江监测站	0.042	0.039	8.4	7.2
		市区统计	0.038	0.036	4.7	5.2
	一氧化碳（日均浓度第95百分位数）	市八中	1.5	1.4	0	0
		碧湖山庄	1.3	1.3	0	0
		园林处	1.5	1.5	0	0
		韶关学院	1.4	1.4	0	0
		曲江监测站	1.7	1.7	0	0
		市区统计	1.4	1.4	0	0

续表

市县名称	监测项目	测点名称	年平均（毫克每立方米）		超标率（%）	
			2017	2018	2017	2018
韶关市区	臭氧（日最大8小时浓度第90百分位数）	市八中	0.152	0.150	8.6	6.4
		碧湖山庄	0.142	0.148	4.8	5.0
		园林处	0.152	0.145	8.2	5.1
		韶关学院	0.162	0.144	11.4	5.5
		曲江监测站	0.154	0.143	6.6	4.4
		市区统计	0.156	0.148	6.0	4.9
	降尘（吨/平方千米·月）	市八中	1.73	1.76	0	0
		碧湖山庄	1.35	1.5	0	0
		园林处	1.52	1.46	0	0
		韶关学院	1.26	1.15	0	0
		曲江监测站	1.93	1.73	0	0
		市区统计	1.56	1.52	0	0

表20　2017、2018年韶关市区降水质量统计表

监测站名称	2017年				2018年			
	样品个数（个）	酸雨频率（%）	降水pH值		样品个数（个）	酸雨频率（%）	降水pH值	
			范围	平均			范围	平均
韶关市	90	40.0	4.19～7.63	5.26	72	23.6	4.15～7.45	5.47

表21　2018年韶关市区道路交通噪声监测统计表

行政区	测点数（个）		总路长（千米）			平均路宽（米）
韶关市区	55		73.5			20.4
昼间	平均车流量（辆/小时）	等效声级	达标率%	>70dB路段		声级范围（分贝）
				路长（千米）	（%）	
	1868	67.3	87.3	10.7	14.6	57.4～73.3
夜间	平均车流量（辆/小时）	等效声级	达标率%	>55dB路段		声级范围（分贝）
				路长（千米）	（%）	
	764	58.9	29	64.6	87.9	45.4～64.0

表22　2018年韶关市区区域环境噪声功能区统计表

功能区	网格大小（米）	网格数（个）	覆盖面积（平方千米）	等效声级（分贝）				等级划分	评价
				夜间	超标率（%）	昼间	超标率（%）		
1类区	500×500	42	10.50	44.2	38.1	55.3	47.6	二	较好
2类区	500×500	136	34.00	47.9	26.7	56.2	17.6	三	一般
3类区	500×500	69	17.25	47.9	7.2	58.0	7.1	三	一般
韶关市区	500×500	247	61.75	47.3	24	56.2	24.1	三	一般

教育·科技·文化旅游体育

教育综述

【概况】 韶关市教育局为韶关市人民政府工作部门，行政编制27名，后勤服务人员5名，内设机构8个。2018年，韶关市成功创建广东省推进教育现代化先进县（区）8个，加上2017年创建成功的2个，覆盖率100%，是实现全覆盖的粤东西北地区4个地级市之一。

【教育基本建设】 2018年，韶关市中小学校完成投资8.95亿元。其中，建安工程6.47亿元，设备购置1.66亿元，其他0.82亿元。年内新增校舍建筑面积37.63万平方米，新增固定资产价值8.7亿元。

【师资队伍建设】 至2018年底，韶关市有中小学（幼儿园）教师35761人。其中，小学教师14024人（研究生学历27人，本科学历6946人，大专学历6372人，高中阶段学历679人），初中教师8198人（研究生学历61人，本科学历6692人，大专学历1445人），高中教师4289人（研究生学历229人，本科学历3981人，大专学历79人），中等职业学校教师1504人（研究生学历124人，本科学历1233人，大专学历145人，高中阶段学历2人；双师型教师659人），幼儿园教师7746人（研究生学历3人，本科学历996人，大专学历4586人，高中阶段学历2098人，高中阶段以下学历63人）。全年全市招聘教师1026人，其中，招聘农村教师494人，研究生学历96人，本科学历737人，大专学历193人。落实省“三区”支教工作，韶关市会同东莞市、珠海市、茂名市共安排67名优秀教师分别到乐昌、南雄、乳源、新丰等地支教，其中韶关市派出教师30名。参与公费定向培养师范生，2018年韶关市初中起点五年专科签约39人，高中起点四年本科签约192人。

【“县管校聘”管理改革】 2018年，韶关市依据《韶关市人民政府关于推进全市基础教育学校学校“县管校聘”管理改革工作的意见（试行）》等6份指导性文件，建立七方面的机制，采取六项举措，推进“县管校聘”管理改革，促进中小学教师均衡配置，提高教师编制使用效率，激发教师队伍活力。2018年全省中小学教师“县管校聘”改革现场交流活动在韶关市举行。全年全市中小学调整交流教师1792人，教师交流比例7.2%，其中跨校、跨学段竞聘分别为1441人、321人。试点推行学校去行政化和校长职级制改革，《关于试点推行中小学校长职级制改革的实施意见（暂行）》于2018年12月第四届56次市政府常务会议上审议通过，确定浈江区、乳源瑶族自治县推行中小学校长职级制改革试点工作。

【教师资格和职称评聘】 2018年，韶关市组织开展两期全国中小学教师资格考试面试，参加面试2573人；教师资格认定5706人；首次教师资格注册合格人数21706人；完成中小学教师高级、正高级和中职学校高级讲师评审，有6人通过中小学教师正高级职称评审，325人通过中小学教师高级职称评审，8人通过高级讲师评审。职称评聘向乡村学校教师倾斜，其中农村教师有128人取得高级职称。

【教师补助和上岗退费】 2018年，韶关市落实广东省关于不低于人均每月1000元的标准落实山区中小学（幼儿园）教师生活补助的文件精神，全年全市有12040名山区教师受益。没有纳入省山区补助的浈江区、武江区，政府自筹资金按照乡镇事业单位工作补贴政策，对农村教师发放补助，标准为300～500元，受益人数1104人；继续落实“高校毕业生到农村从教上岗退费”政策，享受上岗退费440人，其中2018年新增136人。

【师德建设】 2018年，韶关市有21名教师被评为“广东省第十批特级教师”，40名教师被评为“南粤优秀教师（教育工作者）”。评选表彰“韶关市优秀教师（教育工作者）”300名、“优秀乡村教师（校长）”100名，“最美乡村教师”10名。按照师德建设长效机制的实施细则要求，开展“弘扬高尚师德，潜心立德树人”师德建设主题教育月活动，签订师德承诺书，评选出师德征文一等奖10篇，二等奖34篇，三等52篇，微视频一等奖3个，二等奖6个，三等奖12个。处理违反师德师风教师13人。

【教师学历提升】 2018年，韶关市继续落实《韶关市基础教育学校教师学历提升助学办法（暂行）》，对全市在职中小学教师学历提升的教师给予奖励，年内韶关市教育局为各县（市、区）取得提升学历证书的教师1980人发放助学金237.6万元。

【教学质量】 2018年，韶关启动为期三年的“韶关市中小学‘学科核心素养教学’质量提升工程”，完善课程体系，把核心素养和学业质量要求落实到各学科教学中，改进教学策略与方法，重视学科教学中的探究活动，开展社会实践等课外活动，开展研究性学习，推进教育信息化应用、融合创新，促进学生全面健康发展。

【高考质量】 2018年，韶关市高考成绩继续保持增长态势，在全省山区市中继续名列前茅。全市普通高考有20245名考生被各类高校录取，录取率89.6%。其中，普通类录取韶关市考生18934人，录取率92.9%，“3+证书”高职类录取1311人。本科以上上线人数首次突破9000人，上线率超全省平均水平。

【师生竞赛】 2017—2018学年度，韶关市教师参加各类活动，获国家级一等奖27人次、二等奖1人次；获广东省特等奖、一等奖、二等奖、三等奖分别为1、282、211、335人次；获韶关市特等奖、一等奖、二等奖、三等奖分别为2、1106、1234、1148人次。学生参加各类竞赛获国家级一等奖、二等奖、三等奖分别为77、110、149人次；省特等奖、一等奖、二等奖、三等奖分别为2、547、1126、1148人次；获市一等奖、二等奖、三等奖分别为2649、3182、3748人次。2018年，韶关市举办全市中小学生创客、中小学电脑制作评审、中小学电脑机器人和计算机教育软件评审等主要活动，参与广东省各项大赛活动，获得国家一等奖4项、二等奖8项、三等奖12项，广东省特等奖3项、一等奖28项、二等奖69项、三等奖142项。

【教学科研】 2018年，韶关市修订并颁发《韶关市优秀教育科研成果推广应用实施方案（试行）》。课题研究方面，省级课题立项28项，其中2项为广东省教育科学十三五规划2018年度中小学教师教育科研能力提升计划项目重点课题，部分省级课题结题；274项市级教研课题结题，2018年市级教改课题立项411项，其中40项为规划课题。教科研成果方面，评出2017年韶关市中小学教育教学成果奖一等奖10项，二等奖25项，三等奖17项；广东省第四届中小学校本课程建设成果一等奖2项，二等奖8项，三等奖7项，资源奖5项；2018年，韶关市有广东省基础教育研究实验基地学校6家；部分学校获第四届广东省中小学校本课程建设成果奖励。

【教育装备】 2018年，韶关市各级教育部门借助教育创强复评的契机，按照教育装备建设标准和要求，加大建设力度，提升基础教育办学水平。全年全市中小学校装备和教育信息化工程建设投入资金超过1.5亿元，全市新增计算机室41间、计算机3200台、校园网络15套、“班班通”班数856个、多媒体专用教室87间、其他功能场室158间、纸质图书46万册、常规教学仪器317万元。

【各类考试】 2018年，韶关市组织实施11大类16场考试，考生人数15.6万人次，参与考试管理的工作人员1.55万人次。全市普通高考考生22601人，其中普通类考生20381人，“3+证书”高职类考生1901人，单招类考生319人。全市成人高考考生6923人，其中报考专科升本科2632人，高中起点本科31人，高中起点专科4260人。全市自学考试9261人次，报考23810科次。上半年毕业考生175人，其中本科164人、专科11人；下半年毕业考生有102人，其中本科92人、专科10人。全市九年级报名参加中考人数30581人，八年级报名参加中考人数34150人。全国中小学教师资格考试有9165名考生参加考试。硕士研究生入学考试全市有2026名考生参加考试。全国计算机等级考试上半年考生人数4573人，下半年考生人数4330人。

【德育工作】 2018年，韶关市创建70所市级文明校园，36所市级绿色校园，101所县级文明校园。4月3日，《中国教育报》在基层新闻版专题报道《广东韶关聚力融智，为学生打上“文明底色”——同频共振“扮靓”城市风景线》。韶关市开展“文明交通、文明餐桌、文明旅游、文明如厕、文明用语、文明上网”6大主题教育实践活动，各中小学累计开展主题活动17000多场次，创建39个文明公厕示范点。

德育实践活动 2018年，韶关市开展“文明创建迎新春”、“善美韶城·与爱同行”学雷锋志愿服务活动、清明祭英烈系列活动、“童心向党”系列活动、“善美韶关——‘我的中国梦，我的2049’2018”年主题书信活动、“向国旗敬礼”主题系列活动等。韶关市中小学生中华经典诵读活动被评为“韶关市2018年度全民阅读优秀品牌”。韶关市教育局被广东省教育厅评为“朝阳读书”活动“红旗飘飘引我成长”主题活动优秀组织奖。7月，获全国“中华魂”（辉煌与梦想）主题教育活动先进集体奖。

法治教育成果 2018年，韶关市组织参加“全国青少年法治知识网络大赛”、全国学生“学宪法讲宪法”演讲比赛、“亲子”家庭读宪活动；组织开展“法润校园”中小学生法治书画比赛、“善美之城·与法同行”青少年儿童法治文艺比赛、法治童话故事征文比赛、韶关市中小学生“中华魂”（辉煌与梦想）暨“学宪法讲宪法”主题演讲比赛等系列活动；创新运用“韶司在

线”——韶关普法考试微平台，组织全市中小学生参加法律知识测试；将法院庭审直播网络信号接入学校终端设备，开展现场法治教育；先后组织10万多名学生参观禁毒教育展馆，强化青少年禁毒法治教育。开展大中小学教师宪法教学研究与实践征文活动，评出一等奖15人，二等奖30人。举办韶关市中小学生“学宪法讲宪法”演讲比赛，评出一等奖5人，二等奖7人，三等奖8人，其中3人代表韶关参加省赛，2人获省二等奖，1人获省三等奖。创建省级毒品预防教育示范学校49所。

【体育艺术教育】 2018年6月25—27日，韶关市体育教师代表队在肇庆市参加广东省第十五届运动会学校体育组（广东省第四届）中小学体育教师教学技能大赛，获团体总分全省一等奖，其中有6人获省一等奖，4人获省二等奖；参加广东省第十五届运动会学校体育组科学论文报告会，获省二等奖7篇，获省三等奖17篇。10月17—19日，举办韶关市青少年校园足球教学暨韶关市第九届中小学（幼儿园）体育与健康教学展示活动，评选出现场教学（教学录像）市一等奖28节、二等奖24节；教学设计（教案）市一等奖18节、二等奖33节、三等奖30节。韶关市学生代表队参加广东省第十五届运动会学校体育组竞赛，获得金牌3枚、银牌5枚、铜牌3枚，有52个单项、110人次获奖，以团体总分1466.9分获得全省一等奖，韶关市教育代表团获得“体育道德风尚奖”，32名学生被评为“体育道德风尚奖”运动员。韶关市代表团参加2018年“广佛肇清云韶”乒乓球比赛，获得团体总分第四名。2017年广东省校园足球摄影、微视频及征文大赛中，体育教师摄影作品获得省二等奖1件，获得省三等奖2件；学生摄影作品和征文作品14件分别获得省一、二、三等奖。韶关市代表团参加2018年广东省中学生武术套路锦标赛获得甲组团体总分第四名，乙组团体总分二等奖。参加广东省“省长杯”足球联赛全省总决赛获得高中男子足球第八名。参加2018年广东省中学生田径锦标赛获得甲组男女子团体总分第六名、乙组男女子团体总分第七名。举办韶关市第二十三届中小学（幼儿园）“英东杯”文体竞赛，开设项目足球、篮球、行进管乐、行进打击乐、民族器乐、民族集体舞蹈、书法、绘画、摄影、陶艺、篆刻等，全市有20万人参加初、决赛。开展“戏曲进校园”，全市有130多所学校邀请专业剧团开展“戏曲进校园”专项演出，参加观看师生17万多人。

【广东省推进教育现代化先进县（市、区）实现全覆盖】 2018年3月1日，韶关市召开申报广东省推进教育现代化先进市工作部署会。5月，仁化县被授予“广东省推进教育现代化先进县”称号。6月，浈江区、曲江区、始兴县等3地被授予“广东省推进教育现代化先进县（区）”称号。12月，乐昌市、南雄市、翁源县、新丰县等4地被授予“广东省推进教育现代化先进县（市）”称号。韶关市实现广东省推进教育现代化先进县（市、区）全覆盖的目标。

【国家义务教育质量监测优秀组织单位全覆盖】 2018年，韶关市按照广东省对2018年国家义务教育质量监测工作的要求和部署，成立义务教育质量监测县级实施工作领导小组，完成2018年国家义务教育质量监测的各项任务。韶关市及10个县（市、区）均被国家教育部基础教育质量监测中心授予“国家义务教育质量监测优秀组织单位”。

基础教育

【概况】 至2018年底，韶关市有幼儿园562所，其中公办139所、民办423所；义务教育阶段学校320所（不含完全中学和特殊教育学校）；普通高中学校24所（完全中学9所，独立高中15所），其中省一级普通高中学校22所（含国家级示范性普通高中学校12所）。小学在校生248414人，学龄人口毛入学率102.61%；初中在校生106296人，学龄毛入学率113.75%；普通高中在校生50541人，高中阶段毛入学率98.73%。2018年，全市普通高中合计毕业18909人；市属义务教育阶段初中学校毕业3036人。2018年秋季普通高中招生16622人。7月，制定并公布实施《韶关市推进高中阶段学校考试招生制度改革工作方案》。推进基础教育资源均衡配置专项改革省级试点工作，《韶关市基础教育资源均衡配置试点工作方案》经广东省重大民生领域改革专项小组第三次会议审议，获得原则性通过。

【学前教育】 至2018年底，韶关市有幼儿园562所，其中公办139所、民办423所，公办幼儿园和普惠性民办幼儿园485所，占全市幼儿园的86.3%。全市在园幼儿119502人，3—5周岁幼儿学前三年毛入园率101.86%，其中农村学前三年毛入园率95.8%。4月，印发《2018年韶关市幼儿园招生工作意见》。全面实施《韶关市发展学前教育第三期行动计划（2017—2020年）》，总计资金投入12407.82万元，新增公办学位4760个，扶持企事业单位、集体办园及普惠性民办园227所；在村级幼儿园建设方面，全市有4000人以上的行政村15个，其中13个独立办成规范化普惠性幼儿园。全市学前三年毛入园率101.86%，公办幼儿园和普惠性民办幼儿园覆盖率90.6%。韶关市教育局与市文明办、市妇联联合印发《关于印发2018年韶关市第七个“全国学前教育宣传月”系列活动方案的通知》，6月1日与市文明办、市妇联于联合主办的“老师，您好！小朋友，你好！”全市幼儿教师风采集中展示活动，活动分为幼儿教师风采展示和韶关市首届“十佳幼儿园园长”“十佳幼儿教师”“十佳保育员”颁奖活动。

【义务教育】 2018年，韶关市教育局印发《2018年秋季全市义务教育阶段招生工作意见》，公办中小学继续坚持免试就近入学、统筹安排、取消择校；首次实施公民办学校同步招生，即报名时间、录取时间公民办同步进行。印发《韶关市教育局关于促进基础教育优质均衡发展推进学区化集团化办学的实施意见》，全面启动优质初中培育工作，已参与的高级中学10所，初级中学10所。继续开展“九年一贯制学区管理试点工作”，市田家炳中学2018年秋季初中招生直升继续面向三所学校（武江区金福园小学、红星小学、向阳小学）。

异地务工人员随迁子女入学　2018年秋季，韶关市安排异地务工人员随迁子女7.02万人（含本市各县区农民进城务工人员子女2.65万人及外省市进城务工人员随迁子女4.37万人）就读，其中0.65万人（占全市义务教育阶段异地务工人员随迁子女总数的9.21%）自主选择民办学校就读外，其余的6.37万人（占全市义务教育阶段异地务工人员随迁子女总数的90.79%）全部安排进入公办学校免费就读（其中，小学安排学位5万个，初中安排学位1.37万个）。

农村义务教育寄宿制学校试点市建设　2018年9月，韶关市争取省级农村义务教育寄宿制学校建设专项资金16093万元（其中南雄1733万元、仁化861万元、翁源3682万元、乳源1939万元、乐昌2677万元、始兴2915万元、新丰396万元、浈江126万元、武江766万元、曲江998万元）。至年底，全市农村义务教育寄宿制学校开工建设93所，投入资金11824万元，竣工64所，新增建筑面积27562平方米，新增寄宿制学位5147个，减少教学点8个。其中，现有寄宿制学校达标改造投入7168万元，全市61所达标建设学校有50所完成建设任务，改造完成达标学位9005个；扩建寄宿制学校26所，投入3120万元，新增建筑面积14552平方米，新增寄宿学位2089个；新建寄宿制学校6所，投入1536万元，新增建筑面积13010平方米，新增寄宿学位3058个。

【普通高中教育】　2018年，韶关市教育局印发《关于全市普通高中2018年招生工作意见》，继续推进普通高中招生“大互通”工作，广东北江中学“志锐班”和韶关市第一中学“博雅班”各招生2个班90人。继续做好“指标到校”工作，全市省一级以上公办普通高中学校严格按省要求“安排不低于50%的公费招生名额，按初中学校在校生数和实施素质教育的情况，直接分配到区域内各初中（含民办）学校”。全年有1334名考生符合新修订的《关于进城务工人员随迁子女接受义务教育后在韶参加初中升学考试工作方案》的普通高中录取相关条件，享受与本市户籍考生同等录取的待遇。4月，确定广东北江中学、韶关市第一中学、曲江中学、乳源高级中学、南雄市黄坑中学等5所学校为统编普通高中教材试教试用学校，按照统一部署完成普通高中新课程标准市级培训任务。

【特殊教育】　2018年，韶关市有特殊教育学校7所，专任教师132人，义务教育阶段残疾儿童少年在校生2097人，残疾儿童少年入学率98.96%。3月，韶关市教育局印发《韶关市第二期特殊教育提升计划（2017—2020年）实施意见》，健全特殊教育服务保障机制。指导市特殊教育学校完成第二类残疾学生（智障）秋季招生的工作准备，继续招收3个班（其中2个培智班，一个聋生班），新增1个智力残疾学龄前儿童班，探索实施非义务教育阶段残疾儿童受教育。

【民族教育】　2018年，韶关市有少数民族普通中小学学校3所，义务教育阶段少数民族在校生7411人，少数民族学龄人口入学率100%。继续实施少数民族考生中考加分政策（加10分）。

中等职业教育

【概况】　至2018年底，韶关市有中等职业学校（含韶关学院韶州师范分院中职部和韶关学院医学院中职部）15所，其中公办11所、民办4所；国家级重点中等职业学校3所，省级重点中等职业学校4所。建成省级实训中心5个、省级中等职业学校重点建设专业（点）6个。

【中职招生】　2018年，韶关市开展中职招生改革工作，取消春季招生，重点进行秋季招生，并通过广东省高中阶段教育招生平台进行录取。全市中职学校实际完成招生人数9758人，比广东省教育厅下发的任务多招418人，占招生计划任务数的104.4%。

【广东省现代职业教育综合改革示范市建设】　2018年，韶关市教育部门加快推进创建广东省现代职业教育综合改革示范市的各项工作。韶关市教育局草拟并提请市政府印发《关于建立韶关市职业教育改革发展工作联席会议制度的通知》和《韶关市促进校企合作产教融合发展实施意见》，搭建校企合作交流平台，促进韶关市职业院校与本地企业的合作。全年全市职业院校新增与在韶企业合作办学的企业261家。

【广东外语艺术职业学院分教点成功落户韶关】　2018年，韶关市抓住广东省教育厅遴选17所学前教育专业办学实力强的高职院校在各地市设置分教点，举办成五年制学前教育大专班，为当地学前教育发展提供合格教师的机遇，最终确定广东外语艺术职业学院在韶关市曲江职业技术学校设立分教点，为韶关学前教育教师队伍提升学历水平提供保障。

【职业教育活动周】　2018年，韶关市响应国务院2015年作出“每年五月的第二周为职业教育活动周”的决定，加强全市中职学校内涵建设，丰富全市职业院校校园文化生活，促进各职业院校校园文化交流，韶关市教育局举办第二届职业院校文艺展演。各中职学校送演的节目有较强职业教育色彩，同时能反映当地风土人情。

【职业技能竞赛】 2018年，韶关市中职学校学生技能竞赛项目为20个，涵盖全市中等职业学校开设的大多数专业，各项目的竞赛规程与省赛对接。参加技能竞赛的学生人数576人。通过竞赛，挑选一批优秀选手组队代表韶关参加2018—2019学年全省职业院校学生技能大赛。

【莞韶职教对口帮扶】 2018年，韶关市与东莞市在《东莞韶关统筹推进全面帮扶十大行动计划2018年工作方案》框架下确定年度教育帮扶项目，东莞继续选送部分优秀教师到韶关支教，两地“一对一”对口帮扶的中小学、幼儿园、中职学校继续开展一系列合作帮扶项目，包括韶关教师跟岗培训、中职学校技能竞赛、高考备考合作交流等等。韶关市教育局制定广佛肇清云韶经济圈教育合作计划，推动与各有关地市在教育信息化、新高考研讨、教研员合作研讨、中职学校技能竞赛、体育运动竞赛等方面开展合作交流，包括佛山市顺德区的教育信息化、特色专业建设、专业错位布局，清远华粤中职学校的学前教育专业建设，连州卫校打造专业品牌等。

【英东杯体育竞赛中职组】 2018年5月16—25日，韶关市举办第二十三届“英东杯”（中职组）篮球、乒乓球比赛。该届“英东杯”（中职组）篮球赛设1个主赛场（曲江中职）和3个分赛场（韶关市中职、始兴中职、乳源中职），小组赛由4个赛场承办，淘汰赛则由主赛场承办。

高等教育

【概况】 至2018年底，韶关市有普通高等教育学校2所，2018年招生8902人；在校生36264人；毕业生11271人。教职工2401人，其中专任教师1668人（包括教授111人、副教授422人、讲师879人）。学校占地面积219万平方米，校舍建筑面积81.6万平方米，教学设备总值39392万元，图书总藏量348万册。

【省市共建韶关学院】 2018年，韶关市落实市政府与广东省教育厅签订的《广东省教育厅韶关市人民政府共建韶关学院协议》。市教育局草拟并提请市政府印发《关于成立韶关市人民政府省市共建韶关学院工作领导小组的通知》；协助韶关学院修改完善《韶关学院省市共建总体规划（2017—2020年）》和《韶关学院省市共建机制体制改革方案（2018—2020年）》；争取省、市财政资金支持，全年获得省、市财政专项资金8000万元，用于韶关学院省、市重点学科建设；推动韶关学院加强与当地企业的合作交流，年内新增合作企业19家。

成人高等教育

【概况】 2018年，韶关市成人高等教育招生10794人，在校生22794人，毕业生7256人，教职工总人数2549人（其中专任教师1573人）。全市学校占地面积195万平方米，校舍建筑面积62万平方米。

【农村成人教育】 2018年，韶关市教育局重点指导乐昌、始兴、仁化、翁源、新丰等县（市）创建省级社区教育实验区，要求各县（市、区）教育部门担负好牵头部门的职责，统筹各有关部门和社会力量，完善县、镇、村三级社区教育网络，开展面向社区的各类专项培训、知识讲座、文娱体育活动，改善社区教育办学条件，加大社区教育功能室建设力度，让更多的居民参与社区教育。年内，乐昌市、始兴县创建成为省级社区教育实验区。至年底，南雄、乳源、曲江、浈江、乐昌、始兴等6个县（市、区）成功创建成为广东省社区教育实验区。

民办教育

【概况】 至2018年底，韶关市经批准开办的民办教育机构566个，在校生数136527人。其中，民办幼儿园431所，在园幼儿90653人；民办小学4所，在校学生3243人；初级中学6所，在校学生8207人；民办完全中学1所，在校学生4993人；民办中等职业学校4所，在校学生6324人，非学历文化类培训机构120个，学员23108人。全市各级各类民办教育教职工总数13676人。

【民办教育培训】 2018年，韶关市教育局将民办学校（幼儿园）教师与公办教师一并纳入年度教师培训计划，民办学校校（园）长、专任教师享受公办学校校长、教师的培训待遇，民办学校（幼儿园）的教改教研工作与公办学校（幼儿园）一并指导和帮助，同步进行。

【民办办学行为规范】 2018年，韶关市加强民办学校年度检查工作，将年检情况和结果向社会公布，接受社会的监督。韶关市教育局联合公安、消防、工商、民政等部门对全市无证办学校外培训机构和托管机构进行清理。至年底，全市10个县（市、区）均启动并完成各类民办学校专项治理摸排和整改工作。其中，全市民办幼儿园、民办中小学、民办中职学校年检报告全部出台并向社会公布；全市完成摸排校外培训机构309所，发现无问题的校外培训机构106所，对存在问题的校外培训机构203所全部集中整改，整改完成率100%。

（卢 升）

韶关学院

【概况】 韶关学院位于韶关市浈江区大学路288号，是广东省人民政府举办的全日制普通高等学校。校园占地面积167.4公顷（全校179.2公顷）。校本部设有大塘（主校区）、韩家山、黄田坝等校区。至2018年底，校舍总建筑面积76.59万平方米，固定资产总值15.02亿元，教学科研仪器设备资产总值3.2亿元，图书馆纸质藏书275.2万册；有省级实验教学示范中心14个，校级实验教学示范中心30个，专业实验室107个，基础实验室56个，实训场地34个。设有19个二级学院，2个独立法人二级学院，4个教辅部门。有韶文化研究院、教育研究院、动物疫病研究室等37个科研机构。开设本科专业72个，专科专业53个（含与英国北安普顿大学、澳大利亚联邦大学合作办学2个专科专业），涵盖11个学科门类，有国家级特色专业1个，教育部产学合作专业综合改革试点项目1项、产学合作协同育人项目13项，教改项目1项；省级重点专业2个、特色专业6个，战略新兴产业特色专业1个、专业综合改革试点专业21个。2018年12月10—13日，韶关学院完成教育部本科教学工作审核评估。

【党建工作】 2018年，韶关学院坚持完善党委领导下的校长负责制，修订党委工作规定等6项制度，开展中心组学习20次、校级学习宣讲70多场次，形成调研报告11份；全年发布新闻2025篇，获全国高校校报好新闻4项、全省高校校报好新闻11项。全校139个党支部按要求实现达标；发展党员677名；“双带头人”书记比例87%，年内，获得全省党建工作标杆院系、广东省首批“双带头人”教师党支部书记工作室各1项，2个党支部被评为广东省高校“三型”党支部，学院组织部获全省教育系统党建工作先进集体；获省级党建课题4项、市级以上奖项18项等。教务处党支部获首批全国党建工作样板支部培育创建单位（全国559个），获全省党建工作样板支部立项（全省49个）。

【顶层设计】 2018年，韶关学院结合审核评估、省市共建本科高校的目标任务，围绕改革发展目标定位和专业结构调整、服务地方等重点工作多次开展研讨，进一步明确“坚持立德树人，服务社会，将学校建设成为以师范教育为特色，以农、工学科为发展优势，多学科协调发展的区域性高水平应用型大学”的发展目标定位，以及办学类型定位、层次定位、学科专业定位、服务面向定位和人才培养目标定位；明确“现代农业与生物资源开发利用、信息技术与智能装备制造、师范教育、地方特色文化与旅游、区域生态经济与社会发展”等5大重点学科专业集群发展方向并抓好建设，构建服务地方的应用型学科专业体系、科技服务体系。

【“冲补强”提升计划（省市共建）】 2018年，韶关学院制定2018—2020年“粤东西北高校振兴计划”整体建设方案、分学科建设方案、体制机制改革方案，进一步优化省市共建体制机制和总体布局。制定“冲补强”提升计划（省市共建）省级财政专项资金预算总额5000万元的分配方案，选定重点建设项目15项并加强项目建设。抓好省市共建省级财政专项资金绩效、“创新强校工程”（省市共建）、中央财政专项资金项目绩效考核自评，5个中央财政项目获准立项，获批经费1390万元。成功申报广东省博士工作站。与华南农业大学签署对口帮扶协议，华南农业大学派出5人进行对口帮扶。

【招生与就业】 2018年，韶关学院录取全日制学生6233人，其中本科4589人、专科1644人，生源质量提高，省内普通文、理本科均一次投档即完成录取计划；文、理科录取最低分数分别高于省最低控制线71、67分。录取成教新生3690人，成教学生规模14162人。抓好就业创业指导与服务，毕业生初次就业率96.91%，高于全省平均水平；768名学生参加职业技能鉴定和SYB培训，就业困难毕业生实现100%就业；84名毕业生报名参加“三支一扶”，4人被招募为“大学生志愿服务西部”“乡村教师”计划志愿者，5人到西藏就业，11.44%毕业生留韶就业。

【人才培养与教育教学成果】 2018年，韶关学院出台29项教学制度，推进人才培养模式综合改革和学分制改革。年内，获广东省创建国家教师教育创新实验区项目1项、省级示范性教师教育实践基地10项；获教育部首批“新工科”研究与实践项目1项、教育部协同育人项目9项；获省级质量工程项目10项、教改项目16项。43项省级质量工程项目和教改项目通过省结题验收，2个项目获优秀等次。获省级教学成果奖5项，其中一等奖1项、二等奖4项，位列全省本科高校第13名。高本衔接协同育人，3个专业分别与广州、清远高职院校开展“4+0”和三二分段人才培养项目。专业结构调整优化，本科招生专业压缩到52个；组织62个专业参加全省第一、二次专业评估试评；计算机科学与技术、食品科学与工程、机械设计制造及其自动化等3个专业通过IEET专业认证；食品科学与工程专业、计算机科学与技术专业等2个专业被列为省级重点专业。学生参加各类竞赛获省级以上奖项近400项，其中国家级47项。毕业生考研上线520人，录取388人，较上年增加61人，考研录取率7.51%。

【创新创业教育】 2018年，韶关学院完成创新创业大楼建设，投入620万元建成“大学生创新创业综合实训平台”，加强校园创业孵化基地管理，26支创业团队入驻孵化。获广东省本科高校创新创业教育改革研究项目3项，11个创业项目获广东金融高新区股权交易中心有限公司高校创新创业项目挂牌服务，2名毕业生进入全国大学生创业英雄百强榜，2名学生成为广东省“青创100”学员。大学生创业孵化基地被认定为广东省创业孵化示范基地和韶关市市级示范性创业孵化基地。学校获批“广东省大学生创新创业教育示范学校”。

【学科建设与科研】 2018年，韶关学院推进省、市校共建、校三级学科建设体系建设，食品科学与工程申报为省市共建重点培育学科，教育学、园艺学、计算机科学与技术3个一级学科申报为省“冲补强”提升计划重点建设学科。加强对研究生培养的规范管理，与喀什大学、湖南工业大学签署联合培养教育硕士协议；抓好与华南师范大学、广州大学联合培养研究生，新疆大学等高校委托培养研究生工作。获得市厅级以上纵向科研项目223项（省部级以上31项），到账经费1201万元，较2017年增长60%以上，其中国家语委项目1项、教育部人文社会科学规划基金项目6项、广东省自然科学基金项目15项，学校获得的教育部人文社会科学规划基金项目和广东省自然科学基金项目的立项数均超过省内同类院校。获省第八届哲学社会科学优秀成果奖二等奖、省科技进步奖二等奖、省农业技术推广奖一等奖各1项。获专利授权41件。18项科技成果实现转让。“粤北基础教育发展研究中心”被省教育厅确定为省人文社科重点研究基地，“粤北知识产权分析评议中心”获广东省知识产权局立项。组建韶关市智能培育无公害食药用菌工程技术研究中心等4个市级工程技术研究中心并获市科技局认定。邀请长江学者等专家主讲学术报告77场。推进学报品牌战略工程，学报在Q2方阵前进18名，被评为第五届“全国地方高校优秀期刊”；“岭南文化研究”栏目被评为第五届“全国地方高校学报特色栏目”。

【人才队伍建设】 2018年，韶关学院出台《加快高层次人才引进工作补充规定》等制度，简化优化引才程序，加快推进百名青年博士引进计划，引进博士35人。加大在职教师培养力度，选派14名教师访学进修和培训，25人考取博士。加强教师教学发展，教师教学发展中心通过省级检查验收，被认定为省级教师教学发展中心；开展各类教师培训、教学咨询等30场次，服务教职工2213人次；1名教师获第九届广东省高等学校教学名师奖，4人获评南粤优秀教师；3名教师分获省青年教师教学竞赛一、二、三等奖，学校获优秀组织奖。至年底有在职教职工1439人，专任教师901人；正高级职称人员117人，副高级251人；博士203人，硕士515人，其中专任教师中博士比例达22.5%；客座教授、特聘教授89人，返聘、外聘教师269人。

【国际交流与合作】 2018年，韶关学院推动与英国北安普顿大学在国际经济与贸易专业合作设立本科3+1联合培养项目，成功录取第一届学生。拓宽教育国际化领域，与意大利国际艺术与教育联盟等7所高校和教育机构签署8项框架协议和合作办学协议；6个二级学院与国外高校合作开展学生联合培养、教师交流等实质性合作；邀请、接待国（境）外31所高校、教育机构近130人次到校访问；师生190人出国（境）交流学习；新增俄罗斯等5个生源国，招收长、短期留学生81人；招聘、邀请27名长、短期外籍教师专家、海外名师来校任教、举办学术讲座。

【服务社会】 2018年，韶关学院开展服务社会工作情况调研，设立地方合作工作专项经费，推进地方合作与交流。与韶关市江西商会等7个机构签署合作协议；对接韶关传统产业、新兴产业，建立2个产学研基地。签署立项各类横向项目164项，其中重大项目4项，协议经费1533万元。韶文化研究新增省市课题项目31项。广东省“人与自然和谐发展研究基地”承担多项横向课题，其中“韶关市企业创新发展政策研究”获广东省社会科学院“应用决策成果表彰奖”。参与立法工作，起草《韶关市野外用火管理条例》《韶关市建筑垃圾管理条例》《韶关市电力设保护条例》等3个法规条例，完成立法起草、建议、评估、调研等工作50件。服务文化旅游，获得“中国南粤古驿道首届文化创意大赛”活动“特别贡献奖”。

【继续教育】 2018年，韶关学院创新继续教育管理体制机制，开展继续教育年度质量报告事项，修订相关制度13项。推进网络课程建设和线上线下混合式教学模式试点，开展“全科型教师”本科人才培养模式改革，《服务基础教育，助推地方政府创建教育现代化先进市——韶关学院“全科型”教师高等学历继续教育培养工程项目》案例入选“中国高校远程与继续教育优秀案例库”，学校被评为广东省成人教育先进集体，1人被评为省成人教育先进工作者。完善“四维一体”服务与引领山区教师教育模式，《中国教育报》对此作专门报道。创新中小学教师培训模式，建设中小学教师培训基地30个，承办中小学校长、教师培训项目18项。挂牌成立学校干部教育培训学院，承办干部培训项目21项，培训基层干部3000多人次。

【办学条件】 2018年，韶关学院强化增收节支，加强债务规范管理，实现银团债务延期，学校债务下降至5618.896万元并延期5年。办学条件建设加强，8.265万平方米教学实验用房、8000平方米省级中小学教师发展中心二期、1.1万平方米农业大棚及实验实训间、1.1万平方米高层次人才公寓扩建等工程基本建成；完成南区行政楼广场周边人行道改造项目等一批环境提升工程。投入1000万元，完成北区教工和学生宿舍等8项维修改造工程和800多项零星维修及应急性维修。持续推进校园环境整治工程，打造“中国红”樱花园景观。学校获全国高校后勤系统信息宣传工作先进单位称号，后勤处获广东省高校优秀后勤服务集体称号。新增教学科研、行政设备8703台件，资产总值9670.98万元。购置纸质图书15643种31757册，馆藏图书实现生均100册的目标。年内，根据韶关市政府关于全市教育资源整合的安排，协调完成韶州师范分院搬迁有关工作。

【依法治校与治理体系】 2018年，韶关学院全面梳理规章制度，修订、制定规章制度126项；汇总形成5卷7册《韶

▲2018年10月28日，韶关学院举行建校60周年庆典大会 （陈显昶 摄）

关学院规章制度汇编》，收录制度381项。抓好保密工作自查整改，通过上级检查。依法依规处理合同1598份，处理上级来文3415份，制发公文544份，处理各类信访184件。出台《内部控制制度》等制度并强化执行，完成基建、财务及各类专项审计近50项，审计合同219份。完成采购招标746场次。开好教代会，办好医疗保险制度改革后补充医疗制度等10件民生实事，教职工福利待遇稳步提高。

【60周年校庆活动】 2018年10月28日，韶关学院举办建校60周年庆典大会、文艺晚会，开展系列学术研讨活动。侣志广、汤维英、杨开乔等老同志，以及殷焕明、刘小毅、卢道平、关亨时、石汉基等领导、嘉宾、校董、校友和兄弟院校共6000多人出席庆典大会；著名教育学专家潘懋元发来亲笔贺信，英国北安普顿大学校长等一大批国内外知名专家学者、兄弟院校、友好单位向学校发来贺信贺电和视频，中国教育报等媒体刊发专版。 （邹 云）

韶关学院医学院

【概况】 韶关学院医学院前身是国家级重点中专——广东省韶关卫生学校，始建于1914年，最初为英国基督教循道公会创办的循理护士学校。1952年循理护士学校、省第三医士学校、省第六卫生学校合并为“广东省韶关卫生学校”。1994年被评为首批国家级重点卫校。1995年，与“韶关市护士学校”合并，更名为“广东省韶关市卫生学校”，1997年恢复为“广东省韶关卫生学校”。2002年经广东省人民政府同意并入韶关学院，更名为“韶关学院医学院”，为韶关学院的校外二级学院，同时保留中专部。2018年1月，学院由市直卫生计生系统转市直教育系统，为公益二类正处级事业单位。该学院是粤北地区仅有的一所设置本科医学专业的高等医学院校，是广东省医学高等教育农村订单定向人才培养单位，广东省农村卫生人才培训中心挂靠学院，是韶关市基层医疗卫生专业技术队伍的培训进修基地。建校至2018年底，培养8万名各类医学专业人才，为各级各类医务工作者提供医疗专业知识学习和专业技能培训2万多人次。学院以“立足粤北、面向广东、服务基层”为办学定位，遵循“以学生为中心、以教学为核心、人才强校、质量立校”的办学理念，被授予“全国乡村医生培训先进集体”“白求恩式先进集体”“广东省文明校园”“韶关市职业教育先进集体”等称号。

【办学条件与规模】 至2018年底，韶关学院医学院有新华南和西郊2个校区，占地6.87公顷，建筑面积8万平方米。拥有1所直属附属医院，2所非直属附属医院，5所医教共建临床学院，近100所教学实习医院。建成有“香港道德会实验大楼”“霍宗杰实验大楼”“临床医学实训中心”“影像实训中心”和“模拟药房”等实验实训场所。有固定资产总值1.9亿元，其中教学设备仪器3600万元；藏书41万余册，其中纸质图书21.4万册。有全日制在校学生7233人，其中本科1887人、专科生2143人、中专生3203人。

【专业设置】 2018年，韶关学院医学院设置有社会科学部、基础医学部、临床医学系、医学技术系、护理系、药学系、中医系、口腔医学系等8个教学系部；开设有临床医学、护理学、医学检验技术等3个本科专业；临床医学、口腔医学、中医学、中医骨伤、医学检验技术、药学、护理、助产、康复治疗技术和医学影像技术等10个专科专业；农村医学、护理、助产、药剂、医学检验技术、医学影像技术等6个中专专业。

【师资力量】 至2018年底，韶关学院医学院有在职教职工416人（含直属附属医院），离退休148人；专职教师205人，教授、副教授等高级职称73人（正高职称8人、副高职称65人），博士研究生3人、硕士研究生78人。

【人才培养与学生就业】 2018年，韶关学院医学院培养实用型医疗卫生人才，倡导各系部开展专业技能竞赛活动，多次获得广东省卫生职业教育协会组织的护理技能操作比赛特等奖、一等奖，获得全国高等医学院校大学生临床技能竞赛（华南赛区）三等奖。学院先后与粤北人民医院、韶关市第一人民医院、深圳宝安第二人民医院（集团）总医院、深圳光明新区医疗集团中心院区和佛山三水人民医院签订“临床教学合作协议”共建临床学院，由临床学院组织开展为期二年的临床专业课程的理论教学、见习与实习，2015级临床医学本科专业257位学生全部在临床学院学习。康复治疗技术专业与粤北人民医院签订“1.5+1.5”办学协议，在粤北人民医院康复科挂牌康复医学教学基地进行联合办学。年内，学院有临床、医技和护理本科共68人被浙江大学和南方医科大学等重点医学院校录取为硕士研究生。学院2018年毕业生供需见面会有200多家用人单位提供6300个就业岗位。截至2018年9月，本、专科毕业生就业率92.2%。

【教研和科研】 2018年，韶关学院医学院教职工在各级立项机构教研、科研项目立项43项。其中，地厅级以上科研立项项目22项，省级项目5项。学院教职工以第一作者（或通讯作者）在国内外各级正式刊物上发表论文45篇。其中，科研论文19篇，科技核心期刊5篇，SCI论文1篇；5人参编教材，其中2人为副主编。

【对外交流与服务】 2018年，韶关学院医学院与韶关市职业技能鉴定指导中心签订“统一鉴定定点考场协议”，成为国家职业资格全国全省统一鉴定的考试场地，全年完成育婴员（初、中级）职业技能鉴定1513人次，组织完成保育员（初、中级）651人次；银行业专业人员职业资格考试230人，全国导游考试198人；承接韶关市卫生计生局委托的“2018年全市全科医生岗位和转岗培训项目”理论培训，举办3期培训班179名基层医生参培，为全市199人进行全科医生岗位和转岗培训结业统一考试；承办韶关市部分县（区）护士招聘考试，培训和考核人员180多人；为韶冶医院医卫人员全科医学教育培训300课时；与广州杏林护理之家股份有限公司仕馨职业培训学院签订“母婴护理职业技能培训”合作协议；与深圳宝宝儿童推拿健康科技有限公司、广东薪云科技有限公司签订“小儿推拿校企合作办班协议”；与大参林医药集团有限公司开展校企合作，完善模拟药房；承接和协助举办各类职称、执业资格和招录等考试近20场。

【学生助学】 2018年，韶关学院医学院有本专科3人获国家奖学金，共2.4万元；153人获国家励志奖学金，共76.5万元；691人获国家助学金，共200万元，124人获得学院奖学金。社会对学生的奖助学方面，获得陈国威先生助学金179人，每人2000元，共35.8万元；薪火计划助学金109人，每人2500～2800元，共28.31万元。全年学生获社会捐赠资金64.11万元。

（胡健文）

▲2018年1月8日，韶关学院医学院划归市教育局管理移交仪式在医学院英东楼五楼会议室举行
（韶关学院医学院 供）

韶关开放大学

【概况】 韶关开放大学（原韶关市广播电视大学）位于韶关市西河松山山麓，武江河畔，创办于1980年，是韶关市政府直属的一所采用现代化教育手段进行多媒体远程教学的新型开放大学。1997年被省高教厅评定为广东省电大系统“先进学校”，2017年1月学校由公益二类事业单位调整为公益一类事业单位，7月韶关市广播电视大学正式更名为“韶关开放大学”。学校下设7个科室，下辖8个县（市、区）开大分校。2018年1月，该校在国家开放大学优秀校园学生活动评比中获“关爱聋哑儿童活动优秀奖”，7月被省成人教育协会评定为广东省成人教育先进集体，9月获广东开放大学系统2017年度绩效考核“优秀”等级。年内，该校制定《韶关开放大学建设方案（2019—2022）》，10月通过专家组的论证。11月被全国高校网络教育考试委员会办公室评为2018年度试点高校网络教育部分公共基础课统一考试“优秀考点”称号。

【特色教育】 韶关开放大学采用系统运作的教学管理模式，以天网、地网、人网合一的学习环境为支撑，以学习者自主学习为主要方式，培养应用型高等专门人才。学校开展现代远程高等专科、本科和中等专业等学历教育；开展职工教育、社区教育、老年教育、新型职业农民教育等非学历教育；在市教育行政部门的指导下，负责全市社区教育具体组织指导工作；开展职业技能、创新创业、农村实用技术等各类教育培训；组织开展学历教育、非学历教育理论研究和实践研究，负责学习资源建设和共享；指导县级开放大学的教学教务工作，并提供学习服务支持。2018年，在校内开设书法、太极、手机摄影等13个社区免费公益班。开展社区教育进社区，与市消防局合作开展“消防安全进社区”。与市委宣传部、市创文办、市文联共同设立“社区文明大讲堂”，涵

▲ 2018年10月25日，《韶关开放大学建设方案》专家论证会在韶关开放大学召开（欧宇 摄）

盖国学、法律、艺术、时政等多个方面，举办首届社区教育文艺汇演。开展中小企业培训等系列活动。

【专业设置】 2018年，韶关开放大学开设有40个大专、本科专业。科类较为齐全，学制二年。设置18个专科专业，有行政管理、会计、工商企业管理、法律事务、学前教育、计算机网络技术、电子商务、小学教育、旅游管理、建筑工程技术、水利水电工程管理、现代农业技术、畜牧兽医、市场营销、公共文化服务与管理、建设工程管理、电力系统自动化技术、药学等；开设22个本科专业，有行政管理、会计学、工商管理、法学、学前教育、计算机科学与技术、文化产业管理、金融学、土木工程、电气工程及其自动化、环境工程、保险学、信息安全、旅游管理、物流管理、机械工程及自动化、水利水电工程、农林牧渔类各专业、电子商务（物流管理）、机械工程、药学、师范类各学科等。

【师资建设】 至2018年底，韶关开放大学有教职工42人。其中，高级职称2人，中级职称19人，初级职称5人。

【招生与就业】 韶关开放大学的专科招收具有高中或中专及同等学力的人员，本科招收国民教育专科以上学力的人员。至2018年底，有在校生3527人，其中广东开放大学招生88人。举办各类培训班，培训学生上万人次。

【教学基础设施建设】 至2018年底，韶关开放大学校园占地面积12075平方米，校舍建筑面积11154平方米，有办公楼、教学楼、电教楼、实验楼。学校拥有较为先进的多媒体教学设施和教学实验手段。计有主干网速100Mbps、接入主机280余台的计算机校园网，语音和财会模拟等实验室2个，多媒体计算机房4个，多功能电教学室14个，大型多功能讲学厅1个，小型会议报告厅1个。学校固定资产1103.08万元。

（植 艳）

广东松山职业技术学院

【概况】 广东松山职业技术学院位于韶关市曲江区南华寺旁，是由广东省政府举办、省教育厅管理、韶关地区唯一的高等职业技术学院。前身为原广东韶关钢铁集团（简称韶钢）职工大学，创办于1976年，办学初期校名为韶关钢铁厂“七·二一”工人大学。1982年6月粤北三所冶金职工大学合并为韶钢职工大学，由韶钢管理，同年7月，教育部发文予以备案，并迁至现址办学。2000年6月经广东省人民政府批准改制为广东松山职业技术学院，2001年1月教育部发文予以备案。2014年6月由韶钢成建制移交广东省教育厅管理。至2018年底，校园占地面积39.7万平方米。设有机械工程系、电气工程系等7个教学系部。开设41个专业，其中4个省级重点专业、1个省级示范专业、1个省级二类品牌专业、2个中央支持高职院校提升专业服务产业发展能力项目重点建设专业。建有83个校内实验实训室；中央财政扶持的职业教育实训基地2个，省级实训基地8个；省级工程技术研究中心1个；省级青少年科技教育基地1个；韶关市工程技术研究中心3个。在韶关和珠三角地区设有150个校外实践基地，其中4个省级大学生校外实践教学基地。设有职业技能鉴定所和全国计算机高新技术考试站等，能组织18个职业工种的职业资格鉴定考试。学院获2015—2017年度广东省高校“平安校园”达标学校、2017年韶关市职业技能竞赛先进单位、2017年度韶关市无偿献血先进集体等。6月15日，省委组织部任命吴奇峰为学院院长、党委委员、党委副书记；省委教育工委免去曾向昌院长、党委委员职务，退休。6月19日韶关市总工会批复同意廖彩志为学院第五届工会委员会主席。7月10日，省委教育工委免去龚洪强副院长、党委委员和临时纪委书记职务。

【学校党建】 2018年，广东松山职业技术学院开展19次党委中心组学习和党委会第一议题学习、71场宣讲会、8个专题慕课培训，邀请1位全国人大代表和4位专家进校作辅导报告，与韶关市委党校联合举办6个专题网络培训班，组织开展教育培训上百场，参加培训2078人次。完成中央巡视组反馈六大类22个问题36项整改任务。撤销、整合3个党支部，优化6间党员活动室。新发展党员83人，如期转正42人。学院2017年度党委书记抓基层党建述职评议考核受到省委教育工委表彰，学院党委获得韶关市基层党支部组织生活创新案例征集优秀组织奖，计算机系第一党支部创新案例分获省委教育工委和市委表彰，经管系物流管理党支部获评广东省高校“三型”党支部，电气工程系第一党支部获省委教育工委“新时代高校党建‘双创’工作样板党支部”立项，外语系大学生党员暑期实践队被省委教育工委评为优秀团队。

【制度体系建设】 2018年，广东松山职业技术学院新制（修）订《党委领导下的院长负责制实施办法》《党委会议制度》《院长办公会议制度》和《教学机构党政联席会议制度》等，结合放管服清理制度345项［其中废止51项，拟修订77项，新制（修）订39项］。

【办学条件】 2018年，广东松山职业技术学院落实使用专项资金1137万元改善实验实训、信息化等基本办学条件，投入302万元修缮设部分学生宿舍、教学楼、学院道路等。新增图书4.2万册，馆藏图书总数60万册。年内学院人均用水量、能耗消费总量等节能指标与2017年同期相比分别降低13%、8%。

【产教融合与国际交流合作】 2018年，广东松山职业技术学院加强与韶关市贸促会暨韶关市国际商会交流，10月成立联合工作小组，在国际交流合作、产学研合作、创新创业与就业合作等多领域合作取得实质性推进。学院加入中德职业教育联盟，成为广东省“一带一路”职业教育联盟理事单位，外语系与英国北安普顿大学开展合作办学沟通协商，提出合作办学的初步方案。

【人才培养模式改革与创新】 2018年，广东松山职业技术学院的现代学徒制省级试点专业由2个增至5个。深化中高职贯通培养“三二分段”人才培养，加强与韶关市中职教育的交流与衔接，对接中职学校由5所增至13所，2018年录取“三二分段”试点专业新生145人。开展2期学分制改革培训，学分制试点专业由5个增加为10个，设计近90门课程规范。

【专业与课程建设】 2018年，广东松山职业技术学院新增2个专业（国际商务、计算机信息管理），专业总数41个。电子信息工程技术、机电一体化技术、电气自动化技术、黑色冶金技术、机电维修与管理等专业通过省级验收。校内实践基地新增设备值1332万元，校外实践基地新增27个，总数150个。加强省级教学资源库建设工作，承办广东省高职教育机械设计与制造专业教学资源库建设第三次工作会议。

【创新创业教育】 2018年，广东松山职业技术学院被广东省生产力促进中心授予“广东省创新方法推广应用实训基地”。5个项目申报为2018年广东大学生科技创新培育专项资金项目。234支团队1228人参加“互联网+”大学生创新创业大赛，6支团队获得省赛优胜奖，2支团队入选省赛创新创业项目现场展示、1支团队获得2018韶关市“双创活动周”最佳人气三等奖。学院获省第七届大学生创业大赛优秀组织奖，5个创业团队获创新奖。2018年“挑战杯”省大学生创新创业等系列比赛中，有17个作品获奖。全省高职院校技能大赛中，有22个项目、24支队伍、63名选手获奖，其中机械系学生在2018年中国技能大赛暨第二届全国智能制造应用技术技能大赛全国总决赛（国家级一类大赛）中获得一等奖。

【教科研】 2018年，广东松山职业技术学院立项省级教育教学改革项目9项、院级质量工程项目16项。立项科研项目省级16项、市级17项、院级18项，在研市厅级及以上科研项目56项；获知识产权授权8项；“机器人青少年科技教育基地”申报为2018年度广东省青少年科技教育基地。

【招生就业】 2018年，广东松山职业技术学院录取新生4004人，新生报到3237人，报到率80.84%；普高文科录取分数线超最低控制分数178分，普高文、理科录取最高分均超本科分数线；在校生9107人；韶关生源比例稳步提升（2018年7.34%，2017年6.15%，2016年4.1%）。毕业生3256人，整体就业率99.6%（27个专业就业率100%）。

【人才强校】 2018年，广东松山职业技术学院的《教师职称评审办法》经教代会全票审议通过并报省人社厅审核备案；《岗位设置实施方案》《人员聘用实施细则》经教代会全票审议通过并报省人社厅。全年引进教职工13名。培训费118.54万元，教职工220余人次参加国内各类培训100余项，1人参加省教育厅组织的赴芬兰培训班，有5名国内访问学者，青年教师9人提升学历。1人获广东省五一劳动奖章，1人被评为“南粤优秀教育工作者”，1人被评为“南粤优秀教师”，1人被评为2017—2018年度广东省优秀共青团干部；3人被聘为韶关市“享受市政府特殊津贴人才”，3人加入2018年韶关市技能大师工作室。年内教职员工494人，其中，具有副高以上职称90人，研究生学历或硕士学位以上184人。

【大学生思想政治教育】 2018年，广东松山职业技术学院上好学院党委书记、院长、系党总支（副）书记、主任每学期“第一课”，开展红色文化节、商务文化节、礼敬中华传统文化、高雅艺术（戏曲）进校园等。全年出版校报8期，获省教育厅好新闻7项、省高校校报好新闻8项、全国高校校报好新闻3项；学院官方微信获2017年度广东高校（高职高专组）新媒体影响力二等奖。建立德育导师制度，聘请全国著名劳模罗东元为首位德育导师。学院被列为第三批“易班”建设试点高校。

【学生培养】 2018年，广东松山职业技术学院青年助梦团、松山助梦之队和小青柠服务团队被列入广东省2018年国家资助和助学贷款政策下乡行活动名单并开展相关活动。全年发放国家奖助学金、勤工助学补贴等1301.3万元，4947人次获得资助，受资助人数占54.41%，基本实现贫困生全覆盖。23名学生入伍，超额完成征兵任务。实施青马工程、灯塔工程，培训青马学员150人。计算机团总支先后获2017年全国高校“活力团支部”、2017—2018年度广东省五四红旗团支部（标兵）称号，电子协会获得2017—2018年度广东省“优秀学生社团”称号。志愿服务覆盖人数4800人次、年人均服务时数42.14小时。外语系江海英入选2018年广东省“中国好人榜”孝老爱亲典型，电气工程系周高兴被共青团中央表彰为“践行社会主义核心价值观先进个人”。

（杨　飞）

重点中学选介

【广东北江中学】 位于韶关市武江区惠民路66号。创办于1931年，前身为抗日爱国名将张发奎创办的志锐中学；1953年，经国务院批准，由广东省教育厅确定为广东省首批7所重点中学之一；1978年，广东省恢复重点中学，广东北江中学再次被省教育厅确定为重点中学。学校占地面积17万平方米，建筑面积7.91万平方米，校园绿化覆盖率98%以上。是“广东省国家级示范性普通高中”“广东省教学水平优秀学校”“广东省中小学校本培训示范学校”“广东省文明单位”“全国学校艺术教育先进单位”“第四届和谐校园先进学校”“全国文明单位”“全国文明校园”。至2018年底，学校设有广东省名校长工作室1个（主持人为钟东），广东省名班主任工作室1个（主持人为刘水连），广东省名教师工作室1个（主持人为李玉钧）；在职专任教师239人（其中特级教师4人），专任教师中，中学高级教师102人（其中正高级教师3人），中学一级教师104人，中学二级教师33人；有60个教学班，在校学生2885人。学校实施校本选修课计划，2018年开设校本选修课程七大类82门课程，在全市率先开展高二年级数学、英语学科试点分层走班。推进校园学生社团文化活动，学校搭建文化节、文艺节、体育节、科技节等特色活动平台。2018年，该校学生参加的各类竞赛中，获全国一等奖6人次，全国二等奖4人次，全国三等奖1人次，省一等奖23人次，省二等奖42人次，省三等奖48人次。

（曹国辉）

【韶关市第一中学】 学校运行“校级决策，处室规划、监督、检查评价，年级、科组实施”的管理模式，以“规则立人，自我管理；活动育人，自我完善”为德育理念，坚持“重过程、抓细节、强体验”的德育原则，以“教师为主导、学生为主体、问题为主轴、思维为主攻、体验为主线”为教学工作原则。实行全寄宿封闭式管理，学校举办体育节、艺术节、科技节、才艺节等4大节日活动，每周指定时间指导学生开展文学社、广播站、书画班、舞蹈队、篮球队等社团及兴趣小组活动。2018年，该校办学规模为58个班，在校学生人数2845人（其中高中2692人、初中153人）；在编教工240人，其中专任教师210人〔含正高级教师2人，高级教师81人（占专任教师人数的40%）〕。教师中有在职广东省特级教师6人，国家级骨干教师培养对象4人，全国优秀教师6人；有广东省劳动模范2人，韶关市首席教师1人、教学能手1人，学科带头人23人。是年，高考报名人数988人，达到优先投档线288人，上线率29.1%，本科线894人，上线率90.5%。该校学生获得物理奥林匹克竞赛国家级三等奖2人，市级一等奖3人、二等奖4人；生物竞赛国家级三等奖1人；数学竞赛国家级三等奖1人，省级一等奖1人、二等奖2人、三等奖2人，市级一等奖2人、二等奖5人、三等奖4人；韶关市篮球联赛第二名；书法市级一等奖；独唱市级一等奖；独奏市级二等奖。教师论文评比获国家级二等奖5篇，发表6篇，优秀课例二等奖8例；省级教改结题2个，获优秀竞赛辅导员2人；市级课题立项15个，优秀课例二等奖21例，三等奖11例。

（李志国）

【韶关市田家炳中学】 创建于1992年，是由香港著名实业家田家炳捐资，政府兴办的市直公办重点完全中学。学校分惠民南校区（高中部）、沙洲校区（初中部）两个校区。校园建设目标为“厚德田中、文明田中、修业田中”。2018年，学校翻建惠民南校区的学生厕所（总投入320万），投入30万元提升高考巡考系统，投入27.5万元完成机房网络改造工程，实现百兆网络班班通，投入35万完成校园监控系统提升工程。2018年有教学班72个（高中39个班，初中33个班），学生3554人。有专任教师239人，特级教师3人、正高级教师1人，高级教师128人，市拔尖人才1人，市高层次人才2人，市首席教师3人，市教学能手5人，第一、第二批市名教师4人，第一批、第二批市学科带头人31人，市政协委员1人，武江区人大代表1人，武江区政协委员2人。2018年，高考上优先投档线上线人数50人（理科40人，文科10人），本科上线人数398人，第三批上线人数581人；中考上省、市重点中学分数线134人，居全市公办学校第一名。是年，学校被市精神文明办公室、市教育局评为韶关市文明校园；教师胡丹在《开展扫黑除恶建设善美韶关》主题演讲比赛中获市二等奖；教师黄敏在2018年全国“共创”培训会议上晋升资格为“首席共创导师”，班主任郑碧虹、梁彩媚、方晓彤、王莉等4人获“共创导师”的证书及资格。

（刘秀琼）

【韶关市中等职业技术学校】 是韶关市直属的一所国家级重点中等职业技术学校，广东省示范性中等职业技术学校，国家中等职业教育改革发展示范校，韶关市职业与成人教育师资培训中心和国家职业技能鉴定所，韶关市旅游行业岗位培训基地，韶关市建筑培训中心，被誉为粤北职教明珠。学校管理采用部系二级管理，设有机电系、信息系、经贸系、旅游系、化学分析与食品检测系和升学部6个部系，开设计算机应用、计算机网络技术、电子与信息技术、机电技术应用、数控、汽修、会计、电子商务、旅游服务与管理、学前教育、化学分析与食品检测、建筑工程施工、工艺美术等15个专业。2018年秋季新增民族音乐与舞蹈、音乐、物业管理等3个专业。其中，电子与信息技术、计算机网络技术为省重点专业；电子与信息技术、计算机网络技术、旅游服务与管理、会计、粮油储运与检验技术、建筑工程施工等专业是该校的优势专业。学校占地面积16.8公顷，校舍建筑面积74413平方米。其中，教室85间16521平方米，学生宿舍381间14523平方米；图书馆2309平方米，有纸质图书14.8万册，电子图书11万册。教学仪器设备总值3975.6万元，生均教学仪器设备值8876元。教学仪器设备工位数1138位，教学用计算机为1423台。学校建设数量充足的校内外实训实习基地开展实践教学。校内实训基地包括旅游服务与管理、财经贸易、学前教育、计算机、电子自动化、数控技术、汽修、工艺美术8大类，有115间实训室。至2018年底，学校有全日制在校生4479人（校本部3267人，广州校区1212人），二年制非全日制学生（退役士兵）178人。该学年招生1882人，毕业生1191人。有教职工458人，其中在职在编教职员工255人、临聘教师13人、退休教职工190人。在职在编教师中专任教师234人。其中，文化课教师70人、专业教师164人；高级教师87人（占专任教师的37.1%），双师型教师117人（占专业教师的71.3%）。硕士研究生9人，本科学历198人，本科级以上学历占专任教师88.5%。

校企合作　该校牵头组建“韶关职业教育集团”，与多家企业建立合作关系，完善课程体系共建、师资队伍共建、教学过程共管、评价体系共定、实训基地共建、教育资源共享、校企文化共融的校企一体运行机制。2018年，学校与18家企业签订合作协议（其中韶关本地9家），本地校外学生顶岗实训基地增加到13个，共建校外实训基地29个。学校加强与韶关当地企业的合作力度，留韶率由2017年的24.21%增加到2018年的36.32%。　（赖秋云）

科　技

【科技政策】　2018年，韶关市加大科技政策扶持力度，支持科技创新发展，落实科技政策。出台科技创新三年行动计划，提出“一个突破、三个倍增、五个大幅增长”阶段性目标任务；完善科技政策体系，制定并实施科技创新实施细则6个。2018年市本级科技项目经费从2017年1280万元增至1亿元，同比增长681%，增幅居广东省首位。

【科技金融】　2018年，韶关市科技金融结合成效明显。以“发现独角兽”为主题的2018丹霞天使投资全球高峰会在韶关市举办，引进天使投资，推动产业基金发展。开展科技信贷风险准备金入池工作，新增入池企业32家、新增科技信贷额度2100万元。至年底，科技信贷风险准备金有入池企业122家，撬动银行向入池企业实际发放贷款累计4.39亿元，比增41%，放大倍数15倍。众投邦丹霞天使母基金、东阳光产业基金启动运作。配合市金融局指导企业利用挂牌上市、发行债券等合适融资工具解决融资问题。全市有6家企业在新三板挂牌，融资4500万元；70家企业在区域股权交易市场挂牌。

【科技项目】　2018年，韶关市推进重点科技项目。无人机智能指挥中心完成主体工程，正开展配套工程建设及行业运用；众投邦双创加速器招引一批高质量项目入驻；达安创谷孵化器完成签约，引进泛钜实验室系统科技公司、视康科技公司等大健康项目；省微生物研究所项目落户韶关。

【高新技术企业】　2018年，韶关市高新技术企业培育大幅增长。从2015年的38家增至2018年的167家，三年实现翻两番。年内，高新技术企业认定83家，其中净增64家、比增68.42%，增速居全省第二位。至年底，全市高新技术企业保有量167家。新增高新技术产品542个、比增116%。全年全市高技术制造业规上企业增加值20.72亿元、增长11.5%，高于同期规上工业增加值增长率（1.5%）。

【研发机构】　2018年，韶关市科技研发能力大幅提升。年内，新增省级企业研发机构21家、增长52.5%，新增市级企业研发机构52家、增长41.2%，全市企业研发机构增至178家，亿元以上企业研发机构覆盖率45.2%，超额完成30%的目标；规模以上企业研发机构覆盖率29%，超额完成25%的目标。新增省级新型研发机构2家、总量增至5家。省重点实验室取得零的突破，广东省矿产应用研究所申报的广东省放射性与三稀资源利用重点实验室获得省立项300万元支持。

【创新平台】　2018年，韶关市创新平台建设取得新进展。韶关高新区创建国家高新区纳入科技部考察名单；南雄、乳源等2个县级工业园区申报省级高新区。年内，出台《韶关市科技企业加速器认定和管理办法（试行）》，布局发展加速器，形成“众创空间—孵化器—加速器”孵化育成体系。至年底，全市拥有国家级孵化器1个、省级孵化器3个、省级众创空间3个、市级孵化器3个、市级众创空间3个。

【第七届中国创新创业大赛（广东·韶关分赛区）】　2018年，韶关市参加创新创业大赛创历史最好水平。中国创新创业大赛连续四届在韶关市设立分赛区。在2018年第七届中国创新创业大赛上，韶关市有5家企业参加国家行业总决赛，其中欧莱高新材料公司、桃林公司分别获得第三名、第八名，创下历史最好水平。通过参加大赛，欧莱高新材料公司获得融资7700万元。

【科技成果】 2018年，韶关市有3个项目获得2018年度广东省科技进步奖二等奖，分别为宝武集团广东韶关钢铁有限公司实施的“高强高韧海洋工程及船舶用钢关键技术研究及产业化”项目，韶关学院参与的“草菇环保高效栽培技术创新及应用”项目，韶关市妇幼保健院参与的“新生儿疾病防治质量控制体系的临床研究与应用”，项目涵盖装备制造、农业科技、医疗技术等领域。

【科技新城】 2018年，韶关市谋划科技新城。初步形成产业发展战略定位和城市空间概念规划，将科技新城作为构建产业转型升级新格局的重要一极，培育高质量发展新引擎。与北京理工大学空间生物与医学工程研究所签订战略合作协议，成立航天医学产业研究院。

【知识产权】 2018年，韶关市的专利申请量和授权量大幅度提升。全年全市专利申请量7340件（列全省第12位，比去年上升6位），同比增长106.7%，增长率排全省第一位；专利授权量3808件（列全省第14位，比去年上升5位），同比增长156.26%，增长率排全省第二位。获得第二十届中国专利优秀奖1项（贝瑞过滤科技公司“梯度多层复合结构粉末烧结滤芯及其生产方法”）。完成知识产权质押融资贷款3500多万元，实现零的突破。 （郭先杰）

科研机构

【核工业二九〇研究所】 核工业二九〇研究所（以下简称二九〇所）位于韶关市武江区科技工业园广前路，是中国核工业集团有限公司下属的地勘事业单位，成立于1979年1月。前身为第二机械工业部西南二〇九队实验室，在实施属地化管理后，2002年7月更名为核工业二九〇研究所，隶属核工业集团公司地质局，是全国保留的十一家核地勘单位之一，肩负着“铀矿报国”的历史使命。机构整合后，至2018年底，下设机关职能部门9个和二级单位7个，二级单位由3个院和4个中心组成。有在职158人（不含劳务派遣人员），在职专业技术人员123人，管理人员24人；有研究员级高工9人，高级职称32人，中级职称46人，享受国务院津贴4人；有工勤技能人员11人。2018年，该所高学历、高职称人才比例进一步提高，新引进硕士研究生6人，职工队伍中1人晋升为研究员级高工，7人晋升为高工，新增项目总师1人，青年地矿英才2人。该所全年主营收入1.13亿元，同比增长23%，利润总额1003万元，均超额完成中国铀业有限公司下达的考核目标。经济增加值（EVA）292万元；成本费用率91%，整体经济较2017年有大幅度提升。地质延伸技术服务主营收入7023万元，同比增长25%。2018年，二九〇所保留“广东省文明单位”称号，同时获“2017年度中核集团标准化工作先进单位”称号；普查二分队获“2017—2018年度中国核工业集团有限公司青年安全生产示范岗”称号；地质工程院获得“中核集团2018年QC小组”二等奖；地质工程院邵永浩被中国铀业有限公司评为2017年度优秀机长。全年无失泄密事件发生，未出现危害国家安全可疑迹象。

资质情况 二九〇所被列为广东省环境保护核辐射追踪研究重点实验室和政府购买环境监测服务机构，是国家二级档案管理单位。被评为中核集团合格供应商、国家科学基金依托单位、广东省高新技术企业和广东省文明单位。拥有ISO9001、国军标质量管理体系和计量认证证书；安全生产许可证书，地质勘查资质甲级（水文地质、工程地质、环境地质调查甲级；地质钻探甲级）证书；地质勘查资质乙级（区域调查、地球物理勘查、遥感地质调查、分析测试乙级）证书；测绘乙级；地质灾害评估、勘察与设计乙级；建设工程质量检测机构资质证书等相关资质证书。

地质找矿 2018年，二九〇所铀矿地质勘查全年完成钻探工作量2万多米，累计新增铀矿资源量超过下达任务的3倍。至年底，该所拥有13个铀矿探矿权和1个非铀探矿权。研究所承担铀矿普查、资源潜力评价、生产中科研以及铀矿资源调查评价等各类项目12项，完成年度铀矿地质生产工作。其中，3个项目成果验收获优秀，7个项目野外验收获优秀，其余项目均通过研究所组织的验收。全年圈定找矿靶区11片，提交铀矿产地1处。

科研成果 2018年，二九〇所在国内各种学术期刊上发表论文16篇；获得广东省科技创新战略专项资金项目1项；申请国家发明专利1项，国家实用

▲ 2018年12月3日，核工业二九〇研究所与南昌凯利核技术工程开发服务有限公司举行“核工业二九〇研究所职工家属区物业管理职能及资产移交”签字仪式

（二九〇所综合管理部 供）

新型专利6项；建立和申报国家高新技术企业、广东省环境保护与辐射防护工程技术研究中心、广东省铀矿成矿规律与绿色勘查重点实验室（学科类）等科技创新平台。获得广东地质科学技术奖一等奖1项，二等奖1项，中国铀业“找矿发现奖”三等奖1项。

市场开发　2018年，二九〇所地质延伸技术服务取得进展和突破，巩固韶关及周边县区传统市场业务，向珠三角辐射，融入华南市场。该所市场开发地涉及韶关三区七县、广东省其他地市、广西、江西、安徽和云南等20多个市县。业务范围涉及水工环地质调查、钻探工程、环境监测、权集调查、变形监测、地灾评估、基础检测、工程勘察、工程物探、样品分析、场地调查及农田垦造等30余项。12月，该所大地公司广东分公司中标韶关市滨江商务中心桩基础工程专业分包项目。各市场部门经营收入与2017年同期相比，实现不同程度增长。

管理提升　2018年，二九〇所管理水平提升。年底完成“三供一业”分离移交工作，改善职工家属区居民生活环境，获得中国铀业奖励。各部门制定及修订完成管理制度76项；加强中层干部队伍建设、加强专业技术人才队伍建设、加强高学历人才引进和加强人才教育培训；成立法治工作领导小组，聘请外部律师担任法律顾问；落实国家事业单位关于薪酬调整的有关政策；建立适合该所管理需要的项目台账和数据反馈渠道，制定备用金（借款）管理办法，建立内控体系，更新2017年内控手册的11个一级流程，2018年备用金余额同比下降75.5%；加强野外施工与交通风险管控，落实“JYK一体化”制度，开展内部控制体系建设和评价；加强体系建设、教育培训和质量检查，强化质量和计量体系管理。特殊工种持证率100%，反“三违”隐患整改率100%。

（叶　蕾）

【韶关市生产力促进中心】　2018年，根据《科技部关于开展2017年度全国科技统计调查工作的通知》和《广东省科学技术厅关于开展2017年度全省科技统计调查工作的通知》，韶关市生产力促进中心完成各类科研机构、高新技术企业、科普等12类报表，涉及全市机关、企事业单位558家。

创新券运营管理　2018年4月下旬，韶关市科技局启动2018年度韶关市科技创新券后补助项目申报工作，韶关市生产力促进中心作为运营单位受理、形式审查相关申报材料并组织召开专家评审会议。经审核、公示等程序，全市有37家企业在广东省科技业务管理阳光政务平台网上申报科技创新券后补助项目，其中有28家企业兑换创新券（4项服务券、24项专项券），兑现经费近300万元。

大型科技培训　2018年，韶关市生产力促进中心承办大型科技培训6次（累计受训企业125家、人员360多人）。6月19—22日，第十六期广东省创业孵化从业人员培训班在韶关举办，来自广东省各类孵化器130名学员参加，该培训是省科技企业孵化器协会首次在粤东西北地区举办的全省性孵化器专业培训，省科技厅高新处主任科员文晓芸、省科技企业孵化器协会会长张伟良出席培训班。9月28日，该中心承办粤东西北地区生产力促进机构从业人员能力提升培训班（粤北片区）在韶关市开班，来自河源、清远、韶关等市、县、区科技局领导以及粤北片区生产力促进机构、科技金融综合服务中心、科技园区创新创业服务中心、专业镇协同创新中心、农业产业科技创新中心、星创天地等创新创业平台负责人共80余人参训，省生产力促进中心企业发展部部长、广东科技进修学院常务副院长林波到会指导并讲话。

孵化育成体系完善　2018年，韶关市生产力促进中心对接省科技企业孵化器协会，开展精准服务，协助起草孵化育成体系建设相关文件，培育新的创新创业载体，加快韶关市孵化育成体系建设。会同韶关市科技局高新科到乐昌乐善众创空间指导国家级专业化众创空间创建工作，协助智汇小镇申报省级孵化器和众创空间，组织好市级孵化器众创空间认定评审工作。协助智汇小镇成功申报省级众创空间。培育华工研究院、星火湖众创空间，通过创新创业平台提升产业承载力。至2018年底，全市拥有国家级科技企业孵化器1家、省级科技企业孵化器3家、省级众创空间3家、市级科技企业孵化器2家、市级众创空间2家。

科技计划项目管理　2018年，韶关市生产力促进中心按进度安排使用中央引导地方科技发展专项资金30万元，成功申报广东省科技创新“大专项+清单管理”项目、市本级科技计划项目。同步做好到期末验收的项目结题验收准备工作。

园区服务　2018年，韶关市生产力促进中心到市科技企业创业园开展园区整洁行动5次；协助6家入园企业开展工作，服务好园区密封圈项目，经申报、受理、审核，韶关市立展密封技术有限公司被认定为国家级高新技术企业，是韶关市科技企业创业园第二家国家级高新技术企业；年初与企业代表签订安全生产责任书，定期不定期对安全生产重点部位和重点区域进行重点检查，2018年9月17日台风“山竹”期间园区现场未受到台风影响。

（刘锡禧）

【农业科学研究】　2018年，韶关市农业科技推广中心以实施“中央重大农业科技推广项目”“国家农业科技园区建设项目”“省级农作物良种良法示范基地建设项目”和“省级现代种业提升工程项目”等国家、省级重大农业科技项目为载体，开展农业优良品种和先进技术的试验研究，提高科技实力和研发水平。全年试验鉴定水稻、蔬菜优良品种320个；示范推广水稻、蔬菜、果树、食用菌优良品种16个；研究应用作物高产栽培、设施栽培、液态菌种、农业机械化生产等农业先进技术4项；举办科技下乡、科技培训12期次，服务农民1850人次；获得省、市级科技奖励3项，其中，《籼型水稻三系不育系“韶农A”的育成与应用》项目获“韶关市科学技术进步奖一等奖”，《大学农技推广服务体系创新及其在粮食和园艺产业中的应用》项目获“广东省农业技术推广奖二等奖”，《花生生产机械化技术推广》项目获“广东省农业技术推广奖三等奖”。（徐永亮）

【林业科学研究】 韶关市林业科学研究所成立于1962年，是广东省认定的第一批非营利性的科研机构，隶属于韶关市林业局，正科级事业单位，原址位于韶关市武江区沐溪大道8号，2018年10月搬迁至韶关市浈江区陵南路8号。2018年有在职职工58人，其中在职研究生2人、本科10人、大专16人；各类专业技术人员29人，其中高级职称12人、中级职称11人。

林业科研 2018年，韶关市林业科学研究所以油茶良种良法的试验、示范、推广及轻基质苗木培育技术推广等为科研工作重点，开展珍贵树种引种繁育、植物组织培养技术研究等林业科研项目。其中，韶关市创新专项资金项目《韶关市油茶标准化生产技术示范推广》获广东省农业技术推广三等奖；《粤韶系列油茶良种区域性试验与示范》项目成功申报2018年省林业科技创新专项资金；以完成的市级科技创新项目《林木轻基质苗木培育技术开发与推广》项目为基础，继续开展中央财政林业科技推广项目《轻基质苗木培育技术推广》的苗木培育工作。

苗木生产 2018年，韶关市林业科学研究所完成苗木培育100万株。其中，培育轻基质容器苗20万株，品种包括山杜英、灰木莲、木荷等乡土珍贵阔叶树；培育嫁接油茶苗60万株；培育2年生无纺布营养袋苗20万株，品种为山杜英、枫香、红叶石楠、山乌桕、樱花等彩叶树种及闽楠、桢楠、乐昌含笑等珍贵阔叶树种；完成苗木出圃72.5万株，其中乡土阔叶树苗27.5万株、茶苗37.5万株、嫁接油茶苗7.5万株。

林业技术推广 2018年，韶关市林业科学研究所承办林业技术推广活动，通过专家出诊、现场教授、科技宣传、技术咨询等方式，开展油茶丰产栽培技术、茶叶技术、轻基质苗木培育技术等林业科学技术推广工作。

造林规划设计及监理 韶关市林业科学研究所具备造林工程规划设计乙级、造林工程监理丙级资质，2018年完成韶关市三区七县（市）森林碳汇造林、生态景观林带等林业重点生态工程作业设计的技术审核84个；完成“乐昌市石漠化综合治理林业工程”的2012年E标6.67公顷补植林地、2014年178.7公顷生态林、134.8公顷油茶林抚育追肥，曲江林场22.5公顷“2018年阔叶树造林项目”、127.4公顷“2018年中央森林抚育项目”、66.4公顷“2018年省级碳汇林抚育项目”、245.47公顷“2018年生物防火林带抚育项目”和702.67公顷“韶关市武江区2017年中央森林抚育项目”的监理工作。（李凤玲）

【水产研究】 韶关市渔业技术推广站（加挂韶关市水产研究所、广东省韶关区域性水产试验中心、韶关市渔业资源增殖站牌子）成立于2016年1月，其前身是创建于1978年的韶关市水产研究所，是韶关市农业农村局下属的正科级公益二类事业单位，实行四块牌子、一套人马办公。职能为负责组织实施渔业科技成果和先进技术的试验、示范、推广；负责组织渔业职业技能鉴定；负责渔业专业技术培训；组织渔业技术推广项目验收、评审和鉴定工作。水产技术研究以及相关品种与技术的开发与推广；水产技术任务、水产重大项目相关的区域性试验、表征、示范；水生动物救护和珍稀鱼类资源开发研究；优势品种良种选育与推广；专业实习与科普基地，基层专业技能培训；为渔业可持续发展提供相应的技术保障等。至2018年底，有在职人员9人，其中高级职称3人、中级职称3人。

科学研究 2018年，韶关市渔业技术推广站实施的省、市科研项目共6项。其中，“黄尾鲴人工繁育技术研究”“广东鲂人工繁育技术研究”“优鲈一号养殖示范与推广”等项目完成计划进度；“黄尾鲴人工繁育技术研究”“广东鲂人工繁育技术研究”完成项目的合同指标。

技术推广 2018年，韶关市渔业技术推广站完成省市下达的有关渔业推广方面工作的任务。重点加强稻田养鱼的技术推广，在浈江区犁市镇、曲江区大塘镇和乐昌市梅花镇建立稻田养鱼示范区23.33公顷，为全市稻田养鱼养殖户提供优质禾花鲤苗种25万尾，对养殖户进行技术指导和印发宣传指导资料。该站对稻田养殖的禾花鲤进行种质资源检测研究，对比分析不同环境生长的禾花鲤营养成分的差异，如水分、脂肪、蛋白质、灰分、氨基酸组成、脂肪酸组成等，为韶关市稻田养鱼的发展提供技术支撑。

苗种生产 2018年，韶关市渔业技术推广站生产及推广三角鲂、光倒刺鲃、倒刺鲃、黄尾鲴、广东鲂、桂华鲮、禾花鲤及长臀鮠等名优鱼类苗种600万尾，完成生产任务。（罗钦洪）

【畜牧研究】 韶关市畜牧研究所成立于1978年，隶属于韶关市农业局，正科级事业单位，广东省16个区域性农业试验中心之一。2018年，有在职人员12人，其中高级职称1人、中级职称5人。主要负责畜禽品种改良、繁殖、选育的研究及有关技术的引进、试验、示范、推广、培训；承担畜牧业区域性试验、表证、示范的研究工作；负责地方畜禽遗传资源的调查与保护。

科研课题 2018年，该所开展优良种猪的品种改良、繁殖和选育工作，进行《生猪产业创新团队》《猪瘟疫苗群体免疫技术研究与应用》等课题的研究；该所申报的项目获得2018年省级农业科技创新及推广资金21万元的扶持；完成2016年市科技项目《猪场智能保育系统关键技术研发与应用》和2017年省级现代农业技术推广项目两个项目的验收；项目《粤北山区新丹系种猪选育及配套技术研究与推广》获得2017年度广东省农业技术推广奖三等奖；有关养猪技术方面的专利获批3项；《梅花猪保种及研究进展概况》论文在全国中文核心期刊《黑龙江畜牧兽医》发表。

技术推广与服务　2018年，该所开展技术推广和技术下乡服务活动。全年分别在韶关、曲江、仁化主办规模较大的技术培训会3期，培训内容为高效养猪技术、非洲猪瘟防控技术、环保及猪场粪污资源化利用技术等，培训人员超过250人次；参与相关部门组织的科技下乡活动1次；到猪场技术服务和指导10次；示范基地辐射带动猪场1个；该所设立养殖技术咨询服务热线电话，为养殖户解答养殖生产中遇到的难题。

梅花猪保种　2018年，该所开展大范围的梅花猪种质资源普查工作。组织技术人员全年开展16次梅花猪种质资源调查和评定工作，主要到乐昌市梅花镇、沙坪镇、秀水镇、坪石镇、云岩镇和乳源瑶族自治县的大桥镇以及清远市的英德与连州等偏远山区进行梅花猪调查采样。与高等院校合作，利用现代分子育种技术开展保种工作。通过与华南农业大学动物科学学院的合作，引进目前较为前沿的现代分子育种技术，采集该所存栏的梅花猪核心群以及主产区内经评定较为符合梅花猪体貌特征的猪群耳样，进行实验室抽提DNA，送中科院北京基因所进行60k芯片基因分型，获取梅花猪SNP分布信息，再进行后续各种分析，依照分析结果，指导配种，降低近交系数，为梅花猪提纯复壮工作提供依据和加快进度。

梅花猪开发利用　该所为提高梅花猪商品肉猪的瘦肉率和生长速度，利用杜洛克品种猪瘦肉率高和生长快的特点，用梅花母猪与杜洛克公猪进行杂交；改善猪肉肉质品质，通过做好猪只放养运动场的维护和扩建工作，注重和坚持猪只的放养，加大青绿饲料的投喂及商品猪上市时间控制在10个月以上等措施，梅花猪肉质品质得到改善，猪肉具备鲜美、爽口、香、甜的特性。

（陈细浩）

▲12月28日，广东高品质金属材料研究院、岭南高品质金属材料研究院揭牌仪式在广东省矿产应用研究所举行　（梁导　摄）

【矿产应用研究】　广东省矿产应用研究所原名地质部第九实验室，隶属于广东省地质局，正处级事业单位。始建于1964年，是全国地矿系统唯一从事放射性矿产综合利用评价和放射性检测的专业实验室、国土资源部放射性矿产资源监督检测中心、国土资源部放射性与稀有稀散矿产重点实验室。单位原址在乐昌黄圃，占地5.93公顷；现址分设科研区（芙蓉东路108号）和职工生活区（新华南路19号），两区分隔2千米，共占地2.66公顷。至2018年底，有职工169人。其中，在职职工75人，正高职称3人，高级职称12人，中级职称32人。硕士9人，本科55人，大专生2人，大专以上学历占89%。共有专业技术人员60人，在职人员年轻化，80后的职工有35名，占47%。退休人员94人，高级职称占40%。

业务范围及资质　广东省矿产应用研究所的业务范围为矿产的可选性评价、矿产资源综合利用研究、选矿工艺试验、冶金工艺试验、岩矿测试、岩矿鉴定、岩土试验、放射性检测、放射性环境地质调查与研究、水工环地质调查、地质灾害危险性评估与治理、工程勘查、环境影响评价、工程物探、微量物证鉴定等多个领域，拥有国家级计量认证证书、ISO 9000质量体系认证证书、地基基础检测专项资质、全国土壤污染调查检测实验室以及微量司法鉴定许可证。

仪器设备　至2018年底，广东省矿产应用研究所有仪器设备439多台套，包括电感耦合等离子体质谱仪、电感耦合等离子发射光谱直读仪、石墨炉原子吸收分光光度计、γ能谱仪、气相色谱仪、环境测试舱、土壤测氡仪、二路低本底α、β测量仪、高梯度强磁选机等各式磁选机、各种规格的浮选机、摇床、跳汰、离心选矿机等重选设备、激光粒度分布测试仪、湿法冶金成套设备、冶化厂等污水处理成套设备等，能满足各类矿石可选性试验研究与实验检测的要求。

科技攻关　2018年，广东省矿产应用研究所开展科技项目15项。包括国土资源部公益性科技专项1项（攀西钒钛磁铁矿稀散元素赋存状态及选冶关键技术研究），该项目通过验收；国土资源大调查项目1项（陕西华阳川地区铀多金属矿选冶综合利用技术评价），该项目通过验收。焙烧—浸出取得突破性的进展，铌钛铀矿浸出率97.76%，萃取率99.99%以上，各项指标超过项目预期目标；省财厅项目1项（火山岩型铀多金属矿提取及分离技术研究），该项目进行矿石冶金探索性试验，岩矿鉴定及冶金探索性试验阶段等年度试验工作完成；广东省科技计划项目1项（粤北地区放射性及稀有稀散金属检测公共技术服务平台建设），经过建设期的整改建设，在发明专利、人才引进及培养、科技人才奖励、科技报告、论文发表、新服务等方面全部达到项目指标要求；韶关市土壤污染防治科技专项1项（韶关市铅锌矿山周边重金属污染土壤修复关键技术研究及示范），该项目利用电动修复原理对重金属污染土壤治理技术开展示范研究，年内完成现场示范；社会委托项目10项，包括龙川县麻布岗天堂山矿区铷锡多金属矿钽铌选矿实验室扩大连续试验、广东省蕉岭县作壁坑含铷长石矿工业品位界定及工业经济评价、布隆迪钽铌矿石可选性选矿试验、湖南省中方县字溪矿区金矿选矿试验、龙川县麻布岗天堂山矿区铌钽矿重砂分析等。

城市地质、环境地质、农业地质　2018年，广东省矿产应用研究所完成实验测试9153批59903个样品。完成多批地质调查项目地质试验任务，包括“广东凡口铅锌矿接替资源勘查”“广东省韶关市北江流域水患区（韶关段）环境地质调查”“武水流域坪石幅、沙坪幅1∶5万水文地质环境地质调查钻探及相关业务”“粤北下庄矿田铀资源潜力评价”等。与多家企业达成检测协议，包括珠海勘察院湾仔雷公壁及香洲东坑的饮用天然矿泉水和斗门镇下洲理疗温泉水的试验测试项目，湖南园林建设有限公司土壤的试验测试项目，华欣公司的土壤及废水的试验测试项目。全年完成建筑工程的室内环境检测点数1947点、土壤氡浓度检测1522点，动力触探检测近269点。完成岩土检测2000多批次，包括东莞市城市轨道交通一号线一期工程、珠海市鹤州至高栏港高速公路一期、广州地铁十三号线官湖车辆段等项目的检测工作。

科研项目立项　2018年，广东省矿产应用研究所成功申报科研项目5项，包括《广东省放射性与三稀资源利用重点实验室》（广东省科技创新战略专项资金300万元）、《粤北典型铀矿山放射性污染控制关键技术研究与铀矿山环境信息管理系统构建》（省科技厅项目100万元）、《铅锌镉砷复合污染土壤修复技术研发及示范应用》（市科技局产学研合作专项30万元）、《火山岩型铀多金属矿分离与提取技术研究》（省地勘基金续做项目100万元）、《能源植物皇竹草修复大宝山矿区酸性土壤技术研究与示范》（市科技局项目20万元）等。

科技创新　2018年，广东省矿产应用研究所获授权的国家发明专利1项——“一种瓷土矿除铁增白浮选捕收剂及其应用”；授权的实用新型专利5项，分别为“含锗冶炼渣中提锗的实验装置”“一种含铊冶炼废水深度处理装置”“一种新型含铀矿山废水净化装置”“一种用于土壤重金属及有机物污染的电动修复实验装置”“一种移动式农田重金属污染土壤的原位电动修复装置”；已授理的发明专利3项，分别为“一种铅锌冶炼废水深度除铊捕集剂及其应用”“电渗析反应器除选矿废水中COD的处理方法”“一种基于赤泥提取物的纯精粉制备方法”；多篇科技论文发表，包括SCI论文2篇、EI论文2篇、中文核心期刊4篇。

广东高品质金属材料研究院、岭南高品质金属材料研究院揭牌成立　2018年12月28日，广东高品质金属材料研究院、岭南高品质金属材料研究院揭牌仪式在广东省矿产应用研究所举行。广东高品质金属材料研究院由韶关市龙头企业韶铸集团牵头，联合广州冶金研究所、东北大学金属材料技术团队在华南装备园落户建设的，将重点开展钢铁新材料技术研究。岭南高品质金属材料研究院由省矿产应用研究所联合中南大学有色金属技术创新联盟和韶关市部分有色金属材料企业共建，将重点开展有色新材料研究。（梁　导）

文化事业

【基层公共文化设施建设】　2018年，韶关市建成行政村（社区）综合性文化服务中心1430个，基本实现县（市、区）级文化场馆、村级综合文化服务中心全覆盖。乳源瑶族自治县民族团结文化广场建成并正式开放，南雄市图书馆新馆正在进行内部装修。2018年城区风度书房建设被列为“为民办实事”项目之一，在市区建成20间风度书房，全年接待读者100万人次。《风度书房实现阅读惠民零距离——韶关市风度书房建设案例》被广东省文化厅评为“2018广东公共文化研讨会优秀案例”；《提升效能，优化服务，全力打造我市惠民阅读第一品牌》入选2018年韶关市“双争双促”主题实践活动机关效能典型案例。

【文化惠民工程】　2018年，韶关市做好农村公益电影放映工作，全年全市放映农村公益电影14958场，超过任务数498场，观众人数90.14万人次。开展特定人群免费观影活动，向环卫工人、残疾人士等特定人群免费发放1万张电影票。实施“户户通”查漏补缺工程，为1253户贫困户免费安装卫星接收设备，解决偏远地区贫困户收听收看广播电视难的问题。组织开展戏曲“两进”（进校园、进农村）演出活动346场，观众16万人次。

文学艺术创作

【文艺精品创作】　2018年，韶关市的乐昌花鼓戏《一双高跟鞋》、采茶小戏《醉酒》获得广东省第九届群众戏剧曲艺花会铜奖。广场舞《杨柳青——滃江美》获广东省广场舞展演“优秀团队”奖。组织粤北采茶戏保护传承中心创作排演工矿题材大型粤北采茶戏《51号信箱》。选送地方戏曲经典剧目《卖杂货》《阿三戏公爷》参演由中华人民共和国文化和旅游部、江西省政府举办的2018年全国采茶戏汇演。选送粤北采茶戏《醉酒》、乐昌花鼓戏《树正影儿斜》参加广东省2018年“粤戏越精彩”——广东优秀现代折子戏展演活动。乳源瑶族自治县创作排演大型民族音乐剧《过山谣》（四幕）。剧目创排投入200多万元，创作过程历时近1年。

▲ 2018年1月23日，“善美之城·文明韶关”韶关市风度书房启用仪式在中山公园舞台举办（韶关市文化广电新闻出版局　供）

11月21日，该舞台剧目在乳源“十月朝”旅游文化节正式公演。

文化活动

【文化惠民活动】　2018年，韶关市在各大传统节日期间举办“我们的节日”系列群众文化活动。开展“韶关城市形象发布暨2018庆祝元旦群众社团文艺展演活动”“中国梦·我的梦”文化志愿者送欢乐下基层系列演出活动、2018韶关市“善美之城·迎春贺岁”文艺演出暨游园活动、善美之城·我们的节日——2018清明诗歌朗诵会、“继往开来，再铸辉煌”——韶关市庆祝“五一”国际劳动节暨大力弘扬工矿精神主题活动、“善美之城·文明韶关”庆“五一”群众文艺演出活动、“唱响新时代”——2018广东省群众文艺惠民巡演活动、“同饮一江水”2018广东打工者歌唱大赛韶关赛区总决赛、善美韶关·我们的节日——中秋节主题活动等一系列文化活动。

【2018南国书香节韶关分会场活动】　2018年8月17至19日，由广东省委宣传部、省新闻出版广电局主办，韶关市委宣传部、市文化广电新闻出版局承办的2018南国书香节韶关分会场活动在鑫金汇财富广场举办。展区设有优秀图书展、文化创意展、韶关本土作家作品展、摄影图片展、木雕艺术品展、阅读体验区、动漫体验区、邮文化展示区、绘本展示区、茶禅文化体验区等10大板块，42家单位参展。活动人流量32万人次，开幕式在线观看总人数近10万人次，中省媒体（平台）和市直媒体推出各类报道（稿件）100多篇。

【韶关市第二届民间艺术花会】　2018年10月1—3日，韶关市第二届民间艺术花会在中山公园举办。花会包含民间艺术大巡游、粤北民间艺术展演、韶关非遗项目活态展示等3大板块的民间文化艺术活动。参演方阵14个，巡游队伍表演人员1000多人。活动邀请东莞麒麟舞、汕头英歌舞、云浮禾楼舞等省内国家级非遗代表性项目展示团队参演。该活动首次在国家公共文化云、中国文化网络电视、广东省文化馆公共数字服务中心等多平台线上同步直播，韶关市文化活动直播收看观众超80万人次，线下观众人数超20万人次。

文化市场管理

【概况】　至2018年底，韶关市有文化市场经营单位450家。其中，娱乐场所（含歌舞娱乐场所及游艺游戏机室）207家；互联网上网服务营业场所203家；艺术品经营单位27家；演出经纪机构1家，迷你歌咏亭备案20家；互联网文化经营单位12家。

【文化产业发展】　2018年，韶关市文化广电新闻出版局形成《韶关市文化产业发展调研报告》，制定《韶关市加快文化产业发展行动方案》。开展市级文化和旅游融合发展示范区创建工作，全市评出首批6个市级示范区。5月10—14日，韶关市组织10家文化企业（项目）参加在深圳会展中心举办的第十四届中国（深圳）国际文化产业博览交易会（以下简称文博会）广东团的展示。韶关团获得文博会组委会颁发“优秀组织奖”和“优秀展示奖”。

【文化市场监管】　2018年，韶关市根据中办、国办《关于深化文化市场综合行政执法改革的指导意见》，按照“同城一支队伍”的要求，推进文化市场综合执法改革。推广应用文化市场移动执法工作，申请专项工作经费20万元为全市45名文化执法人员配备应用移动执法所需的设备，通过文化和旅游部开发的移动执法系统，采取“部服务器+部移动执法系统”模式开展上线移动执法工作。推进网吧监管平台升级工作，在全市194家网吧安装调试“文网卫士”网吧监管平台，年内基本完成全市网吧“文网卫士”监控平台安装与升级改造工作。全年全市出动执法人员15941人次，检查各类文化经营单位5936家次，责令改正72家次，立案调查18件。

文化遗产保护

【非物质文化遗产保护和传承】　2018年5月12日，韶关市推荐的乳源双朝节（民俗）、南雄茶花灯（传统舞蹈）、翁源客家山歌（传统音乐）、翁城猫头狮（传统舞蹈）和乳源苦爽酒酿造技艺（传统技艺）5个项目被列入广东省第七批省级非遗代表性项目名录。5月16日，该市非遗传承人赵新容、邓菊花申报为第五批国家级非物质文化遗产代表性项目代表性传承人。11月2日，该市公布澄江青草狮、萧统太子的祭祀、过山瑶民间传统舞蹈、西京古道传说故事、涂氏水车制作技艺、乐昌公主的传说、仁化竹篾编织技艺、杨泰和米饼制作技艺、犁市胡氏蔡家拳、翁城地窖酒制作技艺、曲江柴烧陶艺、樟市黄豆腐制作技艺等12个项目列入韶关市第七批市级非遗代表性项目名录。

【非遗活化利用】 2018年，韶关市举办首届非遗创意设计大赛，收到来自北京、天津、山东、湖南、广西、海南等省市557套1447件参赛作品，网络得票总数超过122万张，投票网页浏览量超过80万人次。6月24日，在广州图书馆举办“多彩非遗美好生活——走进非一般的韶关”系列活动，发布非遗口袋书《非一般的韶关》、大型纪录片《韶关非遗印记》，举行“走进非一般的韶关”非遗游授旗仪式和首届非遗创意设计大赛成果展，宣传推介韶关非物质文化遗产资源。

图书·文物博物

【图书馆事业发展】 2018年1月23日，韶关市首批10间风度书房正式开放，年内被评为2018广东公共文化研讨会优秀案例。第二批10间风度书房于12月31日正式开放，在整体布局和服务效能上均有创新和提升。至年底，韶关市图书馆完成全年图书采购、分编7.2万册，纸质图书总藏量80万册。韶关市图书馆全年接待读者131万人次（其中，本馆总馆接待31万人次，风度书房分馆接待100万人次），同比增长206%；持证读者总量3.2万，同比增长38%；纸质文献外借量65万册次，同比增长68%。

【文物保护】 2018年，韶关市完成《韶关市红色遗址遗迹调查报告》编制工作。红军长征粤北纪念馆主体工程封顶。争取中央和省级资金1170万元，对五汪村谭氏宗祠、三门楼及大夫第、省委干部培训班旧址等进行修缮。2月9日，斌庐正式开放。曲江区推进“马坝人——石峡遗址”考古遗址公园整治工程，整体环境得到改善。韶阳楼修缮和周边环境整治工程一期完工。11月20日，广东省文物局根据《广东省区域文物考古工作站工作规程（试行）》，经过近9个月的筹备，成立首个区域文物考古工作站——粤北文物考古工作站，以韶关、河源、梅州、清远四市博物馆作为主要成员单位，首批队员32人。韶关市博物馆作为粤北文物考古工作站站长单位。（刘　晟）

新闻出版

【印刷、出版物管理】 2018年，韶关市完成广东省新闻出版局下达的112家印刷、出版物发行单位统计年报抽检任务；完成全市97家印刷企业年度公示报告和341家出版物发行单位年度核验工作，组织开展新闻出版行业安全生产工作；完成3家省属新闻机构、5家市属新闻报刊的年度核验工作。根据《内部资料性出版物管理办法》，加强对内部资料性出版物的审核工作，全年审核内部资料性出版物43种。年度完成50家农家书屋图书轮换任务，全市轮换图书6万多册，受益群众8万多人次。

【报纸、期刊管理】 2018年，韶关市完成10家新闻单位的304名新闻记者证年度核验工作。组织开展新闻单位采编人员申报记者证工作，全市45名新闻专业技术职称申报者通过评审。

【版权管理】 2018年，韶关市开展推进使用正版软件工作，对市级政府80个部门的正版软件使用情况进行摸底和统计。年度设立广东省作品著作权志愿登记代办机构，开展作品著作权登记工作，依法保护作品著作权人合法权益。

【送文化下基层活动】 2018年，韶关市各地发挥农家书屋作用，开展送戏下乡演出560多场次，送春联到农家860多场次。全市1205家农家书屋配送党的十九大学习辅导读物1900多套，开展学习活动2300多次，进行理论学习辅导1400多课时。

【世界知识产权保护日宣传周活动】 2018年，韶关市组织开展2018年“4·26”世界知识产权日“保护著作权宣传周”活动，活动从4月20日开始，至4月26日结束。活动期间，韶关

▲ 2018年2月9日，斌庐正式启用并对外开放（韶关市文化广电新闻出版局　供）

市及各地有关部门联合举办知识产权宣传活动9场次，发放保护版权知识宣传资料8900多张（份），张贴“绿书签”宣传海报200多张，向学校师生发放“绿书签”1000多张，向学校师生和社会群众派发版权知识笔记本1200多本。

【“剑网2018”打击网络侵权盗版专项行动】 2018年，韶关市版权局协调市公安、网信等部门，以网络侵权多发领域为主要目标，重点开展网络转载版权、短视频版权、重点领域版权三方面专项整治。全年巡查网站460多家，删除网上不良信息300多条次。

（韶关市委宣传部）

【韶关日报】 《韶关日报》是中共韶关市委主管、主办的机关报，1984年1月1日创刊。韶关日报社为公益二类正处级事业单位。实行党委领导下的社长负责制，内设13个科级部门。2018年有干部职工176人。其中，在职员工136人（事业编58人，合同制人员60人，临聘人员18人），退休人员40人；具有中级以上职称17人，其中副高职称3人。根据《韶关市市属新闻媒体深化改革的指导意见》，2018年2月韶关日报社完成“一体两翼”运行架构搭建并试运行。以保留事业单位性质不变（公益二类），成立韶关报业集团为“一体”，以“整合采、编、播、技术、行政后勤等部门，搭建以内容生产为核心的融合型公益性事业服务部门”为一翼，以“整合广告、印刷、发行、传媒产业及衍生产业等板块，搭建以市场化经营为核心的国有控股韶关报业传媒发展有限公司”为另一翼的总体设计。是年，出版《我们的节日》《向国旗敬礼》《9·30烈士纪念日》《网上祭英烈》《韶关旅游业升级》《新时代新作为》等近10个专题系列；制作《穿梭时空遇到你——韶关人才》《创文回顾》《韶关首届农民丰收节》《扫除陋习，网上签名》《韶关市野外用火条例》等10余个H5；承办“9·20公民道德日”、首届农民丰收节暨“农博会”开幕式活动，“韶关发布”年末粉丝量11万人，直播点击率超40万人/次，创当地收视点击历史记录。

唱响主旋律 抓好学习贯彻习近平总书记系列重要讲话精神的报道，开展设专题专栏，刊发中央省重要媒体的重点报道和各县（市）区、单位部门、企业在学习贯彻推进全局工作等方面的经验做法以及成效；抓好学习贯彻习近平总书记视察广东重要讲话精神的报道，以“微访谈”专栏形式，推出县市区和市直部门一把手学习贯彻习近平重要讲话精神系列报道，在各平台刊发。抓好学习省委书记李希来韶调研讲话精神的报道，推出《打造绿色发展韶关样板》《保护绿水青山造就金山银山》等5篇解读报道。抓好改革开放40周年的报道，推出“壮阔东方潮奋进新时代——庆祝改革开放40周年”“韶关40年40事”系列报道。完成市委十二届六次全会、市委常委会、民主生活会、领导调研等重点报道任务，推出9篇全会精神解读系列报道+评论。开展创文、城市提升、营商环境、精准扶贫、乡村振兴、弘扬韶关工矿精神、扫黑除恶、环保督查等主题宣传。

开展“小手牵大手”创文活动 2018年5月13日，由市文明办、韶关日报社主办，韶关市三区（浈江、武江、曲江）各小学联合推出的“小手牵大手”创文先锋号系列活动在芙蓉山公园启动。是日，韶关市精神文明建设委员会办公室与韶关日报社在芙蓉山公园启动“小手牵大手”创文先锋号系列活动之“保护‘绿肺’，我们在行动”，首次活动得到田家炳小学师生、家长的响应，70余名身穿红马甲的大小创文志愿者共同清洁芙蓉山，扫落叶、清理垃圾。

承办“生态农业善美韶关” 2018年9月23日，由韶关日报社承办的“生态农业善美韶关”韶关首届“中国农民丰收节”暨生态农业博览会在乐昌市长来镇和村村举行。是日，韶关市各县（市、区）集创意农业、农业景观、农业休闲、农事体验、订单农业于一体的农业基地参展，展出马坝油粘米、翁源兰花、乐昌奈李、仁化长坝沙田柚、始兴香菇、韶关茶叶等等韶关特色农副产品。活动被纳入全国首届“中国农民丰收节”系列活动，是广东省首届“中国农民丰收节”的8个分会场之一。

善美韶关文明有我活动 2018年9月20日，由市委宣传部、市文明办、市妇联主办，韶关日报社承办的韶关市第十六个全国公民道德宣传日暨《2018版韶关市民文明手册》发放仪式活动在市区中山公园文化广场举行。市委常委、宣传部长刘启宇和韶关市的道德模范和身边好人代表、妇女代表、志愿者代表、各行业代表、文明单位代表、市民群众等1000多人参加活动，活动通过网络直播，观看人数逾40万人。活动现场向市辖三区发放《2018版韶关市民文明手册》，为获得2018年广东省百户最美家庭、2018年全国最美家庭和第十一届全国五好家庭的获奖家庭进行颁奖。至2018年底，韶关市有4人获广东省道德模范提名奖，60人获市级道德模范称号，31人登上中国好人榜，23人获广东好人称号，近200人被评为韶关好人。

（钟秋鹏）

广播·影视

【概况】 韶关市广播电视台于2005年3月，由原市广播电视局及所属的电台、电视台等机构合并而成，为市直正处级公益二类事业单位。至2018年底，该台有内设科级部门14个，全台干部职工527人，其中离退休180人、在职347人，拥有各类职称人员184人（高级职称8人），占在职人员53%。单位通过加快媒体融合发展，推动广电实现管理运行方式、生产组织方式、经营增长方式的历史性转变，全年实现安全刊播。

【主题主线宣传】 2018年，韶关市广播电视台突出“学习宣传贯彻习近平新时代中国特色社会主义思想、党的十九大精神和总书记对广东重要讲话精神”

主线开展重大主题报道，全年完成主题主线报道近40个。重点推出《改革新语》《一把手访谈》《在习近平新时代中国特色社会主义思想指引下——新时代新作为新篇章》等系列专栏，重点策划《在高水平生态保护中实现高质量发展》《返乡就业创业天地宽》等系列报道。围绕改革开放40周年、城市提升、乡村振兴、工矿精神、创文等主题宣传，制作《辉煌40年》《我家这40年》《口述历史：韶关工矿记忆》等系列节目，实现全平台运营、发布、传播；创作《高举新时代改革开放旗帜》《绿色崛起》《礼敬非遗文脉弘扬工匠精神》等16个版本的学贯公益宣传片，在广播、电视播放5.5万条次。

【舆论引导】 2018年，韶关市广播电视台办好《市民问政》全媒体问政栏目，开展建设性舆论监督，推动党委政府重点工作、民生实事落实。《民生关注》开设“曝光台”专栏，播出舆论监督报道210多条，推动善美韶关建设。《民声热线》完成节目290期、户外走基层活动5场，来电来信806个，群众满意度97%，推动群众解决合理诉求。“网络问政”平台收集问政帖10042条，完成问政专报11期，上报舆情70条，为上级领导决策提供参考，推动构建党委政府与群众的和谐公共关系。

【直播矩阵传播力增强】 2018年，韶关市广播电视台实现全媒体直播常态化，全年完成直录播86场8580分钟，增长260%。打造“韶关星直播”品牌，新媒体直播46场，增长48%。韶关工矿精神发布、北江音乐节、防御台风“山竹”、韶关市第二届民间艺术花会开幕式、乡村振兴我先行等10场直播观看人次10万+，直播观看人数近400万次。其中“韶关民间花会艺术节巡游活动”首次将直播信号同时推给国家云平台、城市广电云平台，累计近100万人次观看。韶关电视高标清同播优势凸显，深化与南方卫视共建陈星工作室韶关基地。全媒体演播厅建成启用，推动综艺演播厅升级改造。

【新媒体矩阵壮大】 2018年，韶关市广播电视台实施移动优先战略。韶关民声网改版完成，凸显视频网站特色，网站小程序上线。党的十九大以来，新媒体矩阵粉丝总量达177万，增长70%，无线韶关下载量增长110%，广播电视微公号粉丝增长50%。《二十四节气》《漫新闻：村里有个支书叫小潘》《乡村振兴也潮酷？韶关这条村“振”起来了！》等大批融媒体“爆款产品”屡屡刷屏。2018年，在南方+、今日头条、新华社客户端韶关频道、企鹅号等平台发布新闻资讯5872条，在省地方台保持排名前三位；图文、视频总阅读量660万次，推荐量450万次。

【对外宣传新突破】 2018年，中央广播电视总台采用韶关市广播电视台新闻稿件8条，其中新闻报道《广东乳源：文明新风进“瑶乡”》，突破单篇韶关电视新闻稿件在央视《新闻联播》的播出时长。与央视科教频道《文明密码》《味道》栏目合作摄制“东西南北过大年之粤北韶关年”“年味”专题节目40分钟，通过央视向全国人民呈现“韶关年味”。《企业变形记》纪录片在广东南方卫视展播。广东广播电视台采用电视新闻稿件271条，在广东省地级市台中用稿量排名由第10名上升到第8名；采用广播稿件432条，同比增长38.5%，用稿量在全省地级市排名由第11名上升到第4名。“触电新闻”新闻客户端开设《韶关新闻》，用户订阅量3.45万，在全省地级市台中排名前3名。

【航拍大美韶关】 2018年，韶关市广播电视台实现航拍工作常态化，将航拍视频广泛运用到外宣产品、主题主线宣传、项目工程、大型活动、精品制作等各项宣传工作中，塑造“善美韶关”形象。拍摄《飞阅韶关》栏目2季12集，时长30分钟，航拍美景视频被央视、省台等上级媒体大量采用，广泛传播，突出展现大美韶关。其中，“韶关城市建设”航拍被法国摄制组用于反映中国改革开放40年的记录片；“丹霞山美景”航拍被《中国国家地理》杂志导演采用。

【影视精品制作】 2018年，韶关市广播电视台制作完成《企业变形记》《共和国的选择——韶关工矿发展纪实》《土地的变迁》《家住保护区》《40城40年》等纪录片5项，时长494分钟。其中，《企业变形记》获得2018广州国际纪录片节“广东日”中国南派纪录片优秀作品奖、“光影纪年”中国纪录片学院入围奖，得到业内肯定。制作山水林田湖草全国试点申报资料片，助力韶关成功申报全国试点城市，被韶关市政府通报表扬；制作城市提升汇报片、党建引领扶贫工作、省领导调研韶关汇报片、市政府工作报告PPT等影视作品。21件新闻作品在2017年度广东新闻奖、广东省广播影视奖评选中获奖，其中二等奖作品7件，获奖档次和数量排在粤东、西、北地级市台中前三甲。全媒体栏目《悦读时间》，获得韶关市“十大阅读品牌活动”称号。

▲ 2018年11月10日，韶关市广播电视台纪念建台35周年暨庆祝记者节趣味运动会上的“全家福”（党群工作部 摄）

【广电创新发展】 2018年，韶关市广播电视台打破传统运营模式，实现管理运行方式、生产组织方式、经营增长方式三大历史性转变。

管理运行方式实现历史性转变 打破广电以媒体平台划分部门管理的惯例，遵循“事业单位性质、企业化运行管理，一体化发展”顶层设计，实行扁平化管理，内设部门由15个减少到14个。以融合发展为目标，整合融合广播电视节目生产相关部门，设立全媒体新闻中心、全媒体节目中心、新媒体发展中心等三大内容生产部门，强化融合型节目内容建设。经营创收部门转制企业，实行企业法人治理结构体制，探索公司化经营。公共服务部门强化统筹协调和服务保障。全台初步形成一体化融合发展的组织架构、管理机制、生产经营体系。

生产组织方式实现历史性转变 打破按媒体平台划分内容生产的传统，重构新闻生产传播流程，实现按媒体融合需要设立三大内容生产部门，探索内容众筹，推出新闻“闪报”，形成“一次采集、多种产品、多屏传播”的工作格局。其中，探索“全媒体节目中心”运营，为全省地方台首创，为推动媒体融合发展探索“韶关模式”。媒体融合发展先行探索工作，在2018年全省新闻媒体宣传管理工作电视电话会议上作经验交流。

经营增长方式实现历史性转变 坚定经营固台、产业强台理念，改革媒体业务经营模式，打破广电依靠单一硬广创收的传统，打造融创小镇影视文化创意产业园、广告经营平台、培训产业平台、户外广告平台、同城服务平台“一园四平台”，逐步实现向政务资源、特色活动、广电+产业等多元化增收转变，经营增长方式实现历史性转变。2018年完成营业收入增长4.23%，其中经营创收增长5.51%，经营创收连续三年逆势增长。

【融创小镇影视文化创意产业园建设推进】 2018年，韶关市广播电视台继续探索“广电+产业”发展。融创园TV8于2017年底升级为融创小镇影视文化创意产业园。依托园区，与韶关学院美术学院合作设立影视文化创意设计基地，入驻有影视培训类联合办学、电视放心购等实体企业，一批项目达成入驻及合作的意向。2018年3月，融创小镇（韶关媒体融合与传媒产业创新园）项目，入选国家新闻出版广电总局举办的国家改革发展项目库2018年度入库项目。

【广告经营平台加快升级】 2018年，韶关市广播电视台坚持以“广告栏目化、栏目活动化、活动规模化和品牌化”的融合经营思路搭建广告经营平台，创新广告经营模式，对接政府部门、企事业单位和市场需求，培育形成新的经济增长点。打造首届北江音乐节、广电商品交易博览会、“民营企业领军人物”评选、无偿献血、醉美乡音方言音视频征集等系列大型品牌活动，实现社会效益和经济效益双丰收。

【人才战略性调整效果初显】 2018年，韶关市广播电视台探索适应“一体两翼”运行架构的人事管理制度，建立以岗位管理为核心的人事管理机制。是年，该台52人申请自愿提前退休，腾出新一轮发展空间。该台实行双向选择、竞聘上岗，公开招聘28人，在职人员由392人降至347人，下降11.4%；理顺职称职级晋升通道，拥有各类职称人员184人，占在职人员53%。优化人员学历、年龄结构，本科及以上学历占53.6%，平均年龄由43岁下降至40岁。

【目标考核强化】 2018年，韶关市广播电视台建立完善绩效考核办法，内容生产部门与集团公司在二次考核上先行先试。健全完善支部书记抓党建、正职述职述廉、部门关键指标等6项年度考核体系，规范考核流程，客观评价部门、干部业绩。新媒体发展中心、全媒体新闻中心在部门关键指标考核中排名前列。微波中心、七二二台被广东省广播电视技术中心评为2018年度目标管理一级台站。

【管理效能提升】 2018年，韶关市广播电视台优化公共服务部门设置，强化统筹协调、服务保障。强化宣传策划、协调和导向管理，做好宣传队伍培训、作品创优评比、经营项目服务。强化合同审核，防范经营风险。继续实行开源节流，强化财务管理，合理运用财税抵扣政策节约开支。实现公车运行费用下降13.4%，办公用品费用下降14.4%，公务接待费下降16.3%。

（李胜选　黄　旭）

【影视】 2018年，韶关市推进电影放映场所建设，实现每个县（市、区）至少有1座多厅数字影院。至年底，全市有影院23家，其中市辖区13家。2018年票房收入5800余万元，放映场次19万余场，进影院观影人次近190万。推进全市公共文化服务均等化，实施“农村电影放映2131工程”。2018年，韶关市有农村公益电影放映队伍9支，放映设备61套。全年开展“影前扫黄打非宣传片”“中小学爱国主义教育影片放映”“面向特定人群的免费观影”等主题公益电影放映活动，完成农村公益电影放映14460场。（韶关市委宣传部）

旅游产品

【国家全域旅游示范市创建】 2018年，韶关市旅游局印发《韶关市国家全域旅游示范市创建三年行动计划（2017—2019年）》，编制完成《韶关市全域旅游创建工作实施方案》和《韶关市全域旅游创建三年行动计划》。

【旅游+产业融合发展】 2018年，韶关市推动“旅游+农业”融合发展，评定广东省休闲农业与乡村旅游示范镇2个、示范点4个，评定南雄市珠玑村、始兴县红梨村、仁化县黄屋村等3个村

▲2018年3月24日，由广东省旅游局、韶关市人民政府主办的“重走长征路·再创新辉煌”——2018广东省红色旅游系列活动启动仪式在南雄市革命老区油山镇举行 （徐东 摄）

为韶关市首批旅游名村，仁化县原色客栈等20家民宿为韶关市第二批星级乡村旅游民宿，乐昌市和村驿站等6个驿站为韶关市第二批旅游驿站。推动“旅游+文化”融合发展，开展省级文化旅游融合示范区推选和复核工作，评选6个韶关市文化旅游融合发展示范区。推动“旅游+体育”融合发展，办好徒步穿越丹霞山、石塘古村南粤古驿道定向赛等品牌活动。

【旅游招商】 2018年，韶关市建立招商顾问机制、市县联动机制、委托招商机制，完善部门协调机制，创新招商手段，用信息化推动招商工作，编制旅游“一张图”辅助决策系统。谋划一批旅游招商活动，编制涵盖特色小镇、度假休闲、森林生态、红色文化等多种业态的旅游文化产业项目招商手册。引入战略合作者和投资商，开展招商宣传推介活动，全年面向粤港澳大湾区开展包括韶关市旅游文体农业产业东莞对接会、韶关印象招商推介会顺德专场、5·17韶关——深圳旅游招商推介会、韶关（东莞）旅游产业招商推介会、“善美韶关·商机无限”推介会中山专场、2018广东旅游产业投融资对接会、江门韶关推介会、2018韶关市旅游文化产业投融资对接会、“乐享生态山水情醉善美韶关”2018韶关旅游推介会等15场旅游招商宣传推介活动。

【旅游产品策划】 2018年，韶关市旅游局组织评定市级第二批乡村旅游星级民宿，评选出三星级以上乡村旅游名宿20家（其中五星级1家、四星级8家、三星级11家），市级驿站6个。打造100多条农旅线路，160多个农事体验与旅游观光结合的生态农业特色活动。策划推出梅关古道—灵潭村—珠玑古巷—大雄禅寺—雄丰火龙果专业种植合作社—香草世界森林公园等10大乡村旅游线路，红色遗址体验之旅、踏寻先辈足迹之旅等韶关市10大红色旅游精品线路。

【旅游节庆活动】 2018年，韶关市旅游局以市政府办名义印发《2018年韶关市旅游节庆总体方案》，策划推出“活力之旅 善美韶关”主题节庆系列活动。3月23日，以省政府新闻办名义在广州召开韶关全年旅游节庆活动新闻发布会。制作《2018年韶关旅游节庆活动》宣传折页。全年举办75场旅游节庆活动，其中有中国（翁源）兰花博览会（国家级节庆活动）、“重走长征路·再创新辉煌——2018广东省红色旅游系列活动启动仪式”（省级节庆活动）。

【旅游宣传营销】 2018年，韶关市面向粤港澳大湾区、周边省市和高铁沿线城市开展10场旅游推介活动。利用举办旅游节庆活动契机，邀请各级电视、报纸、网络等媒体进行全方位、多角度跟踪报道。在广东旅游博览会上，韶关作为主宾城市开展以“游乡村、赏美景、看民俗、品美食”为主题的旅游日系列活动，邀请120家国内外旅行社及8家省级媒体和新媒体，到韶关开展采风活动和业界交流。联合携程网、要出发等有OTA平台开展线上线下营销，通过在OTA主页面设置韶关旅游形象店，投放微信公众号广告、朋友圈广告、公交车身广告、广州正佳广场和天河城商场LED屏视频广告。与香港中国旅行社合作在香港尖沙咀设立韶关旅游（香港）营销中心，展示韶关旅游城市形象和推介韶关旅游线路产品；在香港中国旅行社香港地区36家门市、香港韶华旅行社和香港主流媒体投放宣传广告。

旅行社

【旅行社常态管理】 2018年，韶关市加快推进“一门式一网式”系统的推广和应用，严格审批旅行社的设立，强化旅行社的常态管理。年内，韶关市批准设立2家旅行社，分别为韶关市韶华假日旅行社有限公司和韶关市梦之旅旅游服务有限公司。至年底，全市有旅行社47家，其中出境旅行社3家。

【导游】 至2018年底，韶关市有持证导游人员2327人，其中电子导游证注册总人数1354人，发放2017年导游资格考试通过考生资格证118张。

星级旅游饭店

【概况】 至2018年底，韶关市有星级饭店51家。其中，五星级旅游饭店1家，四星级旅游饭店3家，三星级饭店41家，二星级酒店5家，一星级1家。

【星级旅游饭店管理】 2018年，韶关市指导星级旅游饭店创建、复核及规范管理工作，健全星级饭店退出机制，提升旅游星级饭店经营管理和服务质量水平。年内，取消乐昌市迎宾大酒店四星级旅游饭店资格，取消仁化丹霞假日山庄、南雄金雄鹰宾馆、粤通大酒店、北苑宾馆、君临酒店和泉景酒店三星级旅游饭店资格。

旅游行业管理

【旅游市场整治】 2018年，韶关市完善“1+3+N”旅游综合执法体系，设立旅游警察机构3个，旅游工商机构7个，旅游法庭9个，AAAA级以上景区旅游纠纷调解室实现全覆盖。开展旅游市场秩序“利剑行动—1”专项整治行动，对旅行社经营管理中可能存在的不合理低价、超范围经营、挂靠承包、虚假广告、旅游合同、租赁旅游大巴情况、导游培训情况等进行重点检查。全年全市出动检查345次，出动检查人员1919人次，检查涉旅企业1168家次。做好旅游投诉处理工作，全年全市接旅游投诉20件，结案20件，结案率100%。年内，全市未发生重大旅游安全事故，旅游投诉处理率和满意率100%，无行政复议情况。

【国家A级旅游景区管理】 2018年，韶关市旅游局指导曲江宝贝农场、五马寨生态园景区和乐昌市九福兰花公园成功创建国家AAA级旅游景区，东华山风景区成功创建国家AAAA级旅游景区。至年底，全市有A级景区26家。其中，国家AAAAA级景区1家，AAAA级景区10家，AAA级景区15家。组织实施景区复核工作，提升A级旅游景区服务水平，健全A级旅游景区退出机制，年内取消铜钟寨景区AAA级旅游景区和银山户外运动养生景区的国家AAAA级旅游景区资格。

旅游景区建设与开发

【概况】 2018年，韶关市以项目为抓手，促进韶关旅游业提质升级，曹溪文化小镇、南雄市云峰山生态旅游区、丹霞灵溪景区、广东新丰雪山国际旅游度假区、云门山生态文化旅游度假区项目、乳源蓝山源岭南东方温泉酒店等一批景区、项目建设推进。13个重点旅游在建项目计划投资26.1亿元，实际完成投资27.3亿元，占年度投资计划的105%。

【曹溪文化小镇】 项目总投资17.8亿元，完善旅游基础设施建设，推进传统文化、祈福旅游、禅修养生等产业发展，打造禅宗文化旅游品牌，逐步把曹溪文化小镇（大南华）打造成世界禅宗文化交流中心和国家AAAAA级旅游景区。2018年项目推进，基本完成“三个一”工程建设，包括曹溪河景观提升工程、曹溪大道景观整治提升工程和曹溪广场建设，曹溪小镇建设主体工程基本完成，完成博物院建设规划设计方案。项目年度计划投资6.3亿元，实际完成投资6.3亿元，占年度投资计划的100%。

【南雄市云峰山生态旅游区】 项目总投资9.6亿元，依托优良地势，环境和生态，以农业产业为基础，注入休闲、度假、娱乐等元素打造集农业旅游、山地度假、乡村休闲、健康养生、户外运动于一体的山地休闲度假目的地。项目目标是建设成为国家AAAA级旅游景区（度假区），建成目前华南地区最大的红枫、银杏观赏、蓝莓采摘基地。2018年，开发种植200公顷蓝莓、杨梅、皇帝柑、三华李、银杏树等树木，景区民宿建设完成70%，建设完成景区道路基础框架和旅游公厕建筑框架。项目年度计划投资1亿元，实际完成投资1.013亿元，占年度投资计划的101.3%。

【丹霞灵溪景区】 项目总投资4.5亿元，定位以休闲度假为核心，塑造“以山水洗尘心”深入游客内心的休闲旅游度假基地。项目依托丹霞山景区集聚效应，发展多元化旅游项目，丰富大丹霞经济圈产品，形成“功能互补”与“共谋发展”的新格局。2018年，建成项目有1520米索道、3500米漂流项目、灵溪别院客房、马术中心、书斋、红叶谷餐厅、茶室、垂钓区、美食广场、烧烤区、空中无边泳池、射箭场、莲花田种植、一农一世界的土地租用等。项目年度计划投资1亿元，实际完成投资1亿元，占年度投资计划的100%。

【新丰县云髻山旅游开发】 项目总投资30亿元，按照国家AAAAA级景区、国家五星级饭店观光休闲养生度假区的标准兴建，以“嵌入珠三角，铸就云髻山休闲度假胜地”为目标，打造集自然观光、文化体验、温泉健身、森林度假、生态小镇于一体的复合型全功能旅游区。一期工程以迁移收藏明清传统民居等建筑为主要载体，重构广东省乃至全国罕见的原生态古建筑休闲度假聚落。2018年，古街板块55栋古建筑在建，完善古建筑修复，温泉山庄改造重建及景区内配套设施。项目年度计划投资1亿元，实际完成投资9961万元，占年度投资计划的99.61%。

【广东新丰雪山国际旅游度假区】 项目总投资30亿元，包括建设怡情农园、生态牧场、绿竹长廊、乡村垂钓园、瓜果自采园，商务休闲度假区庚古山居、树顶别墅、静心树屋、UTV体验线路、旅游步道等公共服务设施、汽车营地、达沃斯小镇、石斛科普馆及申报县内首家民用直升机场，完善高品质的休闲度假设施，打造集怡情农园、农家体验、野外拓展、徒步露营、休闲娱乐、运动健身、清静养心及直升机低空旅游为一体的高品质山地旅游度假基地。2018年，项目完成雪山林场、石斛场41.67公顷土地的征收工作，在建的石斛科普馆种植石斛苗10万株，怡情庄园越野设施、雪山木屋别墅、酒店等项目推进，正在筹备建设民用三类直升机场申报工作。项目年度计划投资1.8亿元，实际完成投资17682万元，占年度投资计划的98.23%。

【新丰县岭南红叶世界旅游开发】 项目总投资5亿元，以炫丽的红叶景观为主题，打造集观光、休闲、运动、体验、度假于一体的国家AAAAA级旅游区。至2018年底，该项目建成别墅4幢，平整停车场面积0.67公顷及新建人工湖3个，园区道路20多千米，种植高山茶13.33公顷，种植红叶苗木7万多株（枫树30公顷、景观树12公顷），种植桃树、李树6.67公顷。项目年度计划投资1亿元，实际完成投资1亿元，占年度投资计划的100%。

【云门山生态文化旅游度假区项目】 项目总投资30亿元，以农禅文化和山地生态为核心文化，打造农禅生活旅游特色、客到必游、集瑶族风情体验、森林生态参与体验、山地动感娱乐运动体验、商务会议、休闲度假于一体的农禅生态旅游综合体。在强化项目作为农禅生活旅游目的地的基础上，打造特色休闲度假基地、国际论坛商务会议基地、生态参与娱乐体验基地“三大基地”。2018年，完成自然风景区悬崖秋千工程建设、户外游乐区公共卫生间工程建设等，海洋馆项目工程建设基本完成，自然风景区下山步道改造工程、赴瑶坪一期项目工程建设推进。项目年度计划投资3亿元，实际完成投资3亿元，占年度投资计划的100%。

【乳源蓝山源岭南东方温泉酒店】 项目总投资21.7亿元，整合自然和人文资源，融汇巴厘岛文化艺术与瑶族文化元素形式与内容，利用山城一体、山河互动的空间特征，打造温泉养生体验、山地康疗养老、水上娱乐体验、精品休闲度假、山地户外休闲等旅游产品。2018年，该项目主要推进别墅建设、水坝建设和相关配套设施建设。项目年度计划投资2亿元，实际完成投资额2亿元，占年度投资计划的100%。

【大塘镇塘口农业生态观光园】 项目总投资5亿元，以生态农业开发为基础，以创造优美的自然环境、生产优质的绿色农产品为宗旨，走农业观光、农村休闲度假发展之路。该项目分为体验式入口服务区、生态农业示范区、观光旅游度假区等三大区域。2018年，基本完成蔬菜园、葡萄园、杨梅园、百香果园、粉葛基地等生态农业体验园区种植；基本完成银杏大道、盆景园、人工湖、沿河休闲绿道等景观设施配套建设。水上乐园、餐厅、咖啡厅建设进展顺利，其中水上乐园6月底营业。项目年度计划投资0.5亿元，实际完成投资0.5亿元，占年度投资计划的100%。

（伍海波）

丹霞山

【概况】 管理机构为韶关市丹霞山管理委员会（以下简称丹霞山管委会），与广东韶关丹霞山国家级自然保护区管理局合署办公，为韶关市政府直属参照公务员管理公益一类事业单位，正处级。内设4个科（室），机构人员编制15人。2018年，丹霞山接待游客264.5万人次，旅游总收入5.81亿元。

【规划设计】 2018年，韶关市丹霞山管理委员会继续做好丹霞山保护与建设的相关规划工作。协助韶关市城乡规划局和规划编制单位开展工作，《丹霞山风景名胜区详细规划（2016—2025年）》完成中期成果；做好《广东丹霞山国家地质公园总体规划（2013—2025年）》的修订和发布实施工作，提请韶关市城乡规划委员会组织评审；委托南京市环境科学研究所对丹霞山自然保护区重新勘察确界，8月完成基础勘察和边界确定前期工作，待生态环境部、自然资源部、国家林业和草原局以及省的相关部门完成机构改革并明确下一步审批流程后，重新启动确界工作。

【基础设施建设】 2018年，韶关市丹霞山管理委员会巩固提升AAAAA级景区旅游基础设施，完成丹霞山景区道路黑底化工程、外山门入口市政道路改造工程、2座厕所、2条旅游步道升级改造；启动丹霞山外山门至长老峰山脚锦江码头锦江沿岸步道建设工作。完成丹霞山外山门出口改造工程。新增、更换97块旅游标识牌和14套单悬臂旅游指示标志。做好地质遗迹保护和地质灾害防治工作，对排查出的地质灾害隐患点做好防治设计方案，委托专业单位对地质灾害隐患点进行实时监测并开展治理。全年基础设施建设总投入2600万元。

【“旅游+”活动】 2018年，韶关市

▲ 2018年6月9日，广东省“文化和自然遗产·大美丹霞”系列活动在丹霞山举行

（刘加青　摄）

丹霞山管理委员会依托丹霞山世界户外运动名山和仁化红色文化旅游的品牌优势，举办“丹霞山”杯全国摄影大展、广东省第四届自行车绿道联赛、首届丹霞山半程马拉松赛等赛事和“情定丹霞、浪漫之旅”五一嘉年华、穿越丹霞山生态徒步游活动等系列活动。

广东省第四届自行车绿道联赛第四站比赛　1月21日，在丹霞山景区开赛。赛事由韶关市体育局、仁化县人民政府、丹霞山管理委员会承办，设男子公路公开组（42千米）、男子山地公开组（28千米）、男子山地青年组（14千米）3个组别比赛，赛道设在丹霞山巴寨片区，途径仁化县的车湾村、岭头、古寨坪山庄、夏富村和上径村，总长14千米。来自全国的100多名自行车选手环绕赤壁丹崖展开角逐。

五一“情定丹霞、浪漫之旅”嘉年华　4月29日至5月1日，由韶关市旅游局、丹霞山管委会主办的嘉年华活动在丹霞山举行，安排芳心Guan不住大型相亲、情定丹霞集体求婚、传统民俗婚礼展示等环节。该活动送出万张门票，为情侣派发情侣门票。

2018首届丹霞山半程马拉松赛　该赛事由仁化县旅游发展委员会和丹霞山管理委员会主办，于5月27日在丹霞山景区举行，3500多名选手参赛。比赛分21千米的半程马拉松和5千米的迷你马拉松，其中半程赛事参赛选手2500人、迷你马拉松1000多人参加。来自深圳的跑友边岐获得半程马拉松男子组第一名，成绩1小时13分03秒；暨南大学大三学生宋璇获得半程马拉松女子组第一名，成绩1小时28分39秒。

第十一届“中国人民保险杯”穿越丹霞山生态徒步游活动该活动　由广东省体育局、广东省文化和旅游厅支持，韶关市体育局、韶关市旅游局、韶关市丹霞山管理委员会、浈江区人民政府和仁化县人民政府联合主办，于11月3日在韶关举行。活动线路全程49千米，6668人参加。其中，韶关市参加人员2602人，外地参加人员4066人（占总数的61%）。4368人成功穿越，第一名用时4小时25分。

【丹霞科普教育】　2018年，丹霞山高校实习实践、研学基地接待各高校实习、实践60多批次4000多人；新增华南农业大学等5所高校在丹霞山建立教学实习实践基地。与省内外众多高校及科研机构合作，开展地质地貌、文物保护、古驿道和生物多样性科学研究和丹霞地貌研究院建设。开展科学名山系列科普活动，中国丹霞进校园先后走进中国地质大学（武汉）等10余所高校，走进中国科技馆、腾讯直播等，主办2018广东省“文化和自然遗产·大美丹霞”系列活动；开展《奇美天成丹霞山》科普图书漂流及科普讲座系列活动。加强国内外公园交流，新增2个友好姊妹公园，续约韩国济州岛世界地质公园友好姊妹公园；开展2020年联合国教科文组织第9届世界地质公园大会主办城市申报工作；向世界地质公园网络推送50余篇丹霞山中英文科普资讯；成功申办2019年全国工程机器人大赛。

【广东省“文化和自然遗产日”系列活动】　2018年6月9日，广东省“文化和自然遗产·大美丹霞”系列活动在丹霞山举行。活动由广东省住房和城乡建设厅、韶关市人民政府主办，韶关市丹霞山管理委员会、市住建局、市文广新局、市旅游局、仁化县人民政府承办。国家林业与草原局、中国丹霞世界自然遗产专业保护委员会、中国煤炭地质总局、广东省住房和城乡建设厅、中山大学等单位的有关领导和专家等参加活动。活动启动仪式上，30多家来自全国各地的世界自然遗产、世界文化遗产、世界地质公园、国家地质公园、国家级风景名胜区的代表，共同发表“保护自然遗产·爱护地球家园”丹霞山宣言并进行签名，发起《友好姊妹公园5年（2018—2023）行动纲要》联合签约，通过缔结友好姊妹公园，在管理理念、人才培训、专家智库、区域旅游市场推广等方面进行共享或项目合作。

（张智生）

体育综述

【概况】　韶关市体育局是主管体育工作的韶关市人民政府工作部门，与体育总会实行“一个机构，两块牌子”。市体育局编制21名，内设5个科室，有市体育场馆管理中心、市体育彩票管理中心、市中心业余体校等3个下属单位。至2018年底，韶关市建有95个乡镇农民体育健身工程，全市有39个大型公共体育场馆全部实现免费、低收费对外开放，35.08万平方米公共体育场地向社会开放。韶关市户外运动品牌有徒步穿越丹霞山活动、铁人三项挑战赛、环南水湖自行车赛等。

【群众体育组织建设】　至2018年底，韶关市有单项体育协会128个。其中，在市民政部门登记注册的本级体育组织43个，市级单项体育协会29个。全市109个乡镇（街道）均成立社会体育指导员服务站，有社会体育指导员9741人，每万人拥有社会体育指导员31名。社会体育指导员分布各地公园、小区等晨、晚活动点为群众开展健身指导服务。

【群众体育活动】　2018年，韶关市举办韶关市龙舟赛、8月8日“全民健身日”系列活动暨韶关市健身气功联赛、广东省广场舞联赛（韶关赛区）等全民健身活动。利用春节、“全民健身日”、国庆等节点开展群众体育活动，通过购买服务的方式补助体育协会举办2018年第16届新春行大运骑行活动、第26届“三八”妇女节门球赛、第24届“体彩大乐透杯”三人篮球挑战赛、2018年韶关市柔力球比赛、2018年韶关市五人制足球联赛、韶关市第六届轮滑大赛、2018年“华南农产品交易中心杯”全国桥牌公开赛、2018年韶关市“省五建杯”足球联赛、2018韶关市第三届“竹林堂杯”男子篮球联赛、2018年韶关市第十届“重阳杯”门球赛等体育活动。全年全市各县（市、区）举办

▲ 2018年11月3日，2018年韶关市第十一届“穿越丹霞山 生态徒步游”活动现场
（韶关市体育局 供）

200多场群众体育活动。全年全市经常参加体育锻炼人数121.86万人，占常住人口41.17%。

【公共体育场地设施网络建设和开放】 2018年，韶关市争取省级10件器材的健身路径278套，用于该市省定贫困村的体育设施配建工作。打造“城市社区15分钟健身圈”，完成韶关市城市社区15分钟健身圈建设任务。完成曲江区田径场、乐昌市5人足球场、翁源县5人足球场的建设，南雄市体育馆的建设改造工程，10个社区体育公园建设任务。安排35万元资助全市34万平方米的体育场地设施向社会开放。

【足球运动发展】 2018年，韶关市体育局牵头组织编制《韶关市足球中长期发展规划（2017—2050年）》《韶关市足球场地设施建设规划（2017—2020年）》，3月提请韶关市政府第十四届35次常务会议审议并通过。组织开展全市足球联赛和市直机关企事业单位足球赛。

群众体育

【南粤古驿道定向大赛（韶关·乳源站）】 2018年8月25—26日，南粤古驿道定向大赛（韶关·乳源站）在韶关市乳源瑶族自治县大桥镇举办。比赛场地一部分是在大桥古村落里进行，一部分是在森林公园进行。赛事设公开组和体验组两个组别，17个大项。参赛选手共629人，其中专业组296人、体验组333人。广东省政府副省长黄宁生出席开幕式并鸣锣开赛。该站赛事和预热活动吸引多地参赛选手、当地村民及游客5万人观光和参与活动。

【穿越丹霞山生态徒步游活动】 2018年11月3日，第十一届穿越丹霞山生态徒步游活动在韶关市仁化县举行，该活动有来自粤港澳大湾区驴友6668人报名参加。活动组委会重新优化和设计线路。新路线全程49千米乡村道路，泥土路面27.5千米，占全程比例56%。徒步爱好者采用4人集体组队、集体计算成绩的形式，从韶关市碧桂园凤凰酒店出发，穿越丹霞山腹地。来自乳源瑶族自治县的安泰装饰队获得第一名，用时4小时25分。

青少年体育

【广东省第十五届运动会组团参赛】 2018年8月，韶关市组织运动员327人参加广东省第十五届运动会（竞技体育组）田径等16个项目的比赛，获得金牌4枚、银牌3枚、铜牌7枚，团体总分1044分，在全省21个地市代表团排名第13位。实现赛前制定的竞技体育组总分排名保十四争十三、金牌总数有所突破的目标。

【全国以上比赛年度成绩】 2018年11月，在俄罗斯举办的第33届世界蹦床锦标赛中，由韶关市体校输送的蹦床运动员曾另龙代表国家队参赛并获得团体冠军。9月，在全国赛艇锦标赛上，韶关籍运动员邱秀萍获女子轻量级2千米四人双桨和双人双桨第三名；雷灶钊、黄梦怡获得女子公开级2千米四人双桨第七名。

【市业余训练重点班、青少年体育俱乐部评定】 2018年，韶关市命名市业余训练重点班14个、市级青少年体育俱乐部6家。至年底，全市有4家国家级青少年体育俱乐部、6家省级青少年体育俱乐部、15家市级青少年体育俱乐部。

【运动员培养输送】 2018年，韶关市向广东省专业队输送高水平运动员陈天祥1人、向广东省体校输送高水平运动员李佳、马铭宇、卢晓涵等3人。审批二级运动员92人。

体育产业

【广东户外运动天堂打造】 2018年，韶关市争取省级资金205万元用于资助大型户外体育运动项目。全年举办5场省级以上户外运动项目，分别是2018年第十一届穿越丹霞山生态徒步游、环南水湖自行车公开赛、广东省定向联赛（仁化站）、南粤古驿道定向大赛（乳源站）、广东省户外运动挑战赛（始兴站）。

【体育彩票销售】 2018年，韶关市配合广东省做好高频彩11选5任选三、四、五4500万元加奖派送营销活动，

2018年即开型体育彩票春节地推活动，2018年超级大乐透6亿派奖，2018年“世界杯”竞猜营销宣传与竞彩品牌推广等营销活动；加强体育彩票渠道建设；开展当地亮点营销活动。全年全市体育彩票销量4.38亿元，同比增量2834万元，同比增长率6.92%，完成省级年度4.2亿任务的104.36%，超额完成年度销售总任务。在售有效网点250个，其中专营网点207个、兼营43个。筹集留成体育彩票公益金2677.29万元。

【韶关市体育中心项目前期工作】 该项目被列入2018年韶关市政府工作要点。2018年，韶关市体育局牵头，会同曲江区政府、韶关市规划局以及有关专业机构，推进市体育中心选址规划等前期工作。拟选址地块位于曲江城西片区北部，南起外环北路，北至城西路，西至韶赣高速。选址地块总用地面积26.67公顷。拟建设“两馆一场”（即1个体育馆、1个游泳馆、1个体育场）；建设标准为体育馆6100座（体育建筑甲级）、体育场35000座（体育建筑乙级）、游泳馆1500座（体育建筑乙级，含跳水）。至年底，完成《韶关市体育中心建设项目项目建议书》初稿编制、岩土工程初步勘察、启动环保土质详查工作等前期工作。

【城市提升体育项目】 2018年，韶关市中山公园田径场改造工程和足球场修缮工程均完工并正式对外开放；西河体育中心修缮工程和市羽毛球馆、体育馆维修改造及体育馆加固工程于12月完成整体竣工验收，对市民开放。

【体育产业专项调查】 2018年，韶关市体育局组织各县（市、区）开展体育产业单位入户调查工作，完成228个单位数据审核汇总上报工作。（余丽芬）

表23 2018年韶关市业余训练重点班一览表

体育项目	重点班名称
田径	曲江区、始兴县、南雄市
举重	曲江区、南雄市、新丰县
武术	翁源县、仁化中学、韶关市精英青少年体育俱乐部
射击	新丰县
拳击	韶关市精英青少年体育俱乐部
网球	韶关市悦动青少年体育俱乐部
手球	韶关市悦动青少年体育俱乐部
曲棍球	韶关市悦动青少年体育俱乐部

表24 2018年韶关市各级青少年体育俱乐部一览表

序号	体育俱乐部名称	级别
1	韶关市山鹰青少年体育俱乐部	国家级
2	韶关市时代青少年体育俱乐部	
3	曲江区益康青少年体育俱乐部	
4	乐昌市现代青少年体育俱乐部	
5	始兴县青少年体育俱乐部	省级
6	仁化县丹霞旭日青少年体育俱乐部	
7	韶关市星辰青少年体育俱乐部	
8	韶关市精英青少年体育俱乐部	
9	翁源县时光青少年体育俱乐部	
10	韶关市悦动青少年体育俱乐部	

续表

序号	体育俱乐部名称	级别
11	韶关市星辰青少年体育俱乐部	市级
12	韶关市悦动青少年体育俱乐部	
13	韶关市时代青少年体育俱乐部	
14	韶关市精英青少年体育俱乐部	
15	仁化县精武道青少年体育俱乐部	
16	新丰县江源青少年足球俱乐部	

表25　2016—2020年韶关市省级体育传统项目学校一览表

体育项目	学校名称
田径	广东北江中学、仁化中学、仁化县第一中学
毽球	韶关市田家炳中学
篮球	韶关市第一中学、南雄中学
足球	韶关市第五中学
排球	新丰县第一中学
武术	仁化中学
健美操	南雄中学

表26　2016—2018年韶关市市级体育传统项目学校一览表

体育项目	学校名称
田径	广东北江中学、韶关市第十四中学、韶关市第二中学、曲江区樟市中心小学、曲江区初级中学、南雄市第一小学、南雄市第一中学、始兴县墨江中学、仁化中学、仁化县第一中学
篮球	韶关市第一中学、南雄中学
乒乓球	韶关市田家炳中学、武江区东岗小学、浈江区执信小学
羽毛球	广东韶关实验中学、浈江区和平路小学
足球	韶关市第九中学、韶关市第五中学、浈江区沙梨园小学、浈江区赖新小学、曲江区第一中学、南雄中学、乐昌市第三中学
毽球	韶关市田家炳中学、浈江区站南小学、韶关市第四中学、浈江区韶师附小
健美操	南雄中学
武术	仁化中学、仁化县实验学校
跆拳道	仁化中学
排球	新丰县第一中学

表27 2018年韶关市获得二级运动员等级称号名单

体育项目	姓名	人数
举重	邓燕、廖文华、官小梅、王麒皓、梁金城	5人
田径	张溢玲、陈世琳、黄健明、林东、胡劲贤、彭旭涛、刘家英、叶晓慧、陈慧琳、陈舟、叶童、何思敏、钟智清、李佳、沈海文、黄忠煦、刘俊豪、侯微萍、刘淇铨、李靖、赖坤明、叶见雄、谢芳怡、张邦茂、刘家英、罗俊杰、陈嘉慧、张怡、刘玙璠、王楚月、王第垚	31人
赛艇	王卓、黄钰森、潘炫昊、钟晓滢、甘琨钰、唐金榜	6人
皮划艇	陈恒峰、刘美诗、张石意、王浩清、英朝翔、梅佳龙	6人
武术套路	李钦海、张国霖、谭艳霞、朱蓉榕、张玲、张峻韶、黄芷琪、华明康、陈轩文、张冬萍、黄馨怡、温晴、罗心怡、何晓琨、王德胜	15人
射击	杨诗慧、黄珍婷、龚顺基	3人
柔道	许青怡	1人
摔跤	欧阳均威、林嘉伟	2人
游泳	林子淳、邓杰勋	2人
篮球	郑伊莎、赵秀红、陈妍延、聂郁甜	4人
曲棍球	赖群珂、岑伟焜、邓建聪、何蔚杰、马卓誉、曹可、苏伟晋、魏泳诗、余嘉莉、梁莹钰、宋诗淇、何映瑶、李倩瑶、陈可儿、贺玉露、梁颖禧、潘晓桦	17人

表28 2018年韶关市向省输送高水平运动员名单

序号	姓名	性别	项目	输入单位	输出单位	输送教练
1	陈天祥	男	自行车	省专业队	南雄市体校	陈淑珍
2	李 佳	女	田径	省体校	市体校	何 漳
3	马铭宇	男	羽毛球	省体校	市时代青少年体育俱乐部	王红萍 沈样祥
4	卢晓涵	女	田径	省体校	曲江区体校	尹科成

表29 2018年韶关市运动员参加省以上竞技体育比赛获奖运动员名单

序号	姓名	性别	比赛名称	项目	小项	名次	单位	教练
1	曾另龙	男	第三十三届蹦床世界锦标赛	蹦床	大团体项目	第一名	韶关市体校	朱栋休
2	曾另龙	男	2018年全国蹦床冠军赛	蹦床	男子个人双蹦床	第一名		
3	刘永龙	男	广东省第十五届运动会	举重	男子甲组56公斤总成绩	第一名	曲江区体校	胡永军
4	黄俊鹏	男	广东省第十五届运动会	举重	男子乙组52公斤总成绩	第一名	韶关市体校	徐寿央

续表

<table>
<tr><th>序号</th><th>姓名</th><th>性别</th><th>比赛名称</th><th>项目</th><th>小项</th><th>名次</th><th>单位</th><th>教练</th></tr>
<tr><td>5</td><td>李佳</td><td>女</td><td>广东省第十五届运动会</td><td>田径</td><td>女子乙组撑杆跳高</td><td>第一名</td><td>韶关市体校</td><td>何　漳</td></tr>
<tr><td>6</td><td>王第垚</td><td>男</td><td>广东省第十五届运动会</td><td>田径</td><td>男子乙组跳高</td><td>第一名</td><td>韶关市体校</td><td>张永强</td></tr>
<tr><td rowspan="5">7</td><td>戴诗凝</td><td>女</td><td rowspan="5">广东省第十五届运动会</td><td rowspan="5">羽毛球</td><td rowspan="5">女子丙组团体</td><td rowspan="5">第二名</td><td rowspan="5">市时代青少年体育俱乐部</td><td>沈样祥</td></tr>
<tr><td>梁羽恩</td><td>女</td><td>郭文琦</td></tr>
<tr><td>唐旻昕</td><td>女</td><td>王红萍</td></tr>
<tr><td>王嘉希</td><td>女</td><td>林欣仪</td></tr>
<tr><td>曾钰格</td><td>女</td><td>杨硕宇</td></tr>
<tr><td>8</td><td>邓阳洋</td><td>女</td><td>广东省第十五届运动会</td><td>武术套路</td><td>女子乙组自选南拳+南刀+南棍全能</td><td>第二名</td><td>韶关市体校</td><td>雷　要</td></tr>
<tr><td>9</td><td>赵佳丽</td><td>女</td><td>广东省第十五届运动会</td><td>举重</td><td>女子乙组44公斤总成绩</td><td>第二名</td><td>韶关市体校</td><td>李竹青</td></tr>
<tr><td>10</td><td>李锟样</td><td>男</td><td>广东省第十五届运动会</td><td>拳击</td><td>男子青少年甲组57公斤</td><td>第三名</td><td>精英俱乐部</td><td>韩莉莉</td></tr>
<tr><td>11</td><td>黎安昌</td><td>男</td><td>广东省第十五届运动会</td><td>拳击</td><td>男子青少年甲组57公斤</td><td>第三名</td><td>精英俱乐部</td><td>陈海煌</td></tr>
<tr><td>12</td><td>黄梦怡</td><td>女</td><td>广东省第十五届运动会</td><td>赛艇</td><td>女子乙组公开级2千米单人双桨</td><td>第三名</td><td>韶关市体校</td><td>吴晓勇</td></tr>
<tr><td>13</td><td>冯　达</td><td>男</td><td>广东省第十五届运动会</td><td>田径</td><td>男子甲组标枪</td><td>第三名</td><td>韶关市体校</td><td>何　漳</td></tr>
<tr><td rowspan="3">14</td><td>安钰龙</td><td>男</td><td rowspan="3">广东省第十五届运动会</td><td rowspan="3">皮划艇</td><td rowspan="3">男子甲组4000MK1团体赛</td><td rowspan="3">第三名</td><td rowspan="3">韶关市体校</td><td>冯茂赏</td></tr>
<tr><td>英朝翔</td><td>男</td><td>吴晓勇</td></tr>
<tr><td>梅佳龙</td><td>男</td><td>智　勇</td></tr>
<tr><td>15</td><td>黄俊杰</td><td>男</td><td>广东省第十五届运动会</td><td>射击</td><td>青少年组男子飞碟双多向150靶</td><td>第三名</td><td>韶关市体校</td><td>姜益民</td></tr>
<tr><td>16</td><td>周月月</td><td>女</td><td>广东省第十五届运动会</td><td>射击</td><td>公开组女子10米气步枪淘汰赛</td><td>第三名</td><td>韶关市体校</td><td>刘　艳</td></tr>
</table>

档　案

【概况】　韶关市档案局与韶关市档案馆为局馆合一体制，一套人马两块牌子，是韶关市政府直属正处级参照公务员管理事业单位。韶关市档案局主要履行档案行政管理职能；韶关市档案馆是韶关市综合性国家档案馆，集中统一管理全市档案的市政府直属公益一类事业单位，永久保管韶关市有关政治、经济、文化、科技等档案，供全市经济建设、政治建设、社会建设、文化建设、生态建设和科学研究等各方面工作利用档案资料。韶关市档案局（馆）内设6个科室，编制24人，其中参公事业管理22人、工勤2人。至2018年底，有在职人员19名。全市设有档案行政管理部门11个、国家综合档案馆11个、专业档案馆1个。

【重大建设项目档案服务】　2018年，韶关市档案局对全市水利工程建设、公路路面升级改造、电力工程建设等建设项目档案进行检查和指导；完成曲江区樟市河治理工程、曲江区枫湾河治理工程、曲江区马坝河沙溪水治理工程、乐昌张滩水电站（右岸）增效扩容改造工程等4个水利建设项目档案的验收工作；协助省档案局、粤电集团公司对韶关发电厂“上大压小”2×600兆瓦机组建设项目工程档案进行专项验收。

【档案接收征集】 2018年，韶关市档案馆接收市政府等全宗单位各门类档案1247卷，2160件；接收全市53个单位的政府信息公开目录、政府信息公开文件6244份；征集购买接收各类图书、资料327册。

【档案查阅利用服务】 2018年，韶关市档案馆接待查档人员184人次，调阅档案资料289卷，复印1370张，出证356份。

【重点档案保护与开发】 2018年，韶关市档案局完成中华人民共和国国家档案局部署的重点档案目录规范采集2万条任务；完成75391条馆藏文书档案的目录录入核对工作，完成馆藏225098条各门类档案的目录输入纠错整理工作。

【电子文件数据接收】 2018年，韶关市档案馆做好电子文件离线接收工作。全年接收13个单位的电子文件数据1925份，馆藏电子文件40006件，7.42千兆数据。

【馆藏档案全文数字化】 2018年，韶关市档案馆完成馆藏重点档案205卷、9815件，共33395页数字化扫描数据的验收工作。是年，投入200万元完成300万页馆藏档案数字化工作。

【声像档案收集整理】 2018年，韶关市档案馆做好《韶关新闻》数据备份工作，翻录数据光盘44张，33.78千兆数据；制作完成《2017年莫高义同志在韶公务影集》；做好市委书记重要政务活动的跟踪拍摄工作，全年外出拍摄284批次，收集、整理市委第十二届第七次全体会议等韶关市重要政务活动照片数据3200张。

【档案编研宣传】 2018年，韶关市档案局完成2018年《韶关档案》的编辑出版；收集、整理、编辑2018年《韶关大事记》和市委书记、市长公务活动实录；完成《中国档案年鉴》《韶关年鉴》和《韶关市地方志》档案部分的资料编纂和上报工作；收集1978—2007年的韶关大事记，编辑完成《改革开放四十年韶关大事记》。举办“6·9”国际档案日“档案见证——韶关的改革与发展”专题展览。

▲ 2018年6月9日，韶关市档案局（馆）举办“档案见证——韶关的改革开放与发展”专题展览 （韶关市档案馆 供）

【民生档案服务】 2018年，韶关市档案局做好全市农村土地确权登记颁证档案业务指导工作。抽调业务骨干对接农业部门，由局班子成员带队对全市农村土地确权档案资料的收集、整理、归档工作情况进行培训和现场督导检查，同步推进档案工作，按期通过省对韶关的验收。做好全市精准扶贫档案服务工作。组织编制《韶关市精准扶贫档案整理工作细则》，联合市扶贫办对全市精准扶贫档案管理工作情况开展专题调研，规范扶贫档案的归档。

【县（市、区）档案新馆建设】 2018年，韶关市10个县（市、区）中，7个场馆建设达到国家综合档案馆标准。其中，南雄市、乳源瑶族自治县新馆建成，武江区档案馆正在进行工程招标。

【档案规范化管理服务】 2018年，韶关市档案局部署2018年档案工作年度督导和档案安全自查工作，对业务基础较差部分市直单位重点指导，对市直党政机关、企事业单位的档案室建设档案日常归档和整理以及机关综合档案室达标升级等档案管理工作提供档案业务指导服务。定期开展深调研活动，对各县（市、区）档案馆档案资源征集、接收、开发利用以及安全保管等基础业务工进行检查和指导，重点对档案馆建设和档案馆年度评估不达标的县（市、区）进行督导。

【档案安全管理】 2018年，韶关市档案馆健全确保档案实体和信息安全的相关制度，做好库房温湿度调控，定期做好馆藏档案的安全检查，翻查馆藏各全宗档案安全情况，定期由主要领导带队检查馆库安全状况，发现问题及时弥补，防微杜渐，做好档案安全保管。

【档案学术交流活动】 2018年，韶关市档案局组织参与国家档案学会和广东省档案学会的论文征集活动，参加征集纪念广东改革开放40周年优秀调研报告、中国档案学会基础理论学术委员会2018年学术年会征文、征集2018年文化建设学术研讨会论文、2018年全国档案工作者年会征文、2018年全省档案工作者年会征文等。其中《留住乡愁留住历史——“乡村振兴战略”形势下开展档案工作的实践与思考》和《论新时代基层档案资源的开发和利用》等论文入围2018年广东省档案工作者年会。

（王爱青）

党史·地方志

【概况】　中共韶关市委党史研究室（韶关市人民政府地方志办公室）是由原韶关市地方志办公室与原中共韶关市委党史研究室两个单位合并组建，市委直属的正处级公益一类事业单位，编制13人，内设4个科。2018年，主要完成史志书籍出版和论文撰写，参与红色历史研究、自然村落历史人文普查和地方志年报资料的报送。年内，完成红军长征粤北纪念馆展陈大纲编写，增写韶关党史三卷2002—2012年部分内容，与韶关市广播电视台合作完成《巨变四十载》专题纪录片，参与《广东改革开放实录》第四辑编写，参与纪念改革开放40周年摄影展说明文稿审核。开展韶关市红色革命遗址保护利用调研，出版发行《朱德在韶关的革命活动》，完成省委党史研究室《广东解放实录》（韶关部分），启动编纂《韶关简史》，完成四期《韶关史志》出版，南雄市、仁化县确定为第三轮修志试点县。

【《中国共产党韶关历史（第三卷）》编写】　2018年初，省委党史研究室明确将《中国共产党韶关历史（第三卷）》（以下简称韶关党史三卷）下限年从2002年延伸至2012年。2017年，韶关市委党史研究室完成党史三卷初稿4章43万字。2018年，中共韶关市委党史研究室以政府购买服务的形式，聘请2名韶关市博物馆的研究生撰写，完成该部分初稿。至年底，浈江、武江、曲江、始兴完成党史三卷初稿编写；新丰完成第一章初稿撰写和修改工作，启动第二章撰写工作。

【年鉴编纂】　2018年11月，《韶关年鉴（2018）》印刷出版，10个县（市、区）均实现年鉴“公开出版，一年一鉴”目标。2018年，多部综合年鉴在全国、全省评比中获奖。《韶关年鉴（2017）》于8月在广东省人民政府地方志办组织的全省优秀年鉴（2017年卷）评比中获得“省市级综合年鉴三等奖”，于12月在中国版协年鉴工委第六届年鉴编纂出版质量评比中获得“地方综合年鉴一等奖”。于8月在全省优秀年鉴（2017年卷）评比中，《乐昌年鉴2017》获一等奖，《乳源年鉴2017》获二等奖，《武江年鉴2017》《翁源年鉴2017》《曲江年鉴2017》获三等奖；《乐昌年鉴2017》在9月中国地方志指导小组公布的第五届全国地方志优秀成果（年鉴类）评选结果中获得“县区级综合年鉴提名奖”。年内，韶关年鉴编辑部指导编纂《韶关公安年鉴2018》《韶关工会年鉴2018（创刊号）》等。

【史志宣传】　2018年，中共韶关市委党史研究室与韶关市广播电视台合作拍摄专题纪录片《巨变四十载》，反映改革开放40年来中国共产党领导韶关变化。协助韶关市委宣传部审核修改纪念改革开放40周年摄影展说明文稿，完善《善美韶关》宣传册。组织各县（市、区）党史部门向省委党史研究室和省测绘院报送用于制作“天地图·广东红色教育基地地图服务系统”的重要红色革命遗址图片、简介和经纬度信息。6月，完成县级地情网站集约化建设，10个县（市、区）地情网全部关停，相关数据和信息迁移到市地情网和县级政府门户网站；市地情网开通县（市、区）地情频道。9月，完成地情网改版。印制《广东省地方志工作条例》1000册分发给各县。

【史志理论研究】　2018年，中共韶关市委党史研究室参与《广东改革开放实录》（第四辑）的编写，韶关市报送的5篇文章全部入选，入选数量在地级市中排第一位。完成《广东解放实录》（韶关部分）的文稿撰写。年内，韶关市委党史研究室完成全市革命遗址保护利用情况和党史部门开展工作情况调研报告；南雄市开展革命先辈及后代专访，为革命烈士立碑。仁化编纂出版《红军与仁化》《仁化县改革开放历程（1978—2003）》《红色安岗》《一盏煤油灯——阮啸仙故事》等系列党史书籍。全年出版《韶关史志》季刊4期。1篇文章获广东省地方志理论研讨三等奖。

【史志资源开发利用】　2018年，仁化恩村古村（音像制品），曲江马坝人和石峡遗址历史文化景区建设规划（专项建设规划意见），翁源县治历史变迁（音像制品），浈江、武江和曲江3个区的自然村落历史人文普查等6个资源开发利用项目结项。7月，韶关市人民政府地方志办制定《开发利用自然村落普查资源助力乡村振兴战略工作方案（2018—2020年）》。全市申报28个资源开发利用项目。《红色革命村落汇编》（乐昌）、《安岗红色村》（仁化）、《新丰县古今诗词联选集》等出版，《叶发青烈士故居陈列室》完成专题布展。

【自然村落历史人文普查】　至2018年10月，韶关市完成9770个自然村普查文稿的初审、复审和终审工作。《全粤村情（韶关部分）》有5册1608个村稿送出版社付印。普查进度居全省上游、粤东西北地级市前列。5月中旬至6月初，韶关市普查办对南雄市、曲江区、翁源县和乳源瑶族自治县集中督查。9月28日，召开《全粤村情（韶关部分）》终审验收会议。市普查终审验收小组9个成员单位提出40条意见和建议。

【地方志资料年报】　2018年，韶关市完成资料年报年度任务，年报工作保持常态化发展。6月，下发《关于报送2017年度地方志资料的通知》。至年底，所有市直单位完成2017年度报送任务及志书下限年2001—2011年度的补报。

【名镇名村志、村史编修】 2018年11月，中国名村志《石塘村志》出版发行，该志书入选中国名村志文化工程丛书第一批村志名单，是韶关市第一部入选的中国名村志。4月，《坪石镇志》启动编纂工作，年内完成初稿并送韶关市人民政府地方志办复审。始兴年度编修村史5部，累计超过45个村。南雄启动古驿道沿线村史编修，首批计划编修16个村。

【红军长征粤北纪念馆展陈大纲编写完成】 2018年2月，韶关市启动红军长征粤北纪念馆展陈大纲编写工作。5月底完成初稿。连续3次分别邀请当地、周边地市、中央和省的专家对初稿进行征求意见、评议和评审。6月20日，召集长征过境地韶关南雄市、仁化县、乐昌市、清远连州市和韶关市内部分党史、文博专家，征求意见；7月25日，邀请江西省赣州市、湖南省郴州市、广东省河源市、广东省梅州市等粤赣湘边党史专家和省文博专家进行评议；9月6日，邀请来自原中央党史研究室、国防大学、军事科学院、军事博物馆、广东省委党史研究室、省文物局、省博物馆的国内顶尖党史、军史、文博专家进行评审。11月，红军长征粤北纪念馆展陈大纲报送省委党史研究室审定。展陈大纲反映红军长征经过粤北地区的历史过程，以及土地革命战争时期中国共产党领导的武装力量在粤北地区活动的经过。

▲ 2018年9月6日，《红军长征粤北纪念馆展陈大纲》评审会在韶关召开（邹建锋 摄）

【《朱德革命活动在韶关》出版】 2018年9月，《朱德在韶关的革命活动》一书出版发行，在一定程度上填补党和国家领导人在韶关革命活动研究的空白。该书分7章，分别为“革命征途来到祖籍地”“联系组织、开展军训和农暴”“脱离范石生部北撤粤湘边”“策动宜章暴动部署湘南起义”“率红军游击南雄展开水口战役”“组织指挥红军长征转战韶关”“在韶关活动的历史意义与作用”。

【《韶关简史》编纂启动】 2018年，韶关市开展首次编修当地地方简史工作。10月，与华南师范大学签订《韶关简史》项目合作协议；11月，韶关市人民政府地方志办公室印发《关于征求〈韶关简史〉编纂工作实施方案》。

【南雄市、仁化县被确定为广东省第三轮志书编修试点单位】 2018年，南雄市、仁化县被广东省确定为第三轮县志编修试点县，年内开展第三轮修志试点基础工作。11月，南雄市召开第三轮县志编修工作动员会，启动第二轮县志编修工作。仁化县成立《仁化县志（2001—2020）》编纂委员会，制定《〈仁化县志（2001—2020）〉编修工作实施方案》。（朱彩云）

卫生·健康

综 述

【概况】 至2018年底，韶关市有医疗卫生机构714家（不含村卫生站），其中医院54家、社区卫生服务中心10家、社区卫生服务站3家、卫生院100家、门诊部34家、诊所（卫生所、医务室）472家、专业公共卫生机构38家、其他卫生机构3家。有床位数18183张，比上年增加1058张，增长6.18%，每千常住人口拥有病床6.07张。卫生人员总数（含村卫生站）26882人，比上年增长5.32%。其中，卫生技术人员21892人，占人员总数的81.44%，比上年增长6.17%；中级以上职称人员6033人、大专以上学历人员15393人；执业（助理）医师7684人，注册护士10190人。每千常住人口卫生技术人员7.3人，执业（助理）医师2.56人，注册护士3.40人。全市有村卫生站1404个，村卫生站拥有执业（助理）医师299人，注册护士35人，乡村医生和卫生员1194人。全市常住人口出生36138人，出生率13.51‰，自然增长率6.49‰。

【中医药事业】 2018年，韶关市中医院康复科、骨伤科、针灸科和老年病科4个科室成功创建广东省“十二五”重点中医专科。3月和12月，南雄市中医院骨伤科、康复科和脑病科，翁源县中医院肛肠科和老年病科，新丰县中医院风湿病科和骨伤科，始兴县中医院针灸科，乳源瑶族自治县中医院康复科通过省级集中评审验收，获得“广东省‘十二五’中医特色专科”称号。7月，乐昌市中医院刘梓平成功申报全国基层名老中医传承工作室项目。年内，“韶关中医药”微信公众号开通。

【卫生计生科研】 2018年，韶关市卫生计生科研项目有2项通过省自然基金立项，获省级基金资助20万元；9项通过省科研基金项目立项，获得省级基金资助1.5万元；5项中医项目通过省中医药局科研项目立项，获得省级基金资助1万元。开展韶关市卫生计生科研项目评审，各地申报项目有202项列入韶关市2018年度市级卫生计生科研项目。韶关市向省卫健委申报卫生计生适宜技术10项。全年全市卫生计生系统有26项获市级科技进步奖。

【卫生教育培训】 2018年，韶关市卫生和计划生育局加强基层全科医生人才培养，培训全科医生226名，组织199名全科医生参加广东省转岗结业考核。全市招收住培对象92人。组织住院医师规范化和助理全科医生结业考核，59名住院医师规范化培训学员参加结业考试，通过率98.3%，6位助理全科学员参加结业考试，通过率100%。组织135名住院医师参加广东省住院医师规范化培训公共必修课统考334门次。全年全市有8人获得省级杰出青年医学人才称号。

【卫生健康人才管理】 2018年，韶关市基层医疗机构引进542人（其中，490人已上岗，52人通过体检或公示待上岗），到位人数为年度任务数350人的154.86%。韶关市改革基层人事编制管理制度，采取基层医疗卫生机构实行公益一类财政供给、公益二类管理，人员实行县招县管镇用等系列措施，基层医疗卫生机构服务质量、医务人员待遇、群众满意度均得到提升，受到上级肯定和媒体的广泛关注。全年有4次在国家会议上、2次在省会议上介绍工作经验，《中国县域卫生》、“基层医生公社”和《广东组工通讯》等报道该市工作经验，微信点击量超过16万人。12月被韶关市委组织部、市直属机关工委评为机关效能建设优秀案例。年内，开展“最美基层医务工作者”和“韶关名医”选拔工作。

【广东省健康素养宣传年活动】 2018年，韶关市启动广东省健康素养宣传年活动，举办面向全市初中生开展“远离烟草，从我做起”绘画作品征集大赛、韶关市居民健康素养知识选拔赛和决赛、2018年韶关市家庭健康知识竞赛进苏区（南雄市站）知识竞赛等一系列活动。全年举办32场超5000人次参加的示范性巡讲，职业健康教育培训2000名劳动者。全年在韶关广播电视台播放健康教育公益广告1968小时。韶关市健康教育宣传栏内容更新5606次，印制健康教育资料93万多份。至年底，

▲ 2018年5月16日，广东省健康素养宣传年启动仪式在韶关市曲江人民公园举行（伍荣海 摄）

韶关市成功创建健康促进医院89家、健康促进学校44所、健康促进机关79个、健康促进企业7个、健康社区（村）235个、健康家庭16045户，创建广东省无烟单位490家。

【计划生育】 2018年，韶关市人口计生工作总水平稳步发展，全市政策生育率87.8%。其中，一孩出生12613人，一孩率34.9%；二孩出生17747人，二孩率49.11%；政策外多孩率10.97%。是年，韶关市被广东省政府评为2017年度计划生育目标管理责任制考核优秀等次；所辖县（市、区）中，武江区、南雄市、仁化县、始兴县被省政府评为优秀等次，浈江区、曲江区、新丰县被评为良好等次，乳源瑶族自治县、乐昌市、翁源县被评为合格等次。全年全市落实奖励扶助金8363.77万元，惠及84414人。其中，农村部分计生家庭奖励对象9156人，发放奖励金1263.82万元；特别扶助对象1320人，发放扶助金1043.46万元；城镇独生子女父母计划生育奖励对象45876人，发放奖励金4166.82万元；省农村计划生育节育奖励对象27818人，发放奖励金1739.91万元。查处“两非”案件，立案3件（其中，结案2件，未结案1件）。2018年流动人口目标人群基本公共卫生计生服务覆盖率92.52%，浈江区被省评为2018年度省级流动人口基本公共卫生计生均等化服务示范单位。

医药卫生体制改革

【公立医疗机构基本医疗服务价格调整】 2018年，韶关市发改局、市卫计局、市人社局、市财政局联合印发《关于调整韶关市公立医疗机构基本医疗服务价格等有关问题的通知》，自2018年12月31日起，全市全面取消公立医疗机构耗材加成，每年可为群众减少医用耗材支出3000万元。《韶关市基本医疗服务项目价格（2018年版）》自2019年1月1日起执行。《医疗服务价格》所定标准是三级医院执行的政府指导价标准，二级医院在此基础上下浮10%，一级医院及未定级医疗机构在此基础上下浮20%。经卫生计生行政部门批准设置的感染性疾病科住院患者的一般医疗服务、一般检查治疗、临床诊疗类、中医及民族医诊疗类医疗服务价格按医院等级的上一级标准价格收取，最高不超过三级医院价格标准。

【医疗机构双向转诊】 2018年，韶关市卫生和计划生育局印发《关于推动医疗机构双向转诊工作的通知》，落实分级诊疗双向转诊制度，全市逐步建立“基层首诊、双向转诊、急慢分治、上下联动”的分级诊疗制度，初步形成“小病在基层，大病到医院，康复回社区”的就医格局。是年，全市市域内住院率超过95.7%，县域内住院率提高。

【医联体建设】 2018年，韶关市组建医联体13个，其中医疗集团3个、医疗共同体7个、专科联盟3个。4家三级医院参与医联体建设。韶关市医疗共同体试点县——南雄市深化对口支援，推动县级医院与县域内相对集中片域的乡镇卫生院组建成紧密型医疗共同体。制定医共体章程，在保持行政建制不变、财政供给机制不变、公共卫生服务职能不变的前提下，实行人员、业务、后勤、药品统一管理；医保实行“总额预付、结余奖励”的机制。

公共卫生

【疾病预防控制】 2018年，韶关市扩大国家免疫规划疫苗接种率平均达95%以上。韶关市流感监测工作在广东省2017—2018年度流感监测质量评价中排名全省第一名。翁源县成功创建省慢性病综合防控示范区。韶关市获广东省全民健康生活方式行动特色案例团体二等奖，南雄市疾控中心1个案例获个人一等奖、1个案例获个人三等奖。全市高血压患者规范管理率71.13%，糖尿病患者规范管理率72.45%。推进结核病分级诊疗和综合防治服务模式试点工作。韶关市继续维持碘缺乏病、疟疾、血吸虫病消除状态。年内，韶关市完成重点职业病监测与职业健康风险评估，完成职业性放射性疾病监测与职业健康风险评估和医疗卫生机构医用辐射防护监测。

【卫生应急】 2018年，韶关重点加强H7N9流感、手足口病、登革热和新发急性传染病等预警监测和防范应对。处置突发公共卫生事件52起（其中较大级别事件1起）。举办2018年韶关市疾控系统卫生应急技能大赛，开展“洪涝灾害应急救援和卫生应急处置”演练，组建省级突发急性传染病卫生应急队。打通空中120医疗救援通道，实施直升机空中救援，建立起航空医疗救援服务，形成立体医学救援网络。建设广东首个急救体验屋，在公共场所配备30台AED，成立广东首支院前急救志愿者服务队和城市院前急救协会。

【综合监督】 2018年，韶关市卫生监督机构办理卫生行政许可事项4112件，接受电话咨询6522次，提前预约上门服务623次，提前办结率100%。全市卫生监督机构查处案件567件，同比增长2倍。其中，一般程序244件，占总案件数43%；简易程序323件，占总案件数56.9%，罚款51.65万元，同比增长8.1%，没收违法所得117533元，同比增长36.7%。全市各专业被监督单位7298家（2017年统计），参与执行“双随机”监督抽检任务555单，监督完成519单，关闭单位46家，监督完成率93.15%，双随机完成率91.71%，双随机完结率100%，处罚案件数76宗，罚款金额3.05万元，双随机完成率居广东省各地级市前列。全市有268家医疗卫生机构进行传染病防治分类监督综合评价，其中优秀单位占27.98%、合格单位占71.27%、重点监督单位占0.75%。全年食品监测覆盖17大类30小类631份食品，监测项目4844项；食源性疾病监测工作扩展到全市133家一级及以上医院，全年收到2072份食源性疾病个案调查表，核查疑似聚集性事件86起。

医政管理

【现代医院管理制度建立】 2018年，韶关市推进医联体建设和分级诊疗制度建设，出台《关于推动医疗机构双向转诊工作的通知》。继续推进质控中心建设，医疗质量巡查工作常态化，开展医疗安全管理和风险防范专项整顿。加强阳光用药制度建设，建立韶关市重点监控药品目录，首批纳入监控目录药品有40种。加强护理内涵建设和岗位管理，优质护理覆盖100%二级公立医院。加强护理队伍建设，每千人口执业护士数3.40人，三年连续呈逐年上升态势。完成6000例脑卒中高危人群的筛查和干预。

【“乡村健康快车”活动】 2018年，韶关市各医疗机构为1500名贫困人员进行白内障筛查，为503名贫困白内障患者实施复明手术。推进农村贫困人口大病救治工作，韶关市对3345名农村特困人员和低保对象开展大病筛查工作，开展治疗1827人。全年全市18家医疗机构应急救助599人次，减免医疗费用198.28万元。

基层医疗卫生

【概况】 2018年，韶关市在曲江区开展紧密型镇村一体化试点工作，16个试点村卫生站建立行政管理、人员管理、业务管理、药械采购、财务管理、绩效考核“六统一”的相对紧密型镇村一体化管理模式。2018年人均基本公共卫生服务项目补助经费提高到55.33元。为249.17万居民建立电子健康档案，电子健康档案建档率84.29%。在2017年省级考核中，全省排名第六名，非珠三角地区排名第一名。完成粤北医院和7个县人民医院的远程医疗平台上线任务，推动优质医疗资源下沉；落实省基卫（韶关）机房搬迁工作，成为广东省首个省基卫搬迁工程案例。

【家庭医生签约服务】 韶关市全面启动家庭医生有偿签约服务工作，全市共建立家庭医生服务团队。至2018年底，全市建立家庭医生服务团队489个，签约常住人口数128.51万人，其中有7.77万居民签订有偿家庭医生签约服务包。常住人口签约服务覆盖率41.93%，重点人群签约数47.33万人，重点人群签约率65.34%。

【医养结合】 2018年，韶关市探索“医养护一体化”服务保障工作，拟定《关于建立韶关市医疗卫生和养老服务相结合工作联席会议制度的通知》。医疗健康产业工作推进，开展前海人寿三级医院健康医养综合项目、市中医院十里亭分院治未病及医养结合中心、乳源南岭生态养老中心、核工业四一九医院医养结合项目、粤北第二人民医院“医疗养护中心”等项目的前期咨询工作，推荐一批健康产业专家与市产业研究院开展合作。

妇幼健康服务

【妇幼保健服务】 2018年，韶关市孕产妇死亡率9.25/10万，低于2017年的10.24/10万；5岁以下儿童死亡率4.72‰；婴儿死亡率3.27‰。全市孕产妇系统管理率91.15%；产前检查率、产后访视率、住院分娩率、3岁以下儿童系统管理率和7岁以下儿童保健覆盖率从2010年起保持在90%以上，五项指标2018年分别为95.5%、93.93%、99.97%、90.53%和93.67%。

农村孕产妇保健 2018年，韶关市农村住院分娩率保持在99%以上。全市为37700名农村妇女免费增补叶酸，配发宣传资料知情同意书。

“两癌”筛查工作 2018年，韶关市对278个精准扶贫村开展“两癌”筛查，完成56080人的建档检查，建档检查率146.99%。

预防母婴传播 2018年，韶关市孕产妇“三病”的检测率保持在98%以上，户籍孕产妇中检出HIV阳性孕产妇4人，梅毒阳性孕产妇76人，乙肝表面抗原阳性孕产妇2842人。

【出生缺陷综合防控】 2018年，韶关市为20193名计划怀孕夫妇提供免费孕前优生健康检查，目标人群覆盖率100%。全市完成唐氏筛查20446人，初筛阳性1289人；产前结构畸形超声筛查19626人，初筛阳性509人；新生儿代谢病筛查37465人，阳性2065人；新生儿听力筛查37416人，阳性4896人。韶关市2018年出生缺陷发生率68.82/万。

医疗基础设施建设

【乡镇卫生院和村卫生站规范化建设】2018年，韶关市推进6家乡镇卫生院和300家村卫生站规范化建设。6家乡镇卫生院项目完善基础设施建设、外观标识设置，设立健康小屋、家庭医生服务区、AAAA级医生的数字化接种门诊等功能分区。2018年村卫生站规范化建设年度任务300间，至年底，实际开工387间，占年度任务129%，主体框架完成305间，占101.67%。

【县级公立医院升级】2018年，韶关市对7家县人民医院、7家县级妇幼保健机构和6家县级中医院进行升级建设。年内，20家县级公立医院升级建设项目开工，开工率100%。乐昌市、翁源县第二人民医院完成建设任务，正进行内部装修及设备采购，完成部分大型医学影像、检验设备的招标采购流程；南雄第二人民医院完成主体工程建设。

【韶关市妇幼保健计划生育服务中心工程建设】韶关市政府批复该项目采用市政府直投、代建局代建的模式推进，于2018年12月1日正式移交代建局。至年底，韶关市妇幼保健计划生育服务中心行政办公楼、保健楼主体工程封顶，儿童医院综合楼、妇产综合楼正在进行地下室基础土方开挖，完成2018年项目年度投资计划。

【韶关市第一人民医院迁建项目】该项目计划完成投资1亿元，2018年完成投资1.3亿元。项目完成立项、概念设计和规划选址，取得用地预审意见、用地建设规划许可证和土地使用权证，正在申报修建性详细规划，于12月17日举行动工仪式。至年底，项目完成进度130%。

【粤北二院传染病综合大楼项目建设】2018年，该项目完成60%的整体主体建设。至年底，综合关联项目完成1.5亿元。（谭志明）

卫生健康信息化建设

【基层医疗信息系统建设】2018年，韶关市建设医疗卫生专网，落实全市131家基层医疗卫生机构部署任务和15个新增上线点工作，完成基层医疗信息系统市级数据交互平台的搬迁项目，推动建立全市居民电子健康档案数据库和电子病历数据库，实现全市居民电子健康档案的动态及时更新。

【远程医疗平台部署加快推进】2018年，韶关市完成粤北人民医院的省级远程医疗中心和市级汇聚点建设任务，7个县（市）人民医院的县级远程医疗中心全面上线，逐步实现省、市、县三级的远程医疗互联互通，提供远程会诊、远程门诊、远程手术示教等多种远程医疗服务，促进优质医疗资源下沉。

【全员人口数据子库和应用下沉部署落实工作】2018年，在韶关市建立全员人口数据库的子库，实现全员人口数据库的分散部署，人口基础信息采集、变更，计划生育日常服务管理应用、奖扶信息管理、网上办事等应用系统逐步实现下沉部署工作，让数据多跑路，群众少走路。

爱国卫生运动

【概况】韶关市爱国卫生运动委员会（以下简称市爱卫会）是负责组织领导、统筹协调韶关市爱国卫生和防治疾病工作的机构。设市爱卫会主任1名，副主任3名。下设办公室（以下简称市爱卫办），是市爱卫会的常设办事机构，承担着委员会的具体工作，负责爱国卫生工作日常的组织协调、综合调研和督导检查，参公管理副处级事业单位，挂靠韶关市卫生和计划生育局，编制8人。

【爱国卫生管理体制完善】2018年，韶关市将爱国卫生运动内容列入该市各级党组理论学习内容，将巩卫工作纳入绩效考核内容，制定下发《2018年韶关市国家卫生城市工作计划》《市巩卫专责小组落实〈韶关市创建全国文明城市三年行动计划〉的实施方案》《韶关市区2018年环境卫生保洁综合治理实施方案》《韶关市区2018年整治“牛皮癣”实施方案》等指导性文件。是年，市国卫办发督导工作通报20期，督办通知25份，媒体曝光6次。

【爱国卫生活动】2018年2月7日为全市爱国卫生统一行动日，韶关市爱卫会设立主会场开展宣传咨询义诊活动，各县市区设立分会场，动员组织各部门单位开展大搞卫生，清除卫生死角等行动。年内，韶关市围绕“关注小环境共享大健康”“开启爱国卫生新征程共建全民健康新时代”的活动主题，组织现场活动76次，电视、报纸宣传报道76次，微信公众号平台宣传报道110条，官方及门户网站宣传报道65条，发放宣传海报、折页宣传资料14.96万份，近9万人参与环境卫生行动，清理大中型孳生地407处，清除卫生死角6818处，清理垃圾4242.59吨。

【爱国卫生创建】2018年，韶关市成功创建省卫生镇14个、省卫生村104个，创建韶关市卫生镇13个、韶关市卫生村157个，省卫生县城通过复审，两个市卫生镇通过复审。12月20—21日，韶关市召开全市卫生镇村创建培训班，采取现场参观、经验交流等方式，组织全市2018年有创建省市卫生镇任务的乡村分管领导、各县（市、区）爱卫办主任和具体负责人探讨如何结合乡村振兴战略推动卫生镇村创建长效机制建立。（陈洁莹）

疾病预防控制

【概况】 2018年，韶关市疾病预防控制中心完成各类突发性公共卫生事件处理，完成急性传染病、慢性病、免疫规划、地方病、消毒与病媒生物、食品安全、公共场所的监测和疾病预防控制工作。

【重大传染病监测与突发公共卫生事件处理】 2018年，韶关市无甲类传染病报告，乙、丙类传染病报告较2017年例下降6.24%（28010/29874），报告发病率940.19/10万，较2017年下降6.97%。其中乙类传染病报告数、报告发病率较2017年下降4.37%和5.1%。丙类传染病报告数、报告发病率较2017年下降7.08%和7.80%。报告法定传染病死亡数46例，较2017年减少16.36%，其中手足口病例下降52.89%、流行性腮腺炎下降9.32%。全市报告突发公共卫生事件及相关信息52起，与上年基本持平，除1起较大级别的食物中毒事件，其他51起均未达到分级标准。全年全市未发现因防控不力导致的传染病暴发、流行。

【慢性病防控】 基本公共卫生服务 2018年，韶关市高血压、糖尿病、老年人管理项目工作的真实性和规范性逐步提高，全市高血压、糖尿病患者规范管理率均达60%以上。

慢性病综合防控示范区建设 至2018年底，韶关市建成国家级示范区1个，省级示范区2个。继2017年南雄市成功创建国家级慢性病综合防控示范区、曲江区成功创建省级慢性病综合防控示范区后，翁源县2018年成功建成省级慢性病综合防控示范区。

全民健康生活方式行动 2018年，韶关市获得“2018年度广东省全民健康生活方式行动特色案例评比团体二等奖”。10个县（市、区）开展健康支持性环境建设并进行验收。至2018年底，全市建成验收304个健康单元，其中174个健康社区、51个健康单位（学校）、41个健康食堂、16个健康餐厅、7条健康步道、6个健康小屋、5个健康主题公园、其他4个。

慢性病监测系统 2018年，韶关市通过示范区创建，将全人群死因监测、慢病危险因素监测、伤害监测、心脑血管疾病监测、肿瘤登记范围逐步扩大，申请增加儿童伤害干预项目，个别县配合省级医疗机构开展慢阻肺监测。

【免疫规划】 2018年，韶关市建成并投入使用的数字化预防接种门诊有5家，另有3家在建设中，其中仁化县丹霞街道社区卫生服务中心数字化预防接种门诊和仁化县周田镇卫生院数字化预防接种门诊有望成为该市首家AAAAA级和AAAA级预防接种门诊。2018年，麻疹报告发病率较2017年同期下降75%，流行性腮腺炎比上年同期下降3.41%（1049/1086）；报告风疹病例4例，较上年同期的1例上升300%；报告百日咳71例，与上年同期的10例上升610%，无新生儿破伤风、白喉、流脑病例报告。全市118家预防接种门诊的常规免疫接种工作正常运转，免疫规划疫苗单苗接种率均达95%以上。

基础免疫接种情况 卡介苗接种率99.71%（33522/33621），乙肝疫苗接种率99.56%（38979/39150），脊灰疫苗接种率99.59%（40441/40606），百白破疫苗接种率99.59%（38086/38244），含麻疹成分疫苗接种率99.66%（40019/40156），乙脑疫苗接种率99.55%（41047/41233），流脑A群疫苗接种率99.53%（40253/40442），甲肝疫苗接种率99.48%（42613/42836）。

加强免疫接种情况 脊灰疫苗接种率99.47%（40787/41006），百白破疫苗接种率99.50%（41840/42049），含麻疹成分疫苗接种率99.56%（45051/45249），乙脑疫苗接种率99.42%（38891/39116），流脑A+C疫苗接种率99.28%（36566/36833）。

【食品监测】 食品安全风险监测 2018年，韶关市疾病预防控制中心制定《2018年广东省食品安全风险监测韶关监测点采样工作计划》，按照计划和要求开展采样工作。全年完成广东省食品安全风险监测任务17类631份。其中，食品中化学污染物及有害因素常规监测完成12类540份；微生物及致病因子的监测完成5类91份。完成率均为100%。

食源性疾病监测 2018年，全市收到133家监测医院上报的2168份食源性疾病个案调查表。全部监测医院均有病例报告，医院报告率100%。监测医院比2017年（23间）增加478.26%，病例报告数比2017年（568例）增加281.69%。从4月1日起有报告的所有病例均为有效病例，饮食暴露信息填写完整。病例上报及时率92.68%（2009/2168）；病例上报准确率85.64%（1897/2215）。年内对监测系统发现的86起疑似聚集性事件进行核查上报。2018年，2间病原体监测医院（市妇幼保健计划生育服务中心、曲江区人民医院）登记腹泻病例5021人次，采集标本445份，检出44份沙门菌，未检出志贺菌、副溶血性弧菌、致泻大肠埃希菌。全年全市各级疾控中心通过“食源性疾病事件监测系统”报告暴发事件25起，按致病因素分析，有毒植物及大型真菌20起（毒蕈19起，钩吻1起），不明原因4起，蜡样芽孢杆菌1起；按报告县（市、区）来分，乳源瑶族自治县8起、南雄市5起、曲江区3起、乐昌市3起、浈江区2起、翁源县2起、仁化县1起、新丰县1起；按发生场所来分，以家庭为主（21起，占84%），学校3起，敬老院1起。共131人发病，死亡3人（均为误食含有钩吻碱的白酒引起）。

碘缺乏病监测 2018年，韶关市监测8—10岁儿童及孕妇家庭的食用盐3000份；碘盐覆盖率、合格碘盐食用率分别为99.97%、97.57%。监测8—10岁儿童尿碘2000份，尿碘中位数223.2微克/升。监测800名8—10岁儿童甲状腺容积，甲状腺I度肿大3人，肿大率0.38%。监测孕妇尿碘1000份，尿碘中位数171.5微克/升。监测结果表明全市10个县（市、区）居民碘盐覆盖率、合格碘盐食用率、8—10岁儿童尿碘及甲状腺肿大率均达到国家《碘缺乏病消除标准》（GB16006-2008）要求，但该市部分县孕妇碘营养低于WHO/UNICEF/ICCIDD推荐的人群营养状况评价标准（2007年），需引起重视。

食品安全企业标准备案　2018年，韶关市受理食品安全企业标准备案73份。从备案企业行政区域看，乐昌市23份，翁源县20份，南雄市和乳源瑶族自治县各10份，武江区和浈江区各5份，其余县（区）均无企业备案。从备案产品的类别看，以保健品胶囊和饮料类产品为主，其他产品包括蜂产品制品、代用茶、米酒、大米制品等。所有备案均在规定时限内完成，及时率100%，全年未收到企业投诉。

【公共卫生监测】　市政供水专项抽检与日常监测　2018年，韶关市疾病预防控制中心开展2018年枯水期和丰水期饮用水的专项抽样监测工作。设置的监测点包括市政供水水厂4间、市政供水末梢水24个、二次供水4个，共32个。检测项目为水质常规指标及氨氮、锑、铊等非常规指标。每个月对市区6个/10个监测点开展日常监测。按照用户水龙头水质监测信息公开工作要求，每个季度将武江区、浈江区各5个监测点的水质监测信息上报给韶关市卫生和计划生育局。全年抽检水样150份，合格146份，合格率97.33%，检测各类指标5550项次，合格5546项次，合格率99.93%。

农村饮用水监测　3—9月，韶关市疾病预防控制中心对武江区、浈江区部分农村饮水工程开展基本情况调查与水质卫生监测，监测水样78份，合格24份，合格率30.77%，监测指标2730项次，合格2555项次，项次合格率93.59%。

贫困户生活饮用水监测　9—12月，韶关市疾病预防控制中心承担武江区、浈江区贫困户生活饮用水监测，监测水样103份，合格46份，合格率44.67%，监测指标3605项次，合格3417，项次合格率94.78%。

【寄生虫病防控】　2018年，韶关市在原流行区可疑地段采取多种方法查螺，调查可疑环境168391.9平方米，查螺环境91处，未发现钉螺的孳生；调查全市流行区流动人口9330人，对来自疫区流动人口242人进行血吸虫病查病，未查到血吸虫病患者；调查全市流行区牛只存栏3309头，均无购自或从疫区引进，血清检查60头，阳性头数0头。螺情监测、传染源监测，病情监测结果显示，全市未发现钉螺的孳生和当地新感染或急性感染的血吸虫病病例，该市血吸虫病疫情处于低风险水平。全年全市组织血吸虫病监测技术培训3期，培训原流行区血防专业技术人员28人。9月和11月，韶关市疾控中心组织血防骨干到该市原流行区开展市级血吸虫病督导检查，对广州市原流行区开展省级血吸虫病交叉督导。3—6月，全市开展“不忘初心送瘟神，共筑健康中国梦”为主题的现场宣传活动4次，发放宣传折页/单张数70851份，张贴血防海报128张，接受群众咨询2630人，群众知晓率96.25%。

【卫生应急培训、演练和宣传】　2018年4月18日，韶关市疾控中心在三楼大会议室举办2018年韶关市卫生应急管理培训班，市县两级卫生计生局、疾控中心主要领导、分管领导和相关科室负责人共103人参加培训，培训邀请各县（市、区）人民政府分管卫生应急的领导参加。2018年公共卫生应急科派出7人次开展传染病报告管理、突发公共卫生事件应急处置、应急队伍建设等内容的对外授课，授课对象分别是全市基层医疗机构负责人、学校负责食品卫生安全老师、乐昌市传染病报告管理人员、曲江区重大传染病联防联控成员单位和各镇分管卫生应急领导、各县（市、区）负责传染病报告项目的基公人员、乐昌市疾控中心应急队员和各乡镇卫生院分管领导、仁化县疾控中心应急队员。12月28日，韶关市卫生计生局举行2018年韶关市卫生应急演练活动，演练主题为洪涝灾害应急救援和卫生应急处置。韶关市疾控中心派出15名应急队员参加此次活动中的洪灾后感染性腹泻暴发疫情应急处置的演练工作。5月12日，公共卫生应急科牵头流行病防治科、消毒与病媒生物控制科、免疫规划管理科、公共卫生监测科等科室，派出6名专业技术人员参加在武江区西河全民健身广场举办的2018年“5·12”第十个全国防灾减灾日宣传咨询活动，活动主题为“行动起来，减轻身边的灾害风险”。　（温劲翠）

卫生监督

【概况】　韶关市卫生监督所是韶关市卫生和计划生育局下属的执法机构，参照公务员法管理的公益一类副处级事业单位。主要工作职责涵盖公共场所卫生、学校卫生、生活饮用水卫生、医疗机构监管、采供血机构监督、传染病防控、职业卫生和放射诊疗机构监督，卫生行政许可、预防性卫生监督、重大活动公共卫生保障等涉及人民群众健康安全的各项卫生监督工作。下设8个科室。核定编制39人，后勤服务人员5人。至2018年底，实有参照公务员法管理事业编工作人员35名，后勤服务人员4名。2018年，韶关市卫生监督所国家“双随机”重点监督抽检工作比国家要求提前半个月高质量完成，受到广东省卫生监督所的高度好评，在全省卫生监督所（局、队）长会议上介绍经验；1个行政执法案例被广东省卫生计生委评为优秀执法案例；被广东省卫生监督所评为卫生监督信息报告先进单位；落实省卫生监督所“以案促管”要求实行案件量化责任制，规定每名一线卫生监督员2018年必须完成6件案件的查处，全年查处案件126件，行政执法案件数量和质量较往年大幅度提高。

【创文巩卫】　2018年，韶关市卫生监督所按照国家卫生城市标准对全市“五小”行业开展地毯式的卫生监督，对建成区的农贸市场、城中村、小街小巷内的小旅业、小发廊进行全面卫生整治。小旅业洗消间、布草柜等卫生设施均配备完善。行动出动卫生监督监督员996人次，176车次，引导办证68间。

【以案促管案件查处】 2018年，韶关市卫生监督所按照广东省卫生计生委《关于开展卫生计生综合监督执法以案促管专项稽查工作的通知》要求，实行案件量化责任制，规定每名一线卫生监督员2018年必须完成6宗案件的查处。全年查处各类案件126件，罚款13.89万元，没收违法所得3.63万元。

【“双随机一公开”国家重点监督抽检】 2018年，韶关市卫生监督所组织召开2018年度全市卫生计生综合监督暨“双随机一公开”工作部署会议，邀请市、县疾控中心负责人参加会。2018年，韶关市卫生监督系统在职在编卫生监督员128名，参与“双随机”监督抽检工作的一线卫生监督员78名。全市各专业被监督单位7298家（2017年），参与执行“双随机”监督抽检任务555单，监督完成519单、关闭单位46单（其中公共场所37单），监督完成率93.15%，完成率91.71%，完结率100%。韶关市在卫生计生综合监督“双随机”抽检工作中产生的行政处罚数76宗，罚款金额3.05万元。比国家要求提前半个月完成。

学校卫生“双随机一公开”监督抽检 2018年，韶关市卫生监督所对辖区内9间学校。开展学校卫生国家双随机监督抽检，任务完成8间，已关闭学校1间，完成率88.89%，完结率100%。

生活饮用水卫生“双随机一公开”监督抽检 2018年，韶关市卫生监督所检查市区生活饮用水单位9间，包括水厂2间，二次供水6间，涉及饮用水卫生安全产品生产企业1间。制作现场笔录9份，下达卫生监督意见书10份。完成率和完结率均为100%，无行政处罚案件。

消毒产品“双随机一公开”监督抽检 2018年，消毒产品国家随机监督抽检抽到韶关蓝威消毒药业有限公司，对该公司进行卫生监督检查，对该公司生产的消毒产品监督抽检，送往广东省疾病预防控制中心开展实验室检测。

【移动执法推广】 2018年，韶关市继续推广移动执法系统。2018年现场执法均可采用移动执法系统。全年全市各地卫生监督机构通过移动执法设备上传的监督信息总量4635张，占上传系统的全部监督信息的50.2%，比上年（2017年为2743张）明显提升。其中，使用移动执法设备录入的当场行政处罚案件数114张，占全部当场行政处罚案件数的52%，乐昌市、仁化县的移动执法设备录入监督数据率95%和93%，基本实现移动执法日常化。

【卫生监督法律法规宣传】 2018年，韶关市卫生监督所通过通讯回访的方式接受群众监督，利用电视、报刊杂志、网络平台等宣传方式，开展《公共场所卫生管理条例法》《公共场所卫生管理条例实施细则》《公共场所集中空调通风系统卫生规范》等卫生行政法律法规宣传。全年举办各类培训班7期，培训经营单位管理和从业人员500余人次。

【省级行政职权事项承接】 2018年3月，韶关市卫生监督所对广东省委托实施的涉水产品、消毒产品等7个大项31个子项，按照行政许可标准化要求，实施承接，在韶关市卫生计生局网站进行公布。至2018年底，办结11项审批业务。

【“马上办”和政务服务标准化建设】 2018年，韶关市卫生监督所加快推行“马上办”政务服务模式。公共场所卫生许可注销等14个审批项目实现“马上办”服务，缩短审批时限138个工作日；对医师执业注册等13个审批项目的审批时限进行提速调整，缩短审批时限40个工作日，制定预约办理、提前上门、容缺受理、容错免责、及时纠错、一审一核等配套制度，协助韶关市卫生和计划生育局印发《韶关市卫生计生局关于优化审批流程促进审批提速增效的通知》。经过历次提速，现行所有行政许可事项，承诺时限比法定时限平均提速75%以上。通过对广东省政务服务标准化梳理系统中77项行政许可、2项公共服务事项多次信息录入和修改，完成广东政务平台建设，所有许可事项运行均达到标准化规定的各项要求。

【卫生计生行政许可】 2018年，韶关市卫生监督所完成卫生行政许可受理发证工作，没有红牌超时现象。全年办理各种卫生行政许可事项4112件，接受各类电话咨询6522余宗，提前预约上门服务623次，提前办结率100%。根据2018年广东省行政许可事项通用目录权责清单，从9月1日起，恢复护士执业证书核发审批工作，完成2018年度护士大批量延续注册工作，办理护士执业注册审批事项2597件。

【公共场所经常性卫生监督】 2018年，韶关市卫生监督所完成258间单位的卫生审核工作，其中新办136间、复核8间、变更31间、注销9间。对新、改、扩建的74间公共场所单位进行建设项目设计卫生审查，完成全部建设项目竣工验收卫生审查。对全市1189间公共场所经营单位进行巡查，监督覆盖率85%，完成监督覆盖任务。引导136家经营单位完成卫生许可证办理工作。检查中书写检查笔录962份，发出限期整改意见书523份。

【公共场所量化分级】 2018年，韶关市卫生监督所对996间公共场所单位实施卫生监督量化分级管理，评出A级单位14间、B级单位42间和C级单位940间。

【公共场所专项检查】 2018年1月，韶关市卫生监督所开展春节公共场所卫生安全节前检查。检查住宿场所单位25间、购物场所3间、文化娱乐场所单位4间。强化市区周边乡镇公共场所监督专项，1—6月对市辖区周边乡镇及城边公共场所进行集中监督清查，监督检查169家公共场所经营单位。开展“五一”节前检查工作，以火车站、汽车站以及人员密集场所周边的酒店、商场为重点检查单位，出车8车次，监督员24人次，对30余家公共场所经营单位展开监督。7—9月对全市27家游泳场馆进行专项监督检查工作，开展一期游泳场所负责人卫生法律知识培训班，对尚未办证的小区游泳场馆进行督导，对3家无证、5家安排未取得健康证明的从业人员直接为顾客服务的违法单位实施行政处罚，处罚金5300元。公共场所“双随机一公开”重点监督检查，4—10月分两批次，在市辖区范围内抽检99家公共场所，停业7家，任务完结率100%，完成率92.93%。对92家经营单位的卫生管理制度落实情况进行监督检查，其中，责令限期整改单位7家，立案13件，罚款4500元。

【医疗机构经常性卫生监督】 2018年，韶关市卫生监督所对252医疗机构进行监督检查，对24家新办医疗机构进行核准监督，完成58家的换发证，对36家变更机构现场审核，校验182家医疗机构，注销15家医疗机构，对市区范围内的12家母婴保健执业许可进行监督。对辖区内的所有医疗机构开展巡回卫生监督，监督覆盖率100%，对50家医疗机构做出不良执业行为记分，合计149分，其中当场记分37家医疗机构合计71分，一般程序13家医疗机构合计78分。

【非法行医打击】 2018年，韶关市卫生监督所作出45宗卫生行政处罚，罚款5.85万元，没收非法所得478元。其中42家医疗卫生机构涉及超范围行医、使用助理执业医师单独执业、医疗废物管理不符合规定、使用的医护人员未变更执业地点、精麻药品管理不符合规定等违法违规问题作出行政处罚，合计罚款4.15万元。查处3宗无医师资格证书和执业医师证书开展诊疗活动的无证行医行为，合计罚款1.7万元，没收非法所得478元的行政处罚。

【医疗机构专项卫生监督】 2018年，韶关市卫生监督所开展打击非法医疗美容专项行动；中医医疗机构传染病防治和感染防控监督执法专项；血液透析中心（室）传染病防治监督执法专项；医疗卫生机构传染病防治分类监督综合评价；医疗卫生机构医疗废物处置；医疗机构违法违规行为排查整治专项活动；整治虚假违法医疗广告行动；医疗卫生机构医疗废物处置专项监督；打击卖卵代孕黑色产业链专项行动；健康体检机构依法执业监督检查；违法违规宣传使用消毒产品专项；违法违规宣传使用消毒产品专项整治和国家“双随机一公开”重点监督检查等13个医疗机构专项监督检查工作，打击各类医疗违法行为，规范医疗市场。

【学校卫生综合评价】 2018年，韶关市卫生监督所完成市区63间学校的教学、生活环境监督检查；对主城区47间中小学和2间中等职业（技工）学校开展学校卫生监督综合评价工作。

【学校生活饮用水和医疗机构卫生监督】 2018年，韶关市卫生监督所对市区各类学校的饮水机、二次供水、自建设施供水、管道直饮水等设施设备，卫生管理、水质检验情况进行强化检查；对市区设有医务室或卫生室的14间学校及托幼机构开展卫生监督，规范医务室人员配置，严格医务室诊疗行为。

【学校和托幼机构各卫生专项检查】 2018年，韶关市卫生监督所组织专项行动，出动执法车辆18台次，出动卫生监督员52人次，对韶关市第一中学等18间学校开展重点排查。

【集中式供水卫生监督】 2018年，韶关市卫生监督所加强集中式供水卫生监督，对市区3间市政供水单位和4间乡镇集中式供水单位的卫生管理制度及落实情况、水源防护情况、水质检验能力及水质检验情况、消毒设施运转情况、使用涉水产品情况、直接从事供、管水人员健康证及卫生知识培训情况等方面的检查。使用现场快速检测仪器对市政供水单位的出厂水开展现场快速检测12次。

【二次供水卫生监督】 2018年，韶关市卫生监督所对辖区46间二次供水单位进行监督管理，督促各二次供水单位落实卫生管理制度，定期清洗、消毒二次供水设施，在清洗消毒后做好水质检测工作。按照创文巩卫要求制作二次供水信息公示栏，至2018年底发放50个，要求所有二次供水单位都应按照公示栏的内容做好健康证、清洗记录和水质检测报告等信息公示。

【管道分质供水卫生监督】 2018年，韶关市卫生监督所定期对6间管道分质供水单位进行卫生监督。督促各单位做到卫生许可证和工作人员健康证两证齐全，落实制水设备的索证制度，维护设备正常运行，做好制水间内外环境的消毒保洁工作，实行每天水质监测制度，定期做好水质送检。

【涉水产品卫生监督】 2018年，韶关市卫生监督所自3月起对韶关市区的涉水产品销售、使用单位开展专项监督抽查行动，共出动执法车辆8车次、卫生监督员24人次；检查市区5间大型商场，抽查涉水产品16个，全部符合要求。

【省级下放涉水产品许可承接】 2018年，韶关市卫生监督做好承接省级下放的涉水产品卫生许可工作，4月起，对韶关3间涉水产品生产企业进行许可受理、监督抽检工作。

【消毒产品专项监督】 2018年3月，韶关市卫生监督所对韶关市区消毒产品销售单位开展专项监督抽查，行动抽查消毒产品13个，全部符合要求。

【餐饮具集中消毒单位监督检查】 2018年，韶关市卫生监督所对韶关市区的2间餐饮具集中消毒单位开展监督检查工作，对其中1间餐饮具集中消毒服务单位未按要求在消毒后的餐饮具独立包装上注明消毒日期的，处以警告的行政处罚。

【医疗机构放射性职业病危害建设项目预评价报告审核和竣工验收】 2018年，韶关市卫生监督所审核医疗机构放射性职业病危害建设项目预评价报告20宗，完成医疗机构放射性职业病危害放射防护设施竣工验收20宗。

【国家放射卫生监督“双随机”抽查】 2018年，韶关市卫生监督所对21间放射诊疗“双随机”任务进行现场监督检查，完成率和完结率均达100%。对不合格的9间单位进行立案查处，罚款7000元。

【放射卫生日常监督】 2018年，韶关市卫生监督所完成放射诊疗许可证行政审批41宗（其中新证10宗、校验30宗和变更1宗）。开展日常监督的放射诊疗医疗机构单位数70户次，日常监督覆盖率100%。

【放射卫生交叉检查】 2018年，韶关市卫生监督所在8个县（市、区）组织开展放射诊疗交叉检查。检查组由各县（市、区）卫生监督所的领导及放射卫生监督骨干组成。采取听取汇报、查阅档案、核查现场相结合的方式进行。20家放射诊疗机构参与交叉检查，其中10家放射诊疗机构是2018年下半年国家“双随机”任务。检查按照国家“双随机”监督抽查计划中的检查项目进行。检查下达卫生监督意见书10份，行政处罚6宗，罚款3000元。

【职业性放射性疾病监测与职业健康风险评估和医用辐射防护监测专项工作】 2018年，韶关市卫生监督所配合市职业病防治院，制定具体实施方案，协同做好韶关市辐射网点监测工作。完成全市放射工作人员职业健康管理基本情况表、34个哨点单位和全市154家放射诊疗机构的基本信息情况等相关资料的汇总上报工作。

【投诉举报受理和案件查处】 2018年，韶关市卫生监督所受理投诉举报案件52宗，达到立案标准的案件19宗。其中已立案的案件内涉及医疗卫生一般程序案件13宗，简易程序案件2宗；涉及公共卫生的一般程序案件4宗，移送公安部门1宗，申请法院强制执行成功的1宗。上述案件均处以责令其立即停止违法行为、警告及罚款的行政处罚，共罚款人民币3.85万元，没收非法所得3.64万元。

【卫生监督稽查】 2018年，韶关市卫生监督所分别于上半年和下半年对该所一线科室卫生监督员的执法行为和着装风纪进行稽查。每次对相关业务科室书写的现场笔录和卫生监督意见书各随机抽取10份进行稽查（共140份）；对各县（市、区）卫生督所稽查指导，主要工作包括：卫生监督执法文书、卫生行政处罚案卷、卫生监督员着装风纪情况；重点查阅在行政执法中所涉及的卫生监督文书及案卷共230份，其中一般程序卫生行政处罚案卷70份，现场笔录80份、卫生监督意见书80份，并深入科室稽查卫生监督员的着装风纪、执法行为，记录卫生监督员稽查表80份。

【两法衔接】 2018年，韶关市卫生监督所对年内该所办结的卫生行政执法案件进行自查统计工作。全年全所办结的卫生行政执法案卷139宗，其中一般程序91宗，简易程序48宗；移送公安和申请法院强制执行各1宗；案件数查处分别为医疗卫生监督科44宗、公共卫生科48宗、稽查科19宗、职业卫生科14宗、学校和饮用水卫生监督科14宗。处罚金额共16.49万元，没收非法所得3.68万元。

【卫生监督法制宣教】 2018年，韶关市卫生监督所向省市媒体和各相关部门报送信息20篇。结合每季度的工作重点及时事热点，定期制作、更新单位内部及所在社区的各类巩卫创文、健康教育及普法工作的宣传栏。 （戴甲文）

市属医疗机构选介

【粤北人民医院】 创建于1886年，是粤北地区规模最大、综合实力最强的三级甲等综合性医院，是国家住院医师规范化培训基地、国家全科医生临床培养基地、国家药物临床试验机构、国家卫生部脑卒中筛查与防治基地、全国综合医院中医药工作示范单位、卫生部电子病历试点医院、广东省联合培养研究生示范基地、汕头大学医学院博士后流动站科研基地。先后被评为“广东省先进集体”“广东省文明单位”“广东省优质护理服务示范单位”“广东省群众满意的医疗卫生机构”。医院占地面积9.02万平方米，业务用房面积22.9万平方米。

2018年，医院有职工3399人，其中专业技术人员2765人。硕士研究生导师15人，主任医师等高级职称人员361人，主治医师等中级职称人员705人；博士、硕士429人。编制床位2500张，开放床位2818张。门急诊病人130.9万人次，较上年增长7.7%；出院病人11.6万人次，较上年增长2.5%；年住院手术量5.6万人次，较上年增长9.6%。

高水平医院建设 2018年，粤北人民医院对标建设粤北地区解决疑难危急重症、公共事件应急能力领先的高水平医院要求，展开高水平医院建设工作。12月25日，广东省人民政府办公厅公布广东省高水平医院第二批重点建设医院名单，粤北人民医院位列其中。

急危重症诊疗服务 2018年2月8日，粤北人民医院正式启用急诊重症监护病房（EICU）；3月28日，启用重症医学科二区，全院重症监护床位较上年增长30%。

专科能力建设　2018年，粤北人民医院启动亚专科建设。9月1日，骨科设立创伤、脊柱、关节骨病、中医骨伤4个亚专科；11月起儿童康复科独立运作。年内，广东省中医药局批准设立的饶振芳广东省名中医传承工作室投入使用。生殖中心夫精人工授精、产前诊断等项目通过省卫计委的校验，试管婴儿项目通过获得体外受精胚胎移植试运行的资质。2018年，反映疑难复杂疾病诊治能力的CD型病例占比83.2%，较上年增长8.62%，三四级手术占比43%，与上年持平。全年该院开展新技术新项目30项。胸痛中心先后通过省级和国家级胸痛中心的认证，成为韶关市唯一的标准版国家级胸痛中心。牵头成立韶关市胸痛中心建设质控中心，建立胸痛救治区域协同体系。

专业技术队伍建设　2018年，粤北人民医院获批设立广东省博士工作站。刘保国、曹正国等2人成为广东省第一批杰出青年医学人才，泌尿外科曹正国入选培养高层次人才项目，生殖中心汪成入选引进紧缺青年博士项目。56人晋升为高级职称。662人前往国内知名医院进修学习。30名优秀青年医师学员国外研修5人，上级医院进修10人，考取和在读博士4人。逐步开展专科护士、“天使之翼”、教育护士等多种形式的护理人才队伍建设工作。

科研创新与培训教育　2018年，粤北人民医院举办19次科研培训和讲座。获省市各级课题立项117项，较上年增加14.7%。黄从云、何凤屏主持的2个项目被确定为广东省生物医学创新平台立项建设项目培育项目。12项科研成果获韶关市2017年度科学技术进步奖，其中2个项目获得一等奖获、5项获得二等奖、5项三等奖。以第一作者单位发表SCI论文10篇，影响因子17.048。是年，该院89人获得省住院医师规范化培训师资证书，52人获得省全科医学教育师资培训证书，160人获得医院师资培训合格证书。全年招收住院医师规范化培训学员92人，较上年增长33.3%。住培学员结业考试通过率96.7%。完成2018学年各院校临床医技专业实习生378人的临床带教任务，其中南方医科大学国际留学生12人。临床技能中心成为广东省青少年意外伤害预防与急救教育基地。举办国家级继续医学教育项目6项，培训1882人次；省级继续医学教育项目27项，参加学员7386人次；市级继续医学教育项目40项，参加人员11842人次；举办68场学术会议，听课人数15832人次。

医疗服务改善　2018年，粤北人民医院门诊全面实行先诊疗后付费。门诊西药房引进自动发药机，调整改造门诊采血室布局、流程和资源，患者排队等候时间明显缩短。

药事管理体系完善　2018年，粤北人民医院的静脉营养和肿瘤化疗药物集中配置中心投入使用。成立医院和韶关抗菌药物管理（AMS）专家组，与钟南山院士领衔的科研团队合作开展研究项目。开展韶关市内首家开展现代医药物流服务延伸项目。

省级远程医疗中心　2018年，粤北人民医院作为广东省卫生健康委员会建设的20家远程医疗省级建设单位之一，如期完成粤北人民医院省级远程医疗中心建设并正式启用，与乐昌人民医院进行全市首例病人远程会诊，对南雄市人民医院、乳源县人民医院进行4家医院视屏教学。

医联体建设　2018年，粤北人民医院共建乐昌市人民医院骨科和南雄市人民医院心血管内科专业，与武江区卫生和计划生育局合作，组成专病联盟团队，建立5个慢病工作室，下转武江区糖尿病、高血压病人2550人。

科学化管理　2018年，粤北人民医院单独设立内部审计科。购置医疗设备8000万元，高分通过节约型公共机构示范单位评审，医院被评为“全国医院后勤管理示范单位”。

【粤北第二人民医院】　粤北第二人民医院（韶关市结核病防治所）始建于1972年7月1日，是广东省韶关市公益二类事业单位，是韶关市政府设置的一所集医、教、研为一体的以传染病防治为特色的大专科小综合园林式非营利性医疗单位。是广东省结核病防治法定单位、韶关市流浪乞讨人员定点救治医院、全国结核病分级诊疗和综合防治服务模式试点地区单位、首都医科大学附属北京地坛医院感染病联盟医院、首届南方（广东）微创胃肠外科联盟理事单位、中山大学附属第三医院联盟医院、广州医疗专科（消化疾病）联盟单位、中南区域感染科专科联盟单位、广东省结核病专科联盟单位、华南结核病专科联盟单位、粤北人民医院医联体成员单位、粤北治未病联盟单位、韶关市结核病专科联盟主体单位。是粤北区域传染病防治中心，承担着粤北区域传染病防治工作。其中，感染科（肝病专科）是韶关市医学重点专科，肺科（肺病专科）是韶关市医学特色专科。承担浈江、武江两区70万常住人口的结核病防治工作任务。单位占地18.2万平方米，房屋占地2.29万平方米，其中业务用房占地面积0.95万平方米。房屋建筑面积6.76万平方米，其中业务用房建筑面积2.8万平方米。全院绿化覆盖率65%。2018年，该院采购全自动五分类血球分析仪、细菌鉴定和药敏分析仪、全自动核酸印迹微生物检测系统、肝病治疗仪等设备。至年底，医院固定资产9643.14万元，较上年增加0.06%。

2018年，医院有在职人员453人，离退休人员178人。其中，在职人员中专业技术人员363人，正高职称5人，副高职称44人，中级职称81人，初级职222人。该院设有7个住院科室，编制床位412张，开放床位430张。设有院部门诊、结防门诊、西河门诊及风度分院门诊4个门诊部。其中，西河门诊部是广东省指定韶关市餐饮及公共场所服务从业人员健康体检的定点单位。2018年，诊疗出院病人10492人次，增长0.22%；服务门诊病人103722人次，下降1.81%；手术量935人次，增长18.96%。平均住院日12.92天，较上年缩短0.77%。

重点项目建设　2018年，该院正在建设的传染病综合大楼是韶关市卫生强市建设项目之一，投资35924万元，总占地面积18400平方米，建设面积41914.3平方米。设置床位数350张，建设内容包括传染病综合大楼，室外基础配套设施工程等。至年底，完成传染病综合大楼A栋2层、B栋2层主体工程；完成新建污水处理站、医疗垃圾暂存间、氧气站主体工程以及污水管道的改造基础工程。项目整体完成主体的60%。

医疗联合体建设　2018年，该院与9家医院签订合作协议，构建医联体。加强省、市级临床重点专科创建，邀请中山三院、广州胸科医院、深圳三院的专家教授定期至该院会诊查房、疑难病例讨论及授课。邀请广东省结控中心副主任温文沛定期到该院进行结核病诊疗规范化培训及病例讨论，全年举办9期培训班；邀请主任叶涛生定期到该院进行支纤镜检查操作指导。该院与深圳大学教授陈心春团队合作，12月经韶关市卫生和计划生育局批准成立粤北结核病重点实验室。年内，该院有4项科研课题列为韶关市卫计局科研项目。

医疗信息化建设　2018年，该院租赁185台云桌面终端，实现中心化管理，是韶关地区医疗单位首家采用此技术手段来运行业务系统。对总院不规范架设的光缆和医院信息系统进行更换。医院基础信息系统在9月1日切换门诊业务流程，在9月15日切换住院业务流程。上线处方点评与合理用药系统。上线上网行为管理系统［省结控中心的传染病（结核病）信息管理平台、广东省药品交易中心、韶关一站式结算平台等］。启用新系统省外异地就医接口、启用OA办公系统。逐步推行医院数据化管理，方便科室之间交流与相关信息采集。

医疗救治和处置演练　2018年，该院举行人感染H7N9禽流感病人转运演练、中东呼吸综合征处置演练和培训，院感防控知识院内培训。年内，传染科收治4例输入性疟疾，4例输入性登革热，2例布鲁氏菌病。

结核病防控　2018年，该院继续开展结核病防治工作。仁化、南雄耐药性监测点继续进行监测工作，规范落实学校结核病防控和耐多药肺结核防治工作。该院与各县（市、区）慢病站（院）或疾控中心签署“结核病专科联盟协议”。配合韶关市卫生和计划生育局（以下简称市卫计局）开展基本公共卫生服务年终考核，1月开展全市各县区2017年度国家基本公共卫生服务项目暨家庭医生签约服务绩效考核。协助市卫计局组织开展全市结核病防治工作2018年中期督导，对8个县（市、区）慢病站（院）、人民医院、部分基层卫生院（卫生服务中心）及直属医疗机构共32个单位进行督导检查。派出专家参与省卫生计生委基本公共卫生服务项目办组织的省专家组培训（肺结核患者健康管理），对梅州市、河源市进行现场省级考核。组织开展“健康知识进万家”“3·24世界防治结核病日”系列专题宣传活动。完成全市10个县（市、区）结核病分级诊疗和综合防治服务试点和规划全覆盖。

公益健康宣传　2018年，该院开展医疗义诊、举办健康知识讲座、无偿献血、提供便民利民服务措施等公益性活动。结合“世界结核病防治日”“世界卫生日”“世界肝炎日”“世界无烟日”等各种卫生日，分别组织肝科、肺科、中医痛症科、结控科等医院专家深入镇村（社区）、企业参加义诊活动，免费测量血压，接受群众咨询近600人次，发放疾病健教处方及知识手册1000多份。

人才培养与引进　2018年，该院落实人才梯队建设和人才储备工作，全年参加9场招聘会，引进本科学历11人，大专以下45人。

医院环境建设　2018年，医院加大投资力度，投入200多万元，完成肺科天面艾滋病房修建、院内监控光纤线路改造、院内新增总供水管、医技楼药剂科阴凉库建设、内科三无人员病房改造、院内新保安室装修、院部门岗车辆识别系统建设、院部门诊楼周边围墙建设、全院高清视频监控系统建设、院内观光湖绿化改造、院内家属区环境改造、院内家属区宿舍楼第一栋楼翻新改造、医院总部道路安装太阳能路灯等环境建设工作。全院新种树木（花苗）2403株，移植、修剪树木39株，种植草皮6000平方米。

荣誉　2018年，粤北第二人民医院党总支书记、院长，感染科学科带头人李德昌榜入选《岭南名医录》；副院长陈红玲获2018年“韶关市三八红旗手”称号；医院肺科团支部获2017—2018年度“广东省五四红旗团支部”称号；医院内外科团支部获2017—2018年度“韶关市五四红旗团支部（总支）”称号；院团总支获市卫计团工委“五四红旗团总支”称号；宋娜获2017—2018年度“韶关市优秀共青团干部”称号，赵颖获2017—2018年度“韶关市优秀团员”称号；王红霞、邝瑜、宋娜获2017—2018年度“韶关市卫生计生系统优秀团员”称号；梁丽华、陈山林、张耀方、邝心怡、董芬获2017——2018年度韶关市卫计团委优秀团员称号。（彭裕强）

【粤北第三人民医院】　为韶关市卫生和计划生育局直属医院，市公益二类副处级事业单位，是一所集医疗、防治、康复、科研、教学功能为一体的二级甲等精神专科医院，承担全市精神疾病的门诊及住院治疗、重性精神病管治、老年病和心身疾病康复治疗、心理障碍的心理咨询和心理治疗、法医精神病司法鉴定以及美沙酮维持治疗门诊等工作任务，是全市精神病社区防治网点的技术指导中心。至2018年底，医院占地总面积3万平方米，建筑总面积3.35万平方米，业务用房面积2.11万平方米。定编床位920张。在岗职工数（含合同制、临时工人）334人，其中专业人员数303人，正高职称5人、副高职称30人、中级职称60人、初级职称209人。全年入院病人2370人次，同比增加236人次，增长11.1%；出院病人2230人次，同比增加74人次，增长3.4%，全院总住院日394306日，同比增加55774日，增长16.5%；病床使用率117.4%；治愈率30.1%，好转率67.9%，未好率1.9%，死亡率0.1%，门诊量60982人次；业务总收入12443万元，同比增长32.5%；药品收入占业务总收入比例为27.7%。

培训　该院举办韶关市第二期精神科医师转岗培训班，各县（市、区）从事精神卫生工作人员46人参加培训，提升精神病学、临床心理学的基本理论、基本知识和临床基本技能。与市卫生和计划生育局联合举办《2018年韶关市严重精神障碍管理治疗工作部署会暨应急处置培训班》及韶关市严重精神障碍管理治疗工作规范（2018年版）培训班暨对口帮扶签约仪式，推进韶关市严重精神障碍患者治疗管理工作以及救治救助工作开展。

强制医疗专区建设　根据《韶关市强制医疗专区建设方案》，指定在粤北第三人民医院内改建1所强制医疗专区，采取“公安部门负责监管安全，卫生计生部门负责医疗卫生”的专业化运作模式，由市公安局派驻警力24小时负责安全监管，粤北第三人民医院派驻医务人员提供专业医疗服务。建立韶关市强制医疗专区建设工作部门间联席会议制度，加强对肇事肇祸严重精神障碍患者的救治管理。

荣誉　2018年，黄美莲被中华护理学会术部授予“优秀组织二等奖”、被广东省卫健委评为“杰出青年医学人才”、获得粤港澳大湾区专科护士培训认证专委会评定首场专科护士资格认证；刘小林被广东省护理学会评为“十佳优秀‘男’丁格尔”；许婷婷获得由广东省精神卫生中心和省精神疾病诊疗质量控制中心组织举办的“广东省精神科医师临床病历质量控制论坛暨青年医师演讲比赛总决赛”二等奖；骆紫红获得由广东省护理学会护理行政管理专业委员会举办的“广东省‘针刺伤防护——说出背后的故事’”征文演讲比赛二等奖；黄美莲、谭菜军、刘小林分别被韶关市护理学会评选为“优秀护理管理者”“优秀护理服务之星”“优秀‘男’丁格尔”称号；医院精神三科被韶关市妇联评为“三八红旗集体”称号。　　（叶伟标）

【韶关市第一人民医院】　是一所集医疗、教学、科研、康复、预防保健、基层指导等任务于一体的三级甲等综合医院。是南方医科大学非直属附属医院，中南大学湘雅二医院技术协作医院，广东省高等医学院校教学医院，赣南医学院硕士研究生联合培养基地，广东医科大学硕士研究生联合培养基地，南方医科大学、广东医科大学、赣南医学院、海南医学院、韶关学院医学院等10所高等医学院校教学基地，第二军医大学长海医院骨科博士协作培养工作点，台北医学大学附属双和医院友好合作医院，国家住院医师规范化培训基地（清远市人民医院）协同单位。医院先后被评为全国最佳百姓放心示范医院、全国糖尿病健康教育管理认证单位、国家卫计委流感监测哨点医院、国家首批开展急性上消化道出血急诊救治绿色通道项目医院、中国红十字基金徐荣祥再生公益基金定点医疗机构、广东省无烟单位、广东省“百家文明医院”、广东省精神文明建设先进单位、广东省优质护理示范医院、广东省电子病历试点医院、广东省药械和化妆品不良反应监测哨点医院、韶关市精神文明先进单位、韶关市首批医保定点单位和“遵守劳动保障法律法规A级守法诚信单位”。是韶关市保外就医罪犯病情鉴定唯一定点医院。

2018年，医院设有“血液净化”“心血管疾病”“骨科”3个市立研究所。内设机构69个，其中临床医技科室55个、职能科室14个。医院骨科、呼吸内科、临床护理、病理科是广东省重点专科；重症医学科、妇科是广东省重点建设专科；普通外科、神经内科是韶关市重点专科；泌尿外科、神经外科、耳鼻喉科是韶关市重点特色专科。编制床位820张，开放床位1030张。

至2018年底，医院职工总人数1628人（离退休职工380人，在职在编职工632人，聘用人员616人），专技人员1155人（高级职称175人，中级职称300人，初级职称680人），行政、工勤人员93人，返聘专家19人。博士2人、硕士70人，硕士研究生导师4人，首期享受市政府特殊津贴人才4人。全年引进高层次人才12名（其中硕士研究生10名，副高职称以上2名）。门诊诊疗总人数618854人次，同比增长11.01%；出院总人数40824人次，同比增长4.11%；手术21310台次，增长37.45%。

医疗服务创新　2018年，该院与中南大学湘雅二医院技术协作医院正式签约揭牌；通过广东省胸痛中心评审，

▲2018年2月5日，韶关市第一人民医院成功通过广东省胸痛中心认证，成为韶关地区唯一一家“广东省胸痛中心”认证医院　　（韶关市第一人民医院　供）

启动创建中国胸痛中心；是韶关市首家通过呼吸与危重病医学规范化建设项目评审的医院；成为国家首批开展急性上消化道出血急诊救治绿色通道项目医院；加盟国家消化道早癌防治中心；启动创建卒中中心；成为韶关市唯一一家中国红十字基金徐荣祥再生公益基金定点医疗机构，为贫困烧伤及创疡患者提供资助；成为韶关市唯一一家广东省伤口造口专科护士培训基地。年内，为浈江区100多名残疾人员免费提供上门评残服务，完成韶关市儿童青少年近视调查5000多人次，诊治公安监管患者11.57万人次。开展互联网医院及基因测序技术合作。扩面实施病区站点医保结算服务。

医疗供给侧改革　2018年，该院执行按病种分值付费政策，医保次均费用均控制在≤5%的指标要求范围内。推进互联网+智慧医疗，是韶关地区首家实现信用就医“先诊疗、后付费”的医院，4G传输实时完成住院病人心电图检查、诊断。完善医院信息集成平台，优化升级HIS、PACS、RIS系统。年内市一医疗集团新增2家二级医院，集团共有10家二级医疗机构及6家一级医疗机构。全年下转病人558人，占医院出院人数的1.37%。派出医护人员16人到各成员单位开展技术指导，扶持11个专科建设。在韶关市率先开展医疗集团内的远程会诊，免费为乌迳卫生院及南雄中医院远程会诊疑难病人21例。

管理模式创新　2018年，该院优化完善信息化建设，HRP财务运营系统上线，开通广铁医保联网即时结算。科教楼、眼科病房投入使用，5号楼三楼血透室装修修缮工程完成验收，院内立体机械式停车场委托招标代理公司进行招标工作。市第一人民医院迁建项目举行动工仪式。完成项目概念设计、规划选址、用地预审、可行性研究报告编制、项目立项及环评、勘察设计施工总承包（EPC）、监理、全过程造价咨询、施工图设计文件审查服务等招标工作，取得建设用地规划许可证、土地使用权证。推进节能减排工作，完成2000多支LED照明灯管改造。

健康教育与宣传　2018年，该院微信公众号推送信息126条，与韶关日报、韶关电视台等媒体合作，采写播出健康教育科普，医护形象宣传片（稿）39次。开展大型志愿服务23场次，服务20余万人次。做好5个“青年文明号”创建工作。

科教协同　2018年，该院临床技能培训中心投入使用，招收规培生29人。通过韶关市助理全科医生培训基地评审。全红通过赣南医学院硕士研究生指导教师资格认定。刘洪斌等6人被评为韶关学院医学院、海南医学院优秀教师。选送技术骨干、优秀青年人才130人次到上级医院进修学习，接收实习生149人。举办53场继续教育学习班。获广东省自然科学基金项目1项，广东省适宜技术推广项目4项。获市科技进步二等奖2项，三等奖5项。

荣誉　2018年，该院获“2018年度计划生育工作达标单位”“韶关市无偿献血先进单位”“韶关市卫生系统五四红旗团委”“韶关学院医学院2017—2018学年‘临床医学本科教学管理’优秀单位”“韶关市“善美之城·法治韶关”聆听宪法的声音演讲朗诵比赛优秀组织奖；邓国宝获“敬业奉献韶关好人”，邓红梅获“韶关市名中医”，李菊萍获“韶关市住房公积金管理中心授予优秀经办人”，左文定获广东省手术室护理知识竞赛个人二等奖，杨英获韶关市“善美之城·法治韶关”聆听宪法的声音演讲朗诵比赛三等奖。（黄慧）

【韶关市中医院】　始建于1964年，2014年6月通过三级甲等中医院的评审，是韶关市首家三级甲等中医医院，是一所集医疗、教学、科研、康复、预防保健于一体的现代化综合性中医医院，广州中医药大学的教学医院和非直属附属医院创建单位，全科医生规范化培训基地，中医住院医师规范化培训协同管理基地，广东省中医名院创建单位。医院总占地面积29110平方米，业务用房总建筑面积32436.44平方米，编制病床489张，由院本部、和平分院、十里亭分院、新华门诊和中药加工场组成。医院设内科、外科、妇产科、儿科、骨伤科、康复科等20个临床科室。门诊部设有30多个专科、专病门诊，设置“治未病中心”。辅助科室有药学部、检验科、放射科等8个科室。医院有螺旋CT机、核磁共振（2018年新购置）、电子胃肠镜系统（2018年新购置）、DR、移动式X射线机、麻醉机、高端彩超、全自动生化分析仪、关节镜、腹腔镜、宫腔镜、椎间孔镜、钬激光、射频机、呼吸机、体检车、系列康复设备等一批现代仪器设备，配置齐备的中医诊疗设备。至2018年底，有在编员工313人，其中高级职称63人。

新业务与新技术　2018年，该院开展血液透析串联血液灌流技术、腕踝针法、热敏灸法。

中医专科建设　2018年，该院的康复、骨伤、针灸、老年病4个省中医重点专科创建科室通过评审验收。年内，成立肿瘤内科。

药事管理　2018年，该院加大中药制剂的研发和使用，与临床科室共同开发膏方和协定处方的代煎，研发应用9种通用膏方，26种协定处方代煎方。

教学与科研　2018年，该院完成广州中医药大学、韶关学院医学院等多所院校实习生的毕业实习工作。接受基层医院进修医生17名。组织实习生岗前培训2次，病历书写规范专题讲座2次。落实继续教育实施细则及住院医师规范化培训工作，举办市级继续教育活动10次、省级6次；全院发表专业论文43篇；科普文章70篇；申报并通过市级科研立项3项；通过市级科研成果鉴定1项，获市科技进步三等奖1项。进行中医住院医师规范化培训27人次，其中外出参加规培11人次，15人次完成培训。加强培训师资力量建设，参加省级培训2期6人次。开展中医全科医师转岗培训23人次。

中医药文化宣传　2018年，该院利用传统媒体和新媒体宣传省级重点专科和优秀医生事迹；组建中医药文化科普巡讲专家队伍，深入社区、学校开展中医药文化科普巡讲，讲授中医药饮食、起居、情志调摄、食疗药膳、运动锻炼等养生保健知识；开展中医养生健康操推广活动，成立韶关市中医健康操推广队，在韶关市卫生计生系统推广颈部保健操、八段锦、五禽戏、太极拳等养生健康操；多次组织专家到广东北江中学、韶关市田家炳中学、东岗小学等进行健康知识讲座。

医联体建设　2018年，该院联合南雄市中医院、乳源瑶族自治县中医院、始兴县中医院，成立韶关市中医院医联体；由该院治未病科牵头成立粤北治未病联盟，与35家联盟单位签署合作协议。安排中级及以上职称人员分别前往多个卫生院开展中医诊疗服务、推广中医适宜技术。分别与广东省第二中医院、粤北人民医院签订韶关市内分泌代谢性疾病专科联盟合作协议、中西医结合康复联盟合作协议。

就医体验改善　2018年，该院实现微信预约挂号、挂号、缴费、查看候诊通知和检查检验结果等；中药房门诊煎药证实施自动打印，药学部按照实际情况错峰安排药学人员上班；在流感高发期免费提供防感茶以补益脾肺预防感冒，三伏三九天免费提供生命元气茶以增强体质；开设简易门诊，对只开检验、检查或只简单开药（不含中药饮片）的患者，由急诊科医生开单，免收诊金。

医疗帮扶和义诊　2018年，该院继续做好始兴县中医院、乳源县中医院的对口支援帮扶，免费接收技术人员培训学习，开展双向转诊，开展中医适宜技术的推广工作。做好对乌迳中心卫生院的第二阶段精准扶贫工作，派出肛肠科专家不定期到南雄市乌迳中心卫生院进行业务指导。免费接收、培训基层医务人员17人次。开展卫生下乡、卫生进社区工作，全年下乡义诊、巡回医疗10次，服务3000人。　（董彩兰）

▲ 2018年10月23日，韶关市中医院治未病科牵头成立粤北治未病联盟，与35家联盟单位签署合作协议　（吴晓希　摄）

【韶关市妇幼保健院】　始建于1952年，是集医疗、保健、预防、科研、教学为一体，专科特色彰显的地级市妇幼专科医院，设保健、临床及职能部门共34个科室，是全市妇幼保健业务指导中心。2016年3月，与韶关市计划生育服务中心资源整合，组建韶关市妇幼保健计划生育服务中心（市妇幼保健院、市儿童医院、市妇产医院），为四块牌子、一套班子的医疗机构。医院位于韶关市惠民北路，占地5228平方米，业务用房19300平方米。拥有进口的螺旋CT及MR、DR系统、四维彩超、宫腹腔镜、全自动生化分析仪以及成人、小儿多台呼吸机等一大批高端医疗设备。是韶关市危重症孕产妇救治中心、韶关市危重症新生儿救治中心、广东省重症孕产妇救治联盟成员单位、中山大学妇科联盟成员单位，国家级“PAC优质服务医院”。至2018年底，有在职人员602人（专技人员529人、占87.9%，医生人数150人），正高级职称15人，副高职称65人，中级职称107人，研究生12人。全年门诊服务人次49万余人，出院病人17344人次，药品收入占业务收入比14.7%。收到表扬信23封、锦旗26面，医疗服务满意度95%以上。

妇幼保健服务能力提升　2018年，韶关市19项群体保健指标完成情况处于全省中上水平，主要控制指标均低于国家、省控制标准。全年进行唐氏筛查19599人次、超声结构畸形筛查补助17739人次、新生儿代谢病筛查补助35499人次、听力筛查补助35154人次，各项目补助共1093万元。

重点专科和学科突出　2018年，该院打造生殖医学中心、遗传产前诊断中心、新生儿疾病筛查中心、新生儿急救中心、儿童脑康复中心、乳腺病防治中心等6大中心，其余各学科发展均有变化。年内，“供精人工授精技术”获省卫计委批准筹建，是省内第五家拥有该资质的中心，第三代“试管婴儿”技术获准进入科研阶段，IVF周期累计突破10000周期。

科教兴院　该院为韶关市围产医学分会、韶关市医学会生殖分会、韶关市医学会儿童康复分会及韶关市医学会妇产科护理分会的主委单位。2018年，有新技术新项目15项，市级科研10项，成功申报2019年局科研8项，获韶关市科学技术进步奖一等奖1项、二等奖1项、三等奖2项。由广东省妇幼保健院牵头，该院作为合作单位的科研成果《新生儿疾病防治质量控制体系的临床研究与应用》获得2018年广东省科技进步奖二等奖。

医联体建设与专科联盟打造　2018年，该院牵头与县级12家医院（含县人民医院）成立韶关市生殖与遗传专科联盟，接受医联体内成员单位转诊上来患者400余人，转诊回基层单位100余人。构建“韶关市妇幼保健院生殖与遗传专科联盟+基层”远程会诊平台，通过远程就诊平台为乳源、南雄等地几十名患者提供远程会诊服务。成立“韶关妇幼名医工作室”，服务人次200余人次。

新院建设 芙蓉新区市妇幼保健计划生育服务中心项目（简称“妇幼项目”）2018年被纳入广东省、韶关市重点建设项目和韶关市2018年为民办好十件民生实事之一。至年底，完成保健楼中心楼和行政综合办公楼主体建设，儿童医院综合楼和妇产综合楼正进行基础施工。

医院荣誉 2018年，该院获韶关市妇女联合会颁发的扶贫帮困荣誉证书，《无声的爱》获第三届“广东医生”微电影大赛三等奖，谢春雨评为广东省杰出青年医学人才等，龚小倩、陈亚军等8人评为韶关名医。（张本胤）

【韶关市职业病防治院】 韶关市职业病防治院（韶关市第二人民医院、粤北工伤康复中心）成立于1986年2月，是一所防治结合的二级专科医院，韶关市唯一取得省级卫生主管部门颁发“职业健康检查及职业病诊断资质”的二级医疗机构。2009年托管武江区惠民社区卫生服务中心，2011年托管新华社区卫生服务中心，2014年托管市残疾人康复中心。医院位于韶关市武江区建设路11号，总占地面积6.67万平方米，建筑面积2.5万平方米，业务用房建筑面积1.8万平方米。医院拥有1个院区（建设路11号）、2个社区卫生服务中心（分别为工业中路83号的惠民社区卫生服务中心、五祖路3号的新华社区卫生服务中心）、1个门诊部（西堤中路18号的第一门诊部）。主要业务为职业病诊治、临床医疗、社区卫生、工伤康复和残疾人康复；设有20多个业务科室。至2018年底，有在岗职工433人，其中卫生技术人员338人（占职工人数的78%）。技术人员中中级职称96人、高级职称21人。全年开放病床470张，出院病人数6550人次，门诊量262406人次。

医疗改革 2018年1月，韶关市职业病防治院的职业卫生科、监测科、放射卫生科、质量控制科4个职业卫生业务科室划出，与韶关市健康教育所合并，成立市职业卫生和健康教育所。韶关市职业病防治院继续承担职业病治疗康复、职业病诊断、重点职业病监测、职业健康体检等职能。

基础设施建设 2018年6月，该院的新华社区卫生服务中心新大楼投入使用，中医馆于12月建成开业。开展拓展康复项目，加大医疗设备的投入，年内购买深层肌肉按摩器、经颅磁治疗仪等价值200多万元的医疗康复设备一批。医院医保接口进行全面升级改造，实施全国跨省异地医保直接结算等工作。

医疗水平和服务质量提升 2018年，该院完善院内、院前急救工作制度和预案，加强产科质量监控和《出生医学证明》发放的监督管理；抓好医疗文书质量管理。全年科研项目立项4项，结题项目2项；3人晋升副高职称。规范感染病例监测、环境物表监测及医疗废物处置等管理，对全院8个项目683份样品进行监测，合格657份，合格率96%；开展优质护理，提升患者满意度，住院病人对护理工作满意度在90%以上。全年出院病人数6550人次，产妇分娩量950人次，未发生新生儿死亡、医疗事故和重大医疗纠纷。

职业病诊治及职业健康体检 2018年，该院加强康复科室建设，开展康复医学新项目，收治职业病工伤康复病人1047人次。全年完成480家企业的在岗职业健康检查，体检人数47219人次；完成职业病诊断24例，其中职业中毒1例、尘肺病23例。协助韶关市人力资源和社会保障局完成工伤保险劳动能力鉴定888例。

残疾人康复中心发展 2018年，该院与韶关市残疾人联合会合作，签订《购买残疾儿童康复治疗训练服务协议书》，完成国家、省各项康复救助任务，全面保障在训0～6岁残疾儿童免费康教服务。由医院直接负责康训的72名残疾儿童（脑瘫部、自闭部），完成2018—2019年度（上学期）康复救助项目工作任务的验收，验收等次为优秀。年内，儿童康复科收治儿童康复病人593人次。

中医康复品牌建设 该院的西堤第一门诊部开展调整亚健康状态、针灸、推拿、拔罐、玉玄宫、养生保健等一系列“治未病”项目，2018年拓展小儿推拿项目，推广中医非药物疗法，效果显著，得到患者好评。2018年，康复治疗患者28470人次，同比增长20%。

社区卫生服务能力提升 2018年，该院的新华社区卫生服务中心新大楼投入使用，调整和招聘一批公共卫生医技人员。

基本公共卫生服务 2018年，该院的社区卫生服务中心完成居民电子档案173435份，建档率90%；高血压及糖尿病管理率80%，0～6岁儿童和孕产妇保健管理率80%以上；为辖区各适龄儿童接种疫苗124657人次，接种疫苗建档率100%；完成家庭医生签约协议59724人，开展65岁以上老年人免费健康体检7280人次。2018年惠民社区卫生服务中心住院病人1911人次，门诊量36186人次，同比增长6%。（邓有生）

【韶关市第三人民医院】 建于1966年10月，位于韶关市曲江区马坝韶钢东区，为韶关市卫生和计划生育局直属医院，是一所集医疗、教学、科研、预防、保健、康复、养老为一体的国家二级甲等综合性医院，是国家级爱婴医院、广东省普通高等医学院校教学医院、广东省省直工伤保险定点医疗机构、韶关市医保定点医院、商业保险定点医院、工伤与生育保险定点医院、全国社会保险异地就医联网结算医疗机构、韶关市急救指挥中心定点医院、广东省无烟单位。医院占地面积7.3万平方米，建筑面积3.1万平方米。开设有18个临床科室和6个医技科室。心血管介入、骨科、泌尿外科、恶性肿瘤微创治疗、重症监护、精神科、老年保健中心是医院的品牌专业。医院编制床位385张，实际开放756张。至2018年底，有职工397人，其中专业技术人员314人，包括高、中级专业技术人员146人。2018年，医院门（急）诊总诊疗病人21.17万人次，比上年度增长

7.9%；出院病人10298万人次，比上年度增加8%；完成各类手术6208例次，比上年度增加1.2%；各类体检2.26万人次，比上年度增加12.4%；实现业务总收入10633万元，比上年度减少1.5%。年内，医院购置医疗设备、仪器26台（套），投入128.5万元。9月，医院被韶关市人民政府授予“2017年度韶关市无偿献血先进集体”称号。

医疗质量与安全　2018年，该院医疗护理质量指标达标率90%以上，全年未发生医疗事故和严重医疗差错。开展创建胸痛中心工作，急性心肌梗塞病人从急诊接诊到进入心导管室开通冠脉最好用时67分钟，较国际要求的90分钟缩短23分钟。全年无医院感染的暴发流行、未发生公共卫生事件。针对精神病人与老人自理能力弱等特点，开展精神科、老年保健中心安全管理质量月活动。8月，启动对入职三年内年轻护士实施全科培训计划；加强临床合理用药管理，规范抗菌药物临床应用，全年门诊抗菌药物使用率26.9%、同比下降11.7%，住院抗菌药物使用率39.16%、同比下降2.4%。

应急救治　2018年2月，该院作为韶钢工伤定点救治医院，在韶钢松山“2·5”煤气泄漏事故中，负责伤员的救治、转运等救护工作。除现场确认和转送途中死亡人员外，收治的10名中毒人员获得及时救治并全部康复痊愈。

科研与新技术　2018年，该院有2项研究课题获韶关市卫生计生科研立项，4项课题结题；6项课题获2019年度市卫生计生科研立项审批；开展的新技术新项目有心脏永久起搏器植入及更换术、经腹腹膜前腔镜疝修补术（TAPP术）、引导骨再生手术（GBR）、自锁托槽矫正技术治疗牙颌畸形、鼻导管联合面罩给氧在急性肺水肿的应用、胰岛素泵的临床应用、极低剂量螺旋CT联合迭代重建算法在早期肺癌筛查中的临床应用、128层螺旋CT全脑灌注成像在脑梗死中的临床应用、同轴技术在CT引导下组织器官穿刺活检或引流术中的应用。

教学培训　2018年，该院完成广东医药大学、韶关学院医学院、连州卫校等医学院校42名实习生的带教工作，开展1期“徒手心肺复苏技能操作”培训。组织院内授课11期，参加人员2738人次；完成市级继续医学教育项目3期，参加学习468人次；开展专项培训6期，参加培训727人次；开展岗位技能培训和竞赛活动1次，参加培训311人。

精准帮扶　2018年，该院实行一站式医疗救助56人次，金额6.53万元；减免残疾人7人次价值1376.35元医疗费用；选派5人到南雄市乌迳镇参加市卫计局组织的大型送医送药下乡活动，发放药品19种，价值1396.97元。

医疗卫生宣传　2018年，该院组织健康宣传、义诊活动10批，参加活动志愿者119人次，服务社区群众1540人次；协助企业、学校等开展急救技能培训工作，组织韶钢安全管理与危险作业岗位人员，韶钢一中、韶钢东区儿园的老师与学生培训4期，培训人数485人次。　（张唯娟）

【韶关市口腔医院】　韶关市口腔医院（韶关市牙病防治指导中心）是韶关市卫生和计划生育局直属口腔医疗专科医院，是广东省4个地市级公立口腔专科医院之一，承担着全市及周边地区口腔疾病的预防、治疗、教学及科研任务，是韶关学院医学院等多间院校口腔医学专业的教学实习基地，是广东省口腔医师协会副会长、广东省口腔医学会口腔修复专业委员会副主委、广东省医学美容学会口腔美容医学分会副主委、广东省整形美容协会口腔整形美容分会副主委、广东省基层医师协会口腔医学分会副主委以及广东省医院管协会口腔医疗管理分会副主委单位。位于武江区惠民北路33号，工作用房占地面积430.2平方米，建筑面积1883.3平方米。设有修复种植科、牙体牙髓科、牙周粘膜病科、正畸科、口腔外科、口腔综合科、儿童牙科（口腔预防科）、影像放射科、特诊室、消毒供应室等科室，其中牙体牙髓科、修复科是韶关市特色专科。在武江、浈江区设有2个口腔门诊部。有牙科综合治疗台53张，配有口腔CBCT、X光数字牙片成像系统、手术显微镜、超声骨刀、高频电刀、口腔激光治疗仪、超声波治疗仪、牙齿美白仪、口腔种植系统、镍钛根管预备系统、热牙胶三维根管充填系统等一大批先进口腔医疗设备。种植牙修复、错合畸形矫治及根管治疗等技术处于省内先进、粤北地区领先水平，拥有德国、美国、瑞士等多个世界一流种植牙品牌。全年门诊人次102709人次，比上年增加2.45%，全年未发生医疗事故和医疗差错。

到2018年底，有在职职工86人（含临聘人员43人）。其中，正高职称2人，副高职称5人，中级职称19人；医生37人（硕士研究生6人、本科29人、大专2人），退休人员43人。

儿童口腔疾病综合干预项目　2018年，该院派出专业人员到韶关市市区30间幼儿园，对3～6岁幼儿进行口腔健康普查7000人次、涂氟10661人次；到13间小学为1100名小学生1899颗牙齿进行窝沟封闭。是年，通过广东省儿童口腔疾病综合干预项目验收。

健康教育宣传　2018年，该院派出专业人员到30间幼儿园、2间小学，为2713名学生、130位教师、480名学生家长进行口腔健康知识讲座，发放宣传资料3万份；到社区、农村开展义诊咨询活动4次，发放宣传资料2000多份；投入2.8万元在市区30个广告宣传栏进行为期一个月的牙病防治知识宣传。

荣誉　2018年，该院在广东省医院协会口腔医疗管理分会2018年口腔科管理学术年会上获得“医患和谐”案例处置展示竞赛特等奖，院长张泳进入《岭南名医录》，夏延锡被评为“韶关名医”，黎金花被韶关市红十字会表彰为无偿献血志愿服务优秀志愿者和无偿献血志愿服务2017年度终身荣誉奖。

（叶隆住）

【韶关市铁路医院】　始建于1954年1月，医院原隶属广州铁路集团公司羊城铁路总公司，2004年8月移交韶关市人

▲2018年4月13日，韶关市铁路医院与浈江区卫生与计划生育局签订医疗联盟框架协议
（韶关市铁路医院 供）

民政府管理，2017年12月加挂浈江区人民医院的牌子。医院占地面积2.2万平方米，建筑面积2.83万平方米，是国家二级甲等综合医院，国家卫生健康委在韶关唯一指定联系项目——中华健康快车眼科中心，广州市医疗保险、韶关市职工医疗保险、韶关市城乡居民医疗保险等医疗保险定点医院。医院编制床位260张，开放床位300张。设有24个医疗科室，专科特色突出，其中眼科被列为韶关市“十二五”粤北区域医疗服务中心重点专科、中华健康快车眼科中心及糖尿病视网膜病变糖网筛查中心；糖尿病专科获全国“糖尿病教育管理示范单位”称号；开设粤北地区首家超声介入室及现代康复中心，其中浮针治疗及产后康复项目为韶关市首开项目；多次被评为“院前急救先进单位”；外科的腹腔镜下胃癌、直肠癌根治等多种微创手术在全市同级医院中处于先进水平；骨科的髋关节置换技术成熟，可开展原位组织再生技术。拥有飞利浦Multiva1.5T医学磁共振系统（MRI）、飞利浦螺旋CT机、GE四维彩超诊断仪、尼德克RS-3000Advance眼科光学相干断层扫描仪（OCT）、德国蔡司眼科手术显微镜等医疗设备。至2018年底，医院职工人数419人。其中，编制人员179人，聘用人员240人；硕士研究生学历7人，正高职称3人、副高职称39人。全年出院病人12531人次，平均住院日6.64天；门诊病人161029人次；手术量4815人次，其中三、四级手术1930例；药占比26.03%。

学科建设　2018年，该院将功能检查科（超声介入）、糖尿病专科、康复医学科列为医院重点建设专科。

医疗联盟建设　2018年4月，该院与浈江区卫生和计划生育局签订医疗联盟框架协议，牵头推进浈江区医疗联盟建设。同月，该院加入粤北人民医院医联体。与南方医科大学珠江医院内分泌科建立合作，通过专家定期进行门诊教学、查房带教、疑难病例讨论等方式，提高专科实力。落实对仁化县丹霞社区卫生服务中心，新韶、犁市卫生院的定期坐诊及教学指导工作。

人才建设　2018年，该院外二科主任罗少生、内三科主任邓行江、呼吸内科副主任肖祖华入选“韶关名医”行列；院长钟义春担任韶关市医师协会内分泌医师协会第一届主任委员；康复医学科主任徐述担任韶关市医学会浮针分会第一届主任委员；功能检查科主任陈改义、放射科副主任冯志学被韶关学院医学院特聘为兼职副教授。

新技术与新业务　2018年，该院开展超声引导下肝癌消融术、富血小板血浆、复杂髋关节置换、反向牵引复位、肌筋膜触发点针刺、注射、射频术，射频热凝术、脉冲射频术、低温等离子射频消融术、椎间孔镜术、唐氏筛查、中药离子导入等新技术。新购置磁共振设备开展MR诊断工作，填补在该领域的空白。增设疼痛科及助产士门诊。

扶贫攻坚　2018年，该院与九三学社韶关市委联手组建韶关市“乡村健康快车”，免费为贫困白内障患者提供复明手术治疗，对糖尿病的致盲性并发症——糖尿病视网膜病变患者免费进行筛查和随访工作。全年对1300多名居民进行白内障筛查，南雄、乐昌、翁源等地的贫困白内障患者503人得到救治并康复。

薪酬改革　2018年，该院作为卫计系统（现卫生健康系统）的薪酬改革试点单位，完善内部薪酬分配办法、健全绩效考核机制、加强薪酬分配监督管理，在五届六次职工代表大会上通过将原“收减支”的绩效管理模式更改为“服务人次法”绩效管理模式的方案。

科研与培训　2018年，该院完成科研结题6项，推荐市级科研2项，结题2项。牵头举办韶关地区首届超声介入学术年会、韶关医学会浮针分会成立大会，联合南方医科大学珠江医院内分泌科举办“糖轻松”专家下基层直通车活动。全年组织市级学分项目学术讲座9次，邀请院外专家讲学19人次，本院专家讲学6人次；邀请国际专家来院讲学1次；组织本院骨干对初级人员进行培训6次，组织各类选修课学习5次；组织中欧云课堂网络直播课程学习8次；组织爱婴医院，母乳喂养全员培训1次。

信息化建设　2018年，该院推动门诊新系统、住院系统、云桌面启用，开通微信挂号、检查结果在线查询及支付等功能；开发“掌上铁医”APP为医院管理决策提供数据支持；PACS影像系统成功上线运作，与新韶镇卫生院实现远程影像诊断。

医疗服务改善　2018年，该院每月开展全院性的服务质量督查工作。全年开展出院病人电话随访12452人次，各临床科室电话随访率由2017年的59.22%提高到64.85%。在第三方患者满意度测评数据显示，2018年患者对医院的综合满意度91.5分，同比提高1.6分。开通城乡居民困难群众“一站式”联网即时结算。

义诊　2018年，该院开展社区健康宣教9场，社区义诊43场，惠及群众逾5000人次；组织白内障、糖尿病视网膜病变筛查24次，惠及群众1400余人次。

医院荣誉　2018年，该院获韶关市无偿献血先进集体称号、全市卫生健康系统宣传工作先进单位称号、武江区征兵工作先进单位称号，成为韶关市医师协会内分泌科医师分会、韶关市医学会浮针分会的主委单位；该院眼科获“广东省巾帼文明岗”称号，被广东中西医结合学会眼科专业委员会授予“先进集体”称号；糖尿病专科帮扶仁化县丹霞街道社区卫生服务中心的工作被《健康报》社评为2018年基层服务能力帮扶优秀案例；外一科及内二科护理获第三届全国医院品管圈及多维管理工具应用高峰论坛暨广东省首届医院品管圈大赛获优秀奖；护士郭福霞、李艳香、罗莎分获“韶关市优秀护理教育工作者”“韶关市优秀护理服务之星”“韶关市优秀岗位技术能手”称号；总工程师刘涛获广东省医院协会医院信息化专业委员会日常攻略比赛三等奖及广东省医学信息管理者优秀奖。（孔　俊）

【韶关市应急救护指挥中心】　成立于2008年，是隶属于市卫健局管理的公益一类财政核拨事业单位，负责全韶关市院前急救网络管理，指挥协调本地区日常院前急救工作；“120”特种医疗急救服务电话的受理；全市含县（市、区）院前医疗急救专业队伍的急救技能规范化培训；开展社会公众急救知识宣传普及和特殊企业职工急救技能的培训等工作。至2018年底，有在职在编人员20人。全年受理报警呼救电话119965次，较上年度同期增长13.82%。其中有效受理电话19669次，出车受理18257次，较去年增长13.51%；救治病人15630人次，较去年增长11.31%。

信息化建设　2018年，该中心全面升级120指挥调度信息系统，安装手机呼叫定位系统、车载摄像对讲系统，实现医务人员与患者精准、快速对接，实现指挥中心对救护车的全程实时和无死角监控（每台车安装5个不同方位的摄像头），达到省内同行先进水平。安装MPDS国际优先调度系统，成为省内继惠州、湛江两市之后第三个使用该先进系统的城市，国内排名第47个城市。引入“互联网+急救”报警模式，启动“韶关微急救”微信公众平台，实现“一键呼救”“智慧急救”。

院前急救　2018年，韶关市委、市政府投入1000万元用于院前急救工作，纳入城市提升项目。率先在省内成立“韶关市院前急救协会”“韶关市院前急救志愿者服务队”。率先在市区公共场所配备30台AED（自动体外除颤仪）。

急救体验屋　2018年，韶关市率先在人流量较大的健身广场和公共场所兴建“急救体验屋”。急救体验屋有各种急救器材、培训教学视屏系统和VR虚拟体验系统，配备救援岛（里面放置AED真机），常年对市民开放，可作为临时应急的医疗救治点。

空中120医疗救援通道　2018年，该中心通过引入金汇航空救援，打通空中120医疗救援通道，初步建立起空地一体化无缝对接的空中医疗救援体系。全年启用直升机参与救援3起，转运救治病人6例，成为广东省内启用直升机救援较多的城市。

公众急救知识与急救技能培训　2018年，该中心结合AED项目推进，开展“急救知识与急救技能”进机关、进单位、进学校、进社区、进企业、进部队“六进活动”，开展各类培训46场次，培训人员3291人（不含志愿者及急救屋培训人员）。（张绮凌）

【韶关市慢性病防治院】　韶关市慢性病防治院（韶关市皮肤病医院、韶关市性病防治中心）始建于1952年，是韶关市卫生健康局直属医疗事业单位，负责全市皮肤病、性病、艾滋病、麻风病的防治、监测、培训、宣教，对市内各级皮肤性病防治专业机构的业务督导。医院占地面积2305平方米，业务用房建筑面积2854平方米。皮肤科配套检查、检验项目齐全，可进行皮肤病理及院外皮肤病理会诊，进行各种过敏原检测及免疫、生化、真菌、细菌培养等检测项目，确诊皮肤病及筛查病因。可诊疗湿疹、荨麻疹、带状疱疹、手足癣、银屑病、白癜风、痤疮、玫瑰糠疹等常见皮肤病，系统性红斑狼疮、天疱疮、红皮病、关节病性银屑病、重症药疹、皮肌炎等疑难、危重皮肤病。至2018年底，有在职职工102人，卫生技术人员77人，其中具有高级职称14人，中级职称25人，初级职称38人；具有硕士研究生学历4人。全年门诊病人90757人次，同比增长0.91%，出院病人1219人次，同比增长17.21%。

成熟医疗项目　2018年，韶关市慢性病防治院扩展过敏源检测治疗、美容冷冻、性病激光治疗、光子嫩肤、冰点脱毛、药浴、火针等10多种诊疗项目。新引进“超分子水杨酸”治疗痤疮、玫瑰痤疮，全年治疗患者600多例。皮肤科除提供国内外各种最新的皮肤科专用药物，自行研制20多种院内特色制剂。

专病建设　2018年，韶关市慢性病防治院向广东省药学会医学护肤品专业委员会提出申报广东省痤疮诊疗示范基地，12月19日通过专家的现场审批。

麻风村环境改善　2018年，韶关市慢性病防治院采取向上级主管部门申请经费及医院自筹部分经费的方式（财政拨款30万元，自筹10万元）改造麻风村，增设卫生间、洗浴间、公共厨房改造及厨具设施配置、房屋内外供水供电改造，17位休养员于11月搬迁新居；医院为老人的新居添置新衣柜、桌、椅、凳及茶水柜。

性病、麻风病的监测管理和防治　2018年，韶关市慢性病防治院在全市范围内实施性病、麻风病防治项目，规范性病、麻风病的监测管理和防治工作。全年免费为400例门诊男性病患者进行主动筛查丙肝、HIV和梅毒；与市疾控中心联合完成戒毒所吸毒人员监测690人，采集血标本筛查丙肝、HIV和梅毒；与社会组织7次对FSW高危人群开展高危干预253人次，发放宣传资料253份、干预包25300个，完成问卷及采集血标本202份；全市完成麻风病症状监测1215例，确诊麻风病例1例（全市现有现症病例6例）；全年在各县（市、区）举办10期培训班，培训医务人员1602人次。

荣誉 2018年，韶关市慢性病防治院副院长梅册芳获得广东省杰出青年医学人才称号及“广东省优秀基层青年医师”三等奖；医生黎娟获得“韶关名医”称号；韶关日报刊登对急病群众主动伸出援手诠释善美行为的刘晓媚优秀医师事迹。（罗玉香）

【韶关市中心血站】 韶关市中心血站前身为广东省血液中心，始建于1966年，是经市编委批准的、直属市卫生健康局领导的公益一类事业单位（副处级），担负着全市无偿献血宣传招募、采血、质控以及辖区内所有医疗机构的临床供血与安全合理输血指导等任务。2013年与韶关市公民无偿献血委员会办公室整合，组建韶关市中心血站（市公民无偿献血委员会办公室）（以下简称血站）。设8个科室，内设有志愿组织协调办公室，参与管理韶关市无偿献血者联谊会、韶关市无偿献血志愿者服务队等2个志愿社团组织。血站本部位于韶关市芙蓉北路四路6号，总用地面积10179平方米，建筑面积8902平方米。在市区（武江、浈江）设立3个固定献血屋和2个流动采血点，分别在其他县（市、区）设立8个采血站。至2018年底，有在编人员60人，合同聘用人员51人，离退休人员49人。在职人员中，卫生专业技术人员80人，占73%；大专以上学历87人，占77%；中级以上职称人数30人，占27%。其中医生20人、护士34人，医护比为1∶1.7。血站固定总资产3118万元，拥有全自动酶免分析系统、核酸检测系统等万元以上专用设备391台，设备总价值966万元（累计折旧后资产）。

无偿献血 2018年3月31日起，韶关市全面停止互助献血。2018年全市临床用血保持100%来源于无偿献血。全年有47850人次无偿献血，总采血量9.57吨，全市人口献血率16.1‰，提前实现国家“十三五”规划要求“人口献血率达到15‰”的目标。年内策划并举办多场大型活动、会议。1月6日，市献血办、市红十字会、市血站联合召开“全市成分献血和志愿服务工作总结会”，对150多名优秀成分献血者和志愿服务工作者进行表彰鼓励。3月15日，在市血站召开“全市无偿献血工作会议及采血站人员培训会”，解读全面取消互助献血相关工作及应对措施。6月9日，在西河全民健身广场举办“世界献血者日”活动，活动有179人献血60500毫升。6月23—26日，由市中心血站主办，湖南省血液中心、长沙血液中心协办的“第三届全国献血宣教招募及志愿服务工作交流会”在长沙召开。8月14日，市中心血站与驻韶95032部队联合开展无偿献血知识进军营活动。9月16日，在市区中山公园举办韶关市第九届无偿献血志愿者18岁“成人礼”活动。9月29日，在市政府南楼会议室隆重召开“纪念《中华人民共和国献血法》实施20周年宣传总结大会”，对无偿献血优秀代表进行现场颁奖。10月23日，“全省血液安全技术核查”专家组到韶关市对血站进行现场检查指导。

血站“公众开放日”活动 2018年，韶关市举办血站公众开放日活动19场，其中部队、学校、金融系统专场共13场，接待公众2103人，血站领导和专家现场为社会公众代表答疑解惑。

“百名百次”献血楷模培养 2018年，韶关市继续开展“百人百次献血活动”。至年底，全市有37名百次献血者。

无偿献血志愿服务常态化 2018年，韶关市无偿献血服务队每天安排志愿者到各献血点上岗，全年全天候服务。全年开展志愿服务活动312场次，其中外部大型采血服务137场次，参与创文办、团市委、残联等上级部门组织活动及其他志愿者团队联合服务13场，开展初级培训2期。2018年度总志愿服务时间3.4万小时，参与志愿服务上万人次。2018年，志愿者策划组织非公有制集体献血23场，献血人数658人次，献血量221400毫升，人均献血336.5毫升。

荣誉 2018年，韶关市第5次获国家卫生计生委、中国红十字会总会、解放军总后勤部卫生部联合表彰的“全国无偿献血先进市”称号；全市获“全国无偿献血奉献奖”金奖135人、银奖150人、铜奖392人；志愿服务奖99人；由韶关市申报的广东狮子会获“全国无偿献血促进奖（特别奖）”。血站张天弼、杨绍明、李慧文、郭健生等10人获“全国无偿献血奉献奖”金、银、铜奖，李慧文、苗雅娟、杨绍明等3人分别获志愿服务“终身荣誉奖”“五星级志愿者”“二星级志愿者”奖。2018年第一季度，血站李慧文获得中央文明委授予的“中国好人”称号。12月，韶关市中心血站无偿献血志愿者服务队，被市委宣传部、团市委、市文明办、市志愿者联合会授予“2017年韶关市创文志愿服务先进集体”。（郭健生）

社会生活

重点人群

【妇女·儿童】 2018年，韶关市妇女联合会（以下简称韶关市妇联）评选命名69名韶关市“三八红旗手”、28个韶关市“三八红旗集体”、39个韶关市“巾帼文明岗”、8个韶关市“巾帼创业示范基地”、30户韶关市“优秀书香之家”。成功选送1个“全国巾帼建功标兵”、1个“全国农村妇女岗位建功先进集体”、2个省“三八红旗集体”、6名广东省三八红旗手、1名广东十大最美乡村女能手、7名广东百名最美乡村女能手。创建5个全国巾帼文明岗、5个广东省巾帼文明岗。创建乳源瑶族自治县东坪镇新村、始兴县城南镇社区、翁源县龙仙镇城南社区、新丰县沙田镇下埔村4个省级“家庭文明建设示范点”。

家庭教育 2018年，韶关市妇联联合市文明办、教育局下发《关于印发〈2018年韶关市推动学校、家庭、社会“三结合”教育网络长效机制建设实施意见〉的通知》等一系列通知。与市教育局、市文明办、市关工委等单位联合打造学校、家庭、社会“三结合”未成年人思想道德教育机制、巩固市辖三区共101个社区家庭教育指导服务站点，构建韶关市家庭教育指导服务体系，为家庭打造家庭教育、心理支持等一体化服务的社区服务平台。举行“相伴共读·书香润德”家庭亲子阅读系列活动启动仪式，全年通过早读公益讲座、带读会、朗诵会、读书分享会等形式开展阅读活动264场次，该活动被广东卫视报道。开展“好家风家训进村（社区）”“家庭教育大讲堂进村（社区）”主题活动，开展张九龄《望月怀远》诗歌赏析讲座亲子阅读和“好妈妈好家教好家风好家庭”等各类家庭教育专项活动364场次，受益群众近3万人次。结合春节、元宵等传统节日，开展“我们的节日”——“道德春联进万家”等家庭美德教育主题活动207场次。

平安家庭创建 2018年，韶关市妇联创建“平安家庭”先进示范村（社区）30个，“平安家庭”先进示范户100户。开展平安家庭创建普法宣传活动，全市各级妇联“三八”维权周期间开展宣传活动225场次，活动受益群众9.87万人次。开展“不让毒品进我家”户外宣传活动192场，禁毒讲座90场，参与群众8万余人次，参与禁毒帮扶活动27次，帮扶263人次，编印发放禁毒宣传资料77000多份。全市各级妇联收到妇女来信来访822宗。

农村女性创业 2018年，韶关市妇联开展“创业创新巾帼行动”，实施省“百千万妇女培训计划”，开展培训119场次，组织乡村振兴巾帼科技服务活动30场次，帮助2万多人次妇女提高适应生产力发展和市场竞争的能力。与市商务局、市人社局、市农业局等相关单位联合举办2018年广东“众创杯”创业创新大赛之农村电商赛（韶关赛区）、“春风行动”、开展岗村扶贫联手和文明岗创新展示等活动，创建市级以上巾帼创业示范基地20个，挂牌成立3个市级、6个县级“女性创业创新孵化基地”。

“四美家庭”创建活动 2018年，韶关市妇联制定下发《关于在全市深入开展“美丽家园”示范户建设活动实施方案》，向全市妇女群众发起建设“美丽家园”的倡议，号召妇女群众和家庭打造“家风美、人品美、居室美、庭院美”的四美家庭。

妇女普法维权宣传 2018年，韶关市妇联开展“下基层访妇情办实事”调研活动，策划实施维权服务项目。继续发挥12338市、县（区）两级妇女维权热线作用，协调社会力量为贫困妇女提供法律援助。吸纳和动员维权力量参与法治宣传教育、综治平安创建、妇女（婚姻家庭）矛盾纠纷化解等妇女维权工作，完善和强化“妇女之家”维权阵地和职能作用，多层次、多方位地满足妇女群众的维权需求。全年提供各类咨询265宗，服务382人次；个案服务35宗，开设小组5个30节，服务390人次；召开座谈会10场，收集和推动解决妇女群众民生问题61个；开展大型户外宣传24场，受益群众7180多人次；教育讲座37场，服务群众3652人次。（李红艳）

【青年人】 2018年，韶关市青年常住人口54.37万人，全市报到团员111255

人，录入团干部15601名，团员报到数111789人。2018年，全市建立891支村级志愿服务队伍，9687名村级志愿者，开展3297次村级志愿服务活动，创建村级志愿服务示范点102个。至年底，全市注册志愿者超过37万人，占常住人口13.81%，志愿服务组织机构团体3271个，全年组织377549次志愿服务活动，志愿服务时长达2133.2万小时。建立3个农村青年创业小额贷款风险补偿机制县、2个高达351万元的农村青年创业基金，扶持青年创业469人。全年发放农村青年创业小额贷款2526万元、有利率优惠的农村青年创业小额贷款1296万元、财政贴息农村青年创业小额贷款1825.8万元，帮扶青年农村合作社23个，支持推动352人实现创业就业。年内培养258名农村青年致富带头人，直接培训贫困青年1800余人。对95名社矫青年建档立卡，完成了14个社区矫正个案、310个电访、200余人次面谈。全年筹集爱心助学资金120多万，资助学生1477名。

【残疾人】 截至2018年12月31日，韶关市持证残疾人70794人，其中视力残疾7007人、听力残疾4330人、言语残疾1273人、肢体残疾37006人、智力残疾7739人、精神残疾9578人、多重残疾3861人；重度残疾人（一、二级）33112人，其中重度一级10770人、重度二级22342人。2018年，韶关市推进残疾人社会保障和服务体系建设，残疾人生活生存状况得到改善。

残疾人维权 2018年，市残联开展《广东省实施〈中华人民共和国残疾人保障法〉办法》等普法宣传，利用信访维权室和周五信访日开展残疾人信访维权工作，共受理残疾人来信来访（含网络问政）200余件（次），处理12345网络热线22件（次）。做好残疾人机动轮椅车燃油补贴的申报、系统录入、清查整改等工作。开展残疾人C5驾照需求摸查，配合市公安、交通等部门开展市政府民生实事之一——残疾人C5驾照考试工作，已有29名残疾人报名考试。推动无障碍环境建设，市委有关领导对市残联撰写的《韶关市无障碍环境建设调研报告》作出批示，市创文办就此制订《关于深入推进韶关市无障碍环境建设的实施方案》。做好贫困残疾人家庭无障碍改造的筛查、评估、入户改造及建档立册等，落实市、县两级配套资金，完成全年645户的改造任务。协调住管部门做好韶关国家老旧小区改造无障碍建设试点城市工作。对全市109个镇级残疾人专职委员进行培训，完成全国残疾人基本服务状况和需求信息数据动态更新工作，对69096名残疾人全部进行调查，入户调查率96.86%。

▲ 2018年7月19日—20日，省残疾人粤北就业培训中心特邀始兴县交警部门开展残疾人汽车驾照知识培训 （黄柏强　摄）

残疾人C5驾驶证考试纳入市政府民生实事 2018年1月，市政府将“实施残疾人C5驾驶证考试列入2018年为民办好十件民生实事的第八件——提供公安便民服务内容，实现符合条件的残疾人都可申请进行C5考试”，此项考试由市公安局牵头，市交通局、市残联等部门配合，韶关市道通驾校承担培训任务。6月15日，残疾人C5驾驶员培训启动仪式在韶关市道通驾校举行，韶关市凡符合条件的残疾人均可在该驾校报名，接受与正常学员相同的培训内容并考取C5驾照。7月17日，韶关市首批残疾人驾驶员培训基地的4名学员在韶关市公安交警支队车管所参加科目一考试，标志着韶关市残疾人员可以正式考取并申领C5驾照。

残疾人精准康复服务 2018年，以韶关市政府残工委名义颁发《关于进一步做好关心关爱残疾儿童有关工作的通知》，明确各部门职责。加强康复机构的指导，搭建康复工作网络。对市残疾人康复中心业务进行调整，该中心将集中力量开展聋儿语训部、智障部的康复训练服务；其脑瘫部、自闭部业务则通过向市职业病防治院购买服务的方式解决。对全市残疾人康复专项经费使用情况核查，对残疾儿童康复机构业务督导与安全检查。检查中发现问题及时反馈，并勒令限期整改。全市有15家残疾人康复机构，承担残疾人的筛查、评估、转介、康复服务、辅助器具供应等工作，搭建起市、县、镇三级转诊和服务平台。全市有康复需求的残疾人11125名，共有8849名残疾人得到不同程度的康复（其中有540名残疾儿童在机构接受康复训练），精准康复服务率为79.54%，超额完成省的任务；为3207名贫困白内障患者开展免费复明手术；完成配发辅助器具4412件；为肢体残疾人安装大腿假肢29例、小腿假肢53例、上臂假肢7例、髋关节1例、矫形器248具；开展残疾人家庭医生签约服务，提供各类康复咨询服务500多人次；协助相关部门做好精神障碍患者的康复，按自愿原则帮患者办理残疾人证。精神病患者服药率76.82%。与地平线心理中心合作，成立韶关市残疾人心理咨询服务站，在市残疾人康复中心加挂“韶关市残联未成年人心理辅导基地”，填补残疾人心理服务的空白。

残疾人优惠待遇落实　2018年，市残联配合扶贫、民政等部门，将精准扶贫对象疑似贫困残疾人的办证、解决社会福利院和民办养老机构内残疾人的需求两大问题作为韶关市当前残疾人精准扶贫工作中急待解决的重点来抓，制定下发《关于全面开展扶贫领域、社区康园中心和康复机构突出问题专项检查工作的通知》《开展养老院服务对象残疾评定和辅具适配工作的通知》《关于进一步加强精准扶贫涉残办证工作的通知》和《关于继续做好建档立卡贫困户疑似残疾人评残办证工作的通知》等文件，要求各县（市、区）采取措施，抓好落实，并举办两期评残医生培训班，专门对智力、精神残疾的评定进行培训。全市有评残机构35家、评残医生264人，先后组织32批次医务人员和残联干部到镇村基层71个点为残疾人评残办证提供服务，全年新增办理残疾人证9968个，其中精准扶贫对象1579个。精准扶贫对象享受政策免费参加养老保险的有15488人，参加医疗保险的有16397人，危房改造的残疾户5118户；协助民政做好残疾人两项补贴的发放，全年发放困难残疾人生活补贴15161人、重度残疾人护理补贴30733人。动员社会力量参与扶贫助残，分别通过市关工委、广东狮子会相关服务队筹资24万元，资助120名2018年考上大学的困难残疾学生和残疾人家庭子女完成学业。

民　政

【概况】　韶关市民政局机关核定行政编制24人，内设机构9个，直属行政单位1个，直属事业单位10个。2018年，全市民政系统践行“民政为民、民政爱民”工作理念，围绕年初既定的工作目标，推进各项工作的落实，全市民政服务机构安全管理水平提升，社会救助各项政策措施完善，流浪乞讨人员救助机构和场所优化，社会福利机构和设施规范，特困供养机构公建民营供给侧改革得到落实。

【最低生活保障】　2018年5月，韶关市民政局、韶关市财政局印发《2018年韶关市城乡低保、特困人员供养最低月标准》，统一部署全市城乡低保、特困人员供养提标任务。6月，全市10个县（市、区）全部制定出台当地提标方案，按方案对当地城乡低保、特困人员进行提标及补差工作。提标后，韶关市城镇低保、农村低保、农村特困人员供养最低月标准分别为638元/月、440元/月、704元/月，比2017年分别增加58元、40元、30元。城市低保月人均补差水平为503元，农村低保月人均补差水平为228元，比2017年分别提高46元、22元。至年底，全市有23988户46499人享受低保。其中，城镇4030户6099人，农村19958户40400人，支出低保资金18240.7万元。

【临时救助】　2018年，韶关市民政局把临时救助作为最低生活保障制度和各专项社会救助制度的有效补充，缓解因重大疾病、突发性事件等造成生活特别困难的城乡群众的生活压力，发挥临时救助作为社会救助体系拾遗补缺角色的作用。全年全市实施临时救助3149人次，支出临时救助金752.8万元。

【敬老院专项整治】　2018年，韶关市各级政府安排专项整治资金4498.22万元，其中市本级800万元，用于敬老院消防设施设备、生活设施等软硬件条件的改造和提升工作。制定《韶关市全面开展敬老院专项检查整治督查工作实施方案》《韶关市敬老院服务管理细则》《韶关市敬老院管理服务联合监管指导长效机制实施方案》，明确各级部门职责，建立“党委领导、政府负责、部门协调、公众参与、上下联动、联合监管”的工作机制。印发《养老服务政策汇编》《韶关市乡镇敬老院管理制度》至县镇两级。至年底，全市87间敬老院与当地卫生部门签订上门诊疗服务协议，建立护理制度，取得食品经营许可证；工作人员配备数量全部达到市规定水平，工作人员工资福利待遇大幅度提高；配置冰箱、消毒柜和2台以上洗衣机，实现热水供应；伙食质量进一步提高；敬老院管理服务信息和相关制度上墙公布。全市敬老院开展文体活动和关爱老人活动。全市有66间敬老院完成消防验收手续。

【农村低保专项治理】　2018年5月，韶关市民政局、市纪委派驻第十二纪检组联合印发《韶关市农村低保专项治理方案》，在全市民政系统组织开展农村低保中的腐败、作风等问题专项治理。至年底，全市排查农村低保在保对象和其他家庭20786户，清退出不符合低保条件家庭2201户5022人，新纳入低保家庭807户1847人，发现并处理腐败问题1件，作风问题5件。韶关市民政局委托第三方开展低保入户抽查专项行动，于9—10月期间分赴各县（市、区）对低保户、已退出农村低保家庭、不能自主申请低保的困难群众、申请低保未获批准的家庭、未纳入低保的完全或部分丧失劳动能力贫困户等五类困难群众1140户进行入户核查，核查纠正低保管理不规范问题45户，其中低保系统信息更新不及时7户、错保30户、漏保1户、补差水平不达标7户。

【低保人群精准扶贫】　至2018年底，韶关市符合最低生活保障（含低保、特困供养、孤儿、事实无人抚养儿童）的贫困人口33157人，全部纳入最低生活保障；经扶贫部门审核认定的完全丧失劳动能力和部分丧失劳动能力且无法依靠产业就业帮扶脱贫贫困人员18968人，按低保系统简易程序全部纳入低保。

【城乡社区建设】　2018年，韶关市民政局制定《韶关市城乡社区服务体系建设“十三五”规划》《关于加强和完善城乡社区治理的实施方案》《韶关市民政局关于进一步做好城乡社区协商工作的指导意见》等一系列方案和指导意见，完善城乡社区治理体制机制，强化城乡社区服务功能，城乡社区自治、法治、德治相结合的治理体系逐步形成。年内，下拨省、市福彩公益金640万元，资助城乡社区养老等综合服务设施示范项目32个，其中省级项目17个、市级项目15个。推进城乡社区协商试点工作，韶关市城乡社区协商试点单位为南雄市、乐昌市、浈江区。

【基层政权建设】 至2018年底，韶关市各地大部分村（居）修订完善村规民约、自治章程并上墙公示。推动村民小组成立村民理事会，全市户数20户以上、条件城市的10622个村民小组，全部建立村民理事会。推进涉黑涉恶涉乱村（居）委会的整治工作，召开全市民政系统扫黑除恶专题工作会议，派出扫黑除恶督导工作组赴各县（市、区）开展整治督导工作，查处干扰破坏基层换届选举及存在“村霸”行为的村干部11名，其中村委会主任2名、村民小组长9名。

【养老服务】 2018年，韶关市民政局构建县（市、区）、街（镇）、社区三级城市居家养老服务网络，武江区、浈江区（市区范围）的10个街道（镇）一级城市社区居家养老服务中心初步建成并投入使用，浈江区2家社区居家养老“大配餐”服务试点（即长者饭堂）试运行。安排资金630万元（市一级财政资金200万元），新建13个农村居家养老服务“幸福计划”试点项目，投入使用。全年全市新增养老床位538张，有养老服务床位17855张，每千名老人拥有养老床位33.2张。至年底，全市有养老服务机构115间，其中福利院10间、民办养老机构17间、乡镇敬老院88间。养老院（包括敬老院）服务质量建设专项行动。2018年，韶关市民政局印发《韶关市养老院服务质量整治工作方案》《2018年养老院服务质量建设专项行动实施方案》《韶关市养老院联合监管指导长效机制实施方案》，成立由民政、公安、卫计、质监、老龄办等部门组成的全市养老院服务质量建设专项行动领导小组。对全市所有养老机构进行大检查、大整治。开展全市社会福利机构专项排查整治行动，进行交叉督查，对全市10间社会福利院、17间民办养老机构、11个城市居家养老服务中心和74个农村养老“幸福计划”项目进行排查整治，提高全市社会福利机构管理服务水平。

【残疾人“两项补贴”】 2018年，韶关市民政局与市财政局、残联等部门建立困难残疾人生活补贴和重度残疾人护理补贴制度。实施残疾人两项补贴信息化审批监管制度，督促、指导各地通过信息系统进行申请、审核、审定和公示公开。通过信息化建设，规范残疾人“两项补贴”的申领、发放和监督管理。完成“两项补贴”提标、发放任务，按照重残护理补贴每人每年2520元、困难残疾人生活补贴每人每年1890元的标准发放补贴，全年全市发放重度残疾人护理补贴30733人，困难残疾人生活补贴15761人。

【慈善事业】 2018年，韶关市民政局组织开展环保节能亮化工程、放心饮水工程、“中华慈善日——慈善超市惠百家”活动等一系列慈善公益活动。全年慰问54户地贫家庭，5户地贫移植家庭，资助2.58万元；资助19户2017年因灾“全倒户”且属于本市建档立卡精准扶贫对象，按照每户3000元标准，资助5.7万元；对韶关市精准扶贫中家庭生活困难的学生给予助学金，按每人5000元标准，对6名学生发放助学金。下拨10万元“情暖韶关”慈善公益项目资金给韶关市铁路医院举办“情暖韶关”慈善助医活动，为韶关市70例眼睛翼状胬肉患者、100例白内障患者或糖尿病视网膜病变患者进行治疗。至年底，全市接受活动捐款3347.58万元，其中市本级接收捐款1725.4万元，各县（市、区）慈善会接受捐款1622.18万元。

【福利彩票】 2018年，韶关市发行福利彩票4.3亿元，完成全年销售任务的116%，较上年增长838.7万元，增幅2%。筹集福彩公益金12066.65万元。

【殡葬管理】 2018年，韶关市投入350万元，进行殡葬设施设备改造和公益性骨灰存放设施建设，3家殡仪馆安装4套除尘和烟气净化系统，8家殡仪馆的59辆殡仪车达到排放和安全标准；新建公益性骨灰楼（堂）4间；始兴县经营性公墓建设正在按程序推进。落实城乡居民殡葬基本服务免费政策，全市免除城乡居民殡葬基本服务16338宗，免除费用2343万元。实行火葬，遏制散埋乱葬，全市火化遗体17370具（本地数16374具），火化率保持稳定。开展殡仪馆“公众开放日”、殡葬服务管理专项整治活动，规范殡葬服务行为和价格管理。组织开展殡葬领域突出问题专项整治行动，成立领导小组。印发《关于进一步规范殡葬服务价格管理及有关问题的通知》，重新核定全市殡葬服务收费项目和收费标准。开展“殡改宣传月”活动，倡导清明祭扫文明，通过电台、电视、报刊、网络等传媒宣传。

【流浪乞讨人员救助管理】 2018年，韶关市各级民政部门对流浪乞讨人员实施救助。各救助机构在春运期间和寒冷天气开展集中救助服务，保障流浪乞讨人员基本生存权益。全市救助各类流浪人员4013人次（其中市救助管理站1893人次），滞留安置131人（其中市救助管理站照料安置79人），将159人（市救助管理站79人）流浪精神病患者、危重病人送往相关医院救治，护送返乡144人次（其中市救助管理站116人次），支出救助资金1126万元（其中市救助管理站663万元）。开展“6·19救助机构开放日活动”。健全流浪乞讨人员救助管理机制，韶关市建立由政府负责、民政牵头、公安、城管、卫计等有关单位配合的流浪乞讨救助管理工作联席会议制度。韶关市长期滞留流浪乞讨人员安置中心建设工作稳步推进，各县（市、区，浈江、武江除外）均批复设立流浪乞讨人员救助安置中心，其中乐昌市、翁源县、新丰县投入使用，乳源瑶族自治县正在购买设备，曲江区与韶钢医院签订合同，将该区流浪乞讨人员安置于韶钢医院。

【困境儿童保障】 2018年，韶关市出台《韶关市人民政府关于加强困境儿童保障工作的实施意见》，对困境儿童实行分类保障，健全留守和困境儿童关爱保障体系，开展孤弃儿童养育大排查。组织开展“牵手行动”“善美韶城筑梦成长”关爱留守儿童韶关行动、“我的中国梦·青春七彩梦——广东省第九届留守儿童韶关市福彩训练营”等活动。

【收养登记】 2018年，韶关市各级民政部门办理收养登记56宗（其中港澳台收养1宗），使弃婴、孤儿得以回归家庭、回归社会。

【婚姻登记管理】 2018年，韶关市办理结婚登记21993对，离婚登记8997对。补领结婚证4429对，补领离婚证660对。婚姻登记合格率为100%。组织开展全市婚姻登记员业务培训班，提高该市婚姻登记业务水平和能力，规范婚姻登记工作。推进婚姻登记标准化、规范化和信息化建设。

【社会组织】 社会组织登记 2018年，韶关市登记在册的社会组织1906个。其中，市级社会组织520个，县（市、区）级社会组织1386个。

社会组织管理 2018年，韶关市出台《关于改革社会组织管理制度促进社会组织健康有序发展的实施意见》和《韶关市中小学生校外托管机构管理办法》。建立社会组织活动异常名录，将49家多年未参加年检、未开展活动又无法取得联系的社会组织列入活动异常名录。开展2018年度社会组织抽查审计工作，委托会计师事务所对20家社会组织进行为期37天的抽查审计，将抽查的结果通报给各业务主管单位，责令存在问题的社会组织立行整改。完成社会组织2018年等级评估工作，开展2018年度社会组织等级评估工作，评选出9家AAA以上等级的社会组织，其中韶关慈善总会、韶关市道路运输行业协会、韶关市潮汕商会、韶关市海邻社会工作服务中心、韶关市旅游产业促进会、韶关市保险行业协会、韶关市特种设备协会7家社会组织获得社会组织等级最高的“AAAAA”等级称号。

▲ 2018年8月16日，韶关市民政局开展“善美韶城–筑梦成长”关爱留守儿童启动仪式 （韶关市民政局 供）

社会组织党建优化 2018年，韶关市本级社会组织有党支部22个，有在册党员94名。将党建工作写入社会组织章程，签署党建承诺书，党建工作与日常事务工作同部署同开展，党组织对社会组织重大事项决策、重要业务活动、大额经费开支等重大事项进行全程监督和把握方向。

【社会工作】 社工志愿服务 2018年，韶关市民政局按照《韶关市开展“专业社工全民义工”试点工作方案》要求，继续推进“双百镇（街）社会工作服务站”示范项目建设，深化社会工作实践，全市22个社工站注册成立志愿者服务组织。继续在老年人、青少年等领域开展“专业社工全民义工”试点工作，探索建立社会工作人才带动志愿者相互协作、共同开展服务机制，提升社工专业服务水平与志愿服务能力。组织2145人参加2018年全国社会工作者职业水平考试，531人通过考试取得相应资格证书，全市持证社工2894人。

双百计划 2018年9月，韶关市开展空缺双百社工补录工作，补录社工18人。全年全市双百社工走访民政对象1475户，其中，对民政对象建档立卡881个，专业跟进个案310个。开展年度考核评估，评出优秀社工站2个，优秀社会工作者9人。新丰县丰城街道社工站陈秀嫦、陈锦妮撰写的社会工作案例《粤北山区紫城村贫困妇女支持计划》获得省民政厅2018年度社会工作优秀案例二等奖。

【地名管理】 第二次全国地名普查 2018年，韶关市推进第二次全国地名普查工作。韶关市市县两级地名普查办组织召开成果转化及普查档案培训专题会议，筛查并向省地名普查办上报全市地名普查成果数据，完成地名释文首稿编撰工作及地名普查成果数据整合工作。至年底，各县（市、区）将地名普查成果数据上报省普查办申请国家复验。

地名命名、更名审核审批 2018年，韶关市行政审批住宅小区命名16个，县（市）道路命名更名15条，市区道路命名更名63条。

“韶清线”联检 2018年，由清远市民政局牵头，会同韶关市民政局研究制定《清远市与韶关市行政区域界线第四轮联合检查工作实施方案》，分别于4月和10月召开韶清线第四轮联检工作联席会议，部署安排联检相关工作，协调商定联检工作中的重点难点工作，落实边界管理维护责任制，对界桩移动、界桩损坏、界桩方位物损坏、界线、界桩修测等问题实施联合处理。年内，完成韶清线第四轮联检工作。

【行政区划】 2018年，韶关市辖浈江区、武江区、曲江区、仁化县、始兴县、翁源县、新丰县、乳源瑶族自治县，代管乐昌市、南雄市，有乡镇94个（其中93个镇，1个瑶族乡），10个街道办事处，4个办事处，1205个村委会，228个居委会。（详见韶关市行政区划简明表）

表30 2018年韶关市行政区划简明表

县（市、区）名	镇（乡、街道办）名	镇乡数	街道办数	村委会数	居委会数
乐昌	坪石镇、北乡镇、长来镇、廊田镇、九峰镇、三溪镇、黄圃镇、梅花镇、五山镇、大源镇、两江镇、白石镇、庆云镇、秀水镇、云岩镇、沙坪镇、乐城街道	16	1	195	20
南雄	乌迳镇、黄坑镇、水口镇、湖口镇、珠玑镇、界址镇、百顺镇、澜河镇、古市镇、坪田镇、邓坊镇、主田镇、油山镇、南亩镇、江头镇、全安镇、帽子峰镇、雄州街道	17	1	208	24
曲江	马坝镇、樟市镇、乌石镇、沙溪镇、大塘镇、枫湾镇、小坑镇、白土镇、罗坑镇、松山街道	9	1	85	25
仁化	董塘镇、长江镇、扶溪镇、石塘镇、红山镇、城口镇、闻韶镇、周田镇、黄坑镇、大桥镇、丹霞街道	10	1	109	16
始兴	马市镇、顿岗镇、司前镇、隘子镇、罗坝镇、澄江镇、沈所镇、城南镇、太平镇、深渡水瑶族乡	10		113	14
翁源	龙仙镇、翁城镇、新江镇、周陂镇、坝子镇、江尾镇、官渡镇	7		153	18
新丰	回龙镇、梅坑镇、沙田镇、遥田镇、马头镇、黄磜镇、丰城街道	6	1	141	16
乳源	乳城镇、桂头镇、大布镇、大桥镇、必背镇、一六镇、东坪镇、游溪镇、洛阳镇	9		102	13
武江	西联镇、西河镇、重阳镇、龙归镇、江湾镇、惠民街道、新华街道	5	2	51	36
浈江	新韶镇、乐园镇、花坪镇、犁市镇、十里亭镇、风采街道、车站街道、东河街道	5	3	48	46
合计		94	10	1205	228

【全市低保专项治理和社会救助工作会议暨社会救助信息化管理培训班开班】 2018年6月5日，韶关市民政局组织召开全市农村低保专项治理和社会救助工作会议暨社会救助信息化管理培训班，对全市农村低保专项治理工作进行动员部署，对全市210名市、县、镇三级民政社会救助工作人员进行社会救助信息化管理培训。各县（市、区）民政局长、驻局纪检组长、社会救助业务分管领导、股长参加会议。

【韶关市健全特困供养人员护理制度】 2018年10月，韶关市民政局、财政局、卫计局联合印发韶关市特困人员护理工作领域第一份规范性文件《韶关市特困供养人员照料护理工作实施办法》，从总则、能力评估、护理标准、日常照料护理、住院照料护理、资金发放和使用、职责分工、监督检查、附则等9个方面，为韶关市特困人员照料护理工作提供制度保障。各县（市、区）民政局对特困人员生活自理能力进行评估，确定特困人员应当享受的护理档次及标准，公示名单，通过政府购买服务等方式择优选择护理服务提供方。

【韶关市民政局被评为防御低温冰冻工作先进单位】 2018年，韶关市先后遭受两次低温冰冻天气袭击，乐昌、乳源、仁化、翁源、南雄和始兴等地遭遇不同程度灾害。全市各级民政部门派出近300个工作组，为困难群众发放棉被、大衣、毛毯等御寒衣物2万多件，大米、花生油、饮用水等食品一批。2018年2月13日，韶关市政府通报表扬14个2018年全市防御低温冰冻先进单位，韶关市民政局名列其中。

【韶关市民政局召开2018年韶关市村民理事会建设情况新闻发布会】 2018年12月14日，2018年韶关市村民理事会建设情况新闻发布会在韶关市民政局召开。韶关市民政局副局长张瑞兰、韶关市民政局基层政权和区划地名科成员，以及韶关电视台、《韶关日报》等新闻媒体记者出席新闻发布会。韶关市民政局制定下发《韶关市民政局关于以村民小组为基本单元建立村民理事会的指导意见》《推动我市村民小组成立村民理事会工作的实施方案》，指导各地推动在村民小组建立村民理事会相关工作。全市各县（市、区）推动以村民小组为单位，组织建立村民理事会。至11月，全市有村民小组13676个，其中，户数在20户以上村民小组有10834个，建立村民理事会10400个，占20户以上村民小组总数的96%。

【韶关市民政局举办2018年度养老护理员技能评价班】 2018年9月25—30日，韶关市民政局联合省社会福利中心，在市区举办全市养老护理员培训班。培训班对全市10个县（市、区）的福利院、敬老院和民办养老机构的81名护理人员进行培训和职称评定，有78名护理员获得养老护理员五级技能评价证书。（肖桥香）

退役军人事务

【军官转业安置服务】 2018年，韶关市完成114名军转干部接收安置和23名随军家属的安置工作。是年，加大解困工作力度，提高解困生活补助标准，企业军转干部整体稳定。建立1806名企业军转干部工作台账和7名企业军转干部“重点人”台账。加大对企业军转干部维稳工作的排查力度，做好日常来信来访的答复和服务工作。

【退伍士兵接收、安置】 2018年，韶关市接收退伍士兵800多人。其中，自主就业退役士兵700多名，符合政府安排工作条件的转业士官42人，复员干部4人。全年全市发放自主就业一次性经济补助金2280万元，实现安置工作率100%。引导退役士兵参加免费职业教育和技能培训，全年全市有500多名退役士兵参加两年中等职业技能免费培训，34名退役士兵报考高等职业技术院校，就业率100%。

【军休干部服务管理】 2018年，韶关市有军休所3个、服务站1个、服务点7个。至年底，全市有军休干部68人，遗孀51人，无军籍退休退职职工70人。年内，采用置换方式为工业东路军休所和五祖路军休所解决住房问题。

【抚恤优待】 至2018年底，韶关市享受定恤定补优待的优抚对象15960人（户）。其中，享受定恤的“三属”（烈属、因公牺牲军人遗属、病故军人遗属）194人；在乡老复员军人622人；带病回乡退伍军人404人；部分参战涉核军队退役人员5779人；60周岁以上农村籍退役人员6711人；烈士子女341人；直接参与铀矿开采退役人员837人；“五老”人员（老游击队员、老通讯员、老堡垒员、老党员、老苏区干部）255人；享受国家伤残抚恤金的革命残疾人员817人。2018年8月1日起，韶关市再次提高重点优抚对象抚恤补助标准。其中，残疾军人抚恤金标准在原来基础上提高约10%；烈属标准提高到每月2402元；因公牺牲军人遗属标准提高到每月2092元；病故军人遗属标准提高到每月1985元；红军失散人员标准提高到每月2318元；在乡复员军人标准提高到每月1390元；回乡务农抗战老战士标准提高到每月1398元；带病回乡退伍军人标准提高到每月702元；参战涉核退役人员标准提高到每月690元；老烈士子女人员标准提高到每月440元；60周岁以上农村籍退役人员标准每服一年义务兵役每人每月补助35元；“五老人员”标准每月503元。全年全市支出优抚对象保障资金8716.14万元。韶关复退军人医院抽调医护专家组成巡回医疗队，在韶关、清远两市范围开展送医送药活动，为各类重点优抚对象诊治疾病（开出处方送药）1061人次，免费送出药品（器械）总价值46万元。

【双拥工作】 2018年，韶关市组织开展系列拥军优属走访慰问活动。元旦、春节和“八一”期间，组织县级以上慰问团（组）50余个，慰问部队200余个（次）、转业复员退伍军人和烈军属等重点优抚对象2.55万人次，为全市享受定期抚恤补助待遇的优抚对象发放春节和“八一”慰问金，每人每年200元。全年发放拥军优属慰问经费786万元。开展双拥共建活动，举办第16期军地两用人才培训班，驻韶部队有150余名优秀士兵参加；举办“幸福双拥·缘定韶关”2018年军地青年联谊活动，有来自驻韶部队和市区各机关、企事业单位150多名优秀单身男女青年参加，其中12对青年配对成功。举行“9·30”烈士公祭活动暨向烈士纪念碑敬献花篮仪式。市领导班子、民主党派、军烈属、复员退伍转业军人、公安民警和武警战士、驻韶部队、党政机关干部和少先队员代表近1000人参加。（吴盛龙）

医疗保障

【城镇职工和城乡居民基本医疗保险】

2018年，韶关市职工医保60.3万人参保，城乡居民医保237.1万人参保，基本医疗保险参保率99%。职工医保基金年收入20.18亿元，支出19.19亿元，当期结余0.99亿元；城乡居民医保基金年收入16.77亿元，支出16.53亿元，当期结余0.24亿元。年内重新修订出台《韶关市城乡居民基本医疗保险实施办法》。从5月1日起，韶关市再次下调职工医保单位缴费比例，从6%下调至5.5%，全年为企业减负2.16亿元。建立健全与经济发展水平相适应的稳定可持续的筹资机制，2018年城乡居民医保个人缴费从原每人每年120元调整为180元，财政对2018年城乡居民医保的补助标准从2017年每年每人450元提高到490元。各项医保待遇按时足额发放，城乡居民医保政策范围内住院费用报销比例保持在75%左右，职工医保85%以上。深化医保支付制度改革，开展住院按病种分值付费。打好脱贫攻坚战，将建档立卡贫困人口100%纳入基本医疗保险范围，参加城乡居民医保个人缴费由政府资助，大病保险政策向贫困人口倾斜。

【生育保险】 2018年，韶关市生育保险参保人数34.8万人，生育保险基金年收入0.98亿元，支出1.21亿元，当期赤字0.23亿元。从4月1日起，生育保险缴费比例由原0.5%调整为0.9%，各项生育保险待遇按时足额发放，参保女职工的合规生育医疗费用报销比例100%。

【医疗服务价格】 2018年，韶关市调整公立医疗机构基本医疗服务价格，全面取消公立医疗机构耗材加成。《韶关市基本医疗服务项目价格（2018年版）》自2019年1月1日起执行，适用全市所有公立医疗机构。

【药品采购】 2018年，韶关市启动公立医院药品跨区域联合集中采购改革。12月28日，韶关市政府常务会议审议通过《韶关市公立医院药品跨区域联合集中采购改革试行方案》，会议决定，韶关市范围内的政府办基层医疗卫生机构、县级以上公立医疗机构均参与深圳模式的药品跨区域联合集中采购，鼓励其他医疗机构参与。

【医疗救助】 2018年，韶关市直接医疗救助8.67万人次，支出医疗救助金7547.95万元，相较2017年同期救助1.75万人次、支出4780.6万元，增幅分别达395%、58%。其中，住院救助4.59万人次、6361万元，门诊救助4.04万人次、1009万元，二次医疗救助356人次、177.8万元。

【二次医疗救助】 2018年7月，韶关市医疗救助领域的第二份市政府规范性文件《韶关市困难群众二次医疗救助实施方案》印发并实施。救助范围首次扩大到基本医疗保险政策外医疗费用。对实施门诊救助、住院救助后医疗费用负担仍较重的特困供养人员、孤儿、最低生活保障对象、建档立卡贫困人员、低收入救助对象、因病致贫家庭重病患者、县（市、区）人民政府规定的其他特殊困难人员，在年度救助封顶线内按照分类分段梯度救助模式，给予一定比例的二次医疗救助，救助范围首次扩大到基本医疗保险政策外医疗费用。医疗救助年度封顶线在2016年3万元和5万元的基础上，2018年再次统一提高到10万元。

【医疗救助“一站式”即时结算服务】 2018年，韶关市将医疗救助“一站式”结算扩大到低收入救助对象。9月，出台《韶关市医疗救助与城乡居民基本医疗保险、居民大病保险实施“一站式”结算工作方案》，明确在医保卡加载医疗救助功能，救助对象凭医保卡就医，系统可以自动识别其身份。12月，全市实现医疗救助与医保报销系统无缝对接、医保报销与医疗救助同步结算、省内异地定点医疗机构“一站式”即时结算，直接进行医疗救助“一站式”结算。全年全市医疗救助“一站式”结算46068人次，支出救助金2840万元，其中12月医疗救助与医保报销系统实现无缝对接后，有4920位救助对象享受“一站式”结算待遇，救助金额226.7万元。

【医疗救助精准扶贫】 2018年，韶关市全面贯彻落实《广东省健康扶贫三年行动计划（2018—2020年）》，将贫困人口全部纳入重特大疾病救助范围。2018年起，将所有建档立卡贫困户纳入门诊医疗救助。简化救助程序，改变传统依申请救助为面向贫困户主动救助，按标准直接将救助金发放到户，解决救助不及时问题。全年全市直接医疗救助贫困户44134人次、合规医疗救助平均比例86.18%（超过省规定的80%）。

（黄　平）

人力资源和社会保障

【概况】 2018年，韶关市人力资源和社会保障局有公务员编制75人，实有公务员67人；配备领导职数6名，另有市纪委监委派驻韶关市人力资源和社会保障局纪检监察组组长任局党工委委员、党组成员。机关内设20个职能科室，18个下属事业单位。2018年，韶关市人社系统完成广东省下达韶关市的26项人社事业发展目标任务，市劳动监察支队被国家人社部、市场监管总局评为2018年全国清理整顿人力资源市场秩序专项行动取得突出成绩单位，全面推行“马上办”等服务模式受到书面通报表扬，全市人社工作成效良好。存在的问题主要是就业总量压力和就业结构性矛盾依然存在、社会保险扩面征缴工作难度大、本地企业对人才的吸引力不足等。

【就业创业】 2018年，韶关市出台《韶关市人民政府关于进一步促进就业工作的实施意见》等政策文件，保持就业局势总体稳定，推动实现更高质量和更加充分就业。全年全市实现城镇新增就业3.34万人，城镇失业人员再就业2.96万人，就业困难人员实现就业2561人，促进创业1642人。城镇登记失业率2.30%，控制在年度目标3.5%以内。完成区域性创业孵化基地建设，可容纳创业项目50个以上，填补韶关市无区域性创业孵化基地的空白；韶关学院被认定为省级示范性创业孵化基地，在孵创业实体41个、入驻率91.11%；至年底，全市有创业孵化基地12家，带动就业1.84万人。组织337个项目参加2018年广东省“众创杯”创业创新大赛，20个项目入围省的复赛、决赛，6个项目获奖，取得历史最好成绩。支出就业创业专项资金3500多万元，惠及1.05万人。

【公共就业服务】 2018年，韶关市人力资源和社会保障局组织开展“人社政策宣讲”活动5场，推动就业、社保、人才等人力资源和社会保障领域政策进园区进企业进校园。利用微信、微博、手机短信、1390个气象预警信息平台等，推送招聘信息200多万条，发放宣传资料20多万份。组织召开支持民营企业发展等专题研究部署会，统计包括市领导挂点联系118家企业在内的重点企业缺工信息，编印《韶关市用工企业招聘信息》，举办各类招聘活动204场，入场企业5408家次，提供岗位19.71万个次，达成就业意向1.45万人次。推进就业技能精准扶贫工作，全市19803名建档立卡贫困劳动力通过帮扶实现就业；组织30056名贫困劳动力参加各类技能培训；完成716名就读技工院校建档立卡贫困家庭学生生活费补助发放工作。

【异地创业务工人员返乡创业就业】 2018年，韶关市制定落实《关于促进异地创业务工人员返乡创业就业的实施意见》《韶关市异地创业务工人员返乡创业就业激励措施》《关于进一步完善支持返乡下乡创业有关政策措施的通知》等政策文件，在平台建设、政策扶持、资金支持等方面提出具体工作举措，在创业担保贷款展期贴息、大赛获奖及入围项目奖励等方面予以扶持。组织开展外出创业务工及返乡创业就业人员的调查摸底工作，建立实名制工作台账和信息数据库，动态掌握情况。宣传返乡人员自主创业、企业吸纳返乡人员就业的先进典型事迹，组织开展返乡创业就业经验做法和创业成果展进园区、进企业、进校园、进社区活动，推动实现返乡人员创业379人、带动就业1633人。

【韶关市在全省率先举办返乡人员创业创新大赛】 2018年，韶关市在广东省率先举办以“圆返乡创业梦想、谱韶关发展新篇”为主题的“丹霞杯”返乡人员创业创新大赛。3月30日，在韶关市全民健身广场举行启动仪式。大赛根据参赛对象和范围，分设“农村电商赛”“创业创富赛”“技能工匠赛”3个单项赛，涉及文化创意、旅游休闲、种养殖等多个领域，吸引268个项目报名参赛。经过近5个月的比拼，最终产生27个获奖项目，涌现出一批优秀创业人才，被评为韶关市机关工作效能典型案例。8月27日，在韶关碧桂园凤凰酒店举行颁奖仪式，市长殷焕明参加并致辞。南雄文华电子商务孵化港有限公司等三个单项赛的企业组金奖项目代表分别上台进行现场路演。韶关市众投邦双创加速器有限公司和创亿谷科技发展有限公司等风投机构代表分别与各金奖创业项目代表上台签署合作意向书和孵化基地入驻意向书。

【社会保险扩面征缴】 2018年，韶关市制定下发《关于提高我市企业职工基本养老保险参保率工作方案》《韶关市企业职工基本养老保险工作考核办法》，以韶关市人民政府名义召开全市社会保险扩面征缴工作电视电话会议，将社会保险联合执法检查工作纳入韶关市人民政府督办事项，定期对全市扩面征缴工作完成情况进行通报排名，完成广东省下达的扩面征缴任务。全年全市参加企业职工基本养老保险49.61万人，城乡居民基本养老保险102.98万人，失业保险31.92万人，工伤保险40.98万人；全年征缴企业职工基本养老、失业和工伤保险基金分别为28亿元、9509万元和11693万元。

【社会保险制度改革】 2018年，韶关市继续贯彻落实企业职工基本养老保险省级统筹改革各项工作，争取广东省对韶关市企业养老保险基金缺口调拨金17.53亿元，确保全市离退休人员待遇的及时、足额发放。推进机关事业单位养老保险制度改革，至12月全市参保单位2328个，参保人数12.25万人（其中，参保在职人数7.94万人，参保退休人数4.31万人）。职业年金实现实账征收，在全省职业年金工作会议上作经验发言，经办工作走在全省前列。执行社会保险费率费基政策，探索实施新的降成本措施，2018年新旧政策减轻企业社保成本6.04亿元。其中，企业职工基本养老保险为企业减负2.82亿元；继续执行下调后的工伤保险费率政策和阶段性下调失业保险费率政策，7月起实行用人单位失业保险浮动费率制度，工伤保险为企业减负2326万元，失业保险为企

▲2018年3月30日晚，在韶关市全民健身广场举行“善美之城”2018年韶关市“丹霞杯”返乡人员创业创新大赛启动仪式 （韶关市人社局 供）

业减负8269万元。落实失业保险支持企业稳岗政策，234家企业申请稳岗补贴资金1145.75万元。

【社会保险待遇水平】 2018年，韶关市领取养老金人数62.87万人。其中，企业职工养老16.61万人，待遇支出457671万元；机关事业单位养老4.31万人，待遇支出217512万元；居民养老41.95万人，待遇支出63889万元。领取失业保险金26020人次，待遇支出4471万元。领取工伤保险待遇7074人，待遇支出16355万元。领取生育保险待遇16682人次，待遇支出12134万元。企业退休人员在2018年养老金调整后，月人均养老金从2017年底的2117元提高至2249元，惠及15.97万人；城乡居保基础养老金最低标准从每人每月120元提高至148元，惠及35.32万人。至年底，符合居民养老参保条件的44123名16—60周岁非在校贫困户、85852名建档立卡贫困人员均通过政府资助100%纳入社会保险范围。失业保险金从968元/人·月提高至1269元/人·月。工伤保险待遇伤残津贴最低领取额从2486元/月提高至2732元/月。

【人才服务】 2018年，韶关市人力资源和社会保障局牵头制定落实《关于印发〈关于贯彻落实加快新时代博士和博士后人才创新发展若干意见的实施意见〉的通知》《关于促进技工院校毕业生留韶来韶返韶就业扩大技能人才有效供给的实施意见（试行）》《关于韶关市扶持高校毕业生在韶就业的实施意见（试行）》和《关于进一步引导和鼓励高校毕业生到基层工作的实施方案》等人才新政。持续落实“双百”人才政策，做好10名首期享受市政府特殊津贴人才事迹的宣传报道和2018年度韶关市引进公共服务领域紧缺适用人才申报工作。首次举办“2018年海内外高层次人才韶关行”“走进粤北——助力经济振兴发展专家服务韶关行”“2018年韶关企业人才活动周”等人才活动，达成28项人才智力合作意向。举办韶关市人才工作者培训班和全市人社系统人才工作者培训班各两期，共210名学员参加培训。承办2018年广东省“三支一扶”计划示范培训班。做好各类人才项目申报推荐工作，7家博士工作站获批建立，4名专家获国务院批准为享受政府特殊津贴人员。

【技能人才引进培养】 2018年，韶关市落实劳动力技能晋升培训补贴政策，组织劳动力技能晋升培训6088人次，审核发放补贴663.09万元。完成职业技能鉴定2.14万人次。加强专业技术人才队伍建设，新增专业技术人才4063人、高技能人才3573人。韶关市技师学院聘请20名老专家老技师参与技能人才培养和职工技能提升培训工作。深化产教融合、校企合作，与10家本地企业签订“订单式”人才培养协议，与143家本地企业签订校企合作协议，选定宏大齿轮厂作为产校融合发展合作模式试点单位，引导863名学生留韶实习就业。技校毕业生初次留韶实习率从24.8%提高至51.6%，比2017年翻一番。

【韶关市技能竞赛选手林静辉入选国家集训队】 第45届世界技能大赛全国选拔赛于2018年6月中下旬分别在上海和广东赛区举行，来自全国各省区市和央企、行业协会共1359名选手参加52个项目的角逐。6月28日，2018年中国技能大赛——第45届世界技能大赛全国选拔赛闭幕式在广州天河体育馆举行。韶关市技师学院参赛选手林静辉在选拔赛中获得CAD机械设计项目第八名，入选第45届世界技能大赛国家集训队。CAD机械设计项目是指使用计算机辅助设计技术对零件、产品进行建模、制图、方案设计和建档等工作的竞赛项目。

【韶关市启动实施“粤菜师傅”工程】 2018年，韶关市制定落实《韶关市“粤菜师傅”工程实施方案》。12月23日，由韶关市人民政府、广东省人力资源和社会保障厅共同举办的韶关市“粤菜师傅”工程启动仪式在鑫金汇美食城举行。广东省人力资源和社会保障厅副厅长杨红山、韶关市人大常委会副主任邓小杰、副市长高冬瑞、市政协副主席刘大济及广东、湖南、江西、福建各界代表等400多人出席活动，现场举行“粤菜师傅”创业沙龙分享交流、大师工匠人物风采、粤菜产业产品展览、粤菜烹饪技能展示、“粤菜师傅”培育培训校企合作等系列主题活动。“粤菜师傅”工程通过实施“粤菜师傅”培育、就业创业、职业发展三大行动计划，以“举办一次启动仪式、开展一次年度技能工匠大赛、建立一批合作培训平台、

▲2018年12月23日，韶关市“粤菜师傅”工程启动仪式在韶关市鑫金汇美食城举行

（韶关市人社局 供）

培育一批烹饪技能人才、挖掘一批就业创业项目、打造一批特色文化品牌”的“六个一”为抓手，帮助城乡劳动者实现技能就业、技能致富；把“粤菜师傅”工程融入乡村振兴、“美丽乡村”建设和精准扶贫工作中，推动韶州客家菜及本地优质食材逐步形成产业化，培育形成“一村一品、一镇一业”新业态，打造“粤菜师傅+农旅”的模式。结合乡村振兴工作，通过移动教学设备送教下乡，组织950名贫困劳动力开展“粤菜师傅”烹饪培训。

【人事管理】 2018年，韶关市做好市直事业单位公开招聘工作，全年发布招聘公告6个，招聘岗位36个。韶关市人力资源和社会保障局会同市委组织部、市卫计局组织实施2018年粤东西北地区基层医疗卫生单位专项公开招聘工作。全年审核人事档案225份，办理公开招聘聘用结果核准备案136人，人员流动5人，引进高层次人才114人，机构划转487人。完成年度考核备案单位237个，办理减员530人、续聘1913人、竞聘429人、新进人员岗位聘用322人、转正定级聘用71人。备案162个事业单位岗位设置方案，其中市直事业单位9个、县（市、区）153个。

【工资收入分配制度改革】 2018年，韶关市用好国家和广东省的政策，稳步提高机关事业单位工作福利待遇。全面完成机关事业单位工资津贴补贴清理整改工作。组织指导市直机关事业单位和各县（市、区）开展调整基本工资标准和提高基本离休费工作。制定2017年机关单位绩效考核奖励金发放办法和完成核发工作，统筹事业单位工作人员及离退休人员。落实《广东省人民政府关于调整我省企业职工最低工资标准的通知》要求，将韶关市企业职工最低工资标准从1210元/月提高到1410元/月。组织对250多家定点企业开展人工成本监测和250家本地企业开展薪酬调查，统计形成韶关市2018年人力资源市场工资指导价位。

【劳动关系协调】 2018年，韶关市人社局加强劳动人事争议调解仲裁，联合韶关市中级人民法院印发韶关市首份裁审衔接研讨纪要，统一全市裁审劳动人事争议案件的裁判标准。推进调裁结合，提高仲裁效能，全年处理各类劳动人事争议案件2065件，涉及劳动者3017人，涉案金额567.5万元，劳动人事争议仲裁结案率98.1%。加强劳资纠纷预防化解，通过广东省对韶关市2017年度保障农民工工资支付考核。探索实施工程建设领域工人工资保证金保险保函制度，为韶关市建筑施工企业释放出3.68亿元的资金积压。加大打击恶意欠薪违法行为，排查劳资纠纷案件467件，同比下降14.62%，其中协调处理373件，立案处理94件，劳动保障监察举报投诉案件结案率98.6%。主动监察用人单位1670户，为5477名劳动者追回被拖欠工资等待遇1.01亿元。

【韶关市推荐4名专家获国务院批准为2018年享受政府特殊津贴人员】 2018年，韶关市推荐的丽珠集团利民制药厂制药高级工程师刘东来、乐昌市龙山林场林业高级工程师（教授级）林军、广东东阳光科技控股股份有限公司化学工程高级工程师吕根品、韶关市技师学院机械高级实习指导教师和高级技师陈洁训4名专家获国务院批准为2018年享受政府特殊津贴人员。至2018年底，韶关市有77名专家获批享受国务院政府特殊津贴。 （黄明风）

民族事务

【概况】 详见第7页“韶关概貌”类目“市情概览”分目中【民族】条目。

【扶持民族地区加快发展政策】 2018年，韶关市做好2017年度少数民族发展资金使用情况和项目建设情况总结上报，批复同意乳源瑶族自治县变更2017年中央少数民族发展资金项目；提前做好2018年中央、省级少数民族发展资金备案工作。下达2018年市级少数民族发展资金，做好2017年度省、市级财政支出项目绩效自评工作。做好2013—2017年度中央闲置资金（少数民族发展资金）、省级少数民族发展资金上报工作。

【城市民族工作】 2018年，韶关市做好少数民族代表人士慰问工作，在春节、古尔邦节、开斋节等传统民俗节日慰问在韶经商的穆斯林群众。做好2017年民族成分变更情况总结，上报省民族宗教委。外来少数通用语言培训班开班。做好少数民族聚居区少数民族大学生资助工作，全年有520名学生通过审核并上报省民宗委。

【第六届全省少数民族运动会】 2018年，韶关市组团参加第六届全省少数民族运动会全部13个比赛项目及运动队组队工作；协调乳源瑶族自治县、韶关学院做好组队训练工作，派员参加第一次裁判员、教练员培训。在该届民族运动会上，韶关市代表团获得竞赛项目8金6银4铜，表演项目2个一等奖、1个二等奖的成绩，以总分886分名列全省第三名，完成预期目标任务。

【民族团结进步创建工作】 2018年，韶关市民族宗教事务局联合市委宣传部、统战部和教育局制定《2018年韶关市民族团结进步宣传月月活动实施方案》，开展民族团结进步宣传月活动。配合省民族宗教委开展全国民族团结进步模范个人情况摸底调查。根据《广东省民族宗教委关于推荐民族团结进步创建进校园工作先进学校的通知》，推荐上报乳源民族实验学校等5所学校为候选单位。配合省民宗委做好“铸牢中华民族共同体意识”工作调研。

【调查研究】 2018年，韶关市民族宗教事务局配合做好广东省政协、韶关市人大关于正觉寺恢复重建项目地块生态功能区调整的提案工作，配合做好省文史馆开展少数民族地区非物质文化遗产保护与传承调研。开展全市少数民族贫困人口统计。配合省民宗委做好全市少数民族干部情况统计报告工作。配合做好省委统战部到韶关调研汇报材料和市委常委会议民族工作情况报告。配合做好省政协调研组开展民族地区乡村振兴专题调研，完成《全市新农村建设及民族地区乡村振兴工作情况汇报》材料。陪同中央机关联合调研组赴乳源瑶族自治县调研贯彻落实《“十三五”促进民族地区和人口较少民族发展规划》情况，综合上报有关汇报材料。

宗教事务

【概况】 详见第7页“韶关概貌”类目“市情概览”分目中【宗教】条目。

【平安宗教创建】 2018年，韶关市民族宗教事务局制定春节期间宗教领域安全工作方案和易燃易爆安全生产专项整治工作方案，部署全市宗教活动场所完善安全设施、安保力量和应急准备。召开2018年全市宗教场所安全工作会议，对宗教场所消防安全工作提出具体要求。在云门寺举行“韶关市宗教场所安全工作暨消防综合演练现场观摩会”，联合消防部门指导云门寺、南华寺、芙蓉山寺开展消防安全综合演练。开展“安全生产月”活动。

【禅宗文化交流】 2018年，韶关市民族宗教事务局开展南华禅寺海峡两岸交流基地授牌仪式暨禅宗文化交流活动筹备工作，参与制定和完善总体工作方案，提出以举办“《六祖坛经》讲经交流会”突显南华寺特色。配合广东省政府参事室到韶关市调研，汇报韶关市佛教界促进社会和谐发展情况。整理“大南华”整体提升工作涉及有关宗教政策法规，对大南华有关项目提出意见。

【宗教工作“三级网络、两级责任制”创建】 至2018年底，韶关市10个县（市、区）、99个乡（镇、街道）和1416个村（社区）全部建立县（市、区）、乡镇（街道）、村（社区）三级宗教管理网络、落实乡镇（街道）、村（社区）两级责任制，配齐宗教工作联络员，基层宗教管理体系做到层级化、网格化、常态化和全覆盖，形成村报告、镇核实、县处理的宗教工作体系。

【基督教聚会点规范化管理】 2018年，韶关市民族宗教事务局按照“完善条件后登记”“以堂带点、堂点带组”的韶关模式，将全市基督教聚会点和学习小组全部纳入管理体系，做到点有申请、堂有报批、堂点有责任书，指导市基督教爱国会出台管理办法。承办全省农村宗教工作会议，韶关市宗教工作基层网络建设和基督教规范化管理工作在广东省推广。

【“四进”活动和宗教界教风建设】 2018年，韶关市民族宗教事务局指导韶关市4个宗教团体向全市宗教界发出《韶关市宗教活动场所“四进”活动联合倡议书》，共同倡议推动中华人民共和国国旗、宪法和法律法规、社会主义核心价值观、中华优秀传统文化进宗教活动场所，把思想认识统一到中央精神和联合倡议上来，转化为广大宗教界人士和信教群众的生动实践和自觉行动。就进一步加强教风建设，全市宗教界共同发起《韶关市宗教界关于加强教风建设的倡议书》，一致号召始终高举爱国爱教伟大旗帜，全面深化和提升教风建设，确保韶关宗教的健康发展。

（邵志君）

城乡居民收入与消费

【居民消费价格温和上涨】 2018年，韶关市区居民消费价格总水平上涨2.1%，涨幅比上年（上涨1.6%）扩大0.5个百分点。其中，消费品价格上涨1.6%，服务项目价格上涨2.9%，非食品烟酒价格指数上涨2.3%，食品烟酒价格上涨1.5%；从类别上看，居民消费的八大类商品（服务）价格累计同比呈现“六涨二降”的格局。其中，医疗保健价格上升4.5%，居住价格上涨3.8%，交通和通信价格上涨2.2%，衣着价格上升1.8%，教育文化和娱乐价格上升1.6%，食品烟酒价格上升1.5%，其他用品和服务价格下降1.3%，生活用品及服务价格下降0.7%。

【城乡居民收支情况】 2018年，韶关市全体居民人均可支配收入23676元，比上年增长8.3%，扣除价格影响因素，实际增长6.1%。其中，按常住地分，城镇居民人均可支配收入30287元，比上年增长7%，扣除价格影响因素，实际增长4.8%；农村居民人均可支配收入15434元，比上年增长9.4%，扣除价格

表31 2018年韶关市居民人均可支配收入增长情况表

指标名称	金额（元）	名义增长（%）	实际增长（%）
全体居民	23676	8.3	6.1
城镇居民	30287	7.0	4.8
农村居民	15434	9.4	7.1

影响因素，实际增长7.1%，城乡居民收入差距继续缩小。

【城乡居民消费情况】 2018年，韶关市全体居民人均消费性支出17208元，同比增长7.2%，其中，城镇居民人均消费性支出20808元，同比增长6%，农村居民人均消费性支出12720元，同比增长7.7%，全体居民人均食品烟酒消费6510元，人均衣着消费876元，人均居住消费3167元，人均生活用品及服务消费988元，人均交通通信消费2224元，人均教育文化娱乐消费1927元，人均医疗保健消费1154元，人均其他用品及服务消费361元。

【城乡居民耐用消费品拥有量情况】 2018年，韶关市城乡居民平均每百户拥有家用汽车31辆、摩托车94辆、助力车（电动车）29辆、洗衣机93台、电冰箱104台、微波炉34台、彩色电视机117台、空调158台、热水器103台（其中太阳能热水器27台）、洗碗机2台、固定电话13台、移动电话284台、计算机58台（其中接入互联网的47台）、照相机11台、中高档乐器4台、健身器材4台。

（关韶光 雷明平）

新农村建设

【省级新农村示范片建设项目】 2018年，韶关市的省级新农村连片示范工程进展顺利，全市7个县（市）全面启动省级新农村连片示范工程建设项目。第一批乳源瑶族自治县“五彩瑶乡”、第二批仁化县“丹霞彩虹”省级新农村示范片进入全面提升阶段；第三批南雄“千年驿道·广府原乡”省级新农村示范片区基本完成道路硬底化、村村通自来水、村庄垃圾和生活污水处理、房屋外立面改造、卫厕改造“5个100%”的目标；第四批乐昌市“桃里人家”、始兴县“画里清化”成效初显；第五批翁源县“水墨田园·花果九仙”、新丰县“云髻乡韵”项目村庄规划设计、成立村民理事会、“三清三拆”等前期工作完成，部分项目启动。

【农村人居环境整治】 2018年，韶关市实施“千村示范、万村整治”工程，全域推进生态宜居美丽乡村建设。全市先后涌现出“党建引领、群众参与、依规实施、事后奖补”的曲江“西约模式”“政府主导、扶贫推动、社会参与、多元投入”的乐昌“和村经验”“党组织优化设置在先、党组织领导决策在先、党员作用发挥在先”的南雄“灵潭样板”“没钱也要干，群众就是最可靠的力量”“不等不靠自力更生”的新丰“下埔精神”等先进典型，其中南雄灵潭村入选2018年中国美丽休闲乡村名单。至年底，县域乡村建设规划基本实现全覆盖，纳入全域人居环境综合整治规划的11359个自然村，90.58%的自然村完成村庄规划，68.88%的自然村完成人居环境综合整治，97.62%的自然村健全村规民约、章程及村民理事会。

【省定贫困村创建新农村示范村】 2018年，韶关市有省定贫困村278个，20户以上自然村2757个，通过整治巩固，实现“4个100%”工作（全面完成编制整治规划，全部开展“三清三拆”，全数成立村民理事会，全体县域垃圾清运、处理和保洁体系建设覆盖），基本达到整洁村标准，村道硬化、集中供水、雨污分流、垃圾处理等基础设施建设得到改善。（黄 健）

住房保障

【保障性住房建设】 详见第306页“城乡建设·生态环境”类目“住房和城乡建设”分目中【保障性住房建设】条目。

【公租房建设】 详见第306页“城乡建设·生态环境”类目“住房和城乡建设”分目中【公租房管理】条目。

【住房公积金管理】 详见第306页“城乡建设·生态环境”类目“住房和城乡建设”分目中【住房公积金资金管理】条目。

消费者权益保护

【概况】 2018年，韶关市依法调解消费纠纷，维护消费者合法权益。全年组织开展“3·15国际消费者权益日”大型宣传纪念活动、消费维权宣传进社区进农村活动、2018年“诚信兴商宣传月”活动等系列宣传活动，配合开展扫黑除恶专项斗争行动系列工作，开展“走进10000号”消费者体察活动和韶关市互联网平台外卖消费体察评议活动，倡导商家诚实守信经营理念，加强社会消费监督，创建和谐文明市场环境。至年底，韶关市有各级消委会组织11个。全年全市各级消委会、12315机构处理消费投诉、申诉2211宗，为

链接

2017年度“消费维权之星”名单

韶关保险行业协会秘书长黄伟；韶关市工商局工业园区分局张鹏飞；韶关市刘礼时装有限公司董事长刘礼；红星美凯龙客服部经理王莉；中国电信股份有限公司韶关分公司服务质量监督主管黎国华；韶关市金融消费权益保护协会投诉处理人员叶婷婷；韶关日报社会记者张伟杰；韶关市食品药品监督管理局稽查局副局长邱斌；韶关市质监局稽查分局副主任科员吴敏文；韶关市广播电视台记者周志颖。

消费者挽回经济损失443.89万元；全市公示2017年度广东省“守合同重信用”企业392户，发放“红盾电子标识”232个，纳入信用分类监管市场141个，其中3个被评为“广东省文明诚信市场”。2018年，韶关市消费者委员会被评“2016—2017年度全国消协组织先进集体”。

【消费调解】 2018年，韶关市各级消委会依法调解消费纠纷，维护消费者的合法权益。全年全市各级消委会接待来电来访2700多人次，受理消费纠纷投诉332宗，成功调解结案278宗，调解成功率87.7%，涉案金额194.9万元，为消费者挽回经济损失145.8万元，加倍赔偿5355元。从投诉类型上看，家用电子电器类投诉仍是投诉热点，2018年家用电子电器类投诉共29宗，占商品投诉总量的26.36%。首先从投诉性质上看，质量问题的投诉是重点，其次是合同、售后服务和价格的纠纷，与往年同期对比无明显变化。

【2017年度“消费维权之星”评选表彰】 2018年，韶关市开展2017年度“消费维权之星”评选表彰活动。由韶关市各级消委会在行政单位、行业、协会、公众媒体和企业内选取2017年1月至12月期间在韶关市消费者权益保护工作上作出贡献的个人，通过单位推荐、成员单位审核、公告公示，韶关市消费者委员会于2月下旬通过表决，授予10名先进个人“消费维权之星”称号，并在“3·15国际消费者权益日”进行表彰。

【2017年“消费维权典型案例”评选公布】 2018年1月，韶关市消费者委员会向各县（市、区）基层消委会广泛征集2017年发生的消费维权重大典型案例，并对征集到的消费维权重大案例进行筛选评定，评选出“儿子被游说购房母亲来投诉退款”“未成年人进行与其年龄智力状况不相适应的交易可视为无效”“未成年人进行与其年龄智力状况不相适应的交易可视为无效”等12个“2017年韶关市消费维权典型案例”，通过各大媒体及“3·15”活动现场向社会公布。

【消费维权知识进农村进社区活动】 2018年，韶关市消费者委员会推进对农村和城区生活社区消费者的消费宣传和教育工作，提高消费者科学健康的消费观念和理性的维权意识。市消委会联合各职能部门在南雄市里东村和翁源县坝仔镇开展2次消费维权知识进农村活动。活动以“普及消费维权知识净化农村消费环境”为主题，现场设置活动舞台，通过文艺表演传播科学的消费理念和消费安全知识，倡导企业个体户诚实依法守信经营；设置消费维权咨询服务台，接受与处理消费者的咨询与投诉。市消委会以《中华人民共和国消费者权益保护法》知识和广东省消委会发布的老年消费十大陷阱为宣传主题，分别制作成3条时长30秒的宣传视频，在人流密集社区商场的21个立式液晶广告屏进行为期半年的宣传；结合韶关创文工作内容，宣传“创建韶关放心消费环境，打造文明诚信善美之城”相关内容；与《韶关日报》合作，挑选市区10个人流聚集地区的宣传阅报栏作为平台，采用投放滚动展示方式进行宣传。

▲2018年5月15日，韶关市消委会在南雄市里东村委开展消费维权知识进农村活动（符琼莉 摄）

【“3·15国际消费者权益日”宣传活动】 2018年3月15日，以“品质消费美好生活”为主题的“3·15国际消费者权益日”大型宣传纪念现场活动在韶关市区百年东街中山广场举行。活动现场设置宣传走廊，宣传展示“职能部门职责与成果”“消费维权知识”“诚信经营理念”等内容，发布消费警示、刊登典型维权案例、展示工商部门消费维权职能和成果，普及维权知识，受理消费投诉举报，弘扬“诚信经营理性消费”的新消费理念；举行2017年度“诚信单位”和“广东省文明诚信市场”的授匾仪式、表彰2017年度“消费维权之星”、公布韶关市2017年“消费维权典型案例”等一系列活动。市人大常委会副主任张平、市人民政府副市长陈磊、市政协副主席王德雄出席活动并为2017年度“消费维权之星”“诚信共建先进单位”“行业十大诚信单位”代表以及2018年“正版正货承诺”单位颁匾授证。

【消费宣传信息发布】 2018年，韶关市消委会围绕“弘扬诚信理念、优化营商环境”活动主题，联合线上线下的宣传媒体，利用知名微信公众号平台和《韶城一周》报章等方式开展正面宣传工作。活动期间，与韶关市电视台、韶关日报社、韶关民声网等合作，宣传“诚信兴商宣传月”的相关活动情况，让全市人民共同了解、关注，通过媒体平台公布曝光典型消费侵权案件，发布消费警示和消费提示。

【2018年“诚信兴商宣传月”活动】 2018年月，韶关市加强诚信宣传，引导督促经营者诚信兴商。韶关市消委会通过电视、广播、报纸和工商局网站等媒体宣传相关法律、法规倡导“诚信兴商”的经营理念；联合消委会各成员单位，召集行业协会和商家代表进行座谈交流，围绕“品质消费美好生活”年主题，发动各商家开展“诚信兴商宣传月”相关活动，举办各种消费体验活动。配合工商部门及其他职能部门进行消费流通领域市场监管工作，进行消费侵权、商标侵权、虚假违法广告等方面的专项整治行动。配合工商部门“扫黑除恶”专项斗争工作开展诚信宣传，通过市区各大超市内的滚动显示屏、高铁站出站通道广告灯箱栏、单位门前宣传栏等，以“打击强买强卖，促进安全消费，扫除欺行霸市，共筑公平环境”进行宣传。依法对商品和服务进行社会监督，规范市场经济秩序，建立企业诚实信用体系。

▲ 2018年9月28日，韶关市消委会与中国电信韶关分公司在广东电信10000号区域呼叫中心大楼联合开展“走进10000号”消费者体察活动 （谢凤英 摄）

【“走进10000号”消费者体察活动】 2018年9月28日，韶关市消委会与中国电信韶关分公司（以下简称韶关电信）联合开展一期“走进10000号”消费者体察活动。活动在广东电信10000号区域呼叫中心大楼进行。来自社会各界的消费者代表20多人实地参观10000号呼叫服务的办公区域，体验中国电信10000号的日常工作状态。韶关电信代表与消费者代表进行交流和互动答疑，电信就消费者代表提出的用户信息安全保障、铜缆升级光纤、增值业务和天翼畅享套餐等方面进行答疑。

【韶关市互联网平台外卖消费体察评议活动】 2018年，韶关市消费者委员会在11—12月期间开展市区范围内互联网平台外卖消费体察评议活动，了解全市消费者互联网平台外卖消费现状以及市区本地互联网平台外卖服务的实际情况。活动通过问卷调查，了解韶关消费者对互联网平台外卖的消费行为特点以及认可度，收集消费习惯数据，分析人们的生活习惯转变，给予针对性的消费指导；通过招募体察员对韶关市互联网平台外卖服务进行消费体验，揭露该行业中存在的“以次充好”“货不对板”“黑厨房”等现象，对发现的损害消费者合法权益的典型情况进行曝光批评，加强对该地互联网平台外卖行业的监督力度。体察评议活动显示，韶关市区的互联网平台外卖行业总体处于良性向好发展状态的，但仍然存在“部分外卖商家不自觉遵守有关规章制度，没有严把质量关和服务关，不注重创新”“配送服务与消费者的要求还存在差距”的问题与不足。 （欧彩秀）

县（市、区）

浈江区

【概况】 位于韶关市东北部，东与仁化县大桥镇、曲江区枫湾和大塘镇接壤，西与乳源瑶族自治县桂头镇、武江区重阳镇毗邻，南与曲江区马坝、白土镇相连，北与乐昌市长来镇、仁化县董塘镇对接。2018年，下辖5个镇、3个街道和2个办事处。土地面积572.14平方千米。年末户籍人口32.3万人，常住人口41.11万人。耕地面积0.79万公顷，粮食播种面积2940公顷，粮食产量1.85万吨。林地面积3.58万公顷，森林覆盖率57.78%，活立木蓄积量227.52万立方米，全年降水量1595.4毫米，年平均气温20.6℃，年平均日照时数1563.1小时。重要矿产资源有煤、铁、钨、萤石等，土特产有淮山、粉葛、香芋、香瓜等，主要旅游景点有国家森林公园、樱花公园、中山公园、风采楼、韶州府学宫、北伐战争纪念馆、中共粤北省委旧址等。全区有中小学学校35所，在校学生3.48万人，医院13所，卫生院7所，实有床位2037张，区文化馆1个，文化广场42个，区体育广场1个，区级公共图书馆1个。是年，浈江区获得“广东省推进教育现代化先进区”称号。

2018年，全区生产总值246.85亿元，比上年增长4.4%。其中：第一产业增加值6.49亿元，增长3.8%；第二产业增加值44.6亿元，增长21%（工业增加值36.4亿元，增长27.5%）；第三产业增加值195.76亿元，增长1.4%。人均地区生产总值60127元，增长4.1%。固定资产投资64.17亿元，增长2.6%。社会消费品零售总额257.59亿元，增长8.9%。外贸出口额6925.7万美元，增长58.5%；合同吸收外资726万美元，增长3357.1%。地方一般公共预算收入4.23亿元，增长8.4%。税收收入31963万元，增长6.8%。城镇常住居民人均可支配收入3.57万元，增长6.9%；农村常住居民人均可支配收入17767元，增长9.2%。

▲2018年5月17日，浈江区法治文化主题公园启动仪式在山稔花法治文化主题公园举行
（浈江区史志办　供）

【浈江区法治文化公园开园】 2018年5月17日，浈江区法治文化主题公园启动仪式暨“送法进社区”活动在山稔花法治文化主题公园举行，浈江区法治文化公园正式开园。浈江区借助田螺冲办事处曲仁园山稔花公园原有环境、设施建设，以“弘扬宪法精神、宣传法治品牌、实现惠民利民”为主题，建成山稔花法治文化主题公园，是韶关市首个法治文化主题公园。该公园占地面积19.67公顷，总投资50万元，建有宪法石雕塑、法治宣传长廊、法治名言、法治宣传栏、法治游戏互动区等，主要展示“七五”普法成果以及法治典故、法治名人、法治格言和法律体系的历史进程，弘扬传统道德、传播廉政文化。

【黄金村中心小学新校舍投入使用】 2018年6月15日，浈江区黄金村中心小学扩容提质工程新校舍落成揭牌暨孔子像揭幕仪式在新韶镇黄金村中心小学新校区举行。浈江区黄金村中心小学扩容提质工程是广东省棚改项目重点民生工程，总投资7300万元，包括在原址重新规划新建教学楼3幢，体育馆1座，教师公寓1幢，总建筑面积1.56万平方米。学校的200米塑胶跑道运动场（内有铺设人工草坪7人制足球场），篮球场、排球场、羽毛球场等体育设施设备均按照省一类标准配备，开设一至六年级28个教学班，学生1261人，比原来扩充600多个学位，解决原曲仁矿棚户区改造项目田螺冲安置区12500户矿工家庭及周边村民子弟就近入学问题。

▲ 2018年8月27日，浈江区人才驿站揭牌仪式在鑫金汇智慧小镇举行
（浈江区史志办　供）

【浈江区人才驿站揭牌】 2018年8月27日，韶关市人才驿站建设推进现场会暨浈江区人才驿站揭牌仪式在鑫金汇智汇小镇举行，韶关市人才驿站建设实现零的突破。该驿站由市、区、企共建形式创建，办公场所位于鑫金汇智慧小镇内，由智慧小镇经营团队负责日常运营，配备会议、培训、洽谈、休闲、运动、展示等功能场所以及具备相应服务团队，主要承载党委（政府）人才工作部门、协会组织、院校行企、专业团队和人才群体组织等相关工作和活动，包括创新交流活动、创业对接活动、企业提升服务等内容。

【浈江区首届“中国农民丰收节”开幕】 2018年9月23日，浈江区首届“中国农民丰收节”暨生态农业博览会在主会场——韶关市茶花森林公园（浈江区友丰油茶休闲观光园）、分会场——冯氏生态庄园和三雄开心农场同时开幕，以“庆祝丰收、振兴乡村”为主题，为期1个月。主会场位于犁市镇梅村韶关市茶花森林公园，举办开幕式、农业项目签约仪式、文艺汇演、田间趣味运动会、吃鸡游戏、地道农家美食一条街、农耕文化科普长廊、农产品展销、田园风光观赏等活动；分会场——冯氏生态庄园位于花坪镇奎塘村，开展各种国内外名龟鳖展览、采摘蜜柚、蔬菜瓜果，体验垂钓、品尝农家菜等活动；分会场——三雄开心农场位于十里亭镇湾头村，可以采摘西瓜体验播种瓜果蔬菜，专人讲述种植技术和科普知识。

【浈江区风采实验学校正式启用】 2018年10月8日，韶关市浈江区风采实验学校正式启用。该校以韶关标志性建筑“风采楼”之韵命名，由原韶关市第四中学、韶关市第七中学、韶关市第十中学和韶州师范附属小学4个学校合并建立，校址为帽峰公园南麓的原韶州师范校址，占地面积4万平方米，按照国家城市学校标准建设，总投资5300多万元。在韶州师范原有设施设备的基础上进行维修改造，校区工程改造的建筑面积34203平方米。其中，主体改造13栋楼房，附属工程含运动场、篮球场、跑道、活动场及文化广场等，改造增设实验楼、创客室、智慧课室、舞蹈室、艺术室、录播室等。办学规模80个教学班，其中小学部一至六年级38个班，初中部七至九年级42个班，学生人数约4000人，是浈江城区首个全日制公立、九年一贯制学校。

【首个电动车自助充电棚建成使用】 2018年11月22日，浈江区首个电动车自助充电棚建成使用。充电棚位于浈江区兴隆市场大门前，安装国内智慧充电设备。能同时停放约80台电动自行车充电，收费标准为每充电2小时收费1元，使用支付宝扫描二维码可支付使用。

【美的智慧松原小镇项目签约】 2018年11月27日，浈江区政府与美的置业集团签署智慧松泉小镇建设项目投资协议。智慧松泉小镇项目位于新韶镇大学城片区，东至石山村委（欧村、蒋屋）、南至大学路、西至南韶高速、北至水边山。项目以“中国最具生态休闲旅游目的地、华南首席生态小镇”为总体定位，分三期建设产学研孵化园区、生态住宅区、农业观光旅游区、民俗文化街区、森林房车营地、五星或同等级精品酒店（引入国际知名酒店品牌运营管理）、高端会所、风情商业街区、水上乐园及大型机动游戏区、拓展基地等项目，计划用5年时间打造成为AAAAA级旅游景区。

【六个招商引资项目集中动工签约】 2018年11月30日，韶关市莞韶产业共建项目集中动工暨招商项目集中签约仪式浈江区分会场活动在浈江产业园内广东世恩机械设备有限公司同步举行。浈江区招商引资项目有3个签约和3个动工，总投资26.9亿元。其中4个工业项目分别是投资5亿元的广东世恩机械设备有限公司矿山设备、破碎设备生产项目，投资2亿元的广东联硕新材料技术有限公司光学膜、车膜生产项目，投资4000万的韶关市良春建材有限公司年产30吨干混砂浆项目，投资3千万元的广东京南商贸有限公司酒类分装投资项目；2个文旅商贸项目分别是首期投资18亿元的广东商创小镇投资开发有限公司黄金小镇项目、投资1.2亿元的广东挑战者汽车文化有限责任公司汽车文旅项目。涉及机械制造业、新型材料产业、建材产业、酒类加工业、文旅商贸等领域。

【中华志愿者协会韶关实训基地落户浈江】 2018年，浈江区老来乐智慧养老公寓向中华志愿者协会提出申请成为中华志愿者协会韶关实训基地。经过中华志愿者协会会长（原民政部财务规划司司长）宋志强和秘书长刘红尘的实地考核，该养老公寓通过遴选，于12月23日在北京获得志愿者实训基地授牌。该实训基地是目前中华志愿者协会在广东省唯一一家志愿者实训基地。该养老公寓位于浈江南路，内置阅览室和电脑室的“老年大学”。至2018年年底，运营1年半的时间，有80位失智失能老人进园养老。

【临时停车场新增4个】 2018年，浈江区新增4个临时公共停车场，分布在新建居民小区、商圈广场、餐饮行业集中路段。4个临时停车场建筑面积共3.92万平方米，新增1160个停车位。其中，北江广场大车位28个、小车位451个，启明北路韶关市第十三中学校对面高架桥底大车位7个、小车位290个，东堤北路太傅庙旁小车位162个，凤凰路杜鹃公园旁高架桥底大车位8个、小车位214个。

【新韶镇】 位于浈江区东北部，东邻曲江区大塘镇，南至市区大学路与车站街道相连，西接东河街道辖区，北与仁化县大桥镇相接。2018年，下辖12个行政村及韶东、大学路2个社区（其中大学路社区由田螺冲办事处负责管理），土地面积94.91平方千米。年末户籍人口2.4万人，常住人口1.99万人，农业人口1.58万人，耕地面积1256公顷，林地面积4677.07公顷，森林覆盖41.32%，林木绿化率42.66%。全镇参加医疗保险18206人，覆盖面82%。辖区内有小学9所，在校学生1409人。景点有东山村樱花公园。2018年，全镇财政预算收入151万元，固定资产投资2.05亿元。

农村卫生站投入使用 2018年，新韶镇规范化建设新韶镇莲花村和大陂村2间农村卫生站，年底投入使用。2间卫生站使用面积300平方米，上级下拨资金8万元购买听诊器、血压计、呼吸器、消毒锅、出诊箱、氧气包、诊查床、无菌柜等相关设备，惠及村民3000人。

党委书记：李建华

镇　　长：张光宝（任至3月）

叶伟国（9月任职）

人大主席：刘国成

【乐园镇】 位于韶关市北江河畔的浈江区南面城郊接合部，东与新韶镇接壤，南与武江区西河镇、韶关冶炼厂交接，西与北江河为界，北与车站街道办事处相连。2018年，下辖7个行政村，6个社区。年末户籍人口5.49万人，常住人口6.86万人，农业人口8094人。土地面积29.18平方千米，耕地面积159公顷，粮食播种面积60.07公顷，林地面积751.59公顷。主要种植淮山、粉葛、黄皮等。该镇参加医疗保险人数21635人，覆盖面99%。有初中2所，九年一贯制学校1所，完全小学2所，小学分教点2个，民办幼儿园4所。景点有文化长廊。重点项目有广东中烟物流基地、南郡逸苑办公楼工程、城区供电局2018年中低压电网工程基建、老旧小区和“三供一业”（供水、供电、供气和物业）改造、新白线建设、星港城、万达广场建设等。2018年，全镇财政一般预算收入407.3万元，固定资产投资1.59亿元。

乐园镇被评为“广东省级卫生镇” 2018年，乐园镇整体卫生水平达到广东省卫生城市、广东省卫生镇（县城）标准和要求，通过创建广东省级卫生镇考核，被评为“广东省级卫生镇”。是年，创建下坝村、新村两个省级卫生村和上坝村、六合村2个市级卫生村。

党委书记：叶先林

镇　　长：黄伟强

人大主席：欧国梁

【十里亭镇】 位于浈江区北部，东与仁化县大桥镇交界，南隔浈江与新韶镇相邻，西隔武江与武江区重阳镇相邻，北与犁市镇五四村相接。2018年，下辖6个行政村，10个社区。年末户籍人口6.11万人，常住人口5.5万人，农业人口

▲2018年11月27日，浈江区委副书记、区长曾清兰代表区政府与美的置业签约（浈江区史志办　供）

1.64万人。土地面积54.49平方千米，耕地面积803.3公顷，粮食播种面积86.7公顷。林地面积1606公顷，森林覆盖率30.3%。主要种植水稻、蔬菜、水果，其中水果主要有无花果、沙田柚。全镇参加医疗保险人数21350人，覆盖面100%。有高中1所，初中1所，九年一贯制学校1所，完全小学3所，小学分教点3个，公办幼儿园1所，民办幼儿园5所。景点有北伐战争纪念馆、中共粤北省委旧址、丹霞山南大门。重点项目有粤北国际物流中心、市容市貌整治提升（五里亭大桥两侧、北伐战争纪念馆两侧、市第七中学门口）、黄金小镇、东堤延长线、金凤大桥、十里亭大桥改建、聆韶路道路提升、北堤路延长线、北环高速良村出口至东田三路、中国石化潜江—韶关输气管工程、糖寮高速出口至国道323连接线工程、移山路至市政综合养护基地、金凤坪储备用地、323线至乐广北连接线良村互通等。2018年，全镇农村经济总收入85259万元，同比增长8%；农村人均纯收入1.53万元；固定资产投资2.86亿元，同比增长26.4%；财政一般预算收入610万元，同比增长5.17%。

十里亭镇司法所获“全国先进司法所”称号　2018年，十里亭镇司法所获得“全国先进司法所”称号。该镇司法所发挥法治宣传、律师、公证、人民调解等职能，依靠法治手段调解邻里纠纷、征地拆迁纠纷、婚姻家庭纠纷、山林纠纷、生产经营纠纷、人身损害纠纷等各类纠纷279宗，调解成功274宗，调解成功率98.2%。全年没有因调解不及时而引起的民转刑案件和群众集体上访案件发生。

党委书记：唐孝坤
镇　　长：唐　波
人大主席：方燕珍（任至8月）
　　　　　周永权（8月任职）

【犁市镇】　位于韶关市北郊13千米，东毗仁化县，南临十里亭镇，北连乐昌市，西接乳源瑶族自治县。2018年，下辖18个行政村及3个社区。土地面积304.94平方千米，年末户籍人口4.56万人，常住人口4.3万人，农业人口3.42万人。耕地面积3086公顷，粮食播种面积2668公顷，林地面积9166公顷，森林覆盖率53.8%。2018年，全镇农村经济总收入41203万元，同比增长4.5%；农村人均纯收入8765元，同比增长9.7%。固定资产投资1.52亿元，财政一般预算收入2708万元。

犁市镇垦造水田开工　2018年8月30日，犁市镇垦造水田开工仪式在沙园村举行。该次水田垦造主体工程是犁市镇群丰村、沙园村、犁市村和厢廊村的耕地提质改造项目，改造面积44.8公顷，新增水田面积39.47公顷。

党委书记：罗奕文
镇　　长：曹志文（任至2月）
　　　　　张美成（9月任职）
人大主席：欧锐文

【花坪镇】　位于浈江区北部，东面与仁化县相连，北面与乐昌市相接，南面和西面与犁市镇接壤。2018年，下辖5个行政村，1个社区，土地面积65.2平方千米。年末户籍人口8060人，农业人口7581人，常住人口5827人。耕地面积324.93公顷，粮食播种面积243公顷，森林覆盖率74.01%。有初中1所，小学2所，幼儿园2所，文化站1个，校园广播站1个。全镇参加医疗保险人数6854人，覆盖面85%。主要农作物有水稻、蔬菜、柑、橘、橙等，工业以加工制造业为主。2018年，全镇工业农业总产值8500万元，比上年增长10.53%，其中农业总产值4000万元、工业总产值4500万元；农村人均纯收入6800元；财政一般预算收入300万元；固定资产投资1865万元。

花坪镇商会召开成立大会　2018年11月18日，花坪镇商会成立大会在冯氏生态庄园召开。会议审议通过《花坪镇商会章程（草案）》《选举办法（草案）》，选举产生第一届花坪镇商会执委会班子并颁发当选证书，浈江区花坪镇商会同时揭牌。该商会有60名在该镇经商或在外创业企业家加入，涵盖制造业、食品、贸易、农业、建材、家居等行业领域。

党委书记：吴永亮
镇　　长：吴根平
人大主席：周永权（任至9月）

【东河街道办事处】　位于韶关市区东部。东起新韶镇及韶枫路，南靠韶关火车站的南韶路口，西边是浈江河下游，北依新韶镇的黄金村。2018年，下辖6个社区，土地面积4.2平方千米，年末户籍人口2.8万人，常住人口2.57万人，人口自然增长率0.58‰。有初中1所，小学1所，幼儿园6所，教学点8个，在校学生5837人；全民健身广场1个，文化站1个。参加医疗保险人数9000人，覆盖面90%。2018年，该办事处固定资产投资1.42亿元，同比增长29%；财政一般预算收入230.4万元，同比下降13%。

党工委书记：龚　翔
街道办主任：李芳芳
人大工委主任：罗爱军

【车站街道办事处】　位于韶关市区东南部。东邻新韶镇，南连乐园镇，西临浈江与风采街道办隔江相邻，北与东河街道办对接。2018年，下辖7个社区，土地面积4.2平方千米。年末户籍人口3.2万人，常住人口3.06万人。森林覆盖率65%，主要经济以第三产业商贸、批发、零售、物流为主。有初中1所，小学4所，幼儿园8所。景点有韶关市国家森林公园、韶阳楼。2018年，该办事处固定资产投资1.45亿元，同比增长2%。12月26日，车站街道办社会组织联合会通过登记管理机关核准成立。

浈江区全域市场化城市综合管理试点启动　2018年10月9日，浈江区全域市场化城市综合管理试点工作启动仪式在车站街道办事处火车东站广场举行。韶关火车东站周边区域由于缺少规划、建筑无序、基础设施破旧等历史原因及人员流动大、人口结构复杂等客观因素，辖区内的通天坡市场及其周边、站南路批发站等区域的乱摆卖、乱停放等现象严重。车站街道办事处通过政府购买社会服务的方式，启动全域市场化城市综合管理试点，实行城市管理市场化运作，实施范围包括主次干道、背街小巷、景点景区周边、公共场馆、火车东站、汽车东站、公交车总站、集贸市场、校园周边等。

党工委书记：张翠萍

街道办主任：付雪平

人大工委主任：

周建君（任至8月）

邱少琼（8月任职）

【风采街道办事处】 位于浈江区中部，东临浈江与东河街道隔江相邻，南濒浈江、武江汇合处，西临武江与武江区隔江相望，北与十里亭镇的五里亭村接壤。2018年，下辖11个社区。土地面积3.02平方千米。年末户籍人口5.8万人，常住人口4.85万人。有各类院校14所（大学1所，中学3所，小学5所，幼儿园5所）。景点有风采楼、韶州府学宫大鉴寺、太傅庙、余靖纪念馆、斌庐及帽峰公园等。2018年，该办事处固定资产投资8040万元，财政一般预算收入453.96万元。

风度北社区公共服务站新址启用

2018年11月16日，风采街道办风度北社区公共服务站新址举行揭牌仪式。该服务站新地址位于风度北51号二楼，建筑面积230余平方米，内设综合办理区、休息等候区、自助填写区等，提供计划生育、民政残联、社会保障、社区党务、司法行政、文体阅读等服务。

【曲仁办事处】 位于浈江区的东北部，东与仁化县董塘镇董塘村连接，南与浈江产业园连接，西与花坪镇属奎塘村接壤，北与仁化县董塘镇江头村相连，土地面积10.7平方千米。2018年，下辖7个居民区。年末户籍人口2.4万人，外来人口288人。省道246线从辖区穿过。经济增长点主要依靠国拨土地资源、闲置的厂房、工业广场以及曲仁园安置区该辖区范围商铺等招商引资。是年，曲仁辖区棚户区改造曲仁园安置区有93%居民搬迁入住。2018年，该办事处固定资产投资7025万元。

【田螺冲办事处】 位于韶关市东郊6千米处，东起花拉寨山脚，南至禾叶冲，西连黄金村，北接国道323线。2018年，下辖4个居民区，土地面积1.3平方千米，年末总人口8101人，总户数2636户。参加医疗保险人数4850人。有东鹏幼儿园1所，在校学生204人。2018年，该办事处财政一般预算收入6万元；固定资产投资2.05亿元，同比增长7.9%。

曲仁园社区综合服务平台揭牌

2018年5月30日，田螺冲办事处“党群手拉手服务心连心之七彩综合志愿者服务活动”暨曲仁园社区综合服务平台揭牌仪式在山稔花法治公园举行。该平台总投资300万元，建有曲仁园社区党群服务中心、曲仁园社区康园中心、曲仁园社区戒毒（康复）工作站、曲仁园城市居家养老服务中心、曲仁园健康驿站等便民利民综合服务平台。以曲仁园综合服务平台为阵地，启动田螺冲党群手拉手服务心连心之七彩（红色党建、蓝色治理、黄色创文、绿色环保、粉色巾帼、白色应急和橙色关爱）综合志愿者服务。（刘姣妹）

表32 2018年浈江区国民经济发展情况表

指标	单位	绝对值	比上年增长（%）
地区生产总值	亿元	246.85	4.4
第一产业增加值	亿元	6.49	3.8
第二产业增加值	亿元	44.6	21
工业增加值	亿元	36.4	27.5
第三产业增加值	亿元	195.76	1.4
人均地区生产总产值	元	60127	4.1
规模以上工业总产值	亿元	113.95	23.4
农林牧渔业总产值	亿元	11.4	3.7
固定资产投资	亿元	64.17	2.6
社会消费品零售总额	亿元	257.59	9
外贸进口总额	万美元	832.7	-30
外贸出口总额	万美元	6925.7	58.5

续表

指标	单位	绝对值	比上年增长（%）
实际利用外资	万美元	726	3357.1
地方一般公共预算收入	亿元	4.23	8.4
地方一般公共预算支出	亿元	14.81	8.2
城镇常住居民人均可支配收入	元	35689	6.9
农村常住居民人均可支配收入	元	17767	9.2

武江区

【概况】 武江区位于韶关市区西部。境内有武广高铁韶关站，距离中心城区16千米。交通网络完善，京广高速铁路、京港澳高速公路、乐广高速公路、韶关北环高速、国道323线、省道253线、省道246线穿境而过，京港澳高速公路西联镇互通立交贯通四方，有县道313线、314线、318线、322线。2018年，辖2个街道、5个镇。土地面积678平方千米。年末户籍人口28.02万人，常住人口31.85万人，人口自然增长率7.13‰。耕地面积6422.3公顷，粮食播种面积3673.13公顷，粮食产量21539吨。有林地面积5.24万公顷，森林覆盖率69.96%，活立木蓄积量323万立方米。

2018年，全区生产总值完成238.43亿元，同比增长0.9%。其中，第一产业增加值5.98亿元，增长3.8%；第二产业增加值93.84亿元，下降3.8%，其中工业增加值77.55亿元，下降5.2%，建筑业增加值16.30亿元，增长4.5%；第三产业增加值138.61亿元，增长4.4%。三次产业增加值比例为2.5：39.4：58.1，第三产业比重较2017年提高1.9个百分点。人均地区生产总值7.5万元，无增长。规模以上工业增加值72.48亿元，下降5.7%。农林牧渔业总产值10.03亿元，增长3.9%。固定资产投资122.02亿元，增长5.7%。社会消费品零售总额131.63亿元，增长9.5%。外贸出口额6653万美元，下降23.5%；无实际利用外资，下降100%。地方公共财政预算收入6.27亿元，增长10.7%。城镇常住居民人均可支配收入3.65万元，增长7.6%；农村常住居民人均可支配收入1.86万元，增长9.4%。

【区委常委会学习调研】 2018年，中共武江区委安排19次常委会议、15次理论学习中心组会议，举办习近平总书记重要讲话精神专题学习培训班10场次。推行“党群讲习所”“家门口的党课”“党的十九大精神进基层”等宣讲模式，全年全区各级开展各类学习宣传活动260余场次。开展“大学习、深调研、真落实”，形成45个经济社会发展调研报告，编制武江区改革发展城市提升、产业提档、村镇提振、民生提质、作风提改“六大行动”三年行动计划。

【重大决策部署落实】 2018年，武江区落实中央乡村振兴、精准扶贫、环保督查、扫黑除恶、中央巡视整改、防汛防灾等一系列重大决策部署。推进饮用水源一级保护区环境整治，动迁和拆除45家企业，整治面积7.4万平方米，没有发生上访和群体事件。与芙蓉新城、老城区等拆迁工作相结合，开展扫黑除恶专项斗争。在涉黑恶犯罪9类案件中，破案51件，刑事拘留163人，逮捕111人，打掉涉恶犯罪团伙8个。推进中央巡视整改，梳理7个方面37项问题清单、45项任务清单，落实各项整改任务。

【工作机制创新】 2018年，武江区以问题为导向，推动工作机制创新。对全区绩效考评方案进行改革，树立“以实干实战实绩为考评核心”的考评导向。在区政府办公楼一楼大堂设置红黄榜，定期表扬工作落实好的单位和个人，点名曝光工作推进慢的单位和个人。倡导实行抓重点、破难点、出亮点和经常深入一线的“三点一线”工作模式。建立干部关爱制度，出台20条关心关爱措施。

【供给侧结构性改革】 2018年，武江区发展服务业，第三产业占GDP比重58.1%，较上年提升1.9个百分点。实施“融珠”战略，机械行业发展态势良好，宏大、东南轴承等龙头企业逐步开展与珠三角整机行业的合作，部分规下机械类企业正在转型并实现较大增长。抓好新增规上企业，全年新增规上企业12家。扶持发展楼宇经济，出台激励机制，开展组团招商，提升枫合汇、湘商大厦、摩尔城写字楼等楼宇平台入驻率、市场主体注册率和税收贡献率。甘棠工业园区建设加快，产值和增加值分别增长205.1%、112.9%。新增入库工业企业12家、服务业15家、商贸业9家。新引进项目6个，其中投资5亿元以上的5个，环周凯微生物检测增补武江区院士项目的空白。推进农业供给侧结构性改革，做好新型经营主体培育工作，至年底全区有农业龙头企业11家，农民专业合作社60个，家庭农场43家。

【芙蓉新城建设】 2018年，武江区实施征拆“大会战”，通过采取党建助推、打违拆违、挂图作战、分合作战等4种征拆新模式。全年完成清表交地404.8公顷，签订房屋拆迁协议1226户，拆除房屋面积49万平方米，完成坟墓迁移1240座，完成24个项目交地工作，完成赤水新村、芙蓉新村、西联新村、车头新村分配房屋1929套。完成芙蓉新城年度投资72亿元。

【老城区改造】 2018年，武江区完成交地573公顷，拆除房屋11万平方米，基本完成市政工程PPP项目（一期）交地任务。韶州公园一期工程基本完成。城市“微改造”完成“白改黑”道路10条，农贸市场升级改造5个，“五小”项目18个，老旧小区改造3个。

【乡村振兴】 2018年，武江区推进城乡融合，申报创建省级城乡融合发展试点县（市、区）。构建武江123城乡融合发展空间格局，引入华南理工大学团队提供技术支撑，初步完成武江区城乡融合、龙归东部片区、武广高铁沿线景观带3个规划方案。启动龙归粮所粤北乡村振兴讲习所、沿河重点景观、武广高铁沿线景观带的建设；加快编制三个美丽镇村建设规划。全年向农村投入3.7亿元。

农村人居环境综合整治提升 2018年，武江区以7个省级贫困村及1个市级示范创建村为重点，完成49个自然村施工图。全区农村生活垃圾常态化保洁全覆盖，启动建设3座污水处理厂，完成省定贫困村雨污分流和污水处理设施建设。

农村生产生活条件改善 2018年，武江区推进龙归水、南水河等中小河流治理，完成病险山塘除险加固10宗，完成村村通自来水工程铺设28千米。19户农村危房改造工作竣工验收，在韶关市进度通报中排名第一名。

【教育均衡发展】 2018年，武江区促进教育均衡发展。芙蓉第一小学、龙归中心幼儿园、重阳中心幼儿园建成开学（园），镇泰小学、华泰小学教学综合楼建成投入使用，新增优质学位2240个；碧桂园太阳城第二配套小学项目开工建设；车头小学异地重建、御龙湾小学建设项目基本完成前期手续。武江区获得“国家义务教育质量监测县级优秀组织单位”称号。

【卫生健康短板补齐】 2018年，武江区补齐卫生健康短板。龙归镇中心卫生院、新华社区卫生服务中心综合大楼投入使用，芙蓉新区、沙洲尾社区卫生服务中心项目启动建设，5个基层医疗卫生机构全部完成中医馆建设，16间村卫生站规范化建设基本完成。公开招聘医技人员32人，引进培养特岗全科医生6名。壮大家庭医生签约团队。实施卫生扶贫行动，农村妇女“两癌”免费筛查超过1900人，完成市任务数的127%。编制《武江卫生提质与健康促进三年行动计划（2018—2020）》。

▲2018年11月，升级改造后的西桥主题公园　　（武江区委宣传部　供）

【扶贫攻坚】 2018年，武江区高标准成立精准脱贫攻坚工作领导小组，党政主要领导负总责，层层签订责任书，形成区、镇、三级书记抓脱贫的工作格局。制定10个专项行动计划。完成21个扶贫领域专项巡察问题整改。在韶关市2018年12月通报中，15项考核指标中武江区9项排名第一名。

【民生保障】 2018年，武江区健全社会保障体系建设，全区城乡居民基本养老保险参保人数36622人，完成参保任务107.65%。落实各项就业创业补贴政策，城镇新增就业277人，再就业2450人，城镇登记失业率2.63%，控制在目标以内。完成江湾和龙归敬老院综合提升改造；完成新华街、惠民街、西河镇、西联镇4个社区居家养老服务中心建设；龙归康园中心完成重建并恢复运营。

【平安法治武江建设】 2018年，武江区推进“中心+风格化+信息化”建设工作，接入综治信息系统PC终端148个。成功创建14所市级安全文明校园，4所省级安全文明校园。创新开展“寻找武江最萌创平小卫士”“大手拉小手”宣传活动。开展法治建设“三级同创”活动，87个村（社区）落实“一村（社区）一法律顾问”制度。推进信访“流程再造”，创新“一案一策一推进”和信访专班543工作机制。全年调处各类矛盾纠纷854件，成功调解845件，调解率100%，调解成功率98.9%。

【向阳小区试点智能垃圾分类箱】 2018年，武江区在向阳小区启用智能垃圾分类箱。智能垃圾箱分厨余垃圾和其他垃圾。垃圾分类投放实行积分奖励机制，小区居民进行正确垃圾分类即可获取相应积分。居民扫描积分卡，选择相应的投放箱后，垃圾箱自动开门，即可投放垃圾，系统将同步显示垃圾重量，增加相应账号积分。积分可兑换米、油、卫生纸等日常生活用品。智能系统根据后台数据统计出小区生活垃圾总量。

【首届“中国农民丰收节”武江分会场】 2018年9月23日，首届“中国农民丰收节”武江区分会场活动在江湾镇榕树头广场开幕。武江区在江湾镇山水湾农场设立活动主会场，龙归、重阳、西河镇分别设立分会场。活动为期1个月。活动期间举办生态农业博览会，开展农产品展销、农耕文化展示、文娱表演等活动，水塘摸鱼、采摘桑叶、挖莲藕、磨豆腐、做糍粑等趣味农事体验活动，无花果、茶油、木耳、丝茅姜、桑芽菜等特色农副产品的展销。9月23日和10月3日，武江区组织开展“我们的队伍向武江”自驾游活动，近50辆车从市区到达各分会场。

【武江区人才驿站揭牌成立】 2018年12月20日，韶关市人才驿站武江区分站暨武江区人才驿站揭牌成立。该驿站设有展示厅和2个服务基地，为人才提供短期住宿、休闲度假、参观学研等服务，搭建学术交流、宣传展示平台。其中展示厅位于该区新华南路华园新村6号的创业广场，依托韶关市腩子里亿谷科技发展有限公司，设有人才咖啡吧、人才茶吧、路演室、培训室等功能区。2个基地分别是倚山酒店和江湾镇的山水湾庄。

【西河镇】 地处武江河西岸，南至浈江乐园镇韶关冶炼厂、西联镇车头，北至重阳镇、浈江区犁市镇，中部为武江区城区，是典型的城乡结合镇。2018年，全镇总面积63平方千米，南北相距30千米。辖14个村委会，71个村民小组。分三大片区，北片为山蕉、糖寮、黄塱、什石园、田心、马屋、下坑等远郊村；中部为向阳、红星、前进等城中村；城区周边为朝阳、塘湾、村头、大村等近郊村。市区主河道武江河流经西河镇，沿江有镇村码头4个。百旺大道、工业大道、国道323线、新华路、惠民路、重阳公路等主干道纵横分布；市区公共汽车直达各村，全镇14个村全部实现村村通水泥公路；有京港澳高速公路韶关出口、乐广高速公路乐村坪出口、糖寮互通出口。唐朝丞相张九龄家族墓地位于西河镇内。年末户籍人口17420人、常住人口21431人，耕地面积523.09公顷，林地面积2996.67公顷，森林覆盖率39.14%，活立木蓄积量205758立方米。有九年一贯制学校1所，为西河学校；完全小学4所、幼儿园37所，教学点2个，在校学生3693人；有文化站14个、广播站14个，市成人文化技术学校1所。城中村发展地产、酒店、餐饮服务等“西河商圈”格局；远郊村、近郊村是韶关市区菜篮子基地，种植下坑枸杞、黄塱胡萝卜、什石园良种蔬菜、山蕉超甜玉米等特色作物。2018年，全镇财政一般公共预算收入792.44万元，增长17.78%。全镇参加医疗保险人数12286人（不含低保、残疾等特殊人群参保），覆盖面98%。9月26日，西河镇通过广东省爱国卫生运动委员会对创建“广东省卫生镇”工作的考核验收。9月，韶关市2017年度计划生育目标管理责任制考评为优秀等次。

党委书记：何远韶（女）
镇　　长：余　聪
人大主席：刘尚周（任至3月）
　　　　　李　毅（3月任职）

【西联镇】 位于武江区中部。2018年，全镇总面积68.9平方千米。辖8个村委会和2个社区居委会。景点有莞韶园黄沙坪创新园、沐溪水库、芙蓉仙洞、石背窝水库等。年末户籍人口24403人，常住人口39171人。有初中2所，小学7所，幼儿园5所，在校学生6394人；文化站1个。全镇参加医疗保险人数13205人，覆盖面98%。耕地面积67公顷，粮食播种面积2.93公顷，粮食产量31.3吨；林地面积3017.2公顷。2018年，全镇农村人均纯收入18933元，增长8%；固定资产投资1377万元，增长1.53%；财政一般预算收入1511万元，增长6.39%。是年，该镇获得武江区庆三八暨“不忘初心跟党走”演讲比赛三等奖、武江区文明镇、2018年韶关市武江区广播体操比赛优胜奖。

芙蓉新城交地和安置村建设　至11月9日，完成芙蓉大道南、滨江商务中心、市第一人民医院、下胡安置新村、北江航道孟洲坝扩能升级改造工程（即“五改三”项目）、行政服务中心二期及周边地块、高速路口房开地块、新白线周边地块、保利综合体、保利11号地等24个项目交地；芙蓉新城5个安置村分配房1928套（其中赤水新村207套、西联新村719套、芙蓉新村476套、车头新村526套），下胡安置新村净地交付使用并开工建设。

基本实现无贫困村　2018年，该镇利用上级2016、2017年扶贫资金13.3万元，在镇办公楼楼顶新建光伏发电板块，发电经济效益返拨给5户有劳动力贫困户。至8月，发电11568千瓦时，产生效益8678.2元。8月，利用扶贫资金19.7万元，在阳山村委会上庙背村文化楼新建光伏发电设备，于10月投入使用。至年底，西联镇基本实现无贫困村。

党委书记：聂平南
镇　　长：杨国浩
人大主席：朱小燕（女，2月任职）

【龙归镇】 位于武江区中西部，地处北纬24°35′38″-24°49′14″，东经113°20′02″-113°32′26″，东邻西联镇和曲江区白土镇，南与曲江区樟市镇、罗坑镇相接，西与江湾镇和乳源瑶族自治县毗邻，北与重阳镇、一六镇相连。2018年，辖15个村委会和1个社区居委会。年末户籍人口42033人，12978户，常住人口4.2万人。全镇总面积237平方千米，耕地面积4137公顷，粮食播种面积3136公顷，粮食产量14364吨。林地面积16146.2公顷，生态公益林7065.1公顷，森林覆盖率70.74%。主产优质稻米、经济作物、蔬菜、水果，畜牧和水产，土特产有淮山、生姜、茨菇、粉葛、莲耦、杨梅等，近年来发展食用桑、桑葚等。美食有龙归冷水猪肚。名胜古迹有“九子石”、文武阁、董村寺、三皇石等。主要经济来源有农业、小水电、矿产开采与加工等。有初中1所，小学1所，幼儿园10所，教学点7个，在校学生3120人；文化站1个，广播站1个。全镇参加医疗保险人数29113人，覆盖面98.3%。2018年，全镇农村经济总收入14.46亿元，比上年增长8%；农村人均纯收入14839元，增长6.5%；财政一般预算收入8455.47元，增长164.08%。

党委书记：曾　宏
镇　　长：刘　武
人大主席：钟爱民

【江湾镇】 位于北纬24° 33′ 58″ - 24° 39′ 28，东经113° 18′ 37″ - 113° 18′ 56″。2018年，辖6个村委会和1个居委会。年末户籍人口7415人，常住人口5440人。总面积213平方千米，耕地面积401公顷，粮食播种面积332公顷，粮食产量2541吨。林地面积21740公顷，森林覆盖率94.7%，活立木蓄积量150万立方米。土特产有香菇、木耳、云雾茶、山蜜、灵芝。景点有山水湾农庄、村上人家农庄、湖洋村沿河周边民宿。水力资源、竹木资源丰富。矿产有钨矿、硫铁矿、铜矿、铅锌矿、稀土矿、萤石矿等，有多个60摄氏度以上天然温泉。区级不可移动文物11处，有乳曲边人民联防办事处江湾老街旧址、围坪革命烈士纪念碑、胡屋革命烈士纪念碑等。有初中1所，小学1所，幼儿园1所，在校学生381人；文化站7个，广播站1个。全镇参加医疗保险人数5320人，覆盖面86.96%。主要经济来源为农业种植、畜牧养殖、小水电、林业。2018年，全镇农村经济总收入31580万元，比上年增长6.1%；农村人均收入16869元，增长6.5%；固定资产投资180200.9元，增长0.002%；财政一般预算收入4871.15万元，增长108%。5月8日，江湾镇在湖洋村委倒流水村小组举行江湾镇农村人居环境综合整治提升项目开工仪式，在全区率先启动新农村建设。

民生热线直播活动 2018年7月20日，韶关市广播电视台的品牌栏目《民生热线》在武江区江湾镇开展户外线上直播活动。武江区委、区政府主要领导以及区直机关各单位负责人到现场释疑解难，200多名农民群众参与。

党委书记：黄海涛
镇　　长：曾玉玲（女）
人大主席：黄永和

【重阳镇】 位于韶关西北端。2018年，辖8个村委会和1个社区居委会。年末户籍人口18042人，常住人口12311人。总面积82平方千米，耕地面积1295.3公顷，粮食播种面积897公顷，粮食产量5021吨。林地面积5000公顷，森林覆盖率68%，活立木蓄积量34万立方米。土特产有丝茅姜、西瓜、香芋、花生、蚕桑、竹木。景点有水口油菜花。矿产主要有铅、锌、砒、钨、钼、铁、锰、铝等有色金属。名胜古迹有青暖村委会炮楼等。主要经济来源为农业收入、企业收入。有初中1所，小学1所，幼儿园2所，教学点2个，在校学生971人；文化站1个，广播站1个。全镇参加医疗保险人数12960人，覆盖面95%。2018年，全镇财政一般预算收入686.72万元，增长11.09%。年内完成拆旧复垦6公顷，在省的指标交易平台成功交易4.07公顷。12月25—29日，该镇举办第二届（乡村振兴杯）篮球赛。是年，该镇获得“广东省县乡人大工作和建设先进集体”称号。

人居环境综合整治 2018年，重阳镇完成331项清拆任务，清理村巷道179条4.83万平方米、房前屋后垃圾杂草杂物2010处598吨、沟渠池塘250条274吨，拆除危旧房、废旧猪牛栏及露天厕所414间6526平方、乱搭乱建88处920平方、非法违规广告招牌30处。

党委书记：龚映韶
镇　　长：黄　勇
人大主席：侯福清

【惠民街】 位于武江区的中北部。2018年，辖14个社区居委会。年末户籍69581人，常住人口74319人。总面积6.2平方千米。景点有沙湖公园、韶州公园。有初中2所，高中2所，小学6所，幼儿园17所，文化站1个。全街参加医疗保险人数（此数据不包括职工医疗保险人数）25910人，覆盖面33.88%。是年，惠民街获武江区三八暨“不忘初心跟党走”演讲比赛一等奖、2018年度“应急分队集训先进单位”、2017年度“征兵工作先进单位”称号；新华北社区居委会被评为2016—2020年度“广东省科普示范社区”、2017—2018年度韶关市五四红旗团支部（总支）；武江北社区居委会被评为2016—2017年度“韶关市武江区文明社区称号”。惠民街村（社区）、“两委”干部、党员获得市级以上称号3人次。

党工委书记：古寿英（女）
办事处主任：宋　清
人大工委主任：杨　岚（女）

【新华街】 位于韶关市中部武江区东部。2018年，辖17个社区居委会。年末户籍人口101315人，常住人口127484人。总面积13.84平方千米。有初中4所，小学7所，幼儿园15所，文化站1个。全街参加医疗保险人数99576人，覆盖面78.1%。是年，新华街的工业西社区评为2018年市儿童之家示范点、2018年韶关市巾帼文明岗；新华南社区评为广东省最美志愿服务社区、韶关市最美综合性文化服务中心；乳韶社区评为2018韶关市巾帼文明岗；花城社区评为2018韶关市巾帼文明岗、韶关市最美图书阅览室、韶关市家庭教育大讲堂。

党工委书记：粟　健
办事处主任：罗北京
人大工委主任：
李　毅（任至2月）
刘尚周（2月任职）

（董素梅）

表33　2018年武江区国民经济发展情况一览表

指标	单位	绝对值	比上年增长（%）
地区生产总值	亿元	238.429	0.9
第一产业增加值	亿元	5.9814	3.8
第二产业增加值	亿元	93.8418	−3.8
工业增加值	亿元	77.5453	−5.2
第三产业增加值	亿元	138.6058	4.4
人均地区生产总值	元	75119	0
规模以上工业总产值	亿元	138.4212	−2.1
农林牧渔业总产值	亿元	10.0328	3.9
固定资产投资	亿元	122.0169	5.7
社会消费品零售总额	亿元	131.6336	9.5
外贸进口总额	万美元	1194.2	−51.6
外贸出口总额	万美元	5458.8	−12.3
实际利用外资	万美元	0	−100.0
地方一般公共预算收入	亿元	6.2723	10.7
地方一般公共预算支出	亿元	15.0364	25.2
城镇常住居民人均可支配收入	元	36507	7.6
农村常住居民人均可支配收入	元	18580	9.4

曲江区

【概况】　曲江区地处韶关市粤北中部、北江上游，位于北纬24° 27′ —24° 52′ ，东经113° 11′ —113° 58′ 。东临始兴县，西至乳源瑶族自治县，南接翁源县、清远英德市，北毗浈江区、武江区、仁化县。2018年，辖9个镇和1个街道办事处。年末户籍人口31.41万人，常住人口32.12万人（其中城镇人口19.37万人）。土地面积1620.77平方千米。耕地面积1.48万公顷，粮食播种面积1.11万公顷，粮食产量7.06万吨。林地面积12.38万公顷，森林覆盖率74.7%，林木绿化率77.2%。矿产资源有各类矿48种，其中铁矿储量在1亿吨以上、占广东省总储量的1/8，铜矿储量名列全省第一位，锑矿储量居全省第二位，钨矿的储量居全省第三位，是全国黑色金属、有色金属之乡。土特产有马坝油粘米，沙溪冬笋、香菇，樟市消雪岭柑橙柚，罗坑茶、番薯干，白土龙皇洞沙田柚，大塘火山无渣粉葛，枫湾白水蜜桃、石峰火龙果、新村皇帝柑、小笋油茶、大笋百香果、紫玉淮山等。主要旅游景点有佛教“南宗祖庭”南华禅寺，史前期古人类“马坝人”遗址和“石峡文化”遗址，小坑国家级森林公园和罗坑沙溪两个省级自然保护区，曹溪温泉假日度假村、枫湾生态温泉度假村和小坑大森林温泉度假村等多个休闲度假基地。是年，区九龄小学被评为第一届全国文明校园，广东韶关罗坑大草原营地获“全国十佳最美露营地”称号。

【文化教育】　2018年，曲江区有小学19所。初中11所，其中普通初级中学8所、九年一贯制学校3所。高中3所，其中完全中学1所、高级中学2所。中等技术职业学校1所。全区各类幼儿园47所，其中公办幼儿园11所。特殊教育学校1所。幼儿园在园儿童10970人，19所小学在校学生22924人，8所初级中学在校学生8789人，3所九年一贯制学校在校学生2612人，1所完全中学，2所普通高中在校学生4935人，1所职业技术学校在校学生1236人，1所特殊教育学校在校学生72人。全区3—5岁儿童毛入园率、“三残”儿童少年入学率、小学适龄儿童入学率、毕业升学率、初中适龄学生入学率均达到100%；九年义务教育巩固率100%；高中阶段教育毛入学率100%。各类升学成绩及普通高考再创佳绩，2018年全区初中毕业生2691人，毕业升学2639人，升学率98.1%，其中升读普通高中1250人，升读中职学校890人，升读技工学校488人；高中毕业生1889人。各类学校（不含松山学院）专任教师3259人，分别为学前教育601人、小学1392人、初级中学624人、九年一贯制学校175人、完全中学76人、高中376人、特殊教育15人。高级职称以上1368人，分别为幼儿园小学高级15人、小学高级1050人、初中中学高级114人、高中中学高级157人。全区有文化馆1个、公共图书馆1个、博物馆1个、采茶剧团1个、影剧院1间、调频广播转播台1个、有线电视台1个，全区设立文物保护单位27个。有线电视用户3.04万户，其中数字电视用户3.04万户、农村乡镇1.1万户；有线广播696个，广播覆盖、有线电视通达全区所有村小组；下乡播放电影7550场次，采茶戏演出100场次，观众10多万人次；区图书馆藏书量29.7万册，镇级10个文化站拥有图书11万册。

【医疗卫生】 2018年，曲江区有医疗卫生机构135间（包括国有企业医疗卫生机构、民营医疗机构、个体诊所等）。其中，综合医院5间[区人民医院（二级甲等）、韶关市第三人民医院（二级甲等）、大宝山医院（二级甲等）、瑶岭矿业有限公司职工医院、韶关启德医院（民营医疗机构）]；专科医院1间（妇幼保健院）；9间镇卫生院：其中樟市卫生院为中心卫生院；1个社区卫生服务中心（松山社区卫生服务中心）；83间村卫生站和村卫生室；3间综合门诊部（曲江瑞祥口腔门诊部、曲江益民口腔门诊部、锦云口腔门诊部）；32间个体诊所。专业疾病预防控制机构1间（曲江区疾病预防控制中心），局直属参公事业单位2间（曲江区卫生监督所、曲江区爱卫办）。全区总编制床位1582张。

【经济社会平稳发展】 2018年，曲江区实现地区生产总值193.82亿元，增长2.7%。固定资产投资67.33亿元，增长13.9%。完成一般公共预算收入9.46亿元、增长11.2%，其中税收收入6.01亿元、增长14.4%。社会消费品零售总额74.31亿元，增长9.7%。曲江区加大基础设施建设力度、承担省市重点项目征地拆迁任务，全年投入资金22.46亿元，完善及新征土地800公顷，完成拆迁3万多平方米，保障装备园等重点项目用地。启动谋划多年的曹溪文化小镇（大南华）项目建设，曹溪广场、曹溪河、曹溪大道“三个一”工程基本建成，曹溪小镇（安置区）开工建设，曹溪博物院的建设工程正推进。加快连接韶关主城区的“四大通道”和通往南华禅寺的3条旅游公路建设，莲花大道全线贯通，新白线、曲江大道、G4韶关南出口至马坝人遗址（城南小学）连接线、曹溪大道惠英村至G4南华寺出口段等工程建设进入实施阶段。

【产业基础发展】 2018年，曲江区创建现代农业产业园，培育发展农民专业合作社、家庭农场、省市级农业龙头企业，实施农业品牌战略，全年实现农业增加值13.97亿元，增长4.3%。出台完善《韶关市曲江区关于促进民营经济加快发展的若干措施》等10项稳增长政策，落实扶持企业发展资金1.04亿元，实现个转企29家、新增“四上”企业20家，新增民营企业585家、增长30%。启动11家优质企业倍增计划，实现工业增加值11.59亿元、增长7.14%。推动北纺智造、今为重机上市；组织实施27个技改项目，完成总投资7.26亿元。新增高新技术企业4家、研发平台5个，实现高新技术制造业增加值6.9亿元，增长25%；新增专利227件、增长39.75%。实现规上工业利润总额38.36亿元，增长21.28%。区属工业完成增加值27.94亿元，增长15.76%。加快园区建设，装备园香樟路、园中南路等6条道路主体工程基本完工，园区管网、污水处理、综合服务中心、表面处理中心等配套项目正加快推进。新引进产业项目19个，动工9个，其中，诚一金属建成。曲江经济开发区综合服务中心动工建设，园区新征土地66.67公顷，完成拓璞、阳光富源地块的收储工作，闲置和低效用地清理工作推进，保障王老吉饮料、亚北冷链仓储等10个新引进企业项目落地。启动全域旅游发展规划编制，曹溪文化小镇一期、马坝人—石峡遗址公园一期项目建成并对外开放。协助举办南华禅寺海峡两岸交流基地授牌仪式暨禅宗文化交流活动，组织曲江首届“中国农民丰收节”暨生态农业博览会、枫湾花果节、罗坑茶文化节等旅游推介活动，全年接待游客499.36万人次，实现旅游收入37.15亿元，分别增长13.4%和17%。春节期间，南华禅寺排名全国十大热门祈福寺庙第二名；国庆期间，曲江区有4个景区进入韶关市十大热门景区。交通运输、商贸物流、餐饮住宿、房地产等产业迅速发展，实现第三产业增加值68.69亿元，增长6.6%。常平曲江对口帮扶全年实施帮扶项目10个，落实帮扶资金5700多万元。招商引资签约项目28个，其中亿元以上项目10个，计划投资总额42.35亿元。推进用地报批工作，全年完成项目用地组卷报批24批次352.53公顷，排名全市第一名。36个重点项目开工建设32个，全年完成投资52.77亿元。

【“放管服”改革】 2018年，曲江区实施“简政放权”和“减证便民”，取消和转移部门职能83项，取消行政许可和证明42项；“一门式一网式”政务服务平台延伸至镇村，“多证合一、一照一码”全面实施，“马上办”服务模式全面推开，企业开办时间压缩至3.5个工作日。深化供给侧结构性改革，落实“降成本”措施，全年为各类市场主体减免税费4.01亿元。消化商品房库存面积35.9万平方米。完成国有资产清理工作。推进韶钢等中省企业“三供一业”分离移交。加快农村综合改革步伐，建成107个村（社区）党群服务中心，实现20户以上自然村村民理事会全覆盖。为在职村（社区）“两委”干部购买社保。完成农村集体资产清产核资、土地确权、农村普惠金融试点工作。推进公立医院改革和医疗卫生服务体系改革，镇村卫生服务一体化试点工作推进。完成“县管校聘”改革。

【融城步伐加快】 2018年，曲江区以33个城市提升项目为抓手，融入主城区。基本完成城东、城南、旧城和城北片区控规编制，实现城区控规全覆盖。完成曹溪文化小镇（大南华）控规修编和市总规编制成果校核工作。投入2600多万元，启动中华二路、城南大道等12条城区主次干道“白改黑”工程。完善城区功能配置，新建和改建公厕5间，完成鞍山路、东风路等城区道路人行道改造，更换纯电动新型公交车48辆。亿华市场、城东市场完成升级改造并投入使用。马坝河“一河两岸”景观改造提升工程推进。投入3500万元实施环卫保洁市场化外包，拆除违建17.17万平方米，整治城区裸露地4.5万平方米。完成邮电宿舍、中铁五局马坝家属基地2个全国老旧小区改造试点工作。实施10个关停并转企业、无物业管理小区微改造。

【乡村振兴】 2018年，曲江区实施以马坝油粘米、罗坑茶叶、火山粉葛等特色农产品为主导的产业振兴，新增省级农业名牌产品7个，名列全市第一名。投入2.88亿元，实施29个省定贫困村320个20户以上的自然村农村人居环境综合整治，全区60%以上的自然村完成“三清理”“三拆除”“三整治”。农村人居环境综合整治“小额工程建设曲江模式”和生态宜居美丽乡村建设“西约模式”得到广东省和韶关市的高度认可。脱贫攻坚筹集各类扶贫资金1.71亿元，实施产业帮扶项目234个，韶关发电厂灰场光伏发电等项目建成投产，改造危房366户，实现458户1296名贫困人口预脱贫，完成总脱贫任务的96%。农村基础设施建设推进，改造小型灌区3宗，建设“四好”农村公路62千米，治理中小河流10.82千米，建成高标准农田1380公顷，完成拆旧复垦12公顷、垦造水田80公顷。9个镇10个片区“村村通”自来水工程完工，惠及10.7万人。推进“村村通客车”工作，在樟市镇开通韶关市首例“村村通”农村客运班线服务。

▲ 曲江区樟市镇西约村打造成新农村建设“网红”村（阳艮生 摄）

【生态环境保护】 2018年，曲江区完成造林更新266.67公顷、森林抚育2473.33公顷，森林覆盖率74.7%，蓄积量790万立方米。打好大气、水、土壤污染防治攻坚战，办结中央、省环保督察交办和督办案件33宗，完成市交办“散乱污”整治任务102宗。开展扬尘清源行动，加大对施工场地、露天停车场、餐饮业油烟的整治力度，打击非法倾倒固体废弃物等违法行为。启用“广东智慧河长”移动管理平台，实现河长制全覆盖。实施最严格水资源保护管理制度，定期对饮用水源地水质进行监测。强化畜禽养殖污染防治和农村面源污染治理，关闭整治规模化养殖场7家。镇村污水处理设施及管网建设PPP项目推进，建成污水处理管网70千米、人工湿地及湿地公园69个。开展土壤污染综合防治先行示范区建设，完成沙溪民采废弃矿窿封堵工程，韶冶、大宝山周边土壤污染治理修复取得阶段性成效，绿色矿山建设工作位居全市第一位。完成全年能耗总量和强度“双控”目标，成为韶关市唯一完成单位GDP能耗目标的县（市、区）。

【社会事业】 2018年，曲江区民生支出17.83亿元，占财政总支出的76.09%。城乡居民人均可支配收入2.32万元，增长9%。实现城乡低保、“五保”应保尽保，做好城市困难职工解困脱困奔康工作，符合最低生活保障的困难群体全部纳入财政兜底。加大社保扩面征缴力度，落实被征地农民养老保险，保障农民工工资支付。促进就业，举办31场专场招聘活动，解决企业用工1302人，城镇登记失业率控制在2.35%以内。公共文化服务体系完善，建成乡村小舞台、村级综合文化服务中心、图书馆分馆、风度书房等文化平台150多个，开展文化“三送”等主题活动1500多场，区图书馆被评为“国家一级图书馆”。开展创建省级健康促进区活动，完成24间规范化村卫生站建设，区人民医院新住院综合大楼、区妇幼保健院整体搬迁项目动工，分级诊疗和医联体建设推进，免费孕前优生健康检查和关爱妇女儿童、计划生育家庭活动开展。启动区教师发展中心和大塘、小坑公办幼儿园等项目建设，完成27所村级小学标准化改造，初步完成校外培训（托管）机构专项整治，成功创建广东省推进教育现代化先进区和广东省社区教育示范区。落实安全生产责任制，全区安全生产形势总体平稳。抓食品药品安全监管，建成“放心餐馆、放心药店”36家，完成明厨亮灶231家。开展“非洲猪瘟”防控工作，全年全区未发生疫情。开展扫黑除恶专项斗争和“飓风

2018”等专项行动，社会治安综合治理水平提升。开展第四次全国经济普查和第三次全国国土调查工作。韶关国家基本气象站（曲江点）被国家气象局授予首批“中国百年气象站”称号。2018年政府承诺10件为民办实事项目，7件基本完成，3件因涉及规划调整、用地指标以及融资政策等客观因素影响而未按时完工的项目正推进。

【政府效能提升】 2018年，曲江区加强政府系统党建工作，完善《中共韶关市曲江区人民政府党组请示报告制度》等4项制度，办理人大代表建议14件、政协委员提案37件。开展“七五”普法，推进法治建设“四级同创”，全区80%以上村（社区）达到省级法治创建标准。推动政务公开和政府信息公开，全年公开政务信息6406条。

【马坝镇】 位于粤北中部、韶关市区南部，曲江区人民政府驻地，属省级中心镇。东与大塘、沙溪两镇接壤，南与乌石镇为邻，西与白土镇相连，北与韶关市浈江区相毗连，马坝河贯穿全镇。境内有马坝火车站，京港澳、乐广、韶赣3条高速公路均设有出入口，国道106线、省道248线、北江航道穿境而过。2018年，辖16个村委会229个村民小组，8个社区居委会。年末总人口11.7万人。辖区总面积187.5平方千米，耕地面积1200公顷，山林面积9333.33公顷。矿产主要有石灰岩、煤炭、陶瓷土、石英砂、稀土、温泉等，其中已开发的有陶瓷土、曹溪温泉和南华温泉等。盛产水稻、玉米、豆类、蔬菜、水果、水产品等，传统土特产有马坝油粘、南华草菇、莲藕、龙岗马蹄、小坑杨梅和转溪百香果等。2018年，全镇完成社会固定资产投资（归马坝镇统计部分）1.1亿元，同比增长10%；农村人均纯收入16768元；招商引资签约新引进项目4个，协议引进资金总额9500万元。年内，实施重点项目33个，其中大南华整体提升项目完成征地28.44公顷，3条旅游通道完成征地19.3公顷，华南先进产业装备园完成征地471.08公顷。莲花大道二期（曲江段）全长6.5千米全线交地。曲江大道（曲江段）征地25.68公顷，完成全线征地任务。马坝森林公园完成租地111.93公顷。韶钢环保搬迁、韶钢“三供一业”、“两河四岸”景观改造提升、鸭子嘴五星级酒店、韶关220千伏华电南雄“上大压小”热电联产、阳岗北路片区规划建设等项目正推进。

社会各项事业　推进产业帮扶，龙岗马蹄、转溪百香果、小坑杨梅、水文五黑鸡等特色种养项目有效带动农民增收。3个省定贫困村安装太阳能路灯344盏，新修建8条乡村公路6.1千米，修建水利设施12处，完成炉头、小坑窄路基路面拓宽。全面实现城乡低保、“五保”应保尽保，符合最低生活保障的困难群体全部纳入财政兜底。马坝镇成功创建为省级卫生镇，龙岗村、转溪村、水文村成功创建为省级卫生村。改善医疗卫生条件，完成2间规范化村级卫生站建设。完善文化站装修和站内环境整治，新增的曲江区图书馆马坝分馆免费对外开放；17个村（社区）完成综合文化中心建设，水文村、龙岗村先后建成乡村小舞台。成立马坝镇乡贤理事会，推选出30名乡贤代表，推动文明乡风建设。通过省教育创强的复评，设立马坝镇教育基金，收到捐款30多万元，用于奖教奖学。落实安全生产责任制，完成对辖区122家企业的全面检查，查出隐患单位15家，隐患数183处，下发限期整改意见书10份，复查整改书10份，完成整改单位15家，其余隐患均现场立即整改完毕，整改率100%。抓食品药品安全监管，与24个村（社区）签订食品药品责任书，出动980人次对辖区内农庄、小作坊进行食品安全质量大检查。

党委书记：黄　华
镇　　长：谢国健（任至12月）
人大主席：吴基想

【大塘镇】 位于曲江区东北部，东接曲江区枫湾、小坑两镇，西接浈江区新韶镇，南靠曲江区马坝、沙溪两镇，北临仁化县大桥镇，距曲江区人民政府13千米。毗邻韶钢集团，是省道315线、韶塘国家一级公路、塘马公路、塘枫公路的交会处，赣韶高速公路在境内设有出入口，106国道从北向南贯穿全镇。2018年，辖15个村委会和1个社区居委会。年末总人口35953人，其中农业人口31649人、城镇人口4304人。镇域总面积175平方千米，耕地面积2866.67公顷，山地面积1.23万公顷。农产品主要有优质谷、花生、蔬菜、粉葛、莲藕等。水力资源丰富，地表水总径流量10947万立方米，地下水属马坝—大塘盆地岩溶水区，成井水量在3万立方米/日。镇内有小（二）型小型库6座，总库容96.6万立方米，与大塘毗邻的库容量1.2亿立方米的小坑水库主灌渠贯通全镇；有天然的汤溪地下温泉。探明矿产有铀矿、煤矿、铁矿、石灰石等，煤矿和石灰石已开发。古迹有宋代的仙人塔、明清时代的烽火台遗址、梅花桥及水村街等，是第三批全国小城镇发展改革试点镇和农业科技示范镇，广东省中心城镇、山区信息化建设试点镇、蔬菜专业镇技术创新试点镇、小城镇技术集成应用试点镇、曲江区农村综合改革试点镇、韶关市（镇街）整治提升“139”行动试点镇。2018年，全镇社会生产总值6.57亿元，同比增长6%；固定资产投资额7000万元；社会主义新农村建设投入资金9037.5万元，资金使用率91.29%；乡镇财政总收入2185.28万元。

项目推进　2018年，大塘镇完成华南先进装备产业园项目交地使用面积243.33公顷（其中2018年征地面积30公顷），金志利、东日、液压件等8个企业项目落户大塘片区；百林湾项目完成征地2.28公顷并交地使用；省道251线公路改扩建项目完成征地并交地使用15.73公顷；伟俊一期、二期项目完成征地面积4.35公顷并交地使用；柏林项目完成征地面积6.36公顷；尖峰及墨江供电线路（线长26.8千米）完成基塔27座；营顶至邓屋、X312等其他项目正推进。

党委书记：王伟强

镇　　长：吴伟中

人大主席：李少军

【白土镇】 位于曲江区西南部，东与马坝镇隔河（北江）相望，南邻樟市镇，西与武江区龙归镇相接，北与武江区西联镇接壤，距区人民政府8千米。属沿河台地平原类，是北江上游主要交通中转站，清代有8个水运码头，为北江沿线码头最多的地方。乐广高速公路在白土镇设有出入口。2018年，辖11个村委会和1个社区居委会，下设172个村（居）民小组。总面积139.05平方千米，其中山林面积106平方千米，林区活立木蓄积量10.21万立方米。年末户籍人口25952人。矿产有煤矿、铁矿、稀土、钨矿、河沙、石灰石等。2018年，全镇实现地区生产总值4.5亿元，增长4%；农民年均收入2万元，同比增10%；全镇财政总收入完成4798万元，比上年增长8.8%。

社会各项事业　通过统筹省定贫困村引导资金150万元，投资新建1个高效零排放温氏养殖场，每年15%的收益用于扶持省定贫困村村委扶贫工作。制作大量有关社会主义核心价值观建设和文化墙绘创作，深化中国特色社会主义和中国梦宣传教育。在各村（居）委建立村级新时代文明实践站，工作管理制度及村规民约上墙，开展好媳妇、好儿女、好公婆宣传推选及寻找“最美家庭”活动，推进农村家庭文明建设常态化。在各村新建10个综合文化服务中心和1座具有社会主义核心价值观和白土特色文化主题的文化书屋。

镇域面貌提升和重点项目征地　2018年，白土镇在镇域内开展路域环境整治工作。4月起，对辖区内沿线公路单位和门店发放路域环境整治宣传书和限期整改通知书，进行为期5天的联合整治，拆除铁皮棚、瓦片棚、固定建筑物近3000平方米，拆除违规广告牌60多个。重点项目新白线（曲江段）道路建设工程征地任务及迁坟工作完成。

党委书记：刘日夫

镇　　长：曹　权

人大主席：陈文芳

【沙溪镇】 位于曲江区东南面，南邻翁源县，距离曲江区人民政府11千米。属于中亚热带季风型气候区，是曲江区降雨量较多的镇之一。海拔千米左右的山峰有仙人嶂、大宝山、大风坳、笔架山、十二栋、笠麻顶等，全镇森林覆盖率82%，设有沙溪省级自然保护区。马坝河发源于沙溪黄茅嶂，流域面积345平方千米。106国道贯穿全镇，京港澳高速公路在镇内设有出入口，连接京广铁路的大宝山矿专用铁路贯穿镇境西部。2018年，辖7个村委会和1个社区居民委员会，下设88个村民小组和1个居民小组，年末总人口13562人。境内有铁矿、铜矿、铅锌矿、钼矿等典型多成因迭生矿床，省属企业大宝山矿驻于镇境内；已开发的有铁、铜、硫铁、铅锌、钼。铁矿地质储量4800万吨，可采量4000万吨。全镇总面积210平方千米，耕地面积1107.2公顷，其中水田857.47公顷。山林面积1.6万公顷，其中毛竹林基地6500公顷。活立木蓄积量40万立方米以上，是曲江区的主要林区镇之一。全镇可供开发的水能蕴藏量5240千瓦，建成水力发电站15座，总装机容量4000多千瓦。境内有百丈崖漂流景区，漂流全长3千米，落差70多米，有10多个回旋处。特产有华子山天然酸笋、野生淀粉——沙溪粉、沙溪冬笋和沙溪香菇。2018年，全镇实现地区生产总值（GDP）76876.18万元，同比增长7%，农民人均纯收入19236.5元，同比增长13%；固定资产投资完成4212万元。

拆旧复垦和项目推进　2018年，沙溪镇有5个村委8个村小组启动拆旧复垦工作，总投资816.26万元，复垦面积5.21公顷，总值3988.71万元，是曲江区首宗完成交易的拆旧复垦指标。是年，沙溪镇新征土地30.44公顷，完成拆迁18163.67平方米，曹溪大道惠英村至G4南华寺出口段等工程建设进入实施阶段；引进韶关市鸿杰混凝土有限公司进驻沙乌化工园区，9月试产，至12月产值2200万元。

党委书记：江绍德

镇　　长：王爵凌

人大主席：陈建波

【乌石镇】 位于曲江区南部，东靠翁源县及曲江区沙溪镇，南邻清远英德市沙口镇，西与樟市镇隔北江河相望，北靠马坝镇。距曲江区人民政府15千米。有七星墩、仙人堂、白面石等山峰，东面的笔架山脉延伸全镇，形成狭长地带。京广铁路、乐广高速公路、省道S253线公路和北江河由北至南贯穿乌石全境，设有乐广高速乌石互通，镇内有火车货运站，火车年货物中转量180万吨，拥有年货物吞吐量100万吨的水运码头2个。2018年，辖6个村委会和2个社区居委会，下设90个村民小组。年末总人口18280人，其中常住人口11947人。全镇面积118.6平方千米，山林面积7333.33公顷，耕地面积1107.27公顷，活立木蓄积量32万立方米。境内有杨梅、展如、石角3条溪流注入北江，溪长均为30千米。境内北江段河床宽200米～500米、平均流量471立方米/秒。矿产有石灰石、高镁石、白云石等，其中石灰石储量8亿多吨。可开发的水利资源1万千瓦。有西洋菜、红瓜子等土特产。境内有省属韶关发电厂、省电力一局韶关公司、省火电安装公司韶关工程处、市属50万伏变电站及濛浬综合型水电站、乌石港有限公司、筑城建材有限公司等大型厂矿企业，初步形成以水运码头、物流仓储、粉煤灰深加工、环保建材等特色产业群。2018年，全镇实现地区生产总值29.8亿元，农村经济总收入7.9亿元，农村人均可支配收入17768元，完成税收收入6700万元，固定资产投资7200万元；财政收入1930万元。

重点项目建设推进　2018年，该镇台泥（曲江）项目完成厂区红线内征地拆迁工作；北江航道扩能升级项目建设至年底完成投资7.5亿元，完成总工程的80%；韶关发电厂灰场光伏发电一期项目完成建设，累计完成投资2.5亿元，于6月并网发电；韶关港乌石综合交通枢纽建设项目完成乌石镇总体规划方案修编工作；韶关220千伏华电南雄“上大压小”热电联产项目接入工程完成80%塔基用地及青苗补偿。招商引资引进韶关曲江粤电新能源有限公司、韶关市海成运输有限公司、韶关市裕辉新型材料有限公司等3个项目入驻，引进资金2.8亿元。

党委书记：谢伟强

镇　　长：蒋　慧（任至3月）

江清霞（7月起任）

人大主席：李建春

【樟市镇】 地处曲江区西南端，东临北江与乌石镇隔江相望，南接清远英德市沙口镇，西连罗坑镇，北接白土镇，距城区马坝镇20千米，乐广高速在境内设有服务区和出入口。2018年，辖11个村委会和2个居委会，总人口29217人；其中瑶族村委1个（芦溪村，人口627人）。全镇总面积225.59平方千米，主要是山地、盆地，山地面积3万公顷，盆地为耕地，耕地面积2479公顷。矿产主要有煤、铁、瓷土、铅锌矿等。盛产优质谷、柑橙柚类水果、优质蔬菜及生猪等，是优质谷白马牌马坝油粘米的主要产地。消雪岭柑橙柚是粤北著名农产品品牌之一。未开发旅游景点有天池、雪花顶、梅花顶、黄思脑、深达潭等，有“小黄山”之称，是户外驴友的旅游天堂。特色菜肴有蒸猪红、黄豆腐。2018年，全镇财政总收入7546.967万元（其中乡村振兴工作收入5581.68万元），财政总支出7344.04万元（其中乡村振兴工作支出4206.41万元），收支结算对比结余202.93万元。

乡村振兴　至2018年底，该镇培育万亩油粘米示范基地，千亩果蔬基地、茶叶基地、优质水果基地、优质油料基地，成立现代农业产业合作社27个，家庭农场14个。在流坑村、北约村建成优质水稻品种实验种植基地；在西约村委建立66.67公顷的马坝油粘现代农业示范基地；在芦溪村委培育200公顷的高山红茶基地。是年，种植马坝油粘3333.33公顷，产量2.5万吨，产值5000万元；芦溪高山红茶基地产值3000万元（产出茶青250吨，为农户增收500万元；茶青制作高山红茶50吨，产出产值3000万元）。建成333.33公顷的光伏农业示范基地，是曲江区首个光伏农业示范镇。

党委书记：何宗成

镇　　长：廖韶军

人大主席：谢伟明

【枫湾镇】 位于曲江区东北部，距离韶关市区24千米，东接始兴县，西连大塘镇，南邻小坑镇，北靠仁化县周田镇。韶瑶公路贯穿全镇，乡村干道全面实现硬底化。2018年，辖9个村委、1个居委会，129个自然村，年末总人口1.9万人。辖区面积220平方千米，新城区规划占地面积1.3平方千米。耕地面积1133.33公顷，林地面积1.82公顷，原始森林面积5333.33公顷，可供发展林业的缓山坡地3333.33公顷，是清代“皇家贡品”——白水蜜桃的原产地。农产品主要有优质米、优质菜、优质果等，其中马坝油粘米、白水蜜桃、浪石白莲、石峰蔬菜、百香果、紫玉淮山远近闻名。是韶关“九龄故里，百里画廊”黄金旅游度假带的重要区域，有喀斯特地貌“小桂林”景区、白水枫日泉温泉度假村、坪山200公顷水蜜桃、茶园山瑶寨、黎壁石高山杜鹃、禅农谷岭南药膳养生园、浪石“荷花世界”等特色生态景观。2018年，全镇实现地区生产总值7.98亿元，同比增长10%；农民人均收入12133元，同比增长8%；固定资产投入7500万元。农业总产值3.16亿元，同比增长9%，工业总产值2.97亿元，同比增长14%，第三产业总产值1.85亿元，同比增长13%。

重点项目和生态产业　2018年，该镇打造岭南药膳养生小镇，项目一期工程建设基本完成，二期工程征地（0.78公顷）全面完成。推进枫景湾·膳养谷生态园项目，工程完成60%以上。推进王杨农业生态园项目，完成租地200公顷，种植沙田柚、药材等86.67公顷。引进江门商会，与枫湾商会共同联营开办枫味香土特产公司，打造枫湾名优土特产销售平台。举办第五届花果推介节会。打造枫湾“荷花世界”，每年旅游收入500万元以上。种植美国红枫，绿化、美化枫湾河两岸及小桂林森林公园栈道，打造枫树景观带。申报白水、浪石及大笋村创建旅游名村。

党委书记：陈焕云

镇　　长：邝发文

人大主席：林其文

【小坑镇】 位于曲江区东部，东与始兴县隘子镇为邻，南与翁源县新江镇接壤，西与枫湾毗邻，北与大塘镇相连。距曲江中心城区34千米。2018年，辖5个村委会和1个社区居委会，下设37个村民小组和1个居民小组。年末总户数1711户、户籍人口6082人，其中城镇人口993人，乡村人口5089人。总面积164平方千米，森林覆盖率91%，其中林地、湿地红线划定面积分别为14696.73公顷、310.97公顷。耕地面积312公顷。有小坑水库1座，最大库容量1.13亿立方米。小坑国家森林公园是全国首批87家森林公园，园内的经律论文化旅游小镇为国家AAAA级景区。探明矿产有萤石矿、钨矿、稀土矿和温泉等。土特产有枇杷、杨梅、冬笋等，小坑林场为国家级的油茶良种基地。2018年，全镇实现地区生产总值1.75亿元，同比增长8.2%；农民人均纯收入18230元，同比增长8%。其中，第一产业增加值6024万元，同比增长4.4%；第二产业增加值3516万元，同比增长7.8%；第三产业增加值7960万元，同比增长10.4%。三次产业比重调整为34.4∶20.1∶45.5，产业结构进一步优化，生态功能明显。全社会固定资产投资完成3000万元。本级财政可支配收入1082.73万元，支出1012.81万元。是年，经律论获中国优秀旅游景区称号和广东最佳康养温泉称号，成为韶关市首批12个市级示范特色小镇，申报创建省级特色小镇；曹角湾被评为韶关乡村旅游季·最美古村落，正申报第七批中国历史文化名村、第五批中国传统村落、省级文保单位和广东省美丽乡村；上洞村委和汤湖村委申报创建旅游名村项目。

经济建设　2018年，该镇做好重点项目省道251线改扩建工程征地拆迁工作，征地14.82公顷，完成下坪段征地任务，部分路段开工建设。经律论小镇项目天禅谷景区完成玫瑰园和儿童乐园建设。曹角湾登山步道和风貌整治工程、登山步道辅助设施工程完工并通过验收。成大汽车旅馆项目投入910万元基本完成龙王湿地景观园建设。年内，组织开展经律论文化旅游小镇第三届体育文化旅游节、路亚垂钓节、曹角湾“扛阿公”民俗活动、曲江区首届小坑环湖徒步活动和第一届小坑农民丰收节等旅游节庆活动。全年接待游客50万人次，实现旅游收入9000万元。成立小坑镇商会并组织召开商会会员大会。全年上报计划招商引资项目4个，完成招商引资任务1471万元。

党委书记：邓会成
镇　　长：唐玲君
人大主席：王朝其

【罗坑镇】　位于曲江区西南部，东连樟市镇，南接清远英德市云岭镇、横石塘镇，西邻乳源瑶族自治县大布镇，北毗江湾镇、龙归镇。县道317线直达镇域。常年平均温度19.1℃，年平均降雨量1800毫升，大于或等于0℃的年总积温7300℃，平均无霜期309天，昼夜温差较大。境内海拔1000米以上的山峰有30多座，最高山峰船底顶海拔1587米。高山上分布有大量的古茶树及原生茶树群落，全境300年以上的古茶树2万株，发现最大的古茶树胸径43厘米，树龄1200多年。是国家级鳄蜥自然保护区、革命老区、广东十大茶乡、省级茶叶专业镇、“中国十佳最美露营地”，全年接待游客6万人次。2018年，辖5个村委会和1个社区居委会，有99个自然村。年末总人口13203人，其中瑶族1300多人。全镇总面积218平方千米，其中山林面积2.17万公顷，生态公益林1.87万公顷。2018年，全镇国民生产总值3.44亿元，同比增长7.8%；人均可支配收入18660元。

茶叶产业　2018年，罗坑科技创新服务中心投入运行，与广州倬威科技有限公司研发罗坑原生态农旅产品品牌监管和溯源平台。10月20日，举办茶文化节及第四届采茶技能比赛，8000人到罗坑参与采茶、制茶活动。

党委书记：谢国健（12月任职）
镇　　长：罗锦球
人大主席：张金明

【松山街道办】　因承接驻区国有企业宝钢集团广东韶关钢铁有限公司剥离办社会职能而设立的，为区人民政府派出机构，正科级建制。位于韶关市南郊，松山街道办事处地址为韶钢厂南大道（原西区居委会所在地），下设4个区和6个居委会，总面积11平方千米，辖区与大塘镇、马坝镇行政区相连。2018年，有城镇居民1.6万户，户籍总人口4.3万人。是年，引进道畅再生资源有限公司等6家企业，项目投资3500万元。开展低保户复核工作，发现不符合条件12户，已办理停保手续，8户正在办理停保手续。举办道德讲堂活动6次，在区级媒体发表新闻稿件32篇，利用电子屏、宣传栏播放张贴标语94条（幅），发放宣传资料3680余份。街道“妇女之家”完成广东省第三期“妇女之家”示范点建设项目中期评估工作，以高分通过评估。谢宋敏等5户家庭获韶关市“文明家庭”称号；吴育孟家庭参加广东省“最美家庭”评选，获得广东省百户“最美家庭”称号。年内，成立松山街道志愿服务队，开展志愿活动14次，人均志愿服务时长累计143小时。

党工委书记：张卫琪
办事处主任：钟安源
人大工委主任：曾文雄

表34　2018年曲江区国民经济发展情况表

指标	单位	绝对值	比上年增长（%）
地区生产总值	亿元	193.82	2.7
第一产业增加值	亿元	13.97	4.3
第二产业增加值	亿元	111.16	–0.2
工业增加值	亿元	106.05	0.2
第三产业增加值	亿元	68.69	6.6
人均地区生产总值	元	60500	2
规模以上工业总产值	亿元	416.53	1.5
农林牧渔总产值	亿元	23.86	6.1

续表

指标	单位	绝对值	比上年增长（%）
固定资产投资	亿元	67.33	13.9
社会消费品零售总额	亿元	73.31	9.7
外贸进口总额	万美元	4692.9	16.79
外贸出口总额	万美元	15226	-3.6
实际利用外资	万美元	715	-42.4
地方一般公共预算收入	亿元	9.46	11.2
地方一般公共预算支出	亿元	23.43	7.4
城镇常住居民人均可支配收入	元	28942	7
农村常住居民人均可支配收入	元	16768	9.5

乐昌市

【概况】 乐昌市位于韶关市北部，东与仁化县为邻，西南与乳源瑶族自治县相连，北部、西部与湖南省宜章县毗连，东北与湖南省汝城县接壤。素有“广东北大门”“楚粤孔道”之称，西京古道和宜乐古道途经乐昌境内，京广铁路、京港澳高速、京广高铁、乐广高速、国道107线、国道240线（原省道249线）、省道247线、省道248线纵贯境内。2018年，全市辖16个镇、1个街道和2个办事处，土地面积2419.28平方千米。年末户籍人口52.99万人，常住人口41.95万人，人口自然增长率7.43‰。

乐昌有耕地面积3.47万公顷，农作物播种面积3.14万公顷。林业用地面积19.2万公顷，森林覆盖率69.81%，森林蓄积量989.08万立方米。重要矿产资源有锑、钨、铅锌、铁、硫铁、萤石矿、煤和石灰石等。土特产有北乡马蹄、张溪香芋、沿溪山白毛茶、九峰柑橘、九峰柰李、坪石水蜜桃、秀水布朗、梅花猪、“梅花牌”子姜辣椒、黄圃板栗、桃花酥等。主要旅游景点有龙王潭生态旅游区、古佛洞天风景区、金鸡岭风景区、北乡九福兰花公园、乐昌峡、后洞生态庄园、杨东山十二度水生态旅游区、九峰花海、五山梯田、庆云户昌山古村落、梅花大坪古村、“7011”景区、西石岩寺、白水寨生态园、广东誉马葡萄酒庄园、梅花镇百臻生态农业园、长来镇和村等。是全国青花石之乡、观赏石之乡、马蹄之乡；全国义务教育发展基本均衡市、全国体育先进市、全国健康促进县、广东水果之乡、省林业生态市、省旅游强市、省教育强市、省文明城市、省南粤锦绣工程文化先进市、省双拥模范市、省卫生城市、省药品安全示范县。2018年，乐昌市入选全国农村创业创新典型县、北乡镇入选全国“一村一品”示范村镇、梅花大坪村和黄圃石溪村被列入第五批中国传统村落名录、乐昌黄金柰李入选国家地理标志商标、乐昌香芋入选全国名特优新农产品、北乡黄垒村入选广东改革开放示范百村。

▲2018年10月，北乡镇被农业农村部认定为全国“一村一品”示范村镇
（吴卫东 摄）

2018年，全市有中等职业学校和技工学校2所，在校学生5346人；普通中学25所（高中3所、初中22所），在校学生22676人；小学（含38间教学点）68所，在校学生38063人。医院、卫生院22所，床位3371张。文化馆1座，公共图书馆1座，博物馆1座。

2018年，全市生产总值124.62亿元，比上年增长5.6%。其中：第一产业增加值22.72亿元，增长4.7%；第二产业增加值22.37亿元，增长2.4%；第三产业增加值79.53亿元，增长6.8%。人均地区生产总值2.98万元，增长5.6%。固定资产投资53.87亿元，增长19.6%。社会消费品零售总额72.83亿元，增长9.7%。外贸出口额1817.5万美元，增长10.9%；实际利用外资203万美元，增长42%。地方一般公共预算收入6.45亿元，增长9.1%。城镇常住居民人均可支配收入2.59万元，增长6.9%；农村常住居民人均可支配收入1.48万元，增长9.5%。

【产业提质增效】 2018年，乐昌市新签约引进南源铜材、优泰德电器、母婴童科技产业园等项目32个，合同投资总额48.68亿元，其中亿元以上项目15个。推动力禾精工、大朗（乐昌）产业共建科技园等21个新签约项目落地动工，科优精密制造、沃府新材料等8个项目竣工投产。新增南方阳光节能新材料、誉马葡萄酒庄园等规模以上工业企业6家。欧亚特电子等4家企业被认定为国家高新技术企业，恒发纺织建立省级工程技术研究中心，高尔德防雷等3家企业建立韶关级工程技术研究中心。推进特色农产品标准化规模化品牌化建设，建成120公顷酿酒型葡萄示范种植基地，乐昌香芋产业园成功申报省级现代农业产业园。成功创建国家级生态原产地产品保护示范区，新增国家级生态原产地保护产品4个。乐昌香芋入选全国名特优新农产品，新增省级农业类名牌产品6个。推广“互联网+农业”，建成6个镇级电商综合服务中心和16个村（社区）级电商综合服务站，快递下乡工程实现行政村全覆盖，入选省级电子商务进农村综合示范县。发展乡村旅游，润粮农场被授予“省十佳最美农田”称号，培育誉马葡萄酒庄园、长来和村、廊田同吉店村等乡村旅游新亮点。全年接待旅游人数517.31万人次，增长14.7%；实现旅游综合收入34.33亿元，增长15.2%。

【城乡环境面貌改善】 2018年，乐昌市城市总体规划获广东省政府批准，明确乐昌作为韶关市域副中心城市的发展定位。全面完成国道535线廊田至乐城段、国道240线坪石至梅花段、省道248线乐城至长来段等一批国省道路面改造项目。长来和村建成韶关首条“四好农村路”（“建好、管好、护好、运营好”农村公路）示范路。行政村实现光纤全入驻，4G手机信号实现全覆盖。完成城区“一江两岸”美化亮化一期工程，启动城区道路“白改黑”、背街小巷“微改造”。全域推进农村人居环境综合整治，基本完成1506个自然村“三清三拆三整治”工作。推进九峰、两江“桃李人家”省级新农村连片示范工程建设，启动坪石、北乡重点交通线路沿线村庄房屋外立面改造工程。

【民生事业】 2018年，乐昌市财政用于民生领域支出30.16亿元，增长13.55%，占一般公共预算支出的82.94%。城乡居民人均可支配收入21445元，增长7.1%。完成市流浪乞讨人员安置中心建设，完成坪石区域性敬老院主体工程建设，8个农村居家养老服务站建成并投入使用。城镇新增就业3248人，登记失业率控制在3.5%以内。完成复退军人安置中心建设。新增义务教育优质学位5130个。公办和普惠性幼儿园占全市幼儿园的92.9%。乐城一小、廊田中心学校等一批新扩建项目建成并投入使用。高考成绩实现连续六年增长。成功创建省推进教育现代化先进市、省社区教育试验区。完成坪石电影院建设，215个村（社区）综合性文化服务中心实现全覆盖。完成市第二人民医院异地新建项目和市第一人民医院、市妇幼保健院改扩建主体工程建设，启动市120医疗急救指挥中心建设。

【三大攻坚战】 防范化解重大风险攻坚战 2018年，乐昌市完成农村信用社改制组建农商行工作，农村信用社不良贷款率从5.78%下降至2.76%。化解存量债务，严控新增隐性债务，政府债务率保持在合理区间。加大安全生产风险隐患排查整治力度，全年未发生较大以上生产安全事故。抓好社会治安防控体系建设、矛盾纠纷排查调处、社会稳定风险评估等工作，社会大局保持和谐稳定。

精准脱贫攻坚战 2018年，乐昌市建成扶贫产业基地77个、面积466.67公顷，辐射带动1334户在家有劳动能力贫困户实现产业增收；落实政府全额资助5169户14097名贫困人口参加城乡居民基本医疗保险；落实1967户2908名整户无劳动能力贫困人口纳入政策兜底保障；完成384户危房改造任务和402户贫困户家居环境提升“幸福工程”；发放建档立卡贫困学生教育补助4666人次757.95万元；投入资金318.45万元，帮助11096名符合参保条件的贫困户参加城乡养老保险；发放扶贫小额信贷362户，新增贷款金额1089.6万元。全年实现1054户3444人脱贫。

污染防治攻坚战 2018年，乐昌市全年空气质量优良率93.48%。推进水污染防治，设立四级河长1716名，实现河长制管理全覆盖。开展城区饮用水水源地环境问题清理整治，完成市区饮用水水源保护区调整，地表水考核断面水质和市区集中式饮用水水源地水质达标率100%。最严格水资源管理考核获韶关优秀等次，国家重点生态功能区县域生态环境质量考核位居全省前列。推进村镇污水处理设施建设PPP项目，完成14个镇级污水处理厂选址，启动长来镇级污水处理厂建设。启动土壤污染综合防治先行区建设。

【乐昌市入选全国农村创业创新典型县】 2018年，乐昌市入选全国农村创业创新典型县。广东有2个县（市、区）入选，乐昌市成为韶关市唯一入选县（市、区）。乐昌市以农业技术推广体系改革与建设补助项目建设为工作切入点，加大技术推广力度，培育科技示范户，依托特色产业建设一批示范基地，形成节庆助推、孵化保障、企业带动、公共服务等促进农村创业创新发展的新格局。全市培育广东省级农业龙头企业3家、市级13家、县级22家；登记注册的农民专业合作社585家，其中国家级示范社5家、省级19家、韶关市级28家、乐昌市级39家。推动品牌战略，培育乐昌市农业品牌。乐昌市昌盛香芋生产流通专业合作社的“炮弹香芋”和乐昌市梅花镇百臻有机种养专业合作社的“鱼稻山泉米”获得广东省名牌产品（农业类）。

【北乡镇入选全国“一村一品”示范村镇】 2018年10月，北乡镇被农业农村部认定为全国“一村一品”示范村镇。广东有6个村镇入选，乐昌市北乡镇成为韶关市唯一入选村镇。北乡镇素有“马蹄之乡”美称，全镇马蹄种植面积1000公顷，辐射带动乐昌乃至韶关市周边其他镇种植马蹄面积近7000公顷，占农民总收入70%。

【乐昌黄金柰李入选国家地理标志商标】 2018年，乐昌市九峰镇黄金柰李获得中华人民共和国国家工商行政管理总局商标局颁发的中国地理标志产品证书，是继沿溪山毛尖、张溪香芋、乐昌马蹄之后乐昌市第四个中国地理标志产品。是年，乐昌黄金柰李投产面积约3000公顷，产量6.75万吨。黄金柰李具有颜色金黄、果大、皮薄、肉厚、核小、爽脆、清甜多汁等特点，含有蛋白质、碳水化合物，以及氨基酸、维生素C、钙、铁等多种营养成分，抗氧化剂含量高，可抗衰老、防疾病。8~10年以上树龄的果树通过套装技术才能长出品质优良的黄金柰李。

【梅花大坪村、黄圃石溪村被列入第五批中国传统村落名录】 2018年，乐昌市梅花镇大坪村和黄圃镇石溪村入选第五批中国传统村落。大坪村位于乐昌市西部的梅花镇，地处湘粤交界。明朝天顺年间（约1458年），杨姓祖先从广东河源迁徙到此而形成，因四面环山，中为平地而取为大坪村，又名笔山村、杨家寨。村中保存较完整的明清时期古建筑近万平方米，有县级以上政府认定的文物古迹12处，桥背组2处露天温泉、下归山山洞温泉和硫磺矿山。1990年，大坪村被韶关市评为“革命老区村庄”。石溪村位于乐昌市北部的黄圃镇，始建于宋代绍熙年间，因“石夹溪流”故名石溪。村落传统建筑规模宏大，传统建筑用地面积占全村建设用地面积45%以上，街巷体系较为完整，有明代、清代所建的40多栋青砖瓦房、宗祠，纵横交错的青石大路和巷道、功名石。其中邓氏柳塘公宗祠、邓国润民居被列入乐昌市不可移动名录。石溪村人历朝历代获文职198名，军功23人。

【乐昌九福兰花公园被评为国家AAA级旅游景区】 2018年，乐昌九福兰花公园被评为国家AAA级旅游景区。该公园位于乐昌市北乡镇前村路旁，占地面积80公顷。为农业观光主题参观园，兰花生产与经营为主业，发展观光休闲，配置大型兰花主题展馆、古道文化馆、蝴蝶谷、南药园、粤北植物园、郊外体育公园、登山徒步道、兰花客栈、兰花餐厅，集食、住、玩等功能于一体。是省级现代农业示范基地、第一批韶关市文化旅游融合发展示范区。

【乐昌承办首届“中国农民丰收节”韶关主会场活动】 2018年9月23日，全国首届“中国农民丰收节”系列活动之一的韶关首届“中国农民丰收节”暨生态农业博览会启动仪式在乐昌市长来镇举行。活动为期1个月。韶关首届“中国农民丰收节”暨生态农业博览会开幕式主会场，设在乐昌长来镇新又好韶关生态农业示范基地大门区域，设有彩色水稻图案造型区、花卉造型区、向日葵种植区、水稻迷宫景观区、蔬菜与花卉创意种植与体验小游园等展示区域。分会场设在长来镇和村村，举办乐昌长来糍粑“过会节”，在长来镇和村村驿站、农户家体验做糍粑。

【“乐昌桃花杯”全国象棋女子甲级联赛在乐昌举行】 2018年10月31日至11月3日，2018—2019年“乐昌桃花杯”全国象棋女子甲级联赛在乐昌北乡兰花公园举行。来自浙江、广东、北京、上海等10个省市的30名女子象棋大师参赛。北京九重汇队获得冠军，成都锦江队获得亚军，广东百艺城队获得季军；选手唐丹获得“最有价值棋手”奖，选手金海英、唐丹获得“最佳对局”奖，广东乐昌队、广东百艺城队、北京九重汇队获得“体育道德风尚奖”，广东乐昌队、上海九城集团队、金环建设河北队获得“进取奖”，张强和郭玥分别获得“优秀教练员”奖和“优秀裁判员”奖。全国象棋女子甲级联赛创办于2013—2014赛季，自2018年赛季起的五年联赛将在乐昌市举办。

【乐城街道办事处】 位于乐昌市区河南武江河畔，于2003年7月由乐城镇、河南镇合并组成，是乐昌市人民政府所在地。东与廊田镇相邻，南与长来镇相连，西与乳源瑶族自治县交界，北与北乡镇相接，下辖原乐城、河南两镇11个居委会和16个村民委员会。2018年，全街道城区面积12.2平方千米，辖区总面积187.78平方千米，耕地面积1457公顷，山地面积1.5万公顷。年末总人口168567人。旅游景点有古佛岩，市（县）文物保护单位龟峰塔、文峰塔、西寺岩寺、伯陵堂、赵佗城遗址等。武江河贯穿而过，溪水众多，森林资源以松树、杉树为主，有国家一级保护植物红豆杉和名贵植物乐昌含笑。农业以蔬菜种植、水产养殖、生猪养殖为主。名优特农产品有张溪香芋、香葱、下西反季节蔬菜、塔头番茄、小洞毛茶、河南莲藕等，是乐昌市的重要“菜篮子”基地。

誉马葡萄酒庄园开业　2018年11月23日，位于乐城街道月坵村的誉马葡萄酒庄园正式开业。誉马葡萄酒庄园是广东省首家以全球酒庄标准打造的，集葡萄种植、葡萄酒酿造、葡萄酒文化旅游为一体的“三产融合”葡萄酒产业基地，是韶关市重点项目。总计划投资逾10亿元，总规划面积2000公顷。于2016年10月开工建设，2017年9月27日第一期车间投产，至2018年底完成一期规划建设，建成酒堡、发酵车间、白兰地蒸馏车间、灌装车间、酒窖、红酒文化厅等基础设施；开发5款誉马系列葡萄酒和白兰地。2017年9月和2018年9月两次投产，累计生产葡萄酒和XO白兰地产值6亿元，带动种植特有酿酒葡萄133.33公顷。

乐昌市委常委、街道党工委书记：万广平

办事处主任：熊海泉

人大工委主任：李伟文

【长来镇】 位于乐昌市南部，东邻廊田镇，南与乳源瑶族自治县桂头镇交界，西和北与乐城街道办事处接壤，距市区7千米，属粤北山区丘陵平原地带，地处乐昌盆地南部。辖1个居委会，12个村委会，56个自然村。2018年，全镇土地面积94平方千米。年末户籍人口25750人，农业人口21129人。耕地面积1564公顷，粮食播种面积1732公顷，粮食产量10738吨。林地面积4666公顷，森林覆盖率70%以上。矿产主要有石灰石、铁矿石。土特产有前溪村香芋、草莓、无公害蔬菜、安口“松子鸡”、灵口地膜西瓜、和村无公害蔬菜等。景点有新石器时代的园岭遗址、省级文物保护单位五汪村谭氏宗祠。有“过会”（糍粑节）的传统习俗。2018年，全镇生产总值5.04亿元，同比增长5%；一般公共预算收入1713.4万元，增长63.31%；农村常住居民人均可支配收入13083元，增长4%。

长来镇和村获得“韶关乡村振兴新秀”第一名 2018年，长来镇和村在“韶关乡村振兴新秀”评选活动中成为“韶关乡村振兴新秀”。此次活动由韶关市委农办推选、韶关日报甄选、韶关人投票，选出排名前十的代表乡村，和村获得第一名。长来镇和村是由广东省人民政府办公厅联合碧桂园集团共同帮扶的省定贫困村。

党委书记：朱新玉（女）

镇　　长：邹方球

人大主席：王土根

【北乡镇】 位于乐城街道办事处北面，距离城区6千米，省道248线贯穿镇区。2018年，全镇总面积93.6平方千米，辖8个村民委员会（其中1个为瑶族村民委员会），85个自然村，年末户籍人口16038人。耕地面积1333.33公顷，林地面积6666.67公顷。北乡镇是“马蹄之乡”。马蹄于2009年5月被国家评定为原产地理标志保护产品，是该镇特色农业产业和农村经济支柱产业，占农民总收入70%。特色品牌产业有“北乡腊味”。2018年，全镇农村经济总收入3.88亿元，同比增长8%；全镇财政一般预算收入1804.4万元，增长28.9%；农民人均纯收入13881元，增长7.6%。是年，北乡镇入选全国“一村一品”示范村镇；9月，裕农通普惠金融服务点在北乡镇前村挂牌成立。

乐昌市桃花节北乡分会场 2018年3月10日，以“赴桃花之约，品乐昌美食”为主题的2018年乐昌桃花节北乡分会场活动在北乡镇九福兰花公园开幕启动。活动持续到3月18日，分会场设置美食节特色小吃品尝和农特产品展销，有50个来自乐昌市城区和北乡等地的特产和餐饮商铺参与。

党委书记：谭　辉

镇　　长：邓继润

人大主席：陈永英（女）

【廊田镇】 位于乐昌市东部，是广东省首批划定的中心镇之一，距市区13千米，国道535线和省道247线贯穿境内，与仁化县、浈江区、乐昌市乐城街道、五山镇、长来镇、北乡镇等相连，有“粤北粮仓”之称，是粤北地区两省二县七镇的农产品流通集散地。2018年，全镇总面积147平方千米，林地面积约1万公顷，耕地面积2936公顷。辖17个建制村和1个居委会，197个村民小组、5个居民小组、157个自然村，年末总人口约3.8万人。主要种植“银粘”“美香粘”“台香粘”“宜香10号”“超级稻五优308”等水稻品种。农特产品有廊田香米、廊田马蹄、廊田香芋、葫芦坪冬笋、笋干等。主要景点有龙王潭、龙山温泉、白水寨等。古迹有宝林寺遗址、天石岩、楼下古村等。2018年，被韶关市列为镇街整治提升139行动20个首批试点镇之一。是年，该镇完成财政收入2200万元；农民人均纯收入14286元，同比增长5.8%。

党委书记：欧建来

镇　　长：陈金旺

人大主席：李森林

【五山镇】 位于乐昌市东北部，东部与仁化县红山镇交界，南部与廊田镇相邻，西部与九峰、北乡镇连接，北部与湖南省汝城县毗邻，省道247线南北向贯通全镇，距乐昌市区33千米。2018年，辖11个村委会，128个自然村。土地面积186平方千米。年末户籍人口21796人，农业人口21304人，城镇人口492人。耕地面积1840.96公顷，林地面积1.6万公顷，森林覆盖率93%。五山镇是中国工农红军长征经过的地区之一，有红军长征突破第三道封锁线红色遗址12处（均为不可移动文物），省委宣传部把五山红军长征临时指挥所确定为广东省首批红色革命遗址重点建设示范点，被中共韶关市委宣传部、韶关市社会科学联合会授予“韶关市社会科学普及基地”。矿产主要有萤石矿、钨矿、石英矿、稀土矿、钾长石矿等。土特产有香菇、竹笋、竹筒酒、梯田米等。生态旅游资源主要有石下村上黎组梯田、大乐村白水寨、东洛水库、沙田村龙王潭、竹海森林公园等。是乐昌市四大林区之一，粤北著名的“毛竹之乡”。2018年，全镇农村经济总收入亿元，农村居民人均纯收入元。2018年，五山镇获得韶关市卫生镇称号。

打造红色文化特色小镇 2018年，五山镇整合生态资源和红色资源，引进韶关市旅游发展投资集团有限公司，开发以五山红军长征临时指挥所遗址修复修缮为核心的革命历史展览基地和爱国主义教育基地。项目总用地面积2.2万平方米。建设红军文化展览馆、培训中心、临时指挥所廊亭、游客服务中心、五山红军长征大事记浮雕、停车场、纪念广场、修缮红军革命烈士墓、红军战壕遗址等。

党委书记：张广润

镇　　长：梁新来

人大主席：梁志雄

【九峰镇】　位于乐昌市中部，是林区中心镇，距乐昌市区31千米，省道248线贯穿境内。东北面与湖南省宜章县、汝城县交界，西与两江镇毗邻，南与北乡、大源两镇相连。境内群峰叠嶂，以五指、向日、马蹄、青云、紫微、云祖、太乙、羊角、三星等9座山峰而得名。2018年，全镇辖12个建制村和1个社区，171个自然村。年末总人口22396人，总面积192平方千米，其中耕地面积903.1公顷，林地面积1.78万公顷，森林覆盖率92.18%以上。土特产主要有黄金柰李、黑布朗、油桃、水蜜桃、鹰嘴桃、水晶梨、橘子、椪柑、脐橙、手工擦糍粉、糯米糍、黄糍、金银花、茶叶、红薯干、魔芋、禾花鱼、食用菌等。景点有茶料花海、石壁潭花海、桃花长廊、桃花王、桃李人家、九峰银杏树、九峰杨东山十二度水省级自然保护区、抗日名将薛岳旧居（广东省文化厅第六批文物保护单位）等。山歌《啦打》被列入省级非物质文化遗产保护项目。是“粤北水果之乡”，被广东省人民政府评为水果专业镇；被广东省林业厅评定位为“广东省森林小镇”；茶料村被国家农业部评定为“中国美丽休闲乡村”。2018年，全镇生产总值4.03亿元，增长7.8%，其中农业总产值2.93亿元，增长8.7%；工业总产值6615万元，增长5%；第三产业总产值4380万元，增长16.6%；人均纯收入15549元，增长9.1%。是年，九峰镇文洞村成功创建韶关市卫生村。

乐昌市桃花节开幕式在九峰镇举行　2018年3月6日，乐昌桃花节开幕式在九峰镇坪石桃子园举行。开幕式现场举行捐资助学签约仪式、“最美古村落”授牌仪式和“移动支付便民工程建设星级商户”授牌仪式。桃花节期间，接待游客65万多人次，同比增长8.3%。

乐昌市黄金柰李水果节暨黄金柰李王评比活动　2018年7月19日，2018年乐昌市黄金柰李水果节暨黄金柰李王评比活动在九峰镇举行。此次黄金柰李王评比活动主题为“品质为王”，对乐昌市各合作社、种植大户、家庭农场进行海选，选出21份参赛样品。评委通过单果重量、测果实可溶性固形物含量、专家品尝口感、外观等四个方面打分，选出金牌黄金柰李王1名、银牌黄金柰李王2名、铜牌黄金柰李王3名，于7月20日晚上黄金柰李水果节开幕式上颁奖。

互联网农业小镇建设　2018年，九峰镇建设农产品展示区、培训室、监测站、运营办公室、物流专区及视频监控系统、生产基地等，通过韶关专家组验收。至年底，全镇有230个淘宝店，2346个微店。农户通过淘宝店、微店、微信朋友圈等线上形式销售本地农产品，线上销售额占50.6%，从事电商农户数占全镇农户的三分之二。

党委书记：马建民

镇　　长：赵平平（女）

人大主席：王献栋

▲2018年3月3日，乐昌桃花节开幕式在九峰镇坪石桃子园举行　（何海松　摄）

【两江镇】　位于乐昌市西北部，距乐昌市区45千米，因镇区大、小两江交汇而得名。东与九峰镇相邻，南与大源镇交界，西与庆云镇接壤，北毗邻白石镇和湖南盈洞乡，省道248线横贯全镇。2018年，辖7个村委会，101个自然村。年末户籍人口1.35万人，农业人口6589人，外来人口115人。全镇土地面积131.06平方千米。耕地面积976公顷，粮食播种面积620公顷，粮食产量3524吨。林地面积1.2万公顷，森林覆盖率89.8%，活立木蓄积量83万立方米。水力资源、林木资源、萤石矿资源丰富。盛产油桃、鹰嘴桃、黄金柰李、柑橘等特色水果。产业是以“赏花摘果”为主线的生态休闲旅游，有月湾古桥、狮子山古楠木森林公园、古道听泉、凰落花谷、徐氏宗祠、蔚岭关等景点。2018年，全镇生产总值2.37亿元，比上年增长6.2%。其中，第一产业增加值18970万元，增长6.4%；第二产业增加值3860万元，增长5%；第三产业增加值950万元，增长9.2%。地方一般公共预算收入955万元，增长13.2%。农村常住居民人均可支配收入14671元，增长6%。是年，两江镇凰落村成功创建“广东省卫生村”。

乐昌桃花节两江分会场　2018年3月12日，2018乐昌桃花节“品民俗文化，建两江新村”新农村建设民俗文化汇演在两江镇举行。活动为2017年成功创建广东省卫生村的凰落村和获得韶关市“平安家庭”创建活动先进示范村的上长塘村进行授牌。桃花节期间接待游客2.4万人次，收入370多万元。

党委书记：沈家和

镇　　长：黄元勇

人大主席：黄　彪

【大源镇】 位于乐昌市中部，东与北乡、九峰、两江三镇相连，南与乐城街道办事处毗邻，西与梅花镇交界，北与坪石、庆云两镇接壤，武江河贯穿境内。2018年，辖9个村委会，279个自然村。全镇土地面积282.2平方千米。年末户籍人口10861人，农业人口10121人，非农户籍人口740人。耕地面积699公顷，粮食播种面积602.5公顷，粮食产量3337.85吨。林地面积245941公顷，森林覆盖率86%，活立木蓄积量2010642立方米。地方特产有茶叶、蜂蜜、黄姜、烟熏腊肉、腊肠、走地鸡、冬菇等。旅游资源有"燕子岩"溶洞、水源森林公园、乐昌峡湿地公园、"乐昌峡"库区、湖洞革命老区、江南果茶蜂蜜生产基地等。是全国林业基地、茶叶之乡。2018年，全镇生产总值26341万元，同比增长6.7%。其中，第一产业21072万元，增长6.9%；第二产业4214万元，增长5.4%；第三产业1055万元，增长6.9%。固定资产投资1645万元，农村常住居民人均可支配收入14050元，同比增长4.3%。

党委书记：邹　亮

镇　　长：邓东梅（女）

人大主席：罗招良

【坪石镇】 位于乐昌市西北部，毗邻湖南省宜章、临武、汝城县，距乐昌城区33.75千米。京港澳高速公路、乐广高速公路在境内设有出入口，国道107线、省道248线、省道249线在镇内交会，京广铁路设坪石站，是广东省北部的重要交通枢纽和重要边贸城镇，是省内外和南来北往物资的重要集散地。历史上曾被誉为广东八大重镇之一，素有"广东北大门、岭南第一镇"之称。2018年，辖25个村委会、4个居委会，总面积267.6平方千米。地方特产有天堂生姜、水牛湾无花果等。旅游资源有金鸡岭、"7011"工程景区等。

发展电子商务 2018年，坪石镇举办首届电商年货节，成立电商精准扶贫培训中心，启动天堂村、肖家湾村、转村3个乐村淘村级电商服务站。坪石镇电商协会会长单位——水牛湾农业发展有限公司与肖家湾村、灵石坝村、莲塘村、百家洞村4个村委会签订合作协议，建起无花果产业扶贫基地。肖家湾村26户贫困户与水牛湾农业发展有限公司开展代种包销模式合作。天堂村生姜种植专业合作社18名贫困户通过乐村淘线上销售"天堂姜"1万斤，带动线下销售6万斤，销售额30多万元。2018年天堂村生姜种植面积133.33公顷，产值超过1000万元。

广东首个振兴乡村信用建设研究基地在坪石镇落地 2018年6月15日，广东首个振兴乡村信用建设研究基地在坪石镇三星坪扶贫帮扶（雪毛）产业园落地。乐昌市坪石镇三星坪扶贫帮扶（雪毛）产业园由乐昌市雪毛农业有限公司投资建设，该项目通过向三星坪农户租用土地、省定贫困村三星坪村委会投入扶贫资金入股、对三星坪村贫困妇女进行创业培训等方式，增加三星坪村委会的集体收入，带动贫困群众共同发展。广东省信用研究会以此为基地，以信用建设、食品安全、生态原产地、科技与金融服务为抓手，践行振兴乡村战略和扶贫攻坚背景下农村农业信用体系建设。

乐昌市委常委、坪石镇党委书记：刘允曾

镇　　长：邓勇健

人大主席：王重华

【三溪镇】 位于乐昌市西北部，南西北三面与湖南省的宜章县交界，东面与坪石镇接壤。2018年，辖8个村委会，86个自然村。土地面积113.3平方千米，年末户籍人口1.27万人，农业人口3125人，外来人口10人，流出人口8459人。耕地面积742公顷，粮食播种面积464.8公顷，粮食产量3057吨。林地面积590公顷，森林覆盖率76.2%。农业资源、森林资源、水资源丰富。土特产有红薯干、豆腐乳、红柚等。文物古迹有谢家塘古村落遗址、浪头古戏台遗址、龙门塘古屋遗址、座马岭双鹤亭等；广东省非物质文化遗产保护项目有乐昌花鼓戏、青蛙狮、渔鼓等，是广东省非物质文化遗产传承基地。2018年，全镇生产总值10475万元，地方一般公共预算收入1561.62万元，农村常住居民人均可支配收入11864元。

党委书记：吴伟标

镇　　长：丁　琦

人大主席：杨宏华

【梅花镇】 位于乐昌市西北部，是"梅寮四地"（梅花、秀水、沙坪、云岩4个镇的简称）经济、文化、交通中心。坪乳公路、乐梅公路贯穿境内，京港澳高速在境内设出入口。2018年，辖17个行政村、1个居民委员会，215个自然村。土地面积197.77平方千米。年末户籍人口6.49万人，农业人口6.18万人，外来人口260人。耕地面积1853.3公顷，粮食播种面积1534公顷，粮食产量6.8万吨。林地面积14180.4公顷，森林覆盖率69%，活立木森林蓄积141240立方米。矿产主要有锡矿。地方特产有梅花猪、子姜辣椒、黄烟、无公害绿色蔬菜、紫心薯、香花梨（沙梨）、子姜辣椒等。景点有梅花红七军烈士纪念碑、万古金城、韩泷祠、仙人岩等古迹，韶关市旅游名村深塘村的百臻生态农业园，坪溪村的金山温泉、大坪村的桥背温泉，"红色革命老区"大坪村和"游击革命老区"流山、大富村，明清古建筑群大坪杨家寨、深塘古子坑古村等。每年2—3月，有万亩油菜花海。2018年，全镇生产总值8.64亿元，同比增长8%。其中，第一产业增加值5700万元，增长8%；第二产业增加值6900万元，增长8%（工业增加值6900万元，增长8%）。人均地区生产总值13312.79元，增长1.5%。固定资产投资1401.32万元，增长0.95%。地方一般公共预算收入2799.96万元，增长852.8%。农村常住居民人均可支配收入13878元，增长8%。

党委书记：颜昌松

镇　　长：林俊仪

人大主席：付仙宝

【秀水镇】 位于乐昌市西北部。西部与湖南省宜章县关溪乡、栗源镇相邻，北部、东部、南部分别与梅花、云岩、沙坪接壤，为典型石灰岩地区。2018年，辖10个村委会、77个自然村。全镇总面积56平方千米，年末总人口2.2万人。耕地面积629.33公顷，其中水田面积355.2公顷、旱地面积274.13公顷。粮食播种面积410.27公顷，粮食产量5453吨。林地面积4333.33公顷，森林覆盖率90%，活立木蓄积量8.5万立方米。矿场有煤矿、石场。地方特产有黄糍粑、花生豆腐、秀水鱼干等。景点有大竹山森林公园、朱家村紫阳书院等。2018年，全镇生产总值30470万元，同比增长13.3%。地方一般公共预算收入1622.32万元，增长2.4%。农村常住居民人均可支配收入12166元，增长6%。是年，该镇获得“乐昌市2017年度计划生育目标管理责任制考核优秀等次”，通过“广东省教育强镇（乡、街道）复评”，田心村党支部获得“乐昌市先进基层党组织”称号，田心村委会获得“韶关市卫生村”称号。

党委书记：邝贤松

镇　　长：朱裕超

人大主席：李月明

【沙坪镇】 位于乐昌市西南部，东、南两面与乳源瑶族自治县交界，西面与湖南省的宜章县关溪乡、白沙乡毗邻，北面连接秀水、云岩镇，距乐昌市区60千米。属典型的石灰岩地貌，有“七分石头三分土，食水用水贵如油”之称，自然条件恶劣。2018年，全镇总面积146平方千米，辖7个村委会和1个林场，86个自然村，154个村小组。年末总人口24585人，其中党员424人。全镇耕地面积1755.4公顷，其中望天水田73.3公顷，其余为石花地。土特产有土榨花生油、辣椒、花生豆腐、山地玉米鸡、土鸡蛋、番薯干等。名胜古迹有八宝山森林公园、西京古道等。2018年，全镇财政收入1604.47万元，农村经济总收入19999万元；农村人均收入13681.38元，同比增长9%。

党委书记：廖远强

镇　　长：余树晗

人大主席：张锦锋

【云岩镇】 位于乐昌市西南部，东南部与乳源瑶族自治县大桥镇交界，西南部与沙坪镇相连，西接秀水镇，北部与梅花镇接壤。距乐昌市区55千米，是典型的石灰岩高寒山区，京港澳（G4）高速公路和省道坪乳公路（S249）及县道357线经过境内。2018年，辖9个行政村，年末总人口1.6万人，总面积66平方千米，其中耕地面积678.4公顷（水田454公顷，旱地224.4公顷）。矿产有钨、锡、砷、铁、煤、石灰石等。土特产有雪莲果、红衣花生、紫心红薯、黑美人西瓜、香芋冬瓜等。名胜古迹有青莲山法治森林公园、云岩水库、西京古道、观音岩等。2018年，全镇财政收入1398万元，实现农村经济总收入395.98万元，农民人均纯收入11446元，增长9%。

党委书记：罗其桓

镇　　长：丘永和

人大主席：黄志斌

【黄圃镇】 位于乐昌市北部，东与白石镇相连，南邻庆云镇，西、北两面与湖南省宜章县的白石渡镇、杨梅山镇和赤石乡3个乡镇交接，距乐昌市区97千米。2018年，辖11个村（居）委会，81个自然村。土地面积79.97平方千米，年末户籍人口19266人。耕地面积800公顷、林地面积5046.9公顷，森林覆盖率73.5%，活立木蓄积量141448立方米。黄圃镇是“板栗之乡”，土特产主要有板栗、西瓜、香（蜜）瓜、金银花、水晶梨、油茶等。景点有里村碧水洞、应山村“四古”（古村、古桥、古庙、古亭）、“三白虎”（白虎嶂、白虎砦和白虎仙）、石溪古村、紫溪甘棠镇古村、东村欧阳古祠及桃坪革命老区等。2018年，全镇生产总值2.57亿元，财政公共预算收入1054.28万元，农村人均纯收入13537元。

党委书记：张以社

镇　　长：欧志勇

人大主席：李　杰

【庆云镇】 位于乐昌市北部偏西，地处蔚岭山西侧，狮子山脚下。地貌以石灰岩见多，平均海拔400米，狮子山高地海拔890米。省道248线贯穿全境。2018年，辖8个村委会，105个自然村。土地面积90.24平方千米，年末户籍人口1.28万人，其中农业人口1.22万人。耕地面积882公顷，粮食产量5374吨。林地面积6919公顷，森林覆盖率72.85%，活立木蓄积量86767立方米。全镇以农业为主，林业为辅，锑矿为补。地方特产有高山有机茶、“华航丝苗”米、板栗、玉米、蔬果等。该镇有“五古”旅游线路，即游古山（狮子山及206微波塔），访古村（永乐户昌山古村），行古道（宜乐古道和蔚岭关），拜古庙（广田村凑云仙古庙），品古韵（庆云悠久人文历史和淳朴民风）。2018年，全镇生产总值20612万元，财政公共预算收入949万元，农村人均纯收入12895元。是年，该镇获得乐昌市无偿献血先进单位，广田村获得“韶关市卫生村”称号。

党委书记：王小勇

镇　　长：何勇斌

人大主席：赵平南

【白石镇】 位于乐昌市最北部。东临两江镇，南连庆云镇，西接黄圃镇，北与湖南省宜章县里田乡、汝城县文明乡交界，距乐昌市区69千米。2018年，辖9个村（居）委会，90个自然村。土地面积79.3平方千米。年末户籍人口1.66万人，农业人口15840人，外来人口89人。耕地面积1292公顷，粮食播种面积605公顷，粮食产量3998吨。林地面积7654.3公顷，森林覆盖率82%，活立木蓄积量51622立方米。矿产有金矿、铜矿、大理石、花岗岩石、石灰石、水晶石等。土特产有黑布朗、辣椒、板栗、水晶梨、西瓜、黄烟等。景点有铜鼓岩和云祖仙。2018年，全镇生产总值2.55亿元，同比增长6%；地方一般公共预算收入1500万元，增长25%；农村常住居民人均可支配收入13312元，增长2.1%。

现代农业科技与产业战略合作协议签署　2018年7月25日，白石镇和韶关市技师学院、乐昌市赖氏生态农业发展有限公司在韶关市技师学院签署现代农业科技与产业战略合作协议，通过校企合作，建立长期稳定的校外实习基地与打造优秀人才培养基地，探索校企培养技术型贫困户的新模式。该协议通过走"贫困户+合作社+基地+技校+企业"的新型产业化经营模式，打造白石镇坛祖、新田、上黄等村的水果、红薯功能区，油甫、水井的蔬菜、板栗功能区，涧水、三界圩、富村、当阳的观赏林功能区，逐渐形成"一镇一业""一村一品"特色鲜明的现代农业产业格局。

党委书记：丘永锋

镇　　长：丁钢文

人大主席：罗发强

【坪石办事处】　位于乐昌市坪石镇内，总面积约10平方千米，是省属企业原坪石矿务局破产关停后，为使矿区各项社会职能实行属地管理而设立，行政级别为正科级，乡镇建制。办事处机关驻地位于乐昌市坪石镇坪南路1号，内设5个办公室，附设原企业离退休人员管理分中心、便民服务中心。2018年，辖南岭、八字岭、关春、河西、新村5个居民区，年末户籍人口10248人，常住人口5264人，外来人口75人。辖区内驻有乐昌市三益水泥股份有限公司、乐昌市南岭水泥厂等多家民营企业。

党工委书记：詹彬文

办事处主任：吴回礼

【梅田办事处】　是省属企业原梅田矿务局于2002年12月26日关闭破产后，从湖南宜章、临武返迁广东境内安置于此，经广东省、韶关市、乐昌市各级政府批准设置的正科级派出机构。位于乐昌市坪石镇群众路97号，为乐昌市人民政府派出机构，内设5个办公室，附设原企业离退休人员管理分中心、城镇居民医疗保险办公室，管辖坪石镇武水河西岸1.5平方千米的居住面积，下设坪东居民区、坪西居民区、坪北居民区、坪中居民区和坪梅居民区5个居民区，其中坪梅居民区主要管辖具有本市户籍的异地居住人员，坪东、坪西、坪北、坪中管辖常住人口。至2018年6月，管辖矿区有乐昌户籍职工家属7087户17954人，是一个典型的企业职工家属聚居生活区。

党工委书记：李兴军

办事处主任：杨容斌

（陈懿茜）

表35　2018年乐昌市国民经济发展情况表

指标	单位	绝对值	比上年增长（%）
地区生产总值	亿元	124.62	5.6
第一产业增加值	亿元	22.72	4.7
第二产业增加值	亿元	22.37	2.4
工业增加值	亿元	15.67	4.7
第三产业增加值	亿元	79.53	6.8
人均地区生产总值	元	29785	5.6
规模以上工业总产值	亿元	38.27	3.9
农林牧渔业总产值	亿元	37.35	4.9
固定资产投资	亿元	53.87	19.6
社会消费品零售总额	亿元	72.83	9.7
外贸进口总额	万美元	222.8	6.3
外贸出口总额	万美元	1817.5	10.9
实际利用外资	万美元	203	42
地方一般公共预算收入	万元	6.45	9.1
地方一般公共预算支出	万元	36.37	12.9
城镇居民人均可支配收入	元	25896	6.9
农村居民人均可支配收入	元	14811	9.5

南雄市

【概况】 南雄市地处广东省东北部、大庾岭南麓。韶赣铁路、韶赣高速公路、国道323线、省道342线贯穿全境。2018年，南雄市辖17个镇1个街道办事处，土地面积2326.18平方千米，年末户籍人口49.05万人，常住人口33.54万人。是中国工农红军长征经过地，“广东省重点革命老区县”“中央苏区县”“国家可持续发展实验区”，全国“国际型优质烤烟生产基地”，中国“黄烟之乡”“银杏之乡”“恐龙之乡”“特色竹乡”“姓氏文化名都”“9个最美银杏观赏地”，全国绿化模范单位，广东省“文明城市”“卫生城市”“双拥模范县（市）”“历史文化名城”“林业生态县”“广东省旅游创新发展十强县（市）”“省全域旅游示范区”。是广东省毛竹的主要产区之一，国家和省双料“产粮大县”“全国粮食流通监督检查示范县”，全国现代烟草农业整县推进单位。国家电子商务进农村综合示范县、全国建制镇示范试点、全国休闲农业与生态旅游示范县、省原中央苏区县域经济创新发展示范县、省扶持村级集体经济发展试点县、省级新农村示范片项目、省新型城镇化“2511”综合示范县等10多个国家级、省级竞争性项目落地南雄市。

主要资源有地热、矿产、森林、水力、药材等。2018年，南雄市耕地总面积4.34万公顷，林地面积15.9万公顷，活立木蓄积量947.4万立方米，森林覆盖率66.9%；毛竹总面积2.6万公顷；主要农作物有水稻、花生、大豆，省高新技术产品有“金友有机米”“金友贡米”“金友美香粘”“金友油粘米”；主要经济作物有黄烟、银杏、罗汉果等，支柱产业为黄烟；主要特产有板鸭、香菇、冬笋、金友米、腐竹等；特色菜有鹅王、酸笋鸭、乡村鱼、酿豆腐；特色小吃有牛干脯、饺哩糍、铜勺饼、香芋片等。景点有珠玑古巷、梅关古道、三影古塔、省级古村落（乌迳镇新田村、水口镇篛过村、百顺镇黄屋村、南亩镇鱼鲜村、黄坑镇溪塘村、油山镇上朔村等）、恐龙古迹、瑶坑广东省委机关旧址、水口战役纪念公园、油山游击战争旧址、孔江国家湿地公园、帽子峰省级森林公园、小流坑——青嶂山省级自然保护区、油山千年银杏王、坪田古银杏群、帽子峰银杏染秋等。

2018年，南雄市地区生产总值120.22亿元，比上年增长7.5%。其中：第一产业增加值27.93亿元，增长6.3%；第二产业增加值23.81亿元，增长9.0%（工业增加值15.67亿元，增长15.2%）；第三产业增加值68.48亿元，增长7.5%。人均地区生产总值35706元，增长6.7%。固定资产投资67.71亿元，增长8.2%。社会消费品零售总额60.27亿元，增长9.9%。外贸出口额44463万元，增长15.2%；实际利用外商直接投资566万元，下降82.5%。地方一般公共预算收入5.1亿元，下降16.7%。居民人均可支配收入2.17万元，增长7.7%。完成农林牧渔增加值28.1亿元、增长6.3%。是年，南雄市实施全面创建原中央苏区创新发展示范县建设。

【农业发展】 2018年，南雄市成功申报省级现代粮食产业示范区，“金友米露”入选首批全国“一县一品”品牌农产品名录。年内，新增省市级龙头企业3家、农民专业合作社2家、家庭农场5家。举办“中国农民丰收节”暨生态农业博览会。基本完成农村土地承包经营权确权登记颁证工作，代表韶关市迎接广东省第三方验收并获评优秀。

【工业生产】 2018年，南雄市实现规模以上工业增加值11.6亿元、增长23.4%。产业转移一期园区完成税收1.4亿元、增长10.6%，一期园区成功置换低效企业6家，新增高新技术企业5家，通过省高新技术产业开发区创建第一轮评估，中科院广化所新型特种精细化学品孵化平台完工即将投入使用，与中科院韩布兴院士签约成立衡光绿色高性能材料院士工作站；二期基础设施建设逐步完善，美瑞克微金属磁电项目建成试产。人才驿站揭牌成立，用于人才资源开发专项资金投入超过3000万元。落实并继续完善《南雄市扶持工业企业办法》，14家入选韶关倍增计划企业和36家高质量实体经济示范企业，全年工业增加值分别增长40%、30%。推进质量强市工作，省精细化工知名品牌示范区创建推进，有广东省工业类名牌产品12个。

【第三产业】 2018年，南雄市抓好“大珠玑”文化旅游圈建设，珠玑古巷改造提升推进，南粤古驿道保护修复与活化利用完成年度计划，举办第五届姓氏文化旅游节、梅关古驿道梅花节，南亩鱼鲜村、油山上朔村、百顺黄屋城村入选第五批中国传统村落。入选省旅游综合竞争力“十强”，“银杏染秋”被评为省最具影响力旅游品牌，文旅产业带动全市实现旅游总收入35.6亿元、增长10.7%。入选2018年全国农村一二三产业融合发展先导区创建名单，丝苗米现代农业产业园项目列入第三批省级现代农业产业园建设名单，指挥官现代农业田园综合体产业园开工建设，乌迳镇获得省休闲农业与乡村旅游示范镇，电子商务交易额18.7亿元。

【城乡发展】 2018年，南雄市申报创建省生态宜居美丽乡村示范县，20户以上自然村人居环境综合整治工作全面启动，68个省定贫困村生态宜居美丽乡村建设基本完工，完成省级新农村示范片建设，灵潭村入选2018年中国美丽休闲乡村名单。湖口镇张屋村成立“三变”改革股份合作社，培育乡村振兴新动能。统筹整合各类涉农资金1.5亿元，用于扶持村级集体经济发展、农村无线宽带覆盖等49个项目。中央电视台《焦点访谈》《直播中国》等栏目专题介绍南雄实施乡村振兴工作成效和经验做法。北城大道建成通车，三影塔广场完成整治提升，新汽车站奠基开工，雄州廊桥、城区浈江休闲栈道、“一江两岸”景观风貌提升工程和繁荣市场改造推进，市政府至雄州公园等城区主要道路、小街小巷、城乡接合部美化亮化工程实施完成。珠玑文化小镇入选省特色小镇培育库名单。江头镇、珠玑镇被列为韶关市镇（街道）整治提升“139”行动试点镇。推进雄信高速公路前期工作，通用机场纳入省通用机场布局规划，省道342线分水坳至雄州段路面改造和9条旅游公路加快推进，完成100千米农村公路硬底化，农村电网建设完成投资1.3亿元，新（改）建367间城乡文明公厕，完成21宗病险山塘除险加固和123千米中小河流治理，推进农村供水和灌区节水改造工程，珠玑镇古田村试点项目成为全省首个竣工验收的垦造水田项目。

【民生保障】 2018年，南雄市民生支出30.8亿元、增长21.3%，占一般公共预算支出的82.5%。城镇、农村居民人均可支配收入分别达2.8万元、1.5万元，分别增长10.5%、11%。城镇登记失业率控制在3.5%以内。获得“省推进教育现代化先进市”称号，市第三小学、机关幼儿园总园、财贸幼儿园八一路校区、古市镇中心幼儿园新校园等建成投入使用，推进乌迳镇第二小学建设。组建南雄市人民医院医共体和中医院妇计院医共体，人民医院省级远程医疗会诊平台开通上线，完成市第二人民医院主体工程建设，推进中医院妇计院医共体、人民医院住院综合楼项目建设，完成81间公建民营村卫生站建设。实现全市行政村（社区）基层综合性文化服务中心全覆盖。完成市体育馆和羽毛球馆升级改造，承办省第九届老年人体育健身大会。实行在管严重精神障碍患者门诊检查治疗全免费，获得2017年度“广东省严重精神障碍管理治疗工作优秀（县）区”称号。完成1112户农村危旧房改造，广东省抓党建促脱贫攻坚工作现场会在南雄召开。

【改革深化】 2018年，南雄市推进党政机构、人大、政协机关和群团组织改革。率先推行“三个在先”机制。推进“一门式一网式”政务服务改革，完成604项许可和服务事项标准化建设，“一门式一网式”系统上线运行，在韶关率先完成80个村级“一门式一网式”政务服务建设，不动产业务办理实现一窗一次性受理、5天办结。成立人才驿站，引进院士团队1个，博士7人、硕士23人。“县管校聘”改革完成3817名教师聘任，激发教师队伍活力。实施分级诊疗制度，组建2个医共体。做好中央环保督察“回头看”整改工作，完成高污染燃料禁燃区划定，全面启动市镇村污水处理设施建设，推进镇级简易填埋场整改和畜禽养殖污染专项整治工作。完善政府法律顾问制度和公职律师公司律师制度，建立重大行政决策目录机制。优化镇（街道）工作绩效评价和机关绩效考核激励机制，健全激励机制和容错纠错机制。

【产业园区创新发展】 2018年，南雄市为3家企业申报获得促进经济发展专项（企业技术改造）资金129万元，组织13家企业申报认定“高新技术企业”等国家省市级平台。举办多场大型产学研活动，加强与珠三角地区科研机构的协同创新。通过广东省高新技术产业开发区申报第一轮评估，准备迎接省科技厅专家现场考核验收。完善园区基础设施配套，一期污水管网改造工程完工开始设备调试，完成消防应急救援中心项目一二期综合楼主体部分建设，完成园区超高速无线局域网基站建设。加快园区招商引资步伐，落实税收优惠政策，重新整理编印《南雄投资指南》，重点引进新能源新材料项目。

【产业发展新模式】 2018年，南雄市完成珠玑姓氏文化小镇可行性论证报告的编制工作和帽子峰森林小镇部分绿化工作。制定实施《南雄市创建广东省全域旅游示范区三年行动计划》，建设一批二级旅游集散咨询中心，珠玑镇灵潭村获评2018年中国美丽休闲乡村。加快发展红色旅游，完成水口战役纪念地等五个红色旅游项目景点立项。培育发展“互联网+旅游”，开发建设智慧旅游服务平台并完成28家旅游企业上线。发展特色生态农业，编制《南雄市现代农业产业发展总体规划（2018—2025）》（初稿）。做大做强农业龙头企业，2018年南雄市有8家韶关市级龙头企业。加快电子商务进农村，打造3家示范电商企业，至10月，农产品上行销售额7890万元。

【人居环境改善】 2018年，南雄市加强城市规划和基础设施建设，完成雄州公园基本建设、北城大道亮化工程建设和一江两岸景观改造提升工程示范段建设，启动崇贤大道、市一中至新G323线段及金叶大桥至河南桥段等项目施工。启动农村人居环境综合整治工作，68个省定贫困村下辖634个自然村全面完成村庄整治规划编制、“三清三拆”等5项工作。落实2018年县级危房改造资金安排1400万元。

【基础设施建设】 2018年，南雄市县道341线、342线完成招投标工作，343线完成施工图预算编制。开通全部城乡公交车辆。完善省际、市际、县际路线等汽车站客运网络，完善农村客运网络售票功能。建设农村生活污水处理设施，基本完成5个污水厂的选址工作和PPP项目资格预审招标工作。推进村村通自来水工程，完成42个行政村20户以上自然村集中供水；完成中小河流治理工程河道治理482千米，完成病险山塘除险加固工程41宗，完成灌区节水改造工程中型灌区2宗、小型灌区6宗。推动新一轮农村电网升级改造，总投资1.26亿元，整体施工进度72%；提升公共服务信息化水平，实施“光网雄州”工程。

【基本公共服务均等化】 教育均等化 2018年，南雄市基本完成新城小学搬迁改造工程，启动乌迳镇第二小学建设；完成南雄中学、黎灿学校信息化中心学校建设规划和市二小教育装备建设规划，提升农村中小学信息化水平。完成以镇为单位的学区建设，实行全镇“一张表”制度；完成小学同步课堂项目建设；实施乡村教师支持计划，通过“校内聘任”“跨校竞聘”“组织调剂”等形式完成教师聘任工作。实施农村公交接送学生上下学试点工程，开通11个镇（街）94条校园公交专线，接送学生5500多人。

基本医疗服务均等化　2018年，南雄市建设人民医院综合住院大楼、第二人民医院；建设公建民营卫生站，完成28家卫生站主体建设。彩釉砖厂工矿棚户区和中山街城市棚户区项目基本完工。

基本社会保障均等化　南雄市提高低保五保标准，2018年开始为五保老人缴纳新农合费用。完成18个镇（街）残疾人专职委员上岗上班工作。

基本文化服务均等化　建成156个行政村（社区）综合性文化服务中心；完成南粤雄关与古道部分文物修缮工程总工程量的70%，不可移动文物挂牌工作完成58%。深化精神文明建设，申报全国级文明单位1个，省级文明单位6个，韶关市级文明单位、文明镇、文明村等35个；开展文化惠民活动，举办送戏下乡文化惠民演出等文艺活动20余场。加快68个相对贫困村创建社会主义新农村示范村建设，有327个自然村进场施工，累计投入财政资金4亿多元。

城乡社会治理均等化　2018年，南雄市制定《南雄市城管网格化管理工作方案》，安排7个网格长，执法队员按照网格化分工开展工作。推进中心城区智能化门禁系统全覆盖。召集义务巡防队员400多人，统一佩戴红袖章，开展全方位、多层次联防巡逻活动，提升治安水平。选取8个镇（街）人民调解委员会作为示范点，配备办公设施，改善调解室工作环境。完善人民调解委员会考核机制，将考核结果与人民调解工作相关经费挂钩。完成市级及雄州等8个镇（街）公共法律服务实体平台建设，组织232个村（社区）与55名律师签订法律顾问合同，实现法律顾问工作全覆盖。

【绿色发展】　2018年，南雄市保护和修复山水林田湖生态，完成1000公顷碳汇工程林的管护工作，完成31个省定扶贫村的绿化美化点招标工作。完成孔江湿地公园植被恢复重建和鸟类栖息生态环境改造修复2个生态项目。做好生态保护红线的调整工作，调整出帽子峰林场等重点旅游开发项目在生态保护红线范围内的区域，解决南雄市生活垃圾填埋场等重点项目在生态保护红线范围内的问题。落实2018年矿山地质环境恢复治理项目资金50万元。全市推广水稻、花生、黄烟测土配方施肥技术面积3.73万公顷，三大作物减施化肥587吨，减轻化肥对土壤的污染，实现全市化肥零增长预期目标。

【机制体制创新】　2018年，南雄市成立党（总）支部425个，自然村党支部（党小组）697个。推进村集体经济发展25个试点工作，基本完成10个。完成各市直部门权责清单更新工作，出台《南雄市人民政府部门权责清单（2018年版）》。推进镇村“一门市一网式”服务，完成18个镇（街）、80个试点村41个服务事项的录入。进一步简化投资项目审批事项，试行备案制投资项目，通过广东省投资项目在线审批监管平台统一办理，不设置任何前置条件。修订完善《南雄市市属国有企业人员公开招聘实施办法》。加快社会信用体系建设，建立双公示平台并上线运营，组织全市33个部门参与相关业务培训。

【政策项目扶持】　2018年，南雄市争取涉及国家、省级补助的南雄市公共服务项目的财政转移支付力度。医联体建设争取到省财政三年转移支付资金1.4亿元，市第二人民医院建设争取到省财政三年转移支付资金1.8亿元，公共文化服务方面争取到中央、省及韶关市三级财政支持737万元。争取中央财政革命老区专项转移支付、彩票公益金、专项扶贫等资金的倾斜，争取2018年中央专项彩票公益金支持乡村学校少年宫项目补助资金28万元，争取到增量革命老区转移支付资金1000万元。推进涉农资金整合工作，制定《南雄市涉农资金统筹整合实施方案（试行）》，2018年申报1000多个项目。争取到2018年省级湿地保护与恢复项目，省级野生动植物、湿地保护和宣传项目96万元。获批林下经济示范点建设资金170万元。完成梅关古道沿线新农村建设规划编制，完成珠玑段、角湾段等沿线立面改造工作60%以上。完成对广州会馆（西厢）修缮方案的编制工作，初步通过广东省古迹保护协会专家的审核。争取信息化中心学校建设资金和义务教育阶段寄宿制学校建设资金1800多万元。

【广东省抓党建促脱贫攻坚工作现场会在南雄召开】　2018年6月29日，广东省抓党建促脱贫攻坚工作现场会在南雄召开。广东省委常委、组织部部长邹铭及省委组织部、省扶贫办、省民政厅相关负责人以及有省定贫困村的14个地级市的市委常委、组织部长参加会议，实地察看南雄市电子商务公共服务中心、珠玑镇角湾村、灵潭村。

【南雄启动2018广东省红色旅游系列活动】　2018年3月24日，由广东省旅游局、韶关市人民政府共同主办的“重走长征路·再创新辉煌——2018广东省红色旅游系列活动启动仪式”在南雄市革命老区油山镇举行。南雄籍开国少将彭显伦后人和原南雄县委书记、烈士彭显模同志后人、老游击队战士代表等2300多人参加活动。活动从油山上朔礼堂出发（出征门），经夹河口、坪田坳、大岭下会议旧址到达终点粤赣界碑处（凯旋门），线路全长20千米。

【广东省第九届老年人体育健身大会在南雄举办】　2018年10月17日—11月1日，由广东省体育局主办，省老龄办协办，省老年人体育协会、南雄市人民政府、韶关市体育局承办的广东省第九届老年人体育健身大会在南雄市举办。来自全省21个地级以上市、省直、中央

▲ 2018年3月24日，“重走长征路 再创新辉煌”2018广东省红色旅游系列活动在南雄市启动（蔡仁银 摄）

驻粤单位和台湾地区、澳门特别行政区等地的33个代表团2410名运动员参加。健身大会设广场舞、健身气功、门球、柔力球、气排球、网球、象棋、桥牌、乒乓球、钓鱼、太极拳（剑）、持杖健步走、健身球操等13个项目。238个队次获得优胜奖，146个队次获得优秀奖。大会分别授予广州市、深圳市、珠海市、汕头市、韶关市、河源市、惠州市、汕尾市、东莞市、江门市、阳江市、茂名市最佳组织奖；分别授予韶关市体育局、南雄市人民政府特殊贡献奖；向28个参赛代表团颁发体育道德风尚奖。

【“三变改革”】 2018年，南雄市将湖口镇湖口村委会张屋村定为试点村，推进“三变改革”（即资源变资本、资金变股金、村民变股民）工作。湖口镇张屋村召开家长会，选举成立“三变改革五大合作”理事会，开展农村集体产权制度改革，组建资产股份合作社；开展土地承包“三权分置”，组建土地股份合作社；开展全域旅游和民宿游，组建旅游股份合作社；开展充分就业村社建设，组建劳务股份合作社；开展农村金融制度改革和精准扶贫，组建置业股份合作社。通过“三变”改革，张屋村的每亩旱坡地的租金由50元每年增至100元，水田由300元增至400元，这两类土地的分红标准则分别为利润的10%和15%。每年全村村民的土地租金和分红将达到17万元左右。9月21日，南雄市、湖口镇领导与湖口镇张屋村村民和外出乡贤一起见证村“三变”改革股份合作社揭牌成立暨新农村建设奠基。这是南雄市成立的首个村“三变”改革股份合作社是实施乡村振兴战略的探索和大胆尝试。

【珠玑灵潭村获评“2018年中国美丽休闲乡村”】 2018年10月，灵潭村被评为“2018年中国美丽休闲乡村”，作为美丽乡村建设的典型，被中央电视台焦点访谈播报。灵潭村地处广东省韶关南雄市珠玑镇中北部，是省级新农村示范片试点村，下辖11个村小组518户2079人，其中贫困户44户119人。2016年被列为新时期精准扶贫精准脱贫省定相对贫困村。灵潭村编制《灵潭村旅游发展规划》《灵潭村景观风貌规划》《灵潭村村庄整治规划》等，投入乡村旅游基础设施和配套设施建设，2018年完成对前围、黄屋、田兰、恒丰等村民房屋立面改造，治理山塘、池塘18口，新修农田水利设施10千米，改造道路7.8千米，修建桥梁4座，新建污水处理生态湿地360平方米，休闲广场5个，公共厕所4间，改造房屋外立面8.48万平方米，绿化美化面积2.5万平方米。9月23日，中国首个农民丰收节南雄分会场在灵潭村启动，开展磨豆腐、打麻糍、割稻谷、石斛种植、捉泥鳅等农事活动，设置村民农副产品销售点。

【雄州街道】 位于南雄市中南部，北纬24° 7′，东经114° 8′ 8″。浈江和凌江的汇合处，自东按顺时针方向分别与湖口、江头、主田、古市、全安、珠玑等镇相连。地处南雄市政治、经济、文化中心，为市人民政府所在地。街道办事处设在雄州大道。辖区总面积96.94平方千米，下辖13个村，7个社区，总户数3.48万户，总人口8.89万人。林地面积2779.85公顷，森林覆盖率30.39%，活立木总蓄积量22.07万立方米。耕地面积1663.28公顷，粮食产量1.18万吨，黄烟收购648.34吨。街道有普通高中2所，中等职业学校1所，初级中学2所，中心小学4所，完全小学（教学点）7个，幼儿园22所。非物质文化遗产有传统音乐龙船歌。景点有三影古塔、广州会馆、瑶坑省委机关旧址、莲开净寺、古生物恐龙化石群、雄州公园。主要特产有饺俚糍、板鸭、酿豆腐。2018年，街道财政总收入6685.7万元，同比下降20%；财政总支出6685.7万元，同比下降20%；工业总产值3.78亿元。

南雄市首届禾花鱼节 10月20日，南雄市首届禾花鱼节在雄州街道观新村举行。观新村流转整合农田，打造养殖+农家乐+农耕文化体验的特色农旅产业。年初，观新村成立经济种养合作社，采取“合作社+基地+农户+贫困户”的运作模式，引进禾花鱼、泥鳅种苗和种养技术，实行产品包销，打造“岭南稻乡”特色品牌。180多户村民以土地入股，30户村民以现金入股，整合农田连片33.33公顷，资金63万元。

党工委书记：王高峰

办事处主任：刘春伟

人大工委主任：刘烈斌

【乌迳镇】 位于南雄市东部，北纬25° 14′ 48″，东经114° 35′ 55″。

▲2018年10月20日，南雄市举办首届禾花鱼节。图为活动现场　（蔡仁银　摄）

东邻界址镇、南邻坪田镇、南亩镇，西邻黄坑镇、油山镇，北邻江西省大余县、信丰县。镇政府所在地在乌迳村委会，距南雄市区35千米。2018年，辖区总面积157.02平方千米，下辖21个村，1个居委会，总户数1.48万户，总人口4.77万人。林地面积7953.77公顷，森林覆盖率48.97%，活立木总蓄积量65.06万立方米。耕地面积3977.84公顷，粮食产量1.71万吨，黄烟收购777.94吨。有九年一贯制学校1所，中心小学1所，完全小学（教学点）9个，幼儿园6所。非物质文化遗产有传统舞蹈板灯龙，民俗姓氏节。景点有新田古村落、观音山、孔江国家湿地公园。主要特产有黄烟、朝天椒。2018年，全镇财政总收入3274.1万元，同比增长48%；财政总支出3274.1万元，同比增长48%；工业总产值4555.8万元。

党委书记：朱祖纯

镇　　长：黄得龙

人大主席：张卫平

【珠玑镇】　位于南雄市东北部，北纬25°11′53″，东经114°21′24″。东邻邓坊镇，南邻湖口镇、雄州街道，西邻全安镇、帽子峰镇，北邻江西省大余县。镇政府所在地在珠玑村委会，距市区9千米。2018年，辖区总面积197.53平方千米，下辖22个村，1个居委会，总户数1.39万户，总人口4.61万人。林地面积1.15万公顷，森林覆盖率62.17%，活立木总蓄积量74.53万立方米。耕地面积3063.84公顷，粮食产量1.6万吨，黄烟收购583.66吨。有初级中学1所，中心小学1所，特殊教育学校1所，完全小学（教学点）3个，幼儿园4所。非物质文化遗产有龙船歌、珠玑巷人南迁传说、双龙舞双狮、青草狮、九十九节龙、萧统太子的祭祀、灵潭腐竹制作手艺。景点有珠玑古巷、梅关古道、钟鼓岩、大雄禅寺、三佳村生态农业园。主要特产有黄烟、腐竹、梅岭板栗。2018年，全镇财政总收入5631.6万元，同比增长128%；财政总支出5631.6万元，同比增长128%；工业总产值6.20亿元。

珠玑镇文化小镇入选省级特色小镇　2018年11月18日，广东省发展改革委公布省级特色小镇培育库入库名单（第二批），珠玑文化小镇以深厚人文底蕴、优越旅游条件、良好发展基础、先进发展理念、清晰目标定位、鲜明特色产业等优势，被列入省级特色小镇培育库名单。珠玑镇先后获得“广东省历史文化名镇”“广东著名文化之乡”“全国重点镇”“全国文明村镇”“全国建制镇示范试点”等称号。

珠玑镇委党校暨珠玑乡村振兴讲习所成立　4月23日，珠玑镇委党校暨珠玑乡村振兴讲习所在珠玑镇灵潭村揭牌成立。珠玑镇委党校教学场所由原灵潭村金城小学校舍改造而成，规划用地总面积8200平方米，一期改建完成三层教学楼一栋，内设课室、学员宿舍和工作间。二期规划新建三层教学楼一栋，内设210人阶梯课室、功能室、讨论室等配套用房。

党委书记：陈志光（任至9月）

　　　　　朱世平（9月任职）

镇　　长：黄德忠（任至9月）

　　　　　曾凌云（9月任职）

人大主席：张东林

【湖口镇】　位于南雄市东部，北纬25°10′14″，东经114°23′59″。东邻黄坑镇，南邻水口镇，西邻珠玑镇、雄州街道，北邻邓坊镇。镇政府所在地在湖口村委会，距市区11千米。2018年，辖区总面积73.64平方千米，下辖12个村，1个居委会，总户数1.10万户，总人口3.59万人。林地面积1463.81公顷，森林覆盖率17.77%，活立木总蓄积量9.07万立方米。耕地面积3766.49公顷，粮食产量14102吨，黄烟收购968.48吨。有初级中学1所，中心小学1所，完全小学（教学点）5个，幼儿园4所。非物质文化遗产有磨地狮。景点有罗佛寨。主要特产有黄烟、铁皮石斛。2018年，全镇财政总收入1439.7万元，同比增长8%；财政总支出1434.5万元，同比增长20%；工业总产值2.17亿元。

首届乡贤文化艺术节　2018年2月18日，湖口镇在湖口文体广场举办主题为“弘扬乡贤文化，促进乡村文明，推动乡村发展，实现乡村振兴”首届乡贤文化艺术节，2000多名乡贤、群众参加。南雄市委常委、政法委书记张英宏，南雄市委常委、统战部部长陈志光，珠玑巷联谊会会长张寿康，CBA扣篮王张健豪等作为乡贤代表出席活动。活动现场捐款捐物达200多万元，其中捐助奖教扶贫助学金72万元。

党委书记：凌生成

镇　　长：陈　华

人大主席：刘世娣

【油山镇】 位于南雄市东北部，北纬25° 16′ 53″，东经114° 31′ 20″。东邻乌迳镇，南邻黄坑镇，西邻邓坊镇，北邻江西省大余县、信丰县。镇政府所在地在大塘村委会，距市区33千米。2018年，辖区总面积146.63平方千米，下辖17个村，1个居委会，总户数1.00万户，总人口3.33万人。林地面积9018.16公顷，森林覆盖率60.97%，活立木总蓄积量37.02万立方米。耕地面积3312.69公顷，粮食产量1.45万吨，黄烟收购711.6吨。有初级中学1所，中心小学1所，完全小学（教学点）7个，幼儿园3所。民俗为过姓氏节。景点有油山游击战争旧址、上朔古村落、红沙岭。主要特产有黄烟、香菇、腊鸭、李干脯。2018年，全镇财政总收入2490.3万元，同比增长23%；财政总支出2490.3万元，同比增长23%；工业总产值1.06亿元。

“老井冈”何挺颖烈士立碑仪式 2018年5月11日是著名革命烈士、毛泽东主席称谓的“老井冈”何挺颖诞辰113周年纪念日。当天上午，陕西省汉中市与南雄市共同在油山革命纪念园举行何挺颖烈士立碑仪式。

党委书记：雷　毅
镇　　长：林金山
人大主席：刘　军

【全安镇】 位于南雄市西北部，北纬25° 8′ 6″，东经114° 15′ 46″。东邻珠玑镇、雄州街道为邻、南邻古市镇、始兴县，西邻百顺镇、北邻澜河镇、帽子峰镇。镇政府所在地在全安村委会，距市区7千米。2018年，辖区总面积190.44平方千米，下辖13个村，1个居委会，总户数8370户，总人口2.93万人。林地面积1.39万公顷，森林覆盖率69.22%，活立木总蓄积量68.15万立方米。耕地面积2047.53公顷，粮食产量1.60万吨，黄烟收购29.95吨。有初级中学1所，中心小学1所，完全小学（教学点）3个，幼儿园2所。非物质文化遗产有小水岭高脚狮。景点有苍石寨、杨历岩、龙华山温泉。主要特产有三仁花生。2018年，全镇财政总收入4180万元，同比增长157%；财政总支出4180万元，同比增长157%；工业总产值11.13亿元。

党委书记：潘　彬
镇　　长：陈汉铭
人大主席：刘光煌

【黄坑镇】 位于南雄市东部，北纬25° 13′ 55″，东经114° 29′ 55″。自东按顺时针方向依次与乌迳、南亩、水口、湖口、邓坊、油山6个镇相连。镇政府所在地在黄坑村委会，距市区21千米。2018年，辖区总面积58.26平方千米，下辖10个村、1个居委会，总户数7809户，总人口2.58万人。林地面积1082.85公顷，森林覆盖率16.01%，活立木总蓄积量6.06万立方米。耕地面积1898公顷，粮食产量1.07万吨，黄烟收购1302.11吨。有普通高中1所，中心小学1所，幼儿园3所。民俗为过姓氏节。景点有溪塘古村落。主要特产有黄烟。2018年，全镇财政总收入741万元，同比增长117%；财政总支出741万元，同比增长117%；工业总产值5568.3万元。

党委书记：陈冬生
镇　　长：胡军华
人大主席：林祥辉

【水口镇】 位于南雄市东南部，北纬25° 9′ 19″，东经114° 28′ 22″。东邻南亩镇，南邻江头镇、江西省全南县，西邻雄州街道，北邻黄坑镇、湖口镇。镇政府所在地在水口村委会，距市区21千米。2018年，辖区总面积106.80平方千米，下辖13个村，1个居委会，总户数7597户，总人口2.51万人。林地面积5995.43公顷，森林覆盖率55.02%，活立木总蓄积量39.92万立方米。耕地面积2758.34公顷，粮食产量1.10万吨，黄烟收购545.6吨。有九年一贯制学校1所，完全小学（教学点）3个，幼儿园4所。非物质文化遗产有火龙、火狮、火凤、火虾。景点有篛过古村落、水口战役公园。主要特产有黄烟、沙葛。2018年，全镇财政总收入948.1万元，同比下降20%；财政总支出948.1万元，同比下降20%；工业总产值4253万元。

“爱我家园，绿色兑换”公益项目启动 2018年1月19日，沙头村举行“爱我家园，绿色兑换”公益项目揭牌启用仪式。该次“绿色兑换”公益项目主要是号召村民收集塑料瓶、易拉罐等废弃物品，储备到一定数量后，拿到沙园兑换点换取牙膏、洗衣粉等日常用品。

党委书记：陈如华
镇　　长：叶邱婷

▲2018年5月11日，陕西省汉中市与南雄市共同在油山革命纪念园举行何挺颖烈士立碑仪式　（南雄市史志办　供）

人大主席：吴英琪

【南亩镇】 位于南雄市东南部，北纬25° 10′，东经114° 33′。东邻坪田镇，南邻江西省全南县，西邻水口镇，北邻乌迳镇、黄坑镇。镇政府所在地在南亩村委会，距市区30千米。2018年，辖区总面积111.26平方千米，下辖11个村，1个居委会，总户数4778户，总人口1.76万人。林地面积5608.8公顷，森林覆盖率73.75%，活立木总蓄积量26.59万立方米。耕地面积1297.84公顷，粮食产量7220.6吨，黄烟收购86.76吨。有九年一贯制学校1所，完全小学（教学点）2个，幼儿园3所。非物质文化遗产有茶花灯、采茶戏。民俗为过姓氏节。景点有鱼鲜古村落、芙蓉村古银杏群。主要特产有山茶油、荞头、茶叶。2018年，全镇财政总收入1592万元，同比增长563%；财政总支出1592万元，同比增长575%；工业总产值4232万元。

党委书记：池宏安

镇　　长：赖建志

人大主席：罗青山

【江头镇】 位于南雄市南部，北纬25° 4′ 35″，东经114° 26′。东邻水口镇，南邻江西省全南县，西邻主田镇，北邻雄州街道。镇政府所在地在江头村委会，距市区13千米。2018年，辖区总面积132.13平方千米，下辖9个村，1个居委会，总户数3813户，总人口1.26万人。林地面积1.07万公顷，森林覆盖率80.86%，活立木总蓄积量66.73万立方米。耕地面积1454.17公顷，粮食产量6070吨，黄烟收购79.55吨。有九年一贯制学校1所，幼儿园2所。景点有青嶂山。主要特产有毛竹、竹笋。2018年，全镇财政总收入508万元，同比增长39%；财政总支出508万元，同比增长42%；工业总产值1.21亿元。

党委书记：钟爱莲

镇　　长：袁　斌

人大主席：陶景晖

【主田镇】 位于南雄市南部，北纬25° 3′ 55″，东经114° 13′ 51″。东邻江头镇，南邻始兴县澄江镇、江西省全南县，西邻古市镇，北邻雄州街道。镇政府所在地在主田村委会，距市区6千米。2018年，辖区总面积165.67平方千米，下辖8个村，1个居委会，总户数4401户，总人口1.48万人。林地面积9829.8公顷，森林覆盖率69.11%，活立木总蓄积量49.24万立方米。耕地面积1786.38公顷，粮食产量5398.6吨，黄烟收购542.05吨。有中心小学1所，完全小学（教学点）1个。景点有元升两岸花博生态园、香草世界森林公园，主要特产有黄烟、百香果。2018年，全镇财政总收入1667万元，同比增长437%；财政总支出1667万元，同比增长437%；工业总产值1.01亿元。

南雄市首届百香果采摘节　2018年11月4日，南雄市百香果采摘节在主田镇大坝村百香果种植基地举行，近2000名游客走进果园采摘百香果。2018年初，主田镇流转土地上千亩，统筹扶贫资金250万元发展百香果产业，形成“合作社＋农户（贫困户）＋基地＋公司+劳务+分红”的产业化经营模式，打造百香果产业优质示范基地，实现扶贫资金增值、扶贫产业增效。根据与农户签订的协议，从2018年到2023年里，村、组可获得分红收益，农户可以获得土地入股分红。

党委书记：叶　飞

镇　　长：罗慧琴

人大主席：吴　楠

▲2018年6月1日，古市镇举行南雄市第三小学和古市镇中心幼儿园启用仪式

（南雄市史志办　供）

【古市镇】 位于南雄市西南部，北纬25° 57′，东经114° 13′。东邻主田镇、雄州街道，南西邻始兴县，北邻全安镇。镇政府所在地在古市村委会，距市区10千米。2018年，辖区总面积98.63平方千米，下辖8个村，1个居委会，总户数5992户，总人口2.15万人。林地面积5034.4公顷，森林覆盖率44.03%，活立木总蓄积量14.62万立方米。耕地面积2078.82公顷，粮食产量1.04万吨，黄烟收购707.05吨。有中心小学1所，完全小学（教学点）4个，幼儿园1所。主要特产有黄烟。2018年，全镇财政总收入1764万元，同比增长52%；财政总支出1764万元，同比增长52%；工业总产值26.33亿元。

南雄市第三小学和古市镇中心幼儿园新校园启用　2018年6月1日，古市镇举行南雄市第三小学和古市镇中心幼儿园启用仪式。2016年南雄市启动古市镇中心小学搬迁建设及中心幼儿园建设。项目总投资7300万元，小学规划总占地面积26666平方米，建筑总面积5287平方米；幼儿园规划总占地面积3700平方米，建筑总面积1882平方米。2017年10月竣工，2018年春季开学启用。古市镇中心小学更名为南雄市第三小学，是一所能容纳12个班600名学生的现代化小学。新建的古市镇中心幼儿园能容纳9个班300名幼儿。

党委书记：陈光文

镇　　长：夏新坤

人大主席：王　静

【百顺镇】 位于南雄市北部，北纬25°1′，东经114°1′。东邻澜河镇、全安镇，南邻始兴县，西邻仁化县，北邻仁化县、江西大余县。镇政府所在地在百顺村委会，距市区58千米。2018年，辖区总面积191.42平方千米，下辖9个村，1个居委会，总户数3669户，总人口1.33万人。林地面积1.72万公顷，森林覆盖率88.86%，活立木总蓄积量76.63万立方米。耕地面积1500.17公顷，粮食产量7683吨。有九年一贯制学校1所，幼儿园1所。非物质文化遗产有香火龙舞、扎稻草龙制作技艺、竹藤工艺编制技艺。景点有黄屋城古村落。主要特产有毛竹、竹笋、罗汉果。2018年，全镇财政总收入727.09万元，同比下降17%；财政总支出727.09万元，同比下降17%；工业总产值1.62亿元。

党委书记：谭福志

镇　　长：高春花

人大主席：朱定福

【澜河镇】 位于南雄市北部，北纬25°14′43″，东经114°8′40″。东邻帽子峰镇，南邻全安镇，西邻百顺镇，北邻江西省大余县。镇政府所在地在澜河村委会，距市区35千米。2018年，辖区总面积139.25平方千米，下辖6个村，1个居委会，总户数2927户，总人口1.06万人。林地面积1.29万公顷，森林覆盖率88.91%，活立木总蓄积量62.63万立方米。耕地面积827.72公顷，粮食产量3972.6吨。有九年一贯制学校1所，完全小学（教学点）2个，幼儿园1所。非物质文化遗产有竹、藤工艺编制技艺。主要特产有毛竹、竹笋。2018年，全镇财政总收入1610.5万元，同比增长9.8%；财政总支出1610.5万元，同比增长9.8%；工业总产值1.11亿元。

“东江纵队粤北留守部队隐蔽处旧址修复竣工暨南雄市爱国主义教育基地”揭牌仪式 2018年11月23日，澜河村委会锅坑村举行“东江纵队粤北留守部队隐蔽处旧址修复竣工暨南雄市爱国主义教育基地”揭牌仪式，原东江纵队司令员曾生之子曾德平、原东江纵队政委尹林平女儿尹小平等东纵边纵先辈后代160多人参加活动。原粤赣湘边纵队北江第二支队卫生员徐学英（南雄瑶坑村人），东纵边纵后代代表、时任中共南雄县委特派员、后任中共五岭临时工委委员陈中夫女儿陈子星在仪式上讲话。“东江纵队粤北留守部队隐蔽处”旧址位于澜河村委会锅坑村黄屋。

党委书记：丘铭山

镇　　长：郭　君

人大主席：杨简彬

【帽子峰镇】 位于南雄市北部，北纬25°13′，东经114°13′。东邻珠玑镇，南接全安镇，西邻澜河镇，北邻江西省大余县。镇政府所在地在富竹村委会，距市区24千米。2018年，辖区总面积97.21平方千米，下辖5个村，1个居委会，总户数2825户，总人口9701人。林地面积8125.57公顷，森林覆盖率78.09%，活立木总蓄积量56.58万立方米。耕地面积883.33公顷，粮食产量4901.4吨，黄烟收购38.85吨。有九年一贯制学校1所，完全小学（教学点）3个，幼儿园1所。非物质文化遗产有竹、藤工艺编制技艺。景点有帽子峰森林公园、银杏群。主要特产有毛竹、竹笋、蓝莓。2018年，全镇财政总收入898万元，同比增长22%；财政总支出898万元，同比增长22%；工业总产值4049.6万元。

“中共五岭地委、粤赣湘边人民解放总队”旧址修复竣工暨爱国主义教育基地布展启用揭牌仪式 2018年2月5日，“中共五岭地委、粤赣湘边人民解放总队”旧址修复竣工暨爱国主义教育基地布展启用揭牌仪式在帽子峰镇坪山村委会乾村举行。粤赣湘边人民解放总队总队长、中国人民解放军粤赣湘边纵队北江第二支队司令员黄业之子黄千山出席仪式。

2018广东银杏文化旅游节开幕 2018年11月2日，2018广东银杏文化旅游节在帽子峰省级森林公园开幕。银杏观赏季期间，南雄市接待游客183.53万人次，旅游总收入突破12.54亿元。

党委书记：朱世平

镇　　长：徐精华

人大主席：罗祥忠

【坪田镇】 位于南雄市东南部，北纬25°11′53″，东经114°37′11″。东邻界址镇、江西省信丰县，南邻江西省全南县，西邻南亩镇，北邻乌迳镇。镇政府所在地在老龙村委会，距市区43千米。2018年，辖区总面积138.26平方千米，下辖14个村，1个居委会，总户数7204户，总人口2.75万人。林地面积9645.66公顷，森林覆盖率64.15%，活立木总蓄积量40.80万立方米。耕地面积2380.07公顷，粮食产量1.40万吨，黄烟收购436.47吨。有初级中学1所，中心小学1所，完全小学（教学点）10个，幼儿园4所。民俗为过姓氏节。景点有坳背、冯屋、军营寨古银杏群落。主要特产有白果、黄烟、山茶油、香菇、荞头。2018年，全镇财政总收入1853万元，同比增长23%；财政总支出1853万元，同比增长28%；工业总产值4355万元。

电子商务服务站助力乡村扶贫 2018年8月15日，坪田镇官陂村电子商务服务站开业。该服务站是由东莞市政协办、韶关鸿创网络科技有限公司、网易韶关联合打造的韶关市首个“扶贫超市”“扶贫车间”和“电子商务中心”。

长坑村“留守儿童之家”成立 2018年8月8日，坪田镇首个留守儿童之家——长坑村“留守儿童之家”揭牌成立。南雄市委常委、组织部长林军参加仪式。活动中南雄市“关工委”工作人

▲ 2018年8月15日，坪田镇官陂村电子商务服务站开业　（南雄市史志办　供）

员为33位留守儿童集中上一堂课，南雄市挂点帮扶坪田镇的机关事务中心为“留守儿童之家”捐赠书包33个，文具33套，桌椅32套。

党委书记：刘　均
镇　　长：廖海泉
人大主席：陈　俊

【界址镇】　位于南雄市东部，北纬25° 14′ 59″ ，东经114° 43′ 15″ 。东、北邻江西省信丰县，南邻坪田镇，西邻乌迳镇。镇政府所在地在大坊村委会，距市区47千米。2018年，辖区总面积56.39平方千米，下辖8个村，1个居委会，总户数4219户，总人口1.58万人。林地面积3714.95公顷，森林覆盖率58.27%，活立木总蓄积量22.35万立方米。耕地面积875.03公顷，粮食产量4222.4吨。有初级中学1所，中心小学1所，完全小学（教学点）3个，幼儿园2所。民俗为过姓氏节。主要特产有朝天椒、鱼干、金银花。2018年，全镇财政总收入633万元，同比下降20%；财政总支出633万元，同比下降20%；工业总产值1012.4万元。

党委书记：蔡庆娟
镇　　长：李见宏
人大主席：李绍林

【邓坊镇】　位于南雄市东北部，北纬25° 16′ 12″ ，东经114° 26′ 35″ 。东邻油山镇，南邻黄坑、湖口镇，西邻珠玑镇，北邻江西省大余县。镇政府所在地在邓坊村委会，距市区26千米。2018年，辖区总面积118.04平方千米，下辖9个村，1个居委会，总户数5167户，总人口1.69万人。林地面积7572.82公顷，森林覆盖率70.18%，活立木总蓄积量29.84万立方米。耕地面积1645.99公顷，粮食产量9436.6吨，黄烟收购532.21吨。有九年一贯制学校1所，完全小学（教学点）3个，幼儿园3所。景点有泉水谷漂流度假村，主要特产有黄烟、香菇、甜玉米、三华李。2018年，全镇财政总收入1499.9万元，同比增长43%；财政总支出1499.9万元，同比增长43%；工业总产值6074.5万元。

党委书记：郭才标
镇　　长：蓝北华
人大主席：孙宏澜

（周晓飞）

表36　2018年南雄市国民经济发展情况表

指标	单位	绝对值	比上年增长（%）
地区生产总值	亿元	120.22	7.5
第一产业增加值	亿元	27.93	6.3
第二产业增加值	亿元	23.81	9.0
工业增加值	亿元	15.67	15.2
第三产业增加值	亿元	68.48	7.5
人均地区生产总值	元	35706	6.7
规模以上工业总产值	亿元	45.77	25.3
农林牧渔业总产值	亿元	46.35	5.6
固定资产投资	亿元	67.71	8.2
社会消费品零售总额	亿元	60.27	9.9
外贸进口总额	万美元	1496.3	71.4

续表

指标	单位	绝对值	比上年增长（%）
外贸出口总额	万美元	6745	18.4
实际利用外资	万美元	85	–82.5
地方一般公共预算收入	亿元	5.1	–16.7
地方一般公共预算支出	亿元	38.07	21.3
城镇常住居民人均可支配收入	元	21709	7.7
农村常住居民人均可支配收入	元	14962	9.8

仁化县

【概况】 仁化县位于广东省韶关市北部。地势总体北部及东南部高，中部低；地貌类型以中低山、丘陵为主，北部及东南部主要为中低山及丘陵，中部以丘陵为主。域内最高点北部万时山海拔1559.3米，最低点南部长坝一带海拔61.5米。全县处中亚热带南沿，具有明显的季风气候特点。2018年，年平均气温20.1℃，年降雨总量1618.6毫米，无霜期282天。2018年，辖1个街道10个镇。行政区域面积2223.22平方千米。年末户籍人口24.5万人，常住人口21.18万人。域内土地、森林、矿产、水力、旅游等资源丰富。全县有耕地面积2.1万公顷，粮食播种面积0.93万公顷，粮食产量6.4万吨；林地面积17.27万公顷，森林覆盖率79.98%，活立木蓄积量0.1亿立方米，竹林面积2.69万公顷。北江支流锦江斜贯县域，水力资源（理论）蕴藏量16万千瓦。矿产主要有铅、锌、钨、铁、铜、铀、硅、磷、水晶、花岗岩、稀土等50余种。域内的凡口铅锌矿是全国最大的铅锌生产基地。域内旅游资源有丹霞山、仁化县丹霞源国家水利风景区，石塘村、古夏村、夏富村、恩村、黄屋村，城口古秦城，唐代至清朝时期的古塔、庙宇、会馆，石塘双峰寨，五马寨生态园，高坪省级森林自然保护区，万时山南国高山草原，丹霞山灵溪河森林旅游度假公园，丹霞山博士生态园，丹霞山中华性文化博物馆，温泉等。有省级非物质文化遗产“石塘月姐歌”“仁化土法造纸技艺”“仁化石塘堆花米酒酿造技艺”，市级非物质文化遗产“梅花龙”“闹春牛”“丹霞红豆饰品制作”“走马灯”“装故事”“仁化八音”，县级非物质文化遗产“扶溪南台庙会”“土法榨油技艺”“竹篾编织技艺”“长江白糖饼制作”《板凳舞》《万时山传说》等。土特产有国家地理标志产品“长坝沙田柚”“仁化白毛茶”，仁化石塘堆花米酒、香菇、灵芝、笋干、白菜干、木耳、贡柑、马蹄、板鸭、丹霞山茶油、丹霞谢柚、“农民头”牌辣椒酱、丹霞铁皮石斛、仁化土纸等。仁化是中国“有色金属之乡”“古塔之乡”，广东省“毛竹之乡”“白毛茶之乡”“贡柑之乡”，“2017中国最具投资特色潜力魅力示范县”“2018中国最美县域”“全国文明城市提名城市”，中国特色农产品优势区（仁化贡柑）。

【全域旅游】 2018年，仁化县全域旅游打开新局面。年内，丹霞山东南门各项工作推进，北门核心资源整合取得突破，“大丹霞”旅游经济圈建设推进。编制《仁化县旅游发展总体规划》《仁化县全域旅游总体规划》，设立旅游专项扶持资金。率先全市建立“1+3+N”全域旅游综合管理体制，成立旅游综合执法队伍，智慧旅游管理系统建成启用。设置旅游标识牌和改造达标星级旅游厕所一批，改造提升国家AAA级景区石塘古村，五马寨生态园成功创建国家AAA级景区，丹霞灵溪创建国家AAAA级景区工作稳步推进。建成丹霞山科普小镇。仁化入选“2018中国最美县域”。举办第二届文化旅游节、首届丹霞山半程马拉松赛等系列大型旅游节庆活动。打造丹霞民宿、蛇离梯田、红山茶园、大桥金柚等乡村旅游示范点和生态旅游休闲农业观光园，丹霞丰源温泉、宝能文旅城等旅游项目加快实施。

【经济社会发展】 2018年，仁化县地区生产总值118.8亿元，比上年增长5.69%；完成固定资产投资63.9亿元；一般公共预算收入5.94亿元，增长10.43%；一般预算支出25.1亿元。社会消费品零售总额36.1亿元。城镇和农村居民人均可支配收入分别为27539元和16931元，分别同比增长8%和9.3%。

【产业共建】 2018年，仁化县的凡口铅锌矿选矿厂技术升级改造完成，华粤煤矸石电厂技术改造、虎门仁化产业共建园等项目推进。县产业转移工业园纳入《中国开发区审核公告目录》。完成工业园新庄大道北延段、公共绿化一期、园区至周田镇道路亮化等基础设施工程，建成启用工业园商务中心。全年新签约招商引资项目14个，新动工项目8个，实际到位资金8.34亿元。实际利用外资494万美元，比上年增长5%。外贸进出口2000万美元，增长1%。韶能本色丹霞生活用纸、美华电源、大果山楂深加工技术研发及生产等招商项目落地建设。培育高新技术企业4家。

【现代农业发展】 2018年，仁化县抓好高标准农田、中小河流治理工作，完成锦江河西岸至古竹坪段治理工程，推进浈江周田、大桥段治理工程，农田水利设施日益完善。围绕“一镇一业、一村一品”加快特色产业发展，建成大桥镇、红山镇、长坝村、鱼皇村、蓝田村等特色产业镇村。打造黄坑贡柑、长坝沙田柚、红山茶叶等万亩农业生态观光园。做好畜禽和水产养殖工作，防控非洲猪瘟。培育“三品一标”农产品一批，评选“森林人家”“最美茶园”各10家，“仁化白毛茶”“长坝沙田柚”入选“全国名特优新农产品目录”，丹霞贡柑通过国家农产品地理标志登记专家评审，创建仁化贡柑中国特色农产品优势区。年内，仁化县获“广东省林下经济示范县”称号；长江镇被评为“中国毛竹之乡”。

【城镇品质提升】 2018年，仁化县房管所至省道246线市政道路建成通车，完成县城防洪排涝整体疏导改造工程和解放东路道路建设，新建仁爱广场、全民健身广场和水南桥头公共停车场，完成白毛冲生活垃圾填埋场生态封场，新建“五小”惠民工程一批，改造提升县城公厕。城镇生活污水处理厂及污水管网改造升级工程稳步推进，升级改造县城第一、第二农贸市场。碧桂园商贸城、丹霞新城等城市开发项目进展顺利。创建全国县级文明城市，开展文明家庭、文明单位、文明村镇系列文明创建和文明劝导志愿服务、先进典型选树等活动，入选“全国县级文明城市”提名城市。完成国道106线灵溪水桥改造工程、县道793线月岭至谭屋段、335线长江至城口路面大修工程。完成城口红色小镇“穿衣戴帽”一期工程，建成红军长征粤北纪念馆主体工程，丹霞丰源温泉项目推进，被列入省级特色小镇创建对象培育库。丹霞生态旅游特色小镇北门水上码头主体工程竣工。

【乡村振兴】 2018年，仁化县以农村人居环境综合整治和环丹霞山美丽乡村建设作为乡村振兴基础工程和重要抓手。开展农村人居环境整治，推进33个省定贫困村和6个国、省道沿线村庄雨污分离管网、厌氧池及人工湿地、村道、集中供水管网、文化室、公厕等基础设施项目。完成年度通自然村公路硬底化、农村公路安全生命防护、窄路基路面拓宽改造等任务。开工建设环丹霞山片区村庄基础设施整治项目，建成“丹霞彩虹”省级新农村示范片工程。城乡生活垃圾保洁市场化延伸至自然村，城乡一体化垃圾清运处理和保洁体系实现县域全覆盖。超额完成省、市下达的水田垦造、拆旧复垦任务。

【生态文明建设】 2018年，仁化县完成生态保护红线划定工作，高分通过国家重点生态功能区生态环境质量年度考核。全县空气质量优良，县城集中式饮用水源地水质全面达标。董塘镇100兆瓦集中式光伏扶贫与土壤改良综合示范项目完成并联网发电。做好中央和省环保督察发现问题整改工作。科学划定畜禽养殖禁养区，畜禽养殖清理整治工作扎实推进。统筹“山水林田湖草”生态保护，实施生态景观林建设工程，县城饮用水源地调整工作推进。全面落实“河长制”“湖长制”，集中开展河道水面垃圾漂浮物清理行动，推进锦江河流域综合治理。

【精准扶贫】 2018年，仁化县制定实施《新时期精准扶贫三年攻坚成效考核方案》等制度，落实“八有”“三保障”措施。实施产业帮扶、环境提升等项目，重点推进贡柑、茶叶、蔬菜、鸭稻米等特色扶贫产业。统筹扶贫资金实施全省最大光伏扶贫电站项目、入股中金岭南环保公司实施资产性收益项目。实施危房改造643户，均竣工入住。在校就读贫困学生享受生活费补助和学杂费减免政策。“建档立卡”贫困户全部纳入医疗帮扶对象。精准扶贫医疗救助支出473.87万元，精准扶贫救助8581人次。贫困人口政策性保障兜底得到全面落实。全年扶贫资金使用率99.54%。

【全面深化改革推进】 2018年，仁化县农村产权制度改革稳步实施。土地确权颁证工作完成。全县11个镇（街）、111个经济联合社、1109个经济合作社完成农村集体经济组织“三资”清查系统录入。推进供销合作社综合改革，加快基层社改造，新组建董塘、周田中心社。全面完成国有林场和小型水利工程改革工作。农村投融资改革成效明显。整合涉农资金和大力争取上级支农资金，助农取款服务点实现行政村全覆盖。落实省、市加强基层党组织建设三年行动计划，推进乡镇干部交流楼、村级党建阵地等建设。基层综合性文化服务中心实现村（居）全覆盖。优化营商环境，开展“减证便民”行动，完成县级行政许可事项的标准化工作，公共服务事项网上一站式办理率提升。

【教育现代化】 2018年，仁化县通过省推进教育现代化先进县暨省教育强县复评督导验收，获“广东省推进教育现代化先进县”称号。实施“高考提质”工程，2018年高考本科率57.99%，总上线率99.67%。仁化县二小、特殊教育学校异地新建工程基本完成，新建董塘中心小学综合楼、闻韶镇泰学校综合楼、长江河田小学综合楼，义务教育标准化学校全覆盖。扶溪中心幼儿园、董塘中心幼儿园综合楼完工。推进“县管校聘”管理体制改革，城乡教师资源配置均衡。

【卫生创强】 2018年，仁化县人民医院新门诊综合楼、县医疗急救体系业务楼、县妇幼保健计划生育服务中心等项目开工建设。完成基层医疗机构“中医馆”建设和卫生院改造提升任务，开工建设规范化村卫生站40间。县人民医院与市第一人民医院医联体建设推进，县人民医院与董塘、扶溪卫生院建立县域内医联体。实行卫生技术人才“县招镇用”制度，人才队伍建设加强。家庭医生式服务全面铺开，县域医疗服务能力提升。

【社会事业】 2018年，仁化县实现城镇新增就业2092人，城镇失业再就业1811人，促进创业166人，均超额完成年度任务，城镇登记失业率2.3%。城乡居民保险工作开展。完成机关事业单位养老保险制度改革。政府承诺的八件惠民实事基本完成。落实安全生产“一岗双责”制度，狠抓重点领域和行业安全隐患排查整治，全年没有发生较大以上生产安全事故。法治建设“四级同创”工程扎实推进，升级改造县、镇、村三级公共法律服务平台。全县村（居）通过省民主法治村验收。加快综治中心规范化建设，11个镇（街）均实行网格化管理。创建“平安仁化”，社会治安防控体系不断完善。推进扫黑除恶专项斗争，开展“飓风2018”等专项行动，打击违法犯罪行为，群众安全感、公安工作满意度在全市均列第一名。

【“南粤微长征·红色古驿道”仁化县首届25千米徒步活动】 2018年1月14日，2018年“南粤微长征·红色古驿道”仁化县首届25千米徒步活动在仁化县扶溪镇斜周村正式启动。该活动旨在通过“体育+红色+旅游”模式，弘扬红军长征精神，打造红色户外运动品牌，促进仁化全域旅游发展。该活动吸引来自全省各地及湖南、江西等地徒步爱好者600多人参与微长征徒步活动。

【广东省第四届自行车绿道联赛韶关丹霞山站比赛】 2018年1月21日，广东省第四届自行车绿道联赛韶关丹霞山站比赛在丹霞山巴寨景区举行，来自全国100多名自行车选手环绕赤壁丹崖展开角逐。是日，承办方组织夏富古村的民间民俗文化“装故事”、舞春牛表演，在丹霞山地质博物馆广场举行2~5岁儿童滑步车嘉年华。

▲ 2018年1月21日，广东省第四届自行车绿道联赛韶关丹霞山站比赛在丹霞山巴寨景区举行 （龙全明 摄）

【仁化县新建标准化特殊教育学校】 2018年1月25日，仁化县举行特殊教育学校异地新建项目开工奠基仪式。9月建成使用。该校是义务教育九年一贯制特殊教育学校，位于县城红星印刷厂旧址，总用地面积为8154平方米。按照国家制定的特殊教育学校建设标准，建设室外康复训练场、风雨游戏活动场、器械运动区以及百米田径赛场、篮球场、乒乓球场、羽毛球场等场所，设有普通课室9间、功能室20间、宿舍18间，可容纳至少90名学生就读。仁化县逐步提高义务阶段残疾学生生均公用经费标准，提高入学就读、送教上门等管理服务，满足残疾儿童入学需求。特殊教育学校的新建，改变仁化县没有标准化特殊学校的历史，加快推进仁化创建“广东省推进教育现代化先进县”。

【仁化县入选全国文明城市提名城市名单】 2018年2月14日，中央文明办正式公布2018—2020年创建周期全国文明城市提名城市名单，仁化县入选名单。

【2018首届丹霞山半程马拉松赛鸣枪开跑】 2018年5月27日，2018首届丹霞山半程马拉松赛开跑，来自省内外3500多名选手从丹霞山外山门口跑出。首届丹霞山半程马拉松赛是仁化县按照市委“大力拓展空间、深挖韶文化内涵、丰富旅游产品”工作思路，推动大丹霞旅游经济圈建设，打通丹霞山南北门户，做好“打通南门、联通北门”规划，配合推进南门及相关旅游配套设施建设，以“旅游+体育”为抓手，舞起丹霞山“龙头”，打响丹霞山世界户外运动名山品牌，打造绚美大丹霞，带动“环丹”区域发展的一次探索。

【仁化县入选“2018中国最美县域”】 2018年5月，在第十四届中国（深圳）文博会上，发布“2018中国最美县域榜单”，仁化县入选“2018中国最美县域”，是广东省获得此称号的7个县之一。

【仁化县首届“中国农民丰收节”暨生态农业博览会】 2018年9月23日，仁化县首届“中国农民丰收节”暨生态农业博览会在大桥镇长坝村金喆园开幕。金喆园与环丹霞山的夏富古村、瑶塘新村等29个分会场共同举办集农耕体验、民俗文化、旅游观光于一体的节日。

【仁化县入选2018年“广东省林下经济示范县”】 2018年10月18日，广东省林业厅公布2018年广东省8个林下经济示范县和30个省级林下经济示范基地名单，其中，仁化县被认定为“广东省林下经济示范县”，是韶关市唯一入选县（市、区）；仁化县红山镇富农茶叶专业合作社被认定为“广东省林下经济示范基地”。

【广东省第五届自行车绿道联赛（韶关丹霞山站）】 2018年11月17日，广东省第五届自行车绿道联赛（韶关丹霞山站）开赛。该赛事由广东省体育局、韶关市旅游发展委员会、韶关市体育局指导，由广东省自行车运动协会主办，老中青少700余名户外运动爱好者参加。其中，最小的儿童滑步车骑手年仅2岁，最年长的70岁老人参加骑跑比赛。

【仁化长江镇获得“中国毛竹之乡”】

2018年11月，在浙江省义乌市召开的中国林学会竹子分会六届二次理事会暨第十四届中国竹业学术大会期间，举行第一届“中国竹业特色之乡”授牌，拥有1.33万公顷毛竹林的仁化县长江镇被授予“中国毛竹之乡”牌匾。

【仁化第二届文化旅游节】 2018年12月20日，2018广东仁化文化旅游节开幕式暨生态农业博览会在世界自然遗产地丹霞山举行，各方嘉宾、游客数千人参与。开幕式现场，举行环丹十大景点颁奖、金柚、名优农产品颁奖启动仪式，有涵盖酒店、文旅、农业、温泉、新能源等多个领域12个招商引资项目签约，总金额20.8亿元。

【丹霞街道】 位于仁化县中南部，是县委、县政府驻地。国道106线、323线，省道246线、342线，武深（仁新）高速公路（仁化段）纵贯全境，浈江支流锦江自北向南穿过。2018年，辖13个村委会，4个居委会，2个农场。年末总户数21626户，户籍人口63141人，农业人口26487人。辖区面积288.13平方千米。耕地面积2747.53公顷，粮油播种面积0.64万公顷，粮食产量15405吨。林地面积10390.72公顷，森林覆盖率63.73%。主要经济来源有种植业、养殖业、旅游业和第三产业等。初级中学1所，小学10所（其中中心小学1所、完全小学1所、教学点8个），幼儿园14所（其中公办幼儿园1所），在校学生1882人。有文化站1个，农家书屋13个。参加城乡居民基本医保参保36194人，覆盖面100%。主产优质稻、花生、贡柑、沙田柚、蔬菜、竹类、优质鱼，土特产有铁皮石斛、“农民头”牌辣椒酱、丹霞沙田柚、甜竹笋、百香果、丹霞红茶、大果红花油茶等，其中以铁皮石斛、丹霞沙田柚闻名。域内旅游资源丰富，是“广东省休闲农业与乡村旅游示范镇”。景点有AAAAA级景区丹霞山、丹霞源国家水利风景区、“水上丹霞”、瑶前晒谷岭古人类遗址、丹霞山摩崖石刻、文峰塔、夏富村、黄屋村、省级森林公园城南公园、丹霞绿道等。矿产有铁矿石等。工业以有色金属冶炼、小型机械加工、竹木加工、电力行业为主，企业有鸿伟木业、奥达板厂、鑫海仁丹钨业、丹霞印象连锁客栈等规模以上工业、重点服务业、限额以上贸易业、资质建筑业与房地产业等80余家。2018年，全街道生产总值41.32亿元，比上年增长5.38%；财政收入3050万元，比上年增长6.7%；农业总产值6.3亿元；农村居民人均收入18817元，比上年增加11.6%。

党工委书记：连辉标

办事处主任：王剑斌（任至4月）

侯政春（4月任职）

人大工委主任：

张增清（任至4月）

徐　泳（4月任职）

【董塘镇】 位于仁化县西南部，东邻丹霞街道办，北接红山镇，西毗石塘镇和乐昌市，南连浈江区，属省级中心镇。镇政府驻董塘社区，距县城12千米。省道246线贯穿墟镇，京广铁路黄岗支线从镇区北面经过，董塘河流与锦江河相接。2018年，辖17村委会和3个居委会，总户数13131户，年末户籍人口44770人，农业人口19435人，外来人口10029人。辖区面积243.34平方千米。耕地面积3405.77公顷，粮食播种面积20308公顷，粮食产量9316吨。林地面积12177.28公顷，森林覆盖率64.85%。主要经济来源有种植业、养殖业、企业等。有初级中学1所、小学8所（其中中心小学1所、完全小学2所、教学点6个）、幼儿园10所（其中公办1所），在校学生4363人；文化站1个。全镇参加城乡医疗保险人数14609人，覆盖面94%。主产优质水稻、花生、柑橘、火龙果、淮山等；土特产有花生、淮山、火龙果、白鸽、柑橘等，其中以优质水稻和花生闻名。矿产有铅锌、铁矿、石灰石等，有中金岭南凡口铅锌矿、丹霞冶炼厂、华粤煤矸石发电厂等3家规模以上企业。景点有巴寨、云龙寺塔、思诒堂、董劝书院、华阳寨、飞花瀑布、大石山等。2018年，全镇生产总值39.9亿元，比上年增长5.4%；工业产值30.87亿元；农业产值27549万元；农民人均收入1.8万元；财政收入5216.55万元。是年，董塘镇获广东省卫生镇称号。

董塘社区综合性文化服务中心图书室获“最美图书阅览室”称号　2018年8月3日，在全市村级综合性文化服务中心图书室阅览室提升工作现场会上，董塘社区综合性文化服务中心图书室获“最美图书阅览室”称号。

第五届龙皇宫生态旅游文化节举行

2018年10月1日，董塘镇新莲村举行庆祝首届“中国农民丰收节”暨“上山下海·广东人游乡村”2018年第五届龙皇宫生态旅游文化节活动，吸引周边村民及各地游客纷纷前来观看传统的香火龙、采茶戏等表演。

党委书记：万志明

镇　　长：刘志坚

人大主席：刘剑勇

【石塘镇】 位于仁化县西部，东连董塘镇，南接浈江区花坪镇，西与乐昌市廊田镇为邻，北与红山镇交界。镇政府驻石塘村，距县城19千米。省道345线贯穿全境，石塘河与董塘河相接。2018

年，辖6个村委会和1个居委会。年末总户数4215户，户籍人口13579人，农业人口9121人，外来人口44人。辖区面积77.92平方千米。耕地面积1634.18公顷，粮食播种面积927.86公顷，粮食产量6494吨。林地面积5163.13公顷，森林覆盖率65.18%。主要经济来源有粮食种植、旅游、农产品等。有初级中学1所、小学5所（其中，中心小学兼完全小学1所，教学点4个）、公办幼儿园1所，在校学生1083人；文化站1个，广播站1个。全镇参加医疗保险人数10931人，覆盖面97%。主产水稻、贡柑、甜竹笋，土特产有仁化石塘堆花米酒、花生、西瓜、马蹄（荸荠）、灵芝、贡柑等，其中以仁化石塘堆花米酒、马蹄（荸荠）闻名。景点主要有石塘古村、双峰寨、土法酿酒景点、娘娘庙、月姐歌、李仲生故居等。2018年，全镇地区生产总值2.02亿元，同比增长5.3%；财政收入1056万元，同比减少8.23%；工业产值1246万元；农业总产值2.15亿元，同比增长5.7%；农村人均可支配收入15381元，同比增长10.5%；固定资产投资384万元。是年，石塘镇新华书店希望小学被评为“广东省安全文明校园”。

《中国影像方志·仁化篇》在双峰寨开机　2018年9月14日，中央电视台大型纪录片《中国影像方志·仁化篇》在石塘双峰寨开机。《中国影像方志》是中央电视台科教频道策划的大型系列纪录片。该次拍摄深入挖掘石塘古村历史文化内涵，多角度、全方位展示石塘古村的历史文化、民俗风情等有代表性的地域元素。

南粤古驿道·2018年广东省定向联赛第一场（韶关·仁化站）在石塘村举行　2018年7月1日，南粤古驿道·2018年广东省定向联赛第一场（韶关·仁化站）在石塘村举行。该站赛事吸引来自省内外400多人参与，共同探索与体验古村“迷”途带来的快乐。

党委书记：江艳芬（女）
镇　　长：叶文华
人大主席：李培林

【红山镇】　位于仁化县西北部，东连城口镇，南接董塘、石塘镇，西与乐昌市五山镇为邻，北与湖南省汝城县大坪镇交界，是革命老区镇、仁化县城居民食水源头地、省自然环境保护区及林业生态镇。镇政府驻红山墟，距县城52千米。县道335线贯穿全境，域内有高坪水库、高坪省级自然保护区等。2018年，辖8个村委会和1个居委会，年末总户数2966户，户籍人口10900人，农业人口10455人。辖区面积169.64平方千米。耕地面积1187.47公顷，林地面积15185.2公顷，森林覆盖率89.83%。主要经济来源有种植业和水电等。有初级中学1所、小学5所（其中，中心小学1所，教学点4个）、公办幼儿园1所，文化站1个，广播站1个。全镇参加医疗保险覆盖面100%。主产水稻、茶叶、竹木和萝卜，土特产有灵芝、茶叶、萝卜等，其中以茶叶闻名。域内资源有红山湖、高坪自然保护区和矿产等。工业以小水电为主，有企业仁化县高坪水库管理所、广东丹霞天雄有限公司、仁化县红山镇富农茶叶专业合作社（国家农民合作社示范社）等40余家。景点主要有黄岭嶂、高坪省级自然保护区、锡坪嶂、红山湖等。2018年，全镇完成地区生产总值2.8亿元，比上年增长4.3%；全镇完成税收306万元；人均生产总值14919元。

开展“慎终追远、缅怀先烈”活动　2018年4月3日，红山镇组织干部职工和学校师生到红军长征革命烈士纪念碑前举行2018年红山镇“我们的节日”主题活动——“慎终追远、缅怀先烈”活动。

举行红山种植扶贫产业示范基地签约仪式　2018年11月23日，红山镇人民政府与广东锦粮农业科技发展有限公司举行红山农业种植扶贫产业示范基地签约仪式。该项目主要由锦粮公司自主生产加工销售番薯等农作物。

党委书记：刘志宏（任至4月）
　　　　　王剑斌（4月任职）
镇　　长：何海生
人大主席：李培云

【城口镇】　位于仁化县北部，东连长江镇和扶溪镇，南接丹霞街道，西与红山镇为邻，北与湖南省汝城县三江口镇交界，属山区镇。镇政府驻城口镇城群村委会辖区（墟镇内），距县城38千米。武深高速（仁化段）在境内设出入口，国道106线公路贯穿全境，城口东河河流与城口西河相接。2018年，辖7个村委会和1个居委会，年末户数2693户，户籍总人口10395人，农业人口9565人，外来人口380人。辖区面积266.89平方千米。耕地面积1422.21公顷，粮食播种面积1307公顷，粮食产量8284吨。林地面积21171.1公顷，森林覆盖率89.04%。主要经济来源有农业生产、水力发电、畜牧养殖、矿产资源等。有初级中学1所、小学4所（其中，中心小学1所，教学点3个）、幼儿园2所（其中公办1所），在校学生790人；文化站1个，广播站1个。全镇参加医疗保险人数8345人，覆盖面100%。主产优质水稻、柑橘、辣椒和茶叶，土特产有冬笋、香菇、木耳等，其中以“古秦城板鸭”闻名。域内资源有水利、林木和矿产，工业以小型水电站为主，有企业水电管理所、仁化县城口镇城兴加油站等24家。景点主要有谭甫仁故居、红军纪念广场、恩村古村落、上寨美丽乡村等。2018年，全镇完成地区生产总值34720万元，同比增长5.1%；其中第一产业10223万元，同比增长5.9%；第二产业4884万元，同比增长4.2%；第三产业19613万元，同比增长4.3%；完成固定资产投资（城镇投资额）33439万元，同比增长80.6%；财政可支配收入完成1099.31万元；完成税收任务661万元；农民人均可支配收入比上年增长10%。

谭甫仁将军旧居捐赠仪式　2018年7月25日，谭甫仁将军旧居捐赠仪式在仁化县城口镇举行。捐赠仪式上，谭甫仁将军之子谭一兵将军与仁化县县长周小明签订谭甫仁将军旧居捐赠合约，赠送谭甫仁将军画像、《名将谭甫仁》书籍以及谭甫仁将军工作和生活照片一批，中共仁化县委书记林国华代表仁化县向谭一兵回赠捐赠证书及纪念品。

首届“红歌传承歌声嘹亮”红歌赛 2018年8月7日，城口镇在红军长征纪念广场举办第一届“红色传承歌声嘹亮”红歌赛决赛。

韶关知青回访城口座谈会 2018年10月15日，城口镇召开韶关知青回访城口座谈会。座谈现场，知青们将印有“第二故乡”的牌匾献给城口镇委、镇政府；城口镇为知青们送上《城口镇志》和《恩村旅游宣传册》。

党委书记：李汉辉

镇　　长：谭卫财（任至4月）

　　　　　张增清（4月任职）

人大主席：钟叶山

【长江镇】 位于仁化县东北部，东连江西省内良乡、河洞乡，南接扶溪镇，西与城口镇为邻，北与江西省崇义县聂都乡、乐洞乡交界，属省级中心镇。镇政府驻沙坪村委会，距县城49千米。锦江河贯穿全境，公路经省道246线与县城接连，经县道336线至城口镇与国道106线相连。辖区面积300.64平方千米。2018年，辖16个村委会和1个居委会，年末总户数8146户，户籍人口27563人。耕地面积3099.86公顷，粮食播种面积1163公顷，粮食产量9039.8吨。林地面积24293.28公顷，森林覆盖率81.58%；活立木蓄积量130.88万立方米，毛竹1.33万公顷。主要经济来源有：竹木生产加工、小水电站、香菇种植、生猪养殖等。有初级中学1所、小学9所（其中，中心小学1所，完全小学3所，教学点5个）、幼儿园4所（其中，公办1所），在校学生2087人；有文化站1个，广播站1个。全镇参加医疗保险人数22828人，覆盖面98%。主产水稻、花生，土特产有玉扣纸、冬笋、白糖饼、香菇等，其中以玉扣纸、浒松腊鸭、白糖饼闻名。域内资源丰富，山林面积、木材蓄积量均居全县首位，活立木蓄积量130.88万立方米，毛竹8275.9公顷，是全县最大毛竹基地。有小水电站72座，总装机容量27194万千瓦。矿藏资源丰富，有铀、钨、铜、硅石、钾长石、辉绿石、花岗石等。旅游资丰富，镇内有全省第三高峰——万时山（海拔1559米），有风景秀丽、蔚为壮观的万亩竹林，有保留完好的古塔、会馆等自然景观和人文景观。工业以矿产、水电站、竹制品加工为主，有竹加工厂29家，年销售竹子9万吨；有中核锦原铀业有限公司、中成竹业有限公司、长江电管所等企业3家。旅游景点主要有万时山、长江中山公园、广州会馆等。2018年7月获“中国毛竹之乡”称号。2018年，全镇实现地区生产总值85907万元，比上年增长5.2%。镇财政收入2847.96万元，比上年增长26.9%。农业总产值30386万元，比上年增长5.5%。

“美丽长江生态家园”春节活动 2018年2月16日，由中共长江镇党委、镇政府及里周村、陈欧村、凌溪村等精心组织策划的长江镇“美丽长江生态家园”主题春节系列文化活动开幕。

长江中心小学舞蹈队获省“特别贡献奖” 2018年6月14、15日，长江中心小学舞蹈队在广东省新农村少儿舞蹈教室美育工程节目汇演中，获得“特别贡献奖”的表彰。

党委书记：邹汉明

镇　　长：李杏兰（女）

人大主席：熊世伟

【扶溪镇】 位于仁化县东北部，东连百顺镇，南接闻韶镇，西与丹霞街道、县城为邻，北与长江镇交界，属山区镇。镇政府驻紫岭村委会，距县城37千米。省道246线、342线公路贯穿镇域，锦江河流与扶溪河相接。2018年，辖9个村委会和1个居委会，总户数3763户，年末户籍人口13805人，农业人口8896人。辖区面积187.9平方千米。耕地面积1927公顷，林地面积15028.26公顷，森林覆盖率82.58%。主要经济来源有水电站、种植业等。有九年一贯制学校1所，教学点3个、幼儿园2所（其中公办1所），在校学生1020人；文化站1个，广播站1个。主产优质稻谷、竹木、柑橘等，土特产有优质稻米、板鸭、砂糖橘、冬笋等，其中以优质稻米、砂糖橘、板鸭闻名。工业以水电站为主，有水电站28座。矿产有铀、铁、钨和硅石、花岗石等。旅游资源有古村、古亭、古桥、古道、梯田、竹海、瀑布等，景点有古夏古村、厚塘南台庙、水口白塔、蛇离梯田、斜周温泉等。2018年，全镇完成地区生产总值33891万元，比上年增长4.9%。农业总产值达到11442万元，比上年增长5.5%。镇财政收入1308.16万元，比上年增长27.5%。是年，蛇离梯田和古夏古村被评为仁化县环丹十大景点。

文艺创作家到扶溪采风 2018年5月20日，中央电视台纪录片频道签约导演郭东升、韶关市作家协会主席荣笑雨、韶关学院教授阎文龙等一行人到扶溪镇考察采风，走访参观扶溪镇鸭稻共作示范基地、古夏古村、苟头新村和蛇离梯田。

扶溪镇举行首届“中国农民丰收节”活动 2018年10月6日，扶溪镇举行首届“中国农民丰收节”扶溪分会场暨蛇离梯田休闲观光体验活动，活动有舞龙舞狮、农耕道具展示、割禾赛、摸螺、抓鱼等。

党委书记：彭国强

镇　　长：邓文光

人大主席：肖武荣

【闻韶镇】 位于仁化县东部，东连南雄市百顺镇，南接黄坑镇，西与丹霞街道办事处为邻，北与扶溪镇交界，属山区镇。镇政府驻闻韶墟，距县城32千米。省道324线贯穿镇域，4条河流与北江相接。2018年，辖5个村委会和1个居委会，年末总户数1146户，户籍人口5977人。辖区面积85.78平方千米。林地面积7481.11公顷，森林覆盖率88.2%，主要经济来源有农业种植、小水电、竹木加工。有九年一贯制学校1所、公办幼儿园1所，在校学生510人；文化站1个。主产冬笋、香菇、优质米、番薯等。矿产有金、银、铜、磁铁、稀土、翡绿岩、黄腊石、温泉。工业以小水电为主，有水电站12座，企业竹制品加工厂3家，竹炭厂1家。旅游资源有华林寺塔、风车巷、笔架山、古盐关、山寨、古村、石拱桥、庙宇、温泉等。2018全镇生产总值17538万元，比上年增长5.2%，一般公共财政预算收入1189.61万元，农民人均收入14630元，比上年增长9%。

村级文化室建设　2018年闻韶镇投入42万元，完善下徐、塘源、江南、华塘4个村级文化室扩宽装修工程，建立5个村级图书室，新增新书2800册。

党委书记：刘普新

镇　　长：冯　鹄（任至8月）

　　　　　肖武荣（9月任职）

人大主席：黎名全

【黄坑镇】　位于仁化县东南部，东连南雄、始兴县，南接周田镇，西与丹霞山为邻，北与闻韶镇交界，属山区镇。镇政府驻黄坑墟镇，距县城15千米。国道106线于西南部穿境而过。2018年，辖7个村委会和1个居委会，年末户籍人口15312人，其中农业人口8047人。辖区面积164.94平方千米。耕地面积1708.79公顷，粮食播种面积801.73公顷，粮食产量5140.8吨。林地面积13802.43公顷，森林覆盖率79.61%。主要经济来源有贡柑、水稻、花生、砂糖橘等。有初级中学1所、小学2所（其中中心小学1所、教学点1个）、幼儿园2所（其中公办1所），在校学生1469人；文化站1个，广播站1个。全镇参加医疗保险人数12321人，覆盖面79.1%。主产贡柑、水稻、竹木、花生和茶叶，土特产有贡柑、花生、冬笋等，其中以贡柑闻名。森林资源主要有竹木，矿产资源以硅石、稀土矿等为主，工业以小型水电站、加工业为主，有企业上坑水电站、中寨水电站、辉祥果业打蜡厂等68家。景点有黄坑南庄生态名园、东庄门楼、黄坑镇冯屋文明公祠等。2018年，全镇实现地区生产总值2.81亿元，比上年增长5.2%。完成固定资产投资2.93亿元，比上年增长123.2%；农业总产值实现2.01亿元，比上年增长5.7%。

干部交流楼主体框架结构完成　2018年12月30日，位于黄坑镇政府大院内新建的镇干部交流楼完成大楼主体框架结构。

党委书记：谭家琪

镇　　长：邓永林

人大主席：许俊华

【周田镇】　位于仁化县南部，东连始兴县，南接曲江区，西与丹霞山及大桥镇为邻，北与黄坑镇交界，属省级中心镇。镇政府驻月岭村附近，距县城17千米。国道323线、106线穿境而过，武深高速（仁化段）、赣韶铁路、韶赣高速公路途经该镇，设有“丹霞山”火车站和“丹霞”高速公路出入口。浈江河流与北江相接。2018年，辖15个村委会和1个居委会，年末总户数8624户（常住户数6095户），户籍人口28462人（常住户籍人口20766人），外来人口2320人。辖区面积296.12平方千米。耕地面积1723.5公顷，粮食播种面积12634公顷，粮食产量5907吨，林地面积22059.42公顷，森林覆盖率77.46%。主要经济来源有企业税收、有色金属循环经济产业；农业方面有种植业、养殖业、外出务工等。有初级中学1所、小学1所（其中中心小学1所、完全小学1所、教学点4个）、幼儿园3所（其中公办1所），在校学生（其中初中642名、小学1718名、幼儿园762人）；文化站1个，广播站1个。全镇参加城乡居民医疗保险人数22183人，覆盖面100%。主产优质谷、柑橘、西瓜、油茶、和蒿竹，土特产有灵溪冬菇、平甫奈李、上坪贡柑、鸡龙萝卜、龙坑粉葛、麻洋红瓜子等，其中以灵溪香菇和平甫奈子闻名。域内资源有铅锌矿、水力发电资源和河砂等。工业有广东志成冠军电气器材科技有限公司、博世铝业有限公司、王氏水务有限公司、盈保电业有限公司、富然农科有限公司等24家企业。景点主要有灵溪河森林渡假公园、韶石山景区、周田张屋古村、灵溪客家大围古村等。2018年，全镇地区生产总值91057万元，比上年增长5.6%。全年农业总产值20893万元，比上年增长5.5%。农民人均收入17389元，同比增长9.5%元。工业产值36521万元，增长6.3%。

周田镇获市级卫生镇称号　2018年9月，韶关市爱国卫生运动委员会授予周田镇“卫生镇”称号。2018年，周田镇同步推进创建市卫生镇与创建卫生村工作，总投资1亿元（分近期施工建设2000多万元，中远期建设7000多万元），加大“六乱”（乱摆卖、乱停放、乱搭建、乱拉挂、乱张贴、乱丢垃圾）整治力度，建立垃圾池收集垃圾制度和在全镇范围内开展活禽专项整治工作等举措，小区绿化覆盖率31%，人均绿地面积6.28平方米，成功创建市级卫生镇。

党委书记：冯奋德

镇　　长：曾凡军（任至8月）

　　　　　冯　鹄（9月任职）

人大主席：侯政春（任至3月）

　　　　　肖　莲（女，4月任职）

【大桥镇】　位于仁化县南部，东连周田镇灵溪村、曲江区枫湾镇，南接曲江区火山镇、浈江区，西与浈江区犁市镇为邻，北与周田镇较坑、平甫交界。镇政府（街道）驻大桥墟镇，距县城24千米。国道106线、省道323线贯穿全境。河流浈江从北至南、锦江从西至东流经镇域。2018年，辖6个村委会和1个居委会，总户数2913户，年末户籍人口11224人，农业人口8531人，外来人口57人。辖区面积132.8平方千米。耕地面积917.6公顷，粮食播种面积554公顷，粮食产量3772吨。林地面积13489.64公顷，森林覆盖率81.81%。主要经济来源有水稻、柑橘、沙田柚种植及外出务工等。有初级中学1所、小学3所（其中中心小学兼完全小学1所，教学点2个）、公办幼儿园1所，在校学生（含幼儿园）945人；文化站1个，广播站1个。全镇参加医疗保险人数8300人，覆盖面95%。主产沙田柚、贡柑、桑果、西瓜和水稻，土特产有沙田柚、贡柑、桑果、西瓜等，其中以沙田柚闻名。域内资源有林木、水域和丹霞地貌，工业以宇鑫机电设备有限公司、宝盛加油站为主，有金喆园、金果园、宇鑫机电等22家企业。景点有五马归槽、韶石山、金喆园等。2018年，全镇生产总值36613万元，比上年增长5.5%。镇财政收入1469.95万元，比上年减少38.9%。全年农业产值13157万元，比上年增长3%。农民人均收入18500元。工业产值9270万元。是年，6月23日中央农村工作领导小组副组长兼办公室主任、农业农村部部长韩长赋到仁化县大桥镇长坝村金喆园生态产业园调研“三农”及乡村振兴工作；2018年9月28日，中共广东省委书记李希到仁化县大桥镇长坝万亩沙田柚基地实地调研产业振兴发展情况；11月3日，全国人大常委会副委员长吉炳轩到仁化县大桥镇长坝村开展乡村振兴和脱贫攻坚专题调研；11月，五马寨生态园被韶关市旅游景区质量等级评定委员会评为国家AAA级旅游景区。

党委书记：黄银泰

镇　　长：郭兰招（女，任至9月）

　　　　　蒙升龙（9月任职）

人大主席：钱世全

（徐诚林　谢嘉文）

表37　2018年仁化县国民经济发展情况表

指标	单位	绝对值	比上年增长（%）
地区生产总值	万元	1187884	5.6
第一产业增加值	万元	184877	-12.9
第二产业增加值	万元	466045	11.26
工业增加值	万元	425431	10.1
第三产业增加值	万元	536962	8.8
人均地区生产总值	元	56245	4.9
固定资产投资	万元	639933	-5.1
社会消费品零售总额	万元	361128	9.86
实际利用外资（1—12月数）	万美元	494	1.85
地方公共财政预算收入	万元	59448	10.3
地方公共财政预算支出	万元	251176	21
城镇常住居民人均可支配收入	元	27539	7.4
农村常住居民人均可支配收入	元	16931	9.3

始兴县

【概况】 始兴县位于韶关市东部。是盛唐名相张九龄、明朝户部尚书谭大初、抗日名将张发奎、著名数学家朱熹平等的故乡。2018年辖10个乡镇，其中1个少数民族乡。年末户籍人口26.3万人；常住人口21.9万人，其中城镇人口8.9万人。土地面积2131.91平方千米（其中县城区面积10.42平方千米）。耕地面积2.17万公顷，粮食播种面积1.47万公顷，粮食产量6.6万吨。林地面积17.26万公顷，森立覆盖率77.3%，活立木蓄积量1436亿立方米。矿产有钨、锡、铋、铝、铜、铅、锌、黄金等8种有色金属；石英、萤石、绿柱石、钾长石、瓷土、石灰石等6种非金属。主要土特产有香菇、木耳、灵芝、冬笋、蜂蜜、西瓜、马蹄、莲藕、柑橘、枇杷、杨梅、三华李、茶油、茶叶、澄江娘酒、旺满堂清化粉、古塘腊肉、古塘板鸭、腊肠、鱼干、花生饼、老朋友辣酱、生姜、火龙果等。是全国森林资源林政管理先进单位、全国生态示范区建设试点地区、全国商品粮基地县（有“粤北粮仓”之称）、全国创建无公害蔬菜生产示范基地县、中国最美小城、中国绿色名县、中国制笔研发制造基地、中国千年古县、中国魅力文化生态旅游目的地，是恐龙之乡、枇杷之乡、杨梅之乡、围楼文化之乡、温泉之乡等。主要景点有车八岭世界生物圈国家级自然保护区、岭南第一围——满堂客家大围、粤北民俗第一村——东湖坪客家民俗文化村、中共广东省委旧址——红围、沈所铜钟寨国家AAA级旅游景区、南岭红沙漠景区等。有中小学校62所，其中独立普通高中1所，完全中学1所，中等职业学校1所，初中学校10所（含九年一贯制学校2所），完全小学16所，小学教学点33所。全县在校学生29033人，其中，普通中学在校学生10821人，中职在校学生1476人，小学在校学生16736人。医院、卫生院

15所，床位939张。文化馆1座，公共图书馆1座，博物馆1座。2018年4月，始兴县被评为“全国十佳生态休闲旅游城市”；被列为“全国集体林业综合改革试验区”。6月，被评为“广东省推进教育现代化先进县”。7月，入选“2018中国最美县域榜单”。9月，被列为“广东造林工程管理模式改革试点县”。11月，隘子镇满堂村被中国生态文化协会评为“全国生态文化村”。

【武深高速公路始兴段开通】 2018年12月28日上午，武深高速公路始兴段建成通车。武深高速公路始兴段起于始兴县沈所镇花山村，止于始兴县司前镇温下村，为双向六车道，全长47千米，途经沈所镇、城南镇、深渡水瑶族乡、司前镇等4个乡镇，设始兴南、深渡水、司前3个出口。

【绿色生态建设】 2018年，始兴县科学划定生态保护红线和高污染燃料禁燃区，扩大城区烟花爆竹禁放区范围，基本完成第二次污染源普查。完成碳汇造林280公顷，提升生态景观林带15千米，培育省级林下经济示范基地4个，建设乡村绿化美化示范点27个。基本完成国有林场改革。加大森林资源管护力度。阳光电源光伏项目并网发电，实现新能源项目零的突破。2018年，始兴被列为“全国集体林业综合改革试验区”和“广东省造林工程管理模式改革试点县”，车八岭被评为“全国林业科普基地”，隘子镇满堂村被评为“全国生态文化村”。

【城市品质提升】 2018年，始兴县完成《始兴县城市总体规划》（2015—2036）修编工作。完成5条县城主干道“白改黑”、永安大道北侧排水渠建设，建成1个城市口袋公园，启动县政府西侧地下停车场建设，启动湿地公园、南蛇岭森林公园和丹凤山公园提升改造项目建设，编制马市、顿岗、深渡水3个试点乡镇整治提升专项规划。始兴县博物馆新馆开馆，始兴县人民医院、妇幼保健院迁建和中医院扩建工程全面动工建设，120应急救护指挥中心投入试运营。

【100亿元项目动工建设】 2018年1月17日，总投资100亿元的忠信世纪电子材料（始兴）项目在始兴马市工业园举行奠基仪式。始兴县领导李勇、李杰秋、肖强运、张智光、邓炳光参加奠基仪式。

【始兴县获得“广东省科普示范县”称号】 2018年3月9日，根据广东省全民科学素质纲要实施工作办公室印发的《关于命名广东省2016—2020年度第二批广东省科普示范县（市、区）、镇的决定》，始兴县获得“广东省科普示范县”称号。

【红色主题教育活动暨围楼文化旅游节】 2018年6月29日，始兴县红色主题教育活动暨2018年始兴围楼文化旅游节在始兴县沈所镇沈北村开幕，是2018广东省“重走长征路”（韶关）红色旅游主题活动分会场活动。

【丹凤小学投入使用】 2018年9月3日，始兴县丹凤小学投入使用，是始兴县城的第四间小学，新增小学学位2160个。

【首个招商引资新能源项目并网发电】 2018年12月24日，马市镇阳光电源始兴县50兆瓦光伏发电项目并网，始兴县委常委、副县长李勇参加并网仪式。阳光电源始兴县50兆瓦光伏发电项目是始兴县以招商引资的方式引进的第一个新能源项目，该项目由阳光电源股份有限公司投资建设，于2018年9月18日动工，12月24日并网发电。

【太平镇】 位于始兴县城中北部，是始兴县城所在地。东与顿岗镇相连，南与城镇隔江相，北接马市镇，西与仁化县接壤。地处墨江河下游，浈江河纵贯其中。韶赣高速、韶赣铁路在境内设站点，国道323线、省道244线贯穿全境。2018年，辖18个村委会、6个居委会，年末户籍人口64778人，常住人口74212人。全镇总面积283.3平方千米，耕地面积1997.95公顷，粮食播种面积1056公顷，粮食产量7677吨。林地面积22000.11公顷，森林覆盖率72.9%，是中国杨梅、枇杷之乡。景点有东湖坪民俗文化村、罗围汉代古城堡、大成殿、墨江艺苑古迹、天子地石书房、丹凤山公园等。有北山毛竹长廊等自然景观及杨梅山庄等10多家生态农庄。曾获得“国家级生态乡镇”“全国文明村镇”“广东省教育强镇”“广东省文明镇”“广东省生态示范镇”“广东省卫生镇”等省级以上称号。2018年，全镇生产总值41亿元，比上年增长3.8%。其中：第一产业增加值0.21亿元，增长4.6%；第

▲2018年9月23日，始兴首届农民丰收节红梨村主会场举行开幕式 （邓斌 摄）

二产业增加值0.08亿元，增长3.9%；第三产业增加值1.21亿元，增长3.4%。人均地区生产总值43247元，增长4.1%。农村居民可支配收入15618.1元，增长11.5%。2018年5月26日，太平镇举办始兴县“盛世太平杨梅欢”2018杨梅节，吸引6万多名游客前来采摘杨梅。

党委书记：胡长江（任至6月）
张国华（6月任职）
镇　　长：张国华（任至9月）
李子榕（9月任职）
人大主席：郭胜全

【马市镇】 位于始兴县东北部，墟镇距县城12千米，东临澄江镇，西、南连接太平镇，北靠南雄市古市镇。国道323线、省道244线贯穿境内，浈江河贯穿中部。2018年，全镇总面积280平方千米，耕地面积3066公顷，粮食播种面积2533公顷，粮食产量1.71万吨。林地面积13905.77公顷，森林覆盖率75.2%，活立木蓄积量401783立方米。辖18个村委会和1个居委会，年末户籍人口40722人，常住人口31293人，是全国重点镇、省级中心镇、广东金叶第一镇、广东省宜居示范镇、广东省教育强镇、韶关市卫生镇。是始兴县“一园多片区”工业发展格局之一，有深广兴混凝土、博泰纸业、强强农产品深加工、江茂源粮油等规模以上工业企业。是始兴县的主要黄烟种植区、主要粮产区之一。主要特色农产品为黄烟、黄田萝卜、候陂芋头、红傅氏沙田柚、猪洞迳茶、俄井茶、高水莲藕、美香粘水稻。旅游资源有“四寨九岩”风景区、佛祖圣地圣公殿、恐龙遗址、明清古戏台、元代始兴县城故址陆源村井下古建筑、红梨村大安坪祠堂以及“南岭红沙漠”。2018年，全镇完成地方生产总值6.1亿元，比上年增长10.5%，地方一般公共预算收入832.7万元，农村居民可支配收入16134元，增长10%。2018年8月被认定为“全国农村产业强镇示范建设基地”。2月1日，马市镇红梨村举办“第三届小吃文化节暨红梨柚感体育嘉年华活动”吸引游客近1万人次。9月2日，始兴县首届“中国农民丰收节”主会场开幕式在红梨村举行，整个活动期间吸引游客近4万人次。

党委书记：钟俊锋
镇　　长：钟茂柱（任至6月）
杨　坚（6月任职）
人大主席：王优亮

【顿岗镇】 位于始兴县东南方，墟镇距离县城8千米，始兴3个中心镇之一，省道244线和县道343线、346线、344线贯穿其中。2018年，全镇总面积95平方千米，耕地1271.2公顷，山林5128.2公顷，森林覆盖率50%，活立木蓄积量23万立方米。辖11个村委会和1个社区居委会，年末户籍人口2.6万人。主要种植优质水稻及花生、马蹄、黄烟、蚕桑、柑果等经济作物，有“粤北粮仓”之称。获得“广东省教育强镇”“广东省宜居示范镇”“广东省特级档案综合管理单位”“韶关市文明镇”“韶关市人口与计划生育先进单位”“韶关市卫生镇”等省、市级以上称号。2018年，全镇生产总值完成51184万元，同比增长4.5%，其中工业总产值12185万元，同比增长6%；农业总产值21529万元，同比增长4.3%；第三产业总产值20433万元，同比增长8.3%。固定资产投资完成2100万元，同比增长0.6%；农村人均纯收入14803元，增长9%。是年，该镇获得的“广东省卫生镇”称号。

墟镇提升行动　2018年，顿岗镇墟镇提质采用EPC的模式，完成《顿岗镇墟镇提升工程》规划设计方案；投入450多万元，完成墟镇农贸市场改造提升工程，维修原省道244线顿岗连接澄江、罗坝路段市政道路。

乡村振兴和脱贫攻坚战　2018年，顿岗镇开展“千名乡贤扶百村”活动，全面启动“三清三拆三整治”，146个村小组通过验收，通过率占78.2%，完成周所、高留、千净、大村等省定贫困村的美丽乡村规划设计，4个省定贫困村每村投入1500万元美丽乡村建设资金，完成工程项目60%以上。投入697万元，开展村巷道硬化、文化室、排污管网、自来水管铺设安装、标准化公厕等建设项目。打造周所选陂村市县人居环境整治示范点，完成村道硬化6千米，文化室12个，污水处理设施3个，路域整治3000米，周所下寨村，千净坎上坎下村等采用小额工程试点的先行村初见成效。完成宝溪人居环境整村拆除15个村小组10.67公顷，涉及农户490户，完成寨头整村拆旧复垦工作，涉及梁屋、李屋、张屋、塘背、庙下、徐屋等村民小组，拆旧复垦面积3.48公顷，成为韶关市拆旧复垦工作示范点。

党委书记：郑万龙（6月任职）
镇　　长：郑万龙（任至8月）
王建明（8月任职）
人大主席：陈乙明

【城南镇】 位于始兴县中部。除南部外，中部和东、西、北部地势平整。县道344线贯穿全镇，东西两翼与省道244线、国道323线相连向外延伸。2018年，全镇总面积52.86平方千米，有耕地1157.6公顷，粮食播种面积1078.5公顷，粮食产量8125吨。林地2484公顷，森林覆盖率47%，活立木蓄积量204930立方米。辖10个村委会和1个社区居委会，年末户籍人口22251人，常住人口19021人。居住人口主要为汉族、瑶族两个民族，以汉族居多，瑶族主要分布于胆源村。森林资源有樟、枫、楠、酸枣、毛竹、木等；经济林有油茶、油桐、柑橘、茶叶、杨梅、青梅、沙梨、李子等；矿产资源主要有铁、石墨、煤炭、耐火材料等。2018年全镇生产总值4.06亿元，比上年增长7.3%。地方一般公共预算收入83.87万元，比上年减少7.77%。农村居民可支配收入15200元，增长7.3%。是年，河南路河南至罗所段沿线排污管网工程建设、村级综合性文化服务中心全覆盖、皇沙、杨公岭村级卫生站建设、城南中学大门建设完成；江景苑二期项目完成征拆工作，下门组地块95%以上拆迁户签订确认协议；基本完成土地承包经营权确权登记颁证工作，颁证到户4664本，颁证率99.49%。

水田垦造项目超额完成　2018年，

韶关市下达城南镇水田垦造任务37.78公顷。7月开展水田垦造的前期筹备工作，9月全面施工，至年底实际完成水田垦造59.92公顷，其中县自行改造兑现22.13公顷，通过市级验收。

生态宜居建设　2018年，城南镇推进人居环境整治，投入3013.68万元，完成“三清三拆”7912平方米，完成2个文化室建设，硬化道路23.92千米，硬化巷道19.34千米，完成污水管道建设10.18千米，11个污水处理设施及8个村民活动中心正在建设中。推进周前等5村太阳能路灯项目建设，完成勘察规划设计等前期工作。

党委书记：夏　昶
镇　　长：何建雄（任至8月）
　　　　　陈　敏（9月任职）
人大主席：罗丽华

【沈所镇】　位于始兴县西南部，距离县城3.5千米，东与城南镇相邻，南与深渡水瑶族乡接壤，西与仁化县周田镇相连，北与太平镇相邻。2018年，辖11个行政村和1个居委会，年末户籍人口20514人，常住人口18127人。区域面积168平方千米，耕地面积1.74万公顷，粮食播种面积1154.4公顷，粮食产量8658吨，有“粤北粮仓”之称。林地面积1.29万公顷，森林覆盖率51.98%，活立木蓄积量12.483万立方米。始花公路、沈江公路贯通境内，并与韶赣高速、国道323线、县道344线衔接。镇内地势南高北低，属丘陵地区。主要农产品有稻谷、花生、香菇、香瓜、柑橘等，特色农产品有生姜、茶叶、大米等，手工产品有外营草席（市级非物质文化遗产）、扁担、竹笠等。旅游资源有广东省委、粤北省委机关办公旧址（红围）、地下联络交通站（日新小学）、外营惨案遗址等；铜钟寨、花山平湖及阿公岩景区；石下村、古墟镇（二庙四围九街）、文峰塔、邓氏宗祠（沈北村）、大小围楼等保存较完好明清代建筑；瑶族村、南山省级自然保护区、始花公路绿道。曾获得“国家特色景观旅游名镇”“国家级生态乡镇”“全国人口和计划生育依法行政示范乡镇”“广东省教育强镇”“广东省宜居示范城镇”等称号。

始兴县红色主题教育活动暨2018年始兴围楼文化旅游节　2018年6月29日，始兴县红色主题教育活动暨2018年始兴围楼文化旅游节在中共广东省委粤北省委机关旧址——始兴红围举行开幕式，党政机关、革命志士后代、摄影名家、广州新四军研究会合唱团、群众代表等800多人参加。

党委书记：苏　斌（任至9月）
镇　　长：李大兴
人大主席：陈卫军

【澄江镇】　地处始兴县以东32千米，东与江西省全南县交界，南与罗坝镇接壤，西与顿岗镇相连，北与南雄市毗邻。2018年，辖7个村委会和1个社区居委会，年末户籍人口17909人，常住人口7100人。辖区总面积219平方千米，其中农业耕地面积886.67公顷，山林面积1.767万公顷，森林覆盖率83%，盛产杉木和苗竹，是始兴县林业重点乡镇之一。有稀土矿、钨矿、铅矿、锌矿和瓷土矿等矿产资源，有澄江娘酒、野生灵芝、香菇、冬笋、柑橘、油茶等名优产品。景点有人间仙境南石岩、暖田温泉和方洞天主教堂等。曾获得“广东省教育强镇”、“广东省卫生镇”、“档案工作目标管理市一级单位”（善亨村）、“全国农村五保供养工作先进单位”（澄江敬老院）、“广东省卫生村”（方洞下洞村）、“湘粤赣闽第三护林联防区先进集体”“韶关市卫生镇”等称号，澄江镇有机农业（蔬菜）标准示范园被定为“广东省农业科学院蔬菜研究所科技转化基地”，该企业被评定为省级农业龙头企业，通过“供港澳蔬菜生产基地备案”，取得“国家菜果茶标准化创建项目”立项。2018年，全镇农村经济总收入2.82亿元，比上年增长10%。固定资产投资8000万元，农村常住居民可支配收入15600元，增长10%。

省级卫生镇创建　2018年，该镇投入资金100万元，组织4000人次参加创建省级卫生镇活动，清理“脏乱差”1万平方米，拆除乱搭乱建1000平方米，清理违规停放车辆180辆次，通过专家组检查验收。

党委书记：刘过源
镇　　长：陈春银
人大主席：李大胜

【罗坝镇】　位于始兴县东南部，距县城18千米，属革命老区，东与澄江镇毗邻，南与司前镇接壤，西与深渡水瑶族乡交界，北与顿岗镇交接。2018年，该镇总面积316平方千米，耕地面积89349公顷，粮食播种面积524公顷，粮食产量3258吨。林地面积1.87万公顷，森林覆盖率78.9%，活立木蓄积量110万立方米。是个蚕桑专业镇。辖12个村委会和1个居委会，年末户籍人口2.2万人，常住人口1.7万人，其中有畲族600多人和瑶族500多人。罗坝镇是广东省“民情日记”活动发源地、全国环境优美乡镇、广东省蚕桑专业创新示范镇。罗坝水资源丰富，发源于县境东南部山区的罗坝河从东南向西北贯穿全镇中部，形成“以林蓄水，以水发电，以电养林”的生态林业带动小水电产业循环格局。有铅、锌、钨、钼和温泉资源，主要分布在角田、上岗、上营、田心等村。景点有刘张家山国家森林公园、下迳万亩阔叶林场、都亨石笋和古围楼以及燎原长围、和平白围和石头城等。2018年全镇生产总值3.83亿元，比上年增长5.05%。其中：第一产业增加值2.48亿元，增长5.12%；第二产业增加值1.49亿元，增长5.01%；第三产业增加值1915万元，增长5.0%。人均地区生产总值1.915万元，增长5.02%。固定资产投资1.46亿元，增长11.45%。社会消费品零售总额9575万元，增长7.65%。外贸出口额2517万元，增长5.05%；实际利用外资825万元，增长5.16%。地方一般公共预算收入80.5万元，增长13.5%。农村常住居民可支配收入1.64万元，增长11.48%。

党委书记：何祺琦（任至6月）
　　　　　张福兴（6月任职）
镇　　长：郑树生

人大主席：李文斌

【深渡水瑶族乡】 位于始兴县中部，乡政府距始兴县城20千米，是广东省7个少数民族乡之一，是韶关市唯一的少数民族乡，是始兴革命老区。东与刘张家山林场相接，南与司前镇、隘子镇毗邻，西与曲江区交界，北与顿岗镇、沈所镇接壤。2018年，全乡总面积190.4平方千米。耕地面积246公顷，粮食播种面积589公顷，粮食产量7248吨，林地面积16373公顷，森林覆盖率86%，活立木蓄积量61万立方米。下辖4个村委会，年末户籍人口6029人，常住人口5064人。有养蜂、灵芝、香菇、木耳等林下经济特色产业。景点有将军栋、樟树林和米椎王生态森林公园等。曾获得"广东省生态示范乡""全国环境优美乡镇""广东名镇""广东省休闲农业与乡村旅游示范镇""第一批省民族团结进步创建活动示范单位"等称号。深渡水瑶族乡长梅村委会长梅一组获第二批"中国少数民族特色村寨"称号。2018年，全镇生产总值9380.19万元，比上年增长8%。其中：第一产业增加值426万元，增长12%；第二产业增加值123万元，增长8%（工业增加值89万元，增长5.3%）；第三产业增加值201万元，增长6%。人均地区生产总值15558元，增长7.5%。固定资产投资5500万元，增长80%。社会消费品零售总额283万元，增长3%。地方一般公共预算收入1056.7万元，增长3%。农村常住居民可支配收入14757.16元，增长10%。

"画里清化"省级新农村示范连片建设工程 2018年9月13日，"画里清化"省级新农村示范连片建设工程开工仪式在深渡水瑶族乡举行，中共始兴县委书记黄建华、县委常委温鑫、何晓域参加开工仪式。"画里清化"省级新农村示范片建设被列为始兴县2018年重点工程项目，项目总投资超过1亿元，覆盖深渡水瑶族乡深渡水村、坪田村和司前镇黄沙村、河口村、李屋村，48个自然村。工程建设项目包括环境综合整治、民居风貌改造、景观节点打造、产业发展带动、基础设施优化、公共服务提升等各大领域。

党委书记：王志军
乡　　长：邵耀发
人大主席：朱伟军（任至7月）
　　　　　林永亮（7月任职）

【司前镇】 位于始兴县南部，距县城45千米，东与江西省全南县相邻，南与翁源县交界，西与隘子镇接壤，北与深渡水瑶族乡相连。2018年，全镇总面积242平方千米，耕地面积1354.67公顷，粮食播种面积859公顷，粮食产量5689吨。林地面积2.08万公顷，森林覆盖率76.7%，活立木蓄积量132万立方米。辖9个村委会和1个居委会，年末户籍人口17141人，常住人口13741人。有汉族、瑶族、畲族3个民族。特色农业有仿原生态灵芝、九节茶、石斛、仙草等特色中草药，柑橘、杨梅、三华李等特色水果，以及冬瓜、反季节蔬菜、养蜂等特色产业。2018年全镇生产总值2.11亿元，比上年增长5%。其中：第一产业增加值10120万元，增长8%；第二产业增加值1769万元，增长2%（工业增加值1562万元，增长2%）；第三产业增加值9210万元，增长3%。人均地区生产总值13095元，增长3%。固定资产投资1100万元。社会消费品零售总额5507万元，增长20%。农村常住居民可支配收入18521元，增长10%。

乡村人居环境提升 2018年，司前镇组织投工投劳1865人次，出动钩机31部，拖拉机28辆，整治乱搭建等"六乱"行为1350处，清运杂草垃圾1166处，清除沟渠漂浮物649处270多立方米，拆除危房、残垣断壁、废弃猪牛栏等855间1.6万平方米。至年底，全镇70个村小组完成三清三拆工作，完成率93.3%。

党委书记：钟万年（任至6月）
　　　　　李步林（7月任职）
镇　　长：张朝炎
人大主席：陈智祥

【隘子镇】 位于始兴县南部，距韶关市区67千米，距县城65千米，东靠司前镇，南与翁源县毗邻，西与曲江区接壤，北与深渡水瑶族乡交界。2018年，辖13个村委会和1个社区居委会，户数4687户，年末总人口2.12万人。总面积323平方千米，林地面积3万公顷，森林覆盖率85.54%，活立木蓄积232万立方米，耕地面积733.33公顷，是典型的"九山半水半分田"山区镇。有初中1所，小学1所，幼儿园3所；文化站1个，广播站1个。主要经济来源有种植农作物、发展林下经济、养殖业等。土特产有田菇、灵芝、笋干、木耳、清化米粉等。是"九龄故里·百里画廊"精品旅游示范线路的组成乡镇，景点有满堂客家大围、张发奎将军故居、张九龄故居、龙斗斜陨石坑、通利古桥、井下和风度温泉等。2018年，全镇经济总收入3.4亿元，其中农业收入9367万元，林业收入7314万元，工业收入3125，第三产业收入1316万元，农民人均年收入14321元。是年，隘子镇满堂村被评为"全国生态文化村"。

党委书记：聂金鑫（任至1月）
　　　　　刘春明（2月任职）
镇　　长：唐代勇
人大主席：黄　颖

（李　干）

表38　2018年始兴县国民经济发展情况表

指标	单位	绝对值	比上年增长（%）
地区生产总值	万元	805000	3.7

续表

指标	单位	绝对值	比上年增长（%）
第一产业增加值	万元	192000	4.5
第二产业增加值	万元	237000	3.8
工业增加值	万元	198000	5.9
第三产业增加值	万元	376000	3.3
人均地区生产总值	元	37039	2.7
规模以上工业总产值	万元	154203	6.7
农林牧渔总产值	万元	308694	4.0
固定资产投资	万元	473000	-23.3
社会消费品零售总额	万元	226000	9.4
外贸出口总额	万美元	26059	30
实际利用外资	万元	319	33.5
地方一般公共预算收入	万元	44000	9.5
地方一般公共预算支出	万元	225857	12.4
城镇常住居民人均可支配收入	元	25814	7.2
农村常住居民人均可支配收入	元	15618	7.5

翁源县

【概况】 翁源县位于广东省北部。2018年辖7个镇1个林场。土地面积2175平方千米。年末户籍人口42.05万人，常住人口35.1万人。人口自然增长率9.79‰。全县常用耕地面积3.13万公顷，其中水田1.94万公顷。全年实现农业总产值35.58亿元，增长4.5%。全年粮食播种面积14461.7公顷，比上年减少3.5%。重要矿产资源有煤、铁、锰、硫铁矿、黑铁矿、金、银、铜等。土特产有三华李、六里柑、九仙桃、黑皮蔗、马古塘莲等，是全国最大的兰花生产基地，中国三华李之乡、中国九仙桃之乡、中国兰花之乡。主要旅游景点有东华禅寺、八卦围、湖心坝客家围楼、涂志伟美术馆、冷泉滩等。2018年，翁源县实现地区生产总值103.2亿元，同比增长9.7%。其中，第一产业增加值22.6亿元，增长11.9%；第二产业增加值25.1亿元，增长11.9%；第三产业增加值55.5亿元，增长11%。按常住人口计算，人均生产总值29487元。固定资产投资79.4亿元（其中房地产投资16.53亿元），增长18.9%。社会消费品零售总额40.53亿元，增长9.6%。实际利用外资822万美元，同比下降19.1%；完成出口总额11942.9万美元，同比增长89.3%。地方公共财政预算收入5.09亿元，比上年增长20.2%。城镇居民人均可支配收入25614元，比上年增长8%；农村居民人均可支配收入14416元，比上年增长10.7%。

【第28届中国（翁源）兰花博览会】 2018年3月23日，第28届中国（翁源）兰花博览会（以下简称兰博会）在翁源

▲ 2018年3月23日至4月7日，第28届中国兰花博览会在翁源县举行（冯兆宇 摄）

中国兰花博览中心开幕。开幕式上，发布1项重大科研成果——“墨兰基因组与国兰形态的进化”，为该届兰博会参展作品获奖者颁奖。该科研成果由广东省农科院环境园艺研究所、深圳市兰科植物保护研究中心、华南师范大学等单位联合完成，将极大地推进墨兰乃至所有兰科植物相关产业链的发展，对促进兰科植物保护、兰花品种创新和提升中国在生物学、生物多样性等领域的研究水平具有重大意义，推进中国兰科植物基因组测序技术的发展，为兰花种业发展、开花调控以及花型发育模型研究提供新材料、新路径和重要依据。该届兰博会上，国兰中莲瓣兰“天女”等5个品种获得特金奖，蕙兰“崔梅”等10个品种获得金奖；洋兰中蝴蝶兰“东方美人”等5个品种获得特金奖，石斛兰“甜心”等10个品种获得金奖；科技兰中墨兰杂交种“兰阳之松”等5个品种获得特金奖，寒蕙等10个品种获得金奖。该届兰博会由中国花卉协会兰花分会、广东省（韶关）粤台农业合作试验区翁源核心区管理委员会主办，南方报业传媒集团、翁源县兰花协会承办，主题为“兰乡情产业梦”。翁源兰花博览中心于年初落成，项目总投资1.69亿元，占地面积5万平方米，总建筑面积2万平方米，展区分主展厅和自由交易区，其中主展厅面积1万平方米，设有获奖展区、国兰专题馆、洋兰专题馆、企业展示馆、科普展示馆等。北京、江苏等20个省市和港澳台地区的兰花商人带着1000多个品种、数万盆珍稀兰花参展，总价值10亿元。展会持续至4月7日，免费对公众开放。期间举行兰花科技与产业发展研讨会、兰花书画作品展等活动。

【广东省生态宜居美丽乡村建设培训教育基地揭牌】 2018年8月31日，广东省生态宜居美丽乡村建设培训教育基地在翁源县龙仙镇青云村乡村振兴讲习所举行揭牌仪式，教育基地主要用于提升县（市、区）、镇级政府有关负责人、基层村庄规划建设管理人员的基层规划建设管理和专业人员的能力水平。广东省住房城乡建设厅总规划师李永洁，翁源县委书记黄令遥、县委副书记柯建忠、副县长陈卫红，20个地级以上市和104个县（市、区）乡村规划主管部门分管领导，以及省级专家团队部分代表参加活动。仪式上，规划设计团队代表介绍广东省生态宜居美丽乡村建设培训教育基地的设计、建设、功能等情况；李永洁宣布建立广东省生态宜居美丽乡村建设培训教育基地，与黄令遥共同为基地揭牌；翁源县社会主义新农村示范村乡村规划师志愿者代表宣读服务承诺书；陈卫红为5名乡村规划师志愿者颁发聘书。乡村振兴讲习所由翁源县青云村空置的小学改造而成，2017年12月动工，至2018年8月完成讲习所首期工程，有8间培训课室、1栋讲师宿舍楼、1间可容纳130人的综合报告厅。

【全省建设生态宜居美丽乡村培训班首期在翁源县开班】 2018年8月31日，由广东省住房城乡建设厅举办的全省建设生态宜居美丽乡村培训班第一期在翁源县开班。翁源县委书记黄令遥、县委副书记柯建忠、副县长陈卫红，全省各地城乡规划主管部门、规划编制单位的130多位学员参加培训。此次培训班采取现场观摩、权威解读、经验分享、专题培训等方式进行。当日举行的专题课程培训上，柯建忠分享创建社会主义新农村示范村“一体化”模式经验；深圳市北京大学规划设计研究中心有限公司、华南理工大学广东省村镇可持续发展研究中心、广东省规划设计院分别就《广东省县（市）域乡村建设规划编制指引（试行）》《广东省村庄规划编制指引》《广东省村容村貌整治提升工作指引》等文件进行解读。培训期间，参训人员到青云村党群连心广场、生态厌氧池工艺污水处理工程建设现场、青山村低碳生物转盘工艺污水处理工程建设现场等地，现场观摩创建新农村示范村规划建设成果。

【省定贫困村创建社会主义新农村示范村规划设计建设运营一体化试点县建设】 2017年11月，广东省住房城乡建设厅决定在翁源县开展省定贫困村创建社会主义新农村示范村规划设计建设运营一体化试点县建设。翁源县采取政府、村民、规划设计师、企业四方联动方式，围绕“项目推进一体化、资金使用一体化、行动流程一体化”三个一体化工作框架，全县域统筹推进农村人居环境整治和生态美丽宜居乡村建设。2018年，翁源县的省定贫困村创建社会主义新农村示范村规划设计建设运营一体化试点工作初具成效，全县整体完成10条示范村方案设计、52个行政村村级设施项目、630个以上自然村项目设计，进场施工自然村近300个，“三青片”首批整治工程基本完成。翁源县被广东省委、省政府纳入农村人居环境整治示范县。

【翁源县举办2018“平步青云”山地越野赛】 2018年11月24日，由翁源县人民政府主办的2018“平步青云”翁源山地越野赛在东华禅寺广场开赛。翁源县委书记黄令遥、县长陈来安、县人大常委会主任温毅麟、县政协主席陈建为等县四套班子领导和来自县内外的千余名越野爱好者参与活动。此次越野跑设挑战组23千米（累计爬升1200米）、大众组12千米（累计爬升550米）两个组别。跑步线路设计包括翁源县的主要景点，起点和终点设在千年古刹——东华禅寺，途径灵鹫古寺、四面观音、五指山、平望青云山等景点。

【翁源县首家国家AAAA级旅游景区揭牌】 2018年11月14日，翁源县东华山风景区被广东省旅游景区质量等级评定委员会批准为国家AAAA级旅游景区。11月24日，翁源县在东华山风景区举行东华山国家AAAA级旅游景区揭牌仪式。东华山风景区，由风景秀丽的东华山和历史悠久的东华禅寺构成，集山美、峰奇、水秀、洞幽于一体。

【广东省农业科学院专家翁源工作站暨广东（翁源）兰花研究院揭牌成立】 2018年12月21日，广东省农业科学院专家翁源工作站暨广东（翁源）兰花研究院举行揭牌仪式。广东省农科院院长陆华忠、韶关市副市长许志新、省农业农村厅总农艺师陆国煌、翁源县委书记黄令遥共同为广东省农业科学院专家翁源工作站和广东（翁源）兰花研究院揭牌。省农科院副院长何秀古与副县长林有成分别代表省农科院和翁源县人民政府进行广东省农业科学院专家翁源工作站签约。翁源兰花产业园组建产业园科技创新团队，与多家科研院校签订合作意向，建立组培实验室8家，推广优良品种78个，成为华南农业大学、韶关学院学生学习实践基地。

【龙仙镇】 位于翁源县东部，县城所在地，属广东省规划建设的中心镇之一。2004年12月由原龙仙镇、南浦镇、三华镇合并而成。省道341线、244线穿境而过，昆汕（昆明至汕头）、武深（武汉至深圳）2条高速公路贯穿该镇20个村。2018年，全镇总面积427.3平方千米，其中耕地面积5340公顷，林地面积2.8万公顷。辖34个村委会，6个社区居委会，总人口14.1万人，其中城镇居民6.72万人，农业人口7.38万人。有中学2所，小学26所；镇级卫生院2所。工业以水电、建筑、家具、纺织为主。农业以水稻、蔬菜、蚕桑、淮山、糖蔗、水果、渔业和畜牧业为主，主要特产有岭南佳果三华李、李洞椪柑、马古塘莲等。景区景点有东华山旅游风景区、龙湖旅游风景区、晚唐著名诗人邵谒筑室攻书处书堂石、涂志伟美术馆、青云山省级自然保护区、新兴休闲观光果园、冷泉滩等。2018年，全镇实现生产总值180512万元。其中，工业产值98976万元；农业产值81536万元，农业产值同比增长5.27%。固定资产投资1185.52万元；实现财政收入24860万元，同比减收3062万元；农村人均纯收入14500元，同比增长11.3%。

党委书记：甘志初
镇　　长：朱启养
人大主席：徐神辉（任至8月）

【翁城镇】 曾为翁源县政治、经济、文化的中心，故称翁城。地处翁源县西部，韶关市南部，距韶关市区60千米。京港澳高速公路、国道106线、省道翁英路穿境而过，京港澳高速在镇内设有出入口。2018年，镇域总面积146平方千米，其中山林面积9300公顷，耕地面积1400公顷，人均耕地面积0.04公顷，植被7500公顷，森林覆盖率67%。辖18个村（居）委会，其中有1个瑶族村委会、1个居委会，共163个村民小组。年末户籍人口数10982户37377人，其中农业人口3.4万人、墟镇外来流动人口1万多人。农业以传统种植业为主，蔬菜和果蔗种植大镇，蔬菜和果蔗种植面积9300多公顷，全镇有35间农民专业合作社。2018年，全镇农业总产值21133万元，农民年均纯收入12351元，本级财政收入16160万元，固定资产投资4300万元。

党委书记：陈德道
镇　　长：涂清华
人大主席：李宗强

【江尾镇】 位于翁源县北部，东邻坝仔镇，南接龙仙镇，西靠官渡、新江两镇，北与始兴县交界，距翁源县城12千米。国道220线和武深高速贯穿而过。昼夜温差大，属中亚热带山地季风气候，无霜期长，境内没有污染企业，自然环境良好。2018年，全镇总面积334平方千米。辖24个村委会，3个居委会，共272个村民小组。年末总人口48089人，其中农业人口40173人。耕地面积4840.73公顷，山林面积2.19万公顷。国道220线、省道245线、武深高速穿境而过。铁、钨等矿产资源蕴藏量大，有丰沛的水利资源和大面积的森林资源，是中国兰花之乡、中国九仙桃之乡。客家民俗特色浓厚，有南塘村湖心坝客家群楼、葸岭八卦围等客家历史文化遗产和九仙村九仙桃，该镇南塘村被国家农业部评为美丽休闲乡村特色民俗村，湖心坝客家群楼和葸茅岭八卦围是粤北独具特色的民俗建筑。特产有红岭片的冬笋和香菇、松塘片的九仙桃和兰花、连溪米面和各类瓜果蔬菜等。有初级中学1间、九年一贯制学校1间、中心小学1间、教学点5个，是广东省教育强镇。江尾文化站是全国先进文化站和省特级文化站。

党委书记：钟敏梅
镇　　长：朱志辉
人大主席：罗德谦

【坝仔镇】 位于翁源县东北部，毗邻始兴县、河源市和江西省，距县城23千米，武深高速公路在良星村正下组小组设有出口，国道220线、省道245线贯穿镇境。2018年，全镇总面积384平方千米，辖22个村委会、2个居委会及1个综合场，共331个村民小组，741矿部位于中洞村。年末总人口55326人，林地面积3.13万公顷，耕地面积4200公顷。全镇农副产品有水稻、蔬菜、果蔗、三华李、小盆栽兰花、茶叶等，林副产品有香菇、木耳、冬笋等。其中，茶叶是该镇的特色农业产业，以蓝河村胜龙名茶生产基地和上洞七仙子茶叶生产基地为代表。境内有4条小溪支流。其中，建有中型水库1座（岩庄水库），蓄水1200万立方米，水库灌渠横跨8个村委会，有效灌溉面积1000公顷；小一、二型水库7座。有中学2所，小学10所，幼儿园5所；镇卫生院1间，村卫生医疗站34间。2018年9月起，该镇开展街镇整治提升139行动。是年，位于半溪村的嘉华温泉酒店项目动工建设。

党委书记：温敏麟
镇　　长：陈思佑
人大主席：张永平

【周陂镇】 位于翁源县南部，距县城21千米，南与新丰县交界。三礤公路、江官公路贯穿全镇，江官线升二级公路改造全面竣工。2018年，全镇总面积230平方千米，辖18个村委会和2个居民委员会，年末总人口49158人，耕地面积4933.33公顷，林地面积1.37万公顷。该镇是传统的农业镇，种植有蔬菜、糖蔗、蚕桑、水果、花卉等经济作物。周陂河经礤下、周陂至三华流入翁江。三实现固定、移动电话、宽带网络、有线电视光缆传输信号全覆盖。

党委书记：何新平

镇　　长：李文华

人大主席：黄镜光

【官渡镇】　位于翁源县西南部，与英德市青塘镇相邻，北江支流横穿境内，海拔高度100米左右，气候终年温暖，四季如春，雨量充沛。昆汕高速和在建的韶新高速在镇内设有出入口，国道106线与国道341线在境内交汇，村村通公路全部水泥硬底化。2018年，全镇总面积240平方千米，森林面积1.61万公顷，森林覆盖率65.41%。下辖19个村民委员会和2个居民委员会，全镇户籍总人口51417人（其中农业人口39271人、非农业人口12146人），是翁源经济开发区调区前所在地。官渡名人辈出，主要有明朝抗倭名将吴广（与陈嶙同一时期，官渡坪田村人）、美籍华人著名油画大师涂志伟（官渡龙船村人）。乡镇名片有三华李、九仙桃、东华寺、兰花基地、冷泉滩、涂志伟美术馆、文安摄影艺术馆。

该镇实施“工业强镇、农业稳镇、物流旺镇、文化名镇、和谐兴镇”战略，建设“粤北交通节点名镇”。引进卡西欧电子公司、翁源县汉马毛皮有限公司、云门家具制造有限公司、省公安厅在官渡设有培训基地等，发展官渡园区综合生产加工产业、六里工业园食品产业、工业园区商业带建设。建设现代农业示范园，采取“合作社+基地+农户”的产业发展模式，建立农民专业合作社57个。建成以下陂村为主的红葱头基地，官渡村为主的蔬菜基地、百香果基地，东三村为主的牛大力基地，六里片区为主的火龙果、葡萄基地。2018年，全镇生产总值6.43亿元，同比增长7.8%，农业生产总值5.08亿元，同比增长8%；完成工业税收1.2亿元，增长21.1%；财政总收入完成1.48亿元，同比增长10%；完成税务收入3146万元；完成固定资产投资4000万元，占任务133%，农民人均纯收入11222元，同比增长9.8%。

党委书记：赖永兴

镇　　长：叶米昌

人大主席：曾朝志

【新江镇】　位于翁源县西部，北纬24°25′–24°36′，东经113°44′–113°52′。全镇总面积为336.57平方千米，其中耕地面积3535.4公顷，林地面积2.83万公顷，森林覆盖率74%。辖19个村委会，1个居委会，共252个村小组。全镇总户数10837户，总人口48155人，其中农业人口45916人。主要有硫、铁、铅、锌、硅、高岭土等20多种矿产，工业行业有竹木加工、藤艺、纺织、建筑材料、塑料制品等。全镇形成一定规模的蔬菜、蚕桑、糖蔗、果蔗、水果、香菇、木耳、蘑菇、畜牧、水产等商品生产基地，其中香菇、木耳、笋干、砧板、竹椅、卫生筷及沙田柚、蜜桃、枇杷、龙眼、反季节蔬菜等销往全国各地。有中学1所、九年一贯制学校1所、中心小学1所、校区14所、幼儿园4所，文化宫1个、文体广场8个、文体活动场所23个；中心卫生院1所、分院1所、乡村卫生站27所，敬老院1所；供电所1座，小水电站16座；邮政网点1个，投递点1个；电信网点1家，服务网点5个，宽带接入用户2415户，实现电话、宽带网络村村通，学校、村委楼房化。2018年，全镇完成地区生产总值22.85亿元，比上年增长30%。其中，农业总产值4.81亿元，工业总产值6.23亿元；公共财政预算收入1.07亿元；固定资产投资0.7亿元；城乡常住居民人均可支配收入13050元，比上年增长8.79%。

党委书记：练培新

镇　　长：阮庆香

人大主席：何卓新

【铁龙林场】　地处翁源县西部，东邻新江镇，南与清远英德市交界，西北与韶关市曲江区接壤，距县城82千米。2018年，全场总面积96.5平方千米，辖3个农业工区（行政村）和1个社区居委会，共33个村民小组。年末总户数1718户，总人口5946人，其中农业人口4825人。2018年，该场农村经济总收入2.72亿元，比上年增长9%；农村人均纯收入13797.41元，比上年增长9%；第一产业增加值4945.39万元；比上年增加4.5%。是年，完成第三次全国农业普查第三阶段数据录入PDA审核、上报工作；完成3个农业工区的信用村创建，建立和完善场、村二级农村公共服务平台和农村集体“三资”监管平台和资源资产交易平台建设；向县农业局申报龙集新丘文化室、龙化工区新老丘文化室为2017年广东省村级公益事业建设一事一议财政奖补项目。

党委书记：池建人

场　　长：林武新

（翁源史志办）

表39　2018年翁源县国民经济发展情况表

指标	单位	绝对值	比上年增长（%）
地区生产总值	亿元	103.2	9.7
第一产业增加值	亿元	22.6	4.7
第二产业增加值	亿元	25.1	11.9
工业增加值	亿元	19.6	13.5

续表

指标	单位	绝对值	比上年增长（%）
第三产业增加值	亿元	55.5	11
人均地区生产总值	元	29487	
固定资产投资	亿元	79.4	18.9
社会消费品零售总额	亿元	40.53	9.6
外贸出口总额	万美元	11942.9	89.3
实际利用外资	万美元	822	-19.1
地方一般公共预算收入	亿元	5.09	20.2
城镇常住居民人均可支配收入	元	25614	8
农村常住居民人均可支配收入	元	14416	10.7

新丰县

【概况】 新丰县位于韶关市南端。南齐永明元年（483年）置县，取“物产丰富”之意而得名新丰县。2018年辖6个镇和1个街道，年末户籍人口26.87万人，常住人口21.91万人。2018年，新丰县土地面积2015.2平方千米；耕地面积1.63万公顷，粮食播种面积0.87万公顷，粮食产量4.84万吨；林地面积16.90万公顷，森林覆盖率80.80%，活立木蓄积量0.11亿立方米。水力资源蕴藏量可供开发14.9万千瓦。重要矿产资源有稀土矿、瓷土矿、铁矿、水泥用灰岩。土特产主要有冬菇、木耳、灵芝、高山茶、笋干、番薯干、蜂蜜、汤料、花生油、山茶油、云髻山米、阿里山味梅菜、美少女西瓜、樱花蜂蜜、樱花红酒、佛手瓜系列产品、雪山铁皮石斛系列产品、云髻山酒及回龙松山米酒等。主要旅游景点有云髻山旅游区、云天海森林温泉度假村、新丰江源温泉旅游度假山庄、樱花峪、佛手瓜村等。2018年，新丰县有中等职业学校1所，在校学生1200人；普通中学10所，在校学生1.11万人；完全小学15所，教学点23个，在校学生1.77万人。医院、卫生院17所，床位1042张。群众艺术馆、文化馆1座，公共图书馆1座，博物馆1座。

【经济社会发展】 2018年，新丰县生产总值74.9亿元，比上年增长4.1%。其中，第一产业增加值11.35亿元，增长4.3%；第二产业增加值23.47亿元，下降4.7%（工业增加值19.46亿元，下降7.1%）；第三产业增加值40.09亿元，增长9.5%。人均地区生产总值34319元，增长3.2%。固定资产投资53.88亿元，增长26.1%。社会消费品零售总额29.21亿元，增长10.2%。外贸出口额2150.6万美元，增长-8.7%；实际利用外商直接投资486万美元，增长-10.8%。地方一般公共预算收入3.66亿元，增长10.9%。全体居民人均可支配收入20175元，增长7.3%。

【产业共建】 2018年，新丰县的珠江东岸（新丰）创新园引进鸿发康养创意项目、南方（韶关）智能网联新能源汽车试验中心项目，东新食品产业园完成产业规划编制，新盟、迪般项目动工。马头工业园成功申报省循环化改造试点，韶能绿洲生态植物纤维首期工程即将建成，韶能第一条生产线试产、二期项目加紧建设，新丰“百亿产业园区”雏形初显。紫城工业园片区广兴牧业增资扩产推进，云髻小镇创建工作开展。园区污水处理厂、排污管网和道路、绿化等基础完善，产业平台承载能力提升。

【特色工业】 2018年，新丰县规上工业产值、工业增加值下滑幅度收窄，工

▲ 2018年9月23日， 新丰县首届“中国农民丰收节暨生态博览会”在秀田村开幕
（新丰县史志办 供）

业用电量、投资增长大幅上升，工业发展基础更实、结构更优。华润金竹风电、兆盈、美瑛石英石、泰祥等投产；海山科技、玖钢世博等动工。实施优质企业倍增计划，韶能生物质、广兴牧业等企业增资扩产加快推进；鸿丰水泥、誉桦中纤板、金丰达等6家企业完成技改升级，完成投资7.07亿元。培育高新技术企业2家。

【现代农业】 2018年，新丰县围绕扩规模、创品牌、增效益目标，推动农业绿色化、特色化发展。粮食安全责任落实，粮食生产总体稳定。现代农业园区创建成效明显，茶叶产业园入选广东首批农业产业园，黄磜“互联网”农业小镇通过市验收，优质农产品销售平台动工。广鸿联民合作社、城丰蔬菜、每日鲜配送、蔬东坡等农业经营主体壮大，年内新增省级龙头企业1家。农村土地承包经营权确权登记颁证工作完成。全年农业总产值18.02亿元，增长4.9%。

【生态休闲旅游业】 2018年，新丰县对接珠三角都市圈休闲、运动、康养等生态旅游新需求，推进旅游产业融合、业态升级、环境提升。雪山国际旅游度假区、岭南红叶世界、大风门旅游项目建设加快。黄磜镇高山现代农业示范镇、全域旅游示范区“双示范”创建推进；乐萄萄葡萄园、大丰茶叶庄园、百香果基地等持续火爆，龙江、叶屋村成为乡村旅游新热点。在全市率先实行“厕所开放联盟”，旅游标识、驿站、服务中心等旅游设施加快建设，出台推动民宿发展系列政策。举办新春音乐会、全域旅游暨乡村振兴高峰论坛、首届农民丰收节等旅游节庆活动，特色名菜鹅醋钵登上央视，获得“旅游创新发展十强县（市）”。全年接待游客315万人次，旅游总收入25.69亿元，分别增长15.27%和17.31%。

【城市提升】 2018年，新丰县推进城市提升攻坚行动，解决交通、功能、景观等城市提升“痛点”。破解“一江两岸”、丰城大道、新龙大道改造等项目征拆难点，攻克27年未解决的松园村历史留用地问题。新龙大道完成改造升级，东盛广场建成运营。建成青少年宫儿童公园、东门市场、活禽市场，完成9条道路“黑底化”改造、10条小街小巷硬底化建设，实施县城亮化、绿化工程，推进府前路中心市场改造。强化县城管理、整治，开展“巩卫创文”，省卫生县城通过复审；推行“路长制”“包区联创”等长效机制；推进智慧城市建设，实施“智格工程”；各级各部门干部、群众“红马甲”“蓝马甲”志愿服务走街入巷，清扫垃圾、劝导文明，有效遏制“六乱”行为。

【乡村振兴】 2018年，新丰县突出城乡统筹，推进新农村建设。141个行政村制定产业、人才、文化、生态、组织振兴等规划、方案。巩固提升大陂、梅坑、大岭、天中等重点示范村建设，打造江下、下埔、水背等一批示范村，形成一批乡村振兴新丰经验，获得省、市肯定。加强传统村落保护，马头潭石村入选中国传统村落。梅坑“幸福习学堂”、秀田“习学堂”、板岭下“仰红堂”等成为“新时代文明实践中心站”。全域推进农村人居环境综合整治，70%以上的村庄完成“三清三拆三整治”，省定贫困村基本达到干净整洁村标准。推进农村污水、道路等基础设施提档升级，行政村实现自然村道路硬底化，农村生活污水基础设施工程建设加紧推进。梅坑镇成功创建“省卫生镇”，18个村完成市级文明村创建。

【基础建设】 2018年，武深高速新丰段建成，韶新高速加紧建设；广从轨道快线延伸至新丰初步成果通过专家论证。一批县、乡道改建和旅游公路加快推进。开展“四好农村路”建设，镇通建制村公路全面具备客车通行条件。农田水利建设投入加大，第三水厂动工，村村通自来水、中小河流治理等工程加快实施，建成一批中低压配网工程，完成一批中心村、贫困村农网改造升级，农村供电能力提升。

【生态优势】 2018年，新丰县强化丰江河综合整治、矿区生态环境治理。开展生态保护红线划定，科学编制养殖规划。县城污水处理厂提标改造，南岸污水管道加紧建设。开展新一轮“绿化新丰，打造岭南红叶之乡”大行动，完成造林2827.33公顷，建成11个乡村绿化美化工程示范点，国家湿地公园建设完成年度任务，森林覆盖率保持在80.8%。

【营商环境】 2018年，新丰县出台促进新兴支柱产业发展若干措施，以“一事一议”“一企一策”方式助推产业发展壮大。推行容缺审批、在线审批，实行“联审联验”联动服务机制，项目审批升级提速。完善项目责任体系，建立县政府重点项目、重要工作、民生实事“三个一”综合调度机制，倒排计划、挂图作战，保障项目推进；实行招商引资全程跟踪服务机制。实行“审核合一、一人通办、马上办好”“多证合一”改革措施，新登记各类市场主体3047户，同比增长45.48%。强化人才支撑作用，组织实施“百名行业精英集聚计划”，新丰云髻才谷挂牌成立，高薪引进研究生学历教师34名。

【脱贫攻坚】 2018年，新丰县完成危房改造553户，建成贫困村道路110千米；公共服务平台实现行政村全覆盖；水电路等基础设施完善。扶贫产业发展，大部分镇、村培育长效特色产业，实施入股光伏项目、参与资金收益项目等扶贫新方式。

【社会事业】 2018年，新丰县创建广东省教育现代化先进县通过省督导验收，3个镇（街）通过省教育强镇（街）复评验收，省重点职中创建推进；引进广东农业科技职业学院项目，县城四幼建成使用，县城五小动工。卫生强县建设推进，县人民医院、妇幼保健院迁建、中医院改造动工，完成33间村卫生站规范化建设，120急救指挥中心建成。文体惠民提升，县体育馆改建工程动工，建成一批基层综合性文化服务中心、公共体育场地。

【社会保障】 2018年，新丰县民生事业投入18.13亿元，占全县公共财政预算支出的76.7%。新增城镇就业1730人，城镇登记失业率控制在2.4%以内。机关事业单位养老保险制度改革推进。社会保障体系完善，医疗、工伤、失业、生育保险覆盖范围扩大；低保、五保、残疾等补贴标准提高，建成公租房55套。3个居家养老服务站完成建设，7间敬老院完成升级改造。

【社会治理】 2018年，新丰县开展平安新丰建设，推进扫黑除恶、“飓风2018”等专项整治行动。做好信访维稳、安全生产、食品药品安全等工作。新丰县李建安在国际赛事上夺得奖牌；优秀村干部黄罗保入选“广东好人”榜。

【韶关市2018全域旅游年乡村振兴发展高峰论坛在新丰县举办】 2018年3月21—22日，由韶关市人民政府主办、新丰县人民政府承办的“韶关市2018全域旅游年乡村振兴发展高峰论坛”在新丰县举办。此次论坛新丰县签订城市生态客厅综合体开发项目、生态旅游综合体开发项目、乡村大学项目等9个文化旅游项目，总投资187.6亿元。

【北科国际生命科学小镇项目落户新丰总投资50亿元】 2018年8月8日，新丰县人民政府与中润北科生物科技有限公司签署战略合作框架协议，确定在新丰投资开发建设北科国际生命科学小镇项目。项目总投资50亿元，将打造一个生命科学研究的世界级中心，生命科学研究附属高端产业链的聚集及孵化基地和生物制药高端产业的国际新中心。

【丰城街道】 位于新丰县中部，总面积329.6平方千米。2018年，辖7个社区和25个行政村，总人口8.79万人。耕地面积1092.47公顷，粮食播种面积203.53公顷，粮食产量9161吨。森林面积1.8万公顷，森林覆盖率80%。土特产有冬菇、蜂蜜、番薯、芋头、火龙果等。主要旅游景点有云髻山省级自然保护区、鲁古河湿地公园、雁塔、万亩果场等。2018年，全街道固定资产投资5200万元，农村人均纯收入12682元。

产业+旅游融合 2018年，丰城街道创建一批蔬菜、花卉、瓜果、养殖、手工加工等基地。横坑村打造集“生态种植、旅游观光、农耕体验和自然研学科普”为一体的蔬东坡农场农业主题园，龙江村的油菜花种植，板岭村的花卉基地，高桥、城东村的生态藕田种养及观光扶贫项目，岳城村打造的集观光、食住于一体的田园休闲综合体和天地人和葡萄园等。

党工委书记：廖　剑
办事处主任：丘国鹏
人大工委主任：陈子筹

【马头镇】 位于新丰县境东北部，总面积529.85平方千米。2018年辖30个行政村，3个居民社区，374个村民小组。年末总户数13028户，总人口44972人，其中农业人口44185人、外来人口2166人。马头镇水力资源丰富，可开发的水力资源4.89万千瓦；昼夜温差大，建成多个绿色蔬菜基地；林业生态资源丰富，林业用地3.87万公顷，有生态林1.27万公顷；矿产资源有铁矿、煤、稀土矿、瓷土、石灰石、铜、锡、钨等；主要土特产有花生、甘蔗、李子、柑橘、香菇、灵芝、木耳、草菇、莲藕等。

新丰县首届“中国农民丰收节暨生态博览会”在秀田村开幕 2018年9月23日，新丰县首届“中国农民丰收节暨生态博览会”在马头镇秀田村400多年古秋枫树旁举行开幕仪式。设县内首届“中国农民丰收节”主会场，分民俗表演、农事体验、农村淘宝集市和“丰”味美食坊等展区。在云天海温泉原始森林度假村、华瑞百香果基地、森涞大丰茶叶庄园、乐萄萄葡萄园等地设置4个分会场，开展科普展览、手工DIY、亲子游等项目。

党委书记：陈赞写
镇　　长：谭展如（任至10月）
　　　　　潘伟程（12月任职）
人大主席：周建长

【梅坑镇】 位于新丰县西南部，总面积310平方千米。2018年辖20个行政村、2个居民社区，年末户籍总人口28948人，常住人口19247人。耕地面积1632.53公顷，粮食播种面积933.53公顷，粮食总产量5402吨。林地面积2.64万公顷，森林覆盖率82.87%。

党委书记：陈雄章
镇　　长：郑国荣
人大主席：谭青天

▲2018年8月8日，新丰县人民政府与中润北科生物科技有限公司签署北科国际生命科学小镇项目框架协议签订仪式 （新丰县史志办　供）

【黄磜镇】 位于新丰县北部，总面积247.3平方千米。2018年辖13个行政村和1个居民社区，年末户籍总人口19232人，农业人口18326人。耕地面积1085.47公顷，粮食播种面积496.67公顷，粮食产量2922吨。林地面积2.2万公顷，森林覆盖率86.9%。土特产有高山茶、佛手瓜、高山花卉、番薯、薯丝、油茶、美少女西瓜等。主要旅游景点有西莲寺、樱花峪、大丰休闲农场。

党委书记：朱　君（任至10月）
　　　　　谢罗生（10月任职）
镇　　长：陈小玲（任至2月）
　　　　　谢罗生（2月任职，任至10月）
　　　　　谭展如（10月任职）
人大主席：陈志新

【沙田镇】 位于新丰县西部，总面积242.5平方千米。2018年辖17个行政村和1个居民社区，年末户籍人口24542人，其中农业人口22000人。耕地面积1538公顷，粮食播种面积1906.67公顷，粮食产量11035吨。林地面积2.03万公顷，森林覆盖率84.17%。

央视《味道》走进新丰沙田 2018年1月7日，中央电视台科教频道《味道》栏目组走进新丰，到沙田镇拍摄新丰特色名菜——鹅醋钵。拍摄地点在沙田镇金青村朱氏祠堂，人物为新丰县美食协会会长朱强明，主菜为鹅醋钵、朱祖家宴特色菜、金包银等。通过以鹅醋钵为引子的年夜饭，展现新丰客家风情，讲述客家人团聚的亲情和记忆的年味。

党委书记：陈雪东（任至8月）
　　　　　朱　君（10月起任）
镇　　长：陈志华（1月起任）
人大主席：罗志华

【遥田镇】 位于新丰县西南部，土地面积214平方千米。2018年辖19个行政村和1个居民社区。年末户籍人口38365人，农村人口30078人。耕地面积1466.53公顷，粮食播种面积2269.53公顷，粮食产量1.61万吨。林地面积1.51万公顷，森林覆盖率86%，活立木蓄积量11.5万立方米。2018年全镇实现农业生产总值3.8亿元，同比增长9%；农民人均收入13167元，同比增长7%；完成固定资产投资8000万元。

党委书记：黄剑武
人大主席：陈文林
镇　　长：谭文增

【回龙镇】 位于新丰县西北部，总面积193平方千米。2018年辖17个行政村和1个居民社区。年末户籍人口22682人，农业人口19223人。耕地面积905.2公顷，林地面积1.35万公顷，农民人均纯收入12780元。

农村人居环境整治 2018年7月，回龙镇推进农村人居环境整治，拆除危旧房、废弃猪牛栏等221间，面积23077平方米，清理废弃泥砖、碎瓦等6538吨。

党委书记：徐建平
镇　　长：周文学
人大主席：许海洋

（黄文武）

表40　2018年新丰县国民经济发展情况表

指标	单位	绝对值	比上年增长（%）
地区生产总值	亿元	74.90	4.1
第一产业增加值	亿元	11.35	4.3
第二产业增加值	亿元	23.47	-4.7
工业增加值	亿元	19.46	-7.1
第三产业增加值	亿元	40.09	9.5
人均地区生产总值	元	34319	3.2
规模以上工业增加值	亿元	10.79	-8.9
农林牧渔业总产值	亿元	17.90	4.2
固定资产投资	亿元	53.88	26.1
社会消费品零售总额	亿元	29.21	10.2
外贸进口总额	万美元	603	-15.3
外贸出口总额	万美元	2150.6	-8.7
实际利用外资	万美元	486	-10.8
地方财政一般公共预算收入	亿元	3.66	10.9
地方财政一般公共预算支出	亿元	23.63	28.8

续表

指标	单位	绝对值	比上年增长（%）
城镇居民人均可支配收入	元	25319	7.0
农村居民人均可支配收入	元	14065	10.5

乳源瑶族自治县

【概况】 乳源瑶族自治县位于广东省北部，韶关市西北面。东邻韶关市浈江区、武江区、曲江区，南连清远英德市，西接清远阳山县，北与乐昌市、湖南省宜章县交界。是韶关市辖唯一的瑶族自治县。2018年辖9个镇13个居民委员会，102个村民委员会，1158个小组（其中居民小组65个）。年末户籍人口22.96万人，常住人口18.94万人。其中瑶族人口2.46万人，占全县总人口的11%；畲、满、回等少数民族人口2153人，占全县总人口的0.01%。全县人口自然增长10.93‰。行政区划面积2299平方千米。总耕地面积13385.3公顷，粮食播种面积7218.7公顷，粮食产量4.13万吨。林地面积15.33万公顷，森林覆盖率72.35%，活立木总蓄积量786.57万立方米。境内重要矿产资源有28种，水资源蕴藏有56.25万千瓦，水电装机总容量54.23万千瓦。主要土特产有还原笋、香芋、瑶山熏肉、瑶山苦爽酒、大布腐竹、金竹峰单丛茶、山坑螺、食用菌、南水水库野生淡水鱼、番薯干、巴西果汁等。是中国的铝箔生产基地之一、农业部绿色食品生产示范基地，中国农村水电之乡、中国观赏石之乡、中国瑶绣之都，被誉为世界过山瑶之乡。主要旅游景点有南岭国家森林公园、广东乳源大峡谷、云门寺佛教文化生态保护区、云门峡漂流景区、天井山国家森林公园、天景山仙人桥景区、必背过山瑶之乡生态旅游景区、南方红豆杉森林公园、通天箩地下森林公园、西京古道等。2018年，乳源东阳光公司铝箔产品“HFF”商标被认定为中国驰名商标。乳源东阳光公司获评全国民族团结进步创建示范单位。

【经济社会发展】 2018年，乳源瑶族自治县实现地方生产总值90亿元，同比增长6.3%。地方财政一般预算收入6.27亿元，同比增长11.3%。其中，税收收入4.76亿元，同比增长11.9%；城乡居民人均可支配收入2.04万元，同比增长8.5%。全社会固定资产投资47亿元，其中重点项目投资37.2亿元、同比增长18.5%。金融机构存款余额98.8亿元，同比增长4.5%。

【经济总量增加】 2018年，乳源瑶族自治县实现农业增加值6.86亿元，增长4%。引进1000万元以上项目86个、投资总额114亿元，实际利用外资3278万美元。完成外贸进出口1.2亿美元。新增规上工业企业6家。实现工业增加值38.56亿元，同比增长8.8%。全年接待游客508.32万人次、同比增长10.1%，旅游收入44.36亿元、同比增长12.8%。新注册企业443家，新增限上企业10家。社会消费品零售总额26.43亿元，同比增长9%。

【县城改造亮化工程】 2018年，乳源瑶族自治县推进县城五大出口整治和北环路、鹰峰东路东段升级改造，完成群英路、园泉路改造和朝阳路北段建设，建成世界过山瑶民族风情园、档案馆新馆和南水桥头公园、沿江东亲水公园；鹰峰路建筑外立面瑶族风貌改造稳步推进，基本完成南环路改造和一江两岸景观提升及县城亮化工程。

【生态环境保护】 2018年，乳源瑶族自治县配合完成粤北生态特别保护区发展规划编制。完成生态保护红线划定。绿化造林1867公顷，碳汇林抚育1600公顷，中央森林抚育800公顷，新建防火林带56千米，森林资源二类调查通过省级验收。落实中央环保督察反馈意见整改任务，拆除南水水库养殖设施12万平方米和清理库区畜禽养殖场13家，停业整顿南岭国家森林公园，完成2个镇级垃圾填埋场封场整治。建成南水水库水质在线监测站和4个镇级污水处理厂。建立完善河长工作机制，开展巡河600多次，河长制工作全面落实。

【精准扶贫】 2018年，乳源瑶族自治

▲ 2018年10月2日，乳源瑶族自治县首届稻鱼金银花节在乳城镇大东村举行（钟华　摄）

县投入精准扶贫资金1.98亿元，实施贫困户帮扶项目5618个。实施规模扶贫产业项目15个，带动1502户贫困户稳定增收。完成贫困户危房改造321户。发放扶贫贷款313万元。教育补助、医疗救助和无劳动能力贫困户政策性兜底率均达100%。巩固预脱贫2144户5078人。

【社会事业发展】 2018年，乳源瑶族自治县创建成为广东省推进教育现代化先进县和广东省社区教育试验区，完成公建民营村卫生站规范化建设26间，建成村级健身广场10个。乳城镇、必背镇创建成为广东省民间文化艺术之乡。舞蹈《走山的女儿》等文艺精品获省级奖项。举办南粤古驿道定向大赛、西京古道千人徒步等大型活动，举办第十二届瑶族“十月朝”系列活动14项。城乡居民基本养老保险和医疗保险参保人数分别达7.69万人和16.5万人。

【乳源瑶族自治县富丽源乡村振兴有限公司成立】 2018年6月1日，乳源瑶族自治县富丽源乡村振兴有限公司挂牌仪式在明源国有资产经营有限公司举行，县委书记钟沛东出席挂牌仪式并揭牌。县委常委、常务副县长许益云，县明源国有资产经营有限公司、县政府办、县发改局、县财政局、县农业局、县旅游局等相关单位负责人参加挂牌仪式。

【乳源代表队参加第六届广东省少数民族传统体育运动会】 广东省第六届少数民族传统体育运动会是经广东省人民政府批准，由省民族宗教事务委员会、省体育局、清远市人民政府主办，连南瑶族自治县承办。运动会于2018年9月14日在连南瑶族自治县举行，至9月19日闭幕。赛事项目设花炮、珍珠球、蹴球、毽球、龙舟、陀螺、押加、高脚竞速、板鞋竞速、武术、民族式摔跤、民族健身操等12个竞赛项目和25个表演项目。全省22个代表团、38个民族、2291名运动员参加比赛。乳源代表队获9金6银2铜。

【乳城镇】 位于乳源瑶族自治县东南部，是乳源3个中心镇之一，东临武江区龙归镇、南接武江区江湾镇，西连东坪镇，北与游溪、一六镇交界。镇政府驻地侯公渡，国道323线、省道249线和250线、县道358线穿境而过，京港澳高速公路在境内设有1个出入口。2018年，全镇总面积209平方千米（其中总耕地面积1625.97公顷，林地面积1.423万公顷，森林覆盖率83.5%。），辖13个村委会，5个居委会，有216个村民小组。年末户籍总数21153户，户籍总人口68143人，其中农业人口14191人。有中学3间，中等职业技术学校1间，小学4间，特殊学校1间；镇级卫生院1间，村级卫生站17个。2018年，全镇国民经济生产总值33.64亿元，城镇居民人均纯收入25833元。镇内历史文化遗产有泽桥山古墓群、文昌塔、西京古道遗址——大富桥、刘氏宗祠、宋田古戏台、宋田文塔、天德寨、乳源革命烈士纪念碑、上街古巷。景点有千年古刹云门寺、桂花潭、金狮公园、文昌公园、乳源温泉、乳源公园、双峰山、云门峡风景区、国公岩、丽宫国际旅游度假区等。主要特产有竹笋、巴西果（果汁）、香蕉李、葡萄、蜜柚、茶叶、冬菇、木耳、山羊、腊味、茶油等。

党委书记：吴志俭
镇　　长：肖福成
人大主席：陈荣生

【桂头镇】 位于乳源瑶族自治县东北部，是省政府确定的268个中心镇之一。与武江区重阳镇、浈江犁市镇接壤，南邻游溪镇、武江区重阳镇，西邻游溪镇、必背镇，北与乐昌市长来镇毗邻。境内交通线有京广铁路、武广高铁、乐广高速公路在杨溪口、阳陂设有出入口，是省道248线、250线交汇点，县道325线、326线纵横贯穿全境。武江河经镇域由北向东南从中部流过。2018年，全镇总面积125平方千米，耕地面积2983.78公顷，森林面积7733公顷，森林覆盖率61.86%。辖14个村民委员会，1个居民委员会，共93个自然村。年末总户籍数11021户，总人口38102人，其中农业人口30386人。有中学1间，专任教师86人，在校生1080人；小学12所，专任教师161人，在校学生2671人；幼儿园6所。有中心卫生院1间，执业医师12人、助理医师8人、卫技人员60人，设有床位26张，建有乡村卫生站16个。历史保护文物有位于桂头镇区域（江背）背夫山由李根源立的南宋陈军名将“陈司空征北将军侯公安都墓”。主要特色农产品有杨溪砂糖橘、杨溪马蹄、杨溪杨梅、小江三华李、皇帝柑、阳陂甘蔗、均村甘蔗。2018年，全镇国民经济生产总值9.6亿元，城镇居民人均纯收入12407元。

党委书记：邓桂雄
镇　　长：邓桂雄（任至1月）
　　　　　陈大伍（1月任职）
人大主席：黄永久

【大桥镇】 位于乳源瑶族自治县西北部，属乳源3个中心镇之一。东邻必背镇，西邻乐昌市沙坪镇，南邻东坪镇，北邻乐昌市云岩镇，西南邻乳阳林业局。境内石角塘为省道249线与258线交汇点，县道325线、327线、357线、358线贯穿而过，京港澳高速公路在境内设有1个出入口。2018年，全镇总面积384平方千米，耕地面积2667公顷，森林面积1.87万公顷，森林覆盖率72%。辖21个村委会，1个居委会，265个村民小组，年末户籍总数9032户，总户籍人口43721人。有中学1间，小学19间，镇级卫生院1间，村级卫生站26个。景点有红豆杉公园、通天箩、南岭国家森林公园等，历史文化遗产有西京古道、观澜书院等。主要特产有石头猪、酸姜、大桥河鱼、禾花鱼等。2018年，全镇国民经济生产总值5.75亿元，城镇居民人均纯收入10057元。

党委书记：饶俊洪（任至3月）
　　　　　陈文忠（3月任职）
镇　　长：黄祖胜
人大主席：林文辉

【大布镇】 地处乳源瑶族自治县南部，属乳源典型石灰岩高寒山区镇、革命老区镇和生态发展镇。东与武江区江湾镇、曲江区罗坑镇交界，南与清远英德市波罗镇相邻，西北与洛阳镇相连。省道258线贯穿镇境。2018年，全镇总面积220平方千米，其中耕地面积2920.2公顷，林地面积1.94万公顷，森林覆盖率81%。辖7个村民委员会，1个居委员会，85个村民小组。年末全镇家庭总户数2887户，总人口数13925人，其中农业人口数13382人。有中学、小学各1间，镇级卫生院1间，村级卫生站7个。景点有国家AAAA级景区广东乳源大峡谷。历史遗存典型建筑有钨英村委牛婆洞四角楼。主要土特产有蕃薯干、腐竹、荷兰豆、竹笋等。2018年，全镇国民经济生产总值3.15亿元，比2017年增长7%；城镇居民人均纯收入8956.69元，比2017年增长8%。

党委书记：赵才保

镇　　长：杨川毅

人大主席：侯永娣

【游溪镇】 位于乳源瑶族自治县东北部，属乳源3个瑶族人口聚居镇之一。西南距县城18千米，南距一六镇7千米，北距桂头镇6千米，乐广高速、省道250线（乳桂线）贯穿而过，距乐广高速公路出口3千米，距京港澳高速公路出口18千米。2018年，全镇总面积133.6平方千米，耕地面积716.2公顷，林地面积12553.6公顷，森林覆盖率93.9%。全镇户籍总数3651户，户籍人口12864人，其中瑶族7343人，占总人口的57%，农业人口12501人，占总人口的97.2%。辖11个村委会（其中汉族3个、瑶族8个），74个村民小组，1个社区居委会。全镇三分之二属瑶族山区，三分之一属丘陵平原地区，汉族丘陵平原地区盛产水稻、槟榔芋、黑美人西瓜、甘蔗、花生等农经作物，瑶族山区盛产木材、山棕、冬菇、竹笋等。镇域内有八一瑶族新村、新会村，中心洞政研瑶族新村、冷水岐木笼博爱瑶族新村、营康新村等具有瑶族风情的特色村寨。2018年，全镇国民经济生产总值2.54亿元，城镇居民人均收入9117元。

党委书记：谭群英

镇　　长：赵天聪

人大主席：黄永久

【东坪镇】 位于乳源瑶族自治县西北部，是乳源3个瑶族人口聚居镇之一。距县城14千米。国道323线，省道258线、249线，县道358线贯穿镇境。京港澳高速公路在境内东田村设出入口1处。2018年，全镇总面积为359平方千米，耕地面积262.6公顷，森林覆盖率92.9%。下辖1个居委、10个村委会，80个村民小组，3678户，总人口13115人，其中瑶族人口7158人，占全镇总人口的54.57%。有小学2间、幼儿园1间；镇级卫生院1间，村级卫生站7个；镇级综合文化站1个，村级农家书屋11间。南水湖库容12.5亿立方米，是韶关市城市用水一级备用水源。景点有南水湖、南水温泉度假村、西京古道、朱德祖居地，瑶家村和农家乐等。特产有优质水库鱼、生姜、茶叶、柑橘、葡萄、蜂蜜等。2018年，全镇国民经济生产总值7201万元，城镇居民人均纯收入8250元。

党委书记：华　跃

镇　　长：赵春英

人大主席：郑玮如

【一六镇】 位于乳源瑶族自治县东北部，是乳源瑶族自治县3个平原镇之一。东邻武江区，南邻乳城镇，西邻东坪镇，北邻游溪镇。镇政府驻地一六村委，乐广高速、省道250线穿镇而过。2018年，全镇总面积84平方千米（其中总耕地面积15441公顷、林地面积5855.8公顷，森林覆盖率76.3%），辖7个村委会，1个居委会，有63个自然村，95个村民小组。年末户籍总数5333户，户籍总人口17574人，其中农业人口17052人。有中学1间，完全小学1间，村级小学3间；镇级卫生院1间，村级卫生站6个。历史文化遗产有西岸石拱桥和一六招田石拱桥、东粉村平安阁、一六大村围楼、团结莲塘村平安阁、东七下门秦氏祠堂、乐群乐夫村欧氏祠堂、团结上社王氏祠堂、罗屋下南村何氏祠堂、乐群乐夫村农民协会旧址、鲶鱼寨遗址等。景点有乌石岭客家新村、东粉温泉、千亩竹园、乐群乐夫村农民协会旧址、牧草园农场、现代蔬菜生产基地以及东粉湿地公园（在建）等。主要特产有槟榔芋、大棚西瓜、香蕉李等。主要特色饮食有芋头鸭、麻辣花生豆腐煲、辣椒拌凉菜、辣椒花鱼、窄粉以及米酒等。2018年，全镇国民经济生产总值1.3亿元，城镇居民人均收入9500元。

党委书记：丘振强

镇　　长：潘　鸿

人大主席：杨细金

【洛阳镇】 位于乳源瑶族自治县西南部，镇政府驻地洛阳村委。东与东坪镇、大布镇和武江区江湾镇交界；南与英德市波罗镇、清远市阳山县江英镇相邻；西与阳山县秤架瑶族乡接壤；北靠五指山乳阳林业局。国道323线、省道258线和县道324线穿镇而过，镇内有4条镇村主干道公路。2018年，全镇总面积558平方千米（其中耕地面积1820.5公顷，林地面积3.3万公顷，森林覆盖率为95%）。辖12个村民委员会，1个居民委员会，122个自然村，91个村小组（其中1个少数民族村小组）。年末户籍总户数2828户，户籍总人口数10411人，其中农业人口9171人。有小学2间，分教点2个；镇级卫生院2间，村级卫生站9个。历史文化遗产有东平山正觉寺遗址、洛阳桥、蔡襄祠、洛阳古街、陈金城故居。景点有天景山仙人桥、南岭国家森林公园、天井山国家森林公园、天井山生态长廊、白竹绿家缘瑶乡生态农场。主要特产有洛阳茶、九节茶、蜂蜜、笋干、柠檬、木耳、黑山羊、海狸鼠、中华鲟、三文鱼、古母水鸡等。2018年，全镇国民经济生产总值2.58亿元，城镇居民人均纯收入7956元。

党委书记：张　杰（2018年期间主持党委工作，12月任职）

镇　　长：张　杰（任至12月）
马振球（12月任职）
人大主席：盘良银

【必背镇】 地处乳源瑶族自治县北部，是乳源3个瑶族人口聚居镇之一。东靠桂头镇，西临大桥镇，南邻东坪镇和游溪镇，北邻乐昌市长来镇。县道325线贯穿全境。2018年，全镇总面积147平方千米。耕地面积521公顷，其中水（旱）田186公顷、水浇地64公顷。林地面积1.25万公顷，其中生态公益林4985.7公顷，森林覆盖率85.02%。辖7个村委会和1个居委会，49个自然村，村民小组56个。年末总户数2938户，总人口8211人。其中，农业户口2230户，人口7927人；瑶族723户，人口6284人。有小学1间，幼儿园1间；镇级卫生院1间，村级卫生站7个。景点有镇区瑶寨景区、必背口村特色村寨、大村古瑶寨、桂坑尾村等，瑶族历史文化传承遗产有拜盘王、瑶歌、瑶舞、瑶绣、瑶服、瑶医药等，不可移动文物有盘安山墓、莫氏祠堂，主要特产有瑶家腊肉、瑶爽酒、白毛尖茶叶、公坑辣椒等。2018年，全镇国民经济生产总值6115万元，农民人均纯收入7958元。

党委书记：李世华（任至3月）
镇　　长：赵伟明（3月主持镇党委全面工作）
人大主席：庹　校（任至12月）

（赵天养）

表41　2018年乳源瑶族自治县国民经济发展情况一览表

指标	单位	绝对值	比上年增长（%）
地区生产总值	亿元	84.59	9.2
第一产业增加值	亿元	8.36	4.3
第二产业增加值	亿元	40.72	8.3
工业增加值	亿元	35.78	8.1
第三产业增加值	亿元	35.51	11.4
人均地区生产总值	元	44679	8.2
规模以上工业总产值	亿元	121.33	16.7
农林牧渔业总产值	亿元	13.37	3.1
固定资产投资	亿元	75.41	12.6
社会消费品零售总额	亿元	22.47	10.3
外贸进口总额	万美元	2189	1.7
外贸出口总额	万美元	7922	-25.7
实际利用外资	万美元	486	-39.4
地方一般公共预算收入	亿元	5.63	10.2
地方一般公共预算收入	亿元	26.87	20.5
城镇常住居民人均可支配收入	元	23897	11
农村常住居民人均可支配收入	元	13001	10.8

人 物

五一劳动奖章

全国五一劳动奖章获得者

付结卫 男，1970年1月生，广东连县人，中共党员，广东省大宝山矿业有限公司选矿部铜选厂磨浮车间浮选班班长。他从1999年开始用两年时间，从一名冶炼工一步步成长为浮选操作工、浮选工艺精英、矿山企业综合性技能人才。2007年，浮选一班在他的带领下，创下当年大宝山铜、硫选矿班组全年指标的新高，铜回收率82%，硫回收率86.17%，所带领班组获当年的“先进班组”。2008年他被公司评选为选矿中级技师，2010年获选矿部选矿技术标兵。2016年选矿技术改造，他提出的“硫化钠药剂改造”直接提高铜浮选回收率两个点，直接为公司创造的经济价值200万元；2016年7月，公司给选矿部铜选厂下达的“1878”（铜精矿品位18%，回收率78%以上）生产任务中，他和相关技术人员共同提出的“浮选机+浮选柱混合浮选”“选铜扫选流程改造”两个大项目效果显著，超额的完成公司下达的生产任务，铜精矿金属量超量200多吨，直接为公司创造选矿经济效益约1000万元。2017年4月26日，选厂开始投料试机，他与大家共同解决试机过程中设备流程问题，7000吨新选厂于7月底实现“达产达标”的目标。2017年下半年，他带领的“付结卫劳模工作室”完成重大改造项目有30项，小项目和子项目共62项，为公司带来的总经济效益近3200万元。他爱岗敬业，内外兼修，闲暇用来看专业书，增加理论知识，时刻关注时政大事、民生等，不断坚定入党的决心。2007年他向党组织上交入党申请书，2009年6月加入中国共产党。2016年他被评为“广东省五一劳动奖章”。

广东省五一劳动奖章获得者

何锦章 男，1965年10月生，广东广州人，中共党员，广东中烟工业有限责任公司韶关卷烟厂党委书记、厂长。他扎根卷烟工业一线中，带领全厂干部职工降本增效、助力双喜结构提升。他推行效率质量并重原则，抓好企业生产管理。全面推行柔性化生产应急响应和错位生产的管理模式，落实“质量问题不过夜”，有效应对软硬产品结构不平衡、生产计划频繁调整、仓库库容严重不足等不利因素。2017年，他使企业在全国市场下行的大背景下，成为行业的亮点。他担任新制丝线搬迁切换工作组总指挥，完成建厂以来投资额最大的技改项目任务，新制丝生产线顺利投产，韶关卷烟厂达到双喜第三代工艺技术要求。他根据韶关气候特点以及韶关卷烟厂仓库使用的经验，为公司关于韶关物流园项目的建设规划，提出58条设计修改建议，为韶关物流园运营打好基础。他勇担社会责任，进村入户，做好对点扶贫工作。重视履行企业社会责任，组织企业捐赠“6·30”资金238万元，向对口帮扶的南雄市水口镇群星村定向捐赠帮扶资金230万元，落实一系列帮扶项目。各扶贫项目正稳步推进，群星村扶贫工作取得所在镇农户危房改造完成率全镇第一、公共服务条件全镇第一、“三清三拆”进度全镇第一的良好成效。2017年，企业获得“烟草行业离退休干部工作先进集体”“韶关市模范纳税户”“广东省扶贫济困红棉杯铜杯”“广东中烟先进集体”等称号。

林兴韶 男，1984年10月生，陕西省蒲城县人，中共党员，广东中金建筑安装工程有限公司维修三车间技术员，高级技师，管、钳、焊多能，钳工技能突出，特别擅长汽轮机的中大修。他1997年进入韶关冶炼厂工作2005年取得技师资格证书，2014年取得高级技师资格证书。曾连续三次获得厂职工技术大赛多能钳工第一名，代表公司参加2003年度广东省职工职业技能大赛和韶关市首届职工职业技能大赛钳工决赛。日常工作主要负责车间机械设备的维护检修工作，把延长设备使用周期，消除设备安全隐患和修旧利废作为工作重点，多次负责处理车间运转设备振动超标等疑难问题。2009年5月改造电瓶渣车减速箱轴，将使用寿命从“原来1年扭断10根轴”提高到“2013年电瓶渣车停用为止，只断1根轴”。延长锅炉给水泵使用周期获2008年厂QC成果二等奖；延长涡炉给煤机铰笼使用周期获2008年厂职工技术大赛“五小”成果三等奖。2015年成功修复3号汽轮机，降低维修费用10万元。解决汽轮机滤油器在运行中不能拆洗的瓶颈问题，同时降低设备成本。2015年解决3大难题，分别是动力2#汽轮发电机9年一次大修漏气损失严重；2#锅炉对鼓风炉低热值煤气不能完全利用，蒸汽产量偏低；3#汽轮发电机受低负荷振动大，不具备开机条件。节约检修费用几十万元以上。2016年解决2号汽轮机主汽门卡死问题。他忠于职守，2017年春节刚过便带领维修人员对除尘脱硫管道进行改造，合理布置管道。他发扬工匠精神带徒弟，徒弟在厂第14届、15届职工技术大赛中连续两次获得钳工组第一名。

刘锡禧 男，1982年11月生，广东惠来人，中共党员，韶关市生产力促进中心副主任。他发挥先锋模范作用，熟练掌握岗位知识技能，无私奉献。一是当好创新驱动发展的参谋，主笔完成《韶关市贯彻落实（中共广东省委、广东省人民政府关于全面深化科技体制改革加快创新驱动发展的决定〉的实施意见》《韶关市加快推进科技创新驱动发展1+N政策意见》等20多个科技政策文件及细则，被上级部门采纳。二是当好科技服务项目实施的尖兵，先后承担《广东欠发达地区提升科技型中小微企业知识产权运用能力研究》）2015年广东省知识产权局软科学研究计划项目）、《韶关市科技装备动员能力建设》）2015年广东省科技计划项目）、《粤北科技伎新蜂服务体系建设》）2017年中夹引导地方科技发展专项）等18项国家和省市科技项目，完成结题验收项目13项，在研项目5项，一些成果获得省较高评价。推进韶关生产力促进体系建设，10个县（市、区）生产力机构纳入一张网，实施贴身科技服务，服务企业87家，开展科技服务项目31个。三是当好大众创业、万众创新的勤务员，推进科技企业孵化器、众创空间建设，组织开展培训10次，主动对接省科技企业孵化器协会、拓思软件园等创新资源，加班加点协助完成项目申报、现场答辩，推动韶关高创中心成为全市首个国家级科技企业孵化器；2017年培育省级科技企业孵化器、众创空间4家；至2018年4月底，孵化器（众创空间）在孵企业125家、服务的创业团队85个、带动就业总人数832人。

苏凯锋 男，1984年10月生，陕西省蒲城县人，中共党员，广东中金建筑安装工程有限公司维修三车间技术员。他专业能力扎实全面，自2010年10月进入广东中金建筑安装工程有限公司维修三车间工作以来，把党员先锋模范作用发挥在生产一线，坚持扎根最艰苦的施工管理一线。被授予公司和集团公司“十大优秀员工”“标兵”“优秀共产党员”等称号。入职7年来，累计完成工程项目100多项，身兼资料员、材料员、施工员多职。他自2013年起，被车间委于安装项目副经理重任，在丹冶厂污水站改扩建工程、1#2#竹棚改造等多个重点项目中负责安装施工管理，在其统筹协调、高效组织和重点把控下，各项重点工程均能按期保质竣工验收。2016年综合回收工程中，面对旧厂房改造、三边工程、气候等不利因素，开启5+2、白加黑工作模式，在确保安全和工期的情况下，实现500吨钢结构和2万米管道圆满竣工，无一返工。2014年，他负责GC2管道和固定式压力容器试安装工程的施工管理，期间帮助公司取得两项特种安装资质。他注重在工作中积累，在编制焊接工艺评定、绘制设计图纸、方案编制、过程控制、资质评审等方面做大量工作，掌握特种设备管理体制、管理程序、作业文件，成为公司压力管道和压力容器特种资质最主要的技术骨干。2017年开始担任维修三车间生产调度组长，建议推行“由调度直接安排班组”“改编大班制”“实行劳务用工末位淘汰制”“备件开源创效益”“考核制度数字量化、表格化”等多项改革措施，开源降本创效益。2017年整个班组实现产值指数级提高，完成产值2000多万元。

余志斌 男，1968年8月生，广东翁源人，中共党员，广东青云山药业有限公司食品提取车间班长。他自1991年10月进入广东青云山药业有限公司工作，在平凡的岗位无私奉献，从一个普通的操作工成长为提取车间带班人员，高度负责完成各项生产任务。参与公司提取车间的改造10多次，GMP认证3次，多次获得公司、上级部门颁发的先进个人和先进党员称号，在设备改造热回流提取浓缩技术获得翁源人民政府科技进步三等奖。他注重学习和实践。日常工作学习工作技能，空余时间学习理论知识，熟悉掌握所在工作项目工艺以及所需的其他项目知识。在日常工作中，他经常采用班后会议讨论、个别谈话等方式征集合理化建议，将员工的良好建议应用到班组建设中来，营造团结奋进的班级氛围。公司新成立食品提取和药品提取以及中试车间，他在扩建过程中为厂房布局设备的选型、设备安装等提供意见，担负起3个车间的人员上岗前培训、生产过程管理、质量管理、消耗管理等职责。

张杏移 男，1963年10月生，广东河源人，中共党员，深圳市中金岭南有色金属股份有限公司凡口铅锌矿选矿厂维修工段段长。从事电气技术工作36年，负责选矿厂全厂电气设备的维修、保养、技改。一是立足本职，把分内工作做到最好。选矿厂电气设备设施众多，点多、面广、线长，覆盖全厂各生产工段，维护保养、维修、管理的难度相当大。他迎难而上，深入现场管理、指导、协调、指挥、监督和检查扎实有效地抓好安全供配电、电气设备设施维护保养及检修、电气技改安装等各项工作，实现安全生产。二是发明创新，为矿山创造最佳效益。自参加工作以来，在遇到生产上的难题，他查资料、跑现场和同事反复研究、论证，主导和参与创新项目126项。其中，回收ф53m底流细粒硫资源和锌尾浓缩搅拌加酸技术改造项目在稳定生产工艺流程、生产指标和降低劳动强度方面，提供新思路，打开选厂新局面，产生经济效益260万元，为选矿厂升级改造做出贡献。三是技术传承，培养远矿厂年轻骨干。他坚信“技能，传承下去才有价值”。他努力营造和谐温馨的生产生活氛围，关心员工的生活，带头学习，提升技能，引领选矿厂年轻骨干以满腔热血的状态投入到各项工作中来。2017年6月创建的“张杏移创新工作室”，是传承技术的培训站，也是解决企业生产难题的攻关站。

张泽磊 男，1980年6月生，河南泌阳人，中共党员，韶关市韶瑞重工有限公司技术部技术员。他2001年底退伍，被安排在泌阳1家事业单位上班；2005年机制改革中下岗；2006年7月进入韶关市韶瑞重工有限公司工作，成为物流车间一名搬运工。由于广东天气炎热，他的衣服在上班时间都是湿的。他克服从事业单位人员到私企搬运工的心理落差，上班时间高标准完成各项工作，下班后努力学习有关机械方面的知识。3个月后，他被推荐学习数控切割机，学徒期为一年，期间他刻苦耐劳，虚心向师傅们学习专业知识。为让数控切割机充分发挥作用，他买机械制图书籍，并在电脑里安装绘图软件，在家自学制图。因为机械知识薄弱，他学习遇到很多问题，但他不断向同事们请教，磕磕碰碰在几个月后掌握绘图的基本知识。他通过熟悉电脑绘图和数控切割机的程序编排，提高数控切割机生产效率，节约原材料。他在公司首创利用电脑编程操作数控切割机进行零件生产，一张钢板切割下料下来，切割时间提高30%，板材的利用率也提高10%。由于勤学肯干，得到公司领导和同事的一致好评。2006年以来，2次被评为韶瑞重工公司“先进员工”称号，1次评为西联镇“优秀共产党员”称号。2014年被破格提拔到技术部任技术员。

钟礼英 男，1990年12月生，广东韶关人，日本电产（韶关）有限公司生产技术课主任代理。他有很强的团队意识，善于理论和实践相结合。一是善于把理论知识融于创新工作。2015—2017年参与公司K系列自动组立机、英特尔系列、G85G系列多个大型自动化项目的推进工作，特别是在攻克K系列自动组立机的项目中根据电气自动化理论提出独特观点，推动攻克K系列自动组立机的技术难题。他带领技术团队主导推进英特尔系列黑白扣组入设备的改造、对UT系列DJT80R机种风扇马达自动化的技术创新、通过使用PLC控制识别方式突破某种智能马达出现早停现象的技术难关，提高生产效率，3项技术创新每月为公司创造经济效益8.5万元。他精益求精，研发出精密马达定子预压辅助装置，解决马达定子预压工艺只能依赖手工操作的问题，填补马达行业定子装配工艺自动化的空白，2017年11月获得国家授予“实用新型专利证书”。二是扶持职工参与技术创新。他积极听取职工的意见和建议，2015—2017年，生产技术课收到合理建议和技术革新22条，他引导和扶持18位职工参与技术创新工作。三是注重自我提升。2009年他于县中等职业学校电气自动化专业毕业，2016年他报读广州广播电视大学自动化专业，将理论知识和工作实践相结合，开展技术创新。

朱光仁 男，1963年9月生，广东始兴人，中共党员，韶关市财政局农业综合开发办公室主任。他自1984年参加工作以来，一直从事农业相关工作，勤奋敬业，开拓创新，在实施乡村振兴战略，推进农业供给侧结构性改革，建设社会主义新农村等方面作出突出贡献。一是为全市新增国家农业综合开发县2个，争取国家对韶关农业的重点扶持。全市有国家开发县6个，占全省21个地级市60个国家开发县的10%。二是将韶关高标准农田建设模式创新试点项目成功创建为财政部在广东省的第一个农业综合开发创新试点项目（总投资8104万元）。项目建设得到财政部、国家农发办的肯定，2次到韶关调研，作为模式创新范例，在广州召开全国农业综合开发高标创新试点座谈会。三是农业综合开发项目建设进度每年位列全省第一位，多次受到省财政厅的通报表扬。四是2015年来实施的农业综合开发项目均被财政部广东专员办绩效评价为“优”等次。五是2017年组织申报的新丰县国家农业综合开发小流域治理项目被确定为全省首批3个小流域治理项目之一。六是近年来每年争取的贷款贴息项目全省靠前，2017年成功争取国家农业综合开发产业化发展中央财政贷款贴息项目4个，占全省14个的28.57%。七是2017年申报田园综合体项目，进入省级项目库，竞争成功后将获得上级财政资金3亿元。

道德模范

中国好人

江海英 女，1997年出生，广东松山职业技术学院外语系2016级旅游英语专业学生。她出生于一个贫困的农村家庭，承受着与年龄极不相符的残酷现实。13岁，父亲因患胃癌去世；高二，母亲半身瘫痪后精神失常。她用柔弱的肩膀挑起重担。2016年9月，她考上大学，带着母亲去上学。她在学校附近租房子，边上学边照顾母亲，每天为母亲准备三餐，侍候母亲的起居……江海英的母亲在医院的治疗和她的照顾下，精神日渐恢复，身体能靠支架站起来。她励志上进、乐观感恩的生活态度感动着无数同龄人，获得2018年1月孝老爱亲“中国好人”称号。

李慧文 男，1959年出生，韶关市中心血站从事献血宣传招募和服务的医生。为促进无偿献血事业的发展，保障医疗临床用血，他率先垂范带头进行无偿献血，27年中实际无偿献血340余次，实际献血量13万多毫升（260

斤），相当于一个体重为50公斤者体内全部血量的30多倍，名列全国前茅，成为中国无偿献血的领军人物，8次获得全国无偿献血奉献金奖。他所捐献的血液参与挽救近千个病人的生命。2000年，在他的牵头下，韶关无偿献血者联谊会在全国率先成立，随后成立无偿献血志愿者服务队，引导和培训有过多次献血经历的爱心人士参与献血宣传和捐献者招募等志愿服务。18年来，他从事献血志愿服务累计1万多小时。他不仅以实际行动感召更多的人献血救人，并决定去世后将捐献自己的器官和遗体，用于挽救病人的生命，促进国家的医学研究发展。他获得2018年3月敬业奉献“中国好人”称号。

丘新福 男，1968年出生，广东省韶关市乳源瑶族自治县人，乳源东阳光化成箔厂职工。2008年，一场山火致使他的妻子全身98%面积被烧伤，失去双腿和右手。他十年如一日，不离不弃、无微不至照料着妻子，让妻子走出阴霾。他每天除在工厂上班，还要起早贪黑忙农活、做家务，照顾妻子。他坚持每天给妻子洗澡擦身，只为让妻子能舒服一些。在他的老母亲去世前，他既要照看妻子，又要照顾母亲，连早餐都没时间吃就要去上班，回家吃晚餐都是站着吃，但从没想过要放弃妻子，只为有个完整的家，让孩子可以叫一声妈妈。他于2018年3月获得孝老爱亲“中国好人”称号。

广东好人

常军德 男，1978年生，广东省韶关市仁化县董塘镇江头村人。他在两个月大的时候，因用药不当而造成终身聋哑。他本需要社会救助，却成为一个自力更生、乐于助人的爱心人士。他以理发来维持生计，和同是聋哑人的妻子开美发理发店，并自学绘画，成为当地小有名气的农民书画家。他将1幅国画拍卖所得的8000元，全部捐给贫困孩子读书；为救助强直病女孩邓庚秀捐出他的9幅画作；在韶关市仁化县举办的首届荷花节中，他义卖8幅作品，所得款项全部用于关爱董塘镇地中海贫血儿童。他经常和妻子一起为敬老院的老人、村里的贫困户免费理发；参加反拐儿童宣传；四川地震发生时，他积极为灾区捐款。在无声世界里，他默默地用爱和艺术书写着别样的人生。他获得2018年第一季度助人为乐“广东好人”称号。

黄罗保 男，1970年2月生，牺牲前任广东省韶关市新丰县马头镇党建示范村大陂村的党支部委员、村委会委员。2018年2月13日中午，在春节来临之际，他正在村委会坚守岗位，得知村后突发山火后，他立即通知镇林业站和护林员。为及时控制火势，全体“两委”干部、6名消防队员和部分村民等20多人自发分两个小组立即赶赴起火现场。在火场，他将自身安危置之度外，用树枝奋力灭火，防止大火蔓延。但由于风向突然改变，大火将他包围，体力不支的他由于吸入大量浓烟，不幸壮烈牺牲。他获得2018年第二季度敬业奉献“广东好人”称号。

黄　慧 女，1977年出生，是韶关市公安局刑警支队四大队的一名法医。她是韶关市第一名女法医，组建韶关市公安局DNA实验室，累计检验各类案件2000多宗，检验检材数15000多份，利用DNA检验技术破获多起重大刑事案件。由于长期接触腐败物质和联苯胺等化学药品，她的身体受到影响。2013年，她被检查出患有子宫内膜腺癌，手术后，虽然领导要她多休息，可她休息不到两个月又重新投入到工作之中。为跟上日新月异的技术革新，她努力钻研，在国家级的期刊杂志中发表多篇论文，是韶关市公安局的业务尖兵。她获得2018年第三季度敬业奉献“广东好人”称号。

张瑞群 女，1975年出生，韶关市浈江区车站街东升村社区居民。20年前，在得知未婚夫父母身体不好、家庭条件较差的情况下，她仍义无反顾嫁给丈夫。婚后不久，公公因病瘫痪；2010年，婆婆也中风瘫痪在床。她的丈夫是司机，平时都在外面跑。照顾公婆、照顾小孩、洗衣、买菜、做饭、收拾房子等家务重担，全部落在张瑞群一人肩上。她坚持细心照顾瘫痪在床的公公婆婆20年，尤其侍候公婆抹身和换洗屎尿衣被的脏活，她都一一做好，没有嫌弃更没怨言，始终微笑着面对公婆。她获得2018年第三季度孝老爱亲“广东好人”称号。

钟文胜 男，1968年1月生，韶关市曲江区大塘镇畜牧兽医水产站工人。他从2000年开始坚持定期到血站献血。18年累计无偿献血103次40500毫升，相当于全身血液更换9遍。2010年，他成为曲江志愿者服务队第一批志愿者，向广大市民宣传无偿献血知识，动员更多的人加入到爱心献血队伍中。在他的带动下，他的爱人、儿子、女儿都加入献血志愿者队伍。除献血外，8年来，他坚持参加志愿者服务队组织的敬老院慰问活动，累计服务工时超过1600小时。他被评为2010—2011年度全国无偿献血奉献奖金奖，2010—2011年度全国无偿献血志愿服务奖五星奖，2011—2012年度广东省无偿献血奉献奖金奖，中华骨髓库五星级志愿者，2012—2013年度全国无偿献血奉献奖银奖。他获得2018年第四季度助人为乐“广东好人”称号。

李　亮 男，1987年6月生，广东省韶关监狱狱警。2018年7月23日21时左右，他在韶关市武江北路的亲水平台上散步，突然发现一落水女子在湍急的河水中拼命挣扎，他来不及和家人说一声，就纵身一跃，下水救人。入水后，他用手将女子的脖子揽住，竭尽全力将她带到岸边，在岸边群众的帮助下，将溺水女子成功救上岸。经询问得知，该女子因身患重病，内心深受打击而选择轻生。身为三级心理咨询师的李亮随即对其进行安慰和心理疏导，稳定该女子的情绪。待警察到达现场后，他才带着妻儿悄然离开现场。他获得2018年第四季度见义勇为"广东好人"称号。

廖聪济 男，1970年8月生，韶关乐昌市梅花镇红七军烈士纪念园管理员。1931年，在廖文成（他的祖父）家中避敌养伤的红军将领李谦因伤重不幸牺牲，负责照顾李谦的警卫员恳请廖文成看护好李谦的遗骨。为避免暴露，在解放前，对于立在自家屋旁的李谦墓，廖家都对外宣称是自家祖坟，并悉心照看。这一照看就是79年。一家人每年祭拜两次，从不间断。2005年，因父母年老体弱多病，廖聪济毅然放弃珠三角的工作，回到家中照顾年迈双亲，并肩负起照看李谦烈士墓的重任。2010年，李谦烈士墓迁入乐昌梅花镇新建的红七军革命烈士纪念园，他成为纪念园的管理员，继续守护着李谦烈士的英灵，并守护着700多名烈士的英魂。他获得2018年第四季度诚实守信"广东好人"称号。

巾帼风采

2018年度全国巾帼建功标兵

冯上娣 新丰县丰城街道南区社区党总支书记、居委会主任，在南区任职26年。她秉承"只要精神不滑坡，办法总比困难多"的干事创业理念，用女性特有的细致坚韧开创社区工作新局面，创造新业绩，探索营造共建共治共享社会治理新格局，探索山区县城市社区基层党建新途径新方法，投身于新丰县委县政府融珠先行战略决策和城市提升、巩卫创文、产业发展、乡村振兴、扶贫攻坚五大中心工作，力求干一事成一事，成一事利一方，取得显著的成绩。她本人连续担任县十二、十三、十四、十五届人大代表，连续5年担任县人民法院陪审员，2017年被韶关日报以先进人物作推广宣传，2018年被县委组织部制作成电教材料作社区党建工作经验交流。

2018年度广东省三八红旗手

陈雪飞 广东省韶关市始兴县城南镇新村村人，经营的产业涵盖种植业、养殖业、农产品加工、餐饮、住宿、休闲娱乐、家庭农场、合作社、旅行社、装饰公司等。有固定员工300多人，女性占80%，40%是国企下岗工人。与始兴县顿岗镇等5个乡镇500多户贫困户签订建档立卡帮扶，直接或间接带动农民3000多人就业。她经营的始兴县古塘秋月山庄是当地最具农家特色的山庄，是广东省休闲农业与乡村旅游示范点，年接待游客60万人次以上，从种植、养殖方面，帮扶带动当地解决就业。

申丽萍 韶关丹霞女农业科技有限公司经理。多年来引导广大农村妇女自主创业就业，在韶关市农业行业内备受尊重。她艰苦创业、不言放弃，克服创业之初遇到的困难，逐步形成融合农业和服务于一体的典型混合型农业。她刻苦学习、摸索经验，通过自学及向他人学习提升自身能力，学习别人的经营模式，最终形成自己成功的经验与方法。她开拓创新、多种经营，善于学习和思考，她把山庄与旅游相结合，打造集农业观光、娱乐休闲、餐饮住宿为一体的休闲山庄。她致富思源、不忘党恩，牢记吃水不忘挖井人，她的公司以"公司＋基地＋贫困户"的经营模式来进行对贫困户帮扶，解决贫困户增收难的问题。

黄建荣 武江区新华幼儿园园长。她对事业忠诚，把愿望和抱负倾注在所热爱的幼教事业上，用行动诠释一名共产党员全心全意为人民服务的宗旨。她关心群众，积极参加妇联组织的各项公益活动。她带领全园教职员工进取拼搏。新华幼儿园获得全国巾帼文明岗、韶关市安全文明校园等39项集体荣誉；个人获得广东省特级教师、广东省南粤优秀幼儿教师、韶关市"三八红旗手"、韶关市优秀教师、韶关市优秀教育工作者、韶关市十佳园长等23项称号。

刘 炳 中共党员，韶关南雄市农家妹种养家庭农场有限公司董事长，南雄市坪田镇老龙居委会支部书记、韶关市三八红旗手。曾获得"全国科普惠农兴村带头人""广东省百佳新型职业农民""广东省农村创业青年优秀带头人"等称号，先后当选为省市两级人大代表。她于2008年放弃广州优越的生活，回乡发展农业。她通过走访调查民情，亲身养殖生猪，发展特色种养"五黑鸡"，实现产业转型升级。其后将特色种养技术无私传授给农户，引领发展一批新型职业农民。她带领村民发家致富，结合精准扶贫和坪田旅游的契机，采用"公司+合作社+农户+互联网"的模式，为农户提供鸡苗、饲料、药品和疫苗，定期巡查农户养殖情况，免费给农户做技术指导，带动996名农户脱贫致富，每户年均增收1万多元。与妇联等部门携手开展扶贫助学活动，共帮助41名贫困学生。

赖碧兰 乐昌市九峰镇上廊村"两委"委员、村妇联主席。她发挥巾帼党员先锋模范作用，以党建带妇建，组织引导广大妇女坚持维护妇女儿童合法权益，把村"妇女之家"建设成为广大妇女同胞信赖和热爱的"温暖之家"。她创建韶关市第一支农村"女子舞龙队"，每年带领女子舞龙队义演宣传活动。2013年国庆节，她带头组织九峰镇30多支健身舞蹈队，在上廊村举办大型健身舞蹈表演活动。她开展妇女创业服务，协助村里4户村民办起 "农家乐"和"家庭农场"。她对弱势群体、困难儿童伸出援助之手，带领"妇女之家"成员每年定时到镇敬老院慰问孤寡老人；多次组织"巾帼志愿者"帮助单亲特困家庭农忙生产劳作，对孤儿扶子琴给于母亲般的关爱。

2018年度广东百名最美乡村女能手

朱细华 广东夏娃生态农业有限公司总经理。广东夏娃生态农业有限公司位于韶关，涉及种植、互联网、农产品深加工等领域，通过“公司＋农场＋农民＋电商＋品牌”五位一体的运作模式，打造集农产品种植、销售以及品牌服务的现代农业。通过水果深加工，推出全国首款以皇帝柑为原材料的贡柑酒，推动产业升级，为当地妇女提供50多个就业岗位。旗下的夏娃农场占地46.67公顷，其中果树种植17.33公顷，蔬菜基地20公顷，夏娃鱼塘占地10公顷。公司注册“丹霞皇帝柑”“韶福农”“金吉王”等生鲜品牌和“时令记”果酒品牌等多个商标。旗下农村电商运营团队创农会于2018年10月和搜狐合作，作为搜狐韶关站运营中心，为推动地方政务、农业、旅游助力。

孙艳华 韶关市浈江区犁市镇沙园村委会村委委员、支委副书记。2002—2018年，她先后担任过沙园村委委员、副主任、妇联主任等职位。10多年来，她一直帮助沙园村独自抚养2个幼儿的黄秀妹，为其解决钱物困难和提供工作机会。她从2009年秋天起，收留1个智力障碍流浪孤儿吴金玉，让他跟家人同吃住。2009年，她组织成立“韶关市浈江区山清水秀禽畜养殖专业合作社”，坚持聘用失业妇女、残疾人，解决村里部分弱势群体的就业问题。2015年，她组织“犁市镇沙园文艺团”，带领妇女搞文艺活动。她多年坚守岗位，深受村民爱戴。

毛晓燕 韶关市始兴县喜阳阳家庭农场场主，坜坪村委会计生专干、财务。她清正廉洁，依法依规做好村账。她大胆创业，发展生态种植业，带领坜坪村妇女致富创业。她热心助人，利用自己的医疗知识帮助邻居解决小病小痛。她坚持中国传统美德，营造“绿色家庭”，与丈夫互敬互爱，对家庭孝老爱亲，勤俭持家。

潘秋论 韶关市新丰县康绿霸王花专业合作社董事长。她于2007年租赁3.33公顷水田，引进霸王花，成立“康绿霸王花”生产基地，当年亩产收入约5000元。但因2008年霜冻灾害，霸王花全部冻死。她积极复产，主动请教、虚心学习。经过2年的发展，霸王花进入丰产期，干花亩产800多斤。她带动、支持周边村民种植66.67公顷霸王花，解决100多名村民就业问题。2011年，在她的倡议下，成立“新丰县康绿霸王花专业合作社”，为当地的霸王花种植业可持续发展提供保障。她继续积极探索“农业＋”模式，研究让传统农业经济效益最大化。

李炜民 韶关南雄市海川生态景观工程有限公司总经理。她于2011年在南雄市创立海川生态景观工程有限公司，一直秉承“海纳百川，厚德务实，真诚服务，奉献社会”的理念，勤学精进。她感恩回馈社会，2012年无偿复绿政府百亩荒地，2014年帮扶修建油山镇什江常平文化广场，2015年为修建南雄市水口弱过森林公园，减免80万元的劳力和材料款。她扶贫济困，解决农村留守妇女就业，关爱留守老人和儿童。招聘女员工42人，占公司总员工的72%；帮扶贫困妇女36人，带动农户人均年收入3.6万元，示范带动农户6户，其中帮扶建档立卡贫困妇女16人。2018年1月，为61位留守老人送去棉鞋棉袜、棉被等御寒用品。

黄玉芳 1982年1月生，韶关乐昌市梅花镇莓花果蔬种植专业合作社社长。勤奋好学、勇敢创业。2011年，她带动农户成立乐昌市梅花镇莓花果蔬种植专业合作社，任职理事长，带领合作社走品牌农业发展之路。2013年被评为韶关市青年创业示范户。创办的合作社于2015年被评为广东省示范合作社、韶关诚信单位；2016年评为国家示范合作社。2016年参与精准扶贫的工作，带动贫困户180多户脱贫致富，其中有30多户农产品年收入3万多元。

申丽萍 详见2018年度广东省三八红旗手。

科技人才

温志红 女，1973年4月生，江西赣州人，高级工程师，在宝武集团广东韶关钢铁有限公司工作。1995年7月毕业于东北大学金属压力加工专业，2000年3月至2005年7月，在职攻读北京科技大学冶金工程硕士，获得冶金工程硕士学位。历任产品开发工程师、主任工程师、首席工程师等岗位，从事钢材产品研究与开发工作。她主持的高强高韧海洋工程及船舶用钢关键技术研究及产业化项目获得广东省人民政府2018年度广东省科技进步奖二等奖。她爱岗敬业，创新实践，从事钢材产品开发20多年，对高强船板、海工、管线、锅炉容器、结构钢、模具钢板、PC钢棒等产品开发关键性的技术问题进行攻关研究。2013年以来，她承担省级科技计划项目3项，负责及参与韶钢科研项目11项，先后获得广东省科学技术奖二等奖1项，广东省冶金科技成果特等奖1项、一等奖4项，韶关市科技进步一等奖1项、二等奖1项；申报10个专利，其中5个发明专利授权；在《钢铁》《轧钢》《南方金属》等杂志发表学术论文11篇。2018年被评为韶关市首期享受市政府特殊津贴人才。

廖卫团 男，1972年4月生，广东省河源市连平县人，中共党员，高级工程师，在宝武集团广东韶关钢铁有限公司工作。1994年7月毕业于武汉钢铁学院钢铁冶金专业，本科学历。长期负责并参与韶钢中厚板产品研发和质量管理，综合素质强，具有较丰富的产品开发经验和应用技术推广实绩，为企业和社会创造显著的经济效益和社会效益。

曾担任省重大科技专项项目总负责人。获省市级各种科技成果奖项20余项，包括省级科技成果登记4项，广东省科学技术奖二等奖1项，韶关市科学技术一等奖1项、二等奖1项、三等奖2项，省冶金科技奖、韶钢科技奖等；发表学术论文13篇。获韶钢最佳员工、2010—2013年度韶钢首席技术专家等称号。他主持的高强高韧海洋工程及船舶用钢关键技术研究及产业化项目获得广东省人民政府2018年度广东省科技进步奖二等奖。

戴文笠 男，1971年1月生，江西永修，中共党员，高级工程师，在宝武集团韶关钢铁有限公司特轧厂工作。1994年7月毕业于东北大学金属压力加工专业。2000年3月至2006年6月，在职攻读北京科技大学冶金工程硕士，获得冶金工程硕士学位。历任韶关钢铁板材厂技术科副科长、作业长、副主任科员、主任工程师、副厂长、厂长，轧材厂厂长、特轧厂厂长等职务，从事产品技术开发、生产管理等工作。他主持的高强高韧海洋工程及船舶用钢关键技术研究及产业化项目获得广东省人民政府2018年度广东省科技进步奖二等奖。他从事钢铁生产管理及技术研究20多年，对板材、工业线材等钢铁产品轧钢生产关键性的技术问题进行攻关研究，多年来先后负责或参与韶钢科研项目10余项，先后获得广东省科学技术奖二等奖1项，广东省冶金科技成果二等奖1项、三等奖1项，韶关市科技进步一等奖1项、二等奖1项，在《南方金属》《轧钢》《宽厚板》等杂志发表学术论文6篇，申报专利16项，其中发明专利6项。1998年被评为韶关市青年科技标兵。

钟寿军 男，1971年7月生，广东丰顺，中共党员，高级工程师，在宝武集团广东韶关钢铁有限公司工作。1996年7月毕业于鞍山钢铁学院钢铁冶金专业，2000年9月至2004年6月，在职攻读北京科技大学冶金工程硕士，获得冶金工程硕士学位。历任广东省韶钢炼轧厂主任工程师、特钢事业部部长助理、技术研究中心副主任、制造管理部副部长等职务，从事炼钢生产技术、钢材新产品开发与推广和技术创新管理等工作。他主持的高强高韧海洋工程及船舶用钢关键技术研究及产业化项目获得广东省人民政府2018年度广东省科技进步奖二等奖。他对制约生产关键性的技术问题和钢材产品质量问题进行攻关研究，开发市场需求的新产品等。近年来先后承担省、公司科研项目10余项，先后获得广东省科学技术奖二等奖2项，韶关市科技进步一等奖2项、三等奖1项，专利4项，在《南方金属》《冶金丛刊》《江西冶金》等刊物发表学术论文8篇，参与2部著作部分内容的撰写。

何矿年 男，1963年12月生，广东封开，中共党员，教授级高级工程师，在宝武集团广东韶关钢铁有限公司投资管理部工作。1983年7月毕业于武汉钢铁学院钢铁冶金专业，工学学士学位。历任韶关钢铁研究所技术员，技术质量处科长，科技处副处长，科协秘书长，技术研究中心副主任、主任、党总支书记，宝韶东大特种材料有限公司总经理，中国金属学会青年学术委员会委员等职务，从事钢铁生产技术质量管理、工艺技术研究、产品开发等工作。他主持的高强高韧海洋工程及船舶用钢关键技术研究及产业化项目获得广东省人民政府2018年度广东省科技进步奖二等奖。他从事钢铁生产工艺技术研究与产品开发工作30多年，对钢铁生产过程中的关键性工艺技术问题与共性技术问题，以及制约钢铁产品开发生产的关键性技术问题进行攻关研究，多年来先后负责或参与广东省科技计划项目10余项，韶钢科研项目50多项，先后获得广东省科学技术奖二等奖2项、三等奖1项，广东省冶金科技成果特等奖2项，韶关市科技进步一等奖2项，以及有多项科技成果获得广东省冶金科技成果一、二、三等奖，韶关市科技进步二、三等奖，在《钢铁》《南方金属》《材料研究与应用》《特殊钢》《河南冶金》等杂志发表学术论文7篇，2011年被评为广东省优秀工程中心主任。

黄远坚 男，1972年12月生，广东省梅州市丰顺县人，中共党员，高级工程师，在宝武集团广东韶关钢铁有限公司工作。1996年7月毕业于鞍山钢铁学院金属压力加工专业。2014年4月至2018年4月，在职攻读东北大学冶金工程硕士学位，获得冶金工程硕士学位。历任广东省韶关钢铁集团有限公司第二轧钢厂主任工程师、宝钢集团广东韶关钢铁有限公司技术研究中心产品研究室主任、宝武集团广东韶关钢铁有限公司制造管理部产品研发主管等职务，主要从事钢材生产过程工艺和质量管理、钢材新产品研发管理等工作。他主持的高强高韧海洋工程及船舶用钢关键技术研究及产业化项目获得广东省人民政府2018年度广东省科技进步奖二等奖。他长期从事中厚钢板生产工艺研究和钢材新产品研发工作，主持或主要参与十多项企业科研项目，先后获得广东省科学技术进步奖一等奖1项，公司级科技成果一等奖4项、二等奖3项、三等奖1项，在《宽厚板》《金属材料与冶金工程》《山东冶金》等专业杂志上发表学术论文8篇，2006年获得广东省韶关钢铁集团最佳员工。

刘　主 男，1977年生，博士、副教授、硕士生导师，韶关学院英东生命科学学院生物技术系主任。他自2000年起在韶关学院工作，2006年获得硕士学位，2011年获得博士学位。他是广东省高等学校“千百十工程”第七批校级培养对象，韶关市第一届重大行政决策咨询论证专家，SCI期刊《Journal of Food Science and Technology》审稿人；是韶关市浈江区第九届政协委员，民盟广东省第十五次代表大会代表，民盟韶关学院总支副主委；是韶关学院“粤北现代农业技术创新服务团队”——“食用菌生态循环栽培技术及产业化创新服务团队”负责人。他主要从事以食用菌为中心的生态循环农业及分子生物学的教学与科研，从事食用菌栽培技术推广工作，擅长草菇、鸡腿菇的生态栽培。草菇环保高效栽培技术创新及应用广东省人民政府2018年度广东省科技进步奖二等奖。作为主要成员参加国家自然科学基金项目2项，广东省科技计划重点项目1项，省自然科学基金项目3项；主持市级课题3项及校级科研项目3项。发表学术论文40多篇，其中SCI收录3篇。获广东省科技进步奖二等奖1项，广东省农业技术推广奖一等奖1项。指导的项目荣获广东“众创杯”创业创新大赛之农村电商赛总决赛银奖，获广东青年创新创业大赛暨粤港澳大湾区青年创新创业大赛三等奖，获2018年“挑战杯·创青春”广东大学生创业大赛铜奖，指导大学生创新创业训练计划项目7项（其中国家级和省级创业训练项目各1项）。

陈亚军 男，1971年5月生，湖南桃源人，中共党员，主任检验师，韶关市妇幼保健院检验与遗传中心主任。1993年7月毕业于湖南师范大学医学院医学检验专业，2005年1月至2007年3月，在职攻读广州医学院医学检验专业，获得学士学位。历任韶关市妇幼保健院检验科副主任、遗传中心主任、检验与遗传中心主任等职务，是广东省医学会医学遗传学分会常务委员，广东省地中海贫血防治协会理事，广东省妇幼保健学会产前诊断专委会副主任委员，广东省优生优育协会新生儿疾病筛查专委会副主任委员，广东省生物医学工程学会医学检验分会常务委员，广东省精准医学学会遗传病分会委员，韶关市医学会检验医学分会副主任委员。曾在中南大学医学遗传学国家重点实验室、南方医科大学医学遗传学教研室、广东省妇幼保健院进修学习和参与科研工作。主要从事医学检验、医学遗传、出生缺陷研究与技术检测咨询等工作。1998年后一直从事出生缺陷防控、医学遗传学，新生儿疾病筛查，产前筛查，细胞分子遗传、产前诊断和遗传咨询工作等。1999—2004年先后发现四例世界首报异常核型染色体；作为韶关市的主要负责人，参加广东省“五个一”重点科技计划项目《基于大人群筛查的地中海贫血的预防和流行病学调查研究》。每年通过产前诊断检查出唐氏综合征和重型地中海贫血等严重致死、致残和致愚遗传病胎儿100余例，产生直接或间接经济效益近2000万元。在国内外发表学术论文40余篇。参与获得2007年度、2018年度广东省科技进步一等、二等奖各1次；2005—2017年获得韶关市科学技术进步奖4次；2017年获韶关市首期享受市政府特殊津贴人才称号。获新生儿疾病防治质量控制体系的临床研究与应用广东省人民政府2018年度广东省科技进步奖二等奖。

韶关市荣誉市民

霍震寰 香港籍，1949年生，霍英东集团行政总裁、香港中华总商会会长、韶关学院第五届董事会名誉董事长。二十世纪九十年代初，他就开始关注支持韶关经济社会事业建设和发展。多年来，一直通过霍英东基金会及澳门霍英东基金会，参与韶关教育、扶贫等公益事业，为韶关社会经济发展作出贡献。在教育方面，先后捐资3000万元兴建韶关学院英东科教楼，捐资280万元和港币20万元用于韶关学院英东樱花园建设和升级改造。2017年底，再次捐赠200万元用于韶关学院英东樱花园的升级改造。捐资300万元兴建乳源八一学校教学楼。参加广东“扶贫济困日”活动并带头捐资，其中500万元用于资助韶关乳源贫困地区推行新农村建设（瑶乐居）。

汤诚正 香港籍，1968年生，香港皇后洋行有限公司董事总经理、香港特别行政区选举委员会委员、香港工业总会19分组香港玩具协会主席。多年来，他一直关心和支持韶关市边远山区教育事业和基层医疗卫生事业的发展。教育方面，自2002年起，他先后向乐昌市梅花镇的流山小学、石带小学、深塘坳丘小学、马糍糊小学4所山区学校捐资80万元，向梅花中心小学捐资50万元进行学校改建。医疗卫生方面，自2005年起，他向乐昌市梅花镇中心卫生院捐资220万元用于新建门诊住院综合楼项目，工程竣工后捐赠一批价值600万元的医疗设施设备，2016年捐资港币90万元改建乐昌市梅花镇中心卫生院康复科。

陈万年 澳门籍，1955年生，澳门德顺投资有限公司董事长、澳门运输贸易有限公司董事长、南雄市昆仑水电开发有限公司董事长，南雄市九届政协委员、十届政协常委。他多年来一直支持广东南雄珠玑巷后裔发展文化、教育、慈善公益事业。2011年，他向南雄市18个乡镇（街道）老人院捐资10万元用于购置老人院生活设施。2012年，向黄坑中学捐款100万元兴建“万年体育馆”，该馆于2014年12月18日建成并投入使用。2012年，南雄市古市镇的单亲贫困家庭的孪生女李瑜、李聪同时考上大学，他连续三年资助她们（每年5万元，三年共15万元），帮助她们完成大学学业。

钟群娣 香港籍，1951年生，香港爱心之友中国教育（慈善）基金会主席。自1994年起，她带领香港爱心之友助学团队，坚持每年两次在始兴县开展捐资助学活动，春夏时节发放奖助学金，秋冬时节走访贫困家庭学生，送衣赠物，帮助贫困学生完成求学梦想。她平时生活节俭，但不遗余力资助始兴县教育，至2018年捐资建校、奖学奖教228.82万元。她坚持捐资助学的善举，得到家人和亲朋好友的支持，带动港澳台同胞和海外侨胞捐助中国教育及公益事业。

余　敏 香港籍，1962年生，联丰医用卫生材料（始兴）有限公司董事长，联丰纤维制品（始兴）有限公司董事长。2006年，他在始兴县成立联丰纤维制品（始兴）有限公司和联丰医用卫生材料（始兴）有限公司，总投资8800万元，占地面积10万平方米，建筑面积3万平方米。公司主要生产无纺布新材料、医疗卫生材料、高效环保过滤材料等，年产能力超2000吨，近5年缴纳各项税收1080万元，是始兴县“生态型、科技型、创税型”企业，先后被评为“优秀外资企业”“韶关市诚信守法示范企业”。公司2018年投入4500万元引进德国先进生产线，2019年投产后产值可达2亿元，年利税近千万元。他牢记奉献社会，本着“取之社会，服务社会”的宗旨，参与各种公益活动。2014年赞助始兴县中医院新住院大楼一批价值10多万元的空调，在“始兴光明行”活动中捐助100名白内障患者治疗费用15万元；2015年参与韶关慈善会“广东‘6·30’扶贫日”捐赠10万元等。

李国烜 香港籍，1964年生，新丰杰力电工材料有限公司总经理、深圳市杰力电工材料有限公司总经理、杰力电工（香港）有限公司董事长。他于2006年成立新丰杰力电工材料有限公司，秉承自主品牌的理念，持续注重研发创新，通过自主研发及与国内知名高校合作，开发出20多类新产品，获得发明专利6项，实用新型专利12项。2013年、2016年该公司被认定为国家高新技术企业，2014年通过广东省工程技术研发中心认定。该公司每年缴纳各项税收600多万元，自2009年起连续5年获得原市国税局颁布的“模范纳税户”称号。杰力公司参与扶贫救困，近几年累计捐赠物资逾20万元。

陈天勋 香港籍，1964年生，香港环亚机场服务管理集团采购总监。2013年，他在考察韶关学院时，了解到该校部分品学兼优的学生由于家庭经济贫困无法顺利完成学业，萌发在韶关学院设立励志奖学金资助优秀贫困学子的想法。他返回香港后，推动设立励志奖学金，于2015年在韶关学院设立“元果励志奖学金”，筹集100万元资助该校教育事业的建设和发展。自2014年起，“元果励志奖学金”每年奖励20名优秀贫困大学生5万元，至2018年共资助80名优秀贫困学子，保障他们完成学业。

周家和 香港籍，1938年生，香港向山举目助学金会主席。他热心公益慈善事业，创立“香港向山举目助学金会”，帮助山区贫困学生就学圆梦，改善山区学校教学设施。自2009年起，香港向山举目助学金会每年资助韶关市贫困学生上重点大学，至2018年资助金额275万元；每年为韶关市12所中学分别赠送教材费1.2万元。2011年为新丰县职业中学捐资28万元，用于修建电脑教学室和添置电脑、空调。2012年，响应韶关“百校图书工程运动”，捐款5万元为韶关市第十三中学装修图书室并添置图书。至2018年，香港向山举目助学金会在韶关助学捐款达1081万元。

张　光 香港籍，1946年生，香港张氏投资有限公司董事长、香港雅高集团有限公司董事长、东莞海龙美发用品有限公司董事长，曲江区政协常委。他热心慈善事业，捐助支持曲江区教育事业发展，带动全家及其他企业参与各项慈善活动。2005年，他捐款30万元资助大塘镇中心小学发展教育，同年成立“张淑蓉助学基金”，每年拿出5万～6万元以及学习用品资助大塘中心小学困难学生；2013年捐款5万元和一批图书，帮助大塘中心小学建立图书馆；2014年为大塘中心小学全体师生捐赠羽绒服外套700多件；2017年成立“张佩诗助学基金”，为曲江樟市中学捐款60万元。10多年来，他捐赠的钱物价值超过200万元，在其带领下，其他企业捐赠的资金超过30万元，捐赠的款项主要用于助学助教、饮水工程、修桥铺路等项目。

罗蔡玉清 香港籍，1945年生，香港玉清慈善基金会主席。她从1997年起在曲江开展慈善活动。2004年创立香港玉清慈善基金会后，她加大对曲江教育和医疗的捐助力度。教育方面，为家庭贫困但品学兼优的学生设立奖助学金，帮助他们完成小学至大学的学业，并向学校捐助教学设备设施等。医疗方面，提升贫困地区技术及设施，设立复明希望工程，为白内障患者提供全免费的复明手术。20年来，她和香港玉清慈善基金会无偿捐赠善款3417.92万元。其中，资助学生 7143人次、助学金额1452.11万元，绿化造林137.93公顷、捐赠资金199.47万元，医疗帮扶490.39万元，捐助敬老院78.76万元币，赈灾项目捐赠16.19万元，捐助希望小学项目1181万元。

刘耀光 广州籍，1954年生。中国科学院院士，华南农业大学生物学一级学科带头人、特聘教授，亚热带农业生物资源保护与利用国家重点实验室副主任。他出生于韶关市，1972年毕业于广东北江中学，1997年获“国家杰出青年基金”，2002年受聘教育部“长江学者”，2004年获全国五一劳动奖章，2012年入选广东省“南粤百杰”，2014年获“全国优秀科技工作者”，2017年当选中国科学院院士。他主要从事植物育性发育的分子遗传和基因工程研究，在水稻细胞质等遗传系统的基因克隆和分子作用机理方面取得系统性、创新性研究成果，为农作物杂交育种提供理论指导和技术支撑。他心系家乡，虽然科研事务繁忙，但仍非常关心关注韶关的发展建设，愿意用自己的研究成果和科研团队助力韶关农业，做大做强韶关农业。

陈国威 香港籍，1936年生，香港陈国威基金有限公司董事。他是香港成功企业家、社会热心人士，在关爱山区女孩奖学助学方面做了大量工作。2011年起，他为帮助粤北山区品学兼优的贫困家庭女孩完成学业，成立“关爱女孩助学行动”，共捐资320多万元，对乐昌市、始兴县、翁源县、仁化县、南雄市和韶关学院医学院等997位女孩实施助学帮扶，帮助她们完成初中、高中直至大学学业。他关心山区贫困女孩的成长，凡是他资助的学生，他都要求学校要定期开展家访，了解她们的学习和生活情况。他经常给这些受资助女孩打电话、写信，鼓励她们奋发图强、锲而不舍、立志成才，身体力行教导她们学会感恩、回馈社会、报效祖国。

文献专载

政府工作报告

——2019年1月21日在韶关市第十四届人民代表大会第五次会议上

韶关市市长　殷焕明

各位代表：

我代表市人民政府向大会作政府工作报告，请予审议，并请政协各位委员和其他列席人员提出意见。

2018年：铆足干劲抓落实

过去一年，我们以习近平新时代中国特色社会主义思想为指导，深入学习贯彻党的十九大、习近平总书记对广东重要讲话和一系列重要指示精神，全面贯彻落实党中央、国务院和省委、省政府的各项决策部署，在市委的坚强领导下，紧紧围绕省委“1+1+9”工作部署和“一核一带一区”区域发展新格局要求，坚持稳中求进工作总基调，狠抓“三大主题”工作、“三大重点”民生和“三大基础”工程，统筹做好稳增长、促改革、调结构、惠民生、防风险各项工作，经济社会发展取得新成效，人民生活水平稳步提高。

——实现了经济平稳增长。预计地区生产总值1330亿元（预计数，下同），增长5%。固定资产投资663亿元，增长5%。地方一般公共预算收入94.7亿元、增长6.8%，其中税收收入60.2亿元、增长11.3%。社会消费品零售总额751亿元，增长9.3%。

——推动了产业转型升级。国家级“绿色制造系统”、省重点实验室取得零的突破。装备制造业增加值和投资分别增长11%、60%，均居珠西装备制造产业带八市第二位。现代服务业和营利性服务业分别增长7%和17%。净增高新技术企业64家，高技术制造业增加值增长20%。

——提升了城市发展格局。五大片区建设实现破题，芙蓉新区完成投资72.7亿元，韶州公园一期竣工，小岛片区百年东街西立面整治基本完成，芙蓉北片区“三城一市场”进展顺利，莲花大道全线贯通，曲江大道、新白线等城市交通大动脉加快推进。城市提升项目完成投资66亿元，实现“三个翻番”目标。

——夯实了生态文明基础。市区空气质量优良率达90.4%；考核断面水质全面达标优良比例达100%，是全省唯一无黑臭水体的设区市；实施最严格水资源管理工作考核排名全省第四。粤北生态特别保护区初步划定1000平方千米，山水林田湖草生态保护修复工程列入全国试点，“全国绿化模范城市”通过省级验收。

——优化了政务服务环境。“一门式一网式”政务服务模式延伸至镇村，“马上办”服务模式走在全省前列，成为全省第四个建立“网上中介超市”地级市。企业开办时间压缩至3.5个工作日，企业开办便利度跃升粤东西北首位。全年为企业减负36亿元。新登记市场主体增长13.5%，其中新登记企业增长29.7%。

——改善了群众民生福祉。全市民生投入251.7亿元、增长5.4%，占财政总支出74.2%。居民人均可支配收入2.36万元，增长8%。6471户1.97万人实现预脱贫。省推进教育现代化先进县（市、区）实现全覆盖，新增学位1.29万个。公立医院综合改革效果排名全省第三。

一年来，我们主要做了以下工作：

一、突出产业振兴，激活发展动能

加快钢铁、有色等传统产业转型升级，开展技术改造三年行动计划，实施技改项目220个、完成投资55亿元。港珠澳大桥使用韶钢牌钢材达17.9万吨，占主体工程用钢量的70%。启动百家优质企业倍增计划，纳入计划企业增速高于全市规上工业22.1个百分点。首次实施“企业管理标杆培训计划”。规上工业实现利润89亿元，增长3.5%。培育壮大新兴支柱产业，组建特钢和先进装备产业联盟，引进、开工亿元以上装备制造业项目分别为11个和9个，珠西装备制造产业带韶关配套区建设扎实推进；广东联通BPO一期、“华南数谷”云计算中心一期和华为·鹰硕智慧城市项目启动建设，智能指挥中心完成主体工程；曹溪文化小镇

"三个一"项目基本建成，"大珠玑"项目开工，云门山旅游项目一期竣工，全市接待游客和旅游收入分别增长12%和13.8%；华南农产品交易中心、中农批商贸城等项目稳步推进，我市被列为省流通标准化试点城市；利民制药新生产线建成投产，东阳光药业、萱嘉医药等项目加快建设；举办韶关首届"中国农民丰收节"暨生态农业博览会和第28届中国兰花博览会，新增省级现代农业产业园5个和省农业类名牌产品35个、均居全省第一，新增省级重点农业龙头企业12家。实施园区三年提升计划，完成基础设施投资18亿元、增长45%；省级产业园实现县域全覆盖；开工项目130个、投产65个；规上工业增加值106亿元、增长12%。规上民营工业增加值87亿元、增长11%；东阳光公司成为我市首个产值超百亿元的民营企业。

二、突出城乡统筹，促进协调发展

坚持规划引领，基本实现中心城区控规"一张图"。芙蓉新区全面提速，完成清表交地6073亩、房屋拆迁45万平方米，综合客运枢纽一期、城投商务中心等12个项目完工，市妇幼保健中心、滨江商务中心等15个项目动工。老城区提质升级，市西河体育中心改造工程、3个亲水平台、浈江滨江景观带等项目完工，新建30个"五小"公园。10个主要交通节点和10个重要干线景观提升工程有序推进，完成9个全国老旧小区试点改造。实行网格化管理，首期"十大最差路段"完成整改，全国文明城市创建工作扎实推进。完成水田垦造2万亩、拆旧复垦2300亩，治理违建134.3万平方米，"三旧"改造完成率全省第一。乡镇（镇街）"139"提升工作在全省推广。推进基础设施建设，武深、汕昆高速韶关段建成通车，韶新高速完成投资25亿元，北江航道扩能升级和南水水库泄洪河道整治工程进展顺利，开工建设旅游公路104千米，完成国省道改造119千米、生命安全防护工程整治234千米、农村公路硬底化454千米、山区中小河流治理215千米和山塘加固97宗。全域推进农村人居环境综合整治，村庄规划覆盖率提升至80%，60%以上完成"三清三拆三整治"，省定贫困村基本达到干净整洁村标准；新增中国美丽休闲乡村1个，省级休闲农业与乡村旅游示范镇3个、示范点5个。新增南雄珠玑文化小镇等4个省级特色小镇。农村土地承包经营权确权登记颁证基本完成。

三、突出生态建设，推进绿色发展

继续筑牢粤北生态屏障，森林覆盖率、有林地面积、活立木蓄积量和自然保护区面积均稳居全省第一。深入打造广东绿色生态第一市，全面划定生态红线，完成造林更新34万亩、森林碳汇造林5万亩，建成乡村绿化美化省级示范点126个。车八岭被评为"全国林业科普基地"。创建省级林下经济示范基地7个，仁化被评为省级林下经济示范县，翁源江尾被评为"广东省森林小镇"。落实中央和省环保督察"回头看"反馈问题整改，蓝天、碧水、净土保卫战扎实推进，扩大烟花爆竹禁燃范围，实行建筑工地和渣土运输常态化管理，完成韶钢脱硝改造。实现河长制管理全覆盖，调整水源地保护区范围，划定禁养区3440平方千米，关闭或搬迁畜禽养殖场264个，处理"散乱污"案件569宗，新建生活污水管网615千米，完成市级饮用水源地保护区违法项目整治，县级以上集中式饮用水源水质达标率100%。土壤防治先行区建设按期推进，依法关闭并复绿6个矿点，大宝山片区土壤污染治理修复取得阶段成效。

四、突出改革创新，增强发展活力

深入推进供给侧结构性改革，完成商品房去库存22万平方米，金融机构杠杆率不低于4%监管要求。电力体制改革成效显著，市场化交易用户达611家，占比全省最高。深化基础性改革，开展公立医院改革试点，推行"县管校聘"改革和中考招生制度改革，基本完成农信社改制。成功举办2018丹霞天使投资全球高峰会，组建东阳光新兴产业母基金等5支基金、总规模达13.5亿元，投放14个项目、资金3.1亿元。实施科技创新三年行动计划，市财政科技经费增至1亿元、增长6.8倍；新增省级企业研发机构21家、增长52.5%，亿元以上企业研发机构覆盖率达45.2%；专利申请量、授权量增幅分居全省第一和第二；国家高新区创建工作顺利推进，众投邦加速器、达安创谷孵化器建成运营；我市企业在第七届中国创新创业大赛上获得第三名；举办首届企业人才活动周等系列活动。新增工业类省名牌产品11个，建成中广测省级紧固件检测平台。开展"驻粤领团韶关行"活动，积极参与粤港澳大湾区、"红三角"等城际交流合作。成立产业研究院和6支招商小分队，招商引资新签约项目215个，新开工项目88个，新投产项目34个，到位资金98.5亿元。完成快件监管场所项目建设，货物进口和出口通关时间分别压缩75.8%和52.1%。

五、突出民生福祉，促进发展共享

提高基本医疗保险待遇标准和职工医保年度最高支付限额，减轻群众看病负担2.55亿元。企业职工、城乡居民养老金和失业保险金标准进一步提高。扶持异地务工人员返乡就业创业，举办204场专场招聘活动，城镇登记失业率控制在3.5%以内。建成棚户区改造房2284套，完成农村危房改造5220户。解决了27.5万农村人口饮水问题。新建改扩建旅游厕所110所，位居全省首位。筹集各类精准扶贫资金23.3亿元，实施产业扶贫项目3.6万个，符合条件的贫困人口全部纳入低保，荣获"十佳精准扶贫创新城市"称号。九龄高级中学、风采实验学校、始兴丹凤小学投入使用，公办幼儿园和普惠性民办幼儿园覆盖率达87.9%。完成6间乡镇卫生院标准化和380间村卫生站规范化建设，粤北人民医院入围省"登峰计划"，乐昌、南雄和翁源第二人民医院完成主体工程，全市引进基层医疗卫生人才490名。建成1430个村）社区）综合性文化服务中心，新建10间风度书房并投入使用。乳源成为全国首批新时代文明实践中心建设试点县。完成市级气象科普场所建设。建成"放心餐馆、放心药店”274家、“明厨亮灶”单位1693家。深刻汲取新丰练溪托养中心事件教训，全面改进敬老院、福利院管理工作。安全生产形势平稳，森林防火形势明显向好。大力开展扫黑除恶专项斗争，打掉涉黑组织4个、恶势力犯罪集团11个，查处涉黑涉恶腐败和保护伞110人。民族宗教、国防教育、人民防空、应急管理、防灾减灾、打击走私、档案管理、妇女儿童、残疾人、地方志、红十字会等事业取得新发展。

六、突出自身建设，打造有为政府

旗帜鲜明讲政治抓政治，坚决做到“两个维护”，坚守政治纪律和政治规矩。自觉接受市委领导，加强市政府党组建设，坚持向市人大报告工作、向市政协通报情况，办理人大代表议案建议84件、政协提案276件。统筹推进数字政府和智慧城市建设。建立市政府系统“争先进位”奖优罚劣、第三方评估、闭环工作等机制，推动形成大抓落实、真抓落实的工作格局。深入推进法治政府建设，全市行政机关负责人出庭应诉381宗，完成地方性法规、规章、规范性文件设定的证明事项清理。做好“七五”普法工作，实现村（社区）法律顾问全覆盖。积极创建模范机关，推进“两学一做”学习教育常态化制度化。严格落实党风廉政建设责任制，践行中央八项规定精神，狠抓中央巡视反馈意见整改，加大审计监督力度，严控“三公”经费。

各位代表，过去的一年，成绩来之不易。这是在习近平新时代中国特色社会主义思想的指引下，全市人民团结拼搏、攻坚克难的结果。在此，我代表市人民政府，向全市人民，向各位人大代表、政协委员，向各民主党派、各人民团体、各界人士，向中省驻韶有关单位和人民解放军、武警部队官兵，致以崇高的敬意!向所有关心和支持韶关发展的港澳同胞、台湾同胞、海外侨胞及国际友人，表示衷心的感谢!

同时，我们更清醒认识到存在的困难和挑战。当前，我市发展周期性矛盾和结构性矛盾相互叠加，短期性问题和长期性问题彼此交织，经济形势复杂，面临压力很大：经济发展速度不快，产业结构不优，市场主体不多，新旧动能转换任务艰巨；重大项目、优质项目缺乏，产业项目支撑不足，有效投资乏力；县域经济薄弱，城乡发展不平衡不充分，基础设施领域和教育、医疗、养老等民生领域短板仍然突出；生态治理任务繁重，生态环境质量仍有短板；安全生产、信访维稳、金融风险防范等压力仍然存在；一些政府部门担当不够、作风不实、效率不高、服务意识不强，等等。对这些问题，我们一定高度重视，切实加以解决。

2019年：砥砺前行开新局

2019年是新中国成立70周年，也是我市全面建成小康社会关键之年。今年政府工作的总体要求是：高举习近平新时代中国特色社会主义思想伟大旗帜，全面贯彻党的十九大和十九届二中、三中全会以及中央经济工作会议精神，全面贯彻落实习近平总书记对广东重要讲话和对广东工作一系列重要指示精神，认真学习贯彻省委十二届六次全会和李希书记在韶调研讲话精神，按照市委的决策部署，坚持稳中求进工作总基调，以供给侧结构性改革为主线，坚持生态优先、绿色发展，坚持融入珠三角、服务大湾区，抢抓新发展理念深入贯彻、粤港澳大湾区建设、“一核一带一区”区域发展新格局三大历史机遇，狠抓“三大主题”工作，继续打好三大攻坚战，切实保障和改善民生，全力筑牢粤北生态屏障，打造绿色发展韶关样板，争当北部生态发展区高质量发展排头兵。

一是坚持全域保护。认真贯彻落实习近平生态文明思想，统筹山水林田湖草生命共同体，加快建设粤北生态特别保护区，打好大气、水、土壤污染防治攻坚战，强化生态屏障和水源涵养地功能，力争生态文明建设走在全省前列，打造绿色发展韶关样板。

二是坚持高质量发展。聚焦产业生态化、生态产业化，推进绿色发展、集约发展和创新发展，着力提升质量和效益，引进培育产业龙头项目，构建完整产业链和供应链，加快向产业链价值链的高端延伸，推动经济发展质量变革、效率变革和动力变革。

三是坚持平衡协调。加强“两个文明”建设，统筹推进经济社会与城乡融合协调发展，持续用力补短板，加快乡村振兴，坚决打赢脱贫攻坚战，增强中心城区首位度，提高基础设施一体化和基本公共服务均等化水平，打造共建共治共享社会治理格局。

四是坚持改革开放。用好改革开放关键一招，坚持市场化、社会化改革方向，在更高起点、更高层次、更高目标上把改革开放不断推进深入，充分激发发展活力。积极参与“一带一路”建设，以差异化协同发展为着力点加快融入粤港澳大湾区。

今年我市经济社会发展主要预期目标是：地区生产总值增长6%、实际执行时努力争取更好结果，人均生产总值增长5%，工业增加值增长6%，固定资产投资增长8%，社会消费品零售总额增长9%，一般公共预算收入增长6%，R&D经费投入占地区生产总值比重1.3%，居民人均可支配收入增长与经济增长基本同步，主要污染物总量减排、居民消费价格指数等约束性指标完成省下达目标任务，城镇登记失业率控制在3.5%以内。

围绕以上目标，我们将重点做好以下八个方面工作：

一、大力发展实体经济，构建现代产业体系

坚持做优存量和做大增量并举，加快产业结构调整，加强科技创新引领，提高供给体系质量，搭好产业“四梁八柱”，促进新旧动能换挡提质。

加快传统优势工业转型升级。实施产业转型升级工程，提升钢铁、电力等七大传统优势产业，全力支持韶钢、韶能、东阳光、利民制药等支柱性企业做大做强，夯实经济发展基本盘面。深入实施工业技改三年行动计划，推动企业扩产增效、智能化改造、设备更新，完成技改投资65亿元以上。支持韶钢建设高端优特钢生产基地。推进智能制造，建设人工智能实验室，争创钢铁行业国家级智能制造试点。推进“互联网+先进制造业”信息化改造，打造2个以上工业互联网应用标杆示范项目。建立工业大数据平台，推动企业“小升规”，新增规上工业企业30家，“一企一策”支持50家重点工业企业加快发展。

加快新兴支柱产业培育发展。用好珠西产业带政策，强化上下游产业配套，加快去年85个集中动工和签约项目落地建设，动工建设韶铸搬迁、宏大精锻等项目，力促金志利、一本机械设备等项目建成投产，推动广汽测试场项目落地，装备制造业增加值增长8%以上。加快省公安厅、省档案局备份平台项目建设，推进华为·鹰硕智慧城市、云计算中心、广东联通BPO等项目建设，打造“华南数谷”大数据产业园。实施大健康产业发展三年行动计划，加快莞韶生物医药、东阳光健康和南雄南药健康等专业园区建设，推动利民制药增资扩产和东阳光系列产品产业化，加快萱嘉医药等重点项目建设，新增产值超亿元医药健康企业2个以上。创建国家全域旅游示范市，全力抓好丹霞山南门、西南门、西门和东南门规划建设，建设曹溪博物院，推进“大南岭”片区旅游重点项目建设，实施珠玑古巷改造提升工程，优化高铁站到各县（市、区）主要旅游景区的交通服务体系，全市接待游客和旅游收入分别增长10%和12%以上。推进粤北国际物流中心建设，提升韶南大道汽车商贸产业带，推进南雄国家级和乐昌、翁源省级电子商务进农村综合示范县建设。

实施创新驱动发展战略。大力实施科技型企业三年倍增计划，新增高新技术企业30家、企业研发机构40家以上。推进孵化育成体系建设，新增省级孵化器（众创空间）2家，争取省实验室在我市布局。推进质量强市和商标品牌战略。加强知识产权开发、保护和利用，万人发明专利拥有量（件）增长10%以上。深化科技金融融合，推动投资基金向创新企业投放，争取科技信贷增长30%以上。落实三项人才新政，办好创新创业大赛和企业人才活动周，推进人才公寓建设，力争引进各类科技人才500人和创新创业团队6个以上。实施重大科技专项，加大科技项目引进培育力度。

加强园区平台建设。深入实施园区三年提升计划，开展“十组团”共建攻坚行动，做大做强“2+10”园区承载平台。成功创建国家高新区，支持南雄、乳源等创建省级高新区。完善莞韶园基础设施，启动甘棠东和龙归片区建设。建成华南装备园综合服务大楼，实现园区主干道与周边高速、干线公路连通，开工建设表面处理中心和污水处理中心。着力构建市区东部科技新城、南部装备园、西部国家高新区的产业发展新格局。完善园区公共服务和生活配套，建成省级液压件产业计量测试中心，加快面向中小企业的检验、检测等公共技术服务平台建设。全市产业园完成固定资产投资100亿元、其中基础设施12亿元，规上工业增加值增长10%。

促进民营经济高质量发展。完善市县领导干部挂点联系服务企业制度和“政企通”微信平台，着力破解“市场的冰山、融资的高山、转型的火山”。推出促进民营经济高质量发展政策，力争降低企业成本30亿元以上。提高信贷支持精准度，开展“政银担”“过桥贷”“助保贷”，推广应收账款融资业务。拓宽企业管理标杆培训覆盖面，落实百家优质企业倍增计划，力争纳入计划企业工业增加值增长20%。发挥商会、协会的桥梁纽带作用，支持企业开拓国内外市场。新增“四上”企业150家，推动10家左右企业到新三板挂牌，民营经济增加值增长7%。

二、切实加强项目组织，夯实经济发展基础

坚持以项目为抓手，推动“五个一批”项目滚动接续，聚焦项目动工建设和落地见效，持之以恒扩大有效投资，实施重点项目181项，完成年度投资330亿元。

加强产业项目招引。发挥产业研究院作用，深度研究全市产业基础和产业链条，引进一批建链、补链、强链项目。健全招商项目共建共享合作利益分配制度，建立“项目超市”，夯实招商主体跟踪服务落地责任，推动招商项目市域内统筹落地。建立招商项目库、政策库、地图库“三库合一”信息平台，提高签约项目落地率、履约率。出台新的招商引智奖励办法。启动建设标准厂房40万平方米、建成10万平方米以上，增强招商引资吸引力。提升招商引资引智质量和实效，着力引进投资超10亿元的产业项目，力争产业项目新签约230个以上、总投资330亿元以上，新开工100个以上、完成年度投资110亿元以上。各县（市、区）当年引进并动工3个、预备3个5000万元以上的工业项目。办好世界韶商大会，促进乡贤回归创业。

推进基础设施项目建设。完善“四纵五横”高速公路网络，加快韶新、雄信高速公路等重大项目建设，推进武深高速始兴连接线、韶赣高速欧山互通等项目前期工作。加快丹霞机场及进场道路建设，完成87千米国省道改造。完成“大南华”旅游通道，启动“大丹霞”旅游公路建设，加快环南岭旅游公路建设，完成旅游公路投资18亿元。支持各县（市、区）创建“四好农村路”示范县。推进北江航道扩能升级，开工建设北江航道上延工程、韶关港乌石综合交通枢纽，完成南水水库泄洪河道整治，建成南水供水工程38千米原水管道。完成电网基建投资10亿元，加快500千伏丹霞输变电站、220千伏华电南雄输变电配套工程等项目建设，全面完成“十三五”农村水电增效扩

容改造。落实信息基础设施建设三年行动计划，推进20户以上自然村光网建设。

落实项目要素保障。建成市域“多规合一”数据平台。制定低效用地评价管控体系，处置闲置低效用地，消化批而未供土地5000亩，完成拆旧复垦2000亩；实施差异化用地政策，探索“标准地”制度，着力扭转“项目等地”局面。树立“大财政”理念，盘活国有资产资源，全面统筹财政资金、产业基金、股权资产，集中财力办大事。出台政府投资项目工程变更和概算、预算调整管理办法。加强政银企合作，放大基金效应，争取政策性优惠贷款向重点项目倾斜；推动政府与社会资本合作，鼓励发行企业债，激发民间投资潜力。

强化项目储备谋划。围绕国家和省政策导向，借力科研院校、咨询机构，提高项目策划水平。制定加强项目储备工作的意见及其配套措施，重点加强产业性、基础性项目的谋划和储备，市县两级在库项目分别不低于200个和100个，形成全市一盘棋的项目滚动式开发格局。统筹开展储备项目的筛选、论证和申报等前期工作，抓好韶连高速、轨道交通、韶赣铁路扩能和韶柳铁路等重大项目谋划工作。

三、加力推进扩容提质，打造宜居宜业宜游城市

坚持生态为基、产业为核、文化为魂，坚持打基础补短板和提品质强内涵并重，提升城市能级和首位度，打造山水林园、产城人文有机融合的善美之城。

启动新一轮城市提升。坚持规划先行，编制城市整体设计方案，控制好建筑高度和体量，利用好三江六岸的岸线资源，打造山水相间、显山露水的城市特色风貌。按照“片区谋划、整体提升”的思路，深化五大片区建设，持续推进小岛片区整体提升，完善芙蓉北片区“三城一市场”公共配套，提升韶州公园片区公园品质和周边路网，建设“四条大通道”加快曲江片区融入主城区。实施城市道路、功能、景观、文化等四大提升工程。

突出新区极化发展。围绕打造“三个标杆”，引导城市资源、产业要素、项目布局、公共服务等向芙蓉新区集聚，完成投资70亿元以上、征拆交地2000亩以上。突出抓好“一水系一中心一广场一公园”建设，动工建设新城水系工程和北江体育公园，完成滨江商务中心主体工程，加快韶州文化广场建设。加快芙蓉大道、曲江大道、新白线等骨干道路建设，完成盆景山路、焦冲路、余靖路等支线道路建设，开工建设滨江路延长线，同步加快配套地下管廊建设。推进市第一人民医院迁建和车头小学异地重建，建成市妇幼保健中心和天麓山小学主体工程。加快新区公园绿地建设，动工建设康体公园、民生公园，完成高铁站和高速公路出入口周边区域等11处重要节点绿化提升。

抓好老城区城市双修。积极申报国家城市双修试点。建立市区公共设施规划选址库。全面实施浈武两区超100亿元PPP项目包，加快生态路、建设路等道路建设，建设东堤路延长线、百旺大道东延、芙蓉大道北高架工程、营顶至邓屋道路，做好大学路延伸至106国道、碧亭路升级改造、国道323线黄金村至韶关大道段改道。推进市区教育和医疗资源整合，规划建设大型综合性体育场馆，抓好“一所二场三站”建设。推进国家历史文化名城申报，启动复建风度楼、风烈楼等历史建筑，修缮韶州府学宫，改造升平路等历史街区。编制城市绿地和公园体系规划，深化芙蓉山、皇岗山、莲花山公园规划，加快韶州公园、林桥公园建设，推进20千米滨江景观带和30个社区公园建设，新增10千米慢行休闲系统。完成30个老旧小区示范改造。全面推行路长制、网格化管理和环境卫生市场化购买服务。开展污水、垃圾、城市“六乱”整治，规范砂场、建材、废品回收等经营活动。强化城市扬尘治理，消灭市区泥土路和裸露地，完成停车场硬底化。建设智能交通体系，深入推进公交改革，新增公共停车位3000个，整治40条最差路段，开展断头路、交通节点和“蜘蛛路网”整治。

深入推进产城融合。坚持“以产兴城、以城促产”，推动莞韶园和芙蓉新区融合发展，加强高铁站前片区开发建设，完善香樟雅居、印雪酒店等配套，提升华科城、创智城等平台产业承载力。加快“三旧”改造，推进土地连片收储和棚改划片整体收储，鼓励集体建设用地建设产业载体。坚持以创促建，突出抓好翁源兰花特色小镇、仁化城口红色小镇等5个省级特色小镇，引进战略投资者参与市级特色小镇建设，积极申报省级特色小镇。推进黄沙坪“互联网+”小镇和智慧松泉小镇建设，打造产城融合特色示范小镇。

推动县城和乡镇发展。以推进国家新型城镇化综合试点为契机，着力补短板、促提升，集中力量做优做强县城，提升县城规划、建设和管理水平，提高县城至周边县城、重点景区、重点乡镇的道路便捷度，全面提升基础设施和公共服务水平，带动整个县域发展。深入落实乡镇（镇街）提升“139”计划，完成首批20个试点建设，不断增强县城和中心镇的人口集聚和综合服务能力。

四、强力推进乡村振兴，加快农业农村发展

坚持农业农村优先发展，抢抓我市作为农业农村部乡村振兴联系点的机遇，推进资源要素、基础设施、公共服务等向农村延伸，带动乡村“五个振兴”，加快把发展短板变为潜力板。

大力发展富民兴村产业。落实现代农业和果树产业规划，实施“一村一品、一镇一业”，培育特色产业镇村50个，推进农业规模化产业化特色化发展，形成“6+6”农业产业格局。高标准建设现代农业产业园，新增省级现代农业产业园3个以上。培育新型农业经营主体，新增省市级农业龙头企业10家、示范家庭农场50家、农民合作示范社15家以上，建立农业科技示范主体3000个。大力发展智慧农

业，推进益农信息社建设。发展林业特色产业，建成17个林下经济示范基地。着力打造区域公用品牌，新增“三品一标”20个和省农业类名牌产品10个以上。引进培育农产品加工和冷链物流企业，加快建设一批农村一二三产业融合发展试点项目。实施快递下乡工程，覆盖行政村80%以上。全面推广国家农产品质量安全追溯平台，支持国家农产品质量安全县创建。发展农村普惠金融，重点支持绿色农业、生态旅游项目。办好第二届韶关“中国农民丰收节”暨生态农业博览会。

打好精准脱贫攻坚战。严格落实扶贫政策，压实市县镇村、部门和行业责任，巩固脱贫成果。大力推进产业发展、劳动就业、社会保障、教育文化等八大扶贫工程，提高稳定脱贫质量。突出产业脱贫，打造连片开发的主导产业项目，着力培育一批特色优势扶贫产业，促进有劳动力贫困户100%参与长效稳定的产业项目，多渠道提高农民收入。推进人才“上山下乡”。大力发展村集体经济，力争省定贫困村收入达10万元以上。加强扶贫领域作风建设，杜绝假脱贫、“被脱贫”、数字脱贫。

建设生态宜居美丽乡村。实现村庄规划全覆盖，全面落实农村建房许可制度，有效管控村容村貌。实施“千村示范、万村整治”工程，全面完成“三清三拆三整治”任务，打造“干净整洁村”643个、“美丽宜居村”144个、“特色精品村”34个。加快278个省定贫困村创建新农村示范村，支持各县（市、区）集中力量打造若干个乡村振兴示范点。突出抓好环丹霞山、南雄古驿道、市区城郊片区建设，推动城区、郊区和景区融合发展。推进省际廊道美丽乡村示范区建设，重点加快乐昌、仁化和南雄试点建设。推出红色旅游精品线路和乡村旅游精品线路各10条，擦亮“九龄故里·百里画廊”品牌，培育一批美丽田园综合体和农业公园、森林公园、绿美古树乡村。推进美丽乡村示范县、镇、村创建，开展乡村旅游与休闲观光农业“百镇千村”提质升级行动。新增省休闲农业与乡村旅游示范镇2个、示范点4个。

全力补齐农业农村短板。新增“四好农村路”500千米，完成农村公路安全生命防护工程1600千米，实现行政村通客运车通达率95%以上，农村公路列养率90%以上。建成高标准农田13万亩，完成水田垦造1万亩。新增光纤入户4.8万户。实现省定贫困村20户以上自然村集中供水和4G信号覆盖率达到80%以上。完成山区中小河流治理283千米。强化农村垃圾和污水治理工作。完成农村电网改造升级投资7亿元。加强农村基层治理，培养新型农民，推进移风易俗，实现村规民约和村民理事会全覆盖。

五、加强全域生态保护，筑牢粤北生态屏障

坚持以建设生态发展区核心城市为目标，坚决守住生态环保底线，让良好生态环境成为高质量发展的重要支撑，由单一发展模式的“跟随者”转变为生态功能区的“引领者”。

提高全域生态保护水平。落实主体功能区规划，实施生态保护、环境整治和生态产业“三个规划”，严守生态保护红线、环境质量底线、资源利用上线。全力推进山水林田湖草生态保护修复试点工作，统筹推进矿山治理及土壤修复等4大类65项治理工程，全市湿地保护率达45%以上。以创建国家公园为目标，高标准建设粤北生态特别保护区，牵引带动生态保护、生态旅游发展上新水平。落实绿美南粤三年行动计划，完成造林29.5万亩、森林抚育80.8万亩。实施南粤古驿道绿化提升工作，打造绿美南粤的示范景观。持续扩大生态公益林面积，改善林分质量，生态公益林Ⅰ、Ⅱ类林比例提高到85%以上。加强生态资源管护和野外用火管理。全力创建“全国绿化模范城市”“国家森林城市”，支持始兴创建县级国家森林城市。

坚决打赢污染防治攻坚战。打好蓝天保卫战，开展扬尘治理专项行动，严格落实工业污染、建筑工地、道路保洁、汽车尾气等管控措施，综合整治“散乱污”企业，实现市区空气质量优良率达92%以上。打好碧水攻坚战，全面完成县级以上饮用水源地保护区整治，加快乡镇以上集中式饮用水水源地规范化建设。严格落实河长制，推进“万里碧道”项目建设，开展入河排污口整治和河湖“五清”专项行动，加强河道采砂管控。加快市区第三污水处理厂和城镇污水管网建设，建成镇级污水处理厂72座。整治畜禽养殖污染源，粪污资源化利用率达68%。打好净土防御战，抓好国家土壤防治先行区建设，推进农用地土壤环境质量类别划定工作，确保污染地块安全利用率达90%。实施垃圾分类管理，推进花拉寨填埋场二期和粤北危废处理中心建设。

促进绿色生产生活。大力发展绿色低碳工业，引导企业入园，打造绿色园区。推动重点行业企业清洁生产，完成企业审核50家。加强重点高耗能企业节能监察，培育节能减排示范企业100家以上。加快省级循环化改造试点园区和市循环经济环保园建设。实施化肥农药使用量零增长行动，推进农作物秸秆综合利用。积极倡导绿色生活，推广节能节水技术，降低公共机构人均能耗，新增绿色建筑20万平方米。推进绿色出行，公交出行分担率达25%；推广新能源汽车，全市公交电动化率达70%以上。

六、着力深化改革开放，激活发展内生动力

坚持向改革要动力、向开放要活力，推动思想再解放、改革开放再出发，谋划推动一批战略性战役性改革，加快打造与粤港澳大湾区接轨的营商环境。

深化行政管理体制改革。全面完成政府机构改革。实行政府权责清单动态调整，规范行政权力运行。深化强区放权改革，加强市级在国土、规划、重大项目布局上的统筹，赋予区级更多发展自主权。完善市级事权下放的后续监管和动态调整机制，扩大乡镇政府服务管理权，推动人

往基层走、钱向基层投、政策朝基层倾斜。创新市级园区管理体制机制，理顺园区与市辖区关系，探索项目直接落地改革试点。

*深化“放管服”改革。*加快“数字政府”建设，整合建设统一安全的政务云平台，建设粤省事韶关专版。深化“一门式一网式”政务服务模式改革，推进政务服务事项应进必进，实现网上可办率达70%以上。全面推行“马上办、网上办、就近办、一次办”，实现实体、网上办事大厅“两个全覆盖”。全面推行“全市通办”服务模式。加快建设工程领域审批项目改革，推行企业投资项目承诺制、建设工程联合审图和“最多跑一次”改革，项目审批时间压减一半以上。实行行政审批中介服务事项清单管理，清理规范涉企收费，全面推行中介超市。全面推广全程电子化登记管理，持续推进“证照分离”“照后减证”，破解“准入不准营”。完善监管平台，建立以信用监管为核心的新型监管方式，实现“双随机、一公开”监管全覆盖。

*深化重点领域改革。*推动生态环境保护立法，加强乡镇环保力量，建立健全支撑生态文明建设的体制机制。加强碳排放权交易市场建设，建立完善排污权和水权市场交易机制。深化投融资体制改革，用好用足地方政府债券资金，防范化解政府债务风险，全面完成农信社改制。深化国资国企改革，建立国有资产报告制度，加快实现从管资产向管资本转变，实现利润增长15%以上。深化农村集体产权制度改革，推进农村“三变”改革，开展土地经营权入股发展农村产业化经营试点，有效盘活农村“沉睡资产”。积极做好教育、卫生、消防等领域专项改革。

*深化对外开放合作。*落实中央、省惠台政策和便利港澳同胞在内地学习就业生活政策，扩大与“一带一路”沿线和欧美发达地区等交流合作。主动参与粤港澳大湾区产业分工合作，积极推动与“红三角”和高铁沿线重要城市的务实合作。落实莞韶全面帮扶共建三年行动，每个组团打造3—5项示范工程。进一步推动贸易通关便利化，发挥“铁海联运”作用，落实口岸提效降费改革，加快旭日保税物流中心（B型）建设。组织企业参加境内外展会，拓展国际营销网络。加强出口品牌建设，培育兰花出口基地等新增长点，推动外贸稳中提质。

七、发展社会民生事业，促进发展成果共享

坚持以人民为中心的发展思想，以高质量发展成果保障和改善民生，进一步提高公共服务均等化水平，不断满足人民日益增长的美好生活需要，让广大群众成为发展的积极参与者和最大受益者。

*加强就业和社会保障。*积极促进就业创业，全面推行企业新型学徒制，加大援企稳岗力度，力争城镇新增就业3万人。全面实施全民参保计划，逐步提高居民医保年度最高支付限额和住院报销比例，城乡居民大病保险待遇报销比例提高到75%，推进医保即时支付结算向村级延伸，建立困难群众二次医疗救助制度。加强房地产市场调控，建成市本级棚改住房3638套。发展公益慈善事业，做好流浪乞讨、低保、五保等人员救助安置工作，规范敬老院、福利院等服务机构管理，完成10个农村居家养老服务“幸福计划”项目建设。加强农村“三留守”人员关爱服务。

*优先发展教育事业。*实施教育水平提升计划，扩大公办和普惠性学前教育受益面，完成北江中学和市一中的公办初中办学，每个县（市、区）加快培育1所以上优质初中。完成执信小学搬迁改造，启动执信幼儿园迁建，完成东鹏中学新建和黄金村小学、建国幼儿园改扩建，建成11所信息化中心学校。推进中小学教师“县管校聘”管理和校长职级制改革，开展中小学生校内课后服务工作。支持省属技校整合，创建省现代职业教育综合改革示范市。推进省市共建韶关学院，启动松山学院、韶关学院医学院搬迁新建。

*全力建设健康韶关。*大力提升医疗服务保障水平，谋划打造若干个三甲医院，推进粤北人民医院建设高水平医院，完成粤北二院传染病大楼主体工程。加快基层医疗卫生服务能力建设，建成翁源、南雄和乐昌第二人民医院，实施20间县级公立医院升级，完成8间乡镇卫生院标准化和200间村卫生站规范化建设，引进200名以上基层医疗卫生人才。建设远程医疗平台和区域信息平台。实施食品药品安全放心工程，城区80%学校周边创建为食品安全示范区。推进4个康养小镇建设。

*促进文化体育发展。*积极创建全国文明城市。大力培育和践行社会主义核心价值观，完成新时代文明实践中心建设试点县工作，擦亮“韶文化”品牌，弘扬工矿精神，打造善美韶关。培育文化旅游、文化创意等文化产业。加强文化遗产保护，重点推进287处红色革命遗址遗迹保护修缮，建成红军长征粤北纪念馆，打造全省红色教育重要基地和红色旅游目的地。建设10间风度书房，推动市县图书馆、乡镇（街道）综合文化站按二级以上标准建设。新建5个社区体育公园，举办国家级户外体育赛事活动，打造广东户外运动天堂。

*推动社会治理现代化。*深化“综治中心+网格化+信息化”建设，建设13个市区社区服务中心，探索智慧社区服务综合体，推动“三社联动”，激发街道办事处和社区活力，构建共建共治共享社会治理格局。加强“平安韶关”建设，强化基层派出所规范化建设，推进“雪亮工程”视频监控全域覆盖，加强公共法律服务平台建设。健全社会矛盾纠纷化解机制，建立县、镇、村三级联动排查机制，启动信访维稳工作专班。深入开展扫黑除恶专项斗争。强化应急管理，防范重特大事故发生。落实粮食安全政府责任制。推进全国“双拥”模范城创建。

今年着力办好十件民生实事：1.加强优质基础教育供

给；2.提升基层医疗卫生服务能力；3.提升城市公交服务水平；4.建设“四好农村路”；5.加强市区扬尘管控；6.市辖三区增设3000个停车位；7.整治市区8个交通拥堵点；8.提高底线民生保障水平；9.建设芙蓉新区公共设施；10.继续建设一批风度书房。

八、加强政府自身建设，打造人民满意政府

坚持打铁还需自身硬，主动适应新时代新任务新要求，全力打造为民、务实、廉洁、高效的服务型政府，以新的更大作为奋力开创工作新局面。

提高政治站位，打造忠诚政府。坚持用习近平新时代中国特色社会主义思想统领政府一切工作，始终在思想上政治上行动上同以习近平同志为核心的党中央保持高度一致。严格遵守政治纪律和政治规矩，树牢“四个意识”，坚定“四个自信”，坚决做到“两个维护”，坚决落实中央和省、市委决策部署。全面落实意识形态工作责任制，严格履行向市委报告工作制度，自觉在市委领导下开展工作。

坚持依法行政，打造法治政府。认真执行人大及其常委会决议决定并主动报告工作，自觉接受政协民主监督，积极听取民主党派、工商联、无党派人士和各人民团体的意见和建议，认真办理人大代表建议和政协委员提案。贯彻法治政府建设实施纲要，落实政府法律顾问、常务会议学法、行政机关负责人出庭应诉等制度，支持做好地方立法工作，落实“七五”普法，坚持规范公正文明执法，推进行政决策科学化民主化法治化。深化政府信息公开，整合各类信息公开平台，发挥好12345政府热线功能。

强化正风肃纪，打造廉洁政府。落实全面从严治党主体责任和“一岗双责”，推进政府系统党风廉政建设。贯彻落实中央八项规定及实施细则精神，开展“表态多调门高、行动少落实差”专项整治，深化不担当不作为专项整治，着力解决“四风”突出问题。勒紧腰带过紧日子，公用经费压减5%以上，用于民生保障。强化审计监督，加强工程质量、土地出让、政府采购、产权交易等重点领域和关键环节监管，维护风清气正的政府形象。

突出求真务实，打造高效政府。持续深化“大学习、深调研、真落实”，推行政府工作清单管理。发挥“头雁”效应，加强督查考核，用好“争先进位”奖优罚劣评价、第三方评估等手段，实施环环相扣、层层推进的高效闭环工作机制。严格正向激励反向约束，落实容错免责机制。激励干部担当作为，深化模范机关创建活动，促进转作风提效能。

各位代表!长风破浪会有时，直挂云帆济沧海。高质量发展重任在肩，时不我待。让我们紧密团结在以习近平同志为核心的党中央周围，在市委的坚强领导下，以永不懈怠的精神状态、一往无前的奋斗姿态，解放思想、真抓实干，闻鸡起舞、日夜兼程、风雨无阻，为筑牢粤北生态屏障，打造绿色发展韶关样板，争当北部生态发展区高质量发展排头兵而努力奋斗!

统计资料

韶关市2018年国民经济和社会发展统计公报

韶关市统计局 国家统计局韶关调查队

2019年3月19日

2018年，全市以习近平新时代中国特色社会主义思想为指导，全面贯彻党的十九大和十九届二中、三中全会精神，深入贯彻习近平总书记系列重要讲话和对广东工作的重要批示精神，认真贯彻落实新发展理念，积极落实党中央、国务院和省委、省政府的各项决策部署，坚持稳中求进工作总基调，统筹做好“六稳”各项工作，经济发展保持平稳，社会发展取得新成就，在全力筑牢粤北生态屏障、打造绿色发展韶关样板、争当北部生态发展区高质量发展排头兵的征程上迈出坚实步伐。

一、综合

国民经济保持平稳发展。初步核算并经省统计局核定，2018年全市生产总值1343.9亿元，比上一年增长4.3%。其中：第一产业增加值156.0亿元，增长5.0%；第二产业增加值450.3亿元，增长1.6%；第三产业增加值737.6亿元，增长5.7%。三次产业结构由2017年的11.9：33.8：54.3调整为11.6：33.5：54.9。按常住人口计算，人均生产总值44971元，增长3.6%，按平均汇率折算为6796美元。分区域看：韶关市区生产总值679.1亿元、增长2.7%，占全市生产总值48.8%，人均生产总值6.48万元（9792美元）；县域生产总值712.8亿元、增长6.1%，占全市51.2%，人均生产总值3.67万元（5546美元）。现代产业中，先进制造业增加值99.1亿元、增长3.1%，现代服务业增加值307亿元、增长6.3%。第三产业中，批发和零售业增加值增长4%，住宿业增加值增长6.9%，餐饮业增加值增长4.3%，金融业增加值增长2.3%。民营经济增加值691.3亿元，增长6.4%，占全市生产总值的51.4%。

图1 2014—2018年地区生产总值及其增长速度

图2 2014—2018年市区居民消费价格比上年涨跌幅度

图3 2014—2018年地方一般公共预算收入及其增长速度

图4 2014—2018年第一产业增加值及其增长速度

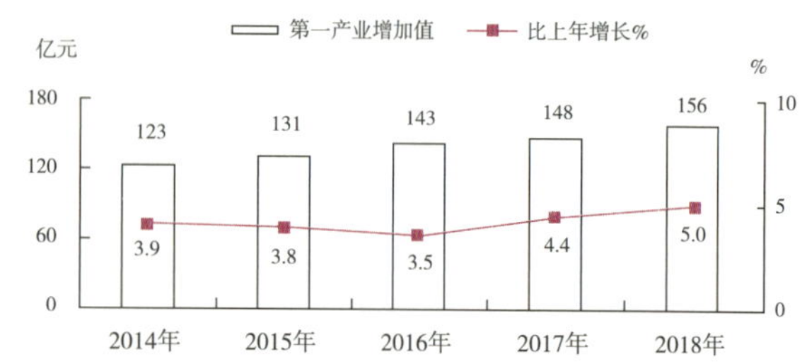

居民消费价格基本稳定。韶关市区居民消费价格比上一年上涨2.1%。其中，消费品价格上涨1.6%，服务项目价格上涨2.9%。消费价格中，食品烟酒价格上涨1.5%、衣着价格上涨1.8%、居住价格上涨3.8%、生活用品及服务价格下降0.7%、交通和通信价格上涨2.2%、教育文化和娱乐价格上涨1.6%、医疗保健价格上涨4.5%、其他用品和服务价格下降1.3%。全市工业品出厂价格上涨4.8%。

就业持续增加。年末工商登记注册的私营企业和个体户从业人员42.8万人，增长4.8%。全年城镇新增就业人数3.34万人，城镇失业人员再就业2.96万人，其中就业困难人员再就业2561人。城镇登记失业率2.3%，比上年下降0.13个百分点。

全年地方一般公共预算收入94.7亿元，增长6.8%。其中税收收入60.2亿元，增长11.3%。地方一般公共预算支出339.3亿元，增长9.1%。民生支出占财政支出的比重74.18%，比上年下降2.62个百分点。

二、农业

农业发展稳定。全年农林牧渔业总产值254.1亿元，增长4.7%。其中：农业增长5.0%，林业增长8.4%，畜牧业增长2.7%，渔业增长4.8%。

表42 2018年主要农产品产量

农产品名称	计量单位	产量	比上年±%
粮食	万吨	68.82	−0.1
其中：稻谷	万吨	62.84	−0.3
蔬菜	万吨	119.39	5.7
甘蔗	万吨	29.55	8.3
花生	万吨	12.63	2.7
烟叶	万吨	2.21	−0.1
水果	万吨	59.66	7.0
茶叶	万吨	0.62	4.1
蚕茧	万吨	0.82	−5.0
肉类	万吨	22.12	3.1
其中：猪肉	万吨	17.10	4.0
水产品	万吨	8.10	2.3

全年粮食作物播种面积172.9万亩，下降1.6%；甘蔗种植面积4.3万亩，增长11%；油料种植面积57.5万亩，增长2.5%；烟叶种植面积13.5万亩，增长0.3%；蔬菜种植面积74.2万亩，增长4.7%。农村用电量9.6亿千瓦时，增长12.1%；化肥施用量（折纯）9.7万吨，下降0.4%。

三、工业和建筑业

全部工业增加值384.1亿元、增长1.7%，其中规模以上工业企业增加值310亿元、增长1.5%。在规模以上工业中，国有及国有控股工业增加值178.4亿元，下降0.7%。股份制工业256亿元，增长3.6%；民营工业89.5亿元，增长10.4%；外商及港澳台工业48.7亿元，下降5.7%。轻工业增加值89.1亿元，下降5.2%；重工业增加值221亿元，增长5.5%。产业转移园规模以上工业增加值112.5亿元，增长13.8%。

图5 2014—2018年全部工业增加值及其增长速度

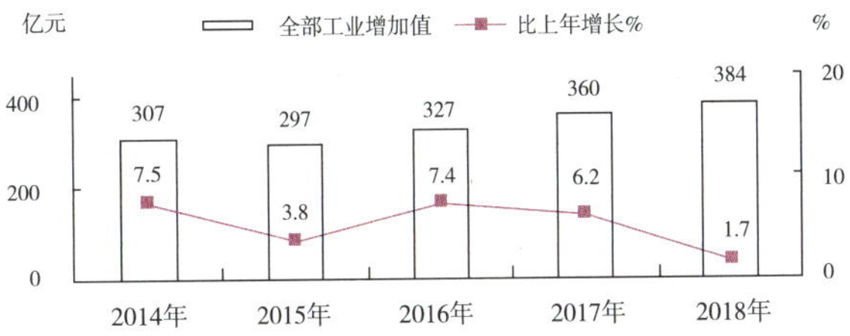

主要工业行业中：制药工业下降38.5%，钢铁工业下降11.3%，机械工业增长13.1%，玩具工业下降20%，电力工业增长11.2%，烟草工业增长2.1%，有色金属工业下降1.5%。

高技术制造业增加值20.7亿元，增长11.5%。

先进制造业增加值99.1亿元、增长3.7%，其中装备制造业增加值40.7亿元、增长9.1%。

优势传统工业增加值86.4亿元，下降0.4%。其中：家具制造业下降56.4%，建筑材料业增长15.5%，金属制品业下降25.7%，纺织服装业下降6.5%。

表43 2018年规模以上工业主要产品产量

产品名称	计量单位	产量	比上年±%
成品钢材	万吨	692.62	3.0
十种有色金属	万吨	26.61	−2.4
发电量	亿千瓦小时	174.22	7.3
其中：火电	亿千瓦小时	149.56	11.7
水电	亿千瓦小时	19.39	−26.1
水泥	万吨	755.3	22.9
滚动轴承	万套	629.1	−12.6
布	万米	8046	−2.1
糖	吨	9001	19.8
卷烟	亿支	198.5	−3.6
其中：一、二类烟	亿支	12.93	−19.8
人造板	万立方米	131.25	−0.7
机制纸及纸板	万吨	5.0	6.5倍

全年规模以上工业企业资产贡献率13%，资产保值增值率115.2%，资产负债率62.7%，成本费用利润率8.7%。主营业务收入1060.2亿元、增长5.1%。利税总额166.8亿元、增长3.6%。利润总额86.6亿元、比上一年持平，其中亏损企业亏损额15.8亿元、增长112.3%。

全年建筑业增加值67.1亿元，增长0.7%。年末资质等级建筑企业131个，完成建筑业总产值201.9亿元、增长6.3%，其中省内完成产值173亿元、增长11.4%，实现利润6.3亿元、比上一年持平，利税总额14.1亿元、增长17.3%，房屋施工面积1268.9万平方米、增长13.5%，房屋竣工面积369.6万平方米、下降7.1%。

四、固定资产投资

全年完成固定资产投资增长6.5%。分投资主体看：国有及国有控股经济投资增长19.1%；外商及港澳台经济投资下降27.3%；民营经济投资增长0.2%。分产业看：第一产业完成投资下降36.6%；第二产业中的工业完成投资增长4.2%；第三产业完成投资增长10%，其中房地产开发完成投资增长4.9%。

市重点项目完成投资392.55亿元，完成年度计划的103.3%。武深高速公路韶关段、汕昆高速韶关段、南雄犁牛坪二期风电场等25个项目建成，旅游公路、华洲木业等70个项目开工建设，南水水库供水工程38千米管线全面开工、扩建西河二水厂工程加快建设，启动港乌石综合交通枢纽、韶柳铁路、赣韶铁路扩能等项目的前期工作，九龄中学建设完工并投入使用，碧桂园小学、前海人寿医院、妇幼保健院和市一医院等教育医疗民生项目开工建设。

全年商品房销售面积457.5万平方米、增长1.9%，其中商品住宅销售面积427.3万平方米、增长0.1%。商品房销售额261.2亿元、增长10.9%，其中商品住宅销售额235亿元、增长9.2%。

五、贸易和外经

全社会消费品零售额751.6亿元，增长9.4%。全年批发零售和住宿餐饮业销售额1309.3亿元，增长9.9%。其中：批发零售业销售额1226.7亿元，增长10.1%；住宿和餐饮业营业额82.6亿元，增长8.3%。

图6　2014—2018年全社会消费品零售总额及其增长速度

限额以上批发和零售业零售额中：通讯器材类比上年增长68.4%，中西药品类增长57.9%，化妆品类增长51%，石油及制品类增长17.2%，烟酒类增长6.9%，粮油、食品类增长3.6%。

全年进出口总额156亿元，下降6.5%。其中：进口84亿元，下降7.8%；出口72亿元，下降5%。按贸易方式分：一般贸易出口34.8亿元，增长6.3%；加工贸易出口35.5亿元，下降16.8%。按经营主体分：国有企业出口下降11.7%，“三资”企业出口下降12.8%，私营企业出口增长13.6%。按出口商品分：玩具出口下降29.9%，机电产品出口增长15.7%，服装出口下降68%，高新技术产品出口下降9.3%。按出口市场分：对香港出口下降18.2%，对欧盟出口下降12%，对美国出口下降13.6%，对日本出口增长21%。全年新批外商直接投资项目376个，比上年增长526.7%。实际利用外资5亿人民币，增长44.1%。

六、交通、邮电和旅游

全年交通运输、仓储和邮政业增加值101.8亿元，增长4.4%。公路货运周转量275.2亿吨千米，客运周转量28.7亿人千米，公路运输同比增长8%。水路货运周转量116.5亿吨千米，同比增长10.1%。年末公路通车里程16917.5千米，公路密度92千米/百平方千米。按路面类型分，高级、次高级路面公路12614.4千米。按技术等级分，等级公路16881.6千米，其中高速公路688.6千米、一级公路217.2千米、二级公路825.4千米。年末实有公共汽车营运车辆811辆，其中浈江和武江485辆。公共汽车客运总量7624万人次。内河航道维护通航里程698千米，其中等级航道256千米，泊位15个。港口货物吞吐量46.57万吨。

年末民用汽车拥有量36.93万辆、比上年增长18.5%，其中私人汽车33.68万辆、增长18.7%。民用轿车拥有量21.56万辆、增长19.1%，其中私人轿车20.59万辆、增长18.8%。

全年完成邮电通信业务总量（按2015年不变价计，下同）105.7亿元，增长1.03倍。其中：邮政业务（含快递）总量7.4亿元，增长27.5%；通信业务总量98.3亿元，增长1.1倍。固定电话33.8万户，移动电话用户326.6万户。全市家庭宽带用户数71.1万户，手机上网用户数260.3万户，移动基站总数12376个，WLAN无线局域网596个，AP热点2860个。

全年接待旅游者人数4790.5万人次，增长13%，其中入境过夜旅游者3.87万人次，下降5.3%。旅游总收入453亿元，增长16.7%。

七、金融和保险业

年末金融机构本外币各项存款余额1849.8亿元、增长5.4%，其中住户本外币存款余额1195.1亿元、增长10%。年末金融机构本外币各项贷款余额956.3亿元、增长9.1%。住户贷款余额499.2亿元，增长16%。其中：住户中长期消费贷款380.6亿元，增长22.3%；住户短期消费贷款47.6亿元，增长24.9%。

全市证券金融机构交易额2759亿元，下降12.7%；新增开户5.78万户，下降3.7%。

全年保费总收入52.6亿元，增长11.7%。其中：人寿险保费收入37.3亿元，增长11.3%；财产险保费收入15.3亿元，增长12.7%。财产险赔付支出6.55亿元，下降1.4%。

八、教育和科学技术

全年各级各类教育（含技工学校，不含成人高等教育和非学历培训）在校学生48.8万人，增长1.6%。拥有全日制高等学校2所，技工学校4所，普通中学148所，中等职业学校14所，小学196所。

表44　各类学校教育发展情况

	学校数（所）	在校学生数（人）	比上年增长（%）
全日制高等学校	2	36264	-6.5
技工学校	4	20630	-17.1
其中：市属	1	8192	-24.2
中等职业学校	14	25979	2.5
普通中学	148	156837	1.4
其中：高中	24	50541	-10.0
初中	124	106296	8.1
小学	196	248414	5.1

新增国家高新技术企业69家、省级工程技术研发中心21家，省级重点实验室1家。年末拥有省、市工程技术研发中心178家，其中省级工程技术研发中心61家。年末国家级高新技术企业167家，省级民营科技企业81家，省级火炬计划特色产业基地3个。获广东省科学技术奖4项、获国家科学技术奖1项。全年专利申请7340项，其中市区3975项；专利授权3808项，其中市区1933项。发明专利申请916项；发明专利授权166项，其中市区79项。

九、文化卫生和体育

年末共有剧场、影剧院数23个，其中市区13个；公共图书馆10个，公共图书馆图书总藏量209万册，其中市区114万册。文化系统国有艺术表演团体1个，博物馆9个，文化馆11个。微波线路总长80.6千米，广播电视微波站3座，电视发射台8座，广播调频发射台13座。有线电视用户62.6万户，有线数字电视用户60.1万户。有线电视入户率65.3%，其中市区入户率73%。年末广播节目综合人口覆盖率99.99%，电视节目综合人口覆盖率99.98%。

年末共有医疗卫生机构714个，其中疾病预防控制中心9个、妇幼保健院（站、所）9个。医疗卫生床位数1.82万张。各类卫生技术人员2.16万人。其中：执业）助理）医师7385人，注册护士10155人。乡镇卫生院100个，床位3031张，卫生技术人员4072人，乡村医疗点1404个。食品安全风险监测总体合格率93.19%。农村居民卫生厕所普及率97.4%。农村改水累积受益率99.2%，其中自来水累计受益普及率96.7%。

全市体育场馆共4857个，经常参加体育锻炼人数达120.5万人，占常住人口40.2%。成功举办2018韶关半程马拉松赛、广东省第五届自行车绿道联赛等户外赛事，举办第十一届穿越丹霞山生态徒步游活动，南粤古驿道定向大赛（韶关·乳源站）活动，环南水湖自行车赛等一批省级以上户外运动项目，进一步打造“户外运动天堂”。

十、人民生活、社会保障与安全生产

全市居民人均可支配收入23676元，增长8.3%。其中：城镇居民人均可支配收入30287元，增长7%；农村居民人均可支配收入15434元，增长9.4%。城乡居民收入比为1.96：1。

全市在巩固提升前两年2.73万户6.53万人脱贫质量的基础上，2018年实现0.64万户1.97万人脱贫，贫困发生率由2015年的4.95%降至0.27%；贫困村居民人均可支配收入15876元，有劳力贫困户人均可支配收入14530元。

参加城镇职工基本养老保险（含离、退休人员）78.47万人、增长10%。参加城乡居民基本养老保险103万人，增长6%。参加基本医疗保险（含城乡居民基本医疗保险）297.5万人，增长1.1%，其中参加城镇职工基本医疗保险60.3万人，增长4.6%。参加工伤保险41万人，增长5.5%。参加失业保险31.9万人，增长7.1%。参加生育保险34.8万人，增长22.4%。年末享受城镇职工基本养老待遇的离、退休人员20.9万人。养老、失业、工伤、生育、医疗（不含城乡居民基本医疗）保险基金全年征缴68.8亿元。

年末敬老院88所、床位数3252张、在院人数1390人，社会福利院11所、床位数2790张、在院人数1111人。城乡居民享受最低生活保障4.7万人，其中城镇居民6099人。全年发放保障资金1.83亿元，其中城镇0.43亿元；发放救灾资金93.96万元，救济物资折款89.38万元，累计救灾4.65万人次。全年销售社会福利彩票4.3亿元，筹集社会福利基金1.2亿元。

基本建成各类保障性住房2284套，补助危房改造户5220户。

全年共发生工矿商贸、生产经营性道路交通、火灾事故1084起，比上年减少13.9%；死亡128人、比上年减少15.2%。其中：工矿商贸生产安全事故33起，比上年增长17.9%，死亡42人，比上年增长50%，受伤20人，直接经济损失2642万元，比上年增长44.7%；生产经营性道路交通事故163起，死亡100人，比上年分别减少34.8%和18%；消防火灾事故888起、比上年下降9.5%，直接经济损失1101万元，比上年下降20.6%，生产经营性消防火灾死亡0人，全年一次死亡3人以上的生产安全较大事故2起。

十一、人口、资源与环境

年末常住人口299.76万人，比上年增加1.84万人，增长6.2‰。城镇常住人口比重为56.5%，比上年提高1个百分点。户籍人口336.6万人，其中城镇人口151.6万人，户籍人口城镇化率45.1%。全年出生人口3.6万人，人口出生率13.5‰；死亡人口1.88万人，死亡率7‰；人口自然增长率6.5‰。

已探明的矿产资源储量中：煤1.31亿吨，铁矿石2633万吨，锰矿石74万吨，铜矿石7884万吨，铅矿石9017万吨，锌矿石1.30亿吨，钨矿石1.87亿吨，钼矿石1.15亿吨，锑矿石234万吨，铋矿石1.28亿吨。

全年水资源总量175.6亿立方米，年平均降雨量1595.4毫米，年平均气温20.6℃，年日照时数1563小时。年末大中型水库蓄水量11.1亿立方米，增长10.6%。

全年规模以上工业综合能源消耗量（等价值）859.5万吨标准煤，同比增长5.4%。全年全社会用电量133.3亿千瓦小时，增长11.6%。其中：工业用电89.7亿千瓦小时，增长12.7%。

完成荒山（沙、土）造林面积8835.7公顷。全市林业用地面积144.8万公顷，森林覆盖率为73.8%，林木绿化率为74.6%，活立木蓄积量8917万立方米。全市共有省级以上自然保护区16个（其中国家级4个，省级12个），面积25.2万公顷。

注：

1.公报中的2018年数据为初步统计数。部分数据因四舍五入的原因，存在着与分项合计不等的情况。

2.地区生产总值、各产业增加值绝对数按当年价格计算，增长速度按可比价计算。

3.从2011年起，规模以上工业统计口径由年主营业务收入500万元以上调整为2000万元及以上；固定资产投资项目统计起点由计划总投资50万元提高到500万元，增速为可比口径。2013年起按照新的调查口径对外发布城乡居民人均可支配收入和分城镇、农村常住居民人均可支配收入数据。从2015年起，“地方公共财政预算收入”更名为“地方一般公共预算收入”；各项存款余额中，“单位存款”更名为“非金融企业存款”，“储蓄存款”更名为“住户存款”。

4.现代服务业主要包括金融业、现代物流业、信息服务业、科技服务业、外包服务业、商务会展业、文化创意产业和总部经济八个产业。先进制造业包括装备制造业、钢铁冶炼及加工业、石油及化学制造业。高技术制造业包括核燃料加工业、信息化学品制造业、医药制造业、航空航天器制造业、电子通信设备制造业、计算机制造业、医疗仪器设备制造业。生产性服务业主要包括为生产活动提供的研发设计与其他技术服务、货物运输仓储和邮政快递服务、信息服务、金融服务、节能与环保服务、生产性租赁服务、商务服务、人力资源管理与培训服务、批发经纪代理服务、生产性支持服务等十个类别。

生产生活指标

经济由高速增长转向高质量发展

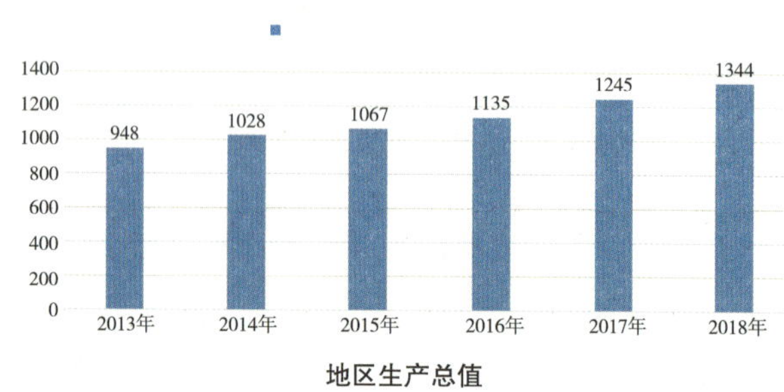

地区生产总值

地方一般公共预算收入

经济结构不断调整 三产占比逐步提高

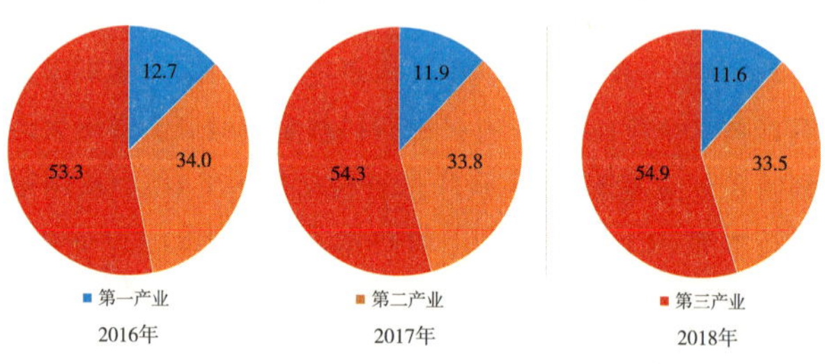

人口增长得到有效控制

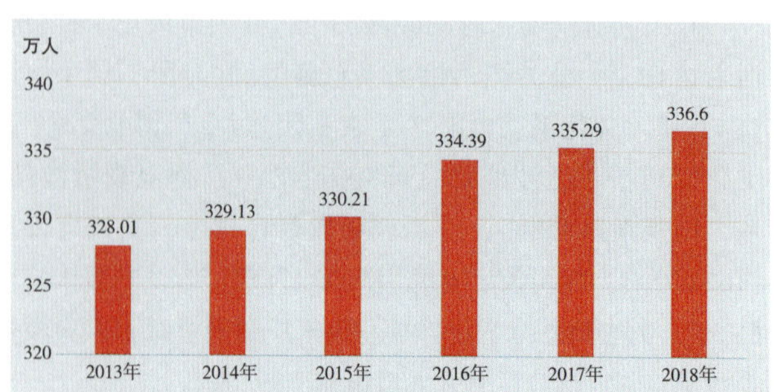

户籍人口

物价水平保持稳定

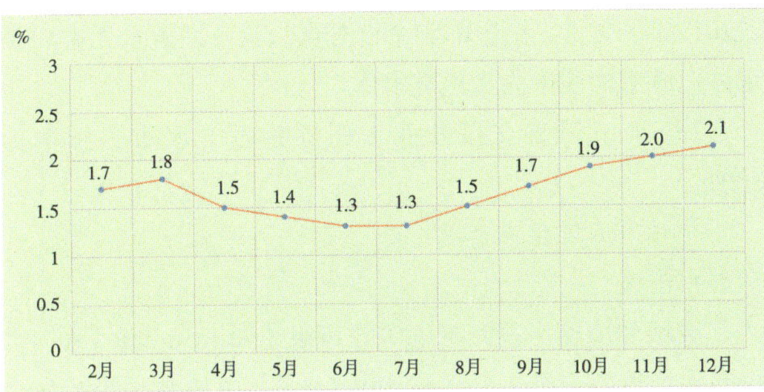

全年市区居民消费价格指数（CPI）

居民收入逐年增加

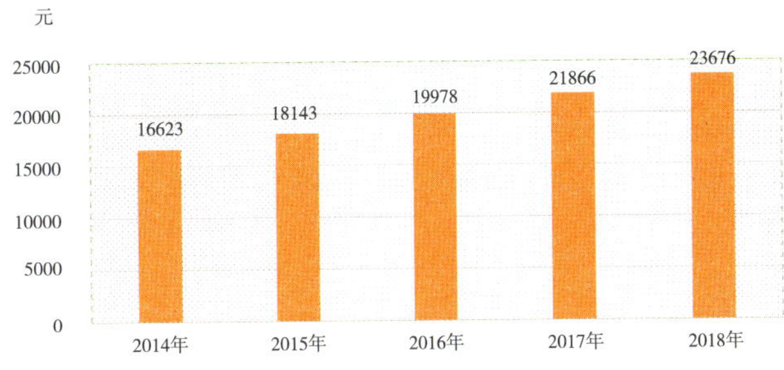

居民可支配收入

2018年韶关市生态环境状况公报

根据《中华人民共和国环境保护法》、《环境信息公开办法（试行）》中有关规定，现发布2018年度韶关市生态环境状况公报。

一、环境状况

（一）大气环境

1. 市区空气质量

2018年，市区空气质量保持良好，二氧化硫、二氧化氮、可吸入颗粒物年平均浓度、一氧化碳日均浓度第95百分位数、臭氧日最大8小时浓度第90百分位数均达到国家环境空气质量二级标准，细颗粒物年平均浓度超过国家环境空气质量二级标准。

2018年市区环境空气综合质量指数为3.97，环境空气质量指数（AQI）介于20～220之间。空气质量达标（0<AQI≤100）天数为330天，达标率为90.4%；超标（101<AQI≤220）天数为35天，占9.6%，其中轻度污染31天，中度污染3天，重度污染1天。首要污染物为臭氧（O3-8h），其次为细颗粒物（$PM_{2.5}$）。

二氧化硫（SO_2）年平均浓度值为15μg/m³，比上年（17μg/m³）下降11.8%，达到国家环境空气质量一级标准（20μg/m³）。

二氧化氮（NO_2）年平均浓度值为29μg/m³，与上年（29μg/m³）持平，达到国家环境空气质量一级标准（40μg/m³）。

可吸入颗粒物（PM_{10}）年平均浓度值为49μg/m³，比上年（52μg/m³）下降5.8%，达到国家环境空气质量二级标准（70μg/m³）。

细颗粒物（$PM_{2.5}$）年平均浓度值为36μg/m³，比上年（38μg/m³）下降5.3%，未达到国家环境空气质量二级标准（35μg/m³）。

一氧化碳（CO）日均值第95百分位数平均值为1.4mg/m³，与上年（1.4mg/m³）持平，达到国家环境空气质量二级标准（4mg/m³，参照24小时平均标准）。

臭氧（O_3）日最大8小时均值第90百分位数平均值为148μg/m³，比上年（152μg/m³）下降2.6%，达到国家环境空气质量二级标准（160μg/m³，参照日最大8小时平均标准）。

降尘年平均浓度值为1.52吨/平方公里·月，低于广东省参考评价值（8吨/平方公里·月）。

2. 各县（市）城区空气质量

二氧化硫（SO_2）年平均浓度值范围在7～16μg/m³之间，均达到国家环境空气质量一级标准（20μg/m³）。

二氧化氮（NO_2）年平均浓度值范围在14～21μg/m³之间，均达到国家环境空气质量一级标准（40μg/m³）。

可吸入颗粒物（PM_{10}）年平均浓度值范围在37～56μg/m³之间；其中，翁源县、乳源县、仁化县城区达到国家环境空气质量一级标准（40μg/m³），其余各县（市）城区达到二级标准（70μg/m³）。

细颗粒物（$PM_{2.5}$）年平均浓度值范围在21～30μg/m³之间，均达到国家环境空气质量二级标准（35μg/m³）。

一氧化碳（CO）日均值第95百分位数平均浓度值范围在1.2～1.6mg/m³之间，均达到国家环境空气质量二级标准（4mg/m³，参照24小时平均标准）。

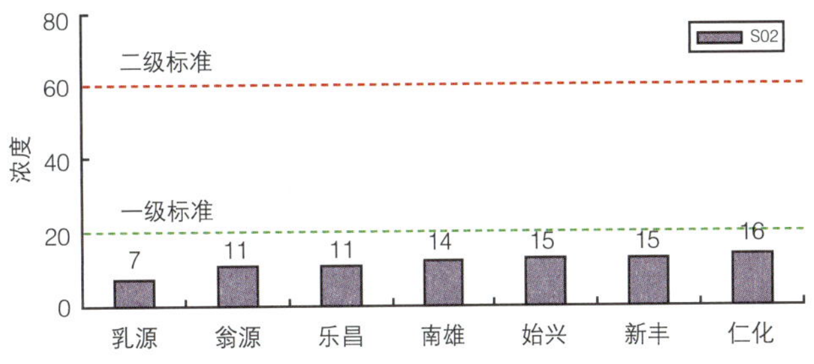

各县（市）城区SO_2年平均浓度值比对图（单位：μg/m³）

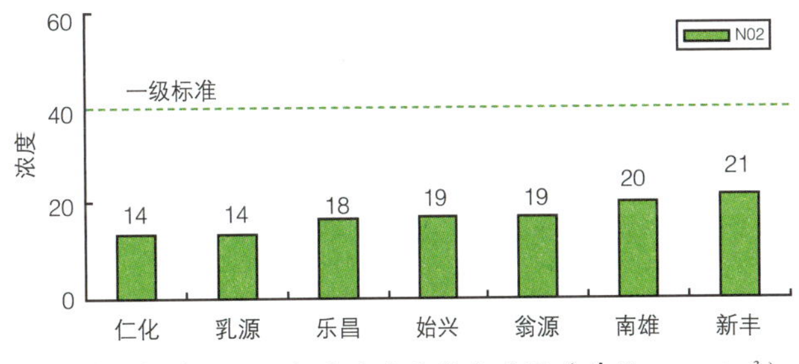

各县（市）城区NO_2年平均浓度值比对图（单位：μg/m³）

臭氧（O_3）日最大8小时均值第90百分位数平均浓度值范围在126～138μg/m³之间，均达到国家环境空气质量二级标准（160μg/m³，参照日最大8小时平均标准）。

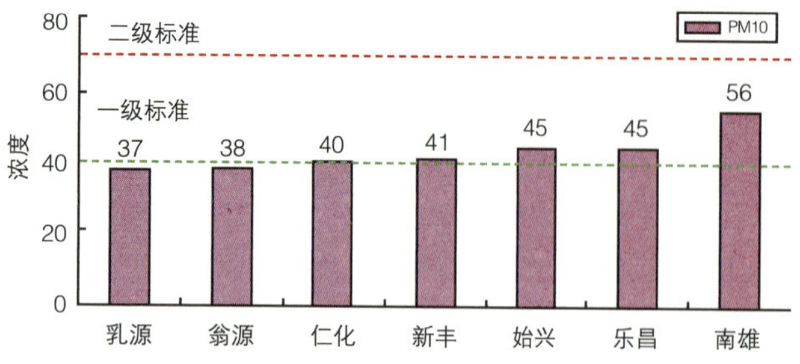

各县（市）城区PM_{10}年平均浓度值比对图（单位：μg/m³）

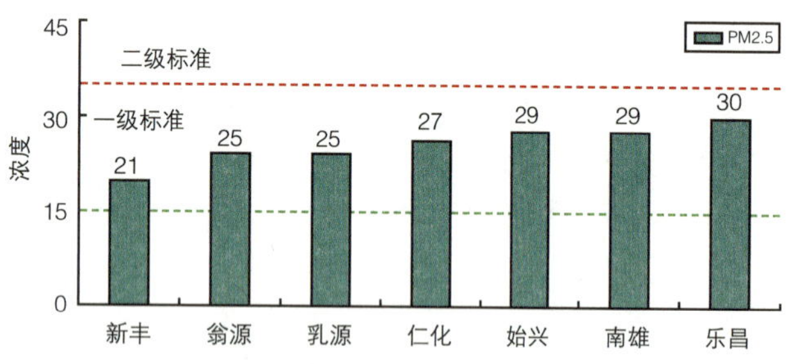

各县（市）城区$PM_{2.5}$年平均浓度值比对图（单位：μg/m³）

各县（市）城区降尘年平均浓度值在1.46～5.40吨/平方公里·月之间，均低于广东省参考评价值（8吨/平方公里·月）。

（二）降水

韶关市区降水pH值范围为4.15～7.45，降水pH值年均值为5.47，比上年（5.26）上升0.21个pH单位；酸雨频率为23.6%，比上年（40.0%）下降16.4个百分点，降水质量整体比去年有所好转。

各县（市、区）降水pH值年均值范围为4.83（南雄市）～7.35（乳源县）。降水pH值年均值平均为6.22。

（三）地表水环境

1. 饮用水源地水质

集中式饮用水源地水质保持稳定达标。监测结果表明，韶关武江十里亭、曲江苍村水库、始兴花山水库、仁化赤石迳水库、翁源园洞水、乳源南水水库、新丰白水礤水库、乐昌武江铁路桥上游、南雄瀑布水库等9个饮用水水源地水质达标率均为100%，部分水源地优于水质控制目标。

韶关市区武江十里亭、曲江苍村水库等2个饮用水源地按国家环保部要求完成水质全分析，109项分析监测项目全部达标。

2. 江河水质

2018年主要江河水系水质状况总体良好，水环境质量与上年相比无显著变化。监测结果表明，全市10条主要江河（北江、武江、浈江、南水河、墨江、锦江、马坝河、滃江、新丰江、横石水）23个监测断面（1个Ⅰ类、18个Ⅱ类、4个Ⅲ类）的水质均达到水质目标要求，优良率为100%，与2017年持平；达标率为100%，其中13个省考断面较2017年（92.3%）上升7.7个百分点。我市地表水无劣Ⅴ类水体；城市建成区内无黑臭水体。

1个跨市河流交接断面（高桥断面）水质达标率为100%。

（四）城区噪声环境

1. 市区

区域环境噪声昼间平均等效声级（Sd）56.2dB（A）、夜间平均等效声级（Sn）47.3dB（A），总体水平等级为三级（昼间55.1～60.0分贝；夜间45.1～50.0分贝），声环境质量一般。各功能区域噪声基本符合标准要求。

道路交通噪声年昼间平均等效声级（Ld）67.3dB（A）、道路交通噪声强度为一级（限值为68分贝），声环境质量好；夜间平均等效声级（Ln）58.9dB（A），道路交通噪声强度为二级（限值为58.1～60.0分贝），声环境质量较好；

2. 各县（市）城区

区域环境噪声等效声级年平均值范围在49.5～54.6分贝之间；各县（市）城区总体水平等级均为一级（昼间限值为55分贝），声环境质量好。

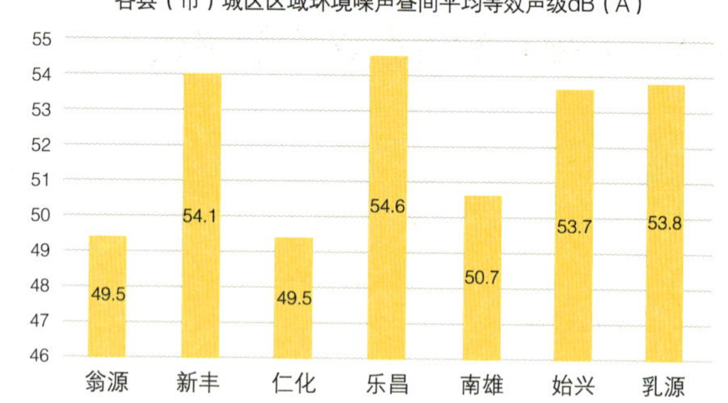

各县（市）城区区域环境噪声等效声级年平均值（单位：分贝）

道路交通噪声等效声级年平均值范围在60.6～68.7分贝之间，翁源、新丰、乐昌、南雄、始兴和乳源达到道路交通噪声强度一级（限值为68分贝），仁化县城区达到道路交通噪声强度二级（限值为68.1～70.0分贝）。

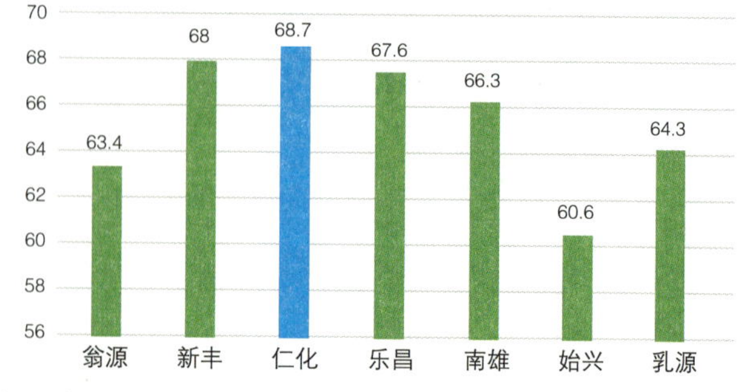

各县（市）城区道路交通噪声等效声级年平均值（单位：分贝）

（五）自然生态保护与绿色创建情况

据统计，我市已建成各级自然保护区37个，其中国家级4个、省级12个、市级3个、县级18个，总面积达26.3万公顷，自然保护区面积和各种野生动植物数量居广东省首位。

我市目前共有7个乡镇被命名为“国家级生态乡镇”，2个乡镇、2个行政村、6个自然村和4个生态园被命名为“省级生态示范镇（村、园）”，22个行政村和55个自然村被命名为“市级生态示范村”。

二、措施与行动

（一）科学规划与治理修复并重，筑牢粤北生态屏障

1. 编制韶关市生态环境保护规划（2018年—2035年）

全面贯彻习近平生态文明思想，以现行主体功能区规划、城乡总体规划、环保规划、生态保护红线、山水林田湖草生态保护与修复方案等为工作基础，按照“多规合一”的要求，编制韶关市生态环境保护规划，进一步优化韶关未来发展的空间布局。

2. 提出生态保护红线方案

根据韶关市的主体功能定位和国家、省关于生态保护红线划定的有关工作要求，我局联合市发改局印发了《韶关市生态保护红线划定工作实施方案》。生态保护红线划定工作坚持以生态优先为基本原则，兼顾保护与发展，在广泛征求意见的基础上，我市提出的生态保护红线保护面积为市域面积28.22%。

3. 开展山水林田湖草生态保护与修复试点

我市申报国家第三批山水林田湖草生态保护与修复试点获得批准，计划在未来几年投入约98亿元，开展矿山环境治理修复、耕地安全利用与土壤污染修复、生态系统和生物多样性保护、流域水环境保护与治理等四大类共65项重点工程，使区域生态环境问题基本得到解决，生态功能和水源涵养作用得到有效发挥，粤北生态屏障得到巩固。

（二）多措并举，打好污染防治攻坚战

1. 全面推进大气污染防治工作，打好蓝天保卫战

一是继续开展“散乱污”工业企业整治工作，全市排查出“散乱污”工业企业511家企业，完成整治297家，完成率58.1%。二是淘汰高污染高排放行业企业，关停超期服役的老旧煤电机组华电集团有限公司广东公司坪石公司3#机组（12.5万千瓦）；对全市可能具备炼钢能力的企业进行全面清查，防止已淘汰的钢铁产能死灰复燃，巩固钢铁去产能成果。三是督促企业完成节能减排技术改造工作，全市陶瓷行业1条生产线完成煤改气工作，水泥行业2条生产线完成提标改造工作，13家加油站完成油气回收治理工程改造。四是推动砖瓦行业绿色发展，联合市住管局、市国土局及市经信局联合开展砖厂排查整治工作，检查各类砖厂57家，关闭黏土砖厂6家。五是加强重点行业挥发性有机物综合治理，完成全市9家VOCs省级重点监管企业的治理。六是推进锅炉整治工作，全市淘汰、停用、报废、注销燃煤锅炉23台，完成生物质锅炉整治的锅炉共57台（含淘汰、停用、报废、注销生物质锅炉25台）。七是强化渣土、物料运输车辆和施工工地管理，对市区在建工程扬尘整治不达标的施工单位下发限时整改通知222份。八是加大露天焚烧行为管控力度，制定乡村秸秆废弃物回收利用工作方案。九是加强对烟花爆竹管理工作，扩大烟花爆竹禁放区域。十是加强机动车尾气管理工作，联合市公安交警组成路检小组，检查并处罚尾气不达标车辆45台次。

2018年，韶关市区空气质量AQI优良达标率为90.41%。

2. 大力推进水污染防治工作，打好碧水攻坚战

统筹谋划，坚持保好水与治差水并重。一是强化饮用水水源保护，完成县级以上城市集中式水源地环境状况评估和乡镇集中式饮用水水源地环境基础信息调查，做好水源地保护区调整工作，2018年12月，省政府批准了我市县级以上7个水源保护区的调整方案（其中6个调整，1个明确边界）。二是加强工业污染防治，加强重点行业清洁化改造，完成省下达的3家重点企业改造任务，66家企业通过清洁生产审核验收；推进工业集聚区污水处理设施建设，莞韶园甘棠片区和乳源经济开发区富源片区污水处理设施投入运行；大力实施产业园循环化改造行动，成功推动新丰产业转移工业园区申报认定为2018年广东省循环化改造试点园区；落实加油站油罐防渗改造工作。三是加强城镇生活污染治理，全力推进城镇污水处理设施建设，2018年新增县级以上城市污水处理能力3.7万吨/日，完成了6家乡镇污水处理厂建设，新增镇级污水处理能力0.51万吨/日，新增县级以上城市污水管网86.32公里，新增镇级污水管网70.86公里，完成改造城镇老旧污水管网27.58公里，新丰县污水处理厂完成提标改造工程，乐昌市污水处理厂完成出水水质提标改造工作。四是加强农业农村污染防治，加强畜禽养殖污染防治，推进全市畜禽养殖废弃物资源化利用，对全市江河沿岸的养殖场开展清理整顿，169家规模化畜禽养殖场完成污染减排设施建设，全市规模化畜禽养殖废弃物资源化利用率达到68%；开展水产养殖污染防治工作，划定水产养殖禁养区、限养区和养殖区，开展网箱养殖减排工程，清理整治网箱养殖。五是加强全市地表水水质监测预警，对浈江长坝断面、北江高桥断面、武江河水质异常情况提出预警，采取措施保持水质稳定。六是推进水污染防治第三方评估考核。

2018年，韶关市地表水水质优良比例达100%，县级以上饮用水水源水质达标率100%。

3. 率先推进土壤污染防治工作，打好净土防御战

作为全国五个试点城市之一，2018年我市继续土壤污染综合防治先行区建设，印发《韶关市2018年土壤污染综合防治先行区建设工作计划》，并全面按计划落实年度工作。一是全面推进土壤调查。我市重点行业企业用地调查

作为全国试点项目，在全国率先启动了重点行业企业用地污染状况详查第二阶段入场调查工作，现已完成第二阶段入场调查70%以上地块采样和50%样品检测任务。二是加强重金属污染综合防治，有序推进7个重点土壤污染防治示范项目。三是开展涉重金属污染综合整治工作，按省厅要求开展涉镉重点行业企业排查整治工作，重点行业企业清洁生产技术推行方案进入技术征集阶段。四是推动基地平台建设，粤北韶关土壤环境污染修复技术研发、评估验证与工程示范基地（一期）建设项目，实施单位已完成项目土壤修复科技园装修设计及专家评审。五是严格重金属源头防控措施，2018年10月，省生态环境厅根据我市提出的建议，发布了《关于在矿产资源开发活动集中区域执行部分重金属水污染物特别排放限值的公告》，对韶关市凡口铅锌矿及其周边区域（仁化县董塘镇）、大宝山矿及其周边区域（曲江区沙溪镇、翁源县铁龙林场）执行部分重金属水污染物特别排放限值，以实现重金属的源头管控。

（三）积极整改，补齐生态环境短板

中央环保督查组于2018年6月进驻我省开展为期1个月的环保督察“回头看” 工作，督查期间转办我市的35批62宗案件已全部办结。广东省第三批第一环保督察组于2018年9月对我市开展为期半个月的省级环保督察工作，督察期间交办的380宗案件已全部办结。我市按照环保督察反馈意见和整改要求，严格落实，积极整改，分别制定了4个专项整改方案，共列出68项问题清单，明确了具体工作目标、任务要求和责任单位，完善环境保护责任考核制度，并组织开展新一轮生态环保规划与生态产业发展规划工作。现已完成南岭国家自然保护区和乐昌杨东山十二度水省级自然保护区违法项目清理；督察排查出的429个水源地违法建设项目及建筑，已完成清理整治417个，完成率97.2%；划定了畜禽禁养区，清理位于水源地的畜禽养殖场（或专业户）共264家；市区扬尘管控取得了明显成效； 全市固体废物摸底调查工作完成，粤北危险废物处置中心、韶钢固体废物综合利用等一批重点项目建设进展顺利。

2018年2月，生态环境部、水利部共同部署水源地整治工作（主要内容为“划、立、治”，即划定边界，设立警示标志和视频监控，整治违法建筑与项目）。我市对2个市级饮用水源地、8个县级饮用水源地进行排查，共排查出环境问题44个（其中：35个自查问题，9个交办问题）。至2018年12月底，已完成清理整治36个（其中：27个自查问题，9个交办问题）。其中，市级饮用水源地的27个环境问题已全部按期完成清理整治并销号。

（四）严格执法，保障生态环境安全

2018年，全市出动执法人员12714人次，较上年度增加3.5%；检查企业4701 家，较上年度上升17.4%；处罚企业180家次，较上年度上升68.2%；共处罚金额2224.2464万元，较上年度增加426.4%。

其中：我局出动执法人员2384人次，较上年度增加7%；检查企业1018家，较上年度上升25%；处罚企业26家次，较上年度上升44.4%；共处罚金额291.553万元，较上年度增加162%。

2018年，全市共受理群众反映各类环保问题信访件2911宗，比去年同期上升35%，其中网络问政567件、来信149件、电话（含12345热线）2021件，来访174批共346人。各类信访件处理率100%，办结率100%。

其中，我局共受理群众反映各类环保问题信访件1673宗，比去年同期上升52.2%，其中网络问政290件、来信17件、电话（含12345热线）1330件，来访30批共52人，其他6件。各类信访件处理率100%，办结率100%。

2018年，我市组织了31家国控企业参与2017年度企业省级环境信用评价，其中27家企业通过了蓝牌、绿牌的评价，4家企业评价结果为黄牌。组织了70家企业参与市级环境信用评价，其中3家为绿牌，67家为蓝牌。

根据国家生态环境部、省生态环境厅等部门要求，开展了三轮联合交叉执法检查，共检查企业137家次，其中存在环境问题的企业84家次，所排查企业涉及化工行业、农林牧渔业、农副食品加工业非金属矿物制品业、金属冶炼及压延加工业、废弃资源综合利用业、环境治理业、公共设施管理业等22个行业，存在问题的企业由市、县两级环保部门分别要求整改，涉及违法行为的依法对企业进行立案查处。联合市住管、国土、经信部门组织各县（市、区）对辖区黏土砖厂和非黏土砖厂开展排查整治工作，共出动执法人员290人次，检查各类砖厂57家， 关闭黏土砖厂6家，发现存在问题的各类砖厂29家。根据国家对排污许可最新要求实施全过程管理，截至2018年，我市已完成58家企业国家排污许可证的核发， 现督促持证单位完善排污许可证台账记录和填报执行报告，以强化证后的监管。

（五）稳抓重点，落实主要污染物排放总量控制制度

2018年4月9日，我市印发了《韶关市2018年主要污染物总量减排工作计划》，将全市减排重点项目和目标任务分解到各重点企业和县（市、区）政府。为确保目标任务完成，我市积极采取有效措施，开展督查督办工作，成立了由环保、住管、农业等部门组成的减排工作督办小组，分别在4月、7月、10月对重点减排项目开展了督查督办，8月会同市农业局开展畜禽养殖废弃物资源化利用专项督办，并印发督办通报，对存在问题及时进行通报、预警。

2018年，全市共实施完成208个减排项目，其中：规模化畜禽养殖场项目169 个、污水处理厂项目27个、垃圾填埋场渗漏液处理项目2个、脱硫脱硝项目9个以及拆除南水河网箱养鱼项目。经广东省生态环境厅核算，我市化学需氧量相对于2015减排比例下降9.8%，氨氮下降9.8%，二氧化硫下降12%，氮氧化物下降1.5%，均完成省下达我市污染防治攻坚战年度目标任务。

（六）全面部署，开展第二次全国污染源普查

按照国家和省污染源普查工作要求，我市积极组织开展全市第二次全国污染源普查工作。2018年2月6日，市政府印发了《韶关市第二次全国污染源普查实施方案》。在普查各个阶段，我市还印发了《韶关市第二次全国污染源普查宣传工作实施方案》《韶关市第二次全国污染源普查清查工作实施细则》《韶关市第二次全国污染源普查清查工作质量控制方案》《韶关市第二次全国污染源普查入户调查和数据审核工作实施细则》《韶关市第二次全国污染源普查质量控制办法》和《韶关市第二次全国污染源普查质量控制实施细则》等一系列文件，用于指导全市污染普查工作开展。2018年，全市各级普查机构合计落实工作人员189名（其中专职人员55名），落实普查工作经费1510万元。全市备案普查员480人，备案普查指导员178人。

2018年7月，我市清查建库工作完成，全市共清查工业企业和产业活动单位15803家，规模化畜禽养殖场（小区）3929家，集中式污染治理设施275个，生活源锅炉219台，入河排污口226个。纳入全面入户调查的工业企业和产业活动对象2890家，规模化畜禽养殖场（小区）1983家，集中式污染治理设施217个，生活源锅炉16台，入河排污口225个，移动源236家，工业园区11个。

根据上级普查机构有关工作部署和要求，截至2018年底，我市第二次全国污染源普查已完成全面入户调查、数据采集、第一次数据专网上报等工作。下一阶段将开展普查数据审核与整改、污染物产排量核算、数据分析汇总和普查验收等工作。

（七）致力改革，优化项目审批程序

2018年，我局致力提速审批，联合华南先进装备产业园管理委员会，共同出台了《关于华南先进装备产业园项目环评管理的若干意见》，为装备园入园项目环评文件审批的保质提效提供了制度保障。结合最新的环保法律法规及实际的工作情况，进一步优化环评审批工作程序，发布《韶关市环境保护局行政审批流程（2018年版）》，明确政府投资、社会投资、符合园区规划的入园企业、敏感类和非敏感类项目实行不同的审批流程。

2018年，全市办理各类新建项目环评审批97份（其中报告书22份，报告表75 份），登记表备案管理191份，建设项目噪声、固体废物环境保护设施验收决定6份，建设项目自主验收材料接收凭证66份，办理各类许可证228份（其中：广东省污染物排污许可证85份，国家污染物排污许可证7份，在城市市区建筑施工使用蒸汽桩机、锤击桩机审批71份，噪声敏感建筑集中区域内夜间连续施工作业审批27份，办理辐射安全许可证36份，危险废物收集经营许可证2份）；广东省危险废物经营许可证初审意见2份。

（八）加强管理，规范固体废物监管

结合环保督察回头看及固体废物专项督查工作，加强固体废物管理工作。一是认真协同开展固体废物“三个一”行动，全面推进固体废物管理，行动中各级领导合计走访谈话企业205家、签订承诺书合计243份、签订责任书172份。二是组织开展我市固体废物全面排查工作，通过委托专业机构对全市工业固废和固废堆场、排土场、可见矿坑等进行排查，并根据排查结果制定《韶关市工业固体废物管理技术手册》和相应整治方案。三是全面推进固体废物污染防治重点工程项目建设。四是强化危险废物规范化管理，印发《韶关市危险废物规范化管理考核工作方案》，加强危险废物平台管理，结合交叉执法检查工作开展危险废物经营、产生单位现场检查工作，促进企业危险废物管理。

（九）提高预警，消除环境风险隐患

2018年，认真按照环境应急管理工作要求开展各相关工作。一是开展了全市应急资源调查工作，摸清区域各相关单位应急资源情况。二是转发省环保厅《突发环境事件应急预案备案行业名录（指导性意见）》，强化企业应急预案管理。三是制定了《韶关市环境保护局双休日值班制度（试行）》，进一步加强了市环保局安全生产工作和突发环境事件应对工作要求。四是联合监测中心站制订《韶关市十里亭断面水质异常预警和响应机制（试行）》，进一步加强武江流域十里亭断面水质污染的预防、预警，全面提高应对可能突发的异常情况能力，强化饮用水源地水质预警和保护工作。

2018年由市本级调度的突发环境事件3起，分别为4月21日京珠高速沙溪镇南华寺出口匝道集装箱车侧翻芳烃溶剂油泄漏事件；6月5号始兴总甫运载保险粉车辆自燃事件和7月19日京珠南高速北行交通事故造成部分乙苯泄漏事件。3起事件均处置应对及时，没有造成进一步的环境影响。

本年度我市辖区内未发生较大以上的突发环境事件。

（十）主动宣传，强化环境信息公开

加强信息公开，增加环保工作透明度。2018年，我局主动公开政府信息共593条，通过当面接收、信函及网上申请等方式，共登记办理依申请公开10件，环保公众网发布新闻778条、发布微信417条、发布微博429条。

组织环保宣传，提高公众参与积极性。向企业、学校、居民小区和政府部门发放《环保口袋书》、《新环保法：一部长牙齿的法律》、《防护PM2.5科普知识》、《市民生态文明行为指南》等宣传资料5000余份（册），印刷发放2000册《习近平谈生态环境》。通过举办“生态韶关·美丽家园”摄影比赛、登山环保宣传活动等系列活动，借助广播电视、纸质媒介、网络新媒体，以及公交车候车亭、环境文化宣传橱窗、户外宣传栏、电子显示屏等各种宣传平台，开展生态文明宣传，将生态文明理念推向广大市民群众，提高公众参与生态环境保护的积极性。

附 录

央视媒体进韶关

央视科技频道《味·道》栏目组走进必背瑶寨

2018年1月，中央电视台科教频道《味·道》栏目摄制组，到乳源瑶族自治县必背瑶寨拍摄春节季之乳源瑶乡“记忆中的年味”。

此次活动以乳源瑶族自治县必背镇必背村邓永英一家为主要对象，以舂粑粑为切入点，重点拍摄酿豆腐和竹筒鸡的制作方法，展示美食制作过程。录制邓永英家人及亲朋好友齐聚吃年夜饭、贴对联、挂灯笼、跳竹竿舞、刺瑶绣等反映乳源瑶族自治县瑶族群众过年独特风俗场景，让摄制组现场感受瑶乡风俗年味。此次在乳源瑶族自治县摄制时长为50分钟的“记忆中的年味”在中央电视台科教频道春节期间播出。

乐昌九峰桃花景观在中央电视台综合频道、新闻频道播出

2018年3月6日乐昌桃花节开幕，中央电视台一天内两次直播广东乐昌九峰山“万亩桃李花繁追逐春天脚步”盛况美景。

央视《新闻联播》头条播出南雄市珠玑镇角湾村抓基层党建推动乡村振兴的先进事迹

2018年7月30日，央视《新闻联播》头条播出广东抓基层党建促乡村振兴报道，其中讲述南雄市珠玑镇角湾村抓基层党建推动乡村振兴的探索与实践。

《耕读传家话翁源》在中央电视台科教频道播出

2018年8月28日，中央电视台CCTV-10科教频道节目《中华揭秘》用时长42分28秒报道广东韶关市翁源县“耕读传家话翁源”这一当地的传统文化习俗。

南雄灵潭村登上央视《焦点访谈》，入围中国美丽休闲乡村名单

2018年10月8日晚上19点46分，央视《焦点访谈》栏目以《让乡村“靓”起来》为题，聚焦南雄市珠玑镇灵潭村，点赞农村人居环境整治的南雄经验。灵潭村地处南雄市珠玑镇，是革命老区村、省定重点贫困村和省级新农村连片示范建设主体村。辖11个村小组，共500多户，2000余人。灵潭村抓紧新农村建设机遇，不断推进党组织规范化建设，发挥农村党员先锋模范作用和村民主体作用，形成党员包干联户、村民自觉定点投放垃圾、保洁队伍常态维护的生动格局，村容村貌发生巨大变化。灵潭村自开展人居环境整治以来，已新修农田水利设施约10千米，改造道路7.8千米，修建桥梁4座，新建污水处理生态湿地360平方米，休闲广场5个，公共厕所7间，改造房屋外立面8.48万平方米，绿化美化面积约2.5万平方米，全村人居环境得到极大改善，村民幸福感和获得感明显增强。雄党员干部纷纷表示，前不久南雄抓基层党建推动乡村振兴上央视《新闻联播》头条，这次南雄抓人居环境整治又再次登上央视《焦点访谈》，真让人振奋。接下来将一如既往地踏实干下去，以为民情怀建设美丽乡村。灵潭村被评为2018年中国美丽休闲乡村。

新时代文明实践中心试点工作在中央电视台《新闻联播》《朝闻天下》播出

10月19日中央电视台《新闻联播》用近2分钟时间介绍乳源推进新时代文明实践中心建设，使文明新风走进寻常百姓家的经验和做法。广东韶关乳源瑶族自治县通过整合各种资源，创新方式方法，凝聚群众，引导群众，使文明新风走进寻常百姓家。在广东乳源县图书馆的新时代文明

实践中心内，一场生动的家庭教育进社区活动正在进行，近百名家长参与其中。2018年8月，乳源被定为全国新时代文明实践中心试点县。依托县里的图书馆、文化馆、博物馆等，当地在镇村、学校和单位建起12个实践所、20个实践站，宣讲中央政策、弘扬传统美德、开展爱国主义教育。乳源还把文明实践与民族文化传承结合起来，组建起瑶族非遗传承班等。2018年以来，当地共开展文明实践活动近40场次，群众参加人数超过5万人次，文明新风深入瑶乡。

央视到乳源瑶族自治县勘景踩点拍摄纪录片

2018年12月，中央广播电视总台央广总编室播音主持指导委员会副主任贾际、央广广东记者站站长彭小毛、央视纪录片频道编剧吴小满等一行分两批次，于12月2–3日、8–12日到乳源勘景踩点和拍摄。

央视摄制组先后走进县民族实验学校、金禧小学、县一小等学校，采访蓝兵强、黄冬梅、杜新平、钟永莲等教师，了解他们为语文教学工作所作的努力和奋斗故事。深入到距离县城30多千米的游溪中学旧址，寻找和拍摄教师扎根瑶山，奉献山区教育事业的奋斗足迹。到乳源瑶族自治县城街头集市、公园、地标，拍摄瑶乡新貌和建设成就。

摄制组走进课堂，拍摄特邀“国宝级播音员”76岁的中央人民广播电台著名播音员、播音指导教师佟雅坤到县民族实验学校、金禧小学，与教师们一同上语文课、一同给小学生练习诵读的纪录片。由中央广播电视总台和教育部联合主办的“中小学语文示范诵读库”项目于2018年5月首批百部作品上线后，取得数千万次的点读量，受到社会和师生广泛好评。第二批100篇作品已经录制完成，于12月下旬召开发布会，邀请乳源瑶族自治县多名瑶族学生和教师代表进京参加发布会，并上台参加演出。央视摄制组到乳源瑶族自治县采访采风，于12日结束为期5天的《中小学语文示范诵读库晚会开幕纪录片》拍摄工作。

央视发现之旅频道《美丽中国行》栏目聚焦南雄生态旅游

2018年12月3日起，中央电视台发现之旅频道《美丽中国行》栏目摄制组深入韶关各县（市、区）实地拍摄韶关生态旅游专题节目。南雄是此次拍摄的第一站，摄制组一行先后走进帽子峰森林公园、珠玑古巷、梅关古道、坪田古银杏群等地，用镜头记录和展示南雄市优美的自然风光和厚重的人文历史。

南雄市素有“银杏之乡”的美称，“银杏染秋”景观是南雄旅游的一大品牌。南雄是全国纬度最低的银杏生长区域，帽子峰森林公园的银杏为人工种植林，而坪田银杏则多为古银杏，由叶氏始祖开始种植，至今已有1000多年的历史。两者各有千秋，深受全国各地游客的追捧。南雄市争取和整合各级各部门资金，对银杏主景区的基础设施和配套设施不断进行完善，全面提升旅游接待能力。2017年银杏观赏季期间，接待游客173.18万人次，旅游总收入突破11亿元。

珠玑古巷、梅关古道，也是此次拍摄的重点。珠玑古巷是古代中原通往岭南古驿道上的一个商业重镇，是广府人的发祥地、广东仅有的宋代古巷古道，有“广东第一巷”之美誉。梅关古道跨越粤赣两省，是古代连接长江、珠江两大水系最短的陆上交通要道，是全国保存最完好的古驿道。三年游击战期间，陈毅等老一辈革命家转战梅岭一带，留下光辉的足迹。眼下，梅关古道上，寒风微起，梅花初绽，风骨尽显。

南雄市按照文化旅游融合发展的要求，全力打造“大珠玑旅游文化圈”，加快推进南雄市全域旅游示范区建设，不断推进南雄区域旅游发展大格局，取得一系列殊荣。2015年、2018年“银杏染秋”被评为广东省最具影响力旅游品牌。珠玑、坪田等5个镇被评为广东省休闲农业与乡村旅游示范镇，梅关古道被评为“中国十大古道”。珠玑古巷姓氏文化节获评“最具影响力广东县域民俗文化节庆”……

央视摄制组导演刘晖表示，作为本次拍摄的首站，南雄自然风光优美、历史文化厚重，旅游事业蓬勃发展。在结束南雄为期两天的拍摄任务后，摄制组将前往韶关其他县（市、区）取景拍摄，并将于2019年1月在央视发现之旅频道和香港卫视播出一期30分钟的韶关生态旅游专题节目，推介韶关全域旅游发展。

中国国际电视台CGTN《直播中国》在韶关进行聚焦韶关改革开放40周年成就——脱贫攻坚工作和文化旅游产业发展两场直播报道

为庆祝改革开放40周年，中国国际电视台CGTN（原央视英语新闻频道CCTVNEWS）将推出特别报道《直播中国》，直播报道组2018年12月12日在韶关进行两场直播报道，聚焦韶关脱贫攻坚工作和文化旅游产业发展，呈现省、市改革开放40周年成就。

该直播报道组由60人的直播团队组成，在韶关搭建外景演播室，第一场于12日16：00至16：30，在南雄市角湾村旧屋门前做直播节目，主题为扶贫与乡村振兴，与当地村民、村干部分享脱贫经历；第二场于12日20：15至20：45，在市区海关大楼对面广场做直播节目，与韶关市旅游局相关负责人、“网红民宿”丹霞印象创始人，探讨乡村旅游可持续发展。

11月下旬，在市相关部门的协调下，中国国际电视台CGTN已派摄制组到直播点进行实地调研踩点，并到始兴深渡水瑶族乡拍摄，聚焦少数民族经济发展和文化保护等；同时还赴丹霞山景区拍摄，呈现丹霞山独特风貌，以及旅游发展等情况。

表45 2018年度获省部级以上表彰的先进单位（事项）

单位名称	荣誉称号	表彰单位
韶关市	成功入选全国文明城市提名城市	中央文明办
韶关	入围2018畅游中国100城	宁夏回族自治区人民政府主办、宁夏回族自治区旅游发展委员会、西北旅游协作区秘书处承办
韶关市山水林田湖草生态保护修复工程	列入全国试点项目	财政部、自然资源部、生态环境部
韶关市“马上办”服务模式	列入省积极推进重大政策措施贯彻落实的好案例	广东省政府
韶关市第八中学	广东省依法治校示范校	广东省教育厅
浈江区	广东省推进教育现代化先进县	广东省人民政府教育督导室
浈江区教育局	国家义务教育质量监测优秀组织单位	教育部基础教育质量监测中心
浈江区	广东省社区教育实验区	广东省教育厅
浈江区犁市镇	广东省县乡人大工作和建设先进集体	广东省人大常委会
浈江区良村	入选广东改革开放示范百村	广东省人民政府
武江区教育局	国家义务教育质量监测优秀组织单位	教育部基础教育质量监测中心
武江区重阳镇	获得广东省县乡人大工作和建设先进集体	广东省人大常委会
武江区新华北社区居委会	被评为2016-2020年度广东省科普示范社区	广东省科学技术协会、广东省精神文明建设委员会办公室、广东省科学技术厅
武江区向阳村	入选广东改革开放示范百村	广东省人民政府
武江区金福园小学	广东省依法治校示范校	广东省教育厅
曲江区	广东省推进教育现代化先进县	广东省人民政府教育督导室
曲江区教育局	国家义务教育质量监测优秀组织单位	教育部基础教育质量监测中心
曲江区	广东省社区教育实验区	广东省教育厅
曲江区樟市镇	广东省县乡人大工作和建设先进集体	广东省人大常委会
经律论	广东最佳康养温泉称号	广东温泉行业协会
曲江图书馆	获评国家一级图书馆	文化和旅游部
曲江区国家基本气象站	入选中国百年气象站名录	中国气象局
曲江区城南小学	广东省依法治校示范校	广东省教育厅
乐昌市	广东省推进教育现代化先进县	广东省人民政府教育督导室
乐昌市教育局	国家义务教育质量监测优秀组织单位	教育部基础教育质量监测中心
乐昌市	广东省社区教育实验区	广东省教育厅
乐昌市	入选全国农村创业创新典型县	农业农村部
乐昌北乡镇	入选第八批全国一村一品示范村镇	农业农村部
梅花大坪村和黄圃石溪村	被列入第五批中国传统村落名录	住房城乡建设部

续表

单位名称	荣誉称号	表彰单位
乐昌黄金柰李	入选国家地理标志商标	中华人民共和国国家工商行政管理总局商标局
乐昌香芋	入选全国名特优新农产品	农业农村部
北乡黄坌村	入选广东改革开放示范百村	广东省人民政府
乐昌润粮农场	被授予省十佳最美农田称号	广东省农业农村厅
乐昌九福兰花公园	被评为国家AAA级旅游景区	韶关市旅游景区质量等级评定委员会
梅花镇大坪村、黄圃镇石溪村	第五批中国传统村落名录	住房城乡建设部
乐昌市坪石镇金鸡小学	广东省依法治校示范校	广东省教育厅
乐昌市香芋产业园	入选第二批省级现代农业产业园名单	广东省农业厅
乐昌花鼓戏《一双高跟鞋》、采茶小戏《醉酒》	获省第九届群众戏剧曲艺花会铜奖	广东省文化和旅游厅、广州市荔湾区人民政府
广场舞《杨柳青–滃江美》	获省广场舞展演优秀团队奖	中共广东省委宣传部、省文化厅、省体育局
南雄市人大常委会机关	获广东省县乡人大工作和建设先进集体称号	省人大常委会
南雄市教育局	国家义务教育质量监测优秀组织单位	教育部基础教育质量监测中心
南雄市珠玑灵潭村	获评2018年中国美丽休闲乡村	农业农村部网
南雄市灵潭村	入选广东改革开放示范百村	广东省人民政府
南雄市老区建设促进会	被评为全国先进老区建设促进会	中国老促会
南雄产品“金友米露”	入选首批全国一县一品品牌农产品名录	中国老区建设促进会中国品牌建设促进会、中国优质农产品开发服务协会
南雄坪田镇	获中国最美银杏文化小镇称号	广东省林学会
金友集团	入选第三批国家林业重点龙头企业	国家林业局
南雄市南亩镇鱼鲜村、油山镇上朔村、百顺镇百顺村黄屋城村	第五批中国传统村落名录	住房城乡建设部
南雄市《茶花灯》	广东省第七批省级非物质文化遗产代表性项目名录	广东省人民政府
南雄市坪田镇迳洞的500年树龄的枳椇	中国最美古树	全国绿化委员会办公室、中国林学会
仁化县	广东省推进教育现代化先进县	广东省人民政府教育督导室
仁化县教育局	国家义务教育质量监测优秀组织单位	教育部基础教育质量监测中心
仁化县	获2017中国最具投资特色魅力示范县	爱国华商投资促进机构美中经贸投资总商会、世界品牌组织
仁化县	入选首批国家农村产业融合发展示范园	国家发展改革委、农业部、工业和信息化部、财政部、国土资源部、商务部、国家旅游局
仁化县	2018中国最美县域	中元品牌价值研究中心

续表

单位名称	荣誉称号	表彰单位
仁化县	2018—2020年创建周期全国文明城市提名城市名单	中央文明办
仁化县	入选2018年广东省林下经济示范县	广东省林业厅
仁化长江镇	获中国毛竹之乡	中国林学会竹子分会
仁化白毛茶和长坝沙田柚	入选全国名特优新农产品目录	农业部优质农产品开发服务中心
仁化县丹霞新城肉菜市场	获广东省文明诚信市场称号	省工商局、省文明办、省信用办
仁化县城口镇恩村村	第五批中国传统村落名录	住房城乡建设部
始兴县	广东省推进教育现代化先进县	广东省人民政府教育督导室
始兴县教育局	国家义务教育质量监测优秀组织单位	教育部基础教育质量监测中心
始兴县	广东省社区教育实验区	广东省教育厅
始兴县	入选2018中国最美县域	中元品牌价值研究中心
始兴县	获得广东省科普示范县称号	广东省全民科学素质纲要实施工作办公室
始兴县城南镇周前村	第五批中国传统村落名录	住房城乡建设部
始兴县文笔小镇	成功入选全省第二批特色小镇	省发改委
始兴马市镇	被认定为全国农业强镇示范建设基地	农业农村部办公厅、财政部办公厅
罗坝镇淋头村	获全国民主法治示范村称号	司法部、民政部
始兴县罗坝镇	广东省县乡人大工作和建设先进集体	省人大常委会
车八岭保护区	列入中国生物圈保护区网络首批野生动物红外相机监测项目试点保护区	中国人与生物圈国家委员会（MAB）和国际动物学会）ISZS）
车八岭	被评为全国林业科普基地	中国林学会
始兴社科联	被评为2018年度全国社科组织先进单位	全国大中城市社科联
始兴县隘子镇满堂村	获全国生态文化村称号	中国生态文化协会
始兴县司法局	获评全国人民调解工作先进集体	司法部
始兴县实验小学	广东省依法治校示范校	广东省教育厅
始兴县深渡水瑶族乡坪田村1000年树龄的米锥	中国最美古树	全国绿化委员会办公室、中国林学会
翁源县	广东省推进教育现代化先进县	广东省人民政府教育督导室
翁源县教育局	国家义务教育质量监测优秀组织单位	教育部基础教育质量监测中心
翁源县	被授予全国法治县（市、区）创建活动先进单位	全国普法办公室
翁源县	成功创建省级慢性病综合防控示范区	广东省卫生健康委员会
翁源县	省级农村人居环境整治示范县	省委、省政府
翁源县	列为国家农村人居环境整治试点县	中央农办、农业农村部

续表

单位名称	荣誉称号	表彰单位
翁源县《客家山歌》《猫头狮》	广东省第七批省级非物质文化遗产代表性项目名录	广东省人民政府
翁源申报的“广东省翁源县环卫服务及垃圾分类减量一体化项目”	获2018中国环境卫生国际博览会生活垃圾分类入选案例	中国城市环境卫生协会
翁源县东华山风景区	成功创建为国家AAAA级旅游景区	广东省景区评委会
翁源县乡村振兴讲习所	被选定为广东省生态宜居美丽乡村建设培训教育基地	广东省住房城乡建设厅
翁源县龙仙第一小学	广东省依法治校示范校	广东省教育厅
新丰县	广东省推进教育现代化先进县	广东省人民政府教育督导室
新丰县人大常委会机关	广东省县乡人大工作和建设先进集体	省人大常委会
新丰县梅坑镇	被授予广东省县乡人大工作和建设先进集体	省人大常委会
新丰县教育局	国家义务教育质量监测优秀组织单位	教育部基础教育质量监测中心
新丰县	获旅游创新发展十强县（市）和广东省最具影响力旅游微信公众号	广东旅游竞争力评价研究中心、广东智慧旅游发展中心
新丰县马头镇潭石村九栋十八井村	第五批中国传统村落名录	住房城乡建设厅
新丰县茶叶产业园	成功入选广东首批农业产业园	广东省农业厅
新丰县实验小学	广东省依法治校示范校	广东省教育厅
乳源瑶族自治县	广东省推进教育现代化先进县	广东省人民政府教育督导室
乳源瑶族自治县教育局	国家义务教育质量监测优秀组织单位	教育部基础教育质量监测中心
乳源瑶族自治县	广东省社区教育实验区	广东省教育厅
乳源瑶族自治县	成为全国首批新时代文明实践中心建设试点县	中共中央办公厅
乳源县一六镇	被授予广东省县乡人大工作和建设先进集体称号	省人大常委会
大桥镇中冲村	成为国家级稻渔综合种养示范区	农业部
洛阳茶	列入省级农业标准化示范区	广东省质监局
乳源南岭蔬菜产业园	列为第二批省级现代农业产业园	广东省农业厅
大桥镇大桥村、深源村	列入第五批中国传统村落保护名录	住房城乡建设部
《瑶族刺绣》	入选第一批国家传统工艺振兴目录	文化和旅游部、工业和信息化部
《双朝节》《苦爽酒酿造技艺》	广东省第七批省级非物质文化遗产代表性项目名录	广东省人民政府
乳源东阳光电化厂	获广东省五一劳动奖状称号	广东省总工会

续表

单位名称	荣誉称号	表彰单位
乳源瑶族自治县县交通运输局乳城中队	获2017年度广东省交通运输行政执法评议考核优秀单位	广东省交通运输厅
乳源瑶族自治县国税局纳税服务股（办税服务厅）	获广东省三八红旗集体称号	广东省妇女联合会
东阳光	被命名为第五批全国民族团结进步创建示范单位	国家民委
乳城镇、必背镇	创建成为2018-2020年度广东省民间文化艺术之乡	广东省文化厅
乳源瑶族自治县原创音乐作品《青春恋歌》	获2018广佛肇清云韶六市原创音乐作品展演金奖	广州、佛山、肇庆、清远、云浮、韶关等六市文化广电新闻出版局
乳源瑶族自治县民族实验学校	入选广东省依法治校示范校	广东省教育厅
韶关开放大学	关爱聋哑儿童活动优秀奖	国家开放大学
韶关开放大学	先进集体	广东省成人教育协会
韶关开放大学	绩效考核优秀奖	广东开放大学
韶关开放大学	优秀考点	全国高校网络教育考试委员会办公室
韶关学院学报	第五届全国地方高校优秀期刊	全国地方高校学报研究会
韶关学院学报“岭南文化研究”栏目	被评为第五届全国地方高校学报特色栏目	全国地方高校学报研究会
韶关学院	全国第五届大学生艺术展演活动优秀组织奖	中华人民共和国教育部
韶关学院	2017年度全国高校后勤系统信息宣传工作先进单位	中国教育后勤协会
韶关学院	第二届广东省青少年禁毒暨法治宣传创意大赛优秀组织奖	中国共产主义青年团广东省委员会、广东省禁毒委员会办公室、广东省教育厅、广东省司法厅
韶关学院南雄湖口“先锋践行新思想知行合一大学习”大学生党员实践队	2018年全国大中专学生志愿者暑期“三下乡”社会实践活动优秀团队	团中央学校部、全国学联秘书处
韶关学院2018年暑期“三下乡”社会实践项目（教育关爱类）	“千校千项”遴选活动最具影响好项目	团中央学校部、中国青年报社、人民网
韶关学院调研潮州三下乡团队	“千校千项”成果遴选活动百佳创意短视频	团中央学校部、中国青年报社、人民网
“弘扬右玉精神，争做时代新人”韶关学院2018年暑期三下乡社会实践队	“镜头中的三下乡”优秀报道奖	团中央学校部、团中央网络影视中心
韶关学院	2014-2017年度广东省高校安全文明校园	广东省教育厅、综治办、公安厅

续表

单位名称	荣誉称号	表彰单位
韶关学院	2017年度全省征兵工作先进单位	广东省人民政府征兵办公室、省教育厅
韶关学院	广东省哲学社会科学优秀成果奖（二等奖）	广东省人民政府
韶关学院	广东省科技进步奖（二等奖）	广东省人民政府
韶关学院	广东省农业技术推广奖（一等奖）	广东省农业技术推广奖评审委员会
韶关学院英东食品科学与工程学院	2017年广东省教育教学成果奖（高等教育）二等奖	广东省教育厅
韶关学院英东食品科学与工程学院	广东省教育教学成果奖（职业教育类）二等奖	广东省教育厅
韶关学院英东食品科学与工程学院	2017年广东省教育教学成果奖（高等教育）二等奖	广东省教育厅
韶关学院后勤处监控科、饮食服务中心党支部	广东省高校学习型、服务型、创新型党支部	中共广东省委教育工作委员会
韶关学院	2018年广东大中专学生志愿期“三下乡”社会实践活动优秀单位	中共广东省委宣传部、广东省精神文明建设委员会办公室、共青团广东省委员会、广东省教育厅、广东省学生联合会
韶关学院“聚力脱贫攻坚服务乡村振兴”社会实践队	2018年广东省大中专学生志愿者暑期“三下乡”社会实践活动优秀团队	中共广东省委宣传部、广东省精神文明建设委员会办公室、共青团广东省委员会、广东省教育厅、广东省学生联合会
韶关学院“青春大学习奋斗新时代”弄潮儿实践志愿服务队	2018年广东省大中专学生志愿者暑期“三下乡”社会实践活动优秀团队	中共广东省委宣传部、广东省精神文明建设委员会办公室、共青团广东省委员会、广东省教育厅、广东省学牛联合会
“先锋践行新思想，知行合一大学习”韶关学院2018年大学生党员暑期社会实践团队	2018年大学生党员暑期社会实践优秀团队	中共广东省委教育工委
韶关学院学生会	2017–2018年度广东省优秀学生会	广东省学生联合会
韶关学院后勤处	2018年度广东省高校优秀后勤服务集体	广东省高校后勤协会
韶关学院成人教育处	广东省成人教育先进集体	广东省成人教育协会
韶关学院教务处	广东省第四届高校青年教师教学大赛优秀组织奖	广东省总工会、广东省教育厅
韶关学院	广东省第十二届广东大中专学生校园文体艺术节优秀组织奖	第十二届广东大中专学生校园文体艺术节组委会
韶关学院英东农业科学与工程学院团委	2017–2018年广东省五四红旗团委	共青团广东省委员会
广东省松山职业技术学院计算机系团总支	获2017年全国高校活力团支部	团中央学校部

续表

单位名称	荣誉称号	表彰单位
广东省松山职业技术学院	被评为2015-2017年度广东省高校平安校园创建达标学校	省教育厅、省综治办、省公安厅
广东省松山职业技术学院计算机团总支	获2017-2018年度广东省五四红旗团支部	共青团广东省委员会
广东省松山职业技术学院电子协会	获得2017-2018年度广东省优秀学生社团称号	广东省学生联合会
广东省松山职业技术学院机械系代表队	获得“切削加工智能制造单元生产与管控赛项”一等奖	人力资源和社会保障部、中华全国总工会、中国机械工业联合会
韶关市体育教师代表队	获得广东省第十五届运动会学校体育组（广东省第四届）中小学体育教师教学技能大赛团体总分一等奖	广东省教育厅
韶关市技师学院团委	2017-2018年度广东省五四红旗团委标兵	共青团广东省委员会
韶关市技师学院现代交通产业系学生会	2017-2018年度广东省优秀学生会	广东省学生联合会
韶关技师学院现代制造产业系团总支（原数控技术系团总支）	2017-2018年度广东省五四红旗团支部	共青团广东省委员会
韶关市田家炳中学学生会	2017-2018年度广东省优秀学生会	广东省学生联合会
韶关市新丰县第一中学学生会	2017-2018年度广东省优秀学生会	广东省学生联合会
韶关市中等职业技术学校茗修社	2017-2018年度广东省优秀学生社团	广东省学生联合会
韶关市南雄市中等职业学校舞蹈队	2017-2018年度广东省优秀学生社团	广东省学生联合会
韶关市第一中学心理联络员社团	2017-2018年度广东省优秀学生社团	广东省学生联合会
韶关市曲江区第一中学志愿者服务社	2017-2018年度广东省优秀学生社团	广东省学生联合会
韶关市第十三中学“我造未来”创客社团	2017-2018年度广东省优秀学生社团	广东省学生联合会
韶关市粤北人民医院团委	2017-2018年广东省五四红旗团委	共青团广东省委员会
韶关市武江区新华街工作团委	2017-2018年广东省五四红旗团委	共青团广东省委员会
韶关市国家税务局团总支	2017-2018年度广东省五四红旗团支部	共青团广东省委员会
韶关市武江区西联镇阳山团支部	2017-2018年度广东省五四红旗团支部	共青团广东省委员会
中国移动韶关市区分公司团支部	2017-2018年度广东省五四红旗团支部	共青团广东省委员会
韶钢工程公司制造事业部团支部	2017-2018年度广东省五四红旗团支部	共青团广东省委员会

续表

单位名称	荣誉称号	表彰单位
韶关市曲江区沙溪中学团支部	2017-2018年度广东省五四红旗团支部	共青团广东省委员会
韶关市粤北第二人民医院肺科团支部	2017-2018年度广东省五四红旗团支部	共青团广东省委员会
韶关市曲江区农业机械化技术推广站《花生生产机械化技术推广》	获广东省农业技术推广奖三等奖	广东省农业技术推广奖评审委员会办公室
韶关市林业科学研究所《韶关市油茶标准化生产技术示范推广》	获广东省农业技术推广三等奖	广东省农业技术推广奖评审委员会办公室
韶关市畜牧研究所《粤北山区新丹系种猪选育及配套技术研究与推广》	获广东省农业技术推广三等奖	广东省农业技术推广奖评审委员会办公室
广东省矿研所第一分会	被评为模范职工小家	全国总工会
广东省矿研所《甘肃省瓜州县国宝山铷等稀有金属矿选冶试验》	获2017年度广东省地质科学技术一等奖	广东省地质学会
广东省矿产研究所《瓷土矿除铁增白技术》	获2017年度广东省地质科学技术二等奖	广东省地质学会
核工业二九〇研究所	保留广东省文明单位	广东省文明建设委
核工业二九〇研究所普查二分队	2017-2018年中核集团青年安全生产示范岗	中国核工业集团有限公司
核工业二九〇研究所	2017年度广东省地质科学技术奖一等奖1项，二等奖1项	广东省地质学会
核工业二九〇研究所	中国铀业找矿发现奖三等奖1项	中国铀业有限公司
核工业二九〇研究所	中核集团2017年度标准化工作先进单位	中国核工业集团有限公司
核工业二九〇研究所地质工程院	中核集团2018年QC小组二等奖	中国核工业集团有限公司
原韶关市国家税务局直属税务分局	全国三八红旗集体	中华全国妇女联合会
原乳源瑶族自治县地方税务局	全国模范职工之家	中华总工会
原韶关市国家税务局数字人事专项调研组的《借鉴他山之石助推数字人事——基于对新加坡公务员考核模式的经验研究》	获得国家税务总局对数字人事征文一等奖	国家税务总局
粤北人民医院老年病科	广东省三八红旗集体	广东省妇女联合会
韶关调查队	被评为2017年度地级以上市国家调查队综合考核先进单位	国家调查队

续表

单位名称	荣誉称号	表彰单位
韶关调查队	获得2018年广东国家调查队系统青年遥感技能大赛二等奖	广东国家调查队
韶关市政协《坚持“六个精准”推动基层政协工作提质增效》	获全省政协系统“深入开展习近平总书记关于加强和改进人民政协工作的重要思想学习研讨活动”论文评选二等奖	广东省政协
武警韶关支队	百日安全竞赛活动优胜单位	武警部队
武警韶关支队	“庙算”指挥员比武团体第四名	武警部队
武警韶关支队	总队指挥员大比武团体第四名	武警广东省总队
武警韶关支队	教练员、导调员比武团体第二名	武警广东省总队
武警韶关支队	参谋人员大比武团体第三名	武警广东省总队
武警韶关支队	新大纲重难点课目暨搏击教练员集训团体第二名	武警广东省总队
武警韶关支队	预提指挥士官集训团体第三名	武警广东省总队
武警韶关支队	新训干部骨干集训团体第二名	武警广东省总队
武警韶关支队	特战骨干集训团体第一名	武警广东省总队
武警韶关支队	正规化执勤优胜单位	武警广东省总队
武警韶关支队	安全工作先进单位	武警广东省总队
武警韶关支队参谋部	先进参谋部	武警广东省总队
武警韶关支队政治工作处	先进政治工作处	武警广东省总队
武警韶关支队保障处	先进保障处	武警广东省总队
武警韶关支队卫生队	先进卫生队	武警广东省总队
武警韶关支队教导队	二级教导队	武警广东省总队
武警乳源中队	基层建设标兵中队	武警广东省总队
武警韶关支队执勤五中队	基层建设标兵中队	武警广东省总队
武警乳源中队	先进基层党组织	武警广东省总队
武警韶关支队执勤五中	先进基层党组织	武警广东省总队
武警韶关支队执勤一大队	基层建设先进大（中）队	武警广东省总队
武警韶关支队执勤二大队	基层建设先进大（中）队	武警广东省总队
武警韶关支队执勤一中队	基层建设先进大（中）队	武警广东省总队
武警韶关支队执勤二中队	基层建设先进大（中）队	武警广东省总队
武警韶关支队执勤六中队	基层建设先进大（中）队	武警广东省总队
武警仁化中队	基层建设先进大（中）队	武警广东省总队
武警翁源中队	基层建设先进大（中）队	武警广东省总队
武警南雄中队	基层建设先进大（中）队	武警广东省总队

续表

单位名称	荣誉称号	表彰单位
武警警勤中队	基层建设先进大（中）队	武警广东省总队
武警特战中队	基层建设先进大（中）队	武警广东省总队
武警南雄中队	正规化执勤标兵中队	武警广东省总队
武警韶关支队执勤一中队	正规化执勤标兵中队	武警广东省总队
武警韶关支队执勤二中队	正规化执勤优秀中队	武警广东省总队
武警韶关支队执勤四中队	正规化执勤优秀中队	武警广东省总队
武警韶关支队执勤五中队	正规化执勤优秀中队	武警广东省总队
武警韶关支队执勤六中队	正规化执勤优秀中队	武警广东省总队
武警仁化中队	正规化执勤优秀中队	武警广东省总队
武警翁源中队	正规化执勤优秀中队	武警广东省总队
武警乳源中队	正规化执勤优秀中队	武警广东省总队
中共韶关市委政法委员会	2017年度广东省政法系统优秀调研成果三等奖	中共广东省委政法委员会
韶关市公安局交警支队高速三大	集体二等功	省公安厅
韶关市公安局森林公安分局	集体二等功	国家林业局森林公安局
韶关市检察院反贪局	集体二等功	广东省人民检察院
韶关市武江区人民法院司法警察大队	全国法院司法警察先进集体	最高人民法院
广东天行健律师事务所	被评为全国律师行业先进党组织	中国共产党全国律师行业委员会
韶关市人大常委会机关	获广东省推进县乡人大工作和建设贡献奖	广东省人大常委会
韶关市社科联	全国社科工作先进组织	全国大中城市社科联
民盟韶关市委	民盟思想宣传工作先进集体	民盟中央
曲江支部盟员之家	全国优秀盟员之家	民盟中央
民盟韶关市委	2017年度民盟广东省参政议政工作优秀成果奖	民盟广东省委
民盟韶关市委	2017年度组织工作先进集体三等奖	民盟广东省委
韶关市文联	广东省先进集体	广东省文联
中共韶关市委统战部	全省统战信息工作三等奖	广东省委统战部
九三学社韶关市委员会	九三学社广东省委2018年度参政议政工作先进集体表彰	九三学社广东省委
韶关市妇女联合会	2018年度广东省妇联系统新媒体最具组织力奖	广东省妇联

续表

单位名称	荣誉称号	表彰单位
韶关市妇女联合会	在广东省直单位第六届工作技能大赛暨市县机关工作技能邀请赛上，获改革创新类优秀作品奖	广东省直机关工委
韶关市妇女联合会	2017年度妇女儿童规划年度统计监测报告全省一等奖	广东省妇女儿童工作委员会
韶关“守艺红豆”合作社	2018年粤港澳大湾区妇女创业创新大赛总决赛团队组三等奖	广东省妇联、广东省人社厅、珠海横琴新区管委会
新丰县广鸿联民种植农民专业合作社	全国农村妇女岗位建功先进集体	全国妇联
韶关市妇幼保健院生殖医学中心	全国巾帼文明岗	全国妇联
韶关市财政局国库支付中心	全国巾帼文明岗	全国妇联
深圳市中金岭南股份有限公司凡口铅锌矿选矿厂精矿工段	全国巾帼文明岗	全国妇联
广东夏娃生态农业有限公司	全国巾帼文明岗	全国妇联
韶关市始兴县罗坝镇淋头村妇联	全国巾帼文明岗	全国妇联
韶关市南雄市海川生态景观工程有限公司	广东省三八红旗集体	广东省妇联
韶关市公安局警务保障科财务室	广东省三八红旗集体	广东省妇联
韶关市粤北人民医院康复医学科	广东省巾帼文明岗	广东省妇联
韶关市住房公积金管理中心	广东省巾帼文明岗	广东省妇联
韶赣高速公路管理中心总甫收费站	广东省巾帼文明岗	广东省妇联
韶关市乳源瑶族自治县机关幼儿园业务教研组	广东省巾帼文明岗	广东省妇联
韶关市新丰县妇幼保健院妇产科	广东省巾帼文明岗	广东省妇联
韶关市教育局	国家义务教育质量监测优秀组织单位	教育部基础教育质量监测中心
韶关市科技馆	全国科协系统先进集体	人社部、中国科协
韶关市科技馆	全国未成年人思想道德教育先进基地	中央文明办
韶关市科技馆	广东省学雷锋活动示范点	广东省委宣传部、广东省文明委
韶关市关心下一代工作委员会	“中华魂”（辉煌与梦想）主题教育活动先进集体	中国关工委、中国教育部关工委

续表

单位名称	荣誉称号	表彰单位
广东省韶关市劳动保障监察综合执法监督支队	2018年全国清理整顿人力资源市场秩序专项行动取得突出成绩单位	人力资源和社会保障部办公厅、国家市场监督管理总局办公厅
韶关市财政总决算编报工作	获广东省一等奖	广东省财政厅
韶关市部门（含固定资产投资）决算类报表	被广东省财政厅评为优秀单位	广东省财政厅
韶关市企业（含金融）类决算报表	表扬单位	广东省财政厅
2018年韶关市财政管理工作绩效评价	广东省第三名	广东省财政厅
韶关市财政局国库支付中心	广东省巾帼文明岗	广东省妇女联合会
中国人民银行韶关市中心支行	中国人民银行文明单位	中共中国人民银行委员会、中国人民银行
中国人民银行韶关市中心支行	职工书屋	中华全国总工会
中国人民银行韶关市中心支行后勤服务中心	中国人民银行后勤工作先进集体	中国人民银行办公厅
韶关银保监分局	2017年度原银监会系统信息先进直报点	中国银保监会
韶关银保监分局	2017年度原银监会系统舆情工作先进单位	中国银保监会
中国建行韶关市分行	获得2018年度合规管理“五无”先进单位称号	中国建行广东省分行
中国建行韶关市分行	获2018年集约化劳动竞赛活动进步团队奖	中国建行广东省分行
中国移动通信集团广东有限公司韶关分公司	2018年广东省南粤之星优秀质量管理小组银奖	广东省总工会、广东省质量协会、广东省妇女联合会、广东省科学技术协会
中国移动通信集团广东有限公司韶关分公司	2018年度全国安康杯竞赛先进单位	全国“安康杯”竞赛组委会
中国移动通信集团广东有限公司韶关分公司	最美志愿服务组织（提名奖）	中共广东省直属机关工作委员会、广东省精神文明建设委员会办公室、广东省红十字会
韶关市民兴药业有限公司仓储部	全国工人先锋号	中华全国总工会
中华人民共和国韶关海关	广东省五一劳动奖状	广东省总工会
韶能集团韶关宏大齿轮有限公司	广东省五一劳动奖状	广东省总工会
广东电网有限责任公司韶关新丰供电局	广东省五一劳动奖状	广东省总工会
韶关市坪石发电厂有限公司（B厂）	广东省五一劳动奖状	广东省总工会

续表

单位名称	荣誉称号	表彰单位
广东电网有限责任公司韶关供电局变电管理所	广东省五一劳动奖状	广东省总工会
乳源东阳光电化厂双氧水车间	广东省五一劳动奖状	广东省总工会
广东嘉盛环保高新材料股份有限公司技术部	广东省五一劳动奖状	广东省总工会
广东志成冠军电气器材科技有限公司化成车间	广东省五一劳动奖状	广东省总工会
广东雪花岩茶业有限公司制茶一班	广东省五一劳动奖状	广东省总工会
中铁五局四公司蒙华5标项目部	贵州省工人先锋号	贵州省工会
中铁五局四公司银西一标	安全标准工地	中国中铁
中铁五局四公司四公司	高新技术企业	广东省
广东省有色金属地质局九三二队	3月获得广东省地质科学技术一等奖	广东省地质学会
广东省有色金属地质局九三二队	2018年7月获中国有色金属地质找矿成果一等奖	中国有色金属工业协会
李军群创新工作室	广东省工业工会劳模创新工作室	广东省工业工会
韶关冶炼厂	优胜单位	广东省“安康杯”活动
广东省大宝山矿业有限公司	广东省绿色矿山	广东省国土资源厅
广东省大宝山矿业有限公司	省级企业技术中心	广东省经济和信息化委员会、广东省财政厅、广东省地方税务局、广东省国家税务局、海关总署广东分署
广东省大宝山矿业有限公司	中国职业安全健康协会科学技术一等奖	中国职业安全健康协会
大宝山矿“高酸铜硫矿资源非碱性梯度高效回收一体化精准应用新技术”	获2018年度中国有色金属工业科学技术奖一等奖	中国有色金属工业协会、中国有色金属学会
广东省大宝山矿业有限公司	广东省企业文化突出贡献单位	广东省企业联合会、广东省企业家协会
广东省大宝山矿业有限公司	广东省AA级企业管理创新示范基地	广东省企业联合会、广东省企业家协会
广东中烟工业有限责任公司韶关卷烟厂	广东省扶贫济困红棉杯铜杯	广东省扶贫开发领导小组
广东中烟工业有限责任公司韶关卷烟厂	2018年广东省职业技能大赛—广东机电一体化职业技能竞赛（职工组）团体第三名	广东省职业技能大赛组委会
韶关市烟草专卖局（公司）典型事迹片《初心》	获第二届行业党员教育电视片观摩交流活动一等奖	国家烟草专卖局党组
韶关市烟草专卖局（公司）新丰县卓越QC小组	获全国烟草行业第二十九届优秀质量管理小组成果发布会二等奖	中国烟草总公司

续表

单位名称	荣誉称号	表彰单位
蒙华5标项目部	工人先锋号	贵州省工会
银西一标	安全标准工地	中国中铁
四公司	高新技术企业	广东省
凡口铅锌矿选矿厂精矿工段1#陶瓷过滤机组	广东省巾帼文明岗	广东省妇女联合会
韶关乳源供电局	中国南方电网公司五一劳动奖状	中国南方电网公司
广东绿洲生态科技有限公司	全国先进生产力典范企业奖	中国生产力学会
广东省韶铸集团有限公司（韶关铸锻总厂）	2017年度广东省法治文化建设示范企业	广东省普法办、省司法厅、省经信委、省国资委、省总工会、省工商联
韶关市社区矫正电子网格化管理项目	获评全国智慧司法十大创新案例	司法部
韶关市人民政府地方志办公室承编的《韶关年鉴（2017）》	获省市级综合年鉴三等奖	广东省人民政府地方志办公室

表46　2018年度获省部级以上表彰的先进个人

姓名	工作单位	荣誉称号	表彰单位
付结卫	广东省大宝山矿业有限公司磨浮车间浮选班班长	全国五一劳动奖章	中华全国总工会
苏凯锋	广东中金建筑安装工程有限公司工程师	广东省五一劳动奖章	中华全国总工会
张泽磊	韶关市韶瑞重工有限公司计划员	广东省五一劳动奖章	中华全国总工会
钟礼英	日本电产（韶关）有限公司生产技术课主任代理	广东省五一劳动奖章	中华全国总工会
余志斌	广东青云山药业有限公司食品提取车间班长	广东省五一劳动奖章	中华全国总工会
何锦章	广东中烟工业有限责任公司韶关卷烟厂动力车间锅炉工段副工段长	广东省五一劳动奖章	中华全国总工会
林兴韶	深圳市中金岭南有色金属股份有限公司韶关冶炼厂动力车间锅炉工段副工段长	广东省五一劳动奖章	中华全国总工会办公厅
刘锡禧	韶关市生产力促进中心副主任	广东省五一劳动奖章	中华全国总工会办公厅
朱光仁	韶关市财政局农业综合开发办公室主任	广东省五一劳动奖章	中华全国总工会办公厅
王汇文	韶关市青年文学会创作部部长	2017-2018年度广东省优秀共青团员	共青团广东省委员会
梁凤娟	韶关市青年文学会志愿者服务队队长	2017-2018年度广东省优秀共青团员	共青团广东省委员会
胡莹莹	韶关市财政局科员	2017-2018年度广东省优秀共青团员	共青团广东省委员会
陈圣平	韶关市武江区国家税务局税源管理二股科员	2017-2018年度广东省优秀共青团员	共青团广东省委员会
陈婷婷	韶关市海关科员	2017-2018年度广东省优秀共青团员	共青团广东省委员会

续表

姓名	工作单位	荣誉称号	表彰单位
李灿湧	韶关移动市公司部门联合团支部书记	2017–2018年度广东省优秀共青团员	共青团广东省委员会
潘英华	韶关翁源供电局企管法律与新闻宣传专责	2017–2018年度广东省优秀共青团员	共青团广东省委员会
王　琳	韶关市武江区惠民街道办事处工作人员	2017–2018年度广东省优秀共青团员	共青团广东省委员会
郭海波	广东电网有限责任公司韶关南雄供电局雄源公司经理	2017–2018年度广东省优秀共青团员	共青团广东省委员会
黄展峰	韶关学院法学院法学专2015级4班学生	2017–2018年度广东省优秀共青团员	共青团广东省委员会
黄金泳	韶关学院文学院16级新闻学二班学生	2017–2018年度广东省优秀共青团员	共青团广东省委员会
陈可怡	韶关学院韶州师范分院学生	2017–2018年度广东省优秀共青团员	共青团广东省委员会
潘海鹰	韶关市新丰县实验小学教师	2017–2018年度广东省优秀共青团员	共青团广东省委员会
谭玉琳	韶关市新丰县第一中学教师	2017–2018年度广东省优秀共青团员	共青团广东省委员会
肖斌斌	韶关市第一人民医院药师	2017–2018年度广东省优秀共青团员	共青团广东省委员会
林　泉	韶关市第一人民医院医师	2017–2018年度广东省优秀共青团员	共青团广东省委员会
何晶晶	韶关市铁路医院质控科科员	2017–2018年度广东省优秀共青团员	共青团广东省委员会
许健华	韶关市翁源县财政局	2017–2018年度广东省优秀共青团员	共青团广东省委员会
叶　蓉	韶关市第八中学709班学生	2017–2018年度广东省优秀共青团员	共青团广东省委员会
丁治文	韶关市新丰县中等职业院校技术学院2016级秋季专业学生	2017–2018年度广东省优秀共青团员	共青团广东省委员会
赵远妹	韶关市仁化县中等职业院校2016级旅游文综班学生	2017–2018年度广东省优秀共青团员	共青团广东省委员会
温福强	韶关市技师学院2017级数控（2）班学生	2017–2018年度广东省优秀共青团员	共青团广东省委员会
伍　杰	韶关市技师学院2016级机电（3）班学生	2017–2018年度广东省优秀共青团员	共青团广东省委员会
梅登兰	韶关市曲江中等职业院校2017级秋学前教育（1）班学生	2017–2018年度广东省优秀共青团员	共青团广东省委员会
曹文福	韶关市乳源县中等职业院校技术学校2015会计高考班学生	2017–2018年度广东省优秀共青团员	共青团广东省委员会
吴鑫鸿	韶关市广东北江中学高二（5）班学生	2017–2018年度广东省优秀共青团员	共青团广东省委员会
毛兆榕	韶关市田家炳中学高三（13）班学生	2017–2018年度广东省优秀共青团员	共青团广东省委员会
余海珊	韶关市新丰一中第二（12）班学生	2017–2018年度广东省优秀共青团员	共青团广东省委员会
江　宇	韶关市仁化中学高二（2）班学生	2017–2018年度广东省优秀共青团员	共青团广东省委员会
段芷芸	韶关市第十中学初三（4）班学生	2017–2018年度广东省优秀共青团员	共青团广东省委员会
梁潇欢	韶关市第八中学初三（1）班学生	2017–2018年度广东省优秀共青团员	共青团广东省委员会

续表

姓名	工作单位	荣誉称号	表彰单位
叶小云	韶关市仁化县董塘中学初三（1）班学生	2017-2018年度广东省优秀共青团员	共青团广东省委员会
周连香	韶关市南雄市黄坑中学高二（8）班学生	2017-2018年度广东省优秀共青团员	共青团广东省委员会
郭玉秋	韶关市人民检察院科员、团支部委员	2017-2018年度广东省优秀共青团干部	共青团广东省委员会
李小伟	韶关市乐昌市团委副书记	2017-2018年度广东省优秀共青团干部	共青团广东省委员会
杨　科	韶关市公安局科员、团委委员	2017-2018年度广东省优秀共青团干部	共青团广东省委员会
徐　荣	韶关市武江区教育局团工委副书记	2017-2018年度广东省优秀共青团干部	共青团广东省委员会
常　欣	广东电网有限责任公司韶关始兴供电局团委书记	2017-2018年度广东省优秀共青团干部	共青团广东省委员会
郑　帮	宝武集团韶关钢铁炼铁厂焦化分厂干熄焦主操、支部书记	2017-2018年度广东省优秀共青团干部	共青团广东省委员会
曾灵源	韶关市犁市大为中学政教主任、团委副书记	2017-2018年度广东省优秀共青团干部	共青团广东省委员会
蓝伟青	韶关市技师学院专职团干	2017-2018年度广东省优秀共青团干部	共青团广东省委员会
戴明君	韶关学院学生会副主席（2015级人文地理与城乡规划专业学生）	2017-2018年度广东省优秀学生干部	广东省学生联合会
陈江秀	韶关学院医学院2014级临床医学本科1班学习委员（2014级临床医学专业学生）	2017-2018年度广东省优秀学生干部	广东省学生联合会
丁治文	韶关市新丰县中等职业技术学校学生会主席（2016级秋专业学生）	2017-2018年度广东省优秀学生干部	广东省学生联合会
曹志伟	韶关市技师学院经济贸易产业系学生会主席（2016级营销专业学生）	2017-2018年度广东省优秀学生干部	广东省学生联合会
龚诗莹	韶关市广东省核工业华南高级技工学校学生会主席（2016级高级电子商务专业学生）	2017-2018年度广东省优秀学生干部	广东省学生联合会
梁潇欢	共青团韶关市第八中学委员会兼职副书记（初三3班学生）	2017-2018年度广东省优秀学生干部	广东省学生联合会
贺军玲	韶关市第五中学高二（3）班团支部书记	2017-2018年度广东省优秀学生干部	广东省学生联合会
朱思颖	韶关市仁化县第一中学学生会主席（初三5班学生）	2017-2018年度广东省优秀学生干部	广东省学生联合会
毛兆榕	韶关市田家炳中学学生会学习部长（高三13班学生）	2017-2018年度广东省优秀学生干部	广东省学生联合会
邓梓力	韶关市广东北江中学学生会主席（高二6班学生）	2017-2018年度广东省优秀学生干部	广东省学生联合会
赖　申	广东北江中学高级教师	广东省三八红旗手名单	广东省妇女联合会
徐俊喜	广东省韶关粤江发电有限责任公司设备部综合策划管理专责	广东省三八红旗手名单	广东省妇女联合会

续表

姓名	工作单位	荣誉称号	表彰单位
温惠萍	韶关市技师学院机电装备产业系副主任	广东省三八红旗手名单	广东省妇女联合会
张彦玲	韶关市公安局审计科副科长	广东省三八红旗手名单	广东省妇女联合会
邓菊花 赵新容	乳源瑶族自治县	入选国家级非遗项目代表性传承人	文化和旅游部
吴育孟家庭	曲江区松山街道办事处	获得广东省百户“最美家庭”称号	广东省妇女联合会
邵永浩	核工业二九〇研究所地质工程院	被评为2017年度优秀机长	中国铀业有限公司
刘东来	丽珠集团利民制药厂制药高级工程师	享受国务院政府特殊津贴	国务院
林　军	乐昌市龙山林场林业高级工程师（教授级）	享受国务院政府特殊津贴	国务院
吕根品	广东东阳光科技控股股份有限公司化学工程高级工程师	享受国务院政府特殊津贴	国务院
陈洁训	韶关市技师学院机械高级实习指导教师、高级技师	享受国务院政府特殊津贴	国务院
邵永浩	核工业二九〇研究所地质工程院	中国铀业2017年度优秀机长	中国铀业有限公司
欧　宇	韶关开放大学	先进工作者	全国高校网络教育考试委员会办公室
王焰安	韶关学院学报编辑部	第五届全国地方高校学报优秀主编奖	全国地方高校学报研究会
欧　恺	韶关学院学报编辑部	第五届全国地方高校学报优秀编辑奖	全国地方高校学报研究会
李　婉	韶关学院学报编辑部	第五届全国地方高校学报编辑学论著二等奖	全国地方高校学报研究会
邵晓军	韶关学院学报编辑部	第五届全国地方高校学报编辑学论著二等奖	全国地方高校学报研究会
曾懋华	韶关学院化学与环境工程学院	南粤优秀教师	中共广东省委教育工委、广东省教育厅、广东省人力资源和社会保障厅、广东省总工会
孟庆玲	韶关学院外语学院	南粤优秀教师	中共广东省委教育工委、广东省教育厅、广东省人力资源和社会保障厅、广东省总工会
隋春花	韶关学院旅游与地理学院	南粤优秀教师	中共广东省委教育工委、广东省教育厅、广东省人力资源和社会保障厅、广东省总工会
王桂忠	韶关学院体育学院	南粤优秀教师	中共广东省委教育工委、广东省教育厅、广东省人力资源和社会保障厅、广东省总工会

续表

姓名	工作单位	荣誉称号	表彰单位
刘　主	韶关学院英东生命科学学院	广东省农业技术推广奖（一等奖）	广东省农业技术推广奖评审委员会
刘　主	韶关学院英东生命科学学院	广东省科技进步奖（二等奖）	广东省人民政府
刘　主	韶关学院英东生命科学学院	草菇环保高效栽培技术示范推广	广东省农业技术推广奖评审委员会
廖　益	韶关学院	广东省哲学社会科学优秀成果奖（二等奖）	广东省人民政府
曾懋华（排名2）	韶关学院化学与环境工程学院	第八届广东省教育教学成果奖一等奖	广东省教育厅
曾懋华（排名7）	韶关学院化学与环境工程学院	第八届广东省教育教学成果奖二等奖	广东省教育厅
许家军 曾宇辉	韶关学院政治与公共事务管理学院	2017年度分院应用决策成果表彰奖	中共广东省社会科学院党组
张国富	韶关学院武装部	2017年度全省征兵工作先进个人	广东省人民政府征兵办公室、省教育厅
周思海	韶关学院成人教育处	广东省成人教育先进工作者	广东省成人教育协会
黄四明	韶关学院信息科学与工程学院	广东省高校优秀基层党组织书记工作案例二等奖	中共广东省委教育工作委员会
许晓斌	韶关学院图书馆	第八届图书馆杯广东全民英语口语大赛最佳组织奖指导老师	广东图书馆学会/广东省立中山图书馆/广东省高等学校图书情报工作指导委员会
魏志丽	广东松山职业技术学院电气工程系教师	2017年度首届广东省工业机器人技术应用技能大赛暨第二届全国工业机器人技术应用技能大赛选拔赛荣获第一名	省经济和信息化委、人力资源社会保障厅、教育厅、省总工会、团省委
罗远宁	广东松山职业技术学院电气工程系团委书记	2017–2018年度广东省优秀共青团干部	共青团广东省委员会
吴艳清	广东松山职业技术学院	公布第七届师德征文获奖名单，报送的《用心培育高职技能之花》获一等奖	广东省教育厅
周俊涛 指导老师： 吴艳玲凌晨	广东松山职业技术学院师生	2017年“我的中国梦——立志·修身·博学·报国”主题教育系列活动“定格青春瞬间·分享成长点滴”主题摄影大赛中《爱的力量》获一等奖	广东省教育厅
江海英	广东松山职业技术学院外语系学生	以孝顺女儿带着患病母亲上学的感人事迹入选2018年1月中国好人榜	中央文明办
刘晓辉	韶关市烟草专卖局（公司）	被授予“烟草行业技术能手”的称号	国家烟草专卖局
李艳艳	南雄市烟草专卖局（分公司）	被授予“烟草行业技术能手”的称号	国家烟草专卖局
何锦章	广东中烟工业有限责任公司韶关卷烟厂	广东省五一劳动奖章	广东省总工会

续表

姓名	工作单位	荣誉称号	表彰单位
姚景扬	广东中烟工业有限责任公司韶关卷烟厂	2018年广东省职业技能大赛—广东机电一体化职业技能竞赛（职工组）一等奖	广东省职业技能大赛组委会
姚景扬	广东中烟工业有限责任公司韶关卷烟厂	广东省技术能手荣誉称号	广东省人力资源和社会保障厅
沈　健	广东中烟工业有限责任公司韶关卷烟厂	2018年广东省职业技能大赛—广东机电一体化职业技能竞赛（职工组）二等奖	广东省职业技能大赛组委会
高善国	广东中烟工业有限责任公司韶关卷烟厂	2018年广东省职业技能大赛—广东机电一体化职业技能竞赛（职工组）二等奖	广东省职业技能大赛组委会
杨薛明	西安地铁9号线8标	技术能手	贵州省人力资源部
周艳飞	凡口铅锌矿选矿厂	广东省直（属）企业“十大工匠”提名奖	广东省直机关工委、广东省国资委、广东省文明办
张杏移	深圳市中金岭南有色金属股份有限公司凡口铅锌矿选矿厂维修工段段长	广东省五一劳动奖章	中华全国总工会
罗振江	凡口铅锌矿磨砂厂	中国职业安全健康科学技术一等奖	中国职业安全健康协会
罗振江	凡口铅锌矿磨砂厂	湖南省科学技术进步二等奖	湖南省人民政府
蔡小建	凡口铅锌矿工会	全国优秀工会工作者	中华全国总工会
黄　磊	凡口铅锌矿选矿厂	“中铜杯”全国有色金属行业班组长竞赛三等奖	中国有色金属工业协会
宋艳茹	韶关供电局	全国工会积极分子	中华全国总工会
何　洁	韶关海关	2018年“全国五好家庭”	中华全国妇女联合会
陈婷婷	韶关海关	2017-2018年度“广东省优秀共青团员”	共青团广东省委员会
肖　飞	信息通信股	“庙算”指挥员比武第十名	武警部队
严基崇	武警韶关支队参谋部	总队优秀导调员	武警广东省总队
陈书南	武警南雄中队	总队优秀教练员	武警广东省总队
王　枭	武警曲江中队	总队优秀教练员	武警广东省总队
肖小汉	武警韶关支队执勤二中队	基层优秀指挥员	武警广东省总队
王　闯	武警韶关支队教导队	先进个人	武警广东省总队
王　枭	武警曲江中队	先进个人	武警广东省总队
谢集兆	武警乳源中队	先进个人	武警广东省总队
余理想	武警组织纪检股	优秀党务工作者	武警广东省总队
陈　勰	武警南雄中队	优秀党务工作者	武警广东省总队
黄伟城	武警韶关支队执勤一大队	优秀共产党员	武警广东省总队

续表

姓名	工作单位	荣誉称号	表彰单位
魏其强	武警韶关支队执勤五中队	优秀共产党员	武警广东省总队
王 枭	武警曲江中队	优秀共产党员	武警广东省总队
党富强	武警韶关支队供应保障中队	优秀共产党员	武警广东省总队
陈 勰	武警南雄中队	“十佳”政治教员	武警广东省总队
魏其强	武警韶关支队执勤五中队	标兵中队长	武警广东省总队
蔡小勇	武警特战中队	标兵班长	武警广东省总队
高洪伟	武警翁源中队	标兵司务长	武警广东省总队
王青西	韶关市政协	全省政协系统“深入开展习近平总书记关于加强和改进人民政协工作的重要思想学习研讨活动”论文评选二等奖	广东省政协
伍学民	韶关市委政法委	全省社会治安综合治理先进工作者	广东省人力资源和社会保障厅、广东省社会治安综合治理委员会
廖招昌	韶关市委政法委	党的十九大安保维稳重大专项活动先进个人	中共广东省委办公厅、广东省人民政府办公厅
刘照丁	韶关市文联	中国文艺新媒体年度达人	中国文联文艺评论中心中国文艺评论家协会
何旗明	韶关市南雄市中医院	先进组工干部	九三学社中央
冯上娣	韶关市新丰县丰城街道南区社区	全国巾帼建功标兵	全国妇女联合会
陈雪飞	韶关市始兴县古塘秋月山庄餐饮服务有限公司	广东省三八红旗手	广东省妇女联合会
申丽萍	韶关市丹霞女农业科技有限公司	广东省三八红旗手	广东省妇女联合会
黄建荣	韶关市武江区新华幼儿园	广东省三八红旗手	广东省妇女联合会
赖碧兰	乐昌市九峰镇上廊村	广东省三八红旗手	广东省妇女联合会
刘 炳	南雄市农家妹种养家庭农场有限公司	广东省三八红旗手	广东省妇女联合会
刘 炳	南雄市农家妹种养家庭农场有限公司	广东十大最美乡村女能手	广东省妇女联合会
朱细华	广东夏娃生态农业有限公司	广东百名最美乡村女能手	广东省妇女联合会
孙艳华	韶关市浈江区犁市镇沙园村委会	广东百名最美乡村女能手	广东省妇女联合会
毛晓燕	韶关市始兴县喜阳阳家庭农场	广东百名最美乡村女能手	广东省妇女联合会
潘秋论	韶关市新丰县康绿霸王花专业合作社	广东百名最美乡村女能手	广东省妇女联合会
李炜民	韶关南雄市海川生态景观工程有限公司	广东百名最美乡村女能手	广东省妇女联合会
黄玉芳	关乐昌市梅花镇莓花果蔬种植专业合作社	广东百名最美乡村女能手	广东省妇女联合会
申丽萍	韶关丹霞女农业科技有限公司	广东百名最美乡村女能手	广东省妇女联合会
胡元强	韶关市科协	全国科技助力精准扶贫先进个人	全国科技助力精准扶贫工程领导小组

续表

姓名	工作单位	荣誉称号	表彰单位
滕永生	韶关市侨联	全国侨联系统先进个人	中国侨联
邓小华	韶关市中级人民法院	全国法院办案标兵	最高人民法院
许　洪	韶关市公安局	党的十九大安保维稳重大专项活动先进个人	广东省委办公厅
熊革茗	韶关市公安局	党的十九大安保维稳重大专项活动先进个人	广东省委办公厅
冯进富	韶关市公安局	2018年春运‘情满旅途’活动先进个人	公安部、交通部、应急管理部、中华全国总工会、共青团中央联合发文
中铁五局四公司杨薛明	西安地铁9号线8标	技术能手	贵州省人力资源部
王才义	韶关市统计局	广东省第四次全国经济普查优秀授课人员“金牌讲师”	广东省第四次全国经济普查领导小组
赵梓辰	韶关市统计局	广东省第四次全国经济普查优秀授课人员“金牌讲师”	广东省第四次全国经济普查领导小组
蔡南飞	广东省韶关监狱	全国监狱工作先进个人	司法部
李　亮	广东省韶关监狱	全国监狱工作先进个人	司法部
邹序辉	广东省武江监狱办公室	全国监狱工作先进个人	司法部
黄义聪	广东省武江监狱狱政管理办公室	全国监狱工作先进个人	司法部
林建文	中国人民银行韶关市中心支行	中国人民银行纪检监察工作先进工作者	中国人民银行办公厅
黄　瑞	韶关银保监分局	2017年度原银监会系统信息先进个人	中国银保监会
吴　欣	韶关银保监分局	2017年度原银监会系统信息直报点先进个人	中国银保监会
朱　勇	韶关银保监分局	2017年度原银监会系统信息直报点先进个人	中国银保监会
林学雯	中国建设银行乐昌支行	在省行柜面业务知识竞赛获第一名	中国建设银行广东省分行
梁计柱	市检察院	个人一等功	最高人民检察院
温洁麟	市检察院	个人二等功	广东省人民检察院
张慧兰	市检察院	个人三等功	广东省人民检察院
梁计柱	市检察院	个人嘉奖	广东省人民检察院
卢　彬	市检察院	个人嘉奖	广东省人民检察院
叶学才	市检察院	个人嘉奖	广东省人民检察院
郭玉秋	市检察院	广东省优秀共青团干部	共青团广东省委员会
张国辉	韶关市工商局	工商和市场监管部门商事制度改革信息化建设表现突出个人	国家市场监督管理总局

续表

姓名	工作单位	荣誉称号	表彰单位
黄伟娟	广东省有色金属地质局九三二队	全国优秀共青团干部	团中央
黄伟娟	广东省有色金属地质局九三二队	广东省最美志愿者	广东省精神文明办
曹明辉	广东省大宝山矿业有限公司工会	全国优秀工会积极分子	中华全国总工会

表47 韶关市“中国历史文化名村”名单

序号	名称	获批名称批次
1	仁化县石塘镇石塘村	2010年第五批中国历史文化名村

表48 韶关市“中国传统古村落”名单

序号	村落名称	获批名称批次
1	仁化县石塘镇石塘村	2012年第一批中国传统村落
2	翁源县江尾镇湖心坝村	2012年第二批中国传统村落
3	南雄市乌迳镇新田村	2012年第二批中国传统村落
4	仁化县扶溪镇古夏村	2012年第四批中国传统村落

表49 韶关市“广东省历史文化名镇”名单

序号	镇（街区、村）名	获批时间
1	南雄珠玑镇	2009年第二批名镇
2	石塘镇石塘村	2009年第二批名镇
3	南雄市乌迳镇新田村	2009年第二批名镇
4	曲江区曹角湾村	2010年第三批名镇
5	翁源湖心坝村	2010年第三批名镇
6	乐昌市户昌山古村	2010年第三批名镇

表50 韶关市全国重点文物保护单位一览表

（截止至2018年12月31日）

序号	县（市、区）	文保单位名称	年代	类别	详细地址	公布机关	公布时间及批次
1	曲江	南华寺	明、清	古建筑	韶关市曲江区南华寺	国务院	2001年6月25日第五批
2	曲江	石峡遗址（含马坝人遗址）	新石器时代（旧石器时代）	古遗址	曲江区马坝镇东风居委狮岩路3号	国务院	2001年6月25日第五批

续表

序号	县（市、区）	文保单位名称	年代	类别	详细地址	公布机关	公布时间及批次
3	南雄	三影塔	北宋大中祥符三年	古建筑	南雄市雄州街道民主社区三影塔广场北侧	国务院	1988年1月13日第三批
4	南雄	南粤雄关与古道	唐至清	古建筑	南雄市珠玑镇梅岭村委会梅岭村北的梅岭上	国务院	2013年3月第七批
5	仁化	云龙寺塔	唐乾宁–光化年（894–901年）	古建筑	仁化县董塘镇安岗村委会安岗村小组	国务院	1988年1月13日第三批
6	仁化	双峰寨	1889	近现代重要史迹、代表性建筑	仁化县石塘镇石塘村委会石塘村	国务院	2006年5月25日第六批
7	仁化	丹霞山摩崖石刻	北宋–中华民国	石刻	丹霞山风景名胜区	国务院	2013年3月5日第七批
8	始兴	满堂围	道光十三年（1833年）	古建筑	始兴县隘子镇满堂村	国务院	1996年11月第四批
9	始兴	长围村围屋	清代	古建筑	始兴县罗坝镇燎原村村民委员会长围自然村	国务院	2013年第七批

表51　韶关市广东省文物保护单位情况一览表

（截止至2018年12月31日）

序号	县（市、区）	文保单位名称	年代	类别	详细地址	公布机关	公布时间及批次
1	浈江	犁市当铺（朱德旧居）	清代	近现代重要史迹及代表性建筑	浈江区犁市镇犁市居委	省政府	2012年10月20日第七批
2	浈江	中共广东省委、粤北省委机关旧址（含韶关市五里亭中共粤北省委旧址、南雄市瑶坑村中共广东省委旧址、始兴县沈所红围中共广东省委旧址）	民国	近现代重要史迹及代表性建筑	浈江区十里亭镇良村牛头冲村、南雄市雄州街道荆岗村委会瑶坑村、始兴县沈所镇沈北村	省政府	2010年5月10日第六批
3	浈江	走马岗遗址	新石器时代	古遗址	浈江区十里亭镇良村村委	省政府	1962年

续表

序号	县（市、区）	文保单位名称	年代	类别	详细地址	公布机关	公布时间及批次
4	浈江	抗日战争第七战区指挥部旧址	民国	近现代重要史迹及代表性建筑	浈江区十里亭镇金凤坪村委	省政府	2015年12月10日第八批
5	浈江	韶州府学宫大成殿	明代	古建筑	韶关市风采路64号	省政府	2008年11月18日第五批
6	武江	张九龄家族墓地	唐代	古墓葬	西河镇田心村委罗源洞山麓翠珠岭	省政府	1978年7月18日省政府重新公布（第一批）
7	武江	余靖墓	北宋	古墓葬	西联镇甘棠村委会成家山	省政府	2002年7月17日第四批
8	曲江	仙人塔	宋代	古建筑	曲江区大塘镇新桥村委	省政府	1979年12月19日第二批
9	曲江	拱桥岭遗址	新石器时代晚期	古遗址	曲江区樟市镇拱桥岭村	省政府	2012年10月20日第七批
10	乳源	云门寺南汉碑（原名：云门寺南汉石碑）	五代南汉	石窟寺及石刻	韶关市乳源瑶族自治县乳城镇云门村委会云门寺内	省政府	1989年6月26日第三批
11	乳源	镇溪祠古戏台（原名：镇溪祠内古戏台）	明嘉靖至清代	古建筑	韶关市乳源瑶族自治县乳城镇共和村委会宋田新屋村镇溪祠	省政府	2008年11月18日第五批
12	乳源	观澜书院	清乾隆五十八年（1793年）	古建筑	韶关市乳源瑶族自治县大桥镇大桥村委会新书房村	省政府	2012年10月20日第七批
13	乳源	西京古道（含梯云岭亭、猴子岭心韩亭、红云仰止亭及其古路段）	清代	古建筑	韶关市乳源瑶族自治县大桥镇石角塘、大桥、红云村委会	省政府	2012年10月20日第七批
14	南雄	珠玑石塔	元至正十年	古建筑	南雄市珠玑镇珠玑村委会珠玑古巷	省政府	1979年12月第二批
15	南雄	钟鼓岩摩崖石刻（摩崖石刻17处）	唐代至清代	石窟寺及石刻	南雄市珠玑镇梅岭村委会钟鼓岩岩洞内	省政府	1989年12月第三批
16	南雄	雄州广州会馆（广州会馆）	明代至清代	古建筑	南雄市雄州街道胜利社区青云东路	省政府	2002年第四批
17	南雄	南雄府城正南门	明代至清代	古建筑	南雄市雄州街道幸福社区中山街	省政府	2002年第四批

续表

序号	县（市、区）	文保单位名称	年代	类别	详细地址	公布机关	公布时间及批次
18	南雄	里东戏台	清代	古建筑	南雄市珠玑镇里东村委会里东街	省政府	2008年12月第五批
19	南雄	回龙寺塔	宋代	古建筑	南雄市湖口镇新湖村委会下罗田村	省政府	2012年10月第七批
20	南雄	溪头塔	宋代	古建筑	南雄市百顺镇溪头村委会溪头老村	省政府	2012年10月第七批
21	南雄	南雄府学宫大成殿	明代	古建筑	南雄市雄州街道民主社区爱民路市政府大院内	省政府	2012年10月第七批
22	南雄	小竹塔	宋代	古建筑	南雄市江头镇小竹村委会小竹村	省政府	2015年12月第八批
23	南雄	新龙塔	宋代	古建筑	南雄市坪田镇龙口村委会龙口村	省政府	2015年12月第八批
24	南雄	坪林村惜字塔（坪林惜字塔）	明代	古建筑	南雄市油山镇平林村委会平林村	省政府	2015年12月第八批
25	南雄	水西桥	明代	古建筑	南雄市雄州街道郊区村委会水西村	省政府	2015年12月第八批
26	仁化	鲶鱼转遗址	新石器晚期	遗址、窑址	仁化县周田镇周田村	省政府	1978年7月18日重新公布第一批
27	仁化	澌溪寺塔	北宋	古建筑	仁化县董塘镇安岗村委会澌溪庙村小组	省政府	1979年12年19日第二批
28	仁化	华林寺塔	北宋元丰五年（1082年）	古建筑	仁化县闻韶镇下徐村委会下徐村	省政府	1989年6月29日第三批
29	仁化	水南文峰塔	明万历四十年（1612年）	古建筑	仁化县丹霞街道办城南村委会矮岭头村	省政府	2008年11月18日第五批
30	仁化	双水塔	明万历年间（1573—1620年）	古建筑	仁化县扶溪镇水口村委会水口村小组	省政府	2008年11月19日第五批
31	新丰	大洞雁塔（原名雁塔）	清代	古建筑	丰城街道大洞村老围山上	省政府	2002年7月17日第四批
32	始兴	罗围城堡建筑遗址	汉代	古遗址	始兴县太平镇罗围自然村西侧的犁头咀	省政府	1989年6月第三批
33	始兴	崇益堂	民国二十年（1931年）	近现代重要史迹及代表性建筑	始兴县太平镇瑶村村委会上邓村	省政府	2012年10月20日第七批

续表

序号	县（市、区）	文保单位名称	年代	类别	详细地址	公布机关	公布时间及批次
34	始兴	贵庐	1937年	近现代重要史迹及代表性建筑	始兴县隘子镇风度村委会张屋	省政府	2012年10月20日第七批
35	始兴	红梨渡槽	1981年	近现代重要史迹及代表性建筑	始兴县马市镇红梨村村民委员会塘梨坑村	省政府	2012年10月20日第七批
36	始兴	栋护晴岚围楼和李氏宗祠（三普登记分别是栋护晴岚围楼、石下村民居）	明清时期	古建筑	始兴县沈所镇石下村民委员会石下自然村	省政府	2015年12月10日第八批
37	始兴	东湖坪古建筑群（含曾氏宗祠、永成保障围楼、九栋十八厅民居围楼及元盛书院）	清代	古建筑	始兴县太平镇东湖坪村委会	省政府	2015年12月10日第八批
38	始兴	沈所塔	清代	古建筑	始兴县沈所镇沈北村村民委员会岭脚下自然村	省政府	2015年12月10日第八批
39	始兴	汇川别墅	民国十年（1921年）	近现代重要史迹及代表性建筑	始兴县太平镇城郊村民委员会高营饶屋自然村	省政府	2015年12月10日第八批
40	翁源	光明陈氏宗祠	民国	近现代重要史迹及代表性建筑	翁源县周陂镇光明村雁鹰石	省政府	2012年10月20日第七批
41	翁源	湖心坝民居群（含长安围、外翰第、大夫第、三门楼）	明清时期	古建筑	翁源县江尾镇南塘村湖心坝自然村	省政府	2010年5月10日第六批
42	乐昌	应山村应山石桥	清乾隆丙戌年（1766年）	古建筑	黄圃镇应山村委会应山村	省政府	2002年7月第三批
43	乐昌	薛岳故居（含薛氏家祠、伯陵堂、薛岳家居、薛岳故居、薛岳家族墓、薛岳家族墓寮6个文物点）	民国	近现代重要史迹及代表性建筑	九峰镇坪石村委会大路下村	省政府	2011年1月第六批
44	乐昌	五汪村谭氏宗祠	清代	古建筑	长来镇和村村委会五汪村	省政府	2012年10月第七批
45	乐昌	朱家村紫阳书院	1940年	近现代重要史迹及代表性建筑	秀水镇秀水村委会朱家村北向200米处	省政府	2012年10月第七批

表52 韶关市国家级非物质文化遗产代表性项目名录

（截止至2018年12月31日）

序号	项目类别	项目名称	保护单位	级别	批次
1	民俗	瑶族盘王节	乳源瑶族自治县文化广电新闻出版局	国家级	第一批
2	传统戏剧	粤北采茶戏	韶关市文化馆	国家级	第三批
3	传统美术	瑶族刺绣	乳源瑶族自治县文化馆	国家级	第三批
4	传统舞蹈	龙舞（香火龙）	南雄市文化馆	国家级	第三批
5	传统音乐	瑶族民歌	乳源瑶族自治县文化馆	国家级	第四批

表53 韶关市省级非物质文化遗产代表性项目名录

（截止至2018年12月31日）

序号	项目类别	项目名称	保护单位	级别	批次
1	民俗	南华诞庙会	曲江区文化馆	省级	第一批
2	传统舞蹈	舞春牛	浈江区文化馆	省级	第一批
3	传统音乐	九峰山歌	乐昌市文化馆	省级	第二批
4	传统美术	张田饼印	新丰县文化馆	省级	第二批
5	传统舞蹈	狮舞（青蛙狮）	乐昌市文化馆	省级	第三批
6	传统音乐	石塘月姐歌	仁化县文化馆	省级	第三批
7	传统技艺	仁化土法造纸技艺	仁化县文化馆	省级	第三批
8	传统音乐	龙船歌	南雄市文化馆	省级	第四批
9	传统戏剧	乐昌花鼓戏	乐昌市文化馆	省级	第四批
10	传统工艺	石塘堆花米酒酿造技艺	仁化县文化馆	省级	第四批
11	民俗	乳源瑶族服饰	乳源瑶族自治县文化馆	省级	第五批
12	民间文学	珠玑巷人南迁传说	南雄市文化馆	省级	第五批
13	曲艺	乐昌渔鼓	乐昌市文化馆	省级	第五批
14	传统技艺	宰相粉	始兴县文化馆	省级	第六批
15	传统舞蹈	茶花灯	南雄市文化馆	省级	第七批
16	传统音乐	客家山歌	翁源县文化馆	省级	第七批
17	传统舞蹈	翁城猫头狮	翁源县文化馆	省级	第七批
18	民俗	双朝节	乳源瑶族自治县文化馆	省级	第七批
19	传统技艺	苦爽酒酿造技艺	乳源瑶族自治县文化馆	省级	第七批

表54　韶关市市级非物质文化遗产名录

（截止至2018年12月31日）

序号	项目类别	项目名称	保护单位	级别	批次
1	传统音乐	十点梅花	曲江区文化馆	市级	第一批
2	传统舞蹈	鹤蚌舞	翁源县文化馆	市级	第一批
3	传统舞蹈	双龙舞双狮	南雄市文化馆	市级	第一批
4	传统舞蹈	龟蚌舞	始兴县文化馆	市级	第二批
5	民俗	新丰担丁酒	新丰县文化馆	市级	第二批
6	传统技艺	新丰缸瓦	新丰县文化馆	市级	第二批
7	传统体育、杂技与竞技	翁源烟火戏	翁源县文化馆	市级	第二批
8	民俗	南雄姓氏节	南雄市文化馆	市级	第二批
9	民俗	闹春牛	仁化县文化馆	市级	第二批
10	传统舞蹈	梅花龙	仁化县文化馆	市级	第二批
11	民间医药	乳源瑶族传统医药	乳源县文化馆	市级	第二批
12	民俗	新丰龙皇宫出行	新丰县文化馆	市级	第三批
13	传统舞蹈	新丰纸马舞	新丰县文化馆	市级	第三批
14	传统音乐	仁化八音	仁化县文化馆	市级	第三批
15	传统舞蹈	调王舞	翁源县文化馆	市级	第三批
16	民俗	浈江犁市划龙舟习俗	浈江区文化馆	市级	第三批
17	传统技艺	外营草席	始兴县文化馆	市级	第三批
18	传统医药	丹参膏	浈江区文化馆	市级	第四批
19	传统技艺	扎稻草龙制作技艺	南雄市文化馆	市级	第五批
20	传统舞蹈	火龙、火狮、火凤、火虾	南雄市文化馆	市级	第五批
21	传统技艺	丹霞红豆制作技艺	仁化县文化馆	市级	第五批
22	传统技艺	走马灯	仁化县文化馆	市级	第五批
23	民俗	装故事	仁化县文化馆	市级	第五批
24	民俗	扛阿公	曲江县文化馆	市级	第五批
25	传统舞蹈	司前舞火龙	始兴县文化馆	市级	第五批
26	民俗	圣祖祭	乳源瑶族自治县文化馆	市级	第五批
27	民俗	契娭生曰	乳源瑶族自治县文化馆	市级	第五批
28	传统技艺	乐昌沿溪山茶	乐昌市文化馆	市级	第五批
29	传统舞蹈	五山纸马	乐昌市文化馆	市级	第六批
30	传统技艺	南雄酿豆腐制作技艺	南雄市文化馆	市级	第六批
31	传统技艺	隆盛酱油酿造技艺	韶关市隆盛酱园调味品有限公司	市级	第六批
32	民俗	猫公狮	浈江区文化馆	市级	第六批

续表

序号	项目类别	项目名称	保护单位	级别	批次
33	民间文学	陈璘故事	翁源县文化馆	市级	第六批
34	传统舞蹈	新丰舞春牛	新丰县文化馆	市级	第六批
35	传统舞蹈	鲤鱼舞	新丰县文化馆	市级	第六批
36	民俗	西京古道石阶除道	乳源瑶族自治县文化馆	市级	第六批
37	传统体育、游艺与杂技	澄江青草狮	始兴县文化馆	市级	第七批
38	民俗	萧统太子的祭祀	南雄市文化馆	市级	第七批
39	传统舞蹈	过山瑶民间传统舞蹈	乳源瑶族自治县文化馆	市级	第七批
40	民间文学	西京古道传说故事	乳源瑶族自治县文化馆	市级	第七批
41	传统技艺	涂氏水车制作技艺	涂氏弘古艺术有限公司	市级	第七批
42	民间文学	乐昌公主的传说	乐昌市文化馆	市级	第七批
43	传统技艺	仁化竹篾编织技艺	仁化县文化馆	市级	第七批
44	传统技艺	杨泰和米饼制作技艺	仁化县文化馆	市级	第七批
45	传统体育、游艺与杂技	犁市胡氏蔡家拳	浈江区文化馆	市级	第七批
46	传统技艺	翁城地窖酒制作技艺	翁源县翁城镇刘宏兴酒饼酒厂	市级	第七批
47	传统技艺	曲江柴烧陶艺	韶关市曲江区韶阳文化传媒有限公司	市级	第七批
48	传统技艺	樟市黄豆腐制作技艺	曲江区文化馆	市级	第七批

表55　韶关市A级景区汇总表

编码	单位名称	地址	获批时间	获批等级
1	韶关市丹霞山风景名胜区	广东省韶关市丹霞山	2012.01	AAAAA
2	曲江区曹溪温泉度假村	韶关市曲江区马坝镇转溪桥头	2006	AAAA
3	广东大峡谷景区	乳源县大布镇	2009	AAAA
4	乳源县云门寺佛教文化生态保护区	乳源县云门寺	2010.12	AAAA
5	乐昌市古佛洞天景区	乐昌市河南月坵	2010	AAAA
6	乳源县丽宫国际旅游度假区	乳源县乳城镇侯公渡过青岗	2011	AAAA
7	乳源南岭国家森林公园	广东省乳源县五指山	2012.02	AAAA
8	南雄市珠玑巷·梅关古道景区	南雄市珠玑镇	2012.09	AAAA
9	新丰县云天海温泉原始森林度假村有限公司	新丰梅坑镇利坑角	2014.03	AAAA
10	经律论文化旅游小镇景区	韶关市曲江区小坑镇	2016.12	AAAA
11	东华山风景区	广东省翁源县城东3公里	2018.11	AAAA
12	乐昌市三龙谷（龙王潭）景区	乐昌市廊田五山交界处	2010	AAA

续表

编码	单位名称	地址	获批时间	获批等级
13	乳源县天井山森林公园	乳源县洛阳镇	2009	AAA
14	曲江区马坝人遗址景区	曲江区马坝狮岩路3号	2014.09	AAA
15	乳源天景山仙人桥风景区	乳源县大布镇	2013	AAA
16	乳源县必背瑶寨	乳源县必背瑶寨	2013	AAA
17	新丰江源温泉旅游度假山庄	新丰县梅坑镇梅东村	2013	AAA
18	乐昌市金鸡岭风景区	乐昌市坪石镇登峰路55号	2011	AAA
19	南雄帽子峰森林公园	南雄帽子峰林场	2014.12	AAA
20	始兴县满堂客家大围景区	始兴县隘子镇满堂村	2015.12	AAA
21	仁化县石塘古村景区	仁化县石塘镇石塘村	2016.02	AAA
22	韶关市枫日泉生态温泉度假村景区	曲江区枫湾镇	2017.01	AAA
23	韶关市幽兰谷风景区	翁源县瓮城镇	2017.11	AAA
24	宝贝健康农场	韶关市曲江区大塘镇红新村G106国道旁	2018.7.9	AAA
25	五马寨生态园景区	仁化县大桥镇五马寨生态园	2018.11	AAA
26	乐昌市九福兰花公园	乐昌市北乡镇前村路旁	2018.12	AAA

表56 韶关市星级饭店一览表

序号	单位名称	获批等级	地址
1	莱斯大酒店	5	韶关市浈江区启明北路
2	曲江曹溪假日温矿泉度假村有限公司	4	曲江区马坝镇转溪桥头
3	曲江友好温泉商务酒店	4	曲江区马坝镇
4	翁源县龙翔大酒店	4	县城龙翔大道8号
5	韶关市小岛饭店	3	韶关市西堤北路
6	韶关市湖心宾馆	3	韶关市西河工业东路17号
7	国林宾馆	3	韶关市站南路
8	韶关市丛林山庄	3	韶关市浈江区森态路11号
9	韶关市幸福华庭酒店	3	韶关市武江区惠民南路122号
10	曲江区迎宾馆	3	曲江区马坝镇府前路5号
11	始兴远东酒店	3	韶关市始兴县兴平路1号
12	始兴县儿龄宾馆	3	始兴县红旗路128号
13	始兴县顺丰楼酒店	3	始兴县司前镇大街1号
14	始兴县煌宫大酒店	3	始兴县太平镇迎宾大道北6号
15	始兴县平湖山庄	3	始兴县花山水库

续表

序号	单位名称	获批等级	地址
16	始兴县聚源酒店	3	始兴县太平镇红旗路178号
17	乳源小岛饭店	3	乳源县解放北路2号
18	乳源宁泰商务酒店	3	乳源县迎宾南路东侧宁泰商务酒店
19	广东天井山林场云锦山庄	3	广东省韶关市乳源县天井山林场
20	仁化县锦城宾馆	3	仁化县新城路2号
21	翁源富源大酒店	3	翁源县龙仙建设一路368号
22	翁源县新世纪酒店	3	翁源县龙仙镇紫荆路1号
23	翁源县雅园大酒店	3	翁源县龙仙镇龙英路
24	翁源县昇东商务酒店	3	翁源县官渡镇赤桉西路5号
25	翁源县九曲水生态旅游度假村	3	翁源县国营九曲水林场下径工区
26	翁源县锦湖酒店	3	翁源县龙仙镇滨河东路88号
27	翁源县万源大酒店	3	翁源县建国路
28	新丰交通大酒店	3	韶关市新丰县城105国道旁
29	新丰百乐宫大酒店	3	新丰县丰城大道东10号
30	新丰江源温泉旅游度假山庄	3	新丰县梅花坑镇梅东村
31	新丰县皇天星悦酒店	3	新丰县斗城街道新龙大道113号
32	新丰县云髻山温泉度假山庄	3	新丰县丰城镇云髻山西坑
33	乐昌坪石金鸡宾馆	3	乐昌市坪石镇金鸡南路3号
34	乐昌金海洋假日酒店	3	乐昌市长乐路88号
35	乐昌市汇丰酒店	3	乐昌市人民南路3号
36	南雄珠玑大酒店	3	南雄市雄州镇建设路12号
37	南雄市迎宾馆	3	南雄市雄州镇建设路6号
38	南雄雄州大酒店	3	南雄市雄中路
39	乳源瑶族自治县名瑶酒店	3	乳源县鲜明北路白马彩虹小区
40	新丰县恒胜客家大院酒店	3	新丰县新龙路17号
41	南雄市雄州街道御景湾大酒店	3	南雄市雄州街道
42	乐昌市星之光酒店	3	乐昌市（城南所）解放路57号
43	曲江区正星商务酒店	3	韶关市曲江区马坝大道北128号3-6楼
44	曲江区南华温泉酒店	3	曲江区马坝镇
45	仁化县和景酒店	3	仁化县丹霞山新山门前
46	乳源白云天宾馆	2	乳源县鹰峰东路汽车站对面
47	仁化县联城商务酒店	2	仁化县董塘镇连塘路27-35号
48	乳源星之光商务酒店	2	乳源乳城镇环城西路24号

续表

序号	单位名称	获批等级	地址
49	乳源县韧杰商务酒店	2	乳源县沿江路8号
50	乐昌市兴华宾馆	2	乐昌市人民中路
51	乳源县南岭笑傲山庄	1	南岭山脉国家森林公园附近

表57 韶关市国家地理标志保护产品名单

（截止至2016年12月31日）

序号	区域	产品	公告号	备注
1	乐昌	张溪香芋	2008年第12号	
2	乐昌	北乡马蹄	2009年第60号	
3	乐昌	沿溪山白毛尖	2009年第60号	
4	南雄	南雄板鸭	2009年第51号	
5	仁化	长坝沙田柚	2010年第52号	
6	仁化	仁化白毛茶	2014年第96号	
7	乳源	乳源彩石	2010年第95号	
8	始兴	清化粉	2010年第96号	
9	始兴	始兴石斛	2015年第143号	
10	新丰	新丰佛手瓜	2010年第142号	
11	翁源	九仙桃	2010年第14号	
12	翁源	三华李	2010年第17号	
13	曲江	马坝油粘米	2004年第12号	
14	曲江	火山粉葛	2010年第30号	
15	曲江	罗坑茶	已通过质检总局专家组审查	尚待公告

表58 韶关市国家级、省级森林公园一览表

森林公园名称	所在县（市、区）	主管部门	级别	批建时间	面积（公顷）	批准单位	建设单位	总体规划期
韶关国家森林公园	浈江区	韶关市林业局	国家级	1993.5.8	2010.7	国家林业局	韶关市国有韶关林场	2008—2018
小坑国家森林公园	曲江区	韶关市林业局	国家级	1992.9.9	16700	国家林业局	小坑林场	2017—2026
南岭森林公园	乳源县	广东省林业局	国家级	1993.2.5	27333	国家林业局	广东省乳阳林业局	

续表

森林公园名称	所在县（市、区）	主管部门	级别	批建时间	面积（公顷）	批准单位	建设单位	总体规划期
广东天井山国家森林公园	乳源县	广东省林业局	国家级	2008.12.25	5564	国家林业局	广东省天井山林场	
广东仁化森林公园	仁化县	韶关市林业局	省级	1993.7.8	6762	广东省林业局	韶关国有仁化林场	
广东锦城森林公园	仁化县	韶关市林业局	省级	2013.3.26	326.7	广东省林业局	仁化县政府	2014—2023
广东后洞森林公园	乐昌市	广东深林业局	省级	2008.11.3	738.27	广东省林业局	广东省乐昌林场	
广东刘张家山森林公园	始兴县	韶关市林业局	省级	1993.7.8	1168	广东省林业局	国营刘张家山林场	
广东帽子峰森林公园	南雄市	韶关市林业局	省级	2011.1.4	709.7	广东省林业局	广东翠屏实业股份有限公司	2014—2020
广东坪田古银杏森林公园	南雄市	韶关市林业局	省级	2016.7.19	906.2	广东省林业局	南雄市坪田镇人民政府	2015—2024
广东青云森林公园	翁源县	翁源县林业局	省级	2010.11.25	1495.4	广东省林业局	翁源县林业局	已编制，待批复

表59　韶关市（林业系统）已建国家级、省级自然保护区一览表

已建自然保护区名称	地点	面积（公顷）	主要保护对象	始建时间（年）	始建批准机关	保护区现级别	现级别批准时间（年）
广东南岭国家级自然保护区	乳源县	40494.4	中亚热带常绿阔叶林	1994	省林业厅	正处级	2002年升国家级
广东车八岭国家级自然保护区	始兴县	7545	中亚热带常绿阔叶林	1982	始兴县政府	正处级	2002年升国家级
广东曲江罗坑国家级自然保护区	曲江区	18813.6	中亚热带常绿阔叶林、珍稀动植物	1998	曲江县政府	副处级	1998年升省级
丹霞山国家级自然保护区	仁化县、浈江区	25105	地质遗迹	1995	国家林业局	正处级	
广东粤北华南虎省级自然保护区	韶关市	16360.8	华南虎及其栖息环境	1990	韶关市政府	副处级	1990年批复。2008年调整仁化：11065.1公顷；乐昌：5295.7公顷。
广东新丰云髻山省级自然保护区	新丰县	2727	中亚热带常绿阔叶林、珍稀动植物	1990	新丰县政府	副处级	1990年1月升省级

续表

已建自然保护区名称	地点	面积（公顷）	主要保护对象	始建时间（年）	始建批准机关	保护区现级别	现级别批准时间（年）
广东乐昌杨东山十二度水省级自然保护区	乐昌市	11651	中亚热带常绿阔叶林、珍稀动植物	1998	乐昌市政府	副处级	1998年升省级
广东乳源大峡谷省级自然保护区	乳源县	3673	中亚热带常绿阔叶林	2001	乳源县政府	副处级	2001年升省级
广东仁化红山高坪省级自然保护区	仁化县	3585.5	中亚热带常绿阔叶林、珍稀动植物	2001	仁化县政府	副处级	2001年升省级
广东乐昌大瑶山省级自然保护区	乐昌市	7914	中亚热带常绿阔叶林	2000	乐昌市政府	副处级	2003年升省级
广东始兴南山省级自然保护区	始兴县	7113	中亚热带常绿阔叶林	2001	始兴县政府	副处级	2005.5.26升省级
广东曲江沙溪省级自然保护区	曲江区	9333.3	中亚热带常绿阔叶林	1996	曲江县政府	副处级	2007升省级
广东南雄小流坑–青嶂山省级自然保护区	南雄市	7874	中亚热带常绿阔叶林	2001	南雄市政府	副处级	2004年已升市级，2007升省级
广东翁源青云山省级自然保护区	翁源县	7359	中亚热带常绿阔叶林	2002	翁源县政府	副处级	2009年升省级
广东南雄恐龙化石群省级自然保护区	南雄市	4221	古生物遗迹、地质遗迹	2005	省林业厅	副处级	2005年6月
韶关北江特有珍稀鱼类省级自然保护区	乳源县、武江区、浈江区	2820	野生动物类型	2006	韶关市政府		2008年升省级

索　引

主　题　索　引

一、本索引采用主题分析方法，款目按首字汉语拼音字母（同音字按声调）顺序排列。

二、文中的类目题、分目题、次分目题用黑体字标明，其余用宋体字排印。

三、索引款目后的数字表示内容所在的页码，数字后的英文字母（a、b、c）表示栏别（即版面的1、2、3栏）。

A

B

C

D

E

F

J

K

N

O

P

S

X

Z

表格索引

图 照 索 引